最高人民法院商事审判指导案例

2014

奚晓明 主编

最高人民法院民事审判第二庭 编

编 委 会 主 任　宋晓明

编委会副主任　刘竹梅　付金联　张小林

编 委 会 委 员 (以姓氏笔画为序)

王　涛　王东敏　王宪森　王富博

刘　敏　杨征宇　宫邦友　殷　媛

中国民主法制出版社

全国百佳图书出版单位

图书在版编目（CIP）数据

最高人民法院商事审判指导案例. 2014／奚晓明主编；最高人民法院民二厅编. —北京：中国民主法制出版社，2015.3

ISBN 978-7-5162-0778-9

Ⅰ. ①最… Ⅱ. ①奚… ②最… Ⅲ. ①经济纠纷－民事诉讼－审判－案例－中国 Ⅳ. ①D925.118.25

中国版本图书馆 CIP 数据核字（2015）第 067059 号

图书出品人： 刘海涛
全案统筹： 陈晗雨
责任编辑： 陈　曦

书　名／ 最高人民法院商事审判指导案例·2014
作　者／ 奚晓明　主编
　　　　　最高人民法院民事审判第二庭　编

出版·发行／ 中国民主法制出版社
地　址／ 北京市丰台区玉林里 7 号（100069）
电　话／ 63055259（总编室）　　63057714（发行部）
传　真／ 63056975　63056983
http：//www.npcpub.com
E-mail： mzfz@npcpub.com
经　销／ 新华书店
开　本／ 16 开　710 毫米×1000 毫米
印　张／ 60.5　**字数／** 976 千字
版　本／ 2015 年 4 月第 1 版　2015 年 4 月第 1 次印刷
印　刷／ 北京盛源印刷有限公司

书　号／ ISBN 978-7-5162-0778-9
定　价／ 198.00 元（上、下册）
出版声明／ 版权所有，侵权必究。

（如有缺页或倒装，本社负责退换）

序

　　《最高人民法院商事审判指导案例》是汇编最高人民法院商事审判典型案例的系列丛书，由最高人民法院专司商事审判工作的民事审判第二庭法官集体编写。丛书采取了裁判要旨加裁判文书的体例，最大程度地展现了审判案例的真实风貌。

　　在社会主义法律体系已经形成的历史条件下，法官的首要职责就是要维护法律权威，忠实履行宪法和法律的规定，在正确理解立法本意的前提下，准确地适用法律。与此同时，我们也应当看到，由于成文法所具有的稳定性特征，加之我国正处于社会转型期，法律所对应的社会经济关系不断发生新的变化，法律与社会经济发展显现出的相对滞后不可避免。在这样的背景下，法官通过个案中的法律适用来解释、细化乃至发展法律规则，也成为新时期人民法院坚持能动司法，回应社会经济发展的司法需求的重要途径。从这个意义上来说，丛书选辑的案例也可以视为我们的这种努力的真实记录。

　　丛书的出版有利于统一裁判尺度，维护法制统一。成文法所固有的普遍性特征，使得其在法律条文的表述上体现出了高度的抽象性和概括性，因此，不同主体对法律文本的解读常常出现差异和分歧。加之我国地域广阔且发展不平衡，法律的普遍性和统一性始终面临着各种差异性要求的挑战。丛书编选的案例，集中体现了最高人民法院在审理全国商事案件中积累的经验、规则以及对具体法律问题的裁判观点。以裁判文书编选的方式公布典型案例及裁判摘要，对于规范审判行为，提高审判质量，维护司法公正和法制统一，都有着十分重要的意义。

丛书的出版也有利于引导市场行为，规范市场秩序。市场经济是法治经济。在市场经济条件下，商事主体的交易行为、交易形式层出不穷，由此产生的诉讼纠纷也不可避免。在现行法律法规对新类型的市场交易行为、交易形式及其法律效力尚无明文规定的情况下，司法判决的态度和评价对市场交易规则的形成具有不可替代的重要作用。作为国家最高审判机关的最高人民法院，通过具体的个案判决，对市场交易行为作出法律评价，不仅有利于减少矛盾纠纷，维护市场秩序，也有利于规范和引导交易行为，促进市场交易规则的形成和完善。

从2011年2月起，丛书已经出版了九卷。本卷收录的是2013年审理的典型案例。丛书的出版受到了法律实务工作者的肯定和好评，不少法官已将丛书所辑选的案例作为办案的重要参考，不少从事民商法理论研究的学者也将其作为了解最高法院裁判观点的重要途径，并从中汲取实证研究素材。实际上，对从事商事审判工作的最高人民法院法官而言，丛书的编写工作也为我们提供了一次重新检视自己的产品，并从个案的裁判中发现和提炼裁判规则的机会。而这一过程，也是最高人民法院的法官在解决个案纷争的基础上，来思考、研究和指导地方各级法院的商事审判工作的重要体现。我希望这套丛书的编写工作能够继续下去，在为我国的商事审判事业的发展进步留下真实纪录的同时，也为我国社会主义法律体系的健全和完善、为社会主义市场经济的繁荣和发展作出更大的贡献！

是为序。

最高人民法院副院长　奚晓明

目　录

一、公司

1. 业主对物业管理公司的责任

　　——中国人民财产保险公司天津经济技术开发区支公司与上海未来岛
投资置业有限公司、上海未来岛企业管理有限公司保险人代位求偿权
纠纷案 ……………………………………………………………………… 3

2. 公司财产独立于该公司股东的财产

　　——上诉人中交天津航道局有限公司与秦皇岛中港船舶重工有限公司
侵权纠纷案 ……………………………………………………………… 16

3. 债务人破产后不得以债务人财产个别清偿，债权人就债务人财产提起
清偿之诉的，人民法院不予受理

　　——烟台银行股份有限公司与烟台金属材料交易中心有限公司欠款纠
纷案 ……………………………………………………………………… 24

4. 公司股东、表意机构、资产发生变更，不影响公司作为独立法人存在

　　——刘聿、宗勇与金守红、天津市津通房地产开发有限公司、天津市
小客车修理厂、天津市交通（集团）有限公司确认合同无效
纠纷案 …………………………………………………………………… 35

5. 股权受让人依据协议约定行使先履行抗辩权

　　——浙江宋都控股有限公司与百科投资管理有限公司、宋都基业投资
股份有限公司股权转让纠纷案 ………………………………………… 45

6. 合伙企业实际出资人与名义出资人的关系如何处理

　　——李生堂与白正祥、横山县韩岔乡庙渠煤矿、王成宝、石守社、王
子强、王子岗、张引林企业出资人权益确认纠纷案 ………………… 59

7. 以实际履行情况确认当事人之间协议的性质

　　——许尚龙、吴娟玲与何健、张康黎、张桂平股权转让纠纷案 ……… 75

8. 认定原股东再次处分股权的行为无效的条件

——四川京龙建设集团有限公司与简阳三岔湖旅游快速通道投资有限公司、刘贵良、深圳市鼎泰嘉业房地产投资管理有限公司及深圳市合众万家房地产投资顾问有限公司、呼和浩特市华仁世纪房地产开发有限责任公司股权确认纠纷案 ⋯⋯⋯⋯⋯⋯⋯⋯⋯⋯⋯ 87

9. 大股东的正当决策权与中小股东权益保护的平衡与抉择

——海南海钢集团有限公司与中国冶金矿业总公司、三亚渡假村有限公司损害股东利益责任纠纷案 ⋯⋯⋯⋯⋯⋯⋯⋯⋯⋯⋯ 111

10. 自然人股东死亡后，除公司章程另有规定外，其合法继承人可以继承股东资格，并自主处分股权

——王璞与刘胜远、上海兆信恒投资有限公司、新疆拜城音西铁热克煤业有限责任公司确认合同无效纠纷案 ⋯⋯⋯⋯⋯⋯⋯⋯ 122

11. 因双方共同认识错误导致履行不能不构成单方违约

——王强、崔连娜与大连丰利达科技发展有限公司、大连东特房地产有限公司及第三人大连正达房地产有限公司股权转让纠纷案 ⋯⋯ 136

12. 以虚伪意思表示订立股权转让协议意图转让土地使用权的合同效力认定

——石艳春、刘春华、刘瑛、刘冬英、刘文英、刘步书与新疆盈科投资集团有限公司、新疆盈科房地产开发有限公司股权转让纠纷案 ⋯⋯⋯⋯⋯⋯⋯⋯⋯⋯⋯⋯⋯⋯⋯⋯⋯⋯⋯⋯⋯ 151

13. 依法进行登记的股东具有对外公示效力

——哈尔滨国家粮食交易中心与哈尔滨银行股份有限公司科技支行、黑龙江粮油集团有限公司、黑龙江省大连龙粮贸易总公司、中国华粮物流集团北良有限公司执行异议纠纷案 ⋯⋯⋯⋯⋯⋯⋯⋯ 172

14. 董事离任后承担敬业禁止义务需要有特殊约定

——李世江与荣成市铸钢厂董事损害公司权益纠纷案 ⋯⋯⋯⋯⋯ 179

15. 当事人通过股权回购方式转让股权，并非以长期牟利为目的，当事人应当依约履行合同义务

——联大集团有限公司与安徽省高速公路控股集团有限公司股权转

让纠纷案 ･･･ 186

16. 股权转让价款义务的履行问题
　　——赵俊海与杨秀玉、二审上诉人赤峰双源矿业有限公司股权转让
纠纷案 ･･･ 204

17. 实际出资人以出资款系其支付为由主张股东权利的不予支持，实际出
资人可依据有效委托协议享有代购股权项下的相关财产性权益
　　——海南发展银行与海南泛华高速公路股份有限公司、海南泛华实
业有限公司财产损害赔偿纠纷案 ･･････････････････････････ 208

18. 转让他人名下股权属于无权处分，未经股东同意和有效追认，应为
无效
　　——田文栋与李江海、曾祥辉、雷建辉、雷世明、李渝生、潘拥军、
宋秀英股权转让纠纷案 ･･･････････････････････････････ 219

19. 在以公开挂牌拍卖方式转让目标公司股权的交易中，如何认定买卖
双方各自的信息披露义务及合理审查义务
　　安徽实嘉房地产开发有限公司与合肥鑫城国有资产经营有限公司股
权转让纠纷案 ･･･････････････････････････････････････ 235

20. 解除合同的约定条件未能形成，不能产生解除合同的法律效果
　　——叶依光与吕磊股权转让纠纷案 ･･･････････････････････ 246

21. 股东实际出资额大于应缴出资的性质认定
　　——江门市江建建筑有限公司与江门市金华物业投资管理有限公司、
江门市金华投资有限公司执行异议之诉 ････････････････････ 252

22. 加盟店对外民事责任的承担
　　——童林法与浙江凯旋门澳门豆捞控股集团有限公司特许经营
纠纷案 ･･･ 265

23. 股东投资款项性质无明确约定时的认定问题
　　——曲靖市东方置地实业有限公司与深圳市东方置地集团有限公司
企业借贷纠纷案 ･････････････････････････････････････ 280

二、票据

1. 涉案资金通过银行从出资人流动到用资人形成债务后的民事责任承担
   ——华数网通信息港有限公司与上诉人交通银行股份有限公司大连分行及大连都市阳光通用航空有限公司等存单纠纷案件 …………… 297

2. 金融机构应当对合法成立的存款关系承担兑付义务
   ——广东南粤银行股份有限公司人民支行与中国长城资产管理公司广州办事处存单纠纷案 …………………………………………… 313

3. 被侵权人对损害的发生有过错的，可以减轻侵权人的责任
   ——中国银行股份有限公司长治市分行与长治煤炭运销公路经销有限公司票据纠纷一案 …………………………………………… 322

三、合同

1. 正确理解合同内容，准确界定当事人之间的法律关系
   ——山西漳泽电力股份有限公司漳泽发电分公司、山西漳泽电力股份有限公司与山西广建房地产开发有限公司返还财产纠纷案 …………… 335

2. 为犯罪手段或者工具的银行贷款合同应认定为无效合同
   ——中国农业银行股份有限公司岫岩满族自治县支行与兰翎、鞍山万兴隆岩田木业有限公司借款合同纠纷一案 …………………… 343

3. 当事人自知道或者应当知道撤销事由之日起一年内没有行使撤销权的，撤销权消灭
   ——锦州经济技术开发区管理委员会与锦州蒙古贞热电有限公司供用热力合同纠纷一案 …………………………………………… 359

4. 合同效力的认定应以法律、行政法规等强制性的规定为准
   ——大连华成天宇房地产开发有限公司与大连沙河口银丰小额贷款有限公司借款合同纠纷案 …………………………………… 374

5. 当事人对交易内容有明确约定且该内容能够查明的，法院不宜自由裁量适用其他方式对当事人之间的交易进行安排
   ——新疆生产建设兵团农业生产资料供应公司与云南弘祥化工有限公

司、云南祥丰化肥股份有限公司买卖合同纠纷案 ……………… 386

6. 诉讼期间当事人行使合同解除权的法律效力
——四川京龙建设集团有限公司与简阳三岔湖旅游快速通道投资有限公司、刘贵良及成都星展置业顾问有限公司、成都锦荣房产经纪有限公司、成都锦云置业咨询有限公司、成都思珩置业顾问有限公司股权转让合同纠纷案 ……………………………………………… 396

7. 当事人约定的合同生效条件未成就，借款合同的内容对双方不具有法律约束力
——中国农业银行股份有限公司锦州锦兴支行、锦州玥宝塑业有限公司金融借款合同纠纷案 ……………………………… 417

8. 以合法形式掩盖非法目的的合同无效
——余盛与贵州泰邦生物制品有限责任公司、贵阳大林生物技术有限公司、贵州益康制药有限公司、贵州捷安投资有限公司、深圳市亿工盛达科技有限公司股权确认、盈余分配纠纷案 ……………… 436

9. 合同内容系双方当事人真实意思表示的合同效力不受合同形式瑕疵影响
——广西桂资拍卖有限公司与广西三益拍卖有限责任公司合作合同纠纷案 ……………………………………………… 449

10. 根据履行情况，股权置换合同可以认定为部分有效，部分未生效
——桂林旅游股份有限公司与青海省创业（集团）有限公司股权置换合同纠纷案 ……………………………………… 458

11. 应结合案件实际情况确定合同成立后是否发生了重大变化
——再审申请人库尔勒市农村信用合作联社、尉犁县农村信用合作联社、和硕县农村信用合作联社、若羌县农村信用合作联社与被申请人青海省创业（集团）有限公司债权转让合同纠纷案 ………… 477

12. 当事人违反合同附随义务应承担相应民事责任
——中商华联科贸有限公司与昌邑琨福纺织有限公司买卖合同纠纷一案 ……………………………………………… 488

13. 违约金的调整
　　——新疆六道湾实业有限责任公司清算组与乌鲁木齐市博元汽车修
　　理有限公司合同纠纷案 ·· 499

14. 合同是否实际履行对认定合同真实有效的影响
　　——深圳市恒尚科技开发有限公司与中国联合网络通信有限公司新
　　疆维吾尔自治区分公司、新疆金中华通讯服务有限公司买卖合同纠
　　纷申诉案 ·· 506

15. 当事人认为违约金过高可请求调整
　　——宁波东港物流有限公司与宁波兴合货柜有限公司租赁合同
　　纠纷案 ·· 512

16. 本案属购销合同法律关系还是股权转让合同关系
　　——克拉玛依市银祥棉麻有限责任公司与新疆西部银力棉业（集团）
　　有限责任公司买卖合同纠纷案 ·· 528

17. 未约定违约金及损失赔偿金计算方式的，违约方也应当赔偿损失
　　——李厚文、李厚菊与冯军、余克俭、伍友财股权转让合同
　　纠纷案 ·· 537

18. 合同当事人权利义务的确定应严格遵照合同的约定
　　——青海省三江水电开发股份有限公司、广东清能发电集团有限公
　　司、广东省源天工程公司、天津阿尔斯通水电设备有限公司买卖合同
　　纠纷案 ·· 548

19. 一方当事人履行了合同约定的主要义务，另一方当事人主张对方违反
　　合同约定不能得到支持
　　——湖北汇通工贸集团有限公司与长江润发集团有限公司及江苏华达
　　涂层有限公司、长江润发（江苏）薄板镀层有限公司买卖合同
　　纠纷案 ·· 566

20. 违约方应当以合同的约定承担违约责任
　　——湖北汇通工贸集团有限公司与长江润发集团有限公司及无锡汇通
　　钢铁工贸有限公司买卖合同纠纷案 ···································· 589

四、抵押担保

1. 以担保法规定方式之外的形式设定的有担保性质的法律责任的认定及其承担

——昆山宏图实业有限公司与金谷源控股股份有限公司借款合同纠纷案 ·················· 605

2. 反担保人的保证期间应当从担保人实际履行担保责任之日起计算

——什邡市龙盛投资有限责任公司、广汉市三星堆汽车客运服务有限责任公司与四川欣融融资性担保有限公司债务追偿纠纷一案 ·················· 619

3. 抵押物受让人清偿义务的性质

——海南唯舍房地产开发有限公司与武汉因为思特投资有限公司金融借款合同纠纷申诉案 ·················· 623

4. 最高额保证所担保债权的确定

——中国民生银行股份有限公司杭州分行与绍兴县经济技术担保有限公司、浙江玻璃股份有限公司等金融借款合同纠纷案 ·················· 627

五、借贷

1. 当事人约定的金钱债务特定履行方式之理解

——南京国通能源有限责任公司与淮北市煤炭管理局企业出售合同纠纷案 ·················· 645

2. 债务人在载明借款本金、利息数额的贷款核对单上签字，表明其对于该债务数额的确认，其应当承担偿还责任

——七台河市区农村信用合作联社红旗信用社与七台河市鹿山煤炭集团有限公司金融借款合同纠纷案 ·················· 655

3. 在当事人没有签订书面借款合同的情况下，能否根据案件事实和证据认定双方之间形成事实上的借款法律关系

——中国农业银行股份有限公司湖北省分行、中国农业银行股份有限公司十堰分行与十堰荣华东风汽车专营有限公司借款纠纷案 ·················· 661

4. 债权人向一连带债务人主张权利，不产生放弃对其他连带债务人债权的法律后果

——中国农业银行股份有限公司中宁县支行与被上诉人宁夏沃尔德实业有限公司、宁夏秦毅实业集团有限公司金融借款合同纠纷案 …………… 675

5. 银行依约定对应付未付利息计收复利应予支持

——中国农业银行股份有限公司拉萨康昂东路支行与西藏诺迪康药业股份有限公司、西藏华西药业集团有限公司金融借款合同纠纷案 ………… 690

6. 当事人对人民法院生效判决所确定给付事项撤回申请强制执行后未就债权债务关系重新达成协议不予保护

——中国信达资产管理股份公司辽宁省分公司与沈阳（中国北方花城）有限公司不良债权追偿纠纷案 ……………………………………… 698

7. 不良债权受让人可以主张受让日之前的利息

——四川医药包装股份有限公司与欣正投资发展有限公司借款合同纠纷案 ……………………………………………………… 708

8. 逾期贷款利息应按照借款合同载明的罚息利率计收

——沈阳克莱斯特国际置业第一有限公司与盛京银行有限公司沈阳市民主支行、沈阳加州阳光花园房屋开发有限公司借款合同纠纷案 ………… 714

9. 债务抵销的前提应当是债权债务数额明确无争议

——马志明与王振雄与企业有关的纠纷案 ……………………… 721

10. 合同确定日息万分之五的违约金标准是否正确

——天津金栋矿产品销售有限公司与天津银行股份有限公司天马支行等金融借款合同纠纷一案 ………………………………………… 735

11. 商业银行违反加强风险控制的管理性规范并不必然导致保证人保证责任的免除

——中国农业银行股份有限公司大连甘井子农行与大连础明集团有限公司、大连冰凌花天然食品有限公司借款合同纠纷案 ………………… 742

12. 农行信用社脱钩遗留资金应根据性质区别对待，支信贷款与委托指定贷款有本质区别应当偿还

——中国农业银行股份有限公司白城洮北支行与白城市洮北区农村信用合作联社借款合同纠纷案 …………………………………… 755

13. 银行或资产管理公司的金融债权依据政策核销后，金融机构的债权并不当然消灭，主债务及从债务责任亦不当然免除

——宁夏荣恒房地产集团有限责任公司与中国信达资产管理股份有限公司宁夏回族自治区分公司保证合同纠纷案 …………………… 765

14. 双方借款行为不符合典当关系成立要件的不应认定为典当关系

——万高（北京）国际典当有限公司与天津武清开发区新中大置业发展有限责任公司、天津地铁君易投资有限公司借款担保合同纠纷案 ………………………………………………………………… 777

六、法律程序

1. 关于茧丝绸期货交易市场违规操作、侵害客户保证金的民事赔偿责任认定问题

——嘉兴市大江南丝绸有限公司与中国茧丝绸交易市场、嘉兴中国茧丝绸市场交易结算有限责任公司期货交易赔偿损失及返还交易保证金纠纷再审案 …………………………………………………… 787

2. 当事人对其提出的主张不能举证证明的应当承担举证不能的法律后果

——赵玉生、李文秀与张贤、张有来、顾印红股权转让纠纷案 ………… 822

3. 天津光电瑞通商贸有限公司与天津宏商发展有限责任公司普通破产债权确认纠纷案

——天津光电瑞通商贸有限公司与天津宏商发展有限责任公司普通破产债权确认纠纷案 ………………………………………………… 835

4. 部分判决制度在案件部分事实暂时无法查清时的适用

——杨耘智与屠秋、新疆源泰矿业有限责任公司股权转让合同纠纷案 …………………………………………………………………… 846

5. 人民法院如何认定经涂改的书证

——中国平安财产保险股份有限公司莱阳支公司与烟台宏辉食品有限公

司财产保险合同纠纷一案 ·· 856

6. 关于"拨改贷"资金返还纠纷中民事责任及范围的认定问题
　　——上诉人陕西省煤炭生产安全监督管理局、合阳县金桥煤炭有限责任
　　公司、铜川市成鑫煤炭有限责任公司、神木县大砭窑气化煤有限责任公
　　司与被上诉人中国地方煤矿总公司、原审被告澄城县曹村煤矿、铜川市
　　耀州区照金矿业有限公司资金返还纠纷上诉案 ························ 867

7. 确认保证人承担保证责任后有权向债务人追偿的生效民事裁判，可以作
　　为执行依据
　　——天津市津热供热集团有限公司与天津物产集团有限公司追偿权
　　纠纷案 ·· 885

8. 贷款合同利息的诉讼时效问题
　　——中国农业银行股份有限公司宁夏回族自治区分行营业部与宁夏回族
　　自治区供销合作社鼓楼商场借款合同纠纷案 ························ 890

9. 未判决承担民事责任的第三人上诉之处理
　　——王太山与刘延安、王玉堂、昌吉市晋煤煤矿有限责任公司、平海生
　　股权转让纠纷案 ··· 906

10. 当事人无正当理由拒不提供持有的证据导致案件事实无法查清的，应
　　　承担不利后果
　　　——河北中储物流中心与北台钢铁（集团）有限责任公司买卖合同
　　　纠纷案 ··· 916

11. 依法作出的公证书应当具有证明相应事实情况的法定效力
　　　——中国长城资产管理公司沈阳办事处与沈阳北恒铜业有限公司、辽
　　　宁中科高科技企业集团有限公司金融借款合同纠纷案 ·············· 928

12. 原告对两个被告分别提出了不同的诉请，对其内容不应张冠李戴
　　　——中国信达资产管理股份有限公司海南省分公司与武汉钢铁（集团）
　　　公司、武钢集团海南有限责任公司欠款纠纷上诉案 ················ 939

一、公　司

1. 业主对物业管理公司的责任

——中国人民财产保险公司天津经济技术开发区支公司 与上海未来岛投资置业有限公司、上海未来岛企业 管理有限公司保险人代位求偿权纠纷案

【裁判要旨】

本案系因人保公司代位求偿原属于施耐德电气公司的赔偿请求权引发的纠纷。保险人是本案仓库电气、消防设施设备维修保养的法定义务人，其对物业公司未尽注意、提醒和督促等管理、监督义务，对火灾发生负有直接责任和领导责任，同时业主对承租人委托的物业管理公司行为承担合同约定和法定责任。

中华人民共和国最高人民法院民事判决书

（2012）民二终字第 88 号

上诉人（原审原告）：中国人民财产保险股份有限公司天津经济技术开发区支公司。住所地：天津市天津开发区第三大街 51 号 W4 – C – 3 层。

负责人：陈文川，该公司总经理。

委托代理人：庞志，北京市大成律师事务所律师。

委托代理人：刘燕，北京市大成律师事务所律师。

被上诉人（原审被告）：上海未来岛投资置业有限公司。住所地：上海市武威路 789 号。

法定代表人：杨顺林，该公司董事长。

委托代理人：王同海，上海瀛泰锦达律师事务所律师。

被上诉人（原审被告）：上海未来岛企业管理有限公司。住所地：上海市真南路 708 号 405 室。

法定代表人：朱海，该公司董事长。

委托代理人：周波，上海瀛泰锦达律师事务所律师。

上诉人中国人民财产保险股份有限公司天津经济技术开发区支公司（以下简称人保公司）因与被上诉人上海未来岛投资置业有限公司（以下简称未

来岛投资公司)、上海未来岛企业管理有限公司（以下简称未来岛管理公司）保险人代位求偿权纠纷一案，不服上海市高级人民法院（2011）沪高民五（商）初字第1号民事判决，向本院提起上诉。本院依法组成由审判员宫邦友担任审判长、审判员朱海年、代理审判员林海权参加的合议庭进行了审理。书记员陆昱担任记录。本案现已审理终结。

上海市高级人民法院经审理查明，2001年11月13日，施耐德电气（中国）投资有限公司（以下简称施耐德电气公司）与未来岛投资公司签订《租赁合同》及其补充协议，约定未来岛投资公司按施耐德电气公司要求建造厂房，供施耐德电气公司及其下属企业承租。该合同签订后，施耐德电气公司及其下属企业按约承租了位于上海市绥德路669号的房屋作为物流仓库。2008年6月，施耐德电气公司上海分公司与未来岛管理公司签订《物业管理服务合同》，约定由未来岛管理公司向上述物业的业主和使用人提供服务。委托管理期限为2年，自2008年6月1日起至2010年5月31日。约定委托管理事项为房屋建筑及其附属等包括照明、消防设施设备和配电设备养护、运行和管理。

2007年12月31日，人保公司出具一份一切险保单，被保险人为施耐德电气公司，保险人为人保公司，保险金额为873493114.85元。同日，人保公司又出具一份利润损失险保单，被保险人为施耐德电气公司。该保单附属明细表载明：保险范围为保单列明风险所引起的利润损失和工作费用的损失；毛利润的保险金额为2186512000元，额外工作费用的保险金额为2000万元，审计师费的保险金额为50万元，72小时内的毛利润为免赔额。两份保险合同的保险期限均为2008年当年。

2008年12月7日18时22分，位于上海市绥德路669号的施耐德电气公司上海分公司物流仓库发生火灾。嗣后，上海市普陀区公安消防支队、上海市消防局分别出具的《火灾原因认定书》《火灾事故责任书》载明：火灾原因为"停电后恢复供电时的操作过电压，导致仓库NK货架北侧通道上方照明灯电气故障引燃可燃物并扩大成灾"。未来岛管理公司未履行对起火仓库电气设备的管理职责，违反安全管理规定，在仓库管理人员离库后合闸送电，导致仓库内照明电具故障并引发火灾，应负事故直接责任。施耐德电气公司上海分公司物流仓库违规在灯具下方通道堆放可燃物，遇到上方电气故障坠落的火种，引起燃烧蔓延扩大，负间接责任。未来岛管理公司的丁伯毅负间接责任，未来岛管理公司的胡大伟、王志华负直接领导责任，未来岛管理公司的朱和奇、施耐德电气公司上海分公司物流仓库的窦永昌负领导责任。火灾发生后，罗便士保险公估（中国）有限公司于 2010 年 8 月 5 日出具评估报告，载明，施耐德电气公司的具体损失为：一、施耐德电气公司存货损失为383104736.78 元，施耐德（上海）物流有限公司为 2041637.01 元，共应扣残值 2815000 元；二、施耐德电气公司的固定资产损失为 6652144.87 元，应扣除货架残值 88475 元；三、施耐德电气公司毛利润损失为 18405015 元；四、施耐德电气公司工资损失为 12441203 元。2010 年 9 月 1 日，人保公司与施耐德电气公司签订《赔付协议》，约定人保公司就此次火灾导致施耐德电气公司的全部损失赔付保险赔偿金 38600 万元，被保险人施耐德电气公司同意将已取得赔款对应部分保险标的一切权益转让人保公司。该协议生效后，人保公司如数支付了保险赔偿金。人保公司于 2011 年 4 月 13 日向原审法院提起诉讼，代位案外人施耐德电气公司向二被告未来岛投资公司和未来岛管理公司行使侵权赔偿请求权。后其变更诉讼请求为：一、未来岛管理公司赔偿 38409万元；二、未来岛投资公司对上述债务承担连带清偿责任。

2008 年，未来岛投资公司与上海晋晓实业有限公司（以下简称晋晓公司）签订《消防设施维护保养技术服务合同》，约定未来岛投资公司委托晋晓公司对诉争厂房的消防设施进行维护保养，期限 1 年，期限为 2008 年 11 月18 日至 2009 年 11 月 17 日。施耐德电气公司上海分公司在仓库灯具下方通道堆放可燃物，该行为违反了《仓库防火安全管理规则》。为了便于仓库内的摄像头在夜间拍摄，施耐德电气公司上海分公司自制防空气开关动作锁闭装置，使诉争仓库内的照明灯始终处于通电状态。事发当日，未来岛管理公司委托案外人上海吉汇电气设备工程公司（以下简称吉汇公司）对仓库内的高压电控系统进行保养。停电时，吉汇公司电工直接将低电压总开关切断。停电后，仓库内原使用的照明灯电源开关未被切断。恢复供电时，电工又直接将低电压总开关复位，照明灯同时恢复工作。由于在较大用电负荷的情况下直接恢复供电，产生了很大的操作过电压，引发照明灯电器故障，进而走火。照明灯走火后引燃下方堆放的易燃物。18 时 18 分出现火光，18 时 21 分出现稳定明火，18 时 21 分上海城市火灾报警系统检测到报警信号。上海城市火灾报警信息中心接到报警信号后多次电话通知诉争仓库值班人员，要求确定火情。未来岛管理公司委派在仓库的值班人员未依照规定及时查看火灾现场，未及时确认并报告火灾情况。普陀区公安消防支队、上海市消防局出具的《火灾原因认定书》《火灾事故责任书》认为上述人员延误发现和处置，导致了火灾蔓延和扩大。系争仓库装备了自动消防设施，但该装置在事发时未设置在自动状态，导致未能自动喷淋灭火。事发当日，未来岛管理公司委派在诉争仓库值班的保安均未接受消防专业培训，无消防系统操作证书，且不会操作消防设施。根据相关消防法律、法规规定，自动消防喷淋设施应当设置于自动状态，且必须指派经消防专业培训，有自动消防系统操作证书的人员担任消防控制室值班人员。诉争火灾发生时，孙根元同时担任了未来岛管理公司的董事长和未来岛投资公司的副总经理。2011年8月16日，未来岛投资公司在"前程无忧"网上刊登招聘信息，其中的公司简介部分将未来岛管理公司称为其分公司。

当事人对喷淋设备有无故障的事实问题存在争议，原审法院根据当事人提交证据分析认证并查明：人保公司主张，事发当日，诉争仓库内的喷淋设备存在漏水等故障。为此其提供了晋晓公司2008年6月13日《维保、维修工作单》和消防部门对王志华所作询问笔录各一份作为证据。未来岛投资公司、未来岛管理公司则共同主张，喷淋设备虽曾有故障，但事发前已经修复，并提供了晋晓公司2008年12月2日《维保、维修工作单》作为证据。原审法院对此认为，各当事人对上述证据的真实性、合法性均无异议，均予确认。两份《维保、维修工作单》均系晋晓公司在对消防设施维护后所作的记录。前一份工作单虽载明设备存在漏水故障，但后一份工作单亦载明设备处于正常状态。该两份证据足以证明，晋晓公司在维护中发现了设备存在漏水故障，并在事发前修复。在人保公司提交的询问笔录中，王志华称其所听闻他人曾称喷淋设备存在漏水。其上述转述内容，虽与前一份工作单内容相符，但与后一份工作单记载内容完全相悖。比较上述三份证据，结合晋晓公司定期对系争设备进行维护，消防部门未认定喷淋设备存在除未设置自动挡以外的其他故障等事实，按通常理智人的标准，可以认定事发时系争设备不存在除未设置自动挡以外的其他故障。

上海市高级人民法院经审理认为，本案系因人保公司代位求偿原属于施耐德电气公司的赔偿请求权引发的纠纷。代位求偿行为发生于2009年保险法施行后，故依据《最高人民法院关于适用〈中华人民共和国保险法〉若干问题的解释（一）》第三条的规定，应当适用2009年保险法。人保公司要求两被告承担侵权赔偿责任，其主张的侵权行为和损害后果均发生于侵权责任法施行前，故依照《最高人民法院关于适用〈中华人民共和国侵权责任法〉若干问题的解释》第一条、第二条的规定，应当适用民法通则。诉争火灾发生后，人保公司依据保险合同已向被保险人施耐德电气公司支付了保险赔偿金，故其有权依照2009年保险法第六十条规定，在赔偿金额范围内代位行使施耐德电气公司对第三者请求赔偿的权利。诉争仓库起火成灾系由多重因素叠加后共同所致。首先，起火系由施耐德电气公司自制灯具防空气开关动作锁闭装置、在灯具下方堆放易燃物，以及吉汇公司电工违规关启电源总闸共同导致。虽然缺少其中任一行为，均不会导致起火，但当三行为共同存在并相互结合后，就成为此次起火充分且必要的条件。其次，起火后，如仓库内喷淋装置处于自动喷淋状态，小火即可能被及时扑灭。即使喷淋装置未设置于自动状态，未来岛管理公司在接到消防部门电话后能及时查看现场并人工操作消防喷淋设备灭火，亦可能避免小火扩大成灾。未来岛管理公司未将消防喷淋装置设置于自动状态、未及时报告消防部门火灾情况和未人工操控消防喷淋设备的不作为，共同构成了此次火灾蔓延的充分且必要的条件。上述行为共同结合，最终导致此次火灾事故。施耐德电气公司依照《物业管理服务合同》将诉争仓库的消防设施和配电设备委托未来岛管理公司进行养护、运行和管理，未来岛管理公司据此即负有依相关消防法规将消防喷淋设施设置于自动状态、派遣合格保安值守、防止火灾扩大蔓延和保护施耐德电气公司财产免受损害的注意义务。未来岛管理公司违反上述注意义务，竟未将消防喷淋设施设置于自动挡，派遣不具备消防资质的人员值班。上述行为不仅违反了其应尽的善良管理人之注意义务，也直接违反了相关消防法规，故应当认定其行为存在不法性且具有过错。按常理和一般知识经验，仓库是危险物、易燃物高度集中的场所，未来岛管理公司的上述行为虽不会单独导致火灾的发生，但有了上述行为通常足以导致起火并蔓延成灾，所以可以认定上述行为与此次火灾之间存在相当因果关系。未来岛管理公司应对火灾所生损失承担侵权赔偿责任。

未来岛投资公司作为系争仓库的所有权人，当然对消防设施负有维修义务。但根据查明之事实，未来岛投资公司于事发前曾委托晋晓公司定期对消防设施进行维护，事发前最近一次的检修报告亦载明消防设备均能正常运行，消防部门也未认定火灾成因中存在消防设施本身故障的因素。故难得出未来岛投资公司在维护消防设施这一环节，存在不法行为或未尽必要之注意义务，也就不能据此认定其存在侵权行为。退而言之，即使采纳人保公司有关喷淋设备本身存在故障的主张，人保公司有关即使消防喷淋设施被设置于自动挡或人工操作后，火灾仍会因喷淋设备故障而发生，未来岛投资公司应对此承担责任等理由，难以采纳。盖因人保公司上述理由，系建立在这样一个逻辑之上，即纵然没有先前的侵权行为，损害后果也会因后面发生的事由而发生。由于前一侵权行为的存在，损害已经实际发生，在后事由就不可能再次造成已经发生的损害，在后事由与损害之间可能的因果关系被前一侵权行为超越或割裂。所以，在后事由在事实上不可能成为损失的原因。人保公司要求未来岛投资公司对事实上并未发生且影响火灾进程的行为承担侵权赔偿责任的理由，欠缺法律依据。人保公司称如未来岛投资公司能在事发前对仓库进行消防检查和巡视，对未来岛管理公司聘用保安进行必要监督和管理，极有可能发现火灾隐患、将喷淋装置调至自动挡、聘用具有消防资质的保安人员，避免此次火灾发生。对此，原审认为未来岛投资公司作为所有人依据租赁合同将房屋及附属设施交付施耐德电气公司后，即不再享有占有、使用的权利，仅负有维修义务。施耐德电气公司依租赁合同取得租赁物后，虽委托未来岛管理公司对仓库及其附属消防设施养护、运行和管理，但其基于租赁合同所产生的保管租赁物之义务，包括防范火灾的注意义务不能因此免除。相反，出租人由于已不再实际占有、管理、控制租赁物，故除维修义务以外，无其他防范火灾之注意义务。在侵权法上，除非法律另有特殊规定，因行为人过错行为损害他人民事权益是其承担侵权赔偿的前提要件。行为系不作为时，则必须是行为人依法律或合同对受害人负有积极作为之义务。未来岛投资公司虽未实施上述足以防止火灾发生的行为，但其不作为既未违反法律法规或合同约定义务，也未违反出租人应尽的善良管理人之注意义务，故其行为不构成侵权，不应承担侵权赔偿责任。而且，人保公司上述理由有要求任何一个有可能阻却火灾发生的人或单位承担赔偿责任之嫌，而不论其不作为是否构成重大过失，与损害之间是否存在相当因果关系，这显然有悖法理和常情。未来岛管理公司系一具有法人资格的有限公司，未来岛投资公司作为股东对公司所享有的权利和所负义务，应以公司法和公司章程为限。依公司法相关规定，股东只能通过股东大会以形成决议的方式参与公司重大决策和选择管理者。未来岛投资公司作为股东，既无权去检查和发现未来岛管理公司的具体业务活动是否存在瑕疵，也无义务去审查公司聘用保安是否具有相关资质。所以，未来岛投资公司上述不作为，并未违反其作为股东应尽的注意义务，不能因此承担侵权赔偿责任。

施耐德电气公司承租系争仓库后，依相关消防法规和租赁合同负有遵守消防安全制度，避免火灾发生，妥为保管租赁物的义务。施耐德电气公司改变照明电路并在照明灯具下方堆放易燃物等行为，显然增加了火灾发生的可能，其即负有采取必要措施，防范电路走火成灾的义务。而事实上，施耐德电气公司在案外人保养电路之时，不但未将电路改动之事告知维修人员，也未派人员在维修完毕后对上述易发火灾因素进行必要之查看。施耐德电气公司上述行为不仅违反了消防法律法规，也违反了应尽的注意义务，故应当认定其对损害的发生也有过错，依法可以减轻侵权人所应承担的赔偿责任。

综上分析，原审法院综合衡量各方过错程度，并参酌消防部门对事故原因和责任的认定意见，认为未来岛管理公司作为消防设施的管理、运行人应当就全部损失承担70%的赔偿责任，其余损失应当由施耐德电气公司自行承担。就损失的具体构成和金额，人保公司提交了公估报告作为证据。两被告对该公估报告中记载的施耐德电气公司各项损失金额并无异议，仅就残值计算和施耐德电气公司自负责任比例提出异议。鉴于该公估报告系由具有保险公估资质的第三方出具，且两被告既未主张金额错误，亦未提供相反证据，故可以将之作为认定损失金额的依据。具体损失金额确定如下：一、仓储物损失部分，施耐德电气公司存货损失为383104736.78元，但其通过处理残骸物获得的收益，依损益相抵原则，应予扣除。由于该仓库同时存放了施耐德电气公司和上海施耐德公司的财产，火灾后已无法区分残余存货的具体权属，故公估报告仅计算了两公司全部存货残值。在无确切证据区分残值归属的情况下，应按比例原则在两公司间进行分摊，即施纳德电气公司残值金额为 $815000 \times [383104736.78 \div (2041637.01 + 383104736.78)] = 2800077.86$ 元。仓储物损失扣减残值后合计为380304658.92元。二、内部设施部分，施耐德电气公司固定资产损失金额为6652144.87元，扣除货架残值88475元后，损失金额为6563669.87元。三、因火灾导致施耐德电气公司财产损毁，进而导致其无法维持正常的销售，由此在4个月内产生的利润损失为18405015元。该金额已将工资作为特定营业额扣除。四、因火灾导致施耐德电气公司被迫中断营业，但由于生产仍将恢复，其不能放弃大量熟练员工，为此继续留用并支付工资。上述工资支出未使其获得任何收益，对施耐德电气公司即属于损失，其工资损失为12441203元。上述四项损失合计417714546.79元。各方当事人就利润损失和工资损失是否应当纳入侵权赔偿范围存在争议。但上述利润损失和工资损失完全应在未来岛管理公司实施管理行为时可合理预见的范围之内，故其应对其过错行为所产生的该部分损失承担赔偿责任。我国公司法第二十条第三款规定："公司股东滥用公司法人独立地位和股东有限责任，逃避债务，严重损害公司债权人利益的，应当对公司债务承担连带责任。"人保公司要求否定未来岛管理公司独立人格，应当举证证明未来岛投资公司滥用股东权利导致两公司财产边界、业务、人员、机构等存在混同，且人保公司利益因此严重受损，否则应当承担不利后果。员工招聘广告虽称未来岛管理公司为未来岛投资公司的分公司，但按常理，人保公司只需稍加注意，即可以根据企业名称得知未来岛管理公司为独立法人，不可能因此对两公司法人独立地位和股东有限责任有所误解。况且人保公司也未能举证因该广告导致其作为公司债权人的权益受到了损失，其据此要求否定公司人格的主张，实难采纳。根据公司法第三十八条、第四十五条的规定，股东有权通过股东大会选举公司董事，董事长则依公司章程的规定产生。虽然未来岛投资公司副总经理孙根元同时担任了未来岛管理公司董事长，但与法并无相悖之处。在人保公司无法证明存在其他滥用股东权利的情形下，其要求否定公司人格的主张，亦难采纳。综上所述，未来岛管理公司应就其过错所致火灾引发的全部损失，应在 70% 的范围内承担赔偿责任，即 292400182.75 元（417714546.79 元×70%），该金额未超过人保公司实际赔付的保险金金额，人保公司该部分诉讼请求，予以支持。人保公司其余部分的诉讼请求因缺乏事实依据和法律依据，应予驳回。据此，原审法院根据 2009 年《中华人民共和国保险法》第六十条第一款、《中华人民共和国民法通则》第一百一十七条、第一百三十一条、《最高人民法院关于适用〈中华人民共和国保险法〉若干问题的解释（一）》第三条、《最高人民法院关于适用〈中华人民共和国侵权责任法〉若干问题的解释》第一条、第二条的规定，判决：一、未来岛管理公司于判决生效之日起十日内赔偿人保公司人民币 292400182.75 元；二、驳回原告人保公司其余部分的诉讼请求。如果未按判决指定的期间履行给付金钱义务，应当依照《中华人民共和国民事诉讼法》第二百二十九条之规定，加倍支付迟延履行期间的利息。一审案件受理费人民币 1971800 元、财产保全费人民币 5000 元，合计人民币 1976800 元，由原告人保公司负担人民币 477978 元，被告未来岛管理公司负担人民币 1498822 元。

人保公司不服原审判决，向本院提起上诉称：一、一审判决认定部分事实不清，证据不足。1. 一审判决对诉争仓库消防管理和责任、事故原因和责任认定不清。本案中消防部门对火灾原因和责任的认定不应作为本案民事赔偿的判决依据，请求二审法院到消防部门调取当年火灾事故调查的原始资料并委托重新鉴定。2. 一审判决对未来岛投资公司责任认定事实不清，判定其不承担责任没有依据。具体：（1）未来岛投资公司至今没有取得诉争仓库房产证，属于违法出租。（2）未来岛投资公司对未来岛管理公司未尽注意、提醒和督促等善良管理、监督义务，应承担连带责任。（3）未来岛投资公司作为诉争仓库电气、消防设施设备维修保养的法定义务人，应承担责任。（4）一审判决对系争仓库消防设施在火灾当时是否正常认定不清。一审判决错误地认定未来岛投资公司已经尽到对仓库消防设施的维护保养义务。（5）一审判决对于未来岛投资公司和未来岛管理公司是否人格混同事实不清。

（6）未来岛投资公司对诉争火灾负有直接责任和领导责任。（7）诉争仓库自2001年始到火灾发生时一直没有通过竣工验收。（8）按照《租赁合同》第6.1条规定，未来岛投资公司对未来岛管理公司的作为和不作为应该承担连带责任。二、一审判决适用法律不当。1. 一审判决没有考虑未来岛投资公司对该起火灾事故发生和扩大负有直接领导责任，应承担侵权责任。2. 关于侵权法律的适用。本案系侵权责任造成纠纷，未来岛投资公司和未来岛管理公司系共同侵权人，根据民法通则第一百三十条，未来岛投资公司对本案火灾损失应承担连带责任。同时，上诉人人保公司在其补充上诉状中提出要求判令未来岛管理公司和未来岛投资公司对本案火灾损失应承担90%的赔偿责任即375943092.11元（417714546.79元×90%），一审判决按施耐德电气公司过错减轻二被上诉人30%侵权责任不当。此外，上诉人人保公司向二审法院提交调查取证申请，要求调取上海市消防局本次火灾事故调查处理全部案卷原始材料以及二被上诉人有关房产、人事、劳动、税务、工商等档案、被上诉人人员其他刑事案件卷宗、本案仓库消防电气设施设备验收档案，并提交要求对火灾原因和责任重新鉴定和延期举证的申请书。人保公司请求二审法院撤销一审判决，改判二被上诉人对本案火灾损失中375943092.11元承担连带赔偿责任，并承担全部诉讼费用。

未来岛投资公司答辩称：一、其作为厂房所有人，交付的厂房及附属的消防设施均验收合格。为此，未来岛公司提交了上海市绥德路669号厂房沪房地普字（2006）第039501号房地产权证，以及厂房一、二期开发分别竣工后由上海市公安局普陀分局防火监督处2004年8月6日出具的〔2004〕沪公普消（建验）字第327号《关于上游未来岛投资置业有限公司消防验收基本合格意见》和上海市普陀区公安消防支队2005年6月21日出具的〔2005〕沪普公消（建验）字第0036号《关于未来岛工业园区七期丙类物流仓库建筑消防验收（基本）合格的意见》。产权人对厂房及设备进行了正常维护，完整履行了出租人职责，不存在违约或违法行为。上诉人没有证据证明涉案房屋及设备在交付承租人时及火灾发生时存在不合格的情形，且其交付租赁物后针对消防设备专门委托了有资质第三方晋晓公司进行日常维护，其已尽到仓库产权人应尽的维护义务。在维护消防设施的环节中，其不存在不法行为或未尽必要的注意义务。二、火灾发生前，消防设备处于正常可用状态，本身并不存在故障，火灾发生和扩大并非因设备故障所引起。2008年12月2日消防设备《维保、维修工作单》反映当时消防设备处于运行正常状态。消防部门《火灾原因认定书》《火灾事故责任书》并未认定火灾发生时设备本身不合格或因设备故障导致火灾发生或扩大。三、按照消防法规将消防喷淋设施设置于自动状态，是承租人或其受托人对租赁物及附属设施进行日常运行和管理的内容，而不是投资公司法定或约定义务。将租赁物及消防设施等附属设施交付给施耐德电气公司后，由其完全按照租赁目的占有、使用和控制租赁物，而产权人义务仅限于提供租赁物的维修维护。对日常消防管理、运行等物业服务事项，施耐德电气公司委托了未来岛管理公司进行管理。产权人将房屋交付承租人之后，已经不再负有对租赁物及附属设施的运行和管理义务，也不负有对租赁物日常防范火灾之注意义务。产权人不可能成为消防管理责任人，消防喷淋设施未设置自动状态与产权人无关。四、火灾造成的损失应以行政主管部门作出的有法律约束力的文件《火灾原因认定书》《火灾事故责任书》为依据，由承租人和未来岛管理公司共同承担，与未来岛投资公司无关。保险公司行使代位求偿权不能超越所代位的施耐德电气公司的权利范围。五、未来岛投资公司和未来岛管理公司不存在人格混同，滥用股东权利损害债权人利益的不法行为。两者为分别独立法人，设有不同的组织机构、管理人员、各自经营范围的业务。未来岛投资公司作为未来岛管理公司股东，依法和章程通过股东大会参与公司重大决策和选择管理者，委派法定代表人的行为不构成人格混同。至于是否将消防设备处于自动状态或委派是否具有资质的保安人员，属于物业公司的日常具体业务，不属于股东义务的范畴。因此，未来岛投资公司在涉案保险事故中既无实际侵权行为，也未违反法律强制性义务或合同义务，不应对火灾所造成的损失承担任何责任。一审判决认定事实清楚，适用法律正确，请求二审法院驳回人保公司上诉请求。

未来岛管理公司未提交书面答辩状，其口头答辩赞同未来岛投资公司答辩意见。

本院除对原审法院查明事实予以确认外，另查明，2008 年 12 月 7 日 18 时 22 分施耐德电气公司物流仓库发生火灾后，上海市消防局和普陀公安分局立即成立"12.7"火灾调查组，对起火原因开展调查。经现场勘验、调查访问、技术鉴定并组织专家分析会后，认定该起火灾起火点位于仓库西北角 NK 货架西数第 4 格北侧走道外，起火原因为停电后恢复供电时的操作过电压，导致照明灯具发生电气故障引燃可燃物并扩大成灾。为此，上海市消防局于 2008 年 12 月 31 日出具沪消〔2008〕339 号《关于"12.7"施耐德电气（中国）投资有限公司上海分公司物流仓库火灾原因调查的情况报告》，对起火原因排除了人为放火、遗留火种、自燃、雷击等引起火灾的可能性。其对本案火灾起火原因的认定与 2009 年 1 月 5 日上海市普陀区公安消防支队沪普公消

（认）〔2009〕第 0001 号《火灾原因认定书》以及 2009 年 6 月 23 日上海市消防局出具沪公消（责）〔2009〕第 0001 号《火灾事故责任书》所作认定一致。

本院认为：根据当事人的上诉和答辩，本案争议焦点是，一、火灾起因和责任认定。二、作为仓库业主的未来岛投资公司对此次火灾所造成的损失应否承担责任。

关于火灾起因和责任认定问题。对于本案火灾起火原因，上海市消防局的 2008 年 12 月 31 日沪消〔2008〕339 号《关于"12.7"施耐德电气（中国）投资有限公司上海分公司物流仓库火灾原因调查的情况报告》以及 2009 年 1 月 5 日上海市普陀区公安消防支队沪普公消（认）〔2009〕第 0001 号《火灾原因认定书》以及 2009 年 6 月 23 日上海市消防局沪公消（责）〔2009〕第 0001 号《火灾事故责任书》均作了一致认定。上海市消防局沪公消（责）〔2009〕第 0001 号《火灾事故责任书》对本案火灾的责任也作了相应的认定。上述认定是行政主管部门依据法定职权和程序所作的有权认定，应当作为证据。施耐德电气公司对此责任认定未提出异议。在没有充分确实证据推翻上述认定的前提下，不能否定上述认定的合法有效性。原审法院根据消防部门对事故原因和责任认定，结合当事人过错程度，确定未来岛管理公司和施耐德电气公司之间责任比例为 70% 和 30%，未来岛管理公司承担本案火灾损失中 292400182.75 元（417714546.79 元×70%）的赔偿责任，施耐德电气公司自行承担其余损失。该责任比例恰当，处理正确。上诉人人保公司关于原审判决对本案火灾原因、责任认定不清，消防部门《火灾原因认定书》《火灾事故责任书》不能作为定案依据以及要求调取消防部门对本案火灾调查原始资料和其他部门材料，申请对火灾原因、责任重新委托鉴定，请求判令被上诉人承担本案火灾损失 90% 的赔偿责任等，缺乏充分的理由和事实依据，本院不予采纳。

关于本案仓库业主未来岛投资公司对本案火灾事故及其损失是否应当承担责任问题，此为当事人上诉争议的焦点和核心。未来岛投资公司作为仓库所有权人，其按照 2001 年《租赁合同》向施耐德电气公司交付了厂房包括附属电气、消防设施等以便作为施耐德电气公司仓库使用，尽管未来岛投资公司也提供了该仓库产权证以及仓库分别按期完工时所办的消防设施验收合格证，承租人施耐德电气公司使用该仓库时亦未提出异议，但该仓库的附属电气、消防设施在火灾之前不断发生故障以及被有关部门责令整改却是不争事实。按照未来岛投资公司和施耐德电气公司之间签订的《租赁合同》第 6.4

条约定，产权人未来岛投资公司向施耐德公司交付仓库后对仓库、外围区域和有关设备设施和公用事业设施应当承担自费修理义务；如果业主未能履行或不合理地迟延履行其修理、维护和更换的义务，施耐德电气公司可以自行或通过独立的承包商完成修理、维护和更换工作。施耐德电气有权从应付管理费或租金中扣除上述工作的费用，并通知业主。未来岛投资公司委托有资质的第三方晋晓公司对仓库电气、消防设施进行日常维护正是履行租赁合同义务的体现。未来岛投资公司将仓库交给施耐德电气公司使用后，尽管施耐德电气公司专门委托物业公司进行管理，业主和物业公司对仓库都负有管理责任，但作为业主对物业所有设施负有安全、维护、保养、维修、管理责任，应当是全面的。业主未来岛投资公司对承租人施耐德电气公司擅自改变仓库照明电路安装自制灯具防空气开关动作锁闭装置并长期使用所带来的安全隐患，未能及时检查到或者放任，也是存在过错的。未来岛投资公司作为业主对本案火灾起因是主要由于吉汇公司电工对仓库高压电控系统进行保养时操作不当所致，也应当负有责任，属于业主未来岛投资公司未完全履行合同约定义务。这种行为的后果既可以构成合同违约，也可以构成侵权，是两个行为的竞合。同时，根据《租赁合同》第 6.1 条约定："在租期内，业主或业主指定的管理公司应负责厂房、外围区域以及附件 2 规定的相关设备、设施和公用事业设施的物业管理，包括但不限于定期及不定期的保养维护、修理、清洁、绿化和保安。业主应当对管理公司的作为和不作为承担连带责任。"因此，人保公司向未来岛管理公司和未来岛投资公司追偿是有法律依据的。人保公司关于未来岛投资公司为诉争仓库电气、消防设施设备维修保养的法定义务人，其对未来岛管理公司未尽注意、提醒和督促等管理、监督义务、对火灾发生负有直接责任和领导责任，以及按照《租赁合同》第 6.1 条规定，未来岛投资公司应当对未来岛管理公司的作为和不作为承担连带责任的上诉请求和理由成立，本院予以支持。原审判决对此认定和处理不当，本院予以纠正。本院依照《中华人民共和国民事诉讼法》第一百五十三条第一款第（二）、（三）项之规定，判决如下：

一、维持上海市高级人民法院（2011）沪高民五（商）初字第 1 号民事判决第一项；

二、撤销上海市高级人民法院（2011）沪高民五（商）初字第 1 号民事判决第二项；

三、上海未来岛投资置业有限公司对上海未来岛企业管理有限公司本案债务承担连带责任。

　　如果未按本判决指定的期间履行财产给付义务，应当依照《中华人民共和国民事诉讼法》第二百二十九条的规定，加倍支付迟延履行期间的债务利息。

　　一审案件受理费人民币 1971800 元、财产保全费人民币 5000 元，合计人民币 1976800 元，由上海未来岛企业管理有限公司和上海未来岛投资置业有限公司各半承担。二审案件受理费人民币 1971800 元，由上海未来岛企业管理有限公司和上海未来岛投资置业有限公司各半承担。

　　本判决为终审判决。

审　判　长　宫邦友

审　判　员　朱海年

代理审判员　林海权

二〇一二年十一月三十日

书　记　员　陆　昱

2. 公司财产独立于该公司股东的财产

——上诉人中交天津航道局有限公司与秦皇岛中港船舶重工有限公司侵权纠纷案

【裁判要旨】

一、股权转让，指股东将蕴含股东权、股东地位或资格的股份移转于他人的民事行为。股权转让后，受让人因此成为公司股东，取得股东权。凡股东基于股东地位对公司所发生的全部权利义务关系均一体移转给受让人，原股东不再享有与股东身份相关的权利义务。

二、公司有独立的法人财产，享有法人财产权。所谓独立，是指公司财产独立于该公司股东的财产，两者的财产是相互分离的。同时，公司对股东投资形成的财产和运行中增值的财产享有法人财产权，即依法享有占有、使用、收益和处分的权利。

三、股权转让时股权价格的确定依据并不仅是目标公司的净资产价值，本案中就是通过《股权转让协议》根据净资产确定了股权的当前价值，通过《委托管理协议》约定了股权预期价值的分配。

中华人民共和国最高人民法院民事判决书

（2013）民二终字第 5 号

上诉人（原审原告）：中交天津航道局有限公司。住所地：天津市河西区台儿庄路 41 号。

法定代表人：钱献国，该公司董事长。

委托代理人：王斌，北京大成（天津）律师事务所律师。

委托代理人：刘毅，北京市尚公律师事务所律师。

被上诉人（原审被告）：秦皇岛中港船舶重工有限公司。住所地：河北省秦皇岛市海港区河北大街东段 129 号。

法定代表人：李健晖，该公司董事长。

委托代理人：何曼，天津诺信律师事务所律师。

上诉人中交天津航道局有限公司（以下简称航道局公司）与被上诉人秦皇岛中港船舶重工有限公司（以下简称秦皇岛中港船舶公司）侵权纠纷一案，不服天津市高级人民法院（2012）津高民二初字第 0010 号民事判决，向本院提起上诉。本院依法组成由审判员刘敏担任审判长，代理审判员赵柯、杜军参加的合议庭进行了审理。书记员孙亚菲担任记录。本案现已审理终结。

天津市高级人民法院审理查明：2000 年 6 月 21 日，天津环海船厂、中港第一航务工程局工程船舶机械修造厂合并组建了中港集团天津船舶工程有限公司（以下简称中港船舶公司），该两厂被注销，债权债务由中港船舶公司继承。中港船舶公司的股东为：天津航通海员技术服务中心（以下简称航通中心），持股 49.5%；航道局公司，持股 50.5%。

2003 年 5 月 12 日，天津市规划和国土资源局以"规国籍字〔2003〕675 号《关于中港集团天津船舶工程有限公司变更土地登记意见的函》"，同意中港船舶公司保留划拨方式使用原天津环海船厂、原中港第一航务工程局工程船舶机械修造厂两厂坐落于塘沽区东沽闸北路 8 号面积共计 206224.35 平方米的三宗土地，使用期限五年。2003 年 5 月 26 日、2004 年 6 月 9 日，中港船舶公司就其中两宗土地办理了土地使用权人变更手续，变更为中港船舶公司，剩余一宗土地至今未办理土地使用权人变更手续。

后航道局公司向中国港湾建设（集团）总公司发去《关于实施〈中港集团天津船舶工程有限公司改制方案〉的请示》。2005 年 6 月 24 日，中国港湾建设（集团）总公司在"中港企字〔2005〕285 号《关于中港集团天津船舶工程有限公司改制方案的批复》"中，原则同意航道局公司实施中港船舶公司改制方案；同意中港船舶公司通过国有股权转让的方式进行改制；同意按照国家土地管理的有关规定，由中港船舶公司依法办理土地出让手续，该土地出让的收益经地方政府批准后用于改制企业的职工安置。

2005 年 6 月 17 日，航道局公司委托长城会计师事务所有限责任公司对中港船舶公司的资产和负债进行评估的结果为：资产总计 18512.89 万元，负债总计 15004.73 万元，净资产 3508.16 万元。评估范围不包括中港船舶公司所占用的划拨土地。

2005 年 7 月 3 日，航道局公司与天津世纪集团有限公司签订《股权转让协议》，航道局公司以 1772.03 万元的价款将其持有中港船舶公司 50.5% 的股权转让给天津世纪集团有限公司。

2005 年 7 月 26 日，天津世纪集团有限公司办理了股权变更登记手续。

2005 年 7 月 28 日，航道局公司、航通中心与中港船舶公司签订两份《委托管理协议》，将中港船舶公司已退休职工 449 人、已内退职工 159 人，以及不参加改制的工伤职工委托给改制后的中港船舶公司进行管理。并约定上述职工的安置费用来源于航道局公司、航通中心交付给改制后的中港船舶公司的股权转让收益、原中港船舶公司占用的划拨土地出让收益。该土地出让收益支付职工安置费用后若有剩余，由航道局公司、航通中心收回。

2005 年 10 月 20 日，天津市塘沽区人民政府下发塘沽政〔2005〕91 号《关于收购（征用）海河下游等用地的决定》，为实施城市规划和城市建设，收回包括中港船舶公司在内的单位划拨用地及集体土地，由天津市塘沽区土地储备开发中心（以下简称土地开发中心）实施收购（征用）工作并根据企业的地上建筑物（构筑物）及对土地的投入情况经评估机构评估后，根据实际情况给予补偿。

2007 年 9 月 24 日，土地开发中心、天津海河下游开发有限公司与中港船舶公司签订《土地收回补偿协议》，主要约定，由土地开发中心对中港船舶公司的划拨用地使用权予以收回，对土地上的建筑物、构筑物及土地附着物予以补偿，补偿总费用共计人民币 3.2 亿元。

2010 年 6 月 21 日，中港船舶公司更名为秦皇岛中港船舶公司。

2012 年 9 月 13 日，秦皇岛中港船舶公司向天津市高级人民法院出具《承诺书》载明："我公司将一如既往积极稳妥地安置原企业的全部内退职工、已退休职工，关心职工生活，保障上述职工的生活福利，我公司保证对上述职工的安置问题将负责到底。"

2012 年 6 月 5 日，航道局公司以秦皇岛中港船舶公司擅自以土地使用权人名义对涉案土地进行处分，侵害了航道局公司的合法权益并造成经济损失为由向天津市高级人民法院提起诉讼，请求判令：秦皇岛中港船舶公司偿付航道局公司土地补偿损失人民币 130402968.50 元并承担本案全部诉讼费用。

天津市高级人民法院经审理认为：本案争议焦点为航道局公司是否为诉争土地使用权人以及中港船舶公司所获 3.2 亿元补偿款是否为诉争土地的补偿款。

2005 年 7 月 3 日航道局公司与案外人天津世纪集团有限公司签订的《股权转让协议》，以及 2005 年 7 月 28 日航道局公司、航通中心与中港船舶公司签订的两份《委托管理协议》，系各方当事人真实意思表示，且不违反法律、行政法规强制性规定，应确认合法有效并严格依约履行。

关于航道局公司是否为诉争土地使用权人的问题。该院认为，中港船舶公司由原天津环海船厂、原中港第一航务工程局工程船舶机械修造厂合并设立，2003 年 5 月 12 日，天津市规划和国土资源局"规国籍字〔2003〕675 号

《关于中港集团天津船舶工程有限公司变更土地登记意见的函》"中确认，原两厂名下涉案三宗划拨土地的使用权由中港船舶公司保留，使用期限五年。且本案中港船舶公司通过股权转让所取得的房屋建立在涉案土地之上，依据《中华人民共和国房地产管理法》第三十二条，房地产转让、抵押时，房屋的所有权和该房屋占用范围内的土地使用权同时转让、抵押的规定，应当认定涉案土地使用权在企业改制时已随房屋一并转让给中港船舶公司，现航道局公司主张其为涉案土地使用权人事实及法律依据不足，该院不予支持。

关于中港船舶公司所获 3.2 亿元补偿款是否为诉争土地补偿款的问题。首先，根据 2007 年 9 月 24 日，土地开发中心、天津海河下游开发有限公司与中港船舶公司签订的《土地收回补偿协议》，塘沽区土地储备开发中心对中港船舶公司的划拨用地使用权予以收回，对土地上的建筑物、构筑物及土地附着物补偿人民币 3.2 亿元的约定，该补偿款系对土地上的建筑物、构筑物及土地附着物的补偿，并非对土地补偿。其次，航道局公司主张补偿款的主要依据为 2005 年 7 月 28 日，航道局公司、航通中心与中港船舶公司签订的两份《委托管理协议》，该协议约定：中港船舶公司已退休职工、内退职工，以及不参加改制的工伤职工由改制后的中港船舶公司进行管理。上述职工的安置费用来源于航道局公司、航通中心交付给改制后的中港船舶公司的股权转让收益、原中港船舶公司占用的划拨土地出让收益。该土地出让收益支付职工安置费用后若有剩余，由航道局公司、航通中心收回。关于如何理解协议中"划拨土地出让收益"，根据国家经贸委、财政部等七部委国经贸企改（2002）859 号《关于国有大中型企业主辅分离辅业改制分流安置富余人员的实施办法》第十一条"改制后企业依法办理土地有偿使用手续，允许将土地出让收益用于支付改制成本"；又根据中国港湾建设（集团）总公司中港企字（2005）285 号《关于中港集团天津船舶工程有限公司改制方案的批复》，以及中港船舶公司改制方案中涉及的划拨土地出让收益，均明确：中港船舶公司依法办理土地出让手续，该土地出让收益经政府批准后，用于改制企业的职工安置。可见，上述"划拨土地出让收益"并非"土地转让收益"，而是指将诉争土地由划拨地变性为出让地时，中港船舶公司向政府部门缴纳土地出让金后，再经有关政府批准，将该土地出让金返还给中港船舶公司用于职工安置。现因城市规划和城市建设，土地开发中心收回诉争土地，中港船舶公司并未取得土地出让金，因此，协议中"划拨土地出让收益"并未实际发生，更谈不到"剩余"。再次，目前，职工安置费用还在继续发生，所谓"剩余"亦无法计算。故航道局公司向中港船舶公司主张土地出让收益，事实及法律依据不足，该院不予支持。综上，依照《中华人民共和国民事诉讼法》

第六十四条第一款、《最高人民法院关于民事诉讼证据的若干规定》第二条之规定，判决：驳回航道局公司的诉讼请求。案件受理费 693815 元，由航道局公司承担。

航道局公司不服上述民事判决，向本院提起上诉称：一、原判决认定涉案土地在企业改制时已随房屋一并转让给了中港船舶公司，背离了本案的基本事实，属于认定事实错误。航道局公司作为《股权转让协议》和《委托管理协议》的当事人，依法依约对涉案土地收益享有所有权和用于支付职工安置费用后收回剩余收益的权利。原判决在没有认定清楚上述基本事实的情况下，认定涉案土地在企业改制时已随房屋一并转让给了中港船舶公司，既有违合同当事人的真实意思表示，又有违国企改制的相关政策和法律法规规定，实属错误。二、中港船舶公司明知航道局公司对涉案土地收益享有权益，未经航道局公司同意亦未告知，擅自与收购方签订土地收回补偿协议，其目的是为了规避本案相关协议约定，侵占航道局公司对涉案土地收益享有的合法权益。三、依据相关法律、法规、政策及实际操作案例，本案划拨土地被收回应当并且已经得到补偿。本案划拨土地在航道局公司最初取得时为荒地水塘，至收回时已是经七通一平后建设有地上建筑物、构筑物、附着物、定着物的熟地，其间的长期投入很大。原审法院调查土地收购单位的笔录显示，被拆迁单位职工安置问题是确定土地补偿价格的重要因素。而本案土地收益依约正是要首先用作解决改制时约 600 名三类职工安置费用，在有剩余时应由航道局公司收回。政府收回涉案土地时给予的 3.2 亿元补偿，依法依规应包括有基于涉案划拨土地原取得成本及之后长期大量的开发投入和职工安置费用所应给予的合理补偿。另外在塘沽区亦存在其他三家单位划拨土地上建筑面积为零但仍得到 490 元/平方米补偿的案例。这也证明，3.2 亿元的补偿总额减去地上建筑物、构筑物评估值 2.079 亿元的差价 11210 万元，应为政府收回本案土地给予的补偿。四、原审违反法定程序。原审判决所述"本案诉讼期间，中港船舶公司向本院出具的《承诺书》"，并未经过质证，但原审判决却将该《承诺书》作为认定案件事实的依据，这与民事诉讼法关于未经当事人质证的证据不得作为认定事实的依据的规定相悖。综上，原审判决认定事实不清、适用法律错误且程序违法，请求依法予以撤销，改判支持航道局公司的诉讼请求并由秦皇岛中港船舶公司承担本案一、二审案件受理费。

秦皇岛中港船舶公司答辩称：中港船舶公司改制前系涉案土地使用权的合法权利人。根据中港船舶公司改制文件，涉案土地使用权在改制后仍由中港船舶公司继续所有并依法办理土地出让手续。但因涉案土地于 2005 年即被纳入塘沽区政府征地范围，出让手续未能办理，此系政府行为造成，中港船舶公司并无过错，无须承担责任。故原审判决认定中港船舶公司系涉案土地的土地使用权人且涉案土地使用权在企业改制时已随房屋一并转让给中港船舶公司符合客观事实。此外，因涉案土地系政府无偿收回，中港船舶公司获得的 3.2 亿元补偿款是政府对收回土地的地上建筑物、构筑物、土地附着物及配套设施的补偿，而非土地补偿金。航道局公司向中港船舶公司主张的土地补偿损失并未发生。中港船舶公司改制前的在岗职工、退休职工、内退职工等系由改制后的中港船舶公司全部接收，即使按照《委托管理协议》约定，土地出让收益亦应由中港船舶公司用于职工安置，航道局公司以安置职工的名义主张土地收益，进而主张涉案土地出让收益无法律依据。综上，原审判决认定事实清楚，适用法律正确，应予维持。

本院对一审法院查明的事实予以确认。但一审判决将本案案由确定为股权转让纠纷不当，本院依据当事人主张的民事法律关系的性质将案由调整为侵权纠纷。

本院认为，本案二审争议的焦点问题是：航道局公司是否对涉案土地收益享有权益及应获得相应收益。

一、涉案土地的性质及使用权人。

涉案三宗土地坐落于塘沽区东沽闸北路 8 号，2003 年 5 月 12 日，天津市规划和国土资源局以《关于中港集团天津船舶工程有限公司变更土地登记意见的函》［规国籍字（2003）675 号］，同意中港船舶公司保留划拨方式使用原天津环海船厂、原中港第一航务工程局工程船舶机械修造厂的三宗土地，使用期限为五年。上述函件显示：涉案土地性质为划拨用地，其使用权人是中港船舶公司，并非改制前中港船舶公司的股东航道局公司，航道局公司在本案二审期间亦确认其不是涉案土地的使用权人。按照改制方案，中港船舶公司通过股权转让的方式改制，改制后中港船舶公司的名称保留，由中港船舶公司依法办理土地出让手续。即改制时航道局公司转让的仅是其所持有的中港船舶公司 50.5% 的股权，而所涉划拨土地的使用权人并未发生变化，始终为中港船舶公司。原审判决在本院认为部分表述为"涉案土地使用权在企业改制时已随房屋一并转让给中港船舶公司"虽有不当，但其关于航道局公司主张其为涉案土地使用权人事实的法律依据不足的认定并无不当，本院予以维持。

二、中港船舶公司改制时关于土地收益的约定及航道局公司是否能够获得涉案土地收益。

根据改制方案，2005 年 7 月 3 日航道局公司与天津世纪集团有限公司签订《股权转让协议》，航道局公司以 1772.03 万元的价款将其持有的中港船舶公司股权转让给天津世纪集团有限公司，涉案的土地使用权并未纳入到中港船舶公司改制时的资产评估范围。2005 年 7 月 26 日，天津世纪集团有限公司办理了股权变更登记手续。2005 年 7 月 28 日，航道局公司、航通中心与中港船舶公司签订了两份《委托管理协议》，该协议约定，中港船舶公司已退休职工、内退职工，以及不参加改制的工伤职工由改制后的中港船舶公司进行管理。上述职工的安置费用来源于航道局公司、航通中心交付给改制后的中港船舶公司的股权转让收益、原中港船舶公司占用的划拨土地出让收益。该土地出让收益支付职工安置费用后若有剩余，由航道局公司、航通中心收回。

上述《股权转让协议》《委托管理协议》是各方当事人真实意思表示，且不违反法律、行政法规的强制性规定，应认定为合法有效。航道局公司亦是通过上述协议的签署，完成了对拟转让股权的定价，即通过《股权转让协议》根据净资产确定了股权的当前价值，通过《委托管理协议》约定了股权预期价值的分配。航道局公司主张根据国土资源部《关于改革土地评估结果确认和土地资产处置审批办法的通知》（国土资发〔2001〕44 号）中"为支持和促进企业改革，企业改制时，可根据划拨土地的平均取得和开发成本，划定土地使用权价格，作为原划拨土地使用者的权益，计入企业资产"的相关规定，企业改制时划拨土地使用权也是有价值的，航道局公司应该对涉案土地收益享有权利。本院认为，上述通知对于划拨土地使用权价格在改制时可计入企业资产并非强制性规定，故企业改制时未将划拨土地使用权价格计入企业资产并无不当，且航道局公司在中港船舶公司改制时是通过《委托管理协议》的相关约定对涉案土地利益进行了分配，故现航道局公司主张涉案土地收益的基础应是《委托管理协议》中的相关约定。关于《委托管理协议》中提到的"土地出让收益"，根据相关改制政策及当事人的约定，是指将诉争土地由划拨变性为出让时，中港船舶公司缴纳土地出让金后，经有关政府批准，将该土地出让金返还用于职工安置的款项。本案约定的"土地出让收益"，因土地开发中心收回诉争土地，中港船舶公司并未取得土地出让金，故《委托管理协议》中"划拨土地出让收益"并未实际发生。

目前实际发生的"涉案土地收益"即为中港船舶公司根据 2007 年 9 月 24 日土地开发中心、天津海河下游开发有限公司与中港船舶公司签订《土地收回补偿协议》所获得的 3.2 亿元补偿款。现航道局公司主张该 3.2 亿元补偿款包括政府收回涉案划拨土地使用权所给予的补偿。但《土地收回补偿协议》第 3 条约定："土地开发中心对中港船舶公司的划拨用地使用权予以收回，对土地上的建筑物、构筑物及土地附着物补偿人民币 3.2 亿元"。即该协议明确，该 3.2 亿元是对土地上的建筑物、构筑物及土地附着物的补偿。《中华人民共和国土地管理法》第五十八条规定："为公共利益需要使用土地和为实施城市规划进行旧城区改建收回国有土地使用权的，对土地使用权人应当进行适当补偿。"综上可以看出，3.2亿元的补偿款是对中港船舶公司进行的补偿，是对土地上的建筑物、构筑物及土地附着物进行的补偿。现有证据无法证明3.2亿元补偿款中包括对政府收回涉案的划拨土地使用权给予的补偿。故航道局公司作为中港船舶公司的前股东，认为该3.2亿元补偿款中包括政府收回划拨土地使用权的补偿并要求根据当时的股份比例获得补偿款相应部分的主张亦不应予以支持。

综上，航道局公司的上诉理由不能成立，原审判决应予维持。本院依照《中华人民共和国民事诉讼法》第一百七十条第一款第（一）项之规定，判决如下：

驳回上诉，维持原判。

一、二审案件受理费各693815元，由中交天津航道局有限公司承担。

本判决为终审判决。

审　判　长　刘　敏

代理审判员　赵　柯

代理审判员　杜　军

二〇一三年三月二十九日

书　记　员　孙亚菲

3. 债务人破产后不得以债务人财产个别清偿，债权人就债务人财产提起清偿之诉的，人民法院不予受理

——烟台银行股份有限公司与烟台金属材料交易中心有限公司欠款纠纷案

【裁判要旨】

根据企业破产法的规定，破产申请受理时属于债务人的全部财产，以及破产申请受理后至破产程序终结前债务人取得的财产，甚至破产程序终结后发现的债务人的应当供分配的其他财产，均为破产财产。人民法院受理破产申请后，管理人应当依法追收所有破产财产并在破产程序中依法管理和处分，公平保护全体债权人利益。基于破产财产的个别清偿行为均为无效。烟台银行在人民法院受理其债务人金属材料公司破产申请后，以本案原审被告交易公司与案外人金属材料公司人格严重混同、人员财产无法区分为由，请求法院判令交易公司以其财产直接偿付金属材料公司所欠其3200万元债务的诉讼请求，不符合法律规定。如烟台银行关于交易公司与金属材料公司人格严重混同的主张成立，则交易公司的财产当属金属材料公司破产财产的一部分，应当由管理人通过实体合并破产等有关制度将其纳入到破产财产中一并管理和处分，而不能仅以此部分破产财产优先满足于个别债权人受偿，否则，将与破产法公平受偿的基本原则相违背。由于人格严重混同追收回来的破产财产与烟台银行之间仅为间接的利害关系，而非直接利害关系。烟台银行在金属材料公司破产申请受理后，无权要求以金属材料公司的破产财产单独清偿其个别债权。

中华人民共和国最高人民法院民事裁定书

（2013）民提字第 18 号

申请再审人（一审原告、二审上诉人）：烟台银行股份有限公司。住所地：山东省烟台市芝罘区海港路 25 号。

法定代表人：叶文君，该公司董事长。

委托代理人：张华，北京市中瑞律师事务所律师。

委托代理人：徐娟，北京市中瑞律师事务所律师。

被申请人（一审被告、二审被上诉人）：烟台金属材料交易中心有限公司。住所地：山东省烟台市芝罘屯路 73 号。

法定代表人：宋志强，该公司总经理。

委托代理人：王钧，该公司工作人员。

委托代理人：邹钧，山东金律通律师事务所律师。

申请再审人烟台银行股份有限公司（以下简称烟台银行）为与被申请人烟台金属材料交易中心有限公司（以下简称交易公司）欠款纠纷一案，不服山东省高级人民法院（以下简称山东高院）（2011）鲁商终字第 30 号民事裁定，向本院申请再审。本院以（2011）民申字第 1597 号民事裁定提审本案，并依法组成由审判员刘敏担任审判长，代理审判员赵柯、杜军组成的合议庭进行了审理，书记员孙亚菲担任记录。本案现已审理终结。

烟台市中级人民法院（以下简称烟台中院）一审查明：烟台市金属材料公司（以下简称金属材料公司）、金属材料交易中心（以下简称交易中心）、交易公司基本情况。1. 金属材料公司系 1981 年 3 月注册成立的国有企业，注册资本 3355 万元，杨吉涛自 1998 年 10 月至 2004 年 11 月任该公司经理、法人代表，主营有色金属、黑色金属，住所地芝罘屯路 73 号（原芝罘屯路 20 号），隶属于烟台商业物资控股有限公司（职工 554 人）。金属材料公司呈报烟台市劳动和社会保障局文件（烟金字〔2003〕第 6 号）载明，1999 年—2003 年 8 月金属材料公司交纳的职工三金中包括交易中心职工交纳三金 347604.57 元。2. 交易中心系 1999 年 3 月注册成立的国有企业，注册资本 100 万元，杨吉涛自 1999 年 3 月至 2004 年 11 月任交易中心经理、法人代表，主营金属材料、化工产品、机电产品，住所地芝罘屯路 73 号（原芝罘屯路 20 号），隶属于烟台商业物资控股有限公司（职工 23—368 人）。交易中心拟改制整体资产评估报告书（烟嘉会评报字〔2003〕第 026 号）载明，该公司所用的水、电、电话未单独设立交费账户，每月按实际使用情况交费于金属材料公司。该公司2001年以前实现利润由金属材料公司合并缴纳，2002年以后独立纳税。3. 交易公司系杨吉涛等49名自然人出资100万元于2004年11月注册成立的有限公司，法人代表庄永辉，主营金属材料、化工产品、机电产品，将金属材料公司及交易中心的职工全部予以接收，住所地芝罘屯路73号（原芝罘屯路20号）。

交易中心改制情况。2004年10月8日，烟台市财贸办公室、烟台市经济体制改革办公室、烟台市发展计划委员会、烟台市国有资产管理局、烟台市财政局联合下发了（2004）60号对烟台市交易中心整体改制进行了批复。（一）改制形式及出资比例：1. 改制形式，同意将交易中心的固有产权一次性整体转让给由你公司考察确定的杨吉涛等49名内部职工共同出资成立的交易公司，并原则同意新公司《章程》，该公司注册资本为100万元。2. 出资比例，同意交易中心职工大会审议通过的出资方案，由杨吉涛等49名自然人股东出资。其中企业法定代表人杨吉涛出资35万元，占35%；48名职工出资65万元，占65%。3. 出资方式，出资人全部以现金出资，企业改制完成后，由改制企业向49名自然人股东签发符合公司法规定要求的出资证明书，明确双方的权利义务，确保出资职工的权益。（二）资产价值、预留费用及抵顶办法：1. 资产价值，经烟台永大会计师事务所有限公司（烟永会审字〔2003〕160号）审计，烟台嘉信有限责任会计师事务所（烟嘉会评报字〔2003〕第026号）评估，并经烟台市国资局（烟国资评字〔2004〕23号）核准，该企业资产总额为15418961.31元，负债总额为10179649.80元，净资产为4639311.51元，扣减该企业改制中发生的评估审计费43000.00元，净资产调整为4596311.51元。2. 预留费用，按照政策规定预留费用共计5402004.10元，其中职工一次性住房资金补偿2563430.10元；离退休人员和职工遗属预留费用2838574.00元。3. 抵顶办法，经预留上述5402004.10元费用后，企业净资产实际为－805692.59元。按照烟发〔2002〕15号文件精神，以该企业占用的芝罘区芝罘屯路20号11637平方米的划拨土地使用权价值（评估价值为614.86万元）抵顶净资产负值至零，以零价格向内部职工转让，抵顶后土地价格余额为5342907.41元，按40%一次性折计土地出让金应缴纳2137162.36元，鉴于该中心负担较重，经营比较困难，且原金属材料公司尚有58名职工的一次性住房资金补偿未预留，为了支持企业发展，经研究，同意将应缴纳的土地出让金留给企业，首先用于支付58名职工的一次性住房资金补偿，剩余部分作为职工风险基金，具体由改制后企业与土地管理部门办理相关手续。（三）改制后企业要保证按照烟发（2002）15号文和烟政办发（2002）87号文的要求承接原交易中心的全部债权、债务及一切遗留问题，接收原企业的全部职工；同时，还要全部接收、管理原金属材料公司的职工和离退休人员，依法与职工重新签订劳动合同，与工会签订集体合同。（四）离退休人员和职工遗属的费用已经预留，改制后企业要按规定发放。（五）职工一次性住房资金补偿已经预留，改制后的企业要与职工签订协议，确保按有关政策兑现。（六）应缴纳的土地出让金作为职工风险基金，要严格按《烟台市市属企业风险基金管理办法》进行管理，并抓紧与土地、工会等部门办理相关手续。（七）改制后，企业要按时足额为职工缴纳各种社会保障基金，严格执行国家规定的用工政策和休假制度；按规定设立党、团、工会组织；自觉接受政府及行业主管部门的管理与监督；依法经营，照章纳税，独立承担民事责任。保证履行按照国家、省、市有关规定承担的计划生育、复退转军人安置、青年应征入伍、环境保护、义务植树、爱国卫生、社会治安综合治理等方面的义务。（八）由公司与职工签订企业产权转让合同书，并报各审批部门。企业改制后你公司要加强对企业的协调指导，按国家法规和市有关规定对企业承担义务的执行情况进行监督检查。批复还对其他事项作了规定。2004 年 10 月 18 日烟台商业物资国有控股有限公司与杨吉涛等 49 人签订了产权转让合同。

交易中心 2003 年度审计报告会计表附注表明：交易中心与金属材料公司往来账项中，交易中心应付金属材料公司期末余额为 10023855.90 元。该审计报告还载明：交易中心 2001 年以前实现利润由金属材料公司合并缴纳，2002 年以后独立纳税。

金属材料公司、交易中心协议抵销情况（财务往来账项情况）。（2008）烟抵债凭字 1 号民事裁定，依据（2004）烟民二初字第 6 号判决，债权人交通银行烟台分行对金属材料公司所享有的借款保证合同债权，依法转让给中国信达资产管理公司济南办事处—烟台市国有资产经营公司—交易公司。2008 年 2 月 4 日，交易公司与金属材料公司签订协议，交易公司所欠金属材料公司借款、货款（滚动借款、应付金属材料公司账户而付款至交易中心账户货款）11 笔计 11294618.91 元与其对金属材料公司所持有的债券 12339910.58 元互相抵销，抵销后，金属材料公司还欠交易公司人民币 1045291.67 元。

金属材料公司财产情况。金属材料公司财产主要有房产、股权、国有土地使用权及办公用品。（2002）烟执字第 342 号民事裁定载明，金属材料公司坐落于芝罘屯路 20 号房产（烟房权证字第 42262 号）被交易中心以 100 万元的价格竞拍，用以偿付中国光大银行烟台支行的债务。（2001）烟执字第 523-3 号民事裁定载明，金属材料公司坐落于芝罘屯路 20 号房产（烟房权证号第 42261 号、建筑面积 2383.28 平方米）被交易中心以 161 万元的价格竞拍，用以偿付交通银行烟台分行的债务。金属材料公司坐落于芝罘屯路 20 号房产（烟房字第 20224 号、建筑面积 5226.27 平方米）被交易中心以 415 万元的价格竞拍，金属材料公司坐落于芝罘区珠中路房产（烟房证第 600340 号、建筑面积 2522.12 平方米）被交易中心以 85 万元的价格竞拍，用以偿付金属材料公司所欠债务。1999 年 12 月 16 日、2002 年 1 月 1 日金属材料公司与交易中心签订股权转让协议，分别将金属材料公司所持唐钢股份法人股 28.5 万股以 4.12 元每股、将金属材料公司所持石家庄钢铁股份有限公司 200 万股股份以 1 元每股转让给交易中心。2003 年 5 月 8 日金属材料公司与交易中心签订股权转让协议，金属材料公司将所持烟台金通物资再生利用有限公司 70% 股权以 334460 元的价格转让给交易中心。烟台市人民政府（烟政函〔1999〕44、45 号）关于收回金属材料公司部分国有土地使用权的函载明，芝罘区芝罘屯路 20 号 50112 平方米中的 34290 平方米国有土地使用权收回，余 15822 平方米重新办理土地使用权变更登记手续；芝罘区珠矶路 51775.2 平方米国有土地使用权收回；该收回的国有土地使用权交易中心于 1999 年 4 月 12 日与烟台市土地管路局签订了国有土地使用权租赁合同；交易公司于 2006 年 6 月 12 日与烟台市国土资源局签订了国有土地使用权出让合同。

另查明：（1998）烟经初字第 298 号烟台市商业银行诉烟台市燃料总公司、金属材料公司借款保证合同纠纷一案，业经调解处理，金属材料公司对烟台市燃料总公司 1500 万元借款本金及自 1998 年 12 月 22 日至 2000 年 12 月 22 日按人民银行贷款基准利率上浮 20% 支付利息承担连带清偿责任。（2003）烟民二初字第 103 号烟台市商业银行诉金属材料公司、烟台市燃料总公司借款担保合同纠纷案，已发生法律效力。金属材料公司偿还烟台市商业银行借款本金 1630 万元及利息 808363 元。（2003）烟民二初字第 105 号烟台市商业银行诉烟台市燃料总公司、金属材料公司借款保证合同纠纷案，已发生法律效力。金属材料公司对烟台市燃料总公司借款本金 170 万元及利息 66597.74 元承担连带清偿责任。（2008）烟刑二初字第 38 号刑事判决，已发生法律效力。该案审理查明，被告人杨吉涛任金属材料公司经理，1998 年 11 月成立交易中心，其性质为国有企业，被告人杨吉涛同时又担任该中心的法定代表人，金属材料公司与交易中心实际上系一套班子两块牌子。2004 年 11 月，交易中心改制为交易公司，法定代表人为杨吉涛，同时金属材料公司的法定代表人变更为当时担任交易公司的财务科长王永青，但并没有实际性交接，公司也没有给王永青刻制法人代表印章。金属材料公司的领用及签字权仍系被告人杨吉涛。该案判决杨吉涛犯贪污罪、受贿罪、挪用公款罪有期徒刑 16 年，贪污所得 150 万元、挪用的本金及孳息 1282255.41 元予以追缴，发还金属材料公司。（2006）莱执字第 239、276、277-1 号民事裁定，申请执行人烟台市商业银行、被执行人金属材料公司，莱山区人民法院以交易公司与金属材料公司系同一公司两块牌子、财产混同、人员混同为由，裁定追加交易公司为被执行人。（2009）烟执复字第 40 号执行裁定，烟台中院认为认定人格混同须有充分的事实与证据前提下依照法律规定通过法定程序方能确认，一审法院认定两公司人格混同证据不充分，理由不成立，2009 年 9 月 21 日裁定撤销莱山区人民法院（2006）莱执字第 239、276、277-1 号裁定。

（2009）烟民破字第 5-1 号民事裁定，金属材料公司于 2009 年 11 月 5 日向烟台中院提出破产还债申请，烟台中院于 2009 年 11 月 7 日裁定受理破产还债申请。截至 2010 年 3 月 10 日金属材料公司管理人确认本案烟台银行申报的债权为 32110177 元。2010 年 1 月 5 日烟台银行向烟台中院提起诉讼，请求判令交易公司偿付金属材料公司所欠其的 3200 万元债务；诉讼费用由被告承担。

烟台中院审理认为：本案双方当事人争执的焦点有三个。一、关于交易中心改制中资产转让的效力。交易中心作为国有公司须对财产进行评估并办理审批和财产转移手续，本案的交易中心整体改制业经烟台永大会计事务所有限公司的审计及烟台嘉信有限责任会计师事务所的评估，业经烟台市国有资产管理局等主管部门的批准，转让合同当事人主体合格，意思表示真实明确，不违反法律法规的规定，无证据证明国有资产存在损失的情形，也不存在程序瑕疵，应当认定有效。二、关于抵销协议书的效力。债权人交通银行烟台分行对金属材料公司所享有的借款保证合同债权，依法转让给中国信达资产管理公司济南办事处（2004 年 8 月）后，又经烟台市国有资产经营公司（2007 年 12 月）转让给交易公司，几次转让均在《大众日报》等报纸进行了债权转让公告，不具备不良债权转让合同无效的情形。交易公司系 2008 年 1 月受让了上述债权，并于 2008 年 2 月与金属材料公司签订了抵销协议书，业已得到烟台商业物资控股有限公司许可，不违反法律法规的规定，烟台中院（2008）烟执债凭字第 1 号民事裁定也给予了确认，应当依法认定有效。烟台银行主张交易公司作为非金融资产管理公司受让人主张受让日之后利息而无效之理由不当，证据不足，该院不予支持。三、关于金属材料公司与交易中心是否构成经营业务混同、公司财产混同。公司人格混同主要表征为组织机构的混同、经营业务的混同和公司财产的混同。特别是公司的财产混同，从根本上违反了资本维持原则和资本不变原则，有可能严重影响关联公司偿债能力，因而也是认定公司人格混同最重要的依据。交易中心 2003 年度审计报告会计报表裁明，交易中心与金属材料公司往来账项中，交易中心应付金属材料公司期末余额为10023835.90元。而2008年2月4日交易中心与金属材料公司签订的抵销协议，烟台中院（2008）烟执债凭字第1号民事裁定给予了确认。金属材料公司与交易公司财会账簿所反映的系借用关系，两公司的经营业务也不尽相同，因此，现有证据不能证明金属材料公司与交易中心两公司资金在其之间随意流转，也不能证明金属材料公司与交易中心构成了经营业务混同。金属材料公司名下主要财产有房产、股权、国有土地使用权及办公用品，从上述查明的本案事实可知，该宗财产的产权变更均履行了相应的司法程序（竞抬、裁定偿债）及行政审批和过户手续，不存在金属材料公司名下的财产被交易中心随意处分的情形；资金流向有始有终，公司的财会账簿已有记载，公司的营业场所、设备及办公用品也未难分彼此，故而金属材料公司与交易中心不构成财产混同。另，金属材料公司系烟台地区物资局1981年3月依财政拨付注册成立的，而交易中心系烟台市物资局于1999年3月注册成立的，股权结构不同，现有证据不能证明两公司的高级管理人员统一调配、统一任命、相互兼任，公司的办公场所、设备及办公用品，彼此明确，故而也不能认定金属材料公司与交易中心组织机构混同。关于（2008）烟刑二初字第38号刑事判决载明的金属材料公司与交易中心实际上系一套班子两块牌子（附属名称）的问题，两公司是否人格混同，应当在公司的组织机构、经营业务和公司财产上予以实体审查来确认，杨吉涛自认的事实系基于诉讼处分权的行使而形成的，没有经过当事人充分的质证，不具有在本诉中免除烟台银行的举证责任之后果。综上，本案从查明的事实及现有证据分析，烟台银行所提供的证据，不能认定金属材料公司与交易中心构成人格混同，故烟台银行请求交易公司承担偿还欠款的诉讼请求不能支持，依法应当驳回其诉讼请求。该院依照《中华人民共和国民事诉讼法》第六十四条第一款的规定，判决驳回烟台银行的诉讼请求，案件受理费201800元、保全费5000元，由烟台银行负担。

烟台银行不服烟台中院上述民事判决，向山东高院提起上诉。山东高院经审理认为：2009年11月17日，烟台中院裁定受理了金属材料公司的破产还债申请，烟台银行已申报债权，2010年1月5日，烟台银行以交易中心和交易公司与金属材料公司构成法人人格混同为由，向烟台中院提起诉讼，要求交易公司承担偿付责任，其追索的实际上是债务人金属材料公司的破产财产。依照破产法的有关规定，烟台银行不能提起要求交易公司直接向其清偿之诉，其有权向受理破产案件法院提起的是债权人代表诉讼，所以本案应裁定驳回烟台银行的起诉。该院经审判委员会研究，依照《中华人民共和国民事诉讼法》第一百零八条、第一百五十三条第一款第（二）项、第二百零四条，《最高人民法院关于适用〈中华人民共和国民事诉讼法〉若干问题的意见》第一百八十六条之规定，裁定：撤销烟台中院（2010）烟商初字第 8 号民事判决，驳回烟台银行的起诉。

烟台银行不服山东高院上述民事裁定，向本院申请再审称，一、申请人的诉讼请求是要求交易公司对金属材料公司的债务承担清偿责任，并非追索金属材料公司的破产财产，一审法院认定事实错误。破产法第三十条、第一百零七条规定，破产财产指破产申请受理时属于债务人的全部财产，以及破产申请受理后至破产程序终结前债务人取得的财产。本案中，申请人向被申请人提起的清偿之诉，是为了实现债权而基于现有证据足以证明金属材料公司与交易公司法人人格混同的情况下，要求交易公司对金属材料公司的 3200 万元债务承担清偿责任。申请人追索的是交易公司的连带责任，不属于金属材料公司破产财产的范畴。破产财产是破产法中的专有概念，应当严格依据破产法第三十条的规定进行界定，而不能随意增减其外延。二审法院认定烟台银行对交易公司提起诉讼是追索金属材料公司破产财产的行为，属认定事实错误。二、申请人向被申请人提起诉讼符合民法通则和公司法关于法人人格否认制度的规定，也符合民事诉讼法第一百零八条的起诉条件，二审法院以烟台银行应提起债权人代表诉讼驳回申请人的起诉没有事实和法律依据，适用法律错误。破产法并未禁止已经申报债权的债权人再向破产企业之外的第三人主张权利，更加没有条款规定债权人追究破产企业连带责任人的诉讼只能以债权人代表诉讼的方式提起，甚至根本没有债权人代表诉讼这一概念。并且，通过审判实践总结的法学理论观点，基本上认可债权人在破产程序中发现债务人存在人格混同情况时，债权人另行对第三人提起诉讼主张债权这一诉讼途径。二审法院关于烟台银行只能向受理破产的法院提起债权人代表诉讼的观点，是对破产法的错误理解和适用。金属材料公司与交易公司在法律上是两个不同的主体，因人格混同而应对债务承担连带清偿责任，但是在法院认定人格混同之前，破产管理人将交易公司的财产纳入破产财产并没有法律依据。二审法院在既没有认定金属材料公司与交易公司人格混同，也没有明确说明交易公司财产属于破产财产的情况下，径直要求烟台银行针对破产财产提起债权人代表诉讼没有事实和法律依据。既然申请人的起诉符合民事诉讼法规定的起诉条件，也具有民法和公司法上的理论依据，法院应对本案进行实体审理，不应对本案不予实体审理而径直驳回，强行要求烟台银行行使所谓代表诉讼这一没有法律依据的诉讼权利，二审法院的裁定实际上是剥夺了申请人的诉权。三、申请人不会因向被申请人提起诉讼获得重复受偿，并且申请人的起诉不会导致对其他债权人的不公。因金属材料公司与交易公司人格混同，都应对烟台银行的债权承担清偿责任。若被申请人清偿对烟台银行的债务后，清偿部分的债权债务随即消灭，金属材料公司将无须再向烟台银行偿还该部分债务，不会导致烟台银行获得双重清偿。并且，"谁主张谁受偿"是民事诉讼的精髓之所在，在各方债权人均有选择权的情况下，其他债权人不向被申请人提起诉讼，并不妨碍申请人行使诉讼权利。是否向被申请人提起诉讼是各方债权人对自身诉讼权利的自由处置，并不会因申请人提起了诉讼而导致不公结果的产生。相反，若因其他债权人的不起诉而禁止申请人的起诉，才是对申请人权利的剥夺和损害。四、被申请人交易公司与本案债务人金属材料公司构成法人人格混同，两公司是一套班子两个牌子的同一公司，被申请人交易公司应对债务人金属材料公司的债务承担清偿责任。根据申请人提供的证据，交易公司与本案债务人金属材料公司是"一套人马两块牌子"，该事实已被生效的法律文书所确认，且交易公司及金属材料公司的上级主管单位也在正式文件中予以认可。另外，申请人提交的证据（其中部分证据为被申请人交易公司在一审程序中所提交）还能够证明两公司法定代表人、高级管理人、组织机构、财产、财务工作人员、经营范围及营业场所混同，财务账目不分，上述情况足以证明交易公司与金属材料公司构成人格混同，交易公司应对烟台银行的债权承担清偿责任。综上，请求依法通过实体审理纠正二审法院的错误裁定，判令被申请人交易公司对金属材料公司的3200万元债务承担连带清偿责任。

交易公司答辩称，一、烟台银行在金属材料公司依法破产后，以法人人格混同为由，要求答辩人向其偿还金属材料公司所欠3200万元银行借款，其追索的实际是金属材料公司的破产财产，行使的是破产债权，依照破产法的有关规定，烟台银行不能向答辩人直接提起清偿给付之诉，烟台银行本案中不具有原告诉讼主体资格，依法应驳回其再审诉讼请求，维持二审裁定。理由是：1. 烟台银行已经明确承认3200万元债权的债务人为金属材料公司，并非本案的答辩人，对于该3200万元债权的债务主体已经予以确认。2. 烟台银行提起一审诉讼之前，烟台中院已经裁定受理金属材料公司的破产还债申请，烟台银行对金属材料公司享有的该3200万元债权依法属于破产债权。3. 烟台银行一审、二审中明确承认其已经就本案所涉未受清偿的3200万元债权，向管理人申报了债权，得到了管理人的确认，而且已经参加了债权人会议，行使破产债权人的相关权利。4. 民法通则第六条和破产法第四十四条以及最高人民法院相关判例，已经确立破产债权人行使权利必须依照破产法的规定进行的基本原则，在法律没有明确授权的情况下，烟台银行无权提起本案诉讼。二、答辩人不是本案的适格被告，对烟台银行该3200万元债权依法不负有偿还责任，应驳回其再审诉讼请求，维持二审裁定。理由是：答辩人是交易中心整体改制后，重新注册成立的有限责任公司，性质为民营企业，原交易中心已经不复存在。改制过程中，交易中心的资产负债经过了中介机构的审计、评估，得到了国有资产管理部门的审核确认，但是并不包括本案所涉3200万元债权，中国人民银行烟台市中心支行也已出具金融债权保全确认书，确认交易中心与烟台市本地金融机构没有债权债务关系，不存在逃废金融债务行为。因此，该3200万元债权即使依法应由交易中心偿还，也由于其未与改制净资产相抵顶，未列入改制审计评估范畴，而依法属于漏债。而且，交易中心国有产权在山东烟台鲁信产权交易中心办理了挂牌交易手续，在挂牌公示期间，金属材料公司债权人均未申报任何债权。因此，答辩人依法对该3200万元漏债不承担任何法律责任，答辩人不是本案的适格被告。三、烟台银行以法人人格混同为由向答辩人提起清偿之诉，在法律程序上存在明显错误，具体表现在以下两个方面：1. 如果烟台银行的主张能够成立，就说明国有资产监督管理部门批准交易中心进行整体改制这一具体行政行为是错误的，导致国有资产严重流失。因此，烟台银行应当首先提起行政诉讼，请求人民法院撤销批准交易中心进行整体改制的决定。在未被人民法院撤销之前，交易中心的独立国有企业法人身份不容改变，交易中心依据政府改制批准文件进行的整体改制、产权交易以及改制后企业的注册登记均具有合法性。2. 如果烟台银行的主张能够成立，因该3200万元的债务主体并非答辩人，其应当首先提起确认之诉，并追加金属材料公司为本案被告，由人民法院确认答辩人与金属材料公司构成法人人格混同，而后其才能够向答辩人提起清偿给付之诉。在未经人民法院确认之前，答辩人与本案无关。四、烟台银行关于山东高院未对其诉讼请求进行实体审理，就直接驳回其起诉，属于遗漏诉讼请求的再审主张，没有事实和法律依据，依法不能成立。五、答辩人具有独立的法人人格，在投资主体、所属人员、资产负债、财务账目、经营业务等方面与金属材料公司并不混同，烟台银行主张答辩人与金属材料公司构成法人人格混同，无事实和法律依据，其主张依法应予以驳回。综上，二审裁定事实清楚，证据充分，适用法律正确，请求依法驳回烟台银行的再审诉讼请求。

本院经审理认为，根据企业破产法的规定，破产申请受理时属于债务人的全部财产，以及破产申请受理后至破产程序终结前债务人取得的财产，甚至破产程序终结后发现的债务人的应当供分配的其他财产，均为破产财产。人民法院受理破产申请后，管理人应当依法追收所有破产财产并在破产程序中依法管理和处分，公平保护全体债权人利益。基于破产财产的个别清偿行为均为无效。烟台银行在人民法院受理其债务人金属材料公司破产申请后，以本案原审被告交易公司与案外人金属材料公司人格严重混同、人员财产无法区分为由，请求法院判令交易公司以其财产直接偿付金属材料公司所欠其3200万元债务的诉讼请求，不符合法律规定。如烟台银行关于交易公司与金属材料公司人格严重混同的主张成立，则交易公司的财产当属金属材料公司破产财产的一部分，应当由管理人通过实体合并破产等有关制度将其纳入到破产财产中一并管理和处分，而不能仅以此部分破产财产优先满足于个别债权人受偿，否则，将与破产法公平受偿的基本原则相违背。虽然，在认定交易公司与金属材料公司人格严重混同后追收回来的破产财产，在清偿破产费用、共益债务、职工债权、税收债权等后，尚有剩余时可以按比例清偿烟台银行及其他普通破产债权人的相关债权，但是，由于人格严重混同追收回来的破产财产与烟台银行之间仅为间接的利害关系，而非直接利害关系。烟台银行在金属材料公司破产申请受理后，无权要求以金属材料公司的破产财产单独清偿其个别债权。因此，原审法院裁定驳回烟台银行起诉并无不当，烟台银行关于原审法院驳回其起诉不当的再审理由，本院不予支持。烟台银行如认为交易公司与金属材料公司确实构成人格严重混同的，可以在金属材料公司破产程序中，通过债权人会议或者债权人委员会监督管理人依法对人格严重混同的交易公司的财产进行追收。管理人无正当理由拒绝追收的，债权人会议可以依据企业破产法第二十二条的规定，申请人民法院更换管理人。管理人不予追收的，烟台银行也可代表全体债权人提起相关诉讼进行追收，但因此追回的财产性质上仍为破产财产，不得用于烟台银行个别债权的优先清偿。如因管理人不依法履行追收职责给烟台银行造成损失的，烟台银行也可以要求管理人承担相应的民事责任。

综上，本院依据《中华人民共和国企业破产法》第十六条、第十七条、第三十条、第四十四条、第一百二十三条，《中华人民共和国民事诉讼法》第一百一十九条第（一）项、第二百零七条的规定，裁定如下：

驳回再审申请，维持原裁定。

一、二审案件受理费各201800元，应当依法退还给烟台银行股份有限公司。

本裁定为终审裁定。

审　判　长　刘　敏

代理审判员　赵　柯

代理审判员　杜　军

二〇一三年五月六日

书　记　员　孙亚菲

4. 公司股东、表意机构、资产发生变更，不影响公司作为独立法人存在

——刘聿、宗勇与金守红、天津市津通房地产开发有限公司、天津市小客车修理厂、天津市交通（集团）有限公司确认合同无效纠纷案

【裁判要旨】

公司作为独立法人，是与其全体股东和管理人员相互分离的实体，独立享有权利和承担义务。公司股东、表意机构、公司资产发生变更，并不影响公司作为独立法人存在，不影响公司对外所签署的协议的效力。

中华人民共和国最高人民法院民事判决书

（2013）民二终字第8号

上诉人（原审原告）：刘聿。

委托代理人：杨继明，天津天子渡律师事务所律师。

委托代理人：田辉。

上诉人（原审原告）：宗勇。

委托代理人：孙华，天津天子渡律师事务所律师。

被上诉人（原审被告）：金守红。

委托代理人：王清坤，上海市志君律师事务所律师。

委托代理人：高士誉，北京中伦文德（天津）律师事务所律师。

被上诉人（原审被告）：天津市津通房地产开发有限公司。住所地：天津市河北区建国道建国公寓1门8楼。

法定代表人：沈根祥，该公司总经理。

委托代理人：王清坤，上海市志君律师事务所律师。

委托代理人：高士誉，北京中伦文德（天津）律师事务所律师。

被上诉人（原审被告）：天津市小客车修理厂。住所地：天津市南开区长

江道 51 号。

　　法定代表人：史克英，该厂厂长。

　　委托代理人：刘建，天津击水律师事务所律师。

　　被上诉人（原审被告）：天津市交通（集团）有限公司。住所地：天津市和平区营口道 10 号。

　　法定代表人：武岱，该公司董事长。

　　委托代理人：刘建，天津击水律师事务所律师。

　　上诉人刘聿、宗勇为与被上诉人金守红、天津市津通房地产开发有限公司（以下简称津通公司）、天津市小客车修理厂（以下简称小客车厂）、天津市交通（集团）有限公司（以下简称交通集团）确认合同无效纠纷一案，不服天津市高级人民法院（2012）津高民二初字第 0006 号民事判决，向本院提起上诉。本院受理后，依法组成由审判员宫邦友担任审判长，审判员朱海年、代理审判员林海权参加的合议庭进行审理。书记员陆昱担任记录。本案现已审理终结。

　　天津市高级人民法院审理查明：津通公司原为刘聿和宗勇出资设立的有限责任公司，其中，刘聿持有津通公司 90% 的股权，宗勇持有 10% 的股权。2002 年 4 月 10 日，刘聿代表津通公司与天津市规划和国土资源局签订《天津市国有土地使用权出让合同》，津通公司受让案涉长江道 51 号宗地。该宗地的性质为国有，由小客车厂占有使用。津通公司与天津市规划和国土资源局签订的《天津市国有土地使用权出让合同》第 3 条约定，津通公司应当按照天津市有关管理规定，完成该宗地及该合同附图所示虚线范围内（界外处理）地上建筑物、其他附着物的拆迁安置并承担所需费用，界外土地达到场清地平后，交由天津市规划和国土资源局管理。

　　2009 年 6 月 16 日，金守红作为乙方，刘聿、宗勇作为甲方，天津市银翔经济发展中心作为丙方，共同签订《股权转让框架合同》，就刘聿、宗勇向金守红转让津通公司 100% 的股权等事宜进行了约定。其中，第 1.3.1 条约定金守红收购津通公司的目的旨在取得位于长江道 51 号原小客车厂所属宗地编号为津南长 2002－022 号未开发地块的土地使用权。第 2.1.2 条约定……股权转让价格为总费用扣除拆迁费后的余额。第 2.2.10 条约定拆迁款的支付条件为刘聿、宗勇已以津通公司的名义与该地块上的所有被拆迁人达成拆迁合同。第 3.1 条约定刘聿、宗勇应在合同签署后 6 个月内完成下列三项工作，……与该地块上的所有被拆迁人签署拆迁合同后 2 个月内将该地块之上的房屋拆迁完毕。

　　《股权转让框架合同》签订后，刘聿、宗勇未能如约履行转让全部股权、与小客车厂签订拆迁协议及其他合同义务，金守红因此于2010年4月29日提起诉讼。天津市高级人民法院于2010年12月21日作出（2010）津高民二初字第0003号判决，确认《股权转让框架合同》有效，各方当事人应继续履行，并判令刘聿、宗勇因未完成房屋拆迁和重新与土地管理部门签订土地出让合同义务而向金守红支付违约金等其他事项。该一审判决生效后，刘聿、宗勇向最高人民法院提出再审申请，该申请被驳回。因刘聿、宗勇未在法定期间履行生效判决确定的义务，金守红于2011年2月15日申请强制执行，其中包括要求强制刘聿、宗勇完成房屋拆迁、签订土地出让合同的义务。2011年9月20日，金守红代表津通公司与小客车厂、交通集团就拆迁补偿签订9.20协议。2012年4月17日，金守红以该协议为依据，起诉刘聿、宗勇支付拆迁补偿款等。2012年5月，刘聿、宗勇以金守红、津通公司、小客车厂和交通集团为被告，向天津市高级人民法院提起该案诉讼，请求确认9.20协议无效，案件受理费由金守红、津通公司、小客车厂和交通集团承担。

天津市高级人民法院认为，根据2002年4月10日刘聿代表津通公司与天津市规划和国土资源管理局签订的《天津市国有土地使用权出让合同》的规定，承担长江道51号宗地拆迁安置工作的主体系津通公司。同时刘聿、宗勇与金守红签订的《股权转让框架合同》第2.2.10条约定拆迁款的支付条件也为刘聿、宗勇已以津通公司的名义与该地块上的所有被拆迁人达成拆迁合同，故应当认定签订拆迁合同的主体为津通公司，而非刘聿、宗勇或金守红个人。津通公司作为独立承担民事责任的法人，具有相应民事权利能力与民事行为能力，系缔约的适格主体。金守红在代表津通公司签订案涉9.20协议时，已经取得了津通公司全部股权，系津通公司的法定代表人，有权代表津通公司为民事法律行为。故刘聿、宗勇所持金守红或金守红代表的津通公司不具备缔约的权利能力或主体资格的主张不能成立。虽然刘聿、宗勇与金守红作为津通公司的新、老股东在《股权转让框架合同》中约定，由刘聿、宗勇在一定期限内完成以津通公司名义与小客车厂签订拆迁协议的义务并承担拆迁费用，但该约定仅约束《股权转让框架合同》的相对方刘聿、宗勇与金守红，刘聿、宗勇亦无证据证明小客车厂与交通集团知晓该内部约定，因此该约定对小客车厂和交通集团不具有拘束力，亦不影响津通公司对外签订的9.20协议的效力。综上，刘聿、宗勇以案涉长江道51号宗地的房屋拆迁协议的签订，必须以刘聿为代表的津通公司的名义，并必须由刘聿、宗勇实施完成，金守红和金守红作为法定代表人的津通公司并不具备缔结51号宗地拆迁补偿和房屋腾空协议的权利能力为由，要求确认金守红代表津通公司签订的9.20协议无效，无事实及法律依据，该院不予支持。依据《中华人民共和国民法通则》第三十六条、《中华人民共和国合同法》第四十四条第一款、《中华人民共和国民事诉讼法》（以下简称民事诉讼法）第六十四条第一款、《最高人民法院关于民事诉讼证据的若干规定》第二条之规定，判决：驳回刘聿、宗勇的诉讼请求。案件受理费641800元人民币，由刘聿、宗勇负担。

刘聿、宗勇不服天津市高级人民法院上述民事判决，向本院提起上诉称：第一，9.20协议应当被确认无效。1. 该案一审判决不公。一审判决的理由只字没有评析刘聿、宗勇提出的主张，也没有提及金守红等的观点；将刘聿、宗勇主张的实施签订拆迁协议行为的主体是刘聿、宗勇，拆迁协议权利义务主体是刘聿、宗勇代表的津通公司，金守红及其代表的津通公司不具签订拆迁协议的资格等概念均进行了偷换；认定《股权转让框架合同》对小客车厂和交通集团不具有拘束力和不影响9.20协议的效力，系事实认定错误。2. 该案一审判决违反既判力原理。（2010）津高民二初字第0003号判决以刘聿、宗勇没有完成房屋拆迁和重新签订土地出让合同而构成违约为由，判令刘聿、宗勇向金守红支付自2009年12月16日至完成合同义务之日的违约金。该案一审判决驳回刘聿、宗勇的请求，不仅剥夺了刘聿、宗勇签订拆迁协议的权利，也无视了（2010）津高民二初字第0003号判决的存在。3. 9.20协议约定，津通公司放弃对小客车厂375万元借款及利息的债权，而这是刘聿、宗勇的财产权益，金守红等无权放弃；约定案涉51号宗地的拆迁费为1.2亿元，由金守红向小客车厂等支付，实际上由于拆迁费的支付主体是刘聿、宗勇，金守红等无权确定拆迁费金额。故9.20协议侵犯了刘聿、宗勇的财产权益，违反了合同相对性原则。4. 9.20协议的签订目的并非金守红等所称的减少各方当事人的损失，而是金守红既要自身获利又要侵害刘聿、宗勇、小客车厂等权益的幌子。9.20协议签订至今，津通公司的法定代表人、资产构成等多次发生变动，拆迁工作亦早已中止。5. 签订案涉51号宗地上的房屋拆迁协议是刘聿、宗勇的契约化和法律化的义务，9.20协议因缔约主体的缔约行为没有法律依据，其签订系非法行为。6. 上诉的焦点问题在于谁是签订、署名和履行房屋拆迁协议的主体。刘聿、宗勇认为，实施房屋拆迁协议的签订人是刘聿、宗勇，署名人是刘聿、宗勇代表的津通公司，履行人是刘聿、宗勇。该案一审判决认为，实施房屋拆迁协议的签订人是金守红，署名人是金守红代表的津通公司，履行人是刘聿、宗勇。假如事实如同该案一审判决的认定，金守红及其代表的津通公司就应承担支付全部拆迁费用的义务，而不应浪费司法资源再另案起诉要求刘聿、宗勇支付拆迁费。第二，一审存在程序违法问题。1. 一审立案存在程序违法。2012年5月10日，刘聿、宗勇诉请确认9.20协议无效，天津市高级人民法院以该诉应在（2010）津高民二初字第 0003 号案中进行抗辩或反诉为由不予立案不当。2. 对于刘聿、宗勇申请该案一审相关人员回避处理不当。3. 允许金守红在（2010）津高民二初字第 0003 号案中增加诉讼请求、追加被告及未依刘聿、宗勇申请中止（2010）津高民二初字第 0003 号案的审理等行为违法。综上，请求：1. 撤销天津市高级人民法院（2012）津高民二初字第 0006 号民事判决；2. 依法改判确认金守红、津通公司与小客车厂、交通集团于 2011 年 9 月 20 日签订的《协议书》无效；3. 本案一、二审诉讼费由金守红、津通公司、小客车厂、交通集团承担。

被上诉人金守红、津通公司答辩称：1. 案涉长江道 51 号宗地受让人以及开发权属于津通公司。津通公司已通过出让方式于 2002 年依法取得该宗地的土地出让合同及建设用地许可证，津通公司是该宗地无争议的开发权人。2. 津通公司是独立法人主体，有权对外行使相应民事权利。在该案中，津通公司作为经工商行政管理部门依法成立的法人单位、拥有该宗地的使用权人以及开发权人，具有独立的民事权利能力和行为能力，可以独立处分该宗地所涉及的一切民事权利，包括对该宗地进行拆迁，津通公司也是在拆迁中与小客车厂及交通集团签订《拆迁协议》的合法主体，且是唯一的主体。3. 金守红有权代表津通公司与小客车厂及交通集团签订《拆迁协议》。津通公司与小客车厂及交通集团于 2011 年 9 月 20 日签订拆迁协议，在此之前，金守红已经合法持有津通公司 100% 股权，并已成为津通公司的法定代表人，且进行了工商变更。金守红有权代表津通公司对外行使民事权利，且津通公司对于金守红的代理行为是予以认可的，该代理行为所产生的后果均由津通公司承担。4. 9.20 协议的签署过程中，并不存在任何损害刘聿、宗勇利益的行为。（1）民事独立处分原则。9.20 协议的订立是平等民事主体即津通公司、交通集团以及小客车厂之间协商一致达成合意的结果，充分体现着民事处分原则，且没有违反法律、法规的禁止性规定，应为有效协议。（2）金守红已经对刘聿履行了督促告知义务。9.20 协议签订之前，金守红已多次发函告知、督促刘聿尽快履行《股权框架转让合同》项下义务，且如果刘聿、宗勇需要津通公司公章证照，金守红和津通公司将全力配合。但刘聿、宗勇并没有任何想要完成上述义务的表态，且没有完成，反而在法院的询问笔录中明确表示不想完成上述义务。（3）9.20 协议的签订是在政府部门的监督领导下进行的。在刘聿、宗勇迟迟不履行合同义务，而津通公司和金守红又面临着拆迁价格上涨的情况下，为了达到防损减损的目的，在南开区政府的主持下，于 2011 年 9 月 1 日达成会议纪要确定拆迁意向。（4）拆迁价格合理。小客车厂最开始的拆迁补偿款报价为净到手 1.3 亿元，后经金守红及南开区政府的努力，降至 1.2 亿元（含税，不含拆迁）。在刘聿控制下的津通公司曾于 2001 年 4 月签订《协议书》，由津通公司与小客车厂合作建房，后由于刘聿违约，小客车厂依该《协议书》未获得的权益包含在了本次拆迁价格中。（5）刘聿、宗勇不是 9.20 协议的合同方，上诉主张没有事实和法律依据，也没有提交关于损失的证据，不是提起本诉的适格主体。5. 一审法院程序合法，刘聿、宗勇上诉理由中提及的程序问题没有事实和法律依据。（1）刘聿、宗勇上诉理由中长篇论述的都是关于（2010）津高民二初字第 0003 号案的所谓程序问题，与本案无关，不应在本案中予以审理。（2）刘聿、宗勇所述的所谓一审程序问题客观上是不存在的。6. 若 9.20 协议被确认无效，必然引起交通集团和国资委返还所收取的拆迁款的后果，所带来的国有资产流失等后果是各方当事人均无法承担的。综上，请求驳回刘聿、宗勇的上诉请求。

被上诉人小客车厂、交通集团答辩称：1. 津通公司具有民事权利能力和行为能力，是签订拆迁协议的适格主体，9.20 协议合法有效。津通公司是依法成立的企业法人，具有民事权利能力，同时其依法取得了 51 号宗地的土地使用权，依法具有对该宗地拆迁经营的权利，故津通公司与交通集团、小客车厂签订的 9.20 协议合法有效。2. 金守红持有津通公司的全部股权，是津通公司的法定代表人，其有权代表津通公司行使职权，金守红对外的经营活动由津通公司承担民事责任。3. 无论津通公司内部对 51 号宗地拆迁职责如何约定，交通集团、小客车厂都属于善意第三人，津通公司、金守红与交通集团、小客车厂签订的 9.20 协议仍应依法成立并生效。津通公司对 51 号宗地拆迁的内部约定，交通集团、小客车厂不知道。而关于土地的拆迁补偿，交通集团、小客车厂只对津通公司也仅对津通公司，无论是刘聿还是金守红也仅仅是代表津通公司与其进行谈判，交通集团、小客车厂从不针对其个人进行商谈。金守红在签订拆迁 9.20 协议时是津通公司的法定代表人，持有公司 100% 的股权（协议签订前，交通集团、小客车厂审核了津通公司的全部工商资料，并依据生效的天津市第一中级人民法院的生效裁定作出上述认定），因此，交通集团、小客车厂与金守红代表的津通公司签订 9.20 协议完全合理合法。4. 9.20 协议已经实际履行，认定无效不利于社会经济秩序的稳定。拆迁《协议书》签订后，交通集团、小客车厂为了履行该协议将办公业务转移，对机器设备和自用房屋进行了搬迁和腾空，津通公司也按约定支付了部分拆迁款，在如此巨大的经济行为进行变动后，协议的有效并继续履行对国家经济秩序的稳定起到至关重要的作用，否则将极大地损害社会公共利益。因此，基于上述理由，9.20 协议亦应当被认定为有效。综上，请求驳回刘聿、宗勇的上诉请求。

本院二审期间，各方当事人均未提交新证据。

本院除对一审法院所查明的事实予以确认外，另查明，刘聿、宗勇与金守红、天津市银翔经济发展中心签订的《股权转让框架合同》第2.1.1、2.1.2条约定，为取得转让标的，当案涉宗地的容积率为1.47时，金守红应支付的总费用为8153万元；容积率为2.4或2.4以上时，金守红应支付的总费用为1.6亿元。股权转让价格为总费用扣除拆迁费后的余额。

金守红在（2010）津高民二初字第0003号案中的诉讼请求为：确认金守红与刘聿、宗勇、天津市银翔经济发展中心签订的《股权转让框架合同》有效；判令刘聿、宗勇继续履行《股权转让框架合同》，立即将15%的股权办理工商变更登记至金守红名下，支付逾期办理津通公司股权变更登记违约金20万元，支付逾期完成容积率调整、拆迁以及重新与土地管理部门签订土地使用权出让合同的违约金人民币1452万元；判令天津市银翔经济发展中心对上述违约金以及实现抵押权的费用承担担保责任；依法确认刘聿无权私自使用津通公司"共管印章文件"，包括但不限于其已经私自在津通公司诉小客车厂起诉状、法定代表人身份证明及授权委托书上加盖的公章无效；判令解除金守红与刘聿于2009年7月2日签订的《共管协议书》，将共管印章文件交由金守红管理；依法确认刘聿于2010年4月2日发出的解除合同通知无效。天津市高级人民法院作出的（2010）津高民二初字第0003号判决，除确认《股权转让框架合同》有效，各方当事人应继续履行，判令刘聿、宗勇因未完成房屋拆迁和重新与土地管理部门签订土地出让合同义务而向金守红支付违约金外，还判令刘聿于2010年4月2日发至金守红的《关于终止合同、款项及股权返还、解除土地担保关系的函》无效；刘聿、宗勇于该判决生效后十日内，将其持有的津通公司15%股权变更工商登记至金守红名下，将其持有的津通公司的公司法人章、财务章、合同专用章、营业执照正副本原件、组织机构代码证原件交予金守红管理；天津市银翔经济发展中心对上述给付事项在1200万元范围内以抵押物价值承担担保责任；驳回金守红的其他诉讼请求。

2011年9月19日，天津市工商行政管理局河北分局出具的《企业法人营业执照（副本）》载明津通公司的法定代表人为金守红。在本院质证过程中，本案各方当事人均认可，在9.20协议签订前，金守红是津通公司的法定代表人，已持有津通公司100%的股权，并进行了工商登记。

案涉9.20协议第3.2条约定，经南开区人民政府组织协商，在津通公司同意相互间不再按天津市第一中级人民法院（2006）一中民二初字第262号民事判决书、（2006）一中民四初字第115号判决书追索对方应付款项的基础上，同意案涉地块的补偿款总额为人民币 12000 万元（含税）。该总额为津通公司、小客车厂变更《协议书》及《补充协议》所约定的合作方式、小客车厂退出案涉地块的开发而需由津通公司支付给小客车厂的补偿总额。除该总额外，小客车厂不再按原合作方式向津通公司索要未得的"1 号楼"利益（面积约为 5130 平方米房屋）、小客车厂设备搬迁费用、被拆除房屋价值、小客车厂停业损失、小客车厂应享有部分的地价款、津通公司所欠原合作中的差价补偿款 54 万元及利息，以及其他费用。津通公司不再向小客车厂索要先前欠款 375 万元及利息，但交通集团、小客车厂应向津通公司开具 375 万元发票，在津通公司支付首笔补偿款时同时开具。

2011 年 11 月 18 日，天津市国土资源和房屋管理局、津通公司与天津金栋投资有限公司（以下简称金栋公司）签订津南长 2002-022 号地块《天津国有土地使用权出让合同》补充合同，约定将 2002-022 号地块《天津国有土地使用权出让合同》的受让方由津通公司调整为金栋公司，并约定若该宗地未于 2015 年 8 月 31 日前竣工，则金栋公司需按日向天津市国土资源和房屋管理局缴纳违约金。

刘聿、宗勇于 2012 年 5 月 10 日出具了本案一审的民事起诉状和对代理人的授权书。刘聿、宗勇的一审代理人孙华在于 2012 年 5 月 21 日接受一审法院询问时阐明，一审法院曾于 2012 年 5 月 21 日之前要求其前往法院接受询问，但孙华以"认为没必要"为由拒绝。一审法院于 2012 年 5 月 21 日询问孙华是否就该案争议在（2010）津高民二初字第 0003 号案中进行抗辩或反诉以节约诉讼费用，并在孙华表明坚持提起独立诉讼后，告知其携带诉讼费前来法院办理立案手续。刘聿、宗勇于 2012 年 5 月 22 日缴纳了本案一审诉讼费，一审法院于 5 月 23 日予以受理。

刘聿、宗勇的一审代理人于 2012 年 7 月 4 日一审法院开庭时，申请相关人员回避。一审法院当即宣布休庭，并于再次开庭时，告知刘聿、宗勇提出的回避理由不成立，驳回其申请。

以上事实有《股权转让框架合同》，天津市高级人民法院（2010）津高民二初字第 0003 号判决书，《企业法人营业执照（副本）》，质证笔录，案涉 9.20 协议书，天津市国土资源和房屋管理局、津通公司与金栋公司签订的津南长 2002-022 号地块《天津国有土地使用权出让合同》补充合同，民事起诉状，授权委托书，询问笔录，《人民法院诉讼收费专用票据（结算）》，法庭审理笔录等在案证实。

本院认为，本案争议焦点有二：一是案涉 9.20 协议是否有效；二是本案一审法院审理过程中是否存在程序违法。

一、关于案涉 9.20 协议的效力问题。

认定 9.20 协议的效力，最核心的问题是金守红是否有权代表津通公司对外签订协议。津通公司作为独立法人，是与其全体股东和管理人员相互分离的实体，独立享有权利和承担义务。刘聿、宗勇依据其与金守红、天津市银翔经济发展中心签订的《股权转让框架合同》，将其持有的津通公司股权转让给金守红，使公司股东、表意机构、公司资产发生了相应的变更，但这并不影响津通公司作为独立法人存在。9.20 协议是交通集团、津通公司与小客车厂就案涉 51 号宗地地上建筑物及其他附着物的拆迁等事宜签署的协议。2002年 4 月 10 日，刘聿代表津通公司与天津市规划和国土资源管理局签订《天津市国有土地使用权出让合同》，约定由津通公司受让案涉 51 号宗地土地使用权，并完成拆迁工作和承担所需费用。刘聿、宗勇与金守红签订的《股权转让框架合同》第 2.2.10 条约定，拆迁款的支付条件为刘聿、宗勇已"以津通公司的名义"与该地块上的所有被拆迁人达成拆迁合同。由此可见，承担拆迁工作、签订拆迁合同的主体为津通公司。在 9.20 协议签署之前，金守红已经取得津通公司全部股权，是津通公司的法定代表人，并依法进行了工商登记。因此，金守红有权代表津通公司对外签署 9.20 协议。

刘聿、宗勇主张应由其签订案涉 51 号宗地上的房屋拆迁协议，实质上是对其与金守红、天津市银翔经济发展中心所签订的《股权转让框架合同》的具体履行方式及违约责任承担方式的主张，不影响津通公司对外与交通集团、小客车厂所签署的 9.20 协议的效力。津通公司在 9.20 协议中对拆迁费的约定、对其与小客车厂合作方式、债权债务关系的处理，亦是津通公司作为独立法人对外从事的经营活动。刘聿、宗勇未能证明这些经营活动因违反法律、行政法规的强制性规定应被认定为无效。在本案二审过程中，刘聿、宗勇亦未提供充分证据证明津通公司自 2011 年 7 月以来的法定代表人、资产构成的变动，对外签订津南长 2002－022 号地块《天津国有土地使用权出让合同》补充合同等行为侵犯了刘聿、宗勇、小客车厂的合法权益而导致 9.20 协议应被确认无效。故本院认为，9.20 协议是协议各方当事人津通公司、小客车厂、交通集团的真实意思表示，且不违反法律、行政法规的强制性规定，不存在应被确认无效的情形，对刘聿、宗勇请求确认 9.20 协议无效的上诉主张不予支持。

二、关于本案一审法院审理过程中是否存在程序违法的问题。

经查，刘聿、宗勇向一审法院提交民事起诉状和对代理人的授权委托书后，一审法院要求其代理人前往法院接受询问，其代理人以"认为没必要"为由拒绝。之后，一审法院建议刘聿、宗勇就该案争议在（2010）津高民二初字第 0003 号案中进行抗辩或反诉以节约诉讼费用，但其代理人表明坚持提起独立诉讼。在刘聿、宗勇缴纳本案一审诉讼费后，一审法院于次日即予以受理。刘聿、宗勇的代理人于一审法院开庭时申请相关人员回避，已由一审法院依法驳回其申请。一审法院受理该案和处理刘聿、宗勇对相关人员的回避申请并无不当。关于刘聿、宗勇认为天津市高级人民法院在（2010）津高民二初字第 0003 号案中允许金守红增加诉讼请求、追加被告及未依其申请中止审理而构成程序违法的问题，因与本案无关，本院不予审理。故本院认为，本案一审法院审理过程中，不存在民事诉讼法第一百七十条第一款第（四）项规定的严重违反法定程序的情形。

综上，一审判决认定事实清楚，适用法律正确，上诉人刘聿、宗勇的上诉理由均不成立，应予驳回。本院依照《中华人民共和国民事诉讼法》第一百七十条第一款第（一）项之规定，判决如下：

驳回上诉，维持原判。

一审案件受理费，按一审判决执行。二审案件受理费人民币 641800 元，由上诉人刘聿、宗勇承担。

本判决为终审判决。

审　判　长　宫邦友

审　判　员　朱海年

代理审判员　林海权

二〇一三年六月三日

书　记　员　陆　昱

5. 股权受让人依据协议约定行使先履行抗辩权

——浙江宋都控股有限公司与百科投资管理有限公司、宋都基业投资股份有限公司股权转让纠纷案

【裁判要旨】

一、《框架协议》的双方当事人是百科投资和案外人宋都集团，并不包括本案被告宋都控股，且百科投资系依据《股权转让协议》要求宋都控股支付股权转让款。因此，确定本案当事人权利义务的依据应是《股权转让协议》及相关合同，而不是《框架协议》。

二、根据《股权转让协议》约定的履行顺序，宋都控股应在百科投资履行土地抵押义务之后，支付股权转让款余款。根据《中华人民共和国合同法》第六十七条规定，当事人互负债务，有先后履行顺序，先履行一方未履行的，后履行一方有权拒绝其履行要求。先履行一方履行债务不符合约定的，后履行一方有权拒绝其相应的履行要求。据此，在百科投资履行土地抵押义务之前，宋都控股有权拒绝支付股权转让款余款。

中华人民共和国最高人民法院民事判决书

(2013) 民二终字第 26 号

上诉人（原审被告）：浙江宋都控股有限公司。住所地：浙江省杭州市江干区杭海路 227 号。

法定代表人：俞建午，该公司董事长。

委托代理人：唐国华，上海锦天城（杭州）律师事务所律师。

委托代理人：赵路，辽宁同方律师事务所律师。

被上诉人（原审原告）：百科投资管理有限公司。住所地：北京市朝阳区东三环中路 59 号楼 802 号。

法定代表人：韩新东，该公司总经理。

委托代理人：李宗胜，北京盈科（沈阳）律师事务所律师。

委托代理人：李法婕，北京盈科（沈阳）律师事务所律师。

原审被告：宋都基业投资股份有限公司。住所地：浙江省杭州市富春路789号宋都大厦506室。

法定代表人：俞建午，该公司董事长。

委托代理人：张彦周，该公司工作人员。

委托代理人：于晓华，该公司工作人员。

上诉人浙江宋都控股有限公司（以下简称宋都控股）因与被上诉人百科投资管理有限公司（原名称为百科投资管理集团有限公司，2010年3月10日变更为现名称，以下均简称百科投资）、原审被告宋都基业投资股份有限公司〔原名称为辽宁百科集团（控股）股份有限公司，2011年12月22日变更为现名称，以下均简称宋都基业〕股权转让纠纷一案，不服辽宁省高级人民法院（以下简称一审法院）（2011）辽民二初字第34号民事判决，向本院提起上诉。本院依法组成由审判员王东敏担任审判长，审判员刘崇理、代理审判员曾宏伟参加的合议庭进行了审理，书记员李洁担任记录。本案现已审理终结。

一审法院经审理查明：

1. 2009年，为实现案外人宋都集团借壳上市、宋都基业扭亏为盈，百科投资与宋都集团签订了一份《关于重组辽宁百科集团（控股）股份有限公司之框架协议》（以下简称《框架协议》）。主要内容包括：（1）宋都集团同意拟将价值30亿元左右的优质资产通过资产置换和资产注入的方式置入宋都基业。（2）宋都集团承诺将借给宋都基业人民币1亿元用于宋都基业解除相关债务使用，并形成宋都基业对宋都集团的欠款，上述宋都基业对宋都集团的欠款不属于本次拟置出资产范围；百科投资同意将使用价值1亿元左右的土地或者现金作为对价，作为宋都集团借给宋都基业人民币1亿元借款偿还宋都基业债务之对价。（3）百科投资承诺宋都基业扣除上述对宋都集团的1亿元欠款后置换出来资产合计价值不超过3.8亿元，并承诺承接从宋都基业置换出来的扣除上述1亿元左右的土地或者现金对价外的全部资产、负债（包括或有负债）以及宋都基业全部人员；宋都集团承诺将宋都基业置换出来的资产、负债（或有负债），扣除作为对宋都基业借款补偿的相关价值1亿元左右土地资产（该资产将留给宋都集团）后，无偿交付给百科投资，确保宋都基业成为一家扣除1亿元对宋都集团的欠款外无资产、无其他负债、无人员的净壳上市公司。（4）百科投资承诺将承接宋都基业资产重组实施完毕前所产生的全部或有负债，百科投资同意将使用其持有宋都基业股权做质押担保。

2. 2009年12月15日，百科投资与宋都控股签订《股权转让协议》（以下称《股权转让协议》）。主要内容包括：（1）百科投资同意将其持有的27896521股宋都基业的股权转让给宋都控股，宋都控股同意受让该部分股权。（2）第3条：百科投资向宋都控股转让标的股权的转让价格为人民币3亿元（转让价格约每股10.75元，共计27896521股）；协议双方一致同意按以下方式支付给百科投资3亿元：①本合同生效之日起14个工作日内，宋都控股向百科投资以现金方式支付款项1亿元，该笔款项支付用于解除标的股权所设质押之用；同时本合同生效之日起14个工作日内，百科投资将标的股权登记变更至宋都控股的证券账户名下；②宋都控股承诺自标的股权登记过户至宋都控股证券账户之日起7日内，向百科投资再支付1亿元的现金，直接用于百科投资解除沈南国用（2003）字第0016号、沈阳国用（2006）第0164号、多国用（2005）第054号三块土地的抵押，百科投资并将该解押后的土地立即抵押给宋都基业；③双方同意在支付完上述两次款项后，余款1亿元作为百科投资与宋都基业所签订的《保证合同》中的履约保证款，自前两笔款项（共计2亿元）支付完毕后十日内，宋都控股支付至百科投资与宋都控股开设的共管账户，该共管账户以百科投资的名义在宋都控股指定的银行开设，由宋都控股预留法定代表人印鉴章，百科投资预留其财务专用章和法定代表人印鉴章，自保证合同生效之日起满一年，宋都控股同意解除该笔转让款1亿元的共管事宜；④自《保证合同》主债务履行完毕之日起满两年，上述保证全部予以解除。（3）第5条：对于宋都基业在交割日前产生的或有负债、未披露的负债所有债务，全部由百科投资承担清偿责任及相关责任。如果债权人就或有负债向宋都基业和/或宋都控股索偿或要求对其该等债务承担连带责任时，宋都基业和/或宋都控股应于该等索偿或要求行为发生后五个工作日内书面通知百科投资，并由百科投资处理该等事宜。如果因或有负债、未披露的负债的所有债务导致宋都基业和/或宋都控股承担诉讼、索赔、损失、损害、赔偿、合理费用支出，则百科投资应向宋都基业和/或宋都控股承担相应的赔偿责任。（4）第10.3条：如果宋都控股未按期支付转让价款，每逾期一日，宋都控股应按迟延支付款项的万分之一向百科投资支付违约金，并赔偿百科投资因此而造成的直接经济损失，但宋都控股因百科投资违约事由而根据本协议约定或根据百科投资应承担本协议所指的重大资产重组项下的《保证合同》保证方的责任扣减转让价款的不在此限。（5）《股权转让协议》还约定："交割日"指"股权过户登记日"；"或有负债/资产"指①宋都基业提供的截止交割日的财务报表中未记载的负债/资产；或②因交割日之前发生的事由而产生的诉讼、仲裁或行政处罚并进而导致宋都基业承担的赔偿、支出或费用；或③因交割日之前宋都基业对外提供的担保并进而导致宋都基业承担的债务；"未披露负债/资产"指①宋都基业提供的截止交割日的财务报表中未披露的负债/资产；或②因交割日之前未披露的负债/资产而产生的诉讼、仲裁或行政处罚并进而导致宋都基业承担的赔偿、支出或费用；或③因交割日之前未披露的宋都基业对外提供的担保并进而导致宋都基业承担的债务。

百科投资于2010年1月18日将其持有的27896521股宋都基业的股权过户给宋都控股，但百科投资未将相关土地抵押给宋都基业；宋都控股尚有5000万元股权转让款未支付给百科投资。

3. 2009年12月15日，宋都控股与百科投资又签订一份《协议书》约定：双方于2009年12月15日签订《股权转让协议》，因涉及宋都基业的利益，不能在《股权转让协议》中体现相关条款，现在本协议中将相关条款明确如下：宋都控股尽力促使宋都基业或其控制公司现金出资一个亿（作为合资公司经营之用，为期一年，一年之后按公司股东的各自比例实际出资）跟百科投资以其所持有的上述土地合作成立一家公司，并将百科投资持有的该合作公司的股权和该土地立即质押/抵押给宋都基业，若该合作不能同时完成的，百科投资必须先将该解押后的土地立即抵押宋都基业。以上条款双方确认跟《股权转让协议》具有同等法律效力，各方受其约束。宋都控股与百科投资分别在该《协议书》上盖章确认。但对该协议，双方并未实际履行。

4. 同日，宋都基业与宋都控股（乙方）、案外人平安置业（丙方）、案外人郭轶娟（丁方）签署《资产置换及发行股份购买资产协议》（以下简称《资产置换协议》）。主要内容包括：（1）第2条：宋都控股以其持有的宋都集团72%的股权，平安置业以其持有宋都集团20%的股权，郭轶娟以其持有宋都集团8%的股权（以上各方合计持有宋都集团100%的股权）按照各自持有宋都集团股权的比例与宋都基业全部资产和负债（拟置出资产）进行等值资产置换，并以上述拟进行置换的股权价值超出拟置出资产价值部分认购宋都基业本次发行的全部股份——即资产重组，包括"资产置换"和"发行股份购买资产"。其中"资产置换"即：宋都基业以其拥有的拟置出资产，与乙方、丙方、丁方持有的宋都集团的股权（拟注入资产）按乙方、丙方、丁方各自持有宋都集团股权的比例进行等值置换，签约方同意拟置出资产由乙方、丙方、丁方或其指定的第三方承接。（2）第6.1.1条：拟置出资产包括：标的资产和标的股权，其中标的资产为宋都基业拥有所有权的资产及与该等资产的相关债权债务等非股权性资产，标的股权为宋都基业直接或间接持有的下属子公司的股权，包括控股股权和参股股权。（3）第6.1.4条：签约方同意，本协议签署后，宋都基业必须保证拟置出资产在交割日内全部交割给乙方、丙方、丁方或其指定的第三方，如不能在交易完成日交割的，未交割部分的资产即归宋都基业所有，其产生的收益亦归宋都基业所有，但该资产产生的负债或亏损及其他相关责任，由《保证合同》约定的保证方承担；未能在约定期限内交割的负债由《保证合同》约定的保证方承担。第6.1.5条：签约方同意，本协议签署后，宋都基业应披露而未披露的资产在交割日后仍未转出的，该资产归宋都基业，但该资产产生的负债或亏损及其他相关责任，以及未能交割的负债由《保证合同》约定的保证方承担。第6.1.6条：签约方同意，本协议签署后，因完成本次重大资产重组所需的延续费依据签约方确认的清单作为附件，由宋都基业承担偿付责任，但在交割日前产生的未在清单上列明的费用，应由《保证合同》约定的保证方承担。第7.1条：拟置出资产及其相关业务在相关期间产生的盈利由宋都基业享有，亏损根据《保证合同》约定的保证方承担。第7.3条：签约方同意以交易交割日前一月月末为交割审计日，于该日由审计师对拟置出资产于相关期间的净损益进行审计，如经审计，拟置出资产于相关期间的净损益为正，则由宋都基业享有；如为负，则根据《保证合同》约定的责任方承担。第9.17条：债权人同意。宋都基业承诺在本次重大资产重组二次董事会前取得所有负债的债权人的同意函，同意将宋都基业交割日前的所有负债转由拟置出资产的承接方承担，如未能在约定时间取得债权人同意函，则根据《保证合同》由约定的保证方承担。第11.5.6条：除乙方、丙方、丁方在本协议内或根据本协议明确承担的债务和责任外，与拟置出资产相关之其他债务和责任（包括但不限于未向乙方、丙方、丁方披露的或有事项或有负债，除非宋都基业证明已向乙方、丙方、丁方披露并由乙方、丙方、丁方确认其同意承担责任）由《保证合同》约定的保证方承担；因此而产生的诉讼判决、裁定及/或仲裁裁决责任和所发生的所有诉讼及/或仲裁费用亦由《保证合同》约定的保证方承担。（4）该协议还定义："拟置出资产"指宋都基业拟置出的全部资产及负债，具体范围以最终出具的评估报告及其资产评估明细表中列明的评估范围为准；"拟注入资产"指"乙方、丙方、丁方于本次交易拟注入的全部宋都集团的股权"；"交易交割日"指宋都基业向乙方、丙方、丁方交付发行的股票及向乙方、丙方、丁方或其指定的第三方交付拟置出资产，以及乙方、丙方、丁方向宋都基业交付拟注入资产的日期，该日期由签约方于本次资产重组获得中国证券监督管理委员会（以下简称证监会）核准之后另行协商确定；"基准日"指"本次交易的评估基准日，即2009年12月31日"；"相关期间"指"自基准日（不包括基准日当日）至交易交割日（包括交易交割日当日）的期间，但是在计算有关损益或者其他财务数据时，系指自基准日至交易交割日前一月月末的期间"；"披露"指"本次重大资产重组具有证券从业资格的资产评估机构出具的关于拟注入资产、拟置出资产的以 2009 年 12 月 31 日为基准日的《资产评估报告》及其资产评估明细表中列明的评估范围、具有证券从业资格的会计师事务所有限公司就拟注入资产、拟置出资产的财务报告出具的以 2009 年 12 月 31 日为基准日的审计报告及其明细表中列明的范围以及中国证券监督委员会指定的信息披露的平台所公布的信息"。

5. 同日，百科投资、案外人潘广超作为保证人与被保证人宋都基业签订一份《保证合同》约定：鉴于宋都基业与宋都控股、平安置业、郭轶娟业已签署了《资产置换协议》；百科投资与宋都控股签订《股权转让协议》，百科投资将其持有的宋都基业 27896521 股股份全部转让给宋都控股；上述资产置换及发行股份购买资产或股权转让完成前，百科投资为宋都基业的控股股东，潘广超为宋都基业的实际控制人，为充分保护宋都基业的利益，经友好协商，订立保证合同。第 4 条：百科投资、潘广超的保证范围为《资产置换协议》约定的应由宋都基业承担的交割日（本合同中所指的"交割日"与《资产置换协议》中的定义一致）前产生的宋都基业的未披露负债和或有负债、未披露资产和或有资产、未披露事项和或有事项及其他负债、资产、事项所产生的责任（包括但不限于《资产置换协议》中约定的应由宋都基业履行而未按约履行的责任及在《资产置换协议》中明示由本合同的百科投资、潘广超承担的责任）。第 5 条：保证方式为连带责任保证；百科投资同意以其根据与宋都控股签订的《股权转让协议》约定取得的部分股权转让款及百科投资直接或间接持有的土地作为履行本合同的担保。第 6 条：保证期间从宋都基业的股权登记至宋都控股证券账户名下之日起开始计算满两年。

6. 2010 年 1 月 13 日，宋都控股与百科投资签订一份《补充协议》。为促动宋都基业重组方案顺利推进，确保重组过程中百科投资拟置出资产的安全，双方约定：在百科投资将其持有的 27896521 股宋都基业股票过户给宋都控股之后，至 2009 年 12 月 15 日各方签署的《资产置换协议》第 11.3 条规定的置出资产交割之前，宋都控股承诺新任董事会、监事会不会干涉宋都基业现有经营团队对宋都基业现有业务的正常经营权；在标的股票交割之前，百科投资确保宋都基业仍应遵照各方于 2009 年 12 月 15 日签署的《资产置换协议》的约定，及时处理好自身资产、负债的整理工作，及时处理好人随资产走的约定，并做好相关工作人员的劳动合同过渡准备；自本协议签订之日起，宋都基业即开始注册一家全资子公司，拟将宋都基业名下现有全部资产、负债、长期投资等拟置出资产注入一全资子公司，该全资子公司的经营由宋都基业现有经营团队负责。

2010 年 3 月 19 日，宋都基业召开 2009 年度股东大会对董事会、监事会进行换届。2010年4月2日，宋都基业召开第七届董事会第二次会议，审议通过本次交易方案，并与宋都控股、平安置业、郭轶娟签订《补充协议》及相关文件。

7. 2010年4月2日，浙江勤信资产评估有限公司出具《辽宁宋都基业（控股）股份有限公司资产重组拟置出资产评估项目资产评估报告》[浙勤评报（2010）83号]。

8. 2011年1月11日，百科投资向宋都控股发出《承诺函》。承诺：百科投资同意在本次交易获得证监会批准后，在《资产置换协议》或《补充协议》约定的交易交割日进行资产交割时，对于未能在交易交割日前清理完毕或剥离出宋都基业的负债，宋都基业如账面货币资金不足以支付时，百科投资同意宋都控股可从需支付给百科投资的股权转让余款中缴存相应金额的货币资金至宋都基业进行支付。如果发生《保证合同》中约定由百科投资应承担责任的事项，百科投资亦同意宋都控股从需支付给百科投资的股权转让款中抵减因此事项产生任何支出。

9. 宋都基业在网站上公布的《2011年半年度报告》中确认：2011年上半年货币资金为57590854.90元、负债总额为43701821.45元，货币资金大于负债。其中，母公司货币资金年初余额为21757799.02元、负债为19682115.75元，货币资金大于负债；期末余额为2534659.50元、负债为19319752.72元，货币资金小于负债。

2011年9月23日，宋都基业取得了证监会证监许可〔2011〕1514号《关于核准辽宁宋都基业（控股）股份有限公司重大资产重组及向浙江宋都控股有限公司发行股份购买资产的批复》。2011年10月15日，宋都基业完成注入资产的工商变更登记手续。2011年10月20日，宋都基业收到登记公司出具的证券变更登记证明，宋都控股、平安置业、郭轶娟的相关证券登记手续已办理完毕。2011年10月22日，宋都基业与宋都控股、平安置业、郭轶娟签署了《资产交割确认书》。

10. 2011年10月24日，宋都基业在网站上发布《非公开发行股票发行结果暨股本变动公告》及《重大资产置换及发行股份购买资产暨关联交易实施情况报告书》报告相关事项。

11. 2011年10月宋都基业在网站上公布《资产置换及发行股份购买资产协议暨关联交易报告书》报告相关事项。

12. 2012年1月12日，宋都基业分别在《辽宁日报》和《北京晨报》上登载了向百科投资、潘广超发出的《关于要求尽快履行保证义务的通知》；2012年1月16日，宋都基业又向百科投资及其法定代表人和潘广超邮寄送达了《关于要求尽快履行保证义务的通知》，其中附：《保证合同》《资产置换协议》《公司变更登记核准通知书》《保证义务金额明细表》，并对上述送达行为分别以（2012）辽诚证民字第 79、80、81、82、83、84、85、798 号公证书予以声明及保全公证。

13. 百科投资举出的证据宋都控股向百科投资发出的《承诺函》，其主要内容为，宋都控股、郭轶娟承诺：同意在本次交易获得证监会批准后，在《资产置换协议》或补充协议约定的交易交割日将本次交易中的拟置出资产无偿赠予给百科投资。宋都控股和郭轶娟同时保证平安置业同意将拟置出资产无偿赠予给百科投资。该《承诺函》的落款处没有签订日期，只有宋都控股公章及俞建午、郭轶娟签字。对此，宋都控股对该《承诺函》的真实性有异议，宋都控股于 2012 年 6 月 26 日，向一审法院提交《文检鉴定申请书》，请求法院对该《承诺函》中的印鉴、签字的真实性进行文检鉴定。

百科投资于 2011 年 11 月 3 日向一审法院提起诉讼，以宋都控股仍欠百科投资 5000 万元购买股票款拒不支付，宋都控股将该 5000 万元非法给予宋都基业为由，请求人民法院判令：1. 宋都控股向百科投资支付购买股票欠款人民币 5000 万元及违约金（按同期人民银行贷款利率计算，自 2010 年 12 月 15 日至给付之日止）；2. 宋都基业对上述欠款承担连带给付赔偿责任。

宋都控股答辩称：1. 百科投资未按《股权转让协议》约定将土地抵押给宋都基业，因百科投资在先义务未履行，宋都控股有权行使先履行抗辩权；2. 百科投资请求给付的 5000 万元是其对宋都基业的履约保证金，为确保履约担保金不减损，宋都控股不向百科投资支付股权转让余款，不构成违约，不应承担违约责任。

针对百科投资的起诉，宋都控股提出反诉，要求扣减 5000 万元股权转让款中的 4100 余万元，理由是发生了百科投资应承担的《保证合同》约定的担保责任，依据《股权转让协议》的约定，应从股权转让款中扣减。一审法院（2011）辽民二初字第 34 号裁定驳回反诉。

一审法院认为：宋都控股与百科投资签订的《股权转让协议》，是双方的真实意思表示，不违反法律、行政法规的强制性规定，合法有效，双方应依约履行相应责任。本案双方争议的焦点是：1. 宋都控股是否应在给付百科投资 5000 万元股权转让款中扣减相关支出和费用 41998274.16 元；2. 宋都基业是否应对宋都控股应承担的债务承担连带赔偿责任。

1. 关于宋都控股是否应在给付百科投资 5000 万元股权转让款中扣减 41998274.16 元问题。百科投资是否构成违约直接关系到是否应在 5000 万元股权转让款中扣减相关费用问题，而只有明确了置出资产到底应该置出给谁，才能判定百科投资是否构成违约。但百科投资与宋都控股恰恰对《资产置换协议》中所涉拟置出资产到底应置出给谁存在重大分歧。对拟置出资产所属权的确认，属于百科投资与宋都控股、平安置业、郭轶娟及宋都基业在资产置换过程中产生的纠纷，与本案百科投资与宋都控股之间的股权转让纠纷属于不同的法律关系，且资产置换纠纷的相关事实并未查明，决定了对宋都控股的反诉请求不应合并审理。所以，本案对宋都控股的反诉不予审理，也不能在宋都控股尚欠的 5000 万元股权转让款中扣减其反诉的相关支出和费用，其可针对该相关支出和费用另行提起诉讼。

对于百科投资关于宋都控股应按同期人民银行贷款利率承担违约金的诉求。因在有关置换资产的纠纷未予审理情况下，无法认定宋都控股未给付百科投资 5000 万元是否构成违约；百科投资在其诉求中也没有举证证明宋都控股构成违约，造成其损失的事实及理由。所以，对于百科投资的这一诉求，不予支持。

关于宋都控股的先履行抗辩权。因双方在《股权转让协议》中约定：3 亿元股权转让款分三次给付，每次给付 1 亿元，宋都控股给付百科投资第二个 1 亿元直接用于对三块土地的解押，百科投资将解押后的土地立即抵押给宋都基业。但宋都控股在给付百科投资 2 亿元后，百科投资也未将解押后的土地抵押给宋都基业，宋都控股在此情况下仍继续履行了第三步，给付百科投资最后 1 亿元中的 5000 万元。这足以说明宋都控股对百科投资未将解押后的土地抵押给宋都基业的事实是接受并认可的，所以，百科投资未有在先义务未履行，宋都控股也不具有先履行抗辩权。故宋都控股应履行给付百科投资剩余的 5000 万元股权转让款。

2. 对于宋都基业是否应对宋都控股上述欠款承担连带赔偿责任问题。因百科投资提供的《公告》并不能证明宋都控股已将 5000 万元股权转让款给予宋都基业。所以，百科投资请求判令宋都基业承担连带赔偿责任，没有事实及法律依据，一审法院不予支持。

综上，经一审法院审判委员会讨论决定，一审法院依照《中华人民共和国合同法》第八条、第六十条、第一百零七条、第一百零九条，《中华人民共和国民事诉讼法》第一百二十八条之规定，于 2012 年 12 月 5 日判决：一、宋都控股于该判决生效之日起十五日内给付百科投资股权转让款人民币5000 万元；二、驳回百科投资的其他诉讼请求。案件受理费人民币 291800元，由宋都控股承担。

宋都控股不服上述判决，向本院提起上诉称：一审判决认定事实不清，适用法律错误，请求撤销该一审判决，驳回百科投资的诉讼请求。理由是：

第一，一审判决认定事实不清。《框架协议》未经证监会核准，且早已终止。一审法院却加以认定并予以采信。第二，一审判决判令宋都控股给付百科投资 5000 万元履约保证金，缺乏事实和法律依据。尚未支付的 5000 万元股权转让款已经转为《保证合同》项下百科投资作为保证人承担保证义务的履约保证金，受《保证合同》约束，且该保证金的退还条件尚未成就，故该 5000 万元不应支付给百科投资。第三，一审判决认定宋都控股不具有先履行抗辩权，系适用法律错误。根据《股权转让协议》第三条约定，宋都控股支付第一笔 1 亿元时，百科投资应将股权过户至宋都控股名下，支付第二笔 1 亿元时，百科投资应将三块土地抵押给宋都基业，第三笔 1 亿元与三块土地共同作为百科投资对宋都基业的履约担保，直至《保证合同》主债务履行完毕之日起两年内百科投资无应承担的保证责任，其履约担保方可解除。但在宋都控股完成第一个 1 亿元的支付后，百科投资未按约定完成股权过户，而是要求宋都控股继续支付 1.5 亿元，否则拒绝办理股权过户手续。为了促进百科投资履行合同义务，宋都控股被迫超额支付了 5000 万元的股权转让款。一审判决以宋都控股超额支付为由认定宋都控股接受并认可了百科投资未将土地抵押给宋都基业的事实，并认为宋都控股不具有先履行抗辩权没有事实依据，认定错误。宋都控股的先履行抗辩权并未丧失。目前已有生效判决确认了宋都基业对外应承担的责任，根据《保证合同》的约定，属于百科投资应承担保证责任的范围。

百科投资答辩称：一审判决认定事实清楚，适用法律正确，应予维持。理由是：第一，一审认定《框架协议》效力是正确的。《框架协议》已经实际履行，无法解除。一审法院认定协议有效并无错误。第二，按照双方《股权转让协议》第 3 条 3.2（3）中约定：自保证合同生效之日满一年，宋都控股同意解除第三笔转让款 1 亿元的共管事宜。《保证合同》生效时间是 2009 年 12 月 15 日，宋都控股主张百科投资承担保证责任的时间为 2012 年 1 月 12 日，此时，共管条件已经不存在，宋都控股支付该笔款项的条件已经成就。第三，一审认定百科投资没有履行抵押属实，双方用实际履行改变合同是正确的。《框架协议》第 5 条约定宋都控股投资 1 亿元，百科投资同意将使用价值 1 亿元左右的土地或者现金作为对价，作为宋都控股借给宋都基业人民币 1 亿元借款偿还宋都基业债务之对价。这是土地抵押的基础约定，其后，双方签订拟打算成立房地产公司的《协议书》。抵押土地只有两个目的，一是成立合作公司，另一个是履行保证债务清理的义务，二者均与股权转让没有任何关系。按照《股权转让协议》的约定，百科投资需在 2010 年 1 月 6 日前将股权过户，但实际上，宋都基业股权转让在客观上是不可能在这么短的时间内完成的，宋都控股陈述支付 1.5 亿元是百科投资逼迫的结果，没有任何证据。宋都控股在 2010 年 3 月 19 日接管宋都基业后，已经从《2011 年半年度报告》中及实际运营中发现宋都基业货币资金等足以偿付债务，再以抵押形式进行担保已经没有任何意义。经双方协商一致同意，变更了股权过户的时间，解除了以土地抵押形式作出担保的有关内容，故宋都控股始终没有要求百科投资抵押土地。宋都控股以土地未抵押为由主张先履行抗辩权不能成立，百科投资没有将土地抵押给宋都基业，但该土地目前无任何抵押，不影响宋都控股行使抵押权。百科投资与宋都控股等还有其他诉讼案件，但这些案件与本案无直接利害关系，其诉讼结果均不影响本案。其他诉讼所确定的债权债务均不属于保证合同中所约定的未披露负债和或有负债的范畴，而且《保证合同》约定的百科投资对债权债务的清理均有赖于 2.9 亿元拟置出资产置出给百科投资。宋都控股严重违反重组系列合同约定，将应置换给百科投资的置出资产转移给双方约定之外的其他公司，即使百科投资不履行清理、剥离相应债务的义务，也属于合理行使抗辩权的行为。百科投资如果再抵押土地，则其权利将进一步受到巨大损失。

本院二审查明：1. 宋都控股不服（2011）辽民二初字第 34 号裁定向本院提起上诉，在本院二审期间，宋都控股以需要调整当事人，另案起诉为由，申请撤回对裁定的上诉。本院已以（2013）民二终字第 27 号裁定准许宋都控股对裁定的撤诉。2. 百科投资以宋都控股、宋都基业、平安置业、郭轶娟等为被告提起一系列诉讼案件，主张宋都基业的置出资产应归属百科投资，而宋都控股方却擅自处置置出资产，请求法院判令宋都控股方对此给百科投资造成的损失予以赔偿。其中涉及置出资产中百科板材出资份额一案已经终审，因宋都控股方申请再审，本院已以（2013）民申字第 375 号通知书通知当事人立案审查。3. 证监会发布的《上市公司收购管理办法》（2008 年修订）第七条规定，被收购公司的控股股东或者实际控制人不得滥用股东权利损害被收购公司或者其他股东的合法权益。被收购公司的控股股东、实际控制人及其关联方有损害被收购公司及其他股东合法权益的，上述控股股东、实际控制人在转让被收购公司控制权之前，应当主动消除损害；未能消除损害的，应当就其出让相关股份所得收入用于消除全部损害作出安排，对不足以消除损害的部分应当提供充分有效的履约担保或安排，并依照公司章程取得被收购公司股东大会的批准。

本院对一审查明的其他事实予以确认。

本院认为，《框架协议》的双方当事人是百科投资和案外人宋都集团，并不包括本案被告宋都控股，且百科投资系依据《股权转让协议》要求宋都控股支付股权转让款。因此，确定本案当事人权利义务的依据应是《股权转让协议》及相关合同，而不是《框架协议》。宋都控股与百科投资签订的《股权转让协议》是双方的真实意思表示，不违反法律、行政法规的强制性规定，合法有效，双方应依约履行。一审中，针对百科投资的起诉，宋都控股答辩中提出两个抗辩理由：1. 不支付5000万元属行使先履行抗辩权。2. 该5000万元属于百科投资的履约保证金，不应支付。这也是宋都控股主要的上诉理由。如果两个上诉理由之一成立，宋都控股的上诉即应得到支持。

关于宋都控股是否享有先履行抗辩权。1. 先履行抗辩权的合同及法律依据。根据《股权转让协议》第3条的约定，（1）在《股权转让协议》生效之日起14个工作日内，即2010年1月6日前，宋都控股向百科投资支付股权转让款1亿元，百科投资将标的股权登记过户至宋都控股的证券账户内。（2）百科投资将标的股权登记过户至宋都控股的证券账户之日起7日内，宋都控股再向百科投资支付1亿元股权转让款，该款用于解除沈南国用（2003）字第0016号等三块土地的抵押。该三块土地解押后，应立即抵押给宋都基业。（3）余款1亿元作为百科投资与宋都基业签订的《保证合同》中的履约保证款，支付至共管账户。根据《股权转让协议》约定的履行顺序，宋都控股应在百科投资将沈南国用（2003）字第0016号等三块土地抵押给宋都基业之后，支付余款即第三笔1亿元股权转让款。合同法第六十七条规定，当事人互负债务，有先后履行顺序，先履行一方未履行的，后履行一方有权拒绝其履行要求。先履行一方履行债务不符合约定的，后履行一方有权拒绝其相应的履行要求。据此，在百科投资将沈南国用（2003）字第0016号等三块土地抵押给宋都基业之前，宋都控股有权拒绝支付第三笔1亿元股权转让款。百科投资陈述经其与宋都控股协商同意，解除了以土地抵押形式作出担保的有关内容，但百科投资未能提供其他证据证明。故本院对其该陈述不予采信。2. 宋都控股是否放弃了先履行抗辩权。一审法院认为，宋都控股在百科投资未将解押后的土地抵押给宋都基业的情况下，支付了第三笔股权转让款1亿元中的5000万元，属于宋都控股对未抵押土地的认可。该认定实际上是推定宋都控股完全放弃了先履行抗辩权。宋都控股主张其系被迫支付了第三笔转让款中的5000万元，百科投资则认为是双方协商的结果，但无论宋都控股因何支付该5000万元，在没有其他证据的情况下，推定其放弃了该5000万元部分的先履行抗辩权，并进而推定其亦放弃了尚未支付5000万元的先履行抗辩权显属不当。宋都控股在本案中主张先履行抗辩权，表明宋都控股并未放弃其尚未支付的5000万元股权转让款的先履行抗辩权。3. 百科投资以《框架协议》的约定等作为不履行抵押义务的理由能否成立。（1）前文已经分析，

《框架协议》不能作为确定本案双方当事人权利义务的依据，故《框架协议》关于土地抵押的约定不能成为百科投资不履行土地抵押义务的依据。（2）百科投资与宋都控股2009年12月15日签订的《协议书》涉及了土地抵押的内容，但该《协议书》约定，如果宋都控股与百科投资共同成立公司的合作不能完成，百科投资必须将该三块土地立即抵押给宋都基业。双方对共同成立公司的合作未能完成的事实并无异议。故根据《协议书》的约定，涉案的三块土地亦应抵押给宋都基业。（3）宋都控股和百科投资均认可，土地抵押有为百科投资应对宋都基业承担的责任提供担保的目的。宋都基业所有的货币资金不能作为百科投资对宋都基业应承担责任的担保，故百科投资以宋都基业所有的货币资金足以偿付债务为由不履行土地抵押义务亦不能成立。《框架协议》与《资产置换协议》对宋都控股的重组中置出资产的归属约定不一致，因置出资产的归属问题，百科投资与宋都控股等产生了一系列诉讼，其中有案件已进入申请再审立案审查程序。百科投资与宋都控股对于百科投资是否应承担相应的担保责任亦有争议，虽然宋都控股申请撤回了相关诉讼，但其表示将另案起诉。在置出资产的归属和百科投资应否承担担保责任尚有争议的情况下，百科投资未履行《股权转让协议》约定的其应先履行的土地抵押义务，而要求宋都控股履行其在后的支付股权转让款的义务，缺乏法律依据。

4. 关于宋都控股行使先履行抗辩权的意义。《保证合同》第4条约定，百科投资和案外人宋都基业实际控制人潘广超的保证范围为《资产置换协议》约定的应由宋都基业承担的交割日前产生的宋都基业的未披露负债和或有负债等所产生的责任。《保证合同》第5条约定，抵押是百科投资及潘广超履行《保证合同》的担保形式之一。宋都基业的控股股东百科投资、实际控制人潘广超向宋都基业提供担保，符合《上市公司收购管理办法》第七条的要求，除了保证宋都基业的合法权益，还有保证宋都基业控股股东发生变化后的所有股东合法权益的作用。因此，在百科投资不履行其在先的土地抵押义务时，宋都控股行使先履行抗辩权，其意义不限于保护自身的合同权利，还有保护宋都基业及宋都基业其他股东合法权益的作用。总之，宋都控股主张先履行抗辩权有合同及法律依据，其并未放弃先履行抗辩权，百科投资拒不履行其在先合同义务的理由不能成立，且宋都控股主张先履行抗辩权还有保护宋都基业及宋都基业其他股东合法权益的意义，故宋都控股主张先履行抗辩权应予支持，百科投资关于宋都控股、宋都基业连带向其支付5000万元欠款及违约金的主张没有事实和法律依据。

综上，宋都控股关于先履行抗辩权的上诉理由成立，一审判决认定事实错误，适用法律不当，本院予以纠正。本院依照《中华人民共和国民事诉讼法》第一百七十条第一款第（二）项之规定，判决如下：

一、撤销辽宁省高级人民法院（2011）辽民二初字第34号民事判决；

二、驳回百科投资管理有限公司的诉讼请求。

本案一审案件受理费291800.00元，二审案件受理费291800.00元，均由百科投资管理有限公司负担。

本判决为终审判决。

审　判　长　王东敏

审　判　员　刘崇理

代理审判员　曾宏伟

二〇一三年六月八日

书　记　员　李　洁

6. 合伙企业实际出资人与名义出资人的关系如何处理

——李生堂与白正祥、横山县韩岔乡庙渠煤矿、王成宝、石守社、王子强、王子岗、张引林企业出资人权益确认纠纷案

【裁判要旨】

根据合伙企业法的相关规定，合伙企业是由合伙人共同签订合伙协议并出资设立的，合伙人享有与其出资相对应的合伙份额，并承担相应责任。但在实践中，有的合伙企业实际出资人与签订合伙协议的合伙人不相一致，可能存在多层次的出资关系，以及不同于合伙协议及工商登记记载的实际出资份额。对于这种情况，在合伙企业内部应尊重当事人之间的约定，不应以合伙协议或工商登记记载为依据否认实际出租人的权益。

此外，合伙企业中不同层次的出资人之间还可能存在约定的出资依附关系，即由名义出资人代实际出资人对外行使权利、履行义务，行为后果归于实际出资人的法律关系。由于出资依附关系的确认对于实际出资人的利益具有重大影响，如果各方对于出资依附关系的成立和被依附主体存在争议，在没有相反证据证明的情况下，应尊重实际出资人自身的意思表示。

中华人民共和国最高人民法院民事判决书

（2013）民提字第 23 号

申请再审人（一审被告、二审上诉人、原再审申请人）：李生堂。

委托代理人：鲁智勇，北京市中盈律师事务所律师。

被申请人（一审原告、二审被上诉人、原再审被申请人）：白正祥。

委托代理人：张军，陕西格道律师事务所律师。

委托代理人：白正刚。

原审被告：横山县韩岔乡庙渠煤矿。住所地：陕西省榆林市横山县韩岔乡白岔村。

法定代表人：张引林，该矿矿长。

委托代理人：赵海龙，该矿工作人员。

原审第三人：王成宝。

委托代理人：许炜，北京市中凯律师事务所西安分所律师。

原审第三人：石守社。

委托代理人：贺雪波，陕西正北律师事务所律师。

原审第三人：王子强。

原审第三人：王子岗。

原再审申请人：张引林。

委托代理人：鲁智勇，北京市中盈律师事务所律师。

申请再审人李生堂为与被申请人白正祥、原审被告横山县韩岔乡庙渠煤矿（以下简称庙渠煤矿）、原审第三人王成宝、石守社、王子强、王子岗、原再审申请人张引林企业出资人权益确认纠纷一案，不服陕西省高级人民法院（2011）陕民再字第00007号民事判决，向本院申请再审。本院于2012年10月25日以（2012）民监字第286号民事裁定书裁定提审本案，并依法组成由审判员雷继平担任审判长，代理审判员李志刚、原爽参加的合议庭进行了审理，书记员陆昱担任记录。本案现已审理终结。

陕西省榆林市中级人民法院一审查明：2004年5月12日，王子强与谷尚昌为代表的庙渠煤矿签订协议一份，约定双方合作经营庙渠煤矿，由谷尚昌担任矿长。同时约定经煤矿董事会过半数人同意后，可以向外扩股、转股、售股。在扩、转、售股时，原股东股金是否扩、转、售由本人决定，但不能影响整体扩、转、售股。同时还约定，东方红煤矿与庙渠煤矿纠纷由庙渠煤矿负责解决，并承担经济赔偿责任，在纠纷未彻底解决前，庙渠煤矿应向王子强缴纳押金200万元整，纠纷解决后，王子强全部退还给庙渠煤矿。同年5月13日，庙渠煤矿给王子强出具了名为王子岗的股东出资证明书、股东证，载明王子岗名下有股金160万元，并加盖了庙渠煤矿的公章和法定代表人杨润的私章。

2004年10月7日，白正祥、李生堂作为乙方与甲方庙渠煤矿负责人杨润、谷尚昌签订了《转股契约》，约定：煤矿原股为820万元整。王子强160万元的股金转给乙方，并将王子强的股东证变更给乙方；王子强在煤矿的财务手续由王子强和庙渠煤矿负责处理，乙方不负任何责任；乙方进矿后，首先由庙渠煤矿安排参与原王子强的一切工作，以后需要变动，由甲、乙双方协商解决。该协议有谷尚昌、杨润和白正祥、李生堂、王子强及庙渠煤矿其他出资人的签名捺印。同年 10 月 8 日，王子强出具了收到白正祥、李生堂支付的庙渠煤矿 160 万元股金转让款 219 万元的收据，并将其持有的王子岗名下 160 万元的股东出资证明书、股东代表证交给了白正祥一方。同日，由白正祥等人雇佣的会计郑国勤给白正祥、李生堂、石守社、李建林分别出具了收据，收据载明：白正祥交庙渠煤矿入股款 25 万元，李生堂交庙渠煤矿入股款 65.5 万元，石守社交庙渠煤矿入股款 68.5 万元，李建林交庙渠煤矿入股款 60 万元。上述金额合计 219 万元。后李生堂参与了煤矿经营管理工作，白正祥到内蒙古乌海市生活。

2004 年 10 月 28 日，郑国勤制作了《分红花名表》，给白正祥、李生堂名下的投资人发放了分红款，160 万元股金分红 32 万元，分红占股金份额的比例为 20%。

2005 年 9 月，李生堂将上述庙渠煤矿 160 万元股金转让给王成宝，王成宝向李生堂支付了部分款项。同时王成宝从庙渠煤矿其他出资人处也受让了部分股份。同年 11 月 3 日，李生堂给白正祥、石守社、李建林名下各以存款方式存入现金 25 万元、68.5 万元、60 万元，共计金额为 153.5 万元。后将存款单交给郑国勤，郑国勤于 2005 年 11 月 5 日造表发放给每人名下的投资人。

2006 年 4 月 29 日，郑国勤收到李生堂交付的 105.5 万元款项后，向李生堂出具了收到分红款的收据，并将所收款于 2006 年 5 月 6 日制作《分红花名表》发放给李生堂以外的投资人。

2007 年 8 月 30 日，白正祥以其他出资人得到煤矿股份的分红，而自己未能得到，才发现李生堂将其名下股份转让给他人为由，与庙渠煤矿及李生堂交涉未果，向陕西省榆林市中级人民法院提起诉讼，请求确认李生堂向王成宝转让股金份额的行为无效，确认白正祥在庙渠煤矿的 820 万元股金中占有 112.1461 万元的份额，诉讼费和因诉讼引起的一切费用由庙渠煤矿、李生堂承担。

一审期间，对于李生堂转让给王成宝的庙渠煤矿 160 万元股金价格如何约定的事实，李生堂陈述双方未就 160 万元股金转让款单独协商，而是将庙渠煤矿总股金由 820 万元升值为 2500 万元、按增值比例计算 160 万元股金份额的价款。王成宝在受让上述股金份额后先支付了大部分转让款，于 2008 年 8 月至 9 月将欠付的剩余转让款支付给了李生堂。另外，白正祥、李生堂受让王子强、王子岗庙渠煤矿股金份额后取得的股东出资证明书和股东证原由郑国勤保管，现由白正祥持有。

李生堂为证明其向王成宝转让股权的行为经过白正祥的同意，提交了一份与白正祥之间的通话录音。白正祥认可该录音是其本人的声音，但对录音内容不予认可，称与其通话内容不符。一审法院认定该录音真实性，但以该录音言语表达含糊、存有疑点为由，对该证据材料不予采信。

陕西省榆林市中级人民法院一审认为：本案争议的焦点是李生堂转让白正祥、李生堂共同受让的庙渠煤矿820万元总股份中的160万元是否经白正祥等人同意；李生堂与王成宝之间的转让行为是否有效；白正祥请求确认其在庙渠煤矿820万元总股份中享有112.1461万元股份的请求是否应予支持。

对上述争议焦点，一审法院认为，本案双方当事人对白正祥、李生堂以219万元价款受让了庙渠煤矿820万元总股份中的160万元股份，以及白正祥、李生堂合法持有王子岗名下160万元的股东出资证明书的事实无争议，故白正祥、李生堂与庙渠煤矿原有股东形成合伙投资经营庙渠煤矿的关系。

对于白正祥主张在购买160万股股份时，其名下的出资应为153.5万元的理由是否成立的问题。第三人石守社认为其附属于白正祥名下，对股份转让并不知情。李建林认为其系独立出资，并不依附于他人，且知晓并同意出让股份的观点，既与2004年10月7日庙渠煤矿、王子强与白正祥、李生堂等人签订的《转股契约》不符，又与郑国勤制的《分红花名表》中其签字领取款项的事实相矛盾，故应认定其名下60万元是附属在白正祥名下的出资。而李生堂并未在《分红花名表》中领取款项，属独立于白正祥以自己名义出资的受让合伙人。李生堂认为李建林、石守社均为独立出资的合伙受让人的理由，无有效证据支持，不能成立。白正祥和李生堂受让160万股股份时，白正祥名下的出资额为153.5万元，在160万元股份中，按比例白正祥应占112.1461万元的股份。

对于白正祥、李生堂共同受让股份的转让问题，白正祥否认其知晓并同意转让出资股份，李生堂以其经与白正祥协商并取得同意后转让160万元股份的理由，其所主张的股权转让既未写书面协议，而且与白正祥共同受让股权所取得的股东出资证明书仍由白正祥持有，同时，李生堂与王成宝就转让160万元股权价款数额并未单独协商，对款项支付时间及方式等陈述不一致。根据《中华人民共和国合伙企业法》第二十二条第一款规定："除合伙协议另有约定外，合伙人向合伙人以外的人转让其在合伙企业中的全部或者部分财产份额时，须经其他合伙人一致同意。"而李生堂除提交了与白正祥电话录音及给白正祥、石守社、李建林名下存款单据被白正祥、石守社否认不能证明其主张事实外，再无其他有效证据证明。王成宝就其取得白正祥和李生堂共同受让的160万股股权的所有权并参与煤矿合伙权利的事实也未提供相关证据证明。《中华人民共和国民事诉讼法》第六十四条第一款规定："当事人对自己提出的主张，有责任提供证据。"《最高人民法院关于民事诉讼证据的若干规定》第二条规定："当事人对自己提出的诉讼请求所依据的事实或反驳对方诉讼请求所依据的事实有责任提供证据加以证明。没有证据或者证据不足以证明当事人的事实主张的，由负有举证责任的当事人承担不利后果。"据此，李生堂理当承担举证不能的法律后果。故应认定李生堂出让160万元股权中白正祥出资部分未经白正祥同意的事实成立。其将与白正祥共同受让的庙渠煤矿原始股份160万股份额中白正祥名下出资153.5万元得到的股份转让给王成宝的行为应当认定无效，李生堂由此收取王成宝支付款项，后转付给白正祥等人雇佣会计郑国勤的款项153.5万元和105.5万元，以及王成宝受让160万元股权中白正祥名下出资得到的股权后所得利益应当相互返还，但鉴于当事人未予诉请，也未提交相关证据，故本案不予审理。依法应当确认白正祥名下153.5万元的出资在庙渠煤矿总股份820万元中取得112.1461万元股份的权利。综上，一审法院判决：一、李生堂给王成宝转让的属于白正祥名下出资153.5万元得到的庙渠煤矿中股权的行为无效；二、白正祥名下在庙渠煤矿820万元总股份中享有112.1461万元股份的权利。案件受理费18620元，由李生堂承担15000元，白正祥承担3620元。

李生堂不服一审判决，向陕西省高级人民法院提起上诉称：一、一审判决认定事实错误。1.《转股契约》分别出具的四份收据证明219万元系四人出资、各自独立，不存在依附关系。李建林已明确说明其股本独立，不依附于他人。李生堂因参与庙渠煤矿的经营管理，在收到转让款后先扣除自身份额，剩余部分再由会计郑国勤分给其他人，不能证明其他出资人的出资都在白正祥名下。一审判决将李建林的出资归到白正祥的名下错误。2.李建林称已经收到退股的本金和转让的增值部分，说明转让已经完成，一审判决仍认定白正祥享有庙渠煤矿的股金份额错误。3.白正祥主张其2005年收到的25万元是分红款而非股金转让款，但其提交的2005年11月5日《分红花名表》明显经过篡改，一审对此未予甄别、认定。2005年庙渠煤矿生产经营受阻，未予分红，各出资人领取的与其出资金额相等的款项系股金转让款，但一审判决未予认定。4.李生堂提交的电话录音内容清楚、无任何疑点，是本案重要证据，一审判决认定该录音真实性，却以录音含糊、有疑点为由未予采信。

二、一审判决适用合伙企业法第二十二条第一款及民事诉讼法第六十四条错误。综上，请求撤销一审判决，改判驳回白正祥的诉讼请求。

白正祥答辩称：一审判决认定事实清楚、适用法律正确、判决结果公正，应予维持。一、白正祥拥有庙渠煤矿112.1461万元的合伙出资份额。李生堂、白正祥与王子强签订《转股契约》，共同以219万元的价格受让了王子强在庙渠煤矿中160万元的股金份额。白正祥、李生堂作为《转股契约》的当事人，是庙渠煤矿的合伙人，其他出资人均依附于两人名下。除李生堂名下的投资65.5万元外，其他153.5万元的出资都依附于白正祥。白正祥名下的出资人共同委托郑国勤担任会计，并分别于2004年10月28日、2005年11月5日、2006年8月6日制作《分红花名表》可以证明。二、白正祥从未委托李生堂向王成宝转让其合伙出资份额。李生堂称本案争议的合伙出资份额已于2005年9月转让，但2005年11月、2006年8月白正祥仍然在收取红利，《分红花名表》和收据均注明款项为分红款。李生堂转让的合伙出资份额没有明确的转让价格，仅凭一份存有疑点的录音资料不能证明白正祥同意转让。综上，请求驳回李生堂的上诉请求，维持一审判决。

石守社答辩称：一、李生堂称其与白正祥、石守社及案外人李建林同为庙渠煤矿的独立合伙人与事实不符。石守社并非《转股契约》的当事人，故其名下若干出资人的出资包括自己的出资均依附于白正祥，李建林的出资也同样依附于白正祥。二、石守社通过会计郑国勤收到款项属实，但均系分红款，而非李生堂所称的转让出资份额款。石守社在本案诉讼前对李生堂向王成宝转让出资份额毫不知情，如果按照李生堂主张的石守社系庙渠煤矿独立合伙人，则李生堂转让石守社的出资份额未经事先授权和事后追认，应属无效。综上，请求驳回李生堂的上诉请求，维持一审判决。

陕西省高级人民法院对一审法院认定的事实予以确认。

陕西省高级人民法院二审认为：2004年10月7日，白正祥、李生堂与庙渠煤矿的负责人杨润、谷尚昌签订了《转股契约》，王子强将其在庙渠煤矿享有的160万元的股金，转让给白正祥和李生堂。该《转股契约》系各方当事人的真实意思表示，内容不违反法律、行政法规强制性规定，应为有效。白正祥和李生堂已向王子强支付219万元的受让股金对价，王子强并将名为王子岗的股东出资证明书交给白正祥，各方当事人对此均无异议，故白正祥和李生堂在庙渠煤矿820万元的股金中享有160万股的股份。

本案争议的焦点是李生堂将其与白正祥在庙渠煤矿享有的160万股的股份转让给第三人王成宝，是否征得白正祥及其他合伙人的同意，转让行为是否有效；白正祥是否在庙渠煤矿820万元的股金中享有112.1461万元的股份。

对上述争议焦点，李生堂现无直接证据证明向王成宝转让其与白正祥的160万股份时征得白正祥的同意。其一，既没有白正祥同意转让其股金份额的书面协议，也没有与受让人王成宝达成的书面转让协议及160万份股份转让的对价；其二，依附于白正祥的出资人石守社亦称李生堂未通知其股金转让的事实，其在诉讼时方知股份被转让了。其三，依照《中华人民共和国合伙企业法》第二十二条的规定，合伙企业存续期间，合伙人向合伙人以外的人转让其在合伙企业中的全部或者部分财产份额时，须经其他合伙人一致同意。李生堂转让其与白正祥的160万元的股份予合伙人以外的人王成宝，没有证据证明征得其他合伙人的同意。其四，至今白正祥仍持有受让王子强160万元股金的股东出资证明书。虽然，李生堂提供了白正祥将其起诉至法院以后作的与白正祥谈话的电话录音，但该电话录音内容含糊，意思表述矛盾。根据《最高人民法院关于民事诉讼证据的若干规定》第六十九条"存在疑点的视听资料不能单独作为认定案件事实的依据"之规定，因该电话录音无其他证据佐证，故电话录音不具有证明力。虽李生堂以存单形式分别给白正祥存款25万元，给石守社存款68.5万元，给李建林存款60万元，但其不能提供上述个人同意以存单形式支付投资的证据。且根据《转股契约》，白正祥和李生堂系160万元股金的受让人，而石守社、李建林非160万元股金的受让人，由此证明，石守社、李建林的投资依附于白正祥，李生堂将依附于白正祥的石守社、李建林的款项以存单形式向其支付，也无证据证明征得白正祥的同意。综上，李生堂的上诉理由不能成立。一审法院认定李生堂转让白正祥153.5万元的股金无效、确认白正祥在庙渠煤矿820万元的股金中享有112.1461万元的股金权利并无不当。一审法院认定事实清楚，适用法律正确，应予维持。判决：驳回上诉，维持原判。

李生堂不服陕西省高级人民法院上述二审民事判决，向本院申请再审称：一、李生堂取得了以下足以推翻原判决的新证据：原庙渠煤矿的隐名出资人郑国发、李建林、李明荣及原合伙人谷尚昌出具的证明，隐名出资人刘崇海、刘崇江于2006年5月至8月领取股本金的单据，（2005）横民初字第464号民事调解书、（2006）陕民一终字第94号民事判决书。上述证据充分证明白正祥知晓并同意李生堂向王成宝转让股份的事实，以及庙渠煤矿2005年只亏损无盈利，隐名出资人在2005年11月5日领取的是退股款，而不是分红。二、原一、二审判决认定白正祥占有庙渠煤矿112.1461万股金份额与客观事实不符。李建林在一审庭审及法庭调查中均明确表示其知晓并同意转让其名下的股份，一、二审判决认定白正祥的股份包含李建林明确表示出让的部分，认定事实错误。李生堂一审提交的电话录音证据，足以证明其向王成宝转让160万元股金份额已经征得白正祥同意，白正祥对该录音证据没有提出鉴定。三、原一、二审判决认定事实依据的主要证据是变造的。白正祥否认其知晓并同意转让160万元股金份额的主要证据是三份《分红花名表》，其中一张2005年11月5日《分红花名表》系白正祥变造，该表实为退股本金发放表。四、原一、二审判决适用法律错误。本案适用《中华人民共和国合伙企业法》第二十一条认定李生堂转让股份未经白正祥同意、适用《最高人民法院关于民事诉讼证据的若干规定》第六十九条否定电话录音证据的证明力错误。综上，原一、二审判决在事实认定、法律适用上均存在严重错误，请求撤销一、二审判决，驳回白正祥的全部诉讼请求，由白正祥承担本案的全部诉讼费用。

案外人张引林不服陕西省高级人民法院上述二审民事判决，向本院申请再审称：2007年10月9日，庙渠煤矿的四名记名合伙人孔令发、谷尚昌、郭维成、范廷瑛与张引林签订《煤矿转让协议》，将庙渠煤矿的全部股权转让给张引林。原一、二审判决认定白正祥在庙渠煤矿全部820万元股金中拥有112.1461万元的份额，处分了张引林的相应权利。张引林与本案审理结果有直接利害关系，本案应追加张引林为第三人。请求撤销一、二审判决，驳回白正祥的全部诉讼请求，由白正祥承担本案的全部诉讼费用。

本院经过审查，以（2010）民申字第1045号民事裁定，指令陕西省高级人民法院再审本案。

陕西省高级人民法院再审认为：关于李生堂提交的刘崇海、刘崇江领取股本金的单据，因二人未出庭，无法判断其真实性，且该证据及李生堂提交的郑国发、李建林、李明荣、谷尚昌的证言，均不能证明白正祥知晓并同意李生堂向王成宝转让股份的事实。关于李生堂提交的两份法律文书只能证明庙渠煤矿因与横山县韩岔乡东方红煤矿（以下简称东方红煤矿）及横山县韩岔乡白岔村委西庄村民小组发生纠纷，向其赔偿损失的事实，亦不能证明白正祥知晓并同意李生堂向王成宝转让股份的事实。二审判决适用《中华人民共和国合伙企业法》第二十一条认定李生堂转让股份未经白正祥同意并无不当。关于李生堂提供的其与白正祥的电话录音，内容模糊，且无其他证据佐证，白正祥对录音内容、录音形式均有异议，二审判决适用《最高人民法院关于民事诉讼证据的若干规定》第六十九条的规定认定电话录音不具有证明效力并无不当。关于一审庭审中，李建林表示其知晓并同意李生堂转让其名下的股份一节，不能就此证明李生堂向王成宝转让股份已经征得白正祥的同意，且依附白正祥的出资人石守社亦称李生堂未通知其股份转让的事实。根据《转股契约》，白正祥和李生堂系 160 万元股金的受让人，石守社、李建林的投资是依附于白正祥，李生堂将依附于白正祥名下的石守社、李建林的款项以存单形式支付股金，无证据证明征得白正祥的同意。李生堂称 2005 年 11 月 5 日《分红花名表》系白正祥变造，没有证据证明，其申请再审理由不能成立。

关于案外人张引林是否应该追加为本案第三人的问题。据张引林称，2007 年 10 月 9 日原庙渠煤矿的四名记名合伙人与其签订了《煤矿转让协议》，张引林持该协议将庙渠煤矿变更为个人独资企业，2008 年 6 月 5 日领取了营业执照，即在本案的一审判决作出前，庙渠煤矿已经变更为张引林的个人独资企业。庙渠煤矿是本案的当事人，庙渠煤矿与张引林的利益是一致的。一审判决宣判后，庙渠煤矿没有上诉，二审宣判后，该矿没有申请再审。现张引林认为一、二审判决损害其合法权益，要求追加其个人为本案第三人的理由不能成立。依据《中华人民共和国民事诉讼法》第一百五十三条第一款第（一）项之规定，判决：维持（2009）陕民二终字第 34 号民事判决。

李生堂不服陕西省高级人民法院上述再审判决，向本院申请再审称：一、有新的证据，足以推翻原再审判决。李生堂提交的李建林、谷尚昌、隐名出资人郑国发于 2010 年 4 月 30 日出具的《证明》，隐名出资人李明荣于同日出具的《关于我将庙渠煤矿股份转让给王成宝的情况说明》以及隐名出资人刘崇海、刘崇江等于 2006 年 5 月至 8 月领取股本金的单据属于新的证据，证明：1. 白正祥实际上知晓并同意李生堂向王成宝转让案涉股份，并已收取退股款；2. 庙渠煤矿 2005 年没有分红，2005 年 11 月 5 日的《分红花名表》系白正祥变造而成，该表实为退股款分发表。二、原再审判决认定的基本事实缺乏证据证明。1. 原二审判决认定白正祥占有庙渠煤矿 112.1461 万元股份错误。上述股份不属于白正祥一个人，而属于白正祥、石守社和李建林三人，而李建林在一审庭审和调查笔录中均表示知晓并同意转让其持有的股份。2. 原二审法院拒绝采信李生堂提交的通话录音证据是错误的。李生堂在原一审中提交的与白正祥的通话录音内容清晰，足以证明其向王成宝转让 160 万股股份已经征得白正祥的同意。三、原再审判决认定事实的主要证据是伪造的。2005 年 11 月 5 日《分红花名表》是白正祥变造的，该表实际上是退股本金发放表。四、原再审判决适用法律错误，原再审判决适用《中华人民共和国合伙企业法》第二十一条及《最高人民法院关于民事诉讼证据的若干规定》第六十九条的规定，认定李生堂转让股份未经白正祥同意，并否定李生堂与白正祥通话录音证据的证明力，系适用法律错误。五、原再审法院已书面决定回避的审判人员没有回避案件审理。综上，依照《中华人民共和国民事诉讼法》第一百七十九条第一款第（二）项、第（六）项、第（八）项及第二款的规定，请求再审法院对本案进行提审，撤销陕西省高级人民法院原再审民事判决，驳回白正祥的全部诉讼请求，由白正祥承担本案全部诉讼费。

被申请人白正祥答辩称：一、本案审理程序合法，原再审判决关于合议庭成员未变更的笔误已经裁定补正。二、原再审判决认定事实的证据充分。（一）白正祥不知晓且未同意李生堂向王成宝转让财产份额。1. 李生堂和王成宝对其二人转让白正祥财产份额的转让合同的成立和生效承担举证责任。2. 李生堂提供的证据包括农行存款单、收条、电话录音及李建林的证言，其中农行存款单和收条均为间接证据，只能证明白正祥的收款事实，不能证明款项性质为财产份额的转让费；电话录音仅证明李生堂与白正祥就财产份额的转让曾发生争议，但不能反映转让价格；李建林的证言与事实不符，上述证据均不能证明转让合同成立并生效。3. 即使转让合同成立，王成宝的陈述也能证明转让合同已经解除。（二）白正祥拥有庙渠煤矿112.1461万元财产份额。1.《转股契约》证明借用李建林和石守社名义的出资人只能将其出资依附于白正祥或李生堂名下。2.《出资证明》《转股证明》《分红花名表》与李生堂、石守社的陈述以及郑国勤、李建林的证言均能互相印证，证明石守社的68.5万元出资和借用李建林名义的60万元出资均依附于白正祥名下，白正祥的出资总额为153.5万元。三、原再审判决对合伙企业法第二十一条的适用并无不当，以《最高人民法院关于民事诉讼证据的若干规定》第六十九条之规定对电话录音未予认定适用法律正确。四、李生堂再审期间提交的所谓新证据，包括郑国发的证言、李建林和谷尚昌的《证明》、李明荣的《关于我将庙渠煤矿股份转让给王成宝的情况说明》、刘崇海和刘崇江所谓领取股本金的单据，在证据真实性、关联性、合法性上均有所欠缺，不能推翻原审判决。五、李生堂主张原审判决认定事实依据的主要证据属于变造的观点不能成立。综上，李生堂的再审申请理由不能成立，请求人民法院予以驳回。

本院经再审审理，对原一、二审程序中查明的事实予以确认。再审另查明：

一、本院再审期间，申请再审人李生堂提交了以下证据材料：1. 李建林、谷尚昌、隐名出资人郑国发于2010年4月30日出具的《证明》，隐名出资人李明荣于同日出具的《关于我将庙渠煤矿股份转让给王成宝的情况说明》以及隐名出资人刘崇海、刘崇江等于2006年5月至8月领取股本金的单据，用以证明：白正祥实际上知晓并同意李生堂向王成宝转让案涉股份，并已收取退股款；庙渠煤矿 2005 年没有分红，2005 年 11 月 5 日的《分红花名表》系白正祥变造而成，该表实为退股款分发表。白正祥认为上述材料不是新证据，对其真实性、关联性均有异议。2. 留存在庙渠煤矿的王子岗的《股东代表证》和《股东出资证明书》，《股东代表证》标注"转给李生堂"，用以证明李生堂代表白正祥等人行使在庙渠煤矿中的权利。白正祥对该证据真实性有异议，主张另一份保留在郑国勤处的《股东代表证》没有标注"转给李生堂"。

二、2002 年，庙渠煤矿经工商注册登记成立为个人合伙企业，工商登记的四名合伙人为谷尚昌、孔令发、郭维成、范廷瑛。《合伙协议》载明：四人均以货币出资，共计 70 万元，其中谷尚昌投资 20 万元，其他三人分别投资 30 万元、10 万元、10 万元。其后，孔令发、郭维成、范廷瑛持有的合伙财产份额经过数次转让。至 2004 年 5 月，庙渠煤矿的股金总额确定为 820 万元，其中王子强拥有 160 万元份额。

三、陕西省横山县人民法院 2005 年 8 月 26 日作出（2005）横民初字第 464 号民事调解书，确认庙渠煤矿与横山县韩岔乡白岔村西庄村民小组全体村民之间发生的侵权纠纷达成调解协议，庙渠煤矿一次性向村民支付补偿款 49.8 万元，村民不再干扰与阻挡庙渠煤矿的生产。陕西省榆林市中级人民法院 2006 年 9 月 7 日作出（2005）榆民一初字第 11 号民事判决，认定庙渠煤矿与东方红煤矿于 2004 年至 2005 年期间因越界开采产生争议，判令庙渠煤矿赔偿东方红煤矿采矿权益损失 8497544.20 元。该判决经陕西省高级人民法院二审予以维持。

四、本案原二审期间，横山县煤炭票据结算中心出具《证明》，内容为：庙渠煤矿 2004 年度销售原煤 51386.4 吨，2005 年度销售原煤 36252 吨。原二审法院赴横山县煤炭票据结算中心对该《证明》的内容进行了调查核实。

五、李生堂一审期间提交的其与白正祥之间的通话录音显示，白正祥对于李生堂将庙渠煤矿 160 万元股金份额转让给王成宝的行为是知晓并同意的，并且通过其委托的会计郑国勤收取了部分转让款，但由于王成宝未及时、足额支付剩余转让款，并且白正祥名下的其他实际出资人对于转让股金份额不满意，因此白正祥提起诉讼，不再将股金份额转让给王成宝。对于该份通话录音，白正祥认为内容模糊、取得方式不合法、无法准确判断其通话时的意思表示，但对与李生堂通话的事实及录音的真实性未提出异议，也未申请司法鉴定。

六、白正祥原一审期间提交了 2004 年、2005 年、2006 年三份《分红花名表》，称三份表格均系郑国勤制作，用于向 160 万元股金份额项下的数十名实际出资人发放分红款项。李生堂对 2004 年《分红花名表》的真实性予以认可，但主张 2005 年、2006 年两份《分红花名表》分别发放的是转让股金份额所获得的退股款和股金增值款，其中 2005 年《分红花名表》经过白正祥变造。经查，2004 年、2005 年两份表格所用纸张的纸型、大小均一致，2004 年表格的纸张上部标明"分红花名表"字样，但 2005 年表格的纸张上部明显被撕毁，撕毁边缘处可见书写痕迹，纸张底部用另一种颜色的墨水标明"庙渠煤矿分红花名表"字样，两份表格形式上存在显著区别。根据 2005 年《分红花名表》的记载，李生堂、白正祥名下的 160 万元股金份额 2005 年获取的分红比例是其实际出资额 219 万元的 100%。

七、本院再审期间，白正祥申请谷尚昌作为证人出庭作证，经合议庭及双方询问，谷尚昌称，李生堂、白正祥从王子强处受让庙渠煤矿股金份额后，二人均参与煤矿管理，半年后白正祥不再参与管理。李生堂、白正祥入股以后，庙渠煤矿于 2004 年按股金份额的 20% 进行了一次分红，2005 年未分红。2006 年再次分红，当时李生堂等人的股金份额已经全部转让给王成宝，庙渠煤矿只有谷尚昌、王成宝的股份，因此 2006 年分红系分给谷尚昌、王成宝二人，与李生堂等人无关；王成宝受让的价格是将庙渠煤矿全部股金折算为2500 万元，因此该次分红总股金按照 2500 万元计算，分红比例为总股金的50%。谷尚昌、王成宝将股份转让给张引林时，并未告知张引林与李生堂等人存在的内部股金份额争议。

本院认为，张引林虽于 2012 年 2 月向本院申请再审，但在再审审查时其已书面请求撤回再审申请。张引林撤回其再审申请，未损害他人利益，应当予以准许，本院对其再审申请事由不再予以审查。本案系合伙企业实际出资人之间因权益确认及转让产生争议，原审法院确定案由为股权转让纠纷不当，本院依法将案由变更为企业出资人权益确认纠纷。本案的争议焦点为：一、白正祥在庙渠煤矿 820 万元股金中是否享有 112.1461 万元份额；二、李生堂将上述投资份额转让给王成宝的行为是否有效。

一、关于白正祥在庙渠煤矿 820 万元股金中是否享有 112.1461 万元份额的问题。

根据 2004 年 10 月 7 日《转股契约》的约定，庙渠煤矿总股金为 820 万元，李生堂、白正祥共同从王子强处受让其中 160 万元股金份额。该转让协议系双方真实意思的表示，股金份额转让取得了庙渠煤矿及其他出资人的同意，协议内容不违反法律法规的规定，对其效力本院予以确认。

李生堂、白正祥根据《转股契约》的约定共同受让了庙渠煤矿 160 万元的股金份额，共同就受让的股金份额享有权利、承担义务，根据《中华人民共和国民法通则》第七十八条的规定，二人之间就该股金份额形成共有法律关系。由于二人对于股金份额共有关系的性质及其内部份额划分未作明确约定，诉讼中均主张按照出资额确定各自的权利义务，参照《中华人民共和国物权法》第一百零二条、第一百零四条的规定，应视为按份共有，并按照实际出资额确定白正祥、李生堂各自享有的财产份额。但是根据《转股契约》的付款收据以及本案各方当事人的陈述，上述 160 万元股金份额所对应的 219 万元价款并非全部由白正祥、李生堂二人出资，而是由白正祥支付 25 万元、李生堂支付 65.5 万元、石守社支付 68.5 万元、李建林支付 60 万元，在内部关系上四人均按其出资额享有相应的收益权，因此在确认白正祥、李生堂各自财产份额时还需考虑到石守社、李建林二人的出资权益。白正祥主张，郑国勤系其委派的会计，而石守社、李建林均依照郑国勤制作的《分红花名表》领取投资收益，因此石守社、李建林的出资份额均依附在白正祥名下。原审法院对白正祥的上述主张予以确认。对此，本院认为，白正祥、李生堂、石守社、李建林四人的出资收据均由郑国勤开具，郑国勤系负责对 160 万元股金份额的收益进行内部分配，李生堂因参与煤矿实际经营管理而先行领取投资收益，仅因白正祥委派的会计郑国勤负责分配了剩余三人的投资收益即认定石守社、李建林的出资均依附于白正祥，事实和法律依据不足。本案中各方当事人所主张的出资份额依附关系，系指由名义出资人代实际出资人对外行使权利、履行义务，行为后果归于实际出资人的法律关系。由于出资份额依附关系的确认对于实际出资人的利益具有重大影响，故在没有相反证据证明的情况下，应尊重实际出资人自身的意思表示。本案诉讼期间，李建林明确表示其系独立出资，在李生堂、白正祥两人中依附于李生堂，并同意李生堂对其出资份额的处分行为；而石守社则主张其出资依附于白正祥，对白正祥提起本案诉讼的行为表示认可。李建林、石守社对于其各自出资的依附关系作出的上述确认，本院予以认定。因此，在李生堂、白正祥受让庙渠煤矿 160 万元股金份额所支付的 219 万元中，李建林、石守社的出资依其各自的意思表示分别依附于李生堂和白正祥，原审法院认定李建林、石守社的出资均依附于白正祥，从而确认白正祥在 160 万元股金份额中享有 112.1461 万元份额，事实和法律依据不足，本院予以纠正。根据本案各方当事人的陈述及相关证据，李生堂、白正祥、石守社、李建林四人名下的出资中还包含有其他数十名自然人的实际出资，但上述实际出资人均未在本案中主张权益，应视为认可名义出资人代其行使权利，故本院对该部分出资人的权益不予审理。

二、关于李生堂将庙渠煤矿 160 万元股金中白正祥享有的财产份额转让给王成宝的行为是否有效的问题。

在李生堂、白正祥就庙渠煤矿 160 万元股金份额形成按份共有关系的前提下，李生堂将两人共有的财产转让给王成宝，处分了白正祥的共有财产份额。由于李生堂及依附于其名下的李建林的共同出资额并未达到全部出资份额的三分之二以上，根据《中华人民共和国合同法》第五十一条并参照《中华人民共和国物权法》第九十七条的规定，该转让行为应取得白正祥的事前同意或事后追认方能认定有效，而李生堂的转让行为是否取得了白正祥同意系双方当事人争议的关键事实，为此双方当事人提交了数份证据以证明各自的主张，对此本院分析判断如下：

第一，本案诉讼期间，李生堂提交了一份其与白正祥之间的通话录音，该录音内容清晰、连贯，没有明显的变造或技术处理痕迹，白正祥虽然主张该录音证据内容有疑点、不能作为判断两人实际通话内容的根据，但一审质证时其认可该录音是其本人的声音，原审期间其对存在通话的事实及录音的真实性未予否认，亦未申请司法鉴定，故本院对该录音真实性予以确认。原审法院适用《最高人民法院关于民事诉讼证据的若干规定》第六十九条不予采信该份录音证据不当，本院予以纠正。从通话录音内容可知，李生堂将股金份额转让给王成宝时告知了白正祥，且白正祥当时是同意的，并且通过其委托的会计郑国勤收取了部分转让款，只是认为王成宝未及时、足额支付剩余转让款，因此事后要求撤销或解除转让协议。白正祥在李生堂转让股金份额时表示同意的行为表明其已授权李生堂对其享有的份额进行处分，现以李生堂转让股金份额未经其同意为由主张转让无效，本院不予采信。

第二，李生堂主张其向王成宝转让股金份额虽未签订书面协议，但已实际履行，王成宝支付的大部分转让款已于 2005 年、2006 年分别以返还出资和支付红利（增值款）方式给付白正祥及其他实际出资人。白正祥原一审期间提交了 2004 年、2005 年、2006 年三份《分红花名表》，称三次收到的款项均为分红款，而非股金份额的转让款。经比较 2004 年、2005 年两份《分红花名表》，2004 年表格上部标明"分红花名表"字样，但 2005 年表格纸张上部有撕毁及残留的书写痕迹，底部用另一种颜色的墨水标明"庙渠煤矿分红花名表"字样，两相对照，2005 年《分红花名表》存在明显变造迹象。白正祥提交该份《分红花名表》的目的是证明其 2005 年收到的款项是股金份额的分红，而非股金份额转让款，但由于该证据存在上述瑕疵，本院对其真实性及白正祥的相应证明目的不予认可。

第三，根据陕西省横山县人民法院（2005）横民初字第464号民事调解书、陕西省榆林市中级人民法院（2005）榆民一初字第11号民事判决书及横山县煤炭票据结算中心出具的《证明》等相关证据，庙渠煤矿在2005年因与附近村民、其他煤矿发生纠纷，生产经营受到影响，产量较2004年约减少三分之一，且需要对外承担较大金额的赔偿责任。据负责庙渠煤矿经营管理的合伙人谷尚昌提供的证言，该矿2004年按照股金份额的20%进行了一次分红，2005年并未分红，直至2006年李生堂等人的股金份额转让给王成宝后才再次分红，再次分红时庙渠煤矿的全部股金已从820万元变更为2500万元，分红数额为2500万元的50%，该次分红与李生堂、白正祥等人无关。谷尚昌的上述证言与庙渠煤矿实际生产经营情况可以相互印证。由于谷尚昌系由白正祥申请出庭作证的，其证言内容虽有利于李生堂，但因谷尚昌与李生堂并无利害关系，对其证言本院予以采信。庙渠煤矿2004年按照股金份额的20%进行了分红，而按照白正祥的主张，2005年的分红数额等于其实际出资额，远远超过2004年，与庙渠煤矿的实际经营情况不符，其主张的2006年分红情况及数额也与谷尚昌的证言相矛盾，因此本院不予采信。

综合考虑以上证据，可以认定庙渠煤矿2005年、2006年并未向白正祥等出资人分配投资收益，且李生堂、白正祥的通话录音也表明在2005年庙渠煤矿生产经营受阻、效益较差的情况下，白正祥同意将两人共有的庙渠煤矿股金份额转让给王成宝，不再参与煤矿经营收益，因此李生堂主张2005年、2006年两次款项支付均为股金份额转让款证据充分。虽然白正祥2005年并未参与庙渠煤矿的经营管理，但通话录音表明李生堂已经向其告知了转让股金份额的情况并通过郑国勤向其支付了部分股金份额转让款；庙渠煤矿在2005年因与附近村民、其他煤矿发生纠纷，不仅生产经营受到影响，还需要对外承担较大金额的赔偿责任亦是该煤矿投资人应当知悉的事实，在此情况下，该煤矿投资人亦应知晓其不可能按实际出资额的100%享受分红，即白正祥对其2005年所领取的款项理应知道不属于投资分红款；且白正祥提交的2005年《分红花名表》存在明显变造痕迹，相关人员之所以变造证据，表明该文件上记载的不应是分红款项。以上事实和证据可以证明，白正祥明知所收取的款项是股金份额转让款而非分红款。在此前提下，其仍然通过郑国勤收取并同意造表分配给其他实际投资人的行为系对李生堂转让股金份额行为的认可。因白正祥事前同意李生堂对外转让投资份额，事后又收取了转让价款，故本院依法确认李生堂将庙渠煤矿 160 万元股金中白正祥享有的财产份额转让给王成宝的行为有效。

综上，原一、二审法院与原再审法院认定白正祥在庙渠煤矿 160 万元股金份额享有 112.1461 万元份额并确认李生堂将上述份额转让给王成宝的行为无效，认定事实错误，本院予以纠正。李生堂的再审请求成立，依照《中华人民共和国民事诉讼法》第一百七十条第一款第（二）项，第二百零七条第一款的规定，判决如下：

一、撤销陕西省榆林市中级人民法院（2008）榆中法民三初字第 2 号民事判决、陕西省高级人民法院（2009）陕民二终字第 34 号民事判决、陕西省高级人民法院（2011）陕民再字第 00007 号民事判决。

二、驳回白正祥的全部诉讼请求。

原一审案件受理费 18620 元、二审案件受理费 19200 元，均由白正祥负担。

本判决为终审判决。

审　判　长　雷继平

代理审判员　李志刚

代理审判员　原　爽

二〇一三年六月十九日

书　记　员　陆　昱

7. 以实际履行情况确认当事人之间协议的性质

——许尚龙、吴娟玲与何健、张康黎、张桂平股权转让纠纷案

【裁判要旨】

本案当事人之间签订了《股权置换协议》《委托处置股份协议》《借款协议》等多份协议，对于上述协议在当事人之间产生的法律关系的性质，双方当事人产生争议。二审中，通过审查股份的交付、款项的支付、债务的抵销等相关事实，认定本案所涉三份协议在当事人之间形成的是股权转让关系。

中华人民共和国最高人民法院民事判决书

(2013) 民二终字第 52 号

上诉人（原审原告）：许尚龙。

委托代理人：周羽正，江苏三法律师事务所律师。

委托代理人：王和平，江苏三法律师事务所律师。

上诉人（原审原告）：吴娟玲。

委托代理人：周羽正，江苏三法律师事务所律师。

委托代理人：王和平，江苏三法律师事务所律师。

被上诉人（原审被告）：何健。

委托代理人：丁小林，江苏国泰新华律师事务所律师。

被上诉人（原审被告）：张康黎。

委托代理人：丁小林，江苏国泰新华律师事务所律师。

委托代理人：沈爱玲，江苏国泰新华律师事务所律师。

被上诉人（原审被告）：张桂平。

委托代理人：丁小林，江苏国泰新华律师事务所律师。

上诉人许尚龙、吴娟玲为与被上诉人何健、张康黎、张桂平股权转让纠

纷一案，不服江苏省高级人民法院（2012）苏商初字第0011号民事判决，向本院提起上诉。本院依法组成由审判员王宪森担任审判长，审判员殷媛、杨征宇参加的合议庭进行了审理，书记员郑琪儿担任记录。本案现已审理终结。

江苏省高级人民法院审理查明：2007年6月21日，许尚龙、吴娟玲与何健、张康黎签订一份《股权置换协议》，约定：许尚龙、吴娟玲持有南京浦东建设发展股份有限公司（以下简称南京浦东公司）2200万股份，何健对苏宁环球股份有限公司（以下简称苏宁环球公司）2200万股份享有权利，许尚龙、吴娟玲将其持有的南京浦东公司2200万股份及其依该股份所享有的相应股东权益一并转让给何健，何健同意受让；何健将其享有权利的苏宁环球公司2200万股份及其依该股份所享有的相应股东权益一并转让给许尚龙、吴娟玲，许尚龙、吴娟玲同意受让。协议就南京浦东公司股权的交付作出约定，即协议签订后，许尚龙、吴娟玲应当要求南京浦东公司将何健的名称、住所、受让的份额等事项记载于股东名册，该工作应当在1个工作日内完成。许尚龙、吴娟玲负责配合公司办理完毕全部工商登记手续，该工作应当在10个工作日内完成。股东名册变更和工商登记变更手续全部办理完毕视为许尚龙、吴娟玲向何健交付南京浦东公司股权。协议签订之日起10个工作日内，许尚龙、吴娟玲仍未向何健交付南京浦东公司股权的，何健有权解除协议并追究许尚龙、吴娟玲的违约责任。在协议的"声明、保证和承诺"部分载明，许尚龙、吴娟玲全权和合法拥有协议项下南京浦东公司2200万股份，何健对协议项下苏宁环球公司2200万股份享有合法权利。任何一方不履行或不完全履行协议，则应依法承担违约责任，违约罚金为4亿元。张康黎承诺为何健提供连带担保。协议未就何健向许尚龙、吴娟玲交付苏宁环球公司股份作出约定，但约定因协议属于股权等价置换，经双方协商，同意互不向对方支付转让款。

同日，何健与许尚龙、吴娟玲签订一份《借款协议》，约定：何健向许尚龙、吴娟玲提供借款3.92亿元，在2007年6月29日前支付。许尚龙、吴娟玲若不能按期归还借款，同意将其通过置换方式获得的苏宁环球公司2200万股份交给何健清偿债务，何健处置苏宁环球公司2200万股份的处置款无论高于或低于3.92亿元，盈亏均与许尚龙、吴娟玲无关。

同日，许尚龙、吴娟玲与何健、张康黎签订一份《委托处置股份协议》，约定：委托处置的股份是本协议签订时何健享有权利的苏宁环球公司2200万股份，该股份是用于置换许尚龙、吴娟玲持有的南京浦东公司2200万股份的。许尚龙、吴娟玲已向何健借款3.92亿元，为偿还该债务，许尚龙、吴娟玲委托何健处理该苏宁环球公司2200万股份，一旦该股份可以对外转让，何健即可以以对外转让、质押、自己持有等自己认为合适的方式处理该股份。因许尚龙、吴娟玲对何健负有3.92亿元债务，何健对许尚龙、吴娟玲负有交付苏宁环球公司2200万股份的义务，双方协商同意债务相互抵销。苏宁环球公司2200万股份的处置款无论高于或低于3.92亿元，均与许尚龙、吴娟玲无关。在处置过程中发生的印花税等相关费用（按交易金额4.5‰计算），3.92亿元以内的由许尚龙、吴娟玲承担，超过3.92亿元部分由何健承担。许尚龙、吴娟玲应将176.4万元交给何健用于支付印花税，该税款在3.92亿元中扣除。该委托为不可撤销，任何一方提出撤销的，均应向对方支付4亿元的违约罚金。张康黎承诺为何健提供连带担保。

同日，南京浦东公司召开临时股东大会并形成决议，审议通过《关于股东许尚龙、吴娟玲将其股份转让的议案》《关于修改公司章程的预案》《关于同意许尚龙辞去董事职务、吴娟玲辞去监事职务的议案》。《关于股东许尚龙、吴娟玲将其股份转让的议案》的主要内容为：许尚龙、吴娟玲分别将其持有的南京浦东公司1200万股份、1000万股份转让给何健，何健以其持有的其他公司的股份进行交换，因属于股权等价置换，双方经协商，同意互不向对方支付转让款。《关于修改公司章程的预案》的主要内容为：许尚龙持有1200万股份，占公司股本总额6%；吴娟玲持有1000万股份，占公司股本总额5%，修改为何健持有2200万股份，占公司股本总额11%。

2007年6月29日，苏宁环球集团有限公司（以下简称苏宁集团公司）代何健向许尚龙、吴娟玲支付3.90236亿元。同日，南京二十一世纪投资集团有限公司向苏宁集团公司出具收据，载明收到代收款3.90236亿元。许尚龙、吴娟玲于同日出具收条，载明收到苏宁集团公司代何健支付的股权转让款3.92亿元，其中代扣相关费用176.4万元，实际收到3.90236亿元。该款项已由许尚龙、吴娟玲指定的南京二十一世纪投资集团有限公司代收。还载明，以上款项是实际履行由许尚龙、吴娟玲提议并在2007年6月21日签署的南京浦东公司《股权置换协议》及相关《借款协议》。许尚龙、吴娟玲承诺，在上述实际收到的款项中，如有发生税费全部由许尚龙、吴娟玲承担，与苏宁集团公司和何健无关。

2007年7月23日，南京市工商行政管理局准予南京浦东公司变更登记，该变更登记载明何健系该公司股东。

该院另查明：上述2007年6月21日三份协议中张康黎、何健的名字均为张桂平所签。在签订该三份协议时，张桂平、张康黎均各持有苏宁环球公司2200万以上的股份，何健并不实际持有苏宁环球公司2200万或者以上的股份。许尚龙、吴娟玲确认其在签署上述三份协议时，对何健是否持有苏宁环球公司 2200 万股份并不清楚。许尚龙、吴娟玲认为张桂平和何健是交易主体，张桂平以何健的名义签约。

南京浦东公司 2006 年 12 月 31 日的资产负债表载明，该公司资产总计 12.0287 亿元，负债 9.7174 亿元，所有者权益 2.3113 亿元。

2012 年 8 月 6 日，许尚龙、吴娟玲向江苏省高级人民法院提起诉讼，请求判令：1. 何健向许尚龙、吴娟玲支付违约金 4 亿元；2. 何健向许尚龙、吴娟玲返还印花税等相关费用 176.4 万元；3. 张康黎、张桂平对何健的上述义务承担连带责任。何健、张康黎、张桂平承担本案诉讼费用。

江苏省高级人民法院审理认为：一、2007 年 6 月 21 日的《股权置换协议》《借款协议》《委托处置股份协议》等三份协议在本案各方当事人之间形成的是股权转让关系，而非股权置换关系。主要理由是：

1. 本案中许尚龙、吴娟玲与何健于同一天签署了三份协议，即《股权置换协议》《借款协议》《委托处置股份协议》。一方面，从该三份协议约定的内容进行分析：在《股权置换协议》中，双方虽约定许尚龙、吴娟玲将其持有的南京浦东公司 2200 万股份及其依该股份所享有的相应股东权益一并转让给何健；何健将其享有权利的苏宁环球公司 2200 万股份及其依该股份所享有的相应股东权益一并转让给许尚龙、吴娟玲。但在该协议"股权的交付"部分中双方仅约定了许尚龙、吴娟玲交付南京浦东公司股份的义务，包括交付方式、时间等，明确许尚龙、吴娟玲应在协议签订之日起 10 个工作日内将南京浦东公司 2200 万股份变更登记至何健名下，而并未就何健交付苏宁环球公司股份的方式、时间等作出具体约定。双方在《借款协议》中约定何健向许尚龙、吴娟玲提供借款 3.92 亿元，在 2007 年 6 月 29 日前支付。这一款项出借时间与上述《股权置换协议》中约定的许尚龙、吴娟玲将南京浦东公司 2200 万股份变更登记至何健名下的时间基本对应一致。《借款协议》还载明许尚龙、吴娟玲若不能按期归还借款，同意将其通过置换方式获得的苏宁环球公司 2200 万股份交给何健清偿债务，何健处置苏宁环球公司 2200 万股份的处置款无论高于或低于 3.92 亿元，盈亏均与许尚龙、吴娟玲无关，但《借款协议》并未规定还款时间。上述两份协议的内容表明何健需在 2007 年 6 月 29 日前将 3.92 亿元提供给许尚龙、吴娟玲，许尚龙、吴娟玲需在 2007 年 6 月 21 日起 10 个工作日内将南京浦东公司 2200 万股份变更登记至何健名下。而在同一天双方又签署了《委托处置股份协议》，进一步明确因许尚龙、吴娟玲对何健负有 3.92 亿元债务，何健对许尚龙、吴娟玲负有交付苏宁环球公司 2200 万股份的义务，双方协商同意债务相互抵销。许尚龙、吴娟玲委托何健自行处理该苏宁环球公司 2200 万股份，处置款无论高于或低于 3.92 亿元，均与许尚龙、吴娟玲无关，该委托为不可撤销。由此，纵观上述三份协议，就《股权置换协议》中的"何健将其享有权利的2200万股苏宁环球公司股份及其依该股份所享有的相应股东权益一并转让给许尚龙、吴娟玲"以及《借款协议》中的"许尚龙、吴娟玲对何健负有3.92亿元债务"，在《委托处置股份协议》中已经被"双方协商同意债务相互抵销"，故双方当事人的真实意思是许尚龙、吴娟玲将其持有南京浦东公司2200万股份转让给何健，何健向许尚龙、吴娟玲支付相应款项。另一方面，从该三份协议的履行情况进行分析：2007年6月29日，何健通过苏宁集团公司向许尚龙、吴娟玲支付了3.90236亿元。许尚龙、吴娟玲在出具的收条中载明收到苏宁集团公司代何健支付的"股权转让款"，且注明系履行2007年6月21日协议，收条内容表明许尚龙、吴娟玲确认其所收到的3.90236亿元并非借款。各方当事人上述履行协议的情况与2007年6月21日三份协议约定的内容一致，且已于2007年即履行完毕。在此后至提起本案之诉前长达近5年的期间内，并无证据证明许尚龙、吴娟玲向何健主张其应履行转让苏宁环球公司2200万股份的义务，这也表明许尚龙、吴娟玲对于出让南京浦东公司股份及收受股权转让款不持异议。综上，2007年6月21日三份协议的内容及履行情况均表明本案各方当事人之间形成的系股权转让关系，而非股权置换关系。

许尚龙、吴娟玲主张《借款协议》约定的3.92亿元系为许尚龙、吴娟玲将南京浦东公司2200万股份过户给何健提供现金质押保证；而《委托处置股份协议》是以许尚龙、吴娟玲置换获得的苏宁环球公司2200万股份作为反担保，目的在于约束许尚龙、吴娟玲按期返还质押款。但《借款协议》中并没有上述关于保证的内容，许尚龙、吴娟玲也未提供证据证明其收到3.90236亿元后以封金等形式将该款予以特定化，相反，许尚龙、吴娟玲在收条中明确该款的性质系股权转让款。同时，《委托处置股份协议》也未约定由许尚龙、吴娟玲向何健提供担保，况且在何健未向许尚龙、吴娟玲提供担保的情况下，不可能由许尚龙、吴娟玲向何健提供反担保。故许尚龙、吴娟玲的上述主张与协议内容及履行情况不符，不予采信。

2. 何健在签订上述三份协议时虽不持有苏宁环球公司股份，但其通过苏宁集团公司向许尚龙、吴娟玲支付了三份协议中所约定的3.90236亿元，对此许尚龙、吴娟玲在其出具的收条中已予以确认，且相关汇款凭证、收据以及苏宁集团公司的说明等与收条相互印证，形成证据链，证实何健已经依约履行完毕上述三份协议所约定的付款义务。许尚龙、吴娟玲也依据上述三份协议的约定将南京浦东公司2200万股份变更登记至何健名下，并经南京浦东公司股东会决议所确认。故何健虽未亲自在上述三份协议中签名，但其实际履行了上述三份协议，是本案三份协议的合同主体。因三份协议实际约定的内容是许尚龙、吴娟玲向何健出让南京浦东公司股份，何健向许尚龙、吴娟玲支付相应款项；而许尚龙、吴娟玲对于何健支付的3.90236亿元已经确认为股权转让款3.92亿元，其中176.4万元费用由何健代扣，且明确系履行协议的款项。故何健已经依约履行协议，并已得到许尚龙、吴娟玲的确认，许尚龙、吴娟玲在本案中主张何健违约没有事实及法律依据。在何健没有违约的情形下，保证人张康黎也无须承担保证责任。张桂平虽代何健、张康黎签订了三份协议，但其并非三份协议的当事人，亦无须向许尚龙、吴娟玲承担责任。

二、何健不负有向许尚龙、吴娟玲返还176.4万元的义务。在《委托处置股份协议》中，双方明确许尚龙、吴娟玲委托何健自行处理苏宁环球公司2200万股份，一旦该股份可以对外转让，何健即可以对外转让、质押、自己持有等自己认为合适的方式处理该股份。据此，许尚龙、吴娟玲委托何健自行处理苏宁环球公司2200万股份的方式中除转让、质押以外，还包括自己持有。另外，双方还约定，苏宁环球公司2200万股份的处置款无论高于或低于3.92亿元，均与许尚龙、吴娟玲无关。在处置过程中发生的印花税等相关费用（按交易金额4.5‰计算），3.92亿元以内的由许尚龙、吴娟玲承担，超过3.92亿元部分由何健承担。3.92亿元的4.5‰即为176.4万元。而在许尚龙、吴娟玲出具的收条中，许尚龙、吴娟玲进一步确认其收到苏宁环球公司代何健支付的股权转让款3.92亿元，其中代扣相关费用176.4万元，实际收到3.90236亿元，收条中未再注明系代扣税款，而明确为"相关费用"。综上，许尚龙、吴娟玲在协议中已经约定何健处理苏宁环球公司股份的方式包括自己持有，同时还约定何健交付苏宁环球公司股份的义务与许尚龙、吴娟玲的还款义务相抵销，故许尚龙、吴娟玲对于何健是否实际处置苏宁环球公司股份的方式并没有作出特别要求，换言之，许尚龙、吴娟玲对于所谓印花税等相关费用176.4万元由其承担的约定并非是以该费用实际发生为条件的。同时，许尚龙、吴娟玲在实际收到款项时，对于收到3.90236亿元予以认可，就总款项3.92亿元中扣除的176.4万元又进一步明确为"代扣相关费用"，故其再行向何健主张返还该176.4万元缺乏事实及法律依据，不予支持。

综上，许尚龙、吴娟玲的诉讼请求缺乏事实及法律依据，不予支持。原审法院依照《中华人民共和国合同法》第四十四条、第六十条、第九十一条，《中华人民共和国民事诉讼法》第一百四十二条之规定，判决：驳回许尚龙、吴娟玲的诉讼请求。一审案件受理费2050620元，由许尚龙、吴娟玲负担。

许尚龙、吴娟玲不服江苏省高级人民法院上述民事判决，向本院提起上诉称：一、原审判决未经释明径行认定当事人之间系股权转让关系，违反法定程序。本案中许尚龙、吴娟玲系以当事人之间存在股权置换关系为由，提起本案诉讼主张权益。纵然原审法院根据现有证据认定当事人之间系股权转让关系，而非许尚龙、吴娟玲所主张的股权置换关系，应当根据《最高人民法院关于民事诉讼证据的若干规定》第三十五条的规定，进行释明。原审判决未经释明径行作出实体判决，构成程序违法，应予纠正。二、本案当事人之间确系股权置换关系，而非股权转让关系，原审判决未全面理解当事人的协议内容，认定事实错误。根据《股权置换协议》名称及其约定内容，已经明确许尚龙、吴娟玲之间属股权等价置换，且置换标的价值相当，这是《股权置换协议》的意思基础，也是理解另两份协议的事实基础。根据南京浦东公司 2007 年第一次股东大会决议，明确双方当事人之间属于股权等价置换。此外，最高人民法院（2008）民二终字第 54 号民事判决亦认定许尚龙、吴娟玲与何健之间系股权置换关系。三、原审判决认定当事人之间系股权转让关系于法无据，属于主观臆断。《股权置换协议》未对何健交付苏宁环球公司股份的时间作出约定，系因该股权变更涉及上市公司重大事项公告问题，但该事实仅属何健对《股权置换协议》的履行，与该协议的性质和效力无关。《借款协议》约定何健向许尚龙、吴娟玲提供 3.92 亿元，该款项名为借款，实为何健为其向许尚龙、吴娟玲履行置换苏宁环球公司股份的义务所提供的担保。收条中的 3.90236 亿元并非股权转让款，苏宁集团公司并未根据法庭要求提供财务凭据，证明苏宁集团公司的记账科目或证明何健确已归还该款项。许尚龙、吴娟玲在原审中已提交有关函告、律师函，佐证许尚龙、吴娟玲分别在 2008 年至 2010 年一直依据股权置换的约定向何健等主张权益。四、本案所涉的 176.4 万元应当返还许尚龙、吴娟玲。因何健并无苏宁环球公司 2200 万股份可供处置，故何健、张桂平扣留并占用的因处置该股份所发生的印花税等相关费用 176.4 万元，应返还许尚龙、吴娟玲，上述费用系以实际发生为前提，原审判决未支持返还该费用于法无据，应予纠正。五、何健在签约时并不享有苏宁环球公司 2200 万股份，事后亦未取得该股份，其自始不能履行《股权置换协议》，已构成违约，依约应向许尚龙、吴娟玲支付违约金 4 亿元。张康黎作为何健的履约担保人，应对何健违约行为承担连带责任。张桂平作为苏宁环球公司的法定代表人，明知何健并不持有苏宁环球公司 2200 万股份，却虚构何健对苏宁环球公司享有 2200 万股份，并代表其在相关协议上签名，误导许尚龙、吴娟玲缔约。张桂平的行为存在明显故意，乃至恶意，应承担相应连带责任。六、原审法院回避了本案的焦点问题。一审诉讼过程中，针对许尚龙、吴娟玲提出的何健的身份、3.90236 亿元款项的权属与性质等问题，法庭进行了调查并要求何健等回答上述问题，但原审判决却回避相关问题，实质确认了"影子交易人"与许尚龙、吴娟玲进行交易，对当事人之间违反证券法及相关上市公司监管规则的行为予以了肯定。综上，请求撤销原审判决，支持许尚龙、吴娟玲的诉讼请求。

被上诉人何健答辩称：一、一审法院审理过程完全符合法定程序。许尚龙、吴娟玲关于一审法院"未经释明径行作出实体判决，构成程序违法"的主张没有事实和法律依据。一审法院立案的案由就是股权转让纠纷，在应诉通知及各种通知文书中均明确本案是股权转让纠纷；在审理过程中也多次向许尚龙、吴娟玲进行了释明，多次要求其明确诉讼请求。二、本案双方当事人之间是单次股权转让法律关系，一审认定事实清楚，定性准确。所谓置换实际就是两次股权转让法律关系，本案仅是单次股权转让。一审认定 2007 年6 月 21 日的《股权置换协议》《借款协议》《委托处置股份协议》等三份协议在本案各方当事人之间形成的是股权转让关系，而非股权置换关系正确。从三份协议约定的内容以及许尚龙签署的《收条》看，本案的法律关系仅仅是许尚龙、吴娟玲向何健转让南京浦东公司股权，何健向许尚龙、吴娟玲支付股权转让款而无须转让苏宁环球公司股份的单次股权转让合同关系，合同相对人是何健与许尚龙、吴娟玲。股权转让的过程及方式是许尚龙、吴娟玲提议的，其对单次转让是明知的。三份协议的履行情况也同样表明是单次股权转让。故一审判决的认定既符合当事人的真实意思表示，也完全符合法律规定。三、何健不存在违约行为，许尚龙、吴娟玲关于支付违约金 4 亿元的诉讼请求没有事实和法律依据。如上所述，三份协议的真实意思是许尚龙、吴娟玲向何健转让南京浦东公司股权，何健也早在 2007 年 6 月向许尚龙、吴娟玲支付了股权转让款，许尚龙已签字确认收到该笔款项，该股权转让款就是许尚龙、吴娟玲向何健转让南京浦东公司股权的对价，股权转让早已履行完毕，何健不存在违约行为，且最高人民法院在生效判决中已经确认相关协议就是股权转让协议且已经履行完毕。一审认定许尚龙、吴娟玲在本案中主张何健违约没有事实及法律依据是完全正确的。四、许尚龙、吴娟玲关于返还印花税等相关费用 176.4 万元的诉讼请求没有依据。根据《委托处置股份协议》的约定以及许尚龙出具收条载明的内容，许尚龙、吴娟玲已经明确该176.4 万元仅为相关费用，不包括税费，这是许尚龙、吴娟玲自愿扣除的相关费用。又由于协议中已经约定何健可以自己持有苏宁环球公司股份，一审认定许尚龙、吴娟玲"对于所谓印花税等相关费用 176.4 万元由其承担的约定并非是以该费用实际发生为条件的"是正确的，所以，许尚龙、吴娟玲无权要求返还该 176.4 万元。请求驳回上诉，维持原判。

被上诉人张康黎答辩称：同意何健的上述答辩意见。同时，何健没有违约，也没有返还176.4万元相关费用的义务，一审作出的"在何健没有违约的情形下，保证人张康黎也无须承担保证责任"的认定正确。许尚龙、吴娟玲要求张康黎承担连带责任没有事实及法律依据。请求驳回上诉，维持原判。

被上诉人张桂平答辩称：张桂平不是合同当事人，根本无须承担任何责任。一审作出的"张桂平虽代何健、张康黎签订了三份协议，但其并非三份协议的当事人，亦无须向许尚龙、吴娟玲承担责任"的认定是正确的。许尚龙、吴娟玲对张桂平根本没有诉权。许尚龙、吴娟玲还虚构案件事实，明明是和何健进行了股权转让交易，却虚构是和张桂平进行交易，最高人民法院的生效判决已认定"许尚龙、吴娟玲已经将南京浦东公司股权转让给何健"，其所转让的南京浦东公司的股权至今还登记在何健名下，何健不仅受让了许尚龙、吴娟玲的股权，还受让了其他南京浦东公司股东的股权。许尚龙、吴娟玲将何健虚构成"影子交易人"是臆造事实。明明是许尚龙、吴娟玲自己提议并签署三份协议，却臆造为张桂平的设局欺骗。许尚龙、吴娟玲对张桂平所提起的是恶意诉讼。请求驳回上诉，维持原判。

本院经二审审理，对原审法院查明的事实予以确认。

本院认为，本案二审争议的焦点问题是：一、原审判决是否违反法定程序问题；二、本案所涉三份协议的性质、何健是否构成违约以及张康黎、张桂平是否应当承担民事责任问题；三、何健是否应当返还许尚龙、吴娟玲176.4万元问题。

一、关于原审判决是否违反法律程序问题。

原审判决认定许尚龙、吴娟玲与何健之间形成股权转让关系，而非股权置换关系。许尚龙、吴娟玲上诉认为原审判决的上述认定未向其进行释明，违反了《最高人民法院关于民事诉讼证据的若干规定》第三十五条的规定，构成程序违法。本院认为，原审判决根据许尚龙、吴娟玲提出的一审诉讼请求，依据本院《民事案件案由规定》的规定，将本案案由确定为股权转让纠纷。《最高人民法院关于民事诉讼证据的若干规定》第三十五条规定，在诉讼过程中，当事人主张的法律关系的性质或者民事行为的效力与人民法院根据案件事实作出的认定不一致的，人民法院应当告知当事人可以变更诉讼请求。上述规定旨在有些情况下，当事人的诉讼请求因为人民法院的认定而发生改变，进而影响了当事人在本诉中实现相应的实体权利，受诉法院应当告知当事人变更诉讼请求，以避免增加当事人另诉的诉讼成本，以及人民法院违背应在当事人诉讼请求范围内对案件进行审理的原则。本案中，许尚龙、吴娟玲提出的何健向其支付违约金等诉讼请求，是以何健未履行向其转让苏宁环球公司的股权为前提的。因此，确认当事人之间系股权转让关系并不改变许尚龙、吴娟玲的一审诉讼请求，即许尚龙、吴娟玲在本案中的实体权利并不因人民法院的认定而受到影响，原审法院认定本案当事人之间为股权转让关系亦不违背《最高人民法院关于民事诉讼证据的若干规定》第三十五条的规定。故许尚龙、吴娟玲提出的原审判决违反法定程序的上诉理由不能成立，本院不予支持。

二、关于本案所涉三份协议的性质、何健是否构成违约以及张康黎、张桂平是否应当承担民事责任问题。

关于本案所涉三份协议的性质问题，许尚龙、吴娟玲上诉认为，《股权置换协议》、南京浦东公司股东会决议均明确双方当事人之间属于股权等值置换，且置换标的价值相当；最高人民法院（2008）民二终字第54号民事判决亦认定双方当事人之间系股权置换关系。本院认为，根据本案查明的事实，2007年6月21日，许尚龙、吴娟玲与何健在《股权置换协议》中约定，许尚龙、吴娟玲将其持有的南京浦东公司2200万股份转让给何健，何健将其享有权利的苏宁环球公司2200万股份转让给许尚龙、吴娟玲；许尚龙、吴娟玲需在2007年6月21日起10个工作日内将南京浦东公司股份变更登记至何健名下。同日，何健与许尚龙、吴娟玲在《借款协议》中约定，何健于2007年6月29日前，向许尚龙、吴娟玲提供借款3.92亿元，许尚龙、吴娟玲若不能按期归还借款，同意将其通过置换方式获得的苏宁环球公司2200万股份交给何健清偿债务，何健处置该股份的处置款无论高于或低于3.92亿元，盈亏均与许尚龙、吴娟玲无关。亦在同日，许尚龙、吴娟玲与何健又在《委托处置股份协议》中约定，因许尚龙、吴娟玲对何健负有3.92亿元债务，何健对许尚龙、吴娟玲负有交付苏宁环球公司2200万股份的义务，双方协商同意债务相互抵销；许尚龙、吴娟玲委托何健自行处理苏宁环球公司2200万股份。同年6月29日，苏宁集团公司代何健向许尚龙、吴娟玲支付3.90236亿元，许尚龙、吴娟玲出具收条，载明收到苏宁集团公司代何健支付的股权转让款3.92亿元，实际收到3.90236亿元；还写明上述款项是实际履行双方签署的《股权置换协议》和《借款协议》。上述事实表明，许尚龙、吴娟玲与何健签订《股权置换协议》时，虽约定双方通过置换的方式，将各自持有或享有权利的股份转让给对方，但在双方同日签订的《借款协议》和《委托处置股份协议》中，因何健向许尚龙、吴娟玲提供借款而形成3.92亿元债务，双方约定该债务与何健依《股权置换协议》应履行的交付苏宁环球公司2200万股份的债务相互抵销，即何健无须再向许尚龙、吴娟玲履行转让苏宁环球公司股份的义务。因此，双方当事人通过签订系列协议的方式，对双方之间的股权转让达成了一致的意思表示。特别是在许尚龙、吴娟玲收到苏宁集团公司代何健支付的 3.90236 亿元后，明确表示该款项为股权转让款并确认系履行双方之间的《股权置换协议》等相关协议。据此，应当确认许尚龙、吴娟玲收到的 3.90236 亿元并非借款，而是何健受让南京浦东公司 2200 万股份后向许尚龙、吴娟玲支付的股权对价，该对价已经双方协议确认，且许尚龙、吴娟玲承诺，何健处置苏宁环球公司股份的处置款无论高于或低于 3.92 亿元，盈亏均与许尚龙、吴娟玲无关，亦说明许尚龙、吴娟玲收取的 3.92 亿元股权转让款，不因苏宁环球公司 2200 万股份价值的高低而发生任何变化。故许尚龙、吴娟玲仍以《股权置换协议》、南京浦东公司股东会决议的内容主张双方之间系股权置换关系，显然已与双方履行合同后的客观实际情况不符。关于本院（2008）民二终字第 54 号民事判决，该案系许尚龙、吴娟玲与张桂平之间关于南京浦东公司的股权纠纷，涉及许尚龙、吴娟玲提起该案诉讼时在南京浦东公司的股东身份问题，并未就本案中许尚龙、吴娟玲与何健之间的争议进行审理。故许尚龙、吴娟玲关于本院（2008）民二终字第 54 号民事判决认定其与何健之间系股权置换关系的上诉理由没有事实和法律依据。综上，原审判决关于本案当事人之间形成的是股权转让关系的认定正确，应予维持。许尚龙、吴娟玲关于当事人之间系股权置换关系的上诉理由不能成立，本院不予支持。

关于何健是否构成违约以及张康黎、张桂平是否应当承担民事责任问题。如上分析，根据当事人约定，何健已经无须履行《股权置换协议》中关于向许尚龙、吴娟玲交付苏宁环球公司 2200 万股份的义务，且其已依约向许尚龙、吴娟玲支付了股权转让款，双方之间的协议已经履行完毕。许尚龙、吴娟玲主张何健构成违约，没有事实依据。张康黎作为何健履约行为的保证人，亦不应承担保证责任。张桂平虽代何健与许尚龙、吴娟玲签订了三份协议，但对张桂平的代理签约行为，许尚龙、吴娟玲在签约时并未提出任何异议，且没有证据证明其签约系受张桂平胁迫所致。在此后的实际履行过程中，许尚龙、吴娟玲收取了苏宁集团公司代何健支付的股权转让款，足以证明许尚龙、吴娟玲对所签协议是认可的。故张桂平不是本案所涉协议的当事人，许尚龙、吴娟玲主张其承担民事责任没有事实和法律依据。综上，许尚龙、吴娟玲关于何健应当承担违约责任、张康黎承担保证责任、张桂平承担连带责任的上诉请求不能成立，本院不予支持。

三、关于何健是否应当向许尚龙、吴娟玲返还 176.4 万元问题。

原审判决何健不负有向许尚龙、吴娟玲返还 176.4 万元的义务，许尚龙、吴娟玲对此向本院提起上诉，主要理由是：176.4 万元印花税等费用系以实际发生为前提，何健无苏宁环球公司股份可供处置，其扣留并占用的因处置该股份所发生的费用应予返还。本院认为，根据本案查明的事实，双方在《委托处置股份协议》中约定，许尚龙、吴娟玲委托何健处置苏宁环球公司2200万股份，其可以采取对外转让、质押、自己持有等自己认为合适的方式处理该股份，处置款无论高于或低于3.92亿元，均与许尚龙、吴娟玲无关。并约定处置过程中发生的印花税等相关费用的承担，许尚龙、吴娟玲应将176.4万元付给何健用于支付印花税，该税款在3.92亿元中扣除。在许尚龙、吴娟玲出具的收条中，明确记载其收到苏宁集团公司代何健支付的股权转让款3.92亿元，其中代扣相关费用176.4万元，实际收到3.90236亿元。上述事实表明，双方当事人在协议中已经明确约定何健处理苏宁环球公司股份的方式包括其自己持有，表明许尚龙、吴娟玲在签订协议时，对"印花税等相关费用176.4万元由其承担"并未附加限制条件。且许尚龙、吴娟玲在实际收到何健支付的股权转让款时，已对总价款中扣除176.4万元相关费用的事实予以了认可。因此，原审判决认定何健不负有向许尚龙、吴娟玲返还176.4万元的义务并无不当。许尚龙、吴娟玲关于176.4万元印花税等费用系以实际发生为前提的上诉主张，没有事实依据，本院不予支持。

综上，原审判决认定事实清楚，适用法律正确，应予维持。许尚龙、吴娟玲的上诉请求没有事实和法律依据，不予支持。本院依照《中华人民共和国民事诉讼法》第一百七十条第一款第（一）项的规定，判决如下：

驳回上诉，维持原判。

二审案件受理费2050620元，由许尚龙、吴娟玲承担。

本判决为终审判决。

审　判　长　王宪森

审　判　员　殷　媛

审　判　员　杨征宇

二〇一三年六月二十七日

书　记　员　郑琪儿

8. 认定原股东再次处分股权的行为无效的条件

——四川京龙建设集团有限公司与简阳三岔湖旅游快速通道投资有限公司、刘贵良、深圳市鼎泰嘉业房地产投资管理有限公司及深圳市合众万家房地产投资顾问有限公司、呼和浩特市华仁世纪房地产开发有限责任公司股权确认纠纷案

【裁判要旨】

根据《最高人民法院关于适用〈中华人民共和国公司法〉若干问题的规定（三）》第二十八条第一款的规定，受让股东主张原股东处分股权的行为无效应当以其享有实际的股东权利为前提。如受让人并未对目标公司享有实际的股东权利，但仍以参照物权法第一百零六条有关善意取得的规定而主张认定处分股权行为无效的，人民法院不予支持。

中华人民共和国最高人民法院民事判决书

(2013) 民二终字第 29 号

上诉人（一审原告）：四川京龙建设集团有限公司。住所地：四川省资阳市车苑小区 18 幢。

法定代表人：吴明刚，该公司董事长。

委托代理人：刁红，四川央济华律师事务所律师。

委托代理人：张烨炜，北京市竞天公诚（成都）律师事务所律师。

上诉人（一审被告）：简阳三岔湖旅游快速通道投资有限公司。住所地：四川省简阳市简城镇建设路 188 号。

法定代表人：陈炜民，该公司董事长。

委托代理人：王宇，北京市大成律师事务所律师。

委托代理人：汤晓勤，北京市大成律师事务所律师。

上诉人（一审被告）：刘贵良，男，汉族，1955 年 4 月 8 日出生，住江苏

省南京市沿江工业开发区普桥村4组30号-1。

委托代理人：王宇，北京市大成律师事务所律师。

委托代理人：汤晓勤，北京市大成律师事务所律师。

上诉人：（一审被告）：深圳市鼎泰嘉业房地产投资管理有限公司。住所地：广东省深圳市福田区深南大道以南安徽大厦203-A39。

法定代表人：刘贵涛，该公司执行董事。

委托代理人：汪中，北京市中洲律师事务所律师。

被上诉人（一审被告）：深圳市合众万家房地产投资顾问有限公司。住所地：广东省深圳市福田区深南大道以南安徽大厦203-A40。

法定代表人：刘桂叶，该公司执行董事。

委托代理人：高宝明，北京市中润律师事务所律师。

被上诉人（一审被告）：呼和浩特市华仁世纪房地产开发有限责任公司。住所地：内蒙古自治区呼和浩特市回民区成吉思汗西街6号。

法定代表人：李保华，该公司总经理。

委托代理人：高登立，北京市英岛律师事务所律师。

委托代理人：华德根，北京市英岛律师事务所律师。

上诉人四川京龙建设集团有限公司（以下简称京龙公司）与上诉人简阳三岔湖旅游快速通道投资有限公司（以下简称三岔湖公司）、刘贵良、深圳市鼎泰嘉业房地产投资管理有限公司（以下简称鼎泰公司）及被上诉人深圳市合众万家房地产投资顾问有限公司（以下简称合众公司）、呼和浩特市华仁世纪房地产开发有限责任公司（以下简称华仁公司）因股权确认纠纷一案，均不服四川省高级人民法院（2011）川民字第3号民事判决，向本院提起上诉。本院依法组成由审判员雷继平担任审判长，代理审判员李志刚、原爽参加的合议庭进行了审理，书记员郝晋琪担任记录。本案现已审理终结。

四川省高级人民法院一审查明：2009年7月22日，三岔湖公司、刘贵良与京龙公司签订《成都天骋置业咨询有限公司（以下简称天骋公司）、成都星展置业顾问有限公司（以下简称星展公司）、成都锦荣房产经纪有限公司（以下简称锦荣公司）、成都锦云置业咨询有限公司（以下简称锦云公司）、成都思珩置业顾问有限公司（以下简称思珩公司）之股权转让协议》（以下简称《股权转让协议》），协议约定：刘贵良将其持有的天骋公司、星展公司、锦荣公司、锦云公司和思珩公司各90%的股权转让给京龙公司，三岔湖公司将其持有的天骋公司、星展公司、锦荣公司、锦云公司和思珩公司各10%的股权转让给京龙公司。

该协议第3条第2款约定：京龙公司同意受让转让股权的全部而非部分，因此，不论在任何情况下，如因京龙公司的原因不能按照本协议的约定依次序的完全完成本协议项下转让股权的交易，应视为京龙公司单方违约，三岔湖公司、刘贵良有权在本协议第3条第3款等约定的最后成交日单方自主选择并决定取消、中止、终止尚未完成转让的转让股权交易的全部或部分，并在最后成交日向京龙公司收取定额违约金2000万元。如京龙公司逾期支付前述定额违约金，京龙公司应就任何应付而未付款项金额按每日1‰承担违约金。三岔湖公司、刘贵良按照本条等约定取消、中止、终止尚未完成转让的转让股权交易的全部或部分，京龙公司应予以积极配合。反之，因三岔湖公司、刘贵良原因不能完成全部转让股权的交易，京龙公司有权取消、中止、终止转让股权交易的全部或部分，三岔湖公司、刘贵良应予以积极配合，在京龙公司发出书面取消交易通知之日起10日内，退还京龙公司的履约保证金，并向京龙公司承担定额违约金2000万元。逾期未支付，三岔湖公司、刘贵良按照应返还和应承担的金额每日1‰承担逾期支付违约金。第3条第3款约定：双方一致同意在本协议签订之日起的8个月内（在天骋公司、星展公司、锦荣公司、锦云公司、思珩公司已按照协议的约定依法持有其名下土地的国有土地使用证的前提下），亦即在2010年3月22日（以下简称为最后成交日）或之前按照本协议的约定完全完成本协议项下的转让股权的交易。

第4条第1款约定：天骋公司的股权转让总价款为127586700元、星展公司的股权转让总价款为114937200元、锦荣公司的股权转让总价款为132194250元、锦云公司的股权转让总价款为116999100元、思珩公司的股权转让总价款为53282250元。第4条第2款约定：京龙公司在本协议签订之日起2个工作日内按照本协议的约定向三岔湖公司、刘贵良支付1000万元履约保证金；京龙公司在本协议签订之日起5个工作日内按照本协议的约定向三岔湖公司、刘贵良支付转让天骋公司股权的价款4000万元；京龙公司在本协议签订之日起20个工作日内按照本协议的约定向三岔湖公司、刘贵良支付天骋公司转让股权的所有剩余价款87586700元；京龙公司应根据本协议的约定在本协议第3条第3款等约定的最后成交日或之前完成向三岔湖公司、刘贵良支付星展公司、锦荣公司、锦云公司、思珩公司全部股权转让价款。第4条第3款约定：京龙公司同意三岔湖公司、刘贵良有权要求京龙公司将股权转让价款支付给其单方以书面方式指定的第三方（包括自然人或企业法人，亦可多于1人），京龙公司不得异议，必须予以配合和接受。第4条第5款至第9款约定：京龙公司应在股权转让价款汇入三岔湖公司、刘贵良以及其指定收款人指定的收款账户之后，三岔湖公司、刘贵良才同时依次序将天骋公司、星展公司、锦荣公司、锦云公司、思珩公司的过户文件交给京龙公司办理过户手续，并同时向京龙公司移交完成过户手续的公司企业法人营业执照、公章等资料。

第 8 条约定：任何一方当事人违反本协议，另一方按本协议和《中华人民共和国合同法》规定的方式解除本协议；双方按照本协议第 3 条第 2 款的约定选择取消、终止本协议。

第 13 条约定：协议各方一致同意在本协议签订之后另行签订相应的股权转让协议，以便办理工商变更登记，股权转让协议为本协议的附件。协议各方不可撤销的一致同意：虽然股权转让协议的签订日期可能后于本协议，但不论在任何情况下，股权转让协议绝不影响本协议的任何约定，亦不应妨碍本协议的执行，协议各方的所有权利、义务和关系等，一概仍应以本协议约定为准。本协议与股权转让协议有任何冲突、不一致的，应以本协议为准。协议各方不可撤销的还一致同意：通过股权转让协议而完成的工商变更登记的公示效力，完全符合本协议的约定，亦完全符合协议各方的真实意愿，其法律效力无任何瑕疵。任何在本协议项下股权的转让中需要送达的通知必须以书面形式作出，且须按本协议中列明的地址或按对方书面方式指定的地址，以书面文件原件通知对方。任何通知须以对方书面签收才视为送达，但对方无正当理由拒绝签收的除外。一方为履行本协议而需向对方发出通知时，另一方无正当理由拒绝签收时，通知一方有权采取公证邮寄送达方式履行通知程序，信件到达日，为另一方签收日。协议中，刘贵良的收件地址是江苏省南京市沿江工业开发区普桥村四组 30 号 –1，三岔湖公司的收件住址是四川省简阳市简城镇建设路 188 号，京龙公司的收件住址是车苑小区 18 幢。

2009 年 7 月 22 日，三岔湖公司、刘贵良与京龙公司签订《天骋公司股权转让协议》，三岔湖公司、刘贵良将持有天骋公司 100% 的股权转让给京龙公司，该协议未约定转让价格。同日，天骋公司原股东三岔湖公司、刘贵良形成股东会决议，决定将其持有的天骋公司股权全部转让给京龙公司，免去陈炜民天骋公司执行董事、法定代表人职务，免去马荣欣天骋公司监事职务，免去马凤华天骋公司总经理职务。当日，天骋公司决定由吴明刚担任天骋公司执行董事、法定代表人、总经理，徐晓华担任天骋公司监事，并修改了天骋公司章程。

2009 年 7 月 23 日，三岔湖公司、刘贵良出具收条，收到京龙公司 1000 万元履约保证金，代收款单位为理县星河电力有限公司。2009 年 7 月 24 日，三岔湖公司、刘贵良出具代收款授权委托书，授权并委托成都星河置业顾问有限公司（以下简称星河置业公司）在该代收款委托书签发之日起，代三岔湖公司、刘贵良收取《股权转让协议》第4条所述的股权转让价款，直至其另行通知京龙公司为止，同时，附上了星河置业公司在浙商银行成都分行营业部开户的6510000010120100103698账户。2009年8月4日至2009年12月1日，三岔湖公司、刘贵良出具8份收据，共计收到京龙公司19000万元。京龙公司在2009年10月22日办理了天骋公司的工商变更登记手续。

2009年10月22日，三岔湖公司、刘贵良与京龙公司签订《补充协议》，协议第3条对《股权转让协议》的第3条第2款修订、更改如下：京龙公司同意其应受让的是转让股权的全部而非其部分，因此，不论在任何情况下，因京龙公司的原因不能按照《股权转让协议》及其《补充协议》的约定依次序的完全完成转让股权的所有交易，应视为京龙公司单方违约，三岔湖公司、刘贵良有权随时单方自主选择并决定取消、中止、终止转让股权交易的全部或其部分（包括已完成转让的股权交易的全部或其部分和尚未完成转让的股权交易的全部或其部分），并立即向京龙公司收取定额违约金2000万元。如京龙公司逾期支付前述定额违约金，京龙公司应就任何应付而未付款项按每日1‰承担违约金。三岔湖公司、刘贵良按照本补充协议第3条等约定取消、中止、终止转让股权交易的全部或其部分，京龙公司应予以积极配合。反之，因三岔湖公司、刘贵良的原因不能按照《股权转让协议》及其《补充协议》的约定完成全部转让股权的交易，京龙公司有权取消、中止、终止转让股权交易的全部或部分，三岔湖公司、刘贵良应予以积极配合，并在京龙公司发出正式书面取消交易通知之日起10日内，退还京龙公司已支付的履约保证金和京龙公司按照《股权转让协议》及其《补充协议》的约定要求取消、中止、终止转让股权交易时相对应的股权转让价款，并向京龙公司承担定额违约金2000万元。逾期未支付，三岔湖公司、刘贵良按照应返还和应承担的金额每日1‰承担逾期支付违约金。

第4条约定：在京龙公司行使取消、中止、终止转让股权交易的全部或其部分权利时，要求三岔湖公司、刘贵良返还京龙公司已经支付的股权转让价款的同时，应将已经完成转让的股权返还给三岔湖公司、刘贵良，并保证返还时股权对应的财产状况与京龙公司受让时股权对应的财产状况一致。

2010年6月24日至7月29日，京龙公司陆续向星河置业公司6510000010120100103698账户支付5460万元股权转让款，星河置业公司于2010年7月29日出具收条，注明收到京龙公司8笔款项共计5460万元。至此，京龙公司共计向三岔湖公司、刘贵良支付股权转让价款25460万元。

2011年1月29日，京龙公司与张玲签订协议，将其持有的天骋公司10万元出资全部转让给张玲。同日，天骋公司股东会决定将持有的天骋公司10万元出资全部转让给张玲，并免去吴明刚天骋公司执行董事、法定代表人、总经理职务及徐晓华天骋公司监事职务。随后，天骋公司股东会决定：张玲为天骋公司执行董事、法定代表人、总经理，林娟娟为天骋公司监事，并修改了天骋公司章程，办理了工商变更登记手续。

2009年6月22日，星展公司召开股东会决定：马凤华为公司执行董事、法定代表人，刘贵涛为公司监事，陈炜民为公司总经理。股东三岔湖公司、刘贵良签署的公司章程第33条规定：公司只设监事一名，职权是检查公司财务，对执行董事、高级管理人员执行公司职务的行为进行监督及章程规定的其他职权。2009年7月6日，星展公司领取企业法人营业执照，注册资本10万元。其中，刘贵良出资9万元，持股90%；三岔湖公司出资1万元，持股10%。

2009年6月25日，锦荣公司召开股东会决定：马荣欣为公司执行董事、法定代表人，李明为公司监事，聘任刘贵涛为公司总经理。股东三岔湖公司、刘贵良签署的锦荣公司章程第32条规定：公司经理对股东会负责，主持公司的生产经营管理工作，组织实施股东会决议、公司年度经营计划和投资方案。2009年7月7日，锦荣公司领取企业法人营业执照，注册资本10万元。其中，刘贵良出资9万元，持股90%；三岔湖公司出资1万元，持股10%。

2009年7月14日，刘贵涛、刘桂叶签署鼎泰公司章程，刘贵涛、刘桂叶为鼎泰公司股东，刘贵涛出资90万元，持公司90%的股份，刘桂叶出资10万元，持股10%。鼎泰公司章程第31条规定的执行董事职权为：执行股东会决议、决定公司的经营计划和投资方案等。2009年12月2日，鼎泰公司股东会决定：刘贵涛为公司执行董事、法定代表人，刘桂叶为公司监事。

2010年4月10日，三岔湖公司与鼎泰公司签订《锦荣和星展公司股权转让协议》，约定：三岔湖公司将持有的锦荣公司、星展公司各10%的股权转让给鼎泰公司；第3条第4款载明锦荣公司、星展公司分别向星河置业公司负债42551203.50元和40200117.34元；第4条约定，鼎泰公司应于本协议签订之日起10日内向三岔湖公司付清股权转让总价款1000万元。同日，三岔湖公司向鼎泰公司出具代收款授权委托书，委托成都汇日置业有限公司收取前述股权转让价款1000万元，并提供成都汇日置业有限公司在中国银行四川省分行的125262960922账户。鼎泰公司委托深圳市奥维达科技发展有限公司代其支付股权转让价款 1000 万元。2011 年 4 月 20 日，深圳市奥维达科技发展有限公司通过银行汇款方式向成都汇日置业有限公司汇款 1000 万元，同日，三岔湖公司向鼎泰公司出具 1000 万元的收据。

2010 年 11 月 23 日，锦荣公司召开股东会，股东刘贵良、三岔湖公司法定代表人陈炜民、鼎泰公司委派代表刘贵涛参加会议。股东会决议：同意三岔湖公司将其持有的锦荣公司 10% 的股权即 1 万元出资以货币方式转让给鼎泰公司，同意修改公司章程，公司其他情况不变。同日，三岔湖公司与鼎泰公司签订《锦荣公司股权转让协议》，双方约定：三岔湖公司将其持有的锦荣公司 10% 的股权即 1 万元出资以货币方式转让给鼎泰公司。

同日，星展公司召开股东会，股东刘贵良、三岔湖公司法定代表人陈炜民、鼎泰公司委派代表刘贵涛参加会议。股东会决议：同意三岔湖公司将其持有的星展公司 10% 的股权转让给鼎泰公司；同意修改公司章程；公司原组织机构不变。2010 年 11 月 25 日，三岔湖公司与鼎泰公司签订《星展公司股权转让协议》，三岔湖公司将持有的星展公司 10% 的股权即 1 万元出资以货币方式转让给鼎泰公司。同时修改星展公司章程，并办理工商变更登记，鼎泰公司持有星展公司 10% 的股份。

2009 年 6 月 25 日，锦云公司召开股东会，选举刘贵良为锦云公司执行董事、法定代表人，李明为监事，聘任马荣欣为总经理。锦云公司章程载明：注册资本 10 万元，刘贵良出资 9 万元，持股 90%，三岔湖公司出资 1 万元，持股 10%。

同日，思珩公司召开股东会，选举刘贵涛为思珩公司执行董事、法定代表人，陈炜民为监事，聘任李明为总经理。注册资本 10 万元，刘贵良出资 9 万元，持股 90%，三岔湖公司出资 1 万元，持股 10%。思珩公司章程载明：执行董事负责召集股东会，并向股东会报告工作；执行股东会的决议，制订实施细则；拟订公司的经营计划和投资方案等内容。

2009 年 12 月 2 日，合众公司股东会决定：刘桂叶为公司执行董事、法定代表人，刘贵涛为公司监事。合众公司章程载明刘桂叶、刘贵涛为合众公司股东，合众公司注册资本 100 万元，刘桂叶出资 90 万元，持股 90%，刘贵涛出资 10 万元，持股 10%。

2010 年 7 月 15 日，三岔湖公司、刘贵良与合众公司签订《锦云公司和思珩公司股权转让协议》，约定：三岔湖公司、刘贵良将持有锦云公司、思珩公司各 100% 的股权转让给合众公司；股权转让总价款 141901125 元，其中锦云公司转让价 97499250 元，思珩公司转让价 44401875 元，合众公司应在三岔湖公司、刘贵良交付过户文件后 2 个工作日内按照本协议支付完毕全部股权转让款。2010 年 9 月 15 日，双方签订《锦云和思珩公司补充协议》，协议约定：因三岔湖公司、刘贵良已经按照约定于 2010 年 8 月 4 日将锦云公司、思珩公司的过户文件交付给合众公司，但合众公司未支付股权转让价款，所以双方一致同意合众公司支付违约金和滞纳金共计 16098875 元，合众公司应在本补充协议签订之日起 5 个工作日内支付股权转让款和违约金、滞纳金合计 15800 万元。

2010 年 8 月 4 日，锦云公司、思珩公司召开股东会，刘贵良、三岔湖公司法定代表人陈炜民、合众公司法定代表人刘桂叶参加会议，通过决议：同意刘贵良将持有锦云公司、思珩公司各 90% 的股权即各 9 万元出资转让给合众公司；同意三岔湖公司将持有锦云公司、思珩公司各 10% 的股权即各 1 万元出资转让给合众公司。同时免去锦云公司刘贵良执行董事、法定代表人职务，马荣欣经理职务，李明监事职务；免去思珩公司刘贵涛执行董事、法定代表人职务，李明公司经理职务，陈炜民公司监事职务。同日，合众公司分别与三岔湖公司、刘贵良签订《锦云股权转让协议》和《思珩股权转让协议》，约定：刘贵良将持有锦云公司、思珩公司各 90% 的股权即各 9 万元出资转让给合众公司；三岔湖公司将其持有的锦云公司、思珩公司各 10% 的股权即各 1 万元出资转让给合众公司，并修改了锦云公司、思珩公司章程，办理了工商登记，合众公司为锦云公司、思珩公司的唯一股东。同日，锦云公司任命刘贵良为公司执行董事、法定代表人，马荣欣为公司经理，李明为公司监事。思珩公司任命刘贵涛为公司执行董事、法定代表人，李明为公司经理，陈炜民为公司监事。

2010 年 9 月 15 日，三岔湖公司、刘贵良向合众公司出具 2 份授权委托书：一是委托成都汇日星河房地产有限公司代收 1 亿元股权转让款，并附成都汇日星河房地产有限公司在浙商银行成都分行营业部的 6510000010120100231530 账户；二是委托三岔湖公司代收 5800 万元股权转让款，并附三岔湖公司在浙商银行成都分行营业部的 6510000010120100231592 账户。

2010 年 9 月 17 日，合众公司通过银行汇款方式向成都汇日星河房地产有限公司汇款 1 亿元，向三岔湖公司汇款 5800 万元。同日，三岔湖公司、刘贵良向合众公司出具收到 15800 万元的收据。

受华仁公司的委托，北京中瑞诚联合会计师事务所四川分所对锦云公司和思珩公司截止到 2010 年 8 月 17 日的财务状况进行尽职调查。2010 年 8 月

18 日，该会计师事务所向华仁公司分别提交了对锦云公司和思珩公司截止到 2010 年 8 月 17 日的财务状况所作出的尽职调查报告。两份报告分别对锦云公司和思珩公司的财务状况、资产情况、负债情况、所有者权益情况、银行查询情况等事项向华仁公司进行了报告。

2010 年 9 月 8 日，合众公司与华仁公司签订《锦云和思珩公司股权转让协议 1》，约定：合众公司将其持有的锦云公司和思珩公司各 100% 的股权转让给华仁公司，股权转让总价为 317858520 元，其中：支付给合众公司的股权转让总价款为 258377689.58 元，代锦云公司和思珩公司向星河置业公司清偿 59480830.42 元债务。同日，为保证股权转让价款的安全和按时支付顺畅，合众公司、华仁公司和哈尔滨银行股份有限公司成都分行签订《资金托管协议》，由合众公司和华仁公司共同委托哈尔滨银行股份有限公司成都分行管理股权转让价款。2010 年 9 月 8 日，哈尔滨银行股份有限公司成都分行开始托管 317858520 元的股权转让价款。

2010 年 9 月 9 日，合众公司与华仁公司签订《锦云公司股权转让协议 1》和《思珩公司股权转让协议 1》，合众公司分别将锦云公司、思珩公司各 100% 的股权即各 10 万元出资转让给华仁公司，并修改了锦云公司、思珩公司章程，办理了工商变更登记手续。

2010 年 9 月 14 日，华仁公司在哈尔滨银行股份有限公司成都分行以银行汇款转账方式 3 次向合众公司付款共计 258390403.92 元。合众公司于 2010 年 9 月 13 日和 9 月 14 日分别出具编号为 5203594、5203595、5203597、5203598、5203600 的收据 5 张，收款金额分别为 10 万元、177417165.56 元、80760524.02 元、10 万元、12714.34 元（系股权价款利息），累计收到华仁公司 258390403.92 元。同日，华仁公司在哈尔滨银行股份有限公司成都分行以银行汇款转账方式向星河置业公司付款 59480830.42 元。星河置业公司在 2010 年 9 月 13 日出具了编号为 5203593、5203596 的收据 2 张，收款金额分别为 40881154.44 元和 18599675.98 元，共计收到华仁公司 59480830.42 元。

成都市武侯区地方税务局出具的纳税登记表显示：锦荣公司从 2010 年 2 月 10 日起至 2011 年 8 月 2 日止，纳税 1016 元；星展公司从 2010 年 2 月 10 日起至 2011 年 8 月 2 日止，纳税 1016 元；锦云公司从 2010 年 2 月 10 日起至 2010 年 8 月 26 日止，纳税 347 元；思珩公司从 2010 年 2 月 10 日起至 2010 年 8 月 26 日止，纳税 347 元。深圳市福田区地方税务局出具的合众公司的纳税查询情况表载明的合众公司纳税情况：2009 年缴纳罚款 1060 元，2010 年、2011 年无纳税，2012 年 1 月至 10 月纳税 56 元。

2010 年 12 月 22 日,京龙公司在知道刘贵良、三岔湖公司再次转让星展公司、锦荣公司、锦云公司、思珩公司股权后,向四川省高级人民法院提起(2011)川民初字第 2 号民事诉讼,请求:1. 三岔湖公司、刘贵良、星展公司、锦荣公司、锦云公司、思珩公司继续履行《股权转让协议》约定的义务;2. 由三岔湖公司、刘贵良、星展公司、锦荣公司、锦云公司、思珩公司承担本案诉讼费。2011 年 4 月 7 日,三岔湖公司、刘贵良向该院提出反诉,请求确认案涉《股权转让协议》及其《补充协议》已经解除。2011 年 8 月 9 日,京龙公司增加诉讼请求,请求确认三岔湖公司、刘贵良解除《股权转让协议》及其《补充协议》无效。

2011 年 1 月 27 日,京龙公司向四川省高级人民法院提起(2011)川民初字第 3 号民事诉讼(即本案),要求:1. 确认三岔湖公司将星展公司、锦荣公司各 10% 的股权再次转让给鼎泰公司的转让行为无效,判决该转让股权恢复至三岔湖公司持有;2. 确认三岔湖公司、刘贵良将锦云公司和思珩公司各 100% 的股权转让给合众公司的转让行为以及合众公司又将该股权再次转让给华仁公司的转让行为无效,判决该转让股权恢复至刘贵良和三岔湖公司持有;3. 由三岔湖公司、刘贵良、合众公司、鼎泰公司、华仁公司承担该案的诉讼费。

2011 年 1 月 20 日,京龙公司对鼎泰公司持有的星展公司、锦荣公司各 10% 的股权向四川省高级人民法院申请诉讼保全并提供担保。四川省高级人民法院于 2011 年 1 月 27 日作出(2011)川民初字第 3 - 1 号民事裁定,冻结鼎泰公司持有的星展公司、锦荣公司各 10% 的股权。

2011 年 2 月 22 日,三岔湖公司、刘贵良向京龙公司邮寄了 3 份《关于再次通知贵公司解除〈股权转让协议〉并要求贵公司承担违约责任的函》(以下简称《解除函》),收件人均为吴明刚,地址分别为:四川省成都市高新区工业园科园南二路 2 号、双流县黄河中路 2 段空港总部基地 A9 - 102、成都市永丰路 52 号永丰大厦 703 室。

2011 年 3 月 31 日,三岔湖公司、刘贵良在(2011)川民初字第 2 号案件中,对京龙公司提出反诉,请求确认案涉《股权转让协议》及其《补充协议》已经解除,同时要求京龙公司承担违约责任。2011 年 7 月 26 日、7 月 28 日,三岔湖公司、刘贵良分别再次向京龙公司邮寄 2 份《解除函》,收件人为吴明刚,地址分别为:四川省资阳市车苑小区 18 幢、车苑小区 18 幢。

四川省高级人民法院经审理认为:(一)三岔湖公司、刘贵良与京龙公司之间的《股权转让协议》及其《补充协议》合法有效,且并未解除。1. 案涉三岔湖公司、刘贵良分别与京龙公司、鼎泰公司、合众公司以及合众公司与华仁公司签订的《星展公司股权转让协议》《锦荣公司股权转让协议》《锦云公司股权转让协议》《锦云公司股权转让协议1》《思珩公司股权转让协议》《思珩公司股权转让协议1》以及《天骋公司股权转让协议》共七份合同，系为办理工商变更登记、逃避股权转让纳税而订立，不是合同当事人的真实意思表示，根据合同法第五十二条第（二）项关于"恶意串通，损害国家、集体、或者第三人利益"的合同无效的规定，此七份"阴合同"属无效合同。2. 三岔湖公司、刘贵良与京龙公司签订的《股权转让协议》及其《补充协议》以及三岔湖公司、刘贵良与鼎泰公司签订的《锦荣和星展公司股权转让协议》、与合众公司签订的《锦云和思珩公司股权转让协议》《锦云和思珩公司补充协议》以及合众公司与华仁公司签订的《锦云和思珩公司股权转让协议1》系当事人的真实意思表示，不违反法律、行政法规的强制性规定，依照《最高人民法院关于适用〈中华人民共和国合同法〉若干问题的解释（二）》第十五条关于"出卖人就同一标的物订立多重买卖合同，合同均不具有合同法第五十二条规定的无效情形，买受人因不能按照合同约定取得标的物所有权，请求追究出卖人违约责任的，人民法院应予支持"的规定，上述"阴合同"均合法有效。3. 京龙公司未按照协议的约定支付完毕股权转让价款，构成违约，但三岔湖公司、刘贵良接受京龙公司后续支付案涉股权转让价款且不持异议，故《股权转让协议》及其《补充协议》在三岔湖公司、刘贵良与京龙公司之间还在继续履行。4. 三岔湖公司、刘贵良在享有合同解除权的情况下，未行使合同解除权，反而将已经转让的案涉股权进行再次转让并办理工商变更登记，阻碍案涉合同的继续履行，属于根本违约。三岔湖公司、刘贵良在本案一审诉讼中行使合同解除权，有违诚信原则，构成权利滥用，违反合同法第6条"当事人行使权利、履行义务应当遵守诚实信用原则"的规定，不能达到解除案涉合同的法律效果。

（二）鼎泰公司、合众公司在受让案涉股权时非善意，未支付合理的对价，不能善意取得已经进行变更登记的案涉股权。1. 鼎泰公司、合众公司在分别受让星展公司、锦荣公司、锦云公司和思珩公司股份时，就已经知道或应当知道京龙公司已经受让了该公司的股权。2. 鼎泰公司、合众公司在受让案涉股权时未支付合理的对价。

（三）华仁公司合法取得锦云公司和思珩公司的案涉股权。1. 华仁公司受让锦云公司和思珩公司的股权系善意。华仁公司在受让前，委托会计师事务所对锦云公司、思珩公司进行了尽职调查，采取由第三方银行托管股权价款且按华仁公司指示付款的方式来支付股权转让价款，同时还要求合众公司就锦云公司、思珩公司的重大事宜进行了披露和对转让股权的合法性等事宜进行了一系列的陈述和保证，已尽一般的注意义务。因合众公司不披露三岔湖公司、刘贵良与京龙公司之间有案涉股权转让协议正在履行，及合众公司向其转让的股权系京龙公司已经受让的股权等信息，导致华仁公司不知其受让的股权系有争议、权属不稳定的股权，但华仁公司无过错。2. 合众公司处分锦云公司和思珩公司股权的行为在被确认无效前，系有权处分。合众公司受让锦云公司和思珩公司股权的《锦云和思珩公司股权转让协议》及其《补充协议》本身不具有法定的无效情形，在京龙公司主张确认三岔湖公司、刘贵良再次处分该股权行为无效之前，对合众公司和三岔湖公司、刘贵良均具有法律约束力，且在确认无效之前，合众公司对已经受让的股权进行处分时应是有权处分。当京龙公司提出该协议损害其权益要求确认该股权行为无效后，使得三岔湖公司、刘贵良的该处分行为的效力不确定，当该处分行为被确认无效时，不当然的溯及到合众公司有权处分的期间。3. 该处分行为被确认为无效后，京龙公司有权要求三岔湖公司、刘贵良以及合众公司承担折价补偿的民事责任。4. 即使合众公司在处分案涉股权时属无处分权，华仁公司也已善意取得了锦云公司和思珩公司的股权。华仁公司在受让案涉股权时已尽了审慎的注意义务，无过错，并同时支付了合理的对价，完成了锦云公司和思珩公司股权的工商变更登记手续，实际行使锦云公司和思珩公司的股东权利以及管理公司的生产经营活动，符合物权法第 106 条规定的善意取得的条件。

综上，四川省高级人民法院依照合同法第五十二条第（二）项，公司法第三十三条第三款、第五十条、第五十一条、第五十四条第（一）项、第（二）项、第（七）项，《最高人民法院关于适用〈中华人民共和国合同法〉若干问题的解释（二）》第十五条，《最高人民法院关于适用〈中华人民共和国公司法〉若干问题的规定（三）》第二十八条第一款，民事诉讼法第一百二十条、第一百二十八条、第一百三十六条第一款第（五）项、第一百三十八条，《最高人民法院关于民事诉讼证据的若干规定》第二条第二款之规定，判决：一、确认简阳三岔湖旅游快速通道投资有限公司将持有的成都星展置业顾问有限公司、成都锦荣房产经纪有限公司各 10% 的股权转让给深圳市鼎泰嘉业房地产投资管理有限公司的处分行为无效，深圳市鼎泰嘉业房地产投资管理有限公司在本判决生效后 10 日内向简阳三岔湖旅游快速通道投资有限公司返还成都星展置业顾问有限公司、成都锦荣房产经纪有限公司各 10% 的股权，并办理工商变更登记，恢复至简阳三岔湖旅游快速通道投资有限公司持有状态；二、驳回四川京龙建设集团有限公司的其他诉讼请求。一审案件受理费100元，由简阳三岔湖旅游快速通道投资有限公司、刘贵良各承担50元。

京龙公司、三岔湖公司、刘贵良、鼎泰公司均不服上述判决，向本院提起上诉。

京龙公司以三岔湖公司、刘贵良、合众公司、鼎泰公司、华仁公司为被上诉人，上诉请求：1. 撤销上述判决第二项，确认三岔湖公司将其所持锦云公司10%的股权、思珩公司10%的股权和刘贵良将其所持锦云公司90%的股权、思珩公司90%的股权转让给合众公司的行为及合众公司将受让的锦云公司、思珩公司股权再次转让给华仁公司的行为无效，判决将锦云公司、思珩公司的股权分别恢复登记至三岔湖公司、刘贵良持有状态。2. 由三岔湖公司、刘贵良、合众公司、鼎泰公司、华仁公司承担一审、二审诉讼费和诉讼保全费。理由是：1. 一审判决认定华仁公司受让合众公司案涉股权的行为有效属于认定事实不清，适用法律错误。（1）一审判决认定合众公司再次处分案涉股权的行为为有权处分，与认定其转让行为无效相互矛盾。（2）一审判决已经认定合众公司受让案涉股权时并非善意，未支付合理对价，不能善意取得已经进行变更登记的案涉股权，并确认三岔湖公司、刘贵良将案涉股权再次转让给合众公司的处分行为无效。故合众公司取得的案涉股权行为属无效行为，且为法定无效、自始无效。合众公司将锦云公司、思珩公司股权再次转让给华仁公司的行为为无权处分，其处分锦云公司、思珩公司股权行为的效力就应根据三岔湖公司、刘贵良是否追认进行确认。但因三岔湖公司、刘贵良已经将锦云公司、思珩公司股权转让给上诉人京龙公司，故此时三岔湖公司、刘贵良本身已经处于无权处分人的地位，其不得通过依据自己无权处分人地位的认可而使合众公司的无权处分成为有效。（3）一审判决以京龙公司延期付款的行为作为合众公司享有再次处分案涉股权的理由，缺乏依据。（4）一审判决以合众公司处分的案涉股权已经交付无法返还为由，认定华仁公司不应返还案涉股权，属于事实不清，适用法律错误。2. 华仁公司的受让不符合善意取得的条件，其转让行为应属无效，受让股权应予返还。（1）同一股权在一个月内两次转手，进行两次工商变更，且金额高达数亿元，华仁公司在《锦云和思珩两家公司相关披露内容》和《财务尽职调查报告》存在明显虚假和瑕疵情况下，未提出质疑，未尽审慎注意义务，有过错，故其受让非善意。（2）华仁公司对股权交易项下所涉土地缺乏指标的事实属于明知，在交易存在巨大风险情况下，在十多天的时间内斥巨资交易，未尽谨慎审查义务，显见恶意串通和虚假交易。（3）对价不合理。华仁公司受让价格既远高于京龙公司的交易价格1.7亿元，也远高于同期同一地域位置的地价，华仁公司未能对此作出合理的解释。（4）交易无有效的付款凭证。合众公司与华仁公司金额达3亿多元的交易，却开具手写的普通收据，时间是2010年9月13日，而银行付款时间是9月14日。银行业务委托书中用途一栏注明的是业务往来款，而非股权转让款，合众公司与华仁公司均未能对此作出合理的解释。（5）合众公司与华仁公司的交易价款中含直接向目标公司债权人偿还59480830.42元，但在之前三岔湖公司、刘贵良与合众公司的协议转让中，并未提及目标公司的高额负债，华仁公司在明知该债务没有合法票据证明的情况下，仍主动支付该债务。3．一审判决遗漏内容，对诉讼保全费的承担没有裁决。京龙公司起诉时提出了诉讼保全申请，并依法缴纳了保全费，一审判决只对案件受理费的承担进行了判决，未对保全费作出判决。

三岔湖公司、刘贵良以京龙公司为被上诉人，上诉请求：1．撤销本案一审判决第一项；2．本案诉讼费用由京龙公司承担。理由是：1．因京龙公司的违约行为导致京龙公司与三岔湖公司、刘贵良之间的《股权转让协议》及其《补充协议》无法履行。京龙公司未在2010年3月22日付清全部股权转让价款的行为，构成根本违约；京龙公司于2011年1月29日将天骋公司100%的股权转让给了张玲，亦属于严重违约。因京龙公司先根本违约，且另有其他违约行为，致使《股权转让协议》及其《补充协议》最终无法得到履行。2．京龙公司支付5460万元的行为不能推定为三岔湖公司、刘贵良默认接受款项并默认继续履行《股权转让协议》及其《补充协议》。京龙公司提交的收据中，除5460万元的收据外，其余收据均由三岔湖公司、刘贵良自行签发并盖章，只有5460万元的收据是星河置业公司盖章签收，三岔湖公司、刘贵良并未参与其事。在一审程序中，三岔湖公司、刘贵良未认可收到该笔款项，不能推定三岔湖公司、刘贵良已收到了5460万元，更不能认定三岔湖公司、刘贵良在京龙公司已违约的情况下仍同意继续履行合同。京龙公司自愿接受不同形式的收据，说明京龙公司明知有关款项性质有别。3．三岔湖公司、刘贵良将案涉股权转让给第三方，系在京龙公司未及时付清全部价款导致合同目的不能实现的情况下，为减少损失而采取的合理行为，属于自力救济，不应认定为违约行为。4．三岔湖公司、刘贵良自行决定解除合同的行为合法有效。根据《股权转让协议》第8.2.2项"双方中的任何一方违反本协议，另一方按本协议和《中华人民共和国合同法》规定的方式解除本协议"

及第8.2.5项"双方按照本协议第3条第3.2款的约定选择取消、终止本协议"的约定，在京龙公司违约的情况下，三岔湖公司、刘贵良有权单方自主选择并决定取消、中止、终止转让股权交易的全部或其部分，并有权决定是否通知京龙公司。解除权是一种形成权，权利的湮灭需要有明确的法定或约定的事由，同时解除权的行使不受时效限制，此种权利并不因京龙公司向法院提起诉讼而湮灭，三岔湖公司、刘贵良有权随时行使。三岔湖公司、刘贵良在本案一审诉讼前以挂号信形式发送书面解除通知至京龙公司的实际办公地址，一审诉讼中，又以公证送达形式发送书面解除通知至京龙公司注册地址。故《股权转让协议》及其《补充协议》应视为已解除。5. 一审判决有关鼎泰公司、合众公司与三岔湖公司、刘贵良之间的股权转让行为无效的认定，与事实不符。（1）现行法律无有关关联交易或各公司管理人员交叉情况下交易的禁止性规定。即使存在管理人员交叉，也只能推断鼎泰公司、合众公司有可能知晓三岔湖公司、刘贵良与京龙公司之间股权转让及履行的情况，可能知晓京龙公司逾期付款已构成了根本违约，导致《股权转让协议》及其《补充协议》已无法履行，并不必然推断出鼎泰公司、合众公司受让股权存在虚假和恶意。（2）订立《股权转让协议》及其《补充协议》的原因在于急于回笼资金，并以五家目标公司一同转让为条件，若非整体成交，则三岔湖公司、刘贵良便要承担重大利益损失。因此，《股权转让协议》及其《补充协议》中明确约定，京龙公司违约时，三岔湖公司、刘贵良有权自行终止此笔股权转让交易。在京龙公司逾期付款构成根本违约的情形下，为解决资金问题，达到迅速融资的目的，三岔湖公司、刘贵良与相识的鼎泰公司、合众公司达成股权转让交易亦不违背法律和情理。（3）股权交易价格低于与京龙公司约定的价格，系为急于回笼资金而给予合众公司、鼎泰公司的优惠，且此交易价格与市场价值相比并无太大差距，属于合理的商业行为。（4）合众公司再将股权转让给第三方收取的股权转让价款，是合众公司自身的商业操作，与三岔湖公司、刘贵良和合众公司、鼎泰公司之间的交易无关。6. 一审判决判令鼎泰公司将星展公司、锦荣公司各10%的股权返还给京龙公司，不符合合同的约定，违背了三岔湖公司、刘贵良的真实意愿。三岔湖公司、刘贵良对京龙公司上诉的答辩意见，与其以上所述的上诉意见一致。

鼎泰公司以京龙公司为被上诉人，上诉请求：1. 撤销本案一审判决第一项；2. 本案诉讼费用由京龙公司承担。理由是：1. 因京龙公司违约在先，且根本违约导致其与三岔湖公司、刘贵良之间的《股权转让协议》及其《补充协议》无法履行。根据合同约定，京龙公司应在2010年3月22日或之前付清所有的股权转让款，但截止至 2010 年 3 月 22 日，京龙公司实际的股权转让款不足一半。2. 三岔湖公司、刘贵良已依约定解除了《股权转让协议》及其《补充协议》，依法有权与鼎泰公司进行股权交易。3. 鼎泰公司自三岔湖公司处受让星展公司、锦荣公司股权不存在恶意串通的情形。（1）鼎泰公司在受让案涉股权时，不清楚三岔湖公司、刘贵良与京龙公司之间的纠纷，且已支付了相应的对价。（2）法律并未禁止关联交易或公司间管理人员存在交叉情况下的交易。即使存在管理人员交叉，也只能推断鼎泰公司有可能知晓三岔湖公司、刘贵良与京龙公司之间的股权转让及合同履行情况，可能知晓京龙公司已违背了《股权转让协议》及其《补充协议》所约定的基本交易准则，逾期付款已构成了根本违约，导致《股权转让协议》及其《补充协议》已无法履行，三岔湖公司、刘贵良只能采取自力救济，并不必然推断出鼎泰公司受让股权存在虚假和恶意。（3）鼎泰公司受让股权的价格低于京龙公司受让价格，系因三岔湖公司、刘贵良急于回笼资金而给予的优惠，此种为减轻资金压力而降价出售股权的行为是合理的商业行为。

京龙公司对三岔湖公司、刘贵良、鼎泰公司的上诉答辩称：1. 京龙公司与三岔湖公司、刘贵良之间的《股权转让协议》及其《补充协议》未解除。（1）在履约过程中，三岔湖公司、刘贵良的代表刘致民口头已经同意京龙公司推迟付款。在此情况下，京龙公司迟延履行了部分付款义务，在约定成交日届满后至 2010 年 7 月 29 日期间，京龙公司又陆续支付了 5460 万元。三岔湖公司、刘贵良与京龙公司约定的付款委托书载明星河置业公司代收价款直至三岔湖公司、刘贵良另行通知京龙公司为止。因三岔湖公司、刘贵良未通知其解除合同并停止汇款，而是继续接受京龙公司所付价款，据此可以证明三岔湖公司、刘贵良愿意继续履行合同。故三岔湖公司、刘贵良认为京龙公司迟延付款导致协议无法履行的主张不成立。（2）《股权转让协议》及其《补充协议》尚未解除，应继续履行。三岔湖公司、刘贵良在一审质证后发出的《解除函》不具有发出解除合同的意思表示，而是试图确认合同已经解除，但其未能提供之前解除股权转让协议的通知。其在诉讼程序中发出《解除函》的目的是为逃避继续履行的义务。其发出时间系京龙公司提起本案诉讼以后，其解除合同的权利已经灭失。2. 鼎泰公司受让股权非善意。（1）在整个股权转让交易中，转让方、受让方、目标公司参与交易的人员交叉、混同，彼此交叉互换担任公司重要职务，且参与交易决策、签约全过程，明显存在利害关系，彼此串通企图达到形式上将股权转让、实质上在该利益团体内部循环，造成客观上不能履行合同的后果，损害京龙公司利益。鼎泰公司在上诉状中自认其在明知三岔湖公司、刘贵良与京龙公司存在股权转让协议且未解除的前提下，仍故意进行股权交易，属于恶意。（2）鼎泰公司受让价格远低于京龙公司交易价格。（3）三岔湖公司在未收到约定价款的情况下，即于2010年11月24日进行了工商变更登记。（4）鼎泰公司在京龙公司提起本案诉讼前尚未支付股权转让款，在京龙公司提起一审诉讼后的2011年4月22日即股权变更后的6个月才办理了1000万元的价款支付，三岔湖公司亦予以认可，试图造成已经交易不能返还的后果，主观恶意明显。（5）三岔湖公司企图以高额负债转让方式，掩盖其低价转让股权的事实。（6）三岔湖公司未缴纳股权交易税。3.三岔湖公司、刘贵良向合众公司转让锦云公司、思珩公司股权的行为非善意，属无效转让。（1）转让方、受让方、目标公司存在人员交叉混同，且目标公司的高管人员在股权转让前后无变化。（2）先过户后付款的股权模式交易不符合交易安全惯例，属于恶意串通。（3）三岔湖公司、刘贵良对合众公司的延期付款行为予以谅解和变更，同时继续接受京龙公司支付的股权转让款。（4）交易价格远低于与京龙公司的交易价格，属于不合理对价。（5）三岔湖公司、刘贵良未纳税，也可证明交易的恶意串通。4.京龙公司与张玲的股权转让与本案无关，三岔湖公司、刘贵良并未以此为由解除合同，故不属于本案二审审理范围。

华仁公司对京龙公司的上诉答辩称：1.即使认定合众公司受让股权行为无效，华仁公司仍符合善意取得的构成要件，依法取得锦云公司和思珩公司的股权。华仁公司受让锦云公司和思珩公司股权的协议和行为均真实、合法、有效，且实际控制和管理两家公司，京龙公司无证据证明华仁公司在收购案涉股权时知悉其与三岔湖公司、刘贵良之间的股权转让协议，华仁公司存在恶意。2.京龙公司以合同法第五十二条第二款关于"恶意串通，损害国家、集体或者第三人利益"的规定主张股权转让行为无效，其法律依据错误。因该条款规定的是合同无效而非行为无效，即使是基于无效合同而发生的行为，也并不必然会被认定为无效。京龙公司根据合同法的规定只能要求三岔湖公司、刘贵良承担违约责任，而不能要求华仁公司返还案涉股权。3.京龙公司无证据证明华仁公司与合众公司存在恶意串通损害其利益的行为，也无证据证明三岔湖公司、刘贵良与合众公司之间的股权转让行为属于恶意串通损害其利益的无效行为。4.三岔湖公司、刘贵良将锦云公司和思珩公司的股权分别转让给京龙公司和合作公司的行为属于一物二卖，京龙公司只能向三岔湖公司、刘贵良主张违约赔偿。5.京龙公司与三岔湖公司、刘贵良之间的《股权转让协议》及其《补充协议》已经解除。（1）京龙公司向星河置业公司支付5460万元价款的行为不能推定为三岔湖公司、刘贵良默认接受款项及继续履行协议，三岔湖公司、刘贵良未向京龙公司开具收据，这一违反交易习惯的行为证明三岔湖公司、刘贵良不愿接受该笔款项，并作出终止履行合同的意思表示。（2）京龙公司在约定的最后期限仍未支付全部价款，构成根本违约。（3）自三岔湖公司、刘贵良向京龙公司送达解除合同的通知之日起，《股权转让协议》及其《补充协议》已经解除。京龙公司只能向三岔湖公司、刘贵良主张违约责任或侵权损害赔偿，而不能主张股权转让行为无效。6. 华仁公司受让股权已经交付完毕，该股权无法返还给三岔湖公司、刘贵良。

本院对一审查明的事实予以确认。

本院另查明，2011年1月20日，京龙公司申请四川省高级人民法院对刘贵良所持有的星展公司、锦荣公司各90%的股权进行冻结。2011年1月27日，四川省高级人民法院作出（2011）川民初字第2-1号民事裁定，冻结刘贵良所持有的星展公司、锦荣公司各90%的股权。2011年3月15日，四川省高级人民法院向京龙公司收取了诉讼保全费用5000元，并向京龙公司出具了编号为0004898632号的《人民法院诉讼收费专用票据（预收）》，该收据载明，诉讼保全费5000元所涉案号为（2011）川民初字第2号。

本院认为，本案争议焦点有以下三个问题：一、三岔湖公司、刘贵良与京龙公司之间的《股权转让协议》及其《补充协议》是否已经解除；二、鼎泰公司、合众公司能否取得案涉锦荣公司、星展公司股权；三、华仁公司能否善意取得案涉目标公司股权。

一、关于三岔湖公司、刘贵良与京龙公司之间的《股权转让协议》及其《补充协议》是否已经解除的问题。

三岔湖公司、刘贵良与京龙公司2009年7月22日签订的《股权转让协议》及同年10月22日签订的《补充协议》，主体合格，意思表示真实，亦不违反法律法规的强制性规定，均属合法有效的合同。

因京龙公司未按合同约定于2010年3月22日前付清全部股权转让款，已构成违约，故根据《股权转让协议》及其《补充协议》的约定，三岔湖公司、刘贵良享有合同解除权。但三岔湖公司、刘贵良接受了京龙公司在2010年6月24日至7月29日支付的5460万元股权转让价款，且截至2010年12月30日四川省高级人民法院受理案涉《股权转让协议》及其《补充协议》的股权转让纠纷案〔（2011）川民初字第2号〕及2011年1月27日该院受理本案前，三岔湖公司、刘贵良并未对京龙公司的逾期付款行为提出异议，也未向京龙公司发出过解除合同的通知，故在京龙公司向一审法院提起本案及

（2011）川民初字第2号案件的民事诉讼之时，《股权转让协议》及其《补充协议》仍处于履行状态，对三岔湖公司、刘贵良及京龙公司仍具有法律约束力。京龙公司主张其延期付款行为系经过三岔湖公司、刘贵良的代表刘致民口头同意，但未提供证据予以证明；三岔湖公司、刘贵良主张其在本案一审诉讼前已通知京龙公司解除合同，但亦未提供证据予以证明，故对京龙公司及三岔湖公司、刘贵良主张的上述事实，本院不予认定。

三岔湖公司、刘贵良在二审庭审中主张京龙公司在逾期付款后另行支付的5460万元价款系支付给星河置业公司，三岔湖公司、刘贵良并未收到。但根据三岔湖公司、刘贵良2009年7月24日向京龙公司出具的《代收款授权委托书二》所载，三岔湖公司、刘贵良授权并委托星河置业公司在该代收款委托书签发之日起，代三岔湖公司、刘贵良收取《股权转让协议》第4条所述的股权转让价款，直至其另行通知京龙公司为止。因京龙公司向星河置业公司给付5460万元价款期间，三岔湖公司、刘贵良并未另行通知京龙公司取消该项授权，且星河置业公司于2010年7月29日出具收条，注明收到京龙公司8笔款项共5460万元，故京龙公司向星河置业公司给付5460万元价款的行为，具有与京龙公司向三岔湖公司、刘贵良给付5460万元价款的行为同等的法律效力。三岔湖公司、刘贵良于2011年2月15日向京龙公司出具的《关于再次通知解除〈股权转让协议〉并要求贵公司承担违约责任的函》载明："截止至2010年7月29日，贵司也仅支付了款项计人民法院贰亿伍仟肆佰陆拾万元"，据此，亦可认定三岔湖公司、刘贵良已自认收到5460万元股权转让价款。故对三岔湖公司、刘贵良有关未收到该5460万元价款的主张，本院不予支持。

根据《股权转让协议》及其《补充协议》的约定，在京龙公司违约的情况下，三岔湖公司、刘贵良有权根据合同约定随时行使合同的解除权。但在进入诉讼阶段后，对诉讼发生前、已经确定的合同效力及履行情况，应当由人民法院依法作出认定。三岔湖公司、刘贵良在本案一审诉讼期间先后于2011年2月22日及2011年7月26日、28日向京龙公司发出解除股权转让协议并承担违约金的函，并不能改变诉讼前已经确定的合同效力及履行状态。三岔湖公司、刘贵良在享有合同解除权的情况下，未行使合同解除权，并接受京龙公司逾期支付的价款而未提出异议，系以行为表示其仍接受《股权转让协议》及其《补充协议》的约束。但三岔湖公司、刘贵良在《股权转让协议》及其《补充协议》的履行期间，既接受京龙公司逾期支付的价款，又同时将已经约定转让给京龙公司的案涉股权再次转让给关联公司并办理工商登记，阻碍既有合同的继续履行，已构成违约。三岔湖公司、刘贵良在京龙公司提起本案及（2011）川民初字第 2 号案件的诉讼过程中行使合同解除权，以对抗京龙公司要求其继续履行合同的诉讼请求，有违诚信原则。一审判决根据合同法第六条"当事人行使权利、履行义务应当遵守诚实信用原则"的规定，认定三岔湖公司、刘贵良在本案及（2011）川民初字第 2 号案件的诉讼过程中行使合同解除权的行为不能产生解除合同的法律效果，并无不妥，本院予以维持。

京龙公司于 2011 年 1 月 29 日将天骋公司的全部股权转让给张玲的行为，违反了《补充协议》第 5 条的约定，已构成违约，但三岔湖公司、刘贵良并未以此为由行使合同解除权，故该违约行为的存在亦不影响对合同是否已经解除的认定。

综上，《股权转让协议》及其《补充协议》未解除，对合同当事人均有法律约束力。对三岔湖公司、刘贵良有关因京龙公司的违约行为导致合同无法履行，三岔湖公司、刘贵良已经行使合同解除权，《股权转让协议》及其《补充协议》已经解除的主张，本院不予支持。

二、关于鼎泰公司、合众公司能否取得案涉目标公司股权的问题。

鼎泰公司与三岔湖公司签订的《锦荣和星展公司股权转让协议》，合众公司与三岔湖公司、刘贵良《锦云公司和思珩公司股权转让协议》，此两份合同均系当事人之间的真实意思表示。因刘贵涛系鼎泰公司的股东及法定代表人、合众公司股东，同时也是受让目标公司星展公司监事、锦荣公司总经理、思珩公司执行董事和法定代表人；刘桂叶系合众公司的股东及法定代表人、鼎泰公司股东；刘桂叶、刘贵涛共同持有鼎泰公司、合众公司 100% 的股权，且三岔湖公司、刘贵良系将天骋公司、星展公司、锦荣公司、锦云公司、思珩公司的股权整体转让给京龙公司，一审判决根据公司法第五十条、第五十一条、第五十四条的规定及星展公司、锦荣公司、思珩公司的公司章程所载明的执行董事、总经理、监事的职权的规定，认定刘贵涛作为目标公司的高管人员，知道或应当知道三岔湖公司、刘贵良已将案涉五家目标公司的股权转让给京龙公司，在鼎泰公司、合众公司作出受让案涉转让股权决议之时，刘贵涛应当参与了鼎泰公司、合众公司的股东会议及对决议的表决，故认定鼎泰公司和合众公司在受让案涉股权时，就已经知道或应当知道该股权在其受让前已由京龙公司受让的事实，并无不当。

鼎泰公司受让星展公司、锦荣公司各 10% 股权的价格 1000 万元显著低于京龙公司受让同比股权的价格 24713145 元；合众公司受让锦云公司、思珩公司全部股权的价格 141901125 元显著低于京龙公司受让全部股权的价格 170281350 元。因鼎泰公司和合众公司在知道三岔湖公司、刘贵良与京龙公司的股权转让合同尚未解除的情况下，分别就星展公司和锦荣公司、锦云公司和思珩公司与三岔湖公司、刘贵良达成股权转让协议，且受让价格均显著低于京龙公司的受让价格，并将受让公司过户到鼎泰公司、合众公司名下，而三岔湖公司、刘贵良在未解除与京龙公司之间的合同的情形下将目标公司股权低价转让给关联公司，损害了京龙公司根据《股权转让协议》及其《补充协议》可以获取的利益，根据合同法第五十二条第（二）项有关"恶意串通，损害国家、集体或者第三人利益"的合同属于无效合同之规定，鼎泰公司与三岔湖公司签订的《锦荣和星展公司股权转让协议》、合众公司与三岔湖公司、刘贵良签订的《锦云公司和思珩公司股权转让协议》属于无效合同。

三岔湖公司、刘贵良以低价转让目标公司股权系为解决资金紧缺问题为由，主张鼎泰公司、合众公司受让目标公司股权不构成恶意，但三岔湖公司、刘贵良在接受京龙公司逾期支付的股权转让款后，既未催促京龙公司交纳合同所涉全部价款，也未行使合同解除权，而在其与鼎泰公司的股权交易中，在 2010 年 11 月 24 日即为鼎泰公司办理了工商变更登记，但直至本案一审诉讼开始后的 2011 年 4 月 20 日才支付股权转让价款，与三岔湖公司、刘贵良所主张的系为解决资金紧缺问题而提供的低价转让优惠的主张相矛盾，故对鼎泰公司、合众公司低价受让目标公司股权系为解决资金紧缺问题而提供的优惠，不构成恶意的主张，本院不予支持。

根据合同法第五十八条"合同无效或者被撤销后，因该合同取得的财产，应当予以返还"之规定，鼎泰公司应当将受让的星展公司、锦荣公司各 10% 的股权返还给三岔湖公司，合众公司亦应将受让的锦云公司、思珩公司的股权分别返还给三岔湖公司、刘贵良。鼎泰公司、合众公司明知京龙公司受让目标公司股权在先，且未支付合理对价，故亦不能依据有关善意取得的法律规定取得目标公司股权。

三、关于华仁公司能否善意取得案涉目标公司股权的问题。

合众公司与华仁公司于 2010 年 9 月 8 日签订的《锦云和思珩公司股权转让协议 1》，主体合格、意思表示真实，亦不违反法律、行政法规的强制性规定，属合法有效的合同。京龙公司主张该合同因恶意串通损害其利益而无效，但华仁公司受让目标公司的股权价格高于京龙公司受让价格、华仁公司的付款方式及付款凭证、目标公司股权变更的时间及次数的事实并不能证明华仁公司有与合众公司串通、损害京龙公司利益的恶意，京龙公司亦未能提供其他证据证明华仁公司存在此恶意，故对京龙公司有关合众公司与华仁公司于2010年9月8日签订的《锦云和思珩公司股权转让协议1》因恶意串通损害第三人利益而无效的主张，本院不予支持。

因合众公司与三岔湖公司、刘贵良所签订的《锦云公司和思珩公司股权转让协议》无效，合众公司不能依法取得锦云公司、思珩公司的股权，其受让的锦云公司、思珩公司的股权应当返还给三岔湖公司、刘贵良。故合众公司将锦云公司、思珩公司的股权转让给华仁公司的行为属于无权处分行为。

对华仁公司能否依据善意取得制度取得锦云公司、思珩公司的全部股权问题，根据《最高人民法院关于适用〈中华人民共和国公司法〉若干问题的规定（三）》第二十八条第一款有关"股权转让后尚未向公司登记机关办理变更登记，原股东将仍登记于其名下的股权转让、质押或者以其他方式处分，受让股东以其对于股权享有实际权利为由，请求认定处分股权行为无效的，人民法院可以参照物权法第一百零六条的规定处理"的规定，受让股东主张原股东处分股权的行为无效应当以支付股权转让价款并享有实际股东权利为前提。但本案中，京龙公司既未向三岔湖公司、刘贵良支付锦云公司、思珩公司的股权转让价款，也未对锦云公司、思珩公司享有实际股东权利，且合众公司系在京龙公司之后的股权受让人，而非原股东，故本案情形并不适用该条规定。我国公司法并未就股权的善意取得制度作出明确的法律规定，但物权法第一百零六条规定了动产及不动产的善意取得制度，其立法意旨在于维护善意第三人对权利公示之信赖，以保障交易秩序的稳定及安全。股权既非动产也非不动产，故股权的善意取得并不能直接适用物权法第一百零六条之规定。股权的变动与动产的交付公示及不动产的登记公示均有不同。根据公司法第三十三条第三款有关"公司应当将股东的姓名或者名称及其出资额向公司登记机关登记；登记事项发生变更的，应当办理变更登记。未经登记或者变更登记的，不得对抗第三人"之规定，股权在登记机关的登记具有公示公信的效力。本案中锦云公司及思珩公司的股权已变更登记在合众公司名下，华仁公司基于公司股权登记的公示方式而产生对合众公司合法持有锦云公司及思珩公司股权之信赖，符合物权法第一百零六条所规定的维护善意第三人对权利公示之信赖，以保障交易秩序的稳定及安全之意旨。故本案可类推适用物权法第一百零六条有关善意取得之规定。

因华仁公司与合众公司进行股权交易时，锦云公司、思珩公司均登记在合众公司名下，且华仁公司已委托会计师事务所、律师事务所对锦云公司、思珩公司的财务状况、资产状况、负债情况、所有者权益情况、银行查询情况等事项进行尽职调查并提供尽职调查报告，京龙公司亦无证据证明华仁公司在交易时明知其与三岔湖公司、刘贵良之间的股权交易关系的存在，故可以认定华仁公司在受让锦云公司、思珩公司股权时系善意。京龙公司以目标公司股权在一个月内两次转手、华仁公司对股权交易项下所涉土地缺乏指标的事实属于明知、华仁公司在明知目标公司的债权人无合法票据证明的情况下仍为目标公司偿还 59480830.42 元债务、华仁公司委托的会计师事务所及律师事务所所做的尽职调查存在明显虚假和瑕疵为由，主张华仁公司不构成善意。但股权转让的次数与频率、目标公司财产权益存在的瑕疵、华仁公司为目标公司代偿债务的行为，均不能证明华仁公司明知京龙公司与三岔湖公司、刘贵良的交易情况。京龙公司虽主张此两份尽职调查报告存在明显虚假和瑕疵，但亦未提供证据证明，故对京龙公司有关华仁公司受让目标公司股权不构成善意的主张，本院不予支持。

京龙公司认为华仁公司受让目标公司股权的价格既高于京龙公司的受让价格，也远高于同期同一地域位置的地价，且交易仅有手写的普通收据，开具时间是 2010 年 9 月 13 日，而银行付款时间是 9 月 14 日，内容为业务往来款而非股权转让款，无有效的付款凭证，故不符合以合理价格受让的条件。但对善意取得受让价格是否合理的认定，系为防止受让人以显著低价受让，而高于前手的交易价格，则常为出卖人一物再卖之动因，并不因此而当然构成受让人的恶意。华仁公司的付款时间与付款形式并不影响对华仁公司支付股权转让价款的事实认定，故对京龙公司有关华仁公司未以合理价格受让目标公司股权的主张，本院不予支持。

因京龙公司无证据证明华仁公司在受让目标公司股权时系恶意，且华仁公司已支付了合理对价，锦云公司、思珩公司的股权也已由合众公司实际过户到华仁公司名下，华仁公司实际行使了对锦云公司、思珩公司的股东权利，符合物权法第一百零六条有关善意取得的条件，故应当认定华仁公司已经合法取得了锦云公司、思珩公司的股权。对京龙公司有关确认合众公司转让锦云公司、思珩公司股权的行为无效，并判决将锦云公司、思珩公司股权恢复至三岔湖公司、刘贵良名下的诉讼请求，本院不予支持。

另，京龙公司主张，其在本案一审起诉时提出了诉讼保全申请，并依法缴纳了保全费，一审判决只对案件受理费的承担进行了判决，未对保全费作出判决。在本案及（2011）川民初字第 2 号民事案件诉讼期间，京龙公司向四川省高级人民法院申请保全鼎泰公司所持有的星展公司、锦荣公司各 10%的股权及刘贵良所持有的星展公司、锦荣公司各 90%的股权。四川省高级人民法院在本案中以（2011）川民初字第 3－1 号民事裁定对鼎泰公司所持有的星展公司、锦荣公司各 10% 的股权进行了冻结；在（2011）川民初字第 2 号民事案件中，四川省高级人民法院以（2011）川民初字第 2－1 号民事裁定对刘贵良所持有的星展公司、锦荣公司各 90% 的股权进行了冻结。但该院仅于 2011 年 3 月 15 日向京龙公司收取了一份诉讼保全费用 5000 元，并在其向京龙公司出具的第 0004898632 号《人民法院诉讼收费专用票据（预收）》上载明该诉讼保全费 5000 元系针对（2011）川民初字第 2 号民事案件所收，即该院并未就本案中京龙公司的诉讼保全申请收取诉讼保全费用，故一审判决未就本案的诉讼保全费用承担问题作出判决并无不当。

综上，一审判决三岔湖公司将其持有的星展公司、锦荣公司各 10% 的股权转让给鼎泰公司的处分行为无效，鼎泰公司应将受让股权返还给三岔湖公司，驳回京龙公司将锦云公司、思珩公司 100% 的股权恢复至三岔湖公司、刘贵良持有的请求并无不当，但判决认定鼎泰公司与三岔湖公司签订的《锦荣和星展公司股权转让协议》合法有效、合众公司与三岔湖公司及刘贵良签订的《锦云公司和思珩公司股权转让协议》合法有效有误，本院予以纠正。本院依照《中华人民共和国民事诉讼法》第一百七十条第一款第（一）项之规定，判决如下：

驳回上诉，维持原判决。

一审案件受理费 100 元，由简阳三岔湖旅游快速通道投资有限公司、刘贵良各负担 50 元；二审案件受理费 100 元由四川京龙建设集团有限公司、简阳三岔湖旅游快速通道投资有限公司、刘贵良、深圳市鼎泰嘉业房地产投资管理有限公司各负担 25 元。

本判决为终审判决。

审　判　长　雷继平

代理审判员　李志刚

代理审判员　原　爽

二〇一三年八月二十日

书　记　员　郝晋琪

9. 大股东的正当决策权与中小股东权益保护的平衡与抉择

——海南海钢集团有限公司与中国冶金矿业总公司、三亚渡假村有限公司损害股东利益责任纠纷案

【裁判要旨】

在资本多数决原则下，大股东依据其资本控制地位而主导公司经营决策，进而形成公司的意志，其法律后果自然应由公司承担。实践中，应严格把握"滥用股东权利行为的认定"及其与"正常的商业经营风险"之间是否具有因果关系。中小股东将"正常的商业经营风险"所造成的损失完全归于大股东行使决策权，并以此为由主张其利益受损而请求大股东赔偿损失，没有法律依据。本案海南海钢集团有限公司依据我国公司法第二十条第二款之规定起诉大股东"滥用股东权利"，虽其具有诉权，但就实体而言，其主张赔偿损失并没有事实及法律依据，不予支持。此外，若中小股东认为大股东控制了公司且违法决策，损害了公司权益，则可提起股东代表诉讼，维护公司的利益（间接地保护全体股东的利益）。

中华人民共和国最高人民法院民事判决书
（2013）民二终字第 43 号

上诉人（原审原告）：海南海钢集团有限公司。住所地：海南省昌江县石碌镇。

法定代表人：陈斌，该公司总经理。

委托代理人：赵建平，海南川海律师事务所律师。

上诉人（原审被告）：中国冶金矿业总公司。住所地：北京市朝阳区广渠路 33 号院。

法定代表人：成秉任，该公司总经理。

委托代理人：闫欣，北京市天铎律师事务所律师。

原审第三人：三亚渡假村有限公司。住所地：三亚市三亚湾路168号。

法定代表人：成秉任，该公司董事长。

委托代理人：陈海吟，该公司职员。

上诉人海南海钢集团有限公司（以下简称海钢集团）与上诉人中国冶金矿业总公司（以下简称中冶公司）及原审第三人三亚渡假村有限公司（以下简称渡假村公司）损害股东利益责任纠纷一案，不服海南省高级人民法院（2012）琼民二初字第1号民事判决，向本院提起上诉。本院依法组成由审判员王宪森担任审判长，审判员殷媛、代理审判员张颖参加的合议庭进行了审理。书记员李洁担任记录。本案现已审理终结。

海南省高级人民法院一审查明：海南钢铁公司（2009年2月27日更名为海钢集团）与中冶公司于1996年9月在海南省三亚市注册成立渡假村公司，注册资本6601.9万元。其中中冶公司出资3961.14万元，占总出资比例的60%，海钢公司出资2640.76万元，占总出资比例的40%。2002年11月渡假村公司进行增资扩股，扩股后渡假村公司的总股本为16291.89万元，其中中冶公司出资8097.13万元，占总出资比例的49.70%；海钢公司出资5424.76万元，占总出资比例的33.30%；中海石油化学有限公司（以下简称石化公司）出资1500万元，占总出资比例的9.21%；中国人福新技术有限公司（以下简称人福公司）出资640万元，占总出资比例的3.93%；三亚市人口与计划生育局（以下简称三亚市计生局）出资250万元，占总出资比例的1.53%；三亚湾园林花木有限公司（以下简称园林公司）出资380万元，占总出资比例的2.33%。2006年2月，石化公司将其持有的9.21%的股权无偿划转给中海石油投资控股有限公司。

2006年11月9日，渡假村公司董事会向各股东致函，要求各股东针对渡假村公司与三亚海韵实业发展有限公司（以下简称海韵公司）的合作开发事项进行表决，并将表决结果于2006年11月15日前发送至董事会指定的传真号或邮箱。渡假村公司的六家股东除人福公司弃权未表决外，其余五家股东均向渡假村公司董事会送达了表决意见。其中中冶公司、石化公司、园林公司投赞成票，以上三家股东共持有61.24%的股份；海钢公司、三亚市计生局投反对票，以上两家股东共持有34.83%的股份。根据这一表决结果，形成了《三亚渡假村有限公司股东会决议》，通过了渡假村公司和海韵公司的合作开发方案。该决议落款为"三亚渡假村有限公司董事会，董事长邹健"，并加盖渡假村公司公章。

2006年11月28日，渡假村公司与海韵公司签订《三亚渡假村合作开发协议》及《备忘录》，双方又于2007年5月12日签订《补充协议（一）》、

《补充协议（二）》及第二份《备忘录》。以上协议约定渡假村公司将其 70 亩土地及地上建筑物的所有权和开发权交给海韵公司，作价 8033 万元；海韵公司向渡假村公司支付 7181 万元用于渡假村公司在另一块 23.9 亩土地上建造约 12000 平方米的四星级酒店；海韵公司为渡假村公司职工解决 2130 平方米的职工宿舍，按每平方米 4000 元计算以及将 1350 万元用于职工房改安置补偿款一次性付给渡假村公司，由渡假村公司分别付给职工个人。海韵公司按此约定共计应向渡假村公司支付 9383 万元。双方还约定如有一方违约，除应赔偿给对方造成的损失外，还应向对方支付违约金 1000 万元。其后，渡假村公司和海韵公司前期合作相互配合，海韵公司将职工宿舍建成（但尚未交付使用）并支付渡假村公司职工补偿款 1350 万元，为渡假村公司兴建的四星级酒店支付工程款 4111.926614 万元。但从 2008 年 3 月开始，双方因渡假村公司应过户给海韵公司的 70 亩土地是否符合土地转让条件，能否办理项目变更手续等问题产生分歧，于 2008 年 6 月和 8 月分别提起诉讼。其后，对于渡假村公司提起的（2009）三亚民一（重）初字第 3 号案，三亚市中级人民法院裁定按撤诉处理。对于海韵公司提起的（2009）三亚民一（重）初字第 2 号案，三亚市中级人民法院于 2010 年 7 月 13 日作出民事判决，判令渡假村公司将位于三亚渡假村内的"三亚湾国际公馆"1、2 号楼项目及其占有的 70.26 亩土地使用权过户到海韵公司的名下，渡假村公司于判决生效之日起 10 日内向海韵公司支付违约金 1000 万元。渡假村公司不服该判决，向海南省高级人民法院提起上诉，该院于 2010 年 12 月 24 日作出（2010）琼民一终字第 39 号民事判决，驳回渡假村公司的上诉，维持原判。"三亚湾国际公馆"1、2 号楼项目及其占有的 70.26 亩土地使用权已于该案判决前先予执行过户到海韵公司名下，渡假村公司尚未向海韵公司支付违约金 1000 万元。

海钢集团曾于 2009 年 4 月 28 日向中冶公司发送《律师函》，要求中冶公司与其协商如何承担赔偿责任的问题。中冶公司分别于 2010 年 4 月 2 日和 9 月 28 日向海钢集团发（回）函称，就股东权益问题待渡假村公司与海韵公司的诉讼有了结论后双方再协商处理办法或通过法律途径解决。

原审另查明：海钢公司于 2007 年 1 月向三亚市城郊人民法院提起诉讼，请求确认渡假村公司 2006 年 11 月 17 日的股东会决议无效并撤销该决议。该院于 2007 年 7 月 9 日作出（2007）城民二初字第 22 号民事判决，判令撤销 2006 年 11 月 17 日的《三亚渡假村有限公司股东会决议》。渡假村公司不服提起上诉，三亚市中级人民法院于 2008 年 4 月 25 日作出（2007）三亚民二终字第 19 号民事裁定，撤销一审判决，发回三亚市城郊人民法院重审。海钢集团于 2011 年 12 月 26 日向三亚市城郊人民法院申请撤回起诉，该院于 2011 年

12 月 28 日裁定准许海钢集团撤回起诉。

海钢集团认为由于中冶公司不顾其他股东的反对意见，决定渡假村公司与海韵公司合作，导致渡假村公司数亿元的损失，其中海钢集团损失 2.344 亿元，遂提起本案诉讼。请求法院：1. 认定中冶公司在通过 2006 年 11 月 17 日的《三亚渡假村有限公司股东会决议》过程中滥用股东权利；2. 判令中冶公司赔偿海钢集团经济损失 2.344 亿元人民币或者赔偿海钢集团同类地段同类价格同等数量的土地使用权（21.3 亩）；3. 判令中冶公司赔偿海钢集团因渡假村公司支付海韵公司 1000 万元人民币违约金产生的 333 万元人民币损失；4. 判令中冶公司承担本案诉讼费。

海南省高级人民法院经审理认为，根据各方当事人的诉辩主张，本案的争议焦点为：一、在 2006 年 11 月 17 日《三亚渡假村有限公司股东会决议》形成过程中，中冶公司是否滥用了股东权利；二、渡假村公司与海韵公司合作过程中，是否造成了海钢集团的损失，该损失有多少，该损失是否应由中冶公司承担；三、海钢集团起诉的法律依据。

一、关于在 2006 年 11 月 17 日《三亚渡假村有限公司股东会决议》形成过程中，中冶公司是否滥用了股东权利的问题。2006 年 11 月 17 日，中冶公司要求股东对渡假村公司和海韵公司土地开发合作事宜进行表决，其中持有 61.24% 股份的股东赞成，持 34.83% 股份的股东投了反对票，其他股东弃权，未达到我国公司法第四十四条所规定的经代表三分之二以上表决权的股东通过。中冶公司利用其董事长邹健同时为渡假村公司董事长的条件和掌管渡假村公司公章的权力自行制作《三亚渡假村有限公司股东会决议》，系滥用股东权利，并由此侵犯了海钢集团的合法权益。

二、关于渡假村公司与海韵公司合作过程中，是否造成了海钢集团的损失，该损失有多少，该损失是否应由中冶公司承担的问题。中冶公司在 2006 年 11 月 17 日的《三亚渡假村有限公司股东会决议》的形成中滥用股东权利，侵犯了海钢集团的合法权益，由此给海钢集团造成的损失应由中冶公司进行赔偿。海钢集团请求中冶公司赔偿的损失分为两部分：第一部分为渡假村公司过户给海韵公司的 70.26 亩土地的土地使用权中海钢集团所占的相应份额；第二部分为渡假村公司应支付给海韵公司的 1000 万元违约金。1. 关于土地使用权部分，根据已经生效的（2009）三亚民一（重）初字第 2 号民事判决书中引用的三亚〔2007〕（估）字第 070601 号评估报告，该宗土地在由划拨用地变为出让地时的评估总价为 10758.7941 万元，由于该份评估报告已经生效判决所认定，故应以该评估报告所评估的土地价值为依据计算损失。海钢集团的损失应为该土地的总价值 10758.7941 万元减去渡假村公司已获得的对价 9383 万元，乘以海钢集团持有渡假村公司的 33.3% 的股份，即为 458.139435 万元。2. 关于渡假村公司应支付给海韵公司的 1000 万元违约金造成的海钢集团的损失部分，由于该违约金渡假村公司尚未向海韵公司支付，损失未实际发生，故对海钢集团请求中冶公司赔偿的该部分的损失在本案中尚不能得到支持。综上，渡假村公司与海韵公司合作过程中，因中冶公司滥用股东权利，造成了海钢集团损失共计 458.139435 万元。

三、关于海钢集团起诉的法律依据的问题。本案海钢集团依据我国公司法第二十条提起本案诉讼，该法第二十条规定："公司股东应当遵守法律、行政法规和公司章程，依法行使股东权利，不得滥用股东权利损害公司或者其他股东的利益；不得滥用公司法人独立地位和股东有限责任损害公司债权人的利益。公司股东滥用股东权利给公司或者其他股东造成损失的，应当依法承担赔偿责任。……"本案中，由于中冶公司在 2006 年 11 月 17 日的《三亚渡假村有限公司股东会决议》的形成过程中滥用了股东权利，故我国公司法第 20 条是海钢集团起诉要求中冶公司赔偿其损失的正确法律依据。

综上所述，中冶公司在 2006 年 11 月 17 日《三亚渡假村有限公司股东会决议》的形成中滥用股东权利，侵犯了海钢集团的合法权益。经该院审判委员会讨论决定，依据《中华人民共和国公司法》第二十条第一款、第二款之规定，判决：一、中冶公司在通过 2006 年 11 月 17 日的《三亚渡假村有限公司股东会决议》过程中滥用股东权利；二、中冶公司于判决生效之日起三十日内向海钢集团赔偿经济损失 458.139435 万元；三、驳回海钢集团的其他诉讼请求。如果未按判决指定的期间履行上述给付金钱义务，则按《中华人民共和国民事诉讼法》第 253 条的规定，加倍支付迟延履行期间的债务利息。案件受理费 123.045 万元，由海钢集团负担 120.64 万元，由中冶公司负担 2.405 万元。

海钢集团不服上述一审民事判决，向本院提起上诉称：一、原审判决没有依法判令中冶公司按照损失发生时三亚土地市场的价格进行赔偿。我国侵权责任法第十九条明确规定："侵害他人财产的，财产损失按照损失发生时的市场价格或者其他方式计算。"根据海南省高级人民法院于 2010 年 12 月作出的（2010）琼民一终字第 39 号民事判决，中冶公司最终给海钢集团造成的损失发生时间为 2010 年 12 月。根据《关于股东权益司法纠纷事宜的函》和《关于三亚渡假村有限公司合作开发项目涉及股东权益问题的复函》，中冶公司同意在海南省高级人民法院作出（2012）琼民一终字第 39 号民事判决后，与海钢集团就股东权益问题协商处理办法或通过法律途经解决。根据《明正评〔2012〕估字第 0222 号土地估价报告》，2012 年 12 月底该地块的市场价为

784280594 元。对于该评估报告的真实性和合法性，原审判决已予以确认。原审法院本应按该评估报告确认的该地块的市场价格计算中冶公司应予赔偿的金额，但却按三亚〔2007〕（估）字第 070601 号评估报告确认的该地评估总价 10758.7941 万元计算中冶公司应予赔偿的金额，从而得出中冶公司赔偿 458.139435 万元的错误结论。根据 2012 年的土地估价报告，该地块于 2006 年年底的市场价格已超过三亿元，2007 年评估报告与 2006 年和 2007 年的土地市场价格严重不符，远远低于该地块的市场价。原审法院没有考虑三亚土地市场价格的实际情况，以 2007 年评估报告中的评估价作为中冶公司对该地块于 2010 年的损失赔偿额的计算依据，显属错误。二、请求改判中冶公司赔偿同类地段同类价格同等数量的土地使用权（23.4 亩）。海钢集团在一审中关于第二项的诉讼请求是，"判令被告赔偿海钢集团经济损失 2.344 亿元人民币或者赔偿海钢集团同类地段同类价格同等数量的土地使用权（23.4 亩）"。在金钱赔偿数额相差巨大及 2007 年和 2012 年评估报告皆系主观认定的情形下，为了做到客观、公平、公正，海钢集团坚持要求中冶公司赔偿同类地段同类价格同等数量的土地使用权（23.4 亩）。目前在渡假村公司名下的同类地段同类价格的土地使用权尚有 23.9 亩，根据中冶公司占其 49.7% 的股权比例，中冶公司有相应的实际履行能力。故请求：维持原判第一项，撤销原判第二项、第三项，改判中冶公司赔偿海钢集团同类地段同类价格同等数量的土地使用权（23.4 亩）；一、二审案件受理费由中冶公司全部承担。

中冶公司答辩称：一、中冶公司与海钢集团并非本案适格当事人，海钢集团起诉对象错误。二、海钢集团曲解了中冶公司复函内容的意思。中冶公司在复函中的表述并未承诺由其承担股东侵权之责。三、本案中如有损失也是渡假村公司的损失而非海钢集团的损失，应由渡假村公司主张。四、海钢集团列举的两份土地估价报告与本案并无关联，不能证明其主张的股权被侵害与受损事实。五、海钢集团要求中冶公司赔偿损失没有事实和法律依据。

中冶公司同时向本院提起上诉称：一、原审判决确认海钢集团和中冶公司为本案原、被告均不适格。（一）海钢集团依据公司法第二十条第二款起诉中冶公司要求赔偿，但中冶公司与渡假村公司都是独立法人，两者之间没有混同。海钢集团所举证据并不能证明中冶公司侵犯其股东权利，本案也不涉及股东间权益问题，故以海钢集团起诉中冶公司不适格。（二）海钢集团因渡假村公司股东会决议提起诉讼，依公司法规定应属撤销权诉讼，海钢集团曾就此起诉撤销股东会决议，后主动撤诉表明其已放弃撤销请求权，亦即意味着以默认方式接受渡假村公司的股东会决议，就不应当再诉本不适格的中冶公司。（三）即使渡假村公司董事长的行为损害公司利益，不等于直接损害海钢集团的股东利益，公司利益受损应由公司起诉或由股东代表公司提起代表诉讼追究责任，以海钢集团身份诉中冶公司并不适格。二、一审判决未查明基本事实且认定事实错误。（一）一审判决未查明侵权及损害的主体和因果关系。第一，尽管邹健同时担任中冶公司的总经理及渡假村公司的董事长，但两公司均是独立承担民事责任的法人主体，并不存在混同。第二，公司法人财产独立于公司股东，股东仅享有股东决策表决权和公司利润分红收益权，对其所投资的公司的财产不享有直接财产权。海钢集团主张股东财产损失没有法律依据。第三，即使海钢集团主张财产损失符合法律规定，该损失也是渡假村公司所致，与一审判决认定的所谓中冶公司滥用股东权利之间不存在直接的因果关系。故中冶公司与海钢集团之间根本不存在可构成侵权行为与损害结果的因果关系。（二）一审判决中关于中冶公司于 2006 年 11 月 17 日要求股东对渡假村公司与海韵公司土地开发合作事宜进行表决的说法无事实依据。（三）一审判决认定中冶公司利用其总经理邹健同时为渡假村公司董事长的条件和掌管渡假村公司公章的权力自行制作《三亚渡假村有限公司股东会决议》无事实和法理依据。（四）渡假村公司董事长的行为系其个人行为，非公司股东行为。（五）一审判决计算海钢集团的损失没有法律和企业会计依据，且计算错误。三、一审判决适用法律不当。渡假村公司董事长邹健签署股东会决议与对外签约行为是其个人的履职行为，没有证据显示中冶公司作为股东利用邹健在渡假村公司的任职而滥用股东权利。如果一审法院认为邹健在处理公司事务时违反了公司法的规定，则应适用公司法第一百五十条和第一百五十二条的规定。但即便据此规定，一审法院在判定诉讼利益归属与诉讼程序上亦存在错误。综上，海钢集团与中冶公司不是本案适格原、被告，一审判决认定事实错误、适用法律不当，请求二审法院判决：1. 撤销海南省高级人民法院（2012）琼民二初字第 1 号民事判决；2. 驳回海钢集团的起诉；3. 本案一、二审诉讼费由海钢集团承担。

海钢集团答辩称：一、关于诉讼主体和法律依据问题。海钢集团依据公司法、侵权责任法、民事诉讼法提起损害股东利益的侵权责任纠纷，中冶公司为滥用股东权利的侵权人，海钢集团为被侵权人，双方当事人诉讼地位适格、法律依据明确。海钢集团对撤销股东会决议之诉的撤诉并不影响本案诉讼。二、关于中冶公司滥用股东权利的问题。中冶公司系渡假村公司的控股股东，其法定代表人亦同时为渡假村公司董事长，中冶公司的经营意图完全可以利用其在渡假村公司的控股股东地位通过渡假村公司得以体现，两者之间存在人格混同。且在股东会议事方式和表决程序严重违反公司法和公司章程的情况下，中冶公司利用其控股股东地位予以通过合作开发决议，明显构成滥用股东权利。三、中冶公司在渡假村公司和海韵公司之间以合作开发方式低价转让本案讼争地块中起到了决策、履行和善后处理的作用，应承担法律责任。四、中冶公司滥用股东权利的行为，损害了海钢集团的合法权益，理应依法赔偿。综上，中冶公司构成滥用股东权利，且因其滥用行为给海钢集团造成的损失清楚，因果关系明确，渡假村公司的独立法人地位并不能否认海钢集团作为股东享有的损害赔偿权。

渡假村公司诉称：一、本案所涉土地为渡假村公司名下财产，海钢集团所持有的是渡假村公司的股权而非土地使用权，其不应直接诉请赔偿。二、海钢集团并未提交确凿证据证明其所主张的股权损失，已提交的土地价格评估报告是对部分土地的价格评估而非对海钢集团所持股权损益的评估，与本案并无关联。三、海钢集团要求以渡假村公司的资产直接赔偿其股权损失，侵犯了公司的财产权，实为海钢集团的撤资行为，缺乏法律依据。

本院对原审法院所查明的基本事实予以确认。二审另查明，1999 年 7 月 28 日设立的渡假村公司《有限责任公司章程》中第八条第（六）项规定"议事规则：股东会一般一年召开一次，股东会的决议，修改章程必须经三分之二以上的股东表决通过"。当时渡假村公司的两家股东为中冶公司和海钢公司，此后公司股东及股权结构发生变化，但公司章程未予修订。

2006 年 11 月 9 日，渡假村公司董事会向各股东单位发出《三亚渡假村有限公司董事会致各股东单位的函》，载明"2006 年 10 月 22 日在三亚渡假村召开了股东会……会议决定：各家股东认真商讨，会后十五天内（即 2006 年 11 月 7 日之前）向董事会就合作开发事项表决意见。会议经过认真讨论，认为三亚渡假村必须保持全面、可持续发展。目前存在几个根本性问题：……针对三亚渡假村与三亚海韵实业有限公司的合作开发事项，请各股东单位表决（附表决表）。请于 2006 年 11 月 15 日之前将表决结果发送至……"落款为"三亚渡假村有限公司董事会，董事长邹健"。

本院经审理认为，本案二审争议焦点是：一、本案诉讼当事人是否适格；二、中冶公司是否滥用了股东权利并由此给海钢集团造成损失。

一、关于本案诉讼当事人是否适格的问题。

本案中，海钢集团以中冶公司滥用其在渡假村公司的控股股东地位、侵害海钢集团的股东利益为由，提起损害赔偿之诉，属于股东直接诉讼，诉讼利益归于海钢集团。其提出的法律依据是我国公司法第二十条第一款和第二款关于"公司股东应当遵守法律、行政法规和公司章程，依法行使股东权利，不得滥用股东权利损害公司或者其他股东的利益"；"公司股东滥用股东权利给公司或者其他股东造成损失的，应当依法承担赔偿责任"的规定。

本案的原、被告双方均为渡假村公司的股东，且均为独立的公司法人，依法享有相应的民事权利并承担民事义务，具有参加民事诉讼的主体资格。原告海钢集团提起本案民事诉讼，主张被告中冶公司侵害了其权益，其诉讼请求和事实理由明确、具体，其涉案争议亦属于人民法院受理范围，符合我国民事诉讼法第119条规定，原审法院予以受理并无不当。中冶公司关于本案原、被告均不适格的上诉理由不成立，本院不予采纳。

二、关于中冶公司是否滥用了股东权利并由此给海钢集团造成损失的问题。

2006年10月22日，渡假村公司召开股东会，讨论了该公司与海韵公司合作开发事宜，并决定于同年11月7日之前全体股东就该事项进行书面表决。此后，公司的股东按照董事会要求进行了书面表决，其结果为：包括中冶公司在内的三家股东赞成，海钢集团等两家股东反对，另有一家股东（单位）弃权。同年11月17日，渡假村公司董事会作出《三亚渡假村有限公司股东会决议》，公布了表决结果，其称股东会以61.24%的赞成票通过了渡假村公司与海韵公司的合作开发方案。该文落款为"三亚渡假村有限公司董事会，董事长邹健"，并加盖了渡假村公司的公章。其后，渡假村公司与海韵公司相继签订了《三亚渡假村合作开发协议》《补充协议》等协议，并实施了合作开发事项。本院认为，在渡假村公司股东会进行上述表决过程中，中冶公司作为该公司的股东投了赞成票，系正当行使其依法享有表决权的行为，该表决行为并不构成对其他股东权利及利益的侵害。基于全体股东的表决结果，渡假村公司董事会制定了《三亚渡假村有限公司股东会决议》，其载明："根据公司法规定：渡假村公司股东会通过渡假村公司与海韵公司合作开发方案。"此后，双方签订了合作开发协议，并将之付诸实施。这些行为及经营活动均是以"渡假村公司董事会、董事长"名义而实施，其对内为董事会行使职权，对外则代表了"渡假村公司"的法人行为，没有证据证明是中冶公司作为股东而实施的越权行为。尽管大股东中冶公司的法定代表人邹健同时担任渡假村公司董事会的董事长，但此"双重职务身份"并不为我国公司法及相关法律法规所禁止，且该董事长系由渡假村公司股东会依公司章程规定选举产生，符合我国公司法第四十五条第三款的规定。在此情形下，渡假村公司及其股东中冶公司均为人格独立的公司法人，不应仅以两公司的董事长为同一自然人，便认定两公司的人格合一，进而将渡假村公司董事会的行为认定为中冶公司的行为，这势必造成公司法人内部决策机制及与其法人单位股东在人格关系上的混乱。此外，两公司人格独立还表现为其财产状况的独立和明晰，在没有证据证明公司与其股东之间存在利益输送的情况下，此类

"董事长同一"并不自然导致"法人人格否认原理"中的"人格混同"之情形，不能据此得出中冶公司的表决行为损害了渡假村公司及其股东海钢集团利益的结论。因此，原审判决依"中冶公司利用其董事长邹健同时为渡假村公司董事长的条件和掌管渡假村公司公章的权力自行制作《三亚渡假村有限公司股东会决议》"，认定中冶公司"系滥用股东权利，并由此侵犯了海钢集团的合法权益"，没有事实和法律依据。

关于本案中渡假村公司股东会的表决程序及结果的合法性与中冶公司是否滥用股东权利两者之间的关系问题。渡假村公司的《有限责任公司章程》第八条第（六）项"议事规则"规定"股东会一般一年召开一次，股东会的决议，修改章程必须经三分之二以上的股东表决通过"。二审期间，海钢集团、中冶公司对该条款规定的"三分之二以上的股东表决通过"是否适用本案的表决存有不同理解。即"股东会的决议"是指股东会的所有决议，还是仅指关于"修改章程"的决议。本院认为，该争议问题涉及股东会表决程序及结果是否符合公司法及公司章程的规定，无论其合法性如何认定，亦都是渡假村公司董事会行使职权的行为，其责任归于董事会，而不应作为判定中冶公司在表决中是否滥用了股东权利的依据。此外，本案"土地开发合作事宜"属于该公司一般性的经营活动，我国公司法第四十四条并未规定该决议必须经三分之二以上表决权的股东通过，故原审认定股东会就土地开发合作事宜进行的表决未达到该条规定的表决权不当。

关于海钢集团所主张损失的性质问题。海钢集团诉称，渡假村公司与海韵公司合作开发项目中，其对土地价格的评估远低于当时的市场价，给渡假村公司造成了巨大的损失，按其持有的股权比例，请求中冶公司赔偿海钢集团同类地段同类价格同等数量（23.4亩）的土地使用权。本院认为，海钢集团诉称的"损失"产生于渡假村公司与海韵公司合作开发建设过程中，依双方约定，渡假村公司拿出部分土地给海韵公司开发建设，海韵公司则为渡假村公司建设一幢四星级酒店及职工宿舍等。海钢集团据此主张由中冶公司赔偿其相应的损失，没有事实和法律依据，理由是：一、渡假村公司在该合作开发项目中的"损失"不属于本案审理的范围，本院在此不能作出判定；二、即使该"损失"存在，请求该项"损失"救济的权利人应是渡假村公司，而非海钢集团；三、如海钢集团代渡假村公司主张权利，则诉讼权利受益人仍是渡假村公司，这与本案不属于同一法律关系，亦不属于本案审理范围。

综上，上诉人海钢集团关于中冶公司滥用股东权利，侵害了其股东权益，应予赔偿的诉讼请求，缺乏事实和法律依据。原审判决认定事实及适用法律均有不当,应予以纠正。本院依据《中华人民共和国民事诉讼法》第一百一十九条、第一百七十条第一款第（二）项之规定,判决如下:

一、撤销海南省高级人民法院（2012）琼民二初字第1号民事判决书;

二、驳回海南海钢集团有限公司的诉讼请求。

本案一、二审案件受理费各1230450元,由海南海钢集团有限公司承担。中国冶金矿业总公司预交的二审案件受理费43451.16元,予以退回。

本判决为终审判决。

审 判 长 王宪森

审 判 员 殷 媛

代理审判员 张 颖

二〇一三年九月六日

书 记 员 李 洁

10. 自然人股东死亡后，除公司章程另有规定外，其合法继承人可以继承股东资格，并自主处分股权

—— 王璞与刘胜远、上海兆信恒投资有限公司、新疆拜城音西铁热克煤业有限责任公司确认合同无效纠纷案

【裁判要旨】

自然人股东死亡后，除公司章程另有规定的，其合法继承人可以继承股东资格。将自己持有的股权依法转让给公司其他股东，系自主处分财产权利的合法行为。目标公司根据股权交割证明对公司章程进行相应修改，并办理股权变更登记，其他股东未能举证证明目标公司上述行为存在违法情形的，该其他股东无权要求目标公司与转让股权的股东对其承担连带责任。

中华人民共和国最高人民法院民事判决书
(2013) 民二终字第 91 号

上诉人（原审原告）：王璞。

委托代理人：曾万民，新疆新纪元律师事务所律师。

委托代理人：刘韧，北京国联律师事务所律师。

被上诉人（原审被告）：刘胜远。

委托代理人：邱锦才，新疆百丰天圆律师事务所律师。

委托代理人：张军，新疆百丰天圆律师事务所律师。

被上诉人（原审被告）：上海兆信恒投资有限公司。住所地：上海市浦东新区上丰路 700 号 7 幢 105 室。

法定代表人：刘永顺，该公司董事长。

委托代理人：李轶，该公司总经理。

委托代理人：管军，广东天伦律师事务所上海分所律师。

被上诉人（原审被告）：新疆拜城音西铁热克煤业有限责任公司。住所地：新疆维吾尔自治区拜城县胜利路西苑小区三号楼二单元201室。

法定代表人：姚振党，该公司董事长。

委托代理人：管军，广东天伦律师事务所上海分所律师。

上诉人王璞为与被上诉人刘胜远、上海兆信恒投资有限公司（以下简称兆信恒公司）及新疆拜城音西铁热克煤业有限责任公司（以下简称音西铁热克煤业公司）确认合同无效纠纷一案，不服新疆维吾尔自治区高级人民法院（2011）新民二初字第16号民事判决，向本院提起上诉。本院受理后，依法组成由审判员宫邦友担任审判长，审判员朱海年、代理审判员高燕竹参加的合议庭进行了审理。书记员陆昱担任记录。本案现已审理终结。

新疆维吾尔自治区高级人民法院审理查明：2009年12月15日，该院作出（2009）新民二终字第97号民事判决，该判决已发生法律效力。该判决查明：2003年4月7日，新疆维吾尔自治区拜城县人民政府通过阿克苏地区行政公署招商引资，与大连德科工业有限公司（下称德科公司，法定代表人为王璞）协商后订立《关于投资开发新疆拜城县音西铁热克煤矿协议书》，约定由德科公司作为投资主体，投资建设音西铁热克煤业公司，投资总额为7800万元，注册资本暂定500万元，在此过程中，刘斌与王璞协商共同出资设立音西铁热克煤业公司。2003年3月19日，新疆维吾尔自治区工商行政管理局发出《企业名称预先核准通知书》，同意预先核准音西铁热克煤业公司名称，保留期六个月，拟设立公司注册资本500万元、发起人股东为王璞、刘斌。2003年7月28日，新疆维吾尔自治区工商行政管理局核发了音西铁热克煤业公司的企业法人营业执照，核准登记的注册资本为100万元，股东为王璞、刘斌，法定代表人为王璞，王璞的出资额为60万元（出资比例占60%），刘斌的出资额为40万元（出资比例占40%），登记的经营范围为筹建。自2003年9月开始至2004年12月，德科公司支付音西铁热克煤业公司前期筹建费用共计1404800元。刘胜远系刘斌与苑勤的婚生子，于1984年7月28日出生。2003年12月29日，刘斌因病去世。苑勤（刘斌的妻子）在2004年3月将注册资本1000000元连同利息共计1005048.61元汇入音西铁热克煤业公司账户，并自2004年下半年起兼管音西铁热克煤业公司财务。2004年9月，音西铁热克煤业公司获得新疆维吾尔自治区国土资源厅颁发的《采矿许可证》，进行矿井建设。苑勤此后陆续投资，至2005年1月，苑勤投资金额计2011308.30元。王璞通过德科公司也不间断进行投资，根据音西铁热克煤业公司财务账目反映累计约130000000元。2005年以后，苑勤离开音西铁热克煤业公司。2006年4月1日，音西铁热克煤业公司出具《公司章程修正案》，确定将章程

第 4 条"煤炭开采、销售"修改为"矿山设备"、第五章第 6 条"王璞出资 60 万元占公司注册资本的 60%，刘斌出资 40 万元占公司注册资本的 40%"修改为"王璞出资 90 万元占公司注册资本的 90%，苑勤出资 10 万元占公司注册资本的 10%"。同日，还形成签有"刘斌""苑勤""王璞"名字的《股东转让出资协议》及《音西铁热克煤业公司股东会关于同意转让出资的决定》，内容为：刘斌将 40% 股权中的 30% 转让给王璞，其余 10% 转让给苑勤，转让价 400000 元，出资转让后，出让方不再享有股东的权利及义务；公司股东会经表决通过同意上述转让出资协议。2006 年 6 月 11 日，音西铁热克煤业公司依据上述材料申请变更登记，将公司股东由王璞、刘斌变更为王璞、苑勤，出资额变更为王璞 90 万元占 90% 股份、苑勤出资额 10 万元占 10% 股份。新疆维吾尔自治区工商行政管理局经审核予以变更登记，并于 2006 年 6 月 23 日向音西铁热克煤业公司颁发了经营范围为"矿山设备、日用百货的销售"的正式企业法人营业执照。2008 年 5 月 30 日，王璞与苑勤订立《股权转让协议》，约定双方合伙成立了音西铁热克煤业公司，投资比例为王璞 90%、苑勤 10%，苑勤将 10% 的股份以 300 万元的价格出让给王璞。协议达成后，苑勤于 2008 年 7 月至 2009 年 4 月共从王璞处取得股权转让款 1000 万元。但上述股权变更事项未做工商变更登记。

2009 年 4 月 8 日，刘德成、路秀珍以公证方式作出《放弃继承份额声明书》，称："我刘德成、路秀珍是刘斌的父母，刘斌在 2003 年不幸在乌鲁木齐市友谊医院因病去世。我们对刘斌生前在新疆拜城音西铁热克煤业有限公司持有 40% 的股权及其与该股权相关联的全部财产权利（权益）享有继承权。现我们刘德成、路秀珍自愿放弃对刘斌生前在新疆拜城音西铁热克煤业有限公司持有 40% 的股权及其与该股权相关联的全部财产权利（权益）中我们应继承的遗产份额，由刘斌的儿子刘胜远一人继承。该声明系我们二人的真实意思表示，无他人胁迫、诱骗情况。"2009 年 4 月 8 日，苑勤以公证方式作出《放弃继承份额声明书》，称："我苑勤是刘斌的妻子，刘斌于二〇〇三年不幸在乌鲁木齐市友谊医院因病去世。我对刘斌生前在新疆拜城音西铁热克煤业有限公司持有的 30% 股权及其与该股权相关联的全部权利（权益）享有继承权。现我苑勤自愿放弃对刘斌生前在新疆拜城音西铁热克煤业有限公司持有的 30% 股权及其与该股权相关联的全部权利（权益）中我本人应继承的遗产份额，由我和刘斌的儿子刘胜远一人继承。该声明系我们二人的真实意思表示，无他人胁迫、诱骗情况。"

（2009）新民二终字第 97 号民事判决认为：根据《中华人民共和国公司法》的规定，公司发起人取得公司股东身份并不以其实际履行出资义务为前提，即使发起人未履行出资义务，在公司成立后也仍然可以取得公司股东资格，只是应当对公司、其他公司发起人股东、公司债权人承担相应的民事责任。因此，刘斌是否有虚假出资的行为并不影响其取得音西铁热克煤业公司股东资格。音西铁热克煤业公司申请登记的相关材料均显示音西铁热克煤业公司的发起人为刘斌和王璞，音西铁热克煤业公司在刘斌死亡前即已经成立，因此，刘斌在音西铁热克煤业公司于2003年7月28日成立后，即由音西铁热克煤业公司发起人转变为音西铁热克煤业公司股东，其出资比例为40%。刘斌死亡后，其持有的音西铁热克煤业公司40%股权应当作为遗产由其继承人予以继承。根据《中华人民共和国继承法》的规定，配偶、父母、子女为遗产的第一顺序继承人。刘斌的配偶、父母、子女就原由刘斌持有的音西铁热克煤业公司40%股权的分割问题达成了合意，音西铁热克煤业公司的公司章程中又无限制自然人股东的合法继承人继承其股东资格的内容，因此，刘胜远应当继承原由刘斌持有的音西铁热克煤业公司股权中的30%股权、苑勤应当继承原由刘斌持有的音西铁热克煤业公司股权中的10%股权。刘胜远、苑勤在刘斌死亡后应当继承刘斌在音西铁热克煤业公司中的股东资格，成为音西铁热克煤业公司的股东。由于刘斌在2003年12月29日即已经死亡，其不可能在该《股东转让出资协议》上签名，同时该《股东转让出资协议》中"苑勤"又不是苑勤本人签名，相关权利人又不予追认，故该《股东转让出资协议》应当认定为无效。王璞不能据此持有原由刘斌持有的音西铁热克煤业公司30%股权。刘胜远要求将其登记为音西铁热克煤业公司股东的诉讼请求中包含着王璞应当将该案所涉由刘胜远继承的、原由刘斌持有的30%音西铁热克煤业公司股权予以返还的前提。这就涉及王璞向正龙公司所转让的51%音西铁热克煤业公司股权中是否全部包含或者部分包含该案所涉应当由刘胜远继承的、原由刘斌持有的30%音西铁热克煤业公司股权的问题。鉴于王璞向正龙公司转让51%的音西铁热克煤业公司股权时并没有明确表明其中全部包含或者部分包含该案所涉应当由刘胜远继承的、原由刘斌持有的30%音西铁热克煤业公司股权，故可以视为王璞向正龙公司转让的股权中不包含该案所涉应当由刘胜远继承的、原由刘斌持有的30%音西铁热克煤业公司股权。因此，王璞应当向刘胜远返还该案所涉应当由刘胜远继承的、原由刘斌持有的30%音西铁热克煤业公司股权。《中华人民共和国公司法》第三十三条第三款规定："公司应当将股东的姓名或者名称及其出资额向公司登记机关登记；登记事项发生变更的，应当办理变更登记。未登记或者变更登记的，不得对抗第三人。"根据该规定，在人民法院确认王璞应当向刘胜远返还该案所涉应当由刘胜远继承的、原由刘斌持有的30%音西铁热克煤业公司股权后，音西铁热克煤业公司负有将刘胜远及其出资额在公司登记机关予以登记的义务。公司在将股东姓名或者名称及出资额在公司登记机关进行登记时，可能需要公司的股东予以协助，故公司股东负有协助公司将股东姓名或者名称及出资额在公司登记机关进行登记的义务。因此，音西铁热克煤业公司应当将刘胜远及其所持有的30%音西铁热克煤业公司股权在公司登记机关办理登记，王璞、正龙公司应当协助音西铁热克煤业公司将刘胜远及其所持有的30%音西铁热克煤业公司股权在公司登记机关办理登记。刘胜远要求音西铁热克煤业公司、王璞、正龙公司将其在公司登记机关登记为音西铁热克煤业公司股东的上诉理由成立。因此，诉讼时效期间是否届满不属于该案的审理范围。遂根据《中华人民共和国公司法》第三十三条第三款、《中华人民共和国民事诉讼法》第一百五十三条第一款第（二）、（三）项之规定，判决：一、撤销新疆维吾尔自治区阿克苏地区中级人民法院于 2009 年 10 月 20 日作出的 (2009) 阿中民二初字第 9 号民事判决；二、该案所涉署名为刘斌、苑勤、王璞于 2006 年 4 月 1 日签订的《股东转让出资协议》无效；三、音西铁热克煤业公司应当在本判决生效后十日内将刘胜远及其所持有的 30% 音西铁热克煤业公司股权在公司登记机关办理登记，王璞、正龙公司应当协助音西铁热克煤业公司将刘胜远及其所持有的 30% 音西铁热克煤业公司股权在公司登记机关办理登记；四、驳回刘胜远的其他诉讼请求。

2008 年 7 月 28 日，兆信恒公司收购音西铁热克煤业公司股份后所占音西铁热克煤业公司的股权比例为 51%。2011 年 5 月 13 日，刘胜远与兆信恒公司签订股权交割证明，载明：刘胜远目前持有音西铁热克煤业公司股权 300000 元（30%），兆信恒公司目前持有音西铁热克煤业公司股权 510000 元（51%），经股东内中协商，刘胜远自愿将其在音西铁热克煤业公司的股权 300000 元（30%）全部转让给兆信恒公司，兆信恒公司接受刘胜远的股权。该股权已于 2011 年 5 月 13 日交割完毕。此项股权转让为音西铁热克煤业公司内部股东之间转让。

2011 年 5 月 23 日，音西铁热克煤业公司根据两个股东兆信恒公司（股权比例 51%）和刘胜远（股权比例 30%）于 2011 年 5 月 13 日签订的股权交割证明，决定对公司章程作如下修改：第八条公司的注册资本为 100 万元人民币，具体出资额如下：兆信恒公司出资额 51 万元，股权比例 51%，出资时间 2008 年 7 月 18 日；刘胜远出资额 30 万元，股权比例 30%，出资时间 2008 年 7 月 18 日；王璞出资额 14.25 万元，股权比例 14.25%，出资时间 2008 年 7 月 18 日；方黎三出资额 4.75 万元，股权比例 4.75%，出资时间 2008 年 7 月 18 日。公司对股东所出资金发给出资证明书，股东按其出资份额享有权利承担义务。修正为第八条公司注册资本为 100 万元，具体出资额如下：兆信恒公司出资额 81 万元，股权比例 81%，出资时间 2008 年 7 月 18 日；王璞出资额 14.25 万元，股权比例 14.25%，出资时间 2008 年 7 月 18 日；方黎三出资额 4.75 万元，股权比例 4.75%，出资时间 2008 年 7 月 18 日。公司对股东所出资金发给出资证明书，股东按其出资份额享有权利承担义务。

庭审后王璞向该院提交书面申请，要求对音西铁热克煤业公司的资产进行审计。对于该申请，该院认为：王璞在该案的诉讼请求为要求确定刘胜远与兆信恒公司之间的《股权转让协议》无效并认为刘胜远作为名义股东应返还其投资收益款。而王璞的申请书是要求对音西铁热克煤业公司的资产进行审计，无论王璞是否在音西铁热克煤业公司成立后继续注入资金，均与公司股东所持有的股份多少无关，音西铁热克煤业公司的资产数额与该案无关，故该院对王璞的资产审计申请不予准许。

新疆维吾尔自治区高级人民法院认为：一、《股权转让交割证明》的效力问题。（一）该院已发生法律效力的（2009）新民二终字第 97 号民事判决，确认了刘胜远继承其父亲刘斌股权后，持有音西铁热克煤业公司 30% 的股权。刘胜远作为音西铁热克煤业公司的合法股东，将自己持有的股权转让给公司其他股东，系刘胜远自主处分自己合法财产权利的行为，并未违反任何法律规定，也不损害国家、集体、第三人利益，王璞并未能举证证明刘胜远低价转让股权侵害其合法权益。故，刘胜远与兆信恒公司之间的《股权转让协议》合法有效。（二）根据《中华人民共和国公司法》的规定，隐名投资合同包含书面、口头合意形式及事实合意形式。当双方间既无书面或口头合意，也无证据足以证明事实合意存在时，则不应当将其认定为隐名投资行为。当名义股东与实际出资人合同约定由实际出资人出资，名义股东出面行使股权，但由实际出资人享受股权收益时，实际出资人可以依据合同约定向名义股东主张相关权益。该案中，人民法院确认刘胜远持有的 30% 音西铁热克煤业公司股权，系从音西铁热克煤业公司原始股东刘斌处继承而来，刘胜远享有实际的股权，而不是王璞所称的名义股东。王璞未能举证证明其与刘斌达成过隐名投资协议，刘斌不属于《中华人民共和国公司法》规定的名义股东，并非由王璞为实际出资人的名义股东，刘胜远依据已发生法律效力的判决所继承刘斌的股东身份也当然不是名义股东。因此，王璞依据《最高人民法院关于适用〈中华人民共和国公司法〉若干问题的规定（三）》，主张确认刘胜远与兆信恒公司之间的《股权转让协议》无效的理由不能成立，该院不予支持。综合以上两点所述，该院认为，刘胜远与兆信恒公司之间的《股权转让协议》，是双方当事人真实意思表示，且不违反法律法规的强制性规定，应属合法有效合同。

二、关于刘胜远是否应当向王璞返还投资收益款124139170.39元，兆信恒公司应否承担连带责任的问题。《中华人民共和国物权法》第一百零六条规定："无处分权人将不动产或动产转让给受让人的，所有权人有权追回；除法律另有规定外，符合下列情形的，受让人取得该不动产或者动产的所有权：（一）受让人受让该不动产或者动产时是善意的；（二）以合理的价格转让；（三）转让的不动产或者依照法律规定应当登记的已经登记，不需要登记的已经交付给受让人。受让人依照前款规定取得不动产或者动产的所有权的，原所有权人有权向无处分权人请求赔偿损失。当事人善意取得其他物权的，参照前两款规定。"该案中刘胜远继承其父亲刘斌的股东身份并经发生法律效力的民事判决确认其拥有音西铁热克煤业公司30%的股份，并非《中华人民共和国物权法》第一百零六条规定的无处分权人，同时刘胜远处分自己名下的股权亦未损害王璞的利益，故王璞认为刘胜远转让股权损害其投资权益并要求刘胜远返还投资收益款124139170.39元的理由不能成立。兆信恒公司在受让刘胜远股份时已是音西铁热克煤业公司股东，双方之间的《股权转让协议》是在自愿的基础上达成的合意，并未损害王璞及其他股东的利益，也没有损害公司利益。兆信恒公司的行为亦未违反《中华人民共和国物权法》第一百零六条规定，故王璞要求兆信恒公司对刘胜远应返还的投资收益款承担连带责任的理由没有事实和法律依据。

三、音西铁热克煤业公司是否应对刘胜远支付投资权益款承担连带责任的问题。王璞未能举证证明音西铁热克煤业公司违法变更登记刘胜远与兆信恒公司的股权，因此，王璞要求音西铁热克煤业公司对刘胜远应返还的投资收益款承担连带责任的理由亦不能成立，该院不予支持。

综上，王璞的诉讼请求不能成立，依据《最高人民法院关于适用〈中华人民共和国公司法〉若干问题的规定（三）》第二十五条、第二十六条，《中华人民共和国民事诉讼法》第一百五十二条之规定，判决：驳回王璞的诉讼请求。一审案件受理费662495.85元（王璞已预交），由王璞负担。

王璞不服新疆维吾尔自治区高级人民法院上述民事判决，向本院提起上诉称：一审判决在审判程序、事实认定、适用法律上均有错误。一、一审法院审判程序违反《中华人民共和国民事诉讼法》的相关规定：1.一审法院应回避的审判员未依法回避。一审法院认定事实的主要依据是（2009）新民二终字第98号民事判决（以下简称98号判决），98号判决认定的事实和判决结果严重不利于王璞，98号案的代理审判员同时也是本案一审的主审法官，在本案一审时不可避免地会受98号判决的影响。开庭前王璞书面申请要求该代理审判员回避，一审法院不接受该申请有误。2．一审法院对王璞提出的其实际投资1.3亿元的审计申请没有委托有关机构审计错误。刘斌于2003年12月死亡后，其继承人刘胜远未向公司增加任何投资；到2008年整个煤矿建成，王璞则共计向音西铁热克煤业公司增加投资1.3亿元，该煤矿几乎全部是王璞投资建成，这实际上导致股权比例发生了根本变化。通过审计确认王璞与刘胜远实际的出资比例，与本案判决结果密切相关。二、一审法院认定事实错误。1．刘胜远无权对外转让其名下30%的股权。虽然98号判决确认了刘胜远的股东资格，但从2003年到2008年王璞在音西铁热克煤业公司的实际投资从60万元增加到1.3亿元，而刘胜远及其父亲刘斌均未增资，其验资登记数额仍为40万元，其名下登记的40%股权的实际出资人为王璞。2．一审法院对名义出资人和实际出资人的形成条件作了狭义解释，不符合《最高人民法院关于适用〈中华人民共和国公司法〉若干问题的规定（三）》第二十五条和第二十六条的规定。刘斌和其继承人刘胜远、王璞的关系就是名义股东和实际投资人的关系。3．一审法院认定刘胜远不应向王璞返还股权投资收益款124139170.39元错误。如前所述，刘胜远虽享有股东身份，但其实际出资不到位，不享有30%红利分配的权利，更不能对外转让股权。而刘胜远在不享有以上权利的情况下，非法转让股权，根据《中华人民共和国合同法》第五十二条的规定，刘胜远非法转让其名下的股权严重侵害了王璞的合法权益，依法应当赔偿。作为受让人，兆信恒公司与刘胜远串通，将本应价值为124139170.39元的股权权益以30万元明显低价受让，不属善意取得，应与刘胜远承担连带赔偿责任。4．一审法院认定音西铁热克煤业公司不承担连带赔偿责任错误。音西铁热克煤业公司的主要管理人员在刘胜远与兆信恒公司转让股权时，未尽到审查义务，使得本应由王璞享有的股权权益，由于刘胜远和兆信恒公司的非法转让受到严重侵害，应当承担连带赔偿责任。综上，请求：一、撤销（2011）新民二初字第16号民事判决。二、依法改判：1．确认2011年5月13日刘胜远与兆信恒公司签订的股权转让协议（交割证明）无效。2．判令刘胜远向王璞支付投资权益款124139170.39元。3．判令各被上诉人承担连带责任。

刘胜远答辩称：王璞的上诉请求没有事实和法律依据，一审法院认定事实清楚，适用法律正确，应予以维持。一、王璞的第一项上诉请求"要求撤销2011年5月13日被上诉人刘胜远与被上诉人上海兆信恒投资有限公司签订的股权转让协议（交割证明）"，超出一审诉讼请求范围，不属于本案审查的范围。王璞对一审法院判决股权转让协议有效的判项并未提出上诉。二、关于程序方面。1．王璞要求一审法官回避的理由不符合法律规定，没有法律依据。2. 一审法院不同意王璞提出的审计申请合法。在整个一审法庭辩论之前王璞都没有提出过书面或口头要求审计的请求，只是在庭审后可能向一审法院提出。且王璞提出的申请审计内容与本案没有任何关系。三、一审法院判决刘胜远与兆信恒公司之间的股权转让协议合法有效正确。王璞未能提供任何有效证据证明被上诉人有恶意串通的行为，且该恶意串通损害了王璞的利益。刘胜远合法持有音西铁热克煤业公司30%的股权，有生效判决和工商登记确认。作为公司合法股东将自己持有的股权转让给公司其他股东，系刘胜远自主处分自己合法财产权利的行为，并未违反任何法律规定，也未侵害任何第三人利益，因此该股权转让协议合法有效，王璞主张该协议无效没有法律和事实依据。四、王璞的第二项诉请要求刘胜远向其支付投资权益款1.2亿余元无事实和法律依据。王璞诉称依据《最高人民法院关于适用〈中华人民共和国公司法〉若干问题的规定（三）》第二十五条、第二十六条的规定，刘胜远不享有股权，不能对外转让股权，这是对相关规定的误解，也是对客观事实的歪曲。刘胜远依法持有的音西铁热克煤业公司30%股权是从公司原始股东刘斌处继承而来，王璞认为刘胜远系名义股东明显与事实不符。本案不存在适用上述司法解释的前提。五、关于王璞称其共向音西铁热克煤业公司投资1.3亿元严重不属实的问题。1. 王璞在一审向法庭以（2009）阿中民二初字第8号判决书以及相关票据证明其向音西铁热克煤业公司投资1.3亿元。而该判决书中虽然表述了依据音西铁热克煤业公司账册反映王璞投入公司1.3亿元，但该案审理的是股权转让纠纷事实，并不审理王璞对公司的投资问题，且法院因为与案件无关也没有对相关凭证审查，当时各案的原告对凭证也均不予认可。2. 王璞当时提供的用以证明其投资1.3亿元的凭证共计248张，只有200余万元是王璞投入到公司的，其余大部分是煤款收入，还有一部分公司贷款、公司支付的培训费、罚款等，且这些款项都是音西铁热克煤业公司支出的。可见投入1.3亿元只是王璞虚构的事实。3. 王璞在本案一审中提供的向公司投入1.3亿元的相关票据，真实性、合法性、关联性刘胜远均不予认可。4. 即使假设王璞向公司投入了1.3亿元，那也只能认定为其与公司之间的债权债务或其他法律关系，与刘胜远无任何关系。

兆信恒公司答辩称：原审判决认定事实确实充分，适用法律正确，亦不存在任何审判程序违法的情形，应当予以维持；王璞的上诉请求于法无据，与事实不符，应予以驳回。一、王璞上诉请求"判令撤销2011年5月13日被上诉人刘胜远与被上诉人上海兆信恒投资有限公司签订的股权转让协议（交割证明）"，已超出了原审判决中其主张的内容，是属于新的诉讼请求；同时，该上诉请求也是其请求"判令被上诉人刘胜远向上诉人支付投资权益款

124139170.39 元"和"判令各被上诉人承担连带责任"的前提。因此，对王璞的全部上诉请求应当直接予以驳回。二、一审法院的审判程序合法。1. 一审中，王璞对于合议庭组成人员从未提出回避申请，且在首次开庭时还明确表示对合议庭成员不申请回避。2. 一审判决的合议庭组成人员作为王璞与案外人之间其他争议案件的裁判者，在其他案件中作出了不利于王璞的判决，这显然不是我国民事诉讼法所规定的审判人员应当自行回避之情形。三、王璞所称的"实际投资 1.3 亿元"与本案所涉的争议无关，一审法院无需就此进行审计。1. 一审法庭辩论终结之前，王璞从未就其所称的"实际投资 1.3 亿元"事宜申请司法审计。因其申请超过举证期限，应当自行承担不利法律后果。2. 刘胜远持有音西铁热克煤业公司的 30% 股权已由人民法院生效判决确认，且办理了工商变更登记，王璞所称的"实际投资 1.3 亿元"与公司股东所持股份的多少无关：（1）本案不是股东之间的出资纠纷，而是确认合同无效纠纷，王璞与刘胜远之间的出资争议问题与本案无关，不应作为本案的审查内容。（2）王璞所称的其已经累计向音西铁热克煤业公司投资了 1.3 亿元人民币与事实不符。即使王璞确实投资，也不能据此就将应属他人享有的股权收益（包括股权增值收益）转由其享有，不能据此否定人民法院生效判决。四、本案中不存在王璞所称的名义出资人和实际出资人的争议问题。1. 王璞主要依据是《最高人民法院关于适用〈中华人民共和国公司法〉若干问题的规定（三）》，但依据该规定，如要确认有限责任公司的名义出资人和实际出资人争议，前提是名义出资人和实际出资人之间存在类似的合同约定；而本案中，王璞未提供任何证据证明其与刘斌或刘胜远之间存在类似的约定，一审中王璞也曾自行确认，其与刘斌之间并没有有关名义出资和实际出资的约定，也从未向其他股东（包括兆信恒公司）提起过类似情况。2. 各方均确认音西铁热克煤业公司的注册资本金一直为 100 万元人民币，从未予以增减、变更。2003 年 7 月 22 日，阿克苏华兴有限责任会计师事务所出具了音西铁热克煤业公司成立时的验资报告，表明公司成立之时，其注册资本金 100 万元人民币已经全部出资到位，刘斌的实际出资金额为 40 万元人民币。刘胜远通过继承取得音西铁热克煤业公司 30% 的股权，合情合理合法。五、王璞无权要求刘胜远向其返还股权投资收益款，更无权要求兆信恒公司就此向其承担连带责任。刘胜远作为音西铁热克煤业公司 30% 股权的合法持有者，完全有权利自由处置该股权，其参考音西铁热克煤业公司的注册资本金向兆信恒公司转让该股权，不存在任何法律障碍，更没有侵犯任何人的权益；即使刘胜远将该 30% 股权赠与兆信恒公司或任何第三人，也与王璞无涉。本案中，王璞混淆确认合同无效之诉、合同撤销之诉、侵害股权之诉、财产返还之诉、损害赔偿之诉，其目的在于推翻新疆维吾尔自治区高级人民法院于2009年12月15日作出的（2009）新民二终字第97号民事判决，否定刘胜远对音西铁热克煤业公司30%股权的合法持有，显然不应当得到支持。

音西铁热克煤业公司答辩称：应驳回王璞对音西铁热克煤业公司的上诉请求。音西铁热克煤业公司是根据股东会决议办理股权变更登记，不存在任何违法行为，本案与音西铁热克煤业公司没有任何关系。

本院二审期间，刘胜远、兆信恒公司、音西铁热克煤业公司均未提交新证据。王璞补充提交1份证据，为阿克苏地区中级人民法院委托新疆宏申有限责任会计师事务所做出的宏申所监字（2012）001号《关于方黎三与王璞，拜城音西铁热克煤业有限公司股权转让纠纷有关问题的经济鉴证报告》，报告日期为2012年6月19日。经审查，本案一审判决于2013年2月18日作出，王璞补充提交的该份证据形成于一审判决作出之前的8个月，并不属于民事诉讼法意义上的"新的证据"，依照相关法律和司法解释的规定，本院不予采纳。

本院除对一审法院所查明的事实予以确认外，另查明，刘胜远与兆信恒公司于2011年5月13日签订的《股权交割证明》虽名为《股权交割证明》，实际上记载了双方间对刘胜远持有的音西铁热克煤业公司30%的股权进行转让的内容，是双方间的股权转让协议，并载明该股权已在签订协议当日即交割完毕。

王璞在一审中的诉讼请求为"确认2011年5月13日刘胜远与兆信恒公司签订的股权转让协议（交割证明）无效"，二审上诉状载明请求"撤销2011年5月13日被上诉人刘胜远与被上诉人上海兆信恒投资有限公司签订的股权转让协议（交割证明）"。庭审过程中，经再次询问，王璞明确表示，其上诉请求为确认2011年5月13日刘胜远与兆信恒公司签订的股权转让协议（交割证明）无效。

又查明，王璞在一审开庭前申请本案承办法官回避，理由是该法官曾是王璞作为原告的其他案件的合议庭成员，而该其他案件中王璞败诉，承办法官在两个案件中的思路可能一致。一审法院口头告知王璞申请回避的理由不符合法律规定，不同意其申请。一审开庭时，王璞明确表示对合议庭成员不申请回避。

再查明，音西铁热克煤业公司的法定代表人于2012年7月26日变更为姚振堂，为该公司董事长。

以上事实有《民事上诉状》、质证笔录、询问笔录、开庭笔录、《企业法人营业执照（副本）》《法定代表人身份证明书》《关于新疆拜城音西铁热克煤业有限公司的法定代表人变更情况的说明》、宏申所监字（2012）001 号《关于方黎三与王璞，拜城音西铁热克煤业有限公司股权转让纠纷有关问题的经济鉴证报告》等在案证实。

本院认为，本案的争议焦点包括：一、王璞是否在二审中提出了新的诉讼请求；二、2011 年 5 月 13 日刘胜远与兆信恒公司签订的股权转让协议（交割证明）是否存在无效的情形，刘胜远是否应向王璞返还投资收益款 124139170.39 元；三、兆信恒公司是否应对刘胜远向王璞返还投资收益款承担连带责任；四、音西铁热克煤业公司是否应对刘胜远向王璞返还投资收益款承担连带责任；五、一审程序是否欠当。

一、关于王璞是否在二审中提出了新的诉讼请求。

王璞在上诉期限内提起上诉，且在本院庭审过程中明确表示其不变更在一审中主张的确认股权转让协议无效的具体诉讼请求。因此，完全依据王璞提交的上诉状中载明的请求"撤销 2011 年 5 月 13 日被上诉人刘胜远与被上诉人上海兆信恒投资有限公司签订的股权转让协议（交割证明）"的内容认定王璞在二审中提出了新的诉讼请求或者认定其未就一审法院认定该股权转让协议有效的判项提起上诉均不妥。对王璞的该项诉讼请求仍应依其主张确定为确认股权转让协议无效，且本院无须再审理其上诉状中载明的撤销股权转让协议的诉讼请求。

二、关于 2011 年 5 月 13 日刘胜远与兆信恒公司签订的股权转让协议（交割证明）是否存在无效的情形，刘胜远是否应向王璞返还投资收益款 124139170.39 元。

首先，（2009）新民二终字第 97 号民事判决确认刘胜远继承其父亲刘斌股权后，持有音西铁热克煤业公司 30% 的股权，之后工商登记对其持股予以确认。依据公司法第七十六条"自然人股东死亡后，其合法继承人可以继承股东资格；但是，公司章程另有规定的除外"之规定。音西铁热克煤业公司章程中没有限制自然人股东的合法继承人继承其股东资格的除外规定。尽管在刘斌死后法院判决和工商变更登记之前，刘斌生前所持有的股权处于权利主体不明确的状态，且一审法院对音西铁热克煤业公司股权变动的整个过程未给出一个清晰、完整的描述，然而可以确定在刘胜远与兆信恒公司签订该股权转让协议时，刘胜远是音西铁热克煤业公司的股东，其将自己持有的股权转让给公司其他股东，系自主处分财产权利的合法行为。股权转让协议的双方当事人意思表示真实，协议内容未违反法律或行政法规的强制性规定，未损害国家、集体或第三人的利益，王璞亦未能举出充分证据证明刘胜远转让股权的行为侵害其合法权益或股权转让协议存在其他应当被确认为无效的法定情形。

其次，王璞主张应依据《最高人民法院关于适用〈中华人民共和国公司法〉若干问题的规定（三）》第二十五条、第二十六条之规定，确认刘胜远与兆信恒公司之间的股权转让协议无效。实际上，由于音西铁热克煤业公司自成立以来未进行过增资扩股活动，刘斌在音西铁热克煤业公司成立之初即通过出资 40 万元获得音西铁热克煤业公司 40% 的股权，其死亡后其子刘胜远继承了音西铁热克煤业 30% 的股权，并不属于上述司法解释中的"名义股东"，王璞援引的相关规定在本案中没有适用的前提条件，其理由不能成立。

最后，音西铁热克煤业公司自成立以来未进行增资扩股，刘斌、刘胜远也不存在出资不实的情形，刘胜远依法处置自己名下的财产权利，没有证据证明其行为侵害王璞的利益，王璞要求刘胜远向其返还股权投资收益款的主张没有事实和法律依据。

故，王璞确认刘胜远与兆信恒公司之间的股权转让协议无效的上诉请求不能成立，对于王璞提出的刘胜远应向其返还股权投资收益款 124139170.39 元的主张，本院亦不予支持。

三、关于兆信恒公司是否应对刘胜远向王璞返还投资收益款承担连带责任。

兆信恒公司在与刘胜远签订股权转让协议时，已是音西铁热克煤业公司的股东，并有法院生效判决和工商登记证明刘胜远合法持有音西铁热克煤业公司 30% 的股权，双方当事人之间的股权转让协议是在自愿的基础上达成的合意，意思表示真实。王璞未能证明刘胜远和兆信恒公司之间在签订股权转让协议时存在恶意串通，损害国家、集体或第三人利益的情形，故其要求兆信恒公司对刘胜远向其返还投资收益款承担连带责任的主张没有事实和法律依据，本院不予支持。

四、关于音西铁热克煤业公司是否应对刘胜远向王璞返还投资收益款承担连带责任。

音西铁热克煤业公司于 2011 年 5 月 13 日根据兆信恒公司和刘胜远于当日签订的股权交割证明对公司章程进行了相应修改，并办理了股权变更登记，王璞未能举证证明音西铁热克煤业公司上述行为存在违法情形。因此，王璞要求音西铁热克煤业公司对刘胜远应返还的投资收益款承担连带责任的理由不能成立。

五、关于一审程序是否欠当。

首先，王璞仅因本案一审承办法官是一审法院另一相关案件的合议庭组成人员即要求其回避，没有法律依据。其次，一审法院未批准王璞就其对音西铁热克煤业公司投资 1.3 亿元的事实进行审计的申请并无不妥。无论王璞是否对音西铁热克煤业公司投资 1.3 亿元，音西铁热克煤业公司并未进行任何增资扩股活动，其投资行为不影响刘胜远持有股权的比例，亦不影响刘胜远对外转让其股权，对在本案中认定案涉股权转让协议的效力和审理王璞的其他诉讼请求没有实质影响。故本院认为，本案一审法院审理过程中，不存在民事诉讼法第一百七十条第一款第（四）项规定的严重违反法定程序的情形。

综上，一审判决认定事实清楚，适用法律正确。本院依照《中华人民共和国民事诉讼法》第一百七十条第一款第（一）项之规定，判决如下：

驳回上诉，维持原判。

一审案件受理费 662495.85 元，按一审判决执行。二审案件受理费人民币 662495.85 元，由上诉人王璞承担。

本判决为终审判决。

审　判　长　宫邦友

审　判　员　朱海年

代理审判员　高燕竹

二〇一三年十月二十五日

书　记　员　陆昱

11. 因双方共同认识错误导致履行不能不构成单方违约

——王强、崔连娜与大连丰利达科技发展有限公司、大连东特房地产有限公司及第三人大连正达房地产有限公司股权转让纠纷案

【裁判要旨】

本判决在查清相关事实的基础上，认定《协议书》确认首龙公司已经取得52号地块国有土地使用证等事实系双方当事人共同错误认识，并据此纠正了原再审对股权转让方单方违约的认定。根据双方当事人对股权价值构成的约定，对因双方共同过错可能造成的股权价值减损作出了具体认定，就股权转让款争议分别部分支持了受让方的履行抗辩权和转让方的付款请求权。

中华人民共和国最高人民法院民事判决书

（2013）民提字第 88 号

申请再审人（一审原告、反诉被告，二审被上诉人，原再审被申请人）：王强。

委托代理人：王兵，辽宁济生源律师事务所律师。

委托代理人：翟宇众，辽宁济生源律师事务所律师。

申请再审人（一审原告、反诉被告，二审被上诉人，原再审被申请人）：崔连娜。

委托代理人：王兵，辽宁济生源律师事务所律师。

委托代理人：翟宇众，辽宁济生源律师事务所律师。

申请再审人（一审第三人）：大连丰利达科技发展有限公司。

法定代表人：王强，该公司董事长。

委托代理人：王兵，辽宁济生源律师事务所律师。

委托代理人：翟宇众，辽宁济生源律师事务所律师。

被申请人（一审被告、反诉原告，二审上诉人，原再审申请人）：大连东特房地产有限公司。

法定代表人：水连霞，该公司总经理。

委托代理人：张国晗，辽宁智库律师事务所律师。

委托代理人：陈敏，辽宁智库律师事务所律师。

被申请人（一审本诉被告、反诉原告，二审上诉人，原再审申请人）：大连正达房地产有限公司。

委托代理人：张国晗，辽宁智库律师事务所律师。

委托代理人：马寒松，该公司职员。

申请再审人王强、崔连娜、大连丰利达科技发展有限公司（以下简称丰利达公司）因与被申请人大连东特房地产有限公司（以下简称东特公司）、大连正达房地产有限公司（以下简称正达公司）股权转让纠纷一案，不服辽宁省高级人民法院（以下简称辽宁高院）（2010）辽审二民再字第69号民事判决，向本院申请再审。本院于2013年4月1日作出（2012）民再申字第297号民事裁定，决定对本案提起再审。本院依法组成由审判员王东敏担任审判长，审判员刘崇理、代理审判员曾宏伟参加的合议庭对案件进行了公开开庭审理，书记员李洁任记录。本案现已审理终结。

2009年1月21日，王强、崔连娜起诉至辽宁省沈阳市中级人民法院（以下简称沈阳中院）称：2005年8月11日王强、崔连娜与东特公司、正达公司及第三人丰利达公司共同签订了股权转让协议书，根据协议书的约定内容，王强、崔连娜将所持有的大连首龙房地产开发有限公司（以下简称首龙公司）的股份转让给东特公司、正达公司，东特公司、正达公司欲通过受让股权的方式享有首龙公司对大连市中山区长江路南地块的土地权益，以期通过土地出让程序取得土地使用权，并达到开发利用该土地的目的。东特公司、正达公司向王强、崔连娜支付股权转让款和王强、崔连娜前期投入的费用共计4860万元。协议书签订后，王强、崔连娜根据约定将文件、资料、证照以及股权全部转让给东特公司、正达公司，在工商管理局也进行了变更登记。但时至今日，东特公司、正达公司未完全履行款项支付义务，虽经王强、崔连娜发函催告，东特公司、正达公司尚欠2100万元未支付。2006年10月11日，王强、崔连娜再次函告东特公司、正达公司解除双方的协议书。但东特公司、正达公司既不同意解除协议书，却又明确表示不支付尚欠款项。故请求判令东特公司、正达公司立即支付股份转让款2100万元人民币；本案的诉讼费用由东特公司、正达公司承担。

东特公司、正达公司答辩及反诉称：因王强、崔连娜违约在先，所以东特公司、正达公司依《中华人民共和国合同法》第六十七条的规定行使先履行抗辩权，有权延期支付 2100 万元。理由：1. 王强、崔连娜在三方《协议书》中保证首龙公司已经取得土地使用证并且没有权利瑕疵的大连市长江路东 52 号 5171.7 平方米的地块（地号 5/2/27，以下简称 52 号地块）及土地使用证原件，自 2005 年 8 月 14 日应交付之日至今一直未予交付。至政府挂牌出让该地块时，东特公司、正达公司才得知土地使用证没有合法办理到首龙公司名下，依然在大连万众房屋开发有限公司（以下简称万众公司）名下。对此，东特公司、正达公司有权延期支付 1500 万元相应价款。2. 首龙公司与大连粮食工业总厂（以下简称粮食总厂）《换建协议》中 1500 平方米地块与 52 号地块有重合约 875 平方米，也就是重复计算了约 875 平方米（以法院委托实际勘测为准）。对此，东特公司、正达公司有权延期支付 6046.7 平方米相应的 767 万元并核减 111 万元价款，但实际只延期支付 600 万元。3. 王强、崔连娜未完成首龙公司对其他主体全部补充协议的签订。

东特公司、正达公司反诉请求：1. 判令王强、崔连娜支付违约金 1237 万元人民币（暂时截止到 2009 年 1 月 31 日）；2. 判令王强、崔连娜赔偿经济损失暂定 7000 万元人民币（以法院最终确认金额为准）；3. 确认核减重合土地折算所对应的《协议书》转让价款 111 万元人民币；4. 判令丰利达公司对王强、崔连娜第一、二项责任承担连带清偿责任；5. 本案诉讼费、保全费由王强、崔连娜承担。

丰利达公司答辩称：同意王强、崔连娜的起诉意见。

沈阳中院一审查明：2005 年 8 月 11 日，王强与东特公司、正达公司，崔连娜与正达公司分别签订了两份股权转让协议，约定首龙公司系王强、崔连娜共同出资成立的有限责任公司，注册资金 800 万元人民币，其中王强出资 700 万元，拥有首龙公司 87.5% 股份，以 700 万元转让给东特公司、正达公司；崔连娜出资 100 万元，拥有首龙公司 12.5% 股权，以 100 万元转让给正达公司。同日，王强、崔连娜、东特公司、正达公司以及第三人丰利达公司共同签订了《协议书》，约定：王强、崔连娜将所持有的首龙公司的股份转让给东特公司、正达公司，东特公司、正达公司向王强、崔连娜支付股权转让款和王强、崔连娜前期投入的费用共计 4860 万元，支付进度为：协议签订之日支付 1500 万元，2005 年年底前支付 2360 万元，2006 年 2 月底前支付 1000 万元。东特公司、正达公司欲通过受让股权的方式取得首龙公司对大连市中山区海景饭店东、长江路南、"清华园小区"西、都市海景北地块权益，该地块面积不少于 15714.6 平方米（含一个变电亭，具体位置及四至详见附件三），最终以挂牌规划红线为准，其中包括了首龙公司已取得土地使用权的 52

号地块，以期通过土地出让程序取得土地使用权，并达到开发利用该土地的目的。协议书明确：鉴于首龙公司已于 2004 年 5 月 26 日通过受让万众公司土地方式取得了 52 号地块的《国有土地使用证》。协议第 2 条第 2 款约定：该地块范围内的 52 号地块，首龙公司已于 2004 年 5 月 26 日取得了《国有土地使用证》（附件四），系出让土地使用权，现用途为教育用地（王强、崔连娜负责变为商住用地），面积为 5171.70 平方米，土地使用年限至 2069 年 12 月 14 日，首龙公司已交清了全部转让款，该地块无法律纠纷及债务负担。协议书签订后，王强、崔连娜根据约定将文件、资料、证照以及股权全部转让给东特公司、正达公司，在工商管理局也进行了变更登记。另查明：就 52 号地块，万众公司与首龙公司于 2003 年 10 月 21 日签订《土地转让协议书》一份，该协议第一项规定 52 号地块土地使用权转让给首龙公司，以此偿还万众公司所欠首龙公司的债务。转让价格与万众公司欠款数额相同，为人民币 1500 万元。再查明：52 号地块的土地使用证仍为万众公司所有，土地使用证没有合法办理到首龙公司名下，王强、崔连娜亦未将该土地实际交付给东特公司、正达公司；现东特公司、正达公司尚欠王强、崔连娜 2100 万元转让款未付。经该院到大连市规划和国土资源局中山分局查档，2004 年 5 月首龙公司与万众公司曾到大连市规划和国土资源局中山分局办理过 52 号地块土地使用权转让，该局现保存有以首龙公司为所有权人的 2004 年 5 月 26 日颁布的大中国用（2004）字第 00021 号土地使用证原件。由于万众公司未将旧房证交来，故转让未成立，该地块仍为万众公司所有。

沈阳中院一审认为：王强、崔连娜与东特公司、正达公司及第三人丰利达公司共同签订的《协议书》，王强与东特公司及崔连娜与正达公司分别签订的《股权转让协议书》，系各方当事人真实意思表示，不违反法律法规的禁止性规定，具有法律效力，当事人应恪守履行。因王强、崔连娜在订立与履行三方协议中，在没有完全取得 52 号地块国有土地使用证的前提下即将其作为合同标的加以处分，目前没有按合同约定将 52 号地块交付给东特公司、正达公司，致使《协议书》目前无法全面履行，合同目的目前没有全部实现；东特公司及正达公司签订《协议书》时，就 52 号地块在王强、崔连娜只提供了《国有土地使用证》复印件，《国有土地使用证》原件没有下发的情况下轻率签订协议，因此，王强、崔连娜及东特公司、正达公司双方对协议书不能全部履行均存在不同程度的过错。关于王强、崔连娜请求东特公司、正达公司支付股权转让款 2100 万元的诉讼主张，经查，万众公司与首龙公司于 2003 年 10 月 21 日签订《土地转让协议书》一份，协议约定：万众公司将 52 号地块国有土地使用权转让给首龙公司，以此偿还所欠首龙公司的债务。转让价格与万众公司欠款数额相同，为人民币 1500 万元。该事实说明万众公司以转让 52 号地块国有土地使用权偿还所欠首龙公司的债务 1500 万元。按照合同约定总价款，东特公司、正达公司目前尚欠王强、崔连娜 2100 万元股权转让款，扣除不能实际履行交付的土地所对应的 1500 万元之外，尚欠 600 万元股权转让款。故王强、崔连娜的部分诉讼请求理由充分，予以支持。关于王强、崔连娜起诉要求东特公司、正达公司支付的 1500 万元以及东特公司、正达公司反诉请求王强、崔连娜支付违约金 1237 万元人民币的主张，均系针对合同中目前不能履行的 52 号地块。如前所述，对于合同目前不能履行，王强、崔连娜与东特公司、正达公司在签订合同及履行合同中均有不同程度的过错。由于该合同是否能继续履行，以及如果不能履行将产生的实际直接、间接损失目前均系无法确定，违约事实能否发生及将来是否发生，当前亦无法确定，双方对此也未提供充分证据，因此本次裁判，该院对因该部分引发的双方争议无法确认，对王强、崔连娜、东特公司、正达公司因此而提起的相关诉讼请求也不予支持。综上，该院依据《中华人民共和国民事诉讼法》第二百二十九条、《中华人民共和国合同法》第六十条之规定，判决：一、东特公司、正达公司于本判决生效后十日内给付王强、崔连娜股权转让款人民币 600 万元；如果未按照本判决指定的期间履行给付金钱义务，应当依照《中华人民共和国民事诉讼法》第二百二十九条之规定，加倍支付迟延履行期间债务的利息；二、驳回王强、崔连娜的其他诉讼请求；三、驳回东特公司、正达公司反诉请求。本案案件受理费 146950 元，由王强、崔连娜承担 104964 元，东特公司、正达公司承担 41986 元，保全费 5000 元，由东特公司、正达公司承担；根据《诉讼费用缴纳办法》第十八条规定，东特公司、正达公司反诉费减半收取 229600 元（已收 458950 元，退回东特公司、正达公司 229350 元），由东特公司、正达公司承担，保全费 5000 元由东特公司、正达公司承担。

东特公司和正达公司不服沈阳中院上述民事判决，向辽宁高院提起上诉称：原判认定事实及适用法律错误。1. 关于 52 号地块，政府早在 2007 年已挂牌出让给案外人，客观事实上已无法交付、过户，事实上无法继续履行，王强、崔连娜应当承担违约金并赔偿损失。原判决却以"该合同是否能继续履行当前无法确定"为由驳回上诉人的反诉请求错误。2. 对于缺失的 52 号地块，应当按另行购置的市场价格计算其损失，应当依法鉴定该土地价值。一审判决却以 2003 年时该土地使用权原受让价格推定损失，明显事实认定错误。3. 对于《协议书》项下约定的首龙公司与粮食总厂换建地块因面积重合而减少的 873 平方米土地，客观上已无法履行，转让股权的首龙公司相应权益与合同约定不符，王强、崔连娜应予赔偿，应当鉴定该面积土地的价值。

故请求：1. 撤销沈阳中院（2008）沈中民（3）初字第 317 号民事判决书，依法改判王强、崔连娜向东特公司、正达公司支付违约金 1237 万元（暂时截止到 2009 年 1 月 3 日），赔偿经济损失暂定 7000 万元（以法院最终确认金额为准），因土地重合核减转让价款 111 万元，并判令丰利达公司承担连带清偿责任；2. 一审、二审的诉讼费用由王强、崔连娜承担。

王强、崔连娜答辩称：原判认定事实清楚，适用法律正确。合同不能全面履行，并非王强、崔连娜的违约行为所致，原判认定双方均有过错是正确的；原判认定剩余股权转让款为人民币 600 万元，认定价格客观真实；东特公司与正达公司要求按市场价格计算并赔偿其损失的上诉主张，缺乏基本事实与法律依据，其上诉理由无证据和法律支持。第三人丰利达公司未作答辩。

二审法院对一审查明的事实予以确认。另查明：双方签订的股权转让协议中涉及首龙公司对大连三鼎工业集团有限公司（以下简称三鼎公司）、粮食总厂、52 号地块三块土地享有的权益，协议中除明确首龙公司受让万众公司 52 号地块已取得《国有土地使用证》外，其他两块土地首龙公司只是与出让方签订了合同，没有土地使用证。还查明：股权转让后，东特公司及正达公司对上述三块土地中的一块即三鼎公司位于大连市中山区港湾街 2 号面积 7380 平方米的土地获得拆迁补偿款人民币 1.2 亿元。又查明：东特公司、正达公司与王强、崔连娜、丰利达公司签订的《协议书》第 11 条违约责任第 1 款约定："因甲方（王强、崔连娜）原因首龙公司全部 100% 股权未能按期变更登记至乙方名下的，或甲方逾期交付地块或文件、资料等的，或逾期三鼎公司、粮食总厂、大连市中山区教育局未能全部与首龙公司签订补充协议的，均由甲方承担违约责任。"

二审法院认为，本案双方当事人签订的股权转让协议，系真实意思表示，内容不违反法律规定，其效力应予以确认。关于东特公司及正达公司主张的 52 号地块未交付，王强、崔连娜应当承担违约金并赔偿损失，原判决却以"该合同是否能继续履行当前无法确定"为由驳回上诉人的反诉请求错误一节，双方对该块土地，在合同中说明首龙公司已取得了《国有土地使用证》（附件四）。合同签订后，王强、崔连娜向东特公司及正达公司交付了该地块的合同及大连市规划和国土资源局制作的国（2004）字第 00021 号土地使用证的复印件。该国有土地使用证记载该地块的土地使用权人为首龙公司。按照大连市规划和国土资源局中山分局的要求，原土地使用权人应将原土地使用证交回，因万众公司未将原土地使用证交回大连市规划和国土资源局，大连市规划和国土资源局中山分局没有将已制定好的国有土地使用证发给首龙公司。故该土地使用证未发给首龙公司的原因是万众公司未将原土地使用交回土地管理部门。根据东特公司、正达公司与王强、崔连娜、丰利达公司签订的《协议书》第11条违约责任第1款,关于"因甲方(王强、崔连娜)原因首龙公司全部100%股权未能按期变更登记至乙方名下的,或甲方逾期交付地块或文件、资料等的,或逾期三鼎公司、粮食总厂、大连市中山区教育局未能全部与首龙公司签订补充协议的,均由甲方承担违约责任"的约定,王强、崔连娜未能将52号地块交付给东特公司及正达公司的原因不符合双方合同约定的构成违约的条件。根据民商事当事人意思自治的原则,当事人有权对双方的权利义务作出约定,该约定应视为当事人对自己权利的处分。且东特公司及正达公司对王强、崔连娜交付该地块土地使用证为复印件未提出异议,应视为对该地块现状和交付行为的认可。东特公司、正达公司主张王强、崔连娜构成违约,请求王强、崔连娜承担违约金及赔偿损失共计8237万元,但并没有举出其因该地块未交付造成损失的证据;相反东特公司、正达公司以4860万元的价格受让王强、崔连娜的股权,实际只支付了2760万元,而通过拆迁补偿已获得补偿款1.2亿元。根据公平的原则,原判将未交付的52号地块,按王强、崔连娜受让该地块的价值1500万元从转让款中扣除,并无不妥。东特公司、正达公司主张王强、崔连娜违约,请求其承担违约金及赔偿损失的上诉理由,缺少证据证明,不予支持。关于东特公司、正达公司主张对该地块按另行购置市场价格计算其损失,应当依法鉴定该土地价值,原判以2003年时该土地使用权原受让价格推定损失,明显错误的问题,经查双方签订的是股权转让协议,而非土地使用权转让协议。根据协议约定,东特公司及正达公司是通过受让王强、崔连娜持有的首龙公司100%股权,以取得首龙公司对该地块所享有的权益,并通过政府土地使用权挂牌出让交易摘牌取得该地块国有土地使用权,开发该地块,且协议中约定东特公司、正达公司向王强、崔连娜支付的是股权转让款及前期投资补偿款,而不是支付土地转让款,亦没有约定土地价格。东特公司、正达公司主张按市场价格计算该地块的价值,缺乏事实和法律依据,不予支持。关于东特公司、正达公司主张首龙公司与粮食总厂换建地块存在面积重合,而减少的873平方米土地,应从转让款中扣除以及王强、崔连娜承担赔偿责任的问题。双方签订的协议第2条第1款约定:"拟开发的地块位于大连市中山区海景酒店东、长江路南、'清华园小区'西、都市海景北,面积不少于15714.6平方米(含一个电话亭,具体位置及四至详见附件二),最终以挂牌规划红线为准。"东特公司、正达公司在庭审中陈述,最终政府正式挂牌规划红线的面积是26450平方米,大于协议中约定的面积。根据《最高人民法院关于民事诉讼证据的若干规定》第七十四条"诉讼过程中,当事人在起诉状、答辩状、陈述状及其委托代理人的代理词中承认的对己方不利的事实和认可的证据，人民法院应当予以确认"的规定，东特公司、正达公司在庭审中自认政府正式挂牌规划红线面积大于双方在协议中约定的面积，对该事实应予以确认。况且，双方对拟开发地块的面积在协议中约定并不具体，而是约定最终以挂牌规划红线为准。既然东特公司、正达公司自认政府正式挂牌的红线规划图的面积大于合同中约定的面积，在东特公司、正达公司无其他证据推翻该陈述事实的情况下，东特公司、正达公司主张面积缺少，依据不充分。此外，东特公司、正达公司的主张，是根据王强、崔连娜交付的资料计算出来的。东特公司、正达公司在接收王强、崔连娜交付的合同、图纸后，并未提出异议，现在以该资料为依据主张面积缺少，依据不足。该主张亦不能支持。综上，原判认定事实清楚，适用法律正确，审判程序合法。依照《中华人民共和国民事诉讼法》第一百五十三条第一款第（一）项之规定，判决如下：驳回上诉，维持原判。二审案件受理费 283400 元，由东特公司、正达公司共同承担。

东特公司、正达公司不服辽宁高院上述民事判决，向辽宁高院申请再审称：王强、崔连娜作为首龙公司全部股权的转让方，应当对首龙公司资产承担瑕疵责任，一、二审判决却以案外人违约而认定王强、崔连娜对于公司土地资产缺失不承担违约责任，属适用法律错误。并且，两审判决将公司并购中的股权转让与公司资产交付完全割裂，以双方为股权转让合同关系为由，对王强、崔连娜少交付的公司土地资产，居然将市场价值已达 7000 余万元的土地按首龙公司多年前原购买价款 1500 万元认定价值，亦属适用法律错误。东特公司、正达公司因另一地块取得的补偿与 52 号地块无关，二审却以所谓"公平的原则"，以东特公司、正达公司已取得该补偿款为由而认定缺失 52 号地块按首龙公司原受让价款 1500 万元核减股权转让款，没有法律依据，给东特公司和正达公司将造成数千万元的重大损失。另外，关于首龙公司与粮食总厂地块存在面积重合一节，二审判决将政府挂牌面积与涉案土地面积混淆，存在严重的事实认定错误。故请求撤销一、二审判决，改判由王强、崔连娜向东特公司、正达公司支付违约金 1237 万元（暂时截止至 2009 年 1 月 3 日）、赔偿经济损失暂定 7000 万元（以法院最终确认金额为准）、因土地重合核减转让价款 111 万元，并判令丰利达公司承担连带清偿责任。

王强、崔连娜答辩称：一、二审法院认定诉讼双方之间的协议为股权转让协议，并以此为基础确认诉讼双方的合同履行情况与双方的约定以及事实相符。东特公司与正达公司没有取得土地使用证原件及成为首龙公司的股东后，与第三方签订的协议不能全面履行、期待的合同预期目的没有全面实现，并非王强、崔连娜的行为所致，所以不属于王强、崔连娜违约。一、二审法院确定的剩余股权转让款为 600 万元是客观的。因为此次股权转让的价格为 4860 万元，包括股权转让、前期投资以及投资补偿三部分。尽管在协议中涉及多处土地权益，但双方并没有对土地的权益进行评估作价，合同目的是股权转让而并不是土地使用权的转让。所以东特公司与正达公司认为核减 1500 万元股权转让款不合理的主张缺乏基本的事实和法律依据。其要求按市场价格计算并赔偿其损失的主张，亦缺乏事实和法律依据。综上，东特公司、正达公司的再审请求缺乏基本的事实和法律依据，而一、二审判决认定事实清楚、适用法律准确，故请求法院驳回其再审请求，维持一、二审判决。

丰利达公司答辩称：与王强、崔连娜的意见相同。

辽宁高院再审对原一、二审查明的事实予以确认。另查明：东特公司、正达公司与王强、崔连娜、丰利达公司签订的《协议书》第 11 条约定："因甲方（王强、崔连娜）原因首龙公司全部 100% 股权未能按期变更登记至乙方名下的，或甲方逾期交付地块或文件、资料等的，或逾期三鼎公司、粮食总厂、大连市中山区教育局未能全部与首龙公司签订补充协议的，均由甲方承担违约责任，每逾期一日，甲方应当承担壹万元的违约金，逾期达十五日的，乙方有权解除本协议（本条款的前提是乙方同意在首龙公司与前述三家单位签订补充协议的同时，通过首龙公司分别向三鼎公司支付 1500 万元及向粮食总厂支付 240 万元）。"第 5 条第 1 款："股权转让款、投资补偿共计 4860 万元包括：股权原值 800 万元；首龙公司待开发地块支付的前期费用以及支付两家搬迁企业已发生的相关费用 2950 万元；同时另行给予甲方（王强、崔连娜）前期投资补偿 1110 万元。"第 14 条第 1 款："丰利达公司同意，对于该协议中王强、崔连娜应当承担的履行的义务和应当承担的责任，丰利达公司愿向东特公司、正达公司承担连带保证责任。"

对于上述条款的前提条件："乙方同意在首龙公司与前述三家单位签订补充协议的同时，通过首龙公司分别向三鼎公司支付 1500 万元及向粮食总厂支付 240 万元"的事实，双方均予认可。东特公司、正达公司在庭审质证中自认最终政府正式挂牌规划红线的面积是 26450 平方米，大于协议中约定的面积。

上述事实，有王强、崔连娜与东特公司、正达公司及丰利达公司签订的《协议书》、质证笔录等在卷佐证，已经庭审质证，该院予以采信。

辽宁高院再审认为，东特公司、正达公司与王强、崔连娜及丰利达公司签订的三份股权转让协议书，均系各方当事人的真实意思表示，不违反法律、法规的强制性规定，合法有效，各方当事人均应依约履行相应义务。东特公司、正达公司与王强、崔连娜及丰利达公司签订的《协议书》第 5 条约定，东特公司、正达公司应给付王强、崔连娜的股权转让款共计 4860 万元，但因王强、崔连娜未依《协议书》的约定将 52 号地块交付给东特公司、正达公司，而该地块从万众公司过户到首龙公司的约定，是依据双方签订的《土地转让协议书》，首龙公司应付给万众公司 1500 万元，万众公司将该地块过户给首龙公司。但该土地转让协议最终并未实际履行，所以，一审判决从东特公司、正达公司尚欠王强、崔连娜 2100 万元股权转让款中扣除了该地块所对应的 1500 万元价款是公平合理的。故对一审判决东特公司、正达公司给付王强、崔连娜 600 万元股权转让款，应予维持。

东特公司、正达公司与王强、崔连娜及丰利达公司签订的《协议书》第 11 条约定："因甲方（王强、崔连娜）原因首龙公司全部 100% 股权未能按期变更登记至乙方名下的，或甲方逾期交付地块或文件、资料等的……，均由甲方承担违约责任，每逾期一日，甲方应当承担壹万元的违约金，……"王强、崔连娜未按该协议书的约定交付 52 号地块土地使用权，已构成违约，应承担相应的违约责任，故对东特公司、正达公司请求判令王强、崔连娜支付暂时截止到 2009 年 1 月 3 日的违约金人民币 1237 万元的反诉请求，予以支持。东特公司、正达公司与王强、崔连娜及丰利达公司签订的《协议书》第 14 条第 1 款约定："丰利达公司同意，对于该协议中王强、崔连娜应当承担履行的义务和应当承担的责任，丰利达公司愿向东特公司、正达公司承担连带保证责任"，因此，丰利达公司应对王强、崔连娜上述应承担的义务承担连带清偿责任。

关于王强、崔连娜未交付 52 号地块，是否应赔偿东特公司、正达公司 7000 万元损失问题。因本案双方之间的纠纷为股权转让纠纷，而非土地使用权转让纠纷，东特公司、正达公司以"缺失的 5171.7 平方米土地，应当按另行购置的市场价格计算其损失，应当依法鉴定该土地价值"为由，诉请判令王强、崔连娜给付 52 号地块的市场价值 7000 余万元的赔偿，没有事实及法律依据，不予支持。

关于东特公司、正达公司所提"首龙公司与粮食总厂地块存在面积重合，应予核减股权转让款 111 万元"的问题。东特公司、正达公司认为，从其提供的《粮食总厂搬迁改造二期开发搬迁补偿协议》《换建协议》、三张四至红线图等证据，可以计算出首龙公司与粮食总厂换建协议中 1500 平方米的地块与 52 号地块有约 875 平方米的面积重合。对此，从现有的东特公司、正达公司提供的两份协议、三张四至红线图，并不能确定两块地有重合，更无法计算出重合地面积有 875 平方米，东特公司、正达公司对此计算结果不能举证证明。且本案双方签订的是股权转让协议而非土地转让协议，双方约定的

4860 万元是股权转让价款而非土地转让价款；4860 万元股权转让款是由股权原值 800 万元、已支付的费用 2950 万元及给予王强、崔连娜的前期投资补偿 1110 万元组成，而并非以首龙公司所拥有的土地权益面积为依据计算的股权转让价格。双方在股权转让时，也未约定所涉土地的准确的、必须交付的面积数额，只是限定于依据各协议书约定的内容享有对相应土地的权益。故东特公司、正达公司主张该地块存在面积重合，应予核减股权转让款 111 万元的抗辩，没有事实及法律依据，亦不予支持。

综上，依照《中华人民共和国民事诉讼法》第一百五十三条第一款第（三）项、第一百八十六条第一款之规定，判决如下：一、撤销辽宁高院（2010）辽民二终字第 60 号民事判决。二、撤销沈阳中院（2008）沈中民（3）初字第 317 号民事判决第三项即"驳回东特公司、正达公司的反诉请求"；维持第一、二项即"东特公司、正达公司于本判决生效后十日内给付王强、崔连娜股权转让款人民币 600 万元；驳回王强、崔连娜的其他诉讼请求"。三、王强、崔连娜于本判决生效后十日内给付东特公司、正达公司违约金人民币 1237 万元（计算至 2009 年 1 月 3 日）。四、第三人丰利达公司对上述判决第三项王强、崔连娜的给付义务承担连带清偿责任。五、驳回东特公司、正达公司的其他反诉请求。上述义务人如未按本判决指定的期间履行给付金钱义务的，则按《中华人民共和国民事诉讼法》第二百二十九条的规定，加倍支付迟延履行期间的债务利息。一审案件本诉受理费 146950 元，由王强、崔连娜承担 104964 元，东特公司、正达公司承担 41986 元，保全费 5000 元由东特公司、正达公司承担；反诉费减半收取为 229600 元（已收 458950 元，退回 229350 元），由王强、崔连娜承担 34022 元，东特公司、正达公司共同承担 195578 元，保全费 5000 元由东特公司、正达公司承担；二审案件受理费 283400 元，由王强、崔连娜承担 41994 元，东特公司、正达公司共同承担 241406 元。

王强、崔连娜不服辽宁高院上述民事判决，向本院申请再审称：1. 王强、崔连娜已经全面履行了股权转让《协议书》约定的义务，没有违约行为，不应承担违约责任，东特公司、正达公司应当支付剩余股权转让款人民币 2100 万元。本案为股权转让纠纷，而非土地使用权转让纠纷，双方在签订股权转让协议之前，王强、崔连娜就 52 号地块《国有土地使用证》的情况向东特公司、正达公司做了忠实、详尽的披露，东特公司、正达公司也向有关部门进行了调查核实并予以了确认。双方在股权转让《协议书》的实际履行过程中，王强、崔连娜向东特公司、正达公司交接了 52 号地块的《国有土地使用证》的复印件，东特公司、正达公司也予以接受。上述事实表明，东特公司、正达公司以其积极作为，包括尽职调查、签署协议、文件交接、股权变更、支付价款等行为，认可了争议地块及其他资产的现状，完全接受了王强、崔连娜的交付行为。因此，王强、崔连娜向东特公司、正达公司提交《国有土地使用证》的复印件并得到其认可，符合双方之间股权转让《协议书》的约定，并不存在违约行为。2. 东特公司、正达公司对最终没有取得 52 号地块的《国有土地使用证》原件并获得相应权益，负有完全责任，与王强、崔连娜无关。首先，首龙公司能否最终取得 52 号地块的土地使用证原件并获得相应受益，应当由股权转让完成后的首龙公司敦促万众公司及有关土地管理部门履行双方于 2003 年 10 月 21 日签订的《土地转让协议》。依据该协议，如果万众公司存在违约行为或没有完全履行该协议，那么应该由股权转让完成后的首龙公司作为权利主体通过协商或诉讼的方式向万众公司主张合同权利。其次，对涉案地块土地使用权权属登记及权属证书的发放，同样需要股权转让完成后的首龙公司与土地管理部门进行交涉。原再审法院把股权转让完成后的首龙公司不履行或怠于履行与万众公司之间的合同责任推卸到了王强、崔连娜一方，完全混淆了股权转让与土地使用权转让的性质，实质则是任意扩大了王强、崔连娜股权转让义务。3. 原再审判决依据股权转让《协议书》第 11 条的约定，判令王强、崔连娜承担截止到 2009 年 1 月 3 日的违约金 1237 万元，缺乏事实与法律依据。违约金数额已占合同总标的的四分之一，明显过高。东特公司、正达公司就争议地块主张违约金及损失赔偿，但东特公司、正达公司并未提供相应的证据加以证明，其损失额没有确定。相反，东特公司、正达公司仅支付股权转让款 2760 万元，却通过拆迁补偿已经获得拆迁补偿款 1.2 亿元，其所获利益远远大于其股权受让款的数额，原再审判决严重违背了违约金的填平原则。为此，依据《中华人民共和国民事诉讼法》第二百条第（二）、（六）项之规定，请求再审本案。

东特公司、正达公司答辩称：1. 关于双方股权交易的首龙公司名下的唯一资产即 52 号地块，王强、崔连娜在合同中已明确首龙公司在合同签订一年前已取得的《国有土地使用证》。合同签订后，王强、崔连娜作为股权转让方，无论任何原因而未能交付该土地及其土地证原件，均应当承担违约责任。原再审判决此节适用法律正确。2. 王强、崔连娜所主张的免责事由，均没有法律依据和合同依据，不应得到支持。3. 王强、崔连娜作为双方《协议书》的合同当事人，其违反合同的约定，根据"合同相对性原则"，东特公司、正达公司有权依据合同向王强、崔连娜主张违约责任。原审判决此节适用法律正确。4. 王强、崔连娜未履行移交 52 号地块及其《国有土地使用证》原件的合同义务，根据《协议书》的约定，王强、崔连娜应当承担违约金。原审判决此节适用法律正确。5. 王强、崔连娜移交的首龙公司资产缺少 52 号地块，必然给申请人造成巨大财产损失，申请人应当赔偿因缺失该地块的损失至少 7000 万元，仅仅是从交易价款中扣除 1500 万元，根本不足以弥补东特公司、正达公司的损失。6. 另外，首龙公司缺失的 52 号地块还与粮食总厂地块存在面积重合 875 平方米，与双方合同约定的首龙公司享有的财产权益不符，应当予以核减交易价款 111 万元，以减少给被申请人造成的损失。7. 王强、崔连娜存在上述严重违约行为且违约在先，东特公司、正达公司有权依据合同法第六十七条行使先履行抗辩权，有权拒绝其有关支付交易价款的要求。8. 根据《协议书》第 14 条约定，第三人丰利达公司应当对王强、崔连娜的责任承担连带保证责任。原再审判决此节适用法律正确。综上所述，王强、崔连娜严重违约，应当承担违约责任，其本次再审请求没有法律依据和合同依据，原再审判决申请人承担违约金适用法律正确，请求依法驳回王强、崔连娜的再审请求，维护东特公司、正达公司的合法权益。

对原一审、二审、再审查明的事实，本院予以确认。本院另查明：1. 在本院再审过程中，王强、崔连娜向本院提交了万众公司于 2013 年 2 月 1 日出具的《情况说明》，主要内容为万众公司证明其之所以与首龙公司订立《土地转让协议书》、以 1500 万元价格将 52 号地块土地使用权转让给王强，系基于王强对万众公司作出的贡献而奖励王强 1500 万元等价物，以及大连市规划和国土资源局中山分局办理土地转让手续并制作相应土地使用证的事实。经组织当事人质证，本院认为该证据具有真实性、合法性、关联性，且所述关于国有土地使用证的事实与本案其他相关证据相互佐证，故对该证据予以采信。2. 在本案原一审庭审中，东特公司、正达公司特别授权委托代理人承认在王强、崔连娜交付 52 号地块《国有土地使用证》复印件后，曾通过他人核实大连市规划和国土资源局中山分局存有该证原件。该事实有原一审庭审笔录为证。

本院认为，王强、崔连娜及丰利达公司与东特公司、正达公司签订的三份股权转让协议书，均系各方当事人的真实意思表示，不违反法律、法规的强制性规定，为有效合同。

各方当事人在《协议书》中一致确认首龙公司已于 2004 年 5 月 26 日取得了 52 号地块《国有土地使用证》（该协议附件四为该证复印件），系出让土地使用权，现用途为教育用地（王强、崔连娜负责变为商住用地），面积为 5171.70 平方米，土地使用年限至 2069 年 12 月 14 日，首龙公司已交清了全部转让款，该地块无法律纠纷及债务负担。而据沈阳中院调查，2004 年 5 月首龙公司与万众公司曾到大连市规划和国土资源局中山分局办理过 52 号地块土地使用权转让登记，该局保存有以首龙公司为所有权人的 2004 年 5 月 26 日颁发的大中国用（2004）字第 00021 号国有土地使用证原件。由于万众公司未将旧房证交回，故转让未成立，该地块仍为万众公司所有。在本案原一审庭审中，东特公司、正达公司特别授权委托代理人承认：在王强、崔连娜交付《国有土地使用证》复印件后，东特公司、正达公司曾通过他人核实大连市规划和国土资源局中山分局存有该证原件。综上可以认定，在《协议书》订立及履行过程中，股权转让双方对 52 号地块权属登记状况是明知的，《协议书》确认首龙公司已经取得 52 号地块国有土地使用证等事实系双方共同错误认识。由于《协议书》涉及的部分相关交易基础自始不存在，导致相关约定的实际履行陷入困难。双方当事人对此均有过错。因此，不能认定王强、崔连娜单方违约，东特公司、正达公司关于王强、崔连娜违约的主张不成立，原再审判决判令王强、崔连娜依据《协议书》第 11 条承担违约责任不当，本院予以纠正。

因首龙公司未取得 52 号地块国有土地使用证，而仅享有对万众公司相关合同权益，可能导致该公司股权价值相应减损，东特公司、正达公司可据此就其负有的支付股权转让款义务对王强、崔连娜行使同时履行抗辩权。王强、崔连娜关于东特公司、正达公司应当支付全部剩余股权转让款人民币 2100 万元的理由不成立，本院不予支持。根据《协议书》约定，双方股权交易价格由股权原值（共 800 万元）、原股东为首龙公司取得土地权益所支付前期费用（共 2950 万元，其中 52 号地块相应费用为 1500 万元）和前期投资补偿（共 1100 万元，应认定为溢价）三部分组成。本案中所涉股权价值减损主要应体现在后两部分。现东特公司、正达公司已行使同时履行抗辩权，尚未支付 52 号地块对应的前期费用 1500 万元，对此应予支持。同时，对与 52 号地块相对应的前期投资补偿，东特公司、正达公司亦应有同时履行抗辩权。由于双方对前期投资补偿的具体构成约定不明，本院参照 52 号地块（面积 5171.7 平方米）占《协议书》约定的首龙公司合同权益（涉及土地面积 15714.6 平方米）的比例（约 30%），确定该款项为 330 万元。对尚未支付的与 52 号地块无关的 600 万元股权转让款，东特公司、正达公司仍应向王强、崔连娜支付。综上，由于东特公司、正达公司尚未支付的股权转让款总金额为 2100 万元，故其应向王强、崔连娜支付 2100 万元 – 1500 万元 – 330 万元 = 270 万元。

综上，王强、崔连娜、丰利达公司申请再审理由部分成立。本院依据《中华人民共和国民事诉讼法》第二百零七条判决如下：

一、撤销辽宁高院（2010）辽审二民再字第 69 号民事判决、（2010）辽民二终字第 60 号民事判决；

二、变更沈阳中院（2008）沈中民（3）初字第 317 号民事判决第一项为：大连东特房地产有限公司、大连正达房地产有限公司于本判决生效后 10 日内给付王强、崔连娜股权转让款 270 万元；

三、维持沈阳中院（2008）沈中民（3）初字第 317 号民事判决第二、三项。如果未按判决指定的期间履行给付金钱义务，应当按照《中华人民共和国民事诉讼法》第二百五十三条之规定，加倍支付迟延履行期间的债务利息。

一审案件本诉受理费 146950 元，由王强、崔连娜承担 128056 元，大连东特房地产有限公司、大连正达房地产有限公司承担 18894 元，保全费 5000 元由大连东特房地产有限公司、大连正达房地产有限公司承担；反诉受理费减半收取为 229600 元（已收 458950 元，退回 229350 元），由大连东特房地产有限公司、大连正达房地产有限公司承担；诉讼保全费 5000 元由大连东特房地产有限公司、大连正达房地产有限公司承担。二审案件受理费 283400 元，由王强、崔连娜承担 11354 元，大连东特房地产有限公司、大连正达房地产有限公司承担 272046 元。

本判决为终审判决。

审　判　长　王东敏

审　判　员　刘崇理

代理审判员　曾宏伟

二〇一三年十月三十一日

书　记　员　李　洁

12. 以虚伪意思表示订立股权转让协议意图转让土地使用权的合同效力认定

——石艳春、刘春华、刘瑛、刘冬英、刘文英、刘步书与新疆盈科投资集团有限公司、新疆盈科房地产开发有限公司股权转让纠纷案

【裁判要旨】

如有充分证据表明，在订立相关《股权转让协议》时，股权受让方的真实意思表示并不是为了实际经营目标公司而持有公司股权，股权转让方的真实意思表示也并非将目标公司股权和资产全部转让从而退出经营，且双方对该掩藏在股权转让形式下的真实意思表示在主观上均明知，据此可以认定，双方在签订《股权转让协议》时所作意思表示构成虚伪表示。根据《中华人民共和国民法通则》第五十五条的规定，该《股权转让协议》因缺乏真实意思表示而应认定为无效。

中华人民共和国最高人民法院民事判决书

(2013) 民二终字第 40 号

上诉人（原审原告）：石艳春。

委托代理人：彭力保，北京市凯誉律师事务所律师。

委托代理人：薛峰，北京市凯誉律师事务所律师。

上诉人（原审原告）：刘春华。

委托代理人：彭力保，北京市凯誉律师事务所律师。

委托代理人：薛峰，北京市凯誉律师事务所律师。

上诉人（原审原告）：刘瑛。

委托代理人：彭力保，北京市凯誉律师事务所律师。

委托代理人：薛峰，北京市凯誉律师事务所律师。

上诉人（原审原告）：刘冬英。

委托代理人：彭力保，北京市凯誉律师事务所律师。

委托代理人：薛峰，北京市凯誉律师事务所律师。

上诉人（原审原告）：刘文英。

委托代理人：彭力保，北京市凯誉律师事务所律师。

委托代理人：薛峰，北京市凯誉律师事务所律师。

上诉人（原审原告）：刘步书。

委托代理人：彭力保，北京市凯誉律师事务所律师。

委托代理人：薛峰，北京市凯誉律师事务所律师。

被上诉人（原审被告）：新疆盈科投资集团有限公司。

法定代表人：沙鹏，该公司总经理。

委托代理人：尹正友，北京市炜衡律师事务所律师。

委托代理人：贵颜媛，北京市炜衡律师事务所律师。

被上诉人（原审第三人）：新疆盈科房地产开发有限公司。

法定代表人：李锋，该公司总经理。

委托代理人：张伟伟，该公司副总经理。

委托代理人：尹正友，北京市炜衡律师事务所律师。

上诉人石艳春、刘春华、刘瑛、刘冬英、刘文英、刘步书（以下简称刘步书等人）因与被上诉人新疆盈科投资集团有限公司（以下简称盈科集团公司）、新疆盈科房地产开发有限公司（以下简称盈科房地产公司）股权转让纠纷一案，不服新疆维吾尔自治区高级人民法院（2011）新民二初字第 17 号民事判决，向本院提起上诉。本院受理后，依法组成由审判员雷继平担任审判长，代理审判员李志刚、郑勇参加的合议庭进行了审理，书记员郝晋琪担任记录。本案现已审理终结。

新疆维吾尔自治区高级人民法院一审查明：1997 年 3 月 31 日，乌鲁木齐市航天工贸有限公司（以下简称工贸公司）成立，注册资本为 1698 万元，股东为刘步书、王国会。2005 年 1 月 12 日，工贸公司将注册资本变更为 6698 万元。2007 年 8 月 29 日，工贸公司股东变更为石艳春、刘春华、刘瑛、刘冬英、刘文英、王国会、王飞、王义。2010 年 9 月 21 日，工贸公司股东变更为石艳春、刘春华、刘瑛、刘冬英、刘文英，刘步书为法定代表人。2010 年 11 月 24 日，工贸公司申请将股东变更为盈科集团公司。2010 年 12 月 14 日，工贸公司股东变更为盈科集团公司，公司类型变更为有限责任公司。

盈科集团公司成立于 2003 年 1 月 10 日，其股东于 2007 年 4 月 25 日变更为刘胜文、沙鹏。

盈科房地产公司成立于 2005 年 11 月 21 日，股东为李锋、王长海。

2010 年 4 月 16 日，工贸公司（甲方）与盈科房地产公司（乙方）分别签订两份《房地产转让协议》。第一份《房地产转让协议》约定：甲方将"本协议项下土地使用权、地面房产、附着物（统称不动产）转让给乙方"；"转让标的范围"包括"不动产土地使用权""房产"。"不动产土地使用权"为"位于乌市乌奇公路 16 号的土地使用权，边界四至：东临紫藤五巷，西邻米东大道，南邻规划道路，北临米东大道五巷，总面积 58005.15 平方米""该不动产的性质为国有出让土地，用途为工业用地，使用期限自 2005 年 5 月 10 日至 2052 年 5 月 28 日""不动产的权源文件包括乌国用（2005）第 0009444 号国有土地使用证，使用权面积 29620.62；乌国用（2005）第 0009446 号国有土地使用证，使用权面积 10777.32；乌国用（2005）第 0009443 号国有土地使用证，使用面积 9998.21。上述三块土地使用权总面积为 50396.15 平方米。剩余 7609 平方米土地使用权（原为铁路专用线用地），甲方正在办理权属证书，暂未取得土地使用证，甲方负责承担全部税、费将该宗土地使用权证办理完毕，土地使用权性质为工业用地"；"房产"为"该不动产地上建筑物包括房产，目前由甲方占有使用"；"转让价款总计为人民币 4300 万元。乙方以货币方式支付 2800 万元，实物（房产 10000 平方米、单价 1500 元/平方米）方式支付 1500 万元"；"实物支付方式：乙方依照本协议第 7.2 条约定为甲方代建总建筑面积为 10000 平方米的住宅，在甲方享受集资建房政策免缴土地出让金的前提下，单价按 1500 元/平方米计算，合计实物支付 1500 万元，如甲方未能享受集资建房政策免缴土地出让金政策，则由此产生补缴土地出让金等相关税、费均由甲方承担"；"乙方为甲方代建的集资建房用地范围、位置以规划局审核批准的乙方报送的宗地规划方案为准，所占用土地使用权不在本协议转让范围内"；"高压电力线路改造入地工程的所有手续由甲方负责办理并负责完成改造工程，包干费用为 500 万元，乙方根据工程进度支付甲方"等。针对该份《房地产转让协议》，双方当事人于同日又签订一份《补充协议书》，约定："为加快乙方对受让土地使用权的房地产开发进程，甲乙双方一致同意，乙方受让土地使用权、房屋产权暂不办理过户登记手续，乙方直接以甲方的名义向国土资源管理部门申请挂牌，将工业用地转变为商业住宅用地。甲方正在办理土地使用权证的 7609 平方米原铁路专用线土地，在甲方办理完工业用地土地使用权证后，以上述方式直接向国土资源管理部门申请挂牌""本协议第一条所述宗地挂牌条件由乙方确定，乙方负责办理以甲方名义实施的一切挂牌手续，甲方给予积极配合并根据乙方挂牌程序的需要及时签署有关文件""宗地挂牌过程中产生的一切费用由乙方承担""甲方依照已取得工业用地使用权证土地转为商住用地应补交土地出让金及契税的标准，承担该宗地土地出让金、契税，剩余应缴纳的土地出让金、契税由甲方承担""若乙方最终未能摘牌成功，宗地被第三人摘牌，则摘牌方应支付甲方的全部摘牌款项均属乙方所有"等。第二份《房地产转让协议》约定：甲方将"本协议项下土地使用权、地面房产、附着物（统称不动产）及附着物内全部轧钢、炼钢设备（以下简称设备）转让给乙方"；"转让标的的范围"包括"不动产土地使用权""房产""设备"。"不动产土地使用权"为"位于乌市乌奇公路16号的土地使用权，边界四至：东临紫藤五巷，西邻米东大道，南邻规划道路，北临米东大道五巷，总面积58005.15平方米"、"该不动产的性质为国有出让土地，用途为工业用地，使用期限自2005年5月10日至2052年5月28日""不动产的权属源文件包括乌国用（2005）第0009442号国有土地使用证，使用权面积85965.85；剩余约50亩土地使用权，在工贸公司炼钢厂现状围墙范围内，甲方尚未取得土地使用证"。"房产"为"该不动产地上建筑物包括房产，目前由甲方占有使用"。设备为"不动产地上建筑物内全部轧钢、炼钢设备等生产资料"；"转让价款总计为人民币5400万元"；"工贸公司炼钢厂、轧钢厂目前使用的不动产地面附着物、厂房及设备，乙方同意给甲方无偿使用，使用期限至2013年7月30日"；"甲方保证于2013年7月30日前搬离厂房，将地面附着物腾空移交甲方，乙方同意将厂房内全部设备及相关生产资料无偿赠与甲方"；"乙方同意，因炼钢厂、轧钢厂搬迁所获得的政府补偿的费用及相关法律权益均给予甲方，由甲方享有。炼钢厂、轧钢厂搬迁费用由甲方自行承担"等。针对该份《房地产转让协议》，双方当事人于2010年4月22日又签订一份《〈房地产转让协议〉补充协议》，约定："甲乙双方同意，甲方将房地产项目过户于乙方名下的30个工作日内（由于政府部门原因，可以顺延），乙方将土地证交于甲方保管。乙方应当为剩余款项（人民币3500万）的履行向甲方提供担保"等。2010年8月2日，工贸公司（甲方）与盈科房地产公司（乙方）签订一份《补充协议书》，对2010年4月16日的两份《房地产转让协议》进行了补充约定。上述合同签订后，盈科房地产公司在2010年4月19日至2010年11月11日期间，分别以"土地转让定金""借款""土地转让款"的名义向工贸公司付款共计4250万元。

2010年11月23日，石艳春、刘春华、刘瑛、刘冬英、刘文英（甲方）、盈科集团公司（乙方）、刘步书（丙方）、盈科房地产公司（丁方）签订《股权转让协议》（下称四方《股权转让协议》），约定："鉴于，1.甲方依法设立工贸公司（以下简称目标公司），注册资金6698万元，其中石艳春持有目标公司67%的股权、刘春华持有目标公司8.25%的股权、刘瑛持有目标

8.25% 的股权、刘冬英持有目标公司 8.25% 的股权、刘文英持有目标公司
8.25% 的股权；2. 目标公司全体股东石艳春、刘春华、刘瑛、刘冬英、刘文
英拟将其持有的目标公司 100% 股权全部转让，乙方同意受让；3. 目标公司
拥有位于乌市乌奇公路 16 号 177271 平方米土地使用权；4. 丙方愿意为甲方
履行本合同提供担保。甲、乙双方本着平等互利的原则，经友好协商，根据
中华人民共和国有关法律法规的规定，就甲乙双方股权转让等事宜，达成如
下协议，以兹遵守。第一条［定义］。1.1 目标公司：指工贸公司。1.2 甲方：
目标公司全体股东石艳春、刘春华、刘瑛、刘冬英、刘文英为共同甲方。1.3
股权转让款：指甲方石艳春、刘春华、刘瑛、刘冬英、刘文英转让 100% 目标
公司股权予乙方，乙方应付的全部股权转让款。1.4 股权转让完成：指工商行
政管理部门受理并将目标公司 100% 股权登记于乙方名下的工商登记手续办理
完毕。第二条［转让标的］。2.1 双方同意甲方将其持有的目标公司 100% 的
股权按照本协议约定的条件转让给乙方，股权转让后，乙方成为目标公司的
唯一股东，甲方不再享有目标公司股东权利并不再承担股东义务。2.2 截至
2010 年 11 月 23 日，目标公司资产现状：2.2.1 不动产土地使用权。宗地一：
（1）目标公司拥有位于乌市乌奇公路 16 号的土地使用权，边界四至：东临紫
藤五巷，西邻米东大道，南邻规划道路，北临米东大道五巷，总面积
58005.15 平方米。见本协议附件一《土地使用权宗地图一》；（2）宗地一土
地使用权的性质为国有出让土地，用途为工业用地，使用期限自 2005 年 5 月
10 日至 2052 年 5 月 28 日。土地使用权权源文件包括乌国用（2005）第
0009444 号国有土地使用证，使用权面积 29620.62；乌国用（2005）第
0009446 号国有土地使用证，使用面积 10777.32；乌国用（2005）第 0009443
号国有土地使用证，使用权面积 9998.21 平方米。上述三块土地使用权证总
面积为 50396.15 平方米，剩余 7609 平方米土地使用权（原为二钢铁路专用
线用地），目标公司正在办理权属证书，暂未取得土地使用证。宗地二：
（1）目标公司拥有位于乌市乌奇公路 16 号的土地使用权，边界四至：东临紫
藤五巷，西邻米东大道，南邻规划道路，北临米东大道五巷，总面积
119265.85 平方米，见本协议附件一《土地使用权宗地图二》；（2）宗地二土
地使用权的性质为国有出让土地，用途为工业用地，使用期限自 2005 年 5 月
10 日至 2052 年 5 月 28 日。土地使用权权源文件包括乌国用（2005）第
0009442 号国有土地使用证，使用权面积 85965.85 平方米；剩余约 50 亩土地
使用权，在目标公司炼钢厂现状围墙范围内，目标公司尚未取得土地使用证。
2.2.2 房产。目标公司拥有宗地一、宗地二上全部房产等地面附着物所有权，
房产建筑面积总计 _____ 平方米，地上建筑物均由目标公司占有使用。

2.2.3 经营证照。目标公司拥有《全国工业产品生产许可证》《道路运输经营许可证》《环境许可证》《安全生产许可证》，详见本合同附件二《目标公司证照清单》。2.3 负债情况。2.3.1 目标公司欠付乌鲁木齐市新市区农村信用合作社贷款 1850 万元、欠付电力工程改造款 740 万元；2.3.2 已签订尚未履行完毕的合同、协议，详见本合同附件三《合同清单》。第三条［股权的转让］。3.1 股权转让价款。甲乙双方一致确定目标公司 100% 股权转让的总价款为人民币 10770 万元（该股权转让款中已包括目标公司应付的本协议第 2.3.1 条债务、甲方应付的代建房屋款、本协议第 3.5.1 条约定甲方应承担的 7609 平方米工业用地办证费用）。3.2 股权转让价款的支付方式。3.2.1 乙方应于本协议第 8.1 条约定的协议解除当日向甲方支付第一笔股权转让款人民币 4250 万元。3.2.2 由目标公司或目标公司委托的第三方为甲方代建单套建筑面积为不低于 85 平方米（结算最终以测绘面积为准）的 120 套住宅，单价按 1600 元/㎡ 核算代建房屋款，房屋性质为商品房。目标公司同意该项甲方应付目标公司代建房屋款，折抵乙方应付甲方股权转让价款，乙方与目标公司款项支付手续由乙方与目标公司另行处理。3.2.3 剩余股权转让款在扣除目标公司应付债务（贷款 950 万元、电力工程改造款 740 万元），甲方应付的代建房屋款、本协议第 3.5.1 条约定甲方应承担的 7609 平方米工业用地办证费用后余款，乙方于甲方将宗地二地面附着物腾空并将全部地面附着物拆除完毕移交乙方后给付甲方。3.3 石艳春、刘春华、刘瑛、刘冬英、刘文英共同确认，乙方依照本协议应付任何一期股权转让款，支付给石艳春、刘春华、刘瑛、刘冬英、刘文英中任何一人，即为履行了付款义务。3.4 转让程序。3.4.1 本协议签订同时，本协议各方、目标公司应分别召开股东会，作出同意转让或受让目标公司 100% 股权的决议，并在本协议签订后十个工作日内办理完毕股权变更登记手续，将目标公司 100% 股权登记于乙方名下。本协议规定的股权变更登记手续由甲方办理乙方予以协助。股权转让过程中发生的一切税费由乙方承担。3.4.2 乙方所受让的目标公司 100% 股权自本协议签订之日转移于乙方所有，乙方于同日开始行使目标公司股东权利、承担股东义务。3.4.3 资产的移交。3.4.3.1 甲方于本协议签订当日向乙方完成以下移交义务：依照本协议附件一、附件二、附件三向乙方移交除宗地二地面附着物及设备外，目标公司宗地一、经营证照、已签订尚未履行完毕合同、协议，同时移交目标公司财务账簿等所有资料。当日乙方再将除目标公司营业执照以外的经营证照移交给甲方继续使用。3.4.3.2 甲方于目标公司 100% 股权变更登记至乙方名下当日向乙方移交目标公司公章，同时破边销毁，乙方刻制新的公章；目标公司原合同章、财务章由甲方继续使用，双方留印确认；乙方刻制新的目标公司合同章、财务章。3.4.3.3甲方于2013年7月30日前依照本协议5.1条约定向乙方移交宗地二办公楼和场地。3.5债务的承担。3.5.1除本协议2.3.1条所列目标公司债务由目标公司继续承担外，股权转让变更登记至乙方名下前，目标公司其他一切债务包括但不限于欠缴的税金、费用，以及本股权转让完成后目标公司下列债务，均由甲方承担，与乙方、目标公司无关：（1）目标公司正在办理土地使用权证的宗地一中7609平方米工业用地土地使用权（原为二钢铁路专用线用地）应缴纳的各项税、费、土地出让金；（2）甲方以目标公司名义生产经营发生的一切债务，包括但限于甲方持有的目标公司合同章、财务章引发的一切发生于股权转让前或股权转让后民事责任，均由甲方承担，与乙方、目标公司无关。3.5.2依照第3.5.1条约定应由甲方承担的目标公司债务，乙方有权从应付甲方的股权转让款中直接扣减，未付股权转让款不足扣减的，甲方应于接到乙方或目标公司发出的此类款项付款通知之日立即给付乙方或目标公司，逾期给付的每逾期一日应向乙方支付应付款总额万分之十的违约金。3.6本次股权转让完成前，目标公司已经签订但尚未履行完毕的合同、协议，除本协议附件三《合同清单》范围内经乙方盖章确认的合同由目标公司继续履行外，其他合同、协议等均由甲方负责解除或继续履行，甲方承担因此产生的一切民事责任，包括但不限于合同责任、损失赔偿责任。第四条［声明与保证］。4.1甲方向乙方作出如下不可撤销的声明与保证：4.1.1甲方是目标公司的全体股东，将按照本协议约定履行本协议约定的义务和责任。4.1.2甲方关于本协议的谈判、签署是真实意思表示。4.1.3甲方为所转让的目标公司100%的股权的合法拥有者，所转让股权未设定抵押、质押或设定其他权利限制。4.1.4甲方保证本协议2.2条所述目标公司资产状况真实、准确，所拥有的财产所有权并不存在任何权利瑕疵，保证2.3条所述债务全面真实，并依照3.5条约定承担目标公司全部债务，保证目标公司已签署尚未履行完毕的合同及其履行现状与本协议附件三相符。4.1.5甲方负责目标公司原有员工的解聘及安置工作，乙方不接收目标公司任何人员，乙方、目标公司如因员工解聘、安置问题遭受经济损失的，有权向甲方追偿或直接从应付甲方转让款中扣减。因甲方未能妥善安置目标公司原职工，引发人员上访、聚众闹事等社会问题的，乙方有权直接扣减应付甲方转让款用于安置职工，同时甲方应赔偿乙方因此遭受的全部经济损失。……第五条［特别约定事项］。5.1目标公司原炼钢厂、轧钢厂目前使用的宗地二地面附着物厂房、设备及经营手续，乙方同意给甲方无偿使用，由甲方继续进行炼钢生产经营，使用期限至2012年12月31日。2013年7月30日前将无偿使用的目标公司办公楼、厂房全部腾空、搬离，承担全部费用拆除除办公楼以外的全部地面附着物，将办公楼、场地移交乙方。因搬迁遗留下的垃圾甲方不负责清理。届时，乙方同意将厂房拆除物品及厂房内原属目标公司所有的全部设备、相关生产资料无偿赠与甲方，甲方不得要求乙方、目标公司再支付任何补偿，并于2013年7月30日前拆除完毕。甲方逾期完成拆迁工作的，乙方有权委托第三方进行拆除，因此发生的全部费用均由甲方负担，乙方有权从应付甲方股权转让款中直接扣减。5.2股权转让完成后，甲方继续以目标公司名义生产经营轧钢、炼钢等经营活动；甲方以目标公司名义生产经营期间发生的一切民事责任均由甲方承担，与乙方、目标公司无关，乙方、目标公司因甲方经营行为遭受经济损失或承担任何民事责任的，甲方应向乙方、目标公司承担全部赔偿责任。5.3乙方支付甲方股权转让款中已考虑目标公司作为污染搬迁企业在关闭、搬迁时将要享受的各种政府给予的优惠政策、补贴、补偿等权益，股权转让后目标公司及其设立的炼钢分公司等经营分支机构，获得的上述权益，均属乙方所有，与甲、丙方无关。5.4目标公司或目标公司委托的第三方为甲方在乙方指定位置代建的房屋建筑标准为：框架结构第三至十七层房屋，毛坯房交工，共计120套（每套建筑面积不低于85平方米，总面积不低于10200平方米）；代建房屋的面积最终以房地产测绘部门出具的测绘报告为准，面积变化在0.3%范围内双方互不补差。5.5目标公司以自己的名义或委托的第三方名义办理代建房屋建设审批手续，甲方予以配合。代建房屋办理房产证、土地证需缴纳的各项税、费，均由甲方自行承担。5.6目标公司名下乌国用（2005）第0009442号国有土地使用证因甲方涉诉案件被人民法院查封，甲方保证于本协议签订后二十个工作日内办理完毕解封手续，解除人民法院对该宗地的查封措施，并保证目标公司名下财产不存在任何机构的查封、冻结等权利限制措施。5.7甲、乙方一致同意，在乙方将目标公司位于乌奇公路16号全部土地开发销售完毕后（该期限最迟不超过2017年7月30日），甲方回购乙方持有的目标公司100%股权。回购产生的股权转让价款、手续费等一切费用，由乙方承担。乙方遗留的债权债务由乙方承担。5.8甲乙双方以目标公司名义进行的生产经营活动，各自承担相应的一切后果，如果因一方原因造成另一方的经济损失，另一方有权要求赔偿。5.9宗地一、宗地二正在使用的目标公司产权电力线路，由甲方承担全部费用，负责迁移出宗地一、宗地二范围。宗地一、宗地二其他单位产权线路迁改费用均由乙方承担。宗地一上目标公司产权电力线路完成迁出的时间以乙方书面通知为准，宗地二电力线路在2013年7月30日前完成迁出，甲方逾期完成的，乙方有权委托第三方进行迁移，因此发生的全部费用由甲方承担，乙方有权从应付甲方的股权转让款中直接扣减。5.10甲方承诺目标公司完成宗地二中原炼钢厂现状围墙范围内约 50 亩尚未取得土地使用权证的土地，在办理土地使用权证过程中不需要向甲方支付任何费用，甲方积极配合乙方、目标公司办理土地使用证。5.11 乙方同意在宗地一上补偿甲方指定人员（刘胜利）办公室 350 平方米，在 2010 年 12 月 1 日至所补偿办公室交工期间，乙方为甲方在盈科大厦第 5 层 8 # －1、－2 租用面积为 405.38 平方米写字间，作为甲方办公使用，在此期间租金由乙方承担；自补偿办公室交付甲方后，甲方延期使用该写字间，则延期使用期间的租金由甲方自行承担，与乙方无关。……第八条［担保及其他约定事项］。8.1 甲、乙、盈科房地产公司一致确认，目标公司与盈科房地产公司于 2010 年 4 月 16 日签订的有关目标公司宗地一、宗地二转让的《房地产转让协议》及其相关补充协议于本协议股权变更登记至乙方名下且甲方依照本协议第 3.4.3.1 条、第 3.4.3.2 条向乙方完成移交工作当日解除。上述协议解除后甲方已收取的盈科房地产公司向目标公司支付的房地产转让价款 4250 万元（包括已偿还乌鲁木齐市新市区农村信用合作社贷款 900 万元），转为乙方应付甲方本协议第 3.2.1 条项下股权转让款，甲方于解除当日向乙方出具收到股权转让款收据。8.2 甲方未能依照本协议约定期限将股权转让于乙方并过户登记至乙方名下或有其他违约行为的，乙方有权选择解除本协议，或选择继续履行本协议，乙方选择解除本协议，甲方应向乙方支付本协议转让总价 20% 的违约金，同时丁方与目标公司签订的宗地一、宗地二《房地产转让协议》及其相关补充协议继续履行。如乙方未能按照本协议约定及时足额支付股权转让款，甲方有权终止履行本协议。……8.4 乙方同意在 100% 股权变更登记至乙方名下后，乙方将其中 30% 质押于甲方，担保乙方依照本协议约定履行各项义务。8.5 丙方自愿为甲方履行本协议各项义务，向乙方提供连带责任保证担保，担保期限为 2 年。……第十一条［通知和送达］。……11.2 通知必须按下列地址及电传或传真号码发出。甲方：石艳春、刘春华、刘瑛、刘冬英、刘文英共同指定联系人王文彬。……第十二条［其他］。……12.3 本协议自甲、乙、丙、盈科房地产公司盖章及授权代表签字之日起生效。12.4 双方为办理股权变更登记另行签署的协议、文件与本协议不一致的，以本协议内容为准。如本协议解除、失效或被撤销的，双方为办理变更登记另行签署的协议、文件及补充协议同时解除、失效、撤销。……"该《股权转让协议》附件包括宗地图、《证照清单》《合同清单》。同日，石艳春、刘春华、刘瑛、刘冬英、刘文英又分别与盈科集团公司签订了五份《股权转让协议》，约定石艳春、刘春华、刘瑛、刘冬英、刘文英分别将其持有的工贸公司 67%（共计 4487.66 万元）、8.25%（共计 552.585 万元）、8.25%（共计 552.585 万元）、8.25%（共计 552.585

万元）、8.25%股权（共计552.585万元）转让给盈科集团公司。其中，刘冬英与盈科集团公司签订的《股权转让协议》由王文彬代理刘冬英签名。同日，石艳春、刘春华、刘瑛、刘冬英、刘文英召开股东会，同意前述股权转让事宜。

2010年11月24日，石艳春、刘春华、刘瑛、刘冬英、刘文英（甲方）、盈科集团公司（乙方）、刘步书（丙方）签订《〈股权转让协议〉补充协议》，约定对甲乙双方于2010年11月23日签订的《股权转让协议》进行如下补充："1. 乙方承诺，在目标公司与盈科房地产公司《房地产转让协议》及其补充协议依照《股权转让协议》第8.1条约定解除之日，目标公司名下除宗地一、宗地二土地使用权及围墙、宗地二地面办公楼以外的其他财产，乙方均赠与甲方。甲方拥有赠与资产处分权、对外转租权，乙方不得干涉，甲方保证第三方依照本协议约定期限搬离宗地二。若乙方违反本协议，乙方赔偿甲方股权转让总价款20%。但在乙方、目标公司摘牌取得宗地一、宗地二商业用地土地使用权之前，甲方不得拆除上述地面附着物。上述宗地二地面附着物搬迁、拆除时甲方不得要求乙方、目标公司再支付任何补偿，若有第三方主张拆迁、补偿权利的，因此发生的全部费用均由甲方承担。甲方于2013年7月30日前将宗地二地面附着物拆除（办公楼腾空移交）完毕，每逾期一日支付《股权转让协议》总价款万分之十的违约金。2. 股权转让完成后，乙方委派专人在目标公司设立办公室，保管接交的目标公司营业执照、公章，双方共同使用。3. 乙方受让目标公司股权后，不得随意变更、注销《全国工业产品生产许可证》《道路运输经营许可证》《安全生产许可证》，目标公司全部证照由甲方负责年检。如果因上述原因或其他因乙方行为导致甲方无法正常生产经营，乙方赔偿甲方股权转让总价款30%。4. 甲方未依照《股权转让协议》第5.1条约定，按期向乙方移交宗地二场地、办公楼的，乙方有权委托第三方进行拆除，因此发生的全部费用均由甲方承担，乙方有权从应付甲方股权转让款中直接扣减。……"

2010年12月15日，刘春华出具《说明》一份，载明："2010年12月16日之前收盈科房地产开发有限公司土地转让款改为股权转让款，总金额为肆仟贰佰伍拾万元整。"

2011年2月22日，工贸公司在《新疆法制报》上发布《遗失公告》，称工贸公司遗失编码6501020069596的公章一枚、编码6501020069598的合同专用章一枚、编码6501020069597的财务专用章一枚。其后，工贸公司另行刻制公章、财务专用章、合同专用章。

2011年2月28日，石艳春、刘春华、刘瑛、刘冬英、刘文英（甲方）、盈科集团公司（乙方）、刘步书（丙方）签订《补充协议二》，约定："鉴于甲、乙、丙三方于 2010 年 11 月 23 日签订《股权转让协议》及《股权转让协议补充协议》（以下统称股权转让协议），甲方按照政府污染搬迁要求，在米东区投资新建厂区，由乙方受让取得甲方持有的工贸公司 100% 股权。乙方受让股权后，已对工贸公司名下宗地一、宗地二投入资金进行开发。现甲、乙、丙三方在股权转让协议及其补充协议基础上，达成本补充协议：1. 甲、乙双方一致同意，将股权转让协议第 5.7 条约定的甲方回购乙方持有的工贸公司 100% 股权的时间变更为：甲方依照股权转让协议第 5.1 条约定按期完成搬迁、拆除工作、将宗地二移交乙方后 3 个月内，甲方回购乙方持有的工贸公司 100% 股权。回购产生的股权转让价款、手续费等一切费用，由乙方承担。乙方遗留的工贸公司债权债务由乙方享有承担。2. 甲乙双方一致同意，将股权转让协议第 3.4.3.3 条甲方向乙方移交宗地二办公楼和场地时间变更为 2013 年 5 月 1 日前，在甲方依照本条约定期限完成股权转让协议第 5.1 条约定的搬迁、拆除工作情况下，乙方同意另行向甲方支付 500 万元（伍佰万元），作为提前搬迁的奖励。此款乙方于本补充协议签订之日给付甲方，如甲方没有在 2013 年 5 月 1 日前完成搬迁、拆除工作，则甲方应退还乙方已付 500 万元，此款由乙方直接从应付甲方的剩余股权转让款中扣取。3. 乙方同意甲方回购乙方持有的工贸公司 100% 股权前，将 100% 股权质押给甲方，双方于本补充协议生效后在工商行政部门办理股权质押登记手续，费用由乙方负担。4. 甲方未在 2013 年 5 月 1 日前完成股权转让协议 5.1 约定的搬迁、拆除工作的，甲方除依照股权转让协议第 7.2 条约定向乙方承担违约责任外，应立即解除本补充协议第 3 条股权质押。5. 甲、乙双方一致同意，将股权转让协议第 5.11 条约定的补偿甲方 350 平方米办公室并为甲方租用写字间变更为：乙方不再为甲方租用写字间。6. 股权转让协议和本补充协议均为双方自愿协商之真实意思表示，双方已经全文阅读并理解无误，乙方不再以任何形式和理由，提出任何异议，甲方在本协议签订后 5 日内对盈科房地产公司和盈科集团公司的诉讼办理撤诉。……"2011 年 2 月 28 日，刘春华出具《收据》一份，称"收到盈科集团公司股权转让款（备注追加提前搬迁奖励款）500 万元。"

截至 2011 年 2 月 28 日，盈科集团公司已向原工贸公司股东刘春华等五人支付股权转让款 5704 万元（包括原由盈科房地产公司支付的 4250 万元、2011 年 2 月 28 日的 500 万元）。

2011 年 1 月 30 日，乌鲁木齐市国土资源局发布《乌鲁木齐市国土资源局国有建筑用地使用权挂牌出让公告》（市国土挂告字〔2011〕1 号），将工贸公司名下的两块面积分别为 33342.79 平方米（挂牌编号 2010—C—156）、7151.79 平方米（挂牌编号 2010—C—158）的建设用地使用权挂牌出让。盈科房地产公司分别以 830 万元、425 万元竞拍取得上述两块建设用地使用权。2011 年 3 月 31 日，乌鲁木齐市国土资源局与盈科房地产公司就 33342.79 平方米（挂牌编号 2010—C—156）、7151.79 平方米（挂牌编号 2010—C—158）的建设用地使用权分别签订编号为 65010020110023、65010020110017 的《国有建设用地使用权出让合同》，约定出让宗地的用途为"中低价位、中小套型普通商品住房用地（商业）"、建筑容积率不高于 2.43。2011 年 4 月 14 日，盈科房地产公司就上述建设用地使用权分别交纳契税 249000 元、127500 元、印花税 6275 元。刘步书等人认为盈科房地产公司所取得的上述建设用地使用权是工贸公司于 2002 年从新疆生产建设兵团兵直土地管理局通过出让方式取得，工贸公司为此于 2002 年 10 月 31 日交纳土地出让金 5457305.40 元。刘步书等人提供的证据显示，工贸公司于 2002 年从新疆生产建设兵团兵直土地管理局通过出让方式分别取得 10777.32 平方米、29620.62 平方米、9998.2 平方米（共计 50396.14 平方米）建设用地使用权，约定的土地出让金分别为 1117608.08 元、4199907.71 元、1036813.34 元（共计 6354329.13 元）。

2011 年 3 月 7 日，工贸公司给乌鲁木齐市米东区地方税务局出具《关于乌鲁木齐市航天工贸有限公司免征土地增值税的申请》，申请对工贸公司"不动产拆迁补偿及转让收入免征土地增值税"。

2011 年 5 月 7 日，盈科房地产公司与工贸公司签订《2010—C—155、2010—C—156 和 2010—C—158 号宗地的拆迁安置补偿协议》，约定由盈科房地产公司给予工贸公司 2010—C—155、2010—C—156 和 2010—C—158 号宗地拆迁补偿费 4300 万元。2011 年 6 月 20 日，盈科房地产公司就此交纳契税 1290000 元、印花税 21500 元。

一审另查明，2011 年 1 月，石艳春、刘春华、刘瑛、刘冬英、刘文英作为原告，以盈科集团公司、盈科房地产公司为被告向新疆维吾尔自治区乌鲁木齐市新市区人民法院提起诉讼，认为盈科集团公司、盈科房地产公司欺诈，该案所涉 2010 年 11 月 23 日的《股权转让协议》显失公平、规避法律、内容违法，请求人民法院确认本案所涉 2010 年 11 月 23 日的《股权转让协议》无效。在刘步书等人与盈科集团公司签订《补充协议二》后，该案原告于 2011 年 3 月 3 日申请撤回起诉，受诉法院于同日作出（2011）新民二初字第 247 号民事裁定书予以准许。其后，石艳春、刘春华、刘瑛、刘冬英、刘文英作为原告以盈科集团公司为被告，以盈科集团公司未按约定支付股权转让款为由向新疆维吾尔自治区乌鲁木齐市米东区人民法院提起诉讼，请求人民法院解除上述原告与盈科集团公司于2010年11月23日签订的五份《股权转让协议》、赔偿损失280万元。盈科集团公司提出管辖异议，受诉法院作出（2011）米东民二初字第109—2号民事裁定驳回盈科集团公司的管辖异议，盈科集团公司不服提起上诉。2011年6月28日，新疆维吾尔自治区乌鲁木齐市中级人民法院作出（2011）乌中立终字第149号民事裁定，认为该案应当由新疆维吾尔自治区乌鲁木齐市新市区人民法院管辖。2011年7月8日，该案中的相关原告申请撤回起诉，新疆维吾尔自治区乌鲁木齐市新市区人民法院于同日作出（2011）新民二初字第524号民事裁定予以准许。

刘步书等人提供的、由其于2011年8月17日委托、由新疆恒正司法鉴定所于2011年8月21日出具的《新疆恒正司法鉴定所文书检验鉴定书》（新恒法文鉴字〔2011〕第145号）认为，"米东新区工商行政管理局档案中2010年11月24日《有限责任公司变更登记申请表》上的法定代表人签字'刘步书'及股东栏处'石艳春、刘瑛、刘春华、刘文英'签名均不是其本人所书写。"盈科集团公司认为刘步书的签名确实不是其本人书写，而是由原工贸公司办公室主任王文彬受刘步书委托所签署，并且加盖了当时由刘步书等人控制的工贸公司公章。

2011年8月8日，刘步书因对新疆维吾尔自治区乌鲁木齐市米东区工商行政管理局就工贸公司作出的650100050019401号股权变更登记不服，向新疆维吾尔自治区人民政府行政复议办公室提出行政复议申请。2011年8月10日，新疆维吾尔自治区人民政府行政复议办公室给刘步书作出《行政复议告知书》（新政复告〔2011〕4号），要求刘步书向乌鲁木齐市米东区人民政府或者自治区工商行政管理局申请行政复议。

2011年9月8日，石艳春、刘春华、刘瑛、刘冬英、刘文英以工贸公司名义向新疆维吾尔自治区乌鲁木齐市米东区人民政府提出行政复议申请，要求撤销新疆维吾尔自治区乌鲁木齐市米东区工商行政管理局作出的股权变更登记、撤销核发的工贸公司新营业执照。2011年9月15日，新疆维吾尔自治区乌鲁木齐市米东区人民政府行政复议办公室给石艳春、刘春华、刘瑛、刘冬英、刘文英作出《受理通知书》，决定对该行政复议申请予以受理。2011年9月22日、2011年11月21日，新疆维吾尔自治区乌鲁木齐市米东区工商行政管理局分别给新疆维吾尔自治区乌鲁木齐市米东区人民政府行政复议办公室作出（米东）工商复字〔2011〕1号、1－2号《被申请人答复书》，对于石艳春、刘春华、刘瑛、刘冬英、刘文英所提出的相关异议进行了说明。在相关答复中提到："关于'2010年11月29日工贸公司法定代表人刘步书，到米东区委周炳文书记办公室反映盈科集团公司诱骗工贸公司股权转让一事，当时周炳文书记指示米东区经贸委主任罗长青陪同刘步书同志一起到米东区工商局找到书记张家瑞同志，向其转达了区委书记周炳文同志的口头指示，要求工商局暂停办理工商变更登记手续，工贸公司刘步书同志也向其陈明情况，并提出终止股权变更的请求。12 月 1 日米东区经贸委主张罗长青与刘步书同志又一起到米东区政务服务中心工商局窗口，向窗口负责人牛科长说明了上述情况，要求终止办理股权变更登记。'这一内容与事实不符。2010 年 11 月 26 日至 2010 年 12 月 26 日本局张家瑞书记受国家工商总局委派赴美国学习考察。2010 年 11 月 29 日本局张家瑞书记不在国内，不可能接待米东区经贸委主任罗长青与刘步书同志。真实情况是：我局于 2010 年 12 月 14 日核准变更登记、张家瑞书记于 2010 年 12 月 27 日返回乌鲁木齐后，米东区经贸委主任罗长青与刘步书才一起到米东区工商局找到书记张家瑞同志，转达了区委书记周炳文同志的口头指示，提出了新疆龙江兴贯众特钢有限公司与工贸公司就企业生产资质及设备使用问题正在进行磋商，口头向我局提出了暂缓发放工贸公司变更股权后的《营业执照》的要求。在 2010 年 12 月 14 日我局核准股权变更登记之前，工贸公司以及石艳春、刘春华、刘瑛、刘冬英、刘文英五名自然人从未向我局提出口头及书面异议申请。"2011 年 12 月 1 日，新疆维吾尔自治区乌鲁木齐市米东区人民政府作出《不予受理通知书》，称："由于案件事实发生变化，你公司申请复议的期限已超过法定期限，故决定撤销原受理决定，决定不予受理。"

一审又查明，2010 年 4 月 21 日，新疆维吾尔自治区乌鲁木齐市中级人民法院受理了原告王国会、王义、王飞与被告工贸公司、刘步书、刘春华、石艳春、刘文英、刘瑛股权转让纠纷一案。该案中，三名原告要求六名被告共同支付其所持有的工贸公司 33.23% 股权转让款 3600 万元。在该案审理过程中，经人民法院委托，新疆新新资产评估有限公司于 2010 年 8 月 28 日作出《关于王国会等诉被告乌鲁木齐市航天工贸有限公司等股权转让纠纷一案的涉案股权价值鉴定评估报告》（新新评报字〔2010〕第 019 号），鉴定评估结论为："截止鉴定评估基准日 2010 年 2 月 28 日工贸公司的净资产的鉴定评估值为 45527051.20 元。"在诉讼中，在刘冬英、刘胜利的参加下，各方当事人达成调解协议。新疆维吾尔自治区乌鲁木齐市中级人民法院于 2010 年 9 月 9 日作出（2010）乌中民二初字第 38 号民事调解书，确认三名原告将持有的工贸公司 33.3% 股权转让给刘春华，转让价款为 1600 万元及刘胜利名下的新 AK2699 车辆。

一审再查明，2010 年 10 月 8 日，新疆维吾尔自治区乌鲁木齐市环境保护局作出《关于同意航天工贸有限公司搬迁的通知》（乌环保〔2010〕283 号），要求工贸公司"按照米东区区域规划的总体要求尽快实施搬迁"。

2011年4月11日，新疆维吾尔自治区乌鲁木齐市人民政府办公厅以乌政办〔2011〕94号通知印发了《乌鲁木齐市中心城区化工等污染企业搬迁优惠政策》，对搬迁企业的优惠措施予以了规定，其中规定："搬迁至米东区或经市人民政府同意搬迁到其他工业区的企业，原用地通过'招、拍、挂'方式出让，所缴纳的土地出让金，经市化工等污染企业搬迁领导小组同意，按照一事一议的原则，由市财政局列支安排支出，专项用于企业搬迁改造政府补助资金""企业搬迁安置用地按出让方式供地，所缴纳的土地出让金，按照一事一议的原则，由市财政局列支安排支出，专项用于企业搬迁改造政府补助资金，并全面享受自治区人民政府《关于促进中小企业发展的实施意见》（新政发〔2010〕92号）及市人民政府已出台的其他各项优惠政策""企业建筑物按搬迁时评估价给予补偿""搬迁企业土地补偿及搬迁补助涉及土地出让收益的，由财政部门预算安排支出""凡经领导小组核准列入搬迁规划（方案）的企业，均属于政策性搬迁企业，企业搬迁收入的税收按照《财政部、国家税务总局关于企业政策性搬迁收入有关企业所得税处理问题的通知》（财税〔2007〕61号）规定执行""搬迁企业办理规划、土地、房产等有关收费，予以适当优惠""搬迁企业在原厂址所占用的水、电、气使用指标、排污指标及许可证由供水、供电、供气、环保等部门按原指标移至搬迁新址。对搬迁企业新建厂房及配套设施所涉及的城市基础设备配套费及供热配套费予以减半征收"等。

2011年11月20日，刘步书等人向新疆维吾尔自治区高级人民法院起诉称：2010年11月23日，盈科集团公司以帮忙节约房地产开发税费、不影响工贸公司的正常生产经营、由此节约的费用双方"对开"、适时再将股权转回为由，致使石艳春、刘春华、刘瑛、刘冬英、刘文英在存在重大误解的情况下，与盈科集团公司、盈科房地产公司签订《股权转让协议》，并由刘步书提供连带责任保证。由于刘步书等人的轻信和法律意识欠缺，对相关协议内容产生重大误解，使得盈科集团公司在未支付合理对价的情况下用受让两宗建设用地使用权的价款将两宗建设用地使用权和工贸公司的全部股权一并占有，从而使得交易行为显失公平。该股权转让行为不仅给刘步书等人造成巨大损失，也对工贸公司的经营活动产生重大影响，公司近680名职工面临失业风险。请求人民法院判令：1. 撤销本案所涉于2010年11月23日签订的六份《股权转让协议》、于2010年11月24日签订的《〈股权转让协议〉补充协议》、于2011年2月28日签订的《补充协议书（二）》；2. 盈科集团公司赔偿刘步书等人相应经济损失；3. 盈科集团公司承担本案的诉讼费用。

新疆维吾尔自治区高级人民法院审理认为，四方《股权转让协议》及两份补充协议对石艳春、刘春华、刘瑛、刘冬英、刘文英向盈科集团公司转让工贸公司股权事项中的标的、数量、价款、履行期限、违约责任等内容进行了全面、详细的约定，其第12.4条也明确约定："双方为办理股权变更登记另行签署的协议、文件与本协议不一致的，以本协议内容为准"，因此，四方《股权转让协议》及两份补充协议是认定本案相关当事人之间民事法律关系的依据，石艳春、刘春华、刘瑛、刘冬英、刘文英于2010年11月23日分别与盈科集团公司签订的五份《股权转让协议》只是为了在公司登记机关办理公司登记事项变更而签订，不是认定本案相关当事人之间民事法律关系的依据。工贸公司与盈科房地产公司于2010年4月16日签订的两份《房地产转让协议》的目的是转让本案所涉登记在工贸公司名下和由其占有的建设用地使用权。四方《股权转让协议》及两份补充协议以该两份《房地产转让协议》为蓝本，吸收了该两份《房地产转让协议》中的主要内容。根据四方《股权转让协议》及两份补充协议的约定，石艳春、刘春华、刘瑛、刘冬英、刘文英先将其持有的工贸公司全部股权转让给盈科集团公司并由盈科集团公司支付相应的价款，在约定的条件实现时再由盈科集团公司将所受让的工贸公司全部股权无偿返还给石艳春、刘春华、刘瑛、刘冬英、刘文英；石艳春、刘春华、刘瑛、刘冬英、刘文英将其持有的工贸公司全部股权转让给盈科集团公司后，石艳春、刘春华、刘瑛、刘冬英、刘文英仍然可以以工贸公司名义在约定的期间内在工贸公司原经营场所内进行生产经营，盈科集团公司并不接收工贸公司原劳动者，而由石艳春、刘春华、刘瑛、刘冬英、刘文英负责工贸公司原劳动者的安置，工贸公司除建设用地使用权、围墙、办公楼之外的其他财产包括厂房拆除物品、机器设备、生产资料全部无偿赠与石艳春、刘春华、刘瑛、刘冬英、刘文英，在盈科集团公司决定解除四方《股权转让协议》时本案所涉两份《房地产转让协议》继续履行。从以上约定可以看出，盈科集团公司取得工贸公司的全部股权并不是为了对工贸公司进行生产经营，而是为了对本案所涉登记在工贸公司名下和由其占有的建设用地使用权进行控制和支配。从四方《股权转让协议》中"甲方未能依照本协议约定期限将股权转让于乙方并过户登记至乙方名下或有其他违约行为的，乙方有权选择解除本协议，或选择继续履行本协议，乙方选择解除本协议，甲方应向乙方支付本协议转让总价20%的违约金，同时丁方与目标公司签订的宗地一、宗地二《房地产转让协议》及其相关补充协议继续履行"的约定和工贸公司股权转让给盈科集团公司后盈科房地产公司已经通过出让方式取得本案所涉部分建设用地使用权的事实可以看出，盈科集团公司取得对本案所涉登记在工贸公司名下和由其占有的建设用地使用权进行控制和支配并不是为了自己开发或者利用，而是为了帮助盈科房地产公司取得本案所涉登记在工贸公司名下和由其占有的建设用地使用权，即帮助盈科房地产公司实现其与工贸公司签订的两份《房地产转让协议》的目的，各方当事人对此亦都清楚。本案所涉两份《房地产转让协议》、四方《股权转让协议》及两份补充协议的最终目的都是为了达到由盈科房地产公司取得本案所涉登记在工贸公司名下和由其占有的建设用地使用权的目的。

《最高人民法院关于贯彻执行〈中华人民共和国民法通则〉若干问题的意见（试行）》第七十一条规定："行为人因为对行为的性质、对方当事人、标的物的品种、质量、规格和数量等的错误认识，使行为的后果与自己的意思相悖，并造成较大损失的，可以认定为重大误解。"刘步书等人长期从事商业活动，明确知晓四方《股权转让协议》及两份补充协议的真实目的，在签订四方《股权转让协议》前刚刚处理了与王国会等人就工贸公司股权转让事宜产生的纠纷，在四方《股权转让协议》签订后又分别于 2010 年 11 月 24 日、2011 年 2 月 28 日签订《股权转让协议补充协议》《补充协议书（二）》，也就增加 500 万元"奖励款"事宜达成合意，而且石艳春、刘春华、刘瑛、刘冬英、刘文英为股东、刘步书为法定代表人的工贸公司在签订四方《股权转让协议》前也刚刚与盈科房地产公司签订过本案所涉两份《房地产转让协议》，同时四方《股权转让协议》及两份补充协议的相关约定亦非常明确、清晰、全面和详细，刘步书等人对于四方《股权转让协议》签订后可能产生的风险应当有明确地判断和预知，因此，四方《股权转让协议》及两份补充协议是刘步书等人的真实意思表示，刘步书等人在签订前述协议时不存在重大误解的情形，其认为在签订前述协议时存在重大误解的理由不能成立。

《最高人民法院关于贯彻执行〈中华人民共和国民法通则〉若干问题的意见（试行）》第七十二条规定："一方当事人利用优势或者利用对方没有经验，致使双方的权利与义务明显违反公平、等价有偿原则的，可以认定为显失公平。"根据该条规定，构成显失公平应当同时具备以下条件：一是当事人之间的权利义务明显违反公平、等价有偿原则；二是造成上述情形的原因在于一方当事人利用优势或者利用对方没有经验。如果不存在一方当事人利用优势或者利用对方没有经验的情形，即使当事人之间的权利义务明显违反公平、等价有偿原则，也不构成显失公平。四方《股权转让协议》是刘步书等人的真实意思表示，刘步书等人在本案中所提供的证据不能证明存在盈科集团公司利用优势或者利用刘步书等人没有经验而与其签订四方《股权转让协议》的事实。刘步书等人提供的海天会审字〔2011〕第 05－643 号《乌鲁木齐市航天工贸有限公司审计报告》虽载明工贸公司 2010 年底的资产总计为 182966057.18 元，但其亦明确载明该 182966057.18 元由负债 94397503.25 元和所有者权益 88568553.93 元两部分组成；在工贸公司财产并未发生重大变化的情况下，刘春华在 2010 年 9 月取得王国会等人持有的工贸公司 33.3% 股权时支付的对价为 1600 万价款和一辆车；刘步书等人与盈科集团公司之间的交易实际上是盈科集团公司以 11270 万元（包括工贸公司 950 万元借款债务、电力工程改造款 740 万元、120 套代建房屋款及相关土地办证费用等费用）和其他附加条件取得对本案所涉登记在工贸公司名下和由其占有的建设用地使用权进行控制和支配，盈科集团公司所取得的利益中并不包括对工贸公司原有机器设备、生产资料等财产的控制和支配，目前并没有证据显示在四方《股权转让协议》及两份补充协议签订时盈科集团公司所支付的对价与所取得的利益之间存在较大的价值悬殊，相关当事人在四方《股权转让协议》签订后还又就增加 500 万元"奖励款"的事宜再次达成合意；盈科集团公司基于四方《股权转让协议》及两份补充协议所可能获得的收益不属于合同标的范围，不属于刘步书等人的损失，刘步书等人在签订合同时对此也已经预见或者应当预见，故不应当属于衡量一项交易是否违反公平、等价有偿原则时所应当考虑的因素。故，刘步书等人在本案中所提供的证据亦不能证明四方《股权转让协议》及两份补充协议明显违反公平、等价有偿原则的事实。故刘步书等人认为其所签订的四方《股权转让协议》及两份补充协议显失公平的理由不能成立。

综上，根据《中华人民共和国民事诉讼法》第六十四条第一款、《最高人民法院关于民事诉讼证据的若干规定》第二条第二款之规定，新疆维吾尔自治区高级人民法院判决如下：驳回石艳春、刘春华、刘瑛、刘冬英、刘文英、刘步书的诉讼请求。案件受理费 580300 元、申请费 5000 元均由石艳春、刘春华、刘瑛、刘冬英、刘文英、刘步书负担。

刘步书等人不服新疆维吾尔自治区高级人民法院上述判决，向本院提起上诉称：1. 一审判决事实认定错误。刘步书等人是在对《股权转让协议》发生重大误解而非真实意思表示的情况下与两被上诉人签订了《股权转让协议》；2. 一审法院适用法律错误。（1）刘步书等人对签订涉案的《股权转让协议》的缔约目的、性质、后果存在重大误解。在《房地产转让协议》变更为《股权转让协议》后，刘步书等人仅简单地认为只是协议名称的改变，没有认识到股权转让协议的本质系规避法律，逃避税收，损害国家利益。但上述《股权转让协议》不但使上诉人的全部股权权利丧失，而且最终导致上诉人对工贸公司的经营亦变成了非法经营；（2）涉案的《股权转让协议》显失公平。《股权转让协议》在条款方面较《房地产转让协议》而言加大了上诉人的义务、削弱了上诉人的权利，致使协议双方的权利义务严重不对等；（3）股权转让协议实际无法履行。根据《股权转让协议》的相关补充协议，2013 年 5 月 1 日前上诉人就要完成厂区的搬迁工作，但时至今日工贸公司都没有列入政府公布的搬迁企业名单之中，也就是说工贸公司根本就无地安置，股权转让协议实际无法履行；（4）被上诉人存在捏造事实、以合法形式掩盖非法目的，给上诉人带来巨大法律隐患。盈科集团公司实际受让股权后，盈科房地产公司也根本没有做任何安置补偿的工作，严重损害了国家和职工利益。综上，请求二审判令撤销一审判决，并撤销上诉人与被上诉人于 2010 年 11 月 23 日签订的《股权转让协议》（六份）及相关补充协议；判令盈科集团公司承担本案诉讼费用。

盈科集团公司、盈科房地产公司一并答辩称：1.《股权转让协议》及相关补充协议是各方当事人的真实意思表示，不存在重大误解的情形。刘步书等人具有丰富的有关股权商业经验，以上协议系各方经反复磋商谈判的结果，从股权转让协议到补充协议，刘步书等人都已确认协议内容系真实意思表示，不存在任何误解；2. 上述协议不存在显失公平的情形。《股权转让协议》较之前的《房地产转让协议》直接加价 1000 万元，并在《补充协议（二）》中另行追加了 500 万元。关于企业搬迁政府优惠政策问题，如能获得，收益人只能是工贸公司；3. 上诉人行使的所谓"撤销权"早已灭失。刘步书等人在知道撤销事由后实施了起诉后又撤诉、签订补充协议并收取追加款项等一系列放弃撤销权的行为，其撤销权已依法归于消灭；4. 刘步书等人一直坚持认为上述协议合法有效，工贸公司原厂区客观也不存在所谓的搬迁不能。关于所谓"偷逃税款"问题，上诉人已书面举报，税务机关经认真稽查，没有发现任何问题。综上，请求二审驳回上诉，维持原判。

本院二审期间各方当事人均未提交新证据，本院对一审查明的事实予以确认。

本院认为，原审原告及上诉人提出的诉讼请求是撤销案涉《股权转让协议》及相关补充协议，而股权转让作为一种民事法律行为，对于其效力的审查和确认，属法律赋予人民法院的依职权审查范畴，不受当事人诉讼请求和上诉范围的限制。因此，认定本案二审争议的前提是案涉《股权转让协议》及相关补充协议的合同是否有效，进而才能认定案涉《股权转让协议》及相关补充协议是否属于因重大误解、显示公平而应予撤销。

关于本案所涉股权转让协议及相关补充协议的合同是否有效问题，在工贸公司原股东、原法定代表人刘步书等人与盈科集团公司 2010 年 11 月 23 日签订《股权转让协议》之前，工贸公司与盈科房地产公司已签订了两份《房地产转让协议》及相关补充协议。上述《房地产转让协议》约定盈科房地产公司实质以 9700 万元的价格受让工贸公司所有的建设用地使用权和实际占有的土地，并明确约定了不动产的转让方式、转让价款的支付方式及违约责任等等。之后刘步书等人与盈科集团公司签订的《股权转让协议》又约定，工贸公司与盈科房地产公司签订的《房地产转让协议》及相关补充协议在工贸公司原股东与盈科集团公司完成股权变更登记并按约定完成相关移交工作的当日解除；上述房地产转让协议解除后，盈科房地产公司已向工贸公司原股东支付的房地产转让款 4250 万元，转为盈科集团公司应向工贸公司原股东支付的股权转让款。综上可以认定，盈科集团公司、盈科房地产公司虽为互不隶属的独立法人，且系上述股权转让协议和房地产转让协议项下不同权益的受让主体，但是，根据协议中有关盈科房地产公司已经支付的房地产转让价款直接作为盈科集团公司应支付的股权转让价款的约定，可以认定盈科集团公司与盈科房地产公司在本案所涉土地使用权转让上的利益具有一致性，在本案中存在实质的利益关系。

虽然根据《股权转让协议》的表面内容，盈科集团公司与刘步书等人双方签订该协议的真实意思表示是转让工贸公司全部股权。但根据《股权转让协议》所反映的实质交易内容，盈科集团公司受让工贸公司全部股权后，同意将工贸公司名下的土地及办公楼以外的其他财产如生产设备等均无偿赠予工贸公司原股东；同意工贸公司原股东仍以工贸公司名义进行轧钢、炼钢等原有生产经营活动并继续持有工贸公司原公章使用；盈科集团公司不接收工贸公司任何职工，由工贸公司原股东负责工贸公司职工的解聘和安置事宜；在工贸公司原股东按期完成厂房搬迁、拆除工作并移交全部土地后的 3 个月内，盈科集团公司将持有的工贸公司 100% 股权无偿返还给工贸公司原股东，等等。以上协议内容表明，股权受让方盈科集团公司签订股权转让协议的真实意思表示并非为获得工贸公司股权从而经营该公司，而是为控制和支配工贸公司所有的建设用地使用权和占有的土地，与之前盈科房地产公司与工贸公司签订的两份《房地产转让协议》的合同目的相同。本案诉讼中，刘步书等人也承认其在签订相关股权转让协议时亦明知盈科集团公司的真实意图不是购买股权，而是受让工贸公司的土地进行房地产开发。

据此，作为股权受让方的盈科集团公司在订立相关《股权转让协议》时，其真实意思表示并不是为实际经营工贸公司而持有公司股权；作为股权转让方的刘步书等人，其真实意思表示也并非将工贸公司股权和资产全部转让从而退出经营，且双方对该掩藏在股权转让形式下的真实意思表示在主观上均明知。由此可以认定，双方在签订本案所涉股权转让协议时所作意思表示构成虚伪表示。根据民法通则第五十五条的规定，本案所涉股权转让协议因缺乏真实意思表示而应认定为无效。因作为主合同的本案所涉股权转让协议无效，刘步书等人与盈科集团公司签订的《〈股权转让协议〉补充协议》《补充协议书（二）》亦属无效。

鉴于此，本案所涉股权转让协议及相关补充协议经本院依职权审查认定为无效，无效合同自始无效，不存在依申请撤销的问题。上诉人起诉和上诉时均主张撤销合同的相关诉讼请求属法律认识错误，依法不予支持；并由此，上诉人基于合同撤销所主张的损失赔偿亦无法律依据。合同双方当事人如基于合同无效主张损失赔偿，可另行向人民法院提起诉讼。

综上，一审认定事实清楚，但适用法律错误，应予纠正。本院依照《中华人民共和国民事诉讼法》第一百七十条第一款第（二）项之规定，判决如下：

一、撤销新疆维吾尔自治区高级人民法院（2011）新民二初字第17号民事判决；

二、石艳春、刘春华、刘瑛、刘冬英、刘文英、刘步书与新疆盈科投资集团有限公司、新疆盈科房地产开发有限公司签订的《股权转让协议》，与新疆盈科投资集团有限公司签订的《〈股权转让协议〉补充协议》《补充协议书（二）》以及石艳春、刘春华、刘瑛、刘冬英、刘文英与新疆盈科投资集团有限公司分别签订的五份《股权转让协议》无效；

三、驳回石艳春、刘春华、刘瑛、刘冬英、刘文英、刘步书的诉讼请求。

一审案件受理费580300元，诉讼保全申请费5000元，二审案件受理费580300元，均由石艳春、刘春华、刘瑛、刘冬英、刘文英、刘步书负担。

本判决为终审判决。

审　判　长　雷继平

代理审判员　李志刚

代理审判员　郑　勇

二〇一三年十一月十五日

书　记　员　郝晋琪

13. 依法进行登记的股东具有对外公示效力

—— 哈尔滨国家粮食交易中心与哈尔滨银行股份有限公司科技支行、黑龙江粮油集团有限公司、黑龙江省大连龙粮贸易总公司、中国华粮物流集团北良有限公司执行异议纠纷案

【裁判要旨】

一、本案系执行异议纠纷，根据我国公司法、民事诉讼法的相关规定，当事人在本案中提起的股东资格确认之诉与执行异议之诉不属于必要的共同诉讼，不应合并审理。

二、根据《中华人民共和国公司法》第三十三条第三款的规定，依法进行登记的股东具有对外公示效力，隐名股东在公司对外关系上不具有公示股东的法律地位，其不能以其与显名股东之间的约定为由对抗外部债权人对显名股东主张的正当权利。

中华人民共和国最高人民法院民事判决书

（2013）民二终字第 111 号

上诉人（原审原告）：哈尔滨国家粮食交易中心。住所地：黑龙江省哈尔滨市道里区中央大街 185 号。

法定代表人：陈立祥，该中心主任。

委托代理人：韩红，黑龙江天辅律师事务所律师。

被上诉人（原审被告）：哈尔滨银行股份有限公司科技支行。住所地：黑龙江省哈尔滨市南岗区天顺街 23 号。

负责人：于德源，该行行长。

委托代理人：曲龙江，该行职员。

委托代理人：王英军，该行职员。

被上诉人（原审被告）：黑龙江粮油集团有限公司。住所地：黑龙江省哈

尔滨市南岗区东大直街 100 号。

　　法定代表人：国文庆，该公司总经理。

　　委托代理人：冯志，该公司法律顾问。

　　委托代理人：巩玉明，该公司职员。

　　被上诉人（原审被告）：黑龙江省大连龙粮贸易总公司。住所地：辽宁省大连市沙河口区西南路 64 号。

　　法定代表人：杨臻，该公司总经理。

　　被上诉人（原审第三人）：中国华粮物流集团北良有限公司。住所地：辽宁省大连市中山区鲁迅路 28 号。

　　法定代表人：李敏也，该公司董事长。

　　委托代理人：蒋晓薇，黑龙江金马律师事务所律师。

　　上诉人哈尔滨国家粮食交易中心（以下简称交易中心）与被上诉人哈尔滨银行股份有限公司科技支行（以下简称科技支行）、黑龙江粮油集团有限公司（以下简称粮油集团）、黑龙江省大连龙粮贸易总公司（以下简称龙粮公司）、中国华粮物流集团北良有限公司（以下简称北良公司）执行异议纠纷一案，黑龙江省高级人民法院于 2010 年 4 月 11 日作出（2010）黑高商初字第 1 号民事判决，科技支行、北良公司不服该民事判决，向本院提起上诉。本院作出（2010）民二终字第 94 号民事裁定，以原审判决违反法定程序、适用法律错误为由将本案发回重审。黑龙江省高级人民法院重审后作出（2011）黑高商重初字第 4 号民事判决。交易中心不服该民事判决，向本院提起上诉。本院依法组成由审判员王宪森担任审判长，审判员殷媛、代理审判员张雪楳参加的合议庭进行了审理，书记员郑琪儿担任记录。本案现已审理终结。

　　黑龙江省高级人民法院审理查明：2006 年 9 月 5 日，该院受理了科技支行与黑龙江龙粮谷物有限公司、黑龙江省京连粮食销售公司、粮油集团、龙粮公司、北良公司、肇东粮食储备库借款合同纠纷一案，2008 年 6 月 2 日，该院作出（2006）黑高商初字第 43 号民事判决，认定粮油集团在 6045 万元本金及利息范围内向科技支行承担连带清偿责任；龙粮公司在 9300 万元范围内承担连带清偿责任；科技支行经上述给付仍未能受偿部分，北良公司在 9300 万元范围内承担赔偿责任。判后，北良公司不服上述判决向本院提起上诉。2009 年 5 月 4 日，本院判决驳回上诉，维持原判。嗣后，科技支行向该院申请执行。同年 9 月 27 日，该院作出（2009）黑高法执字第 29 - 11 号执行裁定，冻结了粮油集团和龙粮公司在黑龙江三力期货经纪有限责任公司（以下简称三力期货公司）的股权。

　　另查明：2000 年 5 月，黑龙江省粮油实业开发公司等 20 余家客户将共计

3580 万元的资金汇入账号为 018100201268 的三力期货公司筹建账户中。交易中心为上述 20 余家客户出具了"交纳交易或履约保证金"收据。三力期货公司于 5 月 16 日、6 月 20 日将筹建账户中的 3580 万元资金以支票形式分别转给粮油集团 2506 万元、龙粮公司 1704 万元，该支票上盖有"三力期货公司（筹）财务专用章"和"吴久英"名章。粮油集团和龙粮公司收到上述款项后，经黑龙江兴企会计师事务所验资后，于次日将上述两笔款项作为投资款转回三力期货公司筹建账户中。7 月 26 日，三力期货公司在财务账目上记载粮油集团 2506 万元、龙粮公司 1704 万元，科目为接受股东投资款。8 月 2日，三力期货公司取得《企业法人营业执照》，注册资本为 3580 万元，工商档案上载明的股东是粮油集团和龙粮公司，分别占 70% 和 30% 的股权。

2009 年 11 月 17 日，交易中心向黑龙江省高级人民法院提起案外人执行异议之诉，请求判令：一、确认交易中心是三力期货公司的实际出资人；二、确认交易中心是三力期货公司的股东；三、确认交易中心对三力期货公司享有投资权益；四、停止依据（2009）黑高法执字第 29 - 11 号执行裁定对三力期货公司股权的执行；五、本案诉讼费由被告承担。

黑龙江省高级人民法院审理认为，本案主要涉及以下两个焦点问题：

一、关于交易中心请求确认其为三力期货公司实际出资人、股东、享有投资权益的诉讼请求能否得到支持。根据《最高人民法院关于适用〈中华人民共和国公司法〉若干问题的规定（三）》第二十二条"当事人向人民法院起诉请求确认其股东资格的，应当以公司为被告，与案件争议股权有利害关系的人作为第三人参加诉讼"的规定，交易中心请求确认其为三力期货公司的实际出资人、股东及享有投资权益，应以三力期货公司为被告，粮油集团、龙粮公司为第三人，科技支行并非适格被告。且本案系执行异议之诉，交易中心在提起执行异议之诉的同时，又提起股东资格等的确认之诉，二者为不同的法律关系，不宜合并审理。该院曾就此问题向交易中心释明，但其仍坚持上述诉讼请求。鉴于交易中心的此项诉讼主张不属本案的审理范围，该院对此不予审理。

二、关于应否停止对三力期货公司股权的执行问题。根据《中华人民共和国公司法》第三十三条第三款关于"公司应当将股东的姓名或者名称及其出资额向公司登记机关登记，登记事项发生变更的，应当办理变更登记。未经登记或者变更登记的不得对抗第三人"的规定，依法进行登记的股东，具有对外公示效力。即使登记股东与实质股东（隐名股东）不一致，在未经合法登记或变更之前，登记股东不得以自己非实际出资人或实质股东为由对抗公司外部债权人（即第三人）。公司的实质股东（隐名股东）也不得以此对抗第三人向登记股东主张其名下的财产。本案中，粮油集团和龙粮公司系三力期货公司经工商登记的合法股东，即使交易中心系三力期货公司的实际出资人，在其未进行股东变更登记之前，三力期货公司的股权仍为登记股东粮油集团和龙粮公司的责任财产。故该院对粮油集团和龙粮公司持有的三力期货公司股权采取的执行行为合法，对该股权应予继续执行。

综上，交易中心的诉讼请求缺乏事实和法律依据，该院不予支持。依据《中华人民共和国民事诉讼法》第二百二十七条的规定，并经该院审判委员会讨论决定，判决：驳回交易中心的诉讼请求。一审案件受理费 220800 元，由交易中心承担。

交易中心不服原审法院上述民事判决，向本院提起上诉称：一、应当认定交易中心为三力期货公司的实际出资人。在三力期货公司设立时，由于交易中心是事业法人，不符合当时的《期货经纪公司管理办法》的期货经纪公司的股东必须是企业法人的要求，由黑龙江省粮食局决定，由粮油集团、龙粮公司显名，交易中心为三力期货公司的隐名股东，并出资成立三力期货公司。交易中心将划入三力期货公司筹建账户的 3580 万元出资款，按入股比例分别转入粮油集团和龙粮公司账户。粮油集团和龙粮公司从未出资，在粮油集团和龙粮公司的账务上没有记载其为注册三力期货公司筹集资金、注入注册资金的内容。庭审中，粮油集团和龙粮公司亦承认三力期货公司的实际股东是交易中心。交易中心履行了股东出资义务，是三力期货公司的实际出资人，应当享有三力期货公司的投资收益。因此，交易中心提起了案外人执行异议之诉，请求法院判令停止对三力期货公司股权的执行。一审法院认为交易中心的此项诉讼主张不属于本案的审理范围，不予审理，是错误的。二、应当停止对三力期货公司股权的执行。粮油集团、龙粮公司，只是三力期货公司股权名义上的持有人，不应以三力期货公司的股权作为粮油集团、龙粮公司的资产加以执行。一是粮油集团、龙粮公司未向三力期货公司出资，未履行股东出资义务；二是从三力期货公司的利润分配上，也表明粮油集团、龙粮公司从未在三力期货公司获得过投资收益。在粮油集团、龙粮公司没有出资、不享有出资权益的情况下，仍强制执行不属于粮油集团、龙粮公司的财产，必然损害实际出资人即交易中心的合法权益；三是粮油集团、龙粮公司未被国有资产管理机关授权经营管理三力期货公司的股权，三力期货公司的股权不是粮油集团、龙粮公司的财产，不能用以清偿自身债务。综上，请求撤销原判，支持交易中心的诉讼请求。

被上诉人科技支行答辩称：一、交易中心非三力期货公司的实际出资人。本案中，交易中心主张其为三力期货公司的实际出资人，其未能提供任何证据证明与粮油集团、龙粮公司之间关于成立三力期货公司名实出资的约定，也没有提供向三力期货公司实际出资，由交易中心承担盈亏风险的证据。原审查明的事实已经说明三力期货公司的注册资金并非来源于交易中心。且交易中心提供的数份证据材料相互矛盾，不能证明其诉讼请求。二、交易中心仅是三力期货公司的债权人，其向法院提出执行异议之诉，要求停止执行粮油集团、龙粮公司持有的三力期货公司股权没有任何事实和法律依据。本案中，粮油集团、龙粮公司系三力期货公司经工商登记机关登记的股东，即使交易中心提供证据证明系三力期货公司的实际出资人，但是在粮油集团、龙粮公司变更股东登记前，交易中心不能对抗第三人科技支行对于粮油集团、龙粮公司持有三力期货公司股权的强制执行。综上，请求驳回上诉，维持原判。

被上诉人粮油集团、龙粮公司未提交书面答辩状。粮油集团在二审开庭质证时口头答辩认为，粮油集团和龙粮公司在三力期货公司成立之初，确实没有出资，没有履行股东权利，也没有参与分配任何利润。交易中心和粮食集团、龙粮公司同属于省粮食局下属单位，成立三力期货公司是粮食局的内部操作，交易中心是三力期货公司的实际出资人。

被上诉人北良公司答辩称：一、交易中心请求确认其为三力期货公司的实际出资人及股东，诉讼请求之间存在矛盾，且均无法律依据，应予驳回。二、粮油集团和龙粮公司是三力期货公司的股东，交易中心主张其为三力期货公司的实际出资人没有依据。三、即使粮油集团、龙粮公司与交易中心之间曾就名义出资与实际出资事宜作出过意思表示，并且各方已实际履行该意思表示，也仅在交易中心与粮油集团、龙粮公司之间形成实际出资人要求名义股东返还投资权益的请求权，交易中心无权向三力期货公司、公司其他股东或第三人主张其享有投资权益，或以此对抗善意第三人的债权。四、交易中心与粮油集团、龙粮公司之间基于投资资金来源而形成的债的法律关系属于一般债务，不具有优先于粮油集团、龙粮公司其他债务的优先地位或对抗效力，交易中心请求停止对三力期货公司股权的执行没有依据。综上，请求驳回上诉，维持原判。

本院二审对原审法院查明的事实予以确认。

本院认为，根据交易中心的上诉请求，本案二审的争议焦点问题是：交易中心提起的股东资格确认之诉与执行异议之诉能否合并审理；交易中心关于停止执行三力期货公司股权的上诉请求及理由是否成立。

一、关于交易中心提起的确认之诉与执行异议之诉能否合并审理的问题。

原审判决认定交易中心提起的确认其为三力期货公司的实际出资人、股东、享有投资权益的诉讼请求，与其提起的执行异议之诉，属于不同的法律关系，故其该项诉讼主张不属本案的审理范围，对此不予审理。交易中心对此向本院提起上诉，主要理由是：交易中心是三力期货公司的实际出资人，应当享有三力期货公司的投资权益，因此其提起了案外人执行异议之诉，故所提起的确认其为三力期货公司的实际出资人等诉讼请求，应当属于本案的审理范围。本院认为，交易中心的一审诉讼请求中涉及两个法律关系，一是交易中心与粮油集团、龙粮公司之间存在的股权确认法律关系，二是交易中心对抗外部债权人对股权申请强制执行的执行异议法律关系。对其股权确认方面的请求而言，属于公司股东资格确认纠纷，根据《中华人民共和国公司法》及《最高人民法院关于适用〈中华人民共和国公司法〉若干问题的规定（三）》的相关规定，交易中心提起股东资格确认之诉，适格的诉讼当事人应当是三力期货公司、粮油集团和龙粮公司。因此，如交易中心提起股东资格确认之诉，则该诉与科技支行和北良公司并不存在法律上的关系，科技支行、北良公司均不是该确认之诉适格的诉讼主体。本案系执行异议纠纷，根据我国民事诉讼法的相关规定，本案与股东资格确认纠纷不属于必要的共同诉讼，不应合并审理。故原审判决认定交易中心提起的确认之诉不属于本案审理范围并无不当。交易中心的该项上诉理由不能成立，本院不予支持。

二、关于交易中心提出停止执行三力期货公司股权的上诉请求及理由是否成立的问题。

原审判决认定对粮油集团和龙粮公司持有的三力期货公司股权采取的执行行为合法，对该股权应予继续执行。交易中心对此向本院提起上诉，主要理由是：粮油集团、龙粮公司只是三力期货公司股权名义上的持有人，该股权不应成为其责任财产，不能用以清偿自身债务，强制执行必然损害实际出资人交易中心的合法权益。本院认为，《中华人民共和国公司法》第三十三条第三款规定："公司应当将股东的姓名或者名称及其出资额向公司登记机关登记；登记事项发生变更的，应当办理变更登记。未经登记或者变更登记的，不得对抗第三人。"依据该条规定，依法进行登记的股东具有对外公示效力，隐名股东在公司对外关系上不具有公示股东的法律地位，其不能以其与显名股东之间的约定为由对抗外部债权人对显名股东主张的正当权利。因此，当显名股东因其未能清偿到期债务而成为被执行人时，其债权人依据工商登记中记载的股权归属，有权向人民法院申请对该股权强制执行。根据本案原审查明的事实，三力期货公司工商登记记载的股东为粮油集团和龙粮公司，科技支行依另案生效判决向法院申请冻结并强制执行粮油集团和龙粮公司在三力期货公司的股权，有事实和法律依据。因此，本案中，交易中心是否为三力期货公司的实际出资人，不影响科技支行实现其请求对三力期货公司股权进行强制执行的权利主张。故交易中心关于停止对粮油集团和龙粮公司所持有三力期货公司股权强制执行的请求，没有事实和法律依据，本院不予支持。

综上，原审判决认定事实清楚，适用法律正确，本院予以维持。交易中心的上诉请求没有事实和法律依据，不予采纳。本院依照《中华人民共和国民事诉讼法》第一百七十条第一款第（一）项的规定，判决如下：

驳回上诉，维持原判。

二审案件受理费 220800 元，由哈尔滨国家粮食交易中心承担。

本判决为终审判决。

审　判　长　王宪森

审　判　员　殷　媛

代理审判员　张雪楳

二〇一三年十一月二十二日

书　记　员　郑琪儿

14. 董事离任后承担敬业禁止义务需要有特殊约定

——李世江与荣成市铸钢厂董事损害公司权益纠纷案

【裁判要旨】

本案争议涉及的铸钢厂系股份合作制企业，目前我国未颁行实施股份合作制企业法律法规。股份合作制企业兼具有公司制企业或者合伙制企业组织的部分特征，但其既不是公司企业，也不是合伙企业，因此，有关股份合作制企业纠纷的处理，应首先尊重企业内部的规定、决定或者约定等，在企业内部没有约定的情况下，可以参照公司法或者合伙企业法的相关规定处理。公司法和合伙企业法对离任董事的敬业禁止业务没有明确规定，涉案企业对离任董事的敬业禁止业务也没有特殊规定，因此当事人主张离任董事离任后从事相关行业，违反敬业禁止义务的主张没有法律依据和合同依据，依法不应获得支持。

中华人民共和国最高人民法院民事判决书

（2013）民提字第 129 号

再审申请人（原一审被告、二审被上诉人、再审申请人）：李世江。

委托代理人：徐书泽，山东正原律师事务所律师。

被申请人（原一审原告、二审上诉人、再审被申请人）：荣成市铸钢厂，住所地：山东省荣成市荫子镇王管松村。

法定代表人：孙福建，该公司董事长。

李世江与荣成市铸钢厂（以下简称铸钢厂）董事损害公司权益纠纷一案，系铸钢厂于 2007 年 5 月 28 日向山东省荣成市人民法院提起诉讼形成的案件，对山东省荣成市人民法院作出的（2007）荣民一初字第 461 号民事判决，铸钢厂不服向山东省威海市中级人民法院提起上诉，该院作出（2008）威商终字第 80 号民事判决。李世江不服并向山东省高级人民法院申请再审，该院裁定提审本案后作出（2009）鲁民提字第 47 号民事判决。李世江不服向本院提出申诉。本院以（2011）民监字第 912 号民事裁定提审本案，依法组成由审判员王东敏担任审判长，审判员刘崇理、代理审判员曾宏伟参加的合议庭对案件进行了审理，书记员李洁担任记录。本案现已审理终结。

铸钢厂起诉认为，铸钢厂为 1998 年改组的股份制合作企业，李世江被股东选举为董事并担任主管生产的副厂长。2002 年 12 月 5 日李世江自行离厂后登记成立了威海市四维铸钢厂（以下简称四维铸钢厂），经营相同业务。李世江的行为违反董事忠实义务，侵害其权益，请求法院判令李世江停止侵害，赔偿其损失 100 万元并承担该案诉讼费用。

李世江答辩认为，其离开的原因是铸钢厂不按期发工资，拒绝缴纳劳动保险而被迫解除劳动关系。其离开铸钢厂后办厂，不是在任职期间，不存在违反忠实义务问题。其 2002 年 12 月离开，事隔五六年后铸钢厂提起诉讼，已经超过了诉讼时效，请求法院驳回铸钢厂的诉讼请求。

荣成市人民法院一审查明：铸钢厂始建于 1984 年，属村办集体企业，1997 年经荣成市体改委批准，改组为股份合作制企业，并于 1998 年重新办理了企业登记手续。李世江入股 6 万元，被股东会选举为董事并担任主管生产的副厂长。2002 年 11 月底左右，李世江在未办理相关手续的情况下离职。2003 年初，李世江在威海市环翠区温泉镇西崮村租赁厂房，登记成立了四维铸钢厂，生产与铸钢厂基本相同的产品。自 2003 年 1 月至 2007 年 6 月，李世江经营的四维铸钢厂开具增值税专用发票的经营额为 10113603.67 元，缴纳税款 1719312.46 元。

荣成市人民法院一审认为：公司法当中所指的公司仅包括有限责任公司和股份有限公司两种组织形式，而且依照该法的规定，设立上述两种公司在组织机构、公司章程、注册资本上应具备法定的条件，同时必须在公司名称中标明"有限责任公司"和"股份有限公司"字样。而铸钢厂属于股份合作制企业，系非公司法人单位，是集体经济的一种新的组织形式，并不符合公司法意义上的主体条件。故铸钢厂要求李世江按公司法的规定停止侵害、赔偿损失缺乏法律依据，其请求该院不予支持。该院作出（2007）荣民一初字第 461 号民事判决：驳回铸钢厂的诉讼请求。

铸钢厂不服一审判决，上诉至威海市中级人民法院。其主要上诉理由为，在没有全国性法律的情况下对股份合作制企业发生的纠纷应当参照适用公司法、合伙企业法和地方性法规。董事对企业负有忠诚义务，不得从事同类企业，其成立的四维铸钢厂与铸钢厂存在竞争关系，所得收入应归铸钢厂所有。李世江答辩请求维持一审判决。

威海市中级人民法院二审认为：股份合作制是采取了股份制的一些做法

的合作制经济形式，是社会主义市场经济中集体经济的一种新的组织形式。股份合作制融合了股份制与合作制的主要特征，既具有股份制企业的资本性、营利性，又具有合作性企业的互助性、民主性，是一种具有中国特色的特殊企业形态。股份合作制企业是营利性与互助性的结合。从企业成立的目的看，股份合作制企业与公司同样具有获取利润、追求营利的目的，但是营利又不是企业的唯一目标，其吸收了合作制的特点，将企业成员之间的互助、自救作为企业的目标之一，股份合作制企业成员的利益、成员之间的互助关系是企业成立的基础。股份合作企业是资本联合与劳动联合的结合。劳动联合是合作制企业的特征，资本联合是公司制企业的特征。合伙企业法第三十二条规定，合伙人不得自营或同他人合作经营与本企业相竞争的业务。铸钢厂属于股份合作制企业，股份合作制企业的董事、经理应当对企业承担什么义务，现行法律没有明确规定。但公司法和合伙企业法的上述规定表明，这并不意味着股份合作制企业的董事和经理，可以不受任何约束地从事与企业相类似的经营活动，损害公司权益而不承担相应的责任。

合同法第一百二十四条规定，本法分则或者其他法律没有明文规定的合同，适用本法总则的规定，并可以参照本法分则或者其他法律最相类似的规定。股份合作制企业作为在特殊历史条件下存在的一种特殊的企业形态，具有股份制企业的特征，与公司法所规范的股份制企业的特征具有一定的相同性。在目前尚无明确的法律对股份合作制企业进行规范的情况下，按照法律适用的规则，应当参照公司法的相关规定。原审法院以没有法律依据为由驳回铸钢厂的诉讼请求不当。李世江应当为自己的行为承担相应的民事责任。

公司法第一百四十九条规定，"董事、高级管理人员不得有下列行为：……（五）未经股东会或者股东大会同意，利用职务便利为自己或者他人谋取属于公司的商业机会，自营或者为他人经营与所任职公司同类的业务；……董事、高级管理人员违反前款规定所得的收入应当归公司所有。"一审查明的事实表明，李世江作为铸钢厂的董事，从事与铸钢厂同类的经营业务，违反了公司法的上述规定，损害了公司的合法利益，其一定期限内经营所得的收入应当归铸钢厂所有。根据相关法律法规的规定，李世江应当将其开办的四维铸钢厂的两年内的利润归为铸钢厂所有。

铸钢厂二审提交的威海铸锻行业协会的文件，虽然李世江不予认可，但李世江没有提供证据证明该文件载明的内容有何不当。该文件所载明的威海铸钢行业在 2003 年至 2007 年行业年纯利润为最低 15%，最高 25%，依法应予认定。

《最高人民法院关于民事诉讼证据的规定》第七十五条规定，有证据证明一方当事人持有证据无正当理由拒不提供，如果对方当事人主张该证据的内容不利于证据持有人，可以推定该主张成立。二审程序中，铸钢厂要求李世江提交其所开办的四维铸钢厂的账目，并主张该账目可以证明李世江的四维铸钢厂的利润至少占销售额的 10%。该院根据铸钢厂的申请，要求李世江提交其所开办的四维铸钢厂的账目，李世江在该院限定的期限内直至现在，无正当理由拒不提供。根据最高人民法院的上述规定，应当推定铸钢厂的该主张成立。铸钢厂主张的利润率为 10%，并未超过威海铸锻行业协会文件所证实的 15% 最低利润率，应予支持。

由于李世江在该院限定的期限内直至现在未提交账目，该院根据铸钢厂的申请，从税务机关调取了李世江所开办四维铸钢厂 2005 年至 2007 年的纳税申报表。因税务机关已无法提供李世江所开办四维铸钢厂的前两年即 2003、2004 年的纳税申报表，根据相关法律法规的规定和本案情况，应当以税务机关提供的李世江所开办四维铸钢厂 2005 年至 2007 年纳税申报表载明的四维铸钢厂三年的平均销售额确认四维铸钢厂 2003 年和 2004 年的年销售额为基数的 10% 计算李世江应给予铸钢厂的利润，即 2005 年至 2007 年年平均销售额 4059095.45 元的两年之和的 8118190.9 元的 10% 的利润为 811819 元。铸钢厂要求李世江赔偿其损失 100 万元中的其他部分，不予支持。

鉴于李世江已实际离开铸钢厂数年，且铸钢厂亦无证据证实李世江近几年内仍在行使董事的职权，因此，铸钢厂要求李世江停止侵害的诉讼请求，该院不予支持。综上，该院认为原审法院判决认定事实清楚，但适用法律不当。判决驳回铸钢厂要求李世江赔偿其损失的诉讼请求不当，应予纠正。但判决驳回荣成市铸钢厂要求李世江停止侵害的请求是正确的。该院遂于 2008 年 12 月 15 日作出（2008）威商终字第 80 号民事判决：一、撤销荣成市人民法院（2007）荣民一初字第 461 号民事判决；二、李世江于判决生效后十日内赔偿铸钢厂人民币 811819 元；三、驳回铸钢厂的其他诉讼请求。

李世江不服该二审判决，向山东高院申请再审。其申请再审主要理由为，二审判决适用公司法第一百四十九条错误，公司法该条未规定离任后一定期间的竞业禁止义务。其是在离开铸钢厂后办的企业，董事是企业委任的，铸钢厂须向董事支付报酬。自其离开铸钢厂后，铸钢厂未再给其报酬，也未通知其开会等，铸钢厂不再给其董事的权利，其不再负有董事的义务。原审判决其向铸钢厂支付 811819 元无事实依据。四维铸钢厂的纯利润与李世江的收入不能等同，即使是四维铸钢厂的纯利润，原审判决认定的数字也是推定的。铸钢厂答辩请求维持二审判决。

山东高院再审查明事实与原审查明的事实相同。

山东高院再审认为：股份合作制是我国企业改制过程中出现的一种企业组织形式，兼具公司企业和合伙企业的部分特征，本案铸钢厂与李世江之间因董事损害公司权益的相关纠纷，在目前尚无明确的法律对股份合作制企业进行规范的情况下，可参照公司法或者合伙企业法规定的原则予以处理。本案中，李世江是擅自离任，也没有经铸钢厂董事会同意，李世江对铸钢厂依法负有忠实义务。

董事违反忠实义务，公司有权要求违反忠实义务的董事将违反忠实义务的收入归于公司所有，并赔偿损失。由于李世江在法院限定的期限内未提交四维铸钢厂账目，其应当承担不予举证的责任。法院根据铸钢厂的申请，从税务机关调取了四维铸钢厂 2005 年至 2007 年的纳税申报表。因税务机关已无法提供四维铸钢厂前两年，即 2003 年和 2004 年的纳税申报表，根据相关法律法规的规定和本案情况，应当以税务机关提供的四维铸钢厂 2005 年至 2007 年纳税申报表载明的四维铸钢厂三年的平均销售额，确认四维铸钢厂 2003 年和 2004 年的年销售额为基数的 10%，计算李世江 2003 年和 2004 年违反董事忠实义务所得的收入，即 2005 年至 2007 年平均销售额 4059095.45 元的两年之和的 8118190.9 元的 10% 的利润为 811819 元。铸钢厂要求李世江赔偿其损失 100 万元中的其他部分，不予支持。李世江认为原二审判决计算损失方法错误的理由，该院不予支持。综上，原二审判决正确，应予维持。本案经该院审判委员会讨论决定，于 2010 年 11 月 11 日作出（2009）鲁民提字第 47 号民事判决：维持山东省威海市中级人民法院（2008）威商终字第 80 号民事判决。

李世江不服再审判决，向本院提出申诉，请求依法撤销威海市中级人民法院（2008）威商终字第 80 号民事判决、山东省高级人民法院（2009）鲁民提字第 47 号民事判决，驳回铸钢厂的诉讼请求。主要理由如下：

一、铸钢厂的工商登记明确载明其为非公司法人，该案即使适用公司法，因公司法规定董事离任后一定时间内应承担竞业禁止义务，依据《最高人民法院关于适用〈中华人民共和国民事诉讼法〉审判监督程序若干问题的解释》第十三条第（三）项的规定，威海市中院、山东省高院的判决属于适用尚未施行的法律。（1）依据旧公司法规定，董事任期三年后，无论是未召集股东会，致使未及时改选，还是未能连选，导致无法连任，其都不再是董事了。李世江 1998 年 2 月任铸钢厂董事，2001 年 2 月届满三年，因此，李世江自此以后就不再是铸钢厂的董事了。（2）董事是受托管理者，董事可以随时解除其与公司的这种受托的契约关系，况且董事一经离开公司，其已无管理公司、执行公司业务的可能和前提。因此，李世江 2002 年 11 月底离开铸钢厂，无须铸钢厂的同意，其与铸钢厂董事的契约关系即告终止。尤其是，李世江是因为铸钢厂始终拒绝缴纳社会保险金，离开前铸钢厂也不及时发放工资了，不得已才离开。（3）铸钢厂对李世江终止其董事的契约关系是明了的，且铸钢厂以行为表明其同意终止此关系。自2002年11月底李世江离开，其再未付给李世江报酬。铸钢厂也未举证证明，其自李世江离开铸钢厂，曾通知过李世江参加董事会，更不用说让李世江能再行使董事的职权了。

二、即使按照部分学者的观点，董事离任后一定时间内应承担竞业禁止的义务，本案法院也不应判决李世江承担责任。（1）铸钢厂的企业章程没有规定离任董事负有竞业禁止义务，铸钢厂更没有给予过李世江相应的补偿。威海市中院的判决，与李世江的权利义务是不对等的。（2）李世江2003年、2004年只是筹建了四维铸钢厂，这两年四维铸钢厂并未实际从事多少售钢业务，更未从中获利。威海市中院用四维铸钢厂2005年至2007年的纳税申请表推定2003年、2004年四维铸钢厂的销售额，显然是闭门造车！况且四维铸钢厂是李世江开办的个人独资企业，2003年、2004年四维铸钢厂所谓的"利润"，与公司法第一百四十九条第二款规定的所得的收入是两个不同的法律概念。（3）国外许多其他国家法律不仅明确规定了董事离任后一定时间内应承担竞业禁止义务，而且明确规定了公司行使归入权的期限。李世江于2003年1月成立四维铸钢厂，铸钢厂于4年后的2007年5月起诉，无论如何都超过了诉讼时效。

铸钢厂在再审程序中未提出书面答辩意见。

本院认为，本案争议涉及的铸钢厂系股份合作制企业，目前我国未颁行实施股份合作制企业法律法规。股份合作制企业兼具有公司制企业或者合伙制企业组织的部分特征，但其既不是公司企业，也不是合伙企业，因此，有关股份合作制企业纠纷的处理，应首先尊重企业内部的规定、决定或者约定等，在企业内部没有约定的情况下，可以参照公司法或者合伙企业法的相关规定处理。铸钢厂起诉时称李世江是在2002年年底离开铸钢厂后投资设立的四维铸钢厂，根据本案查明的事实，李世江在投资设立四维铸钢厂后未在铸钢厂行使董事职权，未领取过工资报酬，应认定李世江在成立四维铸钢厂时已经不再参与铸钢厂的管理事务，不存在同时担任董事职务和开办其他企业的行为。在该案的审理中铸钢厂始终未能提交其企业有关于董事离任后应不得经营与本企业同类业务等涉及竞业禁止义务内容的相关规定、决议或者约定等，其主张李世江离开企业设立其他同类企业违反董事忠实义务等没有合同依据。公司法第一百四十九条对在任董事忠实义务有明确规定，对董事离任后是否应当承担相关义务等没有明确规定，因铸钢厂诉讼主张李世江是在离开铸钢厂后发生的设立其他公司行为，公司法中没有类似的规定可以参照适用。合伙企业法第三十二条规定，合伙人不得自营或者同他人合作经营本合伙企业相竞争的业务，因铸钢厂是以李世江为董事和副厂长身份起诉的，并非以李世江的股东身份起诉，且在山东省文登市人民法院（2011）文商初字第472号民事案件中，铸钢厂主张李世江离开该企业后即丧失股东身份，该院一审判决和山东省威海市中级人民法院（2011）威商终字第310号终审民事判决支持了铸钢厂的主张，自李世江离开铸钢厂之日起对其股东身份予以除名，故对李世江离厂后的行为也不宜参照适用合伙企业法。原二审、再审法院参照适用公司法和合伙企业法，属于适用法律错误，应予以纠正。因铸钢厂未能提交关于李世江利用其在铸钢厂的职务身份侵占其利益，四维铸钢厂的经营收入与李世江在铸钢厂的职务有直接关系等方面的证据，其主张四维铸钢厂的经营收入应归其所有，不符合承担侵权民事责任的法律规定。综上分析，铸钢厂请求李世江承担赔偿责任的依据不足，其诉讼请求应当予以驳回。李世江在一审审理中以超过诉讼时效为由提出抗辩，一审法院及二审、再审法院对李世江在答辩中提出的超过诉讼时效的抗辩请求不予审理，存在明显错误。李世江在本案再审申请中又明确提出铸钢厂的诉讼请求超过诉讼时效，因本院认为李世江离开铸钢厂后对铸钢厂没有承担义务或责任的依据，应驳回铸钢厂的诉讼请求，该结果与其主张诉讼时效超过的结果相同，为节约司法资源，对其再审中提出的诉讼时效超过问题不再审理。综上，本院依照《中华人民共和国民事诉讼法》第二百零七条第一款、第一百七十条第一款第（一）项之规定，判决如下：

一、撤销山东省威海市中级人民法院（2008）威商终字第80号民事判决、山东省高级人民法院（2009）鲁民提字第47号民事判决；

二、维持山东省荣成市人民法院（2007）荣民一初字第461号民事判决。

本案一审、二审案件受理费各13800元，由荣成市铸钢厂负担。

本判决为终审判决。

审　判　长　王东敏

审　判　员　刘崇理

代理审判员　曾宏伟

二〇一三年十一月二十三日

书　记　员　李　洁

15. 当事人通过股权回购方式转让股权，并非以长期牟利为目的，当事人应当依约履行合同义务

——联大集团有限公司与安徽省高速公路控股集团有限公司股权转让纠纷案

【裁判要旨】

股权协议转让、股权回购等作为企业之间资本运作形式，已成为企业之间常见的融资方式。如果并非以长期牟利为目的，而是出于短期融资的需要产生的融资，其合法性应予承认。据此，当事人关于双方股权转让实为融资借贷应认定无效的上诉理由不能成立。

中华人民共和国最高人民法院民事判决书

（2013）民二终字第 33 号

上诉人（原审原告）：联大集团有限公司。住所地：山东省济南市千佛山西路 28 号。

法定代表人：吴晓梦，该公司董事长。

委托代理人：黄蒙地，该公司法律顾问。

委托代理人：张寿云，北京市亿中律师事务所律师。

被上诉人（原审被告）：安徽省高速公路控股集团有限公司。住所地：安徽省合肥市包河区美菱大道 8 号。

法定代表人：周仁强，该公司董事长。

委托代理人：吴　岳，海南东方国信律师事务所律师。

委托代理人：宋小林，安徽高速律师事务所律师。

上诉人联大集团有限公司（下称联大集团）为与被上诉人安徽省高速公路控股集团有限公司（下称安徽高速）股权转让纠纷一案，不服江苏省高级人民法院（2010）苏商初字第 0002 号民事判决，向本院提起上诉。本院受理后，依法组成由审判员宫邦友担任审判长，审判员朱海年、代理审判员林海

权参加的合议庭进行了审理。书记员陆昱担任记录。本案现已审理终结。

江苏省高级人民法院一审查明：一、签订《股权转让协议书》的事实及协议相关内容。2003 年 4 月 30 日，联大集团与安徽高速于安徽省合肥市签订《股权转让协议书》，由安徽高速受让联大集团持有的安徽安联高速的 49% 股权。协议书载明以下内容：鉴于 1. 1998 年 8 月 3 日，双方共同出资设立主要从事高速公路经营管理的有限责任公司安徽安联高速；2. 截至协议签订之日，安徽安联高速的注册资本为 7 亿元，联大集团出资 4.2 亿元，安徽高速出资 2.8 亿元，双方出资比例分别为 60%、40%；3. 双方同意在约定的条件下，联大集团向安徽高速转让安徽安联高速 49% 的股权。同时，安徽高速同意在受让该股权后的两年内，在符合约定的回购条件下，联大集团可以回购上述转让的全部股权。双方达成以下协议：（1）联大集团向安徽高速转让安徽安联高速 49% 的股权，由安徽高速向联大集团支付 4.5 亿元转让对价。（协议第三条、第四条）（2）安徽高速如不能按约向联大集团支付转让金，安徽高速应立即按登记机关的要求申请将被转让的股权重新变更至联大集团名下，并承担违约责任。（协议第五条）（3）登记机关核准股权变更，并在安徽安联高速工商登记档案中登录变更内容之日为转让股权的交割日。安徽高速自交割日开始按约履行付款义务，联大集团回购股权的两年期限同时起算。（协议第七条）（4）股权转让后，安徽安联高速的董事会由 5 名董事组成，联大集团推举 2 名，安徽高速推举 3 名，董事会按董事人数简单过半数原则进行表决，公司董事长（法定代表人）在联大集团推举的董事中选举产生。（协议第九条）（5）安徽高速承诺，自本次股权转让完成之日起两年内，对受让的股权不转让给第三方，如联大集团提出购回本次被转让的股权，在符合本协议约定的条件下，安徽高速同意该回购请求，回购金额由以下部分组成：本次转让金 + 本次转让金 ×［同期银行贷款年利率（自本次股权转让完成日至回购完成日）+1%（指同期银行利息上浮一个点的利率）］。（协议第十条第 2 项）（6）自本次股权转让完成日起两年内，联大集团没有行使约定的股权回购权利（包括没有提出回购请求，或虽提出回购请求但没有按约支付回购金额），则联大集团失去本次被转让股权的回购权，联大集团不得再就购回该股权提出请求，或者联大集团虽然提出请求但安徽高速可以不予支持。（协议第十条第 3 项）（7）本协议在下列条件成就之日起生效：①本协议经双方法定代表人签署；②联大集团提供书面证明材料，用于证明本次被转让股权未用于任何具有担保性质的质押或虽有该等质押但在交割日前已合法解除，安徽高速对该证明材料出具了书面核实文件；③联大集团提供书面证明材料，用于证明本次被转让股权在交割日前没有被任何法院、仲裁机构、行政机关抵押、查封等任何对本次转让行为设置的限制性措施，安徽高速对该证明材料出具了书面核实文件；④联大集团提供书面证明材料，用于证明本次被转让股权不存在其他转让限制或虽有该等限制但在交割日前已合法解除，安徽高速对该证明材料出具了书面核实文件；⑤如有规定，取得政府有关部门对本协议的批准。（协议第十二条）

当日，安徽安联高速的股权变更登记手续办理完毕。安徽高速事后支付了股权转让款。

以上事实有《股权转让协议书》《股权变更核准通知书》证明，当事人均予确认。

二、关于联大集团主张股权回购权是否超过诉讼时效的事实。

安徽高速认为联大集团自 2007 年 3 月 19 日发出《关于召开董事会、股东会提议的复函》起，至 2009 年 7 月 20 日向山东高院提交反诉状期间，从未根据《股权转让协议书》向安徽高速主张回购股权，因此，联大集团在本案中主张回购股权已超过两年的诉讼时效期间。

经查，2007 年 7 月 8 日，在金安公司诉联大集团、安徽高速借款合同纠纷一案中，联大集团出具答辩状，称：从 2004 年 4 月联大集团不断发函或派人去安徽商谈股权回购问题，安徽高速以种种借口予以阻挠。同年 10 月 29 日，在该案庭审作最后陈述时，联大集团表示同意金安公司提出的撤销股权转让协议，由安徽高速返还联大集团转让的安徽安联高速 49% 的股权等诉讼请求。12 月 10 日，在该案质证过程中，联大集团称，股权转让是为了融资的需要，没有进行评估、审批，整个行为无效，请求判令股权转让协议无效。

三、关于《股权转让协议书》效力的事实。

1. 关于股权转让协议是否经过有关机关批准，如未经批准是否影响合同效力的事实。

股权转让协议第 12 条约定，协议在所列 5 项条件全部成就之日起生效，其中第 5 项为"如有规定，取得政府有关部门对本协议的批准"。但该协议未经有关机关批准。

1994 年 11 月 3 日国家国有资产管理局、国家经济体制改革委员会发布的《股份有限公司国有股权管理暂行办法》（国资企发〔1994〕81 号）第 29 条规定，国有股权可以依法转让。国家股权转让应符合以下规定：（1）转让国家股权应以调整投资结构为主要目的。（2）转让国家股权须遵从国家有关转让国家股的规定，由国家股持股单位提出申请，说明转让目的、转让收入的投向、转让数额、转让对象、转让方式和条件、转让定价、转让时间以及其他具体安排。（3）转让国家股权的申请报国家国有资产管理局和省级人民政府国有资产管理部门审批；向境外转让国有股权的（包括配股权转让）报国家国有资产管理局审批；国家股转让数额较大，涉及绝对控股权及相对控股权变动的，须经国家国有资产管理局会同国家体改委及有关部门审批。该规范性文件为行政规章，已被 2008 年 1 月 31 日发布的《财政部关于公布废止和失效的财政规章和规范性文件目录（第十批）的决定》废止。

2. 关于案涉股权转让时是否经评估，以及如未经评估是否影响股权转让协议效力的事实。

1991 年 11 月 16 日，中华人民共和国国务院颁布第 91 号《国有资产评估管理办法》（以下简称《办法》），其中第三条规定：国有资产占有单位有下列情形的应当进行资产评估：（1）资产拍卖、转让；（2）企业兼并、出售、联营、股份经营；（3）与外国公司、企业和其他经济组织或者个人开办中外合资经营企业或者中外合作经营企业；（4）企业清算；（5）依照国家有关规定需要进行资产评估的其他情形。第十二条规定：国有资产评估按照下列程序进行：（1）申请立项；（2）资产清查；（3）评定估算；（4）验证确认。第三十八条规定：本办法由国务院国有资产管理行政主管部门负责解释。本办法的施行细则由国务院国有资产管理行政主管部门制定。1992 年 7 月 18 日，国家国有资产管理局发布《国有资产评估管理办法施行细则》（以下简称《施行细则》），其中第十条规定：对于应当进行资产评估的情形没有进行评估，或者没有按照《办法》及本细则的规定立项、确认，该经济行为无效。

在联大集团向安徽高速转让案涉股权时，该股权价值未经评估。

3. 关于案涉股权转让是否属于名为股权转让，实为企业之间借贷的事实。

联大集团认为案涉股权转让行为的性质是企业之间的质押借款，即联大集团将案涉股权作为质押物，向安徽高速借款。依据为：（1）2002 年 11 月关于江苏悦达集团收购安徽安联高速股权的新闻网页，证明第三方江苏悦达集团欲以 14 亿元收购联大集团持有的安徽安联高速 60% 的股权，但安徽高速希望与联大集团继续合作，为了解决联大集团的资金需求，安徽高速愿意提供借款，并由联大集团提供安徽安联高速 49% 的股权作为质押担保，由于企业之间不允许借贷，因此，双方签订股权转让协议，并约定了远低于市场价格的股权转让价格 4.5 亿元，且未经评估。（2）《安徽省高速公路总公司、联大集团有限公司关于安联高速公路有限公司股份回购的请示》载明：2002 年 10 月，联大集团因流动资金周转出现暂时困难，拟将所持安徽安联高速的股权转让给江苏悦达集团，安徽高速不希望联大集团退出安徽安联高速，愿意在联大集团将股权作为质押担保的前提下向联大集团提供借款。具体操作是联大集团将49%的股权先转让给安徽高速，同时约定联大集团在两年内可以回购，回购价格为股权转让价格加上按同期银行贷款利率上浮一个百分点的利息，并签订了股权转让协议。安徽高速与联大集团仅仅是通过签署股权转让协议的形式达到企业间资金融通的目的。（3）《股权转让协议书》的相关约定也证明其具有质押借款的特征，如约定安徽高速如不能按约向联大集团支付股权转让款，应立即按登记机关的要求申请将被转让的股权重新变更至联大集团名下，并承担违约责任；股权转让后的安徽安联高速法定代表人仍由联大集团推举的人员担任；股权转让后两年内，安徽高速不得转让该股权，联大集团享有回购权，回购款项为股权转让款及略高于银行利率计算的利息等。（4）2004年12月27日，安徽高速在致联大集团的《关于股权回购协议书的回复意见》中也认可借款事实。该函件相关内容为："基于双方股权转让目的系配合贵司融资需要，故我公司坚持股权回购款全部到位后再办理股权变更登记手续，不接受贵司先办理变更登记及银行保函的要求。"

安徽高速认为，联大集团关于股权转让行为实为质押借款的主张没有事实依据。（1）新闻网页未经公证，对证据的真实性、合法性不能确认，且江苏悦达集团与联大集团的交易并未真实发生，联大集团也不能提供双方订立的合同等直接证据证明收购事实。（2）《安徽省高速公路总公司、联大集团有限公司关于安联高速公路有限公司股份回购的请示》仅为联大集团单方起草的稿件，并未得到安徽高速的确认，不能证明相关事实。（3）股权转让协议并无关于质押借贷的内容。（4）《关于股权回购协议书的回复意见》中的融资不应理解为借款，融资的方式有很多种，只要是解决企业资金问题的方式均为融资，转让股权也是融资的方式之一。（5）股权回购与借贷融资是两个不同的法律概念，回购股权存在或然性，而借贷合同中的还本付息具有必然性。

4. 关于股权转让价格是否明显低于市场价格，是否影响股权转让协议效力的事实。

联大集团认为案涉股权转让价格明显低于市场价格，其提供的证据除前述江苏悦达集团拟收购安徽安联高速股权的新闻网页外，还提供了2008年3月安徽安联高速的股东会议资料，证明安徽安联高速2007年度的净利润为2.5亿元。同时，其还主张安徽安联高速2011年7月4日向股东分配股权收益的总额是9.98亿元。

安徽高速认为，其对新闻网页的真实性不予认可。联大集团提供的上述股东会议资料为电脑打印件，没有任何单位、个人的签章，对其真实性、合法性不能确认，且该会议资料的内容为安徽安联高速2007年度的情况，并非

2003年初本案股权转让时安徽安联高速的情况，不能证明股权转让时安徽安联高速的资产状况和股权价值。2011年7月4日是安徽安联高速设立13年后第一次分红，资本年回报率不足10%，恰恰证明联大集团关于江苏悦达集团在2002年底出资14亿元收购安徽安联高速股权的说法不具有合理性。

同时，安徽高速提供以下证据：（1）2003年3月3日，安徽华普会计师事务所接受安徽安联高速的委托作出的华普审字〔2003〕第0240号审计报告，证明截至2002年12月31日，安徽安联高速的未分配利润为−17361.125696万元，公司处于亏损状态。（2）2006年5月29日，云南亚太司法鉴定中心接受云南省昆明市中级人民法院的委托作出的云南亚太司法鉴字〔2006〕第2号资产评估报告，证明以2006年3月31日为基准日，安徽安联高速的股权每股价值为1.93元。（3）2006年5月10日，山东新联谊有限责任会计师事务所接受山东省济南市中级人民法院的委托作出的鲁新联谊评报字（2006）第2029号资产评估报告，证明以2006年3月31日为基准日，安徽安联高速11%的股权（7700万股）价值14919.87万元。因此，安徽安联高速在案涉股权转让时处于亏损状态，即使到2006年，其股权价值也仅为每股1.94元左右，而股权转让协议约定的转让价已达到每股1.31元，故该价格公平合理。联大集团对上述审计报告、评估报告的真实性无异议，但认为不能证明安徽高速的观点。

四、关于联大集团主张回购股权的事实。

第一部分　双方函件往来

2004年4月7日，联大集团向安徽高速发出《关于申请回购安徽安联股权的函》（联大函字〔2004〕2号）："根据贵我双方于2003年4月30日签订的《股权转让协议书》第10条第2款的约定，我公司拟于近期回购安联高速49%的股权，具体回购细节由双方人员共同商讨，特此函告，望协助为盼！"4月21日，安徽高速向安徽省国资委请示股权回购事宜。

10月8日，联大集团再次致函安徽高速，要求回购股权。10月13日，联大集团向安徽省政府提出《关于帮助解决股权回购问题的请示》（联大函字〔2004〕17号），请求安徽省政府帮助解决股权回购问题，省政府领导作出依法办事的批示。11月1日，安徽省国资委向省政府领导提出《关于山东联大集团公司回购安联高速公路有限公司股权的请示》（皖国资产权函〔2004〕293号），拟同意联大集团按《股权转让协议书》的约定回购股权，省领导批示同意。该请示载明，安徽高速对联大集团提出的回购要求不持异议，但不同意联大集团将案涉股权转让给第三方。

11月15日，联大集团草拟《股权回购协议书》一份，其中股权回购款的支付条件为：该协议生效后，由联大集团向安徽高速提供银行保函，作为支付股权回购款的保证，安徽高速在收到联大集团提供的银行保函之日起10个工作日内备齐相关文件资料，向安徽省工商行政管理局申请将案涉股权变更登记在联大集团名下，完成回购股权的工商变更登记后，安徽高速向联大集团提示付款，联大集团将股权回购款按约汇入安徽高速指定账户。该协议稿未得到安徽高速的确认，安徽高速另行起草了一份《股权回购协议书》。

12月20日，联大集团针对安徽高速草拟的《股权回购协议书》向安徽高速提出《关于对〈股权回购协议书〉的意见》（联大字〔2004〕25号）。联大集团认为双方应遵循《股权转让协议书》处理股权回购事宜，而安徽高速草拟的《股权回购协议书》中存在大量超越《股权转让协议书》约定的内容，因此，其不接受该协议稿。同时，联大集团认为，原股权转让时是先办理股权变更登记，后支付股权转让款，因此，股权回购时也应先办理股权过户，后支付股权回购款，为保证付款，联大集团愿意提供银行保函。

12月27日，安徽高速向联大集团提出《关于股权回购协议书的回复意见》（皖高路划〔2004〕32号）。安徽高速的主要意见为：1.《股权回购协议书》必须约定协议由双方签署并经安徽省国资委、交通厅批准后生效；2. 双方需就迟延出资利息补偿、借款及或有负债处置、担保处置、税费处理、利润分配、回购后公司管制、再转让之限制等事项协商一致并形成法律文件后，安徽高速才能签署《股权回购协议书》；3. 原则接受《股权转让协议书》约定的股权回购价格的计算方法；4. 坚持在股权回购款全部到位后再办理股权变更登记手续，不接受联大集团关于先办理股权变更登记并提供银行保函的意见。

2005年1月13日，安徽高速企业策划处就联大集团与安徽高速在股权回购事宜上的主要分歧向总公司进行内部请示。1月18日，安徽高速向联大集团提出《关于股权回购的几点反馈意见》（皖高路划函〔2005〕1号），主要内容为：1. 明确要求联大集团在2005年4月30日之前将回购款足额汇至安徽高速，否则不认为联大集团已履行回购提示义务；2. 迟延出资补偿及限制转让第三方的问题，在股权回购协议文本商定后，安徽高速将随同协议文本请示安徽省行政主管部门；3. 请联大集团积极配合并协助协商确定担保补偿、借款及或有负债、税费等问题；4. 协议须经有关部门审批后生效。

4月26日，联大集团向安徽高速发出《关于回购"安徽安联"公司股权的函》。联大集团提出按照当初履行《股权转让协议书》的方式进行股权回购，即先办理股权过户，后付款。

4月28日，安徽高速致联大集团《关于回购"安徽安联"公司股权的复函》（皖高路办函〔2005〕8号）。主要内容为：因联大集团持有的剩余安徽安联高速11%的股权已被青岛、济南等地法院查封，联大集团提出的先过户后付款的要求难以保障联大集团取得股权后仍享有相应的股权利益，可能影响安徽高速的交易安全。因此，安徽高速要求在联大集团于2005年4月30日前支付约定的股权回购款的同时，安徽高速将案涉股权变更登记至联大集团名下。若联大集团逾期未支付约定的回购金额，将丧失回购权。

4月29日，联大集团向安徽高速致函（联大函字〔2005〕0429-1号）。主要内容为：联大集团已多次致函或派员与安徽高速商谈股权回购事宜，积极配合办理相关手续，但安徽高速一再拖延，并提出诸多与《股权转让协议书》内容无关的不合理的问题，对于联大集团提出的由联大集团提供银行保函后，先办理股权过户手续，后支付股权回购款的合理要求未予采纳，导致双方未能签订《股权回购协议书》，由此产生的不利后果均因安徽高速的行为导致，联大集团不因此丧失股权回购权，故联大集团仍坚持先由双方按《股权转让协议书》的要求签订《股权回购协议书》，进一步明确股权过户时间、回购款总金额、回购款支付方式及期限，并据此分别办理股权过户和支付回购款事宜。

4月30日，安徽高速致联大集团《关于联大函字〔2005〕0429-1号的复函》（皖高路办函〔2005〕9号）。主要内容为：1.安徽高速一直配合联大集团完成股权回购事宜，在收到2004年4月7日联大集团要求回购股权的函件后，因涉及国有资产转让的法律法规调整，安徽高速即按《企业国有产权转让管理暂行办法》向安徽省国资委请示。收到联大集团10月8日发出的函件后，安徽高速书面请示安徽省国资委。此后，安徽高速与联大集团相关人员就股权回购事宜进行协商，并多次致函联大集团阐明相关意见，但双方未形成一致意见。2.股权回购必须严格执行《股权转让协议书》的约定。

5月8日，联大集团致函安徽高速（联大函字〔2005〕0508-1号）。主要内容为：联大集团一再申明双方必须按《股权转让协议书》的约定签署股权回购协议，并根据股权回购协议办理股权过户及回购款支付手续。

第二部分　安徽省国资委的批复

2004年11月26日，安徽省国资委出具《关于山东联大集团公司要求回购安联高速公路有限公司股权的批复》（皖国资权函〔2004〕322号）。主要内容为：1.安徽省国资委同意安徽高速与联大集团继续履行《股权转让协议书》，由联大集团按该协议的约定回购相关股权。2.股权转让情况要及时报安徽省国资委备案并办理产权变更手续。

联大集团、安徽高速对上述函件往来、安徽省国资委批复的事实均无异议。但联大集团认为其已按约向安徽高速提示回购股权，但安徽高速设置种种障碍恶意阻挠联大集团回购股权。联大集团担心支付股权回购款后不能实现股权回购，即使实现回购也可能造成巨大损失，为了保障其合法权益，联大集团未付款，而是提出由其提供银行保函，然后按原股权转让时的操作顺序，先由安徽高速转让股权并办理工商变更登记，后由联大集团支付股权回购款。由于安徽高速人为设置障碍，导致联大集团未能按期回购股权，联大集团未丧失该股权回购权。安徽高速认为，因联大集团当时资产状况恶化，剩余资产已被多家法院查封，如先转让股权，可能造成安徽高速的利益受到严重损害，因此未同意联大集团先办理股权过户，后支付回购款项的要求。由于联大集团未按约支付股权回购款，其已丧失股权回购权。

五、关于联大集团是否具有股权回购款的支付能力的事实。

联大集团提供2004年4月至2005年3月的收付款凭证、借款凭证等，证明联大集团及其关联企业积极筹集回购资金，进账金额达7亿元，具有付款能力。安徽高速对上述凭证的真实性、合法性不认可，且认为联大集团未提供证据证明该款项与回购股权有关。

安徽高速为了证明联大集团不具备支付股权回购款的能力，提供了部分案件的民事判决书、《银监会开列慎贷名单民营系集中名列黑榜》的新闻网页、安徽省工商行政管理局的《股权冻结通知书》、部分拍卖成交确认书等，证明联大集团因企业业务范围较广，对外过度投资和担保而被列入中国银行业监督管理委员会向各金融机构通报的慎贷黑名单。且联大集团因对外巨额负债，其所持安徽安联高速11%的股权在2005年3月、4月被青岛、济南、昆明等多家法院查封、拍卖。联大集团认为上述新闻网页证据形式不合法，不具有真实性，不能证明联大集团资产恶化。其他证据所涉案件标的较小，也不能证明联大集团没有付款能力。况且，安徽高速的代理人在与本案相关联的金安公司与联大集团、安徽高速借款合同纠纷一案的庭审中认可联大集团有资产，有付款能力。

六、《企业国有产权转让管理暂行办法》《安徽省高速公路经营权转让管理暂行办法》的相关规定。

2003年12月31日，国务院国有资产监督管理委员会公布《企业国有产权转让管理暂行办法》，并于2004年2月1日起施行。该办法第九条规定，所出资企业对企业国有产权转让履行下列职责："（一）按照国家有关规定，制定所属企业的国有产权转让管理办法，并报国有资产监督管理机构备案；……（四）向国有资产监督管理机构报告有关国有产权转让情况。"第二十五条规定，国有资产监督管理机构决定所出资企业的国有产权转让。其中，转让企业国有产权致使国家不再拥有控股地位的，应当报本级人民政府审批。第二十六条规定，所出资企业决定其子企业的国有产权转让。其中，重要子企业的重大国有产权转让事项，应当报同级国有资产监督管理机构会签财政部门后批准。

2004年5月8日，安徽省政府办公厅印发《安徽省高速公路经营权转让管理暂行办法》。该办法第二条第二款规定，本办法所称高速公路经营权，是指省人民政府特许的高速公路（含公路桥梁、隧道、渡口）收费权，以及高速公路沿线规定区域内服务设施的经营权。该条第三款规定，本办法所称高速公路经营权转让，是指由国有交通投资企业或者省人民政府授权的交通行政主管部门，在一定期限内将高速公路经营权转让给具备条件的境内外法人经营的一种特许行为。

2010年2月21日，江苏省高级人民法院受理该案，联大集团请求判令：1. 确认联大集团拥有安徽安联高速40%股权的回购权，安徽高速立即按照合同约定同意联大集团回购；2. 安徽高速向联大集团交付上述股权，并办理股权变更手续；3. 由安徽高速承担本案诉讼费用。

江苏省高级人民法院审理认为：一、联大集团提起本案诉讼未超过诉讼时效期间。《最高人民法院关于审理民事案件适用诉讼时效制度若干问题的规定》第十三条规定，"下列事项之一，人民法院应当认定与提起诉讼具有同等诉讼时效中断的效力：……（九）其他与提起诉讼具有同等诉讼时效中断效力的事项。"据此，联大集团在金安公司诉联大集团、安徽高速借款合同纠纷一案中主张的无论是其同意金安公司提出的撤销股权转让协议，由安徽高速返还股权的诉讼请求的观点，还是股权转让协议无效的观点，均包含了要求安徽高速返还讼争股权的诉求。因此，联大集团于2007年10月29日、12月10日提出的相关诉求已构成诉讼时效中断的情形，其于2009年7月20日提出回购股权的反诉请求，并未超过两年的诉讼时效期间。

二、《股权转让协议书》的内容合法有效。

1. 未经有关机关批准不影响《股权转让协议书》的效力。联大集团认为，该协议未经有关国家机关批准，不符合合同约定及有关规定，应为无效。该院认为：首先，根据《中华人民共和国合同法》（以下简称合同法）第五十二条第（五）项规定，有下列情形之一的，合同无效：……违反法律、行政法规的强制性规定。而《股份有限公司国有股权管理暂行办法》系行政规章，并非法律或行政法规，合同内容违反行政规章并不当然无效。其次，虽然股权转让协议有关于取得政府部门批准的约定，但协议签订当天，双方当事人就办理了股权变更的工商登记，安徽高速已向联大集团支付了股权转让款，联大集团也向安徽高速提出了回购股权的主张。因此，股权转让协议已实际履行，双方当事人以实际履行行为变更了上述约定。况且，本案系两个国有企业之间转让股权，不会产生国有资产流失的后果，未经审批不会损害国家利益或社会公共利益。故是否经过有关机关批准不影响该协议的效力。

2. 未经评估亦不影响《股权转让协议书》的效力。联大集团认为，案涉股权在转让时未经评估，违反了《办法》和《施行细则》的强制性规定，股权转让协议应为无效。该院认为，从《办法》的规定看，制定《施行细则》应为国务院授权国有资产管理行政主管部门进行行政立法的行为，《施行细则》应为行政法规，安徽高速认为《施行细则》为行政规章的观点不能成立。但本案中不应依据《办法》和《施行细则》的规定认定股权转让行为无效，理由为：(1)《办法》和《施行细则》均出台于20世纪90年代初，此时合同法尚未颁布，国家尚未通过立法确立保护交易安全的理念，但在合同法颁布后，应尽可能促进交易安全，不能轻易否定交易行为的效力。(2)《施行细则》相关规定的目的在于防止国有资产流失，本案中系在两大国有企业之间流转股权，不存在国有资产流失的可能，因此，亦不宜依据《施行细则》确认股权转让行为无效。

3. 《股权转让协议书》并非名为股权转让，实为企业之间借贷的协议。联大集团认为股权转让协议是名为股权转让，实为企业之间借贷的协议。由于对联大集团提供的新闻网页的真实性不能确认，联大集团起草的请示稿件未经安徽高速确认，因此上述证据不能作为本案的定案依据。而股权转让协议并未约定关于质押借款的内容，安徽高速在相关回复意见中表述的"融资"亦存在以其他形式进行融资的可能，不能仅理解为借款融资。故联大集团的该项主张缺乏事实和法律依据，该院不予支持。

4. 联大集团认为股权转让价明显低于市场价格的观点不能成立。《最高人民法院关于适用〈中华人民共和国合同法〉若干问题的解释（二）》第十九条第一款、第二款规定，对于合同法第七十四条规定的"明显不合理的低价"，人民法院应当以交易当地一般经营者的判断，并参考交易当时交易地的物价部门指导价或者市场交易价，结合其他相关因素综合考虑予以确认。转让价格达不到交易时交易地的指导价或者市场交易价70%的，一般可以视为明显不合理的低价；对转让价格高于当地指导价或者市场交易价30%的，一般可以视为明显不合理的高价。本案中，安徽安联高速的总股本为7亿股，其49%的股权即3.43亿股，按4.5亿元的转让价计算，双方当事人在2003年4月30日约定的股权转让价格折合每股1.31元。联大集团对安徽高速提供的相关审计报告、评估报告的真实性无异议，该证据证明安徽安联高速在

2002 年度亏损严重，即使到 2006 年，其股权价值也仅为每股 1.94 元左右，因此，股权转让协议约定的转让价格基本符合市场行情。由于联大集团提供的新闻网页未经公证，证据形式不符合相关规定，且无其他证据相印证，故联大集团称股权转让时安徽安联高速 60% 股权的价值达到 14 亿元的主张缺乏事实依据。

5. 联大集团关于股权转让协议的性质为让与担保的主张亦缺乏事实和法律依据。由于让与担保并非法律规定的担保物权形式，根据物权法定原则，联大集团认为案涉股权转让协议的性质为让与担保协议的主张缺乏法律依据。同时，让与担保是以转让财产所有权为形式，以为主债权提供担保为目的的行为，由于本案双方当事人之间不存在借款事实，也就不存在让与担保所依附的主合同，且也没有证据证明联大集团转让股权系以提供担保为目的，故联大集团的上述观点不能成立。

因此，联大集团就《股权转让协议书》的效力提出的抗辩理由不能成立，《股权转让协议书》是双方当事人的真实意思表示，内容合法有效，各方当事人应依约全面履行合同义务。

三、联大集团未依约履行股权回购的付款提示义务，已丧失案涉股权的回购权。合同法第六十七条规定，当事人互负债务，有先后履行顺序，先履行一方未履行的，后履行一方有权拒绝其履行要求。先履行一方履行债务不符合约定的，后履行一方有权拒绝其相应的履行要求。本案中，《股权转让协议书》已明确约定自本次股权转让完成日起两年内，联大集团没有行使约定的股权回购权利（包括没有提出回购请求，或虽提出回购请求但没有按约支付回购金额），则联大集团失去本次被转让股权的回购权，联大集团不得再就购回该股权提出请求，或者联大集团虽然提出请求但安徽高速可以不予支持。据此，联大集团在合同约定的期限内向安徽高速提出回购请求并支付回购款项是安徽高速将涉案股权转让给联大集团，是联大集团实现股权回购权的前提。但由于联大集团仅向安徽高速提出回购股权的请求，未在股权转让完成之日起两年内履行支付股权回购款项的先合同义务，安徽高速有权拒绝向联大集团转让涉案股权，因此，联大集团依约丧失股权回购权。

至于联大集团提出其未支付回购款是担心安徽高速在其付款后拒绝返还股权，但安徽高速系安徽省大型国有企业，其具有依约履行股权转让协议的能力，如联大集团按约履行相关义务后，安徽高速违反合同约定，联大集团可依法追究安徽高速的法律责任，因此，本案不存在联大集团行使不安抗辩权的情形。至于安徽高速在双方往来函件中提出的要求联大集团解决的《股权转让协议书》约定之外的相关事项，主要系双方及关联企业之间的债权债务，双方在商谈过程中也未达成一致意见，并不影响联大集团先期履行合同义务。联大集团提出的先由其提供银行保函，再由安徽高速转让股权，然后由联大集团付款的主张虽然具有一定的合理性，但由于双方未能就此达成一致意见，因此，双方仍应按已有的约定履行义务。

综上所述，联大集团的诉讼请求缺乏事实和法律依据，该院不予支持。依照《中华人民共和国民法通则》第一百四十条、《中华人民共和国合同法》第五十二条第（五）项、第六十条第一款、第六十七条、《最高人民法院关于审理民事案件适用诉讼时效制度若干问题的规定》第十三条第（九）项、《最高人民法院关于适用〈中华人民共和国合同法〉若干问题的解释（二）》第十四条、第十九条第一款、第二款，判决：驳回联大集团有限公司的诉讼请求。案件受理费1126130元，由联大集团有限公司负担。

联大集团不服江苏省高级人民法院上述民事判决，向本院提起上诉称：原审判决认定事实不清，适用法律错误。

一、原审判决无视上诉人提供的大量证据，错误认定《股权转让协议书》的性质，本案股权转让协议实为融资借贷，应当无效。《股权转让协议书》名为企业间股权转让而实为通过股权转让最终达到企业间融资借贷、拆借资金的目的，根据贷款通则及合同法相关规定，应当无效。1. 原告证据4《安徽省高速公路总公司、联大集团关于安联高速公路股份回购致安徽省国资委的请示函》第三段"2002年10月联大因流动资金周转暂时困难，拟将所持有安联的股份转让给江苏悦达集团，安高出于双方一贯合作良好且将继续合作、拓展业务的考虑，不希望联大离开安联，并愿意在联大将股权作为质押担保的前提下，借款给联大。"该份证据材料，虽然被上诉人在一审中不予承认真实性，但是在金安公司案件中，被上诉人主动提供了该份材料作为证据。因此，该份证据应当被采纳。2. 上诉人转让涉案股权未经批准及评估，4.5亿元的转让价格也恰恰是上诉人当时所急需筹集资金的数额，由此可见本股权转让协议也不是真实的股权转让，而是借款融资。3. 从《股权转让协议书》相关规定来看，约定了借贷法律关系的一些特征。4. 上诉人将49%股权转让给被上诉人之后，安徽安联公司的法定代表人并没有发生变更，仍由上诉人公司法人吴晓梦先生兼任。股权转让后公司的治理结构并未按照股权比例进行变更。如果被上诉人真实的取得上述股权之后，被上诉人就成为合资公司的大股东及控股股东，公司法人应当由被上诉人公司指派。综上，《股权转让协议书》名为股权转让，实为企业间融资借贷，即以合法的股权转让形式掩盖非法的资金拆借的目的，违反了相关法律法规的强制性规定，根据合同法第五十二条第三款之规定应当无效。转让股权未经批准、评估，且设置回购条款、公司治理结构不发生变更，等等，都不是正常的股权转让行为，足以证明股权转让行为的实质就是为借款提供担保。二、原审判决无视被上诉人违反诚实信用原则及《股权转让协议书》的约定而恶意设置的重重障碍来阻碍上诉人回购股权，错误地将被上诉人设置的重重障碍认定为双方及关联企业之间的债权债务，双方在商谈过程中也未达成一致意见，并不影响联大集团先期履行合同义务。由于被上诉人提出了超出《股权转让协议书》第10条约定的股权回购条件，恶意设置障碍，导致双方未能就股权回购达成一致，且被上诉人一直拒绝签署《股权回购协议书》，客观上导致上诉人无法在协议约定的期限内支付回购款以回购股权。根据合同法第六十八条第三款的规定，上诉人可以中止履行付款义务。因此上诉人并不因此丧失回购权。在《股权回购协议书》尚未签署的情况下，回购价款的金额、支付方式以及股权变更登记的时间都未明确，上诉人客观上无法履行付款义务。三、《股权转让协议书》确定的股权转让价款明显低于市场价格，构成了显失公平，原审判决关于该事实认定不清，并最终导致了错误的裁判。被上诉人于2010年10月29日在金安案件中明确认可江苏悦达欲以9亿多元收购上诉人所持有的安联高速公路有限公司60%股权的事实（详见金安案件庭审记录），49%股权价值应当是7.05亿元，远远高于涉案股权的转让价格4.5亿元。四、原审判决认定"未经评估亦不影响《股权转让协议书》的效力"是法律适用错误。1992年国务院发布的《国有资产评估管理办法》和《国有资产评估管理办法实行细则》明确规定转让国有资产应当进行评估，而本次股权转让基于融资借款之目的没有进行评估，根据上述规定应当无效。原审判决却错误地认定该两部行政法规的目的是防止国有资产流失，以及本案属于国有企业之间交易不会导致国有资产的流失，因而无需遵守《国有资产评估管理办法实行细则》的规定，明显是法律适用错误。

综上，请求：一、依法撤销原审判决，并依法改判支持上诉人的全部诉讼请求。二、判令由被上诉人承担本案一审、二审的全部诉讼费用。

安徽高速答辩称：一、联大集团主张《股权转让协议书》无效的上诉理由不成立。联大集团提供《安徽省高速公路总公司、联大集团有限公司关于安联高速公路有限公司股权回购的请示》支持其主张，但该证据是不真实、不合法的。该文系联大集团单方意思表示，没有获得安徽高速认可，不具有法律效力，自然也没有证据效力。此后，联大集团以联大字〔2004〕17号文请示安徽省政府（联大集团提交证据5），确认了安徽高速与联大集团之间股权转让的基本事实。关于4.5亿元转让价款。根据华普审字〔2003〕第0240号《审计报告》，截至2002年12月31日，安徽安联高速公路有限公司（以下简称安徽安联）49% 股权由原始出资 3.43 亿元贬值至 2.6 亿元。鉴于此，安徽高速与联大集团经多轮反复磋商，在前述《审计报告》基础上，充分考虑到了高速公路成长预期，于 2003 年 4 月 30 日协商确定安徽安联 49% 股权的转让金为 4.5 亿元。该股权转让价款在原始出资 3.43 亿元基础上溢价至 131%（每股 1.31 元），在 2002 年 12 月 31 日审计值 2.6 亿元的基础上溢价至 173%。股权回购期间，联大集团基本不参与安徽安联经营管理，安徽高速投入大量人力、物力将安徽安联扭亏为盈。考虑到联大集团转让安徽安联 49% 股权获得 4.5 亿元资金实现了自身发展，回购股权又分享安徽安联的经营成果，在联大集团背离《股权转让协议书》提出"先办变更登记、银行保函替代支付回购金额"过分要求后，安徽高速相应地提出协商确定股东在股权回购期间受益、股权转让税费承担等事项，符合风险与收益相一致原则。与此同时，该等事项在商谈中也未达成一致意见，并不影响联大集团先期履行合同义务。综上所述，《股权转让协议书》约定的是股权转让、股权回购，其法律属性并非联大集团诉称的企业之间融资借贷。二、上诉人关于被上诉人违反诚信及《股权转让协议书》的约定而恶意设置的重重障碍来阻碍上诉人回购股权的上诉理由与客观事实不符。《股权转让协议书》第 10 条明确、具体且可执行地约定了股权回购事项，没有约定须另行签署《股权回购协议书》。按照工商登记管理规定，安徽高速与联大集团无须另行签署《股权回购协议书》，依据《股权转让协议书》直接可以办理股权转让变更登记手续。至于上诉人诉称"回购完成日约定不明""付款方式没有约定""股权变更登记的时间未约定"事项，上诉人按约先期履行股权回购款支付义务后，可随时办理股权变更登记，同时也获得法律上相应请求权，客观上无须进一步约定回购完成日、付款方式、股权变更登记时间。三、联大集团以"根据法律规定，国有股权转让应当进行评估"，"对于应当进行资产评估的情形，该经济行为无效"来主张《股权转让协议书》无效是不成立的。（一）该诉称与联大集团诉讼请求"确认反诉人拥有安徽安联高速公路有限公司 49% 转让股权之回购权，被反诉人立即按照合同约定同意反诉人回购"矛盾，也与《民事反诉状》第一部分事实与理由冲突。（二）《国有资产评估管理办法》没有规定违反行为将导致合同无效，属于国有资产管理性规范，不属于效力性规范。（三）《国有资产评估管理办法施行细则》是国家国有资产管理局 1992 年颁布的行政规章，不是法律、行政法规。"未经评估转让国有资产的，转让合同并不当然无效。"（四）安徽高速与联大集团均属于国有企业，国有企业之间转让国有资产不存在国有资产流失问题。安徽省国有资产监督管理委员会皖国资产权函〔2004〕322 号文通过批准联大集团回购股权的方式已确认了《股权转让协议书》合法、有效。综上所述，请求法院依法驳回联大集团上诉，维持原判决。

本院除对原审查明事实予以确认外，另查明，二审中，安徽高速未提交新证据。联大集团提交"安徽高速起草的股权回购协议书"，证明目的包括：1. 安徽高速提出了回购股权要支付"迟延出资补偿、税费问题"等条件，完全否定了原《股权转让协议书》中所约定的回购条件；2. 安徽高速提出的迟延出资利息补偿合计3376万元，以及关联企业的借款远远超出了股权回购价格，使股权回购价格无法确定；3. 安徽高速提出如果联大集团不满足提出的条件，联大集团将失去股权回购权；4. 安徽高速亦认为签订《股权回购协议书》是履行股权回购必经的程序和前提。

本院认为，本案双方争议的焦点是案涉《股权转让协议书》的效力及股权回购条件是否成就。

关于《股权转让协议书》是否名为股权转让，实为企业间借贷的协议。联大集团上诉提出《安徽省高速公路总公司、联大集团关于安联高速公路股份回购致安徽省国资委的请示函》第三段载明"2002年10月联大因流动资金周转暂时困难，拟将所持有安联的股份转让给江苏悦达集团，安高出于双方一贯合作良好且将继续合作、拓展业务的考虑，不希望联大离开安联，并愿意在联大将股权作为质押担保的前提下，借款给联大"。但依据原审法院查明的事实，该函件系联大集团单方起草的请示稿件，未经安徽高速确认，因此不能作为本案的定案依据。联大集团上诉称，在金安公司案件中，安徽高速主动提供了该份材料作为证据，但在本案审理中，安徽高速称该文件系按照法院的要求提供，并不因此当然代表其对前述联大集团拟稿文内容的真实性、合法性的认可。鉴于原审法院对其真实性不予认可，本院二审上诉人未提交新的证据充分证明其主张，故联大集团关于以此函件证明双方存在资金借贷关系的上诉主张不能得到支持。同时，安徽省政府关于股权转让的批复文件中已经明确记载，股权转让并非当事人诉称借贷关系。

股权协议转让、股权回购等作为企业之间资本运作形式，已成为企业之间常见的融资方式。如果并非以长期牟利为目的，而是出于短期融资的需要产生的融资，其合法性应予承认。据此，本案上诉人关于双方股权转让实为融资借贷应认定无效的上诉理由不能成立，故其该点上诉主张，本院不予支持。

关于上诉人联大集团称原审法院对被上诉人安徽高速违反诚信对股权回购恶意设置重重障碍表述为"安徽高速在双方往来函件中提出的要求联大集团解决的《股权转让协议书》约定之外的相关事项，主要系双方及关联企业之间的债权债务，双方在商谈过程中也未达成一致意见，并不影响联大集团先期履行合同义务"属于认定事实错误的上诉主张。本院认为，在案涉股权回购条件成熟时，各方当事人可以直接按照双方达成的《股权转让协议书》之约定履行，至于双方在股权回购磋商中提出的种种条件，在未达成一致前，均为单方意思表示。该意思表示不构成对原《股权转让协议书》的变更，亦不影响各方按照该协议履行各自的义务。

合同法第六十二条第（五）项规定，履行方式不明确的，按照有利于实现合同目的的方式履行。本案股权回购过程中，联大集团在安徽高速陆续发出按照指定账户汇款下，其可以选择索要具体账户或提存等方式履行合同约定的付款义务。上诉人联大集团在本案审理中坚称其有足够的履约能力，但在安徽高速数次函告要求其按照指定账户履行《股权转让协议书》约定的付款义务时，却始终坚持先过户后付款。由于该履约方式违背《股权转让协议书》约定，变更了协议约定的履行方式，最终导致超过该协议约定的回购期限。合同法第六十七条规定，"当事人互负债务，有先后履行顺序，先履行一方未履行的，后履行一方有权拒绝其履行要求。先履行一方履行债务不符合约定的，后履行一方有权拒绝其相应的履行要求"。安徽高速依照法律规定及《股权转让协议书》约定，在联大集团违背约定，符合拒绝接受其履约条件下，拒绝其超出约定内容的关于先过户后付款的回购主张，事实及法律根据充分，应予支持。上诉人联大集团依据合同法第六十八条第（三）项关于应当先履行债务的当事人，有确切证据证明对方丧失商业信誉的，可以中止履行的规定，主张不安抗辩没有证据支持，本院不予采信。

关于上诉人联大集团认为《股权转让协议书》确定的股权转让价款明显低于市场价格，构成显失公平。原审法院认定事实不清导致错误判决的上诉主张。本院认为，本案事实表明，各方对案涉华普审字〔2003〕第0240号《审计报告》不持异议，该审计报告显示，截至2002年12月31日，安徽安联高速公路有限公司49%的股权由原原始出资的3.43亿元贬值至2.6亿元，各方协商确定的股权转让金为4.5亿元，远远高出其当时的市值。联大集团上诉请求与事实不符，原审法院关于双方约定的转让价格基本符合市场行情的事实认定正确，应予确认。同时，根据合同法第五十四条第一款第（二）项之规定，当事人对合同订立时显失公平的，有权请求人民法院变更或撤销。据此，鉴于上诉人在诉讼期间始终未提出撤销诉请，故对其此点上诉主张本院不予支持。

关于案涉股权转让中资产评估对《股权转让协议书》效力的影响。上诉人联大集团主张案涉股权转让未经评估，违背了有关国有资产处置的强制性规定，一审认定有效，适用法律错误。纵观本案，上诉人联大集团始终主张确认其股权回购的权利，但股权回购权的确认必须以《股权转让协议书》有效为前提。联大集团上诉主张既要求确认《股权转让协议书》无效，又主张确认回购权，故其主张理由相互矛盾，难以自圆其说，此其一；其二，1992年国务院发布的《国有资产评估管理办法》性质虽为行政法规，但其第三条关于国有资产占有单位在资产拍卖、转让等五种情形下，应当进行评估的规定虽为强制性规定，但根据合同法第五十二条及合同法解释（二）第十四条规定，该内容并非效力性强制性规定。国家国有资产管理局于1992年经国务院授权制定的《国有资产评估管理办法实施细则》性质应属部门规章，原审法院关于该细则系行政法规的认定错误，应予纠正。该细则第十条规定："对于应当进行资产评估的情形没有进行评估，或者没有按照《办法》及本实施细则的规定立项、确认，该经济行为无效。"鉴于该细则属于部门规章，不是法律、行政法规，根据合同法第五十二条规定，不能直接否认案涉《股权转让协议书》的效力。

综上，案涉《股权转让协议书》内容明确，是双方当事人的真实意思表示，合法有效，当事人应受该协议书的约束。联大集团的主要上诉理由缺乏必要的事实和法律支持。本院依照《中华人民共和国民事诉讼法》第一百七十条第一款第（一）项之规定，判决如下：

驳回上诉，维持原判。

二审案件受理费2252260元，由联大集团有限公司承担。

本判决为终审判决。

审　判　长　宫邦友
审　判　员　朱海年
代理审判员　林海权
二〇一三年十一月二十八日
书　记　员　陆　昱

16. 股权转让价款义务的履行问题

——赵俊海与杨秀玉、二审上诉人赤峰双源矿业有限公司股权转让纠纷案

【裁判要旨】

股权转让中，如果双方当事人未约定股权出让人履行其他义务系股权转让价款支付的前提条件的，受让人以出让人未履行其他义务为由拒绝支付价款的，法院应不予支持。

中华人民共和国最高人民法院民事裁定书

（2013）民申字第1587号

再审申请人（一审被告、二审上诉人）：赵俊海，男，汉族，1957年9月17日出生，住黑龙江省鸡西市滴道区光华委4组。

委托代理人：曲振国，男，汉族，1956年3月2日出生，住黑龙江省鸡西市鸡冠区新园委1组。

委托代理人：任洪章，男，汉族，1955年10月1日出生，住黑龙江省哈尔滨市道外区水利街水利小区2栋5单元701号。

被申请人（一审原告、二审被上诉人）：杨秀玉，女，蒙古族，1952年3月22日出生，住内蒙古自治区赤峰市红山区文化大厦1501。

委托代理人：赵海文，内蒙古蒙元律师事务所律师。

委托代理人：白雪原，内蒙古蒙元律师事务所律师。

二审上诉人（一审被告）：赤峰双源矿业有限公司，住所地：内蒙古自治区赤峰市喀喇沁旗十家乡大水清村。

法定代表人：赵俊海，该公司经理。

再审申请人赵俊海因与被申请人杨秀玉、二审上诉人赤峰双源矿业有限公司（以下简称双源公司）股权转让纠纷一案，不服内蒙古自治区高级人民法院（2013）内商终字第40号民事判决，向本院申请再审。本院依法组成合议庭对本案进行了审查。现已审查完毕。

赵俊海申请再审称：一、杨秀玉不提供双源公司财务账目，致使赵俊海的公司至今未能上市，给赵俊海的公司造成了巨大损失，杨秀玉应当承担全部责任。2010年11月12日至次年9月27日，杨秀玉与赵俊海以及黑龙江汇丰祥矿业投资股份有限公司（以下简称汇丰祥公司）签订了四份股权转让协议，主要内容是赵俊海为了公司上市才收购杨秀玉的金矿和股权，而且杨秀玉在出让股权时明知该情况。但是杨秀玉却一直不提供财务账目，审计机构无法审计，使得公司不能上市。杨秀玉不提供财务账目违反了证券法第五十二条、会计法、档案法、会计档案管理办法等的规定，杨秀玉应承担全部责任。而且，杨秀玉违约在先，赵俊海不应向其支付违约金。二、原审判决对赵俊海提出的反诉请求不予支持是错误的。一审审理中，赵俊海以杨秀玉违约在先并造成经济损失故杨秀玉应当承担全部责任为由，提出反诉，但一审法院却以该反诉与杨秀玉的起诉不是同一个案由为由，驳回了反诉。这是错误的。三、杨秀玉在一审起诉时并没有起诉权。杨秀玉与赵俊海于2011年9月27日签订的《股权转让合同》约定，因履行合同发生争议应先协商解决，如果60日内无法协商解决的，合同当事人才可以向法院起诉。按照这一约定，杨秀玉应在2012年12月31日以后才具有起诉的权利。杨秀玉在该日期之前提起本案诉讼，法院应当驳回起诉。四、原审判决认定赵俊海尚欠杨秀玉1000万元款项，这一认定是错误的。赵俊海实际只欠杨秀玉900万元。对其中相差的100万元，赵俊海之前已以他人名义付给了杨秀玉。杨秀玉提出的该款项不是以赵俊海名字付出故不应属于赵俊海支付的股权转让款之主张不能成立。原因是，赵俊海付出的其他三笔股权转让款也不是以其自身的名字付出，但杨秀玉对其属于赵俊海向其支付的股权转让款没有异议。而且，对上述100万元，杨秀玉一方在本案一审中称其系另一案件中他人对杨秀玉的欠款，且杨秀玉在该另一案件的起诉中已将该100万元扣除。但在本案二审中杨秀玉一方又称其在上述另一案件的起诉中没有将该100万元扣除。在杨秀玉一方明确认可其在上述另一案件的起诉中未扣除100万元时本案二审仍认定赵俊海欠杨秀玉1000万元，是错误的。综上，依照民事诉讼法第200条第2、6、11项之规定，申请再审。请求撤销原审判决，驳回杨秀玉的起诉，一、二审案件诉讼费用由杨秀玉负担。

被申请人杨秀玉答辩称：一、《股权转让合同》于2011年9月27日签订后，杨秀玉于同年10月10日已将持有的18%股权变更到赵俊海名下。此后杨秀玉不持有股权，双源公司也处于赵俊海等的管理之下，不存在杨秀玉持有公司财务账目的问题。《股权转让合同》并未约定双源公司上市问题，也未将该公司上市作为赵俊海付款的前提条件。何况，赵俊海诉讼中也并未清楚表示是双源公司还是汇丰祥公司上市。公司上市问题与杨秀玉无关。二、赵俊海以杨秀玉未提供财务账目进而构成违约为由提出反诉，该反诉内容与《股权转让合同》无关。杨秀玉依照《股权转让合同》请求赵俊海支付价款，这一请求与反诉请求属于不同法律关系。法院即使未将二诉合并审理，也不影响赵俊海的诉权。三、当事人的诉权是公法性质权利，不因当事人的约定而排除。只要符合民事诉讼法规定的起诉条件，法院就应当受理。而且，本案一审开庭是 2013 年 2 月 1 日，当时赵俊海仍未支付股权转让款。法院予以审理并无不当。双方约定的起诉时间与附生效期限的合同之问题没有关系。四、赵俊海所提到的相差的 100 万元，该款付款人为陈玉梅。该款是陈玉梅履行 2010 年 12 月 27 日杨秀玉与汇丰祥公司、陈玉梅签订的《关于赤峰双源矿业有限公司部分股权转让协议》中的付款义务。该款与本案无关。而且，杨秀玉在另案诉讼中也将该 100 万元款项从陈玉梅应付款中扣除，该另案已经下达判决书。故原审未将此 100 万元认定为赵俊海的付款并无不当。赵俊海所付的股权转让款，杨秀玉只出具了三张收条，共计 1700 万元。原审判决判令赵俊海支付余下的 1000 万元，是正确的。综上，原审判决结果正确，应当维持，法院应当驳回赵俊海的请求。

二审上诉人双源公司未陈述意见。

本院经审查认为，杨秀玉与赵俊海于 2011 年 9 月 27 日签订的《股权转让合同》中并未约定杨秀玉向赵俊海提供双源公司财务账目是赵俊海支付股权转让款的条件。所以，在杨秀玉依据上述《股权转让合同》请求赵俊海支付股权转让款及相应违约金的情形下，赵俊海以杨秀玉未提供公司财务账目为由进行抗辩，该抗辩不能成立。杨秀玉是否应当提供财务账目以及其未提供财务账目时的法律责任，属另外的法律关系，对此本院不予审查。《股权转让合同》中虽约定双方履行合同发生争议后 60 日内无法协商解决任何一方可以向法院起诉，但该约定不能排除当事人向法院起诉的权利，而且在本案一、二审审理期间赵俊海也没有向杨秀玉支付相应股权转让款，所以本案一审法院受理杨秀玉的起诉并无不当。因赵俊海与杨秀玉所争议的 100 万元款项的付款方名称不是赵俊海，赵俊海也未提供证据证明该 100 万元款项系其向杨秀玉支付的股权转让款，而且，杨秀玉与他人发生的另案诉讼系另外的法律关系，杨秀玉在该诉讼中向他人主张款项的数额也属于杨秀玉自行决定的事项，该诉讼中杨秀玉所主张的数额在法律上并不决定本案中赵俊海向杨秀玉的实际付款数额。所以，赵俊海以杨秀玉在另案诉讼中起诉数额之调整来主张上述 100 万元款项系其向杨秀玉支付的股权转让款，尚缺乏充足的事实依据。赵俊海以杨秀玉违约在先且造成经济损失为由对其提出反诉，在法院未合并审理的情形下赵俊海还可以另行提起诉讼。原审法院未合并审理赵俊海的反诉请求并未损害赵俊海的权利。赵俊海以原审未合并审理反诉为由对原审判决提出的异议难以成立。

综上，再审申请人赵俊海的申请不符合《中华人民共和国民事诉讼法》第二百条规定的情形。本院依照《中华人民共和国民事诉讼法》第二百零四条第一款之规定，裁定如下：

驳回赵俊海的再审申请。

审 判 长 刘 敏

代理审判员 赵 柯

代理审判员 杜 军

二〇一三年十二月五日

书 记 员 孙亚菲

17. 实际出资人以出资款系其支付为由主张股东权利的不予支持，实际出资人可依据有效委托协议享有代购股权项下的相关财产性权益

——海南发展银行与海南泛华高速公路股份有限公司、海南泛华实业有限公司财产损害赔偿纠纷案

【裁判要旨】

泛华高速以泛华实业持有的海发行股票系泛华高速实际出资且海发行清楚泛华高速系海发行隐名股东等为由，主张本案所涉登记在泛华实业名下的4000万股股权证的权利人为泛华高速，缺乏法律依据。海发行《企业法人年检报告书》载明泛华实业是海发行的出资人，并无泛华高速是海发行出资人的记载。企业法人出资人的确定应以工商登记材料和公司股东名册等的记载为准。即使上述泛华实业出资到海发行的6000万元款项确系泛华高速实际支付，在确定该笔出资项下的出资人名义时也应按照工商登记的泛华实业来确定。泛华高速在不具备向金融机构投资资格的情况下，通过委托泛华实业代其购买海发行股份的行为，不能得出泛华高速系相关股权的权利人的结论。在泛华高速与泛华实业签订的《委托协议书》不违反法律法规强制性规定的前提下，泛华高速可以依据《委托协议书》的约定，享有代购股权项下的相关财产性权益，但并非是对海发行的股东权益。对海发行而言，该部分股权的权利人仍为泛华实业。泛华高速只有在将相关股权从泛华实业依法变更到其名下后尚可行使出资人权利。

中华人民共和国最高人民法院民事判决书

（2013）民提字第 144 号

再审申请人（一审被告、二审被上诉人）：海南发展银行。住所地：海南省海口市滨海大道花园新村 2 号。

法定代表人：贾晓峰，该行清算组组长。

委托代理人：符琼芬，海南法立信律师事务所律师。

委托代理人：孙雨寒，海南法立信律师事务所律师。

被申请人（一审原告，二审上诉人）：海南泛华高速公路股份有限公司。住所地：海南省海口市金龙路深发展大厦 2358 - 2368 房。

法定代表人：焦沛安，该公司董事长。

委托代理人：刘笃寿，该公司总裁。

委托代理人：杨毅，海南天泽律师事务所律师。

一审第三人：海南泛华实业有限公司。住所地：海南省海口市金贸区金龙路百金城。

法定代表人：王景师，该公司董事长。

再审申请人海南发展银行（以下简称海发行）因与被申请人海南泛华高速公路股份有限公司（以下简称泛华高速）、一审第三人海南泛华实业有限公司（以下简称泛华实业）财产损害赔偿纠纷一案，不服海南省高级人民法院（以下简称海南高院）（2011）琼民二终字第 21 号民事判决，向本院申请再审。本院已于 2012 年 12 月 19 日以（2012）民申字第 1162 号民事裁定提审本案。本院依法组成由审判员刘敏担任审判长，代理审判员赵柯、杜军组成的合议庭审理本案，书记员孙亚菲担任记录。本案现已审理终结。

海口市中级人民法院（以下简称海口中院）一审查明：1996 年 9 月 26 日，海发行与泛华实业签订《借款合同》，约定泛华实业向海发行借款 4000 万元，借款期限自 1996 年 9 月 26 日至 1997 年 9 月 26 日，利率为月息 9.24‰，合同还就违约责任、担保方式等其他项进行了约定。同日，泛华高速、海发行及泛华实业签订《保证合同》，约定泛华高速愿意为海发行与泛华实业签订的借款合同提供担保，保证金额为 4000 万元及其相应的利息、违约金、罚息损害赔偿金和实现债权的费用，泛华高速对上列款项承担连带责任，该合同由三方法定代表人或法定代表人授权的代理人签字并加盖单位公章，并自主合同生效之日起生效，至泛华实业和泛华高速履行债务后自动终止。海发行信贷部亦于同日开具《签收单》，载明"今收到泛华实业的海发行股权证 40 张（601－640，面值：4000 万股）"，并收取了该股权证。《借款合同》签订当日，海发行依约向泛华实业发放了 4000 万元贷款。1997 年 5 月 29 日，海南省审计厅琼审意三〔1997〕52 号《关于泛华高速财务收支的审计意见》（以下简称《审计意见》）中核实，泛华高速长期投资账户反映，投资海发行6000 万股，共计 6000 万元，但股权证的股东名义为泛华实业，1996 年 10 月泛华实业已将 4000 万股股权证作抵押向海发行贷款 4000 万元；同时，海南省审计厅琼审决三〔1997〕52 号审计决定指出，4000 万股海发行股权证作为贷款抵押问题，泛华高速应采取措施，于 1997 年 8 月 1 日前追回。关于投资海发行问题，应尽快办理股权转移手续，明确泛华高速权益并向泛华实业追回被侵占的投资收益 4859862 元。1997 年 7 月 8 日，泛华实业致函海发行董事会，要求将其名下的 6000 万股权证更名为泛华高速，但海发行未予变更。此后，因海发行不能及时支付到期债务，中国人民银行决定于 1998 年 6 月 21日关闭该行，并指定中国工商银行托管该行的全部资产负债；同年 6 月 23日，中国人民银行决定成立关闭海发行清算组（以下简称海发行清算组）。2003 年，海发行清算组以泛华实业和泛华高速在上述 4000 万元借款逾期后未依约归还借款本息为由，向该院提起诉讼，诉请泛华实业偿还贷款 4000 万元及利息、罚息 2612.14 万元，泛华高速对以上债务承担连带清偿责任。该院经审理，于 2004 年 10 月 28 日作出（2003）海中法民二初字第 77 号民事判决书，判决：一、于判决生效之日起十日内，泛华实业偿还海发行清算组4000 万元及其利息和罚息（自 1996 年 9 月 26 日至 1997 年 9 月 26 日按月利率 9.24‰计付，自 1997 年 9 月 27 日至清偿之日止按中国人民银行规定的逾期贷款利息计付）；二、泛华高速对泛华实业上述债务承担赔偿责任，但以泛华实业不能清偿部分的二分之一为限，泛华高速承担赔偿责任后，有权向泛华实业追偿。

泛华高速不服该判决，向海南高院提起上诉。海南高院经审理，于 2006年 8 月 1 日作出（2005）琼民二终字第 21 号民事判决书，撤销该院的上述民事判决，改判泛华实业 10 日内返还海发行清算组借款 4000 万元和占用期间孳息的 50%（孳息按中国人民银行同期一年期流动资金贷款利率计算，从1996 年 9 月 26 日起至判决确定的还清之日止）。逾期履行按民事诉讼法第232 条规定处理；泛华高速对泛华实业所欠海发行清算组债务不能清偿的部分承担 5% 的赔偿责任。泛华高速承担赔偿责任后，可向泛华实业追偿；驳回海发行清算组的其他诉讼请求。

海南高院上述民事判决发生法律效力后，海发行清算组不服，于 2006年向海南省人民检察院申诉，海南省人民检察院立案审查后于 2006 年 11 月 2 日以（2006）琼检民行不提抗字第 4 号不提请抗诉决定书决定不予提请抗诉；海发行清算组转而于 2007 年向海南高院提出再审申请，请求改判，海南高院于 2007 年 2 月 12 日作出（2007）琼民监字第 5 号驳回再审申请通知书，认为其对本案申请再审的理由不能成立，予以驳回。

2008 年，海发行清算组向最高人民法院（以下简称最高法院）申请再审，最高法院以（2008）民申字第 1055 号民事裁定提审该案，后于 2009 年 12 月 22 日作出（2009）民提字第 99 号民事判决书，认为海发行在清算完毕并办理注销登记前其主体资格依然存续，原审判决将海发行清算组列为当事人不当，调整为海发行，判决：一、撤销海南高院（2005）琼民二终字第 21 号民事判决；二、维持海南省海口中院（2003）海中法民二初字第 77 号民事判决。

另查，泛华实业成立于 1993 年 4 月 24 日，经济性质为国有经济。泛华高速成立于 1994 年 12 月 20 日，经济性质为股份制，泛华实业系其第一发起人。2004 年 3 月 31 日，海发行被海南省工商管理局吊销企业法人营业执照。

2009 年 12 月 23 日，泛华高速向海口中院提起诉讼称：1996 年 9 月 26 日，泛华实业与海发行签订了一份《借款合同》，约定借款金额为 4000 万元人民币，借款期限为 1 年，自 1996 年 9 月 26 日起至 1997 年 9 月 26 日止。该合同签订的同时，泛华高速与海发行以及泛华实业又签订了一份《保证合同》，约定泛华高速为泛华实业向海发行的 4000 万元借款承担连带责任担保。除此之外，该担保合同签订的同时，泛华高速依海发行的要求，将泛华高速出资购买的但记名在泛华实业名下的 4000 万股海发行股权证（共 40 张，面值 4000 万元）交给了海发行作为质押，并由海发行向泛华高速出具了《签收单》收据（海发行的股票市值在 1996 年为 1：1.264000 万股价值应为 5000 余万元人民币。至今十三年连本带息上亿元足够抵偿）。上述手续完备后，海发行向泛华实业发放了 4000 万元贷款。该贷款到期后，泛华实业还没有归还，海发行没有处置质押的 4000 万股股权证获偿，也没有将该 4000 万股股权证归还泛华高速。1998 年 6 月 21 日，海发行被依法关闭，由清算组清理债权债务，其股票至今严重贬值，但海发行依然持有泛华高速该 4000 万股股权证。2003 年 6 月 6 日，海发行向海口中院提起对泛华实业及泛华高速的借款合同纠纷一案，请求判令偿还借款本息及罚息 6612 万元。泛华高速拟就该 4000 万股质押股权证提起反诉，但当时最高法院下达了对海发行暂不被起诉的保护令，致使泛华高速的反诉无法受理，泛华高速只能就该事实进行抗辩。2004 年 10 月 28 日，海口中院一审没有认定质押，判决泛华高速承担二分之一的赔偿责任。泛华高速对此向海南高院提起上诉。2006 年 8 月 1 日，海南高院认定质押合同成立但无效，判决泛华高速承担5%的赔偿责任。之后，海发行清算组又向最高法院申请再审，最高法院于2009年12月22日作出（2009）民提字第99号民事判决书，认定4000万股质押问题不属于该案审理的范畴，可另行主张，判决撤销了海南高院的二审判决。泛华高速认为，海发行被依法关闭，并获得不被起诉的特殊保护，致使泛华高速就质押问题主张权利的反诉不被受理，其债权债务冲抵无法实现。这种只能被诉不能起诉，只能承担责任不能主张权利的诉讼方式本是对泛华高速极不公平的诉讼方式。海南高院二审虑及泛华高速4000万股质押股权的损失而判决泛华高速只承担5%的赔偿责任，这本是最佳的处理方式，但海发行却长期纠缠诉讼，致使最高法院作出让泛华高速对4000万元另行主张权利的处理，导致诉战再起。而就本案的事实，无论4000万股股权质押关系是否成立，至少海发行至今尚占有并控制了泛华高速4000万股股权证且未归还，以及该4000万股股票因海发行占有控制的原因而丧失经济价值已无法返还的事实都是铁定存在的。海发行一直不承认是质押，而泛华高速和海发行没有其他任何经济纠纷。基于此，泛华高速特依法就赔偿4000万元的部分提起赔偿之诉，并保留进一步就超出4000万元的损失赔偿部分提起追索的权利。请求：一、判令海发行赔偿泛华高速的经济损失4000万元；二、由海发行承担本案的全部诉讼费用。

海口中院审理认为：根据《中华人民共和国担保法》第六十四条、第六十五条的规定，质押合同应当以书面形式订立，且应包括被担保的主债权种类、数额，债务人履行债务的期限以及质押担保合同的范围等内容。本案所涉4000万股海发行法人股虽由泛华高速投资，但登记在泛华实业名下，事后亦未办理股权变更登记手续，相应的权利义务未发生转移；该4000万股股权证系由泛华实业交给海发行信贷部，但无论是泛华高速还是泛华实业，均未作出质押的意思表示或与海发行订立书面的质押合同，未就所担保的债权数额、其履行债务的期限以及质押担保的范围等内容进行约定，故海发行信贷部向泛华实业出具《签收单》证实收到4000万股股权证的行为，不足以证明泛华高速与海发行之间形成了质押关系。泛华高速主张其应海发行的要求将其出资购买的上述股权证交给海发行作为质押，证据不足，该院不予采纳。

由于泛华高速出资购买的4000万股海发行法人股由泛华实业代持后交给了海发行信贷部，而双方之间不存在质押合同关系，泛华高速本可向泛华实业主张权利或通过泛华实业向海发行主张权利。但在海南省审计厅于1997年对其财务收支进行审计时已核实其投资海发行6000万股法人股，股权证的股东名义为泛华实业，1996年10月泛华实业已将4000万股股权证作抵押向海发行贷款4000万元，要求泛华高速采取措施于1997年8月1日前追回并尽快办理股权转移手续，明确泛华高速权益并向泛华实业追回被侵占的投资收益4859862元的情况下，仅由泛华实业于1997年7月8日致函海发行董事会，要求将其名下的6000万股权证更名为泛华高速，直至1998年6月21日海发行被中国人民银行关闭前，泛华高速未对上述法人股股权主张相应的权利或进行处置，故造成该股权至今严重贬值的原因不能归责于海发行，泛华高速诉请海发行赔偿其经济损失4000万元缺乏事实和法律依据，该院不予支持，依法予以驳回。

综上，该院依照《中华人民共和国民法通则》第五十六条，《中华人民共和国担保法》第六十四条、第六十五条以及《中华人民共和国民事诉讼法》第六十四条第一款之规定，判决：驳回泛华高速的诉讼请求。案件受理费241800元，由泛华高速负担。

泛华高速不服上述民事判决，向海南高院提起上诉。

海南高院二审查明：认定一审法院查明的事实。另查，海发行为股份制企业，成立于1995年8月18日。

海南高院审理认为：

本案争议的焦点为，一、本案是否存在质押关系；二、海发行是否应承担本案的赔偿责任。

一、关于本案是否存在质押关系的问题。首先，泛华高速是海发行的股东，是本案适格的当事人。海南省审计厅的《审计意见》明确指出，泛华实业持有的海发行的股票是泛华高速出资购买，且告知泛华高速要变更到自己名下，说明泛华高速是海发行的隐名股东。再有，王利民当时既是泛华高速的总裁，又是泛华实业的总经理，还是海发行的董事，说明海发行一开始就应当清楚泛华高速是海发行的隐名股东的事实。另外，泛华实业根据《审计意见》致函海发行董事会，要求将其名下的海发行6000万股权包括涉案的4000万股更名为泛华高速，但海发行未予变更。综上可见，泛华高速是泛华实业持有海发行股票的实际权利人。故泛华高速诉讼主体适格。第二，海发行的信贷职能部门信贷部收取泛华高速以泛华实业名义持有海发行股票的行为是质押行为。海发行与泛华实业签订《借款合同》当日，海发行信贷部收受了泛华高速以泛华实业名义持有的4000万股海发行法人股，并且开具了《签收单》，即向泛华实业发放了4000万元贷款。从《借款合同》到《签收单》，后发放贷款，形成了完整的证据锁链，证明了海发行与泛华高速之间存在事实上的质押行为。但是这种质押，因违反当时《中华人民共和国公司法》第一百四十九条第三款"公司不得接收本公司的股票作为抵押权的标的"的规定，当属无效。至今，海发行也未能证明除泛华实业借款之外的原因而接收泛华实业名下的 4000 万股股票，其关于"《签收单》的内容根本看不出质押意思的表示"的抗辩理由不能成立。

二、关于海发行是否应承担本案赔偿责任的问题。海发行与泛华高速之间的事实质押行为，因违反法律规定而无效，对于无效质押，海发行与泛华高速均有过错，应当依法按各自的过错承担相应的责任。海发行是合法的金融机构，明知法律规定股东不能用本公司的股票进行质押，而违法收取泛华高速的股票质押，对无效行为应当负主要责任即 75% 责任。泛华高速为了泛华实业借款担保，将自己以泛华实业名义持有的海发行股票违法出质，对无效承担次要责任即 25% 的责任。

综上，一审判决认定事实不清，适用法律错误，应予纠正。该院依照《中华人民共和国民事诉讼法》第一百五十三条第一款第（二）项、第（三）项，《中华人民共和国民法通则》第六十一条，1994 年《中华人民共和国公司法》第一百四十九条第三款的规定，并经该院审判委员会讨论决定，判决：一、撤销海口中院（2010）海中法民一初字第 13 号民事判决。二、海发行于判决生效后十日内，赔偿泛华高速在海发行无效质押的 4000 万股股票经济损失中的 3000 万元。三、泛华高速自行承担在海发行无效质押的 4000 万股股票经济损失中的 1000 万元。海发行如不按期履行上述给付义务，则按照《中华人民共和国民事诉讼法》第二百二十九条之规定，加倍支付迟延履行期间的债务利息。一审案件受理费 241800 元，由海发行负担 181350 元，泛华高速负担 60450 元；二审案件受理费 241800 元，由海发行负担 181350 元，泛华高速负担 60450 元。

海发行不服海南高院上述民事判决，向本院申请再审称：

一、泛华高速不是海发行 4000 万股股权证的权利人，无权提起本案诉讼。（一）海发行的工商登记资料证明泛华高速不是海发行的股东；（二）泛华高速即使是实际出资人，也不具备成为金融机构股东的条件，不能成为海发行股东；（三）泛华高速提交的审计报告证明海发行的分红派息均是派给泛华实业而不是给泛华高速；（四）泛华高速及泛华实业没有证据证明向海发行申请变更股东；（五）将 4000 万股股权证交给海发行的是泛华实业而不是泛华高速。

二、海发行收取 4000 万股股权证的行为不构成股权质押。（一）无任何证据证明双方曾有股权质押的意思表示，也从未签订过质押合同或其他书面文件。（二）泛华实业及泛华高速对此说法前后矛盾，说明当事人之间并不存在股权质押的意思表示。（三）泛华实业是海发行的股东，根据公司法的规定，海发行不可能接受股东的股权证做质押，泛华高速对此非常清楚。

三、海发行不应承担赔偿责任。（一）泛华高速和泛华实业均不存在损失。赔偿的前提是一方存在损失，泛华实业在海发行的股权从未失去，作为股权凭证的 4000 万股股权证一直在海发行仓库中，泛华实业随时可来领回，因此不存在损失。（二）海发行不存在过错。海发行收取 4000 万股股权证的行为并不会导致股权贬值。海发行股权贬值，是因为海发行经营不善于 1998 年被中国人民银行行政关闭所致，是海发行全体股东依法必须承担的经营风险，是股东应当承担的法律责任，与海发行信贷部收取 4000 万股股权证并保管至今的行为并没有关系。（三）泛华实业和泛华高速，自 1997 年贷款逾期以来一直逃避债务，从未要求海发行退还股权证，不存在海发行非法占有的问题。

请求：依法撤销海南高院（2011）琼民二终字第 21 号民事判决，改判维持海口中院（2010）海中法民一初字第 13 号民事判决，即驳回再审被申请人泛华高速要求海发行赔偿 4000 万股股权证损失的诉讼请求。

泛华高速答辩称：

一、泛华高速是该 4000 万股股权证的实际投资人已是本案众多证据证明的事实，海发行自始至终都明知这一事实。案中 1995 年 2 月 10 日的《委托协议书》、泛华高速现持有的 1996 年 9 月 26 日出具的《签收单》原件和仍然持有的 2000 万股股权证原件的事实、海南省审计厅 52 号《审计意见书》和 53 号《审计决定》、1997 年 7 月 8 日，泛华实业致海发行董事会的《函》和海口中院第 77 号《民事判决书》中有关泛华实业的答辩内容等六份证据，从泛华高速、泛华实业、海发行和审计厅这四个方面证明了该 4000 万股股权证是由泛华高速实际投资的，其证据足以形成证据链。同时，上述证据及王利民任泛华高速总裁的同时又任泛华实业的总经理，还是海发行董事身份的事实结合起来，足以证明海发行自始至终都清楚泛华高速是该 4000 万股的实际投资人。故再审申请人所称的泛华高速原告主体不适格的理由明显不能成立。

二、事实上的质押关系有充分的证据证明，与最高法院第 99 号判决根本没有冲突。并且，纵然不是质押关系，仅仅凭海发行占有该 4000 万股股权证的事实及其占有期间该股权证价值贬值的事实，海发行也无法逃避应有的赔偿责任。海发行在签订借款合同及保证合同的同时，从泛华高速处取走记名为泛华实业的由海发行发行的 4000 万股的股权证，出具了签收单并一直占有该股权证。尽管当时双方没有签订质押的书面合同，但该行为发生在借款合同及保证合同签订的同时，而且借款合同的标的是 4000 万元，股票的面值亦为 4000 万元，由此可以认定为海发行是在为担保上述借款合同的履行而取走该股权证。除为借款合同提供质押而取走该股权证外，海发行没有说明其以其他任何理由取走股权证。因此，可以推定双方具有质押的意思表示。鉴于该笔股权证已经实际转由海发行占有，由此应该认定成立事实上的质押关系。最高法院第 99 号判决是以"本案中并没有提起反诉，所谓质押关系不属于本案审理的范畴"为前提。其作出的认定也是或然的状态，并明确告知了泛华高速可就质押关系或其他法律关系另行主张，本案不予审理。很明显，没有审理也就没有实质性的认定。海发行断章取义，其理由不能成立。此外，泛华高速的一审诉求是请求判令被告海发行赔偿原告泛华高速的经济损失 4000万元。这一诉求是基于海发行占有原告 4000 万股股权证的事实而提出。而海发行怎么也否定不了占有泛华高速该 4000 万股股权证的事实。故其该申请再审的理由也不能成立。

三、海南高院判决海发行依民法通则第六十一条的规定承担相应的民事赔偿责任，这一法律条款的适用没有任何错误。海发行诉称该条款适用错误的理由不能成立。本案涉及的保证合同以及质押行为因违反法律规定而无效，则当然应该依据民法通则第六十一条的规定判决已占有财产的返还或赔偿责任。本案中因海发行占有的 4000 万股股权证已在其占有期间贬值殆尽，无法履行返还的法律责任，且借款到期日期是 1997 年 9 月 26 日，该期限届满后泛华实业没有还款，海发行并没有及时处置该股权证获偿，其过错明显。故海南高院依双方各自的过错判决赔偿责任的分担，属适用法律正确。

综上，海南高院第 21 号民事判决认定事实的证据确实充分，适用法律正确，该判决应当得到维持。特别是最高法院第 99 号判决已判定泛华高速就担保合同的内容对海发行承担了二分之一的赔偿责任，故泛华高速就其 4000 万股股权证的质押或占有行为诉请海发行赔偿也是公平合理的，是双方各自承担过错责任的合理体现。特请求最高法院驳回再审请求，维持原判决。

本院认定二审法院查明的事实。

本院经审理认为，本案的争议焦点为：一、泛华高速是否海发行涉案 40张股权证的权利人，是否有权基于该 40 张股权证向海发行主张权利；二、海发行信贷部收取泛华实业的海发行涉案 40 张股权证的事实是否构成了泛华高速或者泛华实业与海发行之间的质押法律关系；三、海发行信贷部收取泛华实业的海发行涉案 40 张股权证是否给泛华高速造成损失，海发行是否应当承担赔偿责任。

一、关于泛华高速是否海发行涉案 40 张股权证的权利人，是否有权基于该 40 张股权证向海发行主张权利问题。

泛华高速以泛华实业持有的海发行股票系泛华高速实际出资且海发行清楚泛华高速系海发行隐名股东等为由，主张本案所涉登记在泛华实业名下的

4000 万股股权证的权利人为泛华高速，缺乏法律依据。海发行《企业法人年检报告书》载明泛华实业是海发行的出资人，实际出资额为 6000 万元，并无泛华高速是海发行出资人的记载。企业法人出资人的确定应以工商登记材料和公司股东名册等的记载为准。即使上述泛华实业出资到海发行的 6000 万元款项确系泛华高速实际支付，在确定该笔出资项下的出资人名义时也应按照工商登记的泛华实业来确定。泛华高速在不具备向金融机构投资资格的情况下，通过委托泛华实业代其购买海发行股份的行为，不能得出泛华高速系相关股权的权利人的结论。在泛华高速与泛华实业签订的《委托协议书》不违反法律法规强制性规定的前提下，泛华高速可以依据《委托协议书》的约定，享有代购股权项下的相关财产性权益，但并非是对海发行的股东权益。对海发行而言，该部分股权的权利人仍为泛华实业。泛华高速只有在将相关股权从泛华实业依法变更到其名下后尚可行使出资人权利。因此，在本案所涉 40 张股权证的权利人仍记载为泛华实业的情况下，泛华高速无权以权利人身份就该 40 张股权证向海发行主张权利。泛华高速仅以其为所涉股权的实际出资人和海发行明知其为实际出资人为由，认为其有权对相关股权主张权利，于法无据，本院不予支持。海南高院认定泛华高速系海发行股东不当，本院依法予以纠正。

二、海发行信贷部收取泛华实业的海发行涉案 40 张股权证的事实是否构成了泛华高速或者泛华实业与海发行之间的质押法律关系问题。

根据担保法第七十八条的规定，以依法可以转让的股票出质的，出质人与质权人应当订立书面合同，并办理相应的出质登记，质押合同自出质登记之日起生效。本案不论是所涉 40 张股权证的权利人究竟是泛华实业还是泛华高速，也不论所涉 40 张股权证交付给海发行信贷部的主体是泛华实业还是泛华高速，现无任何证据证明泛华高速或者泛华实业与海发行签订有股权质押合同，仅依海发行信贷部收取了上述 40 张股权证的事实，无法证明双方就上述股权出质达成了一致的意思表示，更无从谈起质押合同已经登记发生法律效力之事。即使海发行确系为担保 4000 万元借款合同的履行而收取的 40 张股权证，也无法构成法律上的股权质押关系。因此，泛华高速以质押关系主张权利，本院不予支持。海南高院以《借款合同》《签收单》、发放贷款形成完整的证据锁链为由，认定海发行与泛华高速之间存在事实上的质押行为，缺乏事实和法律依据，本院依法予以纠正。

三、海发行信贷部收取泛华实业的海发行涉案 40 张股权证是否给泛华高速造成损失，海发行是否应当承担赔偿责任。

股权证仅仅是出资人享有出资者身份和权益的凭证，而不是财产本身。

海发行占有涉案 40 张股权证并不当然导致相关股权价值的贬损。海发行股权的价值贬损系因经营管理不善所致，与海发行占有股权证没有直接的因果关系。现泛华高速亦无证据证明，泛华高速曾通过泛华实业向海发行主张返还相关股权证，而海发行不予返还，因此而造成泛华高速无法通过泛华实业及时转让相关股份而导致其财产损失。泛华高速主张 40 张股权证因海发行占有控制而丧失经济价值，缺乏事实和法律依据。因此，本院对其要求海发行因长期占有上述股权证应承担赔偿责任的主张亦不予支持。

综上，本院依据《中华人民共和国民事诉讼法》第一百七十条第一款第（二）项、第二百零七条之规定，判决如下：

一、撤销海南省高级人民法院（2011）琼民二终字第 21 号民事判决；

二、维持海南省海口市中级人民法院（2010）海中法民一初字第 13 号民事判决。

一、二审案件受理费各 241800 元，均由海南泛华高速公路股份有限公司负担。

本判决为终审判决。

审 判 长 刘 敏

代理审判员 赵 柯

代理审判员 杜 军

二〇一三年十二月十三日

书 记 员 孙亚菲

18. 转让他人名下股权属于无权处分，未经股东同意和有效追认，应为无效

——田文栋与李江海、曾祥辉、雷建辉、雷世明、李渝生、潘拥军、宋秀英股权转让纠纷案

【裁判要旨】

一、股东代理人与受让人签订《出资转让协议》转让其中一公司股权，股东对于代理人的两次授权并未明确是否包括股权处分，但受让人有足够理由相信代理人有权代理股东处分其股权的情况下，该代理行为构成表见代理。

二、转让人与受让人签订《出资转让协议》转让另一标的公司的股权，该股权登记在他人名下，转让没有取得登记股东的授权。该股权转让行为属于无权处分，未经股东同意和有效追认，应认定为无效。

中华人民共和国最高人民法院民事判决书

（2013）民提字第 85 号

再审申请人（一审原告、二审被上诉人）：田文栋。

委托代理人：陈永学，北京市岳成律师事务所律师。

委托代理人：张心明，湖北闳辩律师事务所律师。

被申请人（一审被告、二审上诉人）：李江海。

委托代理人：刘咸生，湖北刘咸生律师事务所律师。

委托代理人：杨成铭，北京君泰律师事务所律师。

被申请人（一审第三人、二审上诉人）：曾祥辉。

委托代理人：谭正标，湖北夷水律师事务所律师。

被申请人（一审第三人、二审上诉人）：雷建辉。

委托代理人：谭正标，湖北夷水律师事务所律师。

被申请人（一审被告）：雷世明。

委托代理人：沈素敏，湖北刘咸生律师事务所律师。

被申请人（一审第三人）：李渝生。

被申请人（一审第三人）：潘拥军。

委托代理人：罗锋。

被申请人（一审第三人）：宋秀英。

委托代理人：秦永昌。

再审申请人田文栋因与被申请人李江海、曾祥辉、雷建辉、雷世明、李渝生、潘拥军、宋秀英股权转让纠纷一案，不服湖北省高级人民法院（2010）鄂民二终字第00087号民事判决，向本院申请再审。本院于2013年3月13日以（2012）民申字第1175号民事裁定，提审本案。本院依法组成由审判员宫邦友担任审判长，审判员朱海年、代理审判员高燕竹参加的合议庭进行了审理，书记员陆昱担任记录。本案现已审理终结。

恩施州中级人民法院一审审理查明，2003年5月18日，李江海授权李渝生负责处理在湖北省咸丰县竞买汽车运输公司并组织新公司的一切相关事宜，以及全权负责对新公司的经营、管理和资产处置。同年7月25日，李江海以恩施州交运运输集团咸丰县恒通运输有限责任公司（以下简称恒通公司）法定代表人身份与咸丰县交通局签订经营权及客运资产交易合同，以995万元竞买价取得恩施州交运集团咸丰县运输公司道路运输经营权及二级客运站资产所有权。之后，李江海出资1933万元、雷世明出资50万元，共同组建设立恒通公司，注册资本为1983万元，李江海任该公司董事长。恒通公司在经营过程中，为偿还公司债务，于2006年8月6日，由李江海主持召开恒通公司董事会临时会议，决定由李渝生和该公司总经理杨秀伦于2006年8月10日前，分别以个人名义为恒通公司融资500万元，用于偿还恒通公司所欠咸丰建行的借款，先筹齐人民币500万元并偿还恒通公司在咸丰建行的借款即拥有恒通公司全部股份。2006年8月9日，李渝生出具借条向田文栋、黄玉平夫妇借款人民币500万元，并于当天将该款转入恒通公司在咸丰建行的账户。之后，李江海召开了恒通公司董事会议，田文栋及其妻黄玉平列席了本次董事会议。会议决定自即日（2006年8月9日）起，李江海委托李渝生全权接管恒通公司的一切事务。会后，田文栋与李江海、雷世明签订《恒通公司股权转让协议》（以下简称《股权转让协议》），约定李江海、雷世明将其在恒通公司70%的股权转让给田文栋，自己保留30%的股权，价款为人民币600万元，2006年8月9日付款500万元，2006年8月15日前付款100万元；田文栋付款600万元后即拥有恒通公司70%的股权，同时享有公司资产管理权、经营权并办理资产移交及相关过户手续。协议还约定，由田文栋担任恒通公司董事长，雷世明担任副董事长。协议签订后，田文栋于2006年8月10日向恒通公司在咸丰县建行设立的账户转账100万元，2006年8月13日至17日，雷世明、恒通公司有关证照及财产管理人将恒通公司《房产证》《土地使用权证》《企业定价许可证》《道路运输经营许可证》《组织机构代码证》等证照、印章及全部财产移交给田文栋持有、管理，田文栋全面接管恒通公司。2006年8月14日，咸丰县财政局向恒通公司催收到期借款145万元。8月31日，田文栋个人筹款80万元归还了该笔借款本金70万元、利息10万元。

2006年10月2日，李渝生以李江海的代理人身份与雷世明共同与田文栋达成《出资转让协议》。协议约定，李江海、雷世明将其在恒通公司、恩施联运运输集团咸丰县畅达运输有限公司（以下简称畅达公司）的全部出资（即全部资产、经营权）作价980万元转让给田文栋，田文栋接受双方认可的债权债务，即总债权为201.538678万元，总债务为978.672137万元（含田文栋已支付的680万元），田文栋应付李江海、雷世明202.866541万元（980万元+201.538678万元−978.672137万元），李江海、雷世明只要求田文栋支付180万元。付款方式约定为：田文栋在协议生效后付给李江海、雷世明转让款100万元，之后，双方共同到工商机关办理股东变更等手续，手续办理完毕后，田文栋于2007年12月31日前付清余款80万元。协议签订后，田文栋向雷世明、李渝生支付现金20万元，另出具金额为80万元的欠条一张，而李渝生则为田文栋出具金额为100万元的收条一张。2006年10月17日，田文栋指派专人接收了畅达公司行政公章、业务印章及有关财务资料，2007年11月14日，田文栋本人又接收了畅达公司的企业法人营业执照（副本）、道路运输经营许可证、组织机构代码证等证照，全面接管了畅达公司。

2006年10月20日，雷世明向田文栋送达《关于撤销出资转让协议的函告》，以《出资转让协议》未征求李江海的意见，李江海不予认可，且980万元的转让款显失公平，畅达公司的股东应为曾祥辉、雷建辉，其无权处分畅达公司的财产为由，要求撤销双方于2006年10月2日签订的《出资转让协议》，双方仍按2006年8月9日签订的《股权转让协议》履行。2007年12月8日，田文栋回函雷世明、李渝生，不同意撤销双方于10月2日签订的《出资转让协议》，要求雷世明、李渝生按双方所签订的协议领取转让款余款，并及时协助其向相关部门办理法人变更和资产过户手续。

一审另查明，2004年8月2日，李渝生与杨秀伦（恒通公司当时聘请的总经理）协商，为了占领咸丰县客运市场并回避恒通公司申请跨省线路时县乡车辆拖欠费用的负面影响，为此将县乡车辆从恒通公司分离出来再成立一个畅达公司。李渝生向恒通公司借款 100 万元作为出资，并列曾祥辉、雷建辉为公司股东，安排经办人员白青义编造公司组建协议书、股东会决议及公司章程等登记资料，于 2004 年 10 月 10 日向咸丰县工商局申请注册，领取了企业法人营业执照。曾祥辉、雷建辉既未出资，也未在相关登记材料上签字，亦未参与公司管理。2004 年 10 月 20 日，李渝生和杨秀伦再次安排白青义编造虚假资料，并虚增宋秀英、潘拥军二人为公司股东，为潘拥军虚列出资 680 万元、雷建辉虚列出资 240 万元，宋秀英虚列出资 260 万元，并于同年 11 月 22 日向咸丰县工商行政管理局办理了增加股东和注册资本的变更登记。在变更登记过程中，曾祥辉、雷建辉、潘拥军、宋秀英没有召开股东会，也未形成相关决议。

2006 年 9 月 28 日，咸丰县工商行政管理局作出咸工商处字（2006）第 146 号行政处罚决定书，认定在李渝生、杨秀伦的合谋策划下，畅达公司在申请设立和变更登记中，均采用编造的虚假资料，隐瞒真实情况，欺骗登记机关，骗取登记注册。并据此作出"责令当事人改正违法行为，并处罚款人民币 5 万元"的行政处罚决定。该处罚决定书送达给有关当事人后，均未在法定期间内申请复议或提起诉讼。

2006 年 12 月 1 日，畅达公司登记股东曾祥辉、雷建辉就雷世明、李渝生转让畅达公司资产给田文栋的行为提出异议，并委托法律工作者杨军进行处理。畅达公司的登记股东仍是曾祥辉、雷建辉、潘拥军、宋秀英等人。

田文栋于 2007 年 3 月 20 日向一审法院提起诉讼称，2006 年 10 月 2 日，李江海、雷世明与田文栋达成《出资转让协议》，约定将所持恒通公司和畅达公司的全部出资作价 980 万元转让给田文栋（冲抵债权债务后实付 180 万元）。并约定该协议生效后田文栋即付 100 万元，随即双方办理股东变更登记等手续。田文栋依约履行协议后，对方迟迟不办理股权变更登记手续，经多次要求未果。请求判令：李江海、雷世明按照约定立即履行协助田文栋办理股权变更登记及法定代表人变更登记手续。

李江海、雷世明答辩称，之所以不履行协议是因为法律上有障碍，第一，《出资转让协议》未经李江海同意，李江海也不予追认；第二，雷世明无权处分畅达公司的资产；第三，转让价格显失公平。请求法院驳回田文栋的诉讼请求。

李渝生称，其在未经李江海授权的情况下被迫无奈与田文栋签订《出资转让协议》，处分了李江海的股权和畅达公司的资产，该行为无效。请求法院驳回田文栋的诉讼请求。

曾祥辉、雷建辉、潘拥军、宋秀英称，李渝生、雷世明与田文栋签订的

《出资转让协议》处分了畅达公司的资产，未经畅达公司追认，请求法院确认该协议无效。

一审归纳该案争议的焦点：1. 李渝生在2006年10月2日代理李江海与雷世明共同与田文栋签订《出资转让协议》，在该代理行为中，李渝生是否有代理权；2. 该协议中涉及转让畅达公司的全部财产、经营权，是否侵犯了第三人曾祥辉、雷建辉、潘拥军、宋秀英的股东权益。

关于李渝生是否有代理权的问题。2006年10月2日，李渝生代理李江海与雷世明共同与田文栋签订《出资转让协议》，协议签订当时李渝生未出具李江海就该事项的委托授权书。2003年5月18日，李江海授权李渝生全权负责对新公司的经营、管理和资产处置。2006年8月9日，李江海主持召开恒通公司董事会并形成决议，再次授权李渝生接管公司的一切事务，当时田文栋列席了会议。上述委托行为属概括授权，处理公司一切事务包括处理公司资产。李渝生的行为是有权代理。

关于《出资转让协议》是否侵犯第三人股东权益的问题。根据庭审查明的事实，第三人曾祥辉、雷建辉、潘拥军、宋秀英均属违法虚列股东，上述虚列股东既未出资，也未按照《中华人民共和国公司法》（以下简称公司法）的规定，未在公司设立、变更登记过程中对相关事宜形成决议并在决议上签名，其既不享有股东权益也未履行股东义务。李渝生向恒通公司借款虚列曾祥辉、雷建辉为股东注册成立畅达公司，畅达公司的实际出资人为恒通公司。因此，恒通公司的股东李江海与雷世明将其对两公司的出资全部转让给田文栋并没有侵害他人的利益。

综上，田文栋与李江海、雷世明2006年10月2日签订的《出资转让协议》是双方的真实意思表示，内容不违反法律、法规的强制性规定，亦未损害他人利益，对双方当事人具有约束力。该协议已经部分履行，双方应该本着诚实信用的原则全面真实地履行合同义务。李江海、雷世明以该协议未经李江海授权、协议内容损害第三人利益而拒绝履行的抗辩理由不能成立。经该法院审判委员会讨论决定，判决：在判决生效后三十日内，李江海、雷世明协助田文栋办理受让的恩施州交运集团咸丰县恒通运输有限公司及恩施联运运输集团咸丰县畅达公司的股权变更登记及法定代表人变更登记。案件受理费80400元，由李江海、雷世明负担。

李江海、曾祥辉、雷建辉不服上述一审判决，向湖北省高级人民法院提起上诉。

李江海上诉称：1. 一审认定李渝生在《出资转让协议》上的签字为有权代理错误，公司的股权或出资属于股东所有，只有股东才有权处分其股权或出资。2. 一审认定畅达公司的实际出资人为恒通公司，和恒通公司的股东李江海、雷世明将畅达公司的出资转让给田文栋没有侵害他人利益错误。3. 一审适用法律错误。本案属于典型的受托人的代理权终止以后在没有代理权情况下或超越原代理权处分委托人权利的案件。因此，一审法院应适用《中华人民共和国民法通则》（以下简称民法通则）第六十六条和《中华人民共和国合同法》（以下简称合同法）第四十八条的规定，认定李渝生在本案中无权代理或无代理权，并据此驳回田文栋的诉讼请求，而不应适用公司法第二十五条第二款的规定支持田文栋的诉讼请求。同时，由于恒通公司的股东雷世明与田文栋合谋将畅达公司股东的全部出资转让给田文栋严重侵害了畅达公司股东的合法权益，一审法院应适用民法通则第五十八条、合同法第五十二条和公司法第三十五条的规定，认定雷世明、李渝生与田文栋于 2006 年 10 月 2 日签订的《出资转让协议》因严重侵害了第三人的权益，违反了法律的强制性规定而无效，应据此驳回田文栋的诉讼请求。综上，请求二审法院依法撤销原判，改判驳回田文栋的诉讼请求，该案一、二审诉讼费均由田文栋负担。

曾祥辉、雷建辉上诉称：1. 一审混淆了不同的法律关系。首先，曾祥辉、雷建辉时至今日仍然是畅达公司的股东，而一审判决无视这一法律事实，采用推论的方式，认定畅达公司的实际出资人为恒通公司，一审判决推出这一结论的依据就是 2006 年 9 月 28 日咸丰县工商局作出的咸丰工商处字（2006）第 146 号行政处罚决定书。该处罚行为是一个行政行为，处罚的相对人是畅达公司，处罚的结果是要求畅达公司改正违法行为，并没有否定曾祥辉、雷建辉的股东身份，且在该处罚决定书的送达回执上，签收人是曾祥辉。其次，畅达公司设立时股东就是曾祥辉、雷建辉，至于注册资金从何而来，那是另一个法律关系。李渝生从恒通公司借款，在李渝生和恒通公司之间形成债权债务关系，至于该款作何用途，这是李渝生的权利，李渝生将该款转给曾祥辉、雷建辉作为畅达公司的注册资本，只在李渝生和曾祥辉、雷建辉之间形成债权债务关系，不能因此推论出畅达公司就是恒通公司出资人。退一万步讲，就算该注册资本原为李渝生所有，也因其注册给曾祥辉、雷建辉而形成了事实上和法律上的赠与，李渝生都已无权再作处分，何况该款不久就归还给恒通公司了。2. 一审以判决的形式支持了一个明显违法的交易行为。公司法对股东转让公司财产有明确规定，李渝生、雷世明与田文栋签订的《出资转让协议》处分了畅达公司的资产和曾祥辉、雷建辉的股权，明显违法，请求二审法院依法改判，支持曾祥辉、雷建辉的上诉请求。

田文栋答辩称，一审判决认定的主要事实真实清楚，证据确实充分，适用法律恰当正确，实体判决准确无误。故请求二审法院依据事实和法律规定驳回上诉，维持原判。

二审法院对一审查明的事实予以确认。

二审法院认为，该案当事人争议的焦点是：李渝生、雷世明、田文栋于2006年10月2日签订的《出资转让协议》是否有效，李渝生是否有权转让恒通公司及畅达公司的股权。

关于李渝生是否有权转让恒通公司的股权问题。

二审法院认为，本案中，恒通公司登记股东是李江海、雷世明。李江海于2003年5月18日出具《授权委托书》及2006年恒通公司董事会临时会议决定，明确李渝生全权负责对新公司的资产处置及接管恒通公司的一切事务，但是该授权并未明确李渝生可以转让李江海的股权，公司资产不等同于个人股权。个人股权具有人身依附性，其转让必须权利人明示，该案中没有证据证明李江海同意李渝生转让其股权。李江海对李渝生的几次授权中，均没涉及其个人股权转让问题。2003年5月18日，李江海对李渝生授权后，7月24日对王艾龙、2004年1月28日对杨秀伦也有授权，即代行法定代表人职权，新的授权应视为对前面授权的取代。从实际签订协议的过程来看，2006年8月9日恒通公司在召开董事会后的当天，李江海、雷世明作为恒通公司的股东与田文栋签订了《股权转让协议》转让恒通公司70%的股权，当时李渝生在场，如李渝生有权处分李江海的股权，即8月9日的《股权转让协议》应由李渝生来签，而事实上是由李江海本人签字转让的，上述事实可以佐证李渝生无权处分李江海的股权，李江海也没有授权李渝生处分其股权。在10月2日李渝生、雷世明与田文栋签订《出资转让协议》以后，10月20日雷世明即向田文栋发函要求撤销《出资转让协议》，告知转让未征求李江海的意见，李江海否认该协议的内容亦表明李渝生的行为超越其代理权限。

综上，李渝生无权转让李江海在恒通公司的股权，李渝生、雷世明、田文栋于2006年10月2日签订的《出资转让协议》涉及李江海股权处置内容的部分应属无效。

关于李渝生、雷世明是否有权转让畅达公司股份的问题。

二审法院认为，根据一、二审查明的事实，畅达公司是李渝生向恒通公司借款100万出资设立，但登记股东为曾祥辉、雷建辉等人。一审判决认为畅达公司的实际出资人为恒通公司缺乏依据。李渝生向恒通公司借款100万元，只能说明李渝生与恒通公司之间形成债权债务关系，不能证明恒通公司就是畅达公司的实际投资人。从现有证据分析，咸丰县工商局的处罚决定只是针对李渝生、杨秀伦的违法行为，责令其改正违法行为，畅达公司工商登记股东仍为曾祥辉等人，李渝生、雷世明无权处分登记股东的股份，故李渝生、雷世明在《出资转让协议》中关于转让畅达公司股份的内容无效。

综上所述，李江海、雷世明于 2006 年 8 月 9 日签订的《股权转让协议》是双方当事人真实意思表示，为有效协议。李渝生、雷世明、田文栋于 2006 年 10 月 2 日签订的《出资转让协议》涉及处分李江海在恒通公司中的股份部分、处分曾祥辉等人在畅达公司的股份部分应为无效。本案应以上述协议中的有效约定为处理依据，由李江海、雷世明协助田文栋办理恒通公司 70% 的股权变更登记及法定代表人变更登记。一审判决认定事实清楚，但实体处理不当，经二审法院审判委员会讨论决定，根据《中华人民共和国民事诉讼法》第一百五十三条第一款第（二）项之规定判决如下：一、撤销湖北省恩施土家族苗族自治州中级人民法院（2008）恩中民初字第 34 号民事判决；二、在判决生效后三十日内，李江海、雷世明协助田文栋办理恩施州交运运输集团咸丰县恒通运输有限责任公司 70% 的股权变更登记及法定代表人变更登记（变更后田文栋持有恩施州交运运输集团咸丰县恒通运输有限责任公司 70% 的股权，李江海持有恩施州交运运输集团咸丰县恒通运输有限责任公司 30% 的股权）；三、驳回田文栋的其他诉讼请求。该案一、二审案件受理费各 80400 元，由李江海、雷世明各负担 56280 元，田文栋各负责 24120 元。

田文栋不服上述二审判决，向我院申请再审称：一、二审判决对李江海授权范围的认定缺乏证据证明，与基本事实相违背。1. 本案中，李江海对李渝生的授权委托具有双重身份，一是作为恒通公司的法定代表人授权李渝生处理公司一切事务，二是作为恒通公司的股东授权李渝生行使其在恒通公司所享有的股东权利，并履行股东的义务。2. 从李渝生向田文栋借款偿还债务、2006 年 8 月 9 日李江海委托李渝生接管恒通公司一切事务直至 2006 年 10 月 2 日代理李江海签订《出资转让协议》的一系列行为看，李渝生的行为构成表见代理。二、二审判决关于畅达公司实际出资人的认定违背事实和法律。畅达公司设立的资本金全部来源于恒通公司，这是一、二审查明的不争的事实。首先，李渝生是以李江海名义借款，这说明李渝生是在李江海的授权下，出于恒通公司的经营需要而借钱设立的畅达公司。该事实有咸丰县工商局咸工商处字（2006）第 146 号行政处罚决定书予以佐证。其次，就设立畅达公司所需的资金 100 万元，李渝生与恒通公司之间并未真正形成债权债务关系。至今，李渝生或者李江海也没有将这 100 万元归还恒通公司。在田文栋购买恒通公司和畅达公司进行资产清算时，也没有将此笔款项作为恒通公司的债权。这说明其中不存在真正的债权债务关系。最后，如果认定畅达公司实际出资人为李渝生，则《出资转让协议》因为李渝生本人签字而当然有效。三、二审判决适用法律错误。咸工商处字（2006）第 146 号行政处罚决定书认定：畅达公司在设立过程中存在虚列曾祥辉与雷建辉为公司股东、虚报注册资本等编造虚假材料、隐瞒真实情况、欺骗登记机关骗取登记注册的违法情形，违反了公司法第三十条之规定。根据公司法第一百九十九条处罚如下：1. 责令当事人纠正违法行为，2. 处以罚款人民币5万元。本案所有当事人对此处罚决定均无异议。很显然这里的纠正违法行为是要求当事人将虚列的股东从工商登记里予以变更，而将实际出资人恒通公司列为股东。该处罚决定充分证明了曾祥辉、雷建辉等虚列股东不是畅达公司的真正股东，依法自始不享有畅达公司的股东权利。综上，请求撤销二审判决、维持一审判决。

被申请人李江海未提交书面答辩状，在庭审中辩称：一、《出资转让协议》因李渝生无权处分李江海在恒通公司的股权而无效。第一，李渝生在《出资转让协议》上代李江海签字属于无权代理，李江海从未授权李渝生处理其在恒通公司的股权。第二，李渝生在《出资转让协议》上代李江海签字不构成表见代理。成立表见代理最重要的条件是"相对人有理由相信行为人有代理权"，但事实证明田文栋明知李渝生没有代理李江海处分股权的权利。2006年8月9日，恒通公司董事会及《股权转让协议》的签订，李江海都亲自参与，故田文栋不可能不知道李江海的股东身份。从2006年8月9日签订《股权转让协议》到2006年10月2日签订《出资转让协议》计54天时间里，李江海从未向李渝生作出任何新的授权，更没有授权李渝生处分其股权，作为受让方的田文栋对此是明知的。第三，《出资转让协议》是田文栋采取欺诈手段乘雷世明夫妇处于困难之际迫使雷世明夫妇签订。二、《出资转让协议》因为雷世明、李渝生无权处分畅达公司股东的股权而无效。李渝生帮忙借钱给曾祥辉等设立畅达公司，畅达公司后因宋秀英和潘拥军虚假出资被工商部门处罚，并未改变曾祥辉等人的股东身份，且曾祥辉、雷建辉等人一直在积极行使股东权利。雷世明、李渝生未经畅达公司股东的同意擅自将股东所有股权转让给田文栋，该转让行为依法无效。综合以上事实和理由，《出资转让协议》为无效协议，请求驳回田文栋再审请求。

被申请人曾祥辉、雷建辉未提交书面答辩状，在庭审中辩称：一、李渝生、雷世明无权处分畅达公司的财产，要处分畅达公司的财产只能由畅达公司依法定程序作出意思表示。没有证据证明畅达公司和李渝生、雷世明有任何法律关系，即使李渝生、雷世明是畅达公司的实际控制人，也不影响曾祥辉、雷建辉作为畅达公司股东的身份以及作为股东应享有的权利，股东的权利非依法定程序不得被剥夺。二、现有证据不能证明李渝生就是畅达公司的实际控制人和实际出资人。田文栋以咸丰县工商局2006年9月28日的行政处罚决定书为依据来证明曾祥辉、雷建辉、宋秀英、潘拥军为畅达公司的虚假股东，李渝生是畅达公司的实际出资人，由此论证李渝生有权处分畅达公司的股东的股权，这是把两个不同的法律关系混为一谈。根据我国现行的公司法律制度，确定公司股东身份的唯一标准是登记。公司股权的转让必须符合公司法的规定，否则其转让行为因违法而无效。三、畅达公司在注册登记时，实收注册资本88万元，登记股东为曾祥辉、雷建辉。注册资本从何而来，这是另一个法律关系。四、田文栋在审理过程中反复强调自己已经实际接收并管理畅达公司，并以此来证明自己获得畅达公司是合法有效的，企图通过证明自己实际占有进而证明自己合法所有，这种逻辑不符合法律规定。直到现在在工商部门登记的股东仍是曾祥辉、雷建辉。曾祥辉作为畅达公司的股东和法定代表人，至今仍在行使职权。故请求驳回田文栋再审申请，保护第三人合法权益。

被申请人雷世明未提交书面答辩状，在庭审中辩称：一、李江海未授权李渝生处分其股权，李渝生的行为不构成表见代理。1. 李江海从未授权李渝生处分其在恒通公司的股权，2013年5月18日《授权委托书》及2006年恒通公司董事会临时决议均没有授权李渝生处分其股权的内容；2. 李渝生的签字行为不可能构成对李江海的表见代理。《出资转让协议》是田文栋隐瞒恒通公司的真实财务状况和真实价值的情况下乘恒通公司资金困难，骗取雷世明、李渝生签订的，田文栋的主观恶意十分明显，不能构成表见代理。二、《出资转让协议》是田文栋欺骗和胁迫雷世明夫妇签订的，违背了雷世明夫妇的真实意思。三、无论是雷世明还是李江海或者是第三人李渝生均无权处分畅达公司的股权，畅达公司股东权利属于其股东曾祥辉等，《出资转让协议》因未取得权利人曾祥辉等的同意而无效。四、李渝生并不是恒通公司及畅达公司的实际控制人。故《出资转让协议》依法应当认定为无效，请求驳回田文栋的再审请求。

被申请人李渝生未提交书面答辩状，在庭审中辩称其是在受胁迫和欺诈的情况下签订的《出资转让协议》。

被申请人潘拥军未进行答辩，提交一份与田文栋于2013年8月8日签订的《权益转让书及授权协议书》。该协议书载明：潘拥军是畅达公司工商登记在册股东，占注册资本1268万元中的680万元，出资比例为53.63%。因其对自己是否真正享有股东权益、怎样承担股东责任等问题没有足够了解，加之因此涉诉已将近7年，心力交瘁。为避免日后纷争，免于司法诉讼和司法责任。潘拥军将其在畅达公司的全部权益和责任一并转让给田文栋。并约定：1. 潘拥军对李渝生、雷世明于2006年10月2日与田文栋签订的《出资转让协议》予以追认和认可，如果涉及潘拥军的利益，潘拥军同意将权益转让给田文栋。2. 从协议签订之日起，潘拥军在畅达公司工商登记的全部出资权益全部转让给田文栋，责任也全部由田文栋承担。3. 在上述权益的法律变更手续完成之前，潘拥军授权自2013年8月8日起，由田文栋作为潘拥军在畅达公司的全权代表……4. 自协议签订之日起，潘拥军在畅达公司的所有权益由田文栋享有，所有责任由田文栋承担，任何涉及潘拥军在畅达公司的内部及外部事宜均由田文栋处理，再与潘拥军无关。如果法律最终认定潘拥军无权转让相关权利或者潘拥军的转让行为给任何第三方造成了损害，潘拥军不承担责任，由田文栋承担责任。5. 本协议自双方签字之日起生效，本权益转让及授权协议书为不可撤销的协议，除非有司法机关强制解除本协议的效力，否则，本协议不得以任何方式失去任何效力。本协议如涉及通知其他相关方的，由田文栋通知。

被申请人宋秀英经合法传唤未到庭进行答辩，庭审后接受了询问，称畅达公司系曾祥辉向李渝生借款88万元设立，股东为曾祥辉、雷建辉，后为扩大规模，增加宋秀英、潘拥军为股东。宋秀英为真实股东，与曾祥辉、雷建辉达成了入股的口头协议，作为公司会计参与公司管理。由于公司不久发生纠纷，没有分红。目前畅达公司由曾祥辉实际控制。

再审中，被申请人曾祥辉提交以下证据：

1. 咸丰县工商局2013年4月1日出具的《公司变更通知书》一份。

2. （2012）鄂咸丰初字第00012号行政判决书。

证明畅达公司因在出资等方面存在问题受到工商部门的处罚后，畅达公司已接受处罚并改正，畅达公司的股东、法定代表人及实际管理人依然是曾祥辉等。

3. 畅达公司向宋秀英、潘拥军发出的认缴出资的通知，证明宋秀英、潘拥军经催告后仍未缴纳出资，目前已经丧失股东身份。

4. 畅达公司2010年6月5日工商变更登记材料一组，证明：（1）畅达公司股东为曾祥辉、雷建辉；（2）二人一直在积极行使股东权利履行股东义务；（3）畅达公司已经按照咸工商处字（2006）第146号《行政处罚决定书》的要求改正了虚假出资问题，公司股东已变更为曾祥辉、雷建辉二人；（4）二审判决后，除曾祥辉、雷建辉外，无任何人主张在该公司享有权利。

田文栋对上述四组证据的真实性无异议，对其证明目的不予认可。李江海、雷世明、李渝生对证据4的真实性和证明目的均予以认可。宋秀英对证据3、4的真实性和证明目的予以认可。

由于当事人对上述证据的真实性均无异议，本院对其真实性予以确认，作为本案认定事实的依据。

经审理，本院对原审法院认定的事实予以确认，同时查明以下事实：

2004年1月18日，李渝生代表恒通公司与原总经理杨秀伦签订《合同书》，其中第4条第2款约定，杨秀伦在出任总经理后，恒通公司将公司18%的股份赠送给杨秀伦，由杨秀伦永久性享有并按股份比例进行分红，一年一结算，年终兑现。杨秀伦所获股份可由其继承人继承。双方股份不得随意转让，若要转让股份须征得对方同意。第8条载明，双方协商，恒通公司计划12年收回企业投资1005万元人民币，每提前一年给杨秀伦奖励企业股份2%（奖励股份不得超过6%），其奖励股份与恒通公司赠送给杨秀伦的18%股份由杨秀伦永久性享有，并按比例参与利润分红，杨秀伦所获的股份可由其继承人继承。

2006年8月9日李江海、雷世明与田文栋签订的《股权转让协议》载明："……二、田文栋出资人民币600万元，获得公司70%的股权，其中田文栋于2006年8月9日组织资金500万元到公司在咸丰县建行的法定账户上，账号0000013447，用于偿还公司欠咸丰县建行的贷款；田文栋于2006年8月15日以前组织资金100万元用于偿还公司其他短期贷款。三、原公司债权债务（以对公司财务审计结论为准）由恒通公司承担，但李江海、雷世明与杨秀伦于2004年1月18日签订的《合同书》由李江海、雷世明负责解除，与田文栋无关。四、田文栋资金到位600万元，随即拥有公司70%股权，同时享有公司资产管理权和经营权并办理资产移交等相关过户手续。"

另查明，恒通公司2006年8月9日董事会决议尾部载明：附2006年8月6日上午由董事长李江海主持召开的公司董事会临时会议决议。

2006年8月6日恒通公司董事会议决议、8月7日会议纪要均记载：李渝生作为李江海的全权代表出席会议。

再查明，2011年9月5日，以曾祥辉为法定代表人的畅达公司向宋秀英、潘拥军发出《通知》，通知其务必在2011年9月20日前将出资到位，逾期视为放弃股东资格。该《通知》经咸丰县公证处公证。宋秀英、潘拥军未按期缴纳出资。

2012年6月5日，曾祥辉等以畅达公司名义向咸丰县工商局提交变更登记申请书，同时提交《说明》等资料，《说明》载明："2006年10月17日，李江海、雷世明基于其与田文栋签订的《出资转让协议》将畅达公司公章、业务专用章、营业执照、税务登记证、组织机构代码证等证照移交给田文栋，后畅达公司股东对转让协议提出异议并诉至法院，法院最终判决［（2012）鄂民二终字第00087号判决书］畅达公司归属原登记股东。判决书下达后，畅达公司根据咸丰县工商局的要求进行了整改，由于公司原股东宋秀英、潘拥军拒不缴纳出资，公司股东会决议将原注册资本由 1268 万元减至 88 万元，并于 2012 年 4 月 11 日在《恩施日报》上刊登了减资公告。现该程序已基本进行完毕，由于畅达公司无法收回被田文栋把持的原公章（4228260001052）和原营业执照（422826200006170），本公司已分别于 2011 年 6 月 16 日和 2012 年 6 月 2 日在《恩施日报》上登报将原公章和原营业执照声明作废，特此说明。"咸丰县工商局于 2012 年 6 月 6 日核准畅达公司注册资本、股东及住所变更，作出《公司变更通知书》并颁发营业执照。《公司变更通知书》载明：注册资本由 1268 万元变更为 88 万元，投资人（股权）由雷建辉 242 万元，19.09%，宋秀英 260 万元，20.5%，曾祥辉 86 万元，6.78%，潘拥军 680 万元，53.63% 变更为雷建辉 2 万元，2.2727%，曾祥辉 86 万元，97.7273%。2012 年 6 月 13 日，田文栋向咸丰县工商局投诉，请求立即吊销并收回补发的营业执照。2012 年 8 月 13 日，咸丰县工商局作出《撤销行政许可决定书》，决定撤销咸丰县工商局于 2012 年 6 月 6 日作出的变更登记，并收回新发的营业执照。曾祥辉等因不服该决定书，以畅达公司名义向咸丰县人民法院提起诉讼，请求撤销咸工商撤字（2012）01 号《撤销行政许可决定书》。咸丰县人民法院（2012）鄂咸丰初字第 00012 号行政判决认为，咸丰县工商局作出（2012）01 号《撤销行政许可决定书》依据事实及理由不能成立，适用法律错误，判决撤销咸工商撤字（2012）01 号《撤销行政许可决定书》。田文栋不服该一审行政判决，向恩施州中级人民法院提起上诉，二审因本案尚未审结，故中止审理。

畅达公司工商变更登记材料中有《畅达公司章程》（2011 年 9 月 21 日股东会一致通过）一份，该章程第 6 条载明公司股东及出资额为曾祥辉出资 86 万元，雷建辉出资 2 万元。章程尾部有曾祥辉、雷建辉亲笔签名。

上述事实有恒通公司董事会决议、会议纪要、畅达公司工商变更登记材料在案佐证。

本院认为，本案争议焦点有二：一、《出资转让协议》关于转让恒通公司股份的部分是否合法有效？二、《出资转让协议》关于转让畅达公司股份的部分是否合法有效？

一、《出资转让协议》关于转让恒通公司股份的部分是否合法有效？

本案中，李江海于 2003 年 5 月 18 日授权李渝生负责处理在湖北省咸丰县竞买汽车运输公司并组织新公司的一切相关事宜，以及全权负责对新公司的经营、管理和资产处置。2006 年 8 月 9 日恒通公司董事会议决议记载，李江海委托李渝生全权接管本公司一切事务。本院认为，两次授权并未明确是否包括股权处分，但田文栋有足够理由相信李渝生有权代理李江海处分其在恒通公司的股权，李渝生转让李江海股权的行为应构成表见代理。

第一，《出资转让协议》签订时李渝生约定取得股权的条件已成就，且恒通公司已向田文栋披露了这一事实。2006 年 8 月 6 日，恒通公司召开董事会临时会议，会议决议记载李江海主持召开会议，李渝生作为李江海在公司的全权代表出席。会议要求李渝生和公司总经理杨秀伦分别以个人名义在 2006 年 8 月 10 日 16 时前为公司融资 500 万元整，任何一人先筹齐人民币 500 万元并偿还县建行贷款即拥有恒通公司全部股份，其他人即无条件放弃其本人（或其委托人）在公司的所有股份和身份。2006 年 8 月 9 日，李渝生出具借条向田文栋、黄玉平夫妇借款人民币 500 万元，并于当天将该款转入恒通公司在咸丰建行的账户。之后，李江海召开了恒通公司董事会议，田文栋及其妻黄玉平列席了该次董事会议并签字。该会议决议尾部明确载明：附 2006 年 8 月 6 日上午由董事长李江海主持召开的公司董事会临时会议决议。因此，田文栋在签订《出资转让协议》时，恒通公司已向其披露 2006 年 8 月 6 日董事会决议内容，而该决议中记载的李渝生取得公司全部股权的条件已经成就，田文栋有理由相信李渝生有权处分恒通公司股权。

第二，李江海对李渝生的授权并未被其他授权所取代。恒通公司 2006 年 8 月 6 日董事会议决议、8 月 7 日会议纪要均记载，李渝生作为李江海的全权代表出席会议。2006 年 8 月 9 日恒通公司董事会议决议记载，李江海委托李渝生全权接管本公司一切事务。二审法院认为 2003 年 5 月 18 日李江海对李渝生授权后，7 月 24 日对王艾龙、2004 年 1 月 28 日对杨秀伦的授权，取代了对李渝生的授权，依据不足。

第三，李渝生在代表李江海处理恒通公司事务过程中曾对股权进行处分，李江海对此未提出异议且以行为表示认可。2004 年 1 月 18 日，李渝生代表恒通公司与原总经理杨秀伦签订的《合同书》，其中第 4 条第 2 款及第 8 条载明李渝生代表李江海将恒通公司 18% 以上的股权赠送给杨秀伦。2006 年 8 月 9 日，李江海、雷世明与田文栋签订的《股权转让协议》第 3 条载明，李江海、雷世明与杨秀伦于 2004 年 1 月 18 日签订的《合同书》由李江海、雷世明负责解除，与田文栋无关。上述约定表明李江海对李渝生 2004 年 1 月 18 日的股权处分行为是知道且认可的。同时，杨秀伦作为当时恒通公司的总经理对于公司内部情况以及李渝生是否有权处分股权应当十分清楚，其与李渝生签订《合同书》表明李渝生有权代理李江海处分股权。李渝生以往处分恒通公司股权的行为、李江海对该行为的认可以及原总经理杨秀伦的行为，使田文栋有理由相信李渝生有权代理处分李江海在恒通公司的股权。

第四，恒通公司 2006 年 8 月 9 日董事会以及 2006 年 10 月 2 日李渝生、雷世明与田文栋签订《出资转让协议》时，本案中李江海的委托代理人、律师刘咸生均以见证人的身份列席会议并签字，使得田文栋更有理由相信李渝生有权代理李江海处分其在恒通公司的股权。

李渝生与李江海为兄弟关系、李渝生与雷世明为夫妻关系，恒通公司为人合性较强的公司。综合考量上述因素，应当认定李渝生处分李江海持有的恒通公司股权的行为构成表见代理。雷世明对自己股权的处分效力，也应予以认定。综上，本院认为，《出资转让协议》关于转让恒通公司股份的部分应为合法有效。

再审中，李江海、雷世明虽提出《出资转让协议》签订过程中田文栋存在欺诈、胁迫情形，但其在一审中并未就此提起反诉，二审上诉时亦未提出，再审时仅作为抗辩理由提出，本院对此不予审理。

二、《出资转让协议》关于转让畅达公司股份的部分是否合法有效？

本案中，《出资转让协议》签订之时，畅达公司工商登记的股东为曾祥辉、雷建辉、宋秀英、潘拥军四人。李渝生、雷世明与田文栋签订《出资转让协议》，转让曾祥辉等四人名下的股权，没有取得登记股东的授权。但同时，田文栋受让曾祥辉等四人名下的股权亦未尽到合理注意义务，应当承担相应的后果。咸丰县工商局所作咸工商处字（2006）第146号行政处罚决定书虽责令畅达公司整改，但并没有否定曾祥辉等四人的股东身份，不能产生对抗工商登记的效力。故李渝生、雷世明转让畅达公司股份的行为属于无权处分。

关于潘拥军与田文栋于2013年8月8日签订的《权益转让书及授权协议书》的效力问题。本院认为，《最高人民法院关于适用〈中华人民共和国公司法〉若干问题的规定（三）》第十八条第一款规定，有限责任公司的股东未履行出资义务或者抽逃全部出资，经公司催告缴纳或者返还，其在合理期间内仍未缴纳或者返还出资，公司以股东会决议解除该股东的股东资格，该股东请求确认该解除行为无效的，人民法院不予支持。本案中，宋秀英、潘拥军自2004年10月被列为畅达公司股东以来，完全未履行出资义务。2011年9月5日，畅达公司通知宋秀英、潘拥军务必于2011年9月20日前缴纳出资，逾期则视为放弃股东资格。宋秀英、潘拥军仍未按期缴纳出资。此种情形下，畅达公司已出资股东曾祥辉、雷建辉有权召集股东会解除宋秀英、潘拥军股东资格，宋、潘二人作为被决议解除股东资格的对象，对于该项表决应予回避。畅达公司于2011年9月21日股东会一致通过的公司章程列明曾祥辉与雷建辉为公司股东，且有曾、雷二人亲笔签名，应当认定畅达公司已出资股东就解除宋秀英、潘拥军股东资格达成一致意见，形成股东会决议。故潘拥军与田文栋签订《权益转让书及授权协议书》时，已丧失股东资格，无权对《出资转让协议》进行追认，也无权转让股权。《权益转让书及授权协议书》关于追认《出资转让协议》以及将潘拥军在畅达公司工商登记的全部出资权益转让给田文栋的约定，事实上不能履行。

因此，《出资转让协议》有关转让畅达公司股份的约定，未经股东同意和有效追认，应认定为无效。关于转让款结算相关问题，当事人可另行解决。

综上，李渝生、雷世明与田文栋签订的《出资转让协议》有关转让恒通公司股份的约定有效，有关转让畅达公司股份的约定无效。本院依照《中华人民共和国民事诉讼法》第一百七十条第一款第（二）项之规定，判决如下：

一、撤销湖北省高级人民法院（2010）鄂民二终字第00087号民事判决和湖北省恩施土家族苗族自治州中级人民法院（2008）恩中民初字第34号民事判决。

二、在本判决生效后三十日内，李江海、雷世明协助田文栋办理恩施州交运集团咸丰县恒通运输有限公司股权变更登记及法定代表人变更登记。

三、驳回田文栋其他诉讼请求。

一、二审诉讼费用各80400元，由李江海、雷世明各负担78530元，由田文栋各承担1870元。

审　判　长　宫邦友
审　判　员　朱海年
代理审判员　高燕竹
二〇一三年十二月十四日
书　记　员　陆昱

19. 在以公开挂牌拍卖方式转让目标公司股权的交易中，如何认定买卖双方各自的信息披露义务及合理审查义务

——安徽实嘉房地产开发有限公司与合肥鑫城国有资产经营有限公司股权转让纠纷案

【裁判要旨】

出让方委托产权交易中心通过公开挂牌方式转让其股权，并由产权交易中心发布转让公告，对转让标的、转让标的企业的基本情况、转让底价及转让价款支付方式等内容进行说明，明确告知了资产评估报告和审计报告的文号，且进行了风险、不确定因素的提示。在公开挂牌交易时，出让方再次对目标公司的重大资产变化情况进行了补充披露。同时，基于出让方的提示及相关资料反映的事实，竞买者亦应负有及时进行相关情况的审查义务，并应对其所作出的竞买决定自行承担经营及市场风险，承担相应的民事法律后果。

中华人民共和国最高人民法院民事判决书

（2013）民二终字第 83 号

上诉人（原审原告）：安徽实嘉房地产开发有限公司。住所地：安徽省合肥市汴河路原创生活雅苑综合楼。

法定代表人：魏峰，该公司董事长。

委托代理人：张立琼，北京市国宏律师事务所律师。

委托代理人：周原，北京市国宏（天津）律师事务所律师。

被上诉人（原审被告）：合肥鑫城国有资产经营有限公司。住所地：安徽省合肥市新站区工业物流园 A 组团 E 区 15 号综合楼。

法定代表人：唐风玲，该公司董事长。

委托代理人：孙卫东，安徽承义律师事务所律师。

委托代理人：秦煜，安徽承义律师事务所律师。

上诉人安徽实嘉房地产开发有限公司（以下简称实嘉公司）为与被上诉人合肥鑫城国有资产经营有限公司（以下简称鑫城公司）股权转让纠纷一案，不服安徽省高级人民法院（2012）皖民二初字第00002号判决，向本院提起上诉。本院受理后，依法组成由审判员王宪森担任审判长，审判员殷媛、代理审判员张雪楳参加的合议庭进行了审理。书记员郝晋琪担任记录。本案现已审理终结。

安徽省高级人民法院审理查明：2010年11月15日，合肥市产权交易中心发布《合肥城市建设综合开发集团有限责任公司70%国有股权转让公告》（以下简称《转让公告》），载明：受鑫城公司委托，合肥市产权交易中心对其持有的合肥城市建设综合开发集团有限责任公司（以下简称城开公司）70%国有股权进行公开转让。转让方承诺本次产权公开交易已履行了必要的审批程序，本次公开交易不存在任何障碍，保证本公告的内容不存在任何重大遗漏、虚假陈述或严重误导，并对其内容的真实性、完整性和有效性负责；转让标的为转让方持有的转让标的企业70%国有股权，该股权对应的资产、负债及相关情况详见安徽九州资产评估事务所出具的九州评报字〔2010〕第1002号《资产评估报告书》；转让标的企业主要财务指标数据（资产总额、负债总额和所有者权益）见安徽华晨会计师事务所皖华晨会审字〔2010〕108号《审计报告》；依据安徽九州资产评估事务所的九州评报字〔2010〕第1002号《资产评估报告书》，转让标的企业资产评估结果为流动资产19311.92万元，非流动资产14510.94万元，非流动资产中有长期股权投资12330.30万元，其中固定资产2180.64万元，转让标的的对应评估值18427.556万元；资产评估的基准日是2010年4月30日；根据合肥新站综合开发试验区国有资产管理局备案的资产评估结果，确定本次转让底价为18427.556万元；意向受让方须承诺对《产权转让文件》所附《产权转让合同》的所有条款均全部了解并同意接受，且在收到该项目《中标通知书》次日起3个工作日内与转让方签订该合同；公告期限为自2010年11月15日至2010年12月10日。另外该《转让公告》的特别事项说明一栏有如下说明：（一）评估基准日至产权转让合同签订之日止期间，转让标的企业产生的经营损益由转让方按其对转让标的企业的持股比例承担或者享有，具体数额由转让方和受让方在产权转让合同签订之日起10日内，共同委托安徽华晨会计师事务所以皖华晨会审字〔2010〕第108号《审计报告》为基础，以本合同签订日为截止日进行审计确认。……（四）不在审计报告、资产评估报告范围内的以及报告中未披露的转让标的企业资产、负债由转让方按其对转让标的企业的持股比例享有或者承担。……（七）意向受让方应充分关注、调查、研究与本次产权转让标的相关的所有事宜、信息、或有风险、不确定因素及可能对转让标的企业资产及企业经营管理造成的影响，转让方不对转让标的企业是否存在或有风险提供保证。（八）安徽九州资产评估事务所的九州评报字〔2010〕第 1002 号《资产评估报告书》载明：……4. 截至评估基准日城开公司账面列示其他应收款——肥西县紫蓬山管委会余额 8992313.10 元，其中支付紫蓬山旅游区管委会土地款计 7219700 元、支付前期费用 1271497.10 元、支付诉讼费 501116 元，由于该事项可能产生的法律诉讼尚未最终得到处理，对上述事项处理结果可能对本次评估净资产有影响。5. 城开公司于 2009 年 2 月 26 日与合肥恒一投资有限公司签订《项目合作开发协议书》共同开发"康城商业中心项目"，项目地块面积 11909.63 平方米，双方约定（1）由城开公司提供项目土地使用权，合肥恒一投资有限公司提供项目的地面上全部工程建设费用，经营销售收入按 3：7 比例进行分配；（2）项目规划报批费等由双方按比例分摊。但至评估基准日，该合作开发项目尚未予以实施。……12. 城开公司已向合肥新站综合开发实验区管委会支付 3000 万元重组皖江厂保证金，为此支付的 3000 万元保证金在城开公司其他应收款科目列示；另根据鑫城公司向新站管委会的签报和批复及新站经贸局的相关签报和批复，对上述 3000 万元保证金所产生的期后影响力为"新站管委会相关部门正研究确定此 3000 万元保证金的处置方案"，若新站管委会因该 3000 万元保证金产生违约赔偿责任，鑫城公司享有该赔偿金额的 70%；若新站管委会不涉及赔偿，只涉及利息补偿，则鑫城公司应该享有补偿金额的 70%，等等。

2010 年 12 月 8 日，实嘉公司通过查阅、研究皖华晨会审字〔2010〕108 号《审计报告》、九州评报字〔2010〕第 1002 号《资产评估报告书》及其他相关转让文件项目信息资料，竞拍前在《履行合同义务的承诺函》及《资格审查材料的承诺函》中声称"我方确认，我方已仔细阅读并研究了贵方的《城开公司 70% 国有股权转让文件》及其附件，我方完全熟悉其中的要求、条款和条件，并充分了解标的情况；完全接受转让文件及所附《产权转让合同》条款的全部内容"。2010 年 12 月 19 日，实嘉公司在合肥市产权交易中心经电子竞价后确定为中标人，中标价为 33827.56 万元；2010 年 12 月 28 日合肥市产权交易中心向实嘉公司送达了《中标通知书》；2010 年 12 月 31 日鑫城公司（甲方）与实嘉公司（乙方）签订了《产权转让合同》。该合同约定：转让标的为鑫城公司持有的城开公司 70% 国有股权，该股权对应的资产、负债及相关情况详见安徽九州资产评估事务所出具的九州评报字〔2010〕第 1002 号《资产评估报告书》；转让价格为 33827.56 万元；价款支付方式为实嘉公司于本合同签订之日起 5 个工作日首付不少于转让价款的 50%，于本合同签订之日起 12 个月内汇入全部剩余转让价款；转让标的交割事项为：（1）评估基准日至产权转让合同签订之日止期间，转让标的企业产生的经营损益由甲方按其对转让标的企业的持股比例承担或者享有，具体数额由甲方和乙方在产权转让合同签订之日起 10 日内，共同委托安徽华晨会计师事务所以皖华晨会审字〔2010〕第 108 号《审计报告》为基础，以本合同签订日为截止日进行审计确认；（2）转让标的交割事项为本条第一款约定的期间损益的审计数额由双方另行结算，期间损益的结算与转让价款支付无关，不进行冲抵；双方的违约责任为任何一方违约或因任何一方违约而给守约方造成损失的，违约方应赔偿守约方违约金人民币 1000 万元，等等。

合同签订后，实嘉公司按约支付了 1000 万元履约保证金、50% 的转让价款 16913.78 万元和 59.75 万元的交易服务费，并对剩余未支付的转让价款按约定提供了有效的第三方担保；鑫城公司也配合实嘉公司办理了股权转让的工商登记变更手续。实嘉公司进驻标的企业城开公司以后按照转让公告文件、审计报告等载明范围和内容核对城开公司相关资产时，认为鑫城公司转让公告中载明的事实与客观实际不符，遂多次函告鑫城公司要求按照转让公告文件、审计报告等载明范围和内容交付资产。其中 2011 年 10 月 12 日，实嘉公司向鑫城公司送达了《关于尽快处理产权转让善后工作的报告》；2011 年 10 月 20 日，鑫城公司向实嘉公司出具《关于城开公司股权转让相关问题的回复》，称"按 10 月 19 日城开公司期间审计专题会议要求，贵公司于本月 21 日（最迟 25 日前），就资产清点中发现的重大问题书面报送我公司，我们定及时、认真研究解决。其中关于康城水云间项目存量房问题，《资产评估报告书》已对 1#、3# 楼按预售合同价进行评估，并按照销售合同约定在挂牌期间进行房屋交付，属于企业正常行为，且《资产评估报告书》中对 1#、3# 楼载明已经预售，并将应收款列为资产，不存在信息披露重大瑕疵问题。关于康城商业中心项目问题，由于评估工作的独立性，按 10 月 19 日城开公司期间审计专题会议要求，由股权挂牌资产评估单位派专人与城开公司就该事宜进行沟通，如果有评估结论错误，由安徽九州资产评估事务所提出调整报告，我们将本着实事求是的原则依法处理。关于紫蓬山项目费用问题，在挂牌转让公告第十六条特别事项说明第七、八款已就该事宜作充分披露并进行风险提示，贵公司作为城开公司大股东应该积极以城开公司名义主张权益，依法收回投资。关于皖江厂项目保证金问题，该事宜已在挂牌转让公告第十六条特别事项说明第八款作完整披露，该笔款项作为城开公司往来款，贵公司应与另一股东方协商一致，以城开公司法人作为项目合作主体积极清理往来账目，我公司亦将积极配合，同时该事宜不影响期间审计结果"。嗣后，实嘉公司分别多次函告鑫城公司并明确提出由于审计报告错误导致的后果应该由鑫城公司承担，其中包括2011年10月25日《关于城开公司股权转让资产交付问题的函》、2011年11月23日《关于〈康城商业中心项目评估有关事项函〉的回复》、2011年12月9日《关于康城水云间房产交付有关事项的函》、2011年12月28日《关于对城开公司70%股权应付转让价款予以抵销的催告函》。2011年12月5日，鑫城公司委托评估的安徽九州资产评估事务所还就《关于〈康城商业中心项目评估有关事项函〉的回复》向实嘉公司和鑫城公司答复称"评估报告出具前委托人未提供上述事实；康城商业中心合作项目可以计算各方权益；鉴于评估基准日与挂牌日期间项目合作发生的事实，为客观公正起见由出让方与受让方共同委托第三方中介机构对上述权益计算具体数额"。但双方协商未果。实嘉公司遂以鑫城公司转让股权时在"康城水云间项目存量房问题"、"康城商业中心项目问题"、"皖江厂项目保证金问题"及"紫蓬山项目费用问题"等方面披露信息不实为由，向该院提起诉讼。

另查明：一、资产评估的相关内容。1. 安徽九州资产评估事务所的九州评报字〔2010〕第1002号《资产评估报告书》中"评估方法"一栏中写明"根据本次评估目的、可搜集的资料，针对评估对象的属性特点，采用成本法对各单项资产负债进行评估，加和后确定评估对象评估结果，其中流动资产中存货，为已开发的存量房产及土地以及低值易耗品"；"特别事项说明"一栏中写明"评估基准日后、有效期以内资产数若发生变化，应该根据原评估方法对资产额进行相应调整；若资产价格标准发生变化，并对资产评估价值产生明显影响时，委托方应该及时请评估机构重新确定评估价值"。2. 安徽九州资产评估事务所的九州评报字〔2010〕第1002号《资产评估明细表》"存货－成产品（库存商品、开发产品、农产品）评估明细表"一栏中写明"康城水云间名称3#住宅楼、规格型号160套、数量15188.85平方米、评估价值单价3375元、金额51262368.75元、备注预售，3#楼门面、规格型号11套、数量947.69平方米、评估价值单价7775元、金额7368289.75元、备注预售"。3. 安徽九州资产评估事务所的九州评报字〔2010〕第1002号《资产评估说明》"资产核实情况总体说明核实结论"一栏中写明"评估人员在企业有关人员的配合下，对列入本次评估范围内的资产实施了账面审核、现场清查，清查结果如下：流动资产账面价值为19311.92万元，包括货币资金、应收账款、预付账款、其他应收款、存货及待处理财产损益。存货主要为开发的存量房产及在用低值易耗品，其中康城水云间存量房产34100.97平方米"。

二、案涉目标公司资产在评估基准日之后的变动情况。1. 有关康城水云间项目存量房的情况。截至 2010 年 10 月，城开公司向康城水云间项目的业主交付了 16136.50 平方米房产。2010 年 11 月 15 日的案涉股权转让公告未对此披露。2. 有关康城商业中心项目情况。2010 年 10 月 14 日，该项目合作双方合肥恒一投资有限公司和城开公司双方共同开设了项目共管账户并共同注入了 100 万元开办费用。2010 年 11 月 15 日的案涉转让公告未对此披露。3. 有关皖江厂项目 3000 万元保证金问题。2012 年 6 月 15 日，合肥新站综合开发试验区管委会已经将 3000 万元保证金退回城开公司。

2012 年 1 月，实嘉公司向安徽省高级人民法院提起诉讼，请求判令：1. 实嘉公司有权向鑫城公司减少支付《产权转让合同》项下的应付转让款 13705.11 万元；2. 鑫城公司赔偿实嘉公司可得利益的经济损失 5581.26 万元，支付违约金 1000 万元；3. 对于上述减少款项和应赔偿的经济损失及违约金，实嘉公司有权直接从应付鑫城公司的转让款中抵销；4. 由鑫城公司承担该案全部诉讼费。

安徽省高级人民法院审理认为，该案争议焦点如下：一、该案案由及性质。二、鑫城公司是否履行了如实披露信息义务，实嘉公司是否履行了尽职审查义务；鑫城公司是否应该承担违约责任。

关于争议焦点一。实嘉公司依据鑫城公司在合肥市产权交易中心发布的《转让公告》以及相关的《审计报告》和《资产评估报告书》，通过公开拍卖方式中标，并与鑫城公司签订了《产权转让合同》，且合同双方当事人对转让标的、转让价格、转让价款支付方式、转让标的的交割事项、转让税费承担以及双方违约责任等作出了明确约定，嗣后双方也是基于合同履行而发生纠纷，故该案符合最高人民法院《民事案件案由规定》中股权转让纠纷的特征，案由应该确定为股权转让纠纷。股权转让必然导致股权归属变化，但其与一般商品转让不同的是，股权背后对应着公司的财产以及债务，与公司资产密切相关。因此，鑫城公司关于该案既然是公司股权转让纠纷就不应该涉及公司资产、公司股权与公司资产无关等抗辩理由缺乏事实依据和法律依据，该院不予支持。

关于争议焦点二。案涉城开公司 70% 国有股权系通过公开挂牌方式出让，为让参与竞买者全面、客观、真实地了解转让标的，鑫城公司作为股权转让方负有全面、完整、如实披露转让标的的全部情况的义务。《转让公告》是转让方就拍卖标的情况对外的最后公示，其不仅应该包括截至 2010 年 4 月 30 日审计、评估基准日《审计报告》《资产评估报告书》等内容，还应包括审计、评估基准日至拍卖公告日拍卖标的的资产变化情况。但鑫城公司在《转让公告》中仅仅披露了转让标的的 2010 年 4 月 30 日审计、评估基准日的情况，没有披露审计、评估基准日后至 2010 年 11 月 15 日公开拍卖日期间转让标的的相关情况，如城开公司康城水云间项目 16136.50 平方米存量房已经实际交付业主；城开公司已于 2010 年 10 月 14 日与合肥恒一投资有限公司就康城商业中心项目设立专门账户，并注入 100 万元开办费用等相关事实。客观上对转让标的信息披露存在瑕疵，一定程度上增加了包括实嘉公司在内竞买者产生模糊认识的可能性。对于实嘉公司一方，其作为房地产开发企业，在参与竞买案涉股权时，对于案涉转让标的的情况的审查核实，负有高于普通竞买者的一般注意义务，理应在更加全面、缜密和谨慎地审查案涉股权转让所有材料后，作出商业判断，但其未能全面履行竞买者的审慎审查义务，具体如下：

1. 关于康城水云间项目的存量房问题。《审计报告》《资产评估报告书》在披露康城水云间项目存量房产总面积为 34100.97 平方米的同时，也披露了该项目有 16136.50 平方米存量房处于预售状态，尽管没有明确两者之间是否存在包含或递减关系，但实嘉公司在参与竞买前应仔细核实了解相关情况，确定存量房具体面积，并在没有疑义的情况下参与竞买。2. 关于康城商业中心项目权益问题。《转让公告》对于康城商业中心项目的相关情况进行特别说明，详细披露了城开公司与合肥恒一投资有限公司签订《项目合作开发协议书》共同开发该项目以及各方权利义务的约定，《资产评估说明》第 17 页亦对于该部分项目涉及土地使用权价值的评估方法进行了举例说明，不论该合作项目是否实际实施，实嘉公司应对该部分土地使用权的价值及相关收益有较为正确的权益预期。3. 关于皖江厂项目保证金问题。《转让公告》第十六条特别事项说明部分，《审计报告》第三条其他事项说明部分，《资产评估报告书》第十一条特别事项部分，对此款项的形成、处置方案以及期后影响等均作了详细说明，但没有鑫城公司承诺该 3000 万元保证金由其联系收回的内容。另外，鑫城公司《关于城开公司股权转让相关问题的回复》的内容符合法律规定，且不损害实嘉公司利益，不属于单方变更转让条件。况且，在该案诉讼期间，合肥新站综合开发试验区管委会已经退还了该项目保证金 3000 万元。4. 关于紫蓬山风景园项目问题。《转让公告》、《审计报告》及《资产评估报告》均对此作了特别说明，明确了此部分应收款的组成，并明确提示"由于该事项可能产生的法律诉讼尚未得到最终处理，对上述事项处理结果可能对本次评估的净资产有影响"。另外，案涉股权通过公开竞买的方式出让，《产权转让合同》虽约定"该股权对应的资产、负债及相关情况详见《资产评估报告》"，但并非表示案涉股权转让款完全依据上述财务报表的数字确定，而是将其作为确定股权转让款的参考依据。实嘉公司此项异议仅涉及价款 177.26 万元，与案涉股权转让价款 33827.56 万元相比，尚不足以成为影响实嘉公司参与竞买的关键因素，亦不会对通过竞价形成的股权转让款构成实质性影响。综合以上分析，鑫城公司在《转让公告》中对部分信息的披露存在一定瑕疵，但《审计报告》《资产评估报告》对于转让标的的情况的披露并无明显不实之处，故该瑕疵并不足以影响通过公开竞价机制形成的股权转让价款。实嘉公司在未全面履行竞买者审慎审查义务的情况下，却承诺其已经仔细阅读并研究《转让公告》及相关附件，充分了解标的情况，并参与竞买，在经过多轮竞价后最终中标，应当承担相应责任。因此，实嘉公司关于减少案涉股权转让价款的诉讼请求，该院不予支持。由于鑫城公司和实嘉公司对该案发生均存在一定过错，各自承担相应责任，且双方责任已另案处理，因此实嘉公司要求追究鑫城公司赔偿损失并承担违约责任的诉讼请求，亦不予支持。综上，该院依据《中华人民共和国民事诉讼法》第一百三十八条的规定，判决：驳回安徽实嘉房地产开发有限公司的诉讼请求。一审案件受理费1056118.50元，由安徽实嘉房地产开发有限公司承担739282.95元，合肥鑫城国有资产经营有限公司承担316835.55元。

实嘉公司不服安徽省高级人民法院上述民事判决，向本院提起上诉称：原审判决认定事实不清，适用法律错误致不当判决结果，应予撤销。一、鑫城公司未能真实、完整、准确地披露评估基准日前交易股权所对应的公司资产状况，信息披露存在瑕疵。1.鑫城公司向意向受让人交付的产权转让文件不包括《审计报告》及《资产评估报告》，其也从未告知产权转让文件附件的名称、内容、份数、页数等信息，资产披露文件不完整；2.鑫城公司披露转让标的信息不真实、不准确，如，康城水云间项目将已经卖出的16000余平方米商品房仍作为公司"存量房"计入公司资产，康城商业项目土地资产评估不准确，开发进程披露不真实。二、实嘉公司已履行了意向买受人的注意义务，不存在故意或重大过失，原审法院关于实嘉公司"未能全面履行竞买者的审慎审查义务"的认定有误。1.鑫城公司未公开披露康城水云间项目有16136平方米处于预售状态；即使披露该预售状态，亦不能合理判断预售房屋全部售罄的事实。2.无论意向买受人是否存在法定或约定的审查义务，阅读"案涉股权转让所有材料"都应以意向买受人知悉或持有该材料为前提，鑫城公司并未公示股权转让文件所包含的全部文件名称、数量等信息，实嘉公司无从知晓"所有材料"都包含哪些内容，亦无法对其不持有的文件或内容进行无根据的否定或不符合逻辑的判断。三、鑫城公司的信息披露瑕疵致实嘉公司财产受损。实嘉公司是在鑫城公司披露康城水云间项目存量房为34000平方米的情况下确定受让资产的，且实嘉公司可利用自身在房地产开发及销售领域的成功经验和专业优势实现该项目资产利益的最大化。但在受让后，实嘉公司才发现该项目实际情况与披露内容相去甚远，损失巨大。四、实嘉公司作为买受人的注意义务如何履行，均不能免除鑫城公司的如实披露义务及对买卖标的的瑕疵担保义务，这是鑫城公司的法定义务，亦是合同法诚实信用、等价有偿原则的体现。股权受让方有权要求未披露真实情况的出让方承担瑕疵担保责任，采用减少价款的方式赔偿受让方的股权价值损失。请求：撤销原审判决，发回原审法院重新审理或改判支持实嘉公司一审诉讼请求。

针对实嘉公司的上诉意见，鑫城公司答辩称：一、原审判决适用法律正确，认定事实基本清楚，但认定鑫城公司在信息披露上有瑕疵，所以承担一定过错责任是不正确的。二、本次挂牌转让的标的是鑫城公司持有的城开公司70%国有股权，并非公司资产，实嘉公司混淆了本次转让标的性质。三、鑫城公司依法全面履行了合同义务，城开公司70%国有股权已依法变更至实嘉公司名下，而实嘉公司未按期支付股权转让剩余价款及期间利息，已构成违约。四、实嘉公司诉请减少应付股权转让款并主张对应付股权款进行抵销，没有事实和法律依据。其主张会使其无须支付剩余股权款且鑫城公司还要额外支付其约4000万元，完全低于挂牌价将标的转让，将直接导致国有资产灭失。五、本次股权转让交易程序符合法律规定，不存在披露不实、虚假陈述、严重误导等行为，资产评估报告、审计报告依法出具，结论符合法律规定，合法有效；实嘉公司在竞拍前已充分了解标的情况，并完全接受转让文件及《产权转让合同》条款的全部内容；评估基准日之后至股权变更之日的标的公司经营损益纳入期间审计范畴，实嘉公司对此不持有异议且接受。六、股权收购风险应由实嘉公司自行承担，与鑫城公司无关。

本院二审期间，各方当事人均未提交新证据。

本院对原审法院所查明的事实予以确认。

本院认为，本案二审争议的焦点问题是：一、鑫城公司在转让案涉股权时是否履行了信息披露义务，实嘉公司是否因其信息披露瑕疵而受到了重大损失；二、实嘉公司要求鑫城公司承担违约责任和瑕疵担保责任，进而减少其向鑫城公司支付的股权转让剩余款项的主张是否成立。

一、关于鑫城公司在转让案涉股权时是否履行了信息披露义务，实嘉公司是否因其信息披露瑕疵而受到了重大损失的问题。

鑫城公司委托合肥市产权交易中心通过公开挂牌方式转让其持有的城开公司70%国有股权，并由合肥市产权交易中心发布《城开公司70%国有股权转让公告》对转让标的、转让标的企业的基本情况，转让标的企业主要财务指标数据、资产评估核准或备案情况，产权转让行为的内部决策及批准情况，转让底价及转让价款支付方式，意向受让方应具备的基本条件、交易条件，竞买保证金及产权交易服务费、履约保证金，特别事项等内容进行了说明，公告同时明确表述了确定转让标的企业资产、主要财务指标等情况所依据的资产评估报告和审计报告的文号和作出机构，并指出资产评估、审计的基准日是 2010 年 4 月 30 日，初步履行了披露转让标的基本情况的义务。公告亦提示意向受让方充分关注、调查与本次产权转让标的相关的所有事宜、信息、或有风险、不确定因素及可能对转让标的企业资产及企业经营管理造成的影响。对于实嘉公司提出异议的康城水云间、康城商业中心等项目，案涉审计报告"其他事项说明部分"和案涉公告"特别事项说明"部分对其在资产评估、审计基准日之前的情况进行了说明。审计报告正文末尾同时载明其附件包括资产负债表、会计事项调整表及各项资产负债明细审定表。其中，各项资产负债明细审定表对康城水云间项目预收房款的情况，在预收款项目栏进行了记载，并列明了预售住宅、门面房的楼号、房号等信息。同时，根据原审法院查明事实，在资产评估、审计基准日之后，城开公司将此前预售的康城水云间项目住宅、门面房交付业主，其他项目也如约予以开展，目前并无证据证明相关项目的开展存在违法之处。因此，对于实嘉公司关于鑫城公司披露转让标的信息的文件不完整、不真实、不准确的主张，本院不予支持。

鑫城公司在转让案涉股权时基本履行了信息披露义务，但对资产评估、审计基准日之后至公开挂牌交易之前，城开公司资产的重大变化情况没有及时进行补充披露；从本案现有证据看，信息披露材料虽表明康城水云间预售房收入属于预收款，但没有直接明确康城水云间项目的存量房产总面积与处于预售状态的存量房面积之间的关系。原审法院认为鑫城公司上述信息披露过程中存在的瑕疵，在一定程度上增加了竞买者产生模糊认识的可能性，但不足以影响实嘉公司在竞买活动中作出的最终决策，并无不妥。

作为案涉股权的竞买者和独立商事主体，实嘉公司在作出交易标的额高达数亿元的商业决定前，理应认真研读公告和公告中列明的资产评估报告、审计报告及其附件，以便在对交易标的有充分了解之后作出理性的商业判断。而上述资料对资产评估、审计基准日为 2010 年 4 月 30 日，康城水云间项目有预售情况、预售房款属于预收款等情况均有明确披露。若鑫城公司如实嘉公司所称未完整提交并公开相应文号的资产评估报告、审计报告及其附件，实嘉公司亦有权在参与竞拍之前，要求其予以完整公开。同时，实嘉公司在竞买过程中，已向合肥市产权交易中心出具《履行合同义务的承诺函》，明确表示"已仔细阅读并研究了贵方的城开公司股权转让文件及其附件"，"完全熟悉其中的要求、条款和条件，并充分了解标的情况"。因此，原审法院认定实嘉公司作为房地产开发企业,在竞买过程中负有审慎审查义务,且其未能全面履行竞买者的审慎审查义务,并无不妥。事实上,实嘉公司在参与股权竞买过程中,可以通过研读公告和公告中列明的资产评估报告、审计报告及其附件等资料,及时了解城开公司翔实的经营状态,在这方面并不存在实质性障碍。且实嘉公司亦未能提供充分证据证明因鑫城公司的信息披露瑕疵使其受到了经济损失。故实嘉公司主张的该项上诉请求,缺乏事实和法律依据,本院不予支持。

二、关于实嘉公司要求鑫城公司承担违约责任和瑕疵担保责任,进而减少其向鑫城公司支付的股权转让剩余款项的主张是否成立的问题。

实嘉公司参与竞买城开公司70%国有股权,并与鑫城公司签订《产权转让合同》,该合同是双方当事人的真实意思表示,不违反法律、行政法规的强制性规定,合法有效,当事人均应依约履行各自义务。签订合同后,城开公司完成股东工商登记变更手续,实嘉公司成为该公司股东,持股比例为70%,鑫城公司已履行了合同约定义务,转让标的股权本身并无瑕疵。实嘉公司主张鑫城公司承担违约金和瑕疵担保责任,没有事实和法律依据。按《产权转让合同》约定,实嘉公司应如期履行给付股权转让剩余款项的义务,其主张以鑫城公司承担的违约金抵减股权转让剩余款项的理由不成立,本院不予支持。

综上,原审判决认定事实清楚,适用法律正确。上诉人实嘉公司的上诉理由不能成立,应予驳回。本院依照《中华人民共和国民事诉讼法》第一百七十条第一款第(一)项之规定,判决如下:

驳回上诉,维持原判。

二审案件受理费人民币1056118.5元,由上诉人安徽实嘉房地产开发有限公司负担。

本判决为终审判决。

审 判 长　王宪森

审 判 员　殷 媛

代理审判员　张雪棋

二〇一三年十二月十七日

书 记 员　郝晋琪

20. 解除合同的约定条件未能形成，不能产生解除合同的法律效果

——叶依光与吕磊股权转让纠纷案

【裁判要旨】

《承诺书》承诺股权过户后才能支付相应款项，在股权过户手续没有完成的情况下，当事人的付款条件未能成就。另一方当事人以未能如期付款为由发出的解除《股权转让合同》的通知不能产生解除合同的法律效果。

中华人民共和国最高人民法院民事判决书

（2013）民二终字第 74 号

上诉人（原审原告）：叶依光。

委托代理人：李春建，福建天凯律师事务所律师。

委托代理人：张文裕，福建天凯律师事务所律师。

被上诉人（原审被告）：吕磊。

委托代理人：徐宇丹，福建吴浩沛律师事务所律师。

委托代理人：黄一语，现为福州鸿业房地产有限公司副总经理。

上诉人叶依光为与被上诉人吕磊股权转让纠纷一案，不服福建省高级人民法院（2012）闽民初字第 43 号民事判决，向本院提起上诉。本院依法组成由审判员王宪森担任审判长，审判员沙玲、代理审判员周伦军参加的合议庭进行了审理，书记员侯佳明担任记录。本案现已审理终结。

原审法院查明，2009 年 12 月 25 日，福州市建设局召开会议并形成《关于研究"鸿业中心大厦"遗留问题会议纪要》。

2011 年 1 月 28 日，叶依光授权叶辉、陈春梅办理鸿业公司股权转让、债务清理事宜。

2011 年 1 月 30 日，叶依光出具一份《承诺书》以及《债务清单》，承诺公司债务总额不超过人民币 2.5 亿元，该债务包括但不限于公司股东以公司

名义所产生的一切债务以及由本人经手（或负责）的所有售出房产全部清理清退费用，同时上述 2.5 亿元包含叶依光将来的股权转让款。

2011 年 2 月 19 日，叶依光与吕磊签订《股权转让合同》及《股权转让补充合同》约定，叶依光将其所持有的公司 51% 股权转让给吕磊，叶依光同意公司其他三方股东将股权转让给吕磊，叶依光放弃其余公司股权的优先购买权。叶依光承诺公司债务及公司 100% 股权转让总价款不超过 2.5 亿元，超过部分由叶依光负责，与吕磊无关。吕磊同意在鸿业公司债务及 100% 股权转让及不超过 2.5 亿元的情况下，向叶依光另行支付 2000 万元。本条所涉价款包括但不限于"福州丸张鸿业中心"项目中的征地补偿费、拆迁费、土地出让金、契税等前期已经支付的费用及截至本合同生效日止公司全部股东以公司名义所产生的一切债务、由叶依光经手（或负责）的所有售出房产全部清退费用，同时本条所涉价款已包含叶依光 51% 的股权转让价款等。

2011 年 2 月 28 日，吕磊出具《承诺书》承诺，"叶依光等股东股权过户给本人后，本人若未能在 2011 年 3 月 15 日前汇入人民币一亿元整到法院账户，用于清偿债务，本人愿无条件将股权按原过户比例变更回原持股人"。

2011 年 3 月 3 日，鸿业公司召开临时股东会议形成《福州鸿业房地产有限公司股东会决议》，同意叶依光持有的鸿业公司 51% 的股权，其中 36% 股权转让给吕磊，15% 股权转让给郑义坤。

2011 年 3 月 3 日，叶依光与吕磊、郑义坤签订《福州鸿业房地产有限公司股权转让协议》。

2011 年 4 月 20 日，《股权转让合同》约定的 100% 的股权变更完毕。

2011 年 6 月 28 日，叶依光向吕磊发出关于解除《股权转让合同》的通知，但吕磊并未签收该通知。

2011 年 10 月 9 日，吕磊向福州市公安局经济犯罪侦查支队报案，称叶依光涉嫌挪用资金罪。2012 年 3 月 10 日，福州市公安局对叶依光涉嫌挪用资金案立案侦查。

2011 年 11 月 29 日，福州市公安局新港派出所发函给福州市国土资源局，经调查鸿业公司持有的榕国用（2007）第 00303700112 号《中华人民共和国国有土地使用证》上的"福州市土地证配图专用章""福州市土地证配图骑逢章"系伪造的，但与现有新股东无关。

2011 年 6 月 28 日，叶依光向原审法院提起诉讼，请求确认本案双方当事人之间签订的《股权转让合同》以及相关的《福州鸿业房地产有限公司股权转让协议》已经解除；判令吕磊将其持有的鸿业公司 36% 的股权过户到叶依光名下；判令吕磊承担本案诉讼费用。

原审法院经审理认为，本案争议焦点为：一、本案涉诉的股权转让合同是否已经解除；二、如果已经解除合同，吕磊是否应当返还其所取得的股权。

本案虽然双方签订的是《股权转让合同》，其实质内容是鸿业公司整体的股权变更以及债务重组与承接。整个合同中双方并未对叶依光的股权转让款作出明确的约定，而是笼统地规定整体公司债务、各项税费以及叶依光的股权转让款不超过 2.5 亿元。叶依光亦承认吕磊等新股东已经偿还了鸿业公司67240432 元，说明吕磊正在履行清偿鸿业公司债务的合同义务，目前鸿业公司的债务并未清理清偿完毕，且并没有因吕磊拒不偿还公司正常债务给叶依光造成损失或导致合同目的无法实现的情况，所以叶依光无法定解除合同之事由。叶依光据以主张其有权解除合同的依据，是吕磊未按照 2011 年 2 月 28日的《承诺书》在 2011 年 3 月 15 日汇款 1 亿元到法院账户。但该承诺书的内容是："叶依光等股东股权过户给本人后，本人若未能在 2011 年 3 月 15 日前汇入人民币一亿元整到法院账户，用于清偿债务，本人愿无条件将股权按原过户比例变更回原持股人。"该承诺书说明叶依光等股东应当在至少 2011年 3 月 15 日前将股权变更手续办理完毕，但叶依光等股东在 2011 年 4 月 20日才办理完毕全部股权变更手续，因此该承诺书生效的前提条件不成就，不发生法律效力。叶依光以吕磊违反该承诺书为由主张解除双方签订的《股权转让合同》以及返还股权的主张，没有事实与法律依据，该院不予支持。

据此，该院依照《中华人民共和国民事诉讼法》第六十四条和《最高人民法院关于民事诉讼证据的若干规定》第二条的规定，判决：驳回原告叶依光的诉讼请求。一审案件受理费 491800 元，由原告叶依光负担。

叶依光不服福建省高级人民法院的上述民事判决，向本院提起上诉称：一、本案诉争合同为项目重组合同，目的是叶依光在吕磊依约支付的 2.5 亿元股权转让款范围内清偿鸿业公司对外债务并取得债务减免后的利益，核心在于债务重组。在吕磊迟延支付股权转让款的情况下，本案诉争合同的目的已无法实现，叶依光有权要求解除股权转让合同。1. 诉争合同作为项目重组合同，明确约定了鸿业公司股权转让款的数额和支付方式，即采取以股权转让款包干清偿债务（包括其他股东股权转让款），原审判决认为"整个合同中双方并未对叶依光的股权转让款作出明确的约定"明显与事实不符。2. 叶依光与吕磊签署诉争合同的目的为在 2.5 亿元范围内解决鸿业公司遗留债务并取得 2000 万元的收益，吕磊未能及时支付股权转让款及不配合叶依光清理债务，已导致叶依光的合同目的不能实现。3. 在叶依光合同目的不能实现的情况下，依法已具备解除合同的事由。二、在上诉人叶依光依约办理股权转让手续后，吕磊仍未按照《承诺书》约定及时支付股权转让款 1 亿元，叶依光有权根据吕磊的承诺解除讼争合同并要求吕磊返还股权。1. 吕磊通过向叶依光及执行法院出具《承诺书》的方式确认若无法在2011年3月15日前汇入1亿元到法院账户用于清理债务，叶依光有权解除诉争转让合同。2. 吕磊在原审答辩中也自认以叶依光51%股权的变更为支付前提，原审判决以叶依光等股东在2011年4月20日才办理完毕全部股权变更手续认为《承诺书》生效的前提条件不成就而不发生法律效力，没有事实和法律依据。3. 在叶依光已于2011年3月8日将股权变更登记给吕磊的情况下，吕磊仍未能于2011年3月15日支付1亿元至法院账户，导致叶依光无法及时清理鸿业公司债务，叶依光依法有权解除诉争转让合同。三、无论依据诉争转让合同或吕磊出具的承诺书，叶依光均有权利解除诉争转让合同，在叶依光依法向吕磊发函要求解除诉争合同之后，吕磊至今未以任何方式要求叶依光继续履行合同。综上，请求撤销原判，确认诉争股权转让合同已经解除。

被上诉人吕磊答辩称：一、吕磊已依约履行了《股权转让合同》的主要义务且已实现合同目的，叶依光要求解除合同的诉请于法无据，应予驳回。1. 根据合同第1.2条的约定，本条所涉价款已包含叶依光51%的股权转让款。从合同约定中可以看出，整个合同中双方并未对叶依光的股权转让款及支付时间作出明确约定，而是将股权转让款与公司债务、退房、税费等绑定，若公司债务超出2.5亿元，就不存在股权转让款的支付问题。2. 合同签订后，吕磊与公司新股东通过财务总监黄小容清偿公司债务及退房，金额约为1.9亿元。原审时，叶依光亦承认吕磊等新股东已偿还了鸿业公司债务6724.0432万元，这部分债务清偿是叶依光配合吕磊一并进行的，后期吕磊及公司新股东发现叶依光在清偿债务时存在伪造债务或将个人巨额债务转嫁由公司承担的情形，双方在交涉时关系恶化，为确保鸿业公司的经营，吕磊与公司新股东在福州市政府的协调下对合理债务及购房款予以清偿，叶依光不但不予配合，还进行阻挠，导致该烂尾楼项目单应债务清偿就长达2年仍未结束，且未披露案件及售房金额现达5.1亿元。截至二审开庭前，吕磊及公司新股东仍在继续履行清偿公司债务的合同义务，现清偿金额已达22615.0607万元。鉴于目前鸿业公司的债务并未清理清偿完毕，且吕磊及公司新股东仍在继续履行清偿公司债务的合同义务，不存在拒不偿还正常债务给叶依光造成损失或导致合同目的无法实现的情况。二、吕磊2011年2月28日出具的《承诺书》是附条件的，该《承诺书》因叶依光先行违约导致条件不成就而不发生法律效力，叶依光诉请返还吕磊股权于法无据，应予驳回。三、叶依光严重违约及恶意售房行为，导致法院诉讼现有涉案金额约为3.5亿元、售房总额约为1.6亿元，已给包括吕磊在内的鸿业公司的新股东造成重大损失。2. 叶依光现已涉嫌大量刑事案件。3. 截至二审开庭前，经统计叶依光以鸿业公司名义对外售房 545 套，金额合计 1.63241915 亿元，且吕磊及公司新股东在退房过程中已发现叶依光存在严重的"一房多卖"现象，且在鸿业公司未有商品房预售许可证的情况下对外大量售房，购房款均未汇入其个人账户。4. 根据本案相关《会议纪要》，为保障购房人的合法权益，吕磊与鸿业新股东对于合法购房款一律退还。吕磊与鸿业公司新股东通过法院出具调解书，并未夸大金额使公司债务加重。综上所述，请求驳回上诉，维持原判。

本院二审期间除对一审查明的事实予以确认之外，还查明：截止到 2013 年 10 月 11 日，吕磊提交的偿还退房款凭证金额共计 20052.0316 万元。

本院认为，叶依光与吕磊于 2011 年 2 月 19 日签订的《股权转让合同》《股权转让补充合同》以及相关的《福州鸿业房地产有限公司股权转让协议》，系双方当事人真实的意思表示，且不违反法律和行政法规的规定，应当认定为有效。2011 年 4 月 20 日，鸿业公司 100% 股权已经过户完毕，鸿业公司原股东对此股权转让行为没有任何争议。本案二审争议焦点为，本案《股权转让合同》等系列合同是否符合解除条件，是否已经解除。

《股权转让合同》是对目标公司整体股权及债务转让的概括约定，其中对于股权转让款的约定总价不超过 2.5 亿元，至今吕磊已累计支付涉及转让款的法院诉讼债务、其他相关债务及具结房屋金额达 2 亿多元，且所付金额均通过银行转账的方式处理，不存在拒不偿还正常债务导致合同目的无法实现的情况，不构成根本性违约。2011 年 6 月 28 日，叶依光向吕磊发出了关于解除《股权转让合同》等系列合同的通知，但根据吕磊 2011 年 2 月 28 日出具的《承诺书》，吕磊方在 2011 年 3 月 15 日前支付 1 亿元到法院账户，但前提是叶依光等股东要将股权过户给吕磊（不仅是叶依光持有的 51% 股权），而 100% 股权变更事宜于 2011 年 4 月 20 日才完成，《承诺书》生效的前提条件未成就。叶依光该解除通知不能产生解除合同的法律效力。故叶依光提出的请求确认本案《股权转让合同》等系列合同已经解除的上诉理由不能成立。结合本案股权转让已经过户完毕、案涉偿债项目也已经大部分得到履行的实际情况，为稳定交易秩序，促进鸿业公司剩余债务尽快得到清偿，从各方实际利益考虑，本案《股权转让合同》应当继续履行。至于叶依光与吕磊之间因履行合同而形成的其他纠纷，双方当事人可通过另案解决。

综上，原审判决认定事实清楚，适用法律正确，应予维持。叶依光提出的关于确认本案合同已经解除的上诉理由不能成立，本院不予支持。本院依据《中华人民共和国民事诉讼法》第一百七十条第一款第（一）项之规定，判决如下：

驳回上诉，维持原判。

二审案件受理费491800元，由上诉人叶依光承担。

本判决为终审判决。

审　判　长　王宪森

审　判　员　沙　玲

代理审判员　周伦军

二〇一三年十二月十九日

书　记　员　侯佳明

21. 股东实际出资额大于应缴出资的性质认定

—— 江门市江建建筑有限公司与江门市金华物业投
资管理有限公司、江门市金华投资有限公司执
行异议之诉

【裁判要旨】

股东实际出资大于应缴出资形成的资本溢价，性质上属于公司的资本公积金，不构成股东对公司的借款，股东以此作为借款债权而与公司以物抵债的，构成变相抽逃出资，不符合《最高人民法院关于人民法院民事执行中查封、扣押、冻结财产的规定》第十七条规定的阻却人民法院执行的条件，不发生标的物所有权变动的法律效力。

中华人民共和国最高人民法院民事判决书

(2013) 民提字第 226 号

再审申请人（一审原告、二审上诉人）：江门市江建建筑有限公司。住所地：广东省江门市农林横路 63 号 102 房。

法定代表人：张植忠，该公司总经理。

委托代理人：邓海虹，北京市盈科律师事务所律师。

委托代理人：黄建南，北京市盈科律师事务所律师。

被申请人（一审被告、二审被上诉人）：江门市金华物业投资管理有限公司。住所地：广东省江门市东华一路 61 号 703 室。

法定代表人：林文硕，该公司董事长。

委托代理人：安百山，北京市汉卓（南昌）律师事务所律师。

委托代理人：韩冰，北京市汉卓律师事务所律师。

被申请人（一审被告、二审被上诉人）：江门市金华投资有限公司。住所地：广东省江门市东华一路 61 号 708、709 室。

法定代表人：林金培，该公司董事长。

委托代理人：安百山，北京市汉卓（南昌）律师事务所律师。

委托代理人：韩冰，北京市汉卓律师事务所律师。

再审申请人江门市江建建筑有限公司（以下简称江建公司）为与被申请人江门市金华物业投资管理有限公司（以下简称金华物业公司）、江门市金华投资有限公司（以下简称金华投资公司）执行异议之诉一案，不服广东省高级人民法院（2012）粤高法民一终字第3号民事判决，向本院申请再审。本院以（2013）民申字第225号民事裁定提审本案。本院依法组成由审判员王富博担任审判长，代理审判员吴景丽、张颖参加的合议庭进行了开庭审理。书记员陆昱担任记录。本案现已审理终结。

广东省江门市中级人民法院一审审理查明：一审法院在执行江建公司与金华投资公司拖欠建设工程款纠纷一案过程中，于2005年1月31日查封了江门市东华一路金华商业中心四层401、402商铺，2月2日查封了江门市东华一路金华商业中心四层停车场及保安办公室等物业。2008年11月3日，案外人金华物业公司向一审法院提出执行异议，要求一审法院对上述物业不予执行并解除对上述房产的查封。经审查，一审法院认为金华物业公司的异议成立并于2009年11月12日作出（2009）江中法执外异字第114号执行裁定书，中止对江门市东华一路金华商业中心四层401、402、停车场及保安办公室等房产的查封。江建公司不服上述裁定，遂向一审法院提起本案诉讼，请求：依法确认坐落在江门市东华一路61号四层401、402、保安办公室、停车场的房产所有权不属于金华物业公司所有；江建公司依法享有拍卖上述房屋清偿部分债务的优先权；诉讼费用由金华物业公司承担。

另查明：2003年5月14日，金华投资公司通过《董事会决议》，决定将江门市东华一路金华商业中心首层全层合计3840.01平方米转让给林金培以抵顶其多投入的1996万元，将四楼全层面积7314.57平方米作价1884万元转让给林金培以抵顶其多投入的出资本息。2003年5月22日，林金培委托金华投资公司将金华商业中心二期地块及金华商业中心首层全层合计3840.01平方米，四层全层合计7314.57平方米过户至金华物业公司名下。2003年5月26日，金华投资公司作为甲方与金华物业公司作为乙方签订《购买房屋协议书》，约定乙方购买甲方的金华商业中心首层全层、四层全层、保安办公室；房款从甲方欠乙方款项中冲减。2004年11月19日，金华物业公司与林艺沙签订《租赁合同》，将金华商业中心四楼（建筑面积931.50平方米）的物业出租给林艺沙作KTV酒廊，租赁期由2004年7月11日起至2012年7月10日止。2004年6月至12月，金华物业公司对金华商业中心首层部分房屋办理了《房地产权证》。

再查明：金华投资公司与案外人江门市蓬江区城市建设综合开发有限责任公司（以下简称城建公司）因土地使用权转让及物业过户等问题发生纠纷，于2005年10月30日形成诉讼，该案经广东省高级人民法院2008年3月31日作出（2006）粤高法民一终字第375号终审民事判决，确认金华商业大厦是金华投资公司挂靠城建公司开发建设的，虽在城建公司名下，但实际上是金华投资公司的物业，城建公司应当将属于金华投资公司的金华商业大厦物业过户给金华投资公司等事实，并判决在影响办理过户手续的原因消除后，城建公司应将金华商业大厦部分物业过户给金华投资公司或者金华投资公司指定的客户名下。

一审法院认为，本案的案由为申请执行人执行异议之诉。判断本案诉争标的是否属执行标的、是否可以许可执行的标准应是：案外人金华物业公司对江门市东华一路金华商业中心四层401、402、停车场及保安办公室等房产是否享有所有权或者其他足以阻止执行标的转让、交付的实体权利。对此，一审法院认为：在涉案房产产权登记转移之前，金华物业公司对涉案的房产不享有所有权。关于金华物业公司对涉案房产是否享有其他足以阻止执行标的转让、交付的实体权利的问题，一审法院认为，根据广东省高级人民法院已经生效的（2006）粤高法民一终字第375号民事判决所认定的事实，涉案房屋江门市东华一路金华商业中心四层401、402、停车场及保安办公室等房产虽然登记在城建公司名下，但实际上是金华投资公司的物业。金华投资公司根据其《董事会决议》将涉案房产抵顶给林金培，并根据林金培的委托于2003年5月26日与金华物业公司签订《购买房屋协议书》，《购买房屋协议书》的性质为以物抵债，系双方当事人真实意思表示且内容没有违反法律法规的禁止性规定，应当认定为合法有效。《购买房屋协议书》签订后，金华投资公司就已经实际向金华物业公司交付了江门市东华一路金华商业中心四层401、402、停车场及保安办公室等房产，金华物业公司已经实现了对上述房屋的合法占有，此时，金华物业公司对金华投资公司享有配合办理过户登记手续的请求权，具有一定的物权性质。江建公司与金华投资公司之间的拖欠工程款纠纷，经人民法院生效判决，江建公司享有的是对金华投资公司的金钱债权，而不是请求交付标的物的债权，金华物业公司对金华投资公司享有的债权请求权与江建公司享有的债权请求权属不同种类的债权，不同种类的债权不具有平等性。鉴于金华物业公司享有的债权具有一定的物权属性，较之江建公司对金华投资公司享有的一般金钱债权，在效力上享有优先性，加之其权利的形成早于江建公司申请法院查封执行的时间，故金华物业公司享有的债权足以排除对涉案标的的强制执行。

综上，一审法院作出（2010）江中法民一初字第9号民事判决书，确认江门市东华一路金华商业中心四层401、402、停车场及保安办公室等房产未办理变更登记手续过户给金华物业公司之前，金华物业公司对上述房产不享有所有权；驳回江建公司的其他诉讼请求。案件受理费78977元，由江建公司负担。

江建公司不服一审判决，向广东省高级人民法院提起上诉，请求：撤销一审判决，支持其全部诉讼请求。主要事实和理由是：一、《董事会决议》第3条约定将金华投资公司的资产作价抵顶给林金培和案外人佛山三角洲公司多投入的投资本金及利息，这实际是将公司财产抵顶给股东的非法转移财产的行为，不能对抗公司之外的债权人。公司股东如果多投入出资，则所有股东应按实际出资比例重新确定持有的公司股份份额。林金培和佛山三角洲公司多投入的出资并不是借款，不应当由金华投资公司承担返还责任，更不能在未作出合法评估的前提下，以物抵债。此外，林金培和佛山三角洲公司多出资部分如果不增加公司持股比例，则公司的其他股东是受益者，承担返还责任的也应是其他股东，而不是公司。因此，《董事会决议》侵害了其他债权人的合法利益，转让行为无效。二、《董事会决议》第1条约定"预留相应物业以抵偿金华投资公司的债务及办理过户税费"，而金华投资公司尚拖欠江建公司巨额工程款，何来剩余物业，故抵顶物业的条件尚未成就，抵顶行为无效。三、一审判决认为金华物业公司对金华投资公司享有的债权请求权，与江建公司享有的债权请求权是不同种类的债权不成立。《购买房屋协议书》是在诉争房屋被查封后形成的，而金华物业公司当时对诉争房屋进行管理，如果金华投资公司要逃避债务，随时都可虚构一份购买协议书。《购买房屋协议书》是否履行，要根据是否支付对价、办理相关手续等进行判断。本案特殊性在于金华物业公司一直占有诉争房屋，且购买对价是他们之间所谓的以物抵债约定，从这些内容来看，购买协议并未真正履行，其目的只是为了金华投资公司逃避债务，债权基础不存在。此外，《委托书》与《购买房屋协议书》自相矛盾，也没有任何证据证明金华投资公司拖欠金华物业公司款项的性质、数额，故一审法院以《购买房屋协议书》认定金华物业公司享有债权请求权错误。

金华物业公司与金华投资公司共同答辩称：一、江建公司与金华投资公司工程款纠纷案件的背景是，双方曾于2002年5月31日签订一份协议书，明确工程欠款。当时双方经过协商同意，如果金华投资公司不依约向江建公司支付工程款，就以物抵债，并确认了欠款总额以及所抵物业，只不过因为当时楼价下跌，江建公司觉得要物业不划算，在此情况下，双方于2005年1月形成这个工程款的诉讼。《董事会决议》于 2003 年已形成，当时没有损害任何债权人的利益，包括江建公司。金华物业公司当时就一直使用收益诉争房屋，只不过江建公司当时以抵押无效为由起诉工程款，当时法院判了本金 700 多万元，申请执行时的标的为 1600 多万元。金华投资公司已经还款 1400 多万元，所欠余额有限。在工程款诉讼开始之前的两年，《董事会决议》就形成了。金华投资公司与股东之间是债权债务关系，跟江建公司与金华投资公司的债权债务关系是一样的，不存在哪个优先的问题，故以物抵债协议合法有效。

二审法院除对一审法院查明的事实予以确认外，另查明：

金华投资公司注册资金 100 万元，股东林金培出资 40 万元，占 40%；佛山三角洲发展公司出资 35 万元，占 35%；江门市外经贸易进出口公司出资 25 万元，占 25%。董事为：林金培、陈汝湛、李宇金。金华投资公司确认：股东林金培通过香港科埠有限公司投入及借款给金华投资公司本金 37203231.38 元，计提利息 60073060.96 元，共计 97276292.34 元。佛山三角洲发展公司投入本金 20502136 元，计提利息 29782309.34 元，共计 50284445.34 元。江门市外经贸易进出口公司投入本金 665 万元，计提利息 12134798.8 元，共计 18784798.8 元。金华物业公司注册资金 1000 万元，股东为：江门市蓬江区金华物业管理有限公司出资 25 万元，占 2.5%；林金培出资 975 万元，占 97.5%。

2000 年 3 月 13 日，林金培、陈汝湛、李宇金三人召开董事会，通过《董事会决议》，内容为：1. 确认各股东内部股权比例为，在案外人华联实业发展总公司退出金华投资公司的工商登记手续完成后，股权比例为林金培占 40%、佛山三角洲发展公司占 35%、江门市外经贸易进出口公司占 25%。2. 对 1995 年 8 月金华投资公司与各股东签订的《借贷协议书》中，原有利息的计算方法作如下调整：林金培（香港科埠有限公司）投入本金 7084310 元，按月利率 2% 计息，原有利息 3001340.37 元作为投资款，但不再计算利息；佛山三角洲发展公司投入本金 9382690 元，按月利率 2% 计息，原有利息 4869446 元作为投资款，但不再计算利息。3. 金华投资公司的注册资本 100 万元中，林金培 40 万元，佛山三角洲发展公司 35 万元，江门市外经贸易进出口公司 25 万元，在会计核算中不计算利息，各股东其余的投资款按月利率 2% 计息，所有利息不计算复息。4. 今后金华商业中心销售收入按以下顺序偿还债务和投资款：①金华商业中心销售收入首先偿还金华投资公司银行借款和股东之外的对外借款。②偿还 1995 年 8 月前投入的前期地价款借款（即 1995 年 8 月 25 日董事会会议记录确认的林金培及佛山三角洲发展公司投入资金及利息转为借款部分）和林金培投入的超过其股权比例的工程款。③在还清上述两项后，按各股东股权比例偿还股东投资款本息，本金与利息的偿还比例为70：30。……7. 与江建公司谈判用以下方法支付工程款：以金华商业中心三楼全层作抵押向银行贷款，用于偿还江建公司工程款，利息由金华投资公司支付，金华投资公司负该项贷款的偿还责任并提供贷款担保。

林金培通过金华物业公司分7次（其中1次通过康培公司支付）划款给金华投资公司1600万元，金华投资公司收款后向金华物业公司开具收据，用以偿还中国银行江门分行的贷款。

在另案江建公司诉金华投资公司拖欠工程款的诉讼中，广东省高级人民法院已生效的（2006）粤高法民一终字第343号判决查明：2002年5月31日，江建公司与金华投资公司就建设金华商业中心首期工程款问题签订《协议书》，主要内容为：双方确认截至2002年3月31日止，金华投资公司共欠江建公司本息26739745.51元。金华投资公司同意于2003年3月31日前全部付清上述款项给江建公司。金华投资公司将拥有的暂记挂在城建公司名下的金华商业中心三楼全层房屋物业面积7230.769平方米和五楼全层房屋物业面积4529.802平方米作为上述未付款的抵押物，同意将上述抵押物以原开发商城建公司名义办妥真实房屋产权证。如果金华投资公司未能如期全部付清未付江建公司的款项，则金华公司同意采用以物抵债的形式将上述未撤销抵押登记手续的抵押物全部过户给江建公司，用以抵偿未付江建公司的款项及派生权益。若金华投资公司在2003年3月31日前未付清江建公司的款项，江建公司将依协议即时行使相应之权利，直接通知城建公司办理过户手续。城建公司在该份协议上签字盖章。2003年11月6日及2004年1月12日，江建公司向金华投资公司发出函件，称因金华投资公司超过2003年3月31日的还款期限没有还款，按协议约定金华商业中心的三、五层物业属江建公司所有，从2003年4月1日起，应由江建公司来收取相应租金，并要求金华投资公司将已收取的租金还给江建公司。2004年1月13日，金华投资公司复函江建公司，称因城建公司单方面停止售楼工作，影响了金华投资公司的筹资计划致未能如期还款，责任不在金华投资公司，并重申金华商业中心的三层物业属金华投资公司所有，收益理应归金华投资公司。2003年12月22日，江建公司与金华投资公司签订《协议书》，约定金华投资公司通过贷款偿还江建公司部分工程款9499320元，并解除金华商业中心的五层物业抵押登记。

二审法院认为，二审争议的焦点为金华物业公司对广东省江门市东华一路金华商业中心四层401、402、停车场及保安办公室等诉争房屋是否享有足以阻止江建公司申请执行的实体权利。这涉及以下几个具体问题：

一、关于金华物业公司购买广东省江门市东华一路金华商业中心四层401、402、停车场及保安办公室等诉争房屋有无支付对价的问题。该院认为，金华物业公司与金华投资公司签订《购买房屋协议书》，受让诉争房屋是基于林金培的委托，故林金培对诉争房屋是否享有合法权益则是本案审理的关键。林金培对诉争房屋的权利来源于2003年5月14日金华投资公司的《董事会决议》，因而《董事会决议》是否侵害了江建公司的合法权益是本案争议的焦点。江建公司上诉称《董事会决议》第3条约定用金华商业中心四层物业顶抵股东林金培投入的出资款本息，旨在恶意逃避债务，侵害了江建公司的合法权益，应为无效。二审法院认为，金华投资公司向二审法院提供的证据证明，金华投资公司的注册资本为100万元，股东林金培的出资义务仅为40万元，但股东林金培和股东佛山三角洲发展公司实际上的确多投入了资金用以金华商业中心的开发建设。早在2000年3月13日，金华投资公司的三名董事林金培、陈汝湛、李宇金就已通过《董事会决议》，约定将股东林金培和股东佛山三角洲发展公司超出注册资本部分多投入的本金作为投资款，按月利率2%计算利息，并约定金华商业中心销售收入首先偿还银行借款和股东之外的对外借款后，即按一定比例偿还股东林金培和股东佛山三角洲发展公司投入的超过其股权比例的投资款本金及利息。该份《董事会决议》第7条还就支付江建公司工程款的方式做了安排，即将金华商业中心三层抵押所得贷款，用于偿还该欠款。由此可见，金华投资公司将股东多投入的出资转作借款并计算利息的做法，由来已久，并非江建公司所称的旨在逃避公司债务及私分公司资产。

此外，据（2006）粤高法民一终字第343号民事判决查明的事实，金华投资公司与江建公司曾于2002年5月31日签订了一份《协议书》，双方确认工程欠款的本金及利息数额，双方还约定将金华商业中心三层和五层物业抵押给江建公司，如果金华投资公司于2003年3月31日前未能付清工程欠款给江建公司，则上述物业归江建公司所有，江建公司可直接通知城建公司办理过户手续。案涉《董事会决议》形成于2003年5月14日，金华投资公司早已于2002年5月31日签订《协议书》承诺将金华商业中心三层和五层物业抵顶给江建公司用以偿还工程欠款本金及利息，且从案涉《董事会决议》第3条的内容来看，金华投资公司抵顶给股东林金培的仅仅是金华商业中心四楼全层物业，并未处分抵债给江建公司的金华商业中心三层和五层物业。案涉《董事会决议》于2003年5月14日作出后，林金培于2003年5月22日委托金华投资公司将金华商业中心二期地块及首层全层、四层全层过户至金华物业公司，金华物业公司于2003年5月26日与金华投资公司签订《购买房屋协议书》时，江建公司与金华投资公司之间的工程欠款问题已经解决，可见，林金培接受以物抵债以及金华物业公司受让诉争房屋的行为，不存在金华投资公司恶意逃避债务，侵害江建公司利益的故意。而江建公司在案涉《董事会决议》形成后及金华物业公司已经购买了诉争房屋之后，于 2003 年 12 月 22 日与金华投资公司签订《协议书》，同意金华投资公司通过贷款来偿还江建公司 9499320 元，解除金华商业中心五层物业抵押登记的行为，属对自己权利的处分。江建公司放弃该五层物业的抵押，导致其丧失抵押权优先受偿的风险应由其自行承担。综上分析，2003 年 5 月 14 日《董事会决议》及 2003 年 5 月 26 日《购买房屋协议书》均系各方当事人真实的意思表示，其内容没有违反我国法律的禁止性规定，应认定为合法有效。因此，二审法院认定金华物业公司已实际购买了广东省江门市东华一路金华商业中心四层 401、402、停车场及保安办公室等诉争房屋，并用林金培的投资款本金及利息支付了全部对价。

二、关于金华物业公司是否对诉争房屋实际占有的问题。二审法院认为，一审法院在执行江建公司与金华投资公司拖欠工程款纠纷一案中，于 2005 年 1 月 31 日及 2 月 2 日查封了诉争房屋，而金华物业公司早在 2004 年 11 月 19 日就与林艺沙签订《租赁合同》，将金华商业中心四楼物业出租给林艺沙做 KTV 酒廊，因此，在一审法院封查之前，金华物业公司对诉争房屋已经实际占有使用。

三、关于金华物业公司对于诉争房屋没有办理过户手续是否有过错的问题。广东高院另案作出的（2006）粤高法民一终字第 375 号民事判决确认，金华商业中心虽然登记在城建公司名下，但实际上是金华投资公司的物业，并判决城建公司应在影响办理过户手续的原因消除后，将金华商业中心部分物业过户给金华投资公司或者其指定的客户名下。因此，二审法院认为，诉争房屋办理过户手续，取决于城建公司与金华投资公司的协调解决，金华物业公司对诉争房屋在被查封前没有办理过户手续没有过错。《最高人民法院关于人民法院民事执行中查封、扣押、冻结财产的规定》（法释〔2004〕15 号，以下简称《查封规定》）第十七条规定："被执行人将其所有的需要办理过户登记的财产出卖给第三人，第三人已经支付部分或者全部价款并实际占有该财产，但尚未办理产权过户登记手续的，人民法院可以查封、扣押、冻结；第三人已经支付全部价款并实际占有，但未办理过户登记手续的，如果第三人对此没有过错，人民法院不得查封、扣押、冻结。"该条款规定了在买卖合同中，第三人若对抗执行需满足三个要件，即"已经支付部分或者全部价款""实际占有"和"对未办理过户登记手续无过错"。本案金华物业公司作为相关执行案的第三人购买诉争房屋，已经支付了全部价款并实际占有，且其对未能过户没有过错，满足上述法律条款规定的三个要件，因而金华物业公司可以对抗申请执行人江建公司提出的执行申请。二审法院据此作出（2012）粤高法民一终字第3号民事判决，驳回上诉，维持原判。

江建公司不服二审民事判决，向本院申请再审，请求撤销广东省高级人民法院（2012）粤高法民一终字第3号民事判决；对金华商业中心四层1号铺（401）、2号铺（402）、保安办公室和停车场许可执行。其主要理由是：一、金华投资公司与林金培之间不存在"借款"事实，林金培投入的3700万元是履行股东的出资义务，性质上是不可抽回的项目投资款，而非借款。一审法院对实际出资额未予审查，二审法院要求金华投资公司提供林金培出资的证明，为此被申请人才提交了借款合同、明细及记账凭证等证据。江建公司进行了审计，结论是"无法确认金华公司向林金培长期借款的真实性"。金华投资公司记账科目中，有53张凭证将"资本公积"直接划横线篡改为"长期借款"，被申请人的行为属于伪造、变造会计凭证。该证据第23页手写内容为"将各股东多投入的资本转为资本公积"。该证据直接说明金华投资公司明知林金培等股东多投入的资本是资本公积，为了逃避清偿债务，恶意将投资款"变造"为借款。该证据第19页的《借贷协议书》中甲方与乙方的代表签名均为林金培一人，香港科埠公司也没有加盖公章，明显属于无效代理。金华投资公司大量记账未按规定取得银行进账单、收款单位收取地价款等原始凭证，仅凭股东内部借款协议、自开收据及通知付款单入账，并将其他应付款、购货款和往来款错误计入长期借款，违反了会计法的规定。所有的记账凭证中会计主管、记账、复核、制单均无人签名。二、金华投资公司用诉争房屋折抵1884万元本息，没有合法依据。根据国发（1996）35号文规定，林金培投入到项目中的资金是不应支付任何利息的。三、金华投资公司董事会恶意转移公司资产，抽逃资本公积的行为无效。四、金华物业公司对诉争执行标的没有支付对价，不享有诉争房产的实体权利。金华物业公司不是以物抵债协议的受让人，金华物业公司所取得的房屋是林金培因债权关系抵自金华投资公司，金华物业公司与金华投资公司虽有房屋买卖合同，但二者间根本不是房屋买卖关系，而是以物抵债关系。林金培与金华投资公司的这种恶意以物抵债侵害了债权人江建公司的合法权益，林金培作为公司法定代表人和股东，明知公司存在巨额债务没有还清的情况下，与金华投资公司协商以物抵债受让争议房屋，不属于善意受让人；在以物抵债协议没有履行前，物权没有发生变更，江建公司有权对房屋进行查封。

金华投资公司和金华物业公司庭审中口头答辩称：《查封规定》第17条

规定的是买卖，买卖的核心是一个有对价的交易，林金培取得房产是一个有对价的交易，林金培将房产交给金华物业公司也是一个有对价的交易。按照原审查明的事实，金华物业公司向林金培交付了1600多万，偿还了银行贷款。江建公司主张投资的数额是1亿多元，所以认定林金培的投资属于资本公积，是错误的。根据公司法第168条规定，资本公积范围有限，不符合这些规定的不应该列入资本公积，本案林金培的投资不属于这个范围。公司的资产由股东认缴的出资和公司的借款构成，公司借款既包括公司以外的人提供的借款，也包括股东的借款。按照金华投资公司的章程，股东会是最高的权力机构，股东会已经通过决议对股东借款的利息等作了约定，这种安排不违反法律规定，不损害第三人利益，合法有效。金华投资公司的会计凭证不存在错误，金华投资公司更正在前，以物抵债处理在后，江建公司的债务已经得到有效处理，所以不存在恶意，不损害申请人利益，合法有效。本案房产在抵给林金培后又转让给金华物业公司，之所以没有及时过户，是因为有其他争议。在金华投资公司和江建公司2002年签订的协议书中，有几个关键条款，一个是欠款数额，二是金华公司承诺一定期限内还款，三是金华投资公司同意将3、5层抵押给江建公司，四是若到期不能还款，申请人直接通知城建公司办理过户手续。本案争议的房产不是抵押给江建公司的房产，因此金华投资公司抵债的方式与处理其他债务方式相同，未损害江建公司的权利。之所以造成现在这个情况，是由江建公司造成。江门中院的几份执行裁定书已经执行了部分工程款，在另案的工程款诉讼之后，金华投资公司已经支付了部分工程款。不是由于被申请人的原因造成的迟延执行不能算作迟延履行期间。另外，江建公司认为股东会决议无效有误，股东会决议即使存在恶意串通，也应该是可撤销决议，而撤销期间已经过了。

本院除对原一、二审查明的事实予以确认外，另查明：

金华投资公司1995年设立时，公司章程规定首期投资总额1.46亿元，注册资本100万元，林金培出资额为15万元，占注册资本15%。章程第11条规定，各股东"应按工程进度及各方相应的出资额按期投入资金"。后来金华投资公司股东及股权结构发生变更，林金培出资占注册资本40%。

在金华投资公司与城建公司的拖欠建设工程款一案中，广东省高级人民法院作出的（2006）粤高法民一终字第343号民事判决确认，金华商业中心工程于1996年1月开工，1999年1月竣工。

本案二审期间，金华投资公司和金华物业公司向二审法院提交了林金培通过香港科埠公司向金华投资公司投入资金的证据，其中有53张会计收款凭证中记载的原始科目为"资本公积"，后被更改为"长期借款"。另有一张手写书证载明："金华投资公司注册资本为一百万元，现将各股东多投入的资本转为资本公积。佛山三角洲公司：5473433.23；市外经贸易进出口公司：6073133.13；科埠有限公司：3885966.49；华联投资开发公司：558483.37。资本公积合计：15991016.22"。

本院认为，本案争议的焦点问题是，金华物业公司是否合法拥有金华商业中心四层1号铺（401）、2号铺（402）、保安办公室和停车场的所有权，进而是否拥有阻却人民法院进行执行的事由。

根据《查封规定》第十七条的规定，判断金华物业公司是否具有阻却人民法院执行的事由，主要审查金华物业公司是否具备已经支付全部价款、实际占有案涉物业以及对未办理过户登记没有过错三个条件。对于金华物业公司已经实际占有案涉物业以及在查封时未办理过户登记没有过错，二审法院已经作了认定，本院予以认可，不再赘述。因此，本案再审审理的重点是金华物业公司受让本案的物业，是否已经支付了全部价款。

金华物业公司系通过与金华投资公司签订《购买房屋协议书》而受让本案物业，其主张购买房屋的对价就是林金培对金华投资公司额外出资形成的借款债权。因此，林金培对金华投资公司是否因额外出资而享有借款债权，即成为本案审理的关键。对此，本院认为：

一、林金培对金华投资公司的额外出资不是借款，而属于资本公积金，林金培对金华投资公司所谓的借款债权并不成立。首先，金华投资公司1995年设立时，公司章程规定首期投资总额1.46亿元，而公司注册资本只有100万元，故包括林金培在内的各股东还需额外出资，公司章程第11条也因此规定各股东"应按工程进度及各方相应的出资额按期投入资金"。但对于股东在注册资本之外的出资属于什么性质，章程并未明确规定。1993年1月7日财政部发布的《房地产开发企业会计制度》第311号科目"资本公积"部分规定："一、本科目核算企业取得的资本公积，包括接受捐赠、资本溢价、法定资产重估增值、资本汇率折算差额等……"对于资本溢价的范围，第2款明确规定"投资人交付的出资额大于注册资本而产生的差额，作为资本溢价。"《中华人民共和国公司法》（1994年7月1日起施行）第一百七十八条规定，国务院财政主管部门规定列入资本公积金的其他收入，应当列入公司资本公积金。据此可知，股东对公司的实际出资大于应缴注册资本部分的，应属于公司的资本公积金。金华物业公司主张林金培对金华投资公司多缴的出资属于林金培对金华投资公司的借款，但未提供证据证明双方事先对该出资的性质为借款以及借款期限、借款利息等有特别约定，在此情形下，根据财政部的规定，林金培多缴的出资应为资本公积金，而非借款。其次，《国务院关于固定资产投资项目试行资本金制度的通知》（国发〔1996〕35号）规定：从1996年开始，对各种经营性投资项目，包括国有单位的基本建设、技术改造、房地产开发项目和集体投资项目，试行资本金制度，投资项目必须首先落实资本金才能进行建设；在投资项目的总投资中，除项目法人从银行或资金市场筹措的债务性资金外，还必须拥有一定比例的资本金；投资项目资本金，是指在投资项目总投资中，由投资者认缴的出资额，对投资项目来说是非债务性资金，项目法人不承担这部分资金的任何利息和债务；投资者可按其出资的比例依法享有所有者权益，也可转让其出资，但不得以任何方式抽回；投资项目的资本金一次认缴，并根据批准建设的进度按比例逐年到位。本案中的金华商业中心项目是金华投资公司挂靠城建公司开发的，金华商业中心于1996年1月开工建设，1999年完工，国务院上述通知对其具有规范效力。因此，认定林金培对金华投资公司的出资为资本公积金，符合国务院的相关规定，具有政策依据。再次，二审期间，被申请人提供的手写书证记载："金华投资公司注册资本为一百万元，现将各股东多投入的资本转为资本公积。佛山三角洲公司：5473433.23；市外经贸易进出口公司：6073133.13；科埠有限公司：3885966.49；华联投资开发公司：558483.37。资本公积合计：15991016.22"。由此证明，金华投资公司各股东对多缴出资的性质为资本公积金也是明知并认可的。第四，二审期间，被申请人提供的林金培通过香港科埠公司向金华投资公司出资的53张会计凭证原始记录即为"资本公积"，虽后来被更改为"长期借款"，但根据会计法的规定，会计凭证不得变造，金华投资公司变造上述会计凭证的行为违反会计法，应属无效。

二、资本公积金属于公司的后备资金，股东可以按出资比例向公司主张所有者权益，但股东出资后不能抽回，也不得转变为公司的债务计算利息，变相抽逃。2003年5月14日，金华投资公司董事会决议用本案的房产抵顶林金培多投入的出资本息，实质是将林金培本属于资本公积金的出资转变为公司对林金培的借款，并采用以物抵债的形式予以返还，导致林金培变相抽逃出资，违反了公司资本充实原则，与公司法和国务院上述通知的规定相抵触，故董事会决议对林金培借款债权的确认及以物抵债决定均应认定为无效。

三、金华物业公司与金华投资公司签订《房屋购买协议》时，系依据林金培的指定而受让本案物业，并以林金培对金华投资公司额外出资形成的借款债权作为对价而以物抵债。但本院认为，林金培根据以物抵债决议受让本案物业并不具有合法性基础，该借款债权也不成立，故金华物业公司依据林金培的指定而受让案涉物业不具备《查封规定》第十七条规定的阻却人民法院执行的条件，金华物业公司也不应取得金华商业中心四层1号铺（401）、2

号铺（402）、保安办公室和停车场的所有权。

此外，林金培与本案讼争房屋的权属认定具有一定的关联，为查明事实，其参加本案的诉讼似更为妥当。但因林金培是金华投资公司的法定代表人，二者在本案中具有利益上的一致性，且林金培也以金华投资公司法定代表人的身份参与了本案的诉讼，故林金培未作为案件当事人参加诉讼并未影响其实体权利，本院对此不再另行处理。

综上，原一、二审判决认定事实不清，适用法律错误，本院予以纠正。根据《中华人民共和国公司法》（1994年7月1日起施行）第三十四条、第一百七十八条，《最高人民法院关于人民法院民事执行中查封、扣押、冻结财产的规定》第十七条，《中华人民共和国民事诉讼法》第一百七十条第一款第（二）项之规定，判决如下：

一、撤销广东省江门市中级人民法院（2010）江中法民一初字第9号民事判决、广东省高级人民法院（2012）粤高法民一终字第3号民事判决；

二、江门市金华物业投资管理有限公司对金华商业中心四层1号铺（401）、2号铺（402）、保安办公室和停车场不享有所有权。

一、二审案件受理费各78977元，均由江门市金华物业投资管理有限公司、江门市金华投资有限公司连带承担。

本判决为终审判决。

审　判　长　王富博

代理审判员　吴景丽

代理审判员　张　颖

二〇一三年十二月二十三日

书　记　员　陆　昱

22. 加盟店对外民事责任的承担

——童林法与浙江凯旋门澳门豆捞控股集团有限公司特许经营纠纷案

【裁判要旨】

《澳门豆佬特许经营合同》约定授予童林法澳门豆佬特许经营权，由童林法支付加盟费等设立独立核算、自担风险、自负盈亏的经营实体北京亚运村店。北京亚运村店为加盟店，虽名为澳门豆捞公司分公司，但根据特许经营的约定，以北京亚运村店名义发生的民事法律关系，其法律后果应当由童林法自行承担。

中华人民共和国最高人民法院民事判决书

（2013）民提字第 188 号

再审申请人（一审原告、反诉被告，二审上诉人，原被申诉人）：童林法。

委托代理人：徐建明，浙江天建律师事务所律师。

委托代理人：金越，浙江天建律师事务所律师。

被申请人（一审被告、反诉原告，二审被上诉人，原申诉人）：浙江凯旋门澳门豆捞控股集团有限公司。住所地：浙江省杭州市萧山区市心北路与建设一路交叉口华瑞中心 1、2 层。

法定代表人：汪尧松，该公司董事长。

委托代理人：范正刚，该公司职员。

委托代理人：李晓波，该公司职员。

童林法与浙江凯旋门澳门豆捞控股集团有限公司（以下简称澳门豆捞公司）与公司有关的纠纷一案，系童林法于 2008 年 6 月 23 日向浙江省杭州市萧山区人民法院提起诉讼形成的案件，该院作出（2008）萧民二初字第 1801 号民事判决。童林法不服该一审判决，向杭州市中级人民法院提出上诉，该院作出（2010）浙杭商终字第 1729 号民事判决。澳门豆捞公司不服向浙江省人民检察院申诉，浙江省人民检察院以（2011）浙检民行抗字第 63 号民事抗诉书向浙江省高级人民法院提出抗诉。该院以（2011）浙民抗字第79号民事裁定提审本案并作出（2012）浙民再字第10号民事判决。童林法不服该判决向本院申请再审。本院以（2012）民再申字第211-1号裁定提审本案，并依法组成由审判员王东敏担任审判长，审判员刘崇理、代理审判员曾宏伟参加的合议庭对案件进行了审理，书记员李洁担任记录。本案现已审理终结。

童林法起诉称：2007年4月9日，双方签订了《澳门豆佬特许经营合同》，合同约定了授予童林法澳门豆佬特许经营权，并由童林法支付加盟费等条款。合同签订后，双方按约履行了合同义务。由于经营业绩没有达到理想目标，澳门豆捞公司要求收回童林法特许经营权。2008年3月1日，童林法、澳门豆捞公司根据当时澳门豆捞公司北京亚运村店（以下简称北京亚运村店）的经营情况，双方自愿达成了《转让协议》，协议约定童林法向澳门豆捞公司转让北京亚运村店，转让金额共计380万元，澳门豆捞公司应于2008年3月3日以电汇方式支付108万元，于2008年3月底前支付100万元，于2008年4月底前支付172万元，逾期付款则按1%支付违约金。协议签订后，童林法按约履行了各项义务，而澳门豆捞公司只向童林法支付了250万元，余款130万元经童林法多次催讨，至今仍未支付。请求判令：一、澳门豆捞公司支付童林法转让款130万元；二、澳门豆捞公司支付130万元转让款的逾期利息（自2008年5月1日起按中国人民银行一年期贷款利率7.47%计算至实际履行之日止，2008年5月1日起暂计算至2010年8月30日止的逾期利息为226587元）；三、澳门豆捞公司支付违约金18000元。

澳门豆捞公司答辩并反诉称：双方之间签订有关北京亚运村店《转让协议》，且已支付转让款250万元属实。根据协议约定童林法应将租房合同的承租人转移到澳门豆捞公司名下，但时至今日，童林法并未办理租房合同的变更手续，故澳门豆捞公司有权拒绝履行支付剩余转让款的义务。同时，因童林法与房东李贵柱之间签订的《商业房屋租赁合同》中约定房屋转租需经出租方书面同意，由于童林法未征得房东同意并按《转让协议》第2条约定将房屋租赁合同转移至澳门豆捞公司名下，致使原租赁合同被房东解除，澳门豆捞公司被迫于2009年7月31日将北京亚运村店从童林法承租的房屋中撤出，导致合同目的无法实现。另童林法也未按协议约定结清北京亚运村店在2008年3月1日之前的应付款，导致澳门豆捞公司为其垫付了部分款项。童林法的行为已构成违约，继续履行合同已无可能，故提起反诉，要求判令：一、解除双方于2008年3月1日签订的《转让协议》并返还转让款250万元；二、童林法支付澳门豆捞公司为其垫付的应付款279449元。

童林法针对反诉答辩称：一、北京亚运村店虽由其出资设立，但却是以澳门豆捞公司分公司的名义注册登记。在北京亚运村店成立之前，童林法以个人名义代北京亚运村店与房东李贵柱签订《商业房屋租赁合同》系代表公司的行为，实际承租方为北京亚运村店。且2007年11月1日，李贵柱与北京亚运村店补签的租赁协议也对北京亚运村店为房屋承租人的身份进行了确认。而本案双方签订的《转让协议》仅涉及北京亚运村店财产的转让，并不涉及房屋转租问题，北京亚运村店与李贵柱之间的房屋租赁法律关系并未改变，《商业房屋租赁合同》依然有效，不存在被解除的情形。退一步讲，即便涉及房屋转租，因李贵柱自2008年5月1日开始的一年多时间一直向澳门豆捞公司收取租金，其应明知童林法已将房屋转租给澳门豆捞公司，但其并未提出异议，因此李贵柱事实上也认可了双方的房屋转租合同。二、双方于2008年3月1日对北京亚运村店有关债权债务进行了结算，并不存在垫付应付款的事实。综上，双方签订的《转让协议》合法有效。协议签订后，童林法已依约将北京亚运村店的财产以及《商业房屋租赁合同》移交给澳门豆捞公司，且并未影响其正常营业，而其是否歇业与《商业房屋租赁合同》是否解除并无因果关系。故请求法院驳回澳门豆捞公司的反诉请求。

杭州市萧山区人民法院一审查明：童林法因履行与澳门豆捞公司签订的《澳门豆佬特许经营合同》需要，于2007年4月28日与李贵柱签订《商业房屋租赁合同》，约定：童林法向李贵柱承租其位于北京市朝阳区北苑路170号欧陆北区C、D、E、F座2层05号商业用房，套内建筑面积为921.31平方米；租赁期限为5年，自2007年5月1日起至2012年7月31日止，房屋租金从2007年8月1日计起（其中自2007年5月1日至2007年7月31日为免租金期）；租金依年度计算，第一、二年度租金各为180万元，第三、四年度租金各为190万元，第五年度租金为200万元，在征得房东书面同意之后，童林法可将租赁房屋转租给任何第三人；童林法同意，本合同生效之日至终止之日前，如果童林法对房产进行了装修，应无偿保留装修给李贵柱，并不对该装修进行破坏，如果童林法对房产中添置了设备，则在童林法撤场时，童林法应在撤场期内将该设备搬走，如不搬走，则视为无偿放弃对于该添置设备的一切权利，对于童林法在撤场期间未带走的其他设备和物品，也视为童林法无偿放弃，童林法无偿保留的装修及无偿放弃的一切物品及权利，童林法均无权要求索赔或作任何相应的折抵；合同同时还对其他权利义务作了明确约定。嗣后，童林法出资对所承租房屋进行了装修。同年11月7日，童林法以承租房屋作为营业场所投资经营澳门豆捞火锅店，由澳门豆捞公司在工商部门注册登记设立北京亚运村店，属澳门豆捞公司分公司，实际由童林法进行经营。2008年3月1日，童林法、澳门豆捞公司签订《转让协议》一份，协议约定童林法将北京亚运村店转让给澳门豆捞公司，转让金额共计380万元，澳门豆捞公司于2008年3月3日以电汇方式支付108万元，于2008年3月底前支付100万元，于2008年4月底前支付172万元，逾期付款则按1%支付违约金；童林法承诺已支付到2008年4月底的房屋租金以及押金共计60万元归澳门豆捞公司所有，租房合同转移到公司；2008年3月1日之前应收、应付款由童林法出面结清，如未付清由童林法在转让余款中扣除。协议签订后，童林法将北京亚运村店的营业执照、税务登记证、租房合同及票据等相关文件资料移交给澳门豆捞公司，北京亚运村店开始由澳门豆捞公司经营。澳门豆捞公司先后共向童林法支付转让款250万元，余款130万元以童林法未履行《转让协议》约定义务为由至今未付。另查明：童林法未将北京亚运村店转让事项告知房东李贵柱。2009年5月25日，李贵柱以童林法未经其同意私自将所租房屋转让，违反了《商业房屋租赁合同》构成违约为由，向童林法发出解除租赁合同通知书，并要求童林法按规定办理撤场手续，最迟撤场日为2009年7月31日。嗣后，因童林法未能与李贵柱就房屋转租事宜协商达成一致，澳门豆捞公司被迫于2009年7月31日撤场，北京亚运村店也由此中断经营。再查明：童林法向房东李贵柱缴纳租房押金30万元，并交纳租金至2008年4月底（其中2008年3、4两个月的租金共计30万元）。澳门豆捞公司接收北京亚运村店后陆续为童林法垫付其在经营期间欠缴的水电费43875.70元、停车场费2200元和物业管理费10754.86元，合计56830.56元。

杭州市萧山区人民法院一审认为：童林法、澳门豆捞公司之间签订的《转让协议》系双方真实意思表示，内容不违反法律、行政法规的强制性规定，应属合法有效。本案的争议焦点为：一、童林法、澳门豆捞公司签订《转让协议》的转让标的是什么；二、澳门豆捞公司是否存在违约行为；三、《转让协议》是否应予以解除，如果解除协议各方如何承担责任。

一、关于《转让协议》中转让标的的问题。首先，北京亚运村店虽系童林法根据双方特许经营合同出资设立，并由童林法实际经营管理，但北京亚运村店以澳门豆捞公司分公司的名义登记设立并对外营业，因此澳门豆捞公司受让北京亚运村店后并不需要办理营业执照等工商变更登记手续，其实际并不涉及经营权的转让问题；其次，双方在庭审中均一致陈述转让标的包括房屋装修和酒店内经营必需的设施设备等财产。除此童林法认为还包括其办理营业执照、税务登记证和卫生许可证等筹备分公司支出的费用。鉴于双方在《转让协议》中并未具体明确转让标的的内容，而童林法对于转让标的包括筹备分公司相关费用的主张也未提供相应证据证明，故对其主张不予认可。根据双方陈述一致的事实，认定协议转让的财产部分仅涉及房屋装修及店内相应的设施设备；第三，童林法与房东李贵柱签订《商业房屋租赁合同》时间虽在北京亚运村店登记注册之前，且承租房屋实际使用人为北京亚运村店，但房屋租赁合同中已明确承租方为童林法本人，同时双方并未约定北京亚运村店成立后由该店承担承租人的权利义务，根据合同相对性原理，应认定《商业房屋租赁合同》中的承租人仍为童林法本人。再从《转让协议》第2条约定的"童林法承诺已支付到2008年4月底房屋租金以及押金共计60万元归澳门豆捞公司所有，租房合同转移到公司"的内容分析，童林法转让北京亚运村店后，童林法在原《商业房屋租赁合同》中享有的承租人的权利义务由澳门豆捞公司或北京亚运村店承继，该条款系双方对房屋租赁权转移的明确约定。根据以上分析，法院认为双方协议转让北京亚运村店内的装修和设施设备等财产时，附带有房屋租赁权转让的条件。

二、关于澳门豆捞公司未按约支付剩余价款是否构成违约问题。根据《转让协议》内容澳门豆捞公司负有按约支付价款的义务，童林法负有交付财产并按约办理房屋租赁权转移手续的义务。鉴于双方对各自义务履行先后顺序并未作明确约定，根据合同法有关规定，当事人互负债务，没有先后履行顺序的，应当同时履行，一方在对方履行之前有权拒绝其履行要求。因此澳门豆捞公司在童林法未能办理房屋租赁权转移手续的情况下有权拒绝其支付价款的要求，澳门豆捞公司未支付剩余价款的行为并未构成违约。童林法要求澳门豆捞公司支付剩余转让款、逾期利息及违约金的请求无法律依据，不予支持。

三、关于《转让协议》是否应予以解除的问题。童林法、澳门豆捞公司协议转让的标的虽以店内装修及设施设备等财产为主，但澳门豆捞公司受让财产的目的是继续从事餐饮服务，因此作为服务场所的店面租赁权的转移已构成履行合同的附带条件，现因童林法无法办理租赁权转移手续，房东李贵柱根据约定解除了《商业房屋租赁合同》并迫使澳门豆捞公司撤场，致使北京亚运村店无法继续经营，澳门豆捞公司的合同目的已不能实现。根据合同法有关规定，当事人一方迟延履行债务或者有其他违约行为致使不能实现合同目的的，当事人可以解除合同，故澳门豆捞公司依法享有合同解除权。因本案起诉前澳门豆捞公司未曾通知童林法解除《转让协议》，澳门豆捞公司的反诉状应视为其解除通知，故反诉状副本送达童林法之日即视为双方《转让协议》解除之日。合同解除后，双方取得的财产应予以返还，鉴于童林法交付给澳门豆捞公司的财产系北京亚运村店的装修物及店内设施设备，因澳门豆捞公司在撤场时并未转移，目前尚在房东李贵柱的控制之下，澳门豆捞公司无法自行返还，应由澳门豆捞公司与李贵柱另行处理。对澳门豆捞公司已交付给童林法的转让款 250 万元的返还份额问题，考虑到澳门豆捞公司经营期间产生的折旧以及童林法为澳门豆捞公司支付 30 万元租金等因素，酌情确定由童林法返还澳门豆捞公司转让款 150 万元，对澳门豆捞公司该项反诉超出部分的反诉请求，不予支持。童林法辩称房东李贵柱已经同意房屋转租，且澳门豆捞公司歇业与《商业房屋租赁合同》是否解除并无因果关系，但其并未提供足以反驳的相反证据，故对其抗辩理由不予采信。此外关于澳门豆捞公司为童林法垫付的应付款问题。澳门豆捞公司在经营期间，实际为童林法垫付水电费、停车场费和物业管理费等应付款共计 56830.56 元，而根据双方《转让协议》约定，2008 年 3 月 1 日之前的应收、应付款项由童林法出面结清，如未付清由童林法在转让余款中扣除。该约定系双方真实意思表示，故澳门豆捞公司垫付的应付款应由童林法承担。鉴于《转让协议》已经解除，澳门豆捞公司无法在应支付的剩余转让款中扣除，故应直接由童林法返还澳门豆捞公司垫付款 56830.56 元，对澳门豆捞公司该项反诉超过部分的请求，无相应的事实依据，不予支持。综上，依照《中华人民共和国合同法》第六十六条、第九十四条第（四）项、第九十六条第一款、第九十七条之规定，该院于 2010 年 10 月 29 日作出（2008）萧民二初字第 1801 号民事判决：一、解除童林法与澳门豆捞公司于 2008 年 3 月 1 日签订的《转让协议》；二、童林法于判决生效后十日内返还澳门豆捞公司转让价款 150 万元；三、童林法于判决生效后十日内支付澳门豆捞公司垫付款 56830.56 元；四、驳回童林法的全部本诉请求；五、驳回澳门豆捞公司的其余反诉请求。案件受理费 33616 元，财产保全申请费 5000 元，合计 38616 元，由童林法负担；反诉案件受理费 26800 元，减半收取 13400 元，由童林法负担 8040 元，由澳门豆捞公司负担 5360 元。

童林法不服一审判决向二审法院提出上诉，主要请求对一审法院关于解除《转让协议》及由其返还转让款的判项予以改判。澳门豆捞公司答辩主张维持一审判决。

原二审法院经审理查明的事实除与原一审法院查明的事实一致外，另查明，一、童林法为在北京设立澳门豆捞公司分店，与澳门豆捞公司签订了《澳门豆佬特许经营合同》，并支付了相应的加盟费。二、2007 年 11 月 1 日，李贵柱向工商部门出具"企业住所（经营场所）证明"，明确承诺将北京市朝阳区北苑路 170 号 4 号楼 205 提供给北京亚运村店使用。同日，李贵柱与北京亚运村店签订租赁协议一份，将上述北京市朝阳区北苑路 170 号 4 号楼 205 出租给北京亚运村店使用，并约定了租赁时间及租金。此后北京亚运村店以自己的名义向李贵柱支付上述经营场所的租金。

杭州市中级人民法院二审认为：本案的争议焦点是童林法是否负有变更房屋租赁合同承租方的义务，本案双方签订的《转让协议》是否能够解除。从查明的事实看，李贵柱向工商部门出具的证明、李贵柱与北京亚运村店签订房屋租赁协议并收取房屋租金等事实均能反映房屋租赁合同的承租方为北京亚运村店。澳门豆捞公司主张李贵柱与北京亚运村店签订的房屋租赁合同系用于避税，并非双方真实意思表示。对此该院认为，虽然该租赁合同系用于避税，但仅说明双方对租金约定并非真实意思表示，而不能由此否定租赁合同的出租人及承租人的身份，因此澳门豆捞公司的该意见不予采纳。由于北京亚运村店系房屋租赁协议的承租人，童林法与澳门豆捞公司签订《转让协议》时，不再负有变更承租人的义务。童林法的相关上诉理由，予以支持。澳门豆捞公司主张北京亚运村店被李贵柱要求撤场，造成合同目的无法实现，要求解除双方之间的转让合同，对此该院认为，由于童林法就设立北京亚运村店与澳门豆捞公司签订了《澳门豆佬特许经营合同》，支付了相应的加盟费，从澳门豆捞公司取得了设立、经营分店的许可，因此童林法与澳门豆捞公司之间签订《转让协议》的主要目的是解除双方之间的特许经营合同关系，童林法退出对北京亚运村店的经营和控制，由澳门豆捞公司收回北京亚运村店的经营权和控制权，北京亚运村店的财产随经营权一并转移。童林法与澳门豆捞公司签订《转让协议》后，即将北京亚运村店全部交付给了澳门豆捞公司经营。童林法已完全履行了合同义务，双方的合同目的已实现。且至北京亚运村店在本案一审审理期间仍正常经营至 2009 年 7 月 31 日，因此并不存在澳门豆捞公司所述合同目的不能实现的情形，北京亚运村店被出租方要求撤场与童林法无关，澳门豆捞公司应当支付相应的转让款，其主张解除转让合同无事实和法律依据，不予支持。童林法的相关上诉理由予以采纳。对于童林法主张的逾期利息及违约金，该院认为设立违约金制度的目的是为了弥补守约方的损失，童林法主张的逾期利息已能弥补其损失，再要求澳门豆捞公司支付违约金，存在重复主张，对于违约金的主张不予支持。童林法对于逾期利息的计算天数有误，予以调整。对于澳门豆捞公司代为垫付的费用，因一审中童林法对垫付费用的事实和金额并无异议，二审未提供相应的反驳证据推翻一审的陈述，故对于一审确定的垫付费用应当在转让款中扣除。对于童林法主张的本案违反程序，该院认为本案双方均申请庭外和解，根据有关规定和解时间可以扣除审限，因此原审法院于 2010 年 7 月 20 日转为普通程序审理并未违反相关规定，对童林法的该上诉理由不予支持。综上，童林法于二审中提供了新的证据能够证明其主张，澳门豆捞公司的反诉理由不成立，不予支持。由于一审法院认定事实部分有误，导致实体处理不当，予以纠正。

依照《中华人民共和国合同法》第一百零七条、《中华人民共和国民事诉讼法》第六十四条、第一百五十三条第一款第（一）、（三）项之规定，该院判决：一、维持杭州市萧山区人民法院（2008）萧民二初字第1801号民事判决第三项，即：童林法于判决生效后十日内支付澳门豆捞公司垫付款56830.56元；二、撤销杭州市萧山区人民法院（2008）萧民二初字第1801号民事判决第一、二、四、五项判决及案件受理费部分；三、澳门豆捞公司于判决生效之日起十日内支付给童林法转让款130万元；四、澳门豆捞公司于判决生效之日起十日内支付童林法逾期付款利息191961.25元（自2008年5月1日起以本金130万元的银行同期贷款利率暂分段计算至2010年11月15日，此后按银行同期贷款利息计算至实际支付之日止）；五、驳回童林法的其他诉讼请求；六、驳回澳门豆捞公司的其他反诉请求。一审本诉案件受理费18701元，财产保全申请费5000元，合计23701元，由童林法负担275元，由浙江凯旋门澳门豆捞控股集团有限公司负担23426元；一审反诉案件受理费26800元，减半收取13400元，由澳门豆捞公司负担13126元，由童林法负担274元。二审案件受理费18437元，由童林法负担222元，澳门豆捞公司负担18215元。

澳门豆捞公司不服上述终审判决向浙江省人民检察院申诉，浙江省人民检察院抗诉认为，原二审判决认定事实有误，实体判决不当，童林法是租赁合同的承租方，转让合同订立后应负有变更承租方的义务，涉案《转让协议》应予以解除。

被申诉人童林法答辩认为，认定童林法是租赁合同的承租方及解除《转让协议》没有事实和法律依据。

再审中，双方当事人除对原二审判决另查明的李贵柱与北京亚运村店签订租赁协议一份，此后北京亚运村店以自己的名义向李贵柱支付上述经营场所租金的事实有异议外，对原一、二审查明的其余事实无异议。对双方无异议的事实，再审予以确认。

再审法院另查明：2007年4月9日澳门豆捞公司（甲方）与童林法（乙方）签订了《澳门豆佬特许经营合同》一份。合同约定："加盟店"是指乙方在认同并同意遵守特许经营体系的基础上，获得甲方授权而设立的从事特许经营活动的经营实体。加盟店作为独立的法律主体进行活动，独立核算、自担风险、自负盈亏；约定经营期限5年；特许经营营业地为北京市朝阳区北苑路170号（即租赁合同约定租赁地点）；童林法一次性支付加盟费28万元，并支付10万元保证金；加盟店装修费用由童林法自负，由澳门豆捞公司规定标准，指定装修和设计；澳门豆捞公司应提供书面授权文件，配合童林法进行加盟店名称登记和变更手续等。同日，澳门豆捞公司与童林法又签订了《托管合同》一份，约定：童林法一次性支付管理咨询费 70 万元，用于澳门豆捞公司为童林法建立澳门豆捞经营体系；澳门豆捞公司的委派管理人员工资由童林法统一支付等内容。双方对以上事实无异议。

再审法院认为，本案双方争议的焦点是：一、《商业房屋租赁合同》的承租人是童林法还是北京亚运村店；二、双方签订的《转让协议》能否解除，如果能解除，双方应承担什么责任。

一、关于租赁合同承租人是童林法还是北京亚运村店的问题。

再审法院认为，根据已查明的事实，本案租赁合同的承租人是童林法，而非北京亚运村店。理由：

第一，2007 年 4 月 28 日童林法以其个人名义作为承租人与出租人李贵柱签订《商业房屋租赁合同》，合同一方面很多内容涉及了童林法对其租赁权利的处置，如："合同终止之日前，如果乙方对房产进行了装修，应无偿保留给甲方，并不对该装修进行破坏"；另一方面也并没有附加约定北京亚运村店成立后由该店承担承租人的权利义务。2009 年 5 月 25 日，出租方李贵柱以童林法未经其同意私自将所租房屋转租，违反了《商业房屋租赁合同》构成违约为由，向童林法发出解除租赁合同通知书，并要求童林法按规定办理撤场手续。根据该合同双方的真实意思表示，童林法应为合同的承租人。

第二，《商业房屋租赁合同》签订当时北京亚运村店虽未经工商登记注册成立，但是之前童林法已于 2007 年 4 月 9 日与澳门豆捞公司签订了《澳门豆佬特许经营合同》和《托管合同》。根据合同内容，童林法对北京亚运村店的加盟经营系特许经营，加盟店作为独立核算、自担风险、自负盈亏的法律主体，实际开办与经营费用均由其出资，非童林法一审主张的"垫资"，根据权利义务一致原则，童林法对加盟店应享有所有权权能。澳门豆捞公司再审中提供的工商登记材料登记表、指定委托书等证据，反映的是澳门豆捞公司委托童林法配偶周月芬为北京亚运村店负责人，并办理工商登记手续等内容，证明了澳门豆捞公司履行特许经营合同所约定的允许童林法"使用加盟店商号，并配合进行工商登记注册"的义务。童林法在上述协议签订后以自己名义签订租赁合同，承担义务、享受并处分权利，并不附加说明工商登记手续后的租赁主体变更事宜，实际为履行其与澳门豆捞公司特许经营合同之义务。

第三，来源于工商登记材料的北京亚运村店与李贵柱于 2007 年 11 月 1 日签订的《租赁协议》，因其协议主要内容，即租赁期限、租金与付款方式等均为了避税而虚构，明显不真实，故协议的真实性不能确认。童林法以该不真实协议主张原承租人由童林法变更为北京亚运村店，不能支持。至于《企业住所（经营场所）证明》上李贵柱的签名，虽无证据证明不真实，但内容仅表明李贵柱同意北京亚运村店使用租赁房屋意愿。因《商业房屋租赁合同》"在征得甲方的书面同意之后，乙方可将租赁房屋转租给任何第三方"限制性约定，因此同意使用的意思表示不能当然理解为李贵柱同意原租赁人变更为北京亚运村店。相反该意思表示，更符合出租人配合承租人办理工商登记手续，共同落实《商业房屋租赁合同》中房屋用途为餐饮这一合同目的。

第四，2008年3月1日童林法与澳门豆捞公司签订的《转让协议》，既约定了转让价款380万元（童林法称该款为加盟店前期开业投入480万元的折旧款），又约定了租金的归属、租房合同的转移等内容，说明了童林法是将自己作为澳门豆捞公司的相对方，处分了其在北京亚运村店所享有的全部权利与义务。据此也印证了童林法实为《商业房屋租赁合同》的承租人。

二、关于双方签订的《转让协议》能否解除以及解除后的责任问题。

再审法院认为：本案因出租方提前终止租赁合同关系收回经营场地，使北京亚运村店不能继续经营为双方不争事实。因童林法是租赁合同的承租人，其置《商业房屋租赁合同》对租赁房屋转租给第三方须经出租方书面同意特别约定而不顾，在未经出租方书面同意改变租赁人的情况下，与澳门豆捞公司签订《转让协议》并约定"租房合同转移到公司"，其后也无取得出租方同意变更租赁主体的意思表示，因此童林法应对澳门豆捞公司不能依据《转让协议》继续经营全面实现合同目的，承担违约责任。澳门豆捞公司在签订《转让协议》时明知《商业房屋租赁合同》限制随意转租第三方内容，但仍与童林法签订转让合同，过于相信童林法能继续完成租赁合同转移义务，后因童林法违约使北京亚运村店无法继续经营，其也负有一定的过错责任；本案中的《转让协议》已无法继续履行，根据《中华人民共和国合同法》第九十四条第四项规定，应予解除。合同解除后，双方取得的财产应予以返还。对澳门豆捞公司已交付给童林法的转让款250万元的返还问题，鉴于童林法交付给澳门豆捞公司的财产系北京亚运村店的装修物及店内设施设备，澳门豆捞公司撤场时并未转移，在出租方控制之下，澳门豆捞公司实际已无法返还，可适当折抵部分返还款，另考虑到澳门豆捞公司已实际经营一年余，部分实现合同利益，澳门豆捞公司对《转让协议》不能继续履行负有相应责任等因素，酌情确定由童林法返还澳门豆捞公司转让款计人民币70万元。

综上，原一、二审法院认定事实和适用法律均有不当，应予纠正。检察机关抗诉意见和申诉理由部分成立，应予支持。依照《中华人民共和国民事诉讼法》第一百八十六条第一款、第一百五十三条第一款第（二）、（三）项，《中华人民共和国合同法》第五条、第六十六条、第九十四条第（四）项、第九十六条第一款、第九十七条之规定，该院判决如下：一、撤销杭州市中级人民法院（2010）浙杭商终字第 1729 号民事判决和杭州市萧山区人民法院（2008）萧民二初字第 1801 号民事判决；二、解除童林法与澳门豆捞公司于 2008 年 3 月 1 日签订的《转让协议》；三、童林法于该判决生效后十日内返还澳门豆捞公司转让款计人民币 70 万元；四、童林法于该判决生效后十日内支付澳门豆捞公司垫付款 56830.56 元；五、驳回童林法的本诉请求；六、驳回澳门豆捞公司的其余反诉请求。

童林法不服上述再审判决，向本院提出再审申请称：一、关于租赁房屋承租人的问题，本案中房屋的承租人北京亚运村店，而非童林法个人，再审判决认定事实明显错误。理由如下：首先，不能孤立地根据《商业房屋租赁合同》即认为房屋的承租人是童林法个人，《商业房屋租赁合同》实际上是童林法代表北京亚运村店签订的，承租人为北京亚运村店。其次，从租赁关系的实际履行情况来看，承租人也是北京亚运村店。北京亚运村店的经营场所即为《商业房屋租赁合同》约定的租赁房屋，且房东李贵柱在工商登记资料上也明确同意将租赁房屋提供给北京亚运村店使用。根据李贵柱要求北京亚运村店支付租金的房租交付通知，证明房东李贵柱也认同租金应当是由北京亚运村店支付的。根据童林法新提供的《李贵柱的证明》，表明房东李贵柱承认的房屋承租人是北京亚运村店，提前收回房屋使用权的原因是因为北京亚运村店欠付房屋租金和水电、物业管理费等其他相关费用。同时，根据深圳市开元国际物业管理有限公司北京凯旋城分公司出具的《说明》也能印证涉案房屋的使用人是北京亚运村店且其从 2009 年 4 月份开始欠缴水电费。可见，本案中，租赁房屋的使用人是北京亚运村店，支付租金的是北京亚运村店，房东李贵柱承认的承租人亦是北京亚运村店。第三，2007 年 11 月 1 日李贵柱与北京亚运村店之间签订的《租赁协议》，也表明了房屋的承租人为北京亚运村店。

二、关于《转让协议》是否应当解除的问题，再审判决依合同法第四十九条第（四）项规定，认定《转让协议》应当解除，适用法律不当，理由如下：本案中，《转让协议》合法有效，且合同目的已经实现，不应当解除。（一）租赁房屋的承租人是北京亚运村店，因此不存在变更承租人的问题，而因童林法与澳门豆捞公司之间签订了特许经营合同并向其支付了加盟费等费用，因此《转让协议》的主要目的是解除双方之间的特许经营合同关系，童林法退出对北京亚运村店的经营和控制，由澳门豆捞公司收回北京亚运村店的经营控制权，并对北京亚运村店的财产进行结算、交接。本案中，童林法完全依照合同履行了《转让协议》约定的义务，办理完了交接手续，澳门豆捞公司对此接受并且也支付了部分转让价款，北京亚运村店也投入正常经营，双方签订合同的目的已经实现。（二）本案中，房东李贵柱明确同意将租赁房屋提供给北京亚运村店使用，并且北京亚运村店也一直是租赁房屋的使用人。而《转让协议》签订之后，租赁房屋的使用人仍然是北京亚运村店，租赁房屋自始至终都没有发生转租的情况。因此，房东李贵柱提出解除合同的理由不能成立，北京亚运村店未继续经营与童林法没有任何关系。（三）从2008年6月23日童林法提起诉讼到2009年5月25日房东李贵柱提出解除租赁合同，在长达一年多的时间里，北京亚运村店一直正常经营，李贵柱对此完全知情并且一直没有任何异议。由此可见，合同目的早已经实现。

童林法与澳门豆捞公司签订的《转让协议》合法、有效，童林法已经完全履行了协议约定的义务，合同目的亦以实现，澳门豆捞公司理应支付转让款并承担相应责任，再审判决认定《转让协议》应当解除，明显错误。童林法依据《中华人民共和国民事诉讼法》第二百条第（一）项、第（二）项、第（六）项的规定申请再审。

澳门豆捞公司提交答辩意见认为：一、再审判决认定事实清楚，适用法律正确。二、《转让协议》合法有效。童林法未履行协议的约定，将房屋租赁权变更至澳门豆捞公司的义务，房东因童林法违法转租，解除租赁合同，导致《转让协议》目的无法实现。解除合同合法有效，由于童林法过错，其应承担相应的法律责任，返还转让费。三、童林法在再审阶段提交的材料及立案阶段的询问笔录，不属于新证据，证据形式不合法，证据内容不能证明其主张。关于是否欠房租的问题与本案争议事实无关联性。即使欠房租属实，但房东在解除合同时选择的依据是违法转租，并非欠租。且房东证人证言未经法庭质证，属于单个证据，无法确定真实性。主张驳回童林法的再审请求。

对原一审、二审及再审查明的案件事实，本院予以确认。此外，本院还查明：本案当事人于2007年4月9日签订《澳门豆佬特许经营合同》还约定，澳门豆捞公司将特许经营权直接授予童林法，童林法按照合同约定设立直营加盟店。童林法开设加盟店的选址须经澳门豆捞公司评估并出具同意意见后方可确立选址，未经澳门豆捞公司书面同意不得变更其加盟店的营业地。该合同确定童林法获准行使特许经营权的区域为涉案房屋地址。北京亚运村店即为童林法为履行《澳门豆佬特许经营合同》设立的加盟店。

本院认为，根据当事人一审起诉、反诉请求及再审申请请求，本案再审程序中当事人争议的焦点问题主要有两个：一、涉案租赁关系的承租人是谁及如何理解《转让协议》中"租房合同转移到公司"问题；二、《转让协议》是否应予以解除问题。

一、涉案租赁关系的承租人是谁及如何理解《转让协议》中的"租房合同转移到公司"问题。

本案存在两份租赁合同：第一份是 2007 年 4 月 28 日童林法与案外人李贵柱签订的《商业房屋租赁合同》，第二份是同年 11 月 1 日北京亚运村店与案外人李贵柱签订的《租赁协议》，根据本案查明的事实，应认定实际承租人为童林法。

第一份租赁合同是童林法在与澳门豆捞公司签订《澳门豆佬特许经营合同》期间签订的。2007 年 4 月 9 日，童林法与澳门豆捞公司签订《澳门豆佬特许经营合同》约定：澳门豆捞公司将特许经营权直接授予童林法，童林法按照合同约定设立直营加盟店；童林法开设加盟店的选址须经澳门豆捞公司评估并出具同意意见后方可确立。该合同同时确定童林法获准行使特许经营权的区域为涉案房屋地址。同月 28 日，童林法与案外人李贵柱签订第一份租赁合同，即《商业房屋租赁合同》。第一份租赁合同是与《澳门豆佬特许经营合同》同期签订的事实及该两份合同内容表明，童林法因开设加盟店需要，通过租赁合同取得涉案房屋使用权，并以该房屋为经营地址获得澳门豆捞公司特许经营。具有使用权的涉案房屋是童林法自行提供的，其为第一份租赁合同的承租人。

第二份租赁合同是在童林法设立了北京亚运村店后形成的。依据《澳门豆佬特许经营合同》的约定，澳门豆捞公司提供书面授权文件配合童林法进行加盟店的名称登记。为履行该合同，童林法于 2007 年 11 月在澳门豆捞公司的授权下，以澳门豆捞公司分公司的名义向工商行政管理机关申请设立了北京亚运村店。同月，北京亚运村店与案外人李贵柱签订了第二份租赁合同，即《租赁协议》，该合同约定的租金显著低于第一份租赁合同的约定。根据本案查明的事实，第一份租赁合同于 2007 年 4 月生效后，童林法即支付房屋租金并开始投资装修房屋。北京亚运村店于同年 11 月设立后，房屋租金由北京亚运村店支付，但租金数额仍按第一份租赁合同确定的标准支付。按照《澳门豆佬特许经营合同》的约定，童林法设立北京亚运村店为独立核算、自担风险、自负盈亏的经营实体。北京亚运村店虽名为澳门豆捞公司分公司，但根据童林法与澳门豆捞公司的约定，以北京亚运村店名义发生的民事法律关系，其法律后果不当然属于澳门豆捞公司。童林法实际经营和控制北京亚运村店，以北京亚运村店的名义与案外人李贵柱签订合同及由北京亚运村店支付租金，完全由童林法自主决定和安排。鉴于第二份租赁合同约定的租金显著低于第一份合同的约定、当事人实际按第一份租赁合同支付租金及童林法对北京亚运村店的独立控制地位，应认定第二份租赁合同系童林法为配合案外人李贵柱的个人需求签订的，该合同并未实际履行，童林法与案外人李贵柱之间履行的仍然是第一份租赁合同，其间的租赁关系未因此发生变更，童林法仍为涉案房屋承租人。

童林法再审申请时以北京亚运村店曾签订过租赁合同并支付租金、案外人李贵柱曾向工商行政管理机关出具涉案房屋提供给北京亚运村店使用的说明等为由主张北京亚运村店为承租人，童林法的该主张割裂了其先与案外人李贵柱签订合同并据此支付租金而建立的租赁关系，不符合北京亚运村店系由其独立经营、自负盈亏的事实。北京亚运村店名义上为澳门豆捞公司的分公司，实际上根据澳门豆捞公司与童林法的约定，北京亚运村店为童林法独立经营的加盟店，以北京亚运村店名义对外发生的民事法律行为，在公司内部由童林法承担法律后果，非由其所属的公司澳门豆捞公司承担。

在 2008 年 3 月 1 日童林法与澳门豆捞公司签订《转让协议》中童林法承诺"租房合同转移到公司"，应解读为童林法向澳门豆捞公司移交公司所属文件及保证澳门豆捞公司接收北京亚运村店后继续维持房屋租赁关系。虽然当事人在《转让协议》中没有更多的文字表述，但涉案房屋为此前童林法与澳门豆捞公司签订的《澳门豆佬特许经营合同》中确定的经营地点，为加盟店北京亚运村店的特许经营区域，撇开涉案房屋，《转让协议》中的转让标的物北京亚运村店是不完整的。北京亚运村店运营依托的营业地为涉案房屋，童林法在向澳门豆捞公司转让该店时保证北京亚运村店按租赁合同约定的时间持续使用涉案房屋，应为题中应有之义。童林法再审申请时主张《转让协议》中关于"租房合同转移到公司"的含义为向公司移交合同文本，显然不符合《澳门豆佬特许经营合同》中关于加盟店营业地的特殊约定，涉案房屋系与北京亚运村店不可分离的特许经营区域等事实。童林法的该主张与案件事实不符，依法难以获得支持。

二、《转让协议》是否应予以解除问题。

《转让协议》生效后，童林法实际向澳门豆捞公司移交了北京亚运村店，从表面上看，其间完成了对北京亚运村店的顺利交接，但实际上，因北京亚运村店的营业地系基于租赁关系而获得，对北京亚运村店的转让涉及房屋使用人的变动，该变动须征得房屋所有权人的同意。本案当事人在签订和履行《转让协议》时对此未进行妥善处理，致使转让标的物存在隐性瑕疵。案外人李贵柱于 2009 年 5 月 25 日以童林法转租房屋未经其同意为由发出解除租赁合同的通知，并最终收回房屋使用权，直接导致北京亚运村店停止营业，为此本案当事人发生是否应当解除《转让协议》的争议。

在童林法与案外人李贵柱签订的《商业房屋租赁合同》中约定：在征得房东书面同意之后，童林法可以将租赁房屋提供给任何第三人。转让北京亚运村店必然涉及房屋使用人的变动，依据上述合同须征得案外人李贵柱书面同意。根据合同相对性原理，童林法与案外人李贵柱签订合同时设立了租赁法律关系，在使用人将变为澳门豆捞公司时，童林法应与其租赁合同的相对方协商并征得其同意。童林法在转让北京亚运村店时，负有保证转让标的物完整并没有任何瑕疵的义务。根据本案查明的事实，童林法对此是有过失的。澳门豆捞公司收回加盟店系为继续经营，在没有营业地的情况下北京亚运村店为空壳店，形成这种局面的根本原因为童林法未与案外人李贵柱协调好房屋使用人变动的问题。澳门豆捞公司在北京亚运村店停止营业后以合同目的不能实现，反诉请求解除合同的主张，依法应当获得支持。童林法申请再审主张其已经完全履行了合同约定的义务，《转让协议》不应解除，澳门豆捞公司应支付剩余转让款等，因转让北京亚运村店涉及租赁房屋使用人的变动，童林法未与案外人李贵柱协商处理，导致房屋被收回后北京亚运村店无法继续经营，对此童林法应负有主要责任，其对澳门豆捞公司的诉讼请求依法不应获得支持。

综上，原再审法院在查明事实的基础上根据童林法的过错及合同履行情况判决解除合同及驳回童林法诉讼请求，纠正了原二审法院判决存在的错误；根据当事人的财产状态，酌情确定由童林法返还澳门豆捞公司转让款 70 万元，并无不当，依法应当予以维持。本院依照《中华人民共和国民事诉讼法》第二百零七条、《最高人民法院关于适用〈中华人民共和国民事诉讼法〉审判监督程序若干问题的解释》第三十七条之规定，判决如下：

驳回再审申请人童林法的再审申请，维持浙江省高级人民法院（2012）浙民再字第 10 号民事判决。

本判决为终审判决。

审 判 长　王东敏

审 判 员　刘崇理

代理审判员　曾宏伟

二〇一三年十二月二十四日

书 记 员　李 洁

23. 股东投资款项性质无明确约定时的认定问题

——曲靖市东方置地实业有限公司与深圳市东方置地集团有限公司企业借贷纠纷案

【裁判要旨】

股东向公司提供投资款项时，如双方未明确约定款项属于股东对公司的增资款，法院不宜直接认定该款项属股东增资款。一般情况下公司不能无偿取得该笔款项，而应当返还该款项及相应利息。

中华人民共和国最高人民法院民事判决书

(2013) 民二终字第 119 号

上诉人（原审被告）：曲靖市东方置地实业有限公司。住所地：云南省曲靖市园林路 126 号。

法定代表人：刘锦春，该公司执行董事。

委托代理人：梁宝文，广东金地律师事务所律师。

委托代理人：何曼，天津诺信律师事务所律师。

被上诉人（原审原告）：深圳市东方置地集团有限公司。住所地：广东省深圳市龙岗区龙岗街道龙河路榭丽花园 B 区一期东方国际茶都商铺 301。

法定代表人：黄少钦，该公司董事长。

委托代理人：曹欢，该公司职员。

委托代理人：宁杰，上海市锦天城（深圳）律师事务所律师。

上诉人曲靖市东方置地实业有限公司（以下简称曲靖东方公司）为与被上诉人深圳市东方置地集团有限公司（以下简称深圳东方公司）企业借贷纠纷一案，不服广东省高级人民法院（以下简称原审法院）（2012）粤高法民二初字第 9 号民事判决，向本院提起上诉。本院依法组成由审判员刘敏担任审判长，代理审判员赵柯、杜军参加的合议庭进行了审理，书记员孙亚菲担任记录。本案现已审理终结。

原审法院审理查明：深圳东方公司主张其于 2009 年至 2010 年期间先后借给曲靖东方公司多笔款项，金额合计 6.28 亿元。

一、关于深圳东方公司主张向曲靖东方公司出借 3.05 亿元的相关事实。

2009 年 12 月 5 日的借款合同复印件载明：曲靖东方公司向深圳东方公司借款 3.05 亿元，借款用途为曲靖东方公司项目资金周转，借款期限 1 年，自 2009 年 12 月 9 日至 2010 年 12 月 8 日（具体以借款本金每次实际支付之日为借款起算日）。资金占用费为借款期间及届满后参照同期人民银行公布的贷款基准利率的 4 倍计算。

深圳东方公司作为申请人的（2012）粤揭榕城第 0742 号《公证书》所附的借款借据复印件载明：曲靖东方公司向深圳东方公司借款 6938 万元，该笔款项已由深圳东方公司委托广东华榕投资有限公司（以下简称华榕公司）付款，曲靖东方公司于 2009 年 12 月 9 日收到。深圳东方公司作为申请人的（2012）粤揭榕城第 0752 号《公证书》所附的借款借据复印件载明：曲靖东方公司向深圳东方公司借款 1 亿元，该笔款项已由深圳东方公司委托华榕公司付给曲靖东方公司，曲靖东方公司于 2009 年 12 月 25 日收到。上述借款借据复印件还载明曲靖东方公司承诺借款时间为 12 个月，一次性偿还本金，并按银行同期贷款利率的 4 倍同时支付资金占用费。华榕公司作为申请人的证明公证书所附《情况说明》复印件与该公司出示的原件内容相符的（2013）粤揭榕城第 0041 号《公证书》中，所附的《情况说明》复印件载明：华榕公司受深圳东方公司委托，于 2009 年 12 月 9 日汇款 6938 万元、2009 年 12 月 25 日汇款两笔共计 1 亿元给曲靖东方公司，上述 1.6938 亿元由深圳东方公司与华榕公司结算。深圳东方公司出具的致华榕公司的 2 份《委托付款确认书》中载明：深圳东方公司于 2009 年 12 月 9 日、12 月 25 日委托华榕公司汇给曲靖东方公司的 6938 万元、1 亿元款项，从华榕公司应支付给深圳东方公司的款项中扣除。华榕公司在该两份《委托付款确认书》上盖章确认。

深圳东方公司作为申请人的（2012）粤揭榕城第 0743 号《公证书》所附的借款借据复印件载明：曲靖东方公司向深圳东方公司借款 3062 万元，该笔款项已由深圳东方公司委托揭阳市畅发投资有限公司（以下简称畅发公司）付款，曲靖东方公司于 2009 年 12 月 10 日收到。该借款借据复印件还载明曲靖东方公司承诺借款时间为 12 个月，一次性偿还本金，并按银行同期贷款利率的 4 倍同时支付资金占用费。畅发公司作为申请人的证明公证书所附《情况说明》复印件与该公司出示的原件内容相符的（2013）粤揭榕城第 0043 号《公证书》中，所附的《情况说明》复印件载明：畅发公司受深圳东方公司委托，于 2009 年 12 月 10 日汇款 3062 万元给曲靖东方公司，该款由深圳东方公司与畅发公司结算。深圳东方公司出具的致畅发公司《委托付款确认书》中载明深圳东方公司于 2009 年 12 月 10 日委托畅发公司汇给曲靖东方公司的

3062万元款项，从畅发公司应支付给深圳东方公司的款项中扣除。畅发公司在该《委托付款确认书》上盖章确认。

深圳东方公司作为申请人的（2012）粤揭榕城第0748号《公证书》所附的借款借据复印件载明：曲靖东方公司向深圳东方公司借款1亿元，该笔款项已由深圳东方公司委托揭阳市雅特隆投资有限公司（以下简称雅特隆公司）付款，曲靖东方公司于2009年12月25日收到。该借款借据复印件还载明：曲靖东方公司承诺借款时间为12个月，一次性偿还本金，并按银行同期贷款利率的4倍同时支付资金占用费。雅特隆公司作为申请人的证明公证书所附《情况说明》复印件与该公司出示的原件内容相符的（2013）粤揭榕城第0042号《公证书》中，所附的《情况说明》复印件载明：雅特隆公司受深圳东方公司委托，于2009年12月25日汇款两笔共计1亿元给曲靖东方公司，该款由深圳东方公司与雅特隆公司结算。深圳东方公司出具的致雅特隆公司的《委托付款确认书》中载明深圳东方公司于2009年12月25日委托雅特隆公司汇给曲靖东方公司的1亿元款项，从雅特隆公司应支付给深圳东方公司的款项中扣除。雅特隆公司在该《委托付款确认书》中盖章确认。

深圳东方公司作为申请人的（2012）粤揭榕城第0745号《公证书》所附的借款借据复印件载明：曲靖东方公司向深圳东方公司借款200万元，该笔款项已由深圳东方公司转账付给曲靖东方公司，曲靖东方公司于2010年2月8日收到。深圳东方公司作为申请人的（2012）粤揭榕城第0753号《公证书》所附的借款借据复印件载明：曲靖东方公司向深圳东方公司借款300万元，该笔款项已由深圳东方公司转账付给曲靖东方公司，曲靖东方公司于2010年1月28日收到。上述借款借据复印件还载明曲靖东方公司承诺借款时间为12个月，一次性偿还本金，并按银行同期贷款利率的4倍同时支付资金占用费。

二、关于深圳东方公司主张向曲靖东方公司出借2.13亿元的相关事实。

深圳东方公司提交的2010年3月24日的借款合同复印件载明：曲靖东方公司向深圳东方公司借款2.13亿元，借款用途为曲靖东方公司项目资金周转，借款期限8个月，自2010年3月26日至2010年11月25日（具体以借款本金每次实际支付之日为借款起算日）。资金占用费为借款期间及届满后参照同期人民银行公布的贷款基准利率的4倍计算。

深圳东方公司作为申请人的（2012）粤揭榕城第0751号《公证书》所附的借款借据复印件载明：曲靖东方公司向深圳东方公司借款1000万元，该笔款项已由深圳东方公司转账付给曲靖东方公司，曲靖东方公司于2010年3月26日收到。

深圳东方公司作为申请人的（2012）粤揭榕城第 0755 号《公证书》所附的借款借据复印件载明：曲靖东方公司向深圳东方公司借款 5425 万元，该笔款项已由深圳东方公司转账付给曲靖东方公司，曲靖东方公司于 2010 年 3 月 31 日收到。深圳东方公司作为申请人的（2012）粤揭榕城第 0754 号《公证书》所附的借款借据复印件载明：曲靖东方公司向深圳东方公司借款 6500 万元，该笔款项已由深圳东方公司转账付给曲靖东方公司，曲靖东方公司于 2010 年 3 月 31 日收到。深圳东方公司作为申请人的（2012）粤揭榕城第 0749 号《公证书》所附的借款借据复印件载明：曲靖东方公司向深圳东方公司借款 3000 万元，该笔款项已由深圳东方公司转账付给曲靖东方公司，曲靖东方公司于 2010 年 3 月 31 日收到。深圳东方公司作为申请人的（2012）粤揭榕城第 0744 号《公证书》所附的借款借据复印件载明：曲靖东方公司向深圳东方公司借款 375 万元，该笔款项已由深圳东方公司转账付给曲靖东方公司，曲靖东方公司于 2010 年 3 月 31 日收到。上述借款借据复印件还载明：曲靖东方公司承诺借款时间为 8 个月，一次性偿还本金，并按银行同期贷款利率的 4 倍同时支付资金占用费。

深圳东方公司作为申请人的（2012）粤揭榕城第 0750 号《公证书》所附的借款借据复印件载明：曲靖东方公司向深圳东方公司借款 5000 万元，该笔款项已由深圳东方公司委托深圳市潮商投资集团有限公司（以下简称潮商公司）付给曲靖东方公司，曲靖东方公司于 2010 年 3 月 31 日收到。

曲靖东方公司承诺借款时间为 8 个月，一次性偿还本金，并按银行同期贷款利率的 4 倍同时支付资金占用费。潮商公司作为申请人的证明公证书所附《情况说明》复印件与该公司出示的原件内容相符的（2013）粤揭榕城第 0045 号《公证书》中，所附的《情况说明》复印件载明：潮商公司已于 2012 年 12 月 17 日变更为潮商集团有限公司，其于 2010 年 3 月 31 日受深圳东方公司委托汇款 5000 万元给曲靖东方公司，该款由深圳东方公司与其结算。深圳东方公司出具的致潮商公司的《委托付款确认书》中载明深圳东方公司于 2010 年 3 月 31 日委托潮商公司汇给曲靖东方公司的 5000 万元款项，从潮商公司应支付给深圳东方公司的款项中扣除。潮商公司在该《委托付款确认书》中盖章确认。

三、关于深圳东方公司主张向曲靖东方公司出借 7000 万元的相关事实。

（2012）粤揭榕城第 0741 号《公证书》所附及深圳东方公司提交的 2010 年 3 月 24 日的借款合同复印件载明：曲靖东方公司向深圳东方公司借款 7000 万元，借款期限为 8 个月，自 2010 年 3 月 26 日至 2010 年 11 月 25 日；资金占用费为借款期间和届满后参照同期人民银行公布的贷款基准利率的 4 倍计算。

深圳东方公司作为申请人的（2012）粤揭榕城第 0746 号《公证书》所附的 2010 年 3 月 26 日借款借据复印件载明：曲靖东方公司确认借到深圳东方公司 7000 万元，承诺于 2010 年 11 月 25 日前偿还借款本金及全部资金占用费。

四、关于深圳东方公司主张向曲靖东方公司出借 4000 万元的相关事实。

（2013）粤揭榕城第 0080 号《公证书》所附的林文雄《声明书》载明：2010 年 3 月，因深圳东方公司向曲靖东方公司提供借款 3977.9 万元，深圳东方公司委托林文雄向曲靖东方公司发放该借款。具体汇款信息如下：（一）林文雄于 2010 年 3 月 30 日委托揭阳市东山区磐东林铭金属材料经营部（以下简称林铭经营部）汇款 2500 万元。（二）林文雄于 2010 年 3 月 31 日委托林铭经营部汇款 600 万元。（三）林文雄于 2010 年 3 月 31 日委托揭阳市东山区磐东昌政金属材料经营部（以下简称昌政经营部）汇款 377.9 万元。（四）林文雄于 2010 年 3 月 17 日委托林晓冰代办，从其自己名下账户汇款 500 万元。上述款项用途均系借款，因上述汇款受托人当时办理汇款业务均误填为往来款，特声明更正。该借款应由深圳东方公司与曲靖东方公司另行结清。

（2013）粤揭榕城第 0081 号《公证书》所附的林晓冰《声明书》载明：其于 2010 年 3 月 17 日受林文雄委托，代理林文雄向曲靖东方公司汇款 500 万元。《个人汇款业务凭证》系其填写，因林文雄没有明确交代汇款的用途，故将汇款单的用途随意填写为往来款。

（2013）粤揭榕城第 0082 号《公证书》所附的林汉荣《声明书》载明：其系原林铭经营部的经营者（该部已于 2010 年 4 月 9 日经工商行政管理局核准注销登记），该部受林文雄委托，于 2010 年 3 月 30 日、31 日分别向曲靖东方公司汇款 2500 万元、600 万元。在办理汇款时，因林文雄没有明确交代汇款的用途，故将汇款单的用途随意填写为往来款。

（2013）粤揭榕城第 0083 号《公证书》所附的林伟健《声明书》载明：其系原昌政经营部的经营者（该部已于 2010 年 4 月 9 日经工商行政管理局核准注销登记），该部受林文雄委托，于 2010 年 3 月 31 日向曲靖东方公司汇款 377.9 万元。在办理汇款时，因林文雄没有明确交代汇款的用途，故将汇款单的用途随意填写为往来款。

另外，深圳东方公司作为申请人的（2012）粤揭榕城第 0747 号《公证书》所附的借款借据复印件载明曲靖东方公司向深圳东方公司借款 4000 万元，该笔款项已由深圳东方公司委托林文雄通过以下账户转账支付至曲靖东方公司账户：2010 年 3 月 17 日从林文雄个人民生银行借记卡转入 500 万元；2010 年 3 月 30 日从揭阳市东山区磐东乾政五金经营部、林铭经营部分别转入

300万元、2500万元；2010年3月31日分别从林铭经营部、揭阳市东山区磐东乾政五金经营部、揭阳市东山区磐东日鑫不锈钢经营部转入600万元、20万元、80万元。以上六笔共4000万元曲靖东方公司已全部收到。曲靖东方公司承诺，该笔款项借款时间为8个月，于2010年11月30日前一次性偿还本金，并按照银行同期贷款利率的4倍同时支付资金占用费。

还查明：深圳东方公司为曲靖东方公司的股东之一，持有曲靖东方公司80%股权，曲靖东方公司确认深圳东方公司已履行出资义务。

2009年12月30日，曲靖东方公司与云南省曲靖市国土资源局签订一份编号为CR曲靖中心城区2009033的《国有建设用地使用权出让合同》，该合同约定出让的国有建设用地使用权宗地坐落于云南省曲靖市三江大道南侧，麒麟路北路西侧，交通路东侧，面积为187934平方米，出让价为6.83亿元。曲靖东方公司主张，其与云南省曲靖市国土资源局签订上述合同系基于深圳东方公司曾于2009年7月24日与云南省曲靖市人民政府（以下简称曲靖市政府）签订开发云南省曲靖市麒麟区项目协议书的需要，深圳东方公司向曲靖东方公司划付的款项是为投资云南省曲靖市麒麟区项目而支付上述国有建设用地使用权出让款的投资款，并不是借款。曲靖东方公司确认，上述国有建设用地使用权已经登记在其名下。

曲靖东方公司主张其于2010年5月13日、19日、28日在《曲靖日报》上就公章丢失刊登公告，已向公安部门申请雕刻新的公章。深圳东方公司认为借款均发生在公章丢失之前，曲靖东方公司是否丢失公章与该案无关。

林铭经营部、昌政经营部均为个体工商户，经营者分别为林汉荣、林伟健。上述两个体工商户均于2010年4月9日被揭阳市工商行政管理局东山分局核准注销登记。

原审法院在庭审中要求曲靖东方公司就深圳东方公司主张委托他人付款的款项进行核查，对是否收到这些款项及已收到款项的实际用途作出说明，但曲靖东方公司未向该院提交相关说明。

2011年2月15日，深圳东方公司向广东省深圳市中级人民法院提起诉讼，并追加诉讼请求，请求判令：一、曲靖东方公司偿还借款本金共计6.28亿元；二、曲靖东方公司支付资金占用费共计257208361.78元（暂计数，自每笔款项实际出借之日起计至还清之日，按中国人民银行同期贷款利率的四倍计算，暂计至2011年11月28日）；三、曲靖东方公司承担案件的诉讼费用。广东省深圳市中级人民法院作出（2011）深中法民二初字第27-2号民事裁定，将该案移送原审法院管辖。

原审法院经审理认为，双方的争议焦点为：一、曲靖东方公司收到深圳东方公司划付款项的具体金额；二、这些款项是否为深圳东方公司出借的款项，曲靖东方公司应否归还。

一、关于曲靖东方公司收到深圳东方公司划付款项的金额问题。

深圳东方公司主张划给曲靖东方公司的款项共 6.28 亿元，款项分为深圳东方公司自己直接划付和深圳东方公司委托他人支付两部分。

（一）关于深圳东方公司直接划给曲靖东方公司的款项金额。深圳东方公司划款给曲靖东方公司的日期和金额为：2010 年 1 月 28 日 300 万元，2010 年 2 月 8 日 200 万元，2010 年 3 月 26 日 1000 万元，2010 年 3 月 31 日四笔分别为 5425 万元、6500 万元、3000 万元、375 万元，2010 年 3 月 26 日 7000 万元。该部分款项合计 2.38 亿元，曲靖东方公司对收到深圳东方公司该部分款项并无异议。

（二）关于深圳东方公司主张委托他人划付给曲靖东方公司的款项金额。深圳东方公司提供的证据显示，该部分款项所涉的划款主体、日期、金额为：1. 华榕公司于 2009 年 12 月 9 日划款 6938 万元，于 2009 年 12 月 25 日分两笔各划款 5000 万元；2. 畅发公司于 2009 年 12 月 10 日划款 3062 万元；3. 雅特隆公司于 2009 年 12 月 25 日分两笔各划款 5000 万元；4. 潮商公司于 2010 年 3 月 31 日划款 5000 万元；5. 林文雄于 2010 年 3 月 17 日划款 500 万元；6. 林铭经营部于 2010 年 3 月 30 日划款 2500 万元、于 31 日划款 600 万元；7. 昌政经营部于 2010 年 3 月 31 日划款 377.9 万元。该部分款项合计 3.89779 亿元。原审法院曾要求曲靖东方公司对该部分款项予以核对，明确其没有收到的具体款项。曲靖东方公司未对该部分款项划付至其账户提出否认的意见，故该院对曲靖东方公司收到该部分 3.89779 亿元款项予以确认。曲靖东方公司虽主张该部分款项属其与他人之间的关系，与该案无关。但深圳东方公司提供的一系列《公证书》显示，华榕公司、畅发公司、雅特隆公司、潮商公司均确认系受深圳东方公司委托而向曲靖东方公司划付相应款项，应由深圳东方公司与曲靖东方公司进行结算；林文雄亦确认，其自己或委托林铭经营部、昌政经营部向曲靖东方公司划款系受深圳东方公司委托，应由深圳东方公司与曲靖东方公司结算；原林铭经营部的经营者林汉荣、原昌政经营部的经营者林伟健亦确认划款系受林文雄委托。公证法第三十六条规定："经公证的民事法律行为、有法律意义的事实和文书，应当作为认定事实的根据，但有相反证据足以推翻该项公证的除外。"第三十九条规定："当事人、公证事项的利害关系人认为公证书有错误的，可以向出具该公证书的公证机构提出复查。公证书的内容违法或者与事实不符的，公证机构应当撤销该公证书并予以公告，该公证书自始无效；公证书有其他错误的，公证机构应当予以更正。"第四十条规定："当事人、公证事项的利害关系人对公证书的内容有争议的，可以就该争议向人民法院提起民事诉讼。"曲靖东方公司虽对上述相关公证书不予认可，对受深圳东方公司委托划款的主体通过公证证明受托关系提出异议，但并未提供证据予以反驳，相关《公证书》依法具有法律效力。《最高人民法院关于民事诉讼证据的若干规定》第二条规定："当事人对自己提出的诉讼请求所依据的事实或者反驳对方诉讼请求所依据的事实有责任提供证据加以证明。没有证据或者证据不足以证明当事人的事实主张的，由负有举证责任的当事人承担不利后果。"因此，应采信深圳东方公司关于其委托他人向曲靖东方公司划付了3.89779亿元款项的主张。

深圳东方公司起诉主张划款给曲靖东方公司6.28亿元，但其直接划付的2.38亿元加上委托他人划付的3.89779亿元的合计金额为6.27779亿元，尚余22.1万元未能提供支付凭证或充分的已付款证据，故深圳东方公司亦应对此承担举证不能的法律后果。

二、关于上述款项是否为深圳东方公司出借的款项，曲靖东方公司应否归还的问题。

（一）深圳东方公司直接或委托他人划付给曲靖东方公司的6.27779亿元款项应认定为借款。深圳东方公司提供部分借款合同复印件或经公证的借款合同复印件、全部款项经公证的借款借据，证明自己或委托他人付款系为了履行其与曲靖东方公司之间的借款协议。曲靖东方公司主张其公章曾于2010年5月丢失而重新雕刻新的公章，不认可曾向深圳东方公司借款，并请求对借款合同和借款借据原件进行鉴定。深圳东方公司主张借款合同和借款借据原件已经丢失。对于深圳东方公司直接划付给曲靖东方公司的款项，曲靖东方公司主张系深圳东方公司履行与曲靖市政府签订的土地开发项目协议书的款项。但该项目的土地使用权，系由曲靖东方公司与曲靖市国土部门签订出让协议取得，并已登记在曲靖东方公司名下。曲靖东方公司称该项目为深圳东方公司的开发项目没有事实和法律依据。深圳东方公司虽为曲靖东方公司股东，但在其已经履行对曲靖东方公司出资责任的情况下，深圳东方公司没有义务再为上述土地开发项目的建设进行投资。曲靖东方公司亦未能提交深圳东方公司承诺将款项无偿供曲靖东方公司使用而无需偿还或其他能够解释深圳东方公司划款的合理证据。结合深圳东方公司提交了经公证的借款合同复印件或借款借据复印件的事实，原审法院对深圳东方公司关于直接划付给曲靖东方公司的2.38亿元款项的用途为借款的主张予以采信。至于深圳东方公司委托他人划付给曲靖东方公司的3.89779亿元款项，曲靖东方公司除主张系其与他人之间的法律关系，与该案无关外，并未提供相应的证据证明该主张，亦应对自己的主张承担举证不能的法律后果。结合深圳东方公司亦就该部分款项提供了经公证的借款合同复印件或借款借据复印件的事实，原审法院对深圳东方公司关于委托他人划付给曲靖东方公司的 3.89779 亿元款项的用途为借款的主张亦予以采信。

（二）曲靖东方公司所借的 6.27779 亿元应偿还给深圳东方公司。依照深圳东方公司提供的经公证的借款合同复印件或借款借据复印件，上述款项最迟于 2010 年 11 月 30 日前全部到期。曲靖东方公司并未能提供这些款项无须偿还或尚未到期的证据，故深圳东方公司诉请曲靖东方公司偿还这些款项并无不当。银行业监督管理法第十九条规定："未经国务院银行业监督管理机构批准，任何单位或者个人不得设立银行业金融机构或者从事银行业金融机构的业务活动。"因深圳东方公司系没有获得经营借贷的金融业务许可而进行企业间借贷，其请求按照中国人民银行同期贷款利率的 4 倍计算曲靖东方公司的还款利息没有依据，曲靖东方公司应按照中国人民银行规定的同期同类贷款利率计付资金占用期间的费用至债务清偿之日止。

综上，涉诉借款除 22.1 万元本金没有充分的支付证据外，其余 6.27779 亿元本金有相应的支付凭证，深圳东方公司诉请曲靖东方公司偿还已借款项，具有事实和法律依据，原审法院予以支持。同时，曲靖东方公司应按照中国人民银行规定的同期同类贷款利率计付 6.27779 亿元本金占用期间的费用。原审法院依照合同法第五十二条第（五）项、第五十八条，银行业监督管理法第十九条，公证法第三十六条、第三十九条、第四十条，《最高人民法院关于民事诉讼证据的若干规定》第二条的规定，判决：一、曲靖东方公司在判决生效后十五日内向深圳东方公司清偿 6.27779 亿元本金及其占用期间的费用（本金 6938 万元、3062 万元、2 亿元、300 万元、200 万元、500 万元、8000 万元、2500 万元、2.12779 亿元占用期间的费用分别从 2009 年 12 月 10 日、2009 年 12 月 11 日、2009 年 12 月 26 日、2010 年 1 月 29 日、2010 年 2 月 9 日、2010 年 3 月 18 日、2010 年 3 月 27 日、2010 年 3 月 31 日、2010 年 4 月 1 日起，均按照中国人民银行规定的同期同类贷款利率计至清偿日止）；二、驳回深圳东方公司其他诉讼请求。如曲靖东方公司未按照判决指定的期间履行给付金钱义务，应依照民事诉讼法第二百五十三条之规定加倍支付迟延履行期间的债务利息。案件受理费 4467841.80 元，由曲靖东方公司负担 4021057.62 元，深圳东方公司负担 446784.18 元；保全费 5000 元由曲靖东方公司负担。

曲靖东方公司不服原审判决，向本院提起上诉，请求：一、撤销原审判决，改判驳回深圳东方公司的诉讼请求；二、案件一、二审诉讼费用由深圳东方公司负担。理由是：一、深圳东方公司未提交《借款合同》《借款借据》的原件，应当承担举证不能的法律后果。（一）深圳东方公司未提供《借款合同》《借款借据》的原件，违反了民事诉讼法第七十条的规定。而且，该公司未提供原件，导致对上述文件的真伪无法鉴定，按照《最高人民法院关于民事诉讼证据的若干规定》第二十五条第二款之规定，该公司应当承担不利后果；（二）深圳东方公司提交的《公证书》显示直到 2012 年 9 月 14 日其还持有《借款合同》《借款借据》原件，这距所谓的借款行为发生时已近 3 年，这段时间内该公司一直保存所谓的原件。但是本案诉讼中曲靖东方公司于 2012 年 8 月 28 日向原审法院提交对原件的书面鉴定申请后，深圳东方公司就立即于同年 9 月 14 日对所谓的原件进行公证，然后于同年 12 月 12 日原审法院开庭时就称原件暂时无法找到。深圳东方公司这种说法显然不合常理，这种说法很可能是该公司为不敢鉴定而寻找的借口。深圳东方公司提供的《借款合同》《借款借据》有可能是该公司利用曲靖东方公司丢失的公章并倒签后形成。该公司不提供原件并不属于民事诉讼法第七十条规定的提交原件存在困难的情形；（三）深圳东方公司在原审中自称其持有《借款合同》《借款借据》的"备份原件"。这种说法与所谓的《借款合同》中约定的合同一式两份、各执一份的事实相悖。如果深圳东方公司在原件之外还持有备份原件的话，就应当提供备份原件用于鉴定，但其并未提供备份原件，应承担举证不能的后果。二、深圳东方公司提供的关于《借款合同》《借款借据》的《公证书》不具有证明力。（一）所谓的《借款合同》《借款借据》的原件何时形成、曲靖东方公司加盖公章事实的真实性以及加盖时间是关键问题。但是《公证书》仅仅证明了上述文件的复印件内容与所谓的原件内容相符，并未证明二者一致，也未证明原件自身的真实性。事实上。公证机关广东省揭阳市榕城区公证处也无权替代法院核实原件真实与否，按照《最高人民法院关于民事诉讼证据的若干规定》第十条，核实原件与复印件是否相符属于法院的权力。另外，上述公证机关在 2013 年 11 月 29 日的《复函》中表明该机关不对公证时原本的印鉴进行证明，也不对文本的真实性、合法性进行证明。所以《公证书》及其所附文件不能替代本案诉讼中《借款合同》《借款借据》原件；（二）曲靖东方公司提交的深圳东方公司发送给曲靖东方公司的《催款函》中，深圳东方公司称提供款项是基于双方口头约定，且借款期为四个月。而《借款合同》《借款借据》复印件表明双方存有书面合同，且借款期也不是四个月。故《借款合同》《借款借据》复印件与《催款函》的内容冲突，可以看出该《借款合同》《借款借据》是虚假的。原审法院按照该虚假文件确定案件管辖，也是错误的；（三）上述公证机关的公证超出其地域管辖范围，且其在公证中也未及时发现该公证属于诉讼期间的公证以及《借款借据》落款均非深圳东方公司的现象。三、深圳东方公司给付曲靖东方公司的款项属于股东对公司的投资款，在性质上应属于公司增资款，而不是借款。（一）曲靖东方公司是深圳东方公司为履行后者与曲靖市政府签订的《曲靖中心城区东方置地广场商业区开发项目投资协议书》（以下简称《项目投资协议书》）而成立的公司，深圳东方公司持股80%。上述协议约定项目投资不低于30亿元。深圳东方公司向曲靖东方公司支付的款项是履行上述协议中的投资款义务。该款投入后，股东深圳东方公司不能主张返还。（二）深圳东方公司向曲靖东方公司直接付款的银行凭证中款项用途均是"往来款"，这也可以表明该款不属于借款。而且曲靖东方公司利用该款以及该公司另一股东给付的投资款购买了项目的土地使用权，深圳东方公司无权抽回款项。四、曲靖东方公司仅收到了深圳东方公司直接划付的2.38亿元款项。原审判决认定深圳东方公司另外通过他人向曲靖东方公司划付了3.89779亿元款项，这一认定是错误的。而且有关证人应当出庭作证。五、原审判决判令曲靖东方公司按银行同期贷款利率给付资金占用费，缺乏法律依据。

深圳东方公司答辩称，曲靖东方公司的上诉请求不能成立，应当驳回上诉，维持原判。理由是：一、涉诉款项不能认定为深圳东方公司的出资款或投资款。（一）股东向公司所支付的款项只有经过股东会决议或者全体股东达成增资协议的情形下才能认定为是出资款或者投资款。深圳东方公司向曲靖东方公司的出资已经到位，曲靖东方公司并没有另行形成增资决议或者股东投资协议，所以涉诉款项不能认定为是出资款。按照现行会计准则，涉诉款项只能计入曲靖东方公司的"应付款"科目；（二）深圳东方公司在支付涉诉款项时所注明的款项用途均为"借款"或者"往来款"，并未提及"投资款"，这也表明深圳东方公司并无将涉诉款项作为投资款的意思；（三）曲靖东方公司未提供《项目投资协议书》的原件。即使该协议真实存在，该协议中所称深圳东方公司在曲靖市投资之表述也不能当然理解为深圳东方公司以涉诉款项向曲靖东方公司出资。二、涉诉款项只能认定为借款债务。（一）深圳东方公司原审提交的《借款合同》、银行转账凭证、《借款借据》、《委托付款证明》等证据能够证明其与曲靖东方公司存在借款关系。而且，《公证书》的效力也应当高于一般证据的证明力；（二）涉诉款项不是投资款，曲靖东方公司也未证明涉诉款项系其他用途。《最高人民法院关于审理联营合同纠纷案件若干问题的解答》中将联营一方投入的自称是投资但实质不具有投资性质的款项也认定为借款，所以本案中涉诉款项也应当认定为借款性质。故退一步讲，即便涉诉双方当事人不存在书面借款合同，也应当认定双方存在事实上的借款关系。另外，曲靖东方公司已被小股东控制，深圳东方公司作为曲靖东方公司的大股东，其本可以对本案中曲靖东方公司的诉讼行为提出异议，但深圳东方公司为了尽快收回款项，仍容忍曲靖东方公司的行为而未对该公司的诉讼意思表示提出异议，目的就是为了尽快收回款项。

在本院审理中，曲靖东方公司向本院提交两份《调查取证申请书》，分别申请本院向曲靖市政府调取《项目投资协议书》，向广东省揭阳市榕城区公证处调取（2012）粤揭榕城 0741–0755 号共计 15 份《公证书》的公证过程及相关存档资料。

本院对原审法院查明的事实予以确认。本院另查明：

一、曲靖东方公司认可其收到深圳东方公司直接划付的 2.38 亿元款项，同时认可其收到华榕公司划付的共计 1.6938 亿元款项、畅发公司划付的 3062 万元款项、雅特隆公司划付的共计 1 亿元款项，还认可其收到林文雄划付的 500 万元款项、林铭经营部划付的共计 3100 万元款项、昌政经营部划付的共计 377.9 万元款项。以上曲靖东方公司认可收到的款项合计 5.77779 亿元。

二、一份名为中国建设银行电汇凭证的单据上载明：汇款人潮商公司，收款人曲靖东方公司，金额五千万元。该单据中有中国建设银行加盖的"票据受理专用章"，该印章中同时有"收妥抵用"字样。曲靖东方公司以前述印章及字样与其他银行付款凭证中银行"转讫"印章及字样表述不同为由，对上述 5000 万元款项付款凭证的真实性提出异议。

三、华榕公司、畅发公司、雅特隆公司、潮商公司授权的人员黄伟彬到庭陈述称，上述 4 家公司向曲靖东方公司所付款项系受深圳东方公司委托而划付。

本院认为，因曲靖东方公司认可收到深圳东方公司、华榕公司、畅发公司、雅特隆公司、林文雄、林铭经营部、昌政经营部划付的合计 5.77779 亿元款项，所以对曲靖东方公司收到上述款项的事实应予确认。名为中国建设银行电汇凭证的单据载明潮商公司向曲靖东方公司划付款项 5000 万元，曲靖东方公司虽以该付款凭证上银行印章及字样不同于其他银行付款凭证中印章及字样为由否定该凭证的真实性，但不同银行出具的付款凭证中印章及字样存在差异并不足以否定付款凭证真实存在，而且曲靖东方公司也未提供证据否定上述付款凭证的真实性，所以曲靖东方公司对该付款凭证提出的异议，难以成立。对上述中国建设银行电汇凭证，应予采信。因该凭证载明潮商公司已向曲靖东方公司划付款项 5000 万元，而曲靖东方公司又认可已收到前述 5.77779 亿元款项，故本院对曲靖东方公司收到合计 6.27779 亿元款项之事实予以确认。

在华榕公司向曲靖东方公司划付款项 6938 万元及 1 亿元，畅发公司向曲靖东方公司划付款项 3062 万元，雅特隆公司向曲靖东方公司划付款项 1 亿元，潮商公司向曲靖东方公司划付款项 5000 万元后，深圳东方公司分别向上述四家公司出具的《委托付款确认书》中深圳东方公司委托上述公司付款，及所付款项从上述公司对深圳东方公司的应付款中扣除之内容，以及上述四家公司授权的人员黄伟彬的当庭陈述，可以表明上述四家公司划付的上述款项系受深圳东方公司委托而为，故上述款项合计 3.5 亿元应属于深圳东方公司向曲靖东方公司提供。林铭经营部经营者林汉荣、昌政经营部经营者林伟健作出的《声明书》载明该二经营部向曲靖东方公司所付的 3100 万元、377.9 万元款项系受林文雄委托划出，林文雄作出的《声明书》载明其向曲靖东方公司划付的 500 万元款项以及其让上述二经营部划付的款项均系受深圳东方公司委托而为。林文雄、林汉荣、林伟健虽未出庭就《声明书》陈述情况，但因《声明书》经公证机关进行了公证，而且曲靖东方公司也未举证证明上述款项系基于其他原因而付出，故本院对上述《声明书》予以采信。所以，林文雄、林汉荣、林伟健所付的上述合计 3977.9 万元款项，亦应属于深圳东方公司向曲靖东方公司提供。另外，因深圳东方公司自行向曲靖东方公司划付了 2.38 亿元款项，所以本院对曲靖东方公司收到的上述合计 6.27779 亿元款项由深圳东方公司提供予以确认。

曲靖东方公司主张其收到深圳东方公司提供的上述 6.27779 亿元款项系深圳东方公司对该公司的增资款，但曲靖东方公司并未提供证据证明该公司作出了增资决议或者公司股东之间有增资的约定。曲靖东方公司所称的深圳东方公司与曲靖市政府签订的《项目投资协议书》中关于深圳东方公司投资数额的约定，系深圳东方公司对曲靖市政府作出的投资承诺，该承诺并不当然决定深圳东方公司向曲靖东方公司提供的上述款项的性质。《项目投资协议书》与曲靖东方公司的上述主张没有法律上的关系，故曲靖东方公司请求本院向曲靖市政府调取《项目投资协议书》，本院不予考虑。在曲靖东方公司没有证据表明上述 6.27779 亿元款项系深圳东方公司提供给曲靖东方公司的增资款或无须返还之款项的情形下，深圳东方公司要求曲靖东方公司返还上述款项的诉讼请求，本院予以支持。在返还款项时，曲靖东方公司应当支付使用该款项的费用，原审判决按照中国人民银行规定的同期同类贷款利率计算该费用并无不妥。在曲靖东方公司实际收到了涉诉款项且无正当理由不予归还的情况下，本院对《借款合同》《借款借据》及其相应的《公证书》，以及《催款函》等争议事实不再予以审理。曲靖东方公司请求本院向公证机关调取上述《公证书》的公证过程及相关存档资料，本院亦不再考虑。

本案原审中，曲靖东方公司未对原审法院管辖提出异议，其在本院二审中对原审提出的管辖权异议无论是否成立，都不影响本院的二审审理。故本院对曲靖东方公司提出的管辖权异议，不予支持。

综上所述，曲靖东方公司的上诉请求缺乏事实和法律依据，其主张难以成立。原审判决认定事实清楚、适用法律正确，应予维持。本院依据《中华人民共和国民事诉讼法》第一百七十条第一款第（一）项之规定，判决如下：

驳回上诉，维持原判。

本案二审案件受理费3861241.5元，由曲靖市东方置地实业有限公司负担。

本判决为终审判决。

审 判 长 刘 敏

代理审判员 赵 柯

代理审判员 杜 军

二〇一四年一月二十三日

书 记 员 孙亚菲

二、票　据

1. 涉案资金通过银行从出资人流动到用资人形成债务后的民事责任承担

——华数网通信息港有限公司与上诉人交通银行股份有限公司大连分行及大连都市阳光通用航空有限公司等存单纠纷案件

【裁判要旨】

华数网通公司与交行大连分行黄河路分理处签订《单位银行结算账户管理协议》的次日，华数网通公司存在该银行开立账户中的款项 59400070 元即被划到大连航服公司账户上，大连航服公司随即将其中的 810 万元辗转交付给华数网通公司和倪颖涛及吴子华。华数网通公司资金通过交行大连分行黄河路分理处流动到大连航服公司，华数网通公司及撮合该笔业务的中间人倪颖涛和吴子华从该笔借贷业务中获得大连航服公司支付的费用，根据涉案事实应认定本案当事人之间的纠纷为以存单为表现形式的借贷纠纷。

中华人民共和国最高人民法院民事判决书
(2013) 民二终字第 1 号

上诉人（原审原告）：华数网通信息港有限公司。住所地：浙江省杭州市西湖区天目山路 398 号 11 幢二楼。

法定代表人：郑晓林，该公司董事长。

委托代理人：原伟，北京金诚同达律师事务所律师。

委托代理人：王进，浙江君安世纪律师事务所律师。

上诉人（原审被告）：交通银行股份有限公司大连分行。住所地：辽宁省大连市中山区中山广场 6 号。

负责人：赵永强，该行行长。

委托代理人：付海亮，湖北山河律师事务所律师。

委托代理人：刘波，该行职员。

原审第三人：大连都市阳光通用航空有限公司。住所地：辽宁省大连市沙河口区白山路14号。

法定代表人：亓秀珍，该公司经理。

委托代理人：谢晨曦，辽宁好谋律师事务所律师。

原审第三人：大连世和旅游产业发展有限公司。住所地：辽宁省大连市西岗区新船巷11号。

法定代表人：刘纪新，该公司经理。

委托代理人：谢晨曦，辽宁好谋律师事务所律师。

原审第三人：倪颖涛，男，1969年9月10日出生，汉族，住浙江省金华市婺城区三江街道宾虹路599号7幢。

原审第三人：吴子华，男，1971年11月24日出生，汉族，住浙江省金华市婺城区箬阳乡大应村。

原审第三人：刘蓓蓓，女，1979年1月17日出生，汉族，住辽宁省大连市沙河口区富华街19号2-1-1。

原审第三人：王晓军，男，1955年5月21日出生，汉族，住辽宁省大连市西岗区松花街27号2-6-2。

原审第三人：张侠，女，1954年3月20日出生，汉族，住辽宁省大连市西岗区彩云路68号3-2。

原审第三人：郭达全，男，1957年1月18日出生，汉族，住辽宁省大连市沙河口区石门街56号4-5-1。

原审第三人：陆林，男，1973年9月8日出生，汉族，住黑龙江省庆安县和街和顺委五组。

原审第三人：魏国，男，1957年2月28日出生，汉族，住辽宁省大连市沙河口区星海街30号2-5-1。

上诉人华数网通信息港有限公司（以下简称华数网通公司，原为杭州网通信息港有限公司）与上诉人交通银行股份有限公司大连分行（以下简称交行大连分行）及原审第三人大连都市阳光通用航空有限公司（以下简称都市阳光公司）、大连世和旅游产业发展有限公司（以下简称世和旅游公司）、倪颖涛、吴子华、刘蓓蓓、王晓军、张侠、郭达全、陆林、魏国存单纠纷一案，华数网通公司于2006年2月5日向辽宁省高级人民法院提起诉讼，该院于2006年11月13日作出（2006）辽民三初字第22号民事判决，双方当事人均不服，上诉至本院。本院以（2007）民二终字第77号裁定发回该院重审。该院于2008年1月28日立案。同年10月27日，因交行大连分行举报华数网通公司和该公司宋全球涉嫌犯罪，公安机关立案侦查，该院依法裁定中止本案审理。后检察机关对刑事案件作出不起诉决定，该院于 2010 年 8 月 4 日恢复本案审理。一审中交行大连分行提交书面申请，请求追加都市阳光公司，世和旅游公司，原大连都市航空技术服务有限公司（以下简称大连航服公司）的股东刘蓓蓓、王晓军、张侠、郭达全、陆林、魏国以及中间人倪颖涛和吴子华等为第三人。该院予以准许并于 2011 年 10 月 31 日作出（2008）辽民三初字第 2 号民事判决。华数网通公司与交行大连分行均不服，向本院提出上诉。本院受理后依法组成由审判员王东敏担任审判长，审判员刘崇理、代理审判员曾宏伟参加的合议庭对案件进行了审理，书记员李洁担任记录。本案现已审理终结。

原审法院经审理查明：华数网通公司经中间人倪颖涛、吴子华等人介绍，在研究决定并收取两中间人以用资人大连航服公司名义交付的 10 万元融资保证金后，于 2005 年 1 月 5 日派职员宋全球、卜伟华与中间人来到大连，与交行大连分行所属黄河路分理处签订了《单位银行结算账户管理协议》一份。该协议约定：华数网通公司在黄河路分理处开设账号为 60080018001489609 的一般存款账户，在正式开立账户之日起 3 个工作日后，方可办理付款业务。同时约定"乙方（银行）应及时、准确地完成甲方（华数网通公司）按照相关法律、法规、规章及本协议的规定发出的收付结算指令，但对于错误、不明确、不完整或其他无法执行的收付结算指令，乙方没有义务执行，亦不承担任何责任"。并约定"凡使用甲方预留签章签发的支付结算凭证，均视为甲方发出的支付结算指令"，"因乙方错误执行甲方支付结算指令，造成甲方经济损失的，乙方应承担赔偿责任"等。当日，华数网通公司在该黄河路分理处开设了一般存款账户，并存入 100 元，即取出 30 元购买有关票据。次日，华数网通公司在黄河路分理处出具一份《承诺书》，承诺该笔 6000 万元存款为活期，存入后一年内不提前支取，一年到期后，将提前一周发出书面通知提取回款。该承诺书被大连航服公司的实际控制人刘纪新收下。同日，华数网通公司经交通银行股份有限公司杭州分行城北支行向该账户电汇转款人民币 6000 万元，黄河路分理处向华数网通公司出具了记账回执。经华数网通公司人员要求，黄河路分理处负责人蔡集全在该回执上书写承诺"存款期满，原路返回"。同日下午，大连航服公司人员持一张盖有华数网通公司财务章及法定代表人印鉴、编号为 NO05729583 的转账支票到黄河路分理处办理转款，该分理处按支票上的收款人，将华数网通公司存款中的 59400070 元划入同在该分理处开户的大连航服公司的账户上，尚余款 60 万元。审理中经司法检验鉴定，该转让支票上的印鉴与华数网通公司预留的印鉴不符。同月 7 日，大连航服公司将其中 810 万元汇入到华数网通公司控制账户印鉴的武汉日升昌公司，当日其中 471.6 万元又被划入华数网通公司在杭州的银行账户上，12 日又划到浙江义乌农村合作银行梅湖分理处 337.9 万元，吴子华分得 169.9 万元、倪颖涛分得 168 万元，账户尚余 5000 元。

2005 年 10 月 20 日，华数网通公司派人到大连航服公司催款。同年 12 月 8 日，大连航服公司的关联企业世和旅游公司汇入华数网通公司在黄河路分理处的账户上 250 万元，华数网通公司即出具结算业务申请书，指令该分理处将该账户内的 300 万元汇往华数网通公司在交行杭州分行的账户上，该分理处账户尚余款 10 万元。2006 年 1 月 6 日，华数网通公司要求交行大连分行兑付剩余款项及相应利息。同月 27 日，都市阳光公司划入华数网通公司在黄河路分理处账户 20 万元。至此，该账户账面余款 30 万元。对划入大连航服公司在黄河路分理处账户的 59400070 元，大连航服公司付给华数网通公司高息 810 万元，由其关联企业还给华数网通公司在黄河路分理处账户 270 万元，都市阳光公司等第三人尚欠华数网通公司 48600070 元及相应利息没有偿还。华数网通公司则因收取两中间人代交的 10 万元融资保证，实际尚有 48500070 元及相应利息没有得到偿付。

另查，大连航服公司因经营不善于 2005 年 6 月 24 日经清算后注销。该公司股东会议决议、清算报告和在工商注销登记申请中，均记载有：公司注销后对原公司一切债权债务由全体股东按股东出资比例承担。查该公司各股东出资比例为刘蓓蓓 80%、王晓军 8%、张侠 5%、郭大全 4%、陆林 2%、魏国 1%。

再查，都市阳光公司多次出具说明，承认其为大连航服公司的关联公司，是本案争议款项 59400070 元的用资人，愿意承担还款责任。原因是大连航服公司是都市阳光公司的筹备公司，完成筹备任务后注销，都市阳光公司承接了大连航服公司全部资产、业务和债权债务，为上述款项的实际使用人，负有还款义务。世和旅游公司也出具说明，因为与都市阳光公司是关联企业，愿意共同承担该还款责任。现世和旅游公司已被吊销营业执照。

在一审期间，交行大连分行申请调取了刑事卷宗部分证据，用以证明是华数网通公司指定的用资人大连航服公司。具体有：1. 华数网通公司事先从中间人处取得了大连航服公司的营业执照、机构代码及资金信息等，并于 2005 年 1 月 5 日华数网通公司的卜伟华、宋全球及中间人吴子华、倪颖涛等到大连，去该公司了解洽谈留下的明信片等书证。2005 年 10 月 20 日宋全球和倪颖涛又来找大连航服公司催款，有住宿登记和通话联系的书证证明。此节并有证人证言证实。2. 2005 年 1 月 5 日，华数网通公司与交行大连分行签订协议并开户，次日上午存入 6000 万元，下午即划入大连航服公司账户

59400070 元。有同月 7 日汇往武汉日升昌公司的 810 万元汇款单，当日又向华数网通公司转款 471.6 万元的汇票。12 日又划到浙江义乌农村合作银行梅湖分理处 337.9 万元、12 日分别转付给吴子华、倪颖涛款项的票据证明。

3. 2005 年 12 月 8 日，世和旅游公司划入华数网通公司在交行大连分行账户 250 万元，即日该 250 万元加原账户内 50 万元共 300 万元又转入华数网通公司在交行杭州城北支行账户，有相关票据在卷，并有华数网通公司转款使用的是都市阳光公司购买的《结算业务申请书》在卷。4. 2006 年 1 月 27 日，都市阳光公司划入华数网通公司在交行大连分行 20 万元还款的票据在卷。

5. 2005 年 1 月 4 日，华数网通公司出具的倪颖涛代为大连航服公司交 10 万元融资保证金的票据在卷，其上记载的款项用途是：大连交通银行融资保证金。上述书证均已经开庭质证，与当事人的当庭陈述，与相关证人证言相吻合，原审法院予以确认。

相关证人证言有：大连航服公司人员刘纪新、邢明花分别证实，在同月 6 日，即华数网通公司在交行黄河路分理处账户存款 6000 万元的当天下午，持盖有华数网通公司印鉴的转账支票，将其中 59400070 元划入该公司同在黄河路分理处的账户上。使用的财务专用章和法定代表人名章，是华数网通公司资金部经理宋全球交给的，划款用过后还给了宋全球。但经公安机关多次讯问，宋全球一直否认提供印鉴。公安机关询问华数网通公司财务总监沈林华，其承认：元旦前几天班子开会，经研究决定到大连交行分理处开立账户，并存入 6000 万元。会后，我安排公司办公室去刻一个周凡的法人章和一个杭州网通（原名称的简称）的财务专用章。为了区别原有的财务章，加刻"（2）"。并证实：刻这个章的目的就是到大连开户时使用。公安机关询问中间人吴子华，其承认：华数网通公司是以活期存款方式向大连航服公司融资 6000 万元的，这种方式网通公司就不会有任何损失。活期存款方式的融资，就是出资方不直接把钱交给受资方使用，而是以出资方的名义在受资方所在地的银行开立账户，并以活期存款的方式将融资款打入新开立的账户。随后交给受资方另外一套与新开立银行账户预留印鉴不符的财务章、法人章，让受资方自己到银行转款。事后，如果受资方还上融资款就什么都没发生，如果受资方还不上融资款，就起诉接收存款的银行，让银行还款。因为受资方使用的印鉴与出资方在银行开立账户时预留印鉴不符，银行有责任。华数网通公司就是以这种方式向大连航服公司融资的，这样做既保证网通公司能从大连航服公司得到高额的贴息款，又能保证其不受损失。又证：曾向倪颖涛提到如何保证网通没有风险，倪说华数网通公司已经定好了，就是按活期存款融资方式进行，开立银行账户是使用一套印鉴，将另一套印鉴交给大连航服公司转款时使用。网通公司具体怎么操作，他不让我问。倪颖涛证实该情节。用资人方刘纪新也证实：2005 年 1 月 5 日上午在我公司会议室，谈融资的事，宋全球和卜伟华同意给我融资 6000 万元，要在银行开个账户，让我们自己想办法转款。我说我转不了，希望你们给我转款……当时我说你们亲自转款，要么把网通公司印鉴给我去转。宋全球说考虑考虑。宋还明确提出，他们就是用活期存款方式融资，只能把款存到网通公司账户上，由我们（用资人）自己转款。宋全球、吴子华、倪颖涛还证实网通公司事先控制了武汉日升昌公司账户使用的大小印鉴。上述证人证言和笔录均经庭审质证，且与本案书证等相符合，原审法院予以确认。

华数网通公司在庭审中自认：其在交行大连分行处存款是为了获得高额利息，但中间人怎么操作的不知道。而在此前多次庭审中陈述是一般存款，交行大连分行应予兑付。

为索要涉案款项，华数网通公司起诉请求判令交行大连分行兑付华数网通公司人民币 57000070 元存款及相应存款利息，并承担本案的诉讼费用。

原审法院认为：关于本案纠纷的案由问题。根据《最高人民法院关于审理存单纠纷案件的若干规定》，本案为以存单为表现形式的借贷纠纷。因出资人华数网通公司将持有的 6000 万元资金存入其在交行大连分行黄河路分理处的活期账户，是为了获取高额利息，其工作人员宋全球和卜伟华二人与中间人吴子华、倪颖涛一同到交行大连分行签订协议，以活期存款存入金融机构 6000 万元，并表示一年不取。当日，即被持有华数网通公司转账支票的用资人大连航服公司转走使用，虽然该支票上的印鉴经检验鉴定与华数网通公司预留的印鉴不符，但是存款当日下午 810 万元高额利息即被华数网通公司划入在先控制财务印鉴的日升昌公司的账户，而后其中 471.6 万元转到了华数网通公司在杭州的账户，另有 337.9 万元，被两中间人倪颖涛、吴子华分别占有。该过程符合资金在出资人、金融机构、用资人之间流动，金融机构有帮助出资人获得高额利差的事实要件，故本案应予认定为以存单为表现形式的借贷纠纷。

关于是谁指定的用资人问题。虽然本案关键证据 59400070 元转账支票上印鉴与预留印鉴不符，但从现有证据看，应认定是华数网通公司指定的用资人。此节有 810 万元高额利息回到华数网通公司账户；有华数网通公司人员来大连与用资人大连航服公司方人员联系、到该公司洽谈情况使用的明信片及人证，后有华数网通公司人员又找大连航服公司人员催款、电话联系等的人证书证，有华数网通公司出具的收到中间人为用资人交付 10 万元融资保证金的收据书证、收到用资人大连航服公司关联企业世和旅游公司 250 万元和另一关联企业都市阳光公司还款 20 万元票据的书证，有中间人吴子华、倪颖涛，华数网通公司的沈林华、卜伟华，用资人方的中间人杜酉林及办事人员刘纪新、邢明花等多人在该院和公安机关的询问笔录及亲笔证词为证，华数网通公司转走 300 万元使用的"结算业务申请书"，就是用资人大连航服公司关联企业都市阳光公司购买使用的。故华数网通公司否认其指定用资人，并称本案是一般存款关系的主张，该院不予采信。华数网通公司与交行大连分行所属黄河路分理处签订的《单位银行结算账户管理协议》，因该协议被华数网通公司用于非法借贷，其存、借款的内容已被事实上非法借贷获取高额利差的违规行为所否定，故该协议只能是非法借贷采用的手段，不应据此确认当事人的权利义务和承担的责任。

关于交行大连分行应否承担民事责任问题。按照《最高人民法院关于审理存单纠纷案件的若干规定》第六条各项的规定，以存单为表现形式的借贷，属于违法借贷，出资人收取的高额利差应充抵本金，出资人、金融机构与用资人因参与违法借贷均应当承担相应的民事责任。故交行大连分行应承担相应的责任。因本案为华数网通公司指定的用资人，根据《最高人民法院关于审理存单纠纷案件的若干规定》第六条第（二）项第三款规定，结合本案实际，该院确定交行大连分行承担主债务人不能偿还部分本金 30% 的赔偿责任。故交行大连分行抗辩称本案争议款项是企业间拆借，与其无关，不应承担任何责任的理由，该院不予采信。

关于追加第三人及民事责任承担问题。本案第三人是由交行大连分行申请追加的，虽然华数网通公司不同意追加，也不予变更诉讼请求，但依照《最高人民法院关于审理存单纠纷案件的若干规定》第六条第（三）项"出资人起诉金融机构的，人民法院应通知用资人作为第三人参加诉讼"的规定，本案应追加都市阳光公司等作为第三人参加诉讼。依照该规定第六条"出资人、金融机构与用资人因参与违法借贷均应当承担相应的民事责任"的规定，本案应判处第三人承担相应的民事责任。大连航服公司作为违法借贷的用资人，理应偿还借款本金及利息，但因该公司已经注销，其各股东在清算报告和工商注销登记中明确记载各股东按出资比例承担原公司债权债务。但因各第三人未出庭，也无充分证据证明其履行了清算义务，对公司债权债务进行了清算。故该公司股东个人对外应对本案所欠债务本金及利息共同承担偿还责任，对内按股东出资比例承担相应责任。由于都市阳光公司和世和旅游公司均是大连航服公司的关联公司，且已书面明确表示自愿承担还款责任，应予以确认。故两公司对华数网通公司的欠款本息应承担连带偿还责任。因此，世和旅游公司转入黄河路分理处账户上的 250 万元已被用于兑付给华数网通公司 300 万元中的一部分，属已偿还，应在所欠华数网通公司的本金中予以扣除。华数网通公司实得高息 471.6 万元，但因武汉日升昌公司的账户实际是华数网通公司控制，该账户收到用资人 810 万元高息即是华数网通公司收到的款项，故 810 万元应予抵顶借款本金。至于倪颖涛和吴子华两中间人所得佣金款项 337.9 万元，属违法借贷中的不当得利，应返还给华数网通公司，双方另行解决，同时该二人应在此款中留下所代交融资保证金的 10 万元。

综上，经该院审判委员会讨论决定，依照《最高人民法院关于审理存单纠纷案件的若干规定》第二条、第六条第（一）项、第（二）项及第（二）项第三款之规定，判决如下：

一、第三人原大连航服公司各股东刘蓓蓓、王晓军、张侠、郭达全、陆林、魏国，与都市阳光公司、世和旅游公司在本判决生效后 15 日内共同连带向华数网通公司给付本金 48600070 元及相应的利息（自 2005 年 1 月 6 日起至本判决确定的给付之日止，按中国人民银行规定的同期活期存款利率计付）。

二、交行大连分行对上述第三人不能偿还本金 48600070 元的部分，向华数网通公司承担 30% 的赔偿责任。

三、交行大连分行于本判决生效后十五日内向华数网通公司给付 30 万元及相应的利息（利息按中国人民银行同期活期存款利率计算，2005 年 1 月 7 日至同年 12 月 8 日以本金 60 万元计付，同年 12 月 9 日至 2006 年 1 月 26 日以本金 10 万元计付，2006 年 1 月 27 日至给付之日以本金 30 万元计付）。

四、驳回华数网通公司其他诉讼请求。

本案案件受理费 297307 元，由第三人原大连航服公司各股东刘蓓蓓、王晓军、张侠、郭达全、陆林、魏国和都市阳光公司、世和旅游公司，共同承担 197307 元，由华数网通公司承担 7 万元，由交行大连分行承担 3 万元。司法鉴定费 10 万元，由第三人原大连航服公司各股东刘蓓蓓、王晓军、张侠、郭达全、陆林、魏国和都市阳光公司、世和旅游公司，共同承担 6 万元，由华数网通公司承担 2.5 万元，由交行大连分行承担 1.5 万元。

华数网通公司与交行大连分行均不服原审法院的上述民事判决，向本院提起上诉。

华数网通公司上诉请求：撤销原审判决，判令交行大连分行向华数网通公司支付本金 57000070 元及自 2005 年 1 月 6 日至实际支付日的利息；判令交行大连分行承担本案诉讼费用。主要理由如下：

一、原审判决认定事实错误。

1. 本案当事人之间是合法的存款法律关系，不是以存单为表现形式的借贷关系。

2005 年 1 月 5 日，华数网通公司与交行大连分行黄河路分理处签订一份《单位银行结算账户管理协议》，该协议是双方真实意思表示，协议内容合法有效。协议签订后，黄河路分理处为华数网通公司开立了账户并出具了记账回执、华数网通公司存款，双方形成了真实有效的存款法律关系。

2005 年 1 月 6 日，华数网通公司出具《承诺书》，承诺一年内不提前支取，一年到期后，将提前一周发出书面通知提取回款。同日，黄河路分理处原主任蔡集全在黄河路分理处出具的记账回执背面书写承诺："存款期满，原路返回；逾期后按人民银行有关规定处理。"因此，双方对存款期限作了补充约定，即该笔 6000 万元存款的存期为一年，自 2005 年 1 月 6 日起至 2006 年 1 月 5 日止。

本案中，当事人签订存款合同在先，华数网通公司并未将该合同用于非法借贷，该存款系被第三人以伪造印鉴非法转走，华数网通公司从未将其存款借给第三方使用，《单位银行结算账户管理协议》是合法有效的。一审判决回避《单位银行结算账户管理协议》的效力问题，违法认定该协议是非法借贷采用的手段，认定错误。

2. 华数网通公司从未指定用资人。

一审判决认定"虽然本案关键证据 59400070 元转账支票上印鉴与预留印鉴不符，但从现有证据看，应认定是华数网通公司指定的用资人"，这一认定与事实不符。

本案中，华数网通公司确实收取了中间人吴子华、倪颖涛交付的 10 万元款项，但没有证据证明该笔款项是二人以大连航服公司名义交付的，华数网通公司也从不知晓这一情况。《承诺书》是华数网通公司向黄河路分理处出具的，从未将承诺书交予大连航服公司实际控制人刘纪新，至于该承诺书刘纪新是如何获得的，华数网通公司并不知情。大连航服公司取走存款 5940 多万元使用的是与预留印鉴不符的伪造印鉴，华数网通公司未发出过转账指令，该笔存款是在华数网通公司不知情的情况下被非法转走的。华数网通公司仅向交行大连分行催过款，从未到大连航服公司催款。华数网通公司与世和旅游公司没有任何业务往来，世和旅游公司向华数网通公司账户汇款，华数网通公司并不能阻止，没有证据证明华数网通公司清楚世和旅游公司向自己账户划款的事实，且该笔进账华数网通公司并未兑付，因此不能将该公司汇入华数网通公司账号的款项作为华数网通公司收取的利息对待。都市阳光公司出具证明表示其愿意承担存款的偿付义务，但华数网通公司认可的债务人只是交行大连分行，未经债权人同意，该债务不得让与他人，否则该债务转让行为无效。

本案中，没有证据证明大连航服公司使用的伪造印鉴是华数网通公司提供的，一审判决采信的证据都是刑事卷宗中的口供和证人证言，虽然这些口供和证言是在侦查机关侦查过程中形成的，但这些口供和证人证言的内容并不当然的就具有真实性，仍然需要质证、认证，但一审判决不加甄别的对刑事卷宗中对华数网通公司不利的口供和证言全部予以采信，而对于华数网通公司提交的、对华数网通公司有利的刑事卷宗内容却不予采信，这样的做法有违公正且明显与刑事案件中检察机关作出的结论相悖。大连市沙河口区人民检察院经审查，认为华数网通公司和宋全球的行为不构成犯罪，作出了不起诉决定。该决定书均未认定宋全球或华数网通公司有伪造印鉴或提供伪造印鉴的行为，而是认定华数网通公司和宋全球无犯罪行为，但一审判决却仍然采信了虚假、且无其他证据佐证的证言，认定大连航服公司非法转款使用的伪造印鉴系宋全球（华数网通公司）提供。在没有证据证明和佐证的情况下，对吴子华所说的华数网通公司使用两套印鉴向大连航服公司融资的说法，一审法院捏造了"倪颖涛证实该情节"的情况，本案中，倪颖涛根本没有证实过，也没有证据证明倪颖涛证实上述情况，一审判决在没有证据的情况下认定"倪颖涛证实该情节"是违法的。

本案中，并没有证据证明华数网通公司将款项交给大连航服公司使用，相反，有证据证明大连航服公司系持伪造印鉴转走了华数网通公司存款，而且也有证据证明华数网通公司并没有伪造印鉴或提供伪造印鉴，因此大连航服公司非法转款并不是华数网通公司的意思。本案中，也没有证据证明华数网通公司向交行大连分行黄河路分理处下达过转账到大连航服公司的指令，也不能排除交行大连分行方面与大连航服公司相勾结、交行大连分行方面提供伪造印鉴、指定用资人的可能性，因此，不能推定华数网通公司指定用资人。

本案中，没有任何证据证明华数网通公司指定了用资人或安排交行大连分行方面将存款交予用资人使用，华数网通公司只是与交行大连分行签订了存款合同，开立了存款账户并存入了款项，至于这笔存款如何使用，华数网通公司并未进行干涉。

二、交行大连分行未尽审慎审查义务，致使华数网通公司巨额存款被第三方使用伪造印鉴非法转走，其应当履行兑付义务。

一审判决认定大连航服公司在持伪造印鉴在交行大连分行将巨款非法转走，对交行大连分行在这一事件中的过错和责任却只字不提，明显偏袒。

一审中的证据证明，2005年1月6日，交行大连分行在明知来人非华数网通公司人员的情况下，既不向华数网通公司核实该人身份，也不要求该人出具委托书，就允许其以华数网通公司名义购买转账支票，并为该人办理了将华数网通公司账户5940余万元转入大连航服公司账户的转账业务，未履行审查义务。2005年1月5日，华数网通公司在开立账户时预留了公司财务章和法定代表人人名章的预留印鉴。交行大连分行在办理支取业务时，未进行任何比对核实，就对该虚假付款指令予以执行，严重违反操作规范，存在重大过失。在双方已构成的存款关系中，交行大连分行有义务按双方开户协议履行自己的义务，并保证该账户的资金安全，但其违反开户三日后方可办理付款业务的约定，于开户次日就执行错误指令，对他人所持盖有与预留印鉴明显不符的转账支票，不尽审慎审查义务，将当日所存款项中的5940余万元划入他人账户，具有明显过错。根据责任自负原则，交行大连分行应对该笔资金损失承担责任。一审判决刻意回避了交行大连分行在此过程中的过错和责任，对此不进行认定，显然是错误的。

三、原审法院违法追加第三人，本案的审理与第三人无关。

一审中大量证据均已证明当事人签订的存款合同真实有效，且华数网通公司有存款行为，交行大连分行未尽审慎审查义务、未如期还本付息。原大连航服公司股东刘纪新等提供的所谓合作协议等证据已被鉴定为伪造，华数网通公司与该公司无借贷关系。且该公司系使用伪造印鉴非法转走华数网通公司存款，该犯罪行为是黄河路分理处工作人员失职造成，华数网通公司是受害人。本案需查明的案件事实只是我单位与大连分行黄河路分理处是否有存款关系，是否存款，第三人与本案需查明的事实无关。因此，一审法院追加第三人是错误的。

四、一审判决适用法律错误，应予纠正。

一审判决认定本案性质是以存单纠纷为表现形式的借贷纠纷案件，并以此为基础作出判决，属于适用法律错误。

本案华数网通公司并未直接将款项交与用资人使用，也未通过金融机构将款项交与用资人使用，从未指定交行大连分行将资金转给第三方，而是用资人自行使用伪造印鉴非法将存款转走，一审判决适用最高人民法院的司法解释判断交行大连分行承担30%的补充责任，属于适用法律错误。

综上，一审判决认定事实不清、适用法律错误、案件性质定性错误，依法应予以撤销，本案性质为存单纠纷，当事人之间是合法有效的存款关系，交行大连分行应履行还本付息的义务。

交行大连分行上诉请求：第一，依法维持原审判决第一项、第三项；第二，依法撤销原审判决第二项，并改判交行大连分行不承担任何赔偿责任；第三，依法判令本案全部诉讼费用、鉴定费用由华数网通公司及原审第三人承担。主要事实与理由如下：

一、原审判决审理查明的主要事实清楚，证据充分，该判决书的第一项及第三项应依法予以维持。

二、根据案件查明事实和证据，交行未对违法借贷提供帮助，不应承担任何责任。原审判决第二项判令交行大连分行对第三人不能偿还本金48600070元的部分承担30%的赔偿责任没有事实和证据依据。

本案中，原审法院查明并认定，华数网通公司指定了用资人。交行大连分行黄河路分理处没有任何指定用资人或帮助转款的意思表示或行为，也没有任何银行工作人员参与华数网通公司与大连航服公司的违法融资活动，不存在金融机构帮助出资人获得高额利差的事实要件，且交行大连分行已尽到必要的审慎义务，对于华数网通公司违法借贷造成的资金损失，交行大连分行不应承担任何赔偿责任，原审法院该项判决应当依法予以撤销，并改判交行大连分行不承担任何赔偿责任。

针对交行大连分行的上诉请求及理由，华数网通公司未提交书面答辩意见。

针对华数网通公司的上诉请求及理由，交行大连分行提交书面答辩意见认为：

一、一审判决认定事实基本清楚，定性基本正确，证据充分。华数网通公司事先知悉大连航服公司，并对用资人进行了书面审查、现场考察，多次派人向刘纪新催款，表明其知晓资金的流向。华数网通公司存款6000万元获得了高额利息。一审庭审时，华数网通公司对此明确表示自认。华数网通公司知晓并实际协助了大连行服公司转款。司法鉴定虽然确定转款使用的财务章、法人章与预留印鉴不符，但从公安局和检察院调取的与本案相关的书证和证人证言显示，财务印鉴是宋全球交给刘纪新，再由刘纪新交给邢明花，邢明花办理业务时银行按规定折角核对了转账支票，在其他法定要素齐全的情况下办理转账手续，没有任何银行工作人员参与非法融资活动。华数网通公司使用两套印鉴的目的是在大连航服公司不能还款时将风险转移给银行，达到零风险融资的目的。华数网通公司在上诉状中多项陈述与客观事实不符，没有相应的证据支持。

二、交行大连分行尽到了必要的审慎义务，操作符合相关金融法律法规，交行大连分行没有参与华数网通公司与他人之间的违法借贷活动，更未对华数网通公司获取高额利差提供帮助，一审判决第二项应予以撤销并改判交行大连分行不承担责任。华数网通公司在黄河路分理处办理开户后存入100元现金，用其中的30元购买了转账支票，该行为实际上解除了对新开立账户3

个工作日内不得办理业务的限制性条件。交行大连分行方面与华数网通公司、中间人事先无任何接触，一年期限后，交行大连分理处方面也未收到华数公司发出的《承诺书》，该《承诺书》由大连行服公司的刘纪新持有。华数网通公司主张蔡集全在记账回执上书写"存款期满，原路返回；逾期后按人民银行有关规定处理"是对存款期限的补充规定，不符合事实和法律。蔡集全是应华数网通公司的要求书写的，该书写没有变更存款期限的意思表示，无法律效力。根据中国人民银行条法司《关于对〈关于对明确银行核对印鉴的方法及责任的请示函〉的复函》（银条法〔1993〕39 号），《中国人民银行关于对一起金融诈骗案有关问题的意见》（银条法〔1994〕18 号）的规定，银行没有过错的，应不承担责任。黄河路分理处尽到了审慎的审查义务，没有指定用资人，没有额外获得不当利益，不应承担责任。双方之间的《单位银行结算账户管理协议》是无效合同，一审法院的认定是正确的。一审法院将案件确定为违法借贷并追加第三人是正确的，第一项、第三项判决应予以维持。

原审第三人都市阳光公司、世和旅游公司、倪颖涛、吴子华、刘蓓蓓、王晓军、张侠、郭达全、陆林、魏国在二审中均未提交书面意见。

本院二审期间查明，原审法院在一审程序中收集了大量的刑事案件卷宗中的询问笔录、讯问笔录及民事诉讼程序中的当事人陈述、证人证言、复印件等，对原审法院采用当事人陈述、未出庭证人证言、复印件及刑事案件卷宗中的询问笔录、讯问笔录等查明的事实部分，凡是载明的内容相互印证的，本院予以确认；凡是载明的内容相互矛盾的，本院不予确认。对原审法院依据《单位银行结算账户管理协议》、相关银行划款凭证、《文检技术鉴定书》等直接证据查明的案件事实，本院予以确认。另查明：交行大连分行黄河路分理处原负责人蔡集全在向华数网通公司出具的记账回执上承诺的全部内容为：1. 存款期满，原路返回。2. 逾期后，按人民银行有关规定处理。

本院认为，华数网通公司与交行大连分行黄河路分理处签订《单位银行结算账户管理协议》的次日，华数网通公司存在该银行开立账户中的款项59400070 万元即被划到大连航服公司账户上，大连航服公司随即将其中的810 万元辗转交付给华数网通公司和倪颖涛及吴子华。华数网通公司资金通过交行大连分行黄河路分理处流动到大连航服公司，华数网通公司及撮合该笔业务的中间人倪颖涛和吴子华从该笔借贷业务中获得大连航服公司支付的费用，涉案事实符合《最高人民法院关于审理存单纠纷案件的若干规定》第六条第一款关于"在出资人直接将款项交与用资人使用，或通过金融机构将款项交与用资人使用，金融机构向出资人出具存单或进账单、对账单或与出资人签订存款合同，出资人从用资人或从金融机构取得或约定取得高额利差的行为中发生的存单纠纷案件，为以存单为表现形式的借贷纠纷案件"规定的情形之一，故应认定本案当事人之间的纠纷为以存单为表现形式的借贷纠纷，华数网通公司为出资人，大连航服公司为用资人，交行大连分行为提供资金周转支持的金融机构。原审法院根据交行大连分行的申请通知相关用资人为第三人参加本案诉讼，符合本院上述司法解释第六条第三款在"当事人的确定"中规定的"出资人起诉金融机构的，人民法院应通知用资人作为第三人参加诉讼"的规定，华数网通公司上诉关于原审法院追加第三人违法及本案的审理与第三人无关等主张不能成立，本院不予支持。原审判决认定本案当事人之间为以存单为表现形式的借贷纠纷正确，本院予以维持。华数网通公司上诉称其与银行是真实的存款关系，其资金并未用于非法借贷等观点，与案件事实不符，本院不予采纳。

为解决本案资金回流，华数网通公司以存单纠纷为案由向原审法院提起本案民事诉讼，请求交行大连分行支付存款及利息；在民事诉讼期间，交行大连分行举报华数网通公司及该公司宋全球涉嫌犯罪。在民事诉讼程序和刑事侦查程序中，涉案利害关系人华数网通公司及大连航服公司人员分别向法院及公安机关作出陈述，形成本案书证、证人证言、当事人陈述等言词证据材料。根据上述言词证据材料载明的内容及本案收集的其他证据，应当认定华数网通公司、交行大连分行黄河路分理处和大连航服公司均参与了涉案借贷活动。华数网通公司在办理存款前及存款后催款时均与用资人大连航服公司有所接触，对涉案资金并非用于一般存款，资金在交付给银行后会转给用资人使用，其可以从中获得存款利息以外资金的安排是清楚的；大连航服公司持华数网通公司的非预留印鉴向交行大连分行黄河路分理处申请并成功办理转款，并非规范手续办理银行业务，系接受了特殊安排；交行大连分行黄河路分理处主任在记账回执上承诺"1. 存款期满，原路返回。2. 逾期后，按人民银行有关规定处理"，表明银行方面清楚该笔资金的流动路线和该笔资金的使用人，而承诺内容表明了其系主动参与两企业之间的借贷活动。但根据上述言词证据材料载明的内容，不能认定涉案出资人是由谁指定的案件事实。上述言词证据材料载明各利害关系人对案件事实描述的内容，涉及认定案件主要事实的，均对一方当事人有利，对转款使用的华数网通公司印鉴是由谁制作的、大连航服公司是如何获得该印鉴手续等涉案资金处分的关键事实说法不一。原审法院在认定指定用资人一节案件事实时采信了刘纪新、邢明花等人在该院及公安机关询问笔录等说明的内容，因刑事卷宗中的询问笔录、讯问笔录书证材料及本案民事诉讼程序中收集的当事人陈述中还有华数网通公司宋全球等人对案件事实的说明内容，华数网通公司一方说明的案件经过与刘纪新等人说明的案件经过涉及指定用资人的关键事实，其内容相互矛盾，故原审法院采信对一方有利的证据材料，不够客观全面，本院予以纠正。华数网通公司在交行大连分行黄河路分理处开立账户、存入资金并办理了预留印鉴手续，按银行业务操作规范，交行大连分行黄河路分理处应当根据预留印鉴或者账号所有人华数网通公司的指令管理账户并办理银行业务。根据本案现有证据查明，涉案资金由用资人大连航服公司办理从华数网通公司账户转到用资人账户业务，且其持有的印鉴与华数网通公司在银行预留印鉴不符。因交行大连分行办理转款业务时使用的印鉴与预留印鉴不同，且其没有证据证明华数网通公司指令其办理转款业务，故应认定交行大连分行擅自处分了华数网通公司账户资金。根据交行大连分行黄河路分理处与华数网通公司签订的《单位银行结算账户管理协议》约定的内容、交行大连分行黄河路分理处原主任蔡集全在为华数网通公司出具记账回执上承诺的内容，及交行大连分行黄河路分理处允许用资人大连航服公司持非预留印鉴办理涉案资金转款业务的事实，应当推定交行大连分行将资金自行转给用资人使用。根据本院《最高人民法院关于审理存单纠纷案件的若干规定》第六条第（二）项第一款关于"出资人将款项或者票据（以下统称资金）交付给金融机构，金融机构给出资人出具存单或者进账单、对账单或与出资人签订存款合同，并将资金自行转给用资人的，金融机构与用资人对偿还出资人本金及利息承担连带责任"的规定，交行大连分行与大连航服公司对偿还华数网通公司该笔资金本息应承担连带责任。交行大连分行上诉称其操作尽到了必要的审慎义务、没有任何指定用资人或帮助转款的意思表示或行为等观点与事实不符，本院不予采信，其关于不承担涉案资金损失责任的主张，本院不予支持。

综上，根据本案现有证据查明的华数网通公司、交行大连分行与大连航服公司之间发生的资金流转等案件事实，依照《最高人民法院关于审理存单纠纷案件的若干规定》第六条第（一）项认定、第六条第（二）项处理中的第一款的规定，应当认定本案当事人之间民事关系性质为以存单为表现形式的借贷纠纷，交行大连分行与大连航服公司对偿还华数网通公司借款本金及利息应当承担连带责任。鉴于大连航服公司已经注销，其各股东在清算报告及工商注销登记中均明确承担该公司债务，其关联公司都市阳光公司和世和旅游公司在一审中也明确表示愿意承担该公司的还款责任，原审判决各股东及两关联公司承担大连航服公司债务，各原审第三人均未提出上诉，对原审判决的该项内容，本院予以维持。原审判决第三项涉及的30万元本息，系华数网通公司涉案账户中剩余款项，原审判决交行大连分行向华数网通公司支付正确，本院予以维持。原审判决认定进入武汉日升昌公司账户的810万元资金，为华数网通公司收到的违法借贷高息，华数网通公司与倪颖涛及吴子华之间的资金问题，应另行解决正确，应予以维持。原审判决扣除华数网通公司已经收到的高息810万元、还款270万元，华数网通公司可以向大连航服公司主张收回的款项总数为48600070元及相应利息正确，应予以维持。原审判决书第四项驳回华数网通公司其他诉讼请求，误写为第"三"项，本院予以更正。本院依照《中华人民共和国民事诉讼法》第一百七十条第一款第（一）、（二）项的规定，判决如下：

一、维持辽宁省高级人民法院（2008）辽民三初字第2号民事判决书主文第一项、第三项、第四项；

二、变更辽宁省高级人民法院（2008）辽民三初字第2号民事判决书主文第二项为：交通银行股份有限公司大连分行对该判决书主文第一项确定的本金及利息与该判项所列原审第三人向华数网通信息港有限公司承担连带责任。

本案一审案件受理费297307元，司法鉴定费10万元，共计397307元，由刘蓓蓓、王晓军、张侠、郭大全、陆林、魏国和大连都市阳光通用航空有限公司、大连世和旅游产业发展有限公司、交通银行股份有限公司大连分行共同承担357576.30元，由华数网通信息港有限公司承担39730.70元。二审案件受理费297307元，由刘蓓蓓、王晓军、张侠、郭大全、陆林、魏国和大连都市阳光通用航空有限公司、大连世和旅游产业发展有限公司、交通银行股份有限公司大连分行共同承担267576.30元，由华数网通信息港有限公司承担29730.70元。

本判决为终审判决。

审　判　长　王东敏

审　判　员　刘崇理

代理审判员　曾宏伟

二〇一三年五月七日

书　记　员　李　洁

2. 金融机构应当对合法成立的存款关系承担兑付义务

——广东南粤银行股份有限公司人民支行与中国长城资产管理公司广州办事处存单纠纷案

【裁判要旨】

一、当事人以存单或进账单、对账单、存款合同等凭证为主要证据向人民法院提起诉讼的存单纠纷案件和金融机构向人民法院提起的确认存单或进账单、对账单、存款合同等凭证无效的存单纠纷案件，为一般存单纠纷案件。金融机构不能提供证明存款关系不真实证据的，人民法院应认定持有人与金融机构间存款关系成立，金融机构应当承担兑付款项的义务。

二、当事人在判决生效后达成执行和解协议且已履行完毕的，再向人民法院申请再审或申诉的，人民法院应当裁定请求。

中华人民共和国最高人民法院民事判决书
（2012）民提字第 190 号

申诉人（一审被告、二审上诉人、申请再审人）：广东南粤银行股份有限公司人民支行。住所地：广东省湛江市霞山区椹川大道南 17 号。

负责人：李娴，该支行行长。

委托代理人：练卫争，北京市正平律师事务所律师。

被申诉人（一审原告、二审被上诉人、被申请人）：中国长城资产管理公司广州办事处。住所地：广东省广州市越秀区东风东路 828—836 号东峻广场 A、B 座 12、32、33 楼 C 座 12 楼。

负责人：陈泽南，该办事处总经理。

委托代理人：穆振辉，北京市中闻律师事务所律师。

委托代理人：王书宁，北京市中闻律师事务所律师。

申诉人广东南粤银行股份有限公司人民支行（原湛江市商业银行股份有

限公司人民支行、湛江市人民城市信用合作社，以下简称南粤银行人民支行）因与被申诉人中国长城资产管理公司广州办事处（以下简称长城公司广州办）存单纠纷一案，不服广东省高级人民法院（2004）粤高法审监民再字第44号民事判决，向本院申诉。本院于2012年8月21日作出（2001）民二监字第495—2号民事裁定，提审本案。本院依法组成由审判员王宪森担任审判长，代理审判员李相波、梅芳参加的合议庭进行了审理。书记员侯佳明担任记录。本案现已审理终结。

1996年8月22日，吴川市金穗经济发展公司（以下简称金穗公司）向广东省湛江市中级人民法院起诉称：金穗公司与湛江市人民城市信用合作社工农营业部（以下简称工农营业部）经协商，于1995年5月4日分别签订两份《存款协议书》，约定：金穗公司将自有资金1000万元存入工农营业部，存期一年，年息11.529%，到期随本清……协议签订后，金穗公司依约将1000万元分两笔各500万元转入工农营业部指定的账户。工农营业部分别开具了两张面额为500万元定期整存整取存单给金穗公司，并在双方签订的协议书上加注存单号码，加盖工农营业部业务专用章。存款期届满后，金穗公司取款时，工农营业部以两张存单是假，拒绝兑付。故请求法院判令工农营业部兑付存款本息并承担本案诉讼费用。

广东省湛江市中级人民法院一审经审理查明：1995年5月4日，金穗公司与工农营业部（系湛江市人民城市信用合作社下属非独立核算的储蓄代办机构）签订两份《存款协议书》约定：金穗公司分别存入工农营业部各500万元，存期一年，从1995年5月4日起至1996年5月4日止，年利率11.529%，如遇国家利率调整则相应进行调整；如存款到期，金穗公司未收到工农营业部的本息解付通知，则每天按万分之五计罚息。

合同签订后，金穗公司委托其工作人员劳术持已存入工农营业部和湛江市霞山城市信用社霞湖营业部（以下简称霞湖营业部）各500万元，以劳术为户名的活期存折（存放到霞湖营业部的500万元是工农营业部工作人员王康成指令的）到工农营业部办理定期存款手续。工农营业部收到劳术交付上述两本存折后，为金穗公司开具两张定期整存整取储蓄存单，两张存单总号分别为3037235、3037237号。两张存单均载明：户名：吴金穗，金额500万元，存入日期1995年5月4日，支取日期1996年5月4日，利率年息：11.529%，两张存单均盖具工农营业部储蓄业务章。工农营业部的工作人员王康成还在双方签订的《存款协议书》上注明存单的号码并加盖工农营业部业务专用章。经送公安部鉴定，盖具在上述《存款协议书》及存单上的工农营业部业务专用章和储蓄业务章印文均与相应真章印文样本同一。

广东省湛江市中级人民法院一审还查明：工农营业部收取金穗公司劳术交付的1000万元活期存折后，从中提取2027100元付给金穗公司，作为金穗公司1000万元存款的高额息差款，活期存折的其余款项被工农营业部提取。

广东省湛江市中级人民法院于1997年6月27日作出（1996）湛中法经初字第160号民事判决，认为：金穗公司与工农营业部签订的两份存款协议，因金穗公司将公款以储蓄方式存入工农营业部，违反了有关金融法规，应确认上述两份合同无效。工农营业部虽对两张存单真伪有异议，经公安部门鉴定，该两张存单上的业务章与相应真章同一，且工农营业部的工作人员王康成在收到金穗公司交500万元的存折给其开具存单时，也同时在双方签订的存款协议书上加注了存单号码，工农营业部收到金穗公司存款属实。因此，工农营业部依法应承担兑付金穗公司到期定期存款本息。至于工农营业部工作人员是否伪造存单，属工农营业部内部违法犯罪问题，应由有关机关依法侦查处理，此不影响工农营业部对本案存款人应承担的民事责任。工农营业部是湛江市人民城市信用合作社属下不具备法人资格的分支机构，不具备独立承担民事责任的能力，故工农营业部对本案应承担的民事责任，依法应由湛江市人民城市信用合作社承担连带责任。至于双方约定的部分利息，违反了国家的金融法规，金穗公司据以取得的利差应与存款本金相抵。依照《中华人民共和国民法通则》第五十七条、第八十四条、第一百零八条以及《储蓄管理条例》第十四条的规定，该院判决：一、工农营业部在该判决发生法律效力后十天内兑付金穗公司的存款本金7972900元及利息（利息在存款期内即1995年5月4日至本判决生效之日止，按年利率11.529%计付）；不能兑付部分，由湛江市人民城市信用合作社负连带清偿责任。逾期按欠款总额年利率11.529%的双倍计付迟延履行期间的利息给金穗公司至付清欠款之日止；二、案件受理费65010元，由金穗公司承担13002元，工农营业部承担52008元（案件受理费金穗公司已预付40000元，金穗公司不应承担部分，法院不做清退，由工农营业部在清偿上述欠款时一并计付给金穗公司、工农营业部欠缴的25010元，应在本判决书送达后三天内缴纳）。

湛江市人民城市信用合作社不服广东省湛江市中级人民法院一审作出的（1996）湛中法经初字第160号民事判决，向广东省高级人民法院上诉称：金穗公司所持有的两张存单是伪造的，存单不是工农营业部的工作人员所填写，金穗公司并没有存到工农营业部，劳术虽然有款项存到工农营业部，但劳术与金穗公司是两个不同的主体，劳术存款到工农营业部不等于就是金穗公司有存款，且劳术的存款已被其自己所提取。所以虽然存单上盖具了工农营业部的印章，但金穗公司并没有实际存款到工农营业部，本案不是民事纠纷案件，是特大的金融诈骗案，请求将案件移送给公安机关查处。

广东省高级人民法院二审查明事实与湛江市中级人民法院一审查明事实一致。

广东省高级人民法院二审经审理，于1998年4月8日作出（1997）粤法经一上字第444号民事判决，认为：金穗公司与工农营业部签订两份总金额为1000万元的《存款协议书》后，由劳术把以劳术为户名总金额共1000万元的两本活期存折交给工农营业部，工农营业部据此开具户名为"吴金穗"总金额共1000万元的3037235号和3037237号两张存单给金穗公司。工农营业部的工作人员王康成在工农营业部与金穗公司签订的两份《存款协议书》上注明3037235号和3037237的存单号码并加盖工农营业部的业务专用章，以劳术为户名的两本活期存折上的1000万元也已被工农营业部提取，金穗公司有付款1000万元给工农营业部的事实，金穗公司与工农营业部的存款关系成立。经鉴定，盖具在《存款协议书》上的工农营业部业务专用章及盖具在3037235号和3037237号两张存单上的工农营业部储蓄业务章印文与相应真章印文均一致，湛江市人民城市信用合作社上诉称金穗公司持有的两张存单系伪造及金穗公司无付款给工农营业部，与事实不符，不予采信。金穗公司办理存款手续当天即收取工农营业部支付的高额息差款2027100元，双方对存款利率的约定违反国家利率规定，应认定金穗公司与工农营业部之间的存款合同无效，金穗公司在工农营业部的实际存款额应认定为7972900元，工农营业部应将7972900元返还给金穗公司并支付占用期间的同期银行存款利息，湛江市人民城市信用合作社对其属下储蓄机构工农营业部的债务应承担清偿责任。一审判决认定事实清楚，适用法律正确，处理适当。判决：驳回上诉，维持原判。二审案件受理费65010元由湛江市人民城市信用合作社承担。

广东省高级人民法院二审判决发生法律效力后，南粤银行人民支行不服，向广东省高级人民法院申请再审。广东省高级人民法院于2002年3月20日作出（2002）粤高法审监经申字第6号《驳回再审申请通知》，驳回了其再审申请。南粤银行人民支行还不服，向本院申请再审。本院经审查后于2004年6月3日以（2001）民二监字第495—1号民事裁定，指令广东省高级人民法院对该案进行再审。

广东省高级人民法院经再审，查明以下事实：1995年5月4日，金穗公司与工农营业部签订了两份编号为"存字〔95〕第2号"和"存字〔95〕第3号"的《存款协议书》，分别约定：金穗公司存入工农营业部各500万元，存期一年，从1995年5月4日起至1996年5月4日止，年利率11.529%，如遇国家利率调整则相应进行调整；如存款到期，金穗公司未收到工农营业部的本息解付通知，则每天按万分之五计算罚息。

两份《存款协议书》签订后，金穗公司委派其工作人员劳术自带两张各500万元的汇票到湛江市（持汇票到该市农业银行解汇）。之后，劳术按照工农营业部工作人员王康成的指定，于1995年5月8日将第一笔500万元存入一个事先在工农营业部开立的、以"劳术"为户名的活期存折；于1995年5月8日将第二笔500万元存入另一个事先在霞湖营业部开立的、以"劳术"为户名的活期存折。

上述存款手续分别在工农营业部和霞湖营业部的营业地点内办理。

在劳术办理完第一笔500万元的存款手续后，王康成当时就在工农营业部内为上述《存款协议书》盖上了工农营业部的业务专用章；同时将第一笔500万元存款的《定期整存整取储蓄存单》交给了劳术。劳术办理完第二笔500万元的存款手续后，王康成又通过金培勤（是王康成及资金使用人与出资人的联系人）将第二笔500万元存款的《定期整存整取储蓄存单》交给了劳术。而劳术办理上述两笔存款后，已将两本以"劳术"为户名的活期存折交给了工农营业部。

上述两张《定期整存整取储蓄存单》总号分别为3037235、3037237；两张存单均载明：户名：吴金穗，金额500万元。存入日1995年5月4日，支取日1996年5月4日，利率年息11.529%。两张存单上都盖有工农营业部储蓄业务章。工农营业部的工作人员王康成还在双方签订的《存款协议书》上分别注明了存单的号码并另外加盖了工农营业部业务专用章。经送公安部鉴定，上述"工农营业部业务专用章"和"工农营业部储蓄业务章"与该工农营业部相应的真实印章所盖印文一致。

另查，工农营业部收取金穗公司交存的两笔存款共1000万元后，从中提取了2027100元付给金穗公司，作为金穗公司1000万元存款的高额利差款。活期存折上的其余款项被工农营业部连同资金使用人所提取。

广东省高级人民法院再审还补充查明以下事实：金穗公司与工农营业部签订了两份《存款协议书》的同时，王康成又代表工农营业部分别与湛江市霞山粤城粮食加工厂、湛江市广州湾建筑工程公司各签订了一份《流动资金借款合同》，分别约定上述两单位各向工农营业部贷款250万元。

本案的两张各500万元的《定期整存整取储蓄存单》，是由王康成雇人按照其所在银行的存单样本印制了空白存单，并且偷盖了工农营业部的储蓄专用章，之后，王康成就将两张已盖好印章的空白存单交给了资金使用人庄艳，再由庄艳填写存款内容。当金穗公司先后存入了两笔各500万元的存款后，王康成就将该两张定期存单交给了金穗公司存款经手人劳术。

南粤银行人民支行提供的《资金走向图》显示：本案两笔各 500 万元（共 1000 万元）存款除支付利差外，大部分被庄艳和金培勤提取（金培勤证称是根据资金使用人庄艳的委托取款）；还有一部分款项转进了湛江市广州湾建筑工程公司等账户。

本案资金使用人庄艳证实：是其（庄艳）通过中介人介绍，采取由王康成为出资人（金穗公司）出具定期存单，并由其支付高额利差款的方式，非法融资金穗公司的 1000 万元中的 600 万元使用，余款则由湛江市霞山粤城粮食加工厂、湛江市广州湾建筑工程公司等使用。

广东省高级人民法院再审还查明：2003 年 12 月 1 日，广东省高级人民法院作出（2003）粤高法刑二终字第 204 号刑事裁定，认定工农营业部工作人员王康成私自伪造《湛江市城市信用合作社定期整存整取储蓄存单》提供给出资人，骗取出资人"存单金额"共 3142 万元，给金融机构造成特别重大的损失。其行为已构成伪造金融票证罪（王康成被判处有期徒刑十四年）。上述 3142 万元诈骗金额中，包括了本案金穗公司的 1000 万元存款。

广东省高级人民法院经再审审理，于 2005 年 8 月 11 日作出（2004）粤高法审监民再字第 44 号民事判决，认为：金穗公司与工农营业部签订两份总额共 1000 万元的《存款协议书》，并由该公司派员按照工农营业部的工作人员王康成的指定在工农营业部和霞湖营业部的营业地点内存款后，王康成向金穗公司出具了盖有工农营业部储蓄专用章的定期储蓄存单。根据《最高人民法院关于审理存单纠纷案件的若干规定》（以下简称《存单规定》）第五条的规定，本案属于"一般存单纠纷案件"。虽然上述存单后来被证实是伪造而无效，但该无效的结果是由于工农营业部内部管理不严，业务专用章和储蓄专用章被员工"偷盖"而导致的。由于金穗公司的存款均在湛江市城市信用合作社属下营业部、在工农营业部工作人员王康成的指示下完成存入手续，事后王康成以工农营业部的名义将存款转借给了庄艳等个人或单位使用，据此，应认定工农营业部已收到金穗公司的存款。因此，工农营业部应当承担按照金穗公司的实际存款额返还存款的责任。广东省高级人民法院二审判决扣除了金穗公司存款当时取回的利差款 2027100 元而认定实际存款额 7972900 元，并判令工农营业部返还该存款，处理正确。在二审判决生效后，工农营业部员工王康成因伪造金融票证罪而被判刑的问题，并没有改变本案原判所认定的事实，也不影响工农营业部承担返还存款的民事责任。南粤银行人民支行的申请再审理由不能成立，该院不予支持。广东省高级人民法院作出的（1997）粤法经一上字第 444 号民事二审认定事实清楚，适用法律正确，实体处理恰当，依法应予维持。案经广东省高级人民法院审判委员会讨论决定，判决：维持广东省高级人民法院（1997）粤法经一上字第444号民事判决。

南粤银行人民支行不服广东省高级人民法院的再审民事判决，向本院申诉称：案涉三份民事判决认定事实和适用法律存在错误。一、王康成是工农营业部临时勤杂工，而非储蓄业务代办员。王康成为了方便给庄艳等人搞工程提供高息融资，伪造了"湛江市城市信用合作社定期整存整取储蓄存单"并偷盖"工农营业部储蓄业务专用章"。二、劳术没有把两笔500万元款项交付给工农营业部，甚至也没有交付给王康成，金穗公司与工农营业部之间不存在存款关系。三、本案是一般存单纠纷案，依据《最高人民法院关于审理存单纠纷案件的若干规定》第五条第（二）项规定：在存单纠纷案件的审理中，如有充足证据证明存单系伪造，"人民法院应在查明案件事实的基础上，依法确认上述凭证无效，并可驳回持上述凭证起诉的原告诉讼请求或根据实际存款数额进行判决。"请求：1. 撤销一审、二审以及再审民事判决；2. 驳回长城公司广州办诉讼请求；3. 一审、二审案件受理费合计130020元，由长城公司广州办承担。

长城公司广州办答辩称：一、申诉人曾于2002年、2003年先后两次向广东省高级人民法院申请再审，广东省高级人民法院分别作出了（2002）粤高法审监经申字第6号《驳回再审申请通知书》和（2004）粤高法审监民再字第44号民事判决书，驳回了其再审申请，维持广东省高级人民法院二审民事判决。根据相关法律和司法解释的规定，南粤银行人民支行无权第三次提起再审，本案更不应再审审理。此外，本案双方当事人已就执行涉案存单兑付达成"和解协议"并于2003年5月履行完毕。依据《最高人民法院关于适用〈中华人民共和国民事诉讼法〉审判监督程序若干问题的解释》第二十五条及《最高人民法院第一次全国民事再审审查工作会议纪要》第十九条之规定，当事人达成执行和解协议且已履行完毕的，人民法院也应当裁定终结审查案件，驳回申诉人的申诉。二、劳术将相应的款项存入王康成指定的营业部后，金穗公司的存款由王康成或其安排的人员从营业部的账上支取并使用，涉案存款均以工农营业部的名义贷出和兑付，证明双方存在真实的存款关系。三、王康成在工农营业部工作，自称是该单位主任，并持有工农营业部主任的名片，可以出具加盖工农营业部真实公章的存款合同和定期存单，足以认定王康成的行为能够代表工农营业部。综上，王康成是工农营业部员工，两笔存款是真实的，存单上的公章和业务章是真实的，申诉人因内部管理漏洞形成的损失不应由存款人承担。同时，在申请再审两次被驳回、已达成执行和解协议并履行完毕的情况下，对于申诉人的请求应予驳回。

本院除确认原再审查明的事实外，另查明：1997年，经中国人民银行批准，湛江市人民城市信用合作社等6家城市信用合作社共同组建成立"湛江市城市合作银行"，原6家信用合作社解散成为"湛江市城市合作银行分支机构"。1998年3月27日，经中国人民银行广东省分行批准，"湛江市城市合作银行"更名为"湛江市商业银行股份有限公司"，"湛江市人民城市信用合作社"更名为"湛江市商业银行股份有限公司人民支行"。2011年12月9日，经广东省湛江市工商行政管理局霞山分局核准，"湛江市商业银行股份有限公司人民支行"更名为"广东南粤银行股份有限公司人民支行"。

2000年4月20日，"湛江市人民城市信用合作社工农营业部"经湛江市工商行政管理局核准注销。

本院还查明，2000年5月20日，金穗公司的案涉债权被长城公司广州办收购。2001年5月16日，金穗公司向湛江市中级人民法院提出《诉讼主体变更申请》，请求将本案的诉讼主体和执行主体变更为长城公司广州办。2001年11月22日，湛江市中级人民法院出具通知，对金穗公司的变更申请予以核准，金穗公司债权债务由变更后的"长城公司广州办"享有和承担。

2001年12月27日，长城公司广州办（甲方）与湛江市商业银行（乙方）签订了"和解协议书"，双方就执行（1996）湛中法经初字第160号民事判决达成协议，其主要内容为：一、甲乙双方一致同意，乙方以玖佰伍拾万元（950万元）的数额付款给甲方，即视为对判决书项下债务清偿完毕。二、双方同意在六个月内付清上述款项。三、该协议自2002年1月执行。至2003年5月，长城公司广州办共收到原湛江市商业银行支付的和解价款950万元，案涉债务已经履行完毕。

本院认为，本案已经查明的事实证明，金穗公司与工农营业部签订两份总额为1000万元的《存款协议书》，并由该公司派员按照工农营业部的工作人员王康成的指定在工农营业部和霞湖营业部的营业地点内存款后，王康成向金穗公司出具了盖有工农营业部储蓄专用章的定期存单。尽管上述存单后来被证明系伪造而无效，但该无效的结果是由于工农营业部内部管理不严，业务专用章和储蓄专用章被员工"偷盖"而导致的。由于金穗公司的存款均在工农营业部工作人员王康成的指示下完成存入手续，事后王康成又以工农营业部的名义将存款转借给了庄艳等个人或单位使用，即使王康成不是工农营业部的储蓄业务人员，但其伪造存单并在存单上加盖工农营业部印章的行为已经表明工农营业部与金穗公司之间已形成实际存款关系。原审判决据此认定工农营业部与金穗公司之间形成存款关系依法有据。王康成因伪造金融票证罪被判刑，并没有改变本案原判所认定的事实，也不影响工农营业部承担返还存款的民事责任认定。因此，原审判决认定并判决工农营业部应当承担按照金穗公司的实际存款额返还存款的责任并无不当。

此外，2001 年 12 月 27 日，本案双方当事人已就（1996）湛中法经初字第 160 号民事判决项下存单兑付的执行达成"和解协议"并履行完毕。依据《最高人民法院关于适用〈中华人民共和国民事诉讼法〉若干问题的意见》第 207 条关于"按照督促程序、公示催告程序、企业法人破产还债程序审理的案件以及依照审判监督程序审理后维持原判的案件，当事人不得申请再审"的规定，以及《最高人民法院关于适用〈中华人民共和国民事诉讼法〉审判监督程序若干问题的解释》第二十五条第三款"当事人达成执行和解协议且已履行完毕的，人民法院可以裁定终结审查"之规定，南粤银行人民支行再次向本院申诉与上述规定相悖。南粤银行人民支行申诉称"和解协议"是其在胁迫下达成的，但其未提供证据支持，故该申诉请求本院不予支持。

综上，申诉人南粤银行人民支行的申诉请求和理由因缺乏事实和法律依据，均不能成立。广东省高级人民法院（2004）粤高法审监民再字第 44 号民事判决认定事实清楚、适用法律正确。本院依照《中华人民共和国民事诉讼法》第二百零七条、第一百七十条第一款第（一）项之规定，判决如下：

驳回广东南粤银行股份有限公司人民支行申诉请求，维持广东省高级人民法院（2004）粤高法审监民再字第 44 号民事判决。

本判决为终审判决。

审　判　长　王宪森

代理审判员　李相波

代理审判员　梅　芳

二〇一三年八月十五日

书　记　员　侯佳明

3. 被侵权人对损害的发生有过错的，可以减轻侵权人的责任

——中国银行股份有限公司长治市分行与长治煤炭运销公路经销有限公司票据纠纷一案

【裁判要旨】

本案中长治中行工作人员违反规定办理票据贴现业务，长治中行未能尽到严格审查义务，依据《最高人民法院关于审理票据纠纷案件若干问题的规定》第七十五条的规定，长治分行应就其在本案中的侵权行为对煤运公司的损失承担相应的民事赔偿责任。煤运公司原财务部长与案外人共同、长期、多次挪用煤运公司大量资金。煤运公司对此失察、失控。煤运公司在失票后长达数月的时间内，未能排查发现工作中的漏洞并及时办理挂失止付或提起公示催告程序，致使失票风险转化为实际损失。根据《中华人民共和国侵权责任法》第二十六条关于"被侵权人对损害的发生也有过错的，可以减轻侵权人的责任"的规定，因煤运公司对其损失的发生存在过错，故其应自行承担相应的损失。

中华人民共和国最高人民法院民事判决书

（2013）民提字第 89 号

申请再审人（一审被告、二审上诉人）：中国银行股份有限公司长治市分行。住所地：山西省长治市太行西街 1 号。

法定代表人：陈建荣，该行行长。

委托代理人：郭香龙，北京市天同律师事务所律师。

委托代理人：郑玮，北京市天同律师事务所律师。

被申请人（一审原告、二审被上诉人）：长治煤炭运销公路经销有限公司。住所地：山西省长治市府后西街 323 号。

法定代表人：李跃公，该公司总经理。

委托代理人：暴杰，北京市奥北律师事务所律师。

委托代理人：于卫东，北京市奥北律师事务所律师。

申请再审人中国银行股份有限公司长治市分行（以下简称长治中行）因与被申请人长治煤炭运销公路经销有限公司（以下简称煤运公司）票据纠纷一案，不服山西省高级人民法院（2011）晋民终字第62号民事判决，向本院申请再审。本院于2013年2月27日作出（2012）民申字第500号民事裁定，提审本案。本院依法组成由审判员王宪森担任审判长，审判员杨征宇、代理审判员张雪楳参加的合议庭进行了审理，书记员郑琪儿担任记录。本案现已审理终结。

2007年6月27日，煤运公司向山西省长治市中级人民法院起诉称：2007年1月21日，煤运公司因煤炭交易从邯郸钢铁股份有限公司受让一张票号CB/O101746158的银行承兑汇票。该汇票票面记载事项为：出票日期2006年12月30日，出票人邯郸钢铁集团有限责任公司；收款人邯郸钢铁股份有限公司；付款行中国农业银行邯郸市渚河支行；出票金额壹仟万元整；汇票到期日2007年6月29日。该汇票约于2007年1月26日由长治中行贴现给长治市协力化工工业有限公司（以下简称协力公司）。据了解，协力公司取得该汇票是由于相关人员伪造了煤运公司财务专用章及法定代表人名章先背书转让给聊城市东昌府区华亿化工有限公司（以下简称聊城公司），后又伪造聊城公司财务专用章及法定代表人名章背书转让给协力公司，协力公司作为申请贴现人又申请长治中行贴现。现参与上述汇票非法流转过程的相关人员已被长治市城区检察院反贪局立案侦查。长治市城区检察院在办案过程中向汇票承兑行农业银行邯郸市渚河支行发出了协助冻结存款通知书。长治中行收到承兑行拒绝付款通知后，于2007年6月26日向煤运公司发出了《通知》。根据煤运公司了解的事实，长治中行在办理上述承兑汇票贴现业务时是先贴现后审查申请贴现人与前手之间是否具有真实的交易关系和债权债务关系，并且长治中行的相关人员具体参与了伪造协力公司与其前手聊城公司的基础交易合同及增值税发票的违法行为，由此足见长治中行属违规操作，恶意贴现，其依法不享有票据权利。故请求人民法院判令：一、依法确认长治中行不是票号CB/O101746158银行承兑汇票的票据权利人，而煤运公司是该汇票的权利人；二、长治中行依法向煤运公司返还票号为CB/O101746158的银行承兑汇票；三、本案诉讼费用由长治中行承担。

长治中行一审答辩称：答辩人贴现该汇票符合相关法律规定，答辩人在贴现该汇票时进行了审查，该汇票必要的记载事项齐全，在收到中国农业银行邯郸市渚河支行票据真实查实的复函并登陆人民法院网查询了该票据无公示催告情形，答辩人依照商业汇票承兑管理办法的相关规定审查了贴现人协力公司与其前手之间的贸易合同以及增值税发票并留存了复印件，支付了贴现款。纵观整个过程，答辩人在办理该贴现业务时尽到了法定义务没有违法行为，也没有其他过错，亦无重大过失行为，并且支付了对价，依票据法第三十一条的规定，答辩人依法享有票据权利；答辩人在办理该贴现业务时对有关人员伪造公章等情形并不知情，因此在办理贴现时不属于恶意贴现，答辩人不否认煤运公司曾经取得该汇票的合法性，但是他人伪造被答辩人的公章财务章不是导致被答辩人失去票据权利的关键，而是由于被答辩人单位对该汇票的管理存在漏洞，规章制度不健全，监督不到位，其工作人员可随时随地任意支取汇票，这才是被答辩人丧失票据权利的关键。假如被答辩人的工作人员不将汇票私自挪用交给他人，不管如何伪造印章也不会使答辩人丧失票据权利。根据票据法第四条第四款的规定，票据权利的行使是以占有该票据为前提的，而现在被答辩人不再持有该票据，其请求人民法院认定为票据权利人显然违反票据法的规定。

一审经审理查明，2007 年 1 月 21 日煤运公司因煤炭交易从邯郸钢铁股份有限公司受让一张票号为 CB/0101746158 的银行承兑汇票。该汇票票面记载事项为：出票日期 2006 年 12 月 30 日；出票人邯郸钢铁集团有限责任公司；收款人邯郸钢铁股份有限公司；付款行中国农业银行邯郸市渚河支行；出票金额壹仟万元；汇票到期日 2007 年 6 月 29 日。原煤运公司财务部长原伟（2006 年 12 月 21 日原伟被任命为长治华明煤业有限公司副经理，原工作未进行交接）于 2007 年 1 月 23 日从煤运公司驻邯郸办事处主任处取走该支承兑汇票，并将该承兑汇票交给中国工商银行长治市分行（以下简称工行长治市分行）的李剑锋，李剑锋找他人私刻煤运公司的财务和法人名章进行汇票背书，后将该汇票交给长治中行英雄路分理处的黄维维（又名黄伟），黄维维联系协力公司会计王俊杰，言明利用其所在公司的账户办理贴现，王俊杰同意并给黄维维提供一份空白工业品买卖合同，黄维维对合同内容进行虚假填写，后黄维维持虚假合同、承兑汇票及相关手续提交到长治中行申请贴现。2007 年 1 月 30 日长治中行的银行承兑汇票贴现申请审批表上标明：经办为黄伟，后长治中行的营业部主任、客户经理、公司业务部主任、分管行长、行长均在该审批表上签字同意。同日协力公司与长治中行签订银行承兑汇票贴现协议并予以贴现。2007 年 6 月 27 日，煤运公司提起本案诉讼，要求确认其为 CB/0101746158 号银行承兑汇票的权利人，长治中行将该汇票返还。

另查明，本案承兑汇票的流转过程为：出票人为邯郸钢铁集团有限责任公司，收款人为邯郸钢铁股份有限公司，邯郸钢铁股份有限公司背书给煤运公司，煤运公司背书给聊城公司（煤运公司公章及法人名章为李剑锋找人私刻，刑事案件另查明聊城公司的公章及法人章亦为伪造），聊城公司背书给协力公司。

诉讼中，煤运公司提起财产保全申请，一审法院于2007年6月27日作出（2007）长民初字第127号民事裁定，冻结了争议汇票。长治中行提供担保，一审法院于2007年6月28日下裁定解除了对该汇票的冻结，长治中行于2007年7月4日申请该汇票出票行农业银行邯郸市渚河支行解付。同月煤运公司以本案相关证据涉及刑事案件的侦查尚不能对外公开、相关人员被立案侦查为由，申请中止审理，一审法院于2007年8月3日裁定本案中止审理。后原伟因犯挪用资金罪、行贿罪被判处有期徒刑五年零六个月，李剑锋因挪用资金罪被判处有期徒刑三年零六个月，黄维维被免于刑事处罚。本案所涉1000万元银行承兑汇票无法归还。2010年4月22日本案恢复审理。

一审法院认为，煤运公司提供了《工矿产品销售合同》《价格补充协议》及其向邯郸钢铁股份有限公司出具的增值税专用发票可以证明其与邯郸钢铁股份有限公司存在真实的交易关系，其票据转让符合《中华人民共和国票据法》第10条的规定，故煤运公司系 CB/0101746158 号银行承兑汇票的权利人。长治中行辩称占有票据才可行使票据权利的理由一审法院不予采信。长治中行的银行承兑汇票贴现申请审批表上表明黄伟（黄维维）为经办人，故应认定黄维维在办理上述业务时行使的是长治中行的职务行为。黄维维持虚假合同、承兑汇票及相关手续提交到长治中行申请贴现的行为属恶意贴现行为，由此给煤运公司造成损失的责任应由长治中行承担。长治中行辩称黄维维不是长治中行的职工，其不是职务行为的理由不予采信。鉴于本案争议的承兑汇票已被长治中行申请解付，煤运公司要求返还该承兑汇票已无可能，故应由长治中行承担返还票据款1000万元。据此，该院依照《中华人民共和国票据法》第十条第一款、第十二条第一款、第一百零四条第二款之规定，经审判委员会讨论决定，判决：一、煤运公司为 CB/0101746158 号银行承兑汇票的权利人；二、长治中行于判决生效后三十日内返还煤运公司一千万元。如果未按本判决指定的期间履行给付金钱义务，应当依照《中华人民共和国民事诉讼法》第二百二十九条之规定，加倍支付迟延履行期间的债务利息。案件受理费81800元，保全费5000元，合计86800元，由长治中行承担。

长治中行不服一审判决，向山西省高级人民法院提起上诉称：1. 一审判决无视银行承兑汇票作为金钱证券和支付工具的特殊性，简单、片面认定被上诉人为票据权利人是错误的。尽管被上诉人曾经合法取得涉案汇票，但其在丧失对票据的占有后，不排除上诉人通过合法途径取得该汇票而享有票据权利；2. 上诉人在办理贴现业务时，经审查票据真实，背书连续，必要记载事项齐全，符合票据法相关规定，对双方贸易背景、合同、增值税发票均进行了审查，尽到了法定的注意义务，一审判决认定上诉人属恶意贴现无依据；3. 黄维维是中国银行股份有限公司长治市英雄路分理处的员工，而非上诉人的员工，其作为不能代表长治中行。尽管承兑汇票贴现申请审批表中经办人栏的签名是黄维维，也仅能说明黄维维作为揽票机构工作人员履行的是向付款人致电查询并接收查复书的职务行为，而办理贴现时均是由上诉人的相关职能部门完成，并非黄维维职责范围。黄维维在上诉人办理贴现前后无论知道什么或做了什么，都是个人行为，不能代表上诉人。被上诉人内部管理混乱才是造成其丧失票据权利和经济损失的根本原因。

煤运公司二审辩称：原审认定事实清楚，证据充分，适用法律适当，请求二审予以维持。

山西省高级人民法院二审查明，一审认定的事实存在。

另查明，长治市城区人民法院（2007）城刑初字第 235 号刑事判决书第五页认定：2006 年 4 月底，李剑峰为归还其工商银行欠款，从原伟处借款。原伟私自将被上诉人煤运公司的一张 800 万元承兑汇票借给李剑峰，李剑峰（已判刑）将该汇票质押贷款 795 万元用于归还其个人借款，后于 7 月 14 日将该汇票贴现后归还了其贷款。2007 年 1 月 23 日，原伟为要回上述 800 万元汇票，以急需煤款为由，从煤运公司驻邯郸办事处主任马月忠处取走 1000 万元承兑汇票，将该汇票交给李剑峰，李剑峰找人私刻了煤运公司的财务和法人名章，于 1 月 30 日将该汇票贴现后得款 986.4850 万元。李剑峰又从多处购买了 17 支共计 790 万元承兑汇票，安排李瑞刚将所购汇票送给了原伟。2 月12 日，李剑峰通过他人购买一支 10 万元承兑汇票，还给原伟用于归还此前的欠款。2 月 14 日，为归还 1000 万元承兑汇票，原伟找到煤运公司出纳吴小蒲（已判刑），以煤矿急需货款为由借用 500 万元承兑汇票，后将该汇票归还了马月忠，后在吴小蒲索要还款时，原伟将李剑峰交给他的一张 900 万元假汇票交给吴小蒲，4 月份该假汇票被发现，该 500 万元承兑汇票被煤运公司追回。

原伟共挪用他人资金 2917.858471 万元，行贿 2 万元，至案发仍有 1000 万元资金未追回。案发后，检察机关追回赃款 151.2 万元，存于长治市城区人民检察院。

山西省高级人民法院二审认为，本案属票据纠纷。双方争议的焦点应为如何确定涉案票据的权利人及该票据被非法贴现后造成损失的过错责任。

关于涉案票据权利人，本案两审中，煤运公司均提供了《工矿产品销售合同》《价格补充协议》及其向邯郸钢铁股份有限公司出具的增值税专用发票，以证明其与邯郸钢铁股份有限公司存在真实交易关系，其票据转让符合《中华人民共和国票据法》第十条的规定，故煤运公司系涉案 CB/O101746158号银行承兑汇票的权利人。

关于票据损失后的过错责任，煤运公司员工原伟在将涉案汇票交给中国工商银行长治市分行员工李剑峰后，其目的是让李剑峰将该汇票换成多支小额承兑汇票，但李剑峰将该汇票交给黄维维，黄维维在所接受汇票并无相关交易合同、增值税发票、完整背书的情况下，伪造上述材料，应李剑峰之请将该汇票贴现，主观上属于恶意；上诉人长治中行虽辩称黄维维的行为属个人行为，其所在长治中行英雄路分理处无贴现业务，但却在黄维维以所在分理处员工身份办理贴现业务时，在贴现申请表上载明黄维维为经办人，且在此后多个审批环节均因各审查人未尽严格审查义务，至汇票被非法贴现（黄维维刑事侦查卷中对长治中行业务部副主任李宁的调查笔录载明，在涉案汇票贴现时无增值税发票的情况下，先行办理贴现，后补发票）；涉案汇票被贴现后，上诉人的承办人黄维维伪造的票据权利人为协力公司，但上诉人却将该贴现款 9864850 元转入李剑峰指定的个人账户［长治市城区法院（2009）城刑初字 235 号判决书第 43 页］，以致最终给票据权利人煤运公司造成损失。本案一审中该汇票被冻结，但在上诉人长治中行担保并表示一旦将来判决其承担责任时，保证承担责任的前提下被解除冻结，此后，该汇票由上诉人向出票行解付，上诉人长治中行取得了该票据利益，故应向票据实际权利人煤运公司承担赔偿责任。综上所述，一审认定事实清楚，适用法律适当，上诉人长治中行的上诉理由与本院查明的事实不符，其上诉请求依法不应支持。

该院依照《中华人民共和国票据法》第十条第一款、第十二条第一款、第三十二条，《最高人民法院关于审理票据纠纷案件若干问题的规定》第七十五条，《中华人民共和国民事诉讼法》第一百五十三条第一款第（一）项之规定，判决：驳回上诉，维持原判。二审诉讼费 81800 元，由上诉人长治中行负担。

长治中行不服山西省高级人民法院上述民事判决，向本院申请再审称：一、本案汇票已经解付，票据权利消灭，人民法院通过损害赔偿调整双方权利义务关系，属于票据损害赔偿纠纷。本案再审审理各方对煤运公司票据项下损失的承担问题，并未超出原审审理范围。二、检察机关在案发后为煤运公司追回赃款 151.2 万元。李剑锋利用本案 1000 万元汇票所得贴现款，购买 18 张共 800 万元小额汇票，通过原伟交还煤运公司，煤运公司也确认收到该800 万元汇票。据此，本案 1000 万元汇票项下，煤运公司损失至多 48.8 万元。三、由于煤运公司内部管理混乱，导致高级管理人员原伟等犯罪金额高达 2900 余万元。自原伟将涉案汇票交给李剑锋，煤运公司即失去对票据的控制权，此系造成本案煤运公司损失的根本原因，与长治中行无关。四、长治中行办理本案汇票贴现合法合规，不存在过错，并已经支付了票据贴现款，未谋取任何不当利益，不应对非因长治中行贴现造成的损失承担责任。五、本案中，煤运公司对于损失的发生具有明显过错，且存在直接因果关系，煤运公司应自行承担损失。请求人民法院再审判决：一、撤销山西省长治市中级人民法院（2007）长民初字第 127 号民事判决、山西省高级人民法院（2011）晋民终字第 62 号民事判决；二、驳回煤运公司全部诉讼请求；三、煤运公司承担本案全部诉讼费用。

煤运公司答辩称：本案属票据纠纷，应适用票据法相关规定判定诉争双方的票据权利人地位及相应的法律责任。煤运公司为涉案票据权利人，依法享有票据权利。长治分行办理案涉票据贴现中具有重大过错，属恶意取得票据，依法不应享有票据权利。其非法贴现取得票据及提供反担保解付票据后，应承担返还票据金额的付款人义务及票据债务人义务。煤运公司属刑事案件受害人并无过错，不应承担责任。另本案中煤运公司实际损失确为 1000 万元，且该损失与本案诉争票据法律关系并无关联。长治分行以损害赔偿责任纠纷为由申请再审，改变了原审双方的诉争焦点及抗辩事由，混淆了本案基本法律关系，其再审请求及事实理由均已超出了原审审理范围，应予以驳回。本案一、二审法院认定事实清楚、适用法律正确，程序合法，请求人民法院依法维持原判，驳回长治分行的全部再审请求。

本院再审认定原审法院查明事实中除煤运公司实际损失数额外的其他内容。另查明，李剑峰于 2007 年 1 月 30 日将本案所涉汇票贴现得款 986.4850 万元后，分两次将 17 支共计 790 万元银行承兑汇票和 1 支 10 万元承兑汇票交予原伟，用于归还此前挪用煤运公司所形成的 800 万元欠款。煤运公司收到上述 800 万元汇票。山西省长治市城区人民法院（2009）城刑初重第 9 号刑事判决所记载的原伟挪用煤运公司 2917.858471 万元至案发未追回的 1000 万元中不包括上述 800 万元款项。

2009 年 6 月 26 日，煤运公司收到长治市城区人民检察院涉案暂扣款 151.2 万元。

山西省长治市城区人民法院（2009）城刑初重第 9 号刑事判决书认定黄维维协助李剑锋、原伟挪用煤运公司资金，公诉机关指控其犯有违法票据承兑罪罪名不妥，黄维维犯挪用资金罪，免于刑事处罚。

本院再审认为，本案的焦点问题主要包括：一、本案纠纷性质；二、本案中煤运公司的实际损失范围；三、当事人的民事责任承担。

一、关于本案纠纷的性质问题。

原审判决根据煤运公司取得本案所涉票据的合法过程判定其是票据的原权利人并无不当，但本案的一个重要事实是，该票据在煤运公司原工作人员原伟挪用资金犯罪过程中已从该公司转移至李剑锋手中，后李剑锋采取私刻印章等手段将该票据连续背书转让给聊城公司、协力公司，并在长治中行办理了贴现业务。至此，煤运公司已成为形式上的票据背书前手而不是持票人。另根据中国人民银行《贷款通则》第九条规定，票据贴现，系指贷款人以购买借款人未到期商业票据的方式发放的贷款。中国人民银行《商业汇票承兑、贴现与再贴现管理暂行办法》第二条规定，本办法所称贴现系指商业汇票的持票人在汇票到期日前，为了取得资金贴付一定利息将票据权利转让给金融机构的票据行为，是金融机构向持票人融通资金的一种方式。由此可见，票据贴现实质是金融机构与持票人之间融通资金买卖票据的交易关系，这是贴现人与持票人之间形成的票据基础关系。贴现人支付了贴现款后享有票据权利，可以要求付款人付款，原票据权利人丧失票据权利。原审判决在本案所涉票据至诉前已办理了贴现业务、煤运公司已不是持票人，且长治中行就同一张票据已向持票人（即贴现申请人）支付了 986.485 万元贴现款的情况下，判令长治中行再向持票人的前手煤运公司支付 1000 万元票据返还款显属不当，应予纠正。

煤运公司诉请依法确认其是涉案汇票的权利人，并要求长治中行依法向其返还该汇票，其诉请内容包括确认之诉和给付之诉。本案所涉票据在诉讼数月前已经贴现完成，在此情况下，煤运公司关于要求长治中行返还票据的诉请已无法实现，解决相关争议的办法只能是损害赔偿问题。本案一、二审法院均系在票据损害赔偿纠纷的审理范围内进行的审理，并依据解决票据损害赔偿纠纷的相关法律规定，即《最高人民法院关于审理票据纠纷案件若干问题的规定》第七十五条的规定，判令长治中行向煤运公司支付 1000 万元款项。在一审、二审诉讼过程中煤运公司并未就人民法院对本案的审理范围提出异议，并进行了相应主张和诉辩。现长治中行申请再审主张其不应按照原审判决向煤运公司支付 1000 万元款项，该诉请并未超出原审范围，煤运公司关于长治中行的再审申请超出原审范围的答辩意见不能成立。最高人民法院《民事案件案由规定》中"票据损害责任纠纷"案由是"票据纠纷"案由的子案由，两者并不矛盾。票据损害赔偿请求权是普通的民事债权和票据权利都具有的侵权救济方式，本案在确定票据返还已不可能的情况下，应根据煤运公司的实际损失，综合考虑当事人的过错情况，确定其应承担的相关民事责任。

二、关于确定本案煤运公司损失范围的问题。

本案中，煤运公司的实际损失应为其丧失的 1000 万元汇票金额，在扣除其已收回的 800 万元汇票金额及检察机关退回赃款部分金额后所得的余额，即 169.76 万元。理由如下：

1. 根据已生效的山西省长治市城区人民法院（2007）城刑初字第 235 号刑事判决的内容，煤运公司包括本案所涉票据在内所形成的 1000 万元损失系因其工作人员原伟非法挪用资金所造成。原伟挪用资金的犯罪行为连续数次，只有本案中的损失涉及长治中行办理的贴现业务，故在确定与长治中行办理票据贴现业务相关的煤运公司损失时，应当针对该笔票据所形成的损失单独计算，不应当将与长治中行无关的其他损失计算入内。

2. 本案中，原伟将涉案汇票交给李剑锋的目的，就是为了让李剑锋将该汇票换成多个小额承兑票据并返还煤运公司，以弥补其之前挪用的 800 万元汇票所形成的欠款。李剑锋在得到本案票据贴现款后如约购买了 18 支共计 800 万元的小额承兑票据，并通过原伟返还给了煤运公司。煤运公司丧失 1000 万元汇票后又收回了 800 万元，其实际损失为 200 万元。

3. 在 2006 年由原伟挪用资金向李剑锋出借一张 800 万元的汇票未能归还的情况下，煤运公司已经发生了 800 万元的损失。尽管煤运公司称以本案收回的 800 万元弥补了 2006 年的损失，但因煤运公司 2006 年损失的 800 万元与长治中行没有关系，故本案 1000 万元汇票项下的损失金额不包括此前 800 万元的损失。

4. 2007 年原伟向李剑锋交付本案 1000 万元汇票后，李剑锋经贴现购买 800 万元小额汇票归还给了煤运公司，在本案 1000 万元汇票项下出借和归还、目的和结果的对应关系是明确的。该事实有相关案件的刑事判决书及李剑锋、原伟等人证言等证据佐证。在本案所涉汇票贴现前，李剑锋已无偿还 800 万元欠款的能力，原伟挪用本案所涉汇票帮助李剑锋偿还此前欠款。因此，煤运公司关于其收到的 800 万元还款与本案贴现款无关的答辩意见与事实不符，本院不予采纳。

5. 煤运公司因原伟犯挪用资金罪至案发有 1000 万元资金未追回，其中包括本案中煤运公司的实际损失 200 万元。现检察机关追回赃款 151.2 万元已发还煤运公司，即收回赃款部分占全案损失的 15.12%。鉴于该赃款具体属于哪一笔被挪用资金的事实已无法核实，本院依照公平原则，按上述比例计算，得出本案煤运公司 200 万元损失应分摊的已追回赃款数额为 30.24 万元。故应认定本案中煤运公司所受的实际损失是 169.76 万元。

三、关于双方当事人责任分担的问题。

本案中煤运公司和长治中行均存在一定过错，应公平地各半承担本案所涉票据损害赔偿责任。理由如下：

长治中行在办理本案票据贴现业务中具有一定过错。李剑峰将该汇票交给长治中行英雄路分理处职员黄维维后，黄维维在无相关交易合同、增值税发票的情况下，为编造票据贴现业务所需资料提供帮助，并通过了该行相关业务部门的审核，致使该票据最终顺利贴现。本院认为，长治中行办理贴现业务时，在贴现申请表上载明黄维维为经办人，黄维维的犯罪行为虽属个人行为，但因其作为长治中行下属部门的工作人员，违反规定办理本案票据贴现业务，亦因长治中行未能尽到严格审查义务，在业务办理及管理上存在一定过错，故依据《最高人民法院关于审理票据纠纷案件若干问题的规定》第七十五条关于"依照票据法第一百零五条的规定，由于金融机构工作人员在票据业务中玩忽职守，对违反票据法规定的票据予以承兑、付款、贴现或者保证，给当事人造成损失的，由该金融机构与直接责任人员依法承担连带责任"的规定，长治分行应就其在本案中的过错行为对煤运公司的损失承担相应的民事赔偿责任。长治中行关于"黄维维的行为属个人行为，其所在长治中行英雄路分理处无贴现业务；长治中行办理本案汇票贴现合法合规，不存在过错，不应对煤运公司的损失承担责任"的诉讼请求及理由不能成立。

关于煤运公司的过错责任问题。山西省长治市城区人民法院（2007）城刑初字第235号刑事判决已查明，原伟作为煤运公司财务部长，与李剑锋共同、长期、多次挪用煤运公司大量资金。煤运公司对此失察、失控。在原伟将本案汇票交予李剑锋时，煤运公司发生资金损失的风险即已产生。煤运公司在失票后长达数月的时间内，未能排查发现工作中的漏洞并及时办理挂失止付或提起公示催告程序，致使失票风险转化为实际损失。根据《中华人民共和国侵权责任法》第二十六条关于"被侵权人对损害的发生也有过错的，可以减轻侵权人的责任"的规定，因煤运公司对其损失的发生存在过错，故其应自行承担相应的损失。据此，基于本案的实际情况及过错认定，本院依据过错相抵原则，确认煤运公司和长治中行对本案169.76万元损失应各承担50%的责任。

综上，本案原一、二审判决认定事实不清，适用法律不当，应予纠正。长治中行、煤运公司对本案煤运公司的损失均有过错，应各自承担相应的民事责任。长治中行的部分诉讼请求及理由成立，应予支持。本院依据《中华人民共和国民事诉讼法》第一百七十条第一款第（三）项、第二百零七条之规定，判决如下：

一、撤销山西省高级人民法院（2011）晋民终字第 62 号民事判决，山西省长治市中级人民法院（2007）长民初字第 127 号民事判决。

二、中国银行股份有限公司长治市分行于本判决生效后 10 日内给付长治煤炭运销公路经销有限公司 84.88 万元及其利息（从 2007 年 6 月 29 日起至实际给付之日止，按照中国人民银行规定的同期贷款利率计算）。

如果未按本判决指定的期间履行给付义务，应当按照《中华人民共和国民事诉讼法》第二百五十三条之规定，加倍支付迟延履行期间的债务利息。

一审案件受理费 81800 元、保全费 5000 元，共计 86800 元，由长治煤炭运销公路经销有限公司负担 69440 元，中国银行股份有限公司长治市分行负担 17360 元；二审案件受理费 81800 元，由长治煤炭运销公路经销有限公司负担 65440 元，中国银行股份有限公司长治市分行负担 16360 元。

本判决为终审判决。

审　判　长　王宪森
审　判　员　杨征宇
代理审判员　张雪楳
二〇一三年十一月十七日
书　记　员　郑琪儿

三、合 同

1. 正确理解合同内容，准确界定当事人之间的法律关系

——山西漳泽电力股份有限公司漳泽发电分公司、山西漳泽电力股份有限公司与山西广建房地产开发有限公司返还财产纠纷案

【裁判要旨】

本案的争议焦点是漳电分公司是否应就案涉1400万元向广建公司承担返还责任。正确理解当事人所签《会议纪要》的相关内容是解决上述问题的前提和基础。根据本案查明的事实，各方当事人签订《会议纪要》的本意在于督促各方及时履行《资产处置合同》，保障专款专用，同时对广建公司借给弘桥公司1400万元用于支付中标款项的事实起到证明作用。《会议纪要》中关于"如在规定期限内未支付余款，漳电分公司有权废标，将1400万元退还广建公司"的表述，应当理解为是否废标是漳电分公司的权利，而非义务；与之相应，漳电分公司是否负有将1400万元退还广建公司的义务将依附于其是否废标的事实。而本案查明的事实是，漳电分公司并未废标，《资产处置合同》最终已实际履行完毕，广建公司代付的1400万元已属《资产处置合同》履行的一部分。在上述情形下，《会议纪要》约定的漳电分公司将1400万元退还广建公司的条件未成就，故漳电分公司不具有将案涉1400万元退还广建公司的义务。原审判决认定《会议纪要》为附条件的债务转让协议，适用法律错误，应予纠正。

中华人民共和国最高人民法院民事判决书

（2013）民提字第22号

申请再审人（一审被告、二审上诉人）：山西漳泽电力股份有限公司漳泽

发电分公司。

负责人：李王斌，该分公司总经理。

委托代理人：巢明磊，该分公司法律顾问。

委托代理人：孙俊甫，北京市雷杰律师事务所律师。

申请再审人（一审被告、二审上诉人）：山西漳泽电力股份有限公司。

法定代表人：文生元，该公司总经理。

委托代理人：王祁伟，该公司法律事务主管。

委托代理人：刘芳，山西漳泽电力股份有限公司漳泽发电分公司财务总监。

被申请人（一审原告、二审被上诉人）：山西广建房地产开发有限公司。

法定代表人：曹建军，该公司总经理。

委托代理人：王瑾，山西弘韬律师事务所律师。

委托代理人：曹伟，山西弘韬律师事务所律师。

申请再审人山西漳泽电力股份有限公司漳泽发电分公司（以下简称漳电分公司）、山西漳泽电力股份有限公司（以下简称漳泽股份公司）因与被申请人山西广建房地产开发有限公司（以下简称广建公司）返还财产纠纷一案，不服山西省高级人民法院（2012）晋民终字第 20 号民事判决，向本院申请再审。本院以（2012）民申字第 1059 号民事裁定提审本案，并依法组成由审判员王东敏担任审判长，代理审判员李相波、梅芳参加的合议庭进行了审理，书记员侯佳明担任记录。本案现已审理终结。

2011 年 5 月 31 日，广建公司对漳泽股份公司、漳电分公司提起诉讼称：2009 年 12 月下旬，山西弘桥电力工程有限公司（以下简称弘桥公司）委托代理人任高峰找到广建公司，声称自己中标漳电分公司#1、#2 机组拆除资产处置项目，因资金困难，请求借款予以支持。为保障资金安全，漳电分公司、弘桥公司、河间盛源物资公司（以下简称河间公司）、广建公司共同签署一份会议纪要。此后，广建公司按照会议纪要将 1400 万元汇入漳电分公司。而漳电分公司明知弘桥公司、河间公司及实际操作人任高峰没有履约能力，急于行使自己的权利，继续与其合作，致使广建公司代付的 1400 万元中标款无法收回。为此，请求判令漳泽股份公司、漳电分公司退还该 1400 万元及利息。

山西省长治市中级人民法院一审查明：2009 年 12 月 31 日，漳电分公司与弘桥公司签订《山西漳泽电力股份有限公司漳泽发电分公司#1、#2 机组拆除资产处置合同书》（以下简称《资产处置合同》），约定："弘桥公司为漳电分公司设备处置及建（构）筑物拆除工程项目的联合体总承包（其联合体组成成员为河间公司）；合同总价为人民币 3649.5 万元；合同签订前，联合体于 2009 年 12 月 31 日前首付中标价款 2127.01 万元，2010 年 1 月 10 日前付清标的余款 1522.49 万元和履约保证金 720 万元（含安全、质量、进度保证金），在全部中标价款未付清前不得进入现场拆除"等内容。同日，漳电分公司、弘桥公司、河间公司、广建公司共同签署《中电投漳泽电力漳泽发电分公司#1、#2 机组拆除资产处置中标价款付款事宜会议商讨纪要》（以下简称《会议纪要》），约定："由广建公司代弘桥公司、河间公司向漳电分公司支付中标价款 1400 万元，弘桥公司在 2010 年 1 月 10 日前将余款 2249.5 万元履约汇入漳电分公司指定账户，如在规定期限内未支付余款，漳电分公司有权废标，将 1400 万元退还广建公司，726.11 万元保证金不予退还中标单位。"同日，广建公司依约将中标价款 1400 万元电汇至漳电分公司账户，漳电分公司为广建公司出具 1400 万元中标价款的收款收据。截至 2010 年 1 月 10 日，弘桥公司未按约支付中标价款余额 2249.5 万元，漳电分公司也没有将弘桥公司未按约付款的事实告知广建公司。之后，广建公司得知弘桥公司未按约付款的事实，分别于 2011 年 4 月 15 日、2011 年 4 月 22 日两次向漳电分公司发出《返还垫付款通知》，要求漳电分公司按照《会议纪要》约定返还其垫付的 1400 万元中标款。漳电分公司于 2011 年 4 月 24 日给广建公司复函称，《会议纪要》属于一般性会议纪要，其不应对广建公司支付的 1400 万元承担退付义务。复函还称：中标联合体之一的河间公司已经单方面撤走合作资金，中标联合体已不存在；弘桥公司未按约定于 2010 年 1 月 10 日前支付剩余中标款；任高峰涉嫌伪造弘桥公司印鉴。

还查明，漳电分公司#1、#2 机组资产拆除已全部结束，《资产处置合同》已履行完毕。漳电分公司系漳泽股份公司依法设立的分公司。

山西省长治市中级人民法院认为，《会议纪要》所体现的内容是广建公司和漳电分公司的真实意思表示，该《会议纪要》虽名为纪要，但其内容有明确的权利义务的约定，实为一份附条件的债务转让协议，故对本案双方当事人均具有法律约束力，双方当事人均应按约全面履行自己的义务。根据《会议纪要》约定，如弘桥公司未按约定于 2010 年 1 月 10 日前支付剩余中标款，则 1400 万元本金的还款义务将从弘桥公司、河间公司转移至漳电分公司，广建公司在取得要求漳电分公司返还该 1400 万元本金权利的同时，则丧失要求弘桥公司、河间公司归还该 1400 万元的权利。弘桥公司未按约定于 2010 年 1 月 10 日前支付剩余中标款，故漳电分公司应依约定将 1400 万元中标款返还广建公司，返还后可向实际履行标的当事人追偿。结合案件双方当事人所举证据及当事人陈述和庭审查明的事实，本案所涉中标项目的实际履行标的人为任高峰，并非弘桥公司与河间公司的联合体，且漳电分公司确认中标联合体之一的河间公司已单方面撤走合作资金，中标联合体已不存在，故依法漳电分公司也应该确认中标无效并及时将1400万元中标款返还广建公司。因本案所涉债务转移仅为1400万元本金归还的转移，故对利息主张，不予支持。漳电分公司是漳泽股份公司设立的分公司，依法漳泽股份公司应为漳电分公司的民事行为承担责任。该院依照《中华人民共和国合同法》第六十条、第七十七条、第八十四条，《中华人民共和国招标投标法》第三十三条、第四十六条、第五十四条第一款，《中华人民共和国公司法》第十四条第一款，《最高人民法院关于民事诉讼证据的若干规定》第三十四条第一款、第七十五条之规定，判决：一、漳电分公司在判决生效之日起十日内返还广建公司1400万元；二、漳泽股份公司对漳电分公司的上述还款义务承担连带还款责任；三、驳回广建公司的其他诉讼请求。如果未按判决指定的期间履行给付金钱义务，应当按照《中华人民共和国民事诉讼法》第二百二十九条之规定，加倍支付迟延履行期间的债务利息。案件诉讼费112451.04元，由广建公司承担8251.04元，由漳电分公司、漳泽股份公司承担104200元。

漳电分公司、漳泽股份公司不服上述判决，向山西省高级人民法院提起上诉称：原审法院认定《会议纪要》"实为附条件的债务转让协议"没有事实和法律依据，事实上弘桥公司已经偿还了广建公司1400万元借款，广建公司再诉讼要求漳电分公司支付1400万元，是重复主张，于法无据。

广建公司答辩称：一审判决认定事实清楚，证据确实充分，应予维持。

山西省高级人民法院查明的事实与山西省长治市中级人民法院查明的事实基本一致。

山西省高级人民法院认为，漳电分公司与弘桥公司、河间公司就漳电分公司#1、#2关停机组资产进行处置所订合同是双方当事人真实意思表示，双方当事人应全面正确履行。《会议纪要》是《资产处置合同》的附件，依约由弘桥公司和河间公司组成联合体总承包，先付1400万元，在2010年1月10日前弘桥公司将余款2249.5万元汇入漳电分公司指定的账户，如在规定期限内未支付余款，漳电分公司有权废标，将1400万元退还广建公司，726.11万元保证金不予退还中标单位。根据《资产处置合同》约定：在全部中标价款未付清前不得进入现场拆除。实际上，除2009年12月29日由中电成套设备公司代弘桥公司付727.01万元履约保证金，12月31日由广建公司代联合中标体付1400万元中标价款外，其余款项均未按合同约定支付。尤其是在中标联合体已经解散的情况下，合同虽成立但未能生效，没有达到合同履行的基本条件。作为发标方漳电分公司本应及时终止合同的履行，但却任由任高峰代中标联合体履行合同。在承揽方未按约履行义务的情况下，退还1400万元不应是一项权利，否则违背了当事人创设该《会议纪要》的初衷和目的（保证资金专用，合同不能履行时退还），所以《会议纪要》不仅仅是起证明作用的普通记事，而且是创设当事人权利义务的合同附件。

本案1400万元在弘桥公司和河间公司联合体与广建公司间产生借款法律关系，该借款在《资产处置合同》成立生效履行过程中充作中标款，但合同未履行或不能履行时应保证资金的安全退还。所以，在《资产处置合同》不能履行时，或者退一步讲，任高峰作为合同的实际履行人未按约付清中标价款时，漳电分公司就负有特别的义务。至于1400万元是否已归还广建公司，从二审情况看，漳电分公司称任高峰给曹建忠（广建公司股东）、左继宏付过一些款项，但存在以下问题：1. 借款法律关系的双方当事人为广建公司与弘桥公司和河间公司，而非任高峰和曹建忠、左继宏；2. 广建公司当时出借的是1500万元，而现在案外人任高峰说是还了1400万元；3. 案外人任高峰没有任何证据证明其有义务代弘桥公司、河间公司归还借款，所称还款收款人也不是广建公司；4. 本案中承揽合同与借款合同分属两种不同的法律关系，当事人救济方式也不相同；5. 广建公司庭审时否认收到过弘桥公司的任何款项，且称任高峰与曹建忠、左继宏个人有其他业务关系。对此，按各自合同约定履行各自的法定义务为妥。本案中，漳电分公司作为承揽合同的一方，明知合同履行条件未成就，违背合同义务，听任任高峰个人违约履行，有一定的过错，其承担责任也属正当。原判决认定事实清楚，适用法律正确，应予维持。该院依照《中华人民共和国民事诉讼法》第一百五十三条第一款第（一）项之规定，判决：驳回上诉，维持原判。二审案件诉讼费105800元，由漳电分公司负担。

漳电分公司、漳泽股份公司不服上述判决，向本院申请再审称：1. 《会议纪要》载明，弘桥公司应在2010年1月10日前将余款2249.5万元汇入漳电分公司指定的账户，如在规定期限内未支付余款，漳电分公司有权废标，将1400万元退还广建公司。上述约定没有任何债权债务关系转移的意思表示。事实上，弘桥公司虽未能在2010年1月10日前及时支付工程余款，但不久还是付足了余款并于2012年5月22日完成了拆除工程，按照合同关停机组资产的物权至此已发生转移，漳电分公司因此依法拥有工程款的所有权。弘桥公司是1400万元的债务人，广建公司虽然代替弘桥公司把钱直接打到漳电分公司的账户上，但这并不能改变广建公司与弘桥公司对应的债务关系。因此，原审判决认定《会议纪要》为附条件的债务转让协议，适用法律错误。

2. 原审中，漳电分公司及漳泽股份公司提交了弘桥公司偿还广建公司1400万元借款的证据，同时提交了广建公司大股东曹建忠在公安机关自认收到弘桥公司归还1400万元的证据，足以证实弘桥公司已向实际出借人曹建忠、左继宏还清了全部借款。二审判决后，任高峰回函证明其已连本带利归还了广建公司1400万元借款，并声明除此之外没有其他经济往来。该证据属于新证据，足以推翻原审判决。综上，请求撤销原一、二审判决，改判漳电分公司不承担案涉1400万元的偿还责任，漳泽股份公司亦不承担连带责任。

广建公司答辩称：1.《会议纪要》表明的法律关系是附条件的债务转移，即只要条件成就，则原本借贷关系的还款义务将从弘桥公司转移至漳电分公司。本案中，弘桥公司未按期支付剩余中标款项，所以无论漳电分公司是否废标，都应当将收受的1400万元退还广建公司。2. 本案案外人任高峰的回函不属于新证据，且任高峰是否将款项支付给他人，与本案诉争法律关系无关。3. 漳电分公司明知弘桥公司未按期支付中标款、弘桥公司将中标项目转让等情况，本应依据招标投标法的规定及时废标，但却纵容违法情形的延续，不予废标，严重侵害了广建公司资产回收及收益权，理应对其过错承担相应责任。原审判决认定事实清楚，适用法律正确，漳电分公司、漳泽股份公司的再审申请应当依法驳回。

本院经再审审理，确认原一、二审法院查明的事实。

本院认为，本案再审的争议焦点是：漳电分公司是否应就案涉1400万元向广建公司承担返还责任。

广建公司主张漳电分公司承担案涉1400万元返还责任的依据是漳电分公司、广建公司与案外人弘桥公司、河间公司共同签署的《会议纪要》的相关内容，即"……弘桥公司在2010年1月10日前将余款2249.5万元履约汇入漳电分公司指定的账户，如在规定期限内未支付余款，漳电分公司有权废标，将1400万元退还广建公司……"。关于该《会议纪要》的法律效力，因其具有设定当事人权利义务关系的内容，且各方当事人已达成一致，应当认为具有法律约束力。但对于上述内容确立何种法律关系的问题，广建公司与漳电分公司、漳泽股份公司有不同认识。广建公司认为，签订《会议纪要》的目的在于保障广建公司1400万元款项的安全，《会议纪要》实际确立了一种附条件的债务转移的法律关系，即只要弘桥公司未按约定时间将余款汇入漳电分公司，则不论漳电分公司是否废标，案涉1400万元的还款义务都将从弘桥公司转移至漳电分公司。漳电分公司、漳泽股份公司则认为，《会议纪要》约定漳电分公司"有权废标"，应当理解为漳电分公司可以选择废标，也可以选择继续履行合同；只有漳电分公司在选择废标的情况下，才有义务将1400万元返还广建公司。而实际情况是，漳电分公司没有选择废标，当事人已实际履行《资产处置合同》，所以其不具有将1400万元退还广建公司的义务。对于上述争议，一审法院认为，《会议纪要》实为一份附条件的债务转让协议，因弘桥公司未按约定时间支付剩余中标款，则1400万元本金的还款义务从弘桥公司转移至漳电分公司，故漳电分公司应将上述款项返还广建公司；二审法院则认为，漳电分公司作为承揽合同的一方，明知合同履行条件未成就，违背合同义务，违约履行，有一定的过错，应当承担返还责任。

本院认为，正确理解《会议纪要》的相关内容是解决本案焦点问题的前提和基础。根据本案查明的事实，各方当事人签订《会议纪要》的本意应当在于督促各方及时履行《资产处置合同》，保障专款专用，同时对广建公司借给弘桥公司1400万元用于支付中标款项的事实起证明作用。《会议纪要》中关于"如在规定期限内未支付余款，漳电分公司有权废标，将1400万元退还广建公司"的表述，应当理解为是否废标是漳电分公司的权利，而非义务；与之相应，漳电分公司是否负有将1400万元退还广建公司的义务将依附于其是否废标的事实。而本案查明的事实是，漳电分公司并未废标，《资产处置合同》最终已实际履行完毕，广建公司代付的1400万元已属《资产处置合同》履行的一部分。在上述情形下，《会议纪要》约定的漳电分公司将1400万元退还广建公司的条件未成就，故漳电分公司不具有将案涉1400万元退还广建公司的义务。综上，漳电分公司、漳泽股份公司关于原审判决认定《会议纪要》为附条件的债务转让协议，适用法律错误的意见，本院予以支持。至于弘桥公司与广建公司是否存在债权债务关系、债务是否已归还，以及漳电分公司在履行《资产处置合同》过程中是否存在过错等问题，与本案诉争均非同一法律关系，本院不予审查，当事人可另行解决。

综上，原一、二审判决认定事实正确，但判决漳电分公司偿还广建公司1400万元，漳泽股份公司承担连带责任，缺乏事实和法律依据，应予以纠正。本院依据《中华人民共和国民事诉讼法》第一百七十条第一款第（二）项、第二百零七条之规定，判决如下：

一、撤销山西省高级人民法院（2012）晋民终字第20号民事判决；

二、撤销山西省长治市中级人民法院（2011）长民初字第031号民事判决；

三、驳回山西广建房地产开发有限公司的诉讼请求。

本案一审案件受理费 112451.04 元、二审案件受理费 105800 元，均由山西广建房地产开发有限公司负担。

本判决为终审判决。

审　判　长　王东敏

代理审判员　李相波

代理审判员　梅　芳

二〇一三年六月十九日

书　记　员　侯佳明

2. 为犯罪手段或者工具的银行贷款合同应认定为无效合同

——中国农业银行股份有限公司岫岩满族自治县支行与兰翎、鞍山万兴隆岩田木业有限公司借款合同纠纷一案

【裁判要旨】

岩田木业公司与农行岫岩支行在办理涉案固定资产贷款业务时存在犯罪行为，为获得涉案固定资产贷款，岩田木业公司制作虚假财务报告等文件申请贷款，并向农行岫岩支行工作人员行贿财物，为此，农行岫岩支行工作人员将虚假材料逐级上报，致使不符合贷款条件的岩田木业公司获得涉案贷款，其分别构成骗取贷款犯罪、单位行贿罪和非法发放贷款罪及受贿罪。因该《固定资产借款合同》的形成过程中，农行岫岩支行工作人员存在上述犯罪行为，双方当事人明显以合法形式掩盖非法目的，侵犯了国家的金融制度，构成犯罪，依据《中华人民共和国合同法》第五十二条第（三）项的规定关于"以合法形式掩盖非法目的"的规定，农行岫岩支行与岩田木业公司签订的《固定资产借款合同》应当认定无效。

中华人民共和国最高人民法院民事判决书
（2013）民二终字第 51 号

上诉人（原审原告）：中国农业银行股份有限公司岫岩满族自治县支行。住所地：辽宁省岫岩县岫岩镇阜昌路 64 号。

负责人：韩勐，该支行行长。

委托代理人：宋爽，北京市大成律师事务所律师。

委托代理人：李爱文，北京市大成律师事务所律师。

被上诉人（原审被告）：兰翎，女，住址：辽宁省鞍山市岫岩满族自治县岫岩镇西北路 8 号楼 2 单元 203。

委托代理人：徐建军，辽宁维谐律师事务所律师。

原审被告：鞍山万兴隆岩田木业有限公司。住所地：辽宁省鞍山市岫岩县兴隆镇。

法定代理人：蓝辉，该公司董事长。

委托代理人：赵文宗，辽宁竞业律师事务所律师。

上诉人中国农业银行股份有限公司岫岩满族自治县支行（以下简称农行岫岩支行）因与被上诉人兰翎、原审被告鞍山万兴隆岩田木业有限公司（以下简称岩田木业公司）借款、抵押合同纠纷一案，不服辽宁省高级人民法院于2011年8月19日作出的（2010）辽民二初字第22号民事判决，向本院提起上诉。本院于2012年3月21日以（2011）民二终字第119号裁定将案件发回重审，辽宁省高级人民法院重审后于2013年1月15日作出（2012）辽民二初字第17号民事判决，农行岫岩支行不服上述判决，向本院提起上诉，本院受理后依法组成由审判员王东敏担任审判长，审判员刘崇理、代理审判员曾宏伟参加的合议庭对案件进行了审理，书记员李洁担任记录。本案现已审理终结。

原审法院经审理查明：2006年3月20日至2008年7月9日间，农行岫岩支行与岩田木业公司签订《借款合同》共计31份，其中涉及流动资金贷款的《借款合同》29份，涉及固定资产贷款的《借款合同》2份。上述《借款合同》签订后，农行岫岩支行如约履行了贷款发放义务，向岩田木业公司发放贷款共计33笔，其中涉及流动资金贷款30笔，涉及固定资产贷款3笔，借款总额14109万元。上述《借款合同》均约定："借款人未按合同约定期限归还借款本金的，从逾期之日起在本合同约定的执行利率基础上上浮50%计收罚息；对应付未付利息，依据中国人民银行的规定计收复利"。岩田木业公司陆续偿还部分借款本金，尚欠借款本金138795617.60元，利息未偿还。上述借款以岩田木业公司自有房产22处（房产面积28198.21平方米）、2宗土地使用权（土地面积80635.65平方米）、209台（件）机器设备以及兰翎的个人商业网点一处（面积1932.33平方米）、土地使用权（面积1451.60平方米）办理抵押，签订《抵押合同》共计18份。

（一）流动资金贷款30笔（对应《借款合同》29份），借款金额12079.56万元。

1. 借款合同（编号21101200600000797），借款金额1000万元，约定执行年利率7.488%，分两笔发放，借款期限分别为：2006年3月20日至2009年2月20日（借款金额500万元，尚欠本金500万元）；2006年3月20日至2009年3月20日（借款金额500万元，其中2009年4月15日至2009年9月

29 日期间累计偿还 631501.60 元，尚欠本金 4368498.40 元）。以岩田木业公司机器设备抵押，《抵押合同》编号（岫）农银抵字（2006）第 004 号。以上两笔借款自 2008 年 9 月 21 日开始欠息。

2. 借款合同（编号 21101200700001725），借款金额 540 万元，借款期限为 2007 年 9 月 7 日至 2008 年 9 月 6 日，约定执行年利率 9.126%。以岩田木业公司机器设备抵押，抵押合同编号 21902200700002508。该笔贷款尚欠本金 540 万元，自 2008 年 9 月 21 日开始欠息。

3. 借款合同（编号 21101200700001911），借款金额 120 万元，借款期限为 2007 年 9 月 28 日至 2008 年 9 月 27 日，约定执行年利率 9.477%。该笔贷款尚欠本金 120 万元，自 2008 年 9 月 21 日开始欠息。

4. 借款合同（编号 21101200700001913），借款金额 80 万元，借款期限为 2007 年 9 月 28 日至 2008 年 9 月 27 日，约定执行年利率 9.477%。以岩田木业公司机器设备抵押，抵押合同编号 21902200700002739。该笔贷款尚欠本金 80 万元，自 2008 年 9 月 21 日开始欠息。

5. 借款合同（编号 21101200700001969），借款金额 119 万元，借款期限为 2007 年 9 月 30 日至 2008 年 9 月 29 日，约定执行年利率 8.19%。以岩田木业公司自有的房产和土地使用权抵押，抵押合同编号 NO21906200500000824，即高抵字（2005）027 号。该笔贷款尚欠本金 119 万元，自 2008 年 9 月 21 日开始欠息。

6. 借款合同（编号 21101200700002219），借款金额 800 万元，借款期限为 2007 年 11 月 13 日至 2008 年 11 月 12 日，约定执行年利率 9.477%。以岩田木业公司自有的房产和土地使用权抵押，抵押合同编号 NO21906200500000824，即高抵字（2005）027 号。该笔贷款尚欠本金 800 万元，自 2008 年 9 月 21 日开始欠息。

7. 借款合同（编号 21101200700002268），借款金额 700 万元，借款期限为 2007 年 11 月 19 日至 2008 年 11 月 18 日，约定执行年利率 9.477%。以岩田木业公司自有的房产和土地使用权抵押，抵押合同编号 NO21906200500000824，即高抵字（2005）027 号。该笔贷款尚欠本金 700 万元，自 2008 年 9 月 21 日开始欠息。

8. 借款合同（编号 21101200700002302），借款金额 100 万元，借款期限为 2007 年 11 月 22 日至 2008 年 11 月 21 日，约定执行年利率 9.477%。以岩田木业公司自有的房产和土地使用权抵押，抵押合同编号 NO21906200500000824，即高抵字（2005）027 号。该笔贷款尚欠本金 100 万元，自 2008 年 9 月 21 日开始欠息。

9. 借款合同（编号21101200700002305），借款金额240万元，借款期限为2007年11月22日至2008年11月21日，约定执行年利率9.477%。以岩田木业公司自有的房产和土地使用权抵押，抵押合同编号NO21906200700000331、NO21906200700000880。该笔贷款尚欠本金240万元，自2008年9月21日开始欠息。

10. 借款合同（编号21101200700002351），借款金额500万元，借款期限为2007年11月27日至2008年11月26日，约定执行年利率9.477%。以岩田木业公司机器设备抵押，抵押合同编号21902200700003387。该笔贷款尚欠本金500万元，自2008年9月21日开始欠息。

11. 借款合同（编号21101200700002381），借款金额500万元，借款期限为2007年11月28日至2008年11月27日，约定执行年利率9.477%。以岩田木业公司机器设备抵押，抵押合同编号21902200700003402。该笔贷款尚欠本金500万元，自2008年9月21日开始欠息。

12. 借款合同（编号21101200700002451），借款金额700万元，借款期限为2007年11月30日至2008年11月29日，约定执行年利率9.477%。以岩田木业公司自有的房产和土地使用权抵押，抵押合同编号NO21906200500000824，即高抵字（2005）027号。该笔贷款尚欠本金700万元，自2008年9月21日开始欠息。

13. 借款合同（编号21101200700002490），借款金额430万元，借款期限为2007年12月3日至2008年12月2日，约定执行年利率9.477%。以岩田木业公司自有的房产和土地使用权抵押，抵押合同编号NO21906200500000824，即高抵字（2005）027号。该笔贷款尚欠本金430万元，自2008年9月21日开始欠息。

14. 借款合同（编号21101200700002491），借款金额200万元，借款期限为2007年12月3日至2008年12月2日，约定执行年利率9.477%。以岩田木业公司自有的房产和土地使用权抵押，抵押合同编号NO21906200500000824，即高抵字（2005）027号。该笔贷款尚欠本金200万元，自2008年9月21日开始欠息。

15. 借款合同（编号21101200700002524），借款金额200万元，借款期限为2007年12月6日至2008年12月5日，约定执行年利率9.477%。以岩田木业公司自有的房产和土地使用权抵押，抵押合同编号NO21906200500000824，即高抵字（2005）027号。该笔贷款尚欠本金200万元，自2008年9月21日开始欠息。

16. 借款合同（编号21101200700002529），借款金额260万元，借款期限为 2007 年 12 月 6 日至 2008 年 12 月 4 日，约定执行年利率 9.477%。以岩田木业公司自有的房产和土地使用权抵押，抵押合同编号 NO21906200700000331。该笔贷款尚欠本金 260 万元，自 2008 年 9 月 21 日开始欠息。

17. 借款合同（编号 21101200700002530），借款金额 239 万元，借款期限为 2007 年 12 月 6 日至 2008 年 12 月 4 日，约定执行年利率 9.477%。以岩田木业公司自有的房产和土地使用权抵押，抵押合同编号 NO21906200700000331。该笔贷款尚欠本金 239 万元，自 2008 年 9 月 21 日开始欠息。

18. 借款合同（编号 21101200700002830），借款金额 100 万元，借款期限为 2007 年 12 月 28 日至 2008 年 12 月 27 日，约定执行年利率 9.711%。以岩田木业公司自有的房产和土地使用权抵押，抵押合同编号 NO21906200500000824，即高抵字（2005）027 号。该笔贷款尚欠本金 100 万元，自 2008 年 9 月 21 日开始欠息。

19. 借款合同（编号 21101200800000068），借款金额 660 万元，借款期限为 2008 年 1 月 21 日至 2009 年 1 月 20 日，约定执行年利率 9.711%。以岩田木业公司机器设备抵押，抵押合同编号 21902200800000089。该笔贷款尚欠本金 660 万元，自 2008 年 9 月 21 日开始欠息。

20. 借款合同（编号 21101200800000447），借款金额 1145 万元，借款期限为 2008 年 3 月 31 日至 2009 年 3 月 30 日，约定执行年利率 9.711%。以岩田木业公司自有的房产和土地使用权抵押，抵押合同编号 NO21906200500000824，即高抵字（2005）027 号。该笔贷款尚欠本金 1145 万元，自 2008 年 8 月 21 日开始欠息。

21. 借款合同（编号 21101200800000549），借款金额 540 万元，借款期限为 2008 年 4 月 23 日至 2009 年 4 月 22 日，约定执行年利率 9.711%。以岩田木业公司机器设备抵押，抵押合同编号 21902200800000511。该笔贷款尚欠本金 540 万元，自 2008 年 8 月 21 日开始欠息。

22. 借款合同（编号 21101200800000630），借款金额 200 万元，借款期限为 2008 年 5 月 21 日至 2009 年 5 月 20 日，约定执行年利率 9.711%。以岩田木业公司自有的房产和土地使用权抵押，抵押合同编号 NO21906200500000824，即高抵字（2005）027 号。该笔贷款尚欠本金 200 万元，自 2008 年 8 月 21 日开始欠息。

23. 借款合同（编号 21101200800000673），借款金额 200 万元，借款期限为 2008 年 6 月 4 日至 2009 年 6 月 3 日，约定执行年利率 9.711%。以岩田木业公司机器设备抵押，抵押合同编号 21902200800000736。该笔贷款尚欠本金 200 万元，自 2008 年 9 月 21 日开始欠息。

24. 借款合同（编号 21101200800000709），借款金额 500 万元，借款期限为 2008 年 6 月 23 日至 2009 年 6 月 22 日，约定执行年利率 9.711%。以岩田木业公司机器设备抵押，抵押合同编号 21902200800000827。该笔贷款尚欠本金 500 万元，自 2008 年 8 月 21 日开始欠息。

25. 借款合同（编号 21101200800000718），借款金额 750 万元，借款期限为 2008 年 6 月 25 日至 2009 年 5 月 24 日，约定执行年利率 9.711%。以岩田木业公司机器设备抵押，抵押合同编号 21902200800000845。该笔贷款尚欠本金 750 万元，自 2008 年 8 月 21 日开始欠息。

26. 借款合同（编号 21101200800000725），借款金额 700 万元，借款期限为 2008 年 6 月 27 日至 2009 年 4 月 26 日，约定执行年利率 9.711%。以岩田木业公司机器设备抵押，抵押合同编号 21902200800000881。该笔贷款尚欠本金 700 万元，自 2008 年 8 月 21 日开始欠息。

27. 借款合同（编号 21101200800000745），借款金额 286 万元，借款期限为 2008 年 7 月 7 日至 2009 年 7 月 6 日，约定执行年利率 9.711%。以岩田木业公司机器设备抵押，抵押合同编号 21902200800000896。该笔贷款尚欠本金 286 万元，自 2008 年 8 月 21 日开始欠息。

28. 借款合同（编号 21101200800000750），借款金额 400 万元，借款期限为 2008 年 7 月 8 日至 2009 年 7 月 7 日，约定执行年利率 9.711%。以岩田木业公司机器设备抵押，抵押合同编号 21902200800000897。该笔贷款尚欠本金 400 万元，自 2008 年 8 月 21 日开始欠息。

29. 借款合同（编号 21101200800000779），借款金额 100 万元，借款期限为 2008 年 7 月 17 日至 2009 年 7 月 16 日，约定执行年利率 9.711%。以岩田木业公司自有的房产和土地使用权抵押，抵押合同编号 21906200500000759，即高抵字（2005）022 号。该笔贷款尚欠本金 100 万元，自 2008 年 8 月 21 日开始欠息。

（二）固定资产贷款 3 笔，（对应《固定资产借款合同》2 份），借款金额 1800 万元。

1. 2006 年 12 月 22 日，双方签订《固定资产借款合同》一份，编号 21101200600008213、21101200600008264，借款金额 1600 万元，分两笔发放：借款期限为 2006 年 12 月 23 日至 2010 年 12 月 23 日，借款金额 1200 万元，约定执行年利率 8.424%；借款期限为 2006 年 12 月 25 日至 2009 年 12 月 25 日，借款金额 400 万元，约定执行年利率 8.19%。上述借款以兰翎个人面积为 1932.33 平方米的商用房和面积为 1451.6 平方米的土地使用权抵押,《抵押合同》编号 NO21902200600007569、NO21906200600007752。上述两笔贷款尚欠本金 1600 万元,该笔贷款自 2008 年 9 月 21 日开始欠息。

2. 2006 年 12 月 25 日,双方签订《固定资产借款合同》一份,编号为 21101200600008263,借款金额 200 万元,借款期限为 2006 年 12 月 25 日至 2008 年 12 月 23 日(2009 年 1 月 19 日偿还 1662880.80 元,尚欠借款本金 337119.20 元),约定执行年利率 8.19%。以岩田木业公司自有的房产和土地使用权抵押,抵押合同编号 NO21906200500000824,即高抵字(2005)027 号。该笔贷款自 2008 年 9 月 21 日开始欠息。

另查明:在农行岫岩支行与岩田木业公司于 2006 年 12 月 22 日签订的《固定资产借款合同》中约定,借款人因年产 30 万把 LC - 4 餐椅生产线项目建设需要向贷款人申请借款,借款币种及金额为人民币 1600 万元。第 2.9 条约定合同项下项目资本金与贷款同比例到位。该合同农行岫岩支行和兰翎分别提供了一份合同文本,两份合同文本的内容并不完全一致,主要表现在:在兰翎提供的合同文本中第 10 条"担保"中的第 10.2 项有岩田木业公司向农行岫岩支行承诺,项目竣工后以项目所形成的固定资产(包括机器设备)抵押的方式提供担保的特别约定;在合同末页双方当事人签章下面的空白处有"同意用此房为岩田木业办理贷款 1600 万元,产权抵押物"的手写内容,兰翎签字并按了手印。而农行岫岩支行提供的该合同文本上,第 10 条"担保"中只约定了项目建设期和经营期内的担保方式为抵押,没有第 10.2 项的具体约定,亦无末页签章下面兰翎手写的上述内容和兰翎的签字确认。农行岫岩支行认可兰翎提供的合同文本的真实性。2006 年 12 月 23 日,农行岫岩支行与兰翎签订《抵押合同》一份,兰翎为上述 1600 万元固定资产贷款提供担保。

又查明:2010 年 9 月 10 日,盘锦市公安局委托铁岭里田会计司法鉴定所作出(2010)司鉴字第 021 号《会计司法鉴定报告书》,对岩田木业公司涉嫌骗取农行岫岩支行流动资金贷款进行会计司法鉴定,认定岩田木业公司于 2006 年 12 月 23 日和 12 月 25 日,分三笔每笔金额分别为 1200 万元、400 万元、200 万元,从农行岫岩支行贷款 1800 万元,未按照固定资产借款合同约定的事项使用贷款资金,截至 2010 年 4 月 30 日,贷款余额为 16337119.20 万元。上述 1800 万元款项以购设备名义转入大连北方豪迈木业机械有限公司,2006 年 12 月 25 日、26 日由大连北方豪迈木业机械有限公司以汇票二次背书庄河市精工橡胶机械厂返回鞍山栗子岛生态农业养殖有限公司 1800 万元,有两笔分别为 721.28 万元及 200 万元偿还了农行外币户贷款,其他款项用于提现、偿还其他欠款等。故作出的鉴定结论是，岩田木业公司通过编造贷款理由、提供虚假的贷款申报材料，取得农行岫岩支行固定资产贷款1800万元，未按固定资产借款合同约定的事项使用贷款资金，逾期不能归还。

再查明：2010年6月4日，盘锦市公安局经济犯罪案件侦查支队对农行岫岩支行中心库副主任江云南进行了讯问，江云南称自己负责主管岩田木业公司这个贷款户，该公司每次贷款到户后都没有按照贷款的用途使用；岩田木业公司提供的贷款手续不属实，对其提供虚假的手续还出具其符合贷款条件的调查报告，是由于关系处得不错，并且岩田木业公司还给过好处，所以为他们贷款提供方便，做出不真实的调查报告。

还查明：盘锦市双台子区人民检察院指控岩田木业公司、蓝辉犯骗取贷款罪、单位行贿罪一案，盘锦市双台子区人民法院于2011年12月19日作出（2010）双刑初字第183号刑事判决，该判决已经发生法律效力。该判决认定如下事实：蓝辉明知岩田木业公司不具备向银行申请贷款条件，以"购原材料、上生产线"为由，向农行岫岩支行申请贷款，期间，为达到符合申请贷款条件，指使公司工作人员制作虚假的财务报表、审计报告、资产评估报告，岩田木业公司于2006年12月23日、25日分三笔取得农行岫岩支行贷款共计1800万元，未按固定资产借款合同约定的事项使用贷款资金，经司法鉴定审核认定岩田木业公司向农行岫岩支行提供的贷款申请报告和审计报告、会计报表为编造和虚假的，取得农行岫岩支行贷款后用于偿还农行岫岩支行外币户贷款共计921.28万元，足以认定该公司通过编造贷款理由、提供虚假贷款申报资料取得农行岫岩支行贷款。岩田木业公司行贿的银行工作人员均是贷款过程中相关责任人，双方存在请托关系。

盘锦市双台子区人民检察院指控农行岫岩支行工作人员江云南等人违法发放贷款罪、受贿罪一案，盘锦市双台子区人民法院作出一审判决后，盘锦市中级人民法院于2012年10月17日作出（2012）盘中刑二终字第18号刑事裁定书，驳回上诉，维持原判。该裁定书确认了原判认定的如下事实：岩田木业公司为获得农行岫岩支行1800万元人民币贷款，向银行提交伪造的董事会纪要、财务报表、审计报告、抵押物评估报告、购销合同等材料，作为农行岫岩支行客户部门调查人员的江云南在办理上述贷款过程中违反相关法律法规、岗位责任制及银行内部规章制度，在该公司不符合贷款条件的情况下，不认真调查、审查该公司提供的虚假财务报表、虚假审计报告等申请贷款材料，同时不认真履行其所在工作岗位的工作职责，对岩田木业公司提供的申请贷款所需的材料是否真实有效，没有进行认真细致的贷前调查、审查，工作中疏忽大意、玩忽职守，致使不符合贷款条件的岩田木业公司得到1800

万元人民币的贷款。而联合调查组成员、部门负责人等其他农行岫岩支行工作人员没有对企业的真实财务状况进行深入、细致的调查，没有认真核对企业账目，没有去中介机构核实审计报告的真伪。五名从事银行信贷工作的农行鞍山分行及岫岩支行的工作人员，均系在贷款过程中起一定作用的人员，分别以非法发放贷款罪及受贿罪被追究刑事责任。

上述事实，有《借款合同》《固定资产借款合同》《抵押合同》《会计司法鉴定报告书》《讯问笔录》、盘锦市中级人民法院（2010）双刑初字第183号刑事判决书、（2012）盘中刑二终字第18号刑事裁定书在卷佐证，并经庭审质证，足资认定。

为索要欠款，农行岫岩支行向法院提起诉讼请求：1. 判令岩田木业公司返还农行岫岩支行借款本金138795617.60元和利息（合同期限内按合同约定利率计算；逾期部分加收50%罚息并按中国人民银行有关规定计收复利）。2. 请求法院判令农行岫岩支行对抵押物（详见抵押清单）：①企业自有22处房产（房产面积28198.21平方米）和2宗土地使用权（土地面积80635.65平方米），在上列第一项范围内按合同约定享有优先受偿权；②企业自有209台（件）机器设备，在上列第一项范围内按合同约定享有优先受偿权；③兰翎个人商业网点一处（面积1932.33平方米）和土地使用权（面积1451.60平方米），在上列第一项范围内按合同约定享有优先受偿权。3. 请求法院判令岩田木业公司承担与本案相关的诉讼费用。

原审法院经审理认为：案涉《借款合同》《固定资产借款合同》形式要件齐备，发放贷款及取得借款是双方当事人订立合同时的真实意思表示，农行岫岩支行如约发放了贷款，岩田木业公司也实际取得了该笔借款，故案涉《借款合同》《固定资产借款合同》的效力应予确认。岩田木业公司作为借款人，应当按照双方合同的约定偿还所借款项的本息。

关于对兰翎担保责任的认定一节。农行岫岩支行在庭审中称该行是在岩田木业公司的项目资本金、其他自有资金、自筹资金等均已到位，达到了合同约定的放款条件的情况下发放的贷款，故农行岫岩支行的放款行为是符合规定的。而（2010）双刑初字第183号刑事判决认定，蓝辉以"上生产线"为由，指使公司工作人员制作虚假的申请贷款材料，向农行岫岩支行申请贷款，岩田木业公司、蓝辉犯骗取贷款罪。（2012）盘中刑二终字第18号刑事裁定书认定：农行岫岩支行工作人员在办理固定资产贷款过程中，不认真调查、审查岩田木业公司提供的虚假申贷材料为其发放贷款，构成违法发放贷款罪和受贿罪。故农行岫岩支行的上述主张不符合客观事实。实际情况是，办理借款的相关人员接受了岩田木业公司的贿赂，在贷款过程中不尽监督职责，提供虚假的调查报告，对不符借款条件的岩田木业公司违规发放了固定资产贷款。

另外，在对江云南的《讯问笔录》中，江云南称岩田木业公司每次贷款到户后都没有按照贷款的用途使用，提供的贷款手续不属实，而自己因为岩田木业公司给过好处，所以明知岩田木业公司提供虚假的手续还出具其符合贷款条件的不真实的调查报告。依其供述可以明确，农行岫岩支行并不是由于受到岩田木业公司的欺骗，在工作中疏于审查，没有发现对方申贷材料存在的问题，进而发放贷款，而是明知岩田木业公司申贷材料是编造的、虚假的，即对岩田木业公司的骗贷行为是明知的，只是因为受到对方贿赂，才在明知对方申贷手续虚假的情况下出具其符合贷款条件的不真实的调查报告。因此，农行岫岩支行完全知晓岩田木业公司并不具备《固定资产借款合同》中所载明的餐椅生产线项目建设所需的贷款条件，餐椅生产线项目建设只是一个虚构的、编造的借款用途，借款的实际目的并不是用于固定资产投资，而是假借固定资产借款之名行骗贷之实，但却积极帮助和掩盖其作假行为，作出虚假的调查报告，签订合同并非法发放贷款，帮助其骗贷成功。

在担保人兰翎提供的有其签字确认的固定资产借款合同文本中，借贷双方有"以项目形成的固定资产进行抵押"的特别约定，故该约定应当是担保人认为的借贷双方的合意，担保人基于此约定会相信合同约定的将贷款用于生产线项目建设的借款用途是真实的，在此情况下同意为该笔借款提供担保。而农行岫岩支行提供的该合同文本上只约定了项目建设期和经营期内的担保方式为抵押，没有上述具体约定，亦无兰翎签字确认，故农行岫岩支行提供的合同文本并不是担保人兰翎认可的合同文本。如前所述，农行岫岩支行和岩田木业公司都明知该抵押物不会因项目建设而存在，岩田木业公司以项目形成的固定资产进行抵押的承诺根本不可能实现。对此，并没有证据证明担保人兰翎是知晓的。蓝辉是借款人岩田木业公司的法定代表人，其与担保人兰翎是姐弟关系，对此各方当事人均无异议。尽管如此，岩田木业公司作为借款人，与担保人兰翎之间并不存在关联关系，因此，在没有证据证明兰翎作为担保人在提供担保时知道借贷双方非法发放贷款及骗取贷款事实的情况下，不能因为蓝辉和兰翎的亲属关系而当然推定兰翎作为担保人对农行岫岩支行与岩田木业公司之间关于假借固定资产贷款之名行骗取贷款之实的行为是明知的。故对于岩田木业公司签订固定资产借款合同的真正目的是骗取贷款，这是违背兰翎提供担保时的真实意思表示的。

综上，债务人岩田木业公司采取欺骗手段，使兰翎在违背真实意思的情况下提供担保，债权人农行岫岩支行对岩田木业公司的欺骗行为明知，故依据《最高人民法院关于适用〈中华人民共和国担保法〉若干问题的解释》第四十条"主合同债务人采取欺诈、胁迫等手段，使保证人在违背真实意思的情况下提供保证的，债权人知道或者应当知道欺诈、胁迫事实的，按照担保法第三十条的规定处理"的规定，担保人兰翎不承担民事责任。至于本案的固定资产贷款是否用于"借新还旧"，对此各方当事人存在争议，但不管案涉借款的一部分用来偿还岩田木业公司在农行岫岩支行贷款的事实是否属于"借新还旧"，都不会影响担保人的责任承担。

综上，本案经该院审判委员会讨论决定，依照《中华人民共和国合同法》第一百零七条、第二百零七条，《中华人民共和国担保法》第三十条，《最高人民法院关于适用〈中华人民共和国担保法〉若干问题的解释》第四十条的规定，判决如下：

一、岩田木业公司偿还农行岫岩支行借款本金 138795617.60 元，利息按各借款合同的约定，合同期限内按约定利率计付，逾期部分加收 50% 罚息并按中国人民银行规定计收复利。

上述本金、利息应于本判决生效后十日内给付。逾期则按《中华人民共和国民事诉讼法》第二百五十三条规定执行。

二、农行岫岩支行对岩田木业公司的抵押财产享有优先受偿权（抵押物为 22 处房产和 2 宗土地使用权及 209 台机器设备，详见抵押物清单）。

三、驳回农行岫岩支行对兰翎的诉讼请求。

案件受理费 925475 元，财产保全费 5000 元，由岩田木业公司负担。

农行岫岩支行不服原审法院的上述民事判决，向本院提起上诉请求：撤销原判决第三项，改判农行岫岩支行对兰翎的抵押物享有优先受偿权；由兰翎承担本案二审全部案件受理费。主要理由如下：

一、一审判决程序存在严重错误。

一审判决书第 18 页确认"有《借款合同》《固定资产借款合同》《抵押合同》《会计司法鉴定报告》《讯问笔录》、盘锦市中级人民法院（2010）双刑初字第 183 号刑事判决书、（2012）盘中刑二终字第 18 号刑事裁定书在卷佐证，并经庭审质证，足资认定。"但事实是：一审判决中被当做重要证据使用的《讯问笔录》，在一审过程中，上诉人从未见到过，更没有庭审质证，所以，上诉人认为，一审判决程序存在严重错误。

二、一审判决适用法律错误。

一审判决书第 21 页确认"根据《中华人民共和国担保法》第三十条、《最高人民法院关于适用〈中华人民共和国担保法〉若干问题的解释》第四十条的规定判决如下"，这是一审判决适用的法律。《中华人民共和国担保法》

第三十条规定：有下列情形之一的，保证人不承担民事责任：（一）主合同当事人双方串通，骗取保证人提供保证的；（二）主合同债权人采取欺诈、胁迫等手段，使保证人在违背真实意思的情况下提供保证的。《最高人民法院关于适用〈中华人民共和国担保法〉若干问题的解释》第四十条规定：主合同债务人采取欺诈、胁迫等手段，使保证人在违背真实意思的情况下提供保证的，债权人知道或者应当知道欺诈、胁迫事实的，按照担保法第三十条的规定处理。以上条款均是对保证合同的规定，而本案中兰翎提供的是房产抵押，是抵押人而不是保证人，根本不适用上述规定，因此，一审判决适用法律错误。

三、一审判决认定事实错误。

首先，一审判决认定农行岫岩支行对岩田木业公司骗贷行为是明知的，是事实认定错误。一审判决书第 19 页认定："在对江云南的《讯问笔录》中，江云南称岩田木业公司每次贷款到户后都没有按照贷款的用途使用，提供的贷款手续不属实，而自己因为岩田木业公司给过好处，所以明知岩田木业公司提供虚假的手续还出具其符合贷款条件的不真实的调查报告。依其供述可以明确，农行岫岩支行并不是由于受到岩田木业公司的欺骗，在工作中疏于审查，没有发现对方申贷材料存在问题，进而发放贷款，而是明知岩田木业公司申贷材料是编造的、虚假的，即对岩田木业公司的骗贷行为是明知的。"上述认定与一审判决书第 17 页认定是不一致的，一审判决书第 17 页认定"作为农行岫岩支行客户部门调查人员的江云南在办理上述贷款过程中违反相关法律法规、岗位职责制及银行内部规章制度，在该公司不符合贷款条件的情况下，不认真调查、审查该公司提供的虚假财务报表、虚假审计报告等申请贷款材料，同时不认真履行其所在工作岗位的工作职责，对岩田木业公司提供的申请贷款所需的材料是否真实有效，没有进行认真细致的贷前调查、审查，工作中疏忽大意、玩忽职守，致使不符合贷款条件的岩田木业公司得到 1800 万元人民币的贷款。"因此，我们认为一审判决认定农行岫岩支行对岩田木业公司骗贷行为是明知的，是事实认定错误，这种认定没有任何事实依据。其次，一审判决认定一审被告岩田木业公司作为借款人与担保人兰翎之间并不存在关联关系是事实认定错误。一审判决书第 20 页认定"岩田木业公司作为借款人与担保人兰翎之间并不存在关联关系。"但根据《企业会计准则第 36 号——关联方披露》（财政部财会〔2006〕3 号，2007 年 1 月 1 日实施，部门规范性文件）第四条规定"下列各方构成企业的关联方：（八）该企业的主要投资者个人及与其关系密切的家庭成员。主要投资者个人，是指能够控制、共同控制一个企业或者对一个企业施加重大影响的个人投资者。（九）该企业或其母公司的关键管理人员及与其关系密切的家庭成员。关键管理人员，是指有权力并负责计划、指挥和控制企业活动的人员。与主要投资者个人或关键管理人员关系密切的家庭成员，是指在处理与企业的交易时可能影响该个人或受该个人影响的家庭成员。"蓝辉是岩田木业公司的大股东、董事长，既是主要投资者个人也是关键管理人员，兰翎是蓝辉的亲姐姐，自然是与其关系密切的家庭成员，根据上述规定，岩田木业公司作为借款人与担保人兰翎之间存在关联关系。

综上，一审判决存在程序严重错误、适用法律错误、认定事实错误等问题，希望二审查清事实，予以改判。

兰翎答辩称：案涉固定资产贷款形成不良，是由于农行岫岩支行和岩田木业公司的过错及犯罪行为所导致，兰翎应当免除担保责任。具体理由如下：

一、农行岫岩支行的上诉理由不成立。

1. 一审判决书所认定的事实证据充分，各组证据相互印证，足以认定案件事实。《讯问笔录》所记载的内容，不仅与其他证据可以相互佐证，而且为刑事判决书所认定，证明上诉人的工作人员接受请托、贿赂，故意不履行职责，与岩田木业相串通，致使岩田木业的骗贷行为得逞。并且该组证据已在首次一审时提交法庭，其并未对其提出异议。2. 关于担保法第三十条及《最高院关于适用〈中华人民共和国担保法〉若干问题的解释》第四十条规定的适用问题。首先，不论是抵押人还是保证人，都是为债权人提供担保的担保人，分别为物的担保和信用担保，二者并无本质区别。其次，如果提供信用担保者受到欺骗可以免责，而提供物的担保者受到欺骗却不能免责，此种区分既无理论基础，也有违民法的公平原则。第三，并无明确法律规定此种情形下仍需承担担保责任。因此，代理人认为，一审判决援引此规定的原则处理本案并无不妥，应予维持。3. 农行岫岩支行的工作人员对于岩田木业公司的骗贷行为是明知的，而且积极帮助其获得贷款，其行为系职务行为，其行为后果应由农行岫岩支行承担。4. 兰翎与岩田木业公司的关系不能成为承担担保责任的依据。首先，以存在关联关系为由要求答辩人承担责任缺乏法律根据。其次，不能以兰翎与蓝辉存在姐弟关系即断定二者存在共同骗取贷款的故意，而应当审查兰翎对此事是否明知、是否参与、尤其是是否有从中获利的意图。事实上兰翎对于岩田木业及蓝辉意图骗取贷款一事不知情、未参与，更没有从中获利的企图。第三，农行岫岩支行所谓的"关联关系"的依据《企业财务准则》不是法律规定，不能以此为据要求兰翎承担责任。

二、在签订合同及履行合同时，农行岫岩支行过错明显。

1. 案涉借款系农行岫岩支行违法放贷、岩田木业公司骗贷犯罪行为所形成，且系借贷双方内外勾结所完成（详见刑事判决书），而兰翎对此一无所知。农行岫岩支行与岩田木业公司共同对兰翎隐瞒骗贷的事实真相，骗取兰翎签订抵押合同。在农行岫岩支行与岩田木业公司隐瞒骗贷事实的情况下，不明真相的兰翎基于对《固定资产借款合同》条款的信任，认为按照借款合同约定，农行岫岩支行会在放款前审查项目资本金到位情况、放款后将项目进行抵押，而并不知道所谓项目资本金纯属虚构，生产线项目更是借贷双方从始至终没打算真正投资建设。兰翎在被蒙骗的情况下违背真实意愿同意提供担保，应当免责。2. 在合同履行过程中，农行岫岩支行违反约定违规放款，事后又放弃监管，明知岩田木业公司将款项挪作他用而不作为，致使贷款风险成为现实损失，应对该损失承担过错责任。

根据合同约定，"合同项下项目资金与贷款同比例到位"（合同第 2 条第 9 项）、"借款人提款前应向贷款人提交项目资本金到位证明或项目资本金承诺文件或项目资本金认缴计划、落实方案以及资本金使用计划安排等"（合同第 5 条第 1 款第 6 项）、"首次和每次提款前，借款人应满足项目资本金、其他自有资金、自筹资金已按照约定或承诺的时间和额度足额到位"。农行岫岩支行在明知岩田木业公司没有满足上述放款条件（即限制性条款）的情况下，违反合同约定予以放款，使得其骗贷成功。农行岫岩支行对所贷款项的使用安全具有监管义务，但其从始至终没有进行任何监管，"驻厂信贷员"亦无作为；相反，对岩田木业公司将款项挪作他用的行为，农行岫岩支行不但不阻止，反而相互串通，例如：以履行"还款计划"为名从该笔款项中收回贷款 921 万余元，又要求岩田木业公司将其中部分款项借给其他企业用于还贷；岩田木业公司长达数年没有对项目进行投入，农行岫岩支行明知而不闻不问，等等。农行岫岩支行"不予监管"的行为，放纵了借款人，终致贷款失控。

三、农行岫岩支行违反限制性条款而违约放款、放弃债务人的项目抵押担保，担保人兰翎应依法免除责任。

农行岫岩支行在明知限制性条款所约定的放款条件不具备、岩田木业公司对项目承诺的投入不存在的情况下，仍然违约放款，由此不但使得岩田木业公司违法获得贷款，还带来另一后果，即：抵押人兰翎原本可以期待的、岩田木业承诺的自筹资金和固定资产投入无法实现，约定的"以项目所形成的固定资产（包括机器设备）抵押"也无法实现。并且上诉人事前就明知案涉 1600 万元固定资产贷款系用于归还前期贷款等，而并非用于项目投资，即其明知将来不可能进行项目抵押。这是农行岫岩支行自行放弃了自己的权利，也放弃了债务人的物的担保，却将风险损失和担保责任全部转嫁给担保人。这种情况依法应当在债权人放弃担保的范围（即项目总投资 5127 万元）内免除抵押人的担保责任。

综上所述，农行岫岩支行对兰翎的诉讼请求缺乏事实和法律依据，兰翎依法应当免除担保责任，一审判决正确，应予维持。

对原审查明的案件事实，本院予以确认。

本院认为：根据当事人的上诉和答辩意见，本案二审期间争议焦点为农行岫岩支行对兰翎的抵押物是否享有优先受偿权。

根据本案查明的事实，岩田木业公司与农行岫岩支行在办理涉案固定资产贷款业务时存在犯罪行为，已经生效的盘锦市双台子区人民法院作出的（2010）双刑初字第183号刑事判决书和盘锦市中级人民法院作出的（2012）盘中刑二终字第18号刑事裁定书查明和认定，为获得涉案固定资产贷款，岩田木业公司制作虚假财务报告等文件申请贷款，并向农行岫岩支行工作人员江云南等人行贿财物，为此，农行岫岩支行工作人员江云南等人将虚假材料逐级上报，致使不符合贷款条件的岩田木业公司获得涉案贷款，其分别构成骗取贷款犯罪、单位行贿罪和非法发放贷款罪及受贿罪。因该《固定资产借款合同》的形成过程中，农行岫岩支行工作人员存在上述刑事判决书和裁定书认定的犯罪行为，双方当事人明显以合法形式掩盖非法目的，侵犯了国家的金融制度，构成犯罪，依据合同法第五十二条第（三）项的规定关于"以合法形式掩盖非法目的"的规定，农行岫岩支行与岩田木业公司签订的《固定资产借款合同》应当认定无效，原审判决书在该院认为部分认为该合同合法有效不妥，本院予以纠正。岩田木业公司与农行岫岩支行之间的合同关系虽然应当认定无效，但其间仍实际存在民事债权债务关系，原审判决书主文并未涉及合同效力，仅对其间偿还借款本金、利息及抵押担保的内容作出判决，双方当事人对此均未提出上诉，本院对原审判决书该判项主文予以维持。

因涉案借款主合同应当认定无效，根据担保法第五条规定关于"担保合同是主合同的从合同，主合同无效的，担保合同无效"的规定，与涉案固定资产借款合同配套的兰翎与农行岫岩支行签订的《抵押合同》为从合同，亦应认定无效。根据《最高人民法院关于适用〈中华人民共和国担保法〉若干问题的解释》第八条关于"主合同无效而导致担保合同无效，担保人无过错的，担保人不承担民事责任"的规定，农行岫岩支行主张兰翎承担涉案固定资产借款损失，应当举证证明兰翎存在过错。农行岫岩支行的工作人员滥用职权违法发放贷款形成损失，其在没有证明兰翎参与了犯罪或者对该犯罪行为知情并仍然提供抵押担保的情况下，要求兰翎承担民事责任没有法律依据。兰翎系以抵押担保人身份参与涉案借款关系的，抵押担保法律关系系单务合同，在抵押担保合同关系中，依法抵押担保人只承担合同义务，不享有合同权利。农行岫岩支行以兰翎为岩田木业公司大股东、董事长兰辉的姐姐，其间存在关联关系为由主张兰翎应承担还款责任，应当提供证据证明兰翎占用了涉案资金或者与之相关的其他利益等，其仅以关联关系为由主张兰翎承担民事责任及对抵押物享有优先受偿权，依据不足，本院不予支持。原审判决以江云南的《讯问笔录》为证据认定农行岫岩支行明知岩田木业公司编造申贷材料，与已经生效的涉案刑事判决认定农行岫岩支行工作人员在工作中疏忽大意违法发放本案贷款的事实不符，农行岫岩支行的该上诉主张成立，对原审判决的相关认定，本院予以纠正。

综上，对农行岫岩支行上诉请求的对兰翎的抵押物享有优先受偿权涉及的案件事实，原审法院查明事实清楚，虽然因对案涉借款关系主合同的性质认定错误导致对从合同定性错误，但判决兰翎不承担抵押担保责任的结果正确，依法应予以维持。本院依照《中华人民共和国民事诉讼法》第一百七十条第一款第（一）项的规定，判决如下：

驳回上诉，维持原判。

一审案件受理费和财产保全费按一审判决承担，二审案件受理费117800元由中国农业银行股份有限公司岫岩满族自治县支行负担。

本判决为终审判决。

审　判　长　王东敏

审　判　员　刘崇理

代理审判员　曾宏伟

二○一三年六月二十七日

书　记　员　李　洁

3. 当事人自知道或者应当知道撤销事由之日起一年内没有行使撤销权的，撤销权消灭

——锦州经济技术开发区管理委员会与锦州蒙古贞热电有限公司供用热力合同纠纷一案

【裁判要旨】

开发区管委会上诉主张其与热电公司签订的《协议书》约定的欠款数额有误，提出了有关城市基础设施配套费等数项抗辩事由。本院经审理认为开发区管委会在上述协议签订之后至本案诉前超过一年的时间里，既未对上述协议确定的债务数额提出异议，也没有向人民法院申请撤销或变更。根据《中华人民共和国合同法》第五十五条的规定，具有撤销权的当事人自知道或者应当知道撤销事由之日起一年内没有行使撤销权的，撤销权消灭。故开发区管委会以上述合同中所确认的债务数额有误的上诉理由不能成立。

中华人民共和国最高人民法院民事判决书

（2013）民二终字第 56 号

上诉人（原审被告）：锦州经济技术开发区管理委员会。

法定代表人：陈学强，该委员会主任。

委托代理人：孟丽娜，北京市康达律师事务所律师。

委托代理人：张伟，北京市康达律师事务所律师。

被上诉人（原审原告）：锦州蒙古贞热电有限公司。

法定代表人：王玉斐，该公司经理。

委托代理人：张志忠，该公司职员。

委托代理人：金兆成，北京大成律师事务所沈阳分所律师。

上诉人锦州经济技术开发区管理委员会（以下简称开发区管委会）因与

被上诉人锦州蒙古贞热电有限公司（以下简称热电公司）供用热力合同纠纷一案，不服辽宁省高级人民法院（2012）辽民二初字第 20 号民事判决，向本院提起上诉。本院依法组成由审判员王宪森担任审判长，审判员殷媛、杨征宇参加的合议庭对本案进行了审理，书记员郑琪儿担任记录。本案现已审理终结。

2012 年 5 月 2 日，热电公司向辽宁省高级人民法院提起诉讼称：自 2008 年以来，开发区管委会已拖欠热电公司管网配套费、旧网改造费、新管道铺设费、弥补亏损费、煤款、热源建设补贴费等大量资金。2011 年 9 月双方达成协议，认可开发区管委会尚欠热电公司累计人民币 10400.783 万元，开发区管委会用 100 亩土地给付热电公司，用欠项折抵土地出让金的方式来偿还债务。协议签订后没有履行。请求人民法院判令：一、要求开发区管委会给付热电公司人民币 10400.783 万元。二、要求开发区管委会承担诉讼费用。

原审法院查明：2008 年 7 月 15 日，热电公司与开发区管委会双方签订《关于整合开发区供暖公司的协议》。根据该协议，热电公司接收并承担了锦州经济技术开发区（以下简称锦州开发区）内全部供暖面积，并负责锦州开发区内新发展的供热负荷。2010 年 11 月 15 日，双方又签订《协议书》一份，内容为：为保证锦州开发区范围内及时、保质地实现供暖，结合解决锦州开发区供暖企业亏损、旧管网改造及新增挂网面积等实际问题，经双方协议，达成协议如下：一、锦州开发区旧管网及相应的锅炉运转改造：由开发区管委会给予热电公司锦州开发区老供热公司旧管网及相应锅炉运转改造费用人民币 4000 万元，此后不再支付旧管网改造及相应锅炉运转所发生的任何费用。二、新增挂网配套费：新增挂网配套费从 2008—2009 年度发生新挂网配套面积开始，按现行省、市相关规定所收的热力配套费每平方米人民币 50 元，90% 给付热电公司，开发区管委会留 10% 作为专项资金上缴国库，该 10% 的专项资金作为新建设供暖设施的机动费用。三、燃烧补贴：在锦州开发区供暖企业经营中，根据国家、省、市相关政策规定，由开发区管委会对热电公司给予燃煤补贴费，补贴费额根据每年具体情况一年一议，参照本市有关规定结合锦州开发区的实际执行。四、低入住率供暖费补贴：鉴于锦州开发区入住率低，现行政策下，供暖企业热源损失亏损大，供热质量难保证的实际情况，对单楼入住率不足 30% 的，由开发区管委会对热电公司补足 30% 的供热费等。

2011 年 1 月 30 日，为保证锦州开发区范围内的供暖工作能够及时保质的完成，保障锦州开发区供暖工作中面临的各种实际问题都能够妥善的得以解决，锦州开发区市政管理局（以下简称开发区市政局）与热电公司签订《协议书》一份，协商约定将锦州开发区的供暖经营管理工作移交给开发区市政局，并约定：2010 年 11 月 15 日双方签订的协议内容继续履行，其中 2010 年至 2011 年度的燃煤补贴及低入住率供暖费补贴款不再向政府申请补贴。

2011 年 2 月 15 日，开发区市政局与热电公司签订《供暖移交补充协议》，约定：一、双方委托双方认可的审计部门在本协议签订 10 日内完成对 2008—2009、2009—2010 年度供暖经营情况，2010—2011 年度 1 月 31 日前供暖经营情况及煤炭购进、使用、库存情况的审计。依据审计结果，盈利部分热电公司上缴区政府，亏损部分由开发区市政局一次性在供暖结束前给热电公司补齐亏损部分。二、热电公司现有的煤炭库存全部交付给区市政用于供暖使用，数量及价格（含税价）按公司实际验收入账为准。三、热电公司借给供暖工作使用的所有工器具全部收回，如市政留用则按购进价格由市政办理出库转让手续，划入供暖经营账目。

2011 年 5 月 13 日，锦州嘉华会计师事务所接受开发区市政局的委托，对热电公司 2008 年 8 月至 2010 年 12 月 31 日的资产、负债及经营情况，以及 2011 年 2 月 28 日的资产、负债及 2010 年 9 月至 2011 年 2 月经营情况进行了审计，作出"锦嘉华审字〔2011〕029 号"、"锦嘉华审字〔2011〕032 号"两份《审计报告》。

随后，开发区市政局与热电公司在《关于蒙古贞热电与区市政局就双方往来账目的确认》上签字盖章，双方确认：一、开发区市政局与热电公司对锦嘉华审字〔2011〕029、〔2011〕032 审计报告，双方审计结果没有意见。二、耀龙工程与天港二期工程是热电公司承包的市政工程（已经单独签订合同，不在 2010 年 11 月 15 日协议旧管网改造 4000 万元范围内），在审计报告未完成之前，按已报到锦州开发区财政审计中心的决算金额进行计算，待审计完成后再予以调整。三、依据 2011 年 2 月 15 日与开发区市政局签订的供暖移交协议及供暖移交补充协议，热电公司账面煤炭按原值已移交给开发区市政局。对以上事宜双方确认无误，签字认可，并对后附往来账目表予以签字确认。

2011 年 6 月 9 日，锦州开发区财政局（以下简称开发区财政局）、开发区市政局与热电公司在《锦州蒙古贞热电有限公司与开发区政府往来账》（以下简称《往来账》）上签字、盖章确认：1. 根据 2010 年 11 月 15 日的协议：2008—2010 管网配套费尚欠金额 35056502.30 元。2. 根据 2010 年 11 月 15 日的协议：旧管网改造尚欠 40000000 元。3. 与区市政局确认文件：2010 年耀龙、天港二期工程尚欠金额 4944493.68 元；依据审计 2008—2010 年亏损尚欠金额 8809811.82 元；依据审计 2010—2011 年亏损尚欠金额 4360772.39 元；依据审计 2011 年 2 月公司尚未入账的尚欠金额 1375883.95 元；依据审计煤款尚欠金额 5689996.18 元；依据审计 2008—2010 年新增固定资产尚欠金额 7770371.06元。4. 依据收据：从财政借款尚欠金额 15000000 元。5. 依据收据：从市政借款尚欠金额 5000000 元。合计锦州开发区政府尚欠热电公司 88007831.38 元。

2011 年 6 月 23 日，开发区管委会、热电公司双方签订《协议书》一份，内容为：为保障锦州开发区的供暖质量，结合开发区供暖现状，解决热电厂投产热源短缺、旧管网改造及新增热负荷等方面存在的问题，彻底优化开发区的供暖系统，为其可持续发展创造良好的条件，经双方协商，达成协议如下：一、开发区管委会以政府文件的形式明确热电公司在开发区供暖经营与建设方面的特许权力。二、热电公司负责开发区热电厂建成前的热源建设工作。新建热源厂设计规模为 2 台 100 吨高温高压热水炉，开发区管委会协调解决热源厂项目手续办理中遇到的实际问题，并协调化解在热源厂手续不全而投入使用后企业所面临的问责。三、新热源厂建设投资较大，且该热源厂运营年限短，结合开发区实际情况，开发区管委会在热源厂建设方面，按锅炉的吨位每吨 8 万元的标准给予热电公司热源建设补贴。新增挂网配套费在用户挂网之前，开发区管委会按省市配套费征收文件相关标准全额及时拨付给热电公司，当省市配套费征收文件相关标准有新文件出台时，双方按省市新文件标准执行。2011 年以后配套费开发区管委会扣留 10% 用于新建设供暖设施机动费用。四、今年供暖工程施工任务十分艰巨，为确保工程按时完成，开发区管委会应确定市政局协调各相关部门和人员到开工现场落实工程中涉及各单位的隐蔽工程细节，对工程施工中出现的问题，开发区管委会负责协调相关单位处理各自问题，确保工程顺利进行。对供暖管网等设施被侵占、压覆等问题，开发区管委会负责治理，为供暖工程的改造和维护创造条件。五、为保障热源供给及供暖设施的规范和管理，热电公司、开发区管委会双方商定以后需要进行产权交接的及挂网单位由规划局牵头区市政局，热电公司参与组成综合验收委员会。验收合格后方可交接、挂网。对新建换热站热电公司先行垫资进行建设，垫付资金最终以审计后决算为准，开发区管委会在审计报告后以土地置换的形式还清热电公司垫付款项。六、在供暖企业运营中，考虑开发区入住率低的特殊情况，每年供暖前，按报停供暖用户的取暖费总额的 40% 作为补贴金额，其中供暖用户承担省、市文件规定的 30%

（区政府下发文件）；财政承担 10%，如文件规定供暖用户承担在 40% 以上区财政不再承担 10%；如供暖用户应承担部分没有省、市、区规定的文件由区财政予以补齐，以保证供暖企业的正常运行。七、热电公司、开发区管委会往来账目在 2011 年 6 月 9 日已核对并由区市政局、区财政局及热电公司共同进行了确认，会同本协议第三条中热源建设补贴 1600 万元，合计 10400.7831 万元，减去 2008 年 2 月 27 日签署的"关于拆除开发区热电厂及新建热电厂有关事宜的协议书"中承担的损失（依据集团公司提供的《集团公司涉及热电公司工程款支付表》损失 5680.5 万元减去大唐公司补贴 3000 万元后损失）2680.5 万元及集团公司提供的《集团公司涉及热电公司工程款支付表》中所涉及单位的债权债务，开发区尚欠 7720.283 万元。八、热电公司、开发区管委会双方经协商以土地置换的形式与热电公司进行结算还清此协议第七条开发区管委会所欠热电公司的款项 7720.283 万元加上补贴款 2680.50 万元合计 10400.783 万元，用以处于白沙湾地区：金山大街以南、海洋街以东、海宁街以西区域之内 100 亩土地出让金来折抵。暂定土地出让金 100 万元/亩为标准，该土地在拍卖中被第三方竞拍走由开发区管委会负责给热电公司支付人民币 10400.783 万元，如热电公司竞拍价高于 100 万元/亩，热电公司以现金方式补齐；如竞拍价低于 100 万元/亩，开发区管委会以现金方式返还差价。

上述协议书签订后，热电公司依据协议的约定进行了热源厂建设工作。热电公司于 2011 年 6 月向黑龙江双锅锅炉股份有限公司购买 DHW72MW 热水锅炉两台；同时委托泛华建设集团有限公司沈阳设计分公司对热源厂工程进行设计；随后，与锦州东联建筑安装有限公司签订热源厂土建合同。两台锅炉于 2011 年 11 月初投入使用，但供暖效果欠佳。自 2011 年 10 月下旬起，多个小区住户向有关方面反映热电公司存在拒收采暖费、不供暖、供暖不力等问题。对此，自 2011 年 12 月起，热电公司针对停供暖或供暖不达标的住户制作供暖费《减免证明》，2012 年 1 月 17 日，热电公司制作了《供暖温度不达标的退费报告》。此后，热电公司为几十户住户办理了退回采暖费及减免费手续。

原审另查明：黑龙江省公安厅的一名民警于 2011 年 1 月 10 日向陈政高省长写信称热电公司所供热的金亿嘉园 8 号楼存在间断供热及停供热问题。

原审还查明：热电公司、开发区管委会对 2011 年 6 月 23 日《协议书》第七条中关于应付热电公司热源建设补贴 1600 万元的约定内容，没有异议；对《协议书》第八条中关于欠款 10400.783 万元系由热电公司、开发区管委会双方的往来账体现的款项 88007831.38 元，"会同协议书第三条中热源建设补贴 1600 万元，合计 10400.7831 万元，减去 2008 年 2 月 27 日签署的'关于拆除开发区热电厂及新建热电厂有关事宜的协议书'中承担的损失（依据集团公司提供的《集团公司涉及热电公司工程款支付表》损失 5680.5 万元减去大唐公司补贴 3000 万元后损失）2680.5 万元及集团公司提供的《集团公司涉及热电公司工程款支付表》中所涉及单位的债权债务开发区尚欠 7720.283 万元，再加上补贴款 2680.50 万元合计 10400.783 万元"的记载，均认为两笔 2680.5 万元并未实际发生，与双方当事人无关。

原审法院经审理认为，本案的争议焦点有三：一、开发区管委会应否给付热电公司管网配套费、旧网改造费等费用 10400.783 万元；二、热电公司在履行供暖合同过程中是否存在供暖质量问题，若存在供暖质量问题造成的损失应否从欠款总额中扣除；三、本案应否中止审理。

一、关于开发区管委会应否给付热电公司管网配套费、旧网改造费等费用 10400.783 万元的问题。

首先，热电公司、开发区管委会双方于 2011 年 6 月 23 日签订的《协议书》是双方当事人的真实意思表示，内容不违反我国法律、法规的禁止性规定，合法有效。根据该《协议书》的内容可知，开发区管委会欠热电公司 10400.783 万元款项。

其次，虽然该款项的构成在《协议书》第七、八条记载为："七、热电公司、开发区管委会往来账目在 2011 年 6 月 9 日已核对并由区市政局、区财政局及热电公司共同进行了确认，会同本协议第三条中热源建设补贴 1600 万元，合计 10400.7831 万元，减去 2008 年 2 月 27 日签署的'关于拆除开发区热电厂及新建热电厂有关事宜的协议书'中承担的损失 2680.5 万元及集团公司提供的《集团公司涉及热电公司工程款支付表》中所涉及单位的债权债务，开发区尚欠 7720.283 万元。八、热电公司、开发区管委会双方经协商以土地置换的形式与热电公司进行结算还清此协议第七条开发区管委会所欠热电公司的款项 7720.283 万元加上补贴款 2680.50 万元合计 10400.783 万元。"即该欠款系由 2 台 100 吨高温高压炉的热源补贴款 1600 万元加上往来账中确认的 88007831 元合计得出的 10400.783 万元，减去拆除开发区热电厂由热电公司承担的损失 2680.5 万元，再加上政府给予的 2680.5 万元补贴构成，但双方当事人均表示上述两笔款项未实际发生，上述表述不属实。热电公司主张欠款数额的构成是第七条前半部分所记载的"在 2011 年 6 月 9 日已核对并由开发区市政局、开发区财政局及热电公司三方共同确认的《往来账》中体现的 88007831.38 元，加上协议书第三条中约定的热源建设补贴款 1600 万元。"开发区管委会对此虽未明确认可，但对 1600 万元补贴予以给付的约定不持异议，并承认《往来账》中体现的欠款未还的事实；且其答辩意见所针对的恰恰是《往来账》内体现出来的各项欠款。因此，可以认定，本案热电公司所诉欠款的构成，系《协议书》第七条前半部分记载的 2011 年 6 月 9 日由开发区市政局、开发区财政局及热电公司核对并确认的《往来账》上体现的88007831.38 元的整数 88007830 元，加上《协议书》第三条中约定的开发区管委会按锅炉的吨位每吨 8 万元的标准给予热电公司的 2 台 100 吨高温高压热水炉的热源建设补贴款 1600 万元。

再次，关于上述两笔款项，由于开发区管委会对 1600 万元的热源建设补贴款在答辩中没有提出抗辩，且该补贴款系双方当事人签订的《协议书》中明确约定由开发区管委会给付的热源补贴，协议中又没有其他关于给付热源补贴条件的约定，因此，对该 1600 万元热源补贴款项，开发区管委会应按协议约定履行给付义务。而《往来账》中体现的开发区管委会应当给付的88007830 元款项，根据开发区管委会的答辩意见，争议主要集中在：《往来账》中体现出来的旧管网改造 4000 万元与新增固定资产的 770 余万元费用是否存在重复计算、2008 年—2011 年的亏损是否包括在旧管网改造及相应锅炉运转费用内、新增挂网配套费的总额中政府应预留的作为专项资金的 10% 应否在该管网配套费用中扣除及根据相关协议燃煤补贴及低入住率的供暖补贴的总费用应否从总款中扣除等四个问题。对此，第一，《往来账》是开发区市政局、开发区财政局及热电公司三方签字、盖章确认的账目，开发区管委会对此账目虽辩称不准确但对其真实性不持异议，上列的各项费用既有热电公司、开发区管委会双方当事人签订的协议书为依据，且有经过开发区管委会委托的审计部门的审计结论为依据。而对于审计结论，开发区管委会下属的开发区市政局明确确认两份审计结果没有意见。而且，对该《往来账》热电公司、开发区管委会双方于 2011 年 6 月 23 日签订的《协议书》中又明确予以引用作为依据。因此，该基于审计报告、双方的协议等文件所形成的《往来账》，系双方当事人的真实意思表示，合法有效。该《往来账》中反映的开发区管委会所欠款项数据，亦属开发区管委会对欠款的自认，非有相反证据开发区管委会不能推翻否认。第二，开发区管委会所提出的旧管网改造及新增固定资产的费用存在重复计数、新增挂网配套费的总额中政府应预留 10%专项资金及燃煤补贴、低入住率的供暖补贴费用应从总款中扣除等问题，均系双方当事人于 2010 年 11 月 15 日的协议中明确作出约定的问题，该《协议书》系开发区管委会作为证据提供的，热电公司对其没有异议。故该《协议书》亦系双方当事人的真实意思表示，内容不违反我国法律、法规的禁止性规定，合法有效。在《协议书》开篇表述了签订该协议的目的："为保证锦州经济技术开发区范围内，及时、保质的实现供暖，结合解决开发区供暖企业亏损、旧管网改造及新增挂网面积等实际问题。"第一条和第二条分别对开发区旧管网及相应的锅炉运转改造费用和新增挂网配套费作了约定。即："由开发区管委会给予热电公司开发区老供热公司旧管网及相应锅炉运转改造费用人民币 4000 万元，此后不再支付旧管网改造及相应锅炉运转所发生的任何费用"，"新增挂网配套费从 2008—2009 年度发生挂网配套面积开始，按现行省市相关规定所收的热力配套费每平方米人民币 50 元，90% 给付热电公司，开发区管委会留 10% 作为专项资金上缴国库。该 10% 的专项资金作为新建设供暖设施的机动费用"。由此可知，旧管网改造费 4000 万元和新增挂网配套费即开发区管委会所称的新增固定资产的 770 余万元分别属于两项不同的费用，两项费用在《协议书》的两个条款中作了明确约定，不存在交叉和重复计数的问题。而新增挂网配套费中政府应预留 10% 作为专项资金的问题，在该《协议书》的第二条中亦作了明确约定。但政府是否已预留，是否应在挂网配套费用中扣除的问题，虽开发区管委会提出抗辩称政府没有预留但其未能提供任何证据予以证明，故根据"谁主张谁举证"的举证原则，对开发区管委会的该项抗辩亦不能予以支持。关于燃煤补贴及低入住率的供暖补贴问题，亦在上述《协议书》第三、第四条中作了明确约定，即："在开发区供暖企业经营中，根据国家、省市相关政策规定，由开发区管委会对热电公司给予燃煤补贴费，补贴费额根据每年具体情况一年一议，参照本市有关规定结合开发区的实际执行。""鉴于开发区入住率低，现行政策下，供暖企业热源损失亏损大，供热质量难保证的实际情况，对单楼入住率不足 30% 的，由开发区管委会对热电公司补足 30% 的供热费。"开发区管委会主张根据相关约定其不应再支付，但亦未能提供其所主张的"相关约定"的证据予以证明。第三，关于 2008 年—2011 年的亏损费用是否包括在旧管网改造及相应锅炉运转费用内的问题。根据双方当事人于 2008 年 7 月 15 日签订的《关于整合开发区供暖公司的协议》及 2010 年 11 月 15 日的《协议书》，旧管网和相应锅炉系指热电公司于 2008 年 8 月接手的由开发区管委会经营管理的旧的管网设备。双方在 2010 年 11 月 15 日的《协议书》中约定开发区管委会给予的 4000 万元费用，就是对该部分旧管网进行改造及相应锅炉进行运转的补贴费用；而 2008 年—2011 年的亏损费，是热电公司于 2008 年接手后至 2011 年间供暖经营期间发生的亏损。因此，两项费用不属同一性质，分属两类费用。该亏损费的给付，在开发区管委会下属的开发区市政局与热电公司签订的《供暖移交补充协议》第一条中明确约定："双方委托双方认可的审计部门在本协议签订10日内完成对2008—2009、2009—2010年度供暖经营情况，2010—2011年度1月31日前供暖经营情况及煤炭购进、使用、库存情况的审计，依据审计结果，盈利部分热电公司上缴区政府，亏损部分由区市政局一次性在供暖结束前给热电公司补齐亏损部分。"随后，根据该协议，开发区管委会下属的开发区市政局委托锦州嘉华会计师事务所对开发区管委会2008年—2011年的资产、负债及经营情况进行了审计。对于审计结果开发区管委会下属的开发区市政局明确确认没有意见。在此基础上形成了《对账单》。现开发区管委会在抗辩中主张4000万元旧管网改造费用中包括该亏损费用，其亦未能提供证据予以证明。因此，对开发区管委会的上述相关抗辩意见，均因缺乏事实和法律依据故均不能予以支持。

二、关于热电公司在履行供暖合同过程中是否存在供暖质量问题，若存在因供暖质量问题造成的损失应否从欠款总额中扣除的问题。根据本案双方当事人提供的证据，除一份上访信是反映2011年1月热电公司供暖范围存在供暖问题的外，其余信件反映的均是2011年10月后热电公司供暖存在的问题。而针对该停供暖或供暖不达标的住户，热电公司均办理了退、减费手续。本案中，热电公司所主张的款项是2011年6月9日之前形成的欠款及6月23日双方当事人签订的《协议书》中约定给付的款项，2011年10月后发生的供暖问题与此前的欠款没有关系。且根据《锦州市城市供热管理办法》，对于供暖存在问题的处罚措施为退还采暖费或予以罚款，开发区管委会亦未提供双方当事人关于供暖存在问题则应扣除相关款项的约定的证据，故开发区管委会的该相关抗辩亦缺乏事实和法律依据，该院亦不予以支持。

三、本案应否中止审理的问题。开发区管委会主张其已以终止供暖协议对供暖经营进行最终清算为案由将热电公司诉至开发区法庭，该案中涉及工程决算、财务审计质量鉴定等复杂内容，故无法确认双方最终的债权债务数额，故请求对本案中止审理。由于本案中热电公司所主张的款项，系经开发区管委会委托的审计部门对热电公司的账目进行审计、以双方当事人签订的相关协议等作为依据、经过开发区管委会认可、以往来账的形式盖章确认并最终双方签订《协议书》明确确认的。上述相关协议、审计报告、往来账等均经过开发区管委会明确签字确认，双方当事人对其真实性均无异议，上述相关文书均合法有效，上述相关证据完全能够证明本案相关事实。开发区管委会在开发区法庭所诉案件，其虽主张涉及工程决算、财务审计、质量鉴定等内容，但该相关内容与本案是否有关及能否推翻本案相关事实均不确定，该案的存在并不影响本案的审理。故开发区管委会以其另案在诉而要求本案中止，缺乏事实和法律依据，该院不予支持。

综上，经该院审判委员会讨论决定，依照《中华人民共和国合同法》第八条、第四十四条、第六十条、第一百零七条、第一百零九条，《最高人民法院〈关于民事诉讼证据的若干规定〉》第二条及《中华人民共和国民事诉讼法》第一百二十八条规定，判决：一、开发区管委会于判决生效之日起十日内给付热电公司88007830元。二、开发区管委会于判决生效之日起十日内给付热电公司1600万元。逾期支付按照《中华人民共和国民事诉讼法》第二百二十九条的规定，加倍支付迟延履行期间的债务利息。案件受理费561840元，由开发区管委会负担。

开发区管委会不服原审法院上述民事判决，向本院提起上诉称：一、原审判决遗漏当事人，应发回重审。锦州开发区蒙古贞热力有限公司（以下简称热力公司）负责热源厂建设工作，1600万元热源建设补贴针对热力公司。《协议书》第七条等内容，涉及开发区市政局。《协议书》涉及案外人的权利义务，需要案外人履行，一审法院遗漏了热力公司、开发区市政局两个当事人。二、《协议书》第八条约定，开发区管委会以土地置换形式与热电公司结算。开发区管委会有以土地置换形式履行结算方式的能力，且双方约定不违背法律的强制性规定，一审判决超出合同约定认定双方以现金方式进行结算，违背了意思自治原则。三、一审法院认定事实不清。1. 未查明2010年11月15日《协议书》针对旧管网及相应的锅炉运转改造4000万元，约定在保证标准的前提下，由热电公司具体安排和操作，约定供暖经营周期为三十年及热电公司应确保开发区范围内及时、保质、保量完成供暖任务；2. 认定热源厂建设主体及热源建设补贴的收款主体为热电公司有误，实为热力公司；3. 认定供暖费的收取及退费主体为热电公司有误，实为热力公司；4. 未查明热电公司对区供暖公司人、财、物予以接收管理的事实；5. 认定双方均认可2680.5万元热电厂拆除损失未实际发生有误。四、《协议书》签订后，开发区管委会已对《协议书》进行了部分履行，应在公平公正的基础上加以认定。1. 两台锅炉未经检验合格且已报废，土建工程属于未完工工程，未经鉴定，开发区管委会不应支付。2.《协议书》第七条约定的需由热电公司承担的热电厂拆除损失2680.5万元，依据《集团公司涉及热电公司工程款支付表》，属于实际发生的损失，应予扣减。3.《协议书》第七条约定的88007831.38元，开发区管委会是以开发区财政局、开发区市政局的确认为前提对往来账予以确认的。然而，2011 年 6 月 9 日《往来账》仅是三方对账，并非最终结算数额，相关款项的支付亦在备注中注明支付依据。相关合同约定的款项支付条件及支付目的对当事人均具有约束力。在 88007831.38 范围内，（1）对于 2008—2010 年城市基础设施配套费，应根据 2010 年 11 月 15 日《协议书》扣除 4910186.35 元。（2）关于旧管网改造及相应锅炉运转费用 4000 万元，需要考虑 2010 年 11 月 15 日《协议书》约定的确保开发区范围内及时、保质、保量完成供暖任务的支付条件以及 30 年的经营期限，开发区管委会要求据实结算。（3）关于 2010 年耀龙、天港二期工程款，均由案外人签订施工合同，涉案工程并未经过财政评审，尚不具备结算条件。（4）关于审计供暖亏损、2011 年 2 月公司尚未入账款、煤款，涉及开发区市政局与热电公司供暖移交相关事宜，需要由移交双方自行结算。而且，尚未入账款项需要热电公司继续提供相关材料并经开发区市政局确认。（5）2008—2010 年新增固定资产 7748477.71 元，系开发区市政局与热电公司约定内容，属于重复计算，应从旧管网改造所发生的费用 4000 万元或从 2008—2010 年城市基础设施配套费中予以扣除。4.《协议书》签订后，开发区管委会已支付 2011 年基础设施配套费 18129216.15 元。其中，白山新村项目供暖设施建设及供暖非由热电公司实施，热电公司收取的该项目配套费 3320984.70 元应予扣除。其他已支付的基础设施配套费，在热电公司不能保证供暖质量的情况下，应据实结算后予以扣除。5.《协议书》签订后，开发区管委会支付借电费、借煤款 550 万元，应予抵扣。开发区管委会支付 300 万元报停补贴款应予抵扣。6. 2010 年区市政局代垫供暖费用 615636 元、2011 年代垫供暖费用 7887592.61 元以及对供暖工程进行相关改造已付工程款 1620800 元，均涉及城市基础设施配套费的支付，应据实扣除。7. 关于供暖公司人员工资问题，开发区管委会代替热电公司支付的 1264749.26 元应予抵扣。

综上，一审判决认定事实不清，遗漏当事人，判决结果显失公平。请求二审法院：一、撤销原判、发回重审或依法改判。二、一、二审案件诉讼费用由热电公司承担。

热电公司答辩称：一、本案实质上就是开发区管委会与热电公司之间基于供暖关系而产生的欠款纠纷，不存在与其他主体之间的法律关系。热电公司将原热电厂若干工作中的供暖工作划分出来由热力公司具体负责。热力公司的目的仍然是为了完成开发区管委会交给热电公司的供暖职责。此后两年多的时间里，为了履行供暖任务，实际上还是由热电公司多次与开发区管委会及其下属的开发区市政局进行沟通协调，并签订了多份协议。由此可以看出，热电公司与热力公司的目的都是为了更好地履行开发区管委会交给的供暖任务。同样，开发区市政局是开发区管委会的下属职能机构，其代表的是开发区政府。因此，开发区管委会与热电公司实际上均承认热力公司与开发区市政局的代表行为，这已经在双方当事人在多年的合作经营过程中形成的一种交易习惯，基于这种交易习惯可以确认本案中的双方当事人主体是正确的，不存在漏列当事人问题。二、双方当事人签字确认的《往来账》真实、准确，开发区管委会在该协议生效一年以后，又单方主张推翻，缺乏法律依据，其已经丧失了对《往来账》的撤销权。三、开发区管委会主张有一些款项应从欠款中扣除，但这部分费用有一些是发生在 2011 年 6 月 23 日之后，应在双方进一步核算后另行确认具体数额，与本案无关。同时，人员工资中所涉及的人员均与热电公司无关，热电公司也从未授权开发区管委会代发工资。供暖质量问题热电公司已经依据《锦州市城市供热管理办法》的规定，对相关不达标的供暖用户进行了退费处理，并未委托开发区管委会代为退费补偿。因此，开发区管委会以此作为拒绝还款的理由是不成立的。四、《协议书》仅在第二、第三条约定了热源建设补贴费问题，针对该热源补贴费问题双方之间再无其他任何约定。但在该《协议书》第八条关于如何偿还总计 10400.738 万元时却明确约定了是一并偿还的，而并没有约定先偿还《往来账》中所确认的 88007831.38 元，待具备一定条件后才偿还 1600 万的锅炉补贴款。两台热水锅炉在 2011 年 11 份开始投入使用，实际运行并完成了 2011 至 2012 年度冬季供暖任务。至此，热电公司完成了《协议书》中约定的两台 100 吨热水锅炉热源厂的建设工作，开发区管委会应当向热电公司支付该 1600 万元的补贴款。锅炉即使存在一些质量问题，问题也可以另行解决，不应作为拒付补贴款的理由。

综上所述，原审判决认定事实清楚，适用法律正确，请求二审法院依法予以维持。

本院二审对原审法院查明的事实予以确认。另查明，热电公司与热力公司属于阜新蒙古贞经贸（集团）有限公司的下属企业，两家企业的法定代表人均是王玉裴。

原审判决记载的开发区管委会、热电公司于 2011 年 6 月 23 日签订的《协议书》第一条、第二条、第三条中"热电公司"应为"热力公司"。上述《协议书》签订后，热力公司依据协议约定进行了热源厂建设工作。热力公司于 2011 年 6 月向黑龙江双锅锅炉股份有限公司购买两台 DHW72MW 热水锅炉，同时委托泛华建设集团有限公司沈阳设计分公司对热源厂工程进行设计。

随后，热力公司与锦州东联建筑安装有限公司签订热源厂土建合同。

2013年6月25日，热力公司向本院出具《情况说明》称：为履行开发区管委会交给的供暖任务，2008年年初，阿米柯斯热电公司更名为热电公司并继续负责开发区的供暖任务。为了更好地履行供暖任务，阜新蒙古贞经贸（集团）有限公司出资成立了热力公司，但公司人员组成仍为热电公司人员组成，包括与锦州开发区政府及开发区市政局签订了大量与供暖工作有关的协议及文件也是由热电公司签订的。2011年6月23日，热电公司与开发区管委会签订《协议书》，约定由热力公司负责建设两台100吨高温高压热水炉，锦州开发区政府同意针对该两台锅炉按每吨8万元标准支付建设补贴费，共计1600万元。协议签订后，经多方努力，最终建成供暖。依据协议约定，锦州开发区政府应当支付该1600万元建设补贴费。由于6月23日《协议书》是热电公司与锦州开发区政府签订，并且在实际建设过程中大部分建设资金也是由热电公司实际支付的，故该1600万元建设补贴费应当由热电公司领取，热力公司对此没有异议。

本院认为，本案二审审理的争议焦点是：一、原审判决是否存在程序问题，即是否遗漏了热力公司、开发区市政局等当事人；二、原审判决认定开发区管委会偿还热电公司的债务数额是否准确；三、原审判决判令开发区管委会偿还热电公司债务的履行方式是否正确。

一、关于原审判决是否遗漏热力公司、开发区市政局等当事人的问题。

热电公司起诉的主要依据是其与开发区管委会于2011年6月23日签订的《协议书》。该《协议书》第八条明确约定，开发区管委会应向热电公司偿还10400.783万元款项。热力公司、开发区市政局既不是合同当事人，也不是合同确定的主要债权债务人。开发区管委会和热电公司在该《协议书》第三条中虽约定开发区管委会应向热力公司支付热源建设补贴款，但双方在第八条中又将该笔款项的给付对象变更为热电公司。本案中，热力公司从未提出参加诉讼的申请，其向本院出具《情况说明》称，该公司对于开发区管委会向热电公司支付1600万元热源建设补贴等没有异议。可见，本案处理结果同热力公司无法律上的利害关系，该公司不是有独立请求权的第三人，亦不是本案必要共同诉讼人。故开发区管委会关于一审判决遗漏当事人热力公司的上诉理由不能成立。开发区市政局是开发区管委会的下属职能部门，其对外民事权利义务理应由开发区管委会承担，通知其参加本案诉讼亦无必要。综上，本案不符合《中华人民共和国民事诉讼法》第五十六条规定之情形，并无追加热力公司、开发区市政局参加诉讼之必要，故开发区管委会据此请求发回重审的上诉主张不能成立。

二、关于开发区管委会是否应当按照其与热电公司签订的《协议书》确定数额还款的问题。

开发区管委会上诉主张其与热电公司签订的《协议书》约定的欠款数额有误，在上诉中提出了有关城市基础设施配套费等数项抗辩事由。这些事由中，2008年至2010年城市基础设施配套费、旧管网改造及相应锅炉运转所发生的费用、2010年耀龙、天港二期工程款、审计2008—2009年亏损、2010—2011年亏损、2011年2月公司尚未入账款、煤款、2008—2010年新增固定资产、热电厂拆除损失2680.5万元、1600万元热源建设补贴等部分内容属于在两方当事人签订《协议书》之前已经发生的事项。就该部分事项，开发区管委会的职能部门开发区财政局、开发区市政局与热电公司，经多次对账后已于2011年6月9日以在《往来账》上签章的方式确认开发区管委会欠热电公司88007830元款项。开发区管委会与热电公司于2011年6月23日签订的《协议书》再次确认《往来账》上记载的欠款数额属实，并进一步约定开发区管委会应支付热电公司1600万元的热源建设补贴款，两项合计欠款10400.783万元。上述《协议书》是双方当事人的真实意思表示，内容不违反我国法律、法规的禁止性规定，依法有效。开发区管委会在上述协议签订之后至本案诉前超过一年的时间里，既未对上述协议确定的债务数额提出异议，也没有向人民法院申请撤销或变更。根据《中华人民共和国合同法》第五十五条的规定，具有撤销权的当事人自知道或者应当知道撤销事由之日起一年内没有行使撤销权的，撤销权消灭。故开发区管委会现以两方当事人签订《协议书》之前已经发生的事项为由，提出上述合同中所确认的债务数额有误的上诉理由不能成立。

开发区管委会上诉理由中有关2010年城市基础设施配套费、550万元借款、300万元报停补贴款、已支付的供暖公司人员工资、因供暖质量问题造成的损失等部分内容属于两方当事人签订《协议书》以后发生的其他事项所产生的纠纷，由于该部分内容既不属于本案原审原告热电公司的诉讼请求范围，开发区管委会亦未在本诉中提起反诉，故本院依法不予审理。双方当事人如有争议，可另行协商或通过诉讼解决。

三、关于本案债务履行方式问题。

开发区管委会上诉主张其有能力按照《协议书》约定的土地置换的结算方式偿还本案债务，原审法院判令其直接向热电公司偿还债务不当。本院认为，《协议书》的核心内容是确定了开发区管委会与热电公司的债权债务关系及欠款数额。双方虽在《协议书》中约定了以土地置换的结算方式，但其同时载明以"100亩土地出让金来折抵"，如"该土地在拍卖中被第三方竞拍走由开发区管委会负责给热电公司支付人民币10400.783万元"等内容，表明双方约定的核心内容仍是向债权人热电公司支付款项，而不是以土地抵债。此后，开发区管委会一直未履行给付欠款的义务，故原审法院判令其向热电公司偿还欠款，证据充分，并无不当。开发区管委会该项上诉请求没有事实依据，不予支持。

综上，原审判决认定事实清楚，适用法律正确，应予维持。本院依照《中华人民共和国民事诉讼法》第一百七十条第一款第（一）项之规定，判决如下：

驳回上诉，维持原判。

本案一审、二审案件受理费各561840元，共计1123680元，由锦州经济技术开发区管理委员会承担。

本判决为终审判决。

审　判　长　王宪森

审　判　员　殷　媛

审　判　员　杨征宇

二〇一三年七月五日

书　记　员　郑琪儿

4. 合同效力的认定应以法律、行政法规等 强制性的规定为准

——大连华成天宇房地产开发有限公司与大连沙河 口银丰小额贷款有限公司借款合同纠纷案

【裁判要旨】

一、合同效力的认定应以法律、行政法规等强制性的规定为准。小额贷款公司可以依照现行法律、行政法规及相关政策的规定，发放贷款并收取相应的利息，尽管其发放贷款额度超过了有关行政监管政策的规定，但不能据此认定合同的效力。

二、小额贷款公司发放贷款的利率超过法律和司法解释规定的上限，超过部分人民法院不予支持。

中华人民共和国最高人民法院民事判决书

（2013）民二终字第 36 号

上诉人（原审被告）：大连华成天宇房地产开发有限公司。住所地：辽宁省大连市中山区南山路 199 – 1 号。

法定代表人：郝春成，该公司董事长。

委托代理人：霍进城，北京市康达律师事务所律师。

委托代理人：于德生，辽宁青松律师事务所律师。

被上诉人（原审原告）：大连沙河口银丰小额贷款有限公司。住所地：辽宁省大连市沙河口区会展路 125 – 6 – 1 – 1 号。

法定代表人：杨德臣，该公司董事长。

委托代理人：王彦龙，辽宁法大律师事务所律师。

委托代理人：田晓亮，辽宁法大律师事务所律师。

上诉人大连华成天宇房地产开发有限公司（以下简称华宇公司）为与被上诉人大连沙河口银丰小额贷款有限公司（以下简称银丰公司）借款合同纠纷一案，不服辽宁省高级人民法院（2012）辽民二初字第 33 号民事判决，向

本院提起上诉。本院依法组成由审判员王东敏担任审判长，代理审判员李相波、梅芳参加的合议庭进行了审理。书记员侯佳明担任记录。本案现已审理终结。

原审法院经审理查明以下事实：

大连新华房屋开发有限公司（以下简称新华公司）与银丰公司签订《协议书》一份（未注明签订日期），约定新华公司同意出借给银丰公司人民币2亿元，该款项仅用于银丰公司向华宇公司出借资金之用。银丰公司与华宇公司订立借款合同后，新华公司应在三日内将款项支付至银丰公司账户或根据银丰公司书面指令直接向借款方华宇公司支付。

2010年12月（具体日期未注明），银丰公司作为贷款人、华宇公司作为借款人、郝春成及刘艳红作为保证人签订编号为XHJK2010-12-15-001的《借款及保证合同》，约定华宇公司向银丰公司借款人民币2亿元，使用期限为60天，自2010年12月15日起至2011年2月14日止。用于流动资金贷款。该合同未约定贷款期间利率，但就逾期利率约定按照贷款额每日千分之二计算。双方还约定华宇公司采用"每月预收利息，到期一次性还本"的方式还款付息。华宇公司逾期偿还贷款本息超过30日的，除支付罚息外，还应按贷款金额的30%向银丰公司支付违约金。

2010年12月15日，银丰公司作为质权人、华宇公司作为出质人、郝春成及刘艳红作为共同保证人签订编号为XHJKZY2010-12-15-001的《质押担保合同》，约定华宇公司与银丰公司签订的编号为XHJK2010-12-15-001的《借款及保证合同》，为保证银丰公司债权的实现，华宇公司自愿提供自己所拥有的并依法可以出质的华宇公司的五张非同行的空白支票于银丰公司风控处，企业同时质押企业财务印章、法人印鉴等，共同存放于双方协同办理的银行保管箱内，由银丰公司派专人进行现场负责。另外，银丰公司作为质权人、郝春成和刘艳红作为出质人签订《最高额权利质押合同》一份，约定由银丰公司和华宇公司签订的《借款及保证合同》项下的债权本金人民币2亿元在该合同最高额权利质押担保的债权范围之内。该合同附件之一为银丰公司和华宇公司签订的《管理协议》，约定华宇公司提供该公司的公章和财务专用印章给银丰公司风险部项目专员负责管理。银丰公司对华宇公司的例会管理、财务管理、临时业务管理等进行监管。

2010年12月22日，银丰公司与华宇公司、新华公司签订《补充协议书》，约定针对YFJK2010-12-15-001（与上述《借款及保证合同》编号不完全一致）的借款合同的履行，银丰公司委托新华公司在中国工商银行股份有限公司大连沙河口支行（以下简称工行沙河口支行）开设企业账户后，将人民币 2 亿元划至该账户，资金到账时视为人民币 2 亿元贷款已经向华宇公司发放。银丰公司和华宇公司均在《补充协议书》上盖章确认，新华公司没有加盖印章。

另查明：2010 年 12 月 24 日，新华公司作为委托人，中国工商银行股份有限公司大连星海支行（以下简称工行星海支行）作为受托人，华宇公司作为借款人共同签订《委托贷款借款合同》一份，约定 2 亿元的贷款为委托贷款，期限为 18 个月，自 2010 年 12 月 24 日起至 2012 年 6 月 23 日止。用途为建设"南山 1910"项目。同日，工行星海支行作为抵押权人，华宇公司作为抵押人，又就签署《委托贷款借款合同》订立了编号为 2010 年星海委借字第 004 号《抵押合同》，约定在该合同签订后 10 日内，双方应到有关抵押登记机关办理抵押登记手续。双方声明：此项抵押合同的实际抵押权人为新华公司，委托受托人工行星海支行向指定的借款人发放委托贷款。经委托人审查，同意华宇公司将其持有的"南山 1910"项目 A 地块［国有土地使用证号：大国用（2007）第 01130 号］土地使用权及在建工程抵押给新华公司，由受托人代为办理持有。登记日期为 2011 年 8 月 17 日的在建工程抵押登记证明中载明，在建工程坐落于南山 1910 二期 A1 至 A8 号、A10、A15、A16 号楼部分房屋。抵押权人为工行星海支行，抵押人为华宇公司。债权数额为 2 亿元。

再查明：中国工商银行进账单和转账支票载明，2010 年 12 月 31 日，新华公司通过工行沙河口支行向华宇公司转款 2 亿元。

2011 年 9 月 1 日，华宇公司法定代表人郝春成出具《还款计划》一份，载明华宇公司所欠银丰公司款项（本金和利息）计划在 2011 年 10 月底前还清，其中 5000 万元人民币在 2011 年 9 月 15 日前还。

2011 年 8 月 15 日、9 月 5 日、9 月 6 日、9 月 19 日，华宇公司通过工行沙河口支行向新华公司还款 625 万元、420 万元、1450 万元、3480 万元。

2012 年 4 月 14 日，新华公司向华宇公司出具《关于贵司提出还款意见的回函》，载明关于华宇公司借款 2 亿元的借款利息是 4 分/月，归还利息金额是 9480 万元。2012 年 4 月 23 日，华宇公司向新华公司出具《关于贵司提出按高利贷办法还款函的复函》（以下简称《复函》），载明华宇公司认可已经偿还的本息合计 9480 万元。2012 年 4 月 27 日，大连市中山区公证处就华宇公司邮寄送达《复函》的行为和过程进行保全证据公证。

又查明：2012 年 6 月 13 日，大连市中山区人民法院对新华公司作为原告、华宇公司作为被告、工行星海支行作为第三人的抵押合同纠纷一案作出（2012）中民初字第 566 号民事判决，认定：2010 年 12 月 24 日《委托贷款借款合同》和《抵押合同》订立后，新华公司和工行星海支行依约向华宇公司发放了贷款。新华公司作为抵押权人的委托人有权主张《抵押合同》中抵押权人的权利，故作出华宇公司配合新华公司及工行星海支行办理"南山1910"二期 A11、A12、A13、A14 在建工程抵押登记及相对应的土地使用权抵押登记的判决。华宇公司不服该判决，提出上诉后又申请撤诉，大连市中级人民法院于 2012 年 9 月 6 日以（2012）大民二终字第 912 号民事裁定准许华宇公司撤诉。银丰公司作为案外人不服该判决，向检察机关申诉。大连市人民检察院以大检民抗（2012）63 号民事抗诉书向大连市中级人民法院提出抗诉，大连市中级人民法院裁定指令大连市中山区人民法院再审该案，再审期间，新华公司提出撤诉申请。2012 年 11 月 27 日，大连市中山区人民法院作出（2013）中审民再初字第 1 号民事裁定，撤销（2012）中民初字第 566 号民事判决，准许新华公司撤回起诉。

2012 年 6 月 16 日，华宇公司作为原告将新华公司和工行星海支行诉至大连市沙河口区人民法院，请求确认 2010 年 12 月 24 日《委托贷款借款合同》中关于借款利率及逾期利率的约定条款无效，要求新华公司赔偿经济损失。2012 年 7 月 27 日，新华公司申请追加银丰公司为第三人参与诉讼。大连市沙河口区人民法院于 2012 年 10 月 15 日作出（2012）沙民初字第 2075 号民事判决，认为华宇公司目前证据不足以证明其主张，故驳回其诉讼请求。华宇公司上诉至大连市中级人民法院，2012 年 12 月 12 日，大连市中级人民法院作出（2012）大民三终字第 1201 号民事判决，驳回上诉，维持原判。该判决认定：根据银丰公司与华宇公司签订的《借款及保证合同》及此后新华公司与银丰公司签订的《协议书》和银丰公司与华宇公司、新华公司签订的《补充协议》的约定，2011 年 9 月 1 日华宇公司法定代表人郝春成出具《还款计划》所确认的事实，案涉借款合同的主体为银丰公司与华宇公司，履行方式为银丰公司委托新华公司将款项存入工行沙河口支行，出借给华宇公司，而华宇公司取得案涉款项的过程与上述约定相符，则就案涉款项实际履行的系上述合同、协议，华宇公司所主张的《委托贷款借款合同》并未实际履行。此外，若《委托贷款借款合同》实际履行，则华宇公司应从工行星海支行处取得案涉款项，故华宇公司诉称的补充协议所加盖印章并非其真实意思，既无事实依据，又与实际履行情况相悖，因《委托贷款借款合同》并未实际履行，故华宇公司请求不予支持。关于华宇公司提出其依据大连市中山区人民法院（2012）中民初字第 566 号民事判决可以确定委托贷款借款合同成立一节，该判决现已被撤销且已生效，因此，该依据已不复存在。

2012 年 10 月 30 日，工行星海支行出具《关于〈委托贷款借款合同〉的情况说明》一份，该情况说明载明，在办理委托贷款业务时，必须由委托人将资金汇入在该行开设的结算账户，再由该行向委托人指定的贷款对象即借款人发放贷款。2010 年 12 月 24 日，华宇公司、新华公司及该行签订《委托贷款借款合同》，但合同签订后新华公司没有履行，未在该行开设账户存入委托资金，该行也从未依据上述合同向华宇公司发放过贷款。在（2012）沙民初字第 2075 号民事判决及该案庭审笔录中，该行已明确表达了未履行《委托贷款借款合同》的观点。

原审法院还查明：2011 年 2 月 28 日，大连希望创世投资管理有限公司（以下简称创世公司）作为借款人、大连温普卫浴有限公司（以下简称温普公司）作为贷款人、华宇公司作为保证人签订《借款及保证合同》，银丰公司为代持抵押物见证人，该合同约定温普公司向创世公司借款 800 万元，只要温普公司违约，创世公司可首先要求保证人承担保证责任。同日，银丰公司作为委托人、创世公司作为受托人签订《委托协议》，双方约定银丰公司委托创世公司将 800 万元放款给温普公司，实际放款人为银丰公司。创世公司还出具《情况声明》一份，内容主要是上述 800 万元的真正借款人是银丰公司，是银丰公司将上述款项分 6 笔汇入该公司指定账户，该公司再贷款给温普公司，银丰公司是实际的抵押权人，故温普公司应当向银丰公司履行 800 万元的还款义务。

原审法院查明的上述事实，有《协议书》《借款及保证合同》《质押担保合同》《最高额权利质押合同》《补充协议书》《委托贷款借款合同》中国工商银行进账单和转账支票、《还款计划》《关于贵司提出还款意见的回函》《复函》、（2013）中审民再初字第 1 号民事裁定书、（2012）大民三终字第 1201 号民事判决书、《关于〈委托贷款借款合同〉的情况说明》《委托协议》《情况声明》等在卷佐证，并经庭审质证，足资认定。

因华宇公司与银丰公司在合同履行过程中产生纠纷，银丰公司遂起诉至原审法院，请求判令：华宇公司偿还借款本金 2 亿元人民币及自 2012 年 1 月 1 日起至偿还之日止的利息（按人民银行同期流动资金贷款利率 4 倍计算，自 2012 年 1 月 1 日起至 2012 年 7 月 17 日的利息为 29156000 元）；诉讼费用由华宇公司承担。

原审法院经审理认为：该案的基础合同是银丰公司和华宇公司签订的《借款及保证合同》，且该合同已经实际履行，新华公司、工行星海支行、华宇公司三方签订的《委托贷款借款合同》虽然签订却没有实际履行。第一，现已生效的（2012）大民三终字第 1201 号民事判决认定，案涉借款合同的主体为银丰公司与华宇公司，而《委托贷款合同》并未实际履行；第二，依据案涉《协议书》《借款及保证合同》《补充协议书》《质押担保合同》《最高额权利质押合同》、进账单和转账支票等一系列证据，可以形成完整的证据链条，足以证明签订并履行《借款及保证合同》是银丰公司和华宇公司的真实意思表示，以及银丰公司委托新华公司将2亿元借款出借给华宇公司的事实。而郝春成出具的《还款计划》亦构成华宇公司对实际履行的是《借款及保证合同》的自认；第三，案涉《委托贷款借款合同》第11条约定，委托人在受托人委托资金账户存入足额资金，要求受托人在收到委托人签发的《委托贷款通知书》之日起三日内将委托贷款汇划至借款人账户。第14条约定委托人要求将收回的贷款本息划入新华公司在工行星海支行的账号。本案《委托贷款借款合同》中的委托人是新华公司，受托人是工行星海支行，但2亿元借款是新华公司通过工行沙河口支行发放给华宇公司的，并没有划入工行星海支行，且华宇公司的所有还款没有一笔是支付到新华公司在工行星海支行账户的，而全部是通过工行沙河口支行支付的；第四，新华公司和工行星海支行作为《委托贷款借款合同》的当事人，在（2012）沙民初字第2075号案件审理中均辩称《委托贷款借款合同》没有实际履行，各方履行的是《借款及保证合同》，工行星海支行在《关于〈委托贷款借款合同〉的情况说明》中亦表明了上述观点；第五，《委托贷款借款合同》约定的借款期限为18个月，即从2010年12月24日起至2012年6月23日止，而华宇公司在借款期限内即陆续偿还了多笔款项，由此可见，华宇公司的还款并不是针对《委托贷款借款合同》的还款。虽然新华公司曾以自己的名义对华宇公司、工行星海支行提起抵押合同纠纷的诉讼，但大连市中山区人民法院已经裁定撤销了（2012）中民初字第566号民事判决，准许新华公司撤回起诉，故华宇公司以（2012）中民初字第566号民事判决作为《委托贷款借款合同》成立的依据不能成立。

综上，《委托贷款借款合同》并未实际履行，银丰公司为案涉2亿元借款的实际债权人，该公司已按《借款及保证合同》的约定履行了放款义务，故其要求华宇公司偿还借款本息的诉讼请求应予支持，华宇公司作为借款人应按合同约定向银丰公司履行还款义务。

关于还款资金的性质、数额以及利息计算一节。华宇公司主张已偿还的款项共计9480万元，但还款对象是新华公司。如前所述，银丰公司为本案2亿元借款的出借人，故该款项应认定为华宇公司向银丰公司的还款。华宇公司对银丰公司主张的第一笔800万元还款的收款收据的出具日期及款项性质存有异议，认为该笔款项偿还的不是案涉2亿元借款的利息，给付的时间也不是2010年12月31日，而是在2010年12月24日《委托贷款借款合同》签订之日给付新华公司的缔约诚意金。鉴于《委托贷款借款合同》并没有关于缔约诚意金的约定，且该合同亦未实际履行，故对于华宇公司的这一抗辩不能支持。且华宇公司认可还款总额为9480万元，如果该款项的性质是缔约诚意金，就不应包含在9480万元的还款额度内。银丰公司主张9480万元还款中应扣除华宇公司替案外人温普公司偿还的借款800万元，并提供了创世公司、温普公司、华宇公司签订的《借款及保证合同》、银丰公司和创世公司签订的《委托协议》以及创世公司出具的《情况声明》予以佐证。对此，华宇公司没有提供反驳证据。故上述800万元应在9480万元的还款总额中予以扣除，华宇公司向银丰公司的还款数额应认定为8680万元。

银丰公司主张，该8680万元的性质全部为2亿元借款的利息部分，而华宇公司主张这些还款是借款本金和利息两部分的合计。鉴于银丰公司和华宇公司在《借款及保证合同》中明确约定华宇公司采用"每月预收利息，到期一次性还本"的方式还款付息，应视为双方在合同中约定了还款方式是"先息后本"；且按照《最高人民法院关于适用〈中华人民共和国合同法〉若干问题的解释（二）》第二十一条的规定，即使双方当事人没有约定，还款顺序亦为先息后本。故案涉借款的还款方式应当确定为"先息后本"。

案涉《借款及保证合同》没有约定贷款期间的利率，银丰公司主张，该公司与华宇公司就利率问题达成了每月按本金的4%收取利息的口头协议，但该主张缺乏相应的证据予以证明，其提供的800万元的收款收据属于单方证据，缺乏反映资金走向的银行票据，故该证据不能作为证明案涉借款的利息为月利率4%的依据。因此，银丰公司主张2012年1月1日之前的利息以月利率4%计算为8680万元，缺乏事实依据。虽然《借款及保证合同》没有约定合同期内利率，但通过华宇公司的实际还款行为及该公司关于9480万元包含利息部分的抗辩可以明确，双方当事人均认可该笔借款是存在利息的。《借款及保证合同》约定了逾期利率，借款的使用期限为2010年12月15日至2011年2月14日，故案涉借款应当自2011年2月15日起计算逾期利息。但《借款及保证合同》约定的逾期利率为每日千分之二，按照这一计算标准，本案贷款的逾期年利率就高达73%，显然属于约定过高。故对此约定利率应作出相应调整。鉴于银丰公司是较为特殊的主体，虽然不是金融机构但也不是一般企业，其经营范围是"办理各项小额贷款和银行资金融入业务"，依据《中国银行业监督管理委员会、中国人民银行关于小额贷款公司试点的指导意见》[银监发（2008）23号]的规定，"小额贷款公司按照市场化原则进行经营，贷款利率上限放开，但不得超过司法部门规定的上限，下限为人民银行公布的贷款基准利率的0.9倍"，而《最高人民法院关于人民法院审理借贷案件的若干意见》第六条规定，"民间借贷的利率可以适当高于银行的利率……

但最高不得超过银行同类贷款利率的四倍（包含利率本数）"。故本案中借款利息的给付可以比照民间借贷的利率标准。因为新华公司向华宇公司放款的时间为 2010 年 12 月 31 日，应为利息起算时间，自该日起至给付之日止的利息统一按照人民银行同期贷款利率 4 倍计收。对于华宇公司已经偿还的 8680 万元款项，可一并从应支付的利息总额中予以扣除。

综上，该案经原审法院审判委员会讨论决定，依照《中华人民共和国合同法》第一百零七条、第二百零七条，《最高人民法院关于人民法院审理借贷案件的若干意见》第六条，《中国银行业监督管理委员会、中国人民银行关于小额贷款公司试点的指导意见》的规定，判决：一、华宇公司偿还银丰公司借款本金 2 亿元及利息（利息的计付：自 2010 年 12 月 31 日起至给付之日止，按中国人民银行同期贷款利率的 4 倍计收，扣除华宇公司已经支付的 8680 万元）。上述本金、利息应于该判决生效后十日内给付。逾期则按《中华人民共和国民事诉讼法》第二百五十三条规定执行。二、驳回银丰公司其他诉讼请求。案件受理费 1187580 元由华宇公司负担。

华宇公司不服原审法院作出的上述民事判决，向本院提起上诉称：一、原判遗漏重要事实，致使认定事实片面、错误。1. 银丰公司向华宇公司提供借款前提为工行星海支行向华宇公司提供 2 亿元的封闭贷款的事实未认定。2. 《委托贷款借款合同》签署后，双方办理了抵押登记、实际履行了合同，对该履行内容未明确认定。3. 新华公司放款及华宇公司还款，除已认定不能作为证据使用的银丰公司单方《收据》外，无任何证据或任何一笔款项证明该还款与银丰公司有关。4. 新华公司以华宇公司为被告、以工行星海支行为第三人，向法院提起诉讼的诉状中明确"《委托贷款借款合同》签署后，原告及第三人依约向被告发放了贷款"。5. 银丰公司与新华公司为同一法定代表人、两公司人员混同。此外，派出所对新华公司会计于红《询问笔录》、对大连良运小额贷款公司宋涛《询问笔录》均明确于红是新华公司会计，以及新华公司与华宇公司有 2 亿元的借款关系，对于上述事实，原判亦未查明。二、案涉 2 亿元系新华公司与华宇公司之间企业间借贷，案涉 2 亿元的合同基础不是、也不可能是本案的《借款及保证合同》。"银行单据"作为最直接且客观证据，充分证明案涉 2 亿元系新华公司与华宇公司借款。新华公司2012 年 6 月 13 日之前的一贯主张，也充分证明案涉 2 亿元系新华公司与华宇公司之间借款。而且，新华公司以外主体即派出所对大连良运小额贷款公司宋涛《询问笔录》、工行星海支行在法院《庭审笔录》的陈述，也证明新华公司与华宇公司之间存在借款关系。更重要的是，案涉 2 亿元借款根本不符合小额贷款公司相关规定，不可能履行的是《借款及保证合同》。三、《借款及保证合同》系以小额贷款公司的合法形式，掩盖其企业间借贷的非法目的，应为无效合同。同时，《委托贷款借款合同》虽已实际履行，但其实质履行并未经过银行委托贷款流程，是直接为新华公司向华宇公司付款，也应为无效合同。四、华宇公司已还款9480万元不可能全部为利息，原判明显有悖公平且不利于案结事了。华宇公司2011年9月19日之前分批向新华公司偿还9480万元。即使按照原判认定还款方式为"先息后本"，截至每一次还款日，还款金额扣除截至当日产生的利息部分，必然为本金。按照此方式，产生利息共计7193996元，已还本金87606004元，未还本金为117187831元。此外，银丰公司滥用诉权的行为，不利于问题的解决，更损害了各方当事人及社会利益。故请求：撤销原判并改判驳回银丰公司全部诉讼请求。由银丰公司承担一审、二审全部诉讼费用。

银丰公司答辩称：一、原判关于案涉2亿元借款的主体和法律关系认定证据充分、准确，不存在华宇公司所称的"新华公司与华宇公司企业间拆借"的事实。1. 案涉2亿元借款为"新华公司与华宇公司企业间拆借"的主张为华宇公司在其上诉状中第一次提及，且与华宇公司在上述所有案件中陈述和提供的证据自相矛盾。而且，在已有的众多案件庭审和法律文书中，华宇公司从未提出过案涉2亿元借款为"新华公司与华宇公司企业间拆借"，其一直主张履行的是《委托贷款借款合同》。2. 华宇公司上诉状中称"银丰公司向华宇公司提供借款前提为工行星海支行向华宇公司提供2亿元封闭贷款"完全是歪曲事实。3. 华宇公司、新华公司、工行星海支行签订《委托贷款借款合同》后，新华公司从未按合同约定将资金划入过工行星海支行，工行星海支行也未向华宇公司发放过委托贷款。工行星海支行出具的《关于〈委托贷款借款合同〉的情况说明》，也证明《委托贷款借款合同》从未履行。4. 华宇公司偿还利息后银丰公司均向华宇公司开具了收款收据。在偿还利息初期华宇公司均是向银丰公司还款，后由于银丰公司在收到利息后需要将款项偿还给新华公司，受银丰公司指令，华宇公司才将部分利息直接付至新华公司。二、2011年9月1日，华宇公司法定代表人郝春成向银丰公司出具还款计划，明确认可双方履行《借款及保证合同》的事实。三、大连市中级人民法院（2012）大民三终字第1201号生效判决确认《借款及保证合同》已经履行，银丰公司依据《借款及保证合同》向华宇公司发放了2亿元借款。四、《借款及保证合同》为银丰公司和华宇公司真实意思表示，且已经实际履行，其内容不违背我国法律法规的强制性规定，更不存在以合法形式掩盖非法目的。因为，《借款及保证合同》签订之时为2010年年末，华宇公司所欠工商银行2亿元借款到期无法偿还，华宇公司法定代表人面临刑事指控，贷款银行负责人面临多种责任追究。在此情形下，华宇公司求助银丰公司，银丰公司筹措资金向华宇公司发放短期借款，帮其渡过难关。现华宇公司提出种种不支付利息理由，既不符合法律规定，也不符合诚信原则及情理。小额贷款公司的指导意见均旨在规范小额贷款市场，有效调控和利用民间资金，如果发生与指导意见有出入的情况，应当由相关部门进行监管和指导，以此为由否定合同效力没有法律依据。五、《借款及保证合同》明确约定还款方式为先息后本，《最高人民法院关于适用〈中华人民共和国合同法〉若干问题的解释（二）》第二十一条对此亦有规定，故华宇公司已偿还的8680万元依据合同约定和法律规定应为偿还的利息。综上，华宇公司的上诉理由不能成立，请求驳回其上诉请求，维持原判。

本院查明的事实与原审查明的事实一致，本院对原审查明的事实予以确认。

本院认为，根据双方当事人诉辩主张及理由，本案二审主要争议焦点问题是：案涉2亿元借款履行的是《委托贷款借款合同》还是《借款及保证合同》；原审判决是否遗漏部分重要事实致使原审判决认定事实片面、错误；《借款及保证合同》是否以合法形式掩盖非法项目；原审判决认定华宇公司已还款项全部为利息是否公平。

关于案涉2亿元借款履行的是《委托贷款借款合同》还是《借款及保证合同》问题。本院认为，本院及原审法院查明的事实能够充分证明，案涉的2亿元借款履行的是《借款及保证合同》而非《委托贷款借款合同》。第一，尽管银丰公司与华宇公司签订的《借款及保证合同》以及新华公司、工行星海支行、华宇公司三方签订的《委托贷款借款合同》均有2亿元贷款的表述，但案涉《协议书》《借款及保证合同》《补充协议书》《质押担保合同》《最高额权利质押合同》、进账单、转账支票、郝春成出具的《还款计划》等相关证据，充分证明银丰公司委托新华公司将2亿元借款出借给华宇公司履行的是《借款及保证合同》而非《委托贷款借款合同》；第二，大连市中级人民法院作出并已生效的（2012）大民三终字第1201号民事判决，以及工行星海支行出具的《关于〈委托贷款借款合同〉的情况说明》，证明《委托贷款借款合同》没有实际履行；第三，本案已查明的事实证明，案涉2亿元借款是新华公司通过工行沙河口支行发放给华宇公司，并没有依照《委托贷款借款合同》中的约定划入工行星海支行；第四，华宇公司的所有还款没有一笔支付到新华公司在工行星海支行账户，全部通过工行沙河口支行进行支付；第五，从华宇公司已经偿还的多笔款项的时间节点来看，《委托贷款借款合同》约定的借款期限从2010年12月24日起至2012年6月23日止，而本案查明的华宇公司还款的时间却均在《委托贷款借款合同》约定的借款期限内，显然与《委托贷款借款合同》的约定不符。所以，原审关于本案的基础合同以及履行的是《借款及保证合同》而非《委托贷款借款合同》的认定正确合法，应予维持。华宇公司关于案涉 2 亿元借款履行的《委托贷款借款合同》而非《借款及保证合同》的请求缺乏事实依据，本院不予支持。

关于华宇公司主张原审判决遗漏部分重要事实致使原审判决认定事实片面、错误的问题。经本院查证，原审判决确实未对华宇公司上诉状中提到的相关事实作出具体而明确的认定。但是，本院认为，是否对上述相关事实作出认定，关键是看上述相关事实是否影响当事人权利义务的确定以及判决结果的作出。本案一、二审查明的事实证明，原审判决已经对本案所需关键性、主要事实作出全面、明确而具体的认定，而且依据认定的事实作出的判决结果正确、适当。而华宇公司上诉状中提到的遗漏、未作认定的事实，经本院查证，均属于非主要和非关键性事实，原审判决未作出认定，对华宇公司权利义务的确定及判决结果的公正处理没有产生影响。故华宇公司关于"原审判决遗漏重要事实，致使原审判决认定事实片面、错误"的主张不成立，本院对该请求亦不支持。

关于华宇公司主张《借款及保证合同》系以合法形式掩盖非法目的应属无效合同的问题。本院认为，对合同效力的认定应以法律规定为准。本院及原审法院查明的事实均已证明，虽然银丰公司出借的 2 亿元贷款来源于新华公司，但是，银丰公司作为依法成立的小额贷款公司，其可以依照相关法律、法规及政策的规定发放贷款并收取相应的利息，尽管其发放的 2 亿元贷款的额度可能违反了相关行政监管政策的规定，但并不能据此影响合同的效力。而且，华宇公司已经使用了银丰公司的 2 亿元借款，在其已经使用而不能按期偿还借款的情况下，再行主张合同无效，显然与法与理相悖。故华宇公司关于《借款及保证合同》系以合法形式掩盖非法目的应属无效合同的主张缺乏相应的法律依据，不能成立，本院予以驳回。

关于原审判决认定华宇公司已还款项全部为利息是否公平的问题。华宇公司主张，其在 2011 年 9 月 19 日之前已分批偿还的 9480 万元，即使按照"先息后本"，截止到每一次还款日，还款金额扣除截止到当日产生的利息部分，必然为本金。而按此方式计算，其已偿还了 87606004 元的本金，原审判决将华宇公司的还款均认定为利息有悖公平，为此，华宇公司向本院提交了其计算的《本息计算表》。本院认为，双方当事人在《借款及保证合同》中并未约定 2 亿元借款的期内利息，仅约定了每日千分之二的逾期利率。对于本案所涉 2 亿元借款存在利息之事，双方亦均予以认可，但对利息的计算方式存有异议。如按照银丰公司主张的期内利率按每月本金的 4% 收取利息，以及每日千分之二的逾期利率，显然过高，而银丰公司又是较为特殊的主体。有鉴于此，原审判决并未采纳银丰公司主张的利率，而是根据案件的实际情况将利息的给付调整为"比照民间借贷的利率标准统一按照人民银行同期贷款利率 4 倍计收"。如按照华宇公司的主张及其向本院提交的利息计算方式，就需要查明华宇公司每一笔还款的具体时间，因华宇公司在 2011 年 9 月 19 日之前分批偿还的 9480 万元中部分款项是以现金支付，而双方提交证据对此显示的还款时间并不一致，在还款时间不能确定的情况下，难以计算出截止到偿还该笔款项的当日所产生的利息及本金数额。故华宇公司以其计算方式计算出的其已偿还本金 87606004 元，仅是其单方计算的结果，没有证据支持亦未得到银丰公司的认可。所以，华宇公司主张的其已偿还本金 87606004 元的主张不能成立，本院不予支持。

对于原审判决认定的在华宇公司已经偿还的 9480 万元中应扣除其替温普公司偿还的借款 800 万元的事实，华宇公司在本院二审期间提出异议。对此，本院认为，华宇公司应当对其的主张提供证据予以支持，但其在原审及本院二审期间均未能提供充分的证据予以证明，故对华宇公司的该主张本院不予支持。

综上，原审判决认定事实清楚，适用法律正确，审判程序合法，处理结果适当，依法应予以维持。本院依照《中华人民共和国民事诉讼法》第一百七十条第一款第（一）项之规定，判决如下：

驳回上诉，维持原判。

一审案件受理费按一审判决执行。二审案件受理费 1187580 元，由大连华成天宇房地产开发有限公司负担。

本判决为终审判决。

审　判　长　王东敏

代理审判员　李相波

代理审判员　梅　芳

二〇一三年七月十七日

书　记　员　侯佳明

5. 当事人对交易内容有明确约定且该内容能够查明的，法院不宜自由裁量适用其他方式对当事人之间的交易进行安排

——新疆生产建设兵团农业生产资料供应公司与云南弘祥化工有限公司、云南祥丰化肥股份有限公司买卖合同纠纷案

【裁判要旨】

在当事人于案涉合同中对价款、结算方式等交易内容有明确约定，且相关交易内容能够予以查明的情况下，法院不宜自由裁量适用其他方式对当事人之间的结算、交易进行安排。

关联公司是各自独立的法人，任何一家公司仅有资格对自己的权利之争提起诉讼。未提起诉讼且据关联公司之外的第三方的申请被追加为第三人的关联公司，在诉讼中的地位属于无独立请求权的第三人。不同主体在诉讼中的法律地位不同，相关实体权利的承担主体各异。

中华人民共和国最高人民法院民事裁定书

（2013）民二终字第 59 号

上诉人（原审被告、反诉原告）：新疆生产建设兵团农业生产资料供应公司。住所地：新疆维吾尔自治区乌鲁木齐市北京南路 63 号。

法定代表人：钞剑锋，该公司总经理。

委托代理人：王家路，北京市通商律师事务所律师。

委托代理人：陆兆文，北京市通商律师事务所律师。

被上诉人（原审原告、反诉被告）：云南弘祥化工有限公司。住所地：云南省安宁市草铺镇（昆畹公路 38 公里）。

法定代表人：杨宗祥，该公司董事长。

委托代理人：耿国平，云南凌云律师事务所律师。

委托代理人：耿华东，云南凌云律师事务所律师。

被上诉人（原审第三人）：云南祥丰化肥股份有限公司。住所地：云南省昆明市安宁市百花东路东湖小区祥丰大厦。

法定代表人：杨宗祥，该公司董事长。

委托代理人：韦成佐，云南华汇律师事务所律师。

委托代理人：杨丽芬，女，汉族，1971 年 11 月 5 日出生，该公司总经理。

上诉人新疆生产建设兵团农业生产资料供应公司（以下简称兵团农资公司）为与被上诉人云南弘祥化工有限公司（以下简称弘祥公司）、云南祥丰化肥股份有限公司（以下简称祥丰公司）买卖合同纠纷一案，不服新疆维吾尔自治区高级人民法院（2010）新民二初字第 00014 号民事判决，向本院提起上诉。本院受理后，依法组成由审判员宫邦友担任审判长，审判员朱海年、代理审判员林海权参加的合议庭进行了审理。书记员陆昱担任记录。本案现已审理终结。

新疆维吾尔自治区高级人民法院审理查明：自 2004 年 8 月份开始，兵团农资公司陆续从弘祥公司、祥丰公司处购买化肥，至 2006 年 12 月，祥丰公司与兵团农资公司签订了《合作框架协议》，建立了合作伙伴关系。约定：祥丰公司的系列产品在新疆市场由兵团农资公司独家经销；产品价格应不高于云南同类生产厂家的供货价格；当市场发生价格波动时，对兵团农资公司库存产品价格给予合理调整；同时约定了卖方信贷等其他融资方式的结算条件。其后，祥丰公司与兵团农资公司签订了《2007 年度总经销协议》《2007—2008 年度总经销协议》，对价格原则、付款方式等作出相应约定。此期间，兵团农资公司的付款结算及函件往来，或汇送于祥丰公司，或汇送于弘祥公司。2008 年 5 月之前，各方并无纠纷。

2008 年 12 月 8 日，弘祥公司与兵团农资公司签订了《2009 年度总经销协议》，约定：合同业务执行，按附表 1 确定的品种、数量、供货时间双方及时协商、并按月签订购销合同，需方须在每月 6 日前确认下月采购计划及到站流向，并书面通知供方；价格条款：供方以双方签订的合作框架协议中确定的价格原则确定每月的供货价格，并在具体合同中予以明示；付款方式：付款发货，具体支付方式，1. 现款；2. 银行承兑汇票或信用证。同时对质量及包装等事项作了相应约定。该协议约定的有效期为 2009 年 1 月 1 日至 12 月 31 日。

同一天，祥丰公司也与兵团农资公司签订了与上述协议内容完全相同的

《2009 年度总经销协议》。庭审中，祥丰公司称，祥丰公司与兵团农资公司签订的《2009 年度总经销协议》，与弘祥公司和兵团农资公司签订的协议相同，其标的指向相同。

2008 年 5 月 1 日至 10 月 31 日，兵团农资公司收到祥丰公司生产的 8 个品种化肥，分别为：57% 二铵 23908 吨，64% 二铵 34929.25 吨，55% 一铵 6253 吨，56% 磷酸铵 3450 吨，60% 一铵 241 吨，16% 粒普钙 358 吨，46% 重钙 29215 吨，12% 普钙 11690 吨，总量为 110044.25 吨。

2009 年 1 月至 2 月，兵团农资公司收到祥丰公司生产的 64% 二铵 22006 吨，55% 一铵 2869 吨。上述化肥先后分别销售至喀什、阿克苏、哈密、库尔勒、奎屯、乌鲁木齐、伊犁、博乐等地。

2008 年 10 月，化肥市场出现价格波动，至 2009 年 5 月，化肥价格持续走低。当事人遂就化肥价格与结算发生争议。

2008 年 11 月，鉴于化肥市场出现价格下跌的情况，兵团农资公司与祥丰公司、弘祥公司相互发函，或派代表协商价格原则及库存盘点等事项，因分歧过大，未能达成各方接受并始终认可的协议。

2008 年 5 月至 2009 年 2 月，兵团农资公司先后支付祥丰公司、弘祥公司货款 340500000 元。支付此期间的化肥运杂费 27709142.5 元。

庭审中，弘祥公司称，其提供的卖方信贷 8 亿多元，弘祥公司归还银行 5 亿多元，余款作为兵团农资公司支付的货款。各方对此事实均无异议。

该案审理期间，双方对结算价格、当时是否存在库存各执一词，但均未提交有效证据。为此，弘祥公司向该院提交了价格鉴定申请，兵团农资公司也提交了价格鉴定申请，同时申请对销售情况进行审计。

该院在征得双方对鉴定事项同意后，委托乌鲁木齐市国发价格事务所对 2008 年 5 月至 2009 年 5 月案涉的 8 个品种化肥在库尔勒、喀什、阿克苏、哈密、奎屯、乌鲁木齐、伊犁、博乐等地的市场销售价格进行鉴定。乌鲁木齐市国发价格事务所乌国价评鉴字（2011）第 2010 号司法评估价值鉴定报告表明：2008 年 5 月至 9 月，上述 8 个品种化肥在库尔勒等八地区市场销售价格均相对平稳；2008 年 10 月后，市场销售价格均持续下跌。以库尔勒地区 64% 二铵市场销售价格为例，2008 年 5 月 4390 元/吨，10 月 4200 元/吨，2009 年 1 月 3190 元/吨，5 月 2790 元/吨，13 个月的市场销售平均价格为 3806 元/吨。经质证，各方当事人对评估价值鉴定报告所反映的 2008 年 5 月至 2009 年 5 月案涉的 8 个品种化肥市场销售价格均无异议。弘祥公司主张以 13 个月的市场销售平均价格结算，兵团农资公司以库存积压为由，主张以 2009 年春季市场销售价格结算，终因分歧较大，未达成销售价格共识。

该院以库尔勒地区市场为参照，对2008年5月至2009年5月案涉的8个品种化肥总量，以市场销售平均价格分别进行计算，弘祥公司该批化肥价值总额为421690014.5元。

昆明市安宁工商行政管理局的企业登记档案载明：弘祥公司系祥丰公司全额出资的有限公司。各方当事人对此均无异议。

该案第三人祥丰公司于2010年9月起诉兵团农资公司买卖合同纠纷一案，因祥丰公司申请撤诉，新疆维吾尔自治区高级人民法院已作出（2010）新民二初字第16号民事裁定，准许祥丰公司撤诉。

新疆维吾尔自治区高级人民法院审理认为，商事主体在市场活动中应当规范其行为，以防范规避市场风险，保护自己的合法权益。如因自己的行为不规范或失当造成损失，应自行承担相应的不利后果。该案中，双方当事人在对结算价格产生争议、库存尚未盘点确认、往来货款未能清结的情形下，仍继续发送、接收了大量的化肥，为该案的纠纷埋下了隐患。对此，双方当事人均有过错，均应承担相应的民事责任。

一、关于弘祥公司在该案中的诉讼主体资格问题。2006年12月至2008年5月之前，兵团农资公司在与祥丰公司购销交易中，其付款结算及函件往来，或汇送于祥丰公司，或汇送于弘祥公司，此期间各方并无纠纷，此为其一；其二，兵团农资公司反诉认可弘祥公司是祥丰公司的下属生产企业，其与祥丰公司、弘祥公司发生的经济往来一并进行结算；其三，该案第三人祥丰公司起诉兵团农资公司买卖合同纠纷一案，该院已作出（2010）新民二初字第16号准许祥丰公司撤诉的民事裁定；其四，祥丰公司表示，弘祥公司与兵团农资公司签订的《2009年度总经销协议》，与祥丰公司与兵团农资公司签订的协议相同，其标的指向相同；其五，工商管理机关的企业登记档案载明，弘祥公司系祥丰公司全额出资的有限公司。故兵团农资公司抗辩弘祥公司诉讼主体不适格的理由不能成立。

二、关于案涉货物的结算价格和弘祥公司所供货物的价值计算以及弘祥公司主张包装袋、托运费等问题。案涉货物的结算价格是双方争议最大的问题。该院基于双方当事人的申请，委托乌鲁木齐市国发价格事务所对2008年5月至2009年5月案涉的8个品种的化肥在库尔勒、喀什、阿克苏、哈密、奎屯、乌鲁木齐、伊犁、博乐等地的市场销售价格进行鉴定。乌鲁木齐市国发价格事务所乌国价评鉴字（2011）第2010号司法评估价值鉴定报告表明：2008年5月至9月，上述8个品种化肥在库尔勒等八地区市场销售价格均相对平稳；2008年10月后，市场销售价格均持续下跌。鉴于弘祥公司不同意对各地销售情况进行审计，该院以库尔勒地区市场为参照，对2008年5月至

2009 年 5 月案涉的 8 个品种化肥总量，以市场销售平均价格分别进行计算，确认弘祥公司该批化肥价值总额为 421690014. 5 元。该批化肥价值总额减去兵团农资公司支付祥丰公司、弘祥公司货款 340500000 元、支付运杂费 27709142. 5 元（421690014. 5 – 340500000 – 27709142. 5），余款 53480872 元，即为兵团农资公司未付货款。对于弘祥公司要求兵团农资公司支付包装袋、托运费等费用的主张，因该司法评估价值鉴定报告反映的是上述 8 个品种化肥在库尔勒等八地区的市场销售价格，该市场销售价格包含了弘祥公司包装袋、托运费等支出成本。故弘祥公司要求兵团农资公司支付包装袋、托运费等主张不能成立，该院不予支持。

三、关于兵团农资公司反诉主张销售案涉货物的损失问题。如上所述，该案货物的结算价格是双方争议的根本问题。《中华人民共和国合同法》第六十二条第（二）项规定，当事人就合同价款或者报酬约定不明确的，按照订立合同时履行地的市场价格履行。乌鲁木齐市国发价格事务所乌国价评鉴字（2011）第 2010 号司法评估价值鉴定反映的案涉化肥价格即为市场价格。另，买卖合同的一般属性是标的物交付后风险转移，且兵团农资公司至今未履行盘库义务，其对市场销售损失未能举证，应当承担举证不能的法律后果。故兵团农资公司反诉主张销售案涉货物价差和利息损失的理由不能成立，该院不予支持。另，双方当事人于 2008 年 12 月 8 日签订的《2009 年度总经销协议》的履行期限已经届满，现已无履行的必要与可能，故该院对弘祥公司主张解除该协议的诉讼请求予以支持。

综上，弘祥公司要求兵团农资公司支付未付货款的部分诉讼请求成立，该院予以支持；弘祥公司主张兵团农资公司支付包装袋、托运费等理由不能成立，该院不予支持。兵团农资公司要求弘祥公司支付销售案涉货物损失之理由不能成立，该院不予支持。经该院民事、行政审判专业委员会 2012 年 12 月 26 日第十二次会议讨论决定，依照《中华人民共和国合同法》第一百三十条、第六十二条第（二）项、第九十四条第（四）项，《中华人民共和国民法通则》第八十四条、第一百零八条、第八十八条第二款第（四）项之规定，判决：一、解除弘祥公司与兵团农资公司签订的《2009 年度总经销协议》；二、兵团农资公司向弘祥公司支付货款 53480872 元（总货款 421690014. 5 元 – 已付款 340500000 元 – 代付运费 27709142. 5 元 = 53480872 元）；三、驳回弘祥公司的其他诉讼请求；四、驳回兵团农资公司的反诉诉讼请求。兵团农资公司应自该判决生效之日起十五日内履行该判决所确定的应承担的义务，如果未在该判决生效十五日内履行给付金钱义务，应当依照《中华人民共和国民事诉讼法》第二百二十九条之规定，加倍支付迟延履行期间的债务利息。

案件受理费：本诉费 722289.45 元（弘祥公司已预交），兵团农资公司负担 40%，即 288915.78 元，弘祥公司负担 60%，即 433373.67 元；反诉费 355181.5 元（兵团农资公司暂减半预交），由兵团农资公司负担。

兵团农资公司不服新疆维吾尔自治区高级人民法院上述民事判决，向本院提起上诉称：一、一审判决对该案关键事实未予查明。各方当事人争议的焦点问题主要集中在祥丰公司于 2008 年 5 月 1 日至 2009 年 10 月 31 日期间向兵团农资公司发出的 110044.25 吨化肥（以下统称"库存货物"）和祥丰公司于 2008 年 11 月至 2009 年 2 月期间向兵团农资公司发出的 24875 吨化肥（以下统称"后期货物"，两批货物统称"案涉货物"）的货款结算问题。兵团农资公司与祥丰公司于 2008 年 11 月所签订的协议（以下简称《2008 年协议》）已对库存货物的货款及后期货物的性质作出了明确的约定，一审判决脱离了双方合同的约定，导致了错误裁判。（一）一审判决对于兵团农资公司的"库存货物的库存量"未予查明。（二）一审判决对于案涉货物的"实际销售价格"未予查明。1. 关于库存货物的价格认定。根据《2008 年协议》，库存货物的价格应以"2009 年新疆区春播时的乙方实际平均销售价"为依据，一审判决对此未予查明，而是按照价格鉴定报告中反应的 2008 年 5 月—2009 年 5 月的市场平均价格来确定库存货物的货款，缺乏依据且显失公允。2. 关于后期货物的价格认定。根据《2008 年协议》，祥丰公司单方向兵团农资公司所发的后期货物是依约对兵团农资公司库存货物的销售倒挂损失的弥补，其价格应以兵团农资公司的实际销售价格为准。一审判决对此亦未予以查明，而直接以明显偏高的 2008 年 5 月—2009 年 5 月期间的市场平均价格来确定后期货物的价格，显失公允。二、一审判决认定"双方当事人均有过错"缺乏依据。祥丰公司因化肥价格的持续下跌，拒绝按照《2008 年协议》约定的价格进行结算，兵团农资公司不存在过错。从案涉货物的前期履行过程来看，存在违约行为和过错的也仅是祥丰公司。三、一审判决适用法律错误。《2008 年协议》对案涉货物的货款已经作出了明确约定。当事人对案涉货物货款的争议是对兵团农资公司的库存数量这一案件事实的争议，而非一审判决认定的"合同约定不明确"。一审判决对案涉货物的合同订立时间未作考虑，而是一揽子认定了一个平均价格。四、一审判决违反法定程序，直接影响了该案的正确裁判。（一）一审法院未按照兵团农资公司的申请对案涉货物的库存量进行审计并对"实际销售价格"进行鉴定，剥夺了兵团农资公司举证的权利。（二）一审法院未组织当事人对鉴定机构作出的价格鉴定报告进行质证，剥夺了兵团农资公司质证的权利。五、兵团农资公司的反诉请求应当得到支持。因兵团农资公司已向祥丰公司及弘祥公司支付的货款金额高于根据《2008 年协议》应支付的案涉货物的货款金额，祥丰公司及弘祥公司应予以返还，并承担兵团农资公司的运杂费及利息损失。六、弘祥公司起诉我方主体不符。弘祥公司和祥丰公司具有独立的法人资格，是不同的诉讼主体。两家关联公司与我公司发生经济往来，一并进行财务结算，只是其间为了财务便利而做的变通。综上所述，请求：撤销（2010）新民二初字第 00014 号民事判决书；依法判决驳回被上诉人的诉讼请求，支持上诉人的诉讼请求；诉讼费由被上诉人承担。

弘祥公司答辩称：一、本案买卖合同项下兵团农资公司欠货款的事实清楚明了，一审法院判决合法。自 2006 年至 2009 年 2 月，各方一直有合作关系，是典型的买卖性质的购销合同关系。弘祥公司已依约履行了发货义务，但兵团农资公司于 2008 年 5 月起违背诚信、恶意制造纷争，试图推脱付款义务。二、关于本案所谓的价格争议。1. 客观上本案价格无争议。首先，各方在 2008 年 5 月以前一直明确约定了价格条款，如《2008 年协议》中有约定的原来价格条款，且每一种产品都是明确约定价格的，法庭应采信各方早先的真实约定。另外，在弘祥公司履行交货义务后，按照各方的约定我已将发票开具并交付给了兵团农资公司，兵团农资公司收讫，可见双方对于价格本应没有争议。2. 价格已经过新疆维吾尔自治区最权威的物价鉴定部门进行了两次鉴定。诉前，弘祥公司请物价部门进行了价格鉴定并出具了《新疆维吾尔自治区价格认定局文件》新发改价字（2009）第 6 号，报告较客观公正全面地进行了案涉物品的价格评估。由于兵团农资公司的无理反驳，一审法院应申请又委托了乌鲁木齐国发价格事务所有限责任公司进行第二次鉴定并出具了《司法评估价值鉴定报告书》。该鉴定报告的价格实际上低于弘祥公司在同类市场上的实际销售价格和诉前新疆维吾尔自治区价格认定局认定的价格，一审判决认定的货品价值计算方法显然也有失公允，有地方保护之嫌。三、兵团农资公司一审反诉请求的具体内容没有任何法律和事实依据，无论在程序上还是实体上均不能成立。兵团农资公司是意图逃避债务而无理反诉。四、兵团农资公司提出的所谓诉讼主体不符的理由不能成立。弘祥公司是 2008 年 8 月 15 日在云南省安宁工商行政管理局注册成立的企业，注册资金 5000 万元，一直合法年检，是祥丰公司全额出资的子公司。在本案中，由于化肥基本是弘祥公司对外发售，即由弘祥公司履行买卖合同，所以弘祥公司作为一审原告有法律和事实依据。兵团农资公司上诉过程中提及的云南省高级人民法院关于程序方面的民事裁定书是针对管辖权、没有进行实体审理的情况下作出的，兵团农资公司的主张没有理由，只是企图逃避债务。综上所述，兵团农资公司的上诉请求不能成立，依法应当驳回。

祥丰公司答辩称：一、同意弘祥公司的答辩意见。二、关于价格问题，上诉人以一审判决对价格认定有错误为主要上诉理由不能成立，因为价格是不确定的。一审庭审中上诉人主动申请一审法院对价格问题进行鉴定，我方对此没有异议。应上诉人的申请一审法院进行了鉴定作出了价格认定，上诉人没有理由不同意该认定。三、实际上化肥价格有变化，上诉人大量引述了《2008 年协议》，该协议约定的是春播价，而非兵团农资公司的销售价，且兵团农资公司当时的法定代表人刘国立曾经手写标注按市场销售价计算货款。综上，上诉人的上诉理由不能成立，应当驳回其上诉请求。

本院除对原审法院查明事实予以确认外，另查明：各方当事人在本院庭审中确认祥丰公司与兵团农资公司于 2008 年 11 月 16 日签订《2008 年协议》，其中载明"2008 年 4 月以后，由于国际、国内形势及政策的急剧变化，造成了化肥市场低迷、销售不畅，工厂及经销商都面临了巨大的压力和考验"；第3 条明确约定"鉴于目前和今后一段时间市场可能发生的变化，考虑双方2008 年年底决算需要，乙方（兵团农资公司）同意甲方（祥丰公司）对 2008年 5 月 1 日—10 月 31 日所发货物暂按上述建议价格开票，由于库存货物在后期销售中可能继续形成的价格倒挂，以 2009 年新疆维吾尔自治区春播时的乙方实际平均销售价为依据进行结算，甲方对此同意，并在 2008 年 11 月—2009年的发货及合作中予以妥善处理"。

在祥丰公司于 2008 年 11 月 17 日向兵团农资公司出具的《关于新疆秋季化肥销售情况的函》上，时任兵团农资公司法定代表人的刘国立手写批注："祥丰化肥股份有限公司：鉴于目前和今后一段时间市场情况，考虑双方年底决算需要，同时贵厂 2008 年 10 月前所发……按建议价格暂时结算开票，真实结算在 09 年春播结束后按新疆市场销售价倒算实际结算价格。刘国立2008.11.20。"二审过程中，各方当事人对此处的"倒算"的具体含义存在争议。

兵团农资公司于 2011 年 7 月 19 日向原审法院提交申请书，申请对 2008年 5 月 1 日到 2008 年 10 月 31 日发运的案涉 110044.25 吨化肥在 2009 年春播时兵团农资公司的实际销售价格进行鉴定，对案涉化肥于 2009 年 3 月至 5 月在兵团农资公司的库存量进行审计。原审法院未组织乌鲁木齐市国发价格事务所乌国价评鉴字（2011）第 2010 号司法评估价值鉴定报告的鉴定人出庭接受各方当事人的质询，而仅由当事人分别对该鉴定报告出具了书面质证意见。

兵团农资公司在一审提交的《追加第三人申请书》中明确说明，"在本案中我方与对方签订的合同，有些对方使用的是云南弘祥化工有限公司的公章，有些使用的是云南祥丰化肥股份有限公司的公章。而云南弘祥化工有限公司是云南祥丰化肥股份有限公司的下属生产企业，两个公司的法定代表人都是杨宗祥，根据对方的要求，多年来这两个关联公司与我公司发生经济往来，都是一并进行财务结算"。

本院认为，本案争议焦点为案涉货物的结算价款问题；弘祥公司在本案中的诉讼主体资格问题。

关于案涉货物的结算价款问题。《2008 年协议》是祥丰公司与兵团农资公司根据市场变化对双方交易关系做出的安排，目前没有证据足以否认该协议是各方当事人的真实意思表示，故各方当事人应按照《2008 年协议》约定的具体内容履行各自义务。《2008 年协议》约定，鉴于双方 2008 年年底决算需要，2008 年 5 月 1 日—10 月 31 日所发货物暂按协议中的建议价格开票；因库存货物在后期销售中可能继续形成价格倒挂，双方约定以 2009 年新疆区春播时的兵团农资公司的实际平均销售价为依据进行结算；祥丰公司在 2008 年 11 月—2009 年的发货及合作中予以妥善处理。案涉货物结算价款的计算、兵团农资公司主张的其销售案涉货物的损失是否存在，均与货物价格计算依据的确定、货物库存量相关。但原审法院对 2009 年新疆区春播时兵团农资公司的案涉货物实际平均销售价格，货物库存量，双方在《2008 年协议》中约定的"祥丰公司在 2008 年 11 月—2009 年的发货及合作中予以妥善处理"、刘国立在祥丰公司 2008 年 11 月 17 日向兵团农资公司出具的《关于新疆秋季化肥销售情况的函》上批注的"09 年春播结束后按新疆市场销售价倒算实际结算价格"的具体含义等基本事实认定不清。在当事人有具体约定且兵团农资公司明确提出对货物实际销售价格进行鉴定和对货物库存量进行审计的情况下，原审法院根据乌鲁木齐市国发价格事务所乌国价评鉴字（2011）第 2010 号司法评估价值鉴定报告，选择以库尔勒地区市场为参照，对 2008 年 5 月至 2009 年 5 月案涉的 8 个品种化肥总量，以市场销售平均价格分别进行计算，以确认案涉货物价值总额，并进而确定兵团农资公司的未付货款额，缺乏充分的事实和法律依据。

关于弘祥公司在本案中的诉讼主体资格问题。虽然兵团农资公司与祥丰公司交易的付款结算及函件往来，或汇送于祥丰公司，或汇送于弘祥公司，祥丰公司亦明确表示，弘祥公司与兵团农资公司签订的《2009 年度总经销协议》，与祥丰公司与兵团农资公司签订的协议相同，其标的指向相同，然而，由于祥丰公司和弘祥公司是两个独立的法人，弘祥公司仅有资格对自己的权利之争提起诉讼。祥丰公司在该案一审中是依据兵团农资公司的申请被追加为第三人的，在诉讼中的地位属于无独立请求权的第三人。因此，在祥丰公司未对兵团农资公司提出独立的诉讼请求且未将其享有的对兵团农资公司的债权转让给弘祥公司的前提下，原审法院径行依据弘祥公司提起的诉讼即判令兵团农资公司一并向弘祥公司支付其对弘祥公司、祥丰公司的未付货款，存在法律障碍。因此，原审判决在弘祥公司的诉讼权利及祥丰公司的诉讼地位和实体权利认定上，均存在不当。

综上，原审法院对当事人之间讼争的重要事实未予查清，适用法律有误，本院依照《中华人民共和国民事诉讼法》第一百七十条第一款第（二）、（三）项之规定，裁定如下：

1. 撤销新疆维吾尔自治区高级人民法院（2010）新民二初字第00014号民事判决；

2. 本案发回新疆维吾尔自治区高级人民法院重新审理。

二审案件受理费309204.36元退还新疆生产建设兵团农业生产资料供应公司。

审 判 长 宫邦友

审 判 员 朱海年

代理审判员 林海权

二○一三年八月十九日

书 记 员 陆 昱

6. 诉讼期间当事人行使合同解除权的法律效力

——四川京龙建设集团有限公司与简阳三岔湖旅游快速通道投资有限公司、刘贵良及成都星展置业顾问有限公司、成都锦荣房产经纪有限公司、成都锦云置业咨询有限公司、成都思珩置业顾问有限公司股权转让合同纠纷案

【裁判要旨】

　　合同当事人因对合同履行情况发生争议，起诉到人民法院后，对于该合同的效力及履行情况，应当由人民法院依法作出认定。主张合同已解除的一方在诉讼期间发出解除合同通知的行为，并不能改变诉讼前已经确定的合同效力及履行状态。当事人在诉讼过程中行使合同解除权，以对抗合同相对方要求其继续履行合同的诉讼请求，有违诚信原则，且与人民法院行使的审判权相冲突，故其在诉讼程序中实施的该行为不能产生解除合同的法律效力。

中华人民共和国最高人民法院民事判决书
（2013）民二终字第 54 号

　　上诉人（一审原告，反诉被告）：四川京龙建设集团有限公司。住所地：四川省资阳市车苑小区 18 幢。

　　法定代表人：吴明刚，该公司董事长。

　　委托代理人：刁红，四川央济华律师事务所律师。

　　委托代理人：张烨炜，北京市竞天公诚（成都）律师事务所律师。

　　上诉人（一审被告，反诉原告）：简阳三岔湖旅游快速通道投资有限公司。住所地：四川省简阳市简城镇建设路 188 号。

　　法定代表人：陈炜民，该公司董事长。

　　委托代理人：王宇，北京市大成律师事务所律师。

　　委托代理人：汤晓勤，北京市大成律师事务所律师。

上诉人（一审被告，反诉原告）：刘贵良，男，汉族，1955 年 4 月 8 日出生，住所地：江苏省南京市沿江工业开发区普桥村 4 组 30 号 -1。

委托代理人：王宇，北京市大成律师事务所律师。

委托代理人：汤晓勤，北京市大成律师事务所律师。

被上诉人（一审被告）：成都星展置业顾问有限公司。住所地：四川省成都市武侯区玉林上横巷 8 号。

法定代表人：马凤华，该公司执行董事。

委托代理人：汪中，北京市中洲律师事务所律师。

被上诉人（一审被告）：成都锦荣房产经纪有限公司。住所地：四川省成都市武侯区人民南路三段 2 号。

法定代表人：马荣欣，该公司执行董事。

委托代理人：汪中，北京市中洲律师事务所律师。

被上诉人（一审被告）：成都锦云置业咨询有限公司。住所地：四川省成都市武侯区人民南路三段 2 号。

法定代表人：韩家毅，该公司执行董事。

委托代理人：高登立，北京市英岛律师事务所律师。

委托代理人：华德根，北京市英岛律师事务所律师。

被上诉人（一审被告）：成都思珩置业顾问有限公司。住所地：四川省成都市武侯区人民南路三段 2 号。

法定代表人：韩家毅，该公司执行董事。

委托代理人：高登立，北京市英岛律师事务所律师。

委托代理人：华德根，北京市英岛律师事务所律师。

上诉人四川京龙建设集团有限公司（以下简称京龙公司）与上诉人简阳三岔湖旅游快速通道投资有限公司（以下简称三岔湖公司）、刘贵良及被上诉人成都星展置业顾问有限公司（以下简称星展公司）、成都锦荣房产经纪有限公司（以下简称锦荣公司）、成都锦云置业咨询有限公司（以下简称锦云公司）、成都思珩置业顾问有限公司（以下简称思珩公司）因股权转让纠纷一案，不服四川省高级人民法院（2011）川民字第 2 号民事判决，向本院提起上诉。本院依法组成由审判员王宪森担任审判长，代理审判员李志刚、原爽参加的合议庭进行了审理，书记员郝晋琪担任记录。本案现已审理终结。

四川省高级人民法院一审查明：2009 年 7 月 22 日，三岔湖公司、刘贵良与京龙公司《成都天骋置业咨询有限公司（以下简称天骋公司）、成都星展置业顾问有限公司（以下简称星展公司）、成都锦荣房产经纪有限公司（以下简称锦荣公司）、成都锦云置业咨询有限公司（以下简称锦云公司）、成都思珩置业顾问有限公司（以下简称思珩公司）之股权转让协议》（以下简称《股权转让协议》），该协议约定：刘贵良将其持有的天骋公司、星展公司、锦荣公司、锦云公司和思珩公司各90%的股权转让给京龙公司，三岔湖公司将其持有的天骋公司、星展公司、锦荣公司、锦云公司和思珩公司各10%的股权转让给京龙公司。

该协议第3条第2款约定：京龙公司同意受让转让股权的全部而非部分，因此，不论在任何情况下，如因京龙公司的原因不能按照本协议的约定依次序的完全完成本协议项下转让股权的交易，应视为京龙公司单方违约，三岔湖公司、刘贵良有权在本协议第3条第3款等约定的最后成交日单方自主选择并决定取消、中止、终止尚未完成转让的转让股权交易的全部或部分，并在最后成交日向京龙公司收取定额违约金2000万元。如京龙公司逾期支付前述定额违约金，京龙公司应就任何应付而未付款项金额按每日1‰承担违约金。三岔湖公司、刘贵良按照本条等约定取消、中止、终止尚未完成转让的转让股权交易的全部或部分，京龙公司应予以积极配合。反之，因三岔湖公司、刘贵良的原因不能完成全部转让股权的交易，京龙公司有权取消、中止、终止转让股权交易的全部或部分，三岔湖公司、刘贵良应予以积极配合，并在京龙公司发出书面取消交易通知之日起10日内，退还京龙公司的履约保证金，并向京龙公司承担定额违约金2000万元。逾期未支付，三岔湖公司、刘贵良按照应返还和应承担的金额每日1‰承担逾期支付违约金。第3条第3款约定：双方一致同意在本协议签订之日起的8个月内（在天骋公司、星展公司、锦荣公司、锦云公司、思珩公司已按照协议的约定依法持有其名下土地的国有土地使用证的前提下），亦即在2010年3月22日（以下简称为最后成交日）或之前按照本协议的约定完全完成本协议项下的转让股权的交易。第3条第7款至第12款约定：天骋公司、星展公司、锦荣公司、锦云公司、思珩公司除实质享有四川省简阳市丹景乡柏树村二、三、四、七社面积为283526m²、255416m²、293765m²、259998m²、118405m² 的国有土地使用权（简国用〔2009〕第03234号、简国土资确〔2009〕17号、简国土资确〔2009〕15号、简国土资确〔2009〕18号、简国土资确〔2009〕19号）外，无其他财产。上述国有土地使用权状况应以有关土地交付时（即从相关政府部门接收之时）的状态为准。

第4条第1款约定：天骋公司的股权转让总价款为127586700元、星展公司的股权转让总价款为114937200元、锦荣公司的股权转让总价款为132194250元、锦云公司的股权转让总价款为116999100元、思珩公司的股权转让总价款为53282250元。

第 4 条第 2 款第 1 项至第 6 项约定：京龙公司在本协议签订之日起（指 2009 年 7 月 22 日）的 2 个工作日内按照本协议的约定向三岔湖公司、刘贵良支付 1000 万元履约保证金；京龙公司在本协议签订之日起的 5 个工作日内按照本协议的约定向三岔湖公司、刘贵良支付转让天骋公司股权的价款 4000 万元；京龙公司在本协议签订之日起的 20 个工作日内按照本协议的约定向三岔湖公司、刘贵良支付转让天骋公司股权的所有剩余价款 87586700 元；京龙公司应根据本协议的约定在本协议第 3 条第 3 款等约定的最后成交日或之前完成向三岔湖公司、刘贵良支付星展公司、锦荣公司、锦云公司、思珩公司全部股权转让价款。履约保证金只能在支付思珩公司股权转让价款中最后的一笔相等于 1000 万元的款项冲抵，即：京龙公司必须另行支付天骋公司、星展公司、锦荣公司、锦云公司股权转让价款，在支付思珩公司股权转让款的最后一笔相等于 1000 万元款项时京龙公司才可以将履约保证金与等额股权转让款冲抵。如京龙公司违约，三岔湖公司、刘贵良有权自动将履约保证金与京龙公司应向三岔湖公司、刘贵良支付的任何违约金、违约赔偿等冲抵，三岔湖公司、刘贵良不须另行通知京龙公司。京龙公司同意，其不论因任何原因延迟向三岔湖公司、刘贵良支付任何履约保证金、股权转让价款或违约金等，京龙公司应按照应支付和应承担金额每日 1‰承担逾期支付违约金。京龙公司逾期支付任何款项超过 10 日的，不论延迟支付金额多少，一律视为京龙公司单方违约，三岔湖公司、刘贵良有权随时单方自主选择并决定取消、中止、终止在该日（即京龙公司逾期支付任何款项之日起的第 10 日）尚未完成转让的转让股权交易的全部或其部分，京龙公司必须予以配合，京龙公司并应在向三岔湖公司、刘贵良发出书面取消交易通知之日起的 10 日内向三岔湖公司、刘贵良支付定额违约金 2000 万元。

第 4 条第 3 款约定：京龙公司同意三岔湖公司、刘贵良有权要求京龙公司将股权转让价款支付给其单方以书面方式指定的第三方（包括自然人或企业法人，亦可多于 1 人），京龙公司不得异议，必须予以配合和接受。第 4 条第 5 款至第 9 款约定：京龙公司应在股权转让价款汇入三岔湖公司、刘贵良以及其指定收款人指定的收款账户之后，三岔湖公司、刘贵良才同时依次序将天骋公司、星展公司、锦荣公司、锦云公司、思珩公司的过户文件交给京龙公司办理过户手续，并同时向京龙公司移交完成过户手续的公司企业法人营业执照、公章等资料。

第 8 条约定：任何一方当事人违反本协议，另一方按本协议和《中华人民共和国合同法》规定的方式解除本协议；双方按照本协议第 3 条第 2 款的约定选择取消、终止本协议。

第 9 条约定：违约责任除本协议另有约定外，本协议的解除和终止不影响当事人要求追究违约责任的权利，本协议另有约定的除外。协议各方一致同意，双方中任何一方违反本协议的任何约定的，双方中违约的一方应向守约方支付定额违约金 2000 万元，逾期支付，每日应按照应支付而未支付款项 1‰承担违约金。双方中违约的一方按照本协议的约定支付定额违约金后，双方同意互不追究对方的责任。双方一致同意并确认，前述的定额违约金足够弥补各自因对方违反本协议约定而带来、引致的全部损失和损害。双方一致同意并保证，除向违约一方收取定额违约金外，就双方中任何一方违反本协议的任何约定，双方均同意自愿、自动放弃向违约一方（即对方）追讨或追究其任何其他赔偿或补偿的权利。

第 13 条约定：协议各方一致同意在本协议签订之后另行签订相应的股权转让协议，以便办理工商变更登记，股权转让协议为本协议的附件。协议各方不可撤销的一致同意：虽然股权转让协议的签订日期可能后于本协议，但不论在任何情况下，股权转让协议绝不影响本协议的任何约定，亦不应妨碍本协议的执行，协议各方的所有权利、义务和关系等，一概仍应以本协议约定为准。本协议与股权转让协议有任何冲突、不一致的，应以本协议为准。协议各方不可撤销的还一致同意：通过股权转让协议而完成的工商变更登记的公示效力，完全符合本协议的约定，亦完全符合协议各方的真实意愿，其法律效力无任何瑕疵。任何在本协议项下股权的转让中需要送达的通知必须以书面形式作出，且须按本协议中列明的地址或按对方书面方式指定的地址，以书面文件原件通知对方。任何通知须以对方书面签收才视为送达，但对方无正当理由拒绝签收的除外。一方为履行本协议而需向对方发出通知时，另一方无正当理由拒绝签收时，通知一方有权采取公证邮寄送达方式履行通知程序，信件到达日为另一方签收日。协议中，刘贵良的收件地址是江苏省南京市沿江工业开发区普桥村四组 30 号 - 1；三岔湖公司的收件住址是四川省简阳市简城镇建设路 188 号；京龙公司的收件住址是车苑小区 18 幢。

2009 年 7 月 23 日，三岔湖公司、刘贵良收到京龙公司 1000 万元履约保证金，并出具收条，代收款单位是理县星河电力有限公司。2009 年 7 月 24 日，三岔湖公司、刘贵良出具代收款授权委托书，授权并委托成都星河置业顾问有限公司（以下简称星河置业公司）在本代收款委托书签发之日起，代三岔湖公司、刘贵良收取《股权转让协议》第 4 条所述的股权转让价款，直至其另行通知京龙公司为止，并附上星河置业公司在浙商银行成都分行营业部开户的 651000010120100103698 账户。2009 年 8 月 4 日至 2009 年 12 月 1 日，三岔湖公司、刘贵良出具 8 份收据，共计收到京龙公司 19000 万元。京龙公司在 2009 年 10 月 22 日办理了天骋公司的工商变更登记手续。

2009 年 10 月 22 日，三岔湖公司、刘贵良与京龙公司签订《补充协议》，其第 3 条对《股权转让协议》的第 3 条第 2 款修订、更改如下：京龙公司同意其应受让的是转让股权的全部而非其部分，因此，不论在任何情况下，因京龙公司的原因不能按照《股权转让协议》及其《补充协议》的约定依次序的完全完成转让股权的所有交易，应视为京龙公司单方违约，三岔湖公司、刘贵良有权随时单方自主选择并决定取消、中止、终止转让股权交易的全部或其部分（包括已完成转让的股权交易的全部或其部分和尚未完成转让的股权交易的全部或其部分），并立即向京龙公司收取定额违约金 2000 万元。如京龙公司逾期支付前述定额违约金，京龙公司应就任何应付而未付款项按每日 1‰承担违约金。三岔湖公司、刘贵良按照《补充协议》第 3 条等约定取消、中止、终止转让股权交易的全部或其部分，京龙公司应予以积极配合。反之，因三岔湖公司、刘贵良的原因不能按照《股权转让协议》及其《补充协议》的约定完成全部转让股权的交易，京龙公司有权取消、中止、终止转让股权交易的全部或部分，三岔湖公司、刘贵良应予以积极配合，并在京龙公司发出正式书面取消交易通知之日起 10 日内，退还京龙公司已支付的履约保证金和京龙公司按照《股权转让协议》及其《补充协议》的约定要求取消、中止、终止转让股权交易时相对应的股权转让价款，并向京龙公司承担定额违约金 2000 万元。逾期未支付，三岔湖公司、刘贵良按照应返还和应承担的金额每日 1‰承担逾期支付违约金。《补充协议》第 4 条约定：在京龙公司行使取消、中止、终止转让股权交易的全部或其部分权利时，要求三岔湖公司、刘贵良返还京龙公司已经支付的股权转让价款的同时，应将已经完成转让的股权返还给三岔湖公司、刘贵良，并保证返还时股权对应的财产状况与京龙公司受让时股权对应的财产状况一致。《补充协议》第 8 条约定：京龙公司同意并保证，在办理过户手续时，只向相关审批机构提供《股权转让协议》的附件二所列的股权转让协议而非《股权转让协议》或《补充协议》，否则，应视为京龙公司单方违约，京龙公司应向三岔湖公司、刘贵良支付定额违约金 2000 万元。

2010 年 6 月 24 日至同年 7 月 29 日，京龙公司陆续向星河置业公司 6510000010120100103698 账户支付 5460 万元股权转让款，星河置业公司于 2010 年 7 月 29 日出具收条，注明收到京龙公司 8 笔款项共计 5460 万元。至此，京龙公司共计向三岔湖公司、刘贵良支付股权转让价款 25460 万元。

2010 年 8 月 4 日，三岔湖公司与合众公司签订《锦云公司、思珩公司之股权转让协议》，协议约定：三岔湖公司自愿将所持有的锦云公司 10%的股权即1万元（该股权未作任何抵押和担保），以货币方式转让给合众公司。合众公司受让三岔湖公司所持有锦云公司、思珩公司10%的股权，自签字之日起合众公司以其认缴出资额为限，根据公司法及公司章程规定承担相应的法律责任。同日，刘贵良与合众公司签订《锦云公司、思珩公司之股权转让协议》，协议约定：刘贵良自愿将所持锦云公司、思珩公司90%的股权即9万元以货币方式转让给合众公司。合众公司受让刘贵良所持有锦云公司90%的股权，自签字之日起合众公司以其认缴出资额为限，根据公司法及公司章程规定承担相应的法律责任。

2010年9月9日，合众公司与华仁公司签订2份股权转让协议，合众公司分别将锦云公司、思珩公司100%的股权即各10万元以货币方式转让给华仁公司。华仁公司受让合众公司持有锦云公司、思珩公司100%的股权，自签字之日起华仁公司以其认缴出资额为限，根据公司法及公司章程规定承担相应的法律责任。

2010年11月23日、11月25日，三岔湖公司与鼎泰公司签订《锦荣公司、星展公司之股权转让协议》，协议约定：三岔湖公司自愿将所持有的锦荣公司、星展公司10%的股权即1万元（该股权未作任何抵押和担保），以货币方式转让给鼎泰公司；鼎泰公司受让三岔湖公司所持有锦荣公司、星展公司10%的股权，自签字之日起鼎泰公司以其认缴出资额为限根据公司法及公司章程规定承担相应的法律责任。

2010年12月30日，京龙公司在知道三岔湖公司、刘贵良再次转让星展公司、锦荣公司、锦云公司、思珩公司股权后，以三岔湖公司、刘贵良、星展公司、锦荣公司、锦云公司、思珩公司为被告，向四川省高级人民法院提起本案诉讼，请求：1. 三岔湖公司、刘贵良、星展公司、锦荣公司、锦云公司、思珩公司继续履行《股权转让协议》约定的义务；2. 由三岔湖公司、刘贵良、星展公司、锦荣公司、锦云公司、思珩公司承担本案诉讼费。2011年4月7日，三岔湖公司、刘贵良向四川省高级人民法院提出反诉，请求确认案涉《股权转让协议》和2009年10月22日签订的《补充协议》已经解除。2011年8月9日，京龙公司向该院增加诉讼请求，请求确认三岔湖公司、刘贵良解除《股权转让协议》及《补充协议》无效。诉讼中，三岔湖公司、刘贵良于2011年2月22日向京龙公司邮寄了3份《关于再次通知贵公司解除〈股权转让协议〉并要求贵公司承担违约责任的函》（以下简称《解除函》），收件人均为吴明刚，地址分别为：四川省成都市高新区工业园科园南二路2号、四川省双流县黄河中路2段空港总部基地A9－102、四川省成都市永丰路52号永丰大厦703室。《解除函》载明："京龙公司：2009年7月22日，三岔湖公司、刘贵良与贵司（京龙公司）就转、受让天骋公司、星展公司、锦荣公司、锦云公司、思珩公司之股权事宜签订了《股权转让协议》及其附件。后，三方又于2009年10月22日签订《补充协议》。依据《股权转让协议》及其《补充协议》的约定，转、受让方应在2010年3月22日或之前完成所有股权转让交易，贵司亦需在此期限前付清全部股权转让价款，共计544999500元，否则即自动视为贵司违约，三岔湖公司、刘贵良有权根据《股权转让协议》的约定单方自主选择并决定取消、中止、终止在该日尚未完成转让的转让股权交易的全部或其部分，并要求贵司支付违约金。但是截至2010年3月22日，贵司因自身的原因仅支付了股权转让价款20000万元，至2010年7月29日，贵司也仅支付了款项计25460万元，未付清全部股权转让价款，已构成严重违约。基于上述情况，三岔湖公司、刘贵良已于2010年数次通知贵司终止《股权转让协议》及《补充协议》，同时三岔湖公司、刘贵良亦有权另行处分股权转让协议中所述之转让股权。现三岔湖公司、刘贵良在此再次通知贵司如下：1.《股权转让协议》自双方签署后即产生法律效力，对双方具有法律约束力，双方均应依照约定执行，贵司应依照《股权转让协议》的约定按时支付全部股权转让价款。但贵司一再迟延支付前述款项，已严重违约；2. 三岔湖公司、刘贵良有权依据《股权转让协议》的约定终止《股权转让协议》，并已于2010年多次通知了贵司。现再次通知贵司，《股权转让协议》及《补充协议》已正式终止，并取消股权交易全部。请贵司按照《股权转让协议》及《补充协议》约定向三岔湖公司、刘贵良先生支付定额违约金计2000万元和相关逾期支付违约金，并将天骋公司的股权按照《股权转让协议》的约定返还变更至三岔湖公司及刘贵良的名下。同时三岔湖公司及刘贵良保留通过法律途径维护自身合法权益的权利。"2011年7月26日、28日，三岔湖公司再次向京龙公司邮寄《解除函》，收件人均为吴明刚，地址分别为：四川省资阳市车苑小区18幢、车苑小区18幢。京龙公司认可收到三岔湖公司2011年7月26日寄出的《解除函》，但提出三岔湖公司、刘贵良系在本案诉讼中发出该函，不能达到解除合同的法律效果。

2011年1月27日，京龙公司向四川省高级人民法院提起（2011）川民初字第3号民事诉讼，要求：1. 确认三岔湖公司将星展公司、锦荣公司各10%的股权再次转让给鼎泰公司的转让行为无效，判决该转让股权恢复至三岔湖公司持有；2. 确认三岔湖公司、刘贵良将锦云公司和思珩公司各100%的股权转让给合众公司的转让行为以及合众公司又将该股权再次转让给华仁公司的转让行为无效，判决该转让股权恢复至三岔湖公司、刘贵良持有；3. 由三岔湖公司、刘贵良、合众公司、鼎泰公司、华仁公司承担该案的诉讼费。

2012 年 11 月 22 日，四川省高级人民法院作出（2011）川民初字第 3 号民事判决：确认三岔湖公司将持有的星展公司、锦荣公司各 10% 的股权转让给鼎泰公司的处分行为无效，鼎泰公司在该判决生效后 10 日内向三岔湖公司返还星展公司、锦荣公司各 10% 的股权，并办理工商变更登记，恢复至三岔湖公司持有状态；驳回京龙公司请求确认三岔湖公司、刘贵良将锦云公司和思珩公司各 100% 的股权转让给合众公司的转让行为以及合众公司又将该股权再次转让给华仁公司的转让行为无效的诉讼请求。

四川省高级人民法院经审理认为：案涉《股权转让协议》及其《补充协议》是各方当事人的真实意思表示。《股权转让协议》中关于"不论在任何情况下，三岔湖公司、刘贵良不须、亦不应就或为本协议项下的任何股权转让价款等向京龙公司提供任何形式的发票，但需出具三岔湖公司、刘贵良自行签发的收据或收条"的约定，属合同法第五十二条第（二）项规定的恶意串通，损害国家、集体、或者第三人利益的情形，应为无效条款，但该条款无效不影响案涉合同其他条款的效力。《股权转让协议》的其他条款及《补充协议》不违反法律、行政法规的强制性规定，合法有效。本案争议焦点包括两个，一是案涉合同是否已经解除和是否应继续履行；二是京龙公司是否应承担违约责任。

一、关于案涉合同是否已经解除和是否应继续履行的问题。三岔湖公司、刘贵良在向鼎泰公司、合众公司转让案涉股权时，京龙公司未按照协议的约定支付完股权转让价款，已经构成违约，根据协议的约定，三岔湖公司、刘贵良已经享有解除合同的权利，但三岔湖公司、刘贵良未依据约定行使合同解除权。京龙公司在违约后继续向三岔湖公司、刘贵良支付案涉股权转让价款，三岔湖公司、刘贵良收到后不持异议。因此，在此时，不论是三岔湖公司、刘贵良与京龙公司就协议约定的股权价款支付时间达成了延展合意，还是三岔湖公司、刘贵良默认了京龙公司的违约行为而继续履行合同，抑或是三岔湖公司、刘贵良真有解除案涉协议的内在想法，但从其对外的意思表示和行为反应来分析，结合本案查明的案件事实，不能得出案涉《股权转让协议》及其《补充协议》已经解除的结论，反之，可以确定的是案涉《股权转让协议》及其《补充协议》在三岔湖公司、刘贵良与京龙公司之间还在继续履行。故三岔湖公司、刘贵良在享有合同解除权的情况下，未行使解除案涉《股权转让协议》及其《补充协议》的权利，反而将已经转让的案涉股权进行再次转让并办理工商变更登记，阻碍案涉合同的继续履行，是根本违约行为。在本案中，因司法权介入审查案涉合同是否应继续履行的情况下，当事人已不能通过行使合同法中规定的解除权人解除合同的私力救济手段来达到解除合同的目的。三岔湖公司、刘贵良在本案诉讼中解除案涉协议的根本目的是为了使其已再次转让案涉股权的行为合法化，进而达到违约不履行合同义务又不承担违约责任的目的。因此，在此情形下，若三岔湖公司、刘贵良行使解除权还能够达到解除合同的法律效果，不但能通过此种解除合同的方式来达到其不承担违约责任的真实目的，还构成权利的滥用，违反合同法第六条"当事人行使权利、履行义务应当遵守诚实信用原则"的规定。故三岔湖公司、刘贵良在本案诉讼中行使合同解除权应属不当，不能达到解除案涉合同的法律效果。因此，案涉《股权转让协议》及其《补充协议》未解除，对三岔湖公司、刘贵良和京龙公司具有法律约束力，各方当事人应当履行案涉合同约定的相关义务。据此，京龙公司主张继续履行案涉合同的理由正当合法，应予支持；三岔湖公司、刘贵良反诉确认案涉合同已经解除和要求京龙公司返还天骋公司股权的请求无事实和法律依据，该院不予支持。

鉴于该院（2011）川民初字第 3 号民事判决确认三岔湖公司将持有的星展公司、锦荣公司各 10% 的股权转让给鼎泰公司的处分行为无效，鼎泰公司应向三岔湖公司返还已经受让的案涉股权，以及驳回京龙公司其他诉讼请求的情况，京龙公司要求三岔湖公司、刘贵良继续履行转让星展公司、锦荣公司各 100% 的股权的理由正当合法，该院予以支持。该院（2011）川民初字第 3 号民事判决确认华仁公司已经取得锦云公司和思珩公司的股权，三岔湖公司、刘贵良事实上已经不能履行锦云公司和思珩公司的股权转让义务，符合合同法第一百一十条第（一）项关于"法律上或者事实上不能履行"的规定，因此，京龙公司要求三岔湖公司、刘贵良继续履行转让锦云公司和思珩公司股权的义务的理由不能成立，该院不予支持。

二、关于京龙公司是否应承担违约责任的问题。根据《股权转让协议》及其《补充协议》的约定，京龙公司应在 2010 年 3 月 22 日或之前，支付完案涉股权转让价款，京龙公司逾期支付任何款项超过 10 日的，不论延迟支付金额多少，一律视为京龙公司单方违约。京龙公司未按照约定在 2010 年 3 月 22 日或之前支付完股权转让价款，已经构成违约。故三岔湖公司、刘贵良要求京龙公司承担违约责任的理由成立，该院予以支持。京龙公司则认为即使应承担违约金，但协议约定的违约金明显过高，要求调减。根据案涉合同标的物性质和现状，当事人的履行情况，结合当事人在案涉合同履行过程中的过错程度，综合考虑各方的实际情况和利益的平衡，酌定京龙公司向三岔湖公司、刘贵良承担 2000 万元的违约金。

对于三岔湖公司、刘贵良反诉主张的京龙公司逾期支付违约金而产生的滞纳金问题。根据双方当事人对违约责任的约定：京龙公司逾期支付任何款项超过 10 日的，不论延迟支付金额多少，一律视为京龙公司单方违约，三岔湖公司、刘贵良有权随时单方自主选择并决定取消、中止、终止在该日（即京龙公司逾期支付任何款项之日起的第 10 日）尚未完成转让的转让股权交易的全部或其部分，京龙公司必须予以配合，京龙公司并应在三岔湖公司、刘贵良向其发出书面取消交易通知之日起的 10 日内向三岔湖公司、刘贵良支付定额违约金 2000 万元。在本案中，京龙公司未按照约定在 2010 年 3 月 22 日或之前支付完股权转让价款，已经构成违约，应当承担违约责任。但根据合同约定，京龙公司支付约定违约金的条件是三岔湖公司、刘贵良向京龙公司发出书面通知。但三岔湖公司、刘贵良至本案诉讼中的 2011 年 7 月 28 日前，仍未发出要求京龙公司支付约定违约金的书面通知，在本案诉讼后，亦即在司法权介入审查案涉合同是否应继续履行的情况下，三岔湖公司、刘贵良发出解除合同的通知，要求京龙公司承担因逾期支付定额违约金所产生的逾期违约金。因此，三岔湖公司、刘贵良要求京龙公司承担因逾期支付定额违约金所产生的逾期违约金的主张与当事人的约定和该院查明的事实不符，该院不予支持。

虽然星展公司、锦荣公司不是本案合同的缔约方，是案涉转让股权对应的目标公司，但根据《股权转让协议》约定，京龙公司在支付完股权转让价款时，星展公司、锦荣公司应配合京龙公司，办理股权转让变更登记手续，履行相应的义务，故星展公司、锦荣公司主张不是本案适格被告的理由不能成立，该院不予以支持。

综上，四川省高级人民法院依照《中华人民共和国合同法》第五十二条第（二）项、第六十七条、第九十六条第一款、第一百一十条，《中华人民共和国公司法》第七十二条，《中华人民共和国民事诉讼法》第一百二十条第一款、第一百二十八条、第一百三十八条，《最高人民法院关于民事诉讼证据的若干规定》第二条第二款之规定，判决：一、四川京龙建设集团有限公司在该判决发生法律效力之日起十日内向简阳三岔湖旅游快速通道投资有限公司、刘贵良支付股权转让款 120118150 元；二、简阳三岔湖旅游快速通道投资有限公司、刘贵良在收到该判决第一项确定的 120118150 元股权转让款之日起十日内向四川京龙建设集团有限公司办理成都星展置业顾问有限公司、成都锦荣房产经纪有限公司的股权过户登记手续；三、四川京龙建设集团有限公司在该判决发生法律效力之日起十日内向简阳三岔湖旅游快速通道投资有限公司、刘贵良支付违约金 2000 万元；四、驳回四川京龙建设集团有限公司的其他诉讼请求；五、驳回简阳三岔湖旅游快速通道投资有限公司、刘贵良的其他反诉请求。一审本诉案件受理费 1493798 元，诉讼保全费 5000 元，共计

1498798 元，由四川京龙建设集团有限公司承担 599519.2 元，由简阳三岔湖旅游快速通道投资有限公司、刘贵良承担 899278.8 元；反诉案件受理费 1455424 元，由四川京龙建设集团有限公司承担 582169.6 元，由简阳三岔湖旅游快速通道投资有限公司、刘贵良承担 873254.4 元。

京龙公司、三岔湖公司、刘贵良均不服四川省高级人民法院的上述判决，向本院提起上诉。

京龙公司上诉称：一、一审判决关于"三岔湖公司、刘贵良事实上已经不能履行锦云公司、思珩公司的股权转让"的认定属于认定事实不清，适用法律错误。1.（2011）川民初字第 3 号判决书并未生效，且认定事实和适用法律错误，不能作为合同部分义务不能履行的判决依据。2. 三岔湖公司、刘贵良与华仁公司的股权交易属于恶意串通损害京龙公司利益，应判决无效，故华仁公司即使取得锦云公司、思珩公司的股权也应返还。3. 即便华仁公司实际持有目标公司股权，因该股权并未消灭或丧失，不属于合同法第一百一十条所规定的不能履行的情形，被华仁公司取得的案涉股权可以通过判决方式将受让股权回转。二、京龙公司不应支付 2000 万元违约金。1. 一审判决已经认定了三岔湖公司、刘贵良与京龙公司就协议约定的股权价款支付时间达成延展合意或默认京龙公司推迟付款行为，且合同当事人已就付款期限延期达成了口头一致，三岔湖公司、刘贵良陆续接受京龙公司逾期支付的价款后并未提任何异议，证明双方已经对付款期限做出了变更，京龙公司的延期付款行为得到了三岔湖公司、刘贵良的认可，故京龙公司不构成违约。2. 一审判决违约金过高。三岔湖公司、刘贵良为追求更大利益，违背诚信，恶意违约将已转让京龙公司的股权再次转让案外人，试图造成事实上不能履行的恶果，其已经获得巨额不当利益，而京龙公司却遭受巨大损失，三岔湖公司、刘贵良的主观过错更大，一审法院判决京龙公司承担 2000 万元违约金缺乏依据，也显失公平。综上，请求二审判令：一、撤销原审判决第一项、第二项，判决三岔湖公司、刘贵良继续履行《股权转让协议》及其《补充协议》：即三岔湖公司、刘贵良、星展公司在判决生效后 10 日内将三岔湖公司、刘贵良所持的星展公司股权向京龙公司提供过户登记手续；在三岔湖公司、刘贵良完成前述过户义务后 10 日内，京龙公司支付三岔湖公司、刘贵良转让锦荣公司股权的股权转让价款 120118150 元，同时，三岔湖公司、刘贵良及锦荣公司将转让所持锦荣公司股权的过户文件向京龙公司交付，并按照合同约定交付企业营业执照等证照和公章等资料；二、撤销原审判决第三项，判决京龙公司不承担 2000 万元的违约金责任；三、撤销原审判决第四项，判决在三岔湖公司、刘贵良及锦荣公司履行完毕股权登记手续后，京龙公司与三岔湖公司、刘贵良继续履行转让锦云公司、思珩公司股权的合同义务（即在京龙公司支付股权转让款的同时，三岔湖公司、刘贵良、锦云公司、思珩公司提供股权过户登记文件及公司资料）；四、三岔湖公司、刘贵良承担本案一审、二审案件受理费、诉讼保全费及反诉案件一审受理费。

三岔湖公司、刘贵良上诉称：一、三岔湖公司、刘贵良与京龙公司之间《股权转让协议》及其《补充协议》已解除，三岔湖公司、刘贵良不构成根本违约。1.《股权转让协议》及其《补充协议》无法履行的根本原因系京龙公司单方在先严重违约，即未在 2010 年 3 月 22 日前付清全部股权转让价款；京龙公司已于 2011 年 1 月 29 日将天骋公司的股权全部转让给了张玲，而此时三岔湖公司、刘贵良与京龙公司所约定的股权交易并未完成。2. 京龙公司在 2010 年 3 月 22 日之后支付 5460 万元的行为不能推定为三岔湖公司、刘贵良默认接受款项，更不能推定三岔湖公司、刘贵良默认继续履行《股权转让协议》及其《补充协议》。在京龙公司提交的收据中，除 5460 万元的收据由星河置业公司盖章签收外，其余收据均由三岔湖公司、刘贵良自行签发并盖章。京龙公司自愿接受不同形式的收据，说明京龙公司清楚地知道有关款项性质有别。三岔湖公司、刘贵良向星河置业公司出具的《委托书》明确写明"我方现借此授权并委托星河置业公司在本《代收款授权委托书二》签发之日起，代我方向贵公司收取股权转让协议第 4 条所述的股权转让价款……"，而《股权转让协议》第 4 条对于股权转让价款的金额、付款期限均有明确约定，即京龙公司应在 2010 年 3 月 22 日前付清全部款项，逾期的收款行为不在三岔湖公司、刘贵良的授权范围内，故京龙公司此后对星河置业公司的支付行为亦不再对三岔湖公司、刘贵良发生效力。3. 因京龙公司逾期付款，构成严重违约，自京龙公司根本违约之日起至其采取自力救济的行为之日止，京龙公司无任何补救行为，使得《股权转让协议》的履行实际已成为不可能，致合同目的不能实现。故三岔湖公司、刘贵良将目标公司股权转让给第三方属自力救济，系为减轻损失和解决迫切的资金需求而采取的合理行为，不构成违约。4. 三岔湖公司、刘贵良自行决定解除《股权转让协议》合法有效。根据《补充协议》第 3 条、第 8.2.2 项、第 8.2.5 项的约定，三岔湖公司、刘贵良有权随时单方自主选择并决定取消、中止、终止股权交易的全部或其部分，并有权决定是否通知京龙公司。5. 合同解除权属形成权，权利的湮灭需要有明确的法定或约定的事由，解除权的行使不受时效限制，此种权利并不因京龙公司向法院提起诉讼而湮灭。6. 三岔湖公司、刘贵良已多次通知过京龙公司解除合同。在本案诉讼前以公证送达形式两次发送书面解除通知至京龙公司实际办公地址；在本案诉讼开始后，又以公证送达形式发送书面解除通知至京龙公司注册地址，京龙公司也自认已收到前述解除通知。二、京龙公司应向三岔湖公司、刘贵良支付逾期支付定额违约金的违约金。在京龙公司违约后，三岔湖公司、刘贵良已通过口头及书面方式多次通知京龙公司解除合同，在本案诉讼开始后，又以公证送达形式发送书面解除通知至京龙公司注册地址，京龙公司也自认已收到前述解除通知，但京龙公司一直拒绝支付定额违约金，应按照合同约定支付逾期支付定额违约金后而产生的每日千分之一的违约金。三、京龙公司应将天骋公司的股权及与其相对应的资产按原状返还给三岔湖公司、刘贵良。因京龙公司的根本违约行为而致使《股权转让协议》及其《补充协议》不能履行，使三岔湖公司、刘贵良转让股权的最基本目的，即尽快使资金回笼以应付到期债务等目的落空，不能实现，三岔湖公司、刘贵良不得不与京龙公司解除《股权转让协议》及其《补充协议》的情形下，则根据《补充协议》第3条的约定，因京龙公司原因不能完成所有股权转让交易的，三岔湖公司、刘贵良有权取消、终止转让股权交易的全部，包括已完成转让的股权交易的全部。因此，三岔湖公司、刘贵良有权取消天骋公司已完成的股权交易。四、《股权转让协议》及其《补充协议》是否应当履行取决于（2011）川民初字第3号案的终审判决结果，因三岔湖公司、刘贵良已就该案向本院上诉，在本院作出终审判决前，要求三岔湖公司、刘贵良将星展公司、锦荣公司股权转让给京龙公司缺乏可操作性。综上，请求二审判令：一、撤销本案一审判决第一项、第二项、第五项；二、驳回京龙公司的全部诉讼请求，支持三岔湖公司、刘贵良的全部反诉请求；三、本案诉讼费用由京龙公司承担。

京龙公司答辩称：一、三岔湖公司、刘贵良有关《股权转让协议》及其《补充协议》已经解除的主张不成立。1. 京龙公司延期付款已得到三岔湖公司、刘贵良的认可，三岔湖公司、刘贵良在京龙公司推迟支付部分股权转让款的2010年3月23日至7月29日期间并未进行任何形式的催告，且在收到京龙公司陆续支付的5460万元后，出具收款收据，而未提出异议、退款及解除合同，证明三岔湖公司、刘贵良认可并接受了京龙公司的延期付款，双方的行为应当按照合同法的规定认定为双方默示的变更了京龙公司付款时间，愿意继续履行合同。2. 京龙公司对三岔湖公司、刘贵良的股权转让价款的支付系按照其交付的《委托书》之指示办理的汇款。3. 京龙公司暂停支付锦荣公司、锦云公司、思珩公司的股权转让款是行使合同后履行抗辩权，不属于违约。4.《股权转让协议》及其《补充协议》未解除。三岔湖公司、刘贵良在2011年3月31日一审反诉状中诉请"确认股权转让协议已经解除"，但其未向京龙公司发出过解除通知，且无证据证明其已发出过解除通知；其在本案一审庭审质证后发出的《解除函》，在内容上不具有"解除合同通知"的意思表示，只是试图解释其之前发出过解除合同通知，并非用于证明2011年7月或8月才另行通知解除合同，在一审庭审中也从未主张过其在起诉后才行使合同解除权。5. 三岔湖公司、刘贵良在未行使合同解除权的情况下，再次转让目标公司股权，构成根本违约行为；在一审诉讼中行使合同解除权的目的是逃避继续履行合同的义务，并使之前的违约行为合法化而免除违约责任，违背诚实信用原则，构成权利滥用。故其在诉讼中行使合同解除权应属不当，不能达到解除合同的法律效果。6. 本案进入诉讼程序后，法院应根据起诉前已经形成的事实进行裁决。7. 三岔湖公司、刘贵良在已经认可并接受京龙公司股权转让款后，已不再有解除合同的权利。二、鼎泰公司、合众公司不能善意取得目标公司股权。1. 三岔湖公司、刘贵良与京龙公司之间的合同未解除，三岔湖公司、刘贵良无权再行转让股权；2. 在与鼎泰公司、合众公司的股权转让交易中，转让方、受让方、目标公司各方之间明显存在利害关系，参与交易的人员交叉、混同，彼此交叉互换担任重要职务，均应参与了股权交易的决策过程，形成利益共同体；与鼎泰公司、合众公司的交易履行情况说明不构成善意取得。三、京龙公司与张玲的股权转让与本案无关，三岔湖公司、刘贵良并未以此为由解除合同，其将此作为解除合同理由不成立。四、三岔湖公司、刘贵良有关京龙公司应支付违约金及返还天骋公司股权的上诉请求不成立，应驳回。

星展公司、锦荣公司答辩称：一、星展公司、锦荣公司并非股权转让合同的当事人，即使有配合办理过户手续的义务，也只有在执行程序中才能体现出来。二、京龙公司在二审上诉请求中诉请星展公司提供股权过户登记材料，已超出其在一审要求星展公司履行《股权转让协议》中的合同义务的诉讼请求，对此应不予审理。

锦云公司、思珩公司答辩称：京龙公司认为只有标的物灭失才可能构成履行不能有误。华仁公司依据善意取得制度合法持有锦云公司、思珩公司的股权，《股权转让协议》中有关三岔湖公司、刘贵良将锦云公司、思珩公司股权转让给京龙公司的部分属于客观上的履行不能。

本院对原审查明的事实予以确认。

二审中，京龙公司主张其逾期付款的行为曾得到三岔湖公司、刘贵良的代表刘致民的口头同意，但未提供证据予以证明，故本院对京龙公司的该项主张不予支持。京龙公司对三岔湖公司、刘贵良在一审提交的证明三岔湖公司、刘贵良在2011年2月22日、7月26日、28日发出《解除函》的(2011)川成蜀证内经字第13737、69292、69882号《公证书》的真实性有异议，但未提出否定此三份《公证书》真实性的证据，故本院对其否定此三份《公证书》真实性的主张亦不予支持。

三岔湖公司、刘贵良主张其在本案诉讼前曾以公证送达形式向京龙公司两次发送书面解除通知，在其2011年2月22日、7月26日、28日发出的《解除函》中亦载明三岔湖公司、刘贵良曾于2010年多次通知京龙公司解除合同，但《解除函》系三岔湖公司、刘贵良的单方陈述，京龙公司对此项事实不予认可，三岔湖公司、刘贵良亦无其他证据证明该项事实，故对三岔湖公司、刘贵良有关其在2010年期间已向京龙公司发出过合同解除通知的主张，本院不予采信。

本院认为，本案争议焦点主要有四个：一、三岔湖公司、刘贵良与京龙公司之间的《股权转让协议》及其《补充协议》是否已经解除；二、《股权转让协议》及其《补充协议》能否继续履行；三、京龙公司是否应当将天骋公司的股权及对应的资产返还给三岔湖公司、刘贵良；四、京龙公司是否应当承担违约责任。

一、关于三岔湖公司、刘贵良与京龙公司之间的《股权转让协议》及其《补充协议》是否已经解除的问题。

三岔湖公司、刘贵良及京龙公司于2009年7月22日签订的《股权转让协议》中关于"不论在任何情况下，三岔湖公司、刘贵良不须、亦不应就或为本协议项下的任何股权转让价款等向京龙公司提供任何形式的发票，但需出具三岔湖公司、刘贵良自行签发的收据或收条"的约定及同年10月22日签订的《补充协议》第8条关于"京龙公司同意并保证，在办理过户手续时，只向相关审批机构提供《股权转让协议》的附件二所列的股权转让协议而非《股权转让协议》或《补充协议》，否则，应视为京龙公司单方违约，京龙公司应向三岔湖公司、刘贵良支付定额违约金2000万元"的约定，均以损害国家税收利益为目的，根据合同法第五十二条第（二）项关于"恶意串通，损害国家、集体、或者第三人利益"的合同无效的规定，应为无效条款。《股权转让协议》及其《补充协议》中的其余内容系各方当事人的真实意思表示，根据合同法第五十六条关于"合同部分无效，不影响其他部分效力的，其他部分仍然有效"的规定，《股权转让协议》及其《补充协议》的其他条款不违反法律、行政法规的强制性规定，合法有效，对当事人具有法律约束力。

三岔湖公司、刘贵良以其未收到京龙公司在2010年3月22日之后支付的5460万元价款、京龙公司实际支付的2亿元价款尚不足总价款的一半、京龙公司将天骋公司的股权转让给张玲构成根本违约导致合同无法继续履行、其在诉讼前及诉讼中均已通知京龙公司合同解除为由，主张《股权转让协议》

及其《补充协议》已经解除。京龙公司则以三岔湖公司、刘贵良接受其逾期支付的5460万元价款且未表示异议证明三岔湖公司、刘贵良愿意继续履行合同以及三岔湖公司、刘贵良在本案诉前未行使合同解除权、诉讼中发出《解除函》不能产生解除合同的法律效力为由，主张《股权转让协议》及其《补充协议》未解除。

根据三岔湖公司、刘贵良2009年7月24日向京龙公司出具的《代收款授权委托书二》所载，三岔湖公司、刘贵良授权并委托星河置业公司在该代收款委托书签发之日起，代三岔湖公司、刘贵良收取《股权转让协议》第4条所述的股权转让价款，直至其另行通知京龙公司为止。因京龙公司向星河置业公司给付5460万元价款期间，三岔湖公司、刘贵良并未另行通知京龙公司取消该项授权，且星河置业公司于2010年7月29日出具收条，注明收到京龙公司8笔款项共5460万元，故应认定京龙公司向三岔湖公司、刘贵良支付了5460万元价款。因该授权委托书未就出具收据的主体与所收款项的性质差异作出约定，故该5460万元所对应的收据系由星河置业公司出具并不影响星河置业公司收取该5460万元款项所实际产生的法律效力。三岔湖公司、刘贵良主张委托书中的代收"《股权转让协议》第4条所述的股权转让价款"的授权仅限于在2010年3月22日的最后付款日之前，但根据对该授权委托书的文义解释及体系解释，委托书所载"直至另行通知京龙公司为止"已经对委托收款时间作出了明确约定，此处的"第4条所述的股权转让价款"仅系限定所收款项的数额及性质，而不包括收款期限。否则，该委托书中则出现了两个不同的"委托收款期限"，二者显然是矛盾的。三岔湖公司、刘贵良在一审反诉状中已明确京龙公司至其提出反诉之日起尚余290399500元价款未予支付，亦表明其自认已收到京龙公司支付的股权转让价款计25460万元。故对三岔湖公司、刘贵良有关未收到该5460万元股权转让价款的主张，本院不予支持。

因京龙公司未按合同约定于2010年3月22日前付清全部股权转让款，已构成违约。根据《股权转让协议》及其《补充协议》的约定，三岔湖公司、刘贵良享有合同解除权。但三岔湖公司、刘贵良无证据证明其在本案诉讼程序开始前曾经向京龙公司发出过解除合同的通知，且其接受了京龙公司在2010年3月22日至7月29日期间陆续支付的5460万元价款，而未就京龙公司的逾期付款行为提出异议。据此，可以认定《股权转让协议》及其《补充协议》仍在履行，三岔湖公司、刘贵良在本案诉讼程序开始前并未行使合同解除权，《股权转让协议》及其《补充协议》并未解除，对双方当事人仍有法律约束力。

　　三岔湖公司、刘贵良以其于 2011 年 2 月 22 日、7 月 26 日、28 日发出的三份《解除函》为据，主张其再次向京龙公司发出了解除合同的通知，并主张其在京龙公司违约的情况下，有权根据合同约定随时行使合同解除权，该权利并不因京龙公司向法院提起诉讼而消灭。此三份《解除函》虽明确包含了三岔湖公司、刘贵良解除合同的意思表示，但在合同当事人因对合同履行情况发生争议，起诉到人民法院后，对于该合同的效力及履行情况，应当由人民法院依法作出认定。三岔湖公司、刘贵良在本案一审诉讼期间发出解除合同通知的行为，并不能改变本案诉讼前已经确定的合同效力及履行状态。诉前事实表明，三岔湖公司、刘贵良在享有合同解除权的情况下，未行使合同解除权，并接受了京龙公司逾期支付的价款而未提出异议，表明其已接受京龙公司继续履行合同的事实，故《股权转让协议》及其《补充协议》并未解除，仍在履行之中。根据合同约定，5460 万元款项支付完毕后，京龙公司已将星展公司的股权转让款支付完毕，合同的履行义务转移到三岔湖公司、刘贵良一方，即应当由三岔湖公司、刘贵良负责办理星展公司的股权变更手续。此时三岔湖公司、刘贵良既未对逾期支付的款项提出异议，也未办理星展公司的股权变更手续，而是将已经约定转让给京龙公司的案涉股权再次转让给了其关联公司并办理了工商登记变更手续，阻碍生效合同的继续履行，已构成违约。三岔湖公司、刘贵良在京龙公司提起本案及（2011）川民初字第 3 号案件的诉讼过程中行使合同解除权，以对抗京龙公司要求其继续履行合同的诉讼请求，有违诚信原则，一审判决根据合同法第六条"当事人行使权利、履行义务应当遵守诚实信用原则"的规定，认定三岔湖公司、刘贵良在本案及（2011）川民初字第 2 号案件的诉讼过程中行使合同解除权的行为不能产生解除合同的法律效果，并无不妥，本院予以维持。

　　京龙公司于 2011 年 1 月 29 日将天骋公司的全部股权转让给张玲的行为，虽违反了《补充协议》第 5 条的约定，已构成违约，但三岔湖公司、刘贵良亦未以此为由行使合同解除权。

　　综上，《股权转让协议》及其《补充协议》未解除，对合同当事人均有法律约束力。对三岔湖公司、刘贵良有关《股权转让协议》及其《补充协议》已经解除的主张，本院不予支持。.

　　二、关于《股权转让协议》及其《补充协议》能否继续履行的问题。

　　京龙公司以华仁公司不构成善意取得，本案不适用合同法第五十八条所规定的不能返还的情况为由，主张应当继续履行《股权转让协议》及其《补充协议》中将锦云公司、思珩公司的股权转让给京龙公司的部分。

　　本院（2013）民二终字第 29 号民事判决已确认华仁公司依法取得了锦云

公司和思珩公司的股权，根据合同法第一百一十条关于"当事人一方不履行非金钱债务或者履行非金钱债务不符合约定的，对方可以要求履行，但有下列情形之一的除外：一、法律上或者事实上不能履行"的规定，因华仁公司已经合法取得锦云公司、思珩公司的股权，三岔湖公司、刘贵良在法律上已无权对属于华仁公司的财产进行处分，故本案中有关履行锦云公司、思珩公司股权转让的合同义务部分，属于三岔湖公司、刘贵良在法律上不能履行的情形。因合众公司与华仁公司之间的《锦云公司和思珩公司股权转让协议》并未被确认无效或撤销，故本案不适用合同法第五十八条有关"合同无效或者被撤销后，因该合同取得的财产，应当予以返还；不能返还或者没有必要返还的，应当折价补偿"的规定。对京龙公司有关本案因不属于合同法第五十八条有关"不能返还"的规定，而应当由华仁公司、合众公司将锦云公司、思珩公司的股权返还至三岔湖公司、刘贵良，以继续履行《股权转让协议》及其《补充协议》中有关转让锦云公司、思珩公司股权的义务的诉讼请求，本院不予支持。

三岔湖公司、刘贵良以京龙公司未按期支付股权转让价款、京龙公司将天骋公司转让给张玲构成根本违约为由，主张《股权转让协议》及其《补充协议》已无法继续履行。本院认为，京龙公司逾期支付部分股权转让价款的行为已为三岔湖公司和刘贵良实际接受，在京龙公司发现星展公司、锦荣公司、锦云公司、思珩公司的股权被转让后，京龙公司才提起本案诉讼，请求判令对方继续履行合同，而并非其不愿意继续履行合同约定的支付股权转让价款的义务；且本院已以（2013）民二终字第29号判决确认鼎泰公司受让星展公司和锦荣公司各10%的股权行为无效，其所取得的星展公司和锦荣公司的股权应返还给三岔湖公司，故《股权转让协议》及其《补充协议》中的部分约定义务可以继续履行。京龙公司将天骋公司股权转让给张玲的行为虽违反了《补充协议》的约定，但该违约行为并不影响合同中有关星展公司、锦荣公司股权转让之义务的继续履行。因此，对三岔湖公司、刘贵良有关《股权转让协议》及其《补充协议》无法继续履行的主张，本院亦不予支持。

三、关于京龙公司是否应当将天骋公司的股权及对应的资产返还给三岔湖公司、刘贵良的问题。

二审中，三岔湖公司、刘贵良以《补充协议》第3条的约定为据，诉请京龙公司返还天骋公司的股权及其相对应的资产。根据《补充协议》第3条的约定，三岔湖公司、刘贵良及京龙公司均同意应将天骋公司、星展公司、锦荣公司、锦云公司、思珩公司这五个目标公司的股权整体转让，如有一方违约，相对方有权终止部分或全部交易。但在合同履行过程中，三岔湖公司、刘贵良在京龙公司逾期付款时，并未行使合同解除权；在其已将天骋公司的全部股权转让给京龙公司后，却违反合同约定，再次将星展公司、锦荣公司10%的股权转让给了鼎泰公司，并将锦云公司、思玿公司的全部股权转让给了合众公司。京龙公司在未实际取得上述公司相应股权的情况下，而将天骋公司的全部股权转让给了张玲。由此表明，三岔湖公司、刘贵良、京龙公司以上述行为改变了关于"五个目标公司须整体转让"的约定。在案涉合同未解除且应当继续履行的前提下，三岔湖公司、刘贵良诉请京龙公司返还天骋公司的股权，其实质是要求解除合同、返还财产，与案涉合同应当继续履行的结果相抵触，本院不予支持。

四、关于京龙公司是否应当承担违约责任的问题。

本案二审中，京龙公司以三岔湖公司、刘贵良接受了逾期支付的5460万元价款为由，主张各方当事人对付款期限进行了变更，其不构成违约。但三岔湖公司、刘贵良对京龙公司有关变更付款期限的主张并不认可，且称其对该迟延履行行为的接受，并不等于免除了京龙公司相应的违约责任。本院认为，本案事实及证据表明京龙公司未在《股权转让协议》及其《补充协议》约定的最终付款日2010年3月22日前付清全部股权转让款，其已构成违约。三岔湖公司、刘贵良要求京龙公司承担违约责任的权利并不因其接受京龙公司逾期支付部分股权转让价款的行为而消灭。因此，三岔湖公司、刘贵良要求京龙公司承担违约责任的理由成立，本院予以支持。

三岔湖公司、刘贵良二审请求判令京龙公司支付定额违约金2000万元及因逾期支付的该笔违约金而产生的逾期违约金732万元。京龙公司则以约定违约金过高为由，诉请调减。本院认为，根据《股权转让协议》的第3条第2款、第9条及《补充协议》第3条的约定，京龙公司应当向三岔湖公司、刘贵良承担给付2000万元定额违约金的违约责任。京龙公司并未提供证据对三岔湖公司、刘贵良的损失情况予以证明，且相对于案涉合同总价款54499.95万元而言，合同约定的2000万元的定额违约金并非过高。三岔湖公司、刘贵良另行主张的732万元违约金，虽有双方约定为依据，但根据双方履行合同的实际情况、过错程度及公平原则，依照《最高人民法院关于适用〈中华人民共和国合同法〉若干问题的解释（二）》第二十九条有关"当事人主张约定的违约金过高，请求予以适当减少的，人民法院应当以实际损失为基础，兼顾合同的履行情况、当事人的过错程度以及预期利益等综合因素，根据公平原则和诚实信用原则予以衡量"的规定，本院不予支持。综上，对京龙公司、三岔湖公司、刘贵良有关违约金的上诉请求，本院均不予支持。

综上，本案一审判决认定事实清楚，适用法律正确，应予维持。本院依照《中华人民共和国民事诉讼法》第一百七十条第一款第（一）项之规定，判决如下：

驳回上诉，维持原判决。

一审案件受理费、诉讼保全费，按一审判决执行。二审案件受理费2959518.61元，由三岔湖公司、刘贵良负担1960403.42元（其中，刘贵良承担1764403.42元，三岔湖公司承担196000元），由京龙公司负担999115.19元。

本判决为终审判决。

审　判　长　王宪森

代理审判员　李志刚

代理审判员　原　爽

二〇一三年八月二十三日

书　记　员　郝晋琪

7. 当事人约定的合同生效条件未成就，借款合同的内容对双方不具有法律约束力

——中国农业银行股份有限公司锦州锦兴支行、锦州玥宝塑业有限公司金融借款合同纠纷案

【裁判要旨】

在承诺函约定生效条件的情形下，生效条件未成就，当事人双方之间的借款合同并未生效，银行未发放该部分贷款并不构成违约。

中华人民共和国最高人民法院民事判决书

(2013) 民二终字第 57 号

上诉人（原审原告、反诉被告）：中国农业银行股份有限公司锦州锦兴支行。住所地：辽宁省锦州市凌河区重庆路三段 24－13 号。

负责人：王志强，该行行长。

委托代理人：郑明君，北京直方律师事务所律师。

委托代理人：韩君恒，北京直方律师事务所律师。

上诉人（原审被告、反诉原告）：锦州玥宝塑业有限公司。住所地：辽宁省锦州市经济技术开发区锦港路。

法定代表人：李爱民，该公司董事长。

委托代理人：李勇，辽宁华恩律师事务所律师。

委托代理人：代文波，辽宁华恩律师事务所律师。

上诉人中国农业银行股份有限公司锦州锦兴支行（以下简称锦兴支行）、锦州玥宝塑业有限公司（以下简称玥宝公司）金融借款合同纠纷一案，不服辽宁省高级人民法院（2011）辽民二初字第 6 号民事判决，向本院提起上诉。本院依法组成由审判员王宪森担任审判长，审判员杨征宇、代理审判员张雪楳参加的合议庭进行了审理。书记员郑琪儿担任记录。本案现已审理终结。

原审法院查明：锦兴支行与玥宝公司分别于 2004 年 3 月 29 日，2005 年 6

月 20 日，2006 年 4 月 24 日、26 日、28 日，2006 年 7 月 6 日、8 月 9 日、12 月 15 日，2007 年 2 月 13 日，先后发生 1500 万元、1500 万元、1320 万元、840 万元、740 万元、760 万元、40 万元、500 万元及 1200 万元九笔共计 8400 万元借款关系，该九笔合同的借款种类为短期流动资金，借款用途为原材料采购，利率均为中国人民银行公布的同期人民币贷款基准利率上浮 30%。与同期基准利率相比，其年多支付利息 57.38 万元。2006 年 4 月 21 日，玥宝公司作为抵押人以其有权支配的土地使用权作抵押，与作为抵押权人的锦兴支行签订了最高债务余额为 6100 万元的《最高额抵押合同》，为 2006 年 4 月 21 日起至 2008 年 4 月 24 日止玥宝公司在锦兴支行处办理的贷款及商业汇票承兑业务提供担保。对上述借款本息锦兴支行和玥宝公司均认可已实际清偿完毕。

　　2007 年 7 月至 2008 年 3 月间，锦兴支行与玥宝公司再次签订五份总计 8250 万元短期流动资金借款合同，对该五笔借款，双方当事人均认可系还旧借新。分别为：1. 编号 21906200600000128 借款合同。约定：借款金额为人民币 800 万元；借款期限自 2007 年 7 月 10 日起至 2008 年 7 月 9 日止；借款利率为固定利率，在中国人民银行公布的同期人民币贷款基准利率上上浮 30%，执行年利率 8.541% 直至借款到期日。2. 编号 21101300700002161 借款合同。约定：借款金额为 2900 万元；借款期限自 2007 年 11 月 6 日起至 2008 年 11 月 5 日止；借款利率为固定利率，在中国人民银行公布的同期人民币贷款基准利率上上浮 30%，执行年利率 9.477% 直至借款到期日。3. 编号为 21101200700002596 借款合同。约定：借款金额为 1850 万元，借款期限自 2007 年 12 月 13 日起至 2008 年 12 月 12 日止，借款利率为固定利率，在中国人民银行公布的同期人民币贷款基准利率上上浮 30%，执行年利率 9.477% 直至借款到期日。4. 编号为 21101200700002728 借款合同。约定：借款金额 1500 万元，借款期限自 2007 年 12 月 21 日起至 2008 年 12 月 20 日止，借款利率为固定利率，在中国人民银行公布的同期人民币贷款基准利率上上浮 30%，执行年利率 9.711% 直至借款到期日。5. 编号为 21101200800000384 借款合同。约定：借款金额 1200 万元，借款期限自 2008 年 3 月 14 日起至 2009 年 3 月 13 日止，借款利率为固定利率，在中国人民银行公布的同期人民币贷款基准利率上浮 30%，执行年利率 9.711% 直至借款到期日。上述五份合同均约定：按月结息，结息日为每月的 20 日；借款人未按合同约定期限归还借款本金的，贷款人对逾期借款从逾期之日起在合同约定的借款执行利率基础上上浮 30% 计收罚息，直至本息清偿为止。同时约定：上述五份借款合同的担保方式为抵押担保，双方另行签订 NO21906200600000128 号《最高额抵押合同》。上述五份合同签订后，锦兴支行按约发放了贷款。2007 年 12 月 7 日，锦兴支行作为抵押权人，玥宝公司作为抵押人和债务人签订了NO21906200600000128 号《最高额抵押合同》（下称128 号最高额抵押合同），约定：玥宝公司自愿为其自 2007 年 3 月 30 日起至 2008 年 8 月 3 日在锦兴支行处办理约定的人民币/外币贷款及商业汇票承兑所实际形成的债务的最高余额折合人民币 10333 万元的债务提供抵押担保；抵押担保的范围包括债务人依主合同与抵押权人发生的全部债务本金、利息、罚息、复利、违约金、损害赔偿金及诉讼费、律师费、抵押物、抵押物处置费、过户费等抵押权人实现债权的一切费用；抵押物为 0129 号抵押清单记载的坐落于锦州经济技术开发区锦港大街东侧的 190005 平方米土地使用权（土地证号为：锦州国用 2006 字第 000413 号、000414 号、000415 号）及合计 41158.272 平方米的在建工程（房屋他项权证为锦开字第 200810 号），该抵押清单为本合同组成部分。该抵押合同签订后，双方当事人对抵押清单记载的国有土地使用权及在建工程办理了抵押登记。

上述借款合同到期后，玥宝公司除于 2008 年 7 月 10 日偿还了第一笔借款合同中的本金 102200 元外，其余欠款均未予偿还。

2009 年 3 月 14 日，锦兴支行就尚欠的五笔借款本金 82397797.25 元和利息 6747356.86 元，向玥宝公司发出《债务逾期催收通知书》，同日，玥宝公司在该通知书上加盖公章和法人名章予以确认。同年 8 月 15 日，锦兴支行就截至 2009 年 7 月 20 日止玥宝公司所欠的五笔借款本金合计 82397797.25 元，利息 10523059.54 元再次向玥宝公司发出《债务逾期催收通知书》，同日，玥宝公司在该通知书上加盖公章、法人名章及法定代表人签字予以确认。玥宝公司对上述所发生的借款本金及利息的计算方法及数额没有异议。

另查明：玥宝公司成立于 2000 年，是辽宁省专门从事化学建材产品生产的民营企业。2005 年 6 月 6 日，国务院办公厅正式下发《国务院办公厅关于进一步推进墙体材料革新和推广节能建筑的通知》（国办发〔2005〕33 号），以推进墙体材料革新和推广节能建筑。在此之前的 2004 年 1 月 13 日，锦州市发展计划委员会就玥宝公司"年产 250 万片建筑墙板项目可行性研究报告（代项目建议书）"向辽宁省发展计划委员会（下称省计委）进行请示；随后的 2 月 11 日，省计委向国家发展和改革委员会（以下简称国家发改委）就发出《关于呈报锦州玥宝塑业有限公司年产 250 万片建筑墙板项目可行性研究报告的请示》（辽计发〔2004〕2 号），请求国家能给予东北老工业基地国债资金支持。此后，2004 年 3 月 16 日中国农业银行锦州市分行（以下简称市农行）向国家发改委出具《关于对〈锦州玥宝塑业有限公司年产 250 万片复合建筑墙板生产线项目〉贷款承诺函》，内容为：按照省计委要求，根据锦州玥宝塑业有限公司的申请，经中国农业银行锦州分行贷审会研究同意：拟对锦州玥宝塑业有限公司年产 250 万片复合建筑墙板生产项目予以贷款支持，如若列为国债贴息项目，我行立即按照中国农业银行信贷程序进行项目调查，评估报备。2004 年 4 月 1 日，中国农业银行辽宁省分行（以下简称省农行）向玥宝公司出具《关于同意对锦州玥宝塑业有限公司新建年产 250 万片 GRSI 轻体保温墙板项目给予贷款支持的承诺函》（以下简称省农行承诺函），内容为：我行同意对贵公司在满足下列条件下给予贷款支持：一、贷款总额不超过人民币 9000 万元。二、贷款用途仅限于该公司新建年产 250 万片 GRSI 轻体保温板国债贴息项目。三、该笔贷款必须按我行贷款审查程序审批，落实我行认可的贷款条件。该笔贷款的有权审批行为农总行。本承诺函仅用报于贵公司向国家有关部门说明该项目贷款的初步落实情况，待项目经国家有权部门正式批准立项后，最终承贷方式、金额和条件等，需报经农总行审批确定。本承诺函不得对外（第三人）融资、担保，转让无效，本承诺函有效期从出具之日至正式决定是否贷款时止。

2005 年 4 月 2 日，国家发改委工业司召集建材及相关领域的资深专家，在北京主持召开对玥宝公司墙板项目资金申请报告的专家评审论证会，经评审建议对玥宝公司申请的项目作为东北老工业基地产业结构调整国债项目重点支持。2005 年 5 月 8 日，国家发改委以"发改办工业〔2005〕884 号"文正式对辽宁省发展改革委复函：同意玥宝公司建设年产 250 万片（360 万平方米）建筑墙板生产线，该项目已列入国家发改委第二批东北老工业基地调整改造国债专项，同意给予该项目补贴政策，安排中央预算内专项资金 1142 万元，地方预算内专项资金 571 万元。2006 年 3 月 28 日、30 日，辽宁省财政厅根据财政部下达的 2006 年国债专项资金转贷计划的通知精神和 2006 年国债专项资金基建支出预算（拨款）的通知精神，将含玥宝公司 571 万元合计1035 万元及针对玥宝公司年产 250 万片建筑墙板项目的 2006 年国债专项资金基建支出预算（拨款）1142 万元下达到锦州市财政局，并批示专款专用。随后，上述 1142 万元及 571 万元专项资金，由市财政局划拨至锦兴支行处，由锦兴支行将款项拨付到玥宝公司账户。

2005 年 11 月 23 日，中国农业银行向省农行下发《关于对锦州玥宝塑业有限公司项目贷款的批复》（农银复〔2005〕1692 号）："鉴于该项目存在市场不确定、抵押物变现能力不强等风险，不同意发放该项目贷款。"2006 年 8 月 3 日，市农行就玥宝公司申请新型墙板项目贷款及增加授信 9000 万元向省农行重新申报，仍未获批准。

2006 年 9 月 9 日，辽宁省经济委员会与辽宁省财政厅联合下发《关于下达 2006 年企业技术改造项目财政贴息计划（第三批）的通知》（辽经投资〔2006〕207 号），通知：凡列入本计划的企业热核改造项目将享受省财政贴息资金支持，贴息期限原则上一年。各市经委、财政局接到本通知后，要积极组织相关企业与项目承贷银行搞好衔接，使项目所需贷款尽快到位。并指示各市经委、财政局要积极组织相关企业按相关规定及时向省财政厅报送企业技术改造项目贷款财政贴息资金申请表、项目承担企业主要财务指标表、项目贷款合同、项目贷款到位凭证、项目贷款发放金融机构出具的应付利息证明和银行贷款余额证明等材料。未能如期报送上述有关材料的企业，将自动取消其项目享受财政贴息的资格。2006 年 9 月 30 日，辽宁省财政厅向锦兴支行下达《关于拨付企业技术改造财政贴息资金的通知》，将玥宝公司改造项目贷款财政贴息资金 170 万元拨付到锦兴支行处，并指示专款专用，不得挤占挪用。锦兴支行将该 170 万元款项根据相关指示划拨到玥宝公司在锦兴支行处设立的账户内。

2007 年 3 月 15 日，锦兴支行向市农行上报《关于锦州玥宝塑业有限公司 4000 万元贷款增量及增信的请示》［兴农银发（2007）000 号］，认为：经对玥宝公司提出的申请和相关材料的分析研究和实地调查，玥宝公司年产 1.4 万吨大口径塑料管材项目符合国家产业政策，弥补了市场需求，经济效益和社会效益明显，故向上级行申请对该企业增加授信 4000 万元。但该申请未获得省农行批准。

2006 年 11 月 20 日，中国农业银行锦州市解放路支行（下称农行解放路支行）与玥宝公司就农行向玥宝公司转让其所持有的经锦州市中级人民法院作出的（2005）锦民三初字第 68 号民事调解书和（2005）锦民三初字第 69 号民事判决书项下的债权（含与之有关的附属权利）事宜，签订了一份《债权转让协议》。

2007 年 10 月 17 日，农行解放路支行（甲方）与锦州凤冠水产品加工有限公司（以下简称凤冠公司）（乙方）、玥宝公司（丙方）及锦州海洋渔业总公司（以下简称渔业公司）（丁方）签订一份《落债协议》，约定：1. 凤冠公司原欠农行解放路支行贷款债务人民币本息合计 3774647 元及美元本息 950026 美元，自协议生效之日起由玥宝公司承担，玥宝公司和渔业公司依据原借款合同、担保合同约定承担偿还责任。2. 自协议生效之日起，玥宝公司以现金方式先偿还 110 万元和 145 万元两笔人民币贷款本金。剩余 50 万美元贷款及所欠全部利息，在 11 月 15 日前全部偿还。3. 玥宝公司在全部偿还凤冠公司所欠农行解放路支行贷款本息后，凤冠公司向农行解放路支行所提供的抵押登记之"他项权利"属玥宝公司。随后，玥宝公司以将款项给付凤冠公司再由凤冠公司偿还农行解放路支行的方式履行了上述协议。

2004 年 11 月 20 日，玥宝公司（甲方）与美国建筑绝缘组件公司（乙方）签订《技术合同转让协议（草案）》一份，约定由乙方向甲方提供制造墙板产品的书面及非书面专有技术。2007 年 1 月 31 日，玥宝公司的"夹芯复合型保温墙体板"获得国家知识产权局颁发的《实用新型专利证书》。2004年 9 月至 2006 年间，玥宝公司与多家公司签订了《新型轻体保温 PUR 复合墙板供应采购合同》。2007 年 3 月 13 日，玥宝公司与中国建筑科学研究院签订一份"编制聚氨酯硬泡保温复合板产品标准、应用技术规程及标准图集"项目的《技术服务合同》。

玥宝公司在其 250 万片复合建筑墙板生产项目被国家发改委批准立项后，其对该项目投入建设，后因国债贴息贷款没有发放，该项目建设于 2006 年 6月停工。其在建工程的价值损失按折损率的 30% 计算为 2362 万元；因该项目所投入的土地长期闲置，截至 2010 年 12 月玥宝公司应向国家缴纳土地闲置税 769.52 万元。

2008 年 6 月 29 日，玥宝公司为避免今后不良经营，起草了《关于锦州玥宝塑业有限公司用抵押物偿还农行贷款本息的意见》，主张愿以原抵押物一次性偿还农行 8250 万贷款本金及利息。同年 7 月 2 日，锦兴支行因玥宝公司企业经营已经出现风险，还款能力出现明显问题，完全依靠其正常经营收入无法足额偿还贷款本息，将来只能靠处置抵押物才能偿还全部贷款，短期处置可能会造成一定损失，因此认定该企业信贷资产的风险性极大，控制化解风险已迫在眉睫，故特向市农行提交《关于锦州玥宝塑业有限公司 8250 万元贷款的风险预警报告》。

上述事实有《借款合同》《借款凭证》《最高额抵押合同》《土地他项权利证明书》《房屋他项权证》《债务逾期催收通知书》《国务院办公厅关于进一步推进墙体材料革新和推广节能建筑的通知》（国办发〔2005〕33 号）、锦州市计委《关于呈报锦州玥宝塑业有限公司年产 250 万片建筑墙板项目可行性研究报告（代项目建议书）的请示》（锦计发〔2004〕5 号）、辽宁省计委《关于呈报锦州玥宝塑业有限公司年产 250 万片建筑墙板项目可行性研究报告的请示》（辽计发〔2004〕72 号）、市农行《关于对〈锦州玥宝塑业有限公司年产 250 万片复合建筑墙板生产线项目〉贷款承诺函》（锦农银发〔2004〕8 号）、省农行《关于同意对锦州玥宝塑业有限公司新建年产 250 万片 GRSI轻体保温墙板项目给予贷款支持的承诺函》《国家发改委办公厅关于请编报东北老工业基地调整改造国债项目资金申请报告的通知》（发改办工业〔2004〕1488 号）、《锦州玥宝公司年产 250 万片建筑墙板项目资金申请报告专家评审意见》《国家发改委办公厅关于锦州玥宝公司年产 250 万片建筑墙板项目的复函》（发改办工业〔2005〕884 号）、农总行《关于对辽宁锦州玥宝塑业有限公司项目贷款的批复》（农银复〔2005〕1692 号）、辽宁省财政厅《关于下达 2006 年国债专项资金基建支出预算（拨款）的通知》（辽财指经〔2006〕84 号）和《关于下达 2006 年国债专项资金转贷计划的通知》（辽财经〔2006〕134 号）、市农行《关于锦州玥宝塑业有限公司申请新型墙板项目贷款及增加授信 9000 万元的请示》（锦农银发〔2006〕108 号）、锦兴支行《关于锦州玥宝塑业有限公司 4000 万元贷款增量及增信的请示》（兴农银发〔2007〕000 号）、辽宁省经济委员会和辽宁省财政厅《关于下达 2006 年企业技术改造项目财政贴息计划（第三批）的通知》（辽经投资〔2006〕207 号）、辽宁省财政厅《关于拨付企业技术改造财政贴息资金的通知》《债权转让协议》《落债协议》、"专用收款收据"、农行"转账支票存根"、农行"收贷凭证"、《关于在沈阳昂立信息技术有限公司等 24 企业设立辽宁民营企业博士后科研基地的通知》（辽人〔2005〕198 号）、《技术服务合同》《技术合作转让协议（草案）》《实用新型专利证书》《新型轻体保温 PUR 复合墙板供应采购意向书》《工业品买卖合同》《新型轻体保温 PUR 复合墙板供应采购合同》《关于锦州玥宝塑业有限公司用抵押物偿还农行贷款本息的意见》《关于锦州玥宝塑业有限公司 8250 万元贷款的风险预警报告》及庭审笔录载卷为凭，并经质证、认证，该院予以确认。

因玥宝公司未偿还款项，2011 年 2 月 11 日，锦兴支行诉至原审法院，请求判令：1. 玥宝公司依照合同约定偿还贷款本金 82397797.25 元及利息（截至 2011 年 1 月 20 日利息金额为 29595725.69 元）；2. 该行对抵押物行使优先受偿权；3. 玥宝公司承担本案全部诉讼费用及其他实现债权的费用。

2011 年 4 月 6 日，玥宝公司提起反诉，请求判令：1. 锦兴支行赔偿因违反承诺拒绝发放贷款给该公司造成的被迫转为贷款的 1713 万元国债贴息资金、因在建工程停建的固定资产和抵押物价值损失 2362 万元、因土地闲置所背负的土地使用税 769.52 万元、已拨入的国债贴息资金 170 万元、利息差损失 57.38 万元及该公司的可得利益损失 1424 万元，共计 6495.9 万元损失；2. 判令解除双方的抵押合同，返还多于贷款的抵押物并赔偿占用大量抵押资产而给该公司造成的损失；3. 本案全部诉讼费用由锦兴支行承担。

原审法院认为：首先，虽然反诉原告玥宝公司提出赔偿损失的反诉请求所依据的承诺函系市农行及省农行出具，均非锦兴支行出具，但因农行实行的是一级法人体制，只有总行具备独立法人资格，其他分行、支行均属于不具备法人资格的其他组织，经总行授权行使相应权利并参加诉讼，而承债的最终责任主体为农总行。反诉原告不论是向锦兴支行提起反诉还是向市农行或省农行提起反诉，其意义均无区别。又因反诉原告玥宝公司所提出的反诉与本案有牵连，而本案锦兴支行对主体问题亦未提出异议，因此，对该诉请本案应当进行实体审理。

其次，由于省农行出具《承诺函》后，国家发改委将玥宝公司建设年产250万片（360万平方米）建筑墙板生产线项目正式列入国家发改委第二批东北老工业基地调整改造国债专项，同意给予该项目补贴政策。随后，国债专贴息资金1713万元拨付到位。因此，农行出具的《承诺函》并非意向书。锦兴支行以农总行未予以批准为由拒绝提供贷款，系锦兴支行违约。玥宝公司在其墙板项目被国家发改委正式立项后，其对该项目投入了建设，后因农行拒绝贷款其项目建设被迫停工。因此，农行拒绝贷款导致项目流产并造成玥宝公司多项损失是客观存在的，且玥宝公司所主张的锦兴支行应对违背《承诺函》及高抵少贷等造成损失承担赔偿责任的相关反诉请求，没有超过法定的诉讼时效期间，因此，玥宝公司关于锦兴支行应对违背承诺给其造成的贷款利率上浮利息差57.38万元、在建工程抵押物价值损失2362万元、闲置土地使用税769.52万元等合计3188.9万元的损失承担赔偿责任，反诉请求应予支持。

再次，虽然双方当事人于2007年7月至2008年3月间签订的五份借款合同，是双方当事人的真实意思表示，合法有效，原告依约发放了贷款，被告应按约定偿还借款本金及利息。但因该五份借款合同中约定的利率为在中国人民银行公布的同期人民币贷款利率上上浮了30%，属高息贷款。而该贷款合同的签订系基于原告违背《承诺函》拒绝发放政策性贷款的情况下玥宝公司出于无奈而签订的。因原告的违约行为致使玥宝公司承担高息，对玥宝公司显系不公。同时，贷款发放后，玥宝公司主张其于2008年6月29日向原告递交了《关于玥宝公司用抵押物尽快清偿贷款本息的意见》，请求原告尽快以抵押物清偿其所欠贷款。对此，锦兴支行虽否认，但于该年的7月2日锦兴支行向市分行提交《关于玥宝公司贷款的风险预警报告》的事实能够证明其收到了玥宝公司递交的意见书，其已明确清楚玥宝公司存在的贷款风险及玥宝公司要求尽快清偿欠款的意愿，但其直到2011年2月才提起诉讼，存在加大债务人承债义务的故意。因此，玥宝公司当且仅当对所欠借款本金部分承担清偿责任，对所欠借款的利息和罚息部分不应予以清偿，该部分损失应由锦兴支行自行承担，对玥宝公司的该相关抗辩应予支持。

最后，因最高额抵押合同是双方当事人自愿签订，反映了双方当事人的真实意愿，且合同签订后，双方对提供的抵押物办理了抵押登记手续。故该最高额抵押合同合法有效。根据合同约定，该合同担保的主债权形成期间为2007年3月至2008年8月3日，担保的主债权的最高限额为10333万元。至最高额抵押合同约定的决算期2008年8月，该合同项下共计发生五笔借款本金合计8250万元，故玥宝公司所提供的最高额抵押合同所保证的债权为8250万元借款本金及其利息，以及该全部债务的罚息、复利、违约金、损害赔偿金、诉讼费、律师费等及双方约定的抵押权人实现债权的一切费用，而非玥宝公司主张的只发放了1500万元。8250万元的借款本金，加之其利息，以及该全部债务的罚息、复利、违约金、损害赔偿金、诉讼费、律师费等款项，对于最高限额10333万元，不存在高抵少贷的问题。因此，玥宝公司所主张的高抵少贷、应解除该最高额抵押合同等反诉请求均缺乏事实和法律依据，不应予以支持。

由于《最高额抵押合同》是2007年12月7日签订，玥宝公司除偿还了102200元外，对其他到期的借款合同项下的借款本金均未予以偿还，故根据《中华人民共和国物权法》第二百零三条关于"为担保债务的履行，债务人或者第三人对一定期间内将要连续发生的债权提供担保财产的，债务人不履行到期债务或者发生当事人约定的实现抵押权的情形，抵押权人有权在最高债权额限度内就该担保财产优先受偿"的规定，锦兴支行在最高额为10333万元限额内，对玥宝公司上述债务有权就玥宝公司提供的抵押物优先受偿。

至于玥宝公司在反诉中提出的其他问题，因其在本次诉讼中没有提出相关反诉请求，故对该相关问题，该院不予审理。

综上，本案经该院审判委员会讨论决定，依照《中华人民共和国合同法》第六十条、第四十二条、第二百零六条，《中华人民共和国物权法》第二百零三条及《中华人民共和国民事诉讼法》第一百二十八条之规定，该院判决：一、玥宝公司向锦兴支行给付所欠借款本金82397797.25元。二、锦兴支行对玥宝公司的上述债务在10333万元限额内，就玥宝公司提供的坐落于锦州经济技术开发区锦港大街东侧的190005平方米土地使用权及合计41158.272平方米的在建工程享有抵押权，并有权在其拍卖、变卖后的价款中优先受偿。三、锦兴支行给付玥宝公司3188.9万元。上述给付义务限判决发生法律效力后十日内履行完毕，逾期不履行的，按照《中华人民共和国民事诉讼法》第二百二十九条的规定，加倍支付迟延履行期间的债务利息。四、驳回锦兴支行的其他诉讼请求。五、驳回玥宝公司的其他反诉请求。案件受理费601767.61元，保全费5000元；反诉费183297.50元，合计790065.11元；其中553045.11元由玥宝公司负担；237020元由锦兴支行负担。

锦兴支行与玥宝公司均不服原审法院上述民事判决，向本院提起上诉。

锦兴支行上诉称：一、针对原审判决第一项，原审法院没有保护我行的贷款利息，认定事实不清、证据不足、适用法律错误。1. 我行与玥宝公司签订的贷款合同是双方自愿的行为，属于双方真实意思表示，玥宝公司在我行处取得贷款时就已明确贷款利率，玥宝公司在取得贷款时未对利率提出异议。在贷款使用期间，我行曾多次向玥宝公司发出关于贷款逾期催收通知书，玥宝公司均在通知书上签字盖章，说明玥宝公司对于利率是认可的，同时借款合同中约定的利率并不违反法律法规的规定，不存在显系不公之处。相反，玥宝公司是该笔贷款的直接使用者和受益者，在使用完我行的贷款后再以利率过高为由不承担利息，对我行不公。2. 原审法院认定玥宝公司申请抵债的事实缺乏证据。我行认为该《关于玥宝公司贷款的风险预警报告》不符合证据的形式要件，该报告书上既没有签章，玥宝公司也未提供证据证明该报告的来源，该证据材料不应取信。并且该报告中也并没有我行收到玥宝公司要求用抵押物清偿贷款本息的相关内容，原审法院依此认定我行收到了玥宝公司递交的意见书、却怠于行使抵押权的结论错误。3. 原审法院认定我行贷款到期后怠于行使抵押权属认定事实和适用法律错误。即使玥宝公司提出曾要求以抵押物直接替代偿还金钱义务，该要求也无合同依据，且缺乏法律依据，我行有权拒绝，不存在加大玥宝公司义务的故意。4. 根据民法通则的规定，利息属于法定孳息，是依合同的有效性、债权的合法性产生的，是财产供他人用益的对价。银行发放贷款并收取利息，是正常合法的经营行为。原审法院既认定借款合同合法有效，却不保护我行的利息，是对孳息法律性质理解错误，同时也造成国有金融资产的流失。二、针对原审民事判决第三项"锦兴支行支付玥宝公司3188.9万元"的内容，原审判决同样存在认定事实不清、证据不足等问题。1. 原审法院对于我行向玥宝公司出具的两份《承诺函》法律性质认定错误。从两份承诺函内容看，我行向玥宝公司出具的《承诺函》属于附生效条件的法律行为，第二份《承诺函》中明确规定："该笔贷款必须按我行贷款审批程序审批，落实我行认可的贷款条件。该笔贷款的有权审批行为农总行。"而且"有效期从出具之日至正式决定是否贷款时止"，此处明确"决定是否贷款"，而不是约定必须给予贷款。说明该承诺函约定以农总行审批为生效要件，后农总行对该项目没有审批，该承诺函所附的条件没有实现，因此我行决定不予贷款并无不当，并不构成违约行为。2. 玥宝公司的250万片复合建筑墙板生产项目停建与我行没有对其发放9000万元的项目贷款没有法律上的因果关系。虽然我行没有向其发放项目贷款，但我行对该公司同样进行了额度相当的信贷支持，双方已认可我行累计对玥宝公司给予流动资金贷款8250万元，玥宝公司主张因我行未向其发放贷款致使该项目流产的说法根本不能成立，后期该公司的项目停建与我行没有发放 9000 万项目贷款之间没有直接和必然的联系。而且玥宝公司也根本未提供两者存在因果关系的任何依据。3. 原审法院认定玥宝公司损失 3188.9 万元属于认定事情不清，证据不足。（1）我行与玥宝公司签订借款合同中的利息规定，是双方的自愿行为，体现双方的真实意思表示，我行无不当之处。（2）在建工程损失 2362 万元，既无该资产原始取得价值的相关证据，其损失率也无相关确定的依据，属认定事实错误。（3）关于 769.52 万元闲置土地使用税。土地闲置既非我行原因造成，玥宝公司也未提供缴纳闲置土地使用税数额的相关证据，依照法律规定土地使用税应当由土地使用权人依法缴纳，原审法院判决我行承担上述相关费用，既缺乏真实有效的证据材料，也无法律依据。4. 原审法院对于玥宝公司反诉我行没有超过诉讼时效存在认定错误。根据相关法律规定，一般的侵权行为诉讼时效为两年，从权利人应当知道自己权利被侵犯之日起开始计算，根据玥宝公司 2008 年 6 月 29 日提供的《关于锦州玥宝塑业有限公司用抵押物偿还农行贷款本息的意见》的内容可以断定，玥宝公司最迟已于 2008 年 6 月 29 日知晓了所谓农行未给其贷款所造成损失的事实，但玥宝公司却于 2011 年 4 月才向法院提起诉讼，早已超过法律上有关诉讼时效的规定，因此原审法院认定玥宝公司反诉没有超过诉讼时效缺乏有效法律依据，存在认定错误。综上，请求依法改判，支持我行原审诉讼请求。

玥宝公司答辩称：一、原审法院未支持锦兴支行所主张的 2008 年 6 月 29 日后利息和罚息，认定事实及适用法律正确。1. 当事人双方为商业贷所签订的贷款合同，均是在锦兴支行违反其墙板国债项目 9000 万元贷款承诺，玥宝公司已经投入了大量的资金开始对墙板项目进行建设且急需建设资金的情况下，迫于资金压力被迫签订的。玥宝公司并非自愿承担如此高额的利息。2. 玥宝公司在 2008 年 6 月 29 日前并不拖欠利息，但此时，玥宝公司再无力偿还锦兴支行的全部贷款及利息，基于当时抵押物状态良好，足以抵偿锦兴支行贷款本金及利息的情况，玥宝公司于 2008 年 6 月 29 日向锦兴支行上报《关于锦州玥宝塑业有限公司用抵押物偿还锦兴支行贷款本息的意见》，要求锦兴支行用抵押物偿还贷款，同时也减轻玥宝公司还贷压力。对此，锦兴支行也相应向上级银行做出了《关于锦州玥宝塑业有限公司 8250 万元贷款风险预警报告》。但此后，锦兴支行基于自身收取高额利息之利益考虑，仍然怠于实现权利，原审法院认定锦兴支行存在加大债务人承债义务的故意是正确的。故此，本债权自 2008 年 6 月 29 日后的债权利息 2959 万元不应由玥宝公司承担。二、锦兴支行违反贷款承诺，应对玥宝公司的 3188.9 万元的损失承担赔偿责任，原审判决认定事实清楚、证据充分。1. 锦兴支行违反承诺函之承诺，拒绝发放贷款，已构成违约，原审判决认定正确。2. 玥宝公司的国债项目停建与锦兴支行拒绝发放9000万元贷款有直接因果关系，项目停建系锦兴支行违约造成，锦兴支行所述8250万元贷款系额度相当的信贷支持，与事实不符。首先，玥宝公司在锦兴支行出具承诺函前，已在锦州商业银行开立基本账户，并有1500万元贷款，锦兴支行为争取该项目贷款由其进行，让玥宝公司在其行开立基本账户，锦兴支行出具承诺函后，先行放贷1500万元，用于玥宝公司偿还锦州商业银行的贷款，并转移基本账户至锦兴支行。其次，在8250万元贷款过程中，锦兴支行提出让玥宝公司背负凤冠公司陈欠锦兴支行多年债务的条件，为玥宝公司发放贷款1200万元用于偿还了凤冠公司的债务。再次，锦兴支行所发放的8250万元贷款，锦兴支行为达到高额利益且在玥宝公司无任何不良记录的情况下，贷款利率比照同期银行贷款利率上浮30%，而玥宝公司的贷款均用于基本建设，并未产生利益，玥宝公司无奈只能用新发放贷款偿还高额利息，从2004年至2008年，玥宝公司用8250万元贷款中1700余万元偿还锦兴支行高额利息。再有，锦兴支行承诺的9000万元贷款为国债项目固定资产贷款，贷款利息低，且国家给予贴息补贴，无利息负担，而且贷款期限为5年以上，足以缓解玥宝公司的资金压力，贷款如到位，可以足额用于项目建设，从而使项目尽快完工，产生效益。锦兴支行所发放的8250万元贷款均是流动资金的商业贷款，利率高、期限短，根本无法与固定资金贷款相比拟。3. 原审法院认定玥宝公司损失3188.9万元认定事实清楚、证据充分，锦兴支行的上诉主张不能成立。首先，因锦兴支行违约，玥宝公司所产生的高额利息差损失应由锦兴支行承担。其次，因锦兴支行违反贷款承诺，造成玥宝公司的国债项目停建，致使在建工程未能完工，而在建工程均为钢铁结构，因长期风吹雨淋，时至今日，已无法再利用，直接造成该固定资产、抵押物价值的损失。2006年4月，锦兴支行要求玥宝公司用土地及在建工程抵押，为此，经锦州金衡不动产咨询评估有限公司对玥宝公司土地及在建工程评估，玥宝公司在建工程价值为7872.3万元，玥宝公司按该价值的30%要求在建工程的损失并无不当。再次，因锦兴支行违约，致使国债项目被迫停建，也因此造成玥宝公司的土地长期闲置，无法实际使用，反而背负多年土地使用税769.52万元，该损失应由锦兴支行承担。4. 原审法院对于玥宝公司的反诉请求没有超过诉讼时效认定正确。玥宝公司就锦兴支行的贷款承诺、贷款抵押等事实，双方一致在协商，对于锦兴支行违反承诺所造成的损失一直在谈，以期共同处置抵押物，减少双方的损失，直至锦兴支行单方面提起诉讼，造成对玥宝公司权利的侵犯。玥宝公司基于锦兴支行的本诉提起反诉，并未超过诉讼时效。综上，请求驳回上诉，维持原判。

玥宝公司上诉称：一、原审判决认定最高额抵押合同系为保证 8250 万元的借款而由双方自愿签订的，认定事实错误，锦兴支行应赔偿玥宝公司长期占有抵押物的损失。该最高额抵押合同最初形成时间是 2004 年 3 月。农业银行出具承诺函后要求玥宝公司用土地抵押，禁止玥宝公司用土地办理其他抵押手续。后农业银行在玥宝公司墙板项目获得国家批准后，拒不发放国债项目贷款，玥宝公司被迫接受锦兴支行的高息商业贷款，但当时商业贷款所采用的均是保证担保，并非用涉案土地作为抵押，玥宝公司的土地抵押物被锦兴支行长期无偿占有，直至 2007 年 12 月。2007 年 12 月，锦兴支行将原用于墙板项目的最高额抵押土地强行挪用于商业贷款，强迫玥宝公司签订最高额抵押合同，抵押合同中承诺贷款最高额为 10330 万元，而玥宝公司当时土地市值已达 17000 万元。锦兴支行在抵押合同签订后，并未向我公司发放新的贷款。最高额抵押合同是玥宝公司在锦兴支行欺诈、胁迫情况下违背意愿签订的，依法应予撤销。锦兴支行从 2004 年 3 月至 2007 年 12 月，违反贷款承诺不予发放贷款，在此情况下，又不同意解除抵押的土地，无偿占有抵押土地，锦兴支行的上述行为致使玥宝公司丧失了向其他银行贷款的机会，最终导致玥宝公司的国债项目流产。后期强行签订的最高额抵押合同非玥宝公司自愿且存在超额抵押，高抵少贷情形。因此，锦兴支行应赔偿因长期占有玥宝公司抵押物的损失（该损失应以抵押土地价值按银行同期贷款利率计算）。原审判决驳回玥宝公司的此项诉求，据此判决锦兴支行对抵押财产享有优先受偿权，属认定事实错误，应予改判。二、原审判决除支持了玥宝公司利息差损失、抵押物折旧损失、土地使用税损失外，对于玥宝公司提出的其他反诉请求，以"玥宝公司未在本次诉讼中提出相关反诉请求"为由不予审理错误。玥宝公司在反诉中已明确，因锦兴支行违反承诺，要求锦兴支行赔偿损失包含国债贴息资金 1713 万元及技改项目贴息资金 170 万元损失、利息差损失 57.38 万元、抵押物折旧损失 2362 万元、土地使用税损失 769.52 万元、可得利益损失 1424 万元及锦兴支行无偿占有抵押物损失的反诉请求。首先，由于锦兴支行拒不履行其承诺，致使国债项目被迫流产，导致国债贴息资金 1713 万元必须承担偿还义务，该部分损失 1713 万元应该由锦兴支行承担。同样，因锦兴支行违反大口径管材技改项目的 4000 万元贷款承诺，并违反技改贴息 170 万元专款专用的规定，将该部分资金强行划转支付贷款利息，170 万元贴息资金被占用。上述损失因锦兴支行违反承诺必然产生。其次，由于锦兴支行拒不履行其承诺，致使国债墙板项目及大口径技改项目流产，锦兴支行应承担违约责任，赔偿损失。根据《中华人民共和国合同法》第一百一十三条关于"当事人一方不履行合同义务或者履行合同义务不符合约定,给对方造成损失的,损失赔偿额应当相当于因违约所造成的损失,包括合同履行后可以获得的利益,但不得超过违反合同一方订立合同时预见到或者应当预见到的因违反合同可能造成的损失"的规定,赔偿损失包含可得利益损失。本案中,玥宝公司提供的项目可研报告中已明确了项目的可得利益,锦兴支行对于该报告是明知的,且正是报告中的可得利益促使其提出合作并作出承诺。因此,玥宝公司要求锦兴支行赔偿可得利益损失1424万元符合法律规定,且是可以由锦兴支行预见的,该请求应该予以支持。综上,请求:1. 撤销原审判决第二项、第五项,将第三判项依法变更为锦兴支行赔偿玥宝公司经济损失6495.9万元;2. 改判解除当事人间签订的最高额抵押合同,支持玥宝公司要求锦兴支行赔偿占有抵押物损失;3. 本案诉讼费用由锦兴支行承担。

锦兴支行答辩称:一、玥宝公司无权要求解除案涉最高额抵押合同。该最高额抵押合同的签订是双方当事人的真实意思表示,合法有效。被答辩人不享有法定或约定的解除权,无权主张解除合同。被答辩人提出的据以解除合同的事实和理由不仅与合同解除无任何联系,并且本身也与事实不符。其一,被答辩人所谓"上诉人的土地抵押物被被上诉人长期无偿占有"的说法不是事实。答辩人从来没有在法律上占有过案涉抵押不动产。其二,双方之间不存在"高抵少贷"的情形。一方面,最高额抵押合同是为一定限度内的债权设定担保,并未要求贷款额达到某一数额,根本谈不上所谓的"高抵少贷"。另一方面,案涉最高额抵押合同的最高担保额是10333万元,担保的债权发生期间是2007年3月30日至2008年8月3日,在此期间,答辩人向答辩人累计放款本金达8000余万元,本息总额早已超过最高担保额。其三,被答辩人从来没有强迫被答辩人签订最高额抵押合同。二、被答辩人要求赔偿损失的诉求没有任何依据。1. 被答辩人上诉请求中的损失客观上不存在。1713万元国债贴息资金中的571万元是地方政府转贷中央政府的资金,按规定,即使项目顺利完成,被答辩人也应当偿还。1713万元国债贴息资金中的1142万元中央预算内资金,被答辩人是否确定要偿还给国家财政,以及是否已经偿还给国家财政,是需要证据证明的事实。就双方举证情况来看,无法得出1142万元中央预算内资金需要偿还的结论。大口径管材项下170万元财政贴息资金,被答辩人用来偿还了农业银行的贷款利息,这些利息依法当还不存在所谓损失问题,就此主张损失,是否认银行利息的合法性。案涉墙板项目和大口径管材项目的可得利益是一个非常不确定的事实。可研报告预测的收益与法律上的可得利益不是一个层面上的问题。2. 被答辩人上诉请求主张的损失与答辩人无关。答辩人在本案不存在任何违约行为或侵权行为，且答辩人的行为与被答辩人主张的所谓损失不存在任何因果关系，答辩人向被答辩人主张赔偿相关损失是没有依据的。3. 被答辩人要求赔偿损失的上诉请求已过诉讼时效。综上，请求驳回上诉，维持原判。

本院二审除对原审法院查明的事实予以确认外，另查明：

2004年2月，国家计划和改革委员会工业司作出的《老工业基地调整改造和重点行业结构调整重大装备本地化国债专项项目申报及管理暂行办法》规定，国债备选项目申报需上报的材料包括省级以上银行贷款意向书、自筹资金相关证明。国家发展和改革委员会办公厅作出的《国家发展改革委办公厅关于辽宁省锦州玥宝塑业有限公司年产250万片建筑墙板项目的复函》载明，该项目总投资17134万元（含外汇378万元）。

2004年11月25日，锦兴支行向市农行报送的《关于锦州玥宝塑业有限公司9000万元建筑墙板项目贷款申请的调查报告》载明，对玥宝公司贷款9000万元，长期贷款利率五年以上是年息6.12%，该行拟执行的利率是对其上浮30%，年息7.965%。

2008年7月2日，锦兴支行向市农行报送的《关于锦州玥宝塑业有限公司8250贷款的风险预警报告》载明，该行会同市农行业务处于6月27日周五对企业进行现场调查，周日紧急约见该企业法人代表，该企业将来只能处置抵押物才能偿还全部贷款，控制化解风险已迫在眉睫。原审法院2011年6月23日进行质证的质证笔录载明，尽管锦兴支行不认可其收到玥宝公司《关于玥宝公司用抵押物尽快清偿贷款本息的意见》，但其认可《关于锦州玥宝塑业有限公司8250贷款的风险预警报告》是其内部作出的风险分析。

本院认为，本案二审争议焦点是：一、关于玥宝公司应否承担给付锦兴支行所欠借款本金82397797.25元以及利息责任的问题；二、关于本案所涉128号最高额抵押合同应否解除的问题；三、关于锦兴支行应否赔偿玥宝公司损失的问题。

一、关于玥宝公司应否承担给付锦兴支行所欠借款本金82397797.25元以及利息责任的问题。本案中，当事人双方于2007年7月至2008年3月间签订的五份借款合同，是双方当事人真实意思表示，且不违反法律、行政法规的禁止性规定，应认定有效。上述五份借款合同中约定的利率为在中国人民银行公布的同期人民币贷款利率上上浮30%。中国人民银行发布的银发（2004）251号《中国人民银行关于调整金融机构存贷款利率的通知》规定：商业银行贷款利率上限放开。因此，商业银行有权自主决定贷款利息的上限。如前所述，锦兴支行向市农行报送的《关于锦州玥宝塑业有限公司9000万元建筑墙板项目贷款申请的调查报告》载明的内容表明，即使发放本案所涉国债贴息项目贷款9000万元，锦兴支行也拟按照长期贷款利率五年以上年息上浮30%的标准计收利息，而非按照中国人民银行同期基准利率收取。因此，锦兴支行按照合同约定利率收取合同期内利息符合法律、行政法规的规定和当事人约定，而且，锦兴支行不发放9000万元项目贷款并不构成违约，故玥宝公司并非因为不发放项目贷款造成额外的利息损失。原审判决关于该部分利息系属于玥宝公司因锦兴支行违约而承担的高息的认定没有事实依据，应予纠正。在本案所涉8250万元贷款到期前，玥宝公司于2008年6月29日向锦兴支行递交了《关于玥宝公司用抵押物尽快清偿贷款本息的意见》。同年7月2日，锦兴支行向市农行报送的《关于锦州玥宝塑业有限公司8250贷款的风险预警报告》载明，该行会同市行业务处于6月27日（周五）对企业进行现场调查，周日紧急约见该企业法人代表，该企业将来只能处置抵押物才能偿还全部贷款，控制化解风险已迫在眉睫。在原审庭审中，锦兴支行认可该风险预警报告的真实性。通过风险预警报告载明的内容可以认定，锦兴支行知晓玥宝公司只能通过处置抵押物偿还全部贷款的事实，玥宝公司以抵押物偿还贷款的意思表示已经到达锦兴支行。合同法第一百一十九条第一款规定："当事人一方违约后，对方应当采取适当措施防止损失的扩大；没有采取适当措施致使损失扩大的，不得就扩大的损失要求赔偿。"本案中，锦兴支行在上述款项到期之前，已经认识到玥宝公司到期不能清偿债务本息的风险，根据玥宝公司的请求，其可以在债务到期后通过及时行使抵押权避免玥宝公司利息损失扩大，但其直到2011年2月才诉请玥宝公司清偿债务和实现抵押权，故对于其未能及时行使抵押权而至违约损失扩大的部分，不能要求赔偿。但本案的特殊性在于，作为抵押物的房地产，在借款合同到期之后至今，一直处于升值状态，玥宝公司的实际损失并未增加。换言之，锦兴支行迟延行使抵押权在增加玥宝公司利息损失的同时也使玥宝公司因抵押物增值而受益。综上，根据损益相抵规则，本院通过利益衡量认为，对于8250万元到期后的利息，玥宝公司仍应承担给付责任。

二、关于本案所涉128号最高额抵押合同应否解除的问题。依据128号最高额抵押合同的约定，玥宝公司自愿为其自2007年3月30日起至2008年8月3日在锦兴支行处办理约定的人民币/外币贷款及商业汇票承兑所实际形成的债务的最高余额折合人民币10333万元的债务提供抵押担保。该合同并不违反法律、行政法规的禁止性规定，玥宝公司亦无充分证据证明其系在被胁迫的情形下签订该合同，故应认定该合同有效。最高额抵押合同签订后，当事人双方办理了抵押权登记手续，抵押权已有效设立。该合同约定的抵押担保的范围包括债务人依主合同与抵押权人发生的全部债务本金、利息、罚息、复利、违约金、损害赔偿金及诉讼费、律师费、抵押物、抵押物处置费、过户费等抵押权人实现债权的一切费用。本案所涉债权本金余额合计 8250 万元，依担保范围的约定，玥宝公司在最高限额 10333 万元内承担担保责任。法律、行政法规并没有规定，抵押物的价值需与担保的债权数额相当，并没有禁止抵押物价值超出主债权数额。相反，依据我国物权法和担保法的相关规定，对于抵押物的价值大于所担保债权的余额部分，可以再次抵押，以充分实现抵押物的价值，或者在实现抵押权时，主债权人只能在其债权范围内对抵押物享有优先受偿权，对于超出主债权的价值部分，归属于抵押人。因此，即使本案抵押物价值超出了债务总额，但该行为并不违反法律的相关规定，玥宝公司关于高抵少贷、应解除该最高额抵押合同的上诉请求缺乏事实和法律依据，本院不予支持。

三、关于锦兴支行应否赔偿玥宝公司损失的问题。根据 2004 年 2 月国家计划和改革委员会工业司作出的《老工业基地调整改造和重点行业结构调整重大装备本地化国债专项项目申报及管理暂行办法》的规定，国债备选项目申报需上报的材料包括省级以上银行贷款意向书、自筹资金相关证明。2004 年 4 月 1 日，省农行向玥宝公司出具《省农行承诺函》，该函明确载明："贷款总额不超过人民币 9000 万元。……本承诺函仅用报于贵公司向国家有关部门说明该项目贷款的初步落实情况，待项目经国家有权部门正式批准立项后，最终承贷方式、金额和条件等，需报经农总行审批确定。……本承诺函有效期从出具之日至正式决定是否贷款时止。"由上述事实可知，省农行向玥宝公司出具《省农行承诺函》的目的，是用于玥宝公司向国家有关部门说明该项目贷款的初步落实情况，并申请立项所需。《省农行承诺函》仅载明了省农行向玥宝公司发放贷款的意向，至于双方之间就发放 9000 万元项目贷款事宜能否成立有效借款合同法律关系，需以农总行审批同意作为条件。2005 年 11 月 23 日，农总行向省农行下发了农银复〔2005〕1692 号《关于对锦州玥宝塑业有限公司项目贷款的批复》，明确表示不同意发放该项目贷款，故该借款合同最终并未生效，因此，锦兴支行因农总行未批准而未发放该部分贷款并不构成违约。由于在前述承诺函已明确写明，对于该部分贷款的能否实际发放，取决于农业银行总行的批准，因此，玥宝公司在锦兴支行出具该贷款意向书时，应当认识到存在该贷款未获批准、不能发放的风险。而且，国家发改委办公厅作出的《国家发展改革委办公厅关于辽宁省锦州玥宝塑业有限公司年产 250 万片建筑墙板项目的复函》载明，该项目总投资 17134 万元（含外汇 378 万元）。从上述复函内容可知，9000 万元贷款只占玥宝公司国债项目所需资金的一半左右，国债项目正常生产，还需要玥宝公司自筹资金。即使农业银行发放了9000万元的项目贷款，但如果自筹资金不足，项目也难以正常生产。况且，本案中，尽管9000万元项目贷款没有发放，但当事人双方均认可，锦兴支行另外以发放商业贷款8000多万元的方式给予玥宝公司一定的资金支持。综上，锦兴支行不发放9000万元的项目贷款并不构成违约。玥宝公司在明知存在9000万元贷款不能发放风险、且自身投入资金不足的情形下仍然投入资金进行国债项目的生产，锦兴支行已以发放8000多万元商业贷款的方式给予其一定的资金支持，玥宝公司年产250万片建筑墙板项目最终停产，与锦兴支行不发放9000万元贷款并无因果关系，故对于玥宝公司诉请的项目停产损失，锦兴支行不应当承担赔偿责任。具体而言，对于利息差损失57.38万元部分，由于锦兴支行不发放9000万元项目贷款并不属于违约，且即使该借款合同有效成立，但根据锦兴支行向锦州市农行报送的《关于锦州玥宝塑业有限公司9000万元建筑墙板项目贷款申请的调查报告》载明的内容，玥宝公司仍应按照长期贷款利率五年以上年息上浮30%收取利率，而非按照同期银行贷款利率给付利息，故商业贷款按照上浮利率收息，符合相关法律、法规的规定和当事人的真实意思表示，并未损害玥宝公司利益，因此，玥宝公司诉请赔偿该部分利息损失，并无事实和法律依据，本院不予支持。对于玥宝公司诉请赔偿的在建工程停建的固定资产和抵押物价值损失2362万元、因土地闲置所背负的土地使用税损失769.52万元、可得利益损失1424万元部分，由于其并非是因锦兴支行不发放9000万元贷款造成的损失，故对于该赔偿该部分损失的诉讼请求，亦不应予以支持。原审法院关于锦兴支行赔偿上述损失的判决不当，本院予以纠正。

综上，原审认定不清，适用法律不当，本院依据《中华人民共和国民事诉讼法》第一百七十条第一款第（二）项之规定，判决如下：

一、撤销辽宁省高级人民法院民事判决书（2011）辽民二初字第6号民事判决；

二、锦州玥宝塑业有限公司向中国农业银行股份有限公司锦州锦兴支行给付所欠借款本金82397797.25元及依据合同约定应给付的合同期内利息及逾期罚息（计付至实际履行之日）；

三、中国农业银行股份有限公司锦州锦兴支行对锦州玥宝塑业有限公司的上述债务在10333万元限额内，就玥宝公司坐落于锦州经济技术开发区锦港大街东侧的190005平方米土地使用权及合计41158.272平方米的在建工程享有抵押权，并有权在其拍卖、变卖后的价款中优先受偿；

四、驳回锦州玥宝塑业有限公司的诉讼请求。

上述给付义务应于本判决发生法律效力后十日内履行完毕，逾期不履行的，按照《中华人民共和国民事诉讼法》第二百五十三条的规定，加倍支付迟延履行期间的债务利息。

一审案件受理费601767.61元，保全费5000元，反诉费183297.50元，合计790065.11元，由锦州玥宝塑业有限公司负担；二审案件受理费290402元，由锦州玥宝塑业有限公司负担。

本判决为终审判决。

审　判　长　王宪森

审　判　员　杨征宇

代理审判员　张雪楳

二〇一三年九月十三日

书　记　员　郑琪儿

8. 以合法形式掩盖非法目的的合同无效

——余盛与贵州泰邦生物制品有限责任公司、贵阳大林生物技术有限公司、贵州益康制药有限公司、贵州捷安投资有限公司、深圳市亿工盛达科技有限公司股权确认、盈余分配纠纷案

【裁判要旨】

合法有效的股东会决议是增资的前提，增资应当由公司具体实施，由公司与增资人签订协议。如果增资协议严格依照股东会决议签订，且增资协议内容客观真实、没有违反法律规定、没有损害他人利益的，增资协议应为有效。本案所涉增资协议存在合同合法表面下掩盖了利益输送、损害他人利益等非法目的。依据《中华人民共和国合同法》第五十二条第（三）项，以合法形式掩盖非法目的的合同无效。

中华人民共和国最高人民法院民事判决书

（2013）民二终字第 19 号

上诉人（原审原告）：余盛。

委托代理人：徐晓峰，北京市天银律师事务所律师。

委托代理人：刘玲，北京市天银律师事务所律师。

被上诉人（原审被告）：贵州泰邦生物制品有限责任公司。住所地：贵州省贵阳市花溪区 298 号信箱。

法定代表人：高小英，该公司董事长。

委托代理人：童明友，康达律师事务所上海分所律师。

委托代理人：廉春晖，康达律师事务所上海分所律师。

被上诉人（原审被告）：贵阳大林生物技术有限公司，住所地：贵州省贵阳市花溪区竹林村。

法定代表人：杨明，该公司董事长。

委托代理人：童明友，康达律师事务所上海分所律师。

委托代理人：廉春晖，康达律师事务所上海分所律师。

原审第三人：贵州益康制药有限公司。住所地：贵州省贵阳市花溪大道南段 964 号。

法定代表人：张秋生，该公司经理。

原审第三人：贵州捷安投资有限公司。住所地：贵州省贵阳市云岩区中华北路 109 号捷安大楼 9 楼。

法定代表人：段刚，该公司董事长。

原审第三人：深圳市亿工盛达科技有限公司。住所地：广东省深圳市罗湖区沿河北路黄贝岭商城 4 栋 409 号。

法定代表人：段刚，该公司董事长。

上诉人余盛因与被上诉人贵州泰邦生物制品有限责任公司（以下简称泰邦公司）、贵阳大林生物技术有限公司（以下简称贵阳大林公司）、原审第三人贵州益康制药有限公司（以下简称益康公司）、贵州捷安投资有限公司（以下简称捷安公司）、深圳市亿工盛达科技有限公司（以下简称亿工盛达公司）股权确认、盈余分配纠纷一案，不服贵州省高级人民法院（2012）黔高民商初字第 1 号民事判决，向本院提起上诉。本院受理后依法组成由审判员贾纬担任审判长，审判员沙玲、代理审判员周伦军参加的合议庭审理了本案，书记员侯佳明担任记录。

2010 年 1 月 20 日，余盛向贵州省高级人民法院提起诉讼称，贵阳黔峰生物制品有限责任公司（以下简称黔峰公司，现更名为泰邦公司）根据股东会决议与其签订了增资协议。其履行了增资协议约定的全部义务，已向黔峰公司出资 3416 万元，且以股东身份参加了黔峰公司的股东会。但黔峰公司未履行增资协议约定的义务，迄今没有到工商部门进行股东变更登记，也未对其分红，侵犯了其合法权益。大林公司是黔峰公司的控制股东，它所委派的高管人员行使黔峰公司的管理权，应与黔峰公司共同承担对余盛分红及股东变更登记的责任。故请求判令：1. 确认余盛为黔峰公司的合法股东，拥有黔峰公司注册股本 1220 万元，股权比例为 14.35%，并进行股权工商变更登记；2. 黔峰公司、大林公司立即向余盛支付 2007 至 2009 年度余盛应得部分的盈余分配，共计 1834.9345 万元；3. 黔峰公司、大林公司支付余盛分红款逾期利息共计 56.13 万元（自分红之日至全部款项付清止，暂算至 2010 年 1 月 5 日）。2010 年 10 月 14 日，贵州省高级人民法院作出（2010）黔高民二初字第 1 号民事判决，驳回余盛的诉讼请求。余盛不服该判决，向本院提起上诉。

2011 年 10 月 9 日，本院二审以（2010）民二终字第 123 号民事裁定，将本案发回贵州省高级人民法院重新审理。

贵州省高级人民法院重审查明：黔峰公司于 1996 年 5 月 21 日经贵阳市工商行政管理局批准成立，经营范围为：生产、销售血液制品等。黔峰公司《章程》（修订）第 35 条载明："股东大会行使下列职权：（八）对公司增加或减少注册资本作出决议。"2009 年 7 月，重庆大林生物技术有限公司（以下简称重庆大林公司）向贵阳市工商行政管理局申请将公司地址迁至贵阳市，经批准后，2010 年 1 月 22 日，贵阳大林公司设立，法定代表人为林东。2009 年 8 月 12 日，黔峰公司向贵阳市工商行政管理局申请将该公司法定代表人由高翔变更为林东。2010 年 12 月 30 日，黔峰公司经批准更名为泰邦公司，法定代表人为林东。泰邦公司现注册资本为 5500 万元，该公司工商注册的股东构成为：贵阳大林公司出资 2970 万元，占股份 54%；益康公司出资 1045 万元，占股份 19%；亿工盛达公司出资 990 万元，占股份 18%；捷安公司出资 495 万元，占股份 9%。

2007 年 4 月，黔峰公司两次召开股东会，形成"黔生股字（2007）第 004 号、005 号"股东会会议纪要，主要内容为：为有利于公司改制和上市，全体股东一致同意引进新的战略投资者，按每股 3.6 元溢价私募资金 2000 万股，并由新的战略投资者按实际出资比例代公司债务人偿还 1600 万元应收款项。

2007 年 5 月 28 日，黔峰公司召开股东会，会议对拟引入战略投资者，按每股 2.8 元溢价私募资金 2000 万股，需各股东按各自的股权比例减持股权，以确保公司顺利完成改制及上市的方案再次进行了讨论和表决，形成"黔生股字（2007）第 006 号"股东会决议，决议内容为：一、股东重庆大林公司、益康公司明确表态，同意按股比减持股权，引进战略投资者。同时承诺采取私募的增资扩股方案完全是从有利于公司改制和上市的目的出发，绝不从中谋取私利。赞成 91%（即重庆大林公司、益康公司、亿工盛达公司赞成），反对 9%（捷安公司反对）；二、亿工盛达公司同意引进战略投资者、按股比减持股权的方案，但希望投资者能从上市时间及发行价格方面给予一定的承诺。赞成 91%，反对 9%；三、同意捷安公司按 9% 股比及本次私募方案的溢价股价增持 180 万股。赞成 100%；四、本次私募资金必须在 2007 年 5 月 31 日前汇入公司账户，否则视作放弃。100% 赞成。此次股东会会议，对引入战略投资者的人数、股数、股价及引进谁没有作出明确的决议。

2007 年 5 月 31 日，捷安公司按每股 2.8 元将 180 万股的认缴资金 504 万元汇至黔峰公司账户上，黔峰公司出具收据载明收到"股权款"；同年 6 月 8 日捷安公司又按 180 万股每股 0.8 元的认缴资金将 144 万元汇至黔峰公司账户，黔峰公司出具收据载明收到"银行进账单款"。至此，捷安公司共向黔峰公司汇入 648 万元认购股权款，如按 180 万股计算，则每股单价是 3.6 元。此后，捷安公司认为自己每股多缴了 0.8 元，遂于 2012 年 3 月诉至贵阳市花溪区人民法院，请求判令泰邦公司退还其多缴的每股认购股权款 0.8 元，共计退还 144 万元。目前，该案尚未审结。

2007 年 5 月 29 日，黔峰公司法定代表人高翔（当时也是益康公司法定代表人）以黔峰公司名义与余盛签订《增资协议》，主要内容为：1. 黔峰公司本次增资前注册资本为 6500 万元（注：当时黔峰公司的工商登记注册资本实为 5500 万元），拟通过吸收战略投资者方式，实施增资扩股，增加注册资本 2000 万元，筹集进一步发展的资金，本次增资完成后，注册资本为 8500 万元；2. 余盛出资 3416 万元，按每出资 2.8 元增加黔峰公司 1 元注册资本的比例增加黔峰公司注册资本 1220 万元，余盛占黔峰公司本次增资完成后的股权比例为 14.35%；3. 余盛应当在本协议签署后 5 个工作日内，将约定的资金汇入黔峰公司银行账户；4. 黔峰公司向余盛保证：黔峰公司签署本协议前已获得授权，包括获得董事会和股东会决议通过，有权签署本协议，同时黔峰公司现有股东（除捷安公司按原持股比例增资外）放弃优先认购权。同日，余盛将入股款 3416 万元汇入黔峰公司账户后，黔峰公司向余盛出具《收款收据》，载明收到余盛增资股金 3416 万元。黔峰公司收到上述款项后，曾委托贵阳中远联合会计师事务所（以下简称中远事务所）进行验资，中远事务所亦向黔峰公司出具了第一份 035 号《验资报告》，载明：黔峰公司原实收资本 6500 万元，现增加的余盛实缴新增注册资本 1220 万元于 2007 年 5 月 30 日前缴足。但此后不久，中远事务所认为对余盛的新增注册资本进行验资是以黔峰公司实收资本 6500 万元为依据作出的，但黔峰公司的工商登记注册资本实为 5500 万元，故在对余盛的新增注册资本验资前，必须先对黔峰公司以公积金转增 1000 万元注册资本的事项进行处理，即将黔峰公司现工商登记注册资本 5500 万元转增为 6500 万元。由于该转增事项尚未完成，故中远事务所遂对第一份第 035 号验资报告做打叉处理，并收回重新出具验资报告。2007 年 6 月 15 日，中远事务所作出了第二份 035 号《验资报告》，载明：黔峰公司已将公积金 1000 万元转增注册资本，黔峰公司变更后的注册资本为 6500 万元。但该报告未对余盛的新增注册资本进行验资。

2009 年 3 月 11 日，黔峰公司召开临时董事会，决议：公司 2008 年度红利分配先按目前工商注册的实收资本 6500 万元股本进行分配，分红总金额为 6206 万元，其中：重庆大林公司股本金 3510 万元，股比 54%，应分红利 33512400 元；益康公司股本金 1235 万元，股比 19%，应分红利 11791400 元；亿工盛达股本金 1170 万元，股比 18%，应分红利 11170800 元；捷安公司股本金 585 万元，股比 9%，应分红利 5585400 元。黔峰公司董事高翔、段刚、林东、樊绍文、郭御云、赵朝明、钟希鸣出席董事会并在决议上签名。2009 年 9 月 5 日，黔峰公司召开股东会，决议：公司 2009 年上半年利润可分配金额为 6581 万元，先按目前已经工商注册的股东账面实收资本 6500 万元股本进行分配，先预分红总金额为 46647059 元，其中：重庆大林公司股本金 3510 万元，股比 54%，应分红利 25189412 元；益康公司股本金 1235 万元，股比 19%，应分红利 8862941 元；亿工盛达股本金 1170 万元，股比 18%，应分红利 8396471 元；捷安公司股本金 585 万元，股比 9%，应分红利 4198235 元。战略投资者分红待完善法律手续后，再行分配。余盛的代表余云辉在该股东会决议上签字，并注明：战略投资者余盛股东地位已由最高人民法院裁定和明确，本次股东分红及 2008 年度分红应及时划归余盛。

贵州省高级人民法院另查明，黔峰公司在收到余盛入股款 3416 万元后，曾于 2010 年 10 月 21 日将此款汇回余盛当初汇出的账号，但因该账号已被注销，未能退回。此外，黔峰公司收到余盛的入股款后，至今未修改公司章程，未办理公司内部登记，也未办理工商变更登记手续。黔峰公司股东会或董事会对引入余盛为战略投资者以及战略投资者的股数、股价亦没有作出明确、具体的决议。

贵州省高级人民法院一审认为：一、余盛请求确认其为泰邦公司合法股东，享有相应股权的诉讼请求应予驳回。理由：1. 余盛依据的《增资协议》属未生效协议。合同法第五十条规定："法人或者其他组织的法定代表人、负责人超越权限订立的合同，除相对人知道或者应当知道其超越权限的以外，该代表行为有效。"因此，《增资协议》合法有效的条件是黔峰公司法定代表人高翔没有超越权限，余盛对高翔超越权限不知道或应当不知道，但《增资协议》并不满足前述条件，故《增资协议》应属未生效。理由是：（1）黔峰公司法定代表人高翔签订《增资协议》超越权限，该协议缺乏签订的依据。根据公司法第三十八条、第四十四条、第四十七条及公司法司法解释（三）第二十三条规定，以及黔峰公司章程约定，增加或者减少注册资本必须经代表三分之二以上表决权的股东作出决议，由董事会制订方案。"黔生股字（2007）006 号"股东会决议仅表明黔峰公司形成股东会决议，同意增资扩股引入战略投资者，但该决议未明确指明引进多少个投资者或具体的投资者，也没有授权由黔峰公司及其法定代表人与战略投资者签订增资协议，更没有其他任何股东会决议或董事会决议明确余盛是引进的战略投资者。故黔峰公司及其法定代表人高翔签订《增资协议》的行为越权，且至今未获得公司股东会或董事会追认。（2）余盛签订协议时没有尽到谨慎合理的注意义务。公司法及黔峰公司公司章程均规定，公司新增注册资本须经股东大会作出决议，由董事会制订方案，由公司或其法定代表人执行。余盛作为外来投资者在签订《增资协议》时，按照普通人投资经营常理，其对巨额投资应具有谨慎、合理的注意义务和风险防范，其对公司法关于股东会和董事会及公司法定代表人的职权范围的规定是明知的，对公司法定代表人应得到授权才能签订此协议亦是明知的。因此，余盛对公司法定代表人高翔所称已得到公司股东会和董事会决议授权的承诺，有权利和义务要求对方提供授权文件或相关文书进行审查，但余盛仅凭对方的承诺和保证就签订协议，该行为与其投资金额相比较不符合常理，只能表明余盛应当知道对方没有获得授权，双方都明知高翔没有获得协议中所保证的授权。（3）004 至 006 号三次股东会内容对认股单价没有形成决议。004、005 号股东会会议纪要载明是每股 3.6 元，006 号股东会决议对每股 2.8 元溢价私募资金 2000 万股一事进行了讨论，但未作出决议，捷安公司作为老股东亦按每股 3.6 元认缴了股款。事后，捷安公司又认为自己多缴款，要求泰邦公司退还并起诉。因此，战略投资者的认股单价尚不确定，有待于股东会或生效裁判明确。在有权机关未明确股价的情况下，法定代表人高翔按每股 2.8 元签订增资协议违反法律规定。（4）余盛的出资行为未经验资机构验资。余盛依据的第一份 035 号验资报告已被验资机构作作废处理并收回重新制作，根据公司法第二十九条"股东缴纳出资后，必须经依法设立的验资机构验资并出具证明"的规定，余盛所缴认股款并未验资，《增资协议》还只是处于债权合同的状况，余盛欠缺成为泰邦公司股东的法律要件。故余盛的增资行为不符合法律规定，不具备成为新增股东的条件。2.《增资协议》内容不符合 004、005、006 号三次股东会增资扩股目的。三次股东会议对引进战略投资者，进行增资扩股的一致目的是加快企业改制和上市。但《增资协议》载明的缔约目的仅是通过吸收战略投资者，实施增资扩股，对股东会加快企业改制和上市目的并未涉及。因此，《增资协议》内容有悖股东会决议，协议内容缺乏依据。3. 泰邦公司进行增资扩股的内部程序没有完成，尚需股东会进一步明确具体事项。006 号股东会决议对增资对象、增资比例、认股单价均未形成决议，而依据公司法规定，该权限属于股东会职权。在该公司股东会对上述内容进行明确并形成决议前，公司增资扩股的内部程序尚未完成。因此，黔峰公司法定代表人高翔在公司内部程序尚未完成情况下，自行与余盛签订《增资协议》的行为违反法律规定。综上，《增资协议》事前未经公司股东会授权签订，事后未经追认，依法属于未生效协议，不具有法律约束力。

二、余盛请求泰邦公司支付其盈余分配的请求应予驳回。本院认为，公司盈余分配请求权是股东对公司享有的一项重要的财产权利，现余盛不是泰邦公司股东，不能向泰邦公司请求盈余分配，故对其该项请求不予支持。至于余盛的经济损失，其可通过合法途径另行解决。

综上，该院依照《中华人民共和国公司法》第一百七十九条第一款、第二十五条第二款、第二十九条、第三十条以及《中华人民共和国民事诉讼法》第一百二十八条之规定判决：驳回余盛的诉讼请求。案件受理费197353.23元，由余盛负担。

余盛不服贵州省高级人民法院上述民事判决，向本院提出上诉称：一、根据本案事实和法律规定，上诉人余盛业已取得贵州泰邦生物制品有限公司股东资格。根据黔峰公司股东会决议，余盛与黔峰公司签订了增资协议，该增资协议的有效性已为一审法院（2010）黔高民二初字第1号民事判决书所确认。协议签订当日，余盛依约全面、及时地履行了己方负担的出资义务，黔峰公司亦已于次日对该项出资完成了验资程序。此后，虽因捷安公司提起公司增资扩股出资份额优先认购权诉讼，致使未能及时办理相关工商变更登记手续，但余盛作为黔峰公司股东的身份不仅为被上诉人黔峰公司一再对外宣示，并且也为黔峰公司其他股东一再明确认可。2009年1月13日和9月5日，余盛以黔峰公司股东的身份实际行使股东权利，出席黔峰公司股东会会议，实际参与了黔峰公司重大事项的决议及其法人意思的形成。特别是，在这两次股东会会议上，余盛作为黔峰公司股东所享有的受领红利分配的权限也得到了黔峰公司各股东的明确认可。根据《中华人民共和国公司法》第三十三条、第三十五条，《最高人民法院关于适用〈中华人民共和国公司法〉若干问题的规定（三）》第二十三条、第二十四条之规定，诉请确认上诉人的股东资格，要求被上诉人泰邦公司和贵阳大林公司履行变更登记以及公司盈余分配义务；根据《中华人民共和国公司法》第二十条之规定承担赔偿责任。

二、一审判决书认定下列事实错误：一是认定股东会决议虽同意增资扩股引入战略投资者，但该决议并未明确指明引进多少个投资者或具体的投资者，也没有授权由黔峰公司及其法定代表人与战略投资者签订增资协议，更没有其他任何股东会决议或董事会决议明确余盛是引进的战略投资者。故黔峰公司及其法定代表人高翔签订增资协议的行为越权，且至今未获得公司股东会或董事会追认；三次股东会议内容对增资扩股单价没有形成决议，高翔按每股2.8元签订《增资协议》违反法律规定；公司增资扩股的内部程序尚未完成。二是认定余盛的出资行为未经验资机构合法验资。三是认定增资协议载明的缔约目的仅是通过吸收战略投资者，实施增资扩股，对股东会加快企业改制和上市目的并未涉及。因此增资协议内容有悖股东会决议，协议内容缺乏依据。

三、一审判决适用法律错误。一是一审判决无视本案基础事实，错误地适用《中华人民共和国合同法》第五十条规定，认定黔峰公司法定代表人高翔签订《增资协议》超越权限，该协议缺乏签订的依据。二是一审判决毫无事实根据地认定上诉人未尽到合理的注意义务。余盛提交的证据足以证明签订增资协议的行为不仅为当时除捷安公司以外的黔峰公司的其他股东一致同意，对增资协议的合法有效性以及对上诉人作为黔峰公司股东的身份，在上诉人提起本案诉讼之前，已得到黔峰公司全体股东的一致认可，本案根本不属于合同法第五十条调整范围，自然谈不上上诉人未能满足该条规范所制定的注意义务标准。三是毫无根据地将"验资"添加为上诉人取得股东资格的"法律要件"。一审判决援引公司法第二十九条"股东缴纳出资后，必须经依法设立的验资机构验资并出具证明"规定，以"余盛所缴认股款并未合法验资"为由，错误认定增资协议还只是处于债权合同的状况，余盛欠缺成为泰邦公司股东的法律要件，不具备成为公司新增股东的条件。事实上，本案增资股金已由中远联合会计师事务所于2007年5月30日完成验资手续，且就法律有关验资的要求而言，验资也并非出资人，特别不是增资认缴人完成其出资义务的判断标准，亦非增资认缴人取得公司股东资格的法律要件。四是一审判决毫无根据地将"依法办理工商变更登记"添加为本案增资协议的生效要件。实际上，办理公司登记机关登记并非增资认缴人股权的权利取得要件，而仅系对抗第三人之要件，根据《最高人民法院关于适用〈中华人民共和国公司法〉若干问题的规定（三）》第二十四条规定，办理股东记载和相关登记系公司对股东所负担的法定义务，绝非出资人取得股东地位的法律要件。

综上，上诉人与黔峰公司之间依据黔峰公司2007年5月28日《股东会决议》所签订的《增资协议》合法有效；协议生效后，上诉人已经依约完全履行了自己负担的出资义务；上诉人的股东地位亦为黔峰公司及其各股东所认可；现行法律仅将办理工商变更登记等手续规定为股东的"权利对抗要件"

和"公司对股东所负担的法定义务",而非上诉人取得股东资格的权利取得要件,在以上事实和法律基础上,上诉人业已取得了黔峰公司的股东资格。现上诉人依据《中华人民共和国公司法》第三十三条、第三十五条,《最高人民法院关于适用〈中华人民共和国公司法〉若干问题的规定(三)》第二十三条、第二十四条之规定,诉请确认上诉人的股东资格,要求被上诉人履行变更登记以及公司盈余分配义务,均属于法有据。被上诉人恶意拒绝履行其所负担的法定义务,并为其不法行为编造种种虚假理由。一审判决对不法行为人采取了明显偏袒的态度,致使上诉人的合法权利不能得到应有的保护。请求贵院依法撤销原判,改判支持上诉人的诉讼请求,本案一、二审诉讼费用由被上诉人承担。

泰邦公司和大林公司答辩称:一审判决认定事实清楚、适用法律正确,应予维持。一、上诉人余盛要求成为股东缺乏事实依据。黔峰公司股东会决议引进战略投资者,但决议并未确定具体的战略投资者,也未授权黔峰公司及其高管签订增资协议,余盛等三人的股东身份始终未获得股东会的追认。在余盛等三人与黔峰公司签订增资协议向公司转入资金后,基于股东会不予追认,黔峰公司分别向三人退回资金,胡尚书资金已经被退回,余盛和龙甲凤因账户关闭而无法退还。上诉人的资金既未验资,也未办理工商登记。二、黔峰公司及其法定代表人未经股东会授权,无权签订增资协议,故增资协议未生效、不发生法律效力。余盛明知未完成出资的法定程序,公司的工商登记文件、公司章程、股东名册均未将余盛等人记载为公司股东,故余盛要求成为公司股东缺乏法律依据。三、黔峰公司股东会决议增资扩股有特定目的和条件,是为了引进战略投资者、溢价募集股权和改制上市。余盛等自然人与黔峰公司签订增资协议认购增资,显然与股东会决议目的不符。余盛等人不具备战略投资者基本特征,该增资协议与特定的改制和上市无关,只是一般性增资。虽然股东会决议引进战略投资者,但并未确定具体增资人、增资人数量及股权比例,更未选择由三个自然人冒用战略投资者名义出资。公司股东会从未同意余盛等人成为股东,从未批准增资协议。四、重审判决后,新发现的证据进一步证明一审驳回余盛诉请正确。2006年10月,黔峰公司与德邦证券有限责任公司(以下简称德邦证券)签订《财务顾问协议》,为黔峰公司上市融资做前期辅导改制的尽职调查和财务顾问工作。时任德邦证券总经理余云辉和时任德邦证券西南投行部总经理袁宁介绍了自己的近亲属余盛、胡尚书和龙甲凤三人作为战略投资者,与黔峰公司签订了本案《增资协议》。证券公司负责企业辅导改制、保荐和承销应当诚实信用、勤勉尽责,避免利益冲突且不得为本机构或个人谋求不正当利益。利用对企业辅导改制的条件，德邦证券高管人员隐瞒事实，为近亲属进行利益输送，谋求不正当利益，违反了诚实信用原则，损害了黔峰公司及其股东的权益。

本院对一审查明事实予以确认，二审另查明以下事实：1. 2009 年 5 月 13 日，本院以（2009）民二终字第 3 号，审理捷安公司诉黔峰公司及其他黔峰公司股东大林公司、益康公司、亿工盛达公司增资优先认购权纠纷二审案时，认定本案所涉黔峰公司 2007 年 5 月 28 日股东会决议，符合黔峰公司章程第 17 条第 1 款第 9 项规定，与我国公司法第三十五条内容不冲突，该决议合法有效；认定有限公司增资扩股行为与股东对外转让股份性质不同，从而终审判决维持了贵州高院驳回捷安公司诉请 1820 万股增资扩股优先购买的一审判决。

2. 在捷安公司诉黔峰公司及其股东期间，黔峰公司的控制股东大林公司的控制股东发生了变化，由重庆大林公司变更为贵阳大林公司。贵阳大林公司在新股东的控制下，对黔峰公司增资扩股引进战略投资人的股东会决议不再认可。

3. 2010 年 10 月 19 日，黔峰公司第二大股东益康公司出具《证明》称："2007 年 5 月 29 日，贵阳黔峰生物制品有限责任公司同余盛、龙甲凤、胡尚书签订《增资协议》并接受三人投资过程中，高翔是贵阳黔峰生物制品有限责任公司的董事长，樊绍文是贵阳黔峰生物制品有限责任公司的总经理，该二人均是支持余盛、龙甲凤、胡尚书对贵阳黔峰生物制品有限责任公司增资扩股的，且各自代表的贵州益康制药有限公司和重庆大林生物技术有限公司也是支持的，当时深圳市亿工盛达科技有限公司的尹垣董事长也是支持的。"

4. 2006 年 10 月，德邦证券与黔峰公司签订《财务顾问协议》，为黔峰公司上市融资做前期辅导改制的尽职调查和财务顾问工作。余云辉时任德邦证券总经理，余盛是余云辉之弟，胡尚书是余云辉的前妻。袁宁时任德邦证券西南投行部总经理，龙甲凤是袁宁的弟媳。签订增资协议时，黔峰公司不知晓上述人员关联关系，该节事实于本案重审一审判决后查明。

本院认为：本案是因有限责任公司外部增资引发的纠纷，增资方请求确认其股东身份和基于股东身份请求公司盈余分配，本案是确认和给付并存之诉，确认之诉是给付之诉的前提，给付之诉是确认之诉的法律后果。

我国公司法第一百七十九条规定，有限责任公司增加注册资本时，股东认缴新增资本的出资，依照本法设立有限责任公司缴纳出资的有关规定执行。第三十八条规定，股东会行使的第七项职权是对公司增加或者减少注册资本作出决议；第四十七条规定，董事会对股东会负责，行使的第六项职权是制订公司增加或者减少注册资本以及发行公司债券的方案；第四十四条第二款规定，股东会会议作出修改公司章程、增加或者减少注册资本的决议，以及公司合并、分立、解散或者变更公司形式的决议，必须经代表三分之二以上表决权的股东通过。根据上述法律规定，增资属于公司重大事项，必须经过三分之二以上资本多数决或者全部同意方可实行，由股东会作出决议或全部股权同意后，由董事会制订实施方案。因增资和出资发生纠纷如何适用法律，本院出台的《关于适用〈中华人民共和国公司法〉若干问题的规定（三）》作了相关解释。第二十二条规定，当事人向人民法院起诉请求确认其股东资格的，应当以公司为被告，与案件争议股权有利害关系的人作为第三人参加诉讼。所以，合法有效的股东会决议是增资的前提，增资应当由公司具体实施，由公司与增资人签订协议。如果增资协议严格依照股东会决议签订，且增资协议内容客观真实、没有违反法律规定、没有损害他人利益的，增资协议应为有效。

本案黔峰公司为确保改制上市，就引入战略投资者议案召开股东会，以91%股权赞成引入战略投资者形成股东会决议。该股东会决议是各股东自愿约束股权和充分表达意志基础上投票形成的，决议内容没有违反法律规定或损害他人利益，故合法有效。黔峰公司增资股东会决议有两个具体目的，一是为了改制上市，二是引入战略投资者。所以，黔峰公司对外签订《增资协议》时，应当引入战略投资者并实现改制上市的目的，但本案《增资协议》并未按照股东会决议引入战略投资者。

对于战略投资者的概念，资本市场上一般理解为，符合法律规定要求，按照发行人发行配售条件签订认购协议，且与发行人业务紧密长期持有发行人股票的法人。具体而言，战略投资者在资金、技术、管理、市场、人才等方面具有优势，能够对发行人起到促进产业升级、增强创新和竞争力、拓展市场占有率等作用。故而战略投资者一般为法人，自然人除了资金以外，其他优势很难企及。本案余盛等人，作为德邦证券高管的近亲属，除了资金一项以外，其他方面均不符合战略投资者的条件。黔峰公司股东会决议，是为了引入战略投资者而增资，增资对象应当是对公司改制上市起到促进和帮助作用，对公司发行上市后仍起到积极促进作用，而非仅是投入资本金的投资者。原黔峰公司法定代表人高翔，在对外签订增资协议时，没有按照股东会决议设定的条件要求，而将余盛作为战略投资者与之签订了增资协议，超越了黔峰公司股东会决议范畴。

有限公司改制上市，根据中国证监会相关规定，要经历改制和上市辅导、发行申报与审核、股票发行与挂牌等程序。在改制环节，证券公司等中介机构要为标的公司提供财务顾问服务，进行资产评估、出资和股权规范等。在发行上市环节，证券公司作为保荐机构还要做尽职调查与辅导、申报申请文件，中国证监会审核通过后，证券公司要进行路演询价和定价、股票发行上市等工作。中国证券业协会在《证券从业人员执业行为准则》规定，证券公司在对客户提供服务时，证券公司的从业人员必须尽职勤勉，不得从事下列禁止性行为：一是不得损害所在机构或者他人的合法权益；二是不得从事与其履行职责有利益冲突的业务；三是不得从事或协同他人从事欺诈、内幕交易等非法活动；四是证券法第四十三条规定的"证券交易所、证券公司和证券登记结算机构的从业人员、证券监督管理机构的工作人员以及法律、行政法规禁止参与股票交易的其他人员，在任期或者法定期限内，不得直接或者以化名、借他人名义持有、买卖股票，也不得收受他人赠送的股票"。德邦证券为黔峰公司改制上市提供财务顾问服务，余盛作为时任德邦证券总经理余云辉的弟弟，被德邦证券作为战略投资者推荐给黔峰公司，与黔峰公司签订的增资协议，在合同合法表面下掩盖了利益输送、损害他人利益等非法目的。德邦证券为黔峰公司提供服务，是要使得黔峰公司符合发行上市的条件，从而公开发行股票和上市交易。如果黔峰公司发行上市，余云辉及余盛的行为将违反内幕交易和从业人员买卖股票的禁止性的规定，构成内幕交易和从业人员买卖股票的违法行为。之所以没有最终构成该两类违法行为，是因为德邦证券和余盛意志以外的因素所导致，即黔峰公司控制股东控制权变化而放弃了公开发行和上市的计划，并非德邦证券和余盛自行终止或消除了即将发生的违法行为。因此，余盛与黔峰公司签订的本案增资协议，是属于以合法形式掩盖非法目的的无效合同，故余盛确认新增资本股东身份的诉讼请求不应获得支持，本院对其已完成出资业已取得股东资格的上诉主张不予支持。本院对泰邦公司和贵阳大林公司关于德邦证券高管人员隐瞒事实，为近亲属进行利益输送，谋求不正当利益，违反了诚实信用原则，损害了黔峰公司及其股东的权益的答辩主张予以支持。基于余盛不享有新增股东资格，故其也不应享有黔峰公司盈余分配的权利。因本案系余盛诉请确认股东身份和盈余分配，且二审中与泰邦公司无法达成调解，故其向黔峰公司已付资金可以通过其他途径解决。

综上，贵州省高级人民法院一审认定事实清楚，判决结果得当，唯法律适用应予调整。本院依据《中华人民共和国合同法》第五十二条第（三）

项、《中华人民共和国民事诉讼法》第一百七十条第一款第（一）项之规定，判决如下：

驳回上诉，维持贵州省高级人民法院（2012）黔高民商初字第 1 号民事判决。

一审案件受理费 197353.23 元，二审案件受理费 197353.23 元，共计 394706.46 元，由余盛负担。

本判决为终审判决。

审 判 长　贾　纬
审 判 员　沙　玲
代理审判员　周伦军
二〇一三年九月二十二日
书 记 员　侯佳明

9. 合同内容系双方当事人真实意思表示的 合同效力不受合同形式瑕疵影响

——广西桂资拍卖有限公司与广西三益拍卖有限责任公司合作合同纠纷案

【裁判要旨】

综合全案事实，认定涂江宁在《补充条款》上签字构成对桂资公司的表见代理。基于此，并由于三益公司认可《补充条款》的内容，因此尽管《补充条款》存在双方所盖印文真实性存疑等形式瑕疵，仍应认定《补充条款》系双方当事人真实意思表示。对《补充条款》形式瑕疵形成的原因，双方当事人均提出了自己的主张但并未提供相应证据予以证明，故均未予支持。

中华人民共和国最高人民法院民事判决书

（2013）民提字第 140 号

申请再审人（一审原告、二审上诉人，原被申诉人）：广西桂资拍卖有限公司。

法定代表人：韦华兴，该公司董事长。

委托代理人：潘捷，广西中司律师事务所律师。

被申请人（一审被告、二审上诉人，原申诉人）：广西三益拍卖有限责任公司。

法定代表人：万婕好，该公司总经理。

委托代理人：李小兵，北京直方律师事务所律师。

申请再审人广西桂资拍卖有限公司（以下简称桂资公司）因与被申请人广西三益拍卖有限责任公司（以下简称三益公司）合作合同纠纷一案，不服广西壮族自治区高级人民法院（以下简称广西高院）（2012）桂民提字第 150 号民事判决，向本院申请再审。本院于 2013 年 6 月 5 日作出（2013）民再申字第 128 号民事裁定，决定对本案提起再审。本院依法组成由审判员王东敏担任审判长，审判员刘崇理、代理审判员曾宏伟参加的合议庭对本案进行了公开开庭审理，书记员李洁担任记录。本案现已审理终结。

2010年5月20日，桂资公司起诉至广西壮族自治区南宁市青秀区人民法院（以下简称青秀区法院）称：鉴于三益公司违反双方于2010年2月1日订立的《联合拍卖协议书》，特提起诉讼，请求判令：1. 三益公司向桂资公司支付人民币1447537元，赔偿桂资公司利息损失3万元（按中国人民银行同期贷款利率从2010年3月22日计算至实际支付之日，暂计算到起诉之日）；2. 本案诉讼费由三益公司承担。

青秀区法院一审查明：2010年2月1日，桂资公司与三益公司签订一份《联合拍卖协议书》，协议约定：桂资公司、三益公司合作拍卖北海市鸿华大酒店资产权益，由桂资公司负责向三益公司提供资产相关情况，帮助三益公司完成市场调研和提供买家。桂资公司负责制作报价投标书，代交项目投标保证金。并在投标之日以三益公司的名义递交投标书；中标后，拍卖会由桂资公司组织实施，三益公司具体操作。同时协议书还约定，拍卖其他费用均由桂资公司支付，拍卖完成后，桂资公司只支付三益公司3万元合作劳务费，三益公司扣除3万元合作劳务费和营业税后应将拍卖佣金全部转给桂资公司，由桂资公司向三益公司出具发票。次日，双方又签订了一份《联合拍卖协议书的补充条款》（以下简称《补充条款》），该《补充条款》约定：双方就拍卖佣金重新约定，按总佣金75：25分成，即桂资公司占75%，三益公司占25%，税费按比例各自承担。之后，涂江宁（桂资公司股东）与广西烨达房地产有限责任公司（以下简称烨达公司）签订了一份《协议书》，烨达公司代三益公司交纳840万元报价履约保证金，从而使三益公司获得了北海市鸿华大酒店房地产项目资产拍卖权。经过双方合作，三益公司于2010年3月3日举行拍卖会，北海鸿华大酒店资产权益最终以8500万元拍卖成交，同日三益公司与买受人北海馨平广洋房地产开发有限公司签订《拍卖成交确认书》，确认成交价为8500万元，拍卖佣金为425万元；三益公司收到买受人支付拍卖佣金425万元。三益公司在同月22日将299.75万元转账支付给桂资公司。

在一审庭审中，双方当事人均申请对《补充条款》双方代表的签名以及印章进行真伪鉴定。一审法院委托了广西科桂司法鉴定中心进行鉴定。鉴定结论为：一、送检检材1《补充条款》上盖印的"桂资公司"印章印文与样本1《联合拍卖协议书》、2《承诺函》、3《授权委托书》上盖印的桂资公司印章印文不是同一印章所盖。二、送检检材1《补充条款》上署名"涂江宁"的签名字迹与检材2《承诺函》上署名"涂江宁"的签名及书写字迹为同一人所写；与涂江宁书写的签名样本及字迹是同一人所写。三、送检烨达公司检材 3《组织机构代码证》、4《企业法人营业执照（副本）》、5《庄明川身份证复印件》上盖印的"烨达公司"与检材 6《函》上盖的同名印章印文不是同一印章所盖。四、送检检材 6《函》、7《关于确认竞买人资格的函》、8《领取竞买资料签收凭证》、9《三益公司竞买证》上署名"庄明川"的签名字迹是同一人所写。

青秀区法院一审认为：桂资公司与三益公司所签订的《联合拍卖协议书》是合法有效合同。双方应按协议履行各自的义务。对于《补充条款》是否有效的问题。桂资公司认为该补充协议是三益公司伪造的，是无效协议。但补充协议上有涂江宁的签名，而涂江宁作为桂资公司的股东同时又是《联合拍卖协议书》的签约代表，一直代表桂资公司在本案所涉及的联合拍卖中与三益公司商谈、操作有关联合拍卖的具体事项以及签订合同。为履行《联合拍卖协议书》中桂资公司应承担的义务，涂江宁以联合体其中一方（三益公司）的名义与烨达公司协商并签订了一份《协议书》，促成烨达公司代桂资公司履行了代交报价履约保证金的义务，并对烨达公司承诺了一些事项，这些事项对三益公司将来会造成不利的影响，而且在 2010 年 3 月 8 日桂资公司、广西大西拍卖有限公司给三益公司的承诺函中对涂江宁的行为予以确认，并承诺对此行为引起的一切法律、经济责任由桂资公司及涂江宁负责，均与三益公司无关，由此可以证明，桂资公司对涂江宁的行为是知道并认可的。在此情况下，双方对《联合拍卖协议书》的内容进行修改并签订《补充条款》对三益公司的利益进行保护是符合常理的。因此，该《补充条款》是存在的。涂江宁在《补充条款》上签名是对协议内容的确认，并基于他作为桂资公司股东的身份以及在整个履行《联合拍卖协议书》中，一直代表桂资公司在本案所涉及的联合拍卖中与三益公司商谈、操作有关联合拍卖的具体事项并代表桂资公司签订合同，三益公司没有理由怀疑涂江宁是桂资公司代理人的身份，因此，涂江宁的行为构成表见代理。该《补充条款》的法律责任应由桂资公司承担。就本案而言，《补充条款》是双方对联合拍卖收益的最终约定，即桂资公司按拍卖收益的 75%，三益公司按拍卖收益的 25% 进行分配，税费按比例各自承担。三益公司共收到拍卖佣金 425 万元，桂资公司应分得 318.75 万元，三益公司应分得 106.25 万元。三益公司已经支付了 299.75 万元，没有支付的 19 万元应当予以支付。青秀区法院于 2011 年 3 月 21 日作出（2010）青民二初字第 468 号民事判决：一、三益公司支付给桂资公司拍卖佣金 19 万元；二、驳回桂资公司的其他诉讼请求。案件受理费 18098 元，由桂资公司承担。

三益公司不服上述民事判决向广西壮族自治区南宁市中级人民法院（以

下简称南宁中院）提起上诉，请求：1. 撤销一审判决；2. 驳回桂资公司的诉讼请求。

桂资公司亦不服上述民事判决向南宁中院提起上诉，请求：撤销一审判决，支持其一审诉讼请求。

南宁中院二审查明事实与一审基本一致。

南宁中院二审认为：《联合拍卖协议书》有效。三益公司主张合同无效的上诉理由不成立，不予支持。关于桂资公司与三益公司是否签订过《补充条款》；如双方签订过《补充条款》，该协议是否有效；涂江宁在《补充条款》上盖章的行为是否构成表见代理的问题。本案中，涂江宁在《补充条款》上加盖的公章，经广西科桂司法鉴定中心鉴定，结论为与《联合拍卖协议书》《承诺函》《授权委托书》上盖印的广西桂资拍卖有限公司印章印文不是同一印章所盖。在三益公司无法举证证明桂资公司同时使用两个公章的情况下，应当可以认定《补充条款》上的公章为伪造的。在此情况下，桂资公司即使尽到高度的注意义务，也难免发生公章被伪造的情况。可见，桂资公司对公章被伪造的情况不应当承担责任，即涂江宁的行为不构成表见代理。可以认定，桂资公司与三益公司未签订过《补充条款》。综上，桂资公司与三益公司之间的佣金分配应以《联合拍卖协议书》确定的为准，即三益公司得到 3 万元。本案的佣金总额为 475 万元，扣除三益公司已支付的 299.75 万元、其应得的 3 万元、税金 268375 元（475 万元×5.65%）、广告费 1.3 万元，三益公司尚应支付桂资公司 1441125 元。桂资公司上诉有理，予以支持。三益公司于 2010 年 3 月 22 日仅向桂资公司支付部分拍卖佣金，故桂资公司上诉要求三益公司从该日起支付尚欠部分拍卖佣金利息的上诉请求，于法有据，亦予以支持。一审法院认定事实不清，适用法律错误，予以纠正。南宁中院于 2011 年 12 月 16 日作出（2011）南市民二终字第 373 号民事判决：一、撤销青秀区法院（2010）青民二初字第 468 号民事判决第二项；二、变更青秀区法院（2010）青民二初字第 468 号民事判决第一项为：三益公司支付给桂资公司拍卖佣金 1441125 元；三、三益公司支付给桂资公司拍卖佣金 1441125 元的利息（利息以 1441125 元计，按中国人民银行同期贷款利率从 2010 年 3 月 22 日计算至款项支付完毕之日止）。一审案件受理费 18098 元、二审案件受理费 18098 元，均由三益公司负担。

广西壮族自治区人民检察院抗诉认为，本案二审判决适用法律错误，判决有误。理由是：《中华人民共和国合同法》第四十九条规定"行为人没有代理权、超越代理权或者代理权终止后以被代理人名义订立合同，相对人有理由相信行为人有代理权的，该代理行为有效"。第五十二条规定"有下列情形之一的，合同无效：……（二）恶意串通，损害国家、集体或者第三人利益……"《最高人民法院关于在审理经济纠纷案件中涉及经济犯罪嫌疑若干问题的规定》第五条第一款规定"行为人盗窃、盗用单位的公章、业务介绍信、盖有公章的空白合同书，或者私刻单位的公章签订经济合同，骗取财物归个人占有、使用、处分或者进行其他犯罪活动构成犯罪的，单位对行为人该犯罪行为所造成的经济损失不承担民事责任"。显然，只有行为人与相对人恶意串通，损害国家、集体或者第三人利益，或者行为人以骗取财物归个人占有、使用、处分或者进行其他犯罪活动为目的的表见代理，被代理人方可免除民事责任。本案中，涂江宁作为桂资公司的股东，其于 2010 年 2 月 1 日代表桂资公司与三益公司签订《联合拍卖协议书》后的第二日即 2010 年 2 月 2 日，即再次以桂资公司的名义与三益公司签订《补充条款》。在《补充条款》约定的佣金分配比《联合拍卖协议书》更趋于公平合理之情形下，即使涂江宁此时并未获得桂资公司之授权且使用了私刻之公章，三益公司有理由相信涂江宁有代理权。紧接着在 2010 年 2 月 3 日，涂江宁根据《联合拍卖协议书》的约定，继续代表桂资公司以三益公司的名义与烨达公司签订《协议书》，并于同日由烨达公司完成代三益公司付北海市鸿华大酒店房地产项目报价履约保证金 840 万元事宜。而且拍卖完成后，桂资公司于 2010 年 3 月 8 日向三益公司出具承诺函，表示在争取拍卖北海市鸿华大酒店资产项目的拍卖权中未经三益公司同意对外承诺的一些事项和签订的所有合同，对此行为引起的一切法律、经济责任由桂资公司及涂江宁负责，均与三益公司无关。此亦证明作为桂资公司股东的涂江宁一直代表桂资公司在本案所涉及的联合拍卖中与三益公司商谈、操作有关联合拍卖的具体事项以及签订相关合同，桂资公司知道且认可对涂江宁在本案所涉及的联合拍卖事项中的地位与作用。因此，在桂资公司未能提供证据证明涂江宁与三益公司恶意串通以损害其利益，涂江宁私刻桂资公司公章与三益公司签订《补充条款》，骗取财物归其个人占有、使用、处分或者进行其他犯罪活动构成犯罪之情形下，涂江宁之行为构成表见代理，其代理行为依法有效，桂资公司应当对《补充条款》承担民事责任。原审判决适用《最高人民法院关于在审理经济纠纷案件中涉及经济犯罪嫌疑若干问题的规定》第五条规定，认定桂资公司与三益公司未签订过《补充条款》，其适用法律错误。综上，南宁中院（2011）南市民二终字第 373 号民事判决，适用法律错误，判决有误，依照《中华人民共和国民事诉讼法》第一百七十九条第一款第（六）项及第一百八十七条第一款的规定，提出抗诉。

广西高院对原审查明的事实予以确认。

广西高院再审认为：桂资公司与三益公司所签订的《联合拍卖协议书》，主体合格，内容没有违反法律法规的禁止性规定，是当事人的真实意思表示，是有效合同。同样本案的《补充条款》也是真实有效的。理由是：1.《补充条款》上涂江宁的签名是真实的；2. 涂江宁是桂资公司的股东，同时是《联合拍卖协议书》的签约代表，一直代表桂资公司在本案所涉及的联合拍卖中与三益公司商谈、操作有关联合拍卖的具体事项以及签订合同，并履行《联合拍卖协议书》中桂资公司应承担的义务；3. 涂江宁以三益公司的名义与烨达公司协商并签订了一份《协议书》，促成烨达公司代桂资公司履行了代交报价履约保证金的义务；4. 在 2010 年 3 月 8 日桂资公司、广西大西拍卖有限公司给三益公司的承诺函中对涂江宁在本案中的行为予以确认，并承诺对此行为引起的一切法律、经济责任由桂资公司及涂江宁负责，均与三益公司无关。由此可以证明，桂资公司对涂江宁的行为是知道并认可的；5. 双方对《联合拍卖协议书》的内容进行修改并签订《补充条款》对双方当事人的利益进行调整是公平且符合常理的，涂江宁在《补充条款》上签名是对协议内容的确认，并基于他作为桂资公司股东的身份，在整个履行《联合拍卖协议书》中，一直代表桂资公司在本案所涉及的联合拍卖中与三益公司商谈、操作有关联合拍卖的具体事项并代表桂资公司签订合同。通过上述事实分析，《补充条款》是双方当事人的真实意思表示，内容没有违反法律法规的禁止性规定，应当认定合法有效。即使桂资公司没有授权涂江宁代表桂资公司签订《补充条款》，但是，涂江宁在本案中一直代表桂资公司在本案所涉及的联合拍卖中与三益公司商谈、操作有关联合拍卖的具体事项并代表桂资公司签订合同的一系列行为，使三益公司有理由相信涂江宁有权代表桂资公司签订《补充条款》。根据《中华人民共和国合同法》第四十九条的规定，结合本案涂江宁的一系列行为，也应当认定涂江宁以桂资公司名义签订《补充条款》的行为已构成表见代理。双方应按协议履行各自的义务。

综上所述，广西高院认为申诉人三益公司的申诉理由成立，申诉主张应予以支持。原一审判决认定事实清楚，适用法律正确，实体处理恰当，应予以维持；原二审判决认定事实和适用法律错误，实体处理不当，应予以纠正。该院依照《中华人民共和国民事诉讼法》第一百八十六条第一款、第一百五十三条第一款第（二）项的规定，判决如下：一、撤销南宁中院（2011）南市民二终字第 373 号民事判决；二、维持青秀区法院（2010）青民二初字第 468 号民事判决。二审案件受理费 18098 元，由桂资公司负担。

桂资公司不服广西高院上述民事判决，向本院申请再审称：1.（2012）桂民提字第 150 号民事判决认定的事实错误。《补充条款》签订于 2010 年 3

月 8 日，而非签订于 2010 年 2 月 2 日。桂资公司在 2010 年 3 月 3 日拍卖成交，预期的收益得到实现后，没有任何理由和必要自愿将巨额利益拱手出让。2.（2012）桂民提字第 150 号民事判决适用法律错误。《补充条款》因不具备生效的主体要件而无效，涂江宁的个人签名不构成对桂资公司的表见代理。涂江宁没有得到合法授权，而且桂资公司所盖公章是虚假的，三益公司所盖公章及其法定代表人签字皆为假。三益公司主张《补充条款》"被调包"，由此可以肯定：根本就不存在双方自愿签订的《补充条款》；三益公司在法庭上提供的这份《补充条款》实质上是假的。3. 从证据上分析，涂江宁在签字时有被胁迫的嫌疑，故更不足以证明涂江宁的签名对桂资公司构成表见代理。综上所述，《补充条款》不具备生效的主体要件而无效，《联合拍卖协议书》合法有效，双方都应依约履行。请求：1. 依法撤销广西高院（2012）桂民提字第 150 号民事判决；2. 改判维持南宁中院（2011）南市民二终字第 373 号民事判决；3. 本案诉讼费由三益公司承担。

三益公司答辩称：1. 涂江宁的行为构成表见代理，桂资公司应依据《补充条款》履行义务，原审判决适用法律是正确的。2. 桂资公司伪造三益公司公章作假，没有诚实信用，其再审申请没有事实和法律依据。桂资公司伪造三益公司公章与烨达公司签订协议，欺骗烨达公司为本案拍卖标的缴纳 840 万元的投标保证金，使三益公司承担巨大的法律风险。在原始的《补充条款》被桂资公司调包的情况下，现《补充条款》签盖的三益公司公章也是桂资公司伪造并签盖的，桂资公司仍应履行《补充条款》。《承诺函》进一步证实伪造公章、假冒三益公司名义的行为系桂资公司行为，不是涂江宁的个人行为。3. 桂资公司不断利用假公章欺骗其他当事人，毫无诚实信用可言，桂资公司关于其在《补充条款》签盖公章为假的辩解是非常值得怀疑的，桂资公司不能因其过错和不诚信获得利益，这也是法律所维护的公平正义。请求：维持广西高院（2012）桂民提字第 150 号民事判决。

本院经再审审理查明：1. 根据本案青秀区法院原一审庭审记录双方当事人陈述，本院确认《补充条款》订立于 2010 年 3 月 8 日。2. 根据本案南宁中院原二审庭审记录双方当事人陈述，本院认定三益公司在案涉拍卖活动中收到的佣金共计 475 万元。

本院认为，《联合拍卖协议书》系双方当事人真实意思表示，其内容不违反法律、行政法规强制性规定，为有效合同。

由于涂江宁是桂资公司的股东，代表桂资公司在《联合拍卖协议书》上签字，并曾以三益公司名义与烨达公司订立协议以促使烨达公司代缴本应由桂资公司代三益公司缴纳的 840 万元保证金，后又与桂资公司共同向三益公司出具承诺书表示对二者以三益公司名义对外承诺的行为共同承担责任，因此三益公司有理由相信涂江宁在《补充条款》上签字系经桂资公司授权所为。基于此，且三益公司对《补充条款》内容予以承认，故尽管《补充条款》上加盖的双方印章印文均在真实性上存疑、三益公司法定代表人万婕妤签字亦系伪造，合同形式存在瑕疵，但根据《中华人民共和国合同法》第四十九条之规定，仍应当认定《补充条款》系双方当事人真实意思表示。该协议不违反法律、行政法规强制性规定，为有效合同。桂资公司关于其在拍卖成交并实现预期收益后没有任何理由和必要自愿将巨额利益拱手出让的主张，系对其订立《补充条款》的动机是否符合常理的分析。因《承诺函》表明桂资公司在案涉拍卖活动中的一些行为可能造成三益公司承担法律责任，不能排除桂资公司可能因此应三益公司要求增加给付对价，故对桂资公司的该主张，本院不予支持。桂资公司主张涂江宁的个人签名不构成对桂资公司的表见代理，但并未提供相应反驳证据，本院不予支持。三益公司主张《补充条款》被调包，桂资公司由此主张根本就不存在双方自愿签订的《补充条款》，三益公司出示的《补充条款》协议书实质上是一份假的补充协议。因三益公司并无证据证明《补充条款》曾被调包，且其仅主张《补充条款》上所盖双方公章及万婕妤签字系伪造，而对《补充条款》的内容仍予承认，并有充分理由相信涂江宁系桂资公司代理人，故桂资公司的该主张不能成立，本院不予支持。桂资公司主张涂江宁在签字时有被胁迫的嫌疑，以证明涂江宁的签名对桂资公司不构成表见代理，但未提供相应证据予以证明，本院不予支持。

本案中三益公司共收到拍卖佣金475万元，根据《联合拍卖协议书》及《补充条款》，桂资公司应分得拍卖佣金的75%，即356.25万元；三益公司应分得拍卖佣金的25%，即118.75万元，税费按比例各自承担。扣除三益公司已向桂资公司支付的299.75万元，三益公司仍应向桂资公司支付剩余款项56.5万元。因双方当事人未约定拍卖佣金的具体给付日期，故对桂资公司关于三益公司应按照中国人民银行同期贷款利率赔偿欠付拍卖佣金相应利息损失的主张，本院不予支持。但三益公司所欠付拍卖佣金56.5万元相应活期存款利息系法定孳息，三益公司仍应向桂资公司支付，其计息期间应为三益公司收到全部佣金之日起至实际给付之日止。

综上，《联合拍卖协议书》及《补充条款》合法有效，三益公司及桂资公司应当根据双方约定分配拍卖佣金。本案原二审民事判决错误，原一审、再审民事判决亦存在佣金余款金额计算错误及遗漏诉讼请求的瑕疵，应予纠正。本院依据《中华人民共和国民事诉讼法》第二百零七条判决如下：

一、撤销（2012）桂民提字第150号民事判决；

二、撤销（2011）南市民二终字第 373 号民事判决；

三、变更（2010）青民二初字第 468 号民事判决第一项为：广西三益拍卖有限责任公司于本判决生效之日起 10 内向广西桂资拍卖有限公司给付拍卖佣金 565000 元及相应利息（利息以 565000 元计，按中国人民银行公布的金融机构人民币活期存款基准利率，从广西三益拍卖有限责任公司收到全部佣金之日起计算至款项实际给付之日止）；

四、维持（2010）青民二初字第 468 号民事判决第二项。

一审案件受理费 18098 元，由广西三益拍卖有限责任公司负担 6920 元，广西桂资拍卖有限公司负担 11178 元。二审案件受理费 18098 元，由广西三益拍卖有限责任公司负担 6920 元，广西桂资拍卖有限公司负担 11178 元。

本判决为终审判决。

审 判 长　王东敏

审 判 员　刘崇理

代理审判员　曾宏伟

二〇一三年十一月十五日

书 记 员　李洁

10. 根据履行情况，股权置换合同可以认定 为部分有效，部分未生效

——桂林旅游股份有限公司与青海省创业（集团） 有限公司股权置换合同纠纷案

【裁判要旨】

两个相互关联但又相互可分的股权转让行为虽然约定在同一份《股份置换合同》项下，但各自价款约定明确，任何一部分不生效或无效，不影响另一部分的效力。

中华人民共和国最高人民法院民事判决书

（2013）民二终字第 53 号

上诉人（原审被告、反诉原告）：桂林旅游股份有限公司。住所地：广西壮族自治区桂林市翠竹路 27 - 2 号。

法定代表人：章熙骏，该公司董事长。

委托代理人：常建，北京众一律师事务所律师。

委托代理人：高翔，广西远兴律师事务所律师。

被上诉人（原审原告、反诉被告）：青海省创业（集团）有限公司。住所地：青海省西宁市黄河路 160 号。

法定代表人：张博威，该公司董事长。

委托代理人：王泽宣，该公司法律顾问。

委托代理人：张云峰，青海汇元律师事务所律师。

上诉人桂林旅游股份有限公司（以下简称桂林旅游）为与被上诉人青海省创业（集团）有限公司（以下简称青海创业）股权置换合同纠纷一案，不服陕西省高级人民法院（2011）陕民二初字第 00002 号民事判决，向本院提起上诉。本院依法组成由审判员贾纬担任审判长，审判员沙玲、代理审判员周伦军参加的合议庭进行了审理，书记员侯佳明担任记录。本案现已审理终结。

2007 年 10 月 30 日，桂林旅游向广西省桂林市中级人民法院提起诉讼，请求判令：1. 确认本案 2004 年 11 月 25 日《股份置换合同》已履行完毕；2. 判令青海创业赔偿桂林旅游被冻结资金利息损失 741103.55 元及其他实际损失 319633.5 元；3. 判令青海创业赔偿桂林旅游商誉损失 1000000 元；4. 诉讼费用由青海创业承担。2009 年 2 月 11 日，青海创业向青海省高级人民法院提起诉讼，请求判令：1. 确认本案 2004 年 11 月 25 日《股份置换协议》及补充协议无效；2. 桂林旅游返还井冈山旅游股份 1320 万股；3. 诉讼费用由桂林旅游承担。2010 年 9 月 19 日，本院以（2010）民立他字第 14 号通知，指定陕西省高级人民法院对上述两案合并审理。

陕西省高级人民法院经审理查明，2004 年 11 月 5 日，桂林旅游与青海创业签订《股份置换合同》。双方约定：一、双方一致同意，桂林旅游以其在庆泰信托投资有限责任公司（以下简称庆泰信托）持有的全部股份与青海创业在井冈山旅游发展股份有限公司（以下简称井冈山旅游）取得的全部股份置换。二、青海创业同意按 4000 万元人民币的价格受让桂林旅游在庆泰信托的 4000 万元股份（占庆泰信托股份总额的 12.2%）；桂林旅游同意青海创业在井冈山旅游的 1320 万股股份除相抵桂林旅游在庆泰信托的全部股份 4000 万元外，差额部分，由桂林旅游以现金补足。三、井冈山旅游的股份总额为 3300 万股。根据深圳市量线评估有限公司 2004 年 4 月 28 日出具的资产评估报告深量评报字（2004）第 Z1007 号，截止到 2003 年 12 月 31 日，井冈山旅游的市场价值评估为 18440.52 万元。四、双方一致同意，青海创业所持有的井冈山旅游 40% 股权溢价后的价格为 6600 万元，桂林旅游应以现金方式向青海创业支付股份置换的差额款为 2600 万元，其中，含同德投资控股有限公司（以下简称同德公司）应付井冈山旅游的 562.08 万元。五、本次股份置换完成后，桂林旅游对井冈山旅游持有 40% 的股份，不再对庆泰信托持有股份；青海创业对庆泰信托增持 12.2% 的股份，不再对井冈山旅游持有股份。六、桂林旅游同意，在本合同生效后，3 个工作日内，桂林旅游向青海创业或青海创业书面指定的单位支付 300 万元置换差额款；未支付的置换差额款 1737.92 万元（不含同德公司应付井冈山旅游的 562.08 万元）在井冈山旅游的股份过户手续办理完毕后 3 个工作日内，桂林旅游向青海创业或青海创业书面指定的单位一次性支付。桂林旅游代同德公司向井冈山旅游支付的 562.08 万元，由桂林旅游和青海创业和同德公司和井冈山旅游另行商定支付时间和方式。七、若桂林旅游不能按时足额向青海创业支付置换差额款，青海创业有权对未支付部分按日万分之三向桂林旅游收取违约金；超过约定付款期 10 日之后，青海创业有权向人民法院提起诉讼。八、桂林旅游和青海创业约定井冈山旅游的股份过户在 30 个工作日内完成，若因青海创业的主观原因，导致井冈山旅游的股份不能在本合同生效后 30 个工作日内过户至桂林旅游名下，桂林旅游有权要求按股份置换差额款的日万分之三向青海创业收取违约金，并有权要求青海创业继续履行本合同，且有权按股份置换差额款总额的 20% 收取罚金；若因桂林旅游主观原因，导致井冈山旅游的股份不能在本合同生效后 30 个工作日内过户完毕，青海创业有权要求桂林旅游按置换差额款的日万分之三向桂林旅游收取违约金，并有权终止本合同履行，且有权按股份置换差额款总额的 20% 收取罚金。若因桂林旅游和青海创业主观之外的原因（包括但不限于井冈山旅游股东会、各级政府的原因）导致不能在 30 个工作日内过户完毕，桂林旅游和青海创业约定互不收取违约金和罚金。九、从青海创业在井冈山旅游的股份全部过户至桂林旅游名下之日起，青海创业有权按自定的价格将青海创业依本合同取得的庆泰信托股份向第三方转让；桂林旅游有义务积极配合和支持青海创业的再转让行为，但因再转让所发生的一切税费，由青海创业负责，与桂林旅游无关。十、对本合同的一切修改，均应在各方达成一致后以书面形式进行；因履行本合同发生的一切争议，各方应根据本合同规定的原则友好协商处理；若协商不成，双方商定由起诉一方选择人民法院管辖，另一方不得对管辖权提出异议。十一、从青海创业在井冈山旅游的股份全部过户至桂林旅游名下之日起，桂林旅游在庆泰信托的一切股东权利和义务，由青海创业享受和承担，青海创业不以任何理由就此向桂林旅游主张股东权利之外的权利，桂林旅游不再享受和承担对庆泰信托的一切股东权利和义务；青海创业在井冈山旅游的一切股东权利和义务由桂林旅游享受和承担，青海创业不再享受和承担井冈山旅游的一切股东权利和义务。十二、双方承诺协助对方办理股份过户的有关手续，包括但不限于公司变更登记手续。办理股份过户的费用，由双方按规定各自承担。十三、本合同经桂林旅游、青海创业法定代表人或授权代表签署并报中国银行业监督管理委员会青海监管局（以下简称青海银监局）后，经青海创业股东会、桂林旅游董事会通过生效。涉及庆泰信托股份的转让过户事项，由双方持本合同和庆泰信托股东决议向青海银监局办理批准手续。

2004 年 11 月 5 日，桂林旅游与青海创业签订关于《股份置换合同》的补充协议，双方约定：一、双方一致同意，井冈山旅游的 2004 年及历年可分配利润，在 2004 年 10 月 31 日以前的部分按 1320 万股对应的分配权归青海创业所有，在此时间之后的部分归桂林旅游所有。二、根据井冈山旅游 2004 年 7

月 31 日利润分配表（未经审计），井冈山旅游的利润总额 607. 57 万元。桂林旅游和青海创业共同商定青海创业 1320 万股份在 2004 年 10 月 31 日之前及历年可分配利润中对应的可分配利润总额为 330 万元。即不论井冈山旅游 2004 年 10 月 31 日实际实现利润多少以及未来井冈山旅游股东会关于 2004 年度利润分配方案如何，双方不得以任何理由对上述双方商定的青海创业享有的利润额进行调整。三、由于 2004 年的利润要在 2005 年中才能进行分配，桂林旅游同意，双方约定青海创业应分得利润由桂林旅游先行全额支付给青海创业；桂林旅游在井冈山旅游的股份过户手续完成后三个工作日内一次性向青海创业或青海创业书面指定的单位支付 330 万元利润款。四、青海创业同意，在全额收到桂林旅游支付的利润款后，1320 万股股份对应在井冈山旅游享有 2004 年 10 月 31 日之前及历年可分配利润全部由桂林旅游行使，青海创业不以任何理由主张对该股份的分红权。五、办理解除对井冈山旅游 1320 万股股份冻结所需的 4 万元青海省法院执行费用，由桂林旅游全额垫付，桂林旅游在向青海创业支付的置换差额款中扣除青海创业应付的 2 万元，另外 2 万元由桂林旅游承担。六、桂林旅游同意向井冈山旅游支付的款额为 562.08 万元，若井冈山旅游主张的款额超过 562.08 万元的部分，由青海创业承担全部责任。七、《股份置换合同》第 12 条约定办理股份过户所需的费用由双方按规定各自承担。八、本协议约定是对《股份置换合同》的补充，与《股份置换合同》具有同等法律效力（违约规定也适用本补充协议）。九、本协议经桂林旅游、青海创业法定代表人或授权代表签署并加盖公章后，在双方按青海银监局城商处青银监城（2004）005 号文的要求，将《股份置换合同》报青海银监局后，与《股份置换合同》同时生效。

2004 年 11 月 8 日，庆泰信托就桂林旅游所持 4000 万元出资额转让给青海创业事项，向股东发出《关于对公司股东转让股份进行通讯表决的通知》《关于股东股权转让提案表决表》。2004 年 11 月 22 日，庆泰信托作出《庆泰信托投资有限责任公司临时股东会关于股东股权转让决议》，表决同意股权转让。2004 年 12 月 1 日，同德公司就其持有井冈山旅游股份转让给青海创业的事宜向井冈山旅游股东会发出《关于转让我公司所持贵公司股权的提案》，经股东审议同意青海创业从同德公司取得的 1320 万股股份转让给桂林旅游。2004 年 12 月 2 日，青海创业向桂林旅游发出委托书，委托其将《股份置换合同》项下应付的转让款汇入海南同德公司。2004 年 12 月 3 日，桂林旅游作出《桂林旅游股份有限公司第三届董事会 2004 年第三次会议决议》，审议通过了与青海创业进行股权置换的议案。2004 年 12 月 7 日，井冈山旅游向桂林旅游发出付款通知，根据其与同德公司、青海创业及桂林旅游签订的《关于支付562.08 万元的协议》，应于 2004 年 12 月 9 日前向井冈山旅游指定的账户付款562.08 万元。2004 年 12 月 9 日，桂林旅游向海南同德公司账户电汇人民币300 万元。2004 年 12 月 10 日，井冈山旅游作出《井冈山旅游发展股份有限公司二〇〇四年度第一次临时股东大会关于同意公司股东变更的决议》，同意青海创业把依据青海省高级人民法院（2004）青民二初字第 2 号民事调解书从同德公司取得的 1320 万股股份转让给桂林旅游。此后，井冈山旅游就上述股份变更事项获得江西省企业上市工作领导小组办公室的批准，并获得江西省工商行政管理局的核准。2004 年 12 月 16 日，桂林旅游向井冈山旅游指定的账户付款人民币 562.08 万元。同日，井冈山旅游 1320 万股股份变更到桂林旅游名下。2004 年 12 月 17 日，青海创业致函桂林旅游，要求其将《股份置换合同》项下除已付的 300 万元之外的全部转让余款（含补充协议约定的2004 年利润分配款 330 万元），根据青海省西宁市城中区人民法院的书面通知转至该院指定账户。2005 年 1 月 6 日，桂林旅游向城中区法院指定账户支付人民币 2065.92 万元。

2006 年 11 月 6 日，桂林旅游确认收到青海创业 2006 年 10 月 30 日所书的履行催告函件。

2007 年 1 月 18 日，青海创业与庆泰信托签订《债权转让协议》约定，鉴于原青海创业持有的井冈山旅游的股权已经过户给桂林旅游，但由于庆泰信托股权变更事宜未获青海银监局的同意，未能转让过户给青海创业；青海创业由此对桂林旅游享有相应的债权。将《股份置换合同》项下青海创业对桂林旅游享有的返还股权折价款 4000 万元的债权转让给庆泰信托。同年 1 月 25日，青海创业通过公证机关向桂林旅游邮寄送达了债权转让通知。桂林旅游认可收到该通知。

庆泰信托诉桂林旅游股份置换合同纠纷一案，原告庆泰信托于 2007 年 1月 16 日提起诉讼后，青海省高级人民法院指令青海省西宁市中级人民法院审理。西宁中院于 2007 年 10 月 26 日作出（2007）宁民二初字第 25 号判决，判决如下：一、桂林旅游向庆泰信托支付股权折价款人民币 4000 万元；二、驳回庆泰信托要求桂林旅游支付利息损失 4686500 元的诉讼请求。桂林旅游不服，向青海省高级人民法院提起上诉。青海高院认为，2007 年 1 月 18日青海创业与庆泰信托签订《债权转让协议》，将《股份置换合同》在履行中因交易受阻，青海创业对桂林旅游要求返还 4000 万元股权折价款的请求权以债权形式转让给庆泰信托是否有效，是基于青海创业与桂林旅游股权置换协议的法律效力而产生的，这是本案的关键问题。该协议签订后，虽然青海创业向桂林旅游履行了债权转让告知义务，由于《债权转让协议》中的债权是直接来源于 2004 年 11 月 5 日《股份置换合同》中股权置换交易的法律后果，该置换股权的行为是否在青海创业与桂林旅游之间形成新的债权关系是本案的另一关键问题。2004 年 11 月 5 日，青海创业与桂林旅游在平等、自愿、协商一致的基础上签订了《股份置换合同》及其补充协议，约定桂林旅游以其持有庆泰信托的股权与青海创业持有的井冈山旅游的股权进行置换。该协议的内容是双方当事人经协商后真实意思表示的记载，青海创业向桂林旅游已交割了井冈山旅游股权，桂林旅游向青海创业已支付了股权置换交易中应补偿的差价款及利润，但桂林旅游交割庆泰信托股权一事因未能获得政府监管部门的批准而尚未完成。至于该协议最终能否获得政府监管部门的批准，因庆泰信托目前还处于整顿阶段，政府监管部门暂停股权转让的审批，尚未最终作出是否同意桂林旅游与青海创业互相置换各自原持有股权的审批结论，而青海创业是否依法享有向桂林旅游主张追索的权利，又必须以政府监管部门的审批结论为事实依据。本案中，法院不能在民事审判过程中代行政府监管部门的权力而直接作出认定。青海创业与桂林旅游在履行股权置换协议的过程中，无论是否获得政府监管部门的最终批准，其法律后果只是各自持有的股权是维持在交易之后的状态或交易之前的状态，即双方各自原持有的不同公司的股权进行互换或保持不变，如果该交易行为被政府监管部门否决，股权置换合同的法律效力即不存在。则青海创业依法享有请求桂林旅游返还其已取得井冈山旅游的股权，法律强制双方恢复到交易开始前的状态，青海创业对桂林旅游只享有股权返还请求权而非债权追索权，青海创业与庆泰信托于 2007 年 1 月 18 日所签协议中，将股权返还请求权转变为股权折价款是与事实不符的，在双方之间不会形成单纯的债权请求权，青海创业向庆泰信托转让的债权也是不存在的，一审法院完全割裂股权置换合同的交易关系进行判决，实质是把股权互换的法律关系认定为股权买卖法律关系，这是错误的。青海创业将并不存在的债权转让给庆泰信托，双方形成的《债权转让协议》因无转让标的而不发生法律效力，庆泰信托虽以股权转让纠纷起诉，因其并不是股权置换协议的当事人，而只是债权转让协议的受让方，一审法院将本案确定为股权转让纠纷是不准确的，现庆泰信托作为债权受让人主张权利不予支持。桂林旅游要求撤销原判，驳回庆泰信托的诉讼请求是成立的。青海高院经审判委员会讨论决定，根据《中华人民共和国民事诉讼法》第一百五十三条第一款第（二）项之规定，于 2008 年 4 月 14 日作出（2008）青民二终字第 2 号判决。判决如下：一、撤销西宁中院（2007）宁民二初字第 25 号民事判决；二、驳回庆泰信托的诉讼请求。

另查明，1997 年 9 月 23 日，庆泰信托经中国人民银行批准，在青海省工商行政管理局注册成立，注册资本金为 1.67 亿元，2002 年经增资扩股后，注册资本金增加至 3.28 亿元。2002 年 7 月，庆泰信托依法被重新登记，该公司的《公司章程》记载，青海创业出资 6000 万元，占注册资本金 18.29%；桂林旅游出资 4000 万元，占注册资本金的 12.20%。自 2001 年以来，庆泰信托在经营过程中，违反我国信托投资管理的相关规定，以客户签订保证最低收益的信托合同、受托购买国债等方式吸纳资金用于证券二级市场购买操纵股票和归还到期客户本息，导致资金链条断裂，不能兑付到期债权，造成巨额亏损。2005 年 5 月 31 日，经国务院批准，中国银监会以银监发（2005）27 号文责令庆泰信托停业整顿，青海高院依照《中华人民共和国破产法》裁定庆泰信托投资有限责任公司重整。2010 年 3 月 26 日青海高院作出的（2009）青民二破字第 1－12 号民事裁定批准庆泰信托《重整计划（草案）》。

又查明，2004 年 3 月 18 日，青海银监局向庆泰信托发出青银监发〔2004〕065 号《关于庆泰信托投资有限责任公司改变资产形态必须事前报备的通知》。通知如下："鉴于目前你公司已发生严重的支付风险，且中介机构正在审计，经研究，决定：（一）你公司自 2004 年 3 月 18 日以后需要改变资产形态，如：资产转让、转移、抵押担保或设定其他权利等等，必须事前报备我局，同意后方能具体实施。（二）自中介机构审计的时点至 3 月 18 日你公司必须对已发生的资产形态变化逐笔向我局说明情况，提供相关的证明资料。"该文件抄报中国银监会。

2004 年 9 月 29 日，青海银监局向庆泰信托发出青银监城〔2004〕005 号《关于进一步明确庆泰信托投资有限责任公司改变资产形态必须报备有关问题的通知》。通知如下：鉴于你公司在开办代客理财业务、资金信托业务时违反了《信托投资公司管理办法》（中国人民银行令〔2002〕第 5 号）和《信托投资公司资金信托管理办法》（中国人民银行令〔2002〕第 7 号）的有关规定，根据《中华人民共和国银行业监督管理法》有关规定，经我局研究决定，在遵照执行"资产变化要维护所有债权人的利益；债权转移、结构变化，有利于整体重组工作；所有变更手续必须完备"的原则下，进一步明确如下事项：你公司自 3 月 18 号以后需要改变资产形态，如：资产转让、转移、抵押、质押担保或设定其他权利等，需按照公司法、担保法和你公司《章程》办理，并须将有关资料报我局事前备案认可后，方可实施。该文件抄送庆泰信托各股东、资产重组工作委员会各委员。

2004 年 12 月 3 日，青海银监局向庆泰信托发出青银监办发〔2004〕110 号《关于做好自然人债务兑付及停止股权转让等有关问题的通知》。通知如下："庆泰信托投资公司风险暴露近一年来，重组工作至今没有取得实质性进展，自然人兑付资金迟迟不能筹集到位。为保证重组工作的顺利进行，维护广大股东和债权人的利益，现就有关问题通知如下：一、你公司必须将偿还自然人债务作为重组工作的基础，认真对待，切实履行与自然人签订的协议。千方百计筹措资金，保证在 2004 年 12 月 31 日前予以支付，以维护社会稳定。二、为创造良好的重组环境，维护股东和债权人的利益，体现'公开、公平、公正'的原则，更好地推进重组工作，暂停一切股权转让审批。重组期间，要保持股权结构和债权结构的相对稳定。三、在重组期间，对涉及资产转让、转移等事项仍按我局两次下发的有关公司改变资产形态必须报备的通知要求执行。"该文件抄送庆泰信托各股东、资产重组工作委员会各委员。

2004 年 12 月 9 日，青海银监局向桂林旅游发出青银监办函〔2004〕006 号《关于桂林旅游股份有限公司股权置换的函》，就其 2004 年 12 月 7 日在中国证券报刊登《桂林旅游股份有限公司股权置换公告》的事宜致函如下："按照《中华人民共和国银行业监督管理法》的有关规定，根据庆泰信托投资有限责任公司目前正在进行重组的实际状况和部分股东的意见，为维护庆泰信托投资有限责任公司全体股东和债权人的利益，保证庆泰信托投资有限责任公司重组工作的顺利进行，我局对庆泰信托投资有限责任公司于 2004 年 3 月 18 日下发了《关于庆泰信托投资有限责任公司改变资产形态必须事前报备的通知》（青银监法〔2004〕065 号），2004 年 9 月 29 日下发了《关于进一步明确庆泰信托投资有限责任公司改变资产形态必须事前报备有关问题的通知》（青银监城〔2004〕005 号），明确了'资产变化要维护所有债权人的利益；债权转移、结构变化，有利于整体重组工作；所有变更手续必须完备'的原则。2004 年 12 月 3 日又向庆泰信托下发了《关于做好自然人债务兑付及停止股权转让等有关问题的通知》（青银监办发〔2004〕110 号），同时抄送了贵公司。与此同时，我局对庆泰信托投资有限责任公司先后两次呈报的《关于青海省创业集团有限公司置换庆泰信托股权的报告》（庆泰司字〔2004〕068 号）和《关于股东置换庆泰公司股权的报告》（庆泰司字〔2004〕071 号）分别于 2004 年 11 月 2 日和 2004 年 11 月 11 日予以退回，并说明了退回的原因。我局认为，贵公司目前不宜在庆泰信托关联企业之间进行庆泰信托投资有限责任公司股权转让，否则，由此引起的后果自负。"该文件抄送广西证券监督管理局、庆泰信托公司。

2008 年 4 月 28 日，青海银监局向青海省庆泰信托风险处置工作领导小组办公室发出青银监办函〔2008〕1 号《青海银监局办公室关于对庆泰信托股权转让有关问题的复函》。复函如下："你办公室《关于对青银监办发（2004）110 号文件有关问题的函》收悉，现复函如下：庆泰信托投资有限责任公司（以下简称庆泰信托）因违规经营导致风险暴露后，为维护广大股东和债权人的利益，确保重组工作顺利进行，我局分别于 2004 年 3 月 18 日、2004 年 12 月 3 日下发了《关于庆泰信托投资有限责任公司改变资产形态必须事前报备的通知》（青银监发〔2004〕065 号）和《关于做好自然人债务兑付及停止股权转让等有关问题的通知》（青银监办发〔2004〕110 号），要求在庆泰信托重组期间暂停一切股权转让审批，保持股权结构和债权结构的相对稳定。2004 年 12 月 8 日，我局又致函桂林旅游股份有限公司董事会，提出在重组期间不宜在庆泰信托关联企业之间进行庆泰信托投资有限责任公司的股权转让，否则，承担由此引起的后果。根据《中华人民共和国银行业监督管理法》第三十七条规定：银行业金融机构违反审慎经营规则的，国务院银行业监督管理机构或者其省一级派出机构应当责令限期改正；逾期未改正的，或者其行为严重危及该银行业金融机构的稳健运行、损害存款人和其他客户合法权益的，经国务院银行业监督管理机构或者其省一级派出机构负责人批准，可以区别情形，采取责令控股股东转让股权或者限制有关股东的权利。目前，庆泰信托重组工作尚未结束，停止股权转让的要求依然有效，我局继续限制其转让股权的权利。"

2008 年 6 月 19 日，中国银行业监督管理委员会向青海省人民政府发出银监函〔2008〕160 号《中国银监会关于庆泰信托投资有限责任公司股东股权转让意见的复函》。称："青海省人民政府：《青海省人民政府关于明确对庆泰信托股东'桂林旅游'、'北京鹭峰'股权转让意见的函》（青政函〔2008〕52 号）收悉。现函复如下：青海银监局根据《中华人民共和国银行业监督管理法》第三十七条、《信托投资公司管理办法》第十五条、《中国银行业监督管理委员会关于印发〈中国银行业监督管理委员会监管职责分工和工作程序的暂行规定〉的通知》，于 2004 年 3 月 18 日印发了《关于庆泰信托投资有限责任公司改变资产形态必须事前报备的通知》（青银监发〔2004〕065 号），明确庆泰信托自 2004 年 3 月 18 日以后，需改变资产形态如资产转让、转移等，必须事前报备青海银监局并获得同意后方能具体实施。因此，庆泰信托股东青海创业资源开发有限公司与北京鹭峰科技开发股份有限公司 2004 年 11

月 26 日签订的《股权转让协议》以及桂林旅游股份有限公司与青海创业（集团）有限公司 2004 年 11 月 5 日签订的《股权置换协议》，违反了监管部门的规定，也未获得青海银监局以及我会的批准，上述股权转让和置换协议无效。"

还查明，青海创业与同德公司借款纠纷一案，青海创业于 2004 年 1 月 12 日向青海省高级人民法院提起诉讼。在审理过程中，双方当事人自愿达成如下协议：被告同德公司自愿将所拥有的三亚西岛旅游开发有限公司 5000 万股的股权及井冈山旅游 1320 万股的股权，用于抵偿所欠青海创业 2257 万元欠款。经青海高院审查，上述协议符合法律规定，于 2004 年 7 月 6 日作出（2004）青民二初字第 2 号民事调解书予以确认。

2004 年 12 月 17 日，青海省西宁市城中区法院（以下简称城中区法院）作出（2004）中执协字第 326－29 号协助执行通知书，要求桂林旅游协助执行下列项目：一、根据《股份置换合同》，将桂林旅游应置换给青海创业的其在庆泰信托的 4000 万股予以冻结，未经该院许可，不得办理转让、置换、抵押、担保等手续。二、根据《股份置换合同》，桂林旅游应给付青海创业的股权置换差额款 1737.92 万元及利润分配款 328 万元共计 2065.92 万元转至该院。2004 年 12 月 17 日，桂林旅游将 2065.92 万元转至该院，该院将该款执行给青海创业。

2005 年 1 月 6 日，城中区法院致函桂林旅游称："根据你公司与青海创业达成的《股份置换合同》，我院于 2004 年 12 月 17 日向你公司送达我院（2004）中执协字第 326－29 号协助执行通知书，你公司根据我院的该协助执行通知书于 2004 年 12 月 17 日向我院银行账户 03781838091001 账号支付案款共计 2065.92 万元。我院于 2004 年 12 月 21 日将 2065.92 万元执行款全部收到。你公司已于 2004 年 12 月 17 日经江西省工商管理局审核后在该局办理完股份置换过户手续。另你公司应置换给青海创业的你公司在庆泰信托 4000 万股份，未经我院许可，不得向第三人办理转让、置换、抵押、担保等手续。"

2005 年 2 月 24 日，庆泰信托和青海创业共同致函城中区法院称，双方债权债务冲抵后，庆泰信托应给付青海创业 6241.40 万元，双方同意以庆泰信托在北京庆泰投资管理公司的 700 万股权（双方协商价值 700 万元）、在青海仁富投资控股有限公司 450 万元股权（双方协商价值 450 万元）、在环青海湖国际公路自行车赛事有限公司 2000 万股权（双方协商价值 2000 万元）以及庆泰信托本田雅阁车一辆（双方协商价值 26.25 万元）、海口市南洋大厦十层 1007、1008 室 238.4 平方米房屋（238 万元）转让抵偿给青海创业。另外，双方同意将被执行人庆泰信托获得的股份置换差额2065.92万元给付申请执行人青海创业及4000万股份（原桂林旅游持有的被执行人股份）经双方协商按761.23万元转让抵偿给申请执行人青海创业。

2005年3月15日，城中区法院关于申请执行人青海创业与被执行人庆泰信托欠款纠纷，作出（2004）中执字第326－40号民事裁定，认定在申请执行人处尚有债权6200.60万元，双方同意该债权可冲抵本案执行款项，故被执行人应给付申请执行人6241.40万元。经法院执行，已执行给付申请人2065.92万元及价值761.23万元股权。经双方协商将北京庆泰公司700万股权（价值700万元）、青海仁富公司450万股权（价值450万元）、环湖赛事公司2000万股权（价值2000万元）、本田雅阁车价值26.25万元，南洋大厦238万元房产转让抵偿给青海创业，认为申请执行的款项已全部执行完毕，并裁定终结执行。

2006年7月31日，城中区法院作出（2006）中民督字第36号民事裁定称，该院受理申请人青海创业的支付令申请后，于2004年10月22日发出（2004）中民督字第40号支付令，限被申请人庆泰信托在收到支付令之日起十五日内清偿债务，或者向该院提出书面异议，被申请人在规定期限内未提出书面异议，致使该院（2004）中民督字第40号支付令发生法律效力。现有证据证明，被申请人庆泰信托在收到支付令后未向该院提出青海银监局已于2004年3月18日和2004年9月29日分别作出《关于庆泰信托投资有限责任公司改变资产形态必须事前报备的通知》《关于进一步明确庆泰信托投资有限责任公司改变资产形态必须报备有关问题的通知》，规定被申请人"自2004年3月18日以后需要改变资产形态，……必须事前报备我局，同意后方能具体实施"的要求，根据《最高人民法院关于适用督促程序若干问题的规定》第十一条，裁定撤销该院（2004）中民督字第40号支付令，驳回申请人青海创业支付令申请。

2006年8月14日，庆泰信托向城中区法院提出执行回转申请。

2006年8月16日，城中区法院作出（2006）中执字第310号民事裁定，将原申请执行人青海创业已取得的原被执行人庆泰信托人民币2065.92万元，价值761.23万元股权（原桂林旅游持有庆泰信托的4000万股份）及其他已执行财产，裁定返还给庆泰信托。

2006年9月1日，城中区法院向桂林旅游发出（2006）中执字第310－2号协助执行通知书称："原应过户给青海创业的原你公司持有的庆泰信托4000万股份现停止向青海创业办理该4000万股份过户手续。"

2007 年 3 月 16 日，城中区法院关于申请执行人庆泰信托与被执行人青海创业欠款纠纷，作出（2006）中执字第 310 - 1 号裁定称，在本案执行回转过程中，原执行中双方当事人协商由申请执行人庆泰信托冲抵给被执行人青海创业的 6200.60 万元债权，双方当事人尚未进行冲抵，故该院已告知被执行人青海创业原执行中冲抵的庆泰信托在被执行人公司的 6200.60 万元债权不再冲抵，由被执行人青海创业偿还给申请执行人庆泰信托，该 6200.60 万元债权已恢复原状，实现执行回转。原执行给青海创业的人民币 2065.92 万元，因被执行人青海创业于 2004 年 12 月底将其中 1800 万元转借给了申请执行人庆泰信托，此次执行回转，已通知申请执行人庆泰信托该 1800 万元不再偿还给被执行人青海创业，1800 万元已实现执行回转，尚有 265.92 万元因被执行人青海创业无财产返还，尚未给付申请执行人庆泰信托。原执行中，申请执行人庆泰信托在北京庆泰投资管理公司持有的应过户给被执行人青海创业的 700 万元股权，经查尚未过户。2006 年 8 月 21 日该院向北京庆泰投资管理公司送达协助执行通知书，要求将在原执行中申请执行人庆泰信托在该公司的 700 万元股权不再过户给被执行人青海创业，仍由申请执行人庆泰信托持有，该 700 万元股权恢复原状，已实现执行回转。另在原执行中，应过户给被执行人青海创业的桂林旅游持有的申请执行人公司庆泰信托的 4000 万元股份，经查，尚未过户，2006 年 9 月 1 日该院向桂林旅游送达协助执行通知书，要求停止将该 4000 万元股份过户给被执行人青海创业。裁定中止执行该院（2006）中民督字第 36 号民事裁定。

2009 年 12 月 16 日，城中区法院作出（2009）中民再字第 15 号民事裁定称，2009 年 9 月 17 日，青海创业向青海高院申请撤销该院（2006）中执字第 310 号民事裁定书，青海高院建议该院依照法定程序审查。该院审查后认为：根据《中华人民共和国民事诉讼法》第二百一十条之规定，执行完毕后，据以执行的判决、裁定和其他法律文书确有错误，被人民法院撤销的，对已被执行的财产，人民法院应当作出裁定，责令取得财产的人返还，拒不返还的，强制执行。该院（2006）中执字第 310 号民事裁定书所裁定的内容除桂林旅游持有的庆泰信托 4000 万股份外其余裁定的返还股权及财产，因原持有均系庆泰信托，执行回转均应返还给庆泰信托，股份置换的该 4000 万股份原持有人系桂林旅游，执行回转该 4000 万股份应仍由桂林旅游持有，不应返还给庆泰公司，故该院（2006）中执字第 310 号民事裁定中的这部分裁定内容有误，应依法予以纠正。现该 4000 万股份仍由桂林旅游持有，未过户至青海创业。撤销该院（2006）中执字第 310 号民事裁定书中"被执行人（原申请执行人）青海创业已取得申请执行人（原被执行人），原桂林旅游持有申请执行人的 4000 万股份，返还给申请执行人庆泰信托（原被执行人）"的内容。即青海创业已取得庆泰信托的 4000 万股份，返还给原持有人桂林旅游。

原审法院认为：本案争议的焦点是青海创业与桂林旅游于 2004 年 11 月 5 日签订的《股份置换合同》及补充协议的效力，以及桂林旅游诉请的各项赔偿请求是否成立的问题。

经查，青海创业与桂林旅游均系庆泰信托股东，双方于 2004 年 11 月 5 日签订的《股份置换合同》约定，涉及庆泰信托股份的转让过户事项，由双方持本合同和庆泰信托股东决议向青海银监局办理批准手续。庆泰信托公司章程亦规定，股东之间可以相互转让其全部或部分出资额，单一股东增持出资比例 5%（含 5%）以上的需经三分之二以上股东同意，同时须报中国人民银行批准。《中华人民共和国银行业监督管理法》第十六条规定，国务院银行业监督管理机构依照法律、行政法规制定的条件和程序，审查批准银行业金融机构的设立、变更、终止以及业务的范围。《信托投资公司管理办法》第十二条第（七）项亦规定，信托公司变更股东或者调整股权结构的，应当经中国银行业监督管理委员会批准。故本案《股份置换合同》及补充协议虽系双方当事人真实意思表示，但该合同须经政府相关主管部门批准后方能生效。本案中，2004 年 3 月 18 日，青海银监局向庆泰信托发出青银监发〔2004〕065 号《关于庆泰信托投资有限责任公司改变资产形态必须事前报备的通知》称，鉴于该公司已发生严重的支付风险，且中介机构正在审计，决定该公司自 2004 年 3 月 18 日以后需要改变资产形态，如：资产转让、转移、抵押担保或设定其他权利等等，必须事前报备青海银监局。该文件抄报中国银监会。2004 年 9 月 29 日，青海银监局又向庆泰信托发出青银监城〔2004〕005 号《关于进一步明确庆泰信托投资有限责任公司改变资产形态必须报备有关问题的通知》称，该公司在开办代客理财业务、资金信托业务时违反了《信托投资公司管理办法》和《信托投资公司资金信托管理办法》的有关规定，根据《中华人民共和国银行业监督管理法》有关规定，进一步明确该公司自 3 月 18 日以后需要改变资产形态，如：资产转让、转移、抵押、质押担保或设定其他权利等，需按照公司法、担保法和公司章程办理，并须将有关资料报青海银监局事前备案认可后，方可实施。该文件抄送庆泰信托股东。2004 年 12 月 3 日，青海银监局再次向庆泰信托发出青银监办发〔2004〕110 号《关于做好自然人债务兑付及停止股权转让等有关问题的通知》。通知该公司必须将偿还自然人债务作为重组工作的基础，认真对待，切实履行与自然人签订的协议。

千方百计筹措资金，保证在 2004 年 12 月 31 日前予以支付，以维护社会稳定。为创造良好的重组环境，维护股东和债权人的利益，体现"公开、公平、公正"的原则，更好地推进重组工作，暂停一切股权转让审批。在重组期间，要保持股权结构和债权结构的相对稳定。对涉及资产转让、转移等事项仍按该局两次下发的有关公司改变资产形态必须报备的通知要求执行。该文件抄送庆泰信托股东。2004 年 12 月 9 日，青海银监局向桂林旅游发出青银监办函〔2004〕006 号《关于桂林旅游股份有限公司股权置换的函》，就其 2004 年 12 月 7 日在中国证券报刊登《桂林旅游股份有限公司股权置换公告》的事宜致函称，该局对庆泰信托先后两次呈报的《关于青海省创业集团有限公司置换庆泰信托股权的报告》和《关于股东置换庆泰公司股权的报告》分别于 2004 年 11 月 2 日和 2004 年 11 月 11 日予以退回，并说明了退回的原因。该局认为，桂林旅游目前不宜在庆泰信托关联企业之间进行庆泰信托公司股权转让，否则，由此引起的后果自负。该文件抄送广西证券监督管理局、庆泰信托公司。2008 年 4 月 28 日，青海银监局向青海省庆泰信托风险处置工作领导小组办公室发出青银监办函〔2008〕1 号《青海银监局办公室关于对庆泰信托股权转让有关问题的复函》称，庆泰信托因违规经营导致风险暴露后，为维护广大股东和债权人的利益，确保重组工作顺利进行，该局分别于 2004 年 3 月 18 日、2004 年 12 月 3 日下发了通知，要求在庆泰信托重组期间暂停一切股权转让审批，保持股权结构和债权结构的相对稳定。并称庆泰信托重组工作尚未结束，停止股权转让的要求依然有效，该局继续限制其转让股权的权利。该文件抄送青海省高级人民法院、庆泰停业整顿工作组。2008 年 6 月 19 日，中国银监会向青海省人民政府发出银监函〔2008〕160 号《中国银监会关于庆泰信托投资有限责任公司股东股权转让意见的复函》称，青海银监局根据《中华人民共和国银行业监督管理法》第三十七条、《信托投资公司管理办法》第十五条等规定，于 2004 年 3 月 18 日印发通知，明确庆泰信托自该日以后，需改变资产形态如资产转让、转移等，必须事前报备青海银监局并获得同意后方能具体实施。因此，庆泰信托股东桂林旅游与青海创业 2004 年 11 月 5 日签订的《股权置换合同》，违反监管部门的规定，也未获得青海银监局以及中国银监会的批准，上述股权转让和置换协议无效。

综上，双方于 2004 年 11 月 5 日签订的《股份置换合同》及补充协议在未经政府相关主管部门批准前，应属已成立但未生效。现该《股份置换合同》及补充协议已经无法获得批准，双方应恢复到交易开始前的状态，各自返还因该合同取得的财产。故青海创业要求返还井冈山旅游 1320 万股股份的诉请成立。桂林旅游要求确认该《股份置换合同》及补充协议已履行完毕的诉讼请求不能成立。桂林旅游要求青海创业赔偿其被冻结资金利息损失741103.55元、其他实际损失319633.5元；商誉损失1000000元的请求亦不能成立。因青海创业与桂林旅游均系庆泰信托股东，双方在缔约中均有过错，各自应当承担相应的责任。综上，原审法院依照《中华人民共和国合同法》第四十二条、第四十四条，《最高人民法院关于适用〈中华人民共和国合同法〉若干问题的解释（一）》第九条之规定，经该院审判委员会讨论决定，判决：一、青海创业与桂林旅游签订的《股份置换合同》及补充协议未生效；二、青海创业于该判决生效后十日内向桂林旅游返还人民币2600万元；三、桂林旅游于该判决生效后十日内向青海创业返还本案涉诉的井冈山旅游发展股份有限公司1320万股股份；四、驳回桂林旅游的诉讼请求。如果未按该判决指定的期间履行给付金钱义务，应当依照《中华人民共和国民事诉讼法》第二百二十九条之规定，加倍支付迟延履行期间的债务利息。一审案件受理费265086元，由桂林旅游负担（青海创业已预交241800元，桂林旅游已预交23286元）。

桂林旅游不服陕西省高级人民法院的上述民事判决，向本院提起上诉称：原审判决认定事实不清，适用法律错误。一、原审判决书认定：青海创业依据青海省高级人民法院作出的（2004）青民二初字第2号民事调解书获得井冈山旅游1320万股份后与桂林旅游进行股权置换。桂林旅游认为此认定事实错误，该井冈山旅游1320万股份不是青海创业的合法财产，而是庆泰信托的财产。是庆泰信托委托同德投资控股有限公司（以下简称同德投资）投资及持有的财产。青海省高级人民法院（2004）青民二初字第2号《民事调解书》系青海创业与同德公司恶意串通欺骗法院作出，不具有法律效力，双方也从未履行或执行该调解书。二、原审判决书认定青海创业与桂林旅游签订及履行《股份置换合同》有误，青海创业实际是经同德投资、庆泰信托同意并受他们委托与桂林旅游签订及履行该合同。在青海创业、创业资源、同德投资与庆泰信托执行案件中，青海创业、同德投资与庆泰信托等三公司在2004年11月30日给城中区人民法院致函，确认1320万井冈山公司股权为被执行人庆泰信托的财产，由此可确认青海创业实际是代理庆泰信托签订本案合同，该合同的效力及履行等一切法律结果应由庆泰信托承担。因此，青海创业无权提起本案诉讼，应判决驳回青海创业的起诉。三、一审判决书认为"《股份置换合同》及补充协议未生效"的观点不成立，桂林旅游认为该合同及补充协议合法有效。四、《股份置换合同》的履行是在西宁市城中区人民法院监督下，将1320万井冈山旅游股份当作庆泰信托的财产与桂林旅游进行置换的，置换获得的差额款2065.92万元及4000万股份也是作为庆泰信托的财产，执行给青海创业，此后又执行回转返还庆泰信托。根据城中区法院相关民事裁定书，该合同已实际履行完毕。青海创业在司法监督下已行使了4000万股庆泰信托股份的处置权。五、即使《股份置换合同》中4000万庆泰信托股份的过户手续的合同部分未经批准及实际过户，但《股份置换合同》中1320万井冈山旅游的股份转让及过户事宜的合同关系是合法有效并已履行完毕。综上，请求撤销一审判决书，驳回青海创业的起诉或诉讼请求，支持桂林旅游的一审诉讼请求。一、二审诉讼费由青海创业承担。

被上诉人青海创业答辩称：一、桂林旅游在长达4年的一审诉讼中，从未提出股权归属的争议，从未主张过青海创业系受托进行股权置换，亦从未主张井冈山旅游的股权是庆泰信托的财产。1.根据《最高人民法院关于民事诉讼证据的若干规定》第四十一条第（二）项之规定："二审程序中的新的证据包括：一审庭审结束后新发现的证据；当事人在一审举证期限届满前申请人民法院调查取证未获准许，二审法院经审查认为应当准许并依当事人申请调取的证据。"而桂林旅游在其上诉状中提及的用于证明井冈山旅游股份1320万股股权应归属于庆泰信托的相关证据，如审计报告、合作协议书、转账借方传票、关于调账的通知等等，均属于作为庆泰信托股东的桂林旅游早在2003年之前就已经了解并实际持有的相关证据，但桂林旅游为了支持其自始至终坚持的"股份置换合同及补充协议合法有效"的诉讼主张，自2007年1月16日庆泰信托提起债权转让诉讼直到本案一审判决作出长达6年时间里，从未提交上述相关证据，亦未申请人民法院调取上述证据，故桂林旅游用以支持其上述主张的所谓证据均不属于法律规定的"新的证据"之范围。青海创业不予质证，二审法院亦应不予采纳。2.桂林旅游的上述主张本身亦与事实相悖。庆泰信托与同德投资虽然在2003年以前签订过相关投资协议，但上述委托投资关系早已变更为债权债务关系，委托人庆泰信托变更为债权人，受托人同德投资变更为债务人，在庆泰信托停业整顿和司法重组期间，经核实，庆泰信托与同德投资及其关联企业之间互负债务，经债务抵销后，同德投资及关联企业除已全部清偿所欠庆泰信托债务外，尚余有债权8000余万元。上述债权债务业经青海省高级人民法院生效民事裁定予以确认，且已经实际履行。因此，庆泰信托不是井冈山旅游1320万股份的持有人，只是因该笔投资所生成的债权债务的债权人，且债务已清偿、合同已履行，桂林旅游的理由在实体上也不能成立。3.青海创业取得井冈山旅游1320万股的基础依据——青海省高级人民法院（2004）青民二初字第 2 号《民事调解书》——合法有效，且已实际履行，若无该调解书及实际履行，桂林旅游则根本无法与青海创业签订《股份置换合同》。在该置换合同第 4 条，双方对上述调解书无任何争议，并以此作为股份置换的法律基础。同德投资依据调解书和股份置换协议，实际上是在人民法院执行程序中履行生效民事调解书的行为，而不能由此推断出同德投资与青海创业之间存在委托签约关系。桂林旅游在一审期间及此前与庆泰信托的债权转让诉讼中，从未对上述调解书提出质疑。二、青海创业此前民事答辩对《股份置换合同》组成及效力的法律意见，不同于对案件事实和证据的自认，不影响人民法院依法作出裁判。三、一审判决认为股份置换合同及补充协议未生效是正确的。四、如上所述，西宁市城中区人民法院的相关民事裁定书，最终对本案合同履行没有实质性影响，与该合同已实际履行完毕与否无关。桂林旅游上诉理由均不成立。综上，请求驳回上诉，维持原判。

本案二审查明的事实与一审一致。

本院主持本案调解时，向青海创业释明，如果本案《股份置换合同》被认定为部分有效、部分未生效，其提出的返还 1320 万井冈山旅游股权的请求将无法得到支持。青海创业表示，在股权返还请求得不到支持的情况下，法院可以径行判决桂林旅游支付合同约定的股权对价款及同期贷款利息。

本院认为，本案纠纷系因桂林旅游是否履行了《股份置换协议》约定的 4000 万庆泰信托股份过户给青海创业而引发，争议焦点为，青海创业是否有权提起本案诉讼，本案《股份置换合同》的效力，关于违约事实的认定及责任的承担。

一、青海创业是否有权提起本案诉讼。

桂林旅游上诉称，井冈山旅游 1320 万股份不是青海创业的合法财产，而是庆泰信托的财产。经查，2003 年 10 月，庆泰信托与同德投资签订的《合作协议书》约定，庆泰信托为同德投资收购井冈山旅游股权提供项目资金，该资金性质应认定为债权性投资或借款性质，而非委托投资或持股性质。庆泰信托从未成为井冈山旅游的股东，且因该资金投入所形成的债权债务关系已清偿完毕。同时，桂林旅游与青海创业在《股份置换合同》中确认，青海创业取得井冈山旅游股份的依据是 2004 年 7 月 6 日青海省高级人民法院作出的（2004）青民二初字第 2 号民事调解书。作为一种司法取得，该股权自青海创业与同德投资签收民事调解书时即依法取得。经青海创业与同德投资分别致函井冈山旅游的工商管理登记机关，2004 年 12 月 16 日，井冈山旅游 1320 万股股份顺利变更登记到桂林旅游名下。根据上述事实，青海创业作为生效民事调解书所确认的井冈山旅游 1320 万股股份的受让人，有权提起本案诉讼。

二、关于《股份置换合同》的效力。

《股份置换合同》是两个相关联但相互可分的股权转让行为构成，两个部分的约定虽然在同一合同下，但相互具有可分性，各自价款约定明确，任何一部分不生效或无效，不影响另一部分的效力。其中，青海创业向桂林旅游转让井冈山旅游股份的约定没有违反法律、行政法规的强制性或禁止性规定，应当认定有效且已经实际过户完毕，应当继续履行。而桂林旅游向青海创业转让庆泰信托股份的约定因无法办理过户登记手续而属于《中华人民共和国合同法》第一百一十条第一款第（一）项规定的履行不能情形，应认定为合同成立但未生效，应当终止履行。原审判决未加区分两部分股份转让关系而全部认定为未生效不当，本院予以调整。

三、关于违约事实的认定与责任承担。

依据《股份置换合同》有效部分的约定，青海创业向桂林旅游交付了1320 万股井冈山旅游股权，并于 2004 年 12 月 16 日协助办理了股权变更登记手续，全面履行了合同约定的义务。而桂林旅游除向青海创业支付了股份置换交易中应补偿的差价款及利润 2600 万元之外，尚欠股份对价款 4000 万元人民币未付，已构成违约，应当继续履行合同义务并承担相应的违约责任。桂林旅游应依约向青海创业偿还尚欠的 4000 万元股份对价款，并自 2004 年12 月 16 日受让 1320 万井冈山股份之日起按照同期贷款利率向青海创业支付逾期还款利息。《股份置换合同》中关于桂林旅游向青海创业转让庆泰信托股份部分的约定，因双方当事人意志以外的原因而不能履行，属于未生效的合同，应当终止履行，双方互不承担违约责任。桂林旅游上诉提出的 4000 万庆泰信托股份因司法冻结而致交付完毕、应当全部驳回青海创业诉讼请求的上诉理由因缺乏实际过户的事实依据、有违《股份置换合同》部分未能生效的实际情况以及等价有偿、诚实信用原则而不能成立，本院不予支持。

经本院释明，青海创业同意在桂林旅游不能返还 1320 万井冈山旅游股份的情况下，由其依约支付 4000 万元庆泰信托股权对价款 4000 万元人民币，并按照同期贷款利率支付逾期付款利息。因该诉讼请求与返还股权之诉系基于同一原因产生，故桂林旅游针对返还股权纠纷提出的抗辩理由同样适用于支付股权对价款之诉。

综上，原审判决认定事实清楚，但适用法律部分有误，本院予以纠正。本院依据《中华人民共和国合同法》第一百零七条、第一百一十条第一款第

（一）项，《中华人民共和国民事诉讼法》第一百七十条第一款第（二）项之规定，判决如下：

一、撤销陕西省高级人民法院（2011）陕民二初字第00002号民事判决。

二、《股份置换合同》中关于青海省创业（集团）有限公司向桂林旅游股份有限公司转让井冈山旅游发展股份有限公司股份的部分继续履行；桂林旅游股份有限公司向青海省创业（集团）有限公司转让庆泰信托投资有限责任公司股份的部分终止履行。

三、桂林旅游股份有限公司向青海省创业（集团）有限公司支付尚欠的4000万元及利息（自2004年12月16日起至实际给付之日止，按照中国人民银行同期贷款利率支付）。

四、驳回桂林旅游股份有限公司的其他诉讼请求。

五、驳回青海省创业（集团）有限公司的其他诉讼请求。

上述应付款项于本判决生效之日起十日内给付。逾期支付则依照《中华人民共和国民事诉讼法》第二百二十九条之规定，加倍支付迟延履行期间的债务利息。

一审、二审案件受理费各265086元，均由桂林旅游股份有限公司负担。

本判决为终审判决。

审　判　长　贾　纬

审　判　员　沙　玲

代理审判员　周伦军

二〇一三年十二月六日

书　记　员　侯佳明

11. 应结合案件实际情况确定合同成立后是否发生了重大变化

——再审申请人库尔勒市农村信用合作联社、尉犁县农村信用合作联社、和硕县农村信用合作联社、若羌县农村信用合作联社与被申请人青海省创业（集团）有限公司债权转让合同纠纷案

【裁判要旨】

以不属于合同成立后客观情况发生变化的情形，依据《最高人民法院关于适用〈中华人民共和国合同法〉若干问题的解释（二）》第二十六条关于"合同成立以后客观情况发生了当事人在订立合同时无法预见的、非不可抗力造成的不属于商业风险的重大变化，继续履行合同对于一方当事人明显不公平或者不能实现合同目的，当事人请求人民法院变更或者解除合同的，人民法院应当根据公平原则，并结合案件的实际情况确定是否变更或者解除"的规定，及"合同成立后客观情况发生变化的情形"请求变更或者解除合同的，人民法院不予支持。

中华人民共和国最高人民法院民事判决书
（2013）民提字第 137 号

再审申请人（一审被告、二审上诉人）：库尔勒市农村信用合作联社。住所地：新疆维吾尔自治区巴音郭楞蒙古自治州库尔勒市塔指西路。

法定代表人：夏华东，该联社理事长。

委托代理人：马玉梅，新疆君和信律师事务所律师。

委托代理人：张伟民，新疆力和力律师事务所律师。

再审申请人（一审被告、二审上诉人）：尉犁县农村信用合作联社。住所地：新疆维吾尔自治区巴音郭楞蒙古自治州尉犁县城解放路。

法定代表人：胡震，该联社理事长。

委托代理人：马玉梅，新疆君和信律师事务所律师。

委托代理人：张伟民，新疆力和力律师事务所律师。

再审申请人（一审被告、二审上诉人）：和硕县农村信用合作联社。住所地：新疆维吾尔自治区巴音郭楞蒙古自治州和硕县文化二街。

法定代表人：卡德尔·艾木都拉，该联社理事长。

委托代理人：马玉梅，新疆君和信律师事务所律师。

委托代理人：王宏吉，新疆力和力律师事务所律师。

再审申请人（一审被告、二审上诉人）：若羌县农村信用合作联社。住所地：新疆维吾尔自治区巴音郭楞蒙古自治州若羌县建设路。

法定代表人：谢上略，该联社理事长。

委托代理人：马玉梅，新疆君和信律师事务所律师。

委托代理人：王宏吉，新疆力和力律师事务所律师。

被申请人（一审原告、二审被上诉人）：青海省创业（集团）有限公司。住所地：青海省西宁市黄河路 160 号。

法定代表人：张博威，该公司董事长。

委托代理人：白砚军，北京市秦华律师事务所律师。

再审申请人库尔勒市农村信用合作联社（以下简称库尔勒信用社）、尉犁县农村信用合作联社（以下简称尉犁信用社）、和硕县农村信用合作联社（以下简称和硕信用社）、若羌县农村信用合作联社（以下简称若羌信用社）为与被申请人青海省创业（集团）有限公司（以下简称青创公司）债权转让合同纠纷一案，不服青海省高级人民法院（2012）青民二终字第 24 号民事判决，向本院申请再审。本院于 2013 年 4 月 1 日作出了（2012）民申字第 1536 号民事裁定，提审本案。本院依法组成由审判员王东敏担任审判长，代理审判员李相波、梅芳参加的合议庭进行了审理。书记员侯佳明担任记录。本案现已审理终结。

2011 年 1 月 25 日，青创公司向青海省西宁市中级人民法院起诉称：2007 年 11 月 6 日，库尔勒信用社、尉犁信用社、和硕信用社、若羌信用社（以下统称四家信用社）与青创公司及担保方青海省创业资源开发有限公司签订了《债权转让协议》和《补充协议》。协议约定，债权转让后，四家信用社不再对庆泰信托投资有限责任公司（以下简称庆泰信托）享有任何债权，全部债权由青创公司享有，青创公司分 8 年向四家信用社支付债权转让款，并约定了每年支付的数额、期限。协议还约定"本协议自庆泰信托投资有限责任公司重组成功（以中国银监会发布公告为准）之日起生效"。协议签订时，青创公司向四家信用社支付了定金（履约保证金）216 万元。但四家信用社在

2009 年 11 月 19 日庆泰信托司法重整的债权人会议上，未经青创公司书面同意和许可，表决同意对其持有庆泰信托的 5182.75 万元债权按 10% 打折清偿，处分了 90% 即 4860 万元债权。庆泰信托债权兑付开始后，四家信用社又要求兑现打折缩水后的债权。四家信用社在协议尚未生效前未经青创公司同意，违反协议约定进行不利于债权转让的行为和活动，使青创公司拟受让的 5182.75 万元债权归于消灭。庆泰信托重组成功，《债权转让协议》及《补充协议》也已生效，四家信用社以自己的行为致使青创公司利益无法实现。请求判令：1. 解除双方签订的《债权转让协议》及《补充协议》；2. 四家信用社连带返还 218.75 万元债权转让款并承担违约金 777.4 万元；3. 四家信用社共同承担本案诉讼费用。

西宁市中级人民法院一审审理查明：2007 年 11 月 6 日，四家信用社（转让方）与青创公司（受让方）及青海省创业资源开发有限公司（担保方）签订《债权转让协议》，约定四家信用社将其持有的庆泰信托 5400 万元债权以 5400 万元的对价转让给青创公司（其中库尔勒信用社 1000 万元，尉犁信用社 2000 万元，和硕信用社 1400 万元，若羌信用社 1000 万元）。青海省创业资源开发有限公司承担担保责任。自协议生效之日起前三年青创公司分别支付四家信用社 216 万元、270 万元、324 万元；自第四年起，平均每年向四家信用社合计支付 918 万元，第一期 216 万元自协议签订之日起支付给库尔勒信用社，后七期于每年的 11 月 20 日前支付给四家信用社共同指定的库尔勒信用社。自合同生效之日起，如四家信用社不按照协议约定履行承诺及义务，采取不当手段或方式阻止债权转让，拒绝或部分拒绝履行债权转让，青创公司有权拒绝履行款项支付义务，并有权决定合同是否继续履行，违约方应当向守约方承担违约责任，违约金为债权转让价款的 15%；青创公司不能履行款项支付义务，经四家信用社催告十五个工作日内仍不能履行支付义务的，违约方应当向守约方承担违约责任，违约金为债权转让价款的 15%；若庆泰信托重组不成功，协议无法生效，四家信用社已收取的首期付款 216 万元作为履约保证金不再返还，同时合同终止。协议自庆泰信托重组成功（以中国银监会发布公告为准）之日起生效。当日，青创公司、四家信用社及青海省创业资源开发有限公司在合同上签字盖章。当月，青创公司通过电汇向库尔勒信用社支付了 216 万元，付款用途为债权转让款。

2009 年 11 月 18 日，庆泰信托破产重整第一次债权人会议在西宁召开，库尔勒信用社委托帕尔哈提·赛帕尔、栾海潮，尉犁信用社委托姜荣贵、若羌信用社委托周龙延、和硕信用社理事长卡德尔·艾木都拉参加了会议，因庆泰信托已向四家信用社支付了 217.25 万元理财收益，故确认四家信用社共享有庆泰信托债权为 5182.75 万元。

2009 年 11 月 18 日和 2009 年 11 月 19 日，四家信用社及青创公司分别出具授权委托书，委托张云峰出席庆泰信托第二次债权人会议，对庆泰信托重整计划草案进行表决。张云峰在该会议上对重整计划投了赞成票，该计划中包括同意庆泰信托按 10% 打折支付四家信用社享有的债权。

2009 年 11 月 20 日，青创公司、四家信用社和青海省创业资源开发有限公司根据青海省高级人民法院（2009）青民二破字第 1—10 号民事裁定确定的债权金额签订了《补充协议》，即四家信用社对庆泰信托享有合法有效债权 5182.75 万元。协议还约定：该债权中，库尔勒信用社享有 955 万元；尉犁信用社享有 1955 万元；和硕信用社享有 1713.75 万元；若羌信用社享有 955 万元；青创公司已先期支付债权转让款 216 万元，转让债权金额为 4966.75 万元。2009 年 11 月 22 日前，青创公司须支付四家信用社债权转让款 2.75 万元，余款分十年付清，并再次约定协议自庆泰信托重组成功（以中国银监会发布公告为准）之日起生效。

2009 年 12 月 7 日，青创公司向库尔勒信用社电汇了 2.75 万元，电汇凭证载明用途为债权转让款。2010 年 4 月 23 日，青海省高级人民法院（2009）青民二破字第 1—13 号民事裁定书认可了庆泰信托第一次财产分配及债权清偿方案。2010 年 8 月 10 日，四家信用社向青海省高级人民法院递交报告，要求受领按 10% 打折清偿的清偿款 518.275 万元，并称目前与青创公司的《债权转让协议》尚未生效，青创公司还不是合法债权人，受领清偿款不影响青创公司履行《债权转让协议》。

西宁市中级人民法院一审另查明：2010 年 8 月 26 日，青创公司向该院提起诉讼，请求判令四家信用社连带返还双倍定金 432 万元，连带返还支付的现金 27000 元，后于 2010 年 11 月 29 日以证据不足为由撤诉。

2010 年 10 月 8 日，中国银行业监督管理委员会下达银监复（2010）465 号《中国银监会关于庆泰信托投资有限责任公司重整后续变更事项的批复》，庆泰信托重整成功。

西宁市中级人民法院一审还查明：在西宁市中级人民法院一审庭审中，四家信用社曾提出反诉并要求追加被告，该院当庭作出不予准许的决定和口头裁定，对四家信用社提出的反诉不纳入审理焦点。

西宁市中级人民法院经审理于 2012 年 4 月 20 日作出（2011）宁民二初字第 26 号民事判决，认为：双方当事人签订的《债权转让协议》和《补充协议》约定，四家信用社将其持有的庆泰信托 5400 万元债权以 5400 万元的对价转让给青创公司，同时又约定协议自庆泰信托重组成功（以中国银监会发布公告为准）之日起生效，2010 年 10 月 8 日合同生效。但在合同生效前的 2009 年 11 月 18 日，庆泰信托破产重整第一次债权人会议上四家信用社先对共同享有庆泰信托 5182.75 万元债权进行了确认，又在 2009 年 11 月 18 日和 19 日与青创公司分别出具授权委托书，委托张云峰为代表出席庆泰信托第二次债权人会议，对庆泰信托重整计划草案投了赞成票，该计划中包括同意庆泰信托按 10% 打折支付四家信用社享有的债权。从上述事实可以看出，债权转让合同生效前，青创公司拟受让的 5400 万元债权实际上已不存在，该合同已经无法继续履行，继续履行对青创公司明显不公平，也不能实现其签订债权转让合同的目的，故双方签订的《债权转让协议》应予解除，青创公司主张解除转让协议的理由正当，予以支持。

关于四家信用社是否应承担 777.4 万元违约金并连带返还 218.75 万元债权转让款问题。该院认为，2009 年 11 月 6 日，双方约定转让的债权是 5400 万元，青创公司支付收益 217.25 万元后，债权数额变更为 5182.75 万元。在庆泰信托第二次债权人会议上，四家信用社及同为庆泰信托债权人的青创公司均分别委托张云峰作为其委托代理人参加会议并行使表决权，这次会议上，张云峰所代表的青创公司和四家信用社对重整计划均投了赞成票。可见青创公司作为庆泰信托持股 18.29% 的第一大股东，就庆泰信托的重整计划中打折 10% 兑付债权对庆泰信托重整发挥的重大作用不仅知道而且是持肯定态度的，现青创公司以四家信用社未经其同意擅自同意打折兑付债权，致使其无法实现利益，侵犯了其合法权益为由，要求四家信用社根据《债权转让协议》中的约定承担 777.4 万元违约金于法无据，予以驳回。

关于青创公司要求四家信用社连带返还 218.75 万元债权转让款的问题。该院认为，转让协议约定，自协议签订之日起，若因庆泰信托重组不成功，导致协议无法生效，四家信用社已收取的首期付款 216 万元作为履约保证金不再返还，同时合同终止履行。虽然青创公司在（2010）宁民二初字第 73 号案件中，曾主张该款是履约保证金，但当时协议未生效，协议的约定是协议不生效的情况下不再返还 216 万元的条件，现协议已经生效，该条款就不再适用该案。

此外，2009 年 11 月 20 日，双方签订《补充协议》还约定，青创公司已先期支付债权转让款 216 万元，最终确定债权转让款为 4966.75 万元。因《债权转让协议》标的物已不存在，该协议事实上无法履行，四家信用社是因债权转让取得 218.75 万元的，现债权已不存在，四家信用社收取债权转让款也已无事实基础和法律依据，故青创公司所持返还债权转让款的诉求应予支持。因四家信用社对 5182.75 万元债权并非共同享有，而是各自享有不同的份额，故青创公司要求四家信用社承担连带返还债权转让款责任的主张不予支持。

综上，西宁市中级人民法院依照《中华人民共和国合同法》第四十五条、第九十七条，《最高人民法院关于适用〈中华人民共和国合同法〉若干问题的解释（二）》第二十六条，《中华人民共和国民事诉讼法》第一百二十条、第一百二十八条、第一百四十七条的规定，判决：一、解除青创公司与库尔勒信用社、尉犁信用社、和硕信用社、若羌信用社 2007 年 11 月 6 日签订的《债权转让协议》及 2009 年 11 月 20 日签订的《补充协议》；二、库尔勒信用社、尉犁信用社、和硕信用社、若羌信用社共同返还青创公司债权转让款 218.75 万元；三、驳回青创公司要求库尔勒信用社、尉犁信用社、和硕信用社、若羌信用社承担违约金 777.4 万元的诉讼请求。案件受理费 81531 元，由青创公司负担 63594 元，库尔勒信用社、尉犁信用社、和硕信用社、若羌信用社负担 17937 元。

四家信用社不服西宁市中级人民法院作出的上述民事判决，向青海省高级人民法院提起上诉，请求依法撤销一审判决，驳回青创公司的全部诉讼请求并承担全部诉讼费用。

青海省高级人民法院对西宁市中级人民法院一审法院查明的事实予以确认。

关于四家信用社所提"一审法院对其反诉请求不予受理且未书面裁定、程序违法的主张"。青海省高级人民法院二审认为，根据民事诉讼法的规定，口头裁定的，记入笔录。一审法院以口头裁定的方式驳回四家信用社反诉请求并不违反法律规定。对此裁定，四家信用社未在规定期限内提出上诉，应视为放弃权利。故四家信用社关于一审法院对其反诉请求不予受理且未书面裁定、程序违法的主张，无事实和法律依据，不予支持。

关于青创公司对拟受让的四家信用社的债权是否同意按照 10% 打折兑付，双方签订的《债权转让协议》应否解除的问题。青海省高级人民法院二审认为，青创公司与四家信用社签订的《债权转让协议》和《补充协议》对债权数额、转让对价、履行期限、生效时间作了具体约定，协议内容是双方的真实意思表示，且不违反法律规定，应受法律保护。青创公司按照约定支付转让款 218.75 万元，履行了先期义务，因协议约定"自庆泰信托重组成功之日起生效"，故协议生效前，青创公司并不享有对庆泰信托的债权，四家信用社仍是庆泰信托的实际债权人。虽然四家信用社就其转让债权事项通知了庆泰信托管理人，但在后续的一系列活动中，四家信用社仍然以债权人的身份行使权利，包括在对庆泰信托重整方案的表决中，四家信用社委托张云峰代表本单位参会并表决，同意庆泰信托按照10%兑付债务，该事实从其出具的委托书、庆泰信托第二次债权人会议签到册、表决统计等可以得到证实。青创公司因其本身对庆泰信托享有债权，亦委托张云峰代为表决，故青创公司是就自己的债权作出表决，四家信用社无证据证实青创公司对其受让四家信用社的债权行使表决，其关于张云峰代表青创公司作出表决、信用社不承担责任的理由，不予采信。四家信用社在庆泰信托清偿之时，申请兑现打折缩水后的债权，再次处分其债权，损害了青创公司的权益。现庆泰信托重组成功，《债权转让协议》也已生效，但此前四家信用社作出了不利于债权转让的违约行为，导致协议内容发生实质变化，无法继续履行，继续履行对青创公司不公平亦不能实现其合同目的，该转让协议应当予以解除，四家信用社已收取青创公司的转让款应当予以返还。四家信用社关于其未擅自处分债权、要求继续履行合同的主张于法无据，与事实不符，不予支持。一审判决以合同成立后的客观情况发生变化依法解除合同，认定事实清楚，适用法律并无不当。鉴于青创公司对四家信用社擅自处分债权知晓的事实存在，一审法院驳回青创公司违约金的诉求并作出阐述，亦无不当。综上，西宁市中级人民法院作出的一审判决认定事实清楚，适用法律正确，实体处理得当。青海省高级人民法院依照《中华人民共和国民事诉讼法》第一百五十三条第一款第（一）项之规定，判决：驳回上诉，维持原判。案件受理费81531元，由库尔勒信用社、尉犁信用社、和硕信用社、若羌信用社共同负担。一审案件受理费按照一审判决负担。

四家信用社不服青海省高级人民法院作出的上述民事判决，向本院申请再审称：一、原审判决认定的事实错误。原审判决认定张云峰参加庆泰信托第二次债权人大会的行为系代表四家信用社参加，并行使了对第二次债权人大会的表决权错误。1. 四家信用社与青创公司签订《债权转让协议》后，即按照协议约定将在庆泰信托的债权文书交给了青创公司，并在2007年11月6日书面通知庆泰信托停业整顿工作组，告知债权已转让给青创公司的事实。四家信用社已按约履行义务、无侵害青创公司利益的行为，对此，青创公司亦无异议，否则青创公司一定会在2009年11月20日双方签订债权转让《补充协议》时提出。2. 青创公司委托张云峰参加了庆泰信托第二次债权人大会，会上表决同意债权按10%打折清偿，也就是说青创公司在与四家信用社签订《补充协议》前就明知债权将打折按10%兑付，又自愿在2009年11月20日与四家信用社签订债权转让《补充协议》，对受让的5182.75万元债权按1：1支付转让款再次进行了确认，充分说明青创公司愿意接受受让债权按10%打折兑付的事实。一、二审判决均认定四家信用社委托张云峰在2009年

11月19日庆泰信托第二次债权人大会上表决，是作出了不利于债权转让的违约行为，属认定事实错误。二、原审判决适用法律错误。一、二审判决一方面认为青创公司对重整计划中打折按10%兑付不仅知道而且是持肯定态度，四家信用社对重整计划的表决行为未侵害青创公司的权益，故未支持青创公司要求四家信用社支付违约金的主张；另一方面又认为因四家信用社的表决行为致使青创公司的5400万债权在《债权转让协议》生效前就不存在，责任在四家信用社，对同一行为二审判决却出现了完全矛盾的认定。而且，一、二审判决均认定"青创公司知道并且赞成重整计划中打折按10%兑付的方案"，就意味着四家信用社转让给青创公司的债权将可能按10%兑付，在此情况下，原审判决适用《最高人民法院关于适用〈中华人民共和国合同法〉若干问题的解释（二）》第二十六条的规定，判决解除合同属适用法律有误。请求：1. 撤销西宁市中级人民法院（2011）宁民二初字第26号民事判决和青海省高级人民法院（2012）青民二终字第24号民事判决；2. 判决驳回青创公司全部诉讼请求。

青创公司答辩称：一、虽然《债权转让协议》约定自协议签订之日起，青创公司有权对拟转让债权进行处分，但《债权转让协议》签订后，实际行使拟转让债权处分权的一直是四家信用社，具体表现在：在庆泰信托重整第一次债权人会议上，四家信用社确认拟转让债权由四家信用社享有；在庆泰信托重整第二次债权人会议上，四家信用社委托张云峰表决同意将拟转让债权打折缩水至一折；庆泰信托重整管理人宣布债权兑付开始后，四家信用社又向庆泰信托重整管理人和青海省高级人民法院申请兑付打折缩水至518.275万元的债权。四家信用社的上述一系列债权处分行为所导致的后果，应由四家信用社自行承担，青创公司至今没有实际处分拟转让债权。而且，《债权转让协议》及《补充协议》是附生效条件的合同，该生效条件是庆泰信托重组成功，在庆泰信托重组成功之前合同并未生效。青创公司在合同生效前，并未基于合同约定持有处分拟转让债权，因此，由于庆泰信托重整所导致的债权被打折缩水的风险，应由四家信用社承担。二、依据合同法第八条规定，《债权转让协议》及《补充协议》生效前，四家信用社进行了一系列擅自处分拟转让债权的行为，四家信用社违背了履行意愿的法定义务，青创公司有权解除合同。三、庆泰信托本身负债高达十个多亿，已经资不抵债，如果庆泰信托重整失败进入破产清算程序，四家信用社的债权清偿比例可能为零，因此四家信用社是期待庆泰信托重组成功的，鉴于此四家信用社在明知庆泰信托重组成功，其对庆泰的债权会缩水到10%的情况下，又想把缩水的90%的债权转嫁给青创公司，要求青创公司支付对价，对青创公司显失公平。

四、《债权转让协议》及《补充协议》生效前拟转让债权的90%已经灭失，青创公司自始至终未获得案涉债权，无实际受益，并且庆泰信托重整成功，青创公司在庆泰信托中的股份被清零，青创公司自己持有的庆泰信托的债权也被打折缩水至一折，未获任何利益。在此情况下要求其承担四家信用社的债权损失于法无据。五、《债权转让协议》及《补充协议》约定拟转让的债权已经灭失，继续履行已经无法实现合同目的且显失公平。请求驳回四家信用社的再审请求，维持原判。

本院再审对原审查明的事实予以确认外，另查明：《债权转让协议》中还约定了以下内容：1. 自该协议签订之日起，甲方（四家信用社）对庆泰信托的全部债权由乙方（青创公司）代为享有，乙方有权对上述债权进行各种处分。2. 自该协议生效之日起，甲方对庆泰信托的全部债权转由乙方享有，乙方成为新的债权人，甲方对庆泰信托不再享有债权，庆泰信托不再对甲方承担债务，甲方与庆泰信托的债权债务归于消灭。3. 该协议签订之日起三个工作日内，甲方应将该协议项下债权的所有合同、协议、证书、证明材料、备案文件等一切材料的复印件经加盖公章后交付乙方，并保证其真实性。4. 该协议签订之日起三个工作日内，甲方应就该协议项下债权转让事宜向庆泰信托发出书面通知，并取得庆泰信托的确认函，将通知书和确认函交予乙方。

本院还查明，2007年11月6日，四家信用社向庆泰信托停业整顿工作组出具了《债权转让通知书》，内容为：四家信用社已与青创公司正式签订《债权转让协议》，自2007年11月6日起，四家信用社所持有的庆泰信托全部债权由债权受让人青创公司代为行使表决权、处分权等各种法律权利。

2007年11月6日，庆泰信托停业整顿工作组向四家信用社出具了"收取《债权转让通知书》复函"，内容为：你们于2007年11月6日给我单位送达的《债权转让通知书》已经收悉，你们转让的债权额5400万元。

本院又查明，青创公司为庆泰信托的第一大股东，其持有庆泰信托的股权比例为18.29%。

本院认为，本案再审的主要争议焦点是，原审判决认定四家信用社违约并判决解除合同，认定事实及适用法律是否正确。

关于原审判决认定四家信用社违约是否正确的问题。本院认为，本案查明的事实已经充分证明，四家信用社在履行《债权转让协议》的过程中不存在违约行为，原审判决认定四家信用社违约缺乏事实依据。第一，《债权转让协议》签订后，四家信用社依约将转让债权的文书交给了青创公司，并书面通知庆泰信托停业整顿工作组，告知了债权转让事宜，这证明四家信用社已经按照《债权转让协议》的约定履行了相关义务。第二，在庆泰信托重整方案的表决中，青创公司因自身也对庆泰信托享有债权，亦委托张云峰参会表决，这证明张云峰在庆泰信托重整方案的表决实际上也代表青创公司的债权进行表决。第三，依《债权转让协议》的约定，自《债权转让协议》签订之日起，四家信用社对庆泰信托的全部债权由青创公司代为享有（包括表决权和处分权等各种法律权利）并有权对转让债权进行各种处分，这证明在《债权转让协议》签订后，转让债权的表决权已经由青创公司代为行使。第四，庆泰信托重整方案表决通过后，青创公司又与四家信用社签订《补充协议》，再次对转让债权数额、转让对价、履行期限、生效时间及青创公司对受让的债权按约支付款项等进行了确认；而在《补充协议》签订后，青创公司又向四家信用社支付了 2.75 万元债权转让款，这证明青创公司认可按 10% 兑付债权的表决方案，否则其不会再与四家信用社签订《补充协议》及再次支付转让款。此外，在庆泰信托重整过程中，庆泰信托、庆泰信托重组筹备组、青海省风险处置工作领导小组、西宁城市投资管理有限公司等《关于庆泰信托投资有限责任公司重整方案》《关于青海省创业（集团）有限公司收购信用社债权有关事项的请示》《关于收购债权的通知》等证据，亦证明青创公司在受让四家信用社 5400 万元的债权前就知晓按 10% 打折兑付的事实，而且是期待的。故原审判决以四家信用社委托张云峰在庆泰信托重整方案大会上的表决，认定四家信用社做了不利于债权转让的违约行为，与事实不符，属认定事实错误。四家信用社的该项再审理由成立，本院予以支持。

关于原审判决解除合同适用法律是否错误问题。本院认为，本案上述查明的事实可以证明，青创公司作为庆泰信托的股东、债权人，不仅知晓庆泰信托在重整计划中对四家信用社的债权是打折按 10% 兑付的，并且是期待实现的，青创公司收购四家信用社在庆泰信托的债权目的就是为了保障四家信用社在庆泰信托的债权打折按 10% 兑付，最终实现庆泰信托重整上市。因此，本案事实不属于合同成立后客观情况发生变化的情形，原审判决依据《最高人民法院关于适用〈中华人民共和国合同法〉若干问题的解释（二）》第二十六条关于"合同成立以后客观情况发生了当事人在订立合同时无法预见的、非不可抗力造成的不属于商业风险的重大变化，继续履行合同对于一方当事人明显不公平或者不能实现合同目的，当事人请求人民法院变更或者解除合同的，人民法院应当根据公平原则，并结合案件的实际情况确定是否变更或者解除"的规定，判令解除青创公司与四家信用社签订的《债权转让合同》，适用法律错误，本院亦予以纠正。四家信用社的该项再审理由成立，本院亦予以支持。

综上，四家信用社与青创公司签订的《债权转让协议》和《补充协议》

系各方当事人的真实意思表示，协议内容不违反法律、行政法规等强制性规定，应认定为合法有效。西宁市中级人民法院（2011）宁民二初字第 26 号民事判决及青海省高级人民法院（2012）青民二终字第 24 号判决认定事实不清，适用法律不当，本院予以纠正。四家信用社再审申请理由成立，本院予以支持。依照《中华人民共和国民事诉讼法》第一百七十条第一款第（二）、（三）项，第二百零七条第一款之规定，判决如下：

一、撤销青海省高级人民法院（2012）青民二终字第 24 号民事判决及西宁市中级人民法院（2011）宁民二初字第 26 号民事判决；

二、驳回青海省创业（集团）有限公司全部诉讼请求。

本案一、二审案件受理费合计 163062 元，由青海省创业（集团）有限公司承担。

本判决为终审判决。

审　判　长　王东敏
代理审判员　李相波
代理审判员　梅　芳
二〇一三年十二月十一日
书　记　员　侯佳明

12. 当事人违反合同附随义务应承担相应民事责任

——中商华联科贸有限公司与昌邑琨福纺织有限公司买卖合同纠纷一案

【裁判要旨】

本案中华联公司和琨福公司在《棉花销售合同》中对货物保险事宜未作明确约定，但双方对于棉花的火灾风险是明知的，双方均有合理的注意义务以维护交易安全。琨福公司收到华联公司要求其办理货物保险的提示传真后，即使不同意支付保险费也应当及时反馈通知华联公司，从而避免货物失去保险保障。而琨福公司既没有办理相应的保险事宜，也未将拒绝办理保险事宜的意思表示及时告知华联公司，客观上造成本案货物处于没有保险保障的风险之中，最终导致货损。根据《中华人民共和国合同法》第六十条的规定，当事人应当按照约定全面履行自己的义务。当事人应当遵循诚实信用原则，根据合同的性质、目的和交易习惯履行通知、协助、保密等义务。琨福公司在本案合同履行过程中未尽相应的通知、协助等履行义务，具有一定过错。

中华人民共和国最高人民法院民事判决书

（2013）民提字第 138 号

再审申请人（一审被告、二审上诉人）：中商华联科贸有限公司。住所地：北京市西城区复兴门内大街 45 号。

法定代表人：徐同生，总经理。

委托代理人：刘玉阁，北京市仁人德赛律师事务所律师。

委托代理人：李自杰，北京市中银律师事务所律师。

被申请人（一审原告、二审被上诉人）：昌邑琨福纺织有限公司。住所地：山东省昌邑市都昌街道办事处南逢村。

法定代表人：刘载琨，该公司董事长。

委托代理人：孙瑞彦，山东大本律师事务所律师。

再审申请人中商华联科贸有限公司（以下简称华联公司）为与被申请人昌邑琨福纺织有限公司（以下简称琨福公司）买卖合同纠纷一案，不服山东省高级人民法院（2012）鲁商终字第143号民事判决，向我院申请再审。本院于2013年3月14日作出（2012）民申字第1465号民事裁定，提审本案。本院依法组成由审判员王宪森担任审判长，审判员杨征宇、代理审判员张雪楳参加的合议庭进行了审理，书记员郝晋琪担任记录。本案现已审理终结。

山东省潍坊市中级人民法院一审查明：2010年3月19日，琨福公司、华联公司通过传真形式签订《棉花销售合同》一份，约定：琨福公司向华联公司购买棉花，货物名称为印度棉（S－61－1/8），质量以大货为准，质量不索赔。数量为481.9565吨（20箱），以商检结果为准，按商检净重结算，单价为15880元/吨，提单号为EPIRNDVVAI02617。交货地点及方式为青岛锦泰库交货，琨福公司自行提货，出库费用由琨福公司承担，仓储费自2010年4月3日后由琨福公司承担。华联公司保证货物在2010年3月23日前通关完毕，琨福公司在2010年3月23日前付款提货，2010年3月27日前付清全款，否则合同取消或双方重新商定价格。华联公司在收到琨福公司全款后向琨福公司办理货权转移手续并开具增值税发票。合同约定合同传真件有效，并约定了收款账号及纠纷解决方式等其他内容。2010年3月22日至23日，琨福公司通过银行电汇将7653469.22元货款支付给华联公司。2010年3月24日，华联公司通过传真将《货权转移证明》（编号：ZSHL10031802－0324）发送给琨福公司，主要内容为：昌邑琨福纺织有限公司：我公司将外商合同号EXP/1026/0910，提单号为EPIRINDVVAI02617项下共计20个整箱印棉的货权转移给贵公司，由贵公司直接与仓库联系提货事宜。（注：出库费最终由贵公司与青岛多利是公用型保税仓库一次性结清，仓储费自2010年4月4日起由贵公司承担）此货权转移证明传真件有效。抄送：青岛多利是公用型保税仓库。2010年3月31日，华联公司通过传真向琨福公司发出温馨提示，主要内容为："昌邑琨福纺织有限公司并杨经理：我公司于2010年3月24日编号：ZSHL10031802－0324《货权转移证明》已将合同号EXP/1026/0910、提单号为EPIRINDVVAI02617项下共计20个整箱印棉货权转移给贵公司，该批货物已于3月23日通关完成，贵公司尚未提货出库。我公司对该批货物的仓储保险有效期至2010年4月1日零时终止，如贵公司在此期间没有安排提货出库等事宜，请贵公司及时安排对此单货物的仓储保险事宜，特传真温馨提示。"2010年4月22日，华联公司租用的青岛灵山锦泰储运有限公司（以下简称锦泰公司）仓库发生火灾，部分货物被烧毁。4 月 27 日至 28 日，琨福公司从锦泰公司提取了剩余货柜 5 箱 750 件，箱号分别为：9612234、9616142、9367644、9182304、9058767，共计 120.35 吨，并支付了出库费及仓储费 2398 元。

另查明，2010 年 4 月 23 日，琨福公司将华联公司及锦泰公司、山东锦泰储运有限责任公司诉至潍坊市中级人民法院，请求判令三被告交付货物或连带赔偿经济损失 800 万元，经山东省高级人民法院终审认为，琨福公司以华联公司为被告是基于涉案《棉花销售合同》提起的违约之诉，以锦泰公司、山东锦泰储运有限责任公司为被告是基于其对涉案合同项下货物所有权受到侵害提起的财产损害赔偿之诉，琨福公司将合同违约之诉与财产侵权之诉两个独立法律关系项下的诉请一并主张权利，系诉讼请求不明确，裁定驳回琨福公司的起诉。后琨福公司又向青岛市中级人民法院以锦泰公司、山东锦泰储运有限责任公司为被告提起诉讼，于 2011 年 10 月 10 日撤诉。

2011 年 9 月 19 日，琨福公司以华联公司为被告向山东省潍坊市中级人民法院提起本案诉讼，请求人民法院判令：华联公司继续履行合同，交付琨福公司印度棉花 15 箱，计 361.6065 吨，并赔偿琨福公司违约金 78 万元，若不能履行则请求解除原华联公司间的棉花销售合同，华联公司返还琨福公司货款 5742311.22 元，并赔偿琨福公司经济损失 1417497.48 元，诉讼费用由华联公司承担。

山东省潍坊市中级人民法院一审认为，双方当事人签订的《棉花销售合同》是双方在平等的基础上自愿协商签订的，内容不违反法律、行政法规的强制性规定，为有效合同。本案争议焦点是在琨福公司履行付款义务后，华联公司有没有按照合同约定履行办理货权转移手续义务，涉案《棉花销售合同》项下的货物所有权是否转移，及相应的毁损、灭失的风险由何方承担的问题。《中华人民共和国物权法》第二十三条规定："动产物权的设立和转让，自交付时发生效力，但法律另有规定的除外。"《中华人民共和国合同法》第一百四十二条规定："标的物毁损、灭失的风险，在标的物交付之前由出卖人承担，交付之后由买受人承担，但法律另有规定或者当事人另有约定的除外。"综合法院查明的案件事实及当事人提供证据的情况，该院认为，本案中在琨福公司完成付款义务后华联公司未能依合同约定向琨福公司办理货权转移手续构成违约，应依法承担违约责任。

首先，本案中华联公司交付给琨福公司的《货权转移证明》不能起到转移涉案棉花所有权的法律效力。《中华人民共和国合同法》第三百八十五条规定："存货人交付仓储物的，保管人应当给付仓单。"第三百八十七条规定：

"仓单是提取仓储物的凭证。存货人或者仓单持有人在仓单上背书并经保管人签字或者盖章的，可以转让提取仓储物的权利。"仓单作为提取仓储物的权利凭证，既可依法转让，也可依法出质。本案双方当事人在《棉花销售合同》中约定的"办理货权转移手续""琨福公司自行提货"，应理解为被告办理完毕相关的货权转移手续后应将包括仓单、提货单或者出库单的权利凭证和相关手续交付给琨福公司，由其自行提货。在本案华联公司与锦泰公司签订的《货物仓储合同》第1条（6）与第2条（5）所述的出库单、提货单，即具有此种权利凭证的效力。而本案中华联公司交付给琨福公司的《货权转移证明》显然不同于仓单、出库单或提货单，不具有权利凭证的法律特征，交付《货权转移证明》不能起到转移涉案棉花所有权的法律效力。从上述法律规定和本案事实看，华联公司在锦泰公司存储棉花，锦泰公司应当向华联公司出具仓单等提取仓储物的凭证，该凭证由华联公司持有，但华联公司一直未向本院提供涉案货物的仓储单证和仓储手续，应承担举证不能的法律后果。

其次，华联公司向琨福公司交付《货权转移证明》，琨福公司不能实际提取货物。华联公司与锦泰公司签订的《货物储运合同》第1条（6）约定，商品出库时，要有乙方提供的正式出库单，发货完毕要由承办人签字方可放行。第2条（5）约定，一切货物出库凭证由乙方负责人签字并加盖业务专用章的提货单标明的商品规格数量放行，放行货物须与提货单相符，凡不符合上述要求，甲方擅自放货引起的损失由甲方承担。本案中的《货权转移证明》既非出库单也非提货单，又未标明货物的规格和数量，华联公司称琨福公司持有《货权转移证明》即可提取货物的主张既与《货物储运合同》的规定相违背，也不符合法律的明确规定，该主张不能成立。琨福公司虽然在火灾发生后提取5箱货柜棉花，但提取棉花的行为与仅持有《货权转移证明》就可实际提货并无必然关联性，该行为不能反证仅持有《货权转移证明》就可实际提货。

第三，琨福公司在火灾发生后的两次起诉不能说明货物所有权转移给琨福公司。琨福公司的两次起诉，相关法院只是对案件进行了程序性审查，并未对案件事实进行实体审理并作出认定，因此华联公司称琨福公司在火灾发生后的两次起诉，间接说明了琨福公司通过诉讼明确承认涉案合同项下货物的所有权转移到自己名下的主张不能成立。

综上，该院认为，琨福公司在合同签订后通过银行电汇将7653469.22元货款支付给华联公司，完成了付款义务，华联公司应依约在收到货款后向琨福公司办理货权转移手续，但华联公司仅向琨福公司交付《货权转移证明》，而未能交付出库单或提货单，致使琨福公司不能提取涉案棉花，应承担违约责任。本案中涉案棉花已部分烧毁，客观上双方无法继续履行合同，华联公司在庭审中也明确表示已经转移货物所有权，不再向琨福公司继续履行，因此对琨福公司要求华联公司继续履行合同的诉讼请求该院不予支持，华联公司应返还琨福公司已付的相应部分货款，并赔偿因此给琨福公司造成的损失。该损失是因涉案棉花价格波动而产生的差价损失，该院采纳昌邑市价格认证中心出具的潍昌价认字（2012）008 号《山东省价格认证结论书》意见，确认认证基准日为 2010 年 4 月 24 日，认证印度棉花的价格（吨价）为：人民币壹万柒仟陆佰元整（￥17600.00 元）。按照该价格，则涉案棉花价格波动而产生的差价损失的计算方式为（17600 元 - 15880 元）×（481.9565 吨 - 120.35 吨）= 621963.18 元。依照《中华人民共和国物权法》第二十三条、《中华人民共和国合同法》第一百三十三条、第一百四十二条之规定，该院于2012 年 4 月 1 日作出（2011）潍商初字第 76 号民事判决：一、华联公司于判决生效后十日内返还琨福公司货款 5742311.22 元；二、华联公司于判决生效后十日内赔偿琨福公司经济损失 621963.18 元；三、驳回琨福公司的其他诉讼请求。如果华联公司未按判决指定的期间给付金钱义务，应当依照《中华人民共和国民事诉讼法》第 229 条之规定，加倍支付延迟履行期间的债务利息。一审案件受理费 87210 元，诉讼保全费 5000 元，合计 92210 元，由华联公司负担。

华联公司不服一审判决，向山东省高级人民法院提起上诉称：1. 生效的法律文书已经确认涉案棉花所有权依法转移。已发生法律效力的山东省高级人民法院（2010）鲁民辖终字第 182 号民事裁定书已经确认了该事实。并且被上诉人曾经以相同事实提起两个不同之诉，该生效判决已经明确认定被上诉人曾经基于其对涉案合同项下货物所有权受到侵害提起的财产损害赔偿之诉，该认定的事实直接证明被上诉人通过自身的诉讼法律行为明确承认涉案合同项下货物的所有权已经转移至自身名下，只有承认涉案合同项下货物所有权属于自己，才会因"货物所有权受到侵害"提起财产损害赔偿之诉。2. 上诉人已经全面、适当、彻底地履行了涉案合同所约定的交货义务，而且尽到了履行完毕后的善意提醒注意义务，即发出了《温馨提示函》。《货权转移证明》的发出与接收，就是转移该批货物的所有权，因此，自被上诉人收到该传真后，该批货物的所有权以及损毁、灭失风险就转移至被上诉人。《货权转移证明》的发出与接收即达到转移货物所有权的效果是外贸内销合同的交易惯例。3. 被上诉人已经提取涉案合同项下的部分货物，该"提货行为"充分证明上诉人已经转移涉案合同项下全部货物的所有权。

请求二审法院：1. 撤销原审判决第一项、第二项；2. 一、二审诉讼费用由被上诉人琨福公司负担。

琨福公司答辩称：一、被答辩人上诉称"生效的法律文书已经确认涉案棉花所有权已经转移"不能成立。山东省高级人民法院（2012）鲁民辖终字第 182 号民事裁定是对管辖程序的裁定，对案件实体没有既判力。二、货权转移证明无论从自身性质上、文字表示上、法律规定上还是事实上都不能转移货权。三、被答辩人上诉称答辩人的"提货行为"充分证明被答辩人已经转移涉案合同项下全部货物的所有权不能成立。

二审审理查明的事实与一审一致。

山东省高级人民法院认为：本案争议焦点为，涉案货物的所有权是否已经移转，华联公司应否承担货物灭失的风险及损失赔偿责任。

第一，华联公司主张已发生法律效力的山东省高级人民法院（2010）鲁民辖终字第 182 号民事裁定书已经确认涉案棉花物权已经依法转移的事实；琨福公司通过自身的诉讼法律行为也明确承认涉案合同项下货物的物权已经转移至自身名下。该院认为，涉案货物的物权是否客观转移应由法院对交付事实的存在与否进行实质审查和判断，琨福公司前述两次诉讼行为中，法院对于涉案货物的物权是否转移皆未作出实质判决，因此华联公司主张货物的物权已转移的上诉理由不能成立。原审法院对此问题的认识并无不当。

第二，华联公司主张琨福公司收到《货权转移证明》及《温馨提示函》起到了转移涉案货物所有权及风险的法律效果，并且系"外贸内销"买卖合同的交易惯例。该院认为，《货权转移证明》能否作为涉案货物的物权凭证是本案的关键。首先，根据已查明事实，华联公司与琨福公司 2010 年 3 月 19 日签订《棉花销售合同》中约定"交货地点及方式为青岛锦泰库交货"。2010 年 3 月 24 日，华联公司通过传真发送给琨福公司的《货权转移证明》载明："出库费最终由贵公司与青岛多利是公用型保税仓库一次性结清。并抄送：青岛多利是公用型保税仓库。"华联公司无证据证明买卖双方协议变更了交货地点，亦无证据证明买卖双方与保管人即青岛多利是公用型保税仓库达成合意，单凭《货权转移证明》琨福公司即可提货。故该《货权转移证明》与《棉花销售合同》不一致，华联公司主张琨福公司单凭《货权转移证明》即可提货的主张证据不足。

第三，本案涉案棉花交付属于拟制交付，即出卖人将涉案棉花的物权凭证交付买受人，以达到涉案棉花所有权的现实交付。本案中，在华联公司拒不交付提单仓单的情况下，单凭《货权转移证明》并不能证明华联公司系涉案所转让货物的合法所有人，并且无证据证明《货权转移证明》具有可流转、可依法出质、排他性等物权凭证特征。华联公司主张出具《货权转移证明》

转移货物所有权系交易惯例，但其一、二审中所举证据皆无法证明其与琨福公司之间交易适用过该惯例，并且在双方签订的《棉花销售合同》中也未对该货权转移形式予以约定，故依据《中华人民共和国合同法》第一百三十三条之规定"标的物的所有权自标的物交付时起转移，但法律另有规定或者当事人另有约定的除外"，依据《中华人民共和国合同法》第一百三十五条之规定"出卖人应当履行向买受人交付标的物或者交付提取标的物的单证，并转移标的物所有权的义务"。在华联公司无证据证明其向琨福公司背书转让仓单、提单等物权凭证的情况下，其向琨福公司出具《货权转移证明》不能产生交付涉案货物物权的法律后果，华联公司未尽到合同约定的出卖人义务。

另外，根据供货方华联公司与仓储人锦泰公司签订的《货物储运合同》第1条（6）、第2条（5）的约定，如无华联公司的准许，仓储人无权私自放货，在华联公司无相反证据推翻该《货物储运合同》的情况下，应当推定琨福公司自锦泰库提取的五箱货物系经华联公司准许下的实际交付。对于涉案货物风险承担的问题，双方未在《棉花销售合同》中约定风险承担的办法，在华联公司未完成交付义务的情况下，依据《中华人民共和国合同法》第一百四十二条"标的物损毁、灭失的风险，在标的物交付之前由出卖人承担，交付之后由买受人承担，但法律另有规定或者当事人另有约定的除外"的规定处理。华联公司主张其2010年3月31日发出的《温馨提示函》具有风险转移的意思表示，该《温馨提示函》注明："我公司对该批货物的仓储保险有效期至2010年4月1日零时终止，如贵公司此期间没有安排提货出库事宜，请贵公司及时安排对此单货物的仓储保险事宜，特传真温馨提示！"该院认为，该《温馨提示函》具有提示告知风险的意思表示，但无转移风险的意思表示，不能视为双方对风险转移形成了新的合意。

综上，涉案货物的所有权未发生移转，华联公司仍应承担货物灭失的风险及损失赔偿责任。华联公司的上诉请求不能成立。根据《中华人民共和国民事诉讼法》第一百五十五条第（一）项之规定，山东省高级人民法院于2012年9月10日作出（2012）鲁商终字第143号民事判决：驳回上诉，维持原判。二审案件受理费87210元，由上诉人华联公司负担。

华联公司不服山东省高级人民法院上述民事判决，向本院申请再审称：一、从买卖合同约定看当事双方交易前的工作，本案交易为快速交易，交易双方签约前对货物进口来源、品质及存储情况明知。二、从"货权转移通知"情况看双方的意思表示，华联公司向琨福公司传真货权转移证明作为交付货物的形式符合合同约定，无须商业惯例证明。三、关于青岛锦泰库与多利是库的关系，提示交货地点符合合同约定，多利是库提货并非单方变更交货地点而致交货不能实现，原审认定错误。四、青岛中院案卷明确反映出货权转移证明发生指示提货的法律效力，山东高院回避了这些关键证据反映出的事实。五、青岛中院案卷中琨福公司及仓储公司的陈述及琨福公司已经凭货权转移证明及自制提货单提货的事实充分反映出以《货权转移证明》转移货权的外贸惯例。六、琨福公司否认华联公司的相关说法毫无依据。首先，华联公司对货物进行投保举证。投保货物险无须提单、仓单等文件。其次，华联公司将货权转移证明传真给仓库的事实的补充证据。七、本案的法律适用。

1. 本案的交付符合我国物权法第二十六条及合同法第一百三十三条的规定。

2. 按照合同法第一百四十七条的规定，交货和交付货物单证是两个不同的法律概念，交货和提货也是不同的交易流程，琨福公司及原审判决意在混淆。

3. 依据合同法第一百四十二条、第一百四十六条规定，华联公司自行承担货损责任。综上，请求撤销山东省高级人民法院（2012）鲁商终字第143号二审判决及山东省潍坊市中级人民法院（2011）潍商初字第76号一审判决，判令驳回琨福公司的全部诉讼请求，判令琨福公司承担一审、二审全部诉讼费。

针对华联公司的再审请求，琨福公司答辩称：一、本案双方合同约定的交货地点是"锦泰库"，《货权转移证明》却指示琨福公司到"多利是仓库"提货，而"多利是仓库"与"锦泰库"是彼此独立的两个法人单位。原审法院要求华联公司提供货物在"多利是仓库"与"锦泰库"之间的流转关系及手续，华联公司拒绝提供。二、华联公司没有证据证明货物客观存在。合同法第三百八十五条规定："存货人交付仓储物的，保管人应当给付仓单。"《货权转移证明》不是仓单、提单，不能流转质押和背书转让，因而不具备物权特征，不能证明货物的客观存在，也不能转移货物所有权。三、华联公司不断变化主张的交付形式均不成立。拟制交付不成立、指示（观念）交付不成立、交易习惯不成立。四、起火后、诉讼中，华联公司交付五箱货的行为属瑕疵交付，不是正常履行合同的行为，不能反证剩余货物存在，不能反证持《货权转移证明》能够提取本案剩余货物。五、根据海关总署关于保税货物管理规定第二十六条限制性规定，华联公司与锦泰库签订的仓储合同第1条（6）项、第2条（5）项限制提货的特别约定，琨福公司仅持《货权转移证明》无法提取到货物。六、琨福公司在本案之前的诉讼不构成本案中的自认。七、华联公司未就交易习惯举证，应承担不利的法律后果。八、另案中"锦泰"仓库不认可货权转移，华联公司在北京市西城区人民法院诉讼中自认货权没转移。综上，本案琨福公司全部履行了合同约定的付款义务，华联公司未履行合同法第一百三十五条规定的交付货物的义务，构成违约。因此，华联公司申请再审理由不成立，应予驳回。

本院再审认定原审法院查明的事实。另查明，华联公司与锦泰公司签订的《货物储运合同》第1条（6）约定，商品出库时，要有乙方提供的正式出库单，发货完毕要由承办人签字方可放行。第2条（5）约定，一切货物出库凭证由乙方负责人签字并加盖业务专用章的提货单标明的商品规格数量放行，放行货物须与提货单相符，凡不符合上述要求，甲方擅自放货引起的损失由甲方承担。

2012年10月9日，华联公司以琨福公司为被告向北京市西城区人民法院提起买卖合同纠纷诉讼，请求判令：一、琨福公司因未履行投保承诺赔偿华联公司货物灭失损失700万元；二、诉讼费由琨福公司承担。北京市西城区人民法院受理该案后，华联公司以该案需以本案审理结果为依据为由，申请该院中止审理。2013年7月16日该院裁定中止审理该案。

本院认为，本案双方当事人对于合同效力以及合同履行的事实过程均无异议，尚未交付的15箱棉花发生火灾灭失是本案合同无法继续履行的直接原因。本案焦点是买卖双方在履行合同过程中是否具有过错、货物损失由谁承担的问题。根据已查明的事实和相关法律规定，华联公司和琨福公司在本案合同履行过程中均有一定过错，应当共同承担货物损失。理由如下：

一、华联公司没有完成"向琨福公司办理货权转移手续"的合同义务，应当承担相应的违约责任。

本案双方当事人对于《棉花销售合同》中关于华联公司应"向琨福公司办理货权转移手续"的内容的履行标准和内容产生争议，应当根据合同目的和交易过程作出合法合理的合同解释。本案中，琨福公司作为买方的主要合同义务是支付货款，卖方华联公司的主要合同义务是交付货物。双方当事人在《棉花销售合同》中约定"华联公司在收到琨福公司全款后向琨福公司办理货权转移手续并开具增值税发票"。这是合同中关于华联公司在收到货款后的全部合同义务的约定，此外并无其他履行义务。同时，该合同约定了"琨福公司自行提货"，可见，华联公司履行"向琨福公司办理货权转移手续"的拟制交付行为应当满足琨福公司可以自行提货的全部必要条件，已完成交付货物的合同义务，其中"货权转移手续"应能满足提货人从仓储方锦泰公司提货的全部必备要件。

本案双方当事人对于什么内容的"货权转移手续"可以满足向仓储方的提货要求各执一词，琨福公司不认可华联公司关于"货权转移手续"即是《货权转移证明》的主张。由于本案中仓储方锦泰公司在发生火灾后停止经营，且相关人员拒绝就本案作证，故原审法院依据《货物储运合同》等有关证据和法律规定对于该部分合同内容进行认定并无不当。根据仓储保管人锦泰公司与存货人华联公司签订的《货物储运合同》第1条第（6）项的约定，商品出库时，要有锦泰公司提供的正式出库单，发货完毕要由承办人签字方可放行。该合同第2条第（5）项约定，一切货物出库凭证由锦泰公司负责人签字并加盖业务专用章的提货单标明的商品规格数量放行，放行货物须与提货单相符，凡不符合上述要求，锦泰公司擅自放货引起的损失由锦泰公司承担。可见，仓储保管人锦泰公司对于本案所涉货物的提货手续有着具体明确的要求，应包括正式出库单和提货单。根据《中华人民共和国合同法》第三百八十五条、第三百八十七条的规定，存货人交付仓储物的，保管人应当给付仓单。仓单是提取仓储物的凭证。存货人或者仓单持有人在仓单上背书并经保管人签字或者盖章的，可以转让提取仓储物的权利。故本案合同中约定的"货权转移手续"应当包括仓单、提货单或者出库单的权利凭证和相关手续。本案中的《货权转移证明》既非出库单也非提货单，华联公司关于琨福公司持有《货权转移证明》传真件即可提取货物的主张既不符合法律规定，也不符合当事人《货物储运合同》的相关约定，该主张不能成立。华联公司主张买方琨福公司持卖方华联公司传真的《货权转移证明》即可向仓储保管人锦泰公司提货是一种特殊交易惯例，但未能提供确实充分的证据予以证明，应承担举证不能的法律后果。

综上，本案中琨福公司已将7653469.22元货款支付给华联公司，华联公司应依约在收到货款后向琨福公司办理全部货权转移手续，但华联公司仅向琨福公司交付《货权转移证明》，而未能交付出库单或提货单，没有完成办理交付货权所需的全部手续，应承担违约责任。

二、琨福公司在收到华联公司书面通知后怠于完善货物提取和保险等手续，对本案货物损失亦有一定过错，应自行承担相应的民事责任。

根据本案《棉花销售合同》的约定，琨福公司自行负责提取货物。该公司于2010年3月24日收到华联公司传真的《货物转移证明》后，即使其主观认为《货物转移证明》并不是全部的货物转移手续，也应当及时与华联公司沟通反馈，积极完善货物提取手续，从而尽快提取货物完成交易。但琨福公司未能提供确实充分的证据证明其在合理的期限内进行了上述通知提示行为，进而导致该批货物在长达近一个月的时间内没有及时提取，客观上加大了合同履行的风险。

华联公司于2010年3月31日向琨福公司传真一份保险事宜提示，提示该批货物的仓储保险有效期至2010年4月1日止，请琨福公司及时安排货物的仓储保险事宜。虽然华联公司和琨福公司在《棉花销售合同》中对货物保险事宜未作明确约定，但双方对于棉花的易燃属性导致的货物火灾风险是明知的，双方均有合理的注意义务以维护交易安全。琨福公司即使不同意支付保险费也应当及时反馈通知华联公司，从而避免货物失去保险保障。而琨福公司收到上述提示传真后，既没有办理相应的保险事宜，也未将拒绝办理保险事宜的意思表示及时告知华联公司，客观上造成本案货物自 2010 年 4 月 1 日起处于没有保险保障的风险之中，最终导致其中的 15 箱棉花在 2010 年 4 月 22 日的火灾中全部灭失且没有获得相应的保险赔偿。

根据《中华人民共和国合同法》第六十条的规定，当事人应当按照约定全面履行自己的义务。当事人应当遵循诚实信用原则，根据合同的性质、目的和交易习惯履行通知、协助、保密等义务。琨福公司在本案合同履行过程中未尽相应的通知、协助等履行义务，具有一定过错，原审判决在确定华联公司的违约赔偿责任中未能认定琨福公司的相关过错和责任明显不当，应予纠正。华联公司和琨福公司在本案合同履行过程中均有一定过错，应当共同承担本案货物损失。华联公司的部分再审申请理由成立，应予支持。

综上，原审判决认定事实清楚，但适用法律错误，本院依据《中华人民共和国民事诉讼法》第一百七十条第一款第（二）项、第二百零七条之规定，判决如下：

一、撤销山东省高级人民法院（2012）鲁商终字第 143 号民事判决，山东省潍坊市中级人民法院（2011）潍商初字第 76 号民事判决。

二、中商华联科贸有限公司于本判决生效后 10 日内返还昌邑琨福纺织有限公司货款 3182137.2 元。

三、驳回昌邑琨福纺织有限公司的其他诉讼请求。

如果未按本判决指定的期间履行给付金钱义务，应当依照《中华人民共和国民事诉讼法》第二百五十三条之规定，加倍支付延迟履行期间的债务利息。

一审案件受理费 87210 元，诉讼保全费 5000 元，二审案件受理费 87210 元，合计 179420 元，由昌邑琨福纺织有限公司、中商华联科贸有限公司各自负担 89710 元。

本判决为终审判决。

审 判 长 王宪森

审 判 员 杨征宇

代理审判员 张雪楳

二〇一三年十二月十二日

书 记 员 郝晋琪

13. 违约金的调整

——新疆六道湾实业有限责任公司清算组与乌鲁木齐市博元汽车修理有限公司合同纠纷案

【裁判要旨】

对于如何认定约定的违约金过分高于实际造成的损失问题,《最高人民法院关于适用〈中华人民共和国合同法〉若干问题的解释(二)》第二十九条第二款规定:"当事人约定的违约金超过造成损失的百分之三十的,一般可以认定为合同法第一百一十四条第二款规定的'过分高于造成的损失'。"据此,认定约定的违约金数额是否过高,应以实际损失数额作为确认的基础。在无法根据实际损失与违约金的差额作出违约金是否过高判断的情况下,可以结合合同的约定及履行情况、当事人的过错程度以及预期利益等,根据公平原则对违约金是否过高作出裁量。

在双方当事人均未提交证据证明逾期付款损失问题时,人民法院综合衡量全案情况认为,逾期付款损失为款项接收方的利息损失。同时考虑到,我国合同法规定当约定违约金过分高于或低于违约造成的损失时可予以调整的立法本意,旨在以弥补损失为基准点,同时适度体现一定的惩罚性,因此案涉违约金的计算,在以中国人民银行同期同类贷款基准利率为标准的基础上,按照逾期罚息利率标准的上限即50%上浮确定利率。

中华人民共和国最高人民法院民事判决书

(2013)民提字第145号

再审申请人(一审被告、二审上诉人):新疆六道湾实业有限责任公司。住所地:新疆维吾尔自治区乌鲁木齐市南湖东路北三巷55号。

负责人:李顺江,该公司清算组组长。

委托代理人:胡保选,该公司清算组副组长。

被申请人（一审原告、二审被上诉人）：乌鲁木齐市博元汽车修理有限公司。住所地：新疆维吾尔自治区乌鲁木齐市南湖北路855号友好花园2-5-502号。

法定代表人：邓中锋，该公司总经理。

委托代理人：苏琦，山东柏瑞律师事务所律师。

再审申请人新疆六道湾实业有限责任公司（以下简称六道湾公司）因与被申请人乌鲁木齐市博元汽车修理有限公司（以下简称博元公司）合同纠纷一案，不服新疆维吾尔自治区高级人民法院（2011）新民一终字第164号民事判决，向本院申请再审。本院于2013年5月9日作出（2012）民申字第1594号民事裁定，提审本案。本院依法组成由审判员王东敏担任审判长，代理审判员李相波、梅芳参加的合议庭，公开开庭审理了本案。书记员侯佳明担任记录。六道湾公司的负责人李顺江、委托代理人胡保选，博元公司的委托代理人苏琦到庭参加诉讼。本案现已审理终结。

博元公司一审诉称：2008年4月8日博元公司与六道湾公司签订《还款协议》一份，约定由六道湾公司偿还土地出让退款5969001.79元，应于2008年5月30日前支付4469001.79元，2008年8月30日前支付150万元，如未按期支付则每迟延一天支付债务总额的5‰作为滞纳金。后六道湾公司于2008年6月27日还款400万元、2008年12月31日还款469001.79元，后一直未再还款。故博元公司诉至法院，请求判令六道湾公司偿还博元公司150万元以及计算至实际支付之日的滞纳金（至2010年3月12日为254万元）。

六道湾公司答辩称：本案涉及的是双方于2004年4月30日就博元公司征用六道湾村土地事宜的协议，因该协议未经村民委员会讨论，故协议无效。应驳回博元公司的诉讼请求。

新疆维吾尔自治区乌鲁木齐市中级人民法院一审查明，2008年4月8日，博元公司与六道湾公司签订《还款协议》，就双方于2004年4月30日签订的《征地协议》及2004年9月22日签订的《征地补充协议》所产生的债权债务，达成协议。该协议第一条约定："本协议标的：1. 甲（博元公司）乙（六道湾公司）双方在2004年4月30日签订了《征地协议》，又在2004年9月22日签订了《征地补充协议》，明确将乙方位于南湖北路东侧、外环路北侧共56.04亩土地出让给甲方。甲方按照协议于2004年先后向乙方支付了土地出让款人民币4469001.79元，甲方几年来还为该宗地开发管理投入大量人力、物力、财力。2. 乙方承诺向甲方偿还甲方在2004年支付给乙方的土地款4469001.79元，构成乙方对甲方债务，乙方按本协议规定向甲方偿还。3. 签订本协议后，甲方同意乙方自行处理该宗土地，该宗土地与甲方无任何关系，甲方不得以任何理由干涉乙方对该宗土地的开发利用与转让。"第二条约定："债务支付时间、方式：乙方分两次向甲方还款，第一次在 2008 年 5 月 30 日前向甲方支付第一笔款 4469001.79 元；第二次在 2008 年 8 月 30 日前向甲方支付第二笔利息补偿款 150 万元。"第三条约定："本协议签订后，若乙方未能按时向甲方支付债务，每迟延一天向甲方支付债务总额的千分之五作为滞纳金，直至付清上述本金及补偿金。"协议签订后，六道湾公司于 2008 年 6 月 27 日、2008 年 12 月 31 日分别向博元公司还款 400 万元、469001.79 元，之后一直未再还款。

一审法院认为，博元公司与六道湾公司签订的《还款协议》是双方当事人的真实意思表示，内容并不违反法律规定，应认定为有效。六道湾公司辩称《还款协议》涉及《征地协议》，因《征地协议》无效，故《还款协议》无效。对此，一审法院认为，《还款协议》独立于《征地协议》；同时根据法律规定，合同无效或者被撤销后，因该合同取得的财产，应当予以返还，故即便双方之间的《征地协议》无效，也不影响《还款协议》的履行。故六道湾公司应按《还款协议》的约定向博元公司支付债务，现六道湾公司已逾期，应承担违约责任。博元公司的诉讼请求合理，一审法院予以支持。该院依照《中华人民共和国民法通则》第一百零八条之规定，判决：六道湾公司偿还博元公司欠款 150 万元；六道湾公司偿付博元公司违约金 254 万元。案件受理费 39120 元，由六道湾公司负担。

六道湾公司不服上述一审判决，向新疆维吾尔自治区高级人民法院提起上诉称：本案起因是 2004 年 4 月 30 日双方签订的《征地协议》和 2004 年 9 月 22 日签订的《征地补充协议》。由于博元公司未能向县级以上人民政府办理农村土地变更手续，六道湾公司亦未按照土地管理法的规定履行"农村集体所有的土地对外出让须经三分之二以上村民代表的同意"的程序，因此双方所签订征地协议无效。六道湾公司已按《还款协议》履行了 4469001.79 元的还款义务，150 万元利息是因征地协议而产生，而征地协议无效，故请求撤销原判，驳回博元公司的诉讼请求。

博元公司答辩称：原判决并未确认征地协议无效，且即使征地协议无效，根据合同法的规定，因无效合同取得的财产应相互返还，故六道湾公司亦需退回博元公司征地款，并承担博元公司损失 150 万元。六道湾公司上诉引用的土地管理法相关规定与本案无关，不适用于本案。

二审法院经审理，确认一审判决认定的事实。

二审法院认为，博元公司与六道湾公司签订的《还款协议》系双方真实意思表示，内容不违反法律规定，合法有效，双方均应严格履行。六道湾公司已按还款协议的约定偿付了 4469001.79 元，余款 150 万元未支付，应由六道湾公司向博元公司支付，并按照约定支付迟延履行的滞纳金。六道湾公司辩称双方所签征地协议无效，故还款协议无须履行。对此，二审法院认为，博元公司与六道湾公司之间因《征地协议》及补充协议产生的纠纷，与本案不属同一法律关系。双方经过协商以签订《还款协议》的方式，对前期所付征地款的返还及利息的支付重新进行了约定，双方间的法律关系已转化为债权债务关系。六道湾公司应依照新的约定向博元公司偿付欠款及利息。即使征地协议无效，双方对于合同无效后所作出的相互返还财产的约定亦合法有效，不受征地协议效力的影响。关于滞纳金 254 万元，由于该数额未超出双方在《还款协议》中约定的计算标准，六道湾公司对此亦未提出异议，故应由六道湾公司向博元公司予以支付。综上，二审法院认为，一审判决认定事实清楚，适用法律正确，判决驳回上诉，维持原判。

六道湾公司不服上述二审判决，向本院申请再审称：一、在征地协议履行过程中，博元公司违约在先，六道湾公司完全可以其违约为由，不退还征地定金 4469001.79 元，同时《征地协议》《征地补充协议》作废。但博元公司在长达四年的时间既不付款，又不退还土地，六道湾公司被迫签订还款协议。150 万元是补偿给博元公司的利息损失，不是法律意义上的债权债务关系，也不是企业之间的借贷法律关系，更不是民间借贷法律关系。原审法院支持博元公司依据同期银行贷款利息的四倍计算滞纳金的判决错误。二、本案在《还款协议》中虽约定了迟延履行滞纳金的计算方法，但依据合同法及司法解释的规定，当事人要求违约金损失，应以实际造成的经济损失为基础。本案中博元公司并未提供因 150 万元利息未履行而给其造成的实际经济损失的任何证据。博元公司即便有实际损失，也只是该款的银行利息损失。原审判决判处违约金高达 254 万元，是银行同期贷款利息的 20 多倍，适用法律严重错误。三、六道湾公司承诺给予博元公司的 150 万元本身就是资金利息补偿，已远远大于博元公司资金在六道湾公司占用期间的银行利息损失。综上，原一、二审判决适用法律错误，判决结果显失公平，特依据《中华人民共和国民事诉讼法》的相关规定申请再审。

博元公司答辩称：一、本案《还款协议》约定了逾期付款需按日千分之五支付滞纳金，该滞纳金与违约金不能等同。该滞纳金既包括了对六道湾公司违约占用博元公司资金费用的损失补偿，也包括了对六道湾公司违约行为的惩罚性赔偿。《还款协议》明确约定了逾期付款滞纳金的支付标准，故不能参照金融机构计收逾期贷款利息的标准计算违约损失。二、六道湾公司违约给博元公司造成的实际损失，博元公司无法精确计算。但企业资金成本需要考虑资金利息、各种营运费用、税费、机会成本损失等等，必然超过博元公司起诉时适用的银行利率四倍的计算标准。所以资金违约对企业造成的损失绝对不能简单套用银行贷款利率来计算。三、参照银行同类贷款利率四倍的标准也有依据。由于双方在《还款协议》中约定的逾期支付违约金标准相对较高，考虑到六道湾公司的支付能力，博元公司起诉时主动调低了计算标准。《最高人民法院关于人民法院审理借贷案件的若干意见》第六条是人民法院审理相关款项违约纠纷时对违约金数额调整适用的标准。综上，原审判决支持的数额在合理区间内，敬请法庭考虑六道湾公司的违约情况及上述意见，依法裁决。

本院经再审审理，确认原一、二审法院查明的事实。

本院认为，本案系因双方当事人签订的《还款协议》未能按约履行而涉诉。对于《还款协议》约定的六道湾公司给付博元公司"利息补偿款"150万元，双方当事人均无异议；有争议的是，原审法院判决六道湾公司给付博元公司违约金254万元，数额是否适当，是否应予调整。

《中华人民共和国合同法》第一百一十四条第一款、第二款规定："当事人可以约定一方违约时应当根据违约情况向对方支付一定数额的违约金，也可以约定因违约产生的损失赔偿额的计算方法。约定的违约金低于造成的损失的，当事人可以请求人民法院或者仲裁机构予以增加；约定的违约金过分高于造成的损失的，当事人可以请求人民法院或者仲裁机构予以适当减少。"对于如何认定约定的违约金过分高于造成的损失问题，《最高人民法院关于适用〈中华人民共和国合同法〉若干问题的解释（二）》第二十九条第二款规定："当事人约定的违约金超过造成损失的百分之三十的，一般可以认定为合同法第一百一十四条第二款规定的'过分高于造成的损失'。"根据上述规定，确认约定的违约金数额是否过高，应以实际损失数额作为确认的基础。但本案中，双方当事人均未提供证据证明六道湾公司逾期支付150万元给博元公司造成的实际损失是多少。因此，本案无法根据实际损失与违约金的差额作出违约金是否过高的判断。在此情况下，可以结合合同的约定及履行情况、当事人的过错程度以及预期利益等，根据公平原则对违约金是否过高作出裁量。

《还款协议》约定，若六道湾公司未能按时向博元公司支付债务，每延迟一天向博元公司支付债务总额的5‰作为滞纳金。该计算标准显然过高。博元公司在起诉时亦未参照，而是主张按照中国人民银行同期同类贷款基准利率的四倍标准计算违约金。对于博元公司主张的截至2010年3月12日的违约金254万元是如何计算得出，博元公司提交计算明细如下：1. 按照合同约定计算滞纳金：计算基数是债务总额 5969001.79 元，期限是 2008 年 5 月 30 日至 2010 年 3 月 12 日，共计 555 天，滞纳金合计为 5969001.79 × 0.005 × 555 = 1656.4 万元；2. 254 万元的计算明细：计算基数为 5969001.79 元，期限为 21.3 个月，按照年贷款利率 6% 的四倍，每年 24%，每月 2%，滞纳金合计为 5969001.79 × 2% × 21.3 = 254 万元。对此，本院认为，上述计算方法存在以下问题：1. 博元公司计算违约金以 5969001.79 元为基数不妥。债务因清偿而消灭，已经清偿的部分，不应再纳入债务的范畴。本案中六道湾公司已经偿付 4469001.79 元，博元公司所主张的债务只是合同约定的"利息补偿款"150 万元。2. 博元公司主张按照人民银行同期同类贷款基准利率的四倍计算违约金，并认为《最高人民法院关于人民法院审理借贷案件的若干意见》第 6 条规定是审理相关款项违约纠纷时对违约金数额调整适用的标准，依据不足。即便按照博元公司主张的四倍利息计算至 2010 年 3 月 12 日，所得数额也与 254 万元差距巨大。因此，原审法院判决违约金数额过高，应予调整。六道湾公司在二审中对违约金 254 万元亦明确提出异议，要求予以调减；但二审判决认定六道湾公司对此未提出异议，显然与事实不符，本院予以纠正。

根据本案查明的事实，双方当事人签订《还款协议》的目的是就双方于 2004 年签订的《征地协议》《征地补充协议》所产生的债权债务作出重新约定，《还款协议》已经考虑了博元公司为土地征用项目所投入的人力、物力、财力等因素。六道湾公司已经给付博元公司 4469001.79 元，余款 150 万元未按《还款协议》约定时间即 2008 年 8 月 30 日之前给付。该款项截至 2010 年 3 月 22 日，即博元公司提起诉讼之日，逾期一年七个月未付。对于该 150 万元逾期付款损失问题，双方当事人均未提交证据予以证明，本院综合衡量全案情况认为，逾期付款损失为款项接收方即博元公司的利息损失。同时考虑到，我国合同法规定当约定违约金过分高于或低于违约造成的损失时可予以调整的立法本意，旨在以弥补损失为基准点，同时适度体现一定的惩罚性，因此案涉违约金的计算，在以中国人民银行同期同类贷款基准利率为标准的基础上，按照逾期罚息利率标准的上限即 50% 上浮确定利率。

综上，原审判决除了关于六道湾公司对 254 万元违约金数额未提出异议的认定与事实不符外，对其他事实认定清楚；但判处违约金数额欠当，应予纠正。六道湾公司关于原审判决认定违约金数额过高的再审申请理由，本院予以支持。本院依据《中华人民共和国民事诉讼法》第二百零七条、《最高人民法院关于适用〈中华人民共和国民事诉讼法〉审判监督程序若干问题的解释》第三十八条之规定，判决如下：

一、撤销新疆维吾尔自治区高级人民法院（2011）新民一终字第 164 号民事判决；

二、维持新疆维吾尔自治区乌鲁木齐市中级人民法院（2010）乌中民四初字第 46 号民事判决第一项，即新疆六道湾实业有限责任公司偿还乌鲁木齐市博元汽车修理有限公司欠款 150 万元；

三、变更新疆维吾尔自治区乌鲁木齐市中级人民法院（2010）乌中民四初字第 46 号民事判决第二项为新疆六道湾实业有限责任公司向乌鲁木齐市博元汽车修理有限公司支付违约金（以 150 万元为基数，利率按照中国人民银行同期同类贷款基准利率加收 50% 确定，自 2008 年 8 月 31 日起计算至新疆六道湾实业有限责任公司实际支付之日止）。

上述金钱给付义务，新疆六道湾实业有限责任公司应自本判决生效之日起十日内履行；逾期给付的，应当按照《中华人民共和国民事诉讼法》第二百五十三条之规定，加倍支付迟延履行期间的债务利息。

一审案件受理费 39120 元、二审案件受理费 39120 元，均由新疆六道湾实业有限责任公司负担。

本判决为终审判决。

审　判　长　王东敏

代理审判员　李相波

代理审判员　梅　芳

二〇一三年十二月十二日

书　记　员　侯佳明

14. 合同是否实际履行对认定合同真实有效的影响

——深圳市恒尚科技开发有限公司与中国联合网络通信有限公司新疆维吾尔自治区分公司、新疆金中华通讯服务有限公司买卖合同纠纷申诉案

【裁判要旨】

一、本案《合作合同》约定的大部分权利义务，均得到双方实际履行。《合作合同》真实有效，已由生效的仲裁裁决所认定。恒尚公司再审申请提供的《不起诉决定书》所载相关伪造印章及《合作合同》的情况，不足以推翻上述有关《合作合同》已实际得到履行，有关印章所产生的法律关系已为恒尚公司所认可的事实。

二、虽然恒尚公司认为合同中指定的付款账户并非其开设，且控制权在金中华公司，但并未影响恒尚公司从新疆联通分公司获得相应货款。在本案一审中，新疆联通分公司提供证据证明包杆费应从货款中扣除，恒尚公司亦予认可，现恒尚公司否定其已认定的事实，但未提供相应证据予以证明，故对其该项主张本院不予支持。

三、金中华公司依据仲裁裁决所认定的事实，对本案诉讼标的享有相应的独立请求权，其主张的货款数额及所依据的《合作合同》已经仲裁裁决确认，该仲裁裁决并不因为未经执行程序审查而处于未决状态。

四、恒尚公司申请回避的理由不符合民事诉讼法有关审判人员应当回避的要求。且本案二审判决是在刑事侦查活动终结后作出，亦不存在违反先刑后民原则的情形。

中华人民共和国最高人民法院民事裁定书

（2013）民申字第 1592 号

再审申请人（一审原告、二审上诉人）：深圳市恒尚科技开发有限公司。

住所地：广东省深圳市南山区南海大道 1019 号百盈医疗器械园 A 座 409 室。

　　法定代表人：王华，该公司总经理。

　　委托代理人：朱崇坤，北京市合川律师事务所律师。

　　委托代理人：徐双甲，北京市合川律师事务所律师。

　　被申请人（一审第三人、二审上诉人）：新疆金中华通讯服务有限公司。

住所地：新疆维吾尔自治区乌鲁木齐市乌鲁木齐经济技术开发区北大新疆高新技术产业园科技楼 213 室。

　　法定代表人：钟万海，该公司董事长。

　　委托代理人：杨桂尧，新疆鼎信旭业律师事务所律师。

　　被申请人（一审被告、二审被上诉人）：中国联合网络通信有限公司新疆维吾尔自治区分公司。住所地：新疆维吾尔自治区乌鲁木齐市黄河路 168 号 15 幢。

　　负责人：孙建军，该分公司总经理。

　　再审申请人深圳市恒尚科技开发有限公司（以下简称恒尚公司）因与被申请人中国联合网络通信有限公司新疆维吾尔自治区分公司（以下简称联通新疆分公司）、新疆金中华通讯服务有限公司（以下简称金中华公司）买卖合同纠纷一案，不服新疆维吾尔自治区高级人民法院（2012）新民二终字第 28 号民事判决，向本院申请再审。本院依法组成由审判员刘敏担任审判长，代理审判员赵柯、郁琳参加的合议庭进行了审查，现已审查终结。

　　恒尚公司申请再审称：

　　一、本案的新证据即新疆乌鲁木齐市天山区人民检察院（以下简称天山区检察院）乌天检刑不诉（2013）16 号《不起诉决定书》认定金中华公司法定代表人钟万海伪造公章和伪造《合作合同》的犯罪事实。《合作合同》是本案的主要证据，证明了本案一审判决、二审判决以及（2010）乌仲裁字第 52 号仲裁裁决书是错误的。

　　二、二审使用伪造的证据判案，违反法律程序，适用法律不当并且违反事实，明显不公正。（一）本案二审对伪造的公章和签字没有审理，直接引用仲裁裁决书认定《合作合同》有效。（二）本案二审判决直接剥夺了恒尚公司在仲裁裁决执行过程中向法院申请对仲裁裁决进行审查核实的救济渠道，违反法律程序。（三）本案二审法院给一审法院发内部指令要求后者将金中华公司列为第三人，使用行政手段干预一审法院独立判案。（四）恒尚公司代理人李疆生在一审时没有同意支付 20000 元包杆费，本案二审曲解李疆生的表述。

　　三、本案一审判决错误。（一）本案一审认定的诸项事实错误。（二）本案一审认定"金中华公司作为第三人提起诉讼，符合法律规定"错误。（三）本案一审将仲裁裁决作为证据来直接使用违反法律程序，剥夺恒尚公司在执行时申请审查核实的权利。

四、对于申请撤销仲裁案件，乌鲁木齐市中级院（2011）乌中民一初字第 41 号裁定书没有审理仲裁委更换仲裁员的理由是否真实、仲裁委确认合同有效是否正确以及证据是伪造的。

五、乌鲁木齐市仲裁委（2010）乌仲裁字第 52 号裁决书程序错误，证据是伪造的、结果不合理，经不起执行审查核实。仲裁裁决违反先刑后民的原则。仲裁委更换仲裁员杨远志错误、送达违反程序。裁决依据的《合作合同》上陈健的签名不是其本人的签字。陈健不知道该《合作合同》的存在。裁决依据的《合作合同》是在 2008 年伪造的。裁决认定恒尚公司已履行了《合作合同》，不是恒尚公司实施的行为。钟万海没有履行其伪造的《合作合同》，且该合同明显不公。

综上，依据民事诉讼法第二百条第（一）、（二）、（三）、（六）、（七）项之规定，请求：一、撤销（2012）新民二终字第 28 号民事判决书，撤销（2010）乌中民二初字第 49 号民事判决书；二、驳回金中华公司第三人申请；三、判令联通新疆分公司支付恒尚公司货款 3472500 元。

金中华公司答辩称：一、《不起诉决定书》的认定违法，不能成立。二、《货物买卖及技术服务合同》的标的"ECS150"项目是金中华公司以撤诉为代价而取得的新疆联通分公司的补偿项目。三、恒尚公司的印章是王华让在乌鲁木齐市刻制的，恒尚公司对印章、账户长期公开使用，从未提出异议的事实，说明其同意刻制印章和开设账户。四、天山区检察院的起诉书和王华的报案均承认，《货物买卖及技术服务合同》合法并已实际履行，但王华却不承认合同上的印章和账户，是自相矛盾的。五、陈健代表王华签订《合作合同》，签字后告诉了王华，并将二份合同交给了王华，王华收到合同并履行了合同，金中华公司与恒尚公司共同履行了《合作合同》等事实，都充分说明《合作合同》不是伪造的，是真实的。六、恒尚公司认为金中华公司不具有有独立请求权第三人身份，其理由不能成立。七、恒尚公司称仲裁委和一、二审法院都违反了先刑后民的原则，导致错裁错判，毫无根据。综上，恒尚公司的再审申请缺乏事实与法律依据，请求予以驳回。

新疆联通分公司未提交答辩意见。

本案再审审查期间，恒尚公司提交了天山区检察院于 2013 年 7 月 23 日作出的乌天检刑不诉（2013）16 号《不起诉决定书》，其中载明："经依法审查查明：2006 年 4 月，被不起诉人钟万海指使金中华公司的钟万江、杜鹃，私刻了恒尚公司的公章、财务章，并开设了该公司的账户。同年 4 月 30 日，钟万海用私刻的印章与新疆联通分公司签订了《货物买卖及技术服务合同》，并将没有加盖恒尚公司公章的合同传真给该公司法定代表人王华，随后由王华发货并安装调试履行合同；同时，钟万海用私刻的公章伪造了金中华公司与恒尚公司《合作合同》。本院认为，被不起诉人钟万海实施了《中华人民共和国刑法》第二百八十条伪造公司印章的行为，但犯罪情节轻微。根据《中华人民共和国刑法》第三十七条之规定，不需要判处刑罚。依据《中华人民共和国刑事诉讼法》第一百七十三条第二款之规定，决定对钟万海不起诉。"

本院认为，本案争议焦点是《合作合同》是否真实有效，本案二审认定的货款数额是否准确，金中华公司是否有权作为有独立请求权的第三人参加本案诉讼，以及本案二审是否违反法律程序的问题。

关于本案所涉《合作合同》是否真实有效的问题。本案《合作合同》约定的大部分权利义务，均得到双方实际履行。其中，金中华公司根据《合作合同》的约定，以恒尚公司名义与新疆联通分公司签订的《货物买卖及技术服务合同》已得到了恒尚公司的认可，虽然恒尚公司称该《货物买卖及技术服务合同》是自己和新疆联通分公司之间的合同关系，以及是与钟万海个人合作，而与金中华公司无关，但新疆联通分公司在本案一审答辩中明确表示，其没有与恒尚公司直接谈判 ESC150 通信业务，而是与金中华公司商谈的业务，后金中华公司以恒尚公司名义与新疆联通分公司签订了《货物买卖及技术服务合同》。可见，新疆联通分公司亦认可金中华公司与恒尚公司同为合同履行的主体。此外，恒尚公司据以向新疆联通分公司主张货款的《初步验收报告》上所加盖的印章，与其所认可的《货物买卖及技术服务合同》上所加盖的印章为同一枚印章，恒尚公司起诉新疆联通分公司的行为，实际上是对该公章所产生法律关系的认可。《合作合同》真实有效，已由生效的仲裁裁决所认定。恒尚公司再审申请提供的《不起诉决定书》所载相关伪造印章及《合作合同》的情况，不足以推翻上述有关《合作合同》已实际得到履行，有关印章所产生的法律关系已为恒尚公司所认可的事实。故本案二审依据生效仲裁裁决所认定的事实，认可《合作合同》及双方合作关系真实有效，并无不当，恒尚公司有关《合作合同》系伪造，本案二审判决错误的主张不能成立，本院不予支持。

关于二审认定的货款数额是否准确的问题。本案《货物买卖及技术服务合同》约定的合同总金额为 6945000 元，根据生效仲裁裁决的认定，恒尚公司从新疆联通分公司已支付的 2282500 元货款中获得 1449149 元结算货款。虽然恒尚公司认为上述合同中指定的付款账户并非恒尚公司开设，其控制权在金中华公司，但并未影响恒尚公司从新疆联通分公司获得相应货款，故其主张新疆联通分公司支付的2282500元货款并未支付给自己，而是被金中华公司诈骗获取，缺乏事实依据，本院不予支持。关于20000元包杆费是否应由恒尚公司负担的问题。在本案一审中，新疆联通分公司为证明20000元包杆费应从货款中扣除，向一审法院出具维修证明一份，恒尚公司对该份证据真实性予以认可，并明确表示对包括9800元维修费在内的共计29800元应从剩余货款中扣除无异议。现恒尚公司否定其已认定的事实，主张应由新疆联通分公司承担该20000元包杆费，但未提供相应证据予以证明，故对其该项主张本院不予支持。

关于金中华公司是否有权作为有独立请求权的第三人参与本案诉讼的问题。本案中，金中华公司依据仲裁裁决所认定的事实，向新疆联通分公司和恒尚公司提出诉讼请求，主张有权获得新疆联通分公司和恒尚公司所争议货款的其中一部分，其对本案诉讼标的享有相应的独立请求权，本案的审理结果亦与其有直接利害关系，二审法院将其列为有独立请求权的第三人参与本案诉讼，并无不当。金中华公司主张的货款数额及其所依据的《合作合同》已经仲裁裁决确认，且该仲裁裁决已经发生法律效力，并不因为未经执行程序审查而处于未决状态。该仲裁裁决对《合作合同》真实性和效力，以及金中华公司依据该合同可从新疆联通分公司支付货款中所得货款数额进行了确认，并未裁决需由恒尚公司向金中华公司支付货款，现金中华公司参与本案诉讼，要求新疆联通分公司向自己直接支付生效仲裁裁决所确定的货款，不存在违反法律程序规定的情形，故恒尚公司主张二审法院认可金中华公司作为有独立请求权的第三人参与本案诉讼，使金中华公司逃避了仲裁裁决的执行审查程序，缺乏事实和法律依据，本院不予采纳。

关于二审是否违反法律程序的问题。本案一审中，金中华公司申请参加诉讼被裁定驳回后，依法提起上诉，二审法院认为一审裁定错误发回重审，符合法律规定。恒尚公司认为二审法院作出的发回重审裁定疑点诸多，遂在本案二审时要求法院作出上述裁定的法官回避，不符合民事诉讼法第四十四条有关审判人员应当回避的要求。恒尚公司认为二审法官因不满其回避申请从而作出对其不利判决，缺乏事实依据，本院不予认可。基于本案《合作合同》得到金中华公司和恒尚公司实际履行，故《合作合同》上印章是否为恒尚公司在工商部门备案的印章，并不影响法院对该《合作合同》真实有效性的认定。且本案二审判决是在刑事侦查活动终结后作出，亦不存在违反先刑后民原则的情形。故恒尚公司关于本案二审在刑事侦查期间未中止审理就作出民事判决是错误的主张，没有事实和法律依据，本院不予支持。

　　综上，恒尚公司的再审申请不符合《中华人民共和国民事诉讼法》第二百条第（一）项、第（二）项、第（三）项、第（六）项、第（七）项规定的情形。本院依照《中华人民共和国民事诉讼法》第二百零四条第一款之规定，裁定如下：

　　驳回深圳市恒尚科技开发有限公司的再审申请。

审　判　长　刘　　敏

代理审判员　赵　　柯

代理审判员　郁　　琳

二〇一三年十二月十三日

书　记　员　孙亚菲

15. 当事人认为违约金过高可请求调整

——宁波东港物流有限公司与宁波兴合货柜有限公司租赁合同纠纷案

【裁判要旨】

案涉租赁合同中关于"承租人未于本合同终止的当日将租赁物和增设的其他物移交给出租人实际控制，承租人则须比较最后年度租金额度向出租人双倍承付租金"的约定，实质上是关于合同解除之后当事人义务以及违反该义务的应承担的责任的约定，在性质上也是违约金条款。当事人有权依照《中华人民共和国合同法》第一百一十四条第二款的规定请求对违约金进行调整。

中华人民共和国最高人民法院民事判决书

（2013）民提字第 202 号

再审申请人（一审被告、反诉原告，二审上诉人）：宁波东港物流有限公司。住所地：浙江省宁波市北仑区珠江路 177 号。

法定代表人：杨明耀，该公司董事长。

委托代理人：沈建萍，浙江西溪律师事务所律师。

委托代理人：李勤，浙江西溪律师事务所律师。

再审申请人（一审原告、反诉被告，二审被上诉人）：宁波兴合货柜有限公司。住所地：浙江省宁波市开发区新矸珠江路 287 号。

法定代表人：廉平，该公司董事长。

委托代理人：丹平原，北京市正见永申律师事务所律师。

委托代理人：葛攀攀，浙江素豪律师事务所律师。

再审申请人宁波东港物流有限公司（以下简称东港公司）与再审申请人宁波兴合货柜有限公司（以下简称兴合公司）因租赁合同纠纷一案，均不服浙江省高级人民法院（2012）浙民终字第 29 号民事判决，向本院申请再审。本院于 2013 年 7 月 12 日以（2013）民申字第 333 号民事裁定提审本案。本院依法组成由审判员宫邦友担任审判长，代理审判员林海权、高燕竹参加的合议庭进行了审理。书记员陆昱担任记录。本案现已审理终结。

宁波市中级人民法院一审审理查明：2010 年 8 月 9 日，东港公司（甲方）、兴合公司（乙方）签订《租赁合同书》一份，约定兴合公司租用东港公司的集装箱堆场及附属建筑物。合同明确：一、租赁物：1. 位于宁波开发区新矸镇珠江路 177 号［土地使用权编号为仑国用（2004）字第 017051 号］、面积为 55341 平方米的集装箱堆场；2. 场地上所附的 651.1 平方米综合楼的第一层和第二层楼梯西首的四间（不包括综合楼的第二层楼梯东首的一间和第一层楼梯下南侧的一小间）；3. 其他租赁物：（详见附件之一）。二、租赁物的交付条件：租赁物的交付条件为现状（详见附件之二所示照片）。三、租赁物的交付和起租时间：乙方起租和甲方交付租赁物的时间为 2010 年 8 月 11 日。四、租赁物的用途：租赁物的用途为集装箱堆存、装卸、修理及相关配套业务。五、租赁期限：为 10 年，自 2010 年 8 月 11 日起至 2020 年 8 月 10 日止。六、租金：1. 根据当前的市场行情，本合同项下租金总额计人民币伍仟壹佰陆拾万元（即 5160 万元）整。即：①第一年，2010 年 8 月 11 日至 2010 年 10 月 24 日的时间段免收租金；2010 年 10 月 25 日至 2011 年 8 月 10 日止的时间段，租金合计为人民币叁佰陆拾万元（即 360 万元）。②2011 年 8 月 11 日至 2013 年 8 月 10 日止的后两年，租金每年按人民币肆佰伍拾万元（即 450 万元）计算。③2013 年 8 月 11 日至 2016 年 8 月 10 日止的再三年，租金每年按人民币伍佰万元（即 500 万元）计算。④2016 年 8 月 11 日至 2020 年 8 月 10 日止的最后 4 年，租金每年按人民币陆佰万元（即 600 万元）计算。2. 甲方每年收到乙方承付的租金后，应给乙方开具等额的正规税务发票。3. 关于租金承付办法：①乙方先付租金后使用租赁物；②首年租金 360 万元，乙方于 2010 年 9 月 10 日之前付 200 万元，于 2010 年 11 月 11 日之前再付 160 万元整；③自 2011 年 8 月 11 日起至 2020 年 8 月 10 日止的后 9 年，乙方每半年承付一次租金，每次提前 3 个月承付。即自 2011 年起，乙方于每年的 5 月 11 日之前承付租期年度的前半年的租金，于每年的 11 月 11 日之前承付租期年度的后半年的租金。……八、其他约定事项：……3. 除得到甲方书面同意外，乙方不得将租赁物和增设的其他物进行转租。4. 任何一方要求提前终止合同，须提前 180 天书面通知对方，并须经得对方书面确认方为有效。……九、违约行为和违约责任：1. 下列行为认定为违约行为：①本合同生效后，任何一方要求提前解除合同。②甲方超过本合同规定的时间交付租赁物。③乙方不按照本合同规定的时间、金额承付租金。④乙方不按照本合同的规定使用租赁物，或擅自将租赁物和新增设的其他物进行抵押、转租。

2. 违约责任的承担：①乙方交纳定金之后，甲方违约致使本合同不能履行，甲方应当向乙方双倍返还定金；乙方违约致使本合同不能履行，甲方有权罚没乙方已交纳的定金。②除前款之约定外，任何一方违约，违约方应当一次性向守约方支付500万元的违约金；违约金须于15天内承付给守约方；违约方应承付的违约金如果延迟支付，须按实际延迟时日每天再向守约方支付万分之五的利息。守约方并有权单方面宣布解除本合同。③乙方未于本合同终止（含本合同的中止和解除）的当日将租赁物（仅指堆场及卡口和办公楼）和增设的其他物移交给甲方实际控制，自次日起，乙方则须比较最后年度租金额度向甲方双倍承付租金，直至将租赁物和增设的其他物移交给甲方实际控制之日止。合同同时就其他事项进行了约定。

合同签订后，东港公司依约于 2010 年 8 月 11 日向兴合公司交付了租赁物，并签订《租赁物交接确认书》一份。后兴合公司分别于 2010 年 8 月 13 日、2010 年 9 月 9 日、2010 年 11 月 11 日、2011 年 5 月 13 日、2011 年 11 月 16 日向东港公司支付款项 100 万元、100 万元、160 万元、225 万元、225 万元，共计 810 万元，其中前两笔款项由东港公司法定代表人杨明耀到兴合公司处以支票形式领取，后三笔款项由兴合公司直接汇入东港公司账户。2011 年 5 月 13 日，东港公司致兴合公司函一份（东港函字〔2011〕第 01 号文件），内容为：根据双方于 2010 年 8 月 9 日订立的《租赁合同书》有关条款的规定，贵公司应于 2011 年 5 月 11 日之前向本公司承付租金 225 万元，但时至今日已超过 2 天还未见租赁款付入我公司账户（我公司于 2011 年 5 月 4 日上午已将租赁款的收据及开户银行账号交给贵公司副总王海国先生），且未见因故延迟支付的申请，贵公司已构成违约。本公司保留法律所赋予的权利。希贵公司接函后，立即纠正违约行为。2011 年 11 月 16 日，东港公司致兴合公司律师函一份，主要内容为：根据双方合同约定，兴合公司应于 2011 年 5 月 11 日之前和 2011 年 11 月 11 日之前各支付租金 225 万元，但兴合公司应于 2011 年 5 月 11 日之前支付的 225 万元租金却逾期支付，东港公司曾为此于同年 5 月 13 日告诫其立即纠正违约行为并保留法律所赋予的权利，而兴合公司却不思改正，应于 2011 年 11 月 11 日之前支付的 225 万元租金又逾期支付，故认为兴合公司之行为已构成违约，依约应承担相应违约责任，并通知兴合公司立即解除其与东港公司签订的《租赁合同书》，要求兴合公司在收到律师函之日起 15 天内向东港公司支付违约金 500 万元，如延迟支付，兴合公司须按实际延迟时日每天再向东港公司支付万分之五的利息，并于合同解除之日将租赁物和增设的其他物品移交给东港公司实际控制，否则，应自次日起按最后年度租金额度向东港公司双倍承付租金。2011 年 11 月 27 日，兴合公收到东港公司寄送的该律师函。期间，东港公司曾先后向兴合公司开具租金发票 19 张，金额共计 585 万元。2011 年 10 月 19 日，东港公司的法定代表人杨明耀与兴合公司主管财务的副总张亚华就东港公司开具发票和兴合公司接收记录事宜进行了核对和确认，并签有明细表一份。兴合公司向东港公司支付的最后一期租金 225 万元的租金发票尚未开具。

另查明，2011 年 12 月 23 日，宁波市工商行政管理局北仑分局（以下简称宁波工商局北仑分局）就宁波朝华兴合集装箱服务有限公司（以下简称朝华兴合公司）在营业执照登记的住所外的北仑区珠江路 177 号从事集装箱修理、装卸、集装箱场地堆放、仓储经营活动一事，对其作出责令改正通知书一份（甬仑工商责改字〔2011〕89 号），责令其停止相关经营活动并在接到通知书之日起 15 日内办理营业执照。朝华兴合公司系独立的企业法人，兴合公司持有其 20% 的股份。

兴合公司于 2011 年 12 月 5 日向宁波市中级人民法院起诉称：2010 年 8 月 9 日，兴合公司就向东港公司租赁集装箱堆场事宜与东港公司签订《租赁合同书》一份。合同签订后，兴合公司一直积极履行合同，但期间东港公司却未能按约及时提供相应发票，给兴合公司造成了较大困扰。为避免重复该情况，兴合公司在付款前与东港公司多次联系，但一直未获回复，因此迟付租金 5 天。东港公司竟以此为由向兴合公司出具律师函通知解除双方签订的《租赁合同书》。兴合公司认为，在东港公司此前未能及时开具租金发票且又无法取得联系的情况下，兴合公司延迟五天支付租金并不构成违约，更不足以构成东港公司主张解除合同的理由，相反，东港公司滥用权利要求提前解除合同的行为已构成严重违约。据此，请求判令：1. 确认东港公司 2011 年 11 月 27 日通知解除合同的行为无效，东港公司继续履行 2010 年 8 月 9 日与兴合公司签订的《租赁合同书》；2. 东港公司立即向兴合公司支付违约金 500 万元；3. 东港公司立即开具金额为 225 万元的租金发票；4. 东港公司承担本案诉讼费。

东港公司答辩称：1. 兴合公司违约事实清楚，情节严重。兴合公司所称因联系不上东港公司致迟延交付租金的理由不能成立。兴合公司曾先后多次延付租金，且擅自将租赁物转租给第三人使用，已构成根本性违约，东港公司有权单方解除合同，并据此追究其相应的违约责任。2. 兴合公司称东港公司拖延开具发票一事并不属实。请求法院依法驳回兴合公司的诉讼请求。

东港公司在法定期限内提起反诉称：根据双方签订的《租赁合同书》，双方对租赁物状况、租赁期限、租金支付、违约行为和违约责任等进行了明确约定。合同签订后，东港公司按约交付了租赁物，但兴合公司却未按约支付租金，同时擅自将其承租的涉案场地转租给第三人使用，构成严重违约。鉴于兴合公司多次违约，东港公司于 2011 年 11 月 16 日发函通知兴合公司解除《租赁合同书》，并要求兴合公司承担相应的违约责任。但兴合公司至今未移交租赁物，也未支付违约金等。据此，请求判令：1. 确认双方于 2010 年 8 月 9 日签订的《租赁合同书》已解除；2. 兴合公司立即将租赁物和增设的其他物移交给东港公司实际控制，并自 2011 年 11 月 27 日起按年租金 600 万元向东港公司双倍支付租金，直至将租赁物和增设的其他物移交给东港公司实际控制之日止（暂计算至起诉日，东港公司应付租金为 50 万元）；3. 兴合公司支付违约金 500 万元，并按实际迟延时日每日支付万分之五的利息；4. 兴合公司承担本案诉讼费。

兴合公司就东港公司提出的反诉请求及事实，答辩称：东港公司要求解除涉案租赁合同缺乏事实与法律依据。兴合公司一直在诚意履行合同，东港公司擅自发函要求解除合同缺乏法律依据，相反其行为已构成违约，应承担相应的违约责任。综上，请求驳回东港公司的反诉请求。

宁波市中级人民法院一审认为：兴合公司、东港公司签订的《租赁合同书》系双方真实意思表示，其内容并不违反法律、行政法规效力性强制性规定，应属合法有效，各方均应依约履行，对违反合同的行为，应当依约承担相应的违约责任。本案主要的争议焦点是兴合公司、东港公司签订的涉案租赁合同是否应予解除，以及各方应否承担相应的违约责任。首先，对兴合公司、东港公司签订的涉案租赁合同是否应予解除的问题。兴合公司在给付应于 2011 年 5 月 11 日之前支付的租金时确存在一定的逾期，兴合公司实际于同年 5 月 13 日予以支付，后兴合公司在给付应于 2011 年 11 月 11 日之前支付的租金时亦出现一定的逾期，兴合公司实际于同年 11 月 16 日予以支付。尽管兴合公司在支付上述两期租金时存在一定的瑕疵，但基于涉案租赁合同租期较长，合同总履行标的额较大，且逾期均在几日之内，东港公司事实上对两期租金也予以接受，故东港公司反诉主张兴合公司逾期支付租金，要求解除涉案租赁合同并追究其违约责任之诉请，理由不足，不予支持。朝华兴合公司虽系独立的企业法人，但兴合公司持有其 20% 的股份，宁波工商局北仑分局系针对朝华兴合公司在兴合公司承租的场地内从事异地经营作出责令改正通知书，东港公司据此反诉主张兴合公司擅自将涉案租赁物转租给第三人，依据不足，难以采信。故对兴合公司要求确认东港公司于 2011 年 11 月 27 日向其发送的解除合同通知的行为无效，双方应继续履行 2010 年 8 月 9 日签订的《租赁合同书》之诉请，予以支持。其次，鉴于兴合公司向东港公司支付的最后一期租金 225 万元的发票尚未开具，因开具发票系作为出租方的附随义务，故对兴合公司要求东港公司开具相应金额的租金发票之诉请，亦予支持。至于兴合公司主张东港公司未按照合同约定开具租金发票构成违约，因兴合公司、东港公司双方产生纠纷前租赁合同已履行一年多，期间，东港公司向兴合公司开具租金发票 19 张，金额共计 585 万元，后双方并未就具体开票事宜另行达成协议，兴合公司也未能举证证明其曾就开票事宜向东港公司提出异议。且东港公司的法定代表人杨明耀与兴合公司的副总张亚华于 2011 年 10 月 19 日又就东港公司开具发票和兴合公司接收记录事宜进行了核对和确认，并签有明细表一份。兴合公司该诉请因缺乏事实与法律依据，不予支持。综上所述，依照《中华人民共和国合同法》（以下简称《合同法》）第八条、第六十条、第二百二十七条，《最高人民法院关于民事诉讼证据的若干规定》第二条之规定，判决：一、确认东港公司于 2011 年 11 月 27 日向兴合公司发送的通知解除合同的行为无效，双方应继续履行 2010 年 8 月 9 日签订的《租赁合同书》；二、东港公司应于判决之日起一个月内向兴合公司开具金额为 225 万元的租金发票；三、驳回兴合公司的其他诉讼请求；四、驳回反诉原告东港公司的反诉请求。

东港公司不服上述一审判决，向浙江省高级人民法院提起上诉称：1. 一审对涉案租赁合同是否应予解除判决错误。（1）东港公司根据双方合同约定，享有单方合同解除权，一审判决认定东港公司解除合同的理由不足，不予支持是错误的。在兴合公司出现逾期支付租金的违约行为后，东港公司依据涉案合同约定的解除条件，及时行使解除权，有充分的合同依据和法律依据。（2）本案中兴合公司确实存在将涉案租赁物转租给他人的事实并且证据充分，一审判决对该事实不予认定，显属错误。不管兴合公司占有实际转承租人朝华兴合公司多少股份，均不影响朝华兴合公司是一家独立于兴合公司的第三方公司的法律地位，故兴合公司擅自将其承租的涉案租赁物转租给朝华兴合公司使用，仍构成转租。兴合公司不仅将涉案场地转租给了朝华兴合公司，还将其中一部分涉案场地转租给了其他第三方，其擅自转租的事实清楚、证据充分。2. 一审对兴合公司是否应该承担相应的违约责任的判决错误。一审判决一方面认定本案所涉租赁合同合法有效，各方均应依约履行，对违反合同的行为，应当依约承担相应的违约责任，另一方面却在认定兴合公司确实存在违约行为的情况下，直接驳回东港公司要求兴合公司承担相应违约责任的诉讼请求，两方面的认定存在矛盾之处，显属错误。3. 一审判决适用法律不当，导致判决错误。本案争议焦点为涉案合同是否应予解除的问题，应当适用《合同法》第九十三条第二款规定来认定，而不应按法定解除权的条件来衡量和认定本案所涉的合同解除的条件是否具备的问题。但一审判决并未适用《合同法》第九十三条，而是适用了《合同法》第二百二十七条，显属适用法律不当，导致判决错误。综上，请求撤销一审判决并依法改判。

兴合公司答辩称：1. 本案的争议在于东港公司能否以兴合公司迟延5天支付租金为由解除合同。兴合公司于2011年11月27日收到东港公司解除合同的律师函，在该函中东港公司陈述了解除本案合同的理由。兴合公司在收到东港公司解除合同的通知后，向宁波市中级人民法院提起诉讼，要求确认解除合同行为无效。东港公司在解除合同的通知中并没有提到其在上诉中所称的转租事由。2. 兴合公司一直在主动履行本案的租赁合同，租金尽管因沟通问题迟付了5天，但并不能据此认定为违约。租金迟付的根本原因在于双方沟通不畅造成，并不是兴合公司有违约目的。3. 兴合公司迟延5天支付租金并没有给东港公司造成重大损失，东港公司的合同目的也没有受到重大影响，东港公司据此解除合同不符合《合同法》第九十四条的相关规定。相反，如果本案合同解除，兴合公司要承受巨大损失。4. 东港公司所称的转租问题。宁波工商局北仑分局当时以朝华兴合公司在涉案场地从事一些修箱业务而未办理登记为由作出处理决定并不能证明东港公司所称的转租事实，因为整个涉案场地还是由兴合公司进行经营，所有工作人员均属于兴合公司，兴合公司只是根据实际经营需要将修箱业务外包给第三方，并不是东港公司所称的兴合公司将涉案场地转租。综上，请求依法驳回东港公司的上诉请求，维持原判。

二审法院对一审查明的事实予以确认。另查明，涉案租赁场地曾以"朝华兴合集装箱堆场"的名义对外营业，直至本案纠纷成诉后，"朝华兴合集装箱堆场"的标牌才被撤下。朝华兴合公司曾在其发布的招聘信息中称其营业场地为宁波北仑珠江路177号即涉案租赁场地，并对堆场的总占地面积、集装箱堆放场地面积、CFS仓库面积及其所拥有的设备等进行了描述。

二审法院认为：本案二审争议焦点为双方签订的租赁合同是否应予解除以及双方应否承担相应的违约责任。

关于兴合公司逾期支付租金是否构成违约的问题。兴合公司应于2011年5月11日、2011年11月11日支付的租金，分别逾期至2011年5月13日、2011年11月16日支付，迟延支付了2天和5天。虽然根据《合同法》第九十三条"当事人协商一致，可以解除合同。当事人可以约定一方解除合同的条件。解除合同的条件成就时，解除权人可以解除合同"的规定，双方约定的合同解除条件成就时，解除权人可以解除合同。但同时根据《合同法》第二百二十七条"承租人无正当理由未支付或者迟延支付租金的，出租人可以要求承租人在合理期限内支付。承租人逾期不支付的，出租人可以解除合同"

的规定，东港公司应先向兴合公司发送催讨租金通知，如兴合公司未在合理期限内支付，东港公司才可以解除合同。且兴合公司虽然逾期支付租金，但毕竟已经实际支付，东港公司也予以接受，故东港公司以逾期支付租金为由要求解除涉案租赁合同并追究兴合公司违约责任的请求，依据不足，不予支持。

关于兴合公司是否存在转租行为的问题。首先，东港公司提供的两张照片表明涉案租赁场地是以"朝华兴合集装箱堆场"的名义对外营业，而非以兴合公司的名义对外营业，直至本案纠纷成讼后，"朝华兴合集装箱堆场"的标牌才被撤下；其次，宁波工商局北仑分局责令改正通知书载明：朝华兴合公司"在营业执照登记的住所外的北仑区珠江路 177 号从事集装箱修理、装卸、集装箱场地堆放、仓储经营活动"，上述内容表明朝华兴合公司在涉案租赁场地进行集装箱修理、装卸、堆放等经营活动；最后，（2012）浙甬天证民字第 1952 号公证书表明朝华兴合公司发布的招聘信息中的营业场地为宁波北仑珠江路 177 号即涉案租赁场地，且其所称的堆场总占地面积与《租赁合同书》所载的集装箱堆场面积基本一致。据此，可认定涉案场地部分系由朝华兴合公司进行经营，兴合公司将涉案场地进行了部分转租。根据东港公司与兴合公司签订的《租赁合同书》第九条第一款第（四）项及第九条第二款第（二）项"守约方并有权单方面宣布解除本合同"的约定，兴合公司转租构成违约，东港公司依约有权解除合同。鉴于兴合公司于 2011 年 12 月 19 日收到东港公司的反诉状，并结合该案实际情况，可判决该案租赁合同于 2011 年 12 月 19 日解除，解除之前的租金按照双方签订的《租赁合同书》计付。同时，兴合公司应自 2011 年 12 月 20 日起按照《租赁合同书》约定的同期租金标准向东港公司支付占有使用费，直至将租赁物和增设的其他物移交给东港公司实际控制之日止。考虑到涉案租赁场地系用于集装箱修理、堆放等经营，兴合公司进行场地移交需较长时间，可参照《租赁合同书》约定的"任何一方要求提前终止合同，须提前 180 天书面通知对方"的内容，对涉案租赁场地的移交时间予以从宽处理。虽然兴合公司存有转租的违约行为，但并未给东港公司造成实际损失，故对东港公司要求兴合公司支付违约金 500 万元，并按实际延迟支付时日每天再支付万分之五的利息及自 2011 年 11 月 27 日起按年租金 600 万元向东港公司双倍支付租金的反诉请求，二审法院不予支持。

综上，东港公司的上诉理由部分成立，予以采纳。一审判决认定事实部分错误，实体处理不当，依法予以纠正。依照《中华人民共和国民事诉讼法》第一百五十三条第一款第（三）项之规定，判决如下：一、维持宁波市中级人民法院（2011）浙甬民二初字第 8 号民事判决第二项；二、撤销宁波市中级人民法院（2011）浙甬民二初字第 8 号民事判决第一、三、四项及诉讼费负担部分。三、宁波东港物流有限公司与宁波兴合货柜有限公司于 2010 年 8 月 9 日签订的《租赁合同书》于 2011 年 12 月 19 日解除。四、宁波兴合货柜有限公司于 2013 年 8 月 10 日之前将本案租赁物和增设的其他物移交给宁波东港物流有限公司实际控制，并按照《租赁合同书》约定的同期租金标准向宁波东港物流有限公司支付自 2011 年 12 月 20 日起至移交之日止的占有使用费。五、驳回宁波兴合货柜有限公司的其他诉讼请求。六、驳回宁波东港物流有限公司的其他反诉请求。如果未按判决指定的期间履行上述给付金钱义务，应当依照《中华人民共和国民事诉讼法》第二百二十九条之规定，加倍支付迟延履行期间的债务利息。一审案件本诉受理费 300125 元，由宁波兴合货柜有限公司负担 150125 元，宁波东港物流有限公司负担 150000 元；反诉受理费 50300 元，由宁波兴合货柜有限公司负担 25300 元，宁波东港物流有限公司负担 25000 元。二审案件受理费 300125 元，由宁波兴合货柜有限公司负担 150125 元，宁波东港物流有限公司负担 150000 元。

东港公司不服上述二审判决，向本院申请再审称：1. 二审判决适用法律错误。（1）因双方在合同中明确约定了单方行使合同解除权的条件，二审法院在认定兴合公司出现逾期支付租金和存在转租行为构成违约的情况下，不应同时并用《合同法》第九十三条和第二百二十七条的规定。（2）违约金既有惩罚性也有补偿性，双方约定的违约金是惩罚性的。二审判决在认定兴合公司违约的情况下，未依照双方合同约定，判定兴合公司支付 500 万元违约金、双倍支付占用使用费以及承担全部诉讼费，属适用法律错误。（3）双方合同约定兴合公司应于合同终止当日将案涉堆场移交给东港公司实际控制，如延期移交，兴合公司应承付双倍租金。二审判决认定兴合公司违约解除了合同，但却判定从合同解除之日起兴合公司还可以继续占用案涉堆场 20 个月，而且无须支付双倍租金，没有事实和法律依据。（4）二审判决在程序上适用《中华人民共和国民事诉讼法》第一百五十三条的规定，而不是第一百七十条第（三）项的规定，属适用法律错误。2. 二审判决超出当事人诉讼请求。兴合公司在一、二审均未提出调减或免除违约金和双倍租金的请求，二审判决却以东港公司没有损失为由判定兴合公司不承担违约金和双倍租金，属超出当事人诉讼请求。请求再审维持二审判决第一、二、三、五项；撤销第四、六项及诉讼费负担部分；依法改判：1. 兴合公司自 2011 年 12 月 20 日起至 2013 年 8 月 9 日期间按年租金 600 万元的标准向东港公司双倍支付占有使用费；2. 兴合公司支付违约金 500 万元；3. 驳回兴合公司的全部诉讼请求；4. 判令兴合公司承担本案一审、二审的全部诉讼费用。

兴合公司未提交书面答辩状，在庭审中辩称：1. 关于本案诉讼请求的问题。东港公司的诉讼请求中没有解除租赁合同的请求，二审判决解除租赁合同超出了东港公司一审诉请范围。东港公司在上诉请求中才提出解除租赁合同的请求，其起诉状不属于解除合同的通知，二审判决解除租赁合同超出了东港公司诉请范围，应予撤销。2. 关于东港公司能否以兴合公司延迟支付租金为由解除本案合同。"逾期支付租金"系东港公司恶意制造的假象，东港公司无权解除合同；本案中兴合公司迟延 5 日支付租金，根本不足以构成根本违约。二审判决根据《合同法》第二百二十七条认定东港公司不具有解除权完全符合法律规定。3. 关于东港公司能否以转租为由解除合同。（1）二审判决对于兴合公司存在转租行为的事实认定是完全错误的，二审判决既未查清何处为租赁物，更在双方间未有一文租金支付的情况下，认定存在转租关系明显错误。（2）"朝华兴合集装箱堆场"的铭牌系 2010 年 9 月初制作完成并贴于堆场门口，而东港公司就在场地房屋内办公，也就是说东港公司不可能不知道存在所谓的转租。因此，根据《最高人民法院关于审理城镇房屋租赁合同纠纷案件具体应用法律若干问题的解释》第十六条"出租人知道或者应当知道承租人转租，但在六个月内未提出异议，其以承租人未经同意为由请求解除合同或者认定转租合同无效的，人民法院不予支持"之规定，东港公司应该于 2011 年 3 月前提出因转租解除合同，而不是在 2011 年 12 月才提出。从这点上看，二审判决以所谓的"转租"为由判决解除合同在适用法律上明显错误。4. 关于违约金的法律适用。二审判决未支持东港公司所主张的"天价"违约金符合法律规定。（1）兴合公司在一审中便已提出违约金过高的问题，并不存在二审法院超出诉讼请求范围审理的问题。（2）违约金的性质。《合同法》第一百一十四条所规定的违约金性质是以补偿为主，以惩罚为辅。本案中《租赁合同书》第九条第二款所约定的"违约金 500 万元"以及"合同终止兴合货柜未移交租赁物按最后年度租金双倍承付租金"的违约金约定，即合计违约金 1600 万元，是完全不顾实际损失的无效约定，不但严重违反了《合同法》所确立的违约金性质的规定，更严重违反了法律所确定的公平原则及诚实信用的原则。（3）违约金的计算。根据《最高人民法院关于适用〈中华人民共和国合同法〉若干问题的解释（二）》第二十九条的规定，本案中若真要计算违约金，则需先确定东港公司的实际损失，再考虑合同履约情况、当事人的过错程度及预期利益等综合因素：（1）实际损失。纵观一审、二审、再审听证，我们所看到仅仅是东港公司杨明耀说有很大的损失，根本未见实际损失的任何证据。（2）合同履行情况。2013 年 8 月 9 日，兴合公司依据二审判决已将租赁物移交给了东港公司，办理了相关交接，所以就二审判决而言，双方已履行完毕。上述履行情况表明，东港公司已无法再主张违约金。（3）过错大小。事实上，兴合公司对于"逾期支付租金"并无过错，而转租更是东港公司蓄意强加的解约理由，根据过错亦不应支付违约金。（4）预期收益。东港公司的预期收益便是根据租期收取租金，兴合公司每期提前 3 个月支付租金，从未拖欠一分租金，东港公司无其他预期收益可谈。综上因素，根据公平原则和诚实信用原则，二审判决不支持东港公司违约金的诉请完全合情、合理、合法。

兴合公司申请再审称：1. 关于支付租金的相关问题。因兴合公司未同意东港公司单方提出增加租金的请求，东港公司董事长杨明耀故意对兴合公司支付租金的请求不予回应，直到租金逾期 5 天后才回电。逾期支付租金是东港公司的原因，兴合公司对此没有责任。2. 关于兴合公司是否存在转租行为的问题。（1）兴合公司持有朝华兴合公司 20% 的股份，双方是长期合作关系，只有服务与承揽关系，并不存在转租关系。（2）兴合公司按照二审法院要求提供了会计凭证，二审法院在没有发现兴合公司与朝华兴合公司间存在租金往来账目的情况下，认定存在转租行为，没有事实和法律依据。3. 关于东港公司是否违约的问题。（1）东港公司故意不予联系，恶意制造兴合公司未按期支付租金的假象，应承担恶意解除合同的违约责任。（2）即使存在转租行为，根据《最高人民法院关于审理城镇房屋租赁合同纠纷案件具体应用法律若干问题的解释》第十六条的规定，东港公司已过六个月的异议期限，故不应借此解除租赁合同。（3）鉴于租赁合同的期限长达十年，兴合公司由此与众船务公司、造箱厂等签署了长期合同。现退出租场，兴合公司不得不对长期客户进行违约赔偿，由此产生包括未按时开具发票、固定资产投入、人员费用在内的经济损失，经初步估算足有 2000 万元，其中根据财务报表，2013 年前 8 个月的经营亏损高达 400 万元。故请求撤销二审判决第二、三、四、五项；判决东港公司继续履行租赁合同；判决东港公司支付兴合公司违约金 500 万元并承担本案一、二审全部诉讼费用。

东港公司未提交书面答辩状，在庭审中辩称：1. 二审法院改判一审判决所认定的事实有充分的证据支持。相反，兴合公司提出的"浙江省高院改判宁波市中院一审判决所认定的事实""浙江省高院判决书对于延期支付租金、存有转租行为的事实认定错误"的再审理由都不是事实，也无证据支持，不能成立。2. 兴合公司再审申请诉称"浙江省高院即便认为转租，在法律适用上亦不能就此解除租赁合同"，认为应适用《最高人民法院关于审理城镇房屋租赁合同纠纷案件具体应用法律若干问题的解释》第十六条。该再审理由也是不成立的，具体依据和理由如下：（1）兴合公司没有任何证据证明东港公司在租赁之初就知道其有转租情况。（2）本案尚不具备适用上述规定的前提条件。要适用该规定，前提是双方对于存在转租的事实没有争议，而本案中，兴合公司在二审法院查明其转租事实的大量证据后仍不肯承认转租的事实，所以根本不存在适用该条规定的基础。3. 兴合公司提出的不同意二审判决解除合同的其他种种借口，在事实上和法律上都是站不住脚的。综上，兴合公司的再审诉讼请求缺乏事实和法律依据，请求依法驳回其再审申请。

再审中，东港公司提交以下证据：1. 租赁物移交函；2. 租赁物交接清单；3. 紧急函。用以证明：兴合公司已将案涉租赁场地于2013年8月9日移交给东港公司实际控制；兴合公司自认搬迁腾退时间实际为15天，由此证明二审判决给兴合公司8个月的搬迁腾退时间明显错误。

兴合公司对于上述三组证据的真实性没有异议，但对其证明目的不予认可，认为15天是在前面几个月的准备工作基础之上的腾退时间。本院认为，该证据仅能证明兴合公司已于2013年8月9日将案涉租赁物移交给东港公司实际控制的事实，不能证明兴合公司自认搬迁腾退时间为15天。

兴合公司提交以下证据：1. 王海国笔录。证明东港公司杨明耀曾到兴合公司王海国处要求提高租金等事实。东港公司对该证据的真实性未表示异议，但对其证明力不予认可。由于王海国系兴合公司员工，属于有利害关系人，对其证言，本院不予认可。

2. 二审法院承办法官出具的收据。证明二审法院在审理时要求兴合公司提交会计凭证供审查，经过近1个月的审查，根本未发现朝华兴合公司与兴合公司存在任何租金往来。东港公司对该证据真实性无异议，对其关联性和证明对象有异议。本院认为，该证据仅能证明二审承办法官收到兴合公司会计凭证一册，不能证明案件事实本身。

3. 宁波市交通运输协会堆场仓储分会《关于物流企业在堆场业务合作中有关情况的说明》。证明物流企业给业务合作单位设置标志性铭牌、安排联络点等属于物流业连接模式的一种形态，不是专门的租赁行为。东港公司对该证据的真实性、合法性、关联性和证明对象均有异议。本院认为，兴合公司是否构成转租，须依据本案事实综合认定，该说明与本案不具有关联性，对此本院不予采信。

4. 利润表。证明二审判决东港公司胜诉后，兴合公司业务全面中断，截至2013年8月直接亏损400万元。东港公司认为利润表不属于本案审理范围，故不予质证。由于该证据与本案不具有关联性，本院不予采信。

本院除对一、二审法院查明的事实予以确认外，另查明：

兴合公司已于2013年8月9日将案涉租赁物移交给东港公司实际控制。

本案二审判决后，东港公司和兴合公司均向本院申请再审。本院（2013）民申字第333号民事裁定以东港公司的再审申请符合《中华人民共和国民事诉讼法》第二百条第（六）项规定的情形为由，裁定提审本案。故本案再审围绕东港公司的再审请求和兴合公司的答辩理由进行审理。

本院认为，本案争议焦点为：一、本案二审判决是否超出东港公司诉讼请求；二、东港公司是否有权解除案涉租赁合同；三、本案违约责任应如何承担。

一、关于本案二审判决是否超出东港公司诉讼请求的问题。

再审中，兴合公司辩称东港公司的诉讼请求是确认案涉租赁合同解除，而非判令租赁合同解除，二审判决解除租赁合同超出了东港公司诉请范围。对此，本院认为，东港公司提起反诉，请求确认2010年8月9日签订的《租赁合同书》解除，主张解除的理由有二：一是兴合公司延迟支付租金，二是兴合公司擅自转租。二审判决结合本案实际，将兴合公司收到东港公司反诉状之日认定为合同解除之日，判令"宁波东港物流有限公司与宁波兴合货柜有限公司于2010年8月9日签订的《租赁合同书》于2011年12月19日解除"，是对《租赁合同书》解除的确认，并未超出东港公司的诉请范围。对于兴合公司该抗辩理由，本院不予支持。

二、关于东港公司是否有权解除案涉租赁合同的问题。

（一）东港公司是否有权因兴合公司迟延支付租金解除租赁合同？

本案中，按照双方签订的《租赁合同书》约定，兴合公司不按照合同规定的时间、金额支付租金，构成违约行为，东港公司有权单方面宣布解除合同。兴合公司应于2011年5月11日、2011年11月11日前支付的租金，分别于2011年5月13日和2011年11月16日实际支付，构成迟延履行。但兴合公司在未经催缴的情况已经实际支付，延期支付时间较短，尤其是双方签订的租赁合同租期长达10年，东港公司以兴合公司迟延支付租金2天和5天为由要求解除合同，对兴合公司过于苛刻。根据《合同法》第五条"当事人应当遵循公平原则确定各方的权利和义务"之规定，二审法院认定东港公司以逾期支付租金为由要求解除租赁合同的请求不能成立，并无不当。

（二）东港公司是否有权因兴合公司转租行为解除租赁合同？

本案中，涉案租赁场地曾以"朝华兴合集装箱堆场"的名义对外营业，直至本案纠纷成讼后，"朝华兴合集装箱堆场"的标牌才被撤下。朝华兴合公司曾在其发布的招聘信息中称其营业场地为宁波北仑珠江路177号即涉案租赁场地，且宁波工商局北仑分局曾就朝华兴合公司在营业执照登记的住所外的涉案租赁场地从事经营活动一事作出责令改正通知书。上述事实形成证据链，足以认定兴合公司将案涉租赁物进行了转租，东港公司依约有权解除合同。兴合公司虽提出其不存在转租行为，但未提供充足证据证明，对于该抗辩理由，本院不予采信。

兴合公司根据《最高人民法院关于审理城镇房屋租赁合同纠纷案件具体应用法律若干问题的解释》第十六条的规定，提出东港公司已过六个月的异议期限，不应以此解除租赁合同。本院认为，首先，兴合公司未能提供充足证据证明东港公司对于"朝华兴合集装箱堆场"标牌在租赁之初即已悬挂的事实知晓。其次，该解释第一条明确规定"本解释所称城镇房屋，是指城市、镇规划区内的房屋。"而案涉场地系集装箱堆场，不具备适用该解释的前提。

三、关于本案违约责任应如何承担的问题。

本案中，双方签订的《租赁合同书》第9条第2款约定：（1）……（2）任何一方违约，违约方应当一次性向守约方支付500万元的违约金；违约金须于15天内承付给守约方；违约方应承付的违约金如果延迟支付，须按实际延迟时日每天再向守约方支付万分之五的利息。（以下简称500万元违约金条款）守约方并有权单方面宣布解除本合同。（3）乙方未于本合同终止（含本合同的中止和解除）的当日将租赁物（仅指堆场及卡口和办公楼）和增设的其他物移交给甲方实际控制，自次日起，乙方则须比较最后年度租金额度向甲方双倍承付租金，直至将租赁物和增设的其他物移交给甲方实际控制之日止。（以下简称双倍支付条款）东港公司据此主张兴合公司应严格按照合同约定支付违约金500万元并按最后年度租金标准双倍支付租金，兴合公司则认为东港公司并无实际损失，对其请求应不予支持。本案违约责任应如何承担，涉及以下几个问题：

1. 关于双倍支付条款的性质及其与500万元违约金条款能否并用的问题。根据租赁合同约定，双倍支付条款包含两层内容，一是兴合公司负有于合同终止当日移交租赁物的义务，二是兴合公司违反该义务时，应当承担比较最后年度租金标准向东港公司支付双倍租金的责任。因此，该条款实质上是关于合同解除之后当事人义务以及违反该义务的应承担的责任的约定，在性质上也是违约金条款。

本院认为，本案中，500万元违约金条款与双倍支付条款虽均属违约金条款，但前者是针对违反合同主要义务约定的违约责任，后者是对合同终止后果的约定，两条款适用对象不同，可以并用。

2. 关于二审判决调整违约金是否超出当事人诉请范围的问题。《最高人民法院关于适用〈中华人民共和国合同法〉若干问题的解释（二）》第二十七条规定，当事人通过反诉或者抗辩的方式，请求人民法院依照合同法第一百一十四条第二款的规定调整违约金的，人民法院应予支持。本案中，兴合公司在一审中明确提出合同约定的违约金过高的抗辩，二审法院据此对合同约定违约金进行调整，并未超出当事人诉请范围。东港公司关于二审判决超出当事人诉请范围的申请理由，本院不予支持。

3. 关于本案违约金应如何支付的问题。本案中，《租赁合同书》第 8 条第 4 款约定，任何一方要求提前终止合同，须提前 180 天书面通知对方，并须经得对方书面确认方为有效。该条款是针对一方要求提前终止合同情形作出的约定，与本案东港公司因兴合公司违约要求解除合同的情形并不相同。二审判决因兴合公司存在转租行为确认租赁合同于 2011 年 12 月 19 日解除，又依据《租赁合同书》第 8 条第 4 款之约定，给予兴合公司移交租赁物宽限期至 2013 年 8 月 10 日不妥。本院认为，兴合公司应依约自合同解除之日即2011 年 12 月 19 日将租赁物移交给东港公司，逾期未交，则应承担相应违约责任。

《最高人民法院关于适用〈中华人民共和国合同法〉若干问题的解释（二）》第二十九条第一款、第二款规定，当事人主张约定的违约金过高请求予以适当减少的，人民法院应当以实际损失为基础，兼顾合同的履行情况、当事人的过错程度以及预期利益等综合因素，根据公平原则和诚实信用原则予以衡量，并作出裁决。当事人约定的违约金超过造成损失的百分之三十的，一般可以认定为合同法第一百一十四条第二款规定的"过分高于造成的损失"。根据双方租赁合同约定，2011 年 8 月 11 日至 2013 年 8 月 10 日期间租金每年按 450 万元计算。因此，兴合公司逾期未交付案涉租赁物给东港公司造成的实际损失，应按照每年 450 万元的标准计算。双方约定的双倍支付最后年度租金的违约金过分高于实际损失，本院综合合同的履行情况、当事人的过错程度以及预期利益等因素酌情调整，按照每年 450 万元的额度上浮30% 即每年 585 万元的标准支付自 2011 年 12 月 20 日起至 2013 年 8 月 9 日期间的违约金，兴合公司就该期间已经支付的部分应予以扣除。

另外，兴合公司应于 2011 年 5 月 11 日和 2011 年 11 月 11 日各支付租金225 万元，但分别延期支付了 2 天和 5 天，给东港公司造成了相应利息损失。除此，东港公司未能提供证据证明兴合公司对其造成的其他实际损失。本院对双方约定的 500 万元违约金酌情予以调整，由兴合公司依照中国人民银行同期贷款利率按租金逾期支付天数向东港公司计付利息。

综上，兴合公司擅自转租构成违约，东港公司有权依约行使解除权，兴合公司应承担相应的违约责任。由于双方约定的违约金明显高于实际损失，本院依法酌情予以调整。本院依照《中华人民共和国民事诉讼法》第一百七十条第一款第（二）项之规定，判决如下：

一、维持浙江省高级人民法院（2012）浙民终字第 29 号民事判决第一、二、三项；

二、撤销浙江省高级人民法院（2012）浙民终字第 29 号民事判决第四、五、六项；

三、兴合公司于本判决生效之日起十日内依照中国人民银行同期贷款利率标准向东港公司支付逾期租金利息（以 225 万元为本金分别计付自 2011 年 5 月 11 日至 2011 年 5 月 13 日期间和自 2011 年 11 月 11 日至 2011 年 11 月 16 日期间的利息）；

四、兴合公司于本判决生效之日起十日内按照同期租金额度上浮 30% 即每年 585 万元的标准向东港公司支付逾期移交租赁物的违约金〔具体计算方式：585 万元/365 天×实际占用天数（2011 年 12 月 20 日至 2013 年 8 月 9 日）－兴合公司就该占用期间已经支付的款项数额〕；

五、驳回宁波兴合货柜有限公司的其他诉讼请求。

六、驳回宁波东港物流有限公司的其他反诉请求。

如果未按本判决指定的期间履行上述给付金钱义务，应当依照《中华人民共和国民事诉讼法》第二百五十三条之规定，加倍支付迟延履行期间的债务利息。

一审案件本诉受理费 300125 元，由宁波兴合货柜有限公司负担 210088 元，宁波东港物流有限公司负担 90037 元；反诉受理费 50300 元，由宁波兴合货柜有限公司负担 35210 元，宁波东港物流有限公司负担 15090 元。二审案件受理费 300125 元，由宁波兴合货柜有限公司负担 210088 元，宁波东港物流有限公司负担 90037 元。

本判决为终审判决。

审 判 长 宫邦友
代理审判员 林海权
代理审判员 高燕竹
二〇一三年十二月十四日
书 记 员 陆 昱

16. 本案属购销合同法律关系还是股权转让合同关系

——克拉玛依市银祥棉麻有限责任公司与新疆西部银力棉业（集团）有限责任公司买卖合同纠纷案

【裁判要旨】

当事人之间签订的《棉花购销合同》《2010 年度皮棉订购合同》主要是对购销棉花过程中权利义务的约定。尽管《棉花购销合同》有关于股权转让的表述，但该《棉花购销合同》并非正式的股权转让合同，只是表明，在签订棉花购销合同之时，双方在洽谈股权转让事宜。出卖人并无证据证明双方当事人签订和履行了股权转让协议，故当事人之间成立的是棉花买卖合同法律关系而非股权转让合同法律关系。

中华人民共和国最高人民法院民事判决书

（2013）民二终字第 122 号

上诉人（原审被告）：克拉玛依市银祥棉麻有限责任公司。住所地：新疆维吾尔自治区克拉玛依市准葛尔路 148 号。

法定代表人：赵大利，该公司总经理。

委托代理人：邹晓春，北京市中逸律师事务所律师。

被上诉人（原审原告）：新疆西部银力棉业（集团）有限责任公司。住所地：新疆维吾尔自治区石河子市北三路 23 小区 79 号。

法定代表人：张界平，该公司董事长。

委托代理人：李山，新疆君正律师事务所律师。

上诉人克拉玛依市银祥棉麻有限责任公司（以下简称银祥公司）为与被上诉人新疆西部银力棉业（集团）有限责任公司（简称银力公司）买卖合同纠纷一案，不服新疆维吾尔自治区高级人民法院生产建设兵团分院（2013）

新兵民二初字第00001号民事判决，向本院提起上诉。本院依法组成由审判员王宪森担任审判长，审判员殷媛、代理审判员张雪楳参加的合议庭进行了审理。书记员郑琪儿担任记录。本案现已审理终结。

一审法院经审理查明：2010年4月18日，银力公司、银祥公司签订《棉花购销合同》。该合同中包括有"品名、质量标准、验收办法、交（提）货地点、货款支付方式及结算、包装"等十项内容。2010年5月28日、6月9日，银力公司按照《棉花购销合同》的约定分两笔向银祥公司支付共计5000万元（一笔2000万元、另一笔3000万元）。2010年7月6日，双方签订一份《2010年度皮棉订购合同》，该合同对皮棉的订购数量、质量标准、价格、结算等十一项内容进行了约定。2010年7月7日，银力公司依照《2010年度皮棉订购合同》向银祥公司支付了1000万元订金。2011年，双方又签订一份《借款合同》，该合同约定："银祥公司（乙方）因资金需求向银力公司借款（甲方）6000万元，银祥公司将其有权处分的股权提供质押，动产、不动产提供抵押，借款期限自2011年4月30日至2012年4月30日，借款期内利率按同期农发行利率执行。如乙方不能按时归还借款，逾期借款按年利息11%计息，逾期时间不得超过一年（自本合同签订之日起计算）。违约方承担本合同金额20%的违约金………"。期间，银力公司与银祥公司法定代表人赵大利签订了一份《股权质押合同》，该合同的主要内容为："第一条　股权质押依据　1.依据双方签订合同的履行，银力集团（乙方）认可提供87.91%的股权金，金额为人民币30503500元。2.为确保乙方资金安全，赵大利（甲方）愿意提供股权质押。第二条　质押股权状况　本合同设定的质押物情况如下：1.甲方所持有的克拉玛依市银祥棉麻有限责任公司87.91%的股权，价值为30503500元人民币……第三条　股权质押登记期限自2011年9月30日起，至2012年9月30日止。第四条　质押股权的占有、保管、使用及处分1.本合同项下股权的所有权归属甲方所有，但质押股权的权利的有关证明单据原件应由乙方保管，甲方同意随时接收乙方对质押股权的检查，评估。2.股权质押期间，甲方对质押股权不享有独立处分权，未经乙方书面同意，甲方不得以任何方式处分质押股权，含出售、置换、转让、抛弃、赠予、再质押、重复质押、联营、合作、入股出资等处分方式……4.如出现下列情形之一，甲方同意按照不高于质押股权的价值按乙方要求将股权变卖或折价将所有权让渡给乙方：（1）银祥公司未能按照合同约定交付货物时；（2）甲方违反本合同之部分或全部规定……第五条　股权质押登记及费用承担1.依法应当办理股权质押登记的，在乙方配合下由甲方负责于本合同签字之日起30日内办理股权质押登记手续并将获得的相关登记文件（含权属证书、他项权证书）交乙方收执。2. 甲方应确保在股权质押期间质押登记持续有效。3. 如因股权质押登记机关要求需另行签署申请书、合同等相关文件，若该文件与本合同不一致者，以本合同为准……"

因银祥公司未依约供货，亦未返还6000万元款项，2013年，银力公司向一审法院提起诉讼，请求判令银祥公司归还借款6000万元及利息1004.99万元，并承担本案的诉讼费、保全费及其他费用。银祥公司提出反诉。后经一审法院释明，银力公司当庭变更诉讼请求，诉请判令银祥公司依据两份购销合同偿还购棉款6000万元及利息，同时承担本案诉讼费、保全费及其他费用。银祥公司在银力公司变更诉讼请求后，当庭表示放弃反诉。

一审法院认为：根据银力公司最终确定的诉讼请求和银祥公司的答辩意见，本案的争议焦点为：《棉花购销合同》涉及的5000万元价款是否已过诉讼时效及银祥公司是否应该向银力公司返还6000万元本金及利息。

关于第一个争议焦点，针对《棉花购销合同》的性质，该院认为：2010年4月18日，双方签订的《棉花购销合同》是双方当事人在平等、自愿的情况下签订，是双方真实意思的表示。该合同共十项内容，其中九项均是对棉花购销具体交易过程的约定。银祥公司以合同的第七项内容为依据，主张该合同的实际性质是股权转让，并以其提供的十三份证据加以证明。根据《银力集团与银祥棉麻公司变更工商注册登记的协议》《证明》、2012年3月28日的《致函》、2012年4月18日银祥公司致《新疆西部银力棉业（集团）公司收购克拉玛依市银祥棉麻有限责任公司股权的函》（以下简称《函1》）、2012年4月18日克拉玛依市供销合作社联合社致农八师国资委《关于新疆西部银力棉业（集团）公司收购克拉玛依市银祥棉麻责任公司股权有关问题的函》（以下简称《函2》）、文件签收本这六份证据，结合当事人的陈述，可以客观地反映出银祥公司与银力公司之间对股权转让事宜进行了磋商洽谈，且达成了初步的转让意向。《棉花购销合同》第7条约定："自本合同签订且按合同支付货款之日起，供方银祥公司保证（新方夏评报字〔2010〕009号）认定整体资产的真实、完整和安全，待正式签订转让合同后，双方做资产交接。"《银力集团与银祥棉麻公司变更工商注册登记的协议》中约定："银力公司出资1908.50万元，占银祥股份的55%，经银力公司同意，银祥公司召开董事会和股东大会，通过以上事项后，在克市工商管理部门变更注册登记"。诉讼中，银祥公司并未提交证据证实双方当事人签订了正式的股权转让合同并到工商管理部门办理完变更登记。同时，按照以上协议约定，银力公司如接受银祥公司55%的股权，应支付的对应价款为人民币1908.50万元，而不是银祥公司主张的5000万元。银祥公司与克拉玛依市供销合作社联合社向银力公司发出的《函1》《函2》表明，两家企业是在敦促银力公司尽快完成股权收购与资产交接工作，这同样说明股权转让工作没有实际完成。本案中，银力公司与银祥公司的法定代表人赵大利签订的《股权质押合同》约定，赵大利将本人持有的银祥公司87.91%的股权，金额为人民币30503500元质押于银力公司，质押期限自2011年9月30日起，至2012年9月30日止。该质押合同表明，截至2011年9月30日，银祥公司的法定代表人赵大利仍然持有公司87.91%的股权，银祥公司的股份并未发生实际变动。综上，银祥公司主张《棉花购销合同》实际是股权转让合同的抗辩理由缺乏事实和法律依据，该院不予支持。关于银祥公司对本案诉讼时效的抗辩，根据《棉花购销合同》约定，2010年，银力公司向银祥公司分两次共支付了5000万元购棉款后，银祥公司并未向银力公司交付棉花。合同约定的交货时间为2010年11月30日前。根据《中华人民共和国民法通则》（以下简称《民法通则》）第一百三十五条关于"向人民法院请求保护民事权利的诉讼时效期间为两年，法律另有规定的除外"的规定以及《最高人民法院关于审理民事案件适用诉讼时效制度若干问题的规定》第六条关于"未约定履行期限的合同，依照合同法第六十一条、第六十二条的规定，可以确定履行期限的，诉讼时效期间从履行期限届满之日起计算"的规定，本案的诉讼时效期间应从2010年12月1日起计算，截止于2012年11月30日。2011年10月26日，银力公司、银祥公司签订了《借款合同》，该合同约定由银力公司向银祥公司出借人民币6000万元，借款期限自2011年4月30日至2012年4月30日。庭审中，银力公司主张该合同的签订是因为银祥公司收到6000万元（5000万元棉花款，1000万元购棉订金）后，并未按照《棉花购销合同》与《2010年度皮棉订购合同》的约定履行交付货物的义务，为避免银力公司的利益损失，2011年，双方将以上6000万元作为借款由银力公司出借于银祥公司，该《借款合同》并未实际履行。诉讼中，银祥公司提起反诉，要求本院判令解除双方的《借款合同》，主要理由是银力公司并未实际履行《借款合同》，银力公司还应向银祥公司承担20%的违约金。银力公司变更诉讼请求后，银祥公司当庭撤回了反诉。根据银力公司、银祥公司的当庭陈述及双方均对《借款合同》未实际履行予以认可，银力公司主张该《借款合同》是将6000万元棉花款转化为借款，同时银力公司并未放弃追讨棉花款的理由符合客观实际，该院予以采信。根据《民法通则》第一百四十条关于"诉讼时效因提起诉讼、当事人一方提出要求或者同意履行义务而中断。从中断时起，诉讼时效期间重新计算"的规定，本案的诉讼时效期间因双方对6000万元棉花款重新达成新的还款计划而中断，即2011年10月26日诉讼时效期间中断，新的诉讼时效期间应自

《借款合同》中约定的借款到期日 2012 年 4 月 30 日起重新计算，故本案债权请求权未过诉讼时效，银祥公司关于诉讼时效已过的答辩意见，该院不予采信。

针对第二个争议焦点，该院认为，银力公司、银祥公司签订的《棉花购销合同》《2010 年度皮棉订购合同》系双方当事人的真实意思表示，且不违反国家相关的法律、法规，合法有效，双方当事人均应依法履行合同义务。根据《棉花购销合同》约定，银力公司分两笔向银祥公司支付了 5000 万元（一笔为 2000 万元、另一笔 3000 万元），银祥公司并未依约履行供货义务，属违约行为，应承担《棉花购销合同》中约定的违约责任，即退还 5000 万元货款并支付同期银行利息。根据《2010 年度皮棉订购合同》约定，银力公司向银祥公司支付了 1000 万元订金，银祥公司未向银力公司交付皮棉，已构成违约。银力公司现要求银祥公司返还以上两份合同中支付的共计 6000 万元本金及利息的请求符合双方当事人的约定及法律规定，该院予以支持。

综上，银力公司与银祥公司签订的《棉花购销合同》与《2010 年度皮棉订购合同》真实、合法，应属有效。双方均有义务履行合同中的约定。银祥公司在收到预付款而无法供货的情况下，应当承担返还货款及赔偿利息损失的义务。依照《中华人民共和国合同法》（以下简称《合同法》）第六十条关于"当事人应当按照约定全面履行自己的义务"的规定以及第一百零七条关于"当事人一方不履行合同义务或者履行合同义务不符合约定的，应当承担继续履行、采取补救措施或者赔偿损失等违约责任"的规定，该院判决银祥公司于判决生效后一个月内向银力公司偿还本金人民币 6000 万元及利息（自 2010 年 7 月 8 日起至判决确定的履行之日止按照中国人民银行同期贷款利息计付）。如未按判决指定的期间履行给付金钱义务，应当依照《中华人民共和国民事诉讼法》第二百五十三条的规定加倍支付迟延履行期间的债务利息。一审案件受理费 392049.5 元，保全费 5000 元，两项合计 397049.5 元由银祥负担（银祥公司应与前款一并同期给付于银力公司）。

银祥公司不服原审法院上述民事判决，向本院提起上诉称：一、原审程序违法，严重侵害了银祥公司正当的诉讼权利。原审法院引导并准许银力公司在举证期之后且在银祥公司提出反诉的情况下变更诉讼请求错误，侵犯了银祥公司提出反诉的诉讼权利。银力公司变更诉讼请求后，因为原审法院没有重新给出新的举证期限，导致银祥公司在原审中提交的数份证据，只提交了复印件，原审法院简单以"复印件"为由，否认这几份证据的真实性，对银祥公司的实体诉讼权益造成事实上的侵害。二、原审法院认定事实错误，适用法律不当。1.《棉花购销合同》第 7 条的完整内容及原审法院已认定的其他六份证据，充分证明了双方对该 55% 股权转让履行了"要约和承诺"的过程，该 55% 股权转让的合同成立。《棉花购销合同》实质应为股权转让协议，受让方已支付了全部股权转让款 5000 万元，目标公司（即银祥公司）也已签署了股权转让的股东会决议，故该 55% 股权转让已得到股东会批准，该 55% 股权转让的合同生效。《棉花购销合同》并不是一个真实的棉花购销交易，2010 年 5 月 19 日的《会议纪要》等文件能清楚地反映这个合同签订的前因后果。综上，双方的股权转让交易成立并生效，且主要股权交易义务已履行，只是没有办理工商备案手续及交接资产。2. 原审法院认定"原告接受被告 55% 的股权，应支付的对应价款为人民币 1908.50 万元，而不是被告主张的 5000 万元"错误。《棉花购销合同》第七条及本案的大量事实（目标公司有效资产 10113 万元的评估报告、5000 万元实际付款、众多其他法律文件等）均证明转让款为 5000 万元。3. 原审法院以双方未质证的第三方（赵大利个人）与银祥公司之间的《股权质押协议》，来否认双方的股权转让交易错误。由于银祥公司故意拖延不配合，目标公司无法到工商部门办理相关备案登记。三、原审判决没有让银祥公司承担"举证不能"的法律后果，且使用"推论"来断案，损害银祥公司正当的实体权益。无论是借款协议纠纷，还是买卖合同纠纷，银祥公司均没有向原审法院举证《借款协议》项下的"6000 万元"与名为《棉花购销合同》实为股权转让协议项下的"5000 万元股权转让款"以及《2010 年皮棉订购合同》项下的"1000 万元订金"有任何法律上或事实上的关联性。原审法院将《借款协议》说成诉讼时效中断的理由错误。综上，请求依法驳回银力公司的诉讼请求或发回重审；一、二审案件诉讼费由银力公司承担。

银力公司答辩称：一、原审审理程序合法、充分，保障了当事人各项诉讼权利的行使。原审法院开庭审理本案时，经法院释明，在银力公司变更诉讼请求后，银祥公司明确表示当庭答辩举证，不要答辩和举证期，不提出反诉。鉴于此，庭审继续进行，并对银祥公司提交的十五份证据进行了质证。二、原审判决对当事人双方签订的《棉花购销合同》以及 5000 万元款项性质的认定正确。三、银祥公司所举的全部证据，完全不能证明其抗辩主张。综上，请求驳回上诉，维持原判。

本院对原审法院查明的事实予以确认。

本案二审开庭时，银祥公司认可一审中银力公司变更诉请所依据的法律关系后，经原审法官询问，银祥公司当庭表示不再请求新的举证期、答辩期，且放弃反诉等事实。

本院二审查明：《棉花购销合同》第 7 条约定："双方共同委托新疆方夏

资产评估事务所（新方夏评报字〔2010〕009 号）确认的有效资产 10113 万元，双方协商同意，供方（即银祥公司）将克拉玛依市银祥棉麻有限责任公司 55% 股权以 5000 万元转让给购方，供方承担全部债权债务。供方保证股权的合法性，保证拟转让的股份，除克市农发行外没有设置任何抵押、质押或担保，并免遭任何第三者追索。否则，由此引起的所有责任，由供方承担，自本合同签订且按合同支付货款之日起，供方保证（新方夏评报字〔2010〕009 号）认定整体资产的真实、完整和安全，待正式签订转让合同后，双方做资产交接。"第 8 条约定："供方收到货款后不能提供货源，应及时退还货款和支付同期银行利息。交货时间：2010 年 11 月 30 日前。"《2010 年度皮棉订购合同》约定，供方 2010 年度给购方交售皮棉 10000 吨。

本院认为，关于实体问题，本案二审争议焦点主要有以下三个问题：

一、当事人双方成立的合同性质的认定。当事人之间争议的焦点是双方之间签订的购销合同究竟是棉花买卖合同还是股权转让合同。本案中，当事人双方分别于 2010 年 4 月 18 日、7 月 6 日签订《棉花购销合同》《2010 年度皮棉订购合同》。上述合同系当事人真实意思表示，不违反法律、行政法规的效力性强制性规定，应认定有效。《棉花购销合同》共 10 条，其中 9 条是关于双方在购销棉花过程中的权利义务、违约责任、纠纷解决方法等问题的约定。《2010 年度皮棉订购合同》共十一条，均是对当事人双方订购皮棉相关权利、义务以及违约责任等内容进行的约定。之后，银力公司给付了第一份合同项下的 5000 万元购销款、第二份合同项下的 1000 万元订金。尽管《棉花购销合同》第 7 条约定，银祥公司转让 55% 股权给银力公司，但该条同时约定："待正式签订转让合同后，双方做资产交接。"由上述约定可见，该《棉花购销合同》并非正式的股权转让合同，只是在签订棉花购销合同之时，双方在洽谈股权转让事宜。6000 万元款项系银力公司向银祥公司支付的购棉款。《银力集团与银祥棉麻公司变更工商注册登记的协议》约定："银力公司出资 1908.50 万元，占银祥股份的 55%，经银力公司同意，银祥公司召开董事会和股东大会，通过以上事项后，在克市工商管理部门变更注册登记。"本案一、二审审理过程中，银祥公司均未能提交其召开上述董事会和股东大会的董事会决议和股东大会决议的原件，亦没有证据证明双方签订了正式的股权转让协议，上述股权至今未在工商管理部门进行变更注册登记。银祥公司与克拉玛依市供销合作社联合社向银力公司发出的《函 1》《函 2》载明，两家企业督促银力公司尽快完成股权收购与资产交接工作，上述内容进一步说明股权转让工作并没有实际完成。综上，银祥公司并无充分证据证明当事人双方成立的是股权转让合同法律关系。银祥公司关于本案购销合同实为股权转让合同的上诉理由不能成立，本院不予支持。

二、双方当事人签订《借款合同》的行为能否认定为诉讼时效中断事由，诉讼时效期间是否因此而中断。本案中，根据当事人的陈述，双方签订、履行《棉花购销合同》的过程以及《借款合同》签订后、银力公司并没有实际出借另外一笔 6000 万元款项的相关事实可以得出，该《借款合同》实质是在银力公司给付银祥公司 6000 万元购棉款、银祥公司一直没有供货的情形下，双方对 6000 万元购棉款如何偿还问题进行的约定。银力公司通过签订借款合同的方式向银祥公司主张 6000 万元的购棉款，银祥公司通过签订借款合同的方式表明其同意偿还所欠款项，故双方当事人签订借款合同的行为构成《民法通则》第一百四十条规定的"当事人一方提出要求"和"当事人一方同意履行债务"时效中断的事由，诉讼时效期间应重新起算。银祥公司关于借款合同与购销合同没有关联关系、不应作为诉讼时效中断证据和事由的上诉理由不能成立，本院不予支持。

三、银祥公司应否返还购销款的本息以及本息数额的确定。《合同法》第六十条第一款规定："当事人应当按照约定全面履行自己的义务。"第一百零七条规定："当事人一方不履行合同义务或者履行合同义务不符合约定的，应当承担继续履行、采取补救措施或者赔偿损失等违约责任。"因《借款合同》系双方当事人在银力公司已按照购销合同的约定给付购棉款、但银祥公司未能按约交付货物后如何偿还购棉款的约定，故应依该约定确定银祥公司应给付购棉款的本息。《借款合同》约定："借款期限自 2011 年 4 月 30 日至 2012 年 4 月 30 日，借款期内利率按同期农发行利率执行。如乙方不能按时归还借款，逾期借款按年利息 11% 计息，逾期时间不得超过一年（自本合同签订之日起计算）。"该约定不违反法律、行政法规的强制性规定，对双方当事人具有法律拘束力。依据上述法律规定和当事人间的约定，银祥公司未按约交付棉花构成违约，应返还银力公司购棉款本金及逾期交货后占用该部分款项的利息。原审判决的计息时间和计息标准有误，本院予以纠正。

此外，关于程序问题，银祥公司上诉称，在银力公司变更诉讼请求后，原审法院未给予其新的答辩期、举证期，程序违法，侵害其实体权利。关于该问题，本院认为，在本院二审庭审过程中，银祥公司认可，在一审审理过程中，在银力公司变更诉讼请求后，经原审法官询问，其当庭表明不要新的举证期、答辩期。《最高人民法院关于民事诉讼证据的若干规定》第三十五条规定："当事人变更诉讼请求的，人民法院应当重新指定举证期限。"《中华人民共和国民事诉讼法》第十三条规定："民事诉讼应当遵循诚实信用原则。当事人有权在法律规定的范围内处分自己的民事权利和诉讼权利。"根据上述规定，在原审法院询问银祥公司是否需要新的举证期时，银祥公司已当庭明确表示不要新的举证期的行为表明，其对自己的民事诉讼权利依法进行了处分，原审法院据此不给予其新的举证期并无不当。

综上，原审认定事实基本清楚，但适用法律欠当。本院依照《中华人民共和国民事诉讼法》第一百七十条第一款第（二）项之规定，判决如下：

克拉玛依市银祥棉麻有限责任公司于本判决生效后一个月内向新疆西部银力棉业（集团）有限责任公司偿还本金人民币 6000 万元及利息（自 2011年 4 月 30 日至 2012 年 4 月 30 日，按照同期中国农业发展银行同类贷款利率计付；自 2011 年 5 月 1 日至实际给付之日，按照年利息 11% 计付）。

如未按本判决指定的期间履行给付金钱义务，应当依照《中华人民共和国民事诉讼法》第二百五十三条的规定加倍支付迟延履行期间的债务利息。

一审案件受理费 392049.5 元，保全费 5000 元，两项合计 397049.5 元由克拉玛依市银祥棉麻有限责任公司负担。二审案件受理费 397100 元，由克拉玛依市银祥棉麻有限责任公司负担。

本判决为终审判决。

审　判　长　王宪森

审　判　员　殷　媛

代理审判员　张雪楳

二〇一三年十二月十七日

书　记　员　郑琪儿

17. 未约定违约金及损失赔偿金计算方式的，违约方也应当赔偿损失

——李厚文、李厚菊与冯军、余克俭、伍友财股权转让合同纠纷案

【裁判要旨】

根据《中华人民共和国合同法》第一百一十三条"当事人一方不履行合同义务或者履行合同义务不符合约定，给对方造成损失的，损失赔偿额应当相当于因违约所造成的损失"的规定，即使在合同双方未就违约金及损失赔偿金计算方式作出约定的情形下，违约方也应当赔偿因其违约行为而给对方所造成的损失。

中华人民共和国最高人民法院民事判决书

（2013）民二终字第 130 号

上诉人（一审被告）：李厚文。

委托代理人：刘建国，宁夏宁人律师事务所律师。

委托代理人：原慧中，宁夏宁人律师事务所律师。

上诉人（一审被告）：李厚菊。

委托代理人：刘建国，宁夏宁人律师事务所律师。

委托代理人：原慧中，宁夏宁人律师事务所律师。

被上诉人（一审原告）：冯军。

委托代理人：邹俭伟，宁夏综义律师事务所律师。

委托代理人：张立静，宁夏综义律师事务所律师。

被上诉人（一审原告）：余克俭。

委托代理人：邹俭伟，宁夏综义律师事务所律师。

委托代理人：张立静，宁夏综义律师事务所律师。

被上诉人（一审原告）：伍友财。

委托代理人：邹俭伟，宁夏综义律师事务所律师。

委托代理人：张立静，宁夏综义律师事务所律师。

上诉人李厚文、李厚菊为与冯军、余克俭、伍友财股权转让纠纷一案，不服宁夏回族自治区高级人民法院（2012）宁民商初字第 22 号民事判决，向本院提起上诉。本院受理后，依法组成由审判员王富博担任审判长，代理审判员吴景丽、李志刚参加的合议庭进行了审理，书记员郝晋琪担任记录。本案现已审理终结。

宁夏回族自治区高级人民法院一审查明：2011 年 4 月 26 日，冯军、余克俭、伍友财作为甲方，李厚文、李厚菊作为乙方，杨秀祥作为保证人，签订了《股权转让协议》（以下简称《协议一》），该协议"鉴于"部分载明："1. 冯军、余克俭、伍友财三人共同出资成立宁夏海原县达华房地产开发有限公司（以下简称达华公司），冯军担任公司法定代表人；2. 达华公司股东会决议并出具书面决议书，同意将冯军、余克俭、伍友财三人所持达华公司100% 股份转让给乙方；3. 甲方同意按照下列第三条约定条件转让股权；4. 保证人同意为甲方向乙方履行本合同项下所有义务提供连带保证责任。"

《协议一》第 3 条约定，1. 经冯军、余克俭、伍友财三人同意并经达华公司股东会决议，冯军同意转让个人持有达华公司股份的 50% 给李厚文；余克俭同意转让个人持有达华公司股份的 30% 给李厚文；伍友财同意将个人持有达华公司 20% 股份中的 15% 转让给李厚文，剩余的 5% 转让给李××（后经各方确认李××为李厚菊）；2. 转让后乙方两股东拥有达华公司 100% 股权；3. 经冯军、余克俭、伍友财三人个人同意及达华公司股东会决议同意，甲方三股东转让给乙方 100% 股权作价 1200 万元；4. 鉴于甲方三股东在达华公司前期运作中所付出的努力，现经甲乙双方协商，一致同意乙方给付甲方补偿金 1700 万元。

《协议一》第 4 条约定，1. 股权转让价款 1200 万元，乙方给予甲方补偿金 1700 万元，以上款项共计 2900 万元；2. 甲方在本协议签订之日，配合乙方到海原县工商行政机关办理 51% 股权变更登记手续，在办理变更手续完成后乙方立即支付甲方 500 万元股权转让款，该款直接汇入甲方三股东指定的账户；3. 2011年5月15日，甲方配合乙方完成剩余 49% 股权变更登记后三日内，乙方支付甲方 1500 万元人民币，2011 年 6 月 30 日，在乙方核实甲方三股东个人身份，股权转让公告期满，且就相关债权人询问结束后三日内，乙方支付甲方剩余款项 900 万元；4. 本次股权转让除本条第一款所涉金额外，除非本合同另有约定，乙方不再就公司股权转让及资产移交等事宜向甲方支付任何费用。

《协议一》第 6 条约定，截至本协议签订之日，甲方保证达华公司不存在对第三方债务问题、纠纷或可能给乙方造成不利影响的事件，否则不利之法律后果由甲方三股东承担；截至本协议签订之日，甲方已缴纳达华公司的所有税费、规费等政府部门的费用，不存在拖欠情况；原公章所签订的合同，由甲方负责解除，合同所产生的成果由乙方享有，原公章所产生的所有债务由甲方承担。

《协议一》第 8 条约定，如发生以下任何事件则构成该方在本协议项下之违约：任何一方违反其在本协议中作出的任何保证；如因甲方违反本合同约定的，应当就给乙方造成的损失予以赔偿，并承担 480 万元违约金，并由乙方在补偿款中直接予以扣除；如果在本合同签订后，51% 股权转让变更完成前，甲方将合同权利转让给第三人或者不履行本合同约定的，就给乙方造成的损失予以赔偿，并向乙方承担 100 万元违约金；乙方如果违反本合同约定的，向甲方承担 480 万元违约金。

《协议一》第 12 条约定，保证人同意就甲方向乙方履行本合同项下所有义务提供连带保证责任。协议还对交接、股权回购、争议的解决、保密等事宜作出约定。

2011 年 4 月 26 日，冯军将其持有的达华公司 21% 的股权转给李厚文，余克俭将其持有的达华公司 30% 的股权转给李厚文，李厚文支付了首笔 500 万元股权转让款，冯军、余克俭、伍友财、保证人杨秀祥均在 500 万元收条上签字确认。李厚文分别于 2011 年 5 月 3 日、7 月 4 日、8 月 24 日、8 月 25 日、8 月 31 日、9 月 30 日、11 月 10 日向冯军支付 100 万元、300 万元、80 万元、95 万元、30 万元、50 万元、50 万元，共计 705 万元，于 2011 年 7 月 4 日、10 月 17 日、11 月 10 日、12 月 26 日、2012 年 2 月 23 日向伍友财支付 100 万元、200 万元、50 万元、40 万元、30 万元，共计 420 万元。以上共计付款 1625 万元。

2011 年 8 月 18 日，李厚文又与冯军签订《股权转让协议书》（以下简称《协议二》）。该协议第 2 条约定：1. 冯军将其持有达华公司 29% 的股份转给李厚文；2. 转让后李厚文持有达华公司 80% 的股份；3. 冯军转让后李厚文的 29% 股份作价为 348 万元。第 3 条约定，冯军在本协议签订之日起 3 日内，配合李厚文到海原县工商行政机关办理变更登记手续，在办理变更登记手续完成后，李厚文支付冯军 348 万元股权转让款，该款直接汇入冯军指定的账户中。同日，冯军将其持有的达华公司 29% 的股权转让给李厚文，转让后李厚文持有达华公司 80% 股权，伍友财仍持有达华公司 20% 的股权。

2011 年 10 月 17 日，伍友财与李厚菊签订《股权转让协议书》（以下简称《协议三)》，该协议第 2 条约定，1. 伍友财将其持有的达华公司 10% 的股份转让给李厚菊；2. 转让后李厚菊持有达华公司 10% 的股份；3. 伍友财转让给李厚菊的 10% 股份作价为 120 万元。第 3 条约定，上述 120 万元转让款李厚菊已支付。第 7 条约定，伍友财违约，李厚菊有权解除本协议，收回已付的转让款及利息，并向伍友财收取 20 万元违约金。第 8 条约定，李厚菊未按本协议支付转让款，延迟付款超过 30 日，伍有财有权解除本协议。同日，伍友财与李厚文签订《股权转让协议书》（以下简称《协议四》），该协议第 2 条约定，1. 伍友财将其持有的达华公司 10% 的股份转让给李厚文；2. 转让后李厚文拥有达华公司 90% 的股份；3. 伍友财转让给李厚文的 10% 股份作价为 120 万元。第 3 条约定，上述 120 万元转让款李厚文已支付。第 7 条约定，伍友财违约，李厚文有权解除本协议，收回已付的转让款及利息，并向伍友财收取 20 万元违约金。第 8 条约定，李厚文未按本协议支付转让款，延迟付款超过 30 日，伍友财有权解除本协议。2011 年 10 月 25 日，伍友财将其持有的达华公司 20% 股权分别转让给李厚文 10%、李厚菊 10%。此时，李厚文持有达华公司 90% 股权，李厚菊持有达华公司 10% 股权，法定代表人由冯军变更为李厚文。《协议三》与《协议四》均在海原县公证处进行了公证。

以上股权转让行为均经达华公司股东会决议通过。

2011 年 5 月 14 日，冯军、余克俭、伍友财、杨秀祥（保证人）向李厚文、李厚菊出具《承诺书》，承诺：1. 所转让的股权没有对外设定质押或其他任何形式的担保；2. 达华公司不存在对第三方债务问题、担保问题或可能给乙方造成不利影响的事件；3. 已缴纳达华公司的所有税费、规费等政府部门的费用，不存在拖欠情况；4. 不存在农民工工资问题；5. 公司原公章未在公安机关销毁之前，原公章所产生的所有债务由承诺人承担。兴义市金宇煤炭有限公司为余克俭提供连带保证责任，并在该承诺书上盖章确认。

宁夏回族自治区高级人民法院另查明，因冯军、余克俭、伍友财担任达华公司股东负责经营期间的行为引起的案件，主要有：1. 案号为（2011）卫民初字第 30 号的重庆阳光建筑装饰工程有限公司与达华公司建设工程施工合同纠纷一案，宁夏回族自治区中卫市中级人民法院判决达华公司支付重庆阳光建筑装饰工程有限公司各项费用 33089.94 元，案件受理费 13010 元，由重庆阳光建筑装饰工程有限公司负担 6510 元，由达华公司负担 6500 元。2. 案号为（2011）卫民初字第 31 号的重庆阳光建筑装饰工程有限公司与达华公司建设工程施工合同纠纷一案，宁夏回族自治区中卫市中级人民法院判决驳回重庆阳光建筑装饰工程有限公司的诉讼请求，案件受理费由重庆阳光建筑装饰工程有限公司负担。3. 案号为（2011）卫民初字第 32 号的延安海鑫建筑有限公司与达华公司建设工程施工合同纠纷一案，宁夏回族自治区中卫市中级人民法院判决驳回延安海鑫建筑有限公司的诉讼请求，案件受理费由延安海鑫建筑有限公司负担。4. 案号为（2012）章商初字第 240 号的济南恒升工程机械有限公司与达华公司买卖合同纠纷一案，山东省章丘市人民法院一审判决达华公司支付济南恒升工程机械有限公司各项费用 266560 元，案件受理费 5298 元由达华公司负担。山东省济南市中级人民法院二审改判达华公司支付济南恒升工程机械有限公司经济损失 2.2 万元，一、二审案件受理费各 5298 元，由济南恒升工程机械有限公司各负担 5000 元，由达华公司各负担 298 元。5. 案号为（2013）海民商字第 1 号的重庆市商业建筑设计院与达华公司建设工程设计合同纠纷一案，目前仍在海原县人民法院审理中。上述案件，达华公司应付债务共计 62185.94 元（已判决生效）、律师代理费 39 万元。达华公司已于 2012 年 2 月 22 日支付重庆阳光建筑装饰工程有限公司 39589.94 元。

2012 年 10 月 30 日，冯军、余克俭、伍友财以冯军、余克俭、伍友财履行了合同义务，李厚文、李厚菊完成了 3 万平方米土地的开发，但却寻找各种借口拖延付款，李厚文、李厚菊的违约行为给冯军、余克俭、伍友财造成了严重的经济损失为由，向宁夏回族自治区高级人民法院提起诉讼，请求：一、判令李厚文向冯军、余克俭、伍友财支付股权转让款及补偿金 1300 万元；二、判令李厚文向冯军、余克俭、伍友财支付违约金 480 万元；三、判令李厚文告向冯军、余克俭、伍友财支付因其未及时支付价款给原告造成的损失赔偿金 210 万元；四、诉讼费由李厚文承担。

2012 年 11 月 19 日，冯军、余克俭、伍友财申请追加李厚菊为被告。2013 年 1 月 17 日，冯军、余克俭、伍友财变更诉讼请求为：一、判令李厚文向冯军支付股权转让款及补偿金 533.6589 万元、违约金 240 万元、损失赔偿金 105 万元，计 878.6589 万元；二、判令李厚文向余克俭支付股权转让款及补偿金 623.3356 万元、违约金 144 万元、损失赔偿金 63 万元，计 830.3356 万元；三、判令李厚文、李厚菊向伍友财支付股权转让款及补偿金 118.0055 万元、违约金 96 万元、损失赔偿金 42 万元，计 256.0055 万元；四、本案诉讼费由李厚文、李厚菊承担。

李厚文、李厚菊答辩称：一、冯军、余克俭、伍友财先行违约。（一）未按《协议一》约定的期限转让股权；（二）达华公司涉及多起诉讼，给经营带来负面影响；（三）达华公司欠缴土地出让金 500 万元、土地闲置税 200 余万元及补缴耕地占用税、土地使用税 160 余万元，给李厚文、李厚菊造成巨大经济损失。二、冯军、余克俭、伍友财故意隐瞒事实，不诚信。《股权转让协议》约定达华公司债务、税金在股权转让前均已清结，且不存在与他人纠纷，但在协议履行过程中，冯军、余克俭、伍友财故意拖延转让股权、存在大量债务，并故意隐瞒。三、冯军、余克俭、伍友财诉请 210 万余元的损失，无事实依据和法律依据。（一）李厚文、李厚菊无违约行为；（二）即便存在违约，也应参照人民银行同期贷款基准利率计算损失。四、李厚文、李厚菊代付款项应予以扣除。冯军、余克俭、伍友财经营达华公司期间发生的债务 4438627.47 元，应从未付补偿款中予以扣除。综上，冯军、余克俭、伍友财先行违约，李厚文、李厚菊系依法行使不安抗辩权，请求一审法院驳回冯军、余克俭、伍友财的诉讼请求。

宁夏回族自治区高级人民法院经审理认为，冯军、余克俭、伍友财、杨秀祥（保证人）与李厚文、李厚菊签订的四份《股权转让协议》及《承诺书》均是各方当事人的真实意思表示，内容不违反法律、行政法规的强制性规定，均合法、有效。

关于李厚文、李厚菊应否支付冯军、余克俭、伍友财股权转让款、补偿款及具体数额的问题。合同签订后，李厚文、李厚菊共向冯军、余克俭、伍友财支付股权转让款及补偿金 1625 万元，尚欠 1275 万元未付，双方对此均无异议，该院予以确认。对冯军、余克俭、伍友财担任达华公司股东负责经营期间的债务如何承担，《协议一》第 6 条明确约定由冯军、余克俭、伍友财承担，且冯军、余克俭、伍友财亦明确表示该部分费用可以从所欠款项中扣除，故达华公司应付债务 62185.94 元（已判决生效）、律师代理费 39 万元，应从所欠款项 1275 万元中扣除，对于尚未发生的费用，李厚文、李厚菊可在承担责任后向冯军、余克俭、伍友财另行主张。一审庭审中，李厚文、李厚菊对冯军、余克俭、伍友财分项请求股权转让款、补偿金及数额均无异议，冯军、余克俭、伍友财亦向法庭表示其分项请求数额是根据已付款内部分配方案计算得出，但未扣除应付债务 62185.94 元、律师代理费 39 万元，对未扣除的费用，冯军、余克俭、伍友财应根据所持达华公司股权比例分担。综上，李厚文尚欠冯军股权转让款、补偿款 5110496.03 元，欠余克俭股权转让款、补偿款 6097700.22 元，李厚文、李厚菊欠伍友财股权转让款、补偿款 1089617.81 元。李厚文、李厚菊提出达华公司存在大量债务和欠缴费用，主张行使不安抗辩权。但李厚文、李厚菊对达华公司是否存在欠缴税费和耕地占用费等，并无确切的证据证明，且冯军、余克俭、伍友财明确表示其担任达华公司股东期间公司所发生的费用可以从所欠款项中扣除，故李厚文、李厚菊的抗辩理由不符合《中华人民共和国合同法》关于行使不安抗辩权的法定情形，该院不予支持。

关于李厚文、李厚菊应否支付冯军、余克俭、伍友财违约金、赔偿金及具体数额的问题。虽然双方在《协议一》第 8 条第 2.3 款约定"乙方（李厚文、李厚菊）如果违反本合同约定的，向甲方（冯军、余克俭、伍友财）承担 480 万元违约金"，但冯军、余克俭、伍友财未按《协议一》第四条第 3 款约定的期间 2011 年 5 月 15 日完成剩余 49% 股权变更登记，李厚文、李厚菊亦未按协议支付 1500 万元。直至 2011 年 8 月 18 日，冯军又与李厚文签订《协议二》，才将其持有的达华公司 29% 的股权转给李厚文，至 2011 年 10 月 17 日，伍友财与李厚文、李厚菊签订《协议三》《协议四》，于 2011 年 10 月 25 日才将伍友财持有的达华公司 20% 的股权变更至李厚文、李厚菊名下。可见，双方均未按《协议一》约定期限履行自己的义务。双方为继续履行股权转让协议，完成达华公司股权转让事宜，又先后签订了《协议二》、《协议三》及《协议四》，但《协议二》、《协议三》及《协议四》对李厚文、李厚菊逾期付款违约责任并未作出约定，所以，冯军、余克俭、伍友财请求李厚文、李厚菊支付 480 万元违约金无事实和法律依据。但至 2011 年 10 月 25 日，冯军、余克俭、伍友财已将持有的达华公司的股权全部转给李厚文、李厚菊，李厚文、李厚菊即应支付所欠股权转让款及补偿金，故李厚文、李厚菊应从 2011 年 10 月 26 日开始支付冯军、余克俭、伍友财所欠股权转让款及补偿金的利息。对于冯军、余克俭、伍友财诉请的 210 万元损失赔偿金，因涉案合同无约定，该院不予支持。

综上，宁夏回族自治区高级人民法院认为，冯军、余克俭、伍友财的诉讼请求部分成立，该院予以支持。依照《中华人民共和国合同法》第六条、第一百零七条、第一百零九条，《中华人民共和国公司法》第七十二条，《中华人民共和国民事诉讼法》第一百三十四条、第一百四十二条的规定，判决：一、李厚文于该判决生效后十日内支付冯军股权转让款、补偿款 5110496.03 元，支付余克俭股权转让款、补偿款 6097700.22 元，并承担逾期付款利息（从 2011 年 10 月 26 日起算至本判决确定的给付之日，按照中国人民银行同期贷款基准利率计算）；二、李厚文、李厚菊于该判决生效后十日内支付伍友财股权转让款、补偿款 1089617.81 元，并承担逾期付款利息（从 2011 年 10 月月 26 日起算至本判决确定的给付之日，按照中国人民银行同期贷款基准利率计算）；三、驳回原告冯军、余克俭、伍友财的其他诉讼请求。案件受理费 141200 元，由原告冯军、余克俭、伍友财负担 5000 元，由被告李厚文、李厚菊负担 136200 元，保全费 5000 元，由被告李厚文、李厚菊负担。

李厚文、李厚菊不服该判决，向本院提出上诉，请求：一、撤销该判决；二、改判李厚文向冯军支付补偿款 4221123.50 元、向余克俭支付补偿款 5564076.71 元；李厚文、李厚菊向伍友财支付补偿款 733868.80 元；三、改判李厚文、李厚菊不向冯军、余克俭、伍友财承担逾期付款利息（计 1567459 元）；四、调整一审案件受理费为 88956 元、保全费为 3150 元；五、上诉费由冯军、余克俭、伍友财承担。事实和理由是：一、达华公司应缴纳的税费未予扣减。一审诉讼中，李厚文、李厚菊向一审法院提交了《缴纳土地闲置费书》及《宁夏回族自治区人民耕地占用税实施办法》以证实冯军、余克俭、伍友财作为达华公司股东期间遗留的税款及行政罚款应予扣除。一审庭审后，海原县国家税务局李旺分局向达华公司下发耕地占用税、契税、土地使用税、土地增值税海李税限字〔2013〕3 号《限期缴税通知书》，据此，达华公司缴纳上述税费共计 1778745.05 元，根据《协议一》的约定，该税费应由冯军、余克俭、伍友财承担，从李厚文、李厚菊的欠款中予以扣除，一审判决对此未予核减。据此，至本案上诉之日，李厚文、李厚菊欠付冯军、余克俭、伍友财的补偿款为 10519069.01 元。二、一审判令李厚文、李厚菊承担逾期付款的利息，属适用法律错误。一审判决认定《协议一》约定了违约责任，但双方均未按《协议一》约定期限履行各自义务，而是按照《协议二》《协议三》《协议四》进行了股权转让，履行了各自义务，但《协议二》《协议三》《协议四》并未约定逾期付款的违约责任，对损失赔偿金也未作约定，一审判决认定冯军、余克俭、伍友财诉请承担 480 万元违约金及 210 万元赔偿金无事实和法律依据，但同时判决李厚文、李厚菊承担逾期付款利息，与该项事实认定矛盾。逾期付款利息系违约责任的一种形式，因当事人据以履行的《协议二》《协议三》《协议四》无逾期付款违约责任的约定，故李厚文、李厚菊即使违约也不应承担任何形式的违约责任。冯军、余克俭、伍友财在诉请中并未将利息损失予以主张，一审判决违反不告不理的审判原则。三、一审判决案件受理费及保全费承担的数额错误。一审原告诉讼标的总额为 1965 万元，一审判决支持诉请本金为 12297814.06 元，对利息判决错误，占总标的额的 63%，未得到支持的金额约为 7352185.94 元，占诉讼标的总额的 37%。一审案件受理费 141200 元，保全费为 5000 元，据此比例，李厚文、李厚菊应当承担的案件受理费 88956 元、保全费 3150 元，而非案件受理费 136200 元、保全费 5000 元。综上，李厚文、李厚菊诉请撤销一审判决，依法改判。

冯军、余克俭、伍友财答辩称：一、关于 1778745.05 元的税费问题。（一）相关税费的义务主体是达华公司，而非冯军、余克俭、伍友财，故税费追偿权应由达华公司行使，李厚文、李厚菊无追偿权。（二）税费的问题与本案所涉股权转让及补偿金是不同的法律问题，应由另案诉讼解决。（三）案涉 1778745.05 元的税费是否应当由冯军、余克俭、伍友财承担需经查实。土地增值税应在建设出让后才缴纳，应由李厚文、李厚菊承担。二、关于逾期付款利息问题。主合同有违约金和补偿金，分项合同没有，二者是主合同与分合同关系，应该以主合同为主，分合同不涉及违约金和补偿金，冯军、余克俭、伍友财一审就违约金提出诉请，只是支持了逾期付款利息。一审没有支持违约金已经损害了其利益，但一审判决承担逾期利息也可接受。三、一审判决有关诉讼费及保全费的分担结果并无不公。

本院对宁夏回族自治区高级人民法院一审查明的事实予以确认。

本院认为，本案争议焦点包括以下两个问题：一、1778745.05 元的税费是否应当从欠付的股权转让款及补偿金中扣减；二、李厚文、李厚菊是否应当承担欠付款项的逾期付款利息。

一、关于 1778745.05 元的税费是否应当从欠付的股权转让款及补偿金中扣减的问题。

李厚文、李厚菊在一审中以达华公司欠缴土地出让金 500 万元、土地闲置税 200 余万元及补缴耕地占用税、土地使用税 160 余万元，给李厚文、李厚菊造成巨大经济损失为由，主张其系依法行使不安抗辩权，但未就达华公司相关应缴税费应由冯军、余克俭、伍友财承担而提出反诉。本案一审庭审后，达华公司于 2013 年 8 月缴纳了 1778745.05 元的耕地占用税、国有土地使用权出让契税、土地使用税、土地增值税。李厚文、李厚菊在本院二审程序中请求将该 1778745.05 元的相关税费从欠付款项中扣除，属于在二审中提出了新的诉讼请求。本案原审原告诉请的是李厚文、李厚菊支付股权转让款、补偿金及承担违约责任，而目标公司达华公司应缴纳的税费应由谁承担，在李厚文、李厚菊未提出反诉的情况下，不属于本案的审理范围。至于李厚文、李厚菊在二审中提出的应将相关税费从欠付款中扣除的主张，根据《最高人民法院关于适用〈中华人民共和国民事诉讼法〉若干问题的意见》第一百八十四条有关"在第二审程序中，原审原告增加独立的诉讼请求或原审被告提出反诉的，第二审人民法院可以根据当事人自愿的原则就新增加的诉讼请求或反诉进行调解，调解不成的，告知当事人另行起诉"的规定，经本院调解未成，李厚文、李厚菊可就其要求冯军、余克俭、伍友财承担有关达华公司相关税费问题另行起诉。

二、关于李厚文、李厚菊是否应当承担欠付款项的逾期付款利息问题。

冯军、余克俭、伍友财在一审中除诉请李厚文、李厚菊支付违约金外，另行诉请支付因其未及时支付股权转让款及补偿金给原告造成的损失赔偿金210万元；后将支付损失赔偿金的诉讼请求变更为诉请李厚文向冯军支付损失赔偿金105万元，李厚文向余克俭支付损失赔偿金63万元，李厚文、李厚菊向伍友财支付损失赔偿金42万元。一审法院判令李厚文、李厚菊支付逾期付款利息，系按照银行同期贷款利息的方式确定损失赔偿金的计算标准，故并未违反不告不理的原则。

根据《中华人民共和国合同法》第一百一十三条有关"当事人一方不履行合同义务或者履行合同义务不符合约定，给对方造成损失的，损失赔偿额应当相当于因违约所造成的损失"的规定，即使在合同双方未就违约金及损失赔偿金计算方式作出约定的情形下，违约方也应当赔偿其违约所造成的损失。截至2011年10月25日，冯军、余克俭、伍友财已将所持有的达华公司股权全部转让给李厚文、李厚菊，根据股权转让合同的约定，李厚文、李厚菊应当履行支付股权转让款及补偿金的义务。因李厚文、李厚菊未按照合同约定履行给付股权转让款及补偿金的义务，给冯军、余克俭、伍友财造成的损失客观存在，一审判决以中国人民银行同期贷款基准利率为据，判令李厚文、李厚菊赔偿因逾期付款行为给冯军、余克俭、伍友财造成的损失，并无不当。故对李厚文、李厚菊有关改判其不承担逾期付款利息的诉讼请求，本院亦不予支持。

关于本案一审的诉讼费及保全费承担问题。本案一审判决支持了冯军、余克俭、伍友财有关给付股权转让款、补偿金的诉讼请求，对其要求李厚文、李厚菊给付480万元违约金的诉讼请求未予支持，对其要求李厚文、李厚菊给付210万元损失赔偿金的部分诉讼请求予以支持，但一审判决有关诉讼费用承担的决定未充分考虑冯军、余克俭、伍友财的诉讼请求获得支持的情况，本院予以适当调整。

综上，原审判决认定事实清楚，适用法律正确，根据《中华人民共和国民事诉讼法》第一百七十条第一款第（一）项的规定，判决如下：

驳回上诉，维持原判。

一审案件受理费 141200 元，由冯军、余克俭、伍友财承担 42360 元，李厚文、李厚菊承担 98840 元，保全费 5000 元由李厚文、李厚菊承担。二审案件受理费 33570 元，由冯军、余克俭、伍友财承担 3357 元，由李厚文、李厚菊承担 30213 元。

本判决为终审判决。

审　判　员　王富博
代理审判员　吴景丽
代理审判员　李志刚
二〇一三年十二月十七日
书　记　员　郝晋琪

18. 合同当事人权利义务的确定应严格遵照合同的约定

——青海省三江水电开发股份有限公司、广东清能发电集团有限公司、广东省源天工程公司、天津阿尔斯通水电设备有限公司买卖合同纠纷案

【裁判要旨】

一、根据《中华人民共和国合同法》第一百一十二条"当事人一方不履行合同义务或履行合同义务不符合约定的,在履行义务或者采取补救措施后,对方还有其他损失的,应当赔偿损失"的规定,买卖合同中的出卖方是否应向买方承担"其他损失"取决于卖方是否存在不履行合同义务或履行合同义务不符合约定的情形。

二、如买卖合同中并未将所有出卖方应负的责任都明确约定限制在出卖方与第三方所签合同约定的责任范围之内,则无论买方是否知悉出卖与第三方签订合同中的条款如何约定,出卖方均应按照出卖合同的约定承担相应的责任。

三、对于当事人一方提出的反诉请求,即使在另案中的民事调解书中已有所安排,亦不能简单以"一事不再理"予以驳回。而是应该具体分析民事调解书中如何约定,是否存在附条件或附期限约定的情形。

中华人民共和国最高人民法院民事判决书

(2013) 民二终字第 37 号

上诉人(原审被告、反诉原告):青海省三江水电开发股份有限公司。住所地:青海省西宁市新宁路 36 号。

法定代表人:张虎明,该公司董事长。

委托代理人:王四林,青海竞帆律师事务所律师。

委托代理人：陈艳琴，青海竞帆律师事务所律师。

被上诉人（原审原告、反诉被告）：广东清能发电集团有限公司。住所地：广东省东源县仙塘木京管理区。

法定代表人：史国松，该公司董事长。

委托代理人：徐侃，北京市中盈律师事务所律师。

委托代理人：赵海龙，北京德和衡（南京）律师事务所律师。

原审第三人：广东省源天工程公司。住所地：广东省增城市新塘镇新南大道中 219 号。

法定代表人：杨峻，该公司总经理。

委托代理人：冯任云，该公司法务人员。

委托代理人：杨振平，广东经纶律师事务所律师。

原审第三人：天津阿尔斯通水电设备有限公司。住所地：天津市北辰区高峰路。

法定代表人：Yves Pierre Christian RANNOU，该公司董事长。

委托代理人：熊炼，该公司法律顾问。

上诉人青海省三江水电开发股份有限公司（以下简称三江公司）与被上诉人广东清能发电集团有限公司（以下简称清能公司）及原审第三人广东省源天工程公司（以下简称源天公司）、原审第三人天津阿尔斯通水电设备有限公司（以下简称天阿公司）买卖合同纠纷一案，青海省高级人民法院于 2007 年 11 月 6 日作出（2006）青民二初字第 11 号民事判决。清能公司、三江公司不服该民事判决，向本院提起上诉。本院作出（2008）民二终字第 104 号民事裁定，以原审判决认定事实部分不清、违反法定程序为由将本案发回重审。青海省高级人民法院重审后作出（2009）青民二初字第 13 号民事判决。三江公司不服该判决，向本院提起上诉。本院依法组成由审判员刘敏担任审判长，代理审判员赵柯、杜军参加的合议庭进行了审理，书记员孙亚菲担任记录。本案现已审理终结。

青海省高级人民法院审理查明：2003 年 7 月 19 日，联合能源集团有限公司（以下简称联合能源公司，2006 年 8 月 3 日联合能源公司变更为清能公司）作为受让方与三江公司就青海省黄河尼那水电站（以下简称尼那水电站）整体资产出售事宜签订了《青海省黄河尼那水电站整体资产出售合同》（以下简称《出售合同》）。合同约定："总价为 12 亿元，合同生效后 30 个工作日内，受让方向出售方支付第一笔价款 3 亿元；水电站第三台机组通过 72 小时试运行后具备正式并网发电条件后 7 个工作日内，受让方向出售方支付第二笔价款 2.5 亿元；水电站全部四台机组通过 72 小时试运行后具备正式并网发电条件后 10 个工作日内，受让方向出售方支付第三笔价款 2.5 亿元；目标资产移交完成双方共同签署《移交完成确认书》前 3 个工作日内，受让方向出售方支付第四笔价款 3 亿元；余款 1 亿元，受让方在之后三年内每年 6 月 30 日前分别支付 3500 万元、3000 万元和 3500 万元给出售方。"并约定本合同项下的目标资产移交完成后，目标资产的维修及维护义务，由出售方向受让方负责（以出售方与第三方所签订的合同中约定的质保责任为限）。合同生效后，联合能源公司按协议约定履行了第一、二笔付款义务，第三笔本应在水电站全部四台机组通过 72 小时试运行后具备正式并网发电条件后 10 个工作日，支付 2.5 亿元，而联合能源公司未按约定支付，提出对《出售合同》中约定的付款方式进行调整，经双方协商在原合同基础上签署《补充协议》，付款方式由原来的"目标资产移交完成（双方共同签署《移交完成确认书》）前 3 个工作日内受让方向出售方支付转让款 3 亿元"，修改为"目标资产移交完成（双方共同签署《移交完成确认书》）前 3 个工作日内受让方向出售方支付转让款 1.5 亿元，2005 年 4 月 28 日支付转让款 1.5 亿元，其余付款方式按原合同执行"。2004 年 12 月 31 日双方对尼那水电站整体资产移交完成进行了最后确认，并签署了《移交完成确认书》。截至 2005 年 10 月 26 日，清能公司尚欠 155884689 元。2006 年 3 月 26 日三江公司向青海省高级人民法院起诉，要求清能公司支付尚欠的尾款和延期付款的违约金。案件在审理过程中，双方当事人自愿达成调解协议，形成（2006）青民二初字第 3 号民事调解书。该调解书生效后，尚欠 6000 万元未付。对调解书第 6 条就尼那水电站资产是否存在问题、存在的问题如何界定，双方未在约定的期限 2006 年 8 月 31 日前解决。就此，清能公司以三江公司资产移交不实，且其交付的四台机组均存在严重的质量问题，致使该公司遭受巨额损失为由，于 2006 年 8 月 31 日向青海省高级人民法院提起诉讼，请求判令：三江公司承担 2005、2006 年度因机组质量问题导致非正常弃水而产生的发电损失共计 50970300 元；三江公司承担机组维修费用及购买机组构件费用共计 6077676.33 元；三江公司承担 2004 年度因非正常弃水造成的发电损失共计 13779000 元；三江公司承担因逾期正式并网发电而产生的逾期收益损失共计 4050000 元；三江公司支付欠付的电费款项及相应利息、滞纳金，共计 3221264.08 元；法院确认三江公司未依据《出售合同》约定完成目标资产移交的事实；三江公司按移交清单及决算报告所载资产价值向清能公司补交未移交够及移交不实的财产价值或折抵价款；三江公司依合同约定承担因迟延履行移交程序支付的违约金共计 1000 万元；三江公司承担（2006）青民二初字第 3 号案件项下的案件受理费、诉讼保全费。该公司当庭申请撤回第六项即请求法院确认三江公司未依据《出售合同》

完成目标资产移交事实的诉讼请求。

三江公司反诉称：（2006）青民二初字第 3 号民事调解书生效后清能公司向三江公司支付了 160884689.64 元，尚有 6000 万元未付。请求判令：清能公司立即支付尼那水电站整体资产受让款 6000 万元；清能公司支付延期付款的违约金 67995284 元；清能公司退还扣留的有关尼那水电站档案资料；清能公司承担全部诉讼费用。

在案件重审期间，2011 年 5 月 5 日，中国电力企业联合会司法鉴定中心作出电鉴意见（2011）第 9 号《司法鉴定意见书》，该意见称："1 号机组故障或事故原因：自 2003 年 12 月 31 日至 2006 年 9 月，1 号机组故障或事故约 16 次，其中多为一般性故障。而 2005 年 4 月 27 日事故，涉及 1 号机组设计制造、安装、运行管理与实验安全措施掌控等诸多方面的原因，其中转子磁轭相对立筋在运行中发生较大的相对位移是导致转子圆度发生偏差并产生事故的直接原因。磁轭与立筋结构设计不当、磁轭叠片紧量或不足（安装过程中叠片工艺曾按厂家意见作了修改），组合轴承取消限位销钉使机组轴承振动过大是产生这次事故的内在原因。1 号机组作稳定性实验过程中，机组加励磁空转升压持续约 12 分钟是事故扩大的重要原因。2 号机组故障或事故原因：自 2003 年 11 月 30 日至 2006 年 8 月 10 日，2 号机组故障或事故约 11 次，其中多为一般性故障。而在 2005 年 8 月 6 日事故中，转轮室与环筋结构设计、制造（包括焊接工艺）与材料选择是导致 2 号机环筋运行中开裂的内在原因。而机组部分运行工况区水压力脉动偏大（属水利设计问题）以及可能的非协联工况下运行是导致开裂的直接原因。水电厂运行管理操作程序处理不当，环筋裂纹未全面处理前强行运行，又是导致裂纹扩大的重要原因。3 号机组故障或事故原因：自 2003 年 8 月 17 日至 2006 年 11 月 8 日，3 号机组故障或事故约 26 次；其中多为一般性故障。而 2005 年 8 月 26—27 日事故，系磁轭与立筋鸽尾相互严重脱离，磁轭位移，即磁轭与立筋联结结构设计不当，或磁轭叠片安装中压紧度不足等；同时 3 号发电机转子下绕度增大，引起定、转子在 − X、− Y、+ X 方向碰擦，以上是机组破坏的内在原因。而异常情况下运行时间过长，是导致机组破坏的直接原因。4 号机组故障或事故约 18 次，其中多为一般性故障。而在 2005 年 1 月 26 日事故中，该组合轴承结构设计存在不合理布置问题，现场无法钻绞限位销钉，所以在现场取消调整块限位销钉是本次事故发生的内在原因，而组合轴承支架开裂，系运行中调整块螺栓松动引起组合轴承长期振动所致。"

2011 年 11 月 11 日，中国电力企业联合会司法鉴定中心作出电鉴函（2011）第 37 号《对青海省高级人民法院委托鉴定事项进行相关说明的函》，该函称"内在原因是事故发生的根本原因；直接原因是引发事故发生的具体事件；重要原因是事故扩大或进一步恶化的促进因素"。

2012年8月2日，青海保信会计师事务所有限责任公司出具青保专审字（2012）第020号专项审核报告，该报告称，依据当事人提供的尼那水电站发电机组2005年1月至2006年9月的维修费用及购买机组构件费开支合计金额5718065.61元。

青海省高级人民法院认为：本案双方订立的《出售合同》是当事人在平等、自愿、协商一致的基础上达成，是双方真实意思表示，不存在合同法第五十二条规定的情形，应为有效合同。在合同履行过程中，双方当事人因合同所涉标的物质量问题产生纠纷。清能公司基于三江公司违约提出九项诉讼请求，请求三江公司履行相关合同义务并赔偿损失，根据当事人的请求及合同法第一百二十一条"当事人一方因第三人的原因造成违约的，应当向对方承担违约责任。当事人一方和第三人之间的纠纷，依照法律规定或者按照约定解决"的相关规定，该院在审理时将责任主体仅限定在签订《出售合同》的主体范围内。庭后，清能公司明确其诉讼请求均是建立在三江公司违约的基础上，其并不选择侵权之诉。据此，案由应确定为买卖合同纠纷。以下针对清能公司提出的本诉及三江公司提出的反诉请求逐一分析论证。

一、关于清能公司提起本诉方面的诉讼请求应否支持。

（一）关于三江公司是否承担2004、2005、2006年度因机组质量问题导致尼那水电站非正常弃水而产生的发电损失共计6474.93万元。

清能公司认为，司法鉴定充分证明四台机组均存在严重的不符合设计标准的内在质量问题，清能公司因此遭受了巨额发电损失。三江公司提供的2008年、2009年、2010年尼那水电站发电量统计本身也能证明在清能公司促成机组维修后，水电站机组运行良好，并能达到设计的发电指标。因此，清能公司有权要求相关责任方赔偿因机组内在质量造成的发电损失。

三江公司认为，尼那水电站是通过国家权威部门验收的工程，任何机组不可能没有瑕疵，在投入运营后也不可能不出现任何问题，清能公司所提的机组质量问题也只能界定为机组维修维护质保责任。现清能公司抛开双方最初约定，向三江公司主张弃水损失显然有悖合同约定，缺乏事实和法律支持。再者按照合同约定清能公司也可以自行维修，对损失的扩大也负有责任。

天阿公司认为，根据本案事实和相关法律规定，本案只能被界定为一个违约之诉。天阿公司与三江公司之间的机组采购合同有责任限制条款，本案中清能公司向三江公司主张的弃水发电损失，显然属于该条款所排除的对象。既然天阿公司不对三江公司的此类损失负责，亦不应对因清能公司向三江公司提起的此类索赔主张而对三江公司承担任何连带责任。

源天公司认为，当事人之间是否存在合同关系是区分违约及侵权的标准，本案合同约定了质保期应遵从当事人的约定，源天公司提供的产品质量合格，不应承担责任。

该院认为，清能公司与三江公司订立了《出售合同》，双方应按照合同的相关规定履行各自的义务。但从值长记录、设备检修作业交代、事故分析会议纪要及清能公司与三江公司之间的往来函件等证据，足以证实在清能公司管理该水电站期间各个机组均出现不同程度的故障导致不能正常使用。根据审理期间中国电力企业联合会司法鉴定中心作出的《司法鉴定意见书》，涉案的1、2、3、4号机组在交付使用后都出现了不同程度的故障及事故。其故障及事故的原因主要涉及机组设计制造、安装、运行管理与实验安全措施掌控等诸多方面的原因。就合同标的的出售方三江公司而言其出售的机组存在设计制造、安装等问题，就该原因导致的责任理应由其承担，至于该公司与设备提供方及安装方的关系不属于本案审理的范围，应另案处理。关于三江公司认为尼那水电站是通过国家权威部门验收的工程，在投入运营后出现的问题只能界定为机组维修维护质保责任的抗辩理由。该院认为，根据鉴定结果来看，导致机组产生事故的主要原因是因为机组本身存在的机组设计制造、安装问题等内在因素，水电站通过国家部门的验收并不能排除其应对该原因而导致事故应负的责任，且该责任已经超出了维修维护的范畴。关于双方所签订的合同中关于维修责任以三江公司与第三方签订的合同中的质保条款为限的抗辩，该院认为，首先，三江公司在签订合同后并未将其与第三方签订的合同提交清能公司，清能公司对其与第三方约定的具体内容并不知晓。其次，该条款责任的限定是对出售资产维修维护费用的限定，并未涉及因出售资产内在原因而导致的损失赔偿。现清能公司要求以实际损失为基础赔偿损害并无不当，该抗辩不予采信。但就设备的使用方清能公司而言，其在使用机组过程中因其自身操作的原因引发事故或导致事故扩大的后果应由其自身承担。

关于损失数额的计算，清能公司提供了2004年度龙羊峡水库运行年报表、2004年度尼那水电站总发电量单、2005年龙羊峡水库运行年报表及2005、2006年度尼那水电站生产报表，证明因四台机组频繁停机，导致电站不能正常发电，产生大量非正常弃水损失。三江公司的质证认为，证据本身是预期利益，预期利益的赔偿以三江公司与第三方协议为依据。对证据的真实性有异议，认为记录是清能公司自己记的。该院认为，三江公司仅认为弃水的数据不能根据上游的水量来作为依据，并未提供相应的反驳证据加以证实自己的主张。因此，对于该项抗辩不予支持。

该院认为，关于确定可得利益损失数额依据估算法，可根据受损害方请求赔偿的数额为基础，根据违约方提出抗辩所依据的证据，依据公平原则确定具体数额。清能公司提出关于弃水发电损失＝电价×弃水量折算发电量的计算方式，该方式主要是根据上游给水量核算因机组故障导致非正常弃水量，再将该弃水量作为基础乘以批准电价，按该方法计算共计造成发电损失7380.9 万元，再扣除增值税、城建税及教育附加费，共计 6474.93 万元。结合本案实际情况，根据三江公司提供的 2008 至 2010 年度尼那水电站发电统计的数据可以看出，在设备正常运转的情况下年发电量基本可以满足设计的年发电量，并且清能公司提供的 2004、2005、2006 年度尼那水电站总发电量表单及生产报表可以证实上述三年期间清能公司产生了相应的损失，其主张以估算法对损失进行衡量。该院认为，该方法是在以弃水量为基础计算每度电耗水率折算出弃水量的发电量乘以每度电的批准电价而得出的发电损失，是相对符合客观事实的，且在主张中也相应地扣减了税费，该损失计算方法应予采纳。

涉案的 1、2、3、4 号机组在交付使用后因机组设计制造、安装、运行管理与实验安全措施掌控等诸多方面的原因，出现了不同程度的故障及事故，双方当事人应按照自己过错承担相应的法律责任。根据《司法鉴定意见书》，清能公司在使用过程中的不当导致了部分损失的扩大，该部分损失理应由其自行承担，该部分数额酌情应确定为 1294.93 万元，三江公司作为《出售合同》的标的提供方应承担 5180 万元的损失赔偿。

（二）关于三江公司是否应承担清能公司自行维修费用及购买机组构件的费用共计 6077676.33 元。

清能公司认为，《出售合同》已明确维修义务在三江公司，在机组出现严重故障时，相关责任方拒绝组织维修事故机组，事故机组均由清能公司自行维修，并支付巨额维修费用，该费用的承担是相关责任方的法定义务。且认为青保专审字（2012）第 020 号专项审核报告中附件五前五项备注"未附出库清单"与事实不符，附件六第 82 号票据的时间应为 2006 年 1 月 21 日，对该审计报告记载的其他事项没有异议。

三江公司认为，本案中清能公司提到的维修属于擅自维修，按照合同约定如果受让方擅自维修或由于受让方责任出售方不应承担责任。从鉴定意见看，导致事故的原因存在多种因素，请法院依据各方责任大小确认分担该项费用。且认为青保专审字（2012）第 020 号专项审核报告不能作为确定承担责任的证据使用。

天阿公司认为，鉴定应在举证期限内提出，该鉴定申请法院不应受理。并且认为维修费用中清能公司未能提供全部发票。

源天公司认为，青保专审字（2012）第 020 号专项审核报告不属于证据，该审核结果与本案没有关联性。且涉及源天公司的维修费用至今未支付。

该院认为，清能公司提供的关于维修的往来函证据证实，在涉案机组出现事故的情况下，清能公司多次告知三江公司及天阿公司要求其履行维修义务，但均未能就维修事宜达成一致意见，清能公司自行组织维修符合双方合同约定及减少损失的需要。清能公司提出机组维修费用及购买机组构件的费用共计 6077676.33 元，三江公司、源天公司、天阿公司均认为因未参与过，对维修合同及票据真实性均不认可，但并未提供相反证据证实自己的主张。根据青保专审字（2012）第 020 号专项审核报告审核维修费用及购买机组构件费开支合计金额为 5718065.61 元，其中主要是现金支票、转账支票、银行电汇凭证、记账凭证、发票、机票、收据等。关于天阿公司提出的清能公司未能提供全部发票的答辩理由，该院认为，清能公司未能提供发票的部分都相应的提供了现金支票、转账支票、银行电汇凭证，该证据足以证实该公司支付了该笔费用，仅以未提供发票而否认该事实证据不足。但该凭证中机票、保险单、收据共计 66597 元，因该笔支出并不能直接证明是用于机组的维修，故应予扣除，维修费用应按照 5651468.61 元计算。根据《司法鉴定意见书》来看导致事故的原因存在多种因素，关于三江公司要求依据各方责任大小确认分担该项费用的部分请求应予支持，作为设备的使用方清能公司由于操作不当应承担 1130293.7 元的损失，其他维修费用即 4521174.91 元由三江公司承担。

（三）关于三江公司是否应承担因逾期正式并网发电而产生的 405 万元收益损失。

清能公司认为，三江公司承诺最迟于 2003 年 8 月 5 日正式并网发电的第二台机组（3 号机组），实际系于 2003 年 8 月 22 日才并网发电，迟延并网发电 17 天；第三台机组（2 号机组）则在 2003 年 12 月 10 日才通过 72 小时试运行，迟延并网发电 40 天。三江公司的行为严重违约，依据合同约定，三江公司应向清能公司支付逾期并网发电损失 405 万元。

三江公司认为，清能公司所主张的移交时间，有的机组提前有的推后，并且根据合同规定迟延 15 日后才承担责任。因此三台机组移交时间冲抵后不存在延误的情况。

源天公司、天阿公司认为，该请求及之后的相关诉求与己无关，对此不再发表意见。

该院认为，三江公司所主张的提前交付问题，双方在合同中并无约定，并且其没有提供相关依据支持该主张，该院不予采信。本案所涉及的 2、3 号机组均存在逾期并网发电，根据双方当事人合同约定，"逾期 15 天后，每逾期一日，出售方应向受让方支付 15 万元预期收益。"依据尼那水电站工程验收鉴定书，第二台机组逾期 12 天，第三台机组逾期 37 天，共逾期 49 天，在此核减 30 天的合理期限后，三江公司应向清能公司支付逾期并网发电损失 285 万元。

（四）关于三江公司是否应支付欠付的电费款项及相应利息、滞纳金共计 3221264.08 元。

清能公司认为，依照《出售合同》的约定，自清能公司汇付第一笔合同款项后当日，尼那水电站的电费收入即归清能公司所有。本案中，清能公司在 2003 年 9 月 30 日将第一笔合同价款 3 亿元汇入了三江公司账户，按照合同约定，该日及此后的电费收入均属清能公司所有。但是，三江公司却将该日的电费收入以及此后 2 号、1 号机组试运行的电费收入均划入了自己的账户，至今尚未支付给清能公司。

三江公司认为，欠付电费属实，不应承担利息及滞纳金。

该院认为，根据双方当事人关于发电收入的计算时间约定，清能公司将第一笔合同价款 3 亿元汇入了三江公司账户当天的发电收入 1563629.6 元应归清能公司所有。关于清能公司主张的利息及滞纳金问题，因双方在合同中对该笔款项的利息及滞纳金没有相关约定，故对该项请求不予支持。

（五）关于三江公司应否按移交清单及决算报告所载资产价值向清能公司补交未移交够及移交不实的财产价值或折抵价款。

清能公司认为，在三江公司所移交的资产中，也存在实际价值与应移交价值严重不符的情况。依据三江公司自己提供的《竣工财务决算报告》所载，三江公司应向清能公司移交价值 3139 万元的生活区房产，但证据表明，三江公司所移交的生活区房产价值仅为 312 万元，仅生活区房产一项，三江公司尚有 2700 余万元的房产未移交；而《竣工财务决算报告》中所载价值 28 万余元的望远镜评估后的价值仅 192 元。

三江公司认为，尼那水电站整体资产收购价格确定在先，资产是经过转受让双方详细审核确认后移交，资产交割完成后，交易双方签署资产移交确认书，按照合同约定即标志买卖双方完成交易。

该院认为，三江公司向清能公司出售的尼那水电站整体资产移交是在双方 2003 年 7 月 19 日签订合同后的 2004 年 12 月 18 日至 24 日，经过双方专门工作组，按照合同 10.3 条的约定，对照资产移交清单进行分组逐一进行清点、核对完成的，确认无误后双方签订了《移交完成确认书》。该确认书上明确确认双方对移交的尼那水电站整体资产无异议，意思表示明确而真实。按照合同约定："双方签署《移交完成确认书》即标志本次目标资产的移交完成"，清能公司的该项请求，没有相关事实及法律依据，不予支持。

（六）三江公司是否应支付违约金共计 1000 万元。

清能公司认为，三江公司未全面履行《出售合同》，存在违反约定的披露义务、将明确约定应归清能公司的电费收入划入了三江公司账户、未依约妥善管理电站、违反约定逾期正式并网发电、没有依约全面履行移交等根本性违约行为，应依法承担相应违约责任。

三江公司认为，双方签订了《移交完成确认书》，该确认书上明确确认双方对移交的尼那水电站整体资产无异议，其不应承担违约金。

该院认为，根据双方合同约定，出售方未将目标资产以合同的约定出售给受让方，应承担 1000 万元违约金。违约金主要是补偿性质的，如前所述三江公司已经为自己提供机组的质量问题承担了相应的法律后果，不应再承担违约金。并且该违约金主要是对不出售资产行为的制裁，尼那水电站已经出售给清能公司，该违约金亦不应承担。清能公司的该项诉讼请求不予支持。

（七）关于三江公司是否应承担（2006）青民二初字第 3 号案件项下的案件受理费、诉讼保全费。

清能公司认为，本案两次诉讼均因三江公司的违约及不诚信履约行为造成。为此，清能公司有理由请求法院判令三江公司支付因其恶意诉讼致使清能公司承担的（2006）青民二初字第 3 号案件项下的案件受理费、诉讼保全费及本案的全部诉讼费用。

三江公司认为，在法院的主持下达成还款协议，并以法院名义制作民事调解书，诉讼费是双方自愿达成的承担比例和份额。

该院认为，2006 年 3 月 26 日三江公司向该院起诉，要求清能公司依法履行尼那水电站整体资产出售剩余到期应付款项及违约金。案件在审理过程中，双方当事人自愿达成调解协议，并以（2006）青民二初字第 3 号民事调解书予以确认，该调解书对相关费用分配了承担比例。现清能公司要求在本案中重新确定该费用的负担，没有法律依据，不予支持。

二、关于三江公司提起反诉方面的诉讼请求应否支持。

（一）关于清能公司是否应支付受让款 6000 万元及违约金 67995284 元。

三江公司认为，由于清能公司在付款期限和付款金额上多次违约，以致双方发生纠纷，为维护三江公司合法权益，三江公司提起诉讼，后在青海省高级人民法院的主持下双方达成协议，现仍有 6000 万元应付款未付，三江公司向人民法院提起反诉所主张的欠款事实清楚，证据确实充分，清能公司对欠付款事实也并无异议，法院应予支持。

清能公司认为，清能公司止付合同款项有明确的合同依据和法律依据，是在行使法定抗辩权，是合法行为而非违约行为，故本案事实中没有清能公司应向三江公司承担违约责任的事实基础。

该院认为，双方当事人就支付转让款项时产生诉讼，该院以（2006）青民二初字第 3 号民事调解书，对剩余款项的支付作出了相关的安排。现根据调解书预留的解决方式对双方争议的产品质量问题进行了解决，但在本案的处理过程中三江公司就清能公司欠付 6000 万元提出了反诉请求。就调解书来看，对双方解决质量问题后的付款期限作出了约定，因此对三江公司的反诉请求予以驳回，其应按照调解书执行。经司法鉴定合同标的设计安装均存在不同程度的问题，清能公司延迟支付转让款项的主要责任在于合同标的的质量问题没有妥善解决，对此三江公司具有不可推卸的责任，因此对其违约金的主张不予支持。

（二）关于清能公司应否退还其扣留三江公司有关尼那水电站档案资料。

三江公司认为，在移交资产后，清能公司将尼那水电站多余的有关档案资料扣留，至今无法取回。

该院认为，就该项请求三江公司仅提出了相关的请求但未对资料明细提出相关证据，故该院不予支持。

综上所述，清能公司与三江公司订立《出售合同》后，2006 年 3 月 26 日三江公司向青海省高级人民法院起诉，要求清能公司依法履行尼那水电站整体资产出售剩余到期应付款项 155884689 元和延期付款违约金 21922833 元。在审理过程中，双方当事人自愿达成调解协议，以（2006）青民二初字第 3 号民事调解书予以确认。该调解书第六条约定就尼那水电站资产是否存在问题、存在的问题如何界定，双方应在 2006 年 8 月 31 日前解决，若不能达成一致，清能公司应通过诉讼方式解决。该调解书生效后，清能公司已支付 160884689.64 元，清能公司尚欠三江公司 6000 万元未付。清能公司遂以三江公司资产移交不实，且其交付的四台机组均存在严重的质量问题，向青海省高级人民法院提起诉讼。在审理过程中，清能公司申请对尼那水电站 1、2、3、4 号机组故障停机原因进行鉴定，经鉴定涉案的 1、2、3、4 号机组在交付使用后都出现了不同程度的故障及事故，其故障及事故的原因主要涉及机组设计制造、安装、运行管理与实验安全措施掌控等诸多方面的原因。三江公司作为该标的的出售方理应承担相应的责任，清能公司亦应就自身操作的问题承担损失扩大部分的责任。至于该机组设计安装方的责任根据合同相对性的原则不属于该院审理的范围,应另案处理。双方在资料移交方面均提出了相关的诉讼请求,但均未提供相关的证据,该院不予支持,但是双方当事人应考虑水电站的正常运转及各方利益,将未完全移交的资料适时全面移交对方。清能公司当庭请求撤回关于请求法院确认三江公司未依据《出售合同》约定完成目标资产移交的诉讼请求,该院认为,该请求不损害他人及国家利益,应予准许。经该院审判委员会讨论决定,依照《中华人民共和国民事诉讼法》第一百零八条、一百二十八条,《中华人民共和国合同法》第六十条、一百零七条、一百一十一条、一百一十二条、一百一十四条、一百五十五条之规定,判决:一、青海省三江水电开发股份有限公司于判决生效后三十日内赔偿广东清能发电集团有限公司损失 5180 万元;二、青海省三江水电开发股份有限公司于判决生效后三十日内赔偿广东清能发电集团有限公司维修款 4521174.91 元;三、青海省三江水电开发股份有限公司于判决生效后三十日内支付广东清能发电集团有限公司逾期发电损失 2850000 元;四、青海省三江水电开发股份有限公司于判决生效后三十日内向广东清能发电集团有限公司支付欠付的电费款 1563629.60 元;五、驳回广东清能发电集团有限公司其他诉讼请求;六、驳回青海省三江水电开发股份有限公司其他反诉请求。如果未按判决指定的期间履行给付金钱义务,应当依照《中华人民共和国民事诉讼法》第二百二十九条之规定,加倍支付迟延履行期间的债务利息。案件受理费 452452 元,广东清能发电集团有限公司承担 90490 元、青海省三江水电开发股份有限公司承担 361962 元;反诉费 649986 元,由青海省三江水电开发股份有限公司承担;鉴定费 1500000 元,广东清能发电集团有限公司承担 300000 元、青海省三江水电开发股份有限公司承担 1200000 元;审核费 26000 元,广东清能发电集团有限公司承担 5200 元、青海省三江水电开发股份有限公司承担 20800 元。

三江公司不服青海省高级人民法院上述民事判决,向本院提起上诉称:一、关于一审判决书判项第一至四项:首先,《出售合同》中明确约定,弃水损失不属于合同责任范围。本案作为违约之诉,依据法律规定,应充分尊重双方合同约定,一审法院判决随意击破合同约定,判决结果缺乏法律依据。且清能公司自始至终参与水电站建设,对整个工程以及三江公司与第三方签订的相关合同内容完全知晓。造成弃水的原因是清能公司拖延维修,《司法鉴定意见书》中亦指出机组多为一般性故障,不存在内在质量问题,而事实上,机组故障也是在维修后即能正常运行。因此,三江公司不应承担弃水损失。其次,机组出现故障需要维修所产生的费用应区分责任来承担,而鉴定结论证明机组故障形成的原因属多因一果,清能公司违规操作应承担主要责任,一审判决双方承担责任的比例不当，应予改判。再次，四台机组既有提前发电也有推迟发电，但综合看，清能公司并没有实际损失，因此判决三江公司承担逾期发电损失不当。最后，《出售合同》及其他证据均未对试运行期间产生的电费收入确定其归属，因此原审判决三江公司应向清能公司支付欠付电费不当。二、关于三江公司反诉部分：三江公司请求清能公司支付尚欠的6000万元尾款有合同依据，且与（2006）青民二初字第3号民事调解书并无冲突和矛盾。对清能公司拖欠三江公司6000万元尾款事实一审法院审理时业已查明属实，清能公司对此也无异议，该款之所以最终未能按民事调解书执行，是因为双方未能按民事调解书就6000万元付款时间协商一致以及清能公司提起了诉讼，即按民事调解书约定执行时间不确定，可执行的先决条件不存在。故三江公司通过诉讼向清能公司要求支付尾款并无不当，该请求应予支持。此外，《出售合同》及民事调解书中均对延期付款违约金的支付问题进行了明确约定，应尊重双方当事人的意思自治，支持三江公司要求清能公司支付延期付款违约金的诉讼请求。综上，原审判决第一、二、三、四、六项应予撤销并应判决清能公司支付三江公司尾款6000万元及延期付款的违约金。

清能公司答辩称：一、涉案四台机组的设备检修记录、值长记录、相关责任方的事故分析会议纪要及鉴定报告等一系列证据均一致证明，三江公司出售给清能公司的四台机组均存在严重不符合设计标准的内在质量问题，清能公司因此遭受了巨额损失。因此，作为机组出售方的三江公司赔偿清能公司因机组内在质量造成的发电损失及维修机组所产生的费用有充分的事实和法律依据。本案所涉的机组质量问题属于产品内在质量，需要通过一定时间的使用才能发现，不能简单以尼那水电站已经有关部门验收为由就否定涉案发电机组存在内在质量缺陷的客观事实。机组故障出现后，三江公司拒不履行维修义务，导致清能公司遭受了巨额发电损失，对此损失清能公司应予赔偿。虽然三江公司与第三人天阿公司在其双方间的设备买卖合同中有仲裁条款及责任限制条款，但一方面其双方并未向清能公司提交他们之间的设备买卖合同，基于合同相对性原则，三江公司与天阿公司之间的协议对清能公司没有约束力；另一方面，产品内在质量责任亦不能因三江公司与天阿公司间的合同约定来对抗善意第三人清能公司。机组维修是产品生产者及销售者应承担的法定义务，对于该部分维修费用，应由三江公司承担。关于电费收入的归属、并网发电的时间及相应的违约责任，双方《出售合同》中均有明确约定，三江公司应承担相应的违约责任。二、三江公司的反诉请求不能成立。已生效的民事调解书解决的是三江公司起诉清能公司请求支付涉案《出售合同》剩余到期应付款和延期付款违约金的问题，三江公司的请求在该次诉讼中已经解决完毕，根据"一事不再理"原则，三江公司无权在本案诉讼中再次提出另案已经提出并被解决的反诉请求。且清能公司止付合同款项有明确的合同依据和法律依据，是行使法定抗辩权，是合法行为而非违约行为，故清能公司不应向三江公司承担违约责任。综上，请求驳回上诉，维持原判。

源天公司当庭答辩称：原审判决三江公司承担责任过大，超过当事人订立合同时的预期，显失公平，应予改判。

天阿公司答辩称：原审法院追加天阿公司为第三人属于适用法律错误，对于弃水损失和机组维修费用的判项也存在错误，应予纠正。

本院二审对原审法院查明的事实予以确认。

本院认为，根据当事人上诉、答辩情况，本案二审的争议焦点问题是：一、三江公司是否应向清能公司承担因非正常弃水所致损失 5180 万元、维修款 4521174.91 元、逾期发电损失 2850000 元、欠付的电费 1563629.60 元；二、清能公司是否应向三江公司支付尾款 6000 万元及延期付款违约金 67995284 元。

一、三江公司是否应向清能公司承担因非正常弃水所致损失 5180 万元、维修款 4521174.91 元、逾期发电损失 2850000 元、欠付的电费 1563629.60 元。

（一）三江公司是否应向清能公司承担因非正常弃水所致损失 5180 万元。

本案清能公司明确其诉讼请求均是建立在三江公司违约的基础上，其并不选择侵权之诉。根据合同法第一百一十二条"当事人一方不履行合同义务或履行合同义务不符合约定的，在履行义务或者采取补救措施后，对方还有其他损失的，应当予以赔偿损失"的规定，三江公司是否应向清能公司承担因非正常弃水所致损失这一"其他损失"取决于三江公司是否存在不履行合同义务或履行合同义务不符合约定的情形。从《司法鉴定意见书》出具的鉴定意见看，涉案的 1、2、3、4 号全部机组在交付使用后均出现了不同程度的故障及事故，其原因主要涉及机组制造、安装、运行管理与实验安全措施掌控等诸多方面的原因，尼那水电站确实存在因机组设计制造、安装等因素导致的产品质量问题。因此，三江公司存在"履行合同义务不符合约定"的情形，对由此造成的非正常弃水损失，三江公司应予赔偿。

关于三江公司提出的《出售合同》中约定其承担责任的范围"以出售方与第三方所签订的合同中约定的质保责任为限"，故其不应承担弃水责任的主张，本院认为，从《出售合同》第4.3.3条约定"本合同项下的目标资产移交完成后，目标资产的维修及维护义务，由出售方向受让方负责（以出售方与第三方所签订的合同中约定的质保责任为限）"以及第 11.3 条约定"本合同项下出售方出售给受让方的目标资产在质保期内出现厂家制造质量、施工安装质量问题或由于设计原因造成工程不能正常运行，受让方有权要求出售方进行维护或维修""质保金不足时，受让方有权向出售方追索（以出售方与第三方签订合同中质保条款为限）"的约定来看，仅指目标资产的维修维护义务，以出售方与第三人所签订的质保责任为限，并非指出售方所有的责任均以出售方与第三方约定的为限，即《出售合同》中并未将所有出售方应负的责任都明确约定限制在出售方与第三方所签合同约定的责任范围之内。故无论清能公司是否知悉三江公司与第三方签订合同中的质保条款如何约定，均不影响本案三江公司应承担除维修维护出售资产之外的责任。因此，对于三江公司提出的因非正常弃水所致损失不属于合同约定的赔偿范围，其不应承担责任的主张，本院不予支持。对于三江公司应承担因非正常弃水所致损失的数额，原审判决在清能公司请求赔偿数额的基础上，根据《司法鉴定意见书》对因清能公司在使用过程中导致部分损失扩大的责任酌情进行扣减后，认为三江公司作为出售方应承担因非正常弃水导致的发电损失 5180 万元，并无不当，应予维持。

（二）三江公司是否应向清能公司承担维修款 4521174.91 元。

《出售合同》第 11.3 条约定"目标资产在质保期内出现厂家制造质量、施工安装问题或由于设计原因造成工程不能正常运行，受让方有权要求维护或维修"。清能公司与三江公司关于维修的往来函件显示，在涉案机组出现故障的情况下，清能公司多次告知三江公司及天阿公司，要求其履行维修义务，但均未能就维修事宜达成一致。在此情形下，清能公司自行或委托第三方对事故机组进行维修维护，并无不当。现三江公司亦认可其对于维修维护费用应予承担相应的部分，但对原审判决其承担的比例认为不妥。本院认为，原审判决根据青保专审字（2012）第 010 号专项审核报告审核维修费用及购买机组构件费开支合计 5718065.61 元，并扣除了不能直接证明是用于机组维修的费用共计 66597 元，同时根据《司法鉴定意见书》确定的责任大小扣除了清能公司由于操作不当应承担的损失 1130293.7 元，判决三江公司承担维修费用 4521174.91 元，并无不当，应予维持。

（三）三江公司是否应向清能公司支付逾期并网发电损失 285 万元。

《出售合同》第 11.6 条约定"出售方不能在本合同第 5.1 条款约定的日期内，做到机组通过 72 小时试运行后具备正式并网发电条件的，逾期十五日后，每逾期一日，出售方应向受让方支付壹拾伍万预期收益损失费"。《出售合同》第 5.1 条约定"第二台机组应于 2003 年 8 月 5 日前通过 72 小时试运行后具备正式并网发电条件，第三台机组应于 2003 年 10 月 31 日前通过 72 小时试运行后具备正式并网发电条件"。对于第二台机组存在逾期发电 12 天，第三台机组逾期发电 37 天的事实，三江公司在二审时予以认可，但其提出虽第二、三台机组逾期并网发电但第一、四台机组提前具备正式并网发电条件，故未对清能公司造成实际损失的主张，本院认为，《出售合同》中仅对逾期具备正式并网发电条件时的损失如何承担进行了约定，并未对提前具备正式并网发电条件的情形进行约定，故三江公司要求以提前发电的收益折抵逾期发电损失的主张没有合同依据，原审判决三江公司向清能公司支付逾期并网发电损失 285 万元，并无不当，应予维持。

（四）三江公司应否支付清能公司欠付的电费 1563629.60 元。

《出售合同》第 5.3 条约定："自受让方按本合同第 6.2 条的约定将第一笔出售款叁亿元汇入出售方账户之日起，水电站全部收入归受让方所有"。清能公司于 2003 年 9 月 30 日将第一笔合同价款汇入了三江公司账户，根据合同约定，则 2003 年 9 月 30 日之日起水电站的收入应归清能公司所有。关于三江公司提出的《资产移交完成确认书》是双方在对移交整体资产无异议的情况下签署的，表明包括电费在内的整体资产均已移交完毕，三江公司不应再向清能公司支付电费的主张，本院认为，《资产移交完成确认书》中双方无异议的尼那水电站整体资产移交清单中，并未包括对电费移交的清单，因此关于电费的归属应按照《出售合同》的约定执行。原审判决认定清能公司将第一笔合同价款 3 亿元汇入三江公司账户当天的发电收入应归清能公司所有，判决三江公司应支付清能公司欠付的电费 1563629.60 元，并无不当，应予维持。

二、清能公司是否应向三江公司支付尾款 6000 万元及延期付款违约金 67995284 元。

（一）清能公司是否应向三江公司支付尾款 6000 万元。

2006 年 3 月 26 日，三江公司以要求清能公司按《出售合同》及《补充协议》支付尚欠的尾款及延期付款违约金为由，向青海省高级人民法院提起诉讼，后双方达成调解协议，形成（2006）青民二初字第 3 号民事调解书，对尚欠的尾款如何支付做出了安排。调解书生效后，清能公司尚欠尾款 6000 万元未支付，故在本案中，三江公司一审提出要求清能公司支付 6000 万元的反诉请求。原审判决以调解书对双方解决质量问题后的付款期限作出了约定，应按调解书执行为由，驳回了三江公司的反诉请求。本院认为，从已生效的（2006）青民二初字第 3 号民事调解书的内容上看，是将清能公司付款的情形进行了区分，即在 2006 年 7 月 31 日前通过清能公司的付款使付款金额达到.

120884689.64 元，在 2006 年 8 月 31 日前清能公司向三江公司支付 4000 万元，且此部分已按协议支付。而对于 6000 万元尾款的支付，则另行做了安排，双方约定"在会议纪要形成 5 个工作日内，联合能源公司与三江公司各自成立专门工作组，共同对尼那水电站的资产是否存在问题及存在的问题如何界定、如何解决进行调查和确认""联合能源公司与三江公司就上述事项达成书面协议并明确转让合同尾款 6000 万元尾款的支付方式包括时间、金额和支付条件""该期限到期后 10 个工作日内若双方未能就尼那水电站资产是否存在问题、存在问题如何界定、如何解决达成一致，联合能源公司应通过诉讼解决双方的纠纷""逾期不提起诉讼视为联合能源公司已经确认尼那水电站的资产不存在问题。因此，联合能源公司应在 2006 年 12 月 20 日前向三江水电支付人民币 2500 万元，剩余 3500 万元于 2007 年 6 月 30 日由联合能源公司向三江水电支付"。而事实上，清能公司于 2006 年 8 月 31 日向青海省高级人民法院提起了诉讼。因此，（2006）青民二初字第 3 号民事调解书中关于 6000 万元尾款支付的约定是附条件的约定，即清能公司向三江公司支付 6000 万元尾款是以清能公司逾期不提起诉讼为条件的，现清能公司已在调解书约定的时间即 2006 年 8 月 31 日向青海省高级人民法院提起诉讼，三江公司已不能再依据《民事调解书》主张尾款。故三江公司在本案中要求清能公司支付尾款 6000 万元尾款的诉讼请求，不属于"一事不再理"的范畴，且清能公司对于尚欠三江公司 6000 万元尾款的事实予以认可。因此，三江公司要求清能公司支付 6000 万元的主张，并无不当，本院予以支持。

（二）清能公司是否应向三江公司支付延期付款违约金 67995284 元。

关于三江公司提出的应按照双方签订的《出售合同》及《补充协议》的相关条款由清能公司向其支付延期付款违约金 67995284 元的主张，本院认为，首先，（2006）青民二初字第 3 号民事调解书针对的即是三江公司要求清能公司支付剩余到期款项及延期付款违约金的诉讼请求，该调解书已生效，且清能公司已按调解书的约定支付 160884689.64 元，只是对于 6000 万元因调解书约定的条件未成就，清能公司未继续支付。因此，关于三江公司要求清能公司支付 6000 万元尾款以外款项延期付款违约金的主张，因该部分内容在（2006）青民二初字第 3 号民事调解书中已经进行了约定，故对于该项主张，本院不予支持。其次，对于清能公司是否应就 6000 万元尾款向清能公司支付延期付款违约金的问题，因按照调解书的约定，在清能公司逾期不提起诉讼视为清能公司已经确认尼那水电站的资产不存在问题的情况下，其应于 2006 年 12 月 20 日及 2007 年 6 月 30 日分两次向三江公司支付 6000 万元。而清能公司于 2006 年 8 月 31 日向法院提起诉讼，故该延期付款符合调解书的约定，且《司法鉴定意见书》显示尼那水电站确实存在质量问题，清能公司提起诉讼不属于恶意不履行调解书的行为。因此，对于三江公司要求清能公司按照《出售合同》第 11.7 条的约定就 6000 万元支付延期付款违约金的主张，亦不应予以支持。

此外，对于天阿公司提出的原审法院将其追加为第三人属于适用法律错误的主张，本院认为，天阿公司不是具有独立请求权的第三人，法院未判决其承担民事责任，故天阿公司在二审中不具有当事人的诉讼权利，该主张不属于本案二审审理范围，本院不予审理。

综上，原审判决认定事实清楚，在部分争议上适用法律不当，本院依照《中华人民共和国民事诉讼法》第一百七十条第一款第（二）项之规定，判决如下：

一、维持青海省高级人民法院（2009）青民二初字第 13 号民事判决第一、二、三、四、五项；

二、变更青海省高级人民法院（2009）青民二初字第 13 号民事判决第六项为：广东清能发电集团有限公司于本判决生效后三十日内向青海省三江水电开发股份有限公司支付 6000 万元。

上述给付义务应在本判决指定的期间履行，逾期履行，应当依据《中华人民共和国民事诉讼法》第二百二十九条之规定，加倍支付延迟履行期间的债务利息。

一审案件受理费 452452 元，广东清能发电集团有限公司承担 90490 元、青海省三江水电开发股份有限公司承担 361962 元；一审反诉费 649986 元，广东清能发电集团有限公司承担 324993 元，青海省三江水电开发股份有限公司承担 324993 元；一审鉴定费 1500000 元，广东清能发电集团有限公司承担 300000 元，青海省三江水电开发股份有限公司承担 1200000 元；一审审核费 26000 元，广东清能发电集团有限公司承担 5200 元、青海省三江水电开发股份有限公司承担 20800 元。二审案件受理费 1102438 元，广东清能发电集团有限公司承担 331000 元，青海省三江水电开发股份有限公司 771438 元。

本判决为终审判决。

审　判　长　刘　敏
代理审判员　赵　柯
代理审判员　杜　军
二〇一三年十二月二十一日
书　记　员　孙亚菲

19. 一方当事人履行了合同约定的主要义务，另一方当事人主张对方违反合同约定不能得到支持

——湖北汇通工贸集团有限公司与长江润发集团有限公司及江苏华达涂层有限公司、长江润发（江苏）薄板镀层有限公司买卖合同纠纷案

【裁判要旨】

本案当事人因双方之间的钢材购销合同产生纠纷。再审中的主要争议焦点围绕着本案所涉合同的性质、汇通公司是否依照约定履行了为润发公司订购钢材的合同义务、润发公司是否违约及其应当承担的违约责任等问题展开。通过审查双方当事人签订的《年度钢材购销合同》、月度《购销合同》以及与案外人签订的《钢铁产品买卖合同》等书面证据，并结合实际履行情况，再审对上述问题所涉及的法律事实进行了梳理、认定，并在此基础上依据相关的法律规定作出判决。

中华人民共和国最高人民法院民事判决书

（2013）民提字第 132 号

再审申请人（一审原告、二审上诉人）：湖北汇通工贸集团有限公司。住所地：湖北省武汉市武昌区友谊大道特 1 号（广达科技园 13 楼）。

法定代表人：梅祖新，该公司董事长。

委托代理人：李昭，北京市环球律师事务所律师。

委托代理人：张雪艳，北京市环球律师事务所律师。

再审申请人（一审被告、二审上诉人）：长江润发集团有限公司。住所地：江苏省张家港市金港镇长江西路 98 号。

法定代表人：郁全和，该公司董事长。

委托代理人：音邦定，安徽深蓝律师事务所律师。

委托代理人：秦华平，江苏国瑞律师事务所律师。

被申请人（一审被告、二审被上诉人）：江苏华达涂层有限公司。住所地：江苏省宿迁市宿豫经济开发区（东区）黄山路59号。

法定代表人：沈跃华，该公司总经理。

委托代理人：音邦定，安徽深蓝律师事务所律师。

委托代理人：秦华平，江苏国瑞律师事务所律师。

被申请人（一审被告、二审被上诉人）：长江润发（江苏）薄板镀层有限公司。住所地：江苏省宿迁市宿豫经济开发区（东区）峨眉山路98号。

法定代表人：程松华，该公司总经理。

委托代理人：音邦定，安徽深蓝律师事务所律师。

委托代理人：秦华平，江苏国瑞律师事务所律师。

再审申请人湖北汇通工贸集团有限公司（以下简称汇通公司）、长江润发集团有限公司（以下简称润发公司）为双方之间及与被申请人江苏华达涂层有限公司（以下简称华达公司）、长江润发（江苏）薄板镀层有限公司（以下简称润发薄板公司）买卖合同纠纷一案，不服安徽省高级人民法院（2012）皖民二终字第00009号民事判决，向本院申请再审，本院于2013年6月14日以（2013）民申字第125号民事裁定，提审本案。本院依法组成由审判员王宪森担任审判长，审判员殷媛、代理审判员张雪楪参加的合议庭进行了审理，书记员郝晋琪担任记录。本案现已审理终结。

安徽省芜湖市中级人民法院一审查明：2008年3月10日，汇通公司（卖方）与润发公司（买方）签订一份《年度钢材购销合同》，约定2008年度润发公司向汇通公司采购钢材的订货计划。双方约定的交易模式为润发公司在钢厂月度订货日期前5个工作日，向汇通公司提供钢厂可订货规格和数量，汇通公司应按润发公司提出的订货单在钢厂确认可订货的合同量，并与钢厂签订合同，按钢厂实际交货量交货。双方约定生产厂商为武钢、本钢、马钢及润发公司指定的其他钢厂。润发公司享受在各钢厂订货的即期最大的优惠政策。润发公司须向汇通公司支付相应财务费用并在价格中以贴息性加价方式体现（须附加必要的税款），贴息利率执行银行同期贷款利率。润发公司给予汇通公司不含税50元/吨的代理费。钢厂订货价格与结算价格不一致时，根据钢厂最终结算政策执行。订购马钢、武钢、本钢等公司产品执行钢厂相关溢短装政策，确因钢厂生产不畅原因需终止发货时（汇通公司向润发公司通报，润发公司可向钢厂核实），润发公司予以认可。原则上尽可能订购大卷，但须执行钢厂的大卷订货政策。执行钢厂包装标准。运费、装卸费、保险费等各种杂费由润发公司承担。润发公司必须在钢厂规定订货日期前，向汇通公司支付对应月份合同货款总值20%的现金，作为该合同的月度履约保证金，此保证金可冲抵货款，但不贴息。润发公司从汇通公司与钢厂签订的订货合同约定交货月份的首日算起，90天内付清全部货款和有关费用，提清该月份全部货物。润发公司对货物质量提出异议期限为提取货物后30个工作日内，数量异议期限为10个工作日内，润发公司超出上述异议期提出异议的，汇通公司不予受理，相应损失由润发公司承担。汇通公司负责协助与钢厂理赔，钢厂赔付给汇通公司后，汇通公司及时赔付给润发公司。汇通公司有权根据润发公司付款金额、比例，向润发公司交付相应数量、比例的货物。货权属汇通公司，直至润发公司付清全部货款为止。若润发公司在本合同规定的提货期届满后的30天期限内仍未完成付款提货义务，则汇通公司有权自行处理货物，且由润发公司承担违约责任。双方对违约责任的约定为：本合同的执行，双方约定年度保证金为30万元，一方违约时，另一方可以主张赔偿，赔偿额度以年度保证金为限。双方违约界定为：任何一方调整月度订货计划（调整幅度大于或等于±40%）而未得到对方认可；润发公司未按约定向汇通公司支付月度履约保证金或逾期未得到汇通公司书面认可。润发公司逾期付清全部货款（含有关费用的货款），自本合同约定的月度付款提货期限届满之日起，至汇通公司书面同意延长的期限、润发公司实际付款之日，汇通公司有权按日万分之三收取滞纳金。如润发公司未经汇通公司书面同意和合同规定提货期届满30天，仍未执行合同，即为根本违约，此时汇通公司有权解除合同，自行处理货物并没收月度履约保证金，如月度履约保证金不足以抵偿汇通公司损失时，润发公司应承担赔偿责任。确因汇通公司原因，其未与钢厂签订合同，或未按钢厂实际已交货量向润发公司交货，则属汇通公司根本违约，此时汇通公司应赔偿润发公司损失，赔偿额度为当月的履约保证金。双方在合同中还约定汇通公司争取钢厂与用户签订三方协议，供货按三方协议的技术要求执行，并享受直供户更大的优惠政策。双方委托全资子公司，即无锡汇通钢铁工贸有限公司（以下简称无锡汇通公司）与华达公司签订月度《购销合同》并履行双方结算，本合同的月度订货计划执行情况最终以月度《购销合同》为准，双方承诺对子公司签订的所有《购销合同》的履行承担责任。同年3月12日，汇通公司与华达公司签订一份《补充协议》，对各种杂费以及月度付款提货期限的计算做了补充约定。

2008年4月7日，华达公司与汇通公司签订一份5月份《购销合同》，约定由华达公司购进、汇通公司出售武钢冷轧卷板DC0 10.5＊1250＊C500吨、DC0 10.6＊1250＊C2000吨、DC0 11.0＊1250＊C500吨；汇通公司基本利润（买方给予卖方的代理费）为50元/吨（不含税）；华达公司于2008年4月

10 日前向汇通公司支付货款总值 20% 即 420 万元作为本合同的履约保证金；华达公司在 2008 年 6 月 30 日前付清全部货款和有关费用，并提清全部货物。

2008 年 4 月 24 日，华达公司与汇通公司签订一份 5 月份《购销合同》，约定由华达公司购进、汇通公司出售马钢冷轧卷板 DC0 10.6 * 1250 * C500 吨、DC0 10.8 * 1250 * C1000 吨、DC0 11.0 * 1250 * C500 吨；汇通公司基本利润（买方给予卖方的代理费）为 50 元/吨（不含税）；华达公司于 2008 年 4 月 29 日前向汇通公司支付货款总值 20% 即 266 万元作为本合同的履约保证金；华达公司在 2008 年 7 月 20 日前付清全部货款和有关费用，并提清全部货物。

2008 年 5 月 22 日，华达公司与汇通公司签订一份 6 月份《购销合同》，约定由华达公司购进、汇通公司出售马钢冷轧卷板 DC0 10.6 * 1250 * C500 吨、DC0 11.0 * 1250 * C500 吨；汇通公司基本利润（买方给予卖方的代理费）为 50 元/吨（不含税）；华达公司于 2008 年 5 月 26 日前向汇通公司支付货款总值 20% 即 145 万元作为本合同的履约保证金；华达公司在 2008 年 8 月 20 日前付清全部货款和有关费用，并提清全部货物。

2008 年 5 月 26 日，华达公司与汇通公司签订一份 6 月份《购销合同》，约定由华达公司购进、汇通公司出售武钢冷轧卷板 DC0 10.5 * 1250 * C300 吨、DC0 10.6 * 1250 * C1800 吨、DC0 10.8 * 1250 * C500 吨、DC0 11.0 * 1250 * C1000 吨；汇通公司基本利润（买方给予卖方的代理费）为 50 元/吨（不含税）；华达公司于 2008 年 5 月 26 日前向汇通公司支付货款总值 20% 即 517 万元作为本合同的履约保证金；华达公司在 2008 年 7 月 30 日前付清全部货款和有关费用，并提清全部货物。

2008 年 6 月 19 日，华达公司与汇通公司签订一份 7 月份《购销合同》，约定由华达公司购进、汇通公司出售武钢冷轧卷板 DC0 10.5 * 1250 * C800 吨、DC0 10.6 * 1250 * C1500 吨、DC0 10.6 * 1538 * C200 吨、DC0 11.0 * 1250 * C1000 吨；汇通公司基本利润（买方给予卖方的代理费）为 50 元/吨（不含税）；华达公司于 2008 年 6 月 20 日前向汇通公司支付货款总值 20% 即 540 万元作为本合同的履约保证金；华达公司在 2008 年 8 月 30 日前付清全部货款和有关费用，并提清全部货物。

2008 年 7 月 13 日，润发薄板公司与汇通公司签订一份 8 月份《购销合同》，约定由润发薄板公司购进、汇通公司出售武钢冷轧卷板 DC0 10.5 * 1250 * C2000 吨、DC0 10.6 * 1538 * C500 吨；汇通公司基本利润（买方给予卖方的代理费）为 50 元/吨（不含税）；润发薄板公司于 2008 年 7 月 18 日前向汇通公司支付货款总值 20% 即 402 万元作为本合同的履约保证金；润发薄板公司在 2008 年 9 月 30 日前付清全部货款和有关费用，并提清全部货物。

上述六份月度合同销售各类冷轧卷板共计15600吨。同时，汇通公司与武钢签订5—8月份《钢铁产品买卖合同》，购买各类冷轧卷板，但收货人均是奇瑞汽车有限公司（以下简称奇瑞公司）及其他公司。2008年4月14日，汇通公司与马钢签订5月份《产品销售合同》，订购冷轧卷板DC0 10.6＊1250＊C500吨、DC0 11.8＊1250＊C1000吨、DC0 11.0＊1250＊C500吨。同年5月13日，汇通公司与马钢签订6月份《产品销售合同》，订购冷轧卷板DC0 10.6＊1250＊C490吨、DC0 11.0＊1250＊C500吨。汇通公司运入芜湖港各类钢材13863.86吨，润发公司提货3378.3吨。汇通公司诉称武汉福鑫公司福汉库库存1477.76吨钢材也是履行与润发公司8月份月度合同而从青岛海尔零部件采购有限公司（以下简称海尔采购公司）采购。

2008年4月14日、4月28日、6月2日、6月2日、6月27日、8月25日，华达公司分别向汇通公司支付月度履约保证金428万元、266万元、145万元、517万元、540万元、180万元，共计2076万元；同年5月22日、8月30日、9月18日、9月24日，华达公司、润发薄板公司共计支付汇通公司货款2173.2798万元；加上润发公司在汇通公司账上余额314662.68元，润发公司共计支付汇通公司4280.746068万元；润发公司提货金额为2447.858845万元，故汇通公司账上月度履约保证金余额为1832.887223万元。

2008年11月14日，由于润发公司逾期提货，汇通公司向润发公司发出解除合同的通知。同年11月20日，润发公司回函要求筹措资金，逐步按序提取已订货物。

2008年12月25日，汇通公司诉至安徽省芜湖市中级人民法院，以润发公司违约，给其造成了巨大经济损失为由，请求判令：润发公司赔偿月度《购销合同》经济损失4291.258831万元；赔偿违约金30万元、已履行部分因逾期付款应付利息21.890419万元、月度《购销合同》未履行部分滞纳金209.909409万元（计算至2008年11月14日）；润发公司支付上述所有赔偿款项的利息（自2008年11月15日至润发公司付清之日，按中国人民银行同期贷款利率标准计算）；华达公司、润发薄板公司对上述款项承担连带责任。

2009年5月11日，润发公司诉至江苏省宿迁市中级人民法院，以汇通公司以及无锡汇通公司没有与钢厂订立合同，部分供应的钢材质量不合格为由，要求汇通公司与无锡汇通公司连带返还月度履约保证金1832.887223万元，支付违约金2076万元。该案经江苏省宿迁市中级人民法院审理后，裁定移送安徽省芜湖市中级人民法院审理。该院于2009年8月18日立案受理，并于2010年4月2日作出（2009）芜中民二初字第27号民事判决，判令：一、汇通公司于判决生效后十五日内退还润发公司保证金1832.887223万元；

二、驳回润发公司的其他诉讼请求。案件受理费 277373 元、保全费 5000 元，合计 282373 元，由润发公司负担 150000 元，汇通公司负担 132373 元。润发公司、汇通公司均不服上述民事判决，向安徽省高级人民法院提起上诉。该院于 2011 年 3 月 24 日作出（2010）皖民二终字第 00111 号民事判决：驳回上诉，维持原判。该判决业已生效。

（2010）皖民二终字第 00111 号民事判决除对安徽省芜湖市中级人民法院查明的上述事实予以确认外，另查明：汇通公司订购钢材的运行模式为汇通公司将润发公司所需钢材与奇瑞公司等其他客户所需钢材汇总后一并向武钢、马钢分批签订采购合同，其中武钢采购合同上钢材收货人注明是奇瑞公司，马钢采购合同上钢材收货人注明是汇通公司；钢厂在收到汇通公司货款以后将钢材统一发给汇通公司并与之结算。润发公司向汇通公司订购的案涉 15600 吨钢材，在汇通公司从武钢、马钢同期采购的钢材中有所体现，润发公司已经提取其中 3378.3 吨，尚有 11963.31 吨未提取。2008 年 8 月份以后，汇通公司多次致函润发公司、华达公司和润发薄板公司要求带款提货，但润发公司等均函复要求延期提货，其中 2008 年 8 月 18 日润发薄板公司复函称"由于市场变化，我司销售从每月 8000 吨降至 6、7、8 月份 3000 吨—4000 吨，导致提货延误，敬请贵司原谅"；2008 年 9 月 27 日华达公司复函称"由于今年的市场变化情况，导致我司逾期提货；继续承诺 2008 年 8 月 18 日润发薄板公司回函的 10 月提取 7、8 月份订货计划……"。此外，（2010）皖民二终字第 00111 号民事判决认定案涉《年度钢材购销合同》和月度《购销合同》的性质属于买卖合同。

安徽省芜湖市中级人民法院审理认为：一、关于案涉年度和月度《购销合同》的性质问题。润发公司和汇通公司签订的案涉购销合同均约定，汇通公司将从钢厂购买的润发公司指定的钢材交付给润发公司，润发公司支付相应钢材货款和 50 元/吨固定费用后取得钢材所有权，并约定了逾期履行的违约责任，故案涉合同的主要目的在于转移钢材的所有权，符合合同法有关买卖合同的特征。案涉购销合同中虽有"汇通公司争取钢厂与用户签订三方协议，供货按三方协议的技术要求执行，并享受直供户更大的优惠政策"等约定，但这是润发公司通过履行案涉购销合同积累采购钢材数量欲争取达到的目标，不是合同主要目的。故案涉合同应属买卖合同性质，润发公司认为案涉钢材购销合同的核心目的是委托汇通公司代为订购钢材并成为钢厂直供户，主张上述合同性质属委托合同的抗辩理由不能成立，不予支持。

二、关于润发公司是否构成违约问题。案涉购销合同未约定汇通公司为润发公司备货须单独与钢厂订立相对应的钢材购销合同，亦未明确约定汇通公司从钢厂订购钢材的收货人必须写明是润发公司，故润发公司认为汇通公司在收到其2076万元履约保证金后未与钢厂订立合同为其备货构成根本违约的抗辩理由不能成立。至于润发公司认为汇通公司所供665.53吨武钢冷轧卷存在严重锈蚀，汇通公司构成违约的抗辩理由，安徽省高级人民法院（2010）皖民二终字第00111号民事判决对此已作详细论述，该理由不能成立，亦不予支持。

在本案合同实际履行过程中，润发公司等多次函复要求延期提货，但仍未再带款提货。可见，汇通公司在案涉合同履行期间具有履行能力，并非润发公司等带款提不到钢材。至润发公司等2008年10月1日最后一次提货，润发公司全年累计提货仅3378.3吨；截至2008年11月14日即汇通公司发出解除合同的通知之日，润发公司仍有11963.31吨钢材未提货。故润发公司未按约提货已构成违约。此外，润发公司向汇通公司支付货款、月度履约保证金的银行凭证等证据表明，润发公司付款不符合月度合同的约定，存在多次逾期付款、未足额支付月度履约保证金的行为，业已构成违约。

三、关于违约责任应如何承担问题。润发公司至今仍有大部分钢材未提货，已严重迟延，构成违约。依据双方《年度钢材购销合同》对违约责任的约定，汇通公司有权解除合同，自行处理货物，并可同时要求润发公司赔偿损失，或要求润发公司赔偿年度保证金30万元。润发公司付款不符合月度合同的约定，存在多次逾期付款、未足额支付月度履约保证金的行为，业已构成违约，故汇通公司可以要求润发公司赔偿30万元、支付逾期付款应付利息。但违约责任应遵循补偿性原则，其目的主要在于弥补违约行为给债权人所造成的财产损失，因此在汇通公司请求多种违约责任时，法院应酌情依据汇通公司的实际损失确定违约赔偿的范围。故对汇通公司要求润发公司赔偿违约金30万元、已履行部分逾期付款应付利息21.890419万元，以及支付前述赔偿款项的利息（自2008年11月15日至付清之日，按中国人民银行同期贷款利率标准计算）的诉讼请求，予以支持。因已支持汇通公司的前述诉讼请求，其实际损失已得到弥补，故对汇通公司要求赔偿月度《购销合同》未履行部分滞纳金209.909409万元（计算至2008年11月14日）的诉讼请求，不予支持。

汇通公司认为润发公司未提货物已支付的订货价款为8952.1445万元，转售后所得价款为4660.885669万元，二者之间的差价损失4291.258831万元，应由润发公司负责赔偿。对此，该院认为汇通公司与湖北鸿昌科贸实业有限公司（以下简称湖北鸿昌公司）之间的转售行为的真实性存在诸多疑点，难以认定汇通公司主张的本案转售差价损失确实存在；即使该交易属实，但该处理行为不具有合理性。本案润发公司虽存在未按期带款提货的迟延履行行为，但汇通公司在发出解除合同通知前，在未告知润发公司的情况下，其即存在自行低价处理行为；润发公司在收到汇通公司发出的解除合同通知后回函要求继续履行合同即筹措资金，逐步按序提取已订货物，且当时为全球金融危机的特殊市场环境，润发公司尚有 1832.887223 万元的保证金在汇通公司处，在上述情况下，汇通公司仍然坚持低价处理货物，属于不正当扩大损失后果，有违公平、诚信原则；汇通公司主张的上述转售差价损失，数额巨大，亦远远超过润发公司在订立合同时预见到或者应当预见到的因违反合同可能造成的损失。对于汇通公司主张的转售差价损失 4291.258831 万元的诉讼请求，不予支持。

4. 关于华达公司、润发薄板公司是否应承担连带责任问题。华达公司、润发薄板公司均是润发公司的子公司，具有独立法人资格，依法可以独立承担民事责任。在合同的签订和履行过程中，两公司虽都有不同程度的参与，但双方《年度钢材购销合同》约定：双方委托全资子公司，即无锡汇通公司与华达公司签订月度《购销合同》并履行双方结算，双方承诺对子公司签订的所有《购销合同》的履行承担责任。据此可知，子公司华达公司、润发薄板公司实质上是母公司润发公司的受托人。其虽以自己的名义签订并履行合同，但受托人行为产生的民事责任应由母公司润发公司承担。经该院审判委员会讨论决定，依照《中华人民共和国合同法》第六条、第一百一十三条第一款、第一百一十九条、第一百三十条、第一百三十四条，《中华人民共和国民法通则》第六十三条的规定，判决：一、润发公司于判决生效后十五日内赔偿汇通公司违约金 30 万元、已履行部分逾期付款应付利息 21.890419 万元，以及支付前述赔偿款项的利息（自 2008 年 11 月 15 日起至付清之日，按中国人民银行同期贷款利率标准计算）；二、驳回汇通公司的其他诉讼请求。如果未按判决指定的期间履行给付金钱义务，应当依照《中华人民共和国民事诉讼法》第二百二十九条的规定，加倍支付迟延履行期间的债务利息。案件受理费 269453 元、保全费 5000 元，合计 274453 元，由汇通公司负担 260000元，润发公司负担 14453 元。

汇通公司、润发公司均不服上述民事判决，向安徽省高级人民法院提起上诉。

汇通公司上诉称：1. 汇通公司在一审中已充分举证证明其向钢厂订购钢材与润发公司向其订购钢材的材质、规格、数量、单价和总价是一致的，其处理润发公司未提钢材是依据合同约定享有的权利，且销售价格合理，一审判决认定其低价处理货物错误。在金融危机和钢材市场快速下滑的情况下，汇通公司主观上只有尽快销售、避免损失扩大的意图，没有与他人串通编造损失损害润发公司的事实。即使凭转售行为有疑点认定转售行为不存在，单就钢材价格大幅下跌的情况，汇通公司巨额差价损失也是存在的。一审判决未认定汇通公司4291.258831万元差价损失且未判令润发公司承担赔偿责任错误。2. 一审判决认定润发公司未按期带款提取11963.31吨钢材是正确的，但没有判令润发公司应承担月度《购销合同》未履行部分滞纳金209.909409万元错误。3.《年度钢材购销合同》约定润发公司委托华达公司等签订月度合同和结算的义务，且它们是案涉钢材的付款提货人，一审没有判令华达公司等与润发公司承担连带付款责任错误。请求二审法院依法改判。

润发公司上诉并答辩称：1. 一审认定合同性质错误，双方是委托合同关系，不是买卖合同关系。年度合同和六份月度合同均表明汇通公司是根据润发公司指令完成的特定订货任务并交付订货成果后获取固定报酬，转移钢材所有权只是合同一个重要而非核心部分，核心部分是汇通公司根据润发公司指令到钢厂代订钢材并通过积累成为钢厂直供户。2. 汇通公司没有按照年度合同约定使用润发公司的订货单到钢厂评审、订货并订立合同已经构成违约。公安机关已经查明汇通公司所定购的11963.31吨钢材，其中芜湖港的武钢钢材收货人是奇瑞公司，武汉福汉库的武钢钢材系海尔采购公司向武钢采购的，均与润发公司无关。已经提的货物是汇通公司在骗取润发公司信任情况下发生的，润发公司以前所发函件中对汇通公司已经订货的认可系被误导。3. 汇通公司处理钢材所造成差价损失的事实不存在。汇通公司没有为润发公司向相关钢厂订货，奇瑞公司项下钢材的差价损失不应由润发公司承担。从案涉11963.31吨钢材处理的流程分析，汇通公司及其子公司上海汇通金属材料有限公司（以下简称上海汇通公司）、广东通汇钢铁贸易有限公司（以下简称广东通汇公司）与湖北鸿昌公司的资金和货物走向系虚假交易，意在虚构损失转嫁风险。理由是：（1）湖北鸿昌公司虽然在2008年11月25日、26日将4660.885669万元以货款名义汇给汇通公司，但在2008年11月24日汇通公司已分七笔将4685万元汇给上海汇通公司，上海汇通公司收到的当天将4684.812269万元汇给湖北鸿昌公司，可见，汇通公司收到的货款是其自己先前汇出的。另外，在转售合同未完全履行情况下，各方当事人于2008年12月初一次性开具增值税发票有悖常理。（2）汇通公司与湖北鸿昌公司之间的转售合同约定案涉钢材全部销往上海，但有部分钢材发往广东通汇公司，还有2447.96吨钢材在该合同签订之前已分两批发往上海汇通公司，明显存在虚假。4.《年度钢材购销合同》约定润发公司月度履约保证金属于预付款的性质，不是定金，其用途是冲抵应付货款。请求二审依法驳回汇通公司的诉讼请求。

华达公司、润发薄板公司答辩称：汇通公司的上诉没有法律依据，同意润发公司的上诉意见。华达公司、润发薄板公司只是受润发公司指定，按照其与汇通公司的意思订立月度合同履行结算的受托人，不是实体权利义务人，原审认定其不应当承担连带责任正确。

安徽省高级人民法院二审查明：汇通公司向润发公司发出解除合同通知后，于 2008 年 11 月 17 日与湖北鸿昌公司签订《购销协议》，将润发公司未提的 11963.31 吨（合同价 8952.1445 万元）库存钢材降价转售给湖北鸿昌公司，湖北鸿昌公司于同年 11 月 25 日向汇通公司支付了 4660.885669 万元转让款，该转让款比润发公司购进该笔钢材的合同价款减少 4291.258831 万元。截至 2009 年 5 月 20 日，汇通公司将上述钢材发往上海汇通公司、广东通汇公司，其中有两批钢材是在汇通公司与湖北鸿昌公司签订《购销协议》之前，由汇通公司发往上海汇通公司。

除上述事实外，安徽省高级人民法院对原审判决认定的其他事实予以确认。

安徽省高级人民法院二审认为，本案二审的争议焦点是：一、案涉合同的性质是买卖合同还是委托合同；二、润发公司是否存在违约行为，应承担何种违约责任；三、华达公司、润发薄板公司是否应承担连带责任。

关于争议焦点一。案涉合同主要内容是约定汇通公司将从钢厂购买的润发公司指定的钢材所有权转让给润发公司，润发公司支付钢材货款和 50 元/吨固定代理费后取得钢材所有权，否则分别承担逾期履行的违约责任，故案涉合同主要目的是转移钢材的所有权，符合我国合同法有关买卖合同的特征，一审判决将案涉合同定性为买卖合同正确。案涉合同中虽有"汇通公司争取钢厂与用户签订三方协议，供货按三方协议的技术要求执行，并享受直供户更大的优惠政策"等条款，但不是合同主要目的，而是润发公司通过履行案涉合同积累采购数量想要达到的终极目标——成为钢厂直供户。故润发公司以汇通公司是根据其指令完成的特定订货任务并交付订货成果后获取固定报酬，转移钢材所有权只是合同一个重要而非核心部分，合同的核心目的是润发公司委托汇通公司代为向钢厂订购钢材并积累成为钢厂直供户等为由，主张案涉合同是委托合同性质的上诉观点，缺乏事实和法律依据，该院不予支持。

关于争议焦点二。（一）润发公司是否存在违约行为。根据案涉合同"汇通公司有权根据润发公司付款金额、比例，向润发公司交付相应数量、比例的货物"的约定，润发公司提货的前提是要先支付货款，并且是付多少款提多少货。案涉六份合同共计 15600 吨钢材，截至 2008 年 10 月 30 日最后付款提货日，润发公司仅带款提取了 3378.3 吨钢材，尚有 11963.31 吨钢材没有提取，而润发公司当时没有提出汇通公司无货可供等不安抗辩事实，一审判决认定润发公司未按期带款提取全部货物已经构成违约正确。汇通公司提供的证据表明，汇通公司已从钢厂订购了润发公司所需数量和规格的钢材，不仅有汇通公司与钢厂签订的购销合同、双方汇款结算凭证以及钢材出入库清单等佐证，而且有多份汇通公司带款提货催告函和润发公司要求继续延期提货回函等证明，客观上也没有出现润发公司带款提不到货的情形，故一审判决认定汇通公司已经按照合同约定备有润发公司所需的钢材正确。汇通公司在订货过程中虽然存在未严格按照合同约定进行操作的行为，即没有将收货人是润发公司的信息告诉钢厂、没有根据润发公司需求单独与钢厂签订对应购销合同、为履行 8 月份合同从海尔采购公司订购了 1477.76 吨钢材等，存在一定过错，但不能以此否定汇通公司已经按照合同约定备货的事实，故润发公司以武钢的 12600 吨钢材收货人是奇瑞公司、其有关承认逾期提货的回函是受骗所致等为由，否认 11963.31 吨货物是汇通公司为履行案涉合同所备的上诉理由，缺乏充分的事实依据，不予支持。（二）润发公司应当承担何种违约责任。鉴于汇通公司已为履行案涉合同备货，且润发公司在履行期限届满前未全部提货，已经构成违约，故汇通公司有权依照《年度钢材购销合同》第 11 条第 3 项之规定自行处理润发公司未提取的部分钢材，并要求润发公司承担逾期提货的违约责任和转售钢材差价损失的违约责任。汇通公司依据其与湖北鸿昌公司签订的《购销协议》诉请润发公司承担转售钢材中产生的 4291.258831 万元差价损失，但润发公司对汇通公司提供的相关证据不予认可。汇通公司转售钢材行为在客观上亦存在多种瑕疵，其中包括：1. 汇通公司依据案涉合同约定有权将润发公司已付 1832.887223 万元履约保证金冲抵润发公司应付钢材货款，但汇通公司没有冲抵，而是将钢材全部降价处理，导致损失扩大；2. 在汇通公司与湖北鸿昌公司签订《购销协议》之前，汇通公司就称受湖北鸿昌公司之托发往上海汇通公司两批钢材，有悖常理；3. 依据汇通公司与湖北鸿昌公司《购销协议》约定，案涉 11963.31 吨钢材是转售给湖北鸿昌公司，但是钢材实际没有发到湖北鸿昌公司而是直接发往汇通公司两个子公司，无法认定交易的正当性、合理性；4. 汇通公司与湖北鸿昌公司交易时，相关资金和增值税发票均先于钢材交付时间且是一次性完成，有悖市场低迷时的交易习惯。故汇通公司对此节诉讼请求应当承担举证不能的法律后果，且该诉请金额远超过润发公司在订立合同时预见到或者应当预见到的因违反合同可能造成的损失，一审判决不支持汇通公司要求润发公司承担 4291.258831 万元差额损失的诉讼请求并无不当。但鉴于时值金融危机背景之下，钢材价格下跌明显，因润发公司未按时付款提货导致汇通公司确有损失，依据最高人民法院有关处理金融危机期间贸易纠纷案件的要求，综合考虑公平原则、维护交易稳定以及平衡双方利益，润发公司应赔偿汇通公司部分损失，具体赔偿金额酌情定为润发公司未提钢材合同价款 8952.1445 万元的 10% 即 895.21445 万元。鉴于该赔偿金已超过润发公司应支付的月度《购销合同》未履行部分滞纳金，故对汇通公司要求润发公司支付月度《购销合同》未履行部分滞纳金 209.909409 万元的上诉请求，该院不予支持。

关于争议焦点三。华达公司、润发薄板公司均是润发公司的全资子公司，也是受润发公司委托以自己的名义与汇通公司签订和履行月度《购销合同》的受托人，但汇通公司和润发公司均在《年度钢材购销合同》中承诺对它们签订的所有《购销合同》的履行承担责任，故华达公司、润发薄板公司与润发公司是委托关系。依据《中华人民共和国合同法》第四百零二条"受托人以自己名义，在委托人的授权范围内与第三人订立的合同，第三人在订立合同时知道受托人与委托人之间的代理关系的，该合同直接约束委托人和第三人，但有确切证据证明该合同只约束受托人和第三人的除外"的规定，一审判决认定华达公司、润发薄板公司实质上是润发公司的受托人，在本案中均不承担连带责任正确。

综上，汇通公司部分上诉理由成立，予以支持。经该院审判委员会讨论决定，依据《中华人民共和国民事诉讼法》第一百五十三条第一款第（一）、（二）项的规定，判决：一、维持安徽省芜湖市中级人民法院（2011）芜中民二初字第 00025 号民事判决第一项"润发公司于判决生效后十五日内赔偿汇通公司违约金 30 万元、已履行部分逾期付款应付利息 21.890419 万元，以及前述赔偿款项的利息（自 2008 年 11 月 15 日起至付清之日，按中国人民银行同期同类贷款利率标准计算）"和第二项"驳回汇通公司的其他诉讼请求"；二、润发公司于判决生效后十五日内赔偿汇通公司经济损失 895.21445 万元，并支付前述赔偿款项的利息（自 2008 年 11 月 15 日起至付清之日，按中国人民银行同期同类贷款利率标准计算）。如果未按判决指定的期间履行给付金钱义务，应当依照《中华人民共和国民事诉讼法》第二百二十九条的规定，加倍支付迟延履行期间的债务利息。一审案件受理费 269453 元，由汇通公司负担 215562.4 元，润发公司负担 53890.6 元；保全费 5000 元，由润发公司负担。二审案件受理费 269453 元，由汇通公司负担 215562.4 元，由润发公司负担 53890.6 元。

汇通公司、润发公司均不服安徽省高级人民法院上述民事判决，向本院申请再审。

汇通公司申请再审称：（一）原审判决在汇通公司存在巨额损失且完全可以对损失金额进行查清和认定的情况下，仅酌情判令润发公司按未提钢材价款的10%赔偿汇通公司的损失，没有证据证明，适用法律错误。1. 原审判决认定润发公司已经构成违约，故汇通公司有权依照《年度钢材购销合同》的约定，自行处理润发公司未提取的部分钢材，并要求润发公司承担逾期提货和转售钢材差价损失的违约责任，原审判决酌定的违约赔偿金远远低于合同中约定的违约责任，明显不符合法律规定。2. 润发公司因违约对汇通公司造成的损失不仅真实存在，且损失金额完全可以依法查清，润发公司应当按照实际的损失金额承担违约赔偿责任。按照实际处置钢材的售价计算，因润发公司违约造成的损失金额为4291.258831万元；按照解除合同及处置钢材时的市场价格，因润发公司违约造成的损失金额亦为4350万元；即使按照润发公司主张的钢厂挂牌价，因其违约造成的损失金额也已达到3760万元。（二）原审判决在认定汇通公司有权要求润发公司承担转售钢材差价损失违约责任的基础上，不支持汇通公司主张的4291.258831万元损失没有任何事实和法律依据。1. 汇通公司在钢材市场价格大幅下滑的情况下，为避免更大的损失，并按照合同的约定，以合理的市场价格将钢材转售给湖北鸿昌公司，完全符合合同法关于采取适当措施防止损失扩大的规定。2. 汇通公司与湖北鸿昌公司签署的购销合同无论从交易主体、发货、资金及发票的流向，均完全符合合同约定及商业惯例，价格亦符合当时的市场价格，并已经实际履行。该转售行为真实、合法、有效，原审判决关于双方交易存在瑕疵的认定没有事实和法律依据，且没有任何生效的法律裁判认定汇通公司与湖北鸿昌公司的转售交易虚假、无效，原审判决无权在未对该交易进行实体审理的情况下，就以该交易存在瑕疵为由径行剥夺汇通公司主张赔偿损失的权利。3. 原审判决认定汇通公司未将月度履约保证金抵扣货款导致损失扩大，不符合双方的合同约定，没有事实和法律依据。4. 原审判决认定汇通公司诉请违约损失赔偿金额超过了润发公司订立合同时所能预见或应当预见到的因违约可能造成的损失，没有任何依据且适用法律错误。（三）润发公司在合同解除前应付而未付款金额为8952.144500万元，已经实际造成汇通公司自应付款期限届满之日至合同解除之日的资金占用损失共计209.909409万元，原审判决未支持汇通公司关于该逾期付款滞纳金的诉请，与双方的合同约定及法律规定不符。综上，请求撤销二审判决第一项、第二项，依法改判并支持汇通公司在本案一审中的全部诉讼请求；由润发公司承担本案全部诉讼费用。

润发公司答辩称：（一）汇通公司所称其将库存钢材（合同价格为8952.144500万元）以4660.885669万元转售给湖北鸿昌公司，汇通公司因此遭受了 4291. 258831 万元的价款损失，没有事实依据。依据一审法院依法调取的刑事侦查证据，从汇通公司及其相关子公司和湖北鸿昌公司处理货物交易主体、资金走向、入库出库和增值税专用发票流向等方面，足以证明汇通公司与湖北鸿昌公司的转售行为虚假，所谓实际损失不能认定。（二）双方当事人均认为原审判决润发公司赔偿汇通公司经济损失 892. 21445 万元并支付前述赔偿款的利息是错误的，但是汇通公司不服该项判决的理由不能成立。1. 汇通公司所称的润发公司已构成违约，是因金融危机造成的，而不是润发公司恶意违约，其中原因之一是汇通公司取得的海尔订单没有达到预期的数量。2. 根据合同约定和履行以及汇通公司的自认，月度履约保证金属预付款性质，没收月度履约保证金的合同内容属损害赔偿救济办法，而不是违约金，两者不能并用，且汇通公司只主张赔偿损失而未主张违约金。而月度履约保证金不具有定金性质，合同解除后退还预付款符合法律的规定。3. 汇通公司与湖北鸿昌公司之间所谓的转售行为是虚假的，其提供的相关证据不具合法性、真实性，所主张的转售差价损失无凭无据，亦不能以市场行情作为本案确定实际损失额的依据。（三）原审判决认定汇通公司处理钢材的行为存在瑕疵，证据确凿充分，汇通公司主张 4291. 258831 万元损失没有任何事实和法律依据。1. 从汇通公司与湖北鸿昌公司处理货物的交易主体、资金走向、入库出库手续和增值税专用发票等方面，能够判断为虚假交易，无法得出其因此遭受实际经济损失 4291. 258831 万元的结论。2. 假设汇通公司的确为润发公司备货，其拒绝继续履行合同、擅自扩大损失转售的后果应由其自行承担。3. 根据合同约定的月度合同货款总值 20% 的月度履约保证金和最高限额 30 万元年度保证金，汇通公司主张转售损失 4291. 258831 万元为已付货款的47. 94%，转售差价损失超出了润发公司合理的预见范围。（四）对于未履行部分的逾期付款滞纳金与损失赔偿不能并用，汇通公司提出的润发公司应支付其逾期付款滞纳金 209. 909409 万元没有合同依据，依法不应支持。综上，请求驳回汇通公司的再审申请。

被申请人华达公司、润发薄板公司答辩称：同意润发公司的答辩意见。华达公司、润发薄板公司与汇通公司订立的月度合同，是执行润发公司与汇通公司的年度合同，不是独立合同，其权利义务归属于润发公司，华达公司、润发薄板公司不是实体权利义务人，不应承担连带责任。请求驳回汇通公司要求华达公司、润发薄板公司承担连带责任的再审请求。

润发公司申请再审称：（一）案涉合同属于委托合同性质，六份月度合同均是《年度钢材购销合同》的执行合同，并非独立的合同。原审判决认定案涉合同符合有关买卖合同的特征错误。1. 年度合同目的一是为了履行向海尔推销电镀锌产品的购销合作协议取得基板；二是为润发公司积累向特定钢厂的采购数量，争取钢厂与润发公司签订直供户的三方协议并享受直供户的优惠待遇。根据合同第 11 条、第 14 条的约定，汇通公司须通过代理商渠道以润发公司是收货人名义直接向钢厂订货，属于代理订货的委托合同性质。
2. 根据合同约定，润发公司、汇通公司、钢厂三者之间的责任分担，是汇通公司与钢厂合同约定的标的、数量、质量、价款、履行时间、地点、违约责任等所有权利义务均由润发公司承担，双方按照成本运作，润发公司给汇通公司固定的 50 元/吨代理费，汇通公司不承担费用、不承担风险、不负责货物质量瑕疵。合同内容是汇通公司按照润发公司的采购指示完成特定的订货工作并交付订货工作的成果，据此汇通公司取得固定的报酬，转移钢材所有权只是汇通公司向润发公司交付工作成果的一个组成部分，其实质属委托合同性质。（二）汇通公司订货违约，不能确定其为润发公司订货、备货。
1. 汇通公司将润发公司所需钢材通过奇瑞公司渠道订货违反合同约定。由于汇通公司在订货对象、订货流程等方面的违约行为，润发公司即使提到钢材，在利益分配、质量保证、订货业绩积累等方面的合同目的和利益无法实现。
2. 根据合同约定，汇通公司需把润发公司的订货单交给钢厂评审，而不是将润发公司的订货单和其他人的订货单打包汇总后报钢厂评审；汇通公司亦应以润发公司的月度《购销合同》向钢厂订货，而不是把自己或他人已向钢厂订货的钢材卖给润发公司。汇通公司在 5 月至 8 月均未依此流程履行，故无任何证据证明汇通公司已依约履行订货义务。3. 汇通公司不但没有证据证明案涉钢材是为润发公司订货、备货，其举证恰恰证明在芜湖港案涉钢材的订货、备货的收货人是奇瑞公司或其供应商，在武汉的案涉钢材的订货对象是海尔且需分流给海尔的供应商。总之，案涉钢材不是双方合同项下钢材，汇通公司未全面履行合同，对其转嫁而来的所谓备货与润发公司无关。（三）原审判决润发公司赔偿汇通公司经济损失 895.21445 万元，并支付前述赔偿款项利息的认定理由不能成立。承担损失赔偿责任的前提是汇通公司有损失，而该损失应当是与润发公司合同项下货物损失所造成，且已经发生。而本案汇通公司无法证明争议货物系双方合同项下订、备货，即使有损失，也不能确定应由润发公司承担；该批货物的转售系虚假交易。原审判决在既未确定争议货物系润发公司合同项下，且又认定汇通公司转售行为在客观上存在多种瑕疵的情况下，认定润发公司应赔偿汇通公司部分损失且酌定裁量，没有事实和法律依据。（四）原审判决润发公司赔偿汇通公司违约金、已履行部分逾期付款应付利息及赔偿款项的利息是错误的。汇通公司主张的损害赔偿金额已经覆盖了违约金金额，二者只能选择其一，已履行部分逾期付款利息系约定的损失赔偿，但该赔偿的前提是已履行部分的货物系汇通公司与润发公司合同项下的货物，否则该损失赔偿也不能成立。综上，请求撤销二审民事判决第一项、第二项，驳回汇通公司的诉讼请求；案件的诉讼费、保全费等由汇通公司承担。

汇通公司答辩称：（一）汇通公司与润发公司签署了《年度钢材购销合同》及六份月度《购销合同》，双方之间系买卖合同关系。本案中，双方当事人在合同中关于标的物、交货时间、运输方式、提货方式、所有权转移、违约责任等相关条款均为买卖合同所特有的条款。对于月度《购销合同》中润发公司已经提货付款部分，汇通公司也已向润发公司开具了货物销售增值税发票而不是代理费发票。并且，润发公司对钢厂不承担任何付款义务，在货物交付前也不承担货物任何风险。因此，年度及月度合同均属典型的买卖合同。润发公司关于本案合同的性质系委托合同的主张不能成立。（二）涉案钢材系汇通公司为润发公司所备钢材，润发公司关于涉案钢材不是为其所备的主张，不能成立。1. 从涉案钢材的实际采购流程上看，涉案钢材均系汇通公司为润发公司所备钢材。2. 汇通公司以奇瑞公司为名义上的收货人为润发公司备货不违反合同的约定，不影响润发公司取得货物的所有权，润发公司以此主张涉案钢材不是为其备货没有事实和法律依据。3. 汇通公司向海尔采购公司订购的部分涉案钢材，也系为润发公司备货。（三）润发公司存在多项违约行为，给汇通公司造成各项不同损失，汇通公司有权要求其分别承担相应的违约责任。1. 对于润发公司单方停止签署 2008 年 9 月及以后的月度《购销合同》的行为，已经违反了年度合同第 11 条第 1 款的约定，且对汇通公司造成的损失已经远远超过 30 万元，润发公司应按合同约定赔偿汇通公司 30 万元违约金。2. 对于润发公司就已经支付的部分款项的迟延支付行为，已经造成汇通公司财务成本损失，汇通公司有权根据年度合同第 11 条第 2 款约定，要求其依合同约定按日万分之三的标准支付迟延付款利息 21.890419 万元。3. 对于润发公司在合同解除前未支付部分货款的行为，已经实际造成汇通公司资金占用的损失，根据年度合同第 11 条第 2 款约定，其应就合同解除前尚未支付的部分货款，支付至合同解除日止的滞纳金共计 209.909409 万元。4. 对于润发公司迟延付款、提货的行为，已经成就合同约定的解约条件，汇通公司有权依据年度合同第 11 条第 3 款的约定，解除合同、没收月度履约保证金、自行处理涉案钢材，并有权要求其赔偿不足部分的损失，即润发公司应承担汇通公司因涉案钢材价格下滑导致的差价损失。（四）汇通公司转售行为合法有效，应当作为认定汇通公司损失的依据。汇通公司向润发公司发出解除合同通知后，当时涉案钢材的价格已经大幅下滑，涉案钢材价值贬损的实际损失已经发生，且钢材的价格很有可能进一步下滑，为防止扩大损失，汇通公司与湖北鸿昌公司签订购销合同，将润发公司未提取的涉案钢材转售且已经实际发生。润发公司应当赔偿汇通公司的差额损失部分。综上，请求依法驳回润发公司的再审申请。

本院再审查明：2008 年 3 月 19 日，华达公司向汇通公司发出 2008 年 5 月份订货通知书，载明了型号规格、产地、数量等，具体为：DC0 10.6 * 1250 * C 1500 吨、DC0 10.8 * 1250 * C 500 吨、DC0 11.0 * 1250 * C 1000 吨，产地为武钢。同年 3 月 31 日，汇通公司与武钢签订《钢铁产品买卖合同》，购买钢材为：DC0 10.5 * 1250 * C 500 吨、DC0 10.6 * 1250 * C 2000 吨、DC0 11.0 * 1250 * C 500 吨。合同的收货单位为奇瑞公司。同年 4 月 2 日，华达公司向汇通公司发出 2008 年 5 月份订货通知书，载明了型号规格、产地、数量等，具体为：DC0 10.5 * 1250 * C 500 吨、DC0 10.6 * 1250 * C 2000 吨、DC0 11.0 * 1250 * C 500 吨，产地为武钢。

2008 年 4 月 22 日，华达公司向汇通公司发出 2008 年 6 月份订货通知书，载明了型号规格、产地、数量等，具体为：DC0 10.6 * 1250 * C 1500 吨、DC0 10.8 * 1250 * C 500 吨、DC0 11.0 * 1250 * C 1000 吨，产地为武钢。同年 5 月 5 日，汇通公司与武钢签订《钢铁产品买卖合同》，购买钢材中包括：DC0 10.5 * 1250 * C 300 吨、DC0 10.6 * 1250 * C 1800 吨、DC0 10.8 * 1250 * C 500 吨、DC0 11.0 * 1250 * C 1000 吨，除上述型号钢材外，该合同项下另订有其他型号的钢材，收货单位均为奇瑞公司。同年 5 月 6 日，华达公司向汇通公司发出 2008 年 6 月份订货通知书，载明了型号规格、产地、数量等，具体为：DC0 10.5 * 1250 * C 300 吨、DC0 10.6 * 1250 * C 300 吨，产地为武钢。

2008 年 6 月 5 日，华达公司向汇通公司发出 2008 年 7 月份订货通知书，载明了型号规格、产地、数量等，具体为：DC0 10.5 * 1250 * C 800 吨、DC0 10.6 * 1250 * C 1500 吨、DC0 11.0 * 1250 * C 1000 吨、DC0 10.6 * 1538 * C 200 吨，产地为武钢。同年 6 月 5 日，汇通公司与武钢签订《钢铁产品买卖合同》，购买钢材中包括：DC0 10.5 * 1250 * C 800 吨、DC0 10.6 * 1250 * C1410 吨、90 吨，DC0 10.6 * 1538 * C 200 吨、DC0 11.0 * 1250 * C 200 吨、700 吨，上述钢材收货单位为奇瑞公司。除上述型号钢材外，该合同项下另订有其他型号的钢材，收货单位为武汉恒钢物流发展有限公司代（汇通代奇瑞）。

2008 年 7 月 2 日，华达公司向汇通公司发出 2008 年 8 月份订货通知书，载明了型号规格、产地、数量等，具体为：DC0 10.5 * 1250 * C 3000 吨、DC0 10.6 * 1538 * C 500 吨，产地为武钢。同年 7 月 9 日，汇通公司与武钢签订《钢铁产品买卖合同》，购买钢材中包括：DC0 10.5 * 1250 * C 515 吨、

DC0 10.6 * 1538 * C 500 吨，除上述型号钢材外，该合同项下另订有其他型号的钢材，收货单位均为奇瑞公司。同年 7 月 10 日，汇通公司与海尔采购公司签订一份《产品购销合同》，汇通公司向海尔采购公司购买武钢生产的 DC0 10.5 * 1250 * C 1485 吨，交货时间 8 月份。

另查明：合同履行过程中，润发公司共提取钢材 3378.3 吨，其中涉及 2008 年 5 月至 7 月的月度《购销合同》项下的钢材。8 月《购销合同》项下的货物未提。

除上述事实外，本院对安徽省高级人民法院二审查明的事实予以确认。

本院认为，根据汇通公司、润发公司的再审申请请求，本案再审的争议焦点问题是：一、本案所涉合同的性质；二、汇通公司是否依照约定履行了为润发公司订购钢材的合同义务；三、润发公司是否违约及其应当承担的违约责任；四、华达公司、润发薄板公司是否应当承担连带责任。

一、关于本案所涉合同的性质问题。

原审判决认定本案所涉合同的性质为买卖合同，润发公司再审主张其为委托合同，主要理由是：根据合同约定的内容，汇通公司按照润发公司的采购指示完成特定的订货工作并交付成果，据此汇通公司取得固定的报酬，转移钢材所有权只是汇通公司向润发公司交付工作成果的一个组成部分，其实质应属委托合同性质。本院认为，根据本案查明的事实，双方当事人在《年度钢材购销合同》、补充协议中均约定，汇通公司作为卖方，依照买方润发公司指定的型号、数量等，为润发公司向钢厂购买钢材，买方向卖方付清全部货款提货，取得货物所有权。合同中亦明确约定了如逾期履行，当事人各自应当承担的违约责任。上述约定表示，双方当事人签订本案所涉合同的主要目的，是通过双方之间的买卖行为实现货物所有权的转移。《年度钢材购销合同》中虽有买方给予卖方不含税每吨 50 元代理费的约定，但在月度《购销合同》中已明确该每吨 50 元费用为卖方的基本利润。对于合同中关于"卖方争取钢厂与用户签订三方协议，供货按三方协议的技术要求执行，并享受直供户更大的优惠政策"等约定，属于双方当事人对润发公司未来成为钢厂直供户的设想，且从实际履行看，没有签订过三方协议。故合同中的该项约定，并不能改变本案所涉合同系买卖合同法律关系的性质。原审判决认定本案所涉合同的性质为买卖合同正确，润发公司的该项再审申请理由不能成立，本院不予支持。

二、关于汇通公司是否依照约定履行了为润发公司订购钢材的合同义务问题。

本案原审中，润发公司提出汇通公司未按照合同约定为其订货，在其所订购的 11963.31 吨钢材中，到达芜湖港的钢材，其收货人是奇瑞公司，在武汉福汉库的货物系海尔采购公司向武钢采购的，均与润发公司无关。原审判决未支持润发公司该项主张。再审期间，润发公司仍坚持这一主张。本院认为，根据本案原审及再审查明的事实，2008 年 3 月 19 日，华达公司向汇通公司发出 2008 年 5 月份订货通知书，确定了所购钢材的型号、数量、产地；同年 3 月 31 日，汇通公司与武钢签订《钢铁产品买卖合同》；同年 4 月 2 日，华达公司再次向汇通公司发出 2008 年 5 月份订货通知书，通知书中所载明的钢材型号规格、数量等，与汇通公司和武钢所签合同项下的钢材型号规格、数量相同；同年 4 月 7 日，华达公司与汇通公司签订月度《购销合同》，合同中所购钢材的型号规格、数量等，与 4 月 2 日的订货通知书、《钢铁产品买卖合同》相同。同年 4 月 22 日，华达公司向汇通公司发出 2008 年 6 月份订货通知书，确定了所购钢材的型号、数量、产地；同年 5 月 5 日，汇通公司与武钢签订《钢铁产品买卖合同》，该合同项下除包含上述订货通知书中的全部钢材外，另增加了型号为 DC0 10.5 * 1250 * C、DC0 10.6 * 1250 * C 的钢材各 300 吨；同年 5 月 6 日，华达公司再次向汇通公司发出 2008 年 6 月份订货通知书，通知书中所载明的钢材型号规格、数量等，与汇通公司和武钢所签合同项下所增加的钢材型号规格、数量相同；同年 5 月 26 日，华达公司与汇通公司签订月度《购销合同》，合同中所购钢材的型号规格、数量等，与两份订货通知书的总和及《钢铁产品买卖合同》相同。同年 6 月 5 日，华达公司向汇通公司发出 2008 年 7 月份订货通知书，确定了所购钢材的型号、数量、产地；同日，汇通公司与武钢签订《钢铁产品买卖合同》，该合同项下所购钢材与上述订货通知书中的钢材绝大部分相同，仅型号规格为 DC0 11.0 * 1250 * C 的钢材在数量上比订货通知书中的 1000 吨缺少了 100 吨；同年 6 月 19 日，华达公司与汇通公司签订月度《购销合同》，合同中所购钢材的型号规格、数量等，与订货通知书相同。同年 7 月 2 日，华达公司向汇通公司发出 2008 年 8 月份订货通知书，确定了所购钢材的型号、数量、产地；同年 7 月 9 日，汇通公司与武钢签订《钢铁产品买卖合同》，其中型号规格为 DC0 10.6 * 1538 * C 的钢材数量与订货通知书相同，型号规格为 DC0 10.5 * 1250 * C 的钢材数量为 515 吨，与订货通知书中的 3000 吨不同；同年 7 月 10 日，汇通公司与海尔采购公司签订一份《产品购销合同》，其中汇通公司向海尔采购公司购买武钢生产的型号规格为 DC0 10.5 * 1250 * C 的钢材 1485 吨；同年 7 月 13 日，润发薄板公司与汇通公司签订月度《购销合同》，合同中所购钢材的型号规格、数量等，与汇通公司向武钢和海尔采购公司所订钢材相同。上述合同签订过程及内容显示，在 5 月、6 月的钢材购销活动中，有关月度订货通知书、

《钢铁产品买卖合同》、月度《购销合同》等证据所载明的钢材的规格和数量均完全相同。同年7月，汇通公司与武钢订购了3400吨的钢材，比润发公司的月度订货通知书和月度《购销合同》载明的3500吨少了100吨，依据双方当事人在《年度钢材购销合同》中约定，该变动幅度未达到月度订货计划的40%，双方认可其不属于违约。同年8月，汇通公司向海尔采购公司订购了1485吨钢材，虽然不是直接从武钢订购，但其属于武钢生产的钢材，符合《年度钢材购销合同》中对生产厂商的要求，且型号规格、数量亦与双方签订的8月份月度《购销合同》的约定内容相同，并不影响润发公司实现其购买所需钢材的合同目的。此外，在合同履行过程中，润发公司已付款并提取了3378.3吨钢材，其中涉及5月至7月向武钢订购的月度《购销合同》项下的部分钢材。

上述合同签订及履行的事实可以证明，双方当事人没有关于"汇通公司须以润发公司的名义与钢厂订立钢材购销合同"的约定，亦未明确要求汇通公司从钢厂订货时必须写明收货人为润发公司，且润发公司在提取部分钢材时也没有对此提出异议，汇通公司与钢厂订货时写明收货人为奇瑞公司，并没有出现润发公司因此无法提货或拒绝提货的情况。因此，汇通公司关于其"以奇瑞公司为名义上的收货人为润发公司备货不违反合同的约定，不影响润发公司取得货物的所有权"的答辩理由有事实和证据支持，本院予以采纳。本案再审中，润发公司提交了其再审期间从武钢公司打印的涉案钢材《产品质量证明书》，其上载明的订货单位为汇通公司、收货单位为奇瑞公司，并依据其已提取钢材的《产品质量证明书》中的收货单位为汇通公司，而证明未提部分钢材是汇通公司为奇瑞公司订的货，不是为润发公司备货。对此，汇通公司答辩称，《产品质量证明书》仅是武钢对其生产钢材的质量出具的证明文件，不是提货凭证，根据《年度钢材购销合同》的约定，如润发公司对钢材质量提出异议时，由汇通公司负责向钢厂索赔，钢厂赔付给汇通公司后，其再及时赔偿给润发公司。本院认为，本案中的《产品质量证明书》不能证明润发公司无法提取所订购货物的事实存在，属于双方解决产品质量争议中的问题，并不影响润发公司依合同约定履行义务并提取货物。综上所述，汇通公司已经如约履行了为润发公司订购钢材的合同义务。润发公司关于汇通公司没有为其备货、构成违约的再审申请理由，因证据不足，本院不予支持。

三、关于润发公司是否违约及如何承担违约责任问题。

本案双方当事人在《年度钢材购销合同》中约定，润发公司向汇通公司付清全部货款提货，从汇通公司与钢厂签订的订货合同约定交货月份的首日算起，90天内付清全部货款和有关费用，提清该月份全部货物；汇通公司有权根据润发公司付款金额、比例，向润发公司交付相应数量、比例的货物。货权属汇通公司，直至润发公司付清全部货款为止。该约定表明，润发公司的主要合同义务是按照约定的时间向汇通公司支付货款并提取相应数量的钢材。本案中，截至 2008 年 10 月 30 日双方约定的最后付款提货日，润发公司付款提取钢材 3378.3 吨，尚有 11963.31 吨钢材没有提取。在汇通公司多次致函润发公司、华达公司、润发薄板公司带款提货时，润发公司等均予以答复，并明确要求延期提货。同年 11 月 14 日，汇通公司向润发公司发出解除合同通知。事实证明，润发公司的逾期提货行为，违反了上述合同约定，在其提出延期付款提货的请求后最终未能履行付款提货义务。此外，润发公司亦存在逾期付款、未足额支付月度履约保证金的违约行为。故原审判决认定润发公司的上述行为构成违约并无不当。

关于润发公司应当如何承担违约责任问题。双方当事人在《年度钢材购销合同》中对违约责任作了多项约定，分别为：1. 年度保证金 30 万元，一方违约时，另一方可以主张赔偿，赔偿额以年度保证金为限；2. 润发公司逾期付款至其实际付款之日，汇通公司有权按日万分之三收取滞纳金；3. 润发公司构成根本违约的，汇通公司有权解除合同，自行处理货物并没收月度履约保证金，润发公司不得主张返还月度履约保证金。本院对此分述如下：

关于月度履约保证金的问题。润发公司提起另案诉讼，请求判令汇通公司向其返还月度履约保证金 1838.887223 万元，本院已以（2013）民提字第 133 号民事判决驳回了润发公司的诉讼请求。鉴于该案与本案系基于同一购销合同法律关系形成的民事纠纷案件，双方当事人在两案中的诉讼请求互为本诉与反诉的关系，因此，汇通公司在本案中诉请润发公司应当承担的各项违约责任，应当结合另案的判决结果一并处理。

关于汇通公司提出的润发公司应当支付其 30 万元违约金及利息的诉讼请求问题。双方履行合同过程中，由于受到亚洲金融危机的影响，导致国内钢材市场价格严重下跌，对当事人预先设定的合同利益造成巨大冲击。在此情况下，润发公司没有依约再与汇通公司签订 2008 年 9 月及以后的月度《购销合同》，汇通公司也未再与钢厂签订相关的购销合同，以避免双方为此承担更大的交易风险。汇通公司并未因此产生直接的损失，且在此市场背景下向润发公司主张该 30 万元违约金及利息损失也有失公平，故本院对其该项诉求不予支持。

关于汇通公司提出的润发公司应当支付其已履行部分逾期付款应付利息 21.890419 万元、合同未履行部分滞纳金 209.909409 万元，以及该两笔款项利息的诉讼请求问题。本院认为，汇通公司主张的这两项诉求系针对润发公司逾期付款、逾期提货情形下而承担的违约责任，按照合同约定，其属于润发公司预付的月度履约保证金所赔偿的损失范围。汇通公司在（2013）民提字第 133 号案中已对"润发公司请求返还月度履约保证金 1838.887223 万元"提出了抗辩主张，且已得到本院支持，汇通公司亦未提出证据证明其因润发公司上述违约行为所造成的损失超过了月度履约保证金总额，其同时主张利息及滞纳金赔偿明显过多，本院依据我国合同法的相关规定，对其该两笔款项的诉求不予支持。

关于润发公司是否应当赔偿汇通公司主张的转售钢材的差价损失 4291.258831 万元的问题。本院认为，在本案月度《购销合同》履行中，是否存在因润发公司的违约行为而导致汇通公司产生 4291.258831 万元的转售损失的事实，是该项争议诉求的焦点问题。根据原审查明的事实，在汇通公司与湖北鸿昌公司签订购销合同之前，汇通公司已经向其子公司上海汇通公司发运两批钢材；且转售的 11963.31 吨钢材并没有发给湖北鸿昌公司，而是全部发往汇通公司的子公司上海汇通公司、广东通汇公司。汇通公司并未提供相关的证据，证明湖北鸿昌公司与上海汇通公司、广东通汇公司之间存在买卖关系，以及汇通公司向上海汇通公司、广东通汇公司发运货物系受湖北鸿昌公司的委托。因此，原审判决认定汇通公司与湖北鸿昌公司之间的交易不具有正当性、合理性。再审期间，本院明确告知汇通公司就其该项转售损失应承担举证责任，并指出除了提交其与湖北鸿昌公司签订的转售合同外，还应提交有关 11963.31 吨钢材的付款凭证、运输单据等证据；对汇通公司主张的通过发往第三方的方式而履行转售协议的事实，还应提交湖北鸿昌公司指示第三方收货及其与第三方相关的结算证明或债权债务关系冲抵证明。鉴于汇通公司未能提交出上述证据，其主张该项损失发生的证据不充分，应承担举证不能的法律后果，故本院对其关于请求润发公司赔偿其转售差价损失 4291.258831 万元的主张不予支持。本院在（2013）民提字第 133 号案中已判决驳回润发公司提出的汇通公司应返还月度履约保证金 1838.887223 万元的诉讼请求，该保证金足以弥补汇通公司该部分损失。因此，对于原审判决"润发公司赔偿汇通公司损失 895.21445 万元"的判项，本院予以撤销。

四、关于华达公司、润发薄板公司是否应当承担连带责任问题。

本案中，华达公司、润发薄板公司是否应当承担连带责任的前提，是润发公司是否承担相应的民事责任。根据以上的认定，润发公司不应承担汇通公司所主张的民事责任，故此问题已不具意义。

综上，汇通公司在本案中的再审请求，本院不予支持。关于其主张润发公司所应承担违约责任的争议问题，在本院（2013）民提字第 133 号民事判决中已经得以解决。润发公司在本案中的再审请求，本院予以采纳。原审判决认定事实清楚，但适用法律不当。本院依照《中华人民共和国民事诉讼法》第一百七十条第一款第（二）项的规定，判决如下：

一、撤销安徽省高级人民法院（2012）皖民二终字第00009号、安徽省芜湖市中级人民法院（2011）芜中民二初字第00025号民事判决；

二、驳回湖北汇通工贸集团有限公司的诉讼请求。

一审案件受理费269453元、保全费5000元，合计274453元，由湖北汇通工贸集团有限公司承担。二审案件受理费269453元，由湖北汇通工贸集团有限公司承担。

本判决为终审判决。

审　判　长　王宪森

审　判　员　殷　媛

代理审判员　张雪楳

二〇一三年十二月二十七日

书　记　员　郝晋琪

20. 违约方应当以合同的约定承担违约责任

——湖北汇通工贸集团有限公司与长江润发集团有限公司及无锡汇通钢铁工贸有限公司买卖合同纠纷案

【裁判要旨】

本案双方当事人在合同中关于月度履约保证金的约定，在合同正常履行的情况下，具有预付款的性质。同时，月度履约保证金还具有担保合同履行的违约金性质，虽然双方当事人在合同中未将月度履约保证金表述为"定金"，但在出现相关违约情形时其所体现的惩罚性和损失补偿性与定金规则相类似。违约方应当以该月度履约保证金向对方承担违约责任。

中华人民共和国最高人民法院民事判决书

(2013) 民提字第 133 号

再审申请人（一审被告、二审上诉人）：湖北汇通工贸集团有限公司。住所地：湖北省武汉市武昌区友谊大道特 1 号（广达科技园 13 楼）。

法定代表人：梅祖新，该公司董事长。

委托代理人：李昭，北京市环球律师事务所律师。

委托代理人：张雪艳，北京市环球律师事务所律师。

被申请人（一审原告、二审上诉人）：长江润发集团有限公司。住所地：江苏省张家港市金港镇长江西路 98 号。

法定代表人：郁全和，该公司董事长。

委托代理人：音邦定，安徽深蓝律师事务所律师。

委托代理人：秦华平，江苏国瑞律师事务所律师。

一审被告、二审被上诉人：无锡汇通钢铁工贸有限公司。住所地：江苏省无锡市锡沪路 183 号。

法定代表人：梅祖新，该公司董事长。

委托代理人：陈传树，该公司员工。

委托代理人：魏以军，湖北维思德律师事务所律师。

再审申请人湖北汇通工贸集团有限公司（以下简称汇通公司）为与被申请人长江润发集团有限公司（以下简称润发公司）及一审被告、二审被上诉人无锡汇通钢铁工贸有限公司（以下简称无锡汇通公司）买卖合同纠纷一案，不服安徽省高级人民法院（2010）皖民二终字第00111号民事判决，向本院申请再审，本院于2013年6月14日以（2013）民申字第124号民事裁定，提审本案。本院依法组成由审判员王宪森担任审判长，审判员殷媛、代理审判员张雪楪参加的合议庭进行了审理，书记员郝晋琪担任记录。本案现已审理终结。

安徽省芜湖市中级人民法院一审查明：2008年3月10日，汇通公司（卖方）与润发公司（买方）签订一份《年度钢材购销合同》，约定2008年度润发公司向汇通公司采购钢材的订货计划。双方约定的交易模式为润发公司在钢厂月度订货日期前5个工作日，向汇通公司提供钢厂可订货规格和数量，汇通公司应按润发公司提出的订货单在钢厂确认可订货的合同量，并与钢厂签订合同，按钢厂实际交货量交货。双方约定生产厂商为武钢、本钢、马钢及润发公司指定的其他钢厂。润发公司享受在各钢厂订货的即期最大的优惠政策。润发公司须向汇通公司支付相应财务费用并在价格中以贴息性加价方式体现（须附加必要的税款），贴息利率执行银行同期贷款利率。润发公司给予汇通公司不含税50元/吨的代理费。钢厂订货价格与结算价格不一致时，根据钢厂最终结算政策执行。订购马钢、武钢、本钢等公司产品执行钢厂相关溢短装政策，确因钢厂生产不畅原因需终止发货时（汇通公司向润发公司通报，润发公司可向钢厂核实），润发公司予以认可。原则上尽可能订购大卷，但须执行钢厂的大卷订货政策。执行钢厂包装标准。运费、装卸费、保险费等各种杂费由润发公司承担。润发公司必须在钢厂规定订货日期前，向汇通公司支付对应月份合同货款总值20%的现金，作为该合同的月度履约保证金，此保证金可冲抵货款，但不贴息。润发公司从汇通公司与钢厂签订的订货合同约定交货月份的首日算起，90天内付清全部货款和有关费用，提清该月份全部货物。润发公司对货物质量提出异议期限为提取货物后30个工作日内，数量异议期限为10个工作日内，润发公司超出上述异议期提出异议的，汇通公司不予受理，相应损失由润发公司承担。汇通公司负责协助与钢厂理赔，钢厂赔付给汇通公司后，汇通公司及时赔付给润发公司。汇通公司有权根据润发公司付款金额、比例，向润发公司交付相应数量、比例的货物。

货权属汇通公司，直至润发公司付清全部货款为止。若润发公司在本合同规定的提货期届满后的 30 天期限内仍未完成付款提货义务，则汇通公司有权自行处理货物，且由润发公司承担违约责任。双方对违约责任的约定为：本合同的执行，双方约定年度保证金为 30 万元，一方违约时，另一方可以主张赔偿，赔偿额度以年度保证金为限。双方违约界定为：任何一方调整月度订货计划（调整幅度大于或等于 ±40%）而未得到对方认可；润发公司未按约定向汇通公司支付月度履约保证金或逾期未得到汇通公司书面认可。润发公司逾期付清全部货款（含有关费用的货款），自本合同约定的月度付款提货期限届满之日起，至汇通公司书面同意延长的期限、润发公司实际付款之日，汇通公司有权按日万分之三收取滞纳金。如润发公司未经汇通公司书面同意和合同规定提货期届满 30 天，仍未执行合同，即为根本违约，此时汇通公司有权解除合同，自行处理货物并没收月度履约保证金，如月度履约保证金不足以抵偿汇通公司损失时，润发公司应承担赔偿责任。确因汇通公司原因，其未与钢厂签订合同，或未按钢厂实际已交货量向润发公司交货，则属汇通公司根本违约，此时汇通公司应赔偿损失，赔偿额度为当月的履约保证金。双方在合同中还约定汇通公司争取钢厂与用户签订三方协议，供货按三方协议的技术要求执行，并享受直供户更大的优惠政策。双方委托全资子公司，即无锡汇通公司与江苏华达涂层有限公司（以下简称华达公司）签订月度《购销合同》并履行双方结算，本合同的月度订货计划执行情况最终以月度《购销合同》为准，双方承诺对子公司签订的所有《购销合同》的履行承担责任。同年 3 月 12 日，汇通公司与华达公司签订一份《补充协议》，对各种杂费以及月度付款提货期限的计算做了补充约定。

2008 年 4 月 7 日，华达公司与汇通公司签订一份 5 月份《购销合同》，约定由华达公司购进、汇通公司出售武钢冷轧卷板 DC0 10.5 * 1250 * C500 吨、DC0 10.6 * 1250 * C2000 吨、DC0 11.0 * 1250 * C500 吨；汇通公司基本利润（买方给予卖方的代理费）为 50 元/吨（不含税）；华达公司于 2008 年 4 月10 日前向汇通公司支付货款总值 20% 即 420 万元作为本合同的履约保证金；华达公司在 2008 年 6 月 30 日前付清全部货款和有关费用，并提清全部货物。

2008 年 4 月 24 日，华达公司与汇通公司签订一份 5 月份《购销合同》，约定由华达公司购进、汇通公司出售马钢冷轧卷板 DC0 10.6 * 1250 * C500 吨、DC0 10.8 * 1250 * C1000 吨、DC0 11.0 * 1250 * C500 吨；汇通公司基本利润（买方给予卖方的代理费）为 50 元/吨（不含税）；华达公司于 2008 年 4 月 29 日前向汇通公司支付货款总值 20% 即 266 万元作为本合同的履约保证金；华达公司在 2008 年 7 月 20 日前付清全部货款和有关费用，并提清全部货物。

2008 年 5 月 22 日，华达公司与汇通公司签订一份 6 月份《购销合同》，约定由华达公司购进、汇通公司出售马钢冷轧卷板 DC0 10.6 * 1250 * C500 吨、DC0 11.0 * 1250 * C500 吨；汇通公司基本利润（买方给予卖方的代理费）为 50 元/吨（不含税）；华达公司于 2008 年 5 月 26 日前向汇通公司支付货款总值 20% 即 145 万元作为本合同的履约保证金；华达公司在 2008 年 8 月 20 日前付清全部货款和有关费用，并提清全部货物。

2008 年 5 月 26 日，华达公司与汇通公司签订一份 6 月份《购销合同》，约定由华达公司购进、汇通公司出售武钢冷轧卷板 DC0 10.5 * 1250 * C300 吨、DC0 10.6 * 1250 * C1800 吨、DC0 10.8 * 1250 * C500 吨、DC0 11.0 * 1250 * C1000 吨；汇通公司基本利润（买方给予卖方的代理费）为 50 元/吨（不含税）；华达公司于 2008 年 5 月 26 日前向汇通公司支付货款总值 20% 即 517 万元作为本合同的履约保证金；华达公司在 2008 年 7 月 30 日前付清全部货款和有关费用，并提清全部货物。

2008 年 6 月 19 日，华达公司与汇通公司签订一份 7 月份《购销合同》，约定由华达公司购进、汇通公司出售武钢冷轧卷板 DC0 10.5 * 1250 * C800 吨、DC0 10.6 * 1250 * C1500 吨、DC0 10.6 * 1538 * C200 吨、DC0 11.0 * 1250 * C1000 吨；汇通公司基本利润（买方给予卖方的代理费）为 50 元/吨（不含税）；华达公司于 2008 年 6 月 20 日前向汇通公司支付货款总值 20% 即 540 万元作为本合同的履约保证金；华达公司在 2008 年 8 月 30 日前付清全部货款和有关费用，并提清全部货物。

2008 年 7 月 13 日，长江润发（江苏）薄板镀层有限公司（以下简称润发薄板公司）与汇通公司签订一份 8 月份《购销合同》，约定由润发薄板公司购进、汇通公司出售武钢冷轧卷板 DC0 10.5 * 1250 * C2000 吨、DC0 10.6 * 1538 * C500 吨；汇通公司基本利润（买方给予卖方的代理费）为 50 元/吨（不含税）；润发薄板公司于 2008 年 7 月 18 日前向汇通公司支付货款总值 20% 即 402 万元作为本合同的履约保证金；润发薄板公司在 2008 年 9 月 30 日前付清全部货款和有关费用，并提清全部货物。

上述六份月度合同销售各类冷轧卷板共计 15600 吨。同时，汇通公司与武钢签订 5—8 月份《钢铁产品买卖合同》，购买各类冷轧卷板，但收货人均是奇瑞公司及其他公司。2008 年 4 月 14 日，汇通公司与马钢签订 5 月份《产品销售合同》，订购冷轧卷板 DC0 10.6 * 1250 * C500 吨、DC0 11.8 * 1250 * C1000 吨、DC0 11.0 * 1250 * C500 吨。同年 5 月 13 日，汇通公司与马钢签订 6 月份《产品销售合同》，订购冷轧卷板 DC0 10.6 * 1250 * C490 吨、DC0 11.0 * 1250 * C500 吨。汇通公司运入芜湖港各类钢材 13863.86 吨，润发公司提货

3378.3 吨。汇通公司诉称武汉福鑫公司福汉库库存 1477.76 吨钢材也是履行与润发公司 8 月份月度合同而从青岛海尔零部件采购有限公司（以下简称海尔采购公司）采购。

2008 年 4 月 14 日、4 月 28 日、6 月 2 日、6 月 2 日、6 月 27 日、8 月 25 日，华达公司分别向汇通公司支付月度履约保证金 428 万元、266 万元、145 万元、517 万元、540 万元、180 万元，共计 2076 万元；同年 5 月 22 日、8 月 30 日、9 月 18 日、9 月 24 日，华达公司、润发薄板公司共计支付汇通公司货款 2173.2798 万元；加上润发公司在汇通公司账上余额 314662.68 元，润发公司共计支付汇通公司 4280.746068 万元；润发公司提货金额为 2447.858845 万元，故汇通公司账上月度履约保证金余额为 1832.887223 万元。

2008 年 11 月 14 日，汇通公司向润发公司发出解除合同的通知。

2009 年 5 月 11 日，润发公司以汇通公司没有为其订货以及供应的部分钢材质量不合格构成违约为由诉至法院，请求判令汇通公司返还润发公司月度履约保证金 1832.887223 万元，赔偿违约金 2076 万元；无锡汇通公司对上述款项承担连带责任。

安徽省芜湖市中级人民法院审理认为，本案争议的焦点有四个：一是润发公司、汇通公司之间的合同性质是什么性质，是买卖合同还是委托合同；二是汇通公司是否违约，即汇通公司是否为润发公司备货；三是涉诉钢材是否部分有质量问题，汇通公司是否应承担责任；四是汇通公司、无锡汇通公司是否应承担连带责任。并逐一分析如下：

一、润发公司、汇通公司之间合同的性质是买卖合同还是委托合同。双方之间合同系买卖合同而非委托合同，理由是：在《年度钢材购销合同》中 50 元/吨代理费的表述是汇通公司作为卖方在成本之外享有多大利润空间的钢材市场的习惯表述，月度合同也将该 50 元表述为卖方利润，而非委托代理费。年度合同中的有关遵照钢厂相关政策的约定只涉及润发公司、汇通公司之间的权利义务关系，不存在润发公司与钢厂之间的权利义务关系。该合同中约定的预付款以及所有权保留条款均是买卖合同的特有条款。从该合同可以看出，签订此合同时，汇通公司、润发公司与钢厂签订三方协议的目标无法达成，更谈不上以润发公司的名义在钢厂直接订货。双方约定"与钢厂签订合同"是指汇通公司以自己的名义而不是以润发公司的名义签订合同。在上述合同的履行过程中，润发公司在其付款提货后对汇通公司开具的以汇通公司为出卖人的增值税发票也未表示过异议。

二、汇通公司是否违约，即汇通公司是否为润发公司备货。1. 汇通公司根据月度合同与武钢、马钢分别签订了对应月度的《钢铁产品买卖合同》，订购了相应材质、规格、数量的冷轧钢材。且上述钢材也按期运至芜湖港，交货地点、交货数量完全符合月度合同的约定，马钢钢材的交货数量虽与月度合同约定稍有不符，但系双方当事人在履行合同过程中的适当变更，润发公司对此也未提出过异议。2. 因润发公司签订月度合同及支付月度履约保证金的时间均已超过武钢 8 月份合同的订货期，汇通公司在钢厂可供订货量不足的情况下，向武钢订购 0.5 * 1250 * C 冷轧钢 515 吨、0.6 * 1538 * C 冷轧钢 500 吨，同时向海尔采购公司采购 0.5 * 1250 * C 冷轧钢 1485 吨，满足了润发公司 8 月份合同 0.5 * 1250 * C 冷轧钢 2000 吨的需求。汇通公司未将海尔采购公司交付的 1477.76 吨钢材运往芜湖，是因润发公司逾期提货，经催告仍不提货，为了减少运费、转库费及仓储费等方面的损失行使不安抗辩权的行为。3. 在芜湖港的武钢钢材收货人虽均是奇瑞公司，但这正是汇通公司与奇瑞公司战略合作的具体表现形式。汇通公司利用奇瑞公司自身具备的整体采购优势、谈判优势所带来的可供采购量大、订货价格优惠幅度大等方面的有益作用，将自己钢材需求与奇瑞公司的钢材需求合并后，以奇瑞公司为收货人的方式，向武钢订购钢材。将汇通公司与武钢签订的合同及汇通公司与奇瑞公司签订的合同相比较，可以看出汇通公司的采购量不仅远远大于奇瑞公司的需求量，且汇通公司订购的货物材质、规格与奇瑞公司自身需求货物的材质、规格亦明显不一致。汇通公司对奇瑞公司自身需求的钢材不支付代理费，而对奇瑞公司需求之外的钢材才向奇瑞公司支付代理费，也证明奇瑞公司对自身需求之外的钢材并不享有任何所有权。4. 从双方多次往来函件看，在本案合同实际履行中，润发公司多次承诺积极提货但仍迟迟不提货，而不是汇通公司未订货或没有货物造成润发公司不能提货。综上，汇通公司在合同履行过程中，并无违约行为，不应承担润发公司诉请的违约责任。鉴于润发公司、汇通公司双方已解除合同，汇通公司应将剩余履约保证金 1832.887223 万元退还给润发公司。

三、涉诉钢材是否部分有质量问题，汇通公司是否应承担责任。润发公司诉称润发薄板公司 2008 年 8 月 29 日收到的武钢冷轧卷 665.53 吨存在严重锈蚀现象，根据润发薄板公司与无锡汇通公司来往函件表明，上述 665.53 吨钢材确实有锈蚀问题，原因为一部分是运输过程中遭遇雨水，一部分是超过了武钢的质量异议受理期限，无锡汇通公司对该两方面原因也已认可，但根据双方《年度钢材购销合同》的约定：质量异议由买方负责提出，卖方负责协助与钢厂理赔，钢厂赔付给卖方后，卖方及时赔付给买方。买方对货物质量提出异议的期限为提取货物后 30 个工作日内，超过异议期限的，卖方不予受理，相应损失由买方承担。由此看出，汇通公司只是负责协助润发公司向钢厂理赔，而并不是就钢材的质量向润发公司负责并直接赔偿。润发公司是否能够得到最终的赔偿，应视异议期限和钢厂的理赔结果而定，汇通公司对此不承担直接赔偿责任。故汇通公司对该批有质量问题的钢材不应承担责任。

（四）汇通公司和无锡汇通公司是否应承担连带责任。无锡汇通公司是汇通公司的子公司，具有独立法人资格，依法可以独立承担民事责任。无锡汇通公司虽未参加本案合同的签订，但参与了这些合同的履行。根据双方《年度钢材购销合同》的约定：双方委托全资子公司，即无锡汇通公司与华达公司签订月度《购销合同》并履行双方结算，双方承诺对子公司签订的所有《购销合同》的履行承担责任。据此，子公司无锡汇通公司实质上是母公司汇通公司的受托人，虽以自己的名义履行合同，但受托人行为产生的民事责任应由母公司承担。故无锡汇通公司在本案中不应承担连带责任。综上，经该院审判委员会讨论决定，依照《中华人民共和国合同法》第一百一十九条、第一百三十条、第一百三十四条，《中华人民共和国民法通则》第六十三条的规定，判决：一、汇通公司于判决生效后十五日内退还润发公司保证金1832.887223万元；二、驳回润发公司的其他诉讼请求。案件受理费277373元、保全费5000元，合计282373元，由汇通公司负担150000元，润发公司负担132373元。

汇通公司、润发公司均不服上述民事判决，向安徽省高级人民法院提起上诉。

润发公司上诉并答辩称：一、案涉《年度钢材购销合同》和六份月度《购销合同》内容均表明汇通公司是根据润发公司指令完成的特定订货任务并交付订货成果后获取固定报酬，转移钢材所有权只是合同一个重要而非核心部分，核心部分是汇通公司根据润发公司指令到钢厂代订钢材并通过积累成为钢厂直供户，故原审判决认定合同性质是买卖合同错误。二、公安机关已查明汇通公司所订11963.31吨钢材中武钢钢材收货单位不是润发公司，润发公司已经提取的钢材是汇通公司在骗取润发公司信任情况下发生的，润发公司所发函件对汇通公司已经订货的认可是被误导的结果。故汇通公司收到润发公司月度履约保证金以后，没有按照年度合同约定以润发公司的订货单到钢厂评审、订货并订立合同，已经构成违约，汇通公司应以案涉六个月度合同的履约保证金2076万元为额度赔偿润发公司损失。另外，润发公司提取的部分钢材有锈蚀质量问题，汇通公司至今不与指定钢厂协商处理，也应赔偿损失。三、无锡汇通公司作为合同实际履行人对汇通公司上述赔偿应该承担连带责任。请求二审法院维持原审判决第一项，撤销原审判决第二项，改判汇通公司和无锡汇通公司支付违约金2076万元。

汇通公司上诉并答辩称：一、出于经营战略考虑，汇通公司依据案涉钢材购销合同，为润发公司订购的武钢钢材的收货人名义上是奇瑞公司，但钢材所有权属于汇通公司，且事实证明没有影响润发公司带款提货，故原审判决认定汇通公司已经按约备货不构成违约正确；在润发公司未按期带款提货构成违约的情况下，汇通公司依据合同约定有权解除合同、自行处理货物并没收月度履约保证金，故原审判决以双方已解除合同为由判令汇通公司将剩余月度履约保证金 1832.887223 万元退还给润发公司错误，请求二审法院依法纠正。二、案涉部分钢材质量瑕疵主要是润发公司逾期提货及超过质量异议期造成的，且润发公司在提出质量异议后未得到处理前已经将标的物全部使用，汇通公司依据合同规定不应承担赔偿责任。原审该部分判决正确，请求依法维持。

无锡汇通公司答辩称：虽然《年度钢材购销合同》约定汇通公司委托无锡汇通公司签订月度《购销合同》并履行结算义务，但无锡汇通公司没有实际参与案涉钢材购销合同的签订和履行，故润发公司要求无锡汇通公司承担民事责任无依据。请求二审法院依法驳回润发公司对无锡汇通公司的诉讼请求。

安徽省高级人民法院对一审查明的事实予以确认。

另查明：汇通公司依据《年度钢材购销合同》，为润发公司订购钢材的运行模式是汇通公司将润发公司所需钢材与奇瑞公司等其他客户所需钢材汇总后一并向武钢、马钢分批签订采购合同，其中武钢采购合同上钢材收货人注明是奇瑞公司，马钢采购合同上钢材收货人注明是汇通公司；钢厂在收到汇通公司货款以后将钢材统一发给汇通公司并与之结算。润发公司向汇通公司订购的案涉 15600 吨钢材，在汇通公司从武钢、马钢同期采购的钢材中有所体现，润发公司已经提取其中 3378.3 吨，尚有 11963.31 吨未提取。2008 年 8 月份以后，汇通公司多次致函润发公司、华达公司和润发薄板公司要求带款提货，但润发公司等均函复要求延期提货，其中 2008 年 8 月 18 日润发薄板公司复函称"由于市场变化，我司销售从每月 8000 吨降至 6、7、8 月份 3000—4000 吨，导致提货延误，敬请贵司原谅"；2008 年 9 月 27 日华达公司复函称"由于今年的市场变化情况，导致我司逾期提货；继续承诺 2008 年 8 月 18 日润发薄板公司回函的 10 月提取 7、8 月份订货计划……"

安徽省高级人民法院二审认为，综合各方当事人的上诉请求、答辩理由以及举证和质证意见，本案二审争议焦点，一是案涉年度和月度钢材购销合同的性质，是买卖合同还是委托合同；二是汇通公司是否存在违约行为；三是汇通公司是否应将剩余的履约保证金 1832.887223 万元退给润发公司；四是无锡汇通公司是否与汇通公司承担连带责任。分述如下：

一、关于案涉《年度钢材购销合同》和月度《购销合同》的性质问题。

润发公司和汇通公司签订的案涉购销合同均约定，汇通公司将从钢厂购买的润发公司指定的钢材交付给润发公司，润发公司支付相应钢材货款和50元/吨固定费用后取得钢材所有权，并约定了逾期履行的违约责任，故案涉合同主要目的是转移钢材的所有权，符合《中华人民共和国合同法》有关买卖合同的特征。案涉购销合同中虽然有"汇通公司争取钢厂与用户签订三方协议，供货按三方协议的技术要求执行，并享受直供户更大的优惠政策"等约定，但这是润发公司通过履行案涉购销合同积累采购钢材数量欲争取达到的目标，不是合同主要目的。故原审判决认定案涉合同属于买卖合同性质正确。润发公司以案涉钢材购销合同的核心目的是委托汇通公司代为订购钢材并成为钢厂直供户为由，主张上述合同属于委托合同性质的上诉理由不能成立，该院不予支持。

二、关于汇通公司是否存在违约问题。

案涉《年度钢材购销合同》和六份月度《购销合同》是润发公司和汇通公司真实意思表示，且不违反法律禁止性规定，合法有效，各方当事人均应严格履行。案涉购销合同签订以后，润发公司分期支付了月度履约保证金，汇通公司也分期从武钢、马钢等单位购进了相应数量和规格的钢材，但润发公司从汇通公司提取了其中的3378.3吨钢材以后，对剩余的11963.31吨钢材未再带款提货，且对汇通公司多次函催提货通知一再复函要求延期提货。可见，汇通公司在案涉合同履行期间有履约能力，并非润发公司带款提不到钢材。鉴于案涉购销合同没有约定汇通公司为润发公司备货要单独与钢厂订立对应的购销钢材合同，也没有明确约定汇通公司从钢厂订购钢材的收货人必须写明是润发公司，故润发公司以汇通公司收到润发公司2076万元月度履约保证金后没有与钢厂订立合同为其备货构成根本违约为由，主张汇通公司承担2076万元违约金的上诉理由不能成立。润发公司提取的665.53吨武钢冷轧卷确有锈蚀现象，但由于存在润发公司延期提货的事实，且按照合同约定，发生钢材质量问题时，汇通公司只负责协助润发公司向钢厂理赔，故润发公司要求汇通公司对此承担直接赔偿责任的上诉请求，该院不予支持。

三、关于汇通公司是否应当将剩余的履约保证金1832.887223万元退给润发公司问题。

案涉购销合同中没有明确月度履约保证金是定金性质，仅明确月度履约保证金可以冲抵货款、抵偿损失以及作为赔偿损失额度等。按照《最高人民法院关于适用〈中华人民共和国担保法〉若干问题的解释》第一百一十八条

"当事人交付留置金、担保金、保证金、订约金、押金或者订金等，但没有约定定金性质的，当事人主张定金权利的，人民法院不予支持"的规定，案涉购销合同中月度履约保证金的性质不是定金，各方当事人不能按照定金性质主张权利。鉴于汇通公司另案诉请润发公司赔偿4291.258831万元经济损失时，没有将1832.887223万元月度履约保证金予以抵扣，为了避免重复计算，润发公司有权请求汇通公司将剩余月度履约保证金1832.887223万元予以退还。汇通公司关于此节上诉请求，该院不予支持。

四、关于无锡汇通公司是否承担连带责任问题。

无锡汇通公司是汇通公司的全资子公司，也是受汇通公司委托以自己的名义签订和履行月度《购销合同》的受托人，且汇通公司和润发公司均在《年度钢材购销合同》中承诺对其子公司签订的所有购销合同的履行承担责任，故无锡汇通公司与汇通公司是委托代理关系，汇通公司对无锡汇通公司的代理行为承担民事责任。润发公司要求无锡汇通公司承担连带责任的上诉观点，该院不予支持。

综上，原审判决认定事实清楚，适用法律正确，处理结果适当。经该院审判委员会讨论决定，依据《中华人民共和国民事诉讼法》第一百五十三条第一款第（一）项的规定，判决：驳回上诉，维持原判。二审案件受理费277373元，由润发公司负担138686.5元，由汇通公司负担138686.5元。

汇通公司不服安徽省高级人民法院上述民事判决，向本院申请再审称：根据双方当事人之间的合同约定，润发公司在其根本违约的情况下无权要求汇通公司退还月度履约保证金，而汇通公司有权解除合同，自行处理货物并没收月度履约保证金；润发公司的违约行为已对汇通公司造成了巨额损失，该损失金额已远远超过了月度履约保证金；原审判决以月度履约保证金的性质不是定金以及避免重复计算损失为由，认定汇通公司应退还润发公司月度履约保证金1832.887223万元，没有事实和法律依据，依法应当予以再审。请求撤销（2010）皖民二终字第00111号民事判决，依法改判驳回润发公司在本案中的全部诉讼请求；全部诉讼费由润发公司承担。

被申请人润发公司答辩称：双方之间的合同属委托合同性质，汇通公司所谓其已经为润发公司订货、备货，是润发公司提货违约并造成损失的主张不成立。根据合同约定，月度履约保证金是依据月份合同货款总值20%的现金确定，并可用于冲抵当月货款，汇通公司不予贴息，故双方之间关于月度履约保证金的约定，应属于预付款性质。汇通公司关于月度履约保证金在违约事实出现时，即可转化为违约金的主张没有法律依据。本案中，保证金如何处理的约定只是合同约定的一项权利，合同约定权利成为现实的权利需以当事人的主张为前提；汇通公司已起诉全部损失，未主张违约金的处理，应判决给付损失赔偿，对违约金不处理。本案所涉合同中月度履约保证金的性质不是定金，各方当事人不能按照定金性质主张权利。因此合同中关于没收月度履约保证金的约定无效。请求驳回汇通公司的再审请求。

本院再审查明：2008 年 3 月 19 日，华达公司向汇通公司发出 2008 年 5 月份订货通知书，载明了型号规格、产地、数量等，具体为：DC0 10.6 ∗ 1250 ∗ C 1500 吨、DC0 10.8 ∗ 1250 ∗ C 500 吨、DC0 11.0 ∗ 1250 ∗ C 1000 吨，产地为武钢。同年 3 月 31 日，汇通公司与武钢签订《钢铁产品买卖合同》，购买钢材为：DC0 10.5 ∗ 1250 ∗ C 500 吨、DC0 10.6 ∗ 1250 ∗ C 2000 吨、DC0 11.0 ∗ 1250 ∗ C 500 吨。合同的收货单位为奇瑞公司。同年 4 月 2 日，华达公司向汇通公司发出 2008 年 5 月份订货通知书，载明了型号规格、产地、数量等，具体为：DC0 10.5 ∗ 1250 ∗ C 500 吨、DC0 10.6 ∗ 1250 ∗ C 2000 吨、DC0 11.0 ∗ 1250 ∗ C 500 吨，产地为武钢。

2008 年 4 月 22 日，华达公司向汇通公司发出 2008 年 6 月份订货通知书，载明了型号规格、产地、数量等，具体为：DC0 10.6 ∗ 1250 ∗ C 1500 吨、DC0 10.8 ∗ 1250 ∗ C 500 吨、DC0 11.0 ∗ 1250 ∗ C 1000 吨，产地为武钢。同年 5 月 5 日，汇通公司与武钢签订《钢铁产品买卖合同》，购买钢材中包括：DC0 10.5 ∗ 1250 ∗ C 300 吨、DC0 10.6 ∗ 1250 ∗ C 1800 吨、DC0 10.8 ∗ 1250 ∗ C 500 吨、DC0 11.0 ∗ 1250 ∗ C 1000 吨，除上述型号钢材外，该合同项下另订有其他型号的钢材，收货单位均为奇瑞公司。同年 5 月 6 日，华达公司向汇通公司发出 2008 年 6 月份订货通知书，载明了型号规格、产地、数量等，具体为：DC0 10.5 ∗ 1250 ∗ C 300 吨、DC0 10.6 ∗ 1250 ∗ C 300 吨，产地为武钢。

2008 年 6 月 5 日，华达公司向汇通公司发出 2008 年 7 月份订货通知书，载明了型号规格、产地、数量等，具体为：DC0 10.5 ∗ 1250 ∗ C 800 吨、DC0 10.6 ∗ 1250 ∗ C 1500 吨、DC0 11.0 ∗ 1250 ∗ C 1000 吨、DC0 10.6 ∗ 1538 ∗ C 200 吨，产地为武钢。同年 6 月 5 日，汇通公司与武钢签订《钢铁产品买卖合同》，购买钢材中包括：DC0 10.5 ∗ 1250 ∗ C 800 吨、DC0 10.6 ∗ 1250 ∗ C1410 吨、90 吨，DC0 10.6 ∗ 1538 ∗ C 200 吨、DC0 11.0 ∗ 1250 ∗ C 200 吨、700 吨，上述钢材收货单位为奇瑞公司。除上述型号钢材外，该合同项下另订有其他型号的钢材，收货单位为武汉恒钢物流发展有限公司代（汇通代奇瑞）。

2008 年 7 月 2 日，华达公司向汇通公司发出 2008 年 8 月份订货通知书，载明了型号规格、产地、数量等，具体为：DC0 10.5 ∗ 1250 ∗ C 3000 吨、DC0 10.6 ∗ 1538 ∗ C 500 吨，产地为武钢。同年 7 月 9 日，汇通公司与武钢签订《钢铁产品买卖合同》，购买钢材中包括：DC0 10.5 ∗ 1250 ∗ C 515 吨、

DC0 10.6 * 1538 * C 500 吨，除上述型号钢材外，该合同项下另订有其他型号的钢材，收货单位均为奇瑞公司。同年 7 月 10 日，汇通公司与海尔采购公司签订一份《产品购销合同》，汇通公司向海尔采购公司购买武钢生产的 DC0 10.5 * 1250 * C 1485 吨，交货时间为 8 月份。

另查明：合同履行过程中，润发公司共提取钢材 3378.3 吨，其中涉及 2008 年 5 月份至 7 月份的月度《购销合同》项下的钢材。8 月份的月度《购销合同》项下的货物没有提取。

除上述事实外，本院对安徽省高级人民法院二审查明的事实予以确认。

本院认为，根据汇通公司的再审申请请求，本案再审的争议焦点问题是：汇通公司是否应当退还润发公司支付的月度履约保证金 1832.887223 万元的问题。

本案双方当事人在《年度钢材购销合同》第 11 条第（三）项、第（四）项中约定，润发公司未经汇通公司书面同意和合同规定提货期满 30 天仍未执行合同，即为根本违约，此时汇通公司有权解除合同，自行处理货物并没收月度履约保证金，润发公司不得主张返还月度履约保证金；如月度履约保证金不足以抵偿汇通公司损失时，润发公司应承担赔偿责任。确因汇通公司原因，其未与钢厂签订合同，或未按钢厂实际已交货量向润发公司交货，则属根本违约，汇通公司应赔偿润发公司损失，赔偿额度为当月的履约保证金。该合同系当事人之间的真实意思表示，且不违反法律、行政法规强制性规定，因此，上述约定内容对双方均具有法律约束力。在本院（2013）民提字第 132 号民事判决中，根据查明的事实及相关证据，本院认定在合同履行过程中汇通公司已经如约履行了为润发公司订购钢材的主要合同义务，并不存在违约行为。润发公司没有依照合同约定按期付款、提货，已经构成违约。关于对润发公司违约行为的认定，本案中不再赘述。

关于月度履约保证金的性质问题，双方当事人存有争议。汇通公司认为该保证金的性质为定金，润发公司则认为其属于预付款。本院认为，双方当事人在《年度钢材购销合同》中约定，润发公司向汇通公司支付对应月份合同货款总值 20%的现金，作为该合同的月度履约保证金，该保证金可用于该月份合同最后一笔货款结算时冲抵润发公司的应付货款。本案中，润发公司向汇通公司支付月度履约保证金共计 2076 万元，在润发公司提取了相应数量的钢材后，汇通公司相应地扣减了部分月度履约保证金，剩余未履行部分的月度履约保证金共计 1832.887223 万元。从双方当事人实际履行合同及货款结算过程看，在正常履行合同的情况下，本案的月度履约保证金具有预付款的性质。同时，依照《年度钢材购销合同》第 11 条第（三）项、第（四）

项的约定，月度履约保证金还具有担保合同履行的违约金性质，如合同中任何一方违反供货或提货、付款义务时，均应以双方确定的月度履约保证金的标准向对方承担违约责任。虽然双方当事人在合同中未将"月度履约保证金"表述为"定金"，但在出现相关违约情形时其所体现的惩罚性和损失补偿性与定金规则相类似。由于该约定系双方真实意思的体现，亦不违反法律、行政法规的禁止性规定，且其数额设定得当，故本院对其法律效力予以确认。鉴于汇通公司收取的月度履约保证金 1832.887223 万元已具有弥补其相关损失的作用，汇通公司亦未能提出超过该数额之损失的有效证据，因此，本院在（2013）民提字第 132 号案的民事判决中，根据已查明的事实及合同法相关规定，驳回了汇通公司基于同一购销合同关系而要求润发公司再向其支付 30 万元违约金、已履行部分逾期付款应付利息 21.890419 万元、合同未履行部分滞纳金 209.909409 万元以及赔偿损失 4291.258831 万元等诉讼请求。

综上，润发公司没有按照月度《购销合同》约定履行提货、付款等合同义务，已构成违约，其应以支付的月度履约保证金向汇通公司承担违约责任。原审判决汇通公司退还润发公司月度履约保证金 1832.887223 万元不当，应予纠正。汇通公司再审提出的诉讼请求成立，本院予以支持。本院依照《中华人民共和国民事诉讼法》第一百七十条第一款第（二）项的规定，判决如下：

一、撤销安徽省高级人民法院（2010）皖民二终字第 00111 号、安徽省芜湖市中级人民法院（2009）芜中民二初字第 27 号民事判决；

二、驳回长江润发集团有限公司的诉讼请求。

一审案件受理费 277373 元、保全费 5000 元，合计 282373 元，由长江润发集团有限公司承担。二审案件受理费 277373 元，由长江润发集团有限公司承担。

本判决为终审判决。

审　判　长　王宪森

审　判　员　殷　媛

代理审判员　张雪楳

二〇一三年十二月二十七日

书　记　员　郝晋琪

四、抵押担保

1. 以担保法规定方式之外的形式设定的有担保性质的法律责任的认定及其承担

——昆山宏图实业有限公司与金谷源控股股份有限公司借款合同纠纷案

【裁判要旨】

本案所涉有担保性质的融资交易方式为：融资方向出资方赊购货物，并以代出资方到指定的房地产项目支付购房款的形式作为货款担保；融资方以借款的形式向房地产公司支付购房款，所代购房产只办理商品房预售登记而暂不办理产权证书；若融资方按未约定支付货款，则所购房产过户到出资方名下，反之则不办理房产过户登记。在上述融资交易中，出资方与房地产公司形成买卖法律关系，融资方与房地产公司形成借款法律关系，且合作时往往关系紧密。但一旦融资方出现违约，房地产公司因有交房义务往往处于不利地位。以担保法规定方式之外的形式设定的有担保性质的法律责任，可认定当事人所签订合同的效力并按其约定确定各方的权利和义务，在当事人未作约定的情况下不应适用担保法有关保证人抗辩权、追偿权的规则。

中华人民共和国最高人民法院民事判决书

（2013）民二终字第 9 号

上诉人（原审原告）：昆山宏图实业有限公司。

法定代表人：陈加洪，该公司董事长。

委托代理人：邢延辉，该公司法律顾问。

委托代理人：周菁，上海市华荣律师事务所律师。

被上诉人（原审被告）：金谷源控股股份有限公司。

法定代表人：路联，该公司董事长。

委托代理人：王遵斌，该公司办公室主任。

委托代理人：葛荣贵，江苏锐智律师事务所律师。

上诉人昆山宏图实业有限公司（以下简称宏图公司）因与被上诉人金谷源控股股份有限公司（以下简称金谷源公司，2011年1月14日更名前为玉源控股股份有限公司）借款合同纠纷一案，不服河北省高级人民法院（2012）冀民二初字第4号判决，向本院提起上诉。本院受理后依法组成由审判员贾纬担任审判长，代理审判员周伦军、郑勇参加的合议庭审理了本案，书记员侯佳明担任记录。本案现已审理终结。

河北省高级人民法院经审理查明：江苏苏豪国际集团股份有限公司（甲方，以下简称苏豪公司）与玉源控股股份有限公司（乙方，以下简称玉源公司）于2006年12月20日签订一份《协议书》，约定：甲乙双方为业务合作伙伴，为明确各项业务的权利义务，经双方友好协商，一致达成本协议：一、甲方从宏图公司处购买位于江苏花桥国际商务城内商业用房7034.10平方米，房款共计49238700元人民币。乙方同意代甲方向宏图公司支付上述房款，并不收取利息等任何费用；二、乙方委托甲方代理进口化工原料（双方另行逐笔签订代理进口协议），甲方给乙方放贷的金额不超过600万美元（不含乙方支付给甲方的开证保证金）。但如乙方在任何一笔代理进口业务中发生逾期付款，则甲方有权处置其他代理进口协议项下的货物，并有权终止代理进口业务。1. 如乙方在每份代理进口协议约定的期限内向甲方支付货款的，则：甲方将所购7034.10平方米房产的全部权利按乙方的要求转让给乙方或按乙方指定的方式办理，甲方也无须向乙方返还49238700元的代垫房款。如因房产权利转移而产生的任何费用、税款均由乙方承担；即使依据相关规定应当由甲方支付的税费，也由乙方承担。至此，双方在代理进口协议和代付房款事宜上的权利义务清结。2. 如乙方未能按任何一份代理进口协议约定的期限内向甲方足额付清全部货款的，则甲方有权以乙方代付的49238700元房款冲抵货款及利息、代理费、进口关税、手续费等。如49238700元不足冲抵上述款项的，则甲方仍有权向乙方追索；三、本协议一式二份，双方各执一份，自双方盖章后生效；如本协议的签订、履行、解除过程中有争议不能协商解决的，应当向甲方所在地法院提起诉讼。

2007年2月6日，苏豪公司（甲方）与玉源公司（乙方）签订《协议书》一份，约定：甲乙双方为业务合作伙伴，为明确各项业务的权利义务，经双方友好协商，一致达成本协议：一、甲方从宏图公司处购买位于江苏花桥国际商务城内商业用房3525.41平方米，房款共计24677870元人民币。乙方同意代甲方向宏图公司支付上述房款，并不收取利息等任何费用；二、乙方委托甲方代理进口化工原料（双方另行逐笔签订代理进口协议），甲方给乙方放贷的金额不超过300万美元（不含乙方支付给甲方的开证保证金）。但如乙方在任何一笔代理进口业务中发生逾期付款，则甲方有权处置其他代理进口协议项下的货物，并有权终止代理进口业务。1．如乙方在每份代理进口协议约定的期限内向甲方支付货款的，则：甲方将所购3525.41平方米房产的全部权利按乙方的要求转让给乙方或按乙方指定的方式办理，甲方也无须向乙方返还24677870元的代垫房款。如因房产权利转移而产生的任何费用、税款均由乙方承担；即使依据相关规定应当由甲方支付的税费，也由乙方承担。至此，双方在代理进口协议和代付房款事宜上的权利义务清结。2．如乙方未能按任何一份代理进口协议约定的期限内向甲方足额付清全部货款的，则甲方有权以乙方代付的24677870元房款冲抵货款及利息、代理费、进口关税、手续费等。如24677870元不足冲抵上述款项的，则甲方仍有权向乙方追索；三、本协议一式二份，双方各执一份，自双方盖章后生效；如本协议的签订、履行、解除过程中有争议不能协商解决的，应当向甲方所在地法院提起诉讼。

2006年12月20日，宏图公司与苏豪公司签订《昆山市商品房买卖合同》（合同编号：昆宏预售2006033199）一份，合同约定：苏豪公司购买的商品房为宏图公司开发的昆山赛格广场第一期、第一层第2－6、13、27、36－53号房；第一期、第二层第56－58、62、63、67、68、74－76、83－85号房；第一期、第三层第92－94、98－101、103－106、111－113、119－121号房商业房；按套内建筑面积计算，该商品房单价为7000元，总金额49238700元；宏图公司应当在2007年5月1日前，依照国家和地方人民政府的有关规定，将具有下列第一种条件（该商品房经验收合格），并符合本合同约定的商品房交付买受人使用。逾期交房超过60日后，苏豪公司有权解除合同，宏图公司应当自买受人解除合同通知到达之日起10日内退还全部已付款，并按苏豪公司累计已付款的5%向苏豪公司支付违约金，该合同还对其他相关内容作出了约定。

2007年2月6日，宏图公司与苏豪公司签订《昆山市商品房买卖合同》（合同编号：昆宏预售2007004271）一份，合同约定：苏豪公司购买的商品房为宏图公司开发的昆山赛格广场第一期、第一层第1、10、11号房；第一期、第三层第97、110、117、118、126－128号房商业用房；按套内建筑面积计算，该商品房单价为7000元，总金额24677870元；宏图公司应当在2007年7月1日前，依照国家和地方人民政府的有关规定，将具有下列第一种条件（该商品房经验收合格），并符合本合同约定的商品房交付买受人使用。逾期交房超过60日后，苏豪公司有权解除合同，宏图公司应当自买受人解除合同通知到达之日起10日内退还全部已付款，并按苏豪公司累计已付款的5%向苏豪公司支付违约金；该合同还对其他相关内容作出了约定。

苏豪公司与宏图公司签订两份《昆山市商品房买卖合同》后，宏图公司未按合同约定的交房期限交付房屋。

2006年12月20日、2007年2月6日，玉源公司向苏豪公司出具确认书两份，确认苏豪公司委托其向宏图公司代为支付的两份《昆山市商品房买卖合同》项下的房款49238700元、24677870元，已支付。

2006年12月20日、2007年2月6日，宏图公司向苏豪公司出具确认书两份，确认苏豪公司委托玉源公司代苏豪公司向其支付的两份《昆山市商品房买卖合同》项下的房款49238700元、24677870元，其已收到。

宏图公司在江苏省高级人民法院（2011）苏民再终字第0001号案件审理的一审庭审中称：就本案两份《昆山市商品房买卖合同》，玉源公司没有向其支付过房款，之所以向苏豪公司出具确认书，是被玉源公司欺骗了。另外，与苏豪公司签订两份《昆山市商品房买卖合同》，是基于两个考虑：一是玉源公司法定代表人与宏图公司法定代表人是同学关系；二是考虑到既然可以将房屋卖出去，将来有人买单，所以与苏豪公司签订了两份《昆山市商品房买卖合同》，当时其仅认为自己是一个房屋出售人的身份，没有考虑到其他问题。虽在与苏豪公司签订该两份协议时听说过苏豪公司与玉源公司签订有两份《协议书》的事，但事后才看到了苏豪公司与玉源公司签订的两份《协议书》，本诉发生后，其认为自己实际是担保人身份，要行使玉源公司对苏豪公司的抗辩权。该两份《昆山市商品房买卖合同》实质属非法融资，宏图公司所提供的担保违背了物权法定原则和流质禁止原则，故苏豪公司与宏图公司签订的两份《昆山市商品房买卖合同》无效。

玉源公司在江苏省高级人民法院（2011）苏民再终字第0001号案件审理中称：苏豪公司已按照两份《协议书》的约定履行了义务。玉源公司没有向苏豪公司支付过由苏豪公司代垫的货款。宏图公司在与苏豪公司签订两份《昆山市商品房买卖合同》时，宏图公司是知晓实际用意的。玉源公司实际向宏图公司支付了一部分房款，另外一部分没有支付，当时玉源公司向宏图公司打了借条，借条在宏图公司处，这种方式也可以表明玉源公司实际向宏图公司支付了房款。另外，宏图公司与玉源公司之间也有其他往来，需要打统账结算。对于苏豪公司与玉源公司之间所签订的两份《昆山市商品房买卖合同》的效力问题，由人民法院确定。

在江苏省高级人民法院（2011）苏民再终字第0001号案件的二审庭审中，宏图公司的委托代理人向法庭出示了两张借条，一张是玉源公司于2006年12月18日出具的金额为4923.87万元的借条，另一张是2007年4月18日出具的金额为 2467.787 万元借条。

2009 年 6 月 15 日，苏豪公司以玉源公司和路联为被告，以玉源公司拖欠苏豪公司 2007 年 4 月至 7 月期间签订的七份《代理进口协议》项下的货款及违约金等共计 7500 多万元为由向江苏省南京市中级人民法院提起诉讼。后苏豪公司申请撤诉，该院于 2010 年 12 月 17 日作出（2009）宁民二初字第 56 号民事裁定，准予苏豪公司撤诉。

2011 年 1 月 14 日，河北省邯郸市工商行政管理局核准玉源控股股份有限公司名称变更为金谷源控股股份有限公司。上述事实由已生效的江苏省高级人民法院（2011）苏民再终字第 0001 号民事判决书予以确认。

江苏省高级人民法院（2011）苏民再终字第 0001 号民事判决书认定：根据苏豪公司与玉源公司协议书的约定，苏豪公司与宏图公司签订两份《昆山市商品房买卖合同》的最终目的是苏豪公司为保证其债权的实现，要求玉源公司以其代苏豪公司向宏图公司支付购房款的形式作为担保，该约定不违反现行法律、行政法规的强制性规定。宏图公司在一审法院庭审中表示，其在与苏豪公司签订两份《昆山市商品房买卖合同》时确实有出售房屋的意思表示。因此，涉案的两份《昆山市商品房买卖合同》应认定有效。在二审庭审中，宏图公司当庭提供了两张玉源公司出具的借条，一张是玉源公司于 2006 年 12 月 18 日出具的金额为 4923.87 万元的借条，另外一张是 2007 年 4 月 18 日出具的金额为 2467.787 万元的借条。该两张借条的金额与涉案的两份《昆山市商品房买卖合同》项下的金额一致。结合玉源公司向法院的陈述，即当时玉源公司向宏图公司打了借条，借条在宏图公司处，据此，应当认定玉源公司是通过向宏图公司借款的形式替苏豪公司支付了购房款。基于此，宏图公司向苏豪公司出具确认书，确认其收到玉源公司代为支付的购房款，应当认定苏豪公司履行了支付房款的义务。宏图公司未能按约交付房屋，苏豪公司要求解除合同，并退还已付房款，既符合双方签订的《昆山市商品房买卖合同》的规定，也符合《中华人民共和国合同法》有关规定。至于宏图公司与玉源公司之间的债权债务问题，双方可另行解决，宏图公司可另行向玉源公司主张。

江苏省高级人民法院（2011）苏民再终字第 0001 号民事判决书判决：维持江苏省高级人民法院（2009）苏民终字第 0264 号民事判决。即：一、苏豪公司与宏图公司签订的两份《昆山市商品房买卖合同》（合同编号：昆宏预售 2006033199、2007004271）于 2008 年 12 月 26 日解除。二、宏图公司返还苏豪公司购房款 73916570 元。三、宏图公司支付苏豪公司违约金 3695828.5 元。

在上列所述事实发生过程中，基于按照协议玉源公司应代苏豪公司向宏图公司支付购房款的约定，2006 年 12 月 18 日，玉源公司向宏图公司出具借条，内容为：因玉源公司国际业务需要，特向宏图公司借款人民币 4923.87 万元整，其中 2200 万元在借款之日起十个工作日归还，余款 2723.87 万元在借款之日起一百天内结清。此借款造成的宏图公司的一切损失由我公司承担。2007 年 4 月 18 日，玉源公司向宏图公司出具借条，内容为：因玉源公司国际业务需要，特向宏图公司借款人民币贰仟肆佰陆拾柒万柒仟捌佰柒拾元整（￥24677870），于借款之日起三十天内归还。2007 年 4 月 26 日玉源公司向宏图公司出具承诺函，内容为：玉源公司承诺：截至 2007 年 4 月 26 日，对两项借入资金（2006 年 12 月 20 日向宏图公司借入的人民币肆仟玖佰贰拾叁万捌仟柒佰元整和 2007 年 2 月 5 日向宏图公司借入的贰仟肆佰陆拾柒万柒仟捌佰柒拾元整），不受其他事、物的影响，玉源公司继续履行偿还债务的责任。

金谷源公司称此两张借条中的借款，金谷源公司已偿还一部分，但未向河北省高级人民法院提交其已部分偿还的证据。

关于本案中宏图公司所主张的金谷源公司于 2007 年 1 月 15 日的借款 25796340 元问题，已生效的浙江省杭州市中级人民法院（2007）杭民二初字第 231 号民事判决书确认以下事实：原告为浙江中江控股有限公司（简称中江公司），被告为玉源公司、北京景源大地置业有限公司（以下简称景源公司）、宏图公司。2006 年 12 月 26 日，玉源公司、中江公司、宏图公司签订一份《合作协议书》，约定的主要内容为：一、合作思路：1. 玉源公司与中江公司签订委托代理进口协议，委托中江公司代理进口化工原料、代理开具信用证，玉源公司支付保证金和货款，中江公司获得代理费等收益；2. 中江公司与宏图公司签订商品房买卖协议，中江公司向宏图公司购买商业用房；3. 宏图公司应当将中江公司向其支付的房款票据以往来款等名义当即背书给玉源公司，由玉源公司或其委托的公司再当即背书给中江公司作为第（1）项下的保证金和货款；4. 上述所有交易和环节中产生的全部税款由玉源公司承担。二、具体条款：1. 关于商品房买卖和付款。（1）中江公司购买的商品房位于昆山市花桥镇花安路 688 号，建设工程规划许可证编号 2005－4446，土地使用权面积 15470.1 平方米，地号 1110101289，……并依法办妥预售许可证。（2）宏图公司出售给中江公司的商业用房总价格为 25796340 元人民币……（3）房款支付。房款可根据玉源公司与中江公司的代理进口协议履行情况确定具体支付时间。当需要玉源公司支付开证保证金和货款时，由中江公司支付房款（银行汇票）给宏图公司，再由宏图公司以往来款等名义将票据背书给玉源公司，最后由玉源公司以保证金和货款名义背书给中江公司。玉源公司和宏图公司的账务由双方另行签订协议处理，与中江公司无关。2. 关于代理开证的总原则……

2007 年 5 月 17 日，中江公司、宏图公司、玉源公司三方签订了一份《担保合同》，合同主要内容为：一、主合同。中江公司与玉源公司签订委托代理进口协议，由玉源公司委托中江公司或中江公司指定公司代理进口化工原料，中江公司或中江公司指定的公司开具信用证，玉源公司支付保证金和货款，完成交易后中江公司或中江公司指定的公司获得代理费等收益，双方实现交易目的。中江公司与玉源公司之间的上述合约称主合同，且中江公司与玉源公司在合作期间所签订的产生权利义务关系的所有协议均属此列。……四、宏图公司的担保。为促成和保障上述合作，宏图公司同意为玉源公司依法如约向中江公司履行主合同义务承担连带保证担保责任。保证期间自玉源公司未履行主合同义务之日起 2 年。宏图公司的担保范围为玉源公司所应承担的全部主合同义务和中江公司为主张权利而发生的律师费（按不低于争议金额 1% 计算）、调查费等全部费用……

浙江省杭州市中级人民法院（2007）杭民二初字第 231 号民事判决书认定：一、本案当事人因设定代理进口货物的法律关系，为保护各自的权利，当事人之间签订了上述多份合同，该组合同均系当事人真实意思表示，内容不违反国家法律、行政法规的强制性规定，均应确认有效。中江公司、玉源公司、景源公司、宏图公司均应按照合同约定履行义务，享有权利。中江公司已经按约履行了其代理进口货物的合同义务，玉源公司未按约及时履行支付货款及各项费用之合同义务，构成违约，应依约承揽支付剩余款项及违约金的民事责任。……二、关于宏图公司在本案中应承担的责任。宏图公司与中江公司、玉源公司签订的担保合同约定：宏图公司同意为玉源公司依法如约向中江公司履行主合同义务承担连带保证担保责任；保证期间自玉源公司未履行主合同义务之日起 2 年；担保范围为玉源公司所应承担的全部主合同义务和中江公司为主张权利而发生的律师费等；玉源公司基于主合同所产生的支付货款、利息、费用、违约金和中江公司损失等义务称为主合同义务。从上述约定可以认定，宏图公司自愿为玉源公司应当向中江公司履行的全部合同义务承担连带担保责任。……判决：一、玉源公司支付中江公司垫付的货款及费用合计 32228216.13 元。二、玉源公司支付中江公司违约金 1192 万元。三、玉源公司承担中江公司因本案诉讼而支付的律师费 645000 元。……六、宏图公司对上述玉源公司的债务承担连带责任。

在上述判决所认定的事实发生过程中，基于宏图公司将三张汇票（编号为 AA/0175225660、AA/0170432235、AA/0170432237）背书给了金谷源公司，2007 年 1 月 15 日，玉源公司向宏图公司出具的借条，内容为：因玉源公司国际业务需要，特向宏图公司借款人民币贰仟伍佰柒拾玖万陆仟叁佰肆拾元整（￥25796340），于借款之日起三十天内归还。

浙江省杭州市中级人民法院（2007）杭民二初字第231号民事判决书生效后在法院执行程序中，2009年9月16日中江公司（甲方）与景源公司（乙方）达成执行和解协议，主要内容为：甲乙双方经协商，兹就（2009）浙杭民执字第205号案的执行，达成本协议并即履行。一、乙方应当承担的执行款项合计人民币48773257.56元，其中判决书本金44793216.13元，迟延履行期间利息3574468.43元，受理费用256124元，评估费30000元，交法院的执行费112449元，迟延履行期间遗漏计算利息7000元。乙方同意承担上述费用，甲方认可。二、根据甲方申请，杭州中级法院于2009年3月31日执行896672.98元（含执行费112449元），2009年8月15日执行5000万元。现双方同意共同申请法院将执行到位的款项作如下安排：1. 支付给甲方48660808.56元（已支付甲方部分可扣除）；2. 退还给乙方2123415.42元；3. 执行费112449元由法院收取。三、双方确认按本协议履行，无其他遗留争议。本案可执行终结。四、本协议一式二份，自签订之日起生效，签订于2009年9月16日。

2012年1月13日，宏图公司向河北省高级人民法院提起诉讼称，金谷源公司分三次向宏图公司借款共计99712910元未归还，请求判令金谷源公司立即归还借款并赔偿自借款发生之日起的利息损失。

河北省高级人民法院认为，本案争议的焦点问题为：1. 宏图公司所主张的2006年12月18日及2007年4月18日的借款是否实际发生，应否由金谷源公司偿还，此借款关系的效力如何，宏图公司的主张是否已超过诉讼时效；2. 宏图公司所主张的2007年1月15日的借款是否实际存在，应否由金谷源公司偿还。

关于宏图公司所诉2006年12月18日、2007年4月18日的两张借条发生的事实经过，已有江苏省高级人民法院（2011）苏民再终字第0001号的生效判决作出认定并判令解除了苏豪公司与宏图公司签订的两份《昆山市商品房买卖合同》，并判令宏图公司返还苏豪公司购房款73916570元并支付违约金。在此生效判决中，认定了涉案的两份《昆山市商品房买卖合同》合法有效，两张借条的金额与涉案的两份《昆山市商品房买卖合同》项下的金额一致，并认定了玉源公司是通过向宏图公司借款的形式替苏豪公司支付了购房款，即，玉源公司应代苏豪公司向宏图公司支付购房款73916570元。玉源公司于2006年12月18日、2007年4月18日向宏图公司出具的两张借条，此两张借条的金额也共计73916570元，在两份《昆山市商品房买卖合同》被依法判令予以解除后，宏图公司已被判令返还苏豪公司购房款。而本案中被告金谷源公司向宏图公司出具上述两张借条后，并未偿还该两笔借款，其辩称已偿还了2000多万元，但并未向河北省高级人民法院提交相关证据加以证实，故宏图公司向金谷源公司主张偿还该两笔借款共计73916570元应予以支持。关于宏图公司所主张的因其与金谷源公司之间系企业间借贷而应由金谷源公司支付利息损失的理由，由于本案中宏图公司的起诉是基于江苏省高级人民法院（2011）苏民再终字第0001号的生效判决，而该判决判令宏图公司支付苏豪公司违约金3695828.5元，考虑该生效判决关于《昆山市商品房买卖合同》有效并由宏图公司返还的款项为购房款的事实认定，并平衡当事人之间的实际利益，本案中金谷源公司向宏图公司承担的损失也应以此金额为限。关于宏图公司辩称此两笔借款已超过诉讼时效的抗辩意见，由于有关此两笔借款的纠纷一直在另案审理过程当中，在另案判决后，宏图公司提起本诉并未超过诉讼时效，被告的此抗辩理由不成立。

关于宏图公司所诉于2007年1月15日金谷源公司出具的借条发生的事实经过，已有浙江省杭州市中级人民法院（2007）杭民二初字第231号生效民事判决作出认定并判令宏图公司对玉源公司的债务承担连带责任。该判决书生效后经法院执行调解，关于该案所涉权利义务已在法院主持下达成执行和解协议，该案已执行终结，所涉债权债务关系消灭，宏图公司也不再对金谷源公司承担担保责任。依目前认定的事实证据，尚未发生宏图公司承担担保责任的情况，故在本案中不作处理，如以后各方由此发生纠纷，可再另行解决。

综上，金谷源公司应归还宏图公司借款共计73916570元，并支付损失3695828.5元；宏图公司所诉2007年1月15日的借款，河北省高级人民法院不予支持。依照《中华人民共和国合同法》第五十六条、第五十八条之规定，河北省高级人民法院判决如下：一、金谷源公司于本判决生效后十日内归还宏图公司借款73916570元及损失3695828.5元；二、驳回宏图公司其他诉讼请求。如果未按本判决指定的期间履行金钱给付义务，应当依照《中华人民共和国民事诉讼法》第二百五十三条的规定，加倍支付迟延履行期间的债务利息。案件受理费716258元，由金谷源公司负担530957元，由宏图公司负担185301元。

宏图公司不服河北省高级人民法院上述判决，向本院提起上诉称：一、宏图公司所诉2007年1月15日的借款，是基于与金谷源公司因汇票背书转让而成立的借款事实及成就的借贷法律关系，而（2007）杭民二初字第231号案判决书及为该案金谷源公司与中江公司达成的《执行和解协议》认定和处分的是金谷源公司与中江公司因贸易而成立的欠款法律事实和因《担保合同》而成就的以中江公司为受益人、金谷源公司为被担保人、宏图公司为担保人的担保法律关系。一审将上述两个不同的法律事实和法律关系混淆并认为宏图公司的担保责任消灭则金谷源公司与中江公司和宏图公司三者之间产生的所有法律关系和权利义务也已消灭是错误的；二、借贷双方同为经营机构，宏图公司根据中国人民银行规定的商业银行同期商业贷款利率主张金谷源公司赔偿所欠款项利息损失，于法有据。一审仅以（2009）苏民终字第0264号判决中涉及的宏图公司须承担的购房合同违约金作为所有损失，属适用法律错误。故请求判令撤销原审判决第二项；改判原审判决第二项为返还上诉人借款25796340元并赔偿自借款发生之日起的利息损失（按同期人民银行同期贷款利息计算），暂计至2011年12月31日止为31482885元；判令金谷源公司承担本案全部诉讼费用。

金谷源公司答辩称：一、2007年1月15日金谷源公司出具的所谓"借条"借款事实不存在。此借条是根据2006年12月26日中江公司、宏图公司、金谷源公司签订的《合作协议书》，在中江公司出具汇票后，汇票流转的过程是：由中江公司出票，背书给宏图公司，宏图公司再背书给金谷源公司，最后由金谷源公司背书给中江公司。在中江公司出具汇票后，为保证中江公司债权的实现，依金谷源公司代中江公司向宏图公司支付购房款形式而作出的一种担保，金谷源公司并未实际向宏图公司借款。后因履行上述《合作协议书》发生纠纷，中江公司向浙江省杭州市中级人民法院提起诉讼，该院作出的（2007）杭民二初字第231号民事判决对上述事实已作了确认，并判令宏图公司对金谷源公司的债务承担连带责任。金谷源公司已将上述款项全部本息及损失支付给了中江公司，宏图公司未承担任何款项，该案已终结。鉴于上述借条中的款项是依据三方签订的《合作协议书》的约定流程所作的处理，即中江公司向宏图公司购房，由金谷源公司代付购房款，事实上中江公司与宏图公司的购房合同并未实际履行，故借条上的往来根本就未实际发生。（2007）杭民二初字第231号民事判决对借条发生的事实经过作出了明确认定。故宏图公司要求金谷源公司返还2007年1月15日借条上的借款及损失的上诉请求既无事实根据，亦无法律依据。二、一审法院以借款合同纠纷判令金谷源公司偿还所谓"借款"，属于认定事实错误。理由如下：1. 2006年12月18日，2007年4月18日金谷源公司出具的两份借条的性质与中江公司所涉"借款"一样，并非借款纠纷，而是担保纠纷，宏图公司以借款方式主张，其诉讼请求是不能成立的。且上述两份借条没有发生任何支付事实，应当认定不存在借贷关系。2. 金谷源公司与宏图公司之间的往来很多，宏图公司认可的就有 3000 多万元，说明双方之间的账目并未进行最终结算，其所主张的借款事实是不能成立的。尽管宏图公司一审宣判后没有提起上诉，二审也应当就全案进行审查，并对一审判决予以纠正，故请求驳回宏图公司要求偿还所谓"借款"的诉讼请求。

本院二审除对一审查明的事实予以确认外，另查明：2006 年 12 月 26 日，玉源公司、中江公司、宏图公司签订的《合作协议书》还载明：中江公司、宏图公司约定，在本协议签订后的 15 个月内，除应当及时办理商品房买卖合同登记备案（双方的商品房买卖合同应当在本协议签订后 2 天内签订，并由宏图公司在 5 天内办妥商品房买卖合同备案手续）外，宏图公司暂不办理商品房过户（办三证）和实际交付手续。在此 15 个月期间（即 2008 年 3 月 31 日之前），玉源公司可向中江公司受让上述商品房，受让价是中江公司已经向宏图公司实际支付的全部房款和税费，中江公司对此应当配合。若玉源公司 2008 年 3 月 31 日前未向中江公司实际付讫全部受让价款及税费，则宏图公司应当在 10 天内将上述商品房过户和交付给中江公司并承担过户的全部税费。协议签订后，中江公司按协议约定将三张总额为 25796340 元的银行汇票支付给了宏图公司，并与宏图公司签订了商品房买卖合同。该商品房买卖合同已在房管部门办理了备案登记手续。

本院认为，本案二审争议的焦点问题是：1. 金谷源公司是否应当返还宏图公司 2007 年 1 月 15 日借条款项 25796340 元并赔偿利息损失；2. 金谷源公司是否应当向宏图公司赔偿另外两笔总金额为 73916570 元借款的利息损失。

一、关于金谷源公司是否应当返还宏图公司 2007 年 1 月 15 日借条款项 25796340 元并赔偿利息损失问题。

2007 年 1 月 15 日金谷源公司向宏图公司出具的借条，是基于宏图公司、玉源公司、中江公司按照三方签订的《合作协议书》在合作过程中因汇票背书而产生的。《合作协议书》的真实性，已经浙江省杭州市中级人民法院（2007）杭民二初字第 231 号生效民事判决作出认定。在依协议履行过程中，中江公司将票面总金额为 25796340 元的银行汇票作为购房款支付给了宏图公司，并与宏图公司签订了购房合同，宏图公司与中江公司之间的商品房买卖关系成立；宏图公司将中江公司支付购房款 25796340 元的汇票背书给玉源公司后，玉源公司于 2007 年 1 月 15 日向宏图公司出具了借款金额与上述汇票金额相同的借条，双方借款关系成立。浙江省杭州市中级人民法院（2007）杭民二初字第 231 号生效民事判决虽判定了中江公司与玉源公司之间的债权债务关系并明确宏图公司须对玉源公司在此案中的债务承担连带责任，但并未涉及玉源公司、宏图公司、中江公司三方因履行《合作协议书》而产生的彼此间债权债务如何处理问题；后该案执行终结虽消灭了中江公司与宏图公司之间的债权债务关系及宏图公司的连带担保责任，但并未消灭因在履行《合作协议书》过程中宏图公司与玉源公司之间成立的借款关系和宏图公司与中江公司之间成立的商品房买卖关系。且无论玉源公司是否按合同约定将上述汇票背书回去给中江公司，在中江公司并未表示放弃其权利主张的现状下，都不能导致三方之间债权债务关系相互抵消。另，金谷源公司抗辩主张其按照（2007）杭民二初字第 231 号生效民事判决执行的相关款项中已包括 2007 年 1 月 15 日借条所涉的 25796340 元，但始终没有提供有关证据证明。

据此，本院认为，宏图公司将具有现金支付功能的银行汇票背书给金谷源公司而成立的借款关系具有相对的独立性，金谷源公司不能将其与中江公司因履行《合作协议书》而产生的债权债务关系作为对宏图公司该上诉请求的抗辩理由。因中江公司未参加本案诉讼，金谷源公司与中江公司之间因履行《合作协议书》而产生的债权债务问题，可另行解决。故对金谷源公司提出的宏图公司要求其返还 2007 年 1 月 15 日借条上的借款及损失的上诉请求既无事实根据，亦无法律依据的抗辩意见，本院不予支持。原审判决以"因尚未发生宏图公司承担担保责任的情况，故在本案中不作处理"为由而直接驳回宏图公司该诉讼请求，缺乏法律依据，本院予以纠正。

因宏图公司与金谷源公司均系无贷款经营资质的企业法人，双方之间进行企业间借贷，违反了国家有关金融法规的规定，双方之间的借款合同应确认为无效。按照合同法第五十八条的规定，合同无效后，因该合同取得的财产，应当予以返还。由此而产生的财产返还之债，属合法债权债务关系，返还之债的合法孳息应当予以保护。本案双方当事人进行企业间违法借贷虽均存在缔约过失，但金谷源公司占用宏图公司的资金所产生的利息应予返还。鉴于合同被确认无效后当事人所获返还利益不应高于有效合同履行后当事人所获的履行利益，金谷源公司应以中国人民银行规定的同期贷款利率为标准向宏图公司返还其占有使用借贷资金所产生的利息。故对宏图公司关于判令金谷源公司返还其 2007 年 1 月 15 日借款本金 25796340 元及按中国人民银行规定的同期贷款利率赔偿其自借款发生之日起发生的利息损失的上诉请求，本院予以支持。

二、关于金谷源公司是否应当向宏图公司赔偿另外两笔总金额为 73916570 元款项的利息损失问题。

金谷源公司抗辩主张 2006 年 12 月 18 日、2007 年 4 月 18 日的两张借条不存在实际的借款关系、一审判令其偿还宏图公司 73916570 元属于认定事实错误，但金谷源公司在一审上诉期限内并未提出上诉。从形式上看，玉源公司以通过向宏图公司借款的形式替苏豪公司付清购房款，是为了给苏豪公司提供一个债权实现的担保。但从三方法律关系分析，苏豪公司与宏图公司签订购房合同，苏豪公司即成为买受人，负有对出让人宏图公司的购房款付款义务；苏豪公司与玉源公司签订的两份协议书均约定，玉源公司同意代苏豪公司向宏图公司支付购房款。(2011) 苏民再终字第 0001 号民事判决已判令宏图公司返还苏豪公司购房款 73916570 元，故金谷源公司更应及时履行其代付房款义务。玉源公司向宏图公司出具的两张借款总额为 73916570 元借条，形式上是借款合同，借条上约定的还款日期，实质上是玉源公司替苏豪公司向宏图公司代为支付购房款的付款期限。金谷源公司在约定期限内未付款，构成违约。金谷源公司不仅应当向宏图公司支付 73916570 元购房款，也应当承担相应违约责任。故对金谷源公司关于一审法院判令金谷源公司偿还宏图公司 73916570 元属于认定事实错误应予纠正的请求，本院不予支持。

关于上诉人宏图公司要求金谷源公司按照中国人民银行规定的同期贷款利率为标准赔偿其自借款之日起发生利息损失的上诉请求，本院认为，金谷源公司 2006 年 12 月 18 日和 2007 年 4 月 18 日向宏图公司出具的两张借条均约定了还款期限，金谷源公司应当从相应还款期限届满之日起按照中国人民银行规定的同期贷款利率为标准向宏图公司承担违约责任，故对宏图公司主张的自借款之日起赔偿其利息损失的上诉请求不予支持。原审判决以江苏省高级人民法院 (2011) 苏民再终字第 0001 号的生效判决判令宏图公司支付苏豪公司违约金 3695828.5 元为限、判决金谷源公司向宏图公司支付损失 3695828.5 元的处理不当，本院予以纠正。

综上，原审判决认定事实基本清楚，但适用法律不当。本院依照《中华人民共和国民事诉讼法》第一百七十条第一款第（二）项之规定，判决如下：

一、撤销河北省高级人民法院 (2012) 冀民二初字第 4 号民事判决。

二、金谷源控股股份有限公司于本判决生效之日起十日内偿还昆山宏图实业有限公司 73916570 元及利息（按照中国人民银行规定的同期贷款利率自还款期限届满之日起计算，其中，22000000 元从 2006 年 12 月 30 日起至本判决指定的履行期限届满之日止；27238700 元从 2007 年 3 月 28 日起至本判决指定的履行期限届满之日止；24677870 元从 2007 年 5 月 18 日起至本判决指定的履行期限届满之日止）。

三、金谷源控股股份有限公司于本判决生效之日起十日内归还昆山宏图实业有限公司本金 25796340 元及利息（按照中国人民银行规定的同期贷款利率自借款之日起计算，即从 2007 年 1 月 15 日起至本判决指定的履行期限届满之日止）。

如不按本判决指定的期间履行给付义务，应当根据《中华人民共和国民事诉讼法》第二百五十三条之规定，加倍支付迟延履行期间的债务利息。

一审诉讼费716258元，二审诉讼费328196.12元，共计1044454.12元，由金谷源控股股份有限公司负担940008.7元，昆山宏图实业有限公司负担104445.42元。

本判决为终审判决。

审　判　长　贾　纬

代理审判员　周伦军

代理审判员　郑　勇

二〇一三年四月二十八日

书　记　员　侯佳明

2. 反担保人的保证期间应当从担保人实际履行担保责任之日起计算

——什邡市龙盛投资有限责任公司、广汉市三星堆汽车客运服务有限责任公司与四川欣融融资性担保有限公司债务追偿纠纷一案

【裁判要旨】

主合同的保证期间与反担保人的保证期间不同。反担保是为了保障保证人承担担保责任后实现债务人追偿权而设定的担保。反担保责任的履行应以保证人已履行担保责任为前提,故反担保人的保证期间应当从担保人实际履行了担保责任之日起计算。根据《中华人民共和国担保法》第四条的规定,第三人为债务人向债权人提供担保的,可以要求债务人提供反担保。反担保适用本法和其他法律的规定。故本案中关于反担保保证期间的计算方法应适用《中华人民共和国担保法》等法律关于保证期间的相关规定。

中华人民共和国最高人民法院民事裁定书

(2013)民申字第1578号

申请再审人(一审被告、二审上诉人):什邡市龙盛投资有限责任公司。住所地:四川省什邡市方亭镇东风路219号。

法定代表人:黄德武,该公司董事长。

申请再审人(一审被告、二审上诉人):广汉市三星堆汽车客运服务有限责任公司。住所地:四川省广汉市中山大道南三段。

法定代表人:黄德武,该公司董事长。

被申请人(一审原告、二审被上诉人):四川欣融融资性担保有限公司。住所地:四川省成都市成华区建设北路一段76号通美大厦15楼。

法定代表人:陈家武,该公司董事长。

申请再审人什邡市龙盛投资有限责任公司(以下简称龙盛公司)、广汉市

三星堆汽车客运服务有限责任公司（以下简称三星堆公司）因与四川欣融融资性担保有限公司（以下简称欣融公司）债务追偿纠纷一案，不服四川省高级人民法院（2012）川民终字第552号民事判决，向本院申请再审。本院依法组成合议庭对本案进行了审查，现已审查终结。

龙盛公司、三星堆公司向本院申请再审称：原审判决错误地认定借款约定展期与政策原因展期是一致的，违背了合同当事人的意思自治原则，加重了三星堆公司的反担保责任。即使按照原审判决所认定的主债务履行期满日为2009年12月31日，反担保期限届满日为2011年12月31日，担保人欣融公司2012年3月13日才首次向反担保人三星堆公司主张反担保责任已过反担保期限。2011年12月31日后，三星堆公司在本案中应承担的反担保责任已法定免责，欣融公司无权向三星堆公司主张反担保责任。同时，欣融公司已法定免责，龙盛公司已没有要求其继续提供担保。欣融公司在保证责任期内，只承诺承担债权人实现债权的相关费用，明确不承担主债务的连带清偿责任，其在2011年11月17日的支付行为不是履行担保责任，而是公司与公司之间的正常经济活动。欣融公司向龙盛公司主张担保追偿权，向三星堆公司追偿反担保权利，不应当得到人民法院支持。特此申请人民法院再审判令：1. 撤销（2012）川民终字第552号民事判决，依法再审。2. 改判龙盛公司不向欣融公司支付代偿款2579088元。3. 改判三星堆公司不对龙盛公司的债务向欣融公司承担连带清偿责任。4. 全部诉讼费用由欣融公司承担。

本院认为，本案再审申请审查的焦点问题是：一、欣融公司向什邡信用社的付款行为是否是履行本案担保义务的行为。二、欣融公司的付款行为是否已超过保证期间，其是否有权向债务人龙盛公司追偿。三、欣融公司向三星堆公司请求承担反担保责任是否已超过保证期间。

一、关于欣融公司向什邡信用社的付款行为是否是履行本案担保义务的问题。

关于本案所涉欣融公司向什邡信用社付款行为的性质，应当尊重民事法律行为当事人自己的意思表示。该行为的当事人欣融公司和什邡信用社均认可付款系履行本案所涉合同担保义务的行为，且上述还款事实已为四川省什邡市人民法院（2011）什邡执字第587－4号执行裁定书所确认。债务人龙盛公司、保证人三星堆公司未向债权人什邡信用社清偿债务，其对欣融公司向什邡信用社付款的事实没有异议，亦不能举证证明欣融公司和什邡信用社之间存在恶意串通损害第三人的行为，故其否认欣融公司向什邡信用社履行本案所涉合同担保义务的申请理由不能成立。

申请人龙盛公司、三星堆公司关于认为欣融公司的付款行为系履行其他代付行为的主张，没有证据予以证明，对此应承担举证不能的法律后果。申请人龙盛公司、三星堆公司关于欣融公司在保证责任期内明确不承担主债务的连带清偿责任的主张，亦与欣融公司自身意思表示不符且缺乏证据支持。欣融公司向什邡信用社的付款行为应认定为履行担保义务的行为。原审法院基于当事人的承认和相关证据认定该事实并无不当。

二、关于欣融公司的付款行为是否已超过保证期间，其是否有权向债务人龙盛公司追偿的问题。

本案中，欣融公司与龙盛公司、什邡信用社签订的《保证担保借款合同》《延期还款协议书》系合同各方当事人的真实意思表示，内容亦不违反法律禁止性规定，应为有效。按照合同约定，保证人的保证期间为借款之日起至借款到期后2年。展期后，保证期限延至展期借款到期之后2年。本案中，龙盛公司该笔借款的还款期限经展期后原为2008年7月4日。2008年5月12日，本案当事人所在地四川省什邡地区发生特大地震，国务院发文要求金融机构"对灾区灾前已经发放、灾后不能按期偿还的企业贷款，在2008年12月31日以前仍然不能按期还款或者借贷双方尚未达成重组和减免协议的，再给予12个月宽限期，在2009年12月31日以前，继续按'四不政策'处理"。根据该文件内容，龙盛公司、什邡信用社的主债务履行期限展期至2009年12月31日，欣融公司的保证期间自此起算应至2011年12月31日。原审法院关于欣融公司于2011年11月17日前代偿本案所涉借款系在保证期间内的认定并无不当，亦符合本院2008年7月14日发布的法发（2008）21号《最高人民法院关于处理涉及汶川地震相关案件适用法律问题的意见（一）》第七条的规定精神。根据《中华人民共和国担保法》第三十一条的规定，保证人承担保证责任后，有权向债务人清偿。故欣融公司为债务人龙盛公司承担了保证责任后，有权向龙盛公司进行追偿。本案中，保证人欣融公司对于承担本案保证义务并无异议，债务人龙盛公司关于保证人不应承担本案保证义务的主张有违当事人意思自治的原则，且欣融公司是在人民法院针对龙盛公司采取强制执行措施的过程中代为清偿债务，客观上有利于龙盛公司。什邡市人民法院（2011）什邡执字第587-4号执行裁定书根据欣融公司代为还款的事实，裁定终结债权人什邡信用社与债务人龙盛公司等的借款合同纠纷案件的执行。如债务人龙盛公司收到本案所涉借款后，既不向债权人什邡信用社履行债务，又不向代为清偿的保证人欣融公司履行债务，则明显违反公平原则和诚实信用原则。

三、关于欣融公司向三星堆公司请求承担反担保责任是否已超过保证期间的问题。

反担保是为了保障保证人承担担保责任后实现债务人追偿权而设定的担保，反担保责任的履行应以保证人已履行担保责任为前提。主合同的保证期间与反担保人的保证期间二者适用的起算规则不同，反担保人的保证期间应当从担保人实际履行了担保责任之日起计算。欣融公司于2011年11月17日前代偿本案所涉借款。故本案反担保责任的保证期间应从该日起计算。根据《中华人民共和国担保法》第四条的规定，第三人为债务人向债权人提供担保的，可以要求债务人提供反担保。反担保适用本法和其他法律的规定。故本案中关于反担保保证期间的计算方法应适用《中华人民共和国担保法》等法律关于保证期间的相关规定。根据欣融公司与三星堆公司签订的《反担保协议》的有关约定，三星堆公司同意为欣融公司本次担保行为提供反担保，自愿承担无限保证责任，担保期限从贷款获得之日起至全部贷款本息结清为止。根据《最高人民法院关于适用〈中华人民共和国担保法〉若干问题的解释》第三十二条第二款的规定，保证合同约定保证人承担保证责任直至主债务本息还清时为止等内容的，视为约定不明，保证期间为主债务履行期届满之日起2年。本案《反担保协议》中关于反担保保证期间的约定应视为约定不明，保证期间为保证人实际承担保证责任之日起2年，即截止至2013年11月17日。故本案中欣融公司关于要求三星堆公司履行反担保义务的诉讼请求并未超过保证期间。申请人三星堆公司关于本案诉请已超过反担保合同保证期间的再审申请理由不能成立，本院不予支持。

综上，龙盛公司、三星堆公司的再审申请不符合《中华人民共和国民事诉讼法》第二百条规定的情形。本院依照《中华人民共和国民事诉讼法》第二百零四条第一款之规定，裁定如下：

驳回什邡市龙盛投资有限责任公司、广汉市三星堆汽车客运服务有限责任公司的再审申请。

审 判 长　王宪森

代理审判员　杨征宇

代理审判员　张雪楳

二〇一三年十月二十六日

书 记 员　郑琪儿

3. 抵押物受让人清偿义务的性质

——海南唯舍房地产开发有限公司与武汉因为思特投资有限公司金融借款合同纠纷申诉案

【裁判要旨】

一、债权到期而未获全部清偿的情形下，抵押权人与抵押人协商变卖抵押物的，抵押物的受让人并非原债务的担保人，其依约定向抵押权人支付抵押物受让款，在性质上属于因受让抵押物而在受让款范围内替原抵押人代为承担清偿义务。

二、抵押物在担保四笔贷款时，并未明确是对哪笔贷款的担保或担保责任比例，在之后债权人分别转让四笔债权时，虽然将抵押物受让人提供担保的他项权利证明书交给其中一家受让人，但由于他项权利证明书本身具有不可分性，故不能就此认定债权人已将抵押物受让人所负剩余清偿义务全部分配给了该一家受让人。

三、抵押物受让人与其中一家债权受让人就债务履行问题虽已达成调解协议，并按协议内容履行了义务，但本案债权人受让人起诉所依据的债权与之并不相同，法院受理本案并不违反"一事不再理"原则。二审法院判决未在实质上对抵押物受让人利益造成损害，抵押物受让人实际代为清偿债务总额并未超出其承诺范围，因此，二审判决应当予以维持。

中华人民共和国最高人民法院民事裁定书

（2013）民申字第 1593 号

再审申请人（一审被告、二审上诉人）：海南唯舍房地产开发有限公司。住所地：海南省海口市丘海大道 56 号。

法定代表人：杜开洪，该公司董事长。

委托代理人：刘远生，该公司总经理。

被申请人（一审原告、二审被上诉人）：武汉因为思特投资有限公司。住所地：湖北省武汉市江汉区桂花苑常宁里 30 栋。

法定代表人：魏晓兰，该公司董事长。

委托代理人：刘登攀，湖北山河律师事务所律师。

委托代理人：方媛，湖北山河律师事务所律师。

再审申请人海南唯舍房地产开发有限公司（以下简称唯舍公司）因与被申请人武汉因为思特投资有限公司（以下简称因为思特公司）金融借款合同纠纷一案，不服湖南省高级人民法院（2012）湘高法民二终字第 15 号民事判决，向本院申请再审。本院依法组成合议庭对本案进行了审查，现已审查终结。

唯舍公司申请再审称：根据唯舍公司、海南汇宇物业发展有限公司（以下简称汇宇物业公司）、中国工商银行湖南省分行长沙汇通支行（原国际业务部）（以下简称工行汇通支行）三方分别于 2003 年 3 月 20 日和 2005 年 1 月 26 日签订的两份《协议书》的约定，唯舍公司仅仅是受让汇宇物业公司抵押给工行汇通支行的 37936 平方米的土地使用权，唯舍公司应支付的款项也是受让该土地使用权的土地转让款，并且两份《协议书》中明确约定该土地转让款的支付对象是特定的，即工行汇通支行。只要唯舍公司将该土地转让款支付给了工行汇通支行，三方协议书中约定的唯舍公司的义务即告履行完毕。在三方《协议书》的履行过程中，作为债权人的工行汇通支行依法书面通知唯舍公司将应付土地转让款的余额转支付给中国长城资产管理公司长沙办事处（以下简称长城公司长沙办事处），至此，唯舍公司支付土地转让款的对象变更为长城公司长沙办事处，该变更合乎法律的规定。唯舍公司与长城公司长沙办事处之间的权利义务关系已经湖南省长沙市中级法院（2010）长中民二终字第 0561 号民事调解书予以确定，唯舍公司依据该调解书履行了约定付款义务。至此，唯舍公司与汇宇物业公司、工行汇通支行三方签订的两份《协议书》中所约定的支付土地转让款的义务已全部履行完毕。唯舍公司与汇宇物业公司及工行汇通支行签订的两份《协议书》约定的权利义务即告清结。二审判决将唯舍公司应支付的土地转让款与汇宇物业公司、汇宇发展集团（湖南）置业有限公司（以下简称汇宇置业公司）、汇宇（湖南）镀膜有限公司（以下简称汇宇镀膜公司）之间的借贷关系相混淆，并据此错误认定唯舍公司对原借贷关系负有以约定金额为限的所谓概括代为清偿义务，从而判决唯舍公司支付因为思特公司 183.07 万元没有事实依据。在长沙市中级人民法院已就唯舍公司与汇宇物业公司、工行汇通支行之间的法律关系进行审理并作出生效裁判文书的情况下，二审判决再就同一事实和法律关系作出裁判明显违反了"一事不再理"原则。综上，二审判决没有任何事实和法律依据，且严重违反了"一事不再理"的司法原则，特依据《中华人民共和国民事诉讼法》第二百条第（二）项及第（六）项的规定提出再审申请，请求撤销湖南省高级人民法院（2012）湘高法民二终字第 15 号民事判决并驳回因为思特公司的诉讼请求。

因为思特公司口头答辩称：工行汇通支行给唯舍公司的复函中明确表示要唯舍公司跟债权受让方协商相关还款事宜，因此唯舍公司在和长城公司长沙办事处沟通中应该知道长城公司长沙办事处到底受让了多少债权，长城公司长沙办事处起诉的标的并非债权的全部，所以本案很明显是债权分割为两部分，两个债权人分别起诉的问题。因此，从事实和法律角度，二审判决均不存在事实认定和适用法律的错误，申请人的再审理由不能成立，请求法院依法驳回其再审申请。

本院认为：本案争议焦点是法院受理本案是否违反"一事不再理"原则，唯舍公司是否应向因为思特公司承担清偿责任的问题。

根据 2003 年 3 月 20 日和 2005 年 1 月 26 日，工行汇通支行、唯舍公司以及汇宇物业公司三方签订的两份《协议书》约定的内容，抵押权人工行汇通支行是在债权到期而未获全部清偿的情形下，与抵押人汇宇物业公司协商将抵押物变卖给唯舍公司，工行汇通支行享有就变卖该抵押物所得价款 1257.09 万元受偿的权利，唯舍公司负有因受让抵押物而向抵押权人工行汇通支行支付 1257.09 万元的义务。唯舍公司后又以其名下房地产设定抵押担保，意在担保其对工行汇通支行的付款义务 1257.09 万元，并非是对原债务担保责任的继受。因此，唯舍公司并非原债务的担保人，其向工行汇通支行支付 1257.09 万元，在性质上属于因受让抵押物而在 1257.09 万元范围内替汇宇物业公司代为承担清偿义务。

由于原抵押物在担保汇宇置业公司和汇宇镀膜公司四笔贷款时，并未明确是对哪笔贷款的担保或担保责任比例，且基于当时四笔贷款均已到期，该 1257.09 万元不足以清偿四笔贷款尚余的全部本金及利息，故工行汇通支行本应明确唯舍公司的代偿义务对应的是哪笔债权，然而，在唯舍公司按照约定偿还 500 万元后，工行汇通支行将对四笔贷款享有的债权分别转让给中国华融资产管理公司长沙办事处（以下简称华融公司长沙办事处）和长城公司长沙办事处时，没有对唯舍公司剩余的 757.09 万元代偿义务如何履行进行分配。虽然工行汇通支行将唯舍公司提供担保的他项权利证明书交给长城公司长沙办事处，及函告唯舍公司相应债权已转给长城公司长沙办事处，但由于他项权利证明书本身具有不可分性，不能分开转让，且工行汇通支行给唯舍公司的复函中也未明确转让的是对唯舍公司剩余的全部债权，故不能就此认定工行汇通支行已将唯舍公司所负剩余 757.09 万元清偿义务全部分配给了长城公司长沙办事处。因此，唯舍公司应对工行汇通支行原四笔债务承担相应清偿责任。

唯舍公司与长城公司长沙办事处就债务履行问题虽已达成调解协议，并按协议内容履行了义务，但本案因为思特公司起诉唯舍公司是基于从华融公司长沙办事处受让的工行汇通支行对汇宇镀膜公司的债权，该笔债权与长城公司长沙办事处从工行汇通支行受让的其他三笔债权并不相同，因此，本案与长城公司长沙办事处诉唯舍公司一案并非同一法律关系，两案在诉讼主体和诉讼标的上均不相同，故法院受理本案并不违反"一事不再理"原则。因为思特公司作为从华融公司长沙办事处合法受让债权的主体，有权从唯舍公司所负代偿义务中获得相应清偿。二审法院判决其所受让的 1350 万元债权本金及利息，可从唯舍公司剩余 757.09 万元清偿义务中获得 183.07 万元，并无不当，且未在实质上对唯舍公司利益造成损害，唯舍公司实际代为清偿债务总额并未超出其承诺的 1257.09 万元，因此，二审判决应当予以维持。

综上，唯舍公司的再审申请不符合《中华人民共和国民事诉讼法》第二百条第（二）项、第（六）项规定的情形。本院依照《中华人民共和国民事诉讼法》第二百零四条第一款之规定，裁定如下：

驳回海南唯舍房地产开发有限公司的再审申请。

审　判　长　刘　敏

代理审判员　杜　军

代理审判员　郁　琳

二〇一三年十二月三日

书　记　员　孙亚菲

4. 最高额保证所担保债权的确定

——中国民生银行股份有限公司杭州分行与绍兴县经济技术担保有限公司、浙江玻璃股份有限公司等金融借款合同纠纷案

【裁判要旨】

最高额保证作为我国担保法规定的一种特殊的担保形式，其本质特征在于所担保债权的不特定性。被担保债权未经决算不能确定，债权人就无法实现其担保权。对于被担保债权得以确定的事由，本案《最高额保证合同》第8条作了明确约定："有下列情形之一时，本合同项下被担保的债权确定：1. 本合同约定的主债权的发生期间届满；2. 依据法律规定或主合同约定主债权人宣布主合同项下全部债务提前到期；3. 法律规定的被担保的债权确定的其他情形。"依照该条约定，民生银行依据主合同约定宣布贷款提前到期的行为导致了《最高额保证合同》被担保债权的确定。对于被担保债权确定的效力问题，《最高额保证合同》第9条明确约定："被担保的债权确定时未清偿的主合同项下的债权，不论该债权履行期限是否已经届满或者是否附加有条件，均属于被担保的债权的范围。"由此，在民生银行宣布本案贷款提前到期之时，未清偿的主合同项下的不特定债权已确定，均被纳入《最高额保证合同》约定的被担保债权范围。因此民生银行主张担保公司应当对案涉债权在最高额 2.75 亿元范围内承担保证责任，符合双方签订的《最高额保证合同》的约定，人民法院予以支持。

中华人民共和国最高人民法院民事判决书

（2013）民提字第 141 号

再审申请人（一审原告、二审上诉人）：中国民生银行股份有限公司杭州

分行。住所地：浙江省杭州市钱江新城市民街 98 号尊宝大厦金尊一层、六至十八层及三十六层。

负责人：方舟，该分行行长。

委托代理人：张宇锋，北京市华城律师事务所律师。

委托代理人：刘冬燕，北京市华城律师事务所律师。

被申请人（一审被告、二审被上诉人）：绍兴县经济技术担保有限公司。住所地：浙江省绍兴县柯桥育才路以西、群贤路以北（县财政局 11 楼）。

法定代表人：曹德祥，该公司总经理。

委托代理人：葛国良，该公司职员。

委托代理人：楼东平，浙江越光律师事务所律师。

一审被告：浙江玻璃股份有限公司。住所地：浙江省绍兴县杨汛桥镇。

破产管理人：浙江越光律师事务所。

一审被告：青海碱业有限公司。住所地：青海省海西蒙古族藏族自治州德令哈市工业园区。

法定代表人：冯光成，该公司董事长。

委托代理人：张县利，青海树人律师事务所律师。

委托代理人：喇成霖，青海树人律师事务所律师。

一审被告：浙江展望控股集团有限公司。住所地：浙江省绍兴县杨汛桥镇江桥。

法定代表人：唐利民，该公司董事长。

一审被告：浙江科技有限公司。住所地：浙江省杭州市滨江区滨安路 1180 号。

法定代表人：冯光成，该公司董事长。

一审被告：冯光成，男，1951 年 9 月 28 日出生，汉族，住浙江省绍兴县杨汛桥镇联社村马社 4 组。

再审申请人中国民生银行股份有限公司杭州分行（以下简称民生银行）因与被申请人绍兴县经济技术担保有限公司（以下简称担保公司）、一审被告浙江玻璃股份有限公司（以下简称浙玻公司）、青海碱业有限公司（以下简称碱业公司）、浙江展望控股集团有限公司（以下简称展望集团）、浙江科技有限公司（以下简称科技公司）、冯光成金融借款合同纠纷一案，不服浙江省高级人民法院（2012）浙商终字第 9 号民事判决，向本院申请再审。本院以（2012）民申字第 1191 号民事裁定提审本案，并依法组成由审判员王东敏担任审判长，代理审判员李相波、梅芳参加的合议庭进行了审理，书记员侯佳明担任记录。本案现已审理终结。

2011 年 8 月 18 日，民生银行以浙玻公司、碱业公司、担保公司、展望集团、科技公司、冯光成为被告向浙江省绍兴市中级人民法院提起诉讼称：2008 年 12 月 22 日，民生银行与浙玻公司签订《综合授信合同》，约定：在 2008 年 12 月 22 日至 2013 年 12 月 23 日期限内，浙玻公司可向民生银行一次或分次使用最高授信范围为人民币 6 亿元，并签订相应授信业务的具体合同；当浙玻公司出现经营情况恶化等 11 种情形时，民生银行有权调整或取消授信、或对已发放贷款要求提前清偿。另根据合同第 10 条，总合同项下相关担保文件已生效，抵押、质押已设立。其中，浙玻公司以自己所有的房屋、住商用地使用权和持有碱业公司股权分别作为抵押与质押担保，科技公司以其所有的房屋作为抵押担保，担保公司对借款中的 2.75 亿元部分承担连带责任保证，碱业公司、展望集团、冯光成对 6 亿元借款承担连带保证责任。总合同签订后，民生银行向浙玻公司发放了总额为 6 亿元的贷款，浙玻公司于 2011 年 6 月开始欠息。另悉，浙玻公司因债务问题被多家债权人起诉，部分生产设备及资产可能被司法查封。民生银行于 2010 年 12 月 8 日向浙玻公司签发了《贷款提前到期通知书》，并向碱业公司、担保公司、展望集团、科技公司、冯光成分别签发《贷款提前到期通知书》，2011 年 1 月 25 日及 2 月 21 日又向担保公司两次签发《贷款提前到期通知书》。依照相关法律规定及合同约定，民生银行有权依法、依约宣布贷款提前到期，并收回全部贷款，依法处分抵押、质押财产优先受偿，并追究保证人连带保证责任。故请求判令：一、浙玻公司向民生银行归还贷款本金 6 亿元；二、浙玻公司向民生银行支付至 2011 年 6 月 20 日止欠款利息 16217415.07 元，并偿付自 2011 年 6 月 21 日起至实际清偿之日止的借款利息和逾期利息（逾期利息以 616061196.03 元为基数；在合同贷款利率上加收 50% 计收）；三、浙玻公司偿付民生银行律师费 130 万元；四、碱业公司、展望集团、冯光成对上述第一至第三项付款义务承担连带责任；五、担保公司对上述第一至第三项付款义务中的 2.75 亿元部分承担连带责任；六、请求处置浙玻公司所有的房屋、住商用地使用权和所拥有的碱业公司股权以及科技公司所有的房屋，并以所得价款优先偿还民生银行的借款本金、利息、罚息、违约金以及民生银行为实现债权而发生的相关费用，不足部分由浙玻公司、碱业公司、担保公司、展望集团、冯光成清偿；七、案件诉讼费及保全费由被告承担。在一审审理过程中，民生银行变更上述第二项诉讼请求为：判令浙玻公司向民生银行支付至 2011 年 6 月 20 日止欠款利息 9756600 元，6 月 20 日以后的利息、罚息等按合同约定计算至判决确定的履行期限届满之日止；明确上述第六项诉讼请求为：请求法院依法确认抵押、质押担保的合法效力，支持民生银行的优先受偿权。

一审法院查明：2008年12月22日，民生银行与浙玻公司签订《综合授信合同》，约定在2008年12月22日至2013年12月23日期限内，浙玻公司可向民生银行一次或分次使用最高授信范围为6亿元，并签订相应授信业务的具体合同或协议，每一份具体授信业务合同均是该合同组成部分，并构成一个合同整体。合同第23条约定：在合同履行过程中，当出现浙玻公司经营情况恶化或担保人担保能力明显不足等11种可能对浙玻公司履行该合同产生不利影响的情形时，民生银行有权调整或取消授信范围，以及对该合同项下浙玻公司已提取的全部借款要求提前清偿。合同第5条规定：为保证合同项下形成的债权能得到清偿，保证人冯光成、碱业公司、展望集团分别与民生银行签订《最高额保证合同》，质押人浙玻公司与民生银行签订《最高额质押合同》。合同第10条规定：作为合同项下相关担保文件已生效，抵押、质押已设立。合同第29条双方还约定了"担保公司承担2.75亿元的连带保证责任"等其他事项。

同日，民生银行与浙玻公司签订《最高额质押合同》，约定浙玻公司对上述《综合授信合同》项下债权在最高债权额6亿元范围内以持有的碱业公司25295.031万股股权提供质押担保；又与冯光成签订《个人最高额保证合同》，约定冯光成对上述《综合授信合同》项下债权在最高债权额6亿元范围内提供最高额保证；还与碱业公司、展望集团分别签订《最高额保证合同》各一份，约定碱业公司、展望集团分别对上述《综合授信合同》项下债权在最高债权额6亿元范围内提供最高额保证。次日，青海省海西州工商行政管理局办理了浙玻公司所持有的碱业公司25295.031万股股权出质登记手续。

2008年12月25日，民生银行与担保公司签订《最高额保证合同》。合同第3条约定：担保公司对上述《综合授信合同》项下发生在2008年12月22日至2010年12月22日的债权，在2.75亿元范围内提供最高额保证，并约定了主债权发生期间的具体含义。合同第8条约定了被担保债权的确定方式；合同第3条约定的主债权的发生期间届满；依据法律规定或主合同约定主债权人宣布主合同项下全部债务提前到期；法律规定的被担保的债权确定的其他情形。合同第10条约定担保公司承担保证责任的保证期间为两年，起算日的确定方式为：主合同项下任何一笔债务的履行期间届满日早于或同于被担保债权的确定日时，保证期间起算日为被担保债权的确定日；主合同项下任何一笔债务的履行期限届满日晚于被担保债权的确定日时，保证期间起算日为该笔债务的履行期限届满日；前款所述"债务的履行期限届满日"包括主合同债务人分期清偿债务的情况下，每一笔债务到期之日，还包括依主合同约定，债权人宣布债务提前到期之日。合同第19条双方以手写字体约定：担保公司所担保的任何一笔债务履行期限届满之日均不得超过 2010 年 12 月 25 日。

2009 年 7 月 6 日，民生银行与科技公司签订《最高额抵押合同》，约定科技公司对上述《综合授信合同》项下发生在 2009 年 7 月 6 日至 2013 年 12 月 22 日的债权，在最高债权额 6 亿元范围内以位于北京市西城区新华里 16 号院 6 号楼 2 单元 302 室的房屋作最高额保证。同日，民生银行与浙玻公司签订《最高额抵押合同》，约定浙玻公司对上述《综合授信合同》项下发生在 2009 年 7 月 6 日至 2013 年 12 月 22 日的债权，在最高债权额 6 亿元范围内以位于北京市西城区新华里 16 号院 6 号楼 4 单元 1801 室房屋作最高额保证。民生银行又与浙玻公司就增加抵押物事宜签订补充协议一份，明确上述抵押担保事项。各方对上述房屋办理了抵押登记手续，分别领取了房屋他项权利证明书。

2010 年 8 月 19 日，民生银行与浙玻公司签订《最高额抵押合同》，约定浙玻公司对上述《综合授信合同》项下发生在 2008 年 12 月 22 日至 2011 年 8 月 31 日的债权，在最高债权额 6 亿元范围内以位于浙江省绍兴县杨汛桥镇 58634 平方米住商用地作抵押担保。同日，双方对上述土地办理了抵押登记手续，领取了土地他项权利证明书。

上述合同签订后，民生银行于 2010 年 8 月 19 日至 8 月 26 日与浙玻公司签订《流动资金贷款借款合同》共计 41 份，向浙玻公司发放了总额为 6 亿元的贷款，上述贷款的借款期限均为一年。之后，民生银行以浙玻公司发生重大不利变化，履行上述合同产生严重不确定性等原因，于 2010 年 12 月 8 日宣布上述贷款立即到期，并于同日以快件形式向浙玻公司、碱业公司、担保公司、展望集团、科技公司、冯光成发送《贷款提前到期通知书》，要求浙玻公司即日还款，并要求其余各当事人承担相应的担保责任。浙玻公司于同月 9 日收到该通知书，担保公司、展望集团、科技公司、冯光成也已收妥。后民生银行又于 2011 年 1 月 25 日及 2 月 21 日向担保公司发送《贷款提前到期通知书》，要求担保公司承担连带清偿责任，立即归还贷款本金、利息及其他相关费用。

同时查明：民生银行认可浙玻公司已支付了 6 亿元贷款至 2011 年 3 月 20 日止的利息，贷款本金及 2011 年 3 月 20 日之后的利息至一审起诉时未归还。根据《综合授信合同》的约定，6 亿元本金自 2011 年 3 月 21 日起至 2011 年 6 月 20 日止按照借款期内贷款利率计算的利息为 9756600 元。

另查明：民生银行曾于 2010 年 8 月 18 日送达给担保公司《补充协议》一份，要求对双方之前签订的《最高额保证合同》第 19 条的约定变更为："经双方约定，担保公司所担保的任何一笔债务履行期限届满之日均不得超过

2011 年 8 月 31 日。"对此，担保公司未予回应。

还查明：浙玻公司的 H 股股份（股票代号 00739）于 2010 年 5 月 3 日开始暂停买卖。担保公司系由浙江省绍兴县国有资产投资经营有限公司投资，于 2000 年 8 月 23 日成立的国有独资有限责任公司。

一审法院认为：民生银行与浙玻公司签订的《综合授信合同》《流动资金贷款借款合同》《最高额抵押合同》《最高额质押合同》以及分别与碱业公司、担保公司、展望集团签订的《最高额保证合同》，与科技公司签订的《最高额抵押合同》，与冯光成签订的《个人最高额保证合同》均系各方真实意思表示，应确认合法有效。各方当事人对民生银行于 2010 年 8 月 19 日至 8 月 26 日向浙玻公司发放总额为 6 亿元的贷款，现浙玻公司尚未归还本金及自 2011 年 3 月 21 日起的利息的事实均无异议，本案争议的主要焦点如下：

一、民生银行能否提前收回贷款。民生银行与浙玻公司签订的《综合授信合同》第 23 条明确约定：在合同履行过程中，民生银行有权根据以下情形调整或取消授信范围，以及对合同项下浙玻公司已提取的全部借款要求提前清偿，并列举了可提前收贷的 11 种情形。该约定不违反法律法规的强制性规定，应确认有效。民生银行以浙玻公司符合该 11 种情形中关于"本合同的担保人的担保能力明显不足"及"浙玻公司财务状况发生重大变化，或涉及诉讼、仲裁、行政处罚及其他司法行政程序，可能对其履行合同产生不利影响"等情形为由要求提前收回贷款。一审法院认为，自浙江省高级人民法院浙高法〔2010〕284 号通知指定一审法院 2010 年 10 月 9 日集中受理、审理和执行以浙玻公司、光宇集团有限公司及其关联企业为被告的民事诉讼案件或为被执行人的执行案件后，一审法院自 2010 年 11 月 16 日开始已立案受理多宗以浙玻公司为被告的案件。故民生银行以浙玻公司涉及诉讼等为由要求提前收回贷款应予支持。对此，浙玻公司认为，因民生银行在发放贷款时浙玻公司的股票早已停牌，其明知浙玻公司已发生重大财务危机而发放贷款，已构成对浙玻公司的豁免，其无权提前收贷。一审法院认为，虽然民生银行发放该笔贷款时浙玻公司股票已停牌，但本案所涉借款用途是用于还贷，并非新发放的贷款，且民生银行是基于当时浙玻公司的现状发放贷款，在其发放贷款之前，又让浙玻公司增加了以浙玻公司在浙江省绍兴县杨汛桥镇的 5 万余平方米的商住用地作抵押担保，而之后浙玻公司涉及相关的诉讼越来越多，使得浙玻公司财务状况在民生银行发放贷款后进一步恶化，其清偿债务的能力也进一步恶化，故民生银行有权依照合同的约定主张贷款提前到期。

二、贷款提前到期后的利息如何计算。本案中，由于民生银行于 2010 年 12 月 8 日向浙玻公司发送贷款提前到期通知书，浙玻公司于次日收到该通知书，致使原还款期限的约定发生变动，还款期限应缩短至民生银行通知贷款提前到期的意思表示到达浙玻公司之时。因此，从借款之日至 2010 年 12 月 9 日，即为借款期内。而从 2010 年 12 月 10 日起，本案诉争借款已构成逾期。自逾期之日起，民生银行可以依照合同对逾期贷款的约定计收罚息及复利。本案中，民生银行认为浙玻公司已支付至 2011 年 3 月 20 日的利息，虽然浙玻公司抗辩称，其至 2011 年 3 月 20 日均系按照借款期内的利息计算标准支付利息，并没有按照逾期利息标准支付利息，且从民生银行提交的利息计算清单看，其主张的 2011 年 3 月 21 日到 6 月 20 日的利息也是按照借款期内的利率来计算利息，故可证实民生银行本身也并不认为其贷款已到期。鉴于上述分析，民生银行有权主张自 2010 年 12 月 10 日起的逾期利息，现民生银行认为浙玻公司已支付了至 2011 年 3 月 20 日的利息，仅主张 2011 年 3 月 21 日至 2011 年 6 月 20 日按借款期内的利率计算的利息 9756600 元，系民生银行对自己民事权利的自由处分，应予以支持。对于民生银行要求浙玻公司按照合同约定支付自 2011 年 6 月 21 日起至判决确定的履行期限之日止的利息、罚息的请求，亦予以支持。

三、担保公司对本案所涉贷款是否应承担保证责任。民生银行起诉要求担保公司在最高额 2.75 亿元范围内对本案所涉借款承担担保责任。担保公司对双方签订的《最高额保证合同》真实性并无异议，但认为根据《最高额保证合同》第 19 条规定，双方在约定的其他事项中以手写体明确约定：担保公司所担保的任何一笔债务履行期限届满之日均不得超过 2010 年 12 月 25 日。故本案所涉借款已超出了其担保范围，其不应承担担保责任。民生银行则认为双方约定的履行期限届满日也包括贷款提前到期日，因其通知浙玻公司贷款提前到期日早于 2010 年 12 月 25 日，故担保公司应承担担保责任。一审法院认为，双方对上述是否需承担担保责任的争议主要因对"债务履行期限届满之日"的理解不同而引起。民生银行对债务履行期限届满之日的理解，认为应根据合同第六章的规定，不仅包括主合同约定的债务履行期限届满之日，还应包括"依主合同约定，债权人宣布债务提前到期之日"等情形；担保公司则认为应理解为主合同约定的债务履行期限届满之日。根据合同法第一百二十五条第一款之规定：当事人对合同条款的理解有争议的，应当按照合同所使用的词句、合同的有关条款、合同的目的、交易习惯以及诚实信用原则，确定该条款的真实意思。从合同的内容来看，虽然合同第六章"保证期间"的规定中第 10.3 条系关于"前述所述'债务的履行期限届满日'包括主合同债务人分期清偿债务的情况下，每一笔债务到期之日；还包括依主合同约定，债权人宣布债务提前到期之日"的规定，但从上下文理解来看，它仅是对第

10.1、10.2 条中关于债务的履行期限届满日的理解作出了解释，也就是仅对保证期间起算日确定中所谓的履行期限届满日进行了定义，而不能涵盖整个合同；且从双方约定第 19 条的目的看，是担保公司想通过对借款履行期限届满日时间上的限制来限制其担保的债权数量，是其为控制风险而设定的，如果该履行期限届满日包括债务提前到期日，则其承担担保责任的风险将扩大。因宣布债权提前到期是民生银行一方的权利，担保公司无法控制，且从双方约定的被担保的主债权发生期间看，主债权发生期间为 2008 年 12 月 22 日至 2010 年 12 月 22 日，如果约定的履行届满期 2010 年 12 月 25 日包括宣告债务提前到期日，从浙玻公司经营的实际情况看，民生银行完全有可能在 2010 年 12 月 25 日前宣告全部债务提前到期，则该手写约定条款的设定将毫无意义。综上，根据合同解释的相关规则，从该条款的一般公众理解的含义和价值判断进行解释，债务履行期限届满之日应理解为主合同约定的债务履行期限届满之日。鉴于本案中民生银行借给浙玻公司的 6 亿元贷款原约定的还款期均在 2011 年 8 月，超过了双方约定的债务履行期限届满日，故该债务不属于担保公司的担保范围。这从民生银行在发放贷款之前，于 2010 年 8 月 18 日送达给担保公司一份补充合同，要求对债务履行期限届满之日进行变更，也可予以印证。

四、除担保公司外的其余担保人是否应承担担保责任。根据民生银行与浙玻公司、碱业公司、展望集团、科技公司、冯光成签订的担保合同的约定，碱业公司、展望集团、冯光成应当承担相应的连带清偿责任，浙玻公司应承担相应的抵押担保责任及质押担保责任，科技公司应当承担相应的抵押担保责任。《中华人民共和国物权法》第一百七十六条规定，被担保的债权既有物的担保又有人的担保的，债务人不履行到期债务或者发生当事人约定的实现担保物权的情形，债权人应当按照约定实现债权；没有约定或者约定不明确，债务人自己提供物的担保的，债权人应当先就该物的担保实现债权；第三人提供物的担保的，债权人可以就物的担保实现债权，也可以要求保证人承担保证责任。提供担保的第三人承担担保责任后，有权向债务人追偿。本案中，各担保合同均明确约定：如除本合同约定的担保方式外，主合同项下还存在其他担保的，则担保人对民生银行承担的担保责任不受任何其他担保的影响，也不因之而免除或减少。故民生银行有权选择就债务人浙玻公司物的担保实现债权，或要求保证人碱业公司、展望集团、冯光成承担保证责任，以及要求科技公司承担抵押担保责任。对于展望集团提出债权人应当先就主债务人物的担保实现债权的抗辩意见不能成立，不予支持。对于展望集团提出本案所涉借款属于以新贷还旧贷的情形，民生银行从未告知其该情形，故其不应承担担保责任的抗辩意见，因双方签订的《最高额保证合同》第11.11条明确约定：主合同项下借款可用于借新还旧，展望集团自愿承担保证责任。故展望集团的该抗辩意见不能成立，不予支持。

对于律师代理费的承担问题。民生银行起诉要求浙玻公司承担律师代理费130万元，其余当事人对该费用承担连带责任，后在庭审陈述又表示暂不起诉，对该诉讼请求予以保留，故在本案中不作处理。

综上，一审法院依照《中华人民共和国合同法》第二百零五条、第二百零六条、第二百零七条，《中华人民共和国物权法》第一百七十六条、第一百八十条、第二百零三条、第二百二十三条，《中华人民共和国担保法》第十八条、第二十一条第一款之规定，经审判委员会讨论决定，判决如下：一、浙玻公司应归还民生银行借款本金6亿元及利息9756600元（该利息计算至2011年6月20日，此后利息按中国人民银行有关规定及合同约定计算至判决确定的履行之日止），款项于判决生效之日起十日内支付；二、如果浙玻公司未按期履行上述第一项付款义务，则民生银行有权以浙玻公司所有的位于北京市西城区新华里16号院6号楼4单元1801室的房屋、位于浙江省绍兴县杨汛桥镇麒麟村面积为58634平方米住商用地以及持有的碱业公司25295.031万股股权折价或者以拍卖、变卖上述抵押财产所得价款在上述第一项确定的债权范围内优先受偿；三、如果浙玻公司未按期履行上述第一项付款义务，则民生银行有权对科技公司所有的位于北京市西城区新华里16号院6号楼2单元302室房屋折价或者以拍卖、变卖上述抵押财产所得价款在上述第一项确定的债权范围内优先受偿；四、碱业公司、展望集团、冯光成对上述第一项债务承担连带清偿责任；五、驳回民生银行的其余诉讼请求。如果未按判决指定的期间履行给付金钱义务，应当依照《中华人民共和国民事诉讼法》（2007年修正）第二百二十九条之规定，加倍支付迟延履行期间的债务利息。本案案件受理费3129387元，财产保全费5000元，由浙玻公司负担，碱业公司、展望集团、科技公司、冯光成负连带责任。

民生银行不服上述一审判决，向浙江省高级人民法院提起上诉称：一审判决依据民生银行与担保公司签订的《最高额保证合同》第19条，判定案涉债务不属于担保公司的担保范围，认定事实和适用法律均有错误。本案争议的核心在于债权人宣布债务提前到期的情况是否属于合同约定的"不特定债权确定"情形，以及此种情形下保证人是否应当承担保证责任的问题。一、从担保法司法解释第二十三条规定来看，最高人民法院没有直接采用"最高额保证合同中主债权的存续期间届满"这一单一、固定的时间概念，说明"不特定债权确定"除包含合同约定主债权到期届满的情形之外，还包含法律和合同规定的其他能够使不特定债权确定的情形，例如债权人在特定条件下，宣布债权提前到期，也与债权到期具有同等效果。二、依据合同约定，涉案债务属于双方约定的"不特定债权确定"的第二种情形，属于担保公司的担保范围。依据民生银行与浙玻公司借款合同约定，民生银行有权在条件具备时宣布还款期限加速到期；民生银行宣布债务提前到期，全部债务期限即已届满，被担保的债务得以最后确定；被担保的债务确定引起的法律后果是：未清偿的债权均属于被担保的债权范围；本案债务发生在合同条款规定期限内。合同第19条只是对担保债权发生期间附加了一个条件，并不是对合同内容作全部的修正，并没有否定债务提前到期会使债权最后确定的内容。三、担保公司在签订合同时应当预见可能发生需要提前承担保证责任的风险，在此情况下要求保证人承担保证责任并没有加重其义务，且符合公平原则。担保公司作为专业从事担保业务的公司，更应当清楚明知本合同的风险，即债务人的经营情况可能继续恶化或发生重大的经营困难的情况下，债权人会行使宣布债务加速到期的权利，保证人需要提前承担保证责任，且在合同中也作出明确约定，即民生银行有宣布贷款提前到期的权利，故担保公司承担担保责任完全有合同依据。排除担保公司对贷款提前到期的风险所应承担的保证责任，不仅不符合合同的约定，也不符合保证担保责任的法律本意，对民生银行不公平。四、本案一审判决适用法律存在问题。综上，请求依法确认担保公司对浙玻公司付款义务中的2.75亿元承担连带责任。

担保公司答辩称：一审判决认定事实清楚，适用法律正确，请求维持一审判决。一、根据民生银行与担保公司签订的《最高额保证合同》第19条，担保公司所担保的任何一笔债权的还款期限不得晚于2010年12月25日。民生银行与浙玻公司的贷款发生时间是2010年8月19日至8月26日，还款日期是2011年8月19日至8月26日，还款期限不符合第19条的约定。故民生银行与浙玻公司之间的6亿元贷款不属于担保范围。二、2010年8月18日，民生银行要求担保公司签订一份补充协议，担保公司当时明确不同意签订。担保公司为浙玻公司提供的是两年期过渡性担保，在浙玻公司所有的近100亩土地性质变更质押给民生银行后，将不再提供担保。故本案债权不属于担保公司担保范围。三、民生银行强调，宣布提前解除合同视为合同期间届满，担保公司认为，这是完全不同的两个概念。宣布到期和实际到期不同，对债务人而言均需承担法律后果，但对担保人风险不同。担保公司锁定了承担担保责任的期限，债权人提前宣布债权到期增加了担保公司的负担。2010年8月19日至8月26日签订的41份借款合同在2010年12月8日之前不属于担保公司的担保范围，不可能通过民生银行宣布债权提前到期而变成担保公司的担保范围，逻辑上不能成立。四、民生银行宣布债权提前到期缺乏依据。2010 年 8 月 19 日至 8 月 26 日签订主合同，到 2010 年 12 月 22 日，在如此短的时间内，浙玻公司没有发生财务恶化的情形，停牌等事宜都发生在 2010 年 8 月 19 日之前。五、《最高额保证合同》系民生银行提供的格式合同，但第 19 条是非格式条款，根据合同法第四十一条规定，应作出对民生银行不利的解释。综上所述，请求驳回上诉，维持原判。

二审查明的事实与一审判决认定的事实一致。

二审法院认为，本案的争议焦点在于担保公司对民生银行向浙玻公司发放的贷款是否应在 2.75 亿元范围内承担担保责任，即：一、案涉贷款是否属于民生银行与担保公司签订的《最高额保证合同》的担保范围；二、民生银行"案涉贷款宣布提前到期后，《最高额保证合同》约定的不特定债权确定，担保人即应承担担保责任"的主张是否具有依据。对此，评析如下：

一、关于案涉贷款是否属于民生银行与担保公司签订的《最高额保证合同》的担保范围问题。民生银行基于双方签订的《最高额保证合同》，要求担保公司在最高额 2.75 亿元范围内对案涉贷款承担担保责任。担保公司对双方签订的《最高额保证合同》的真实性并无异议，故确定案涉贷款是否属于双方签订的《最高额保证合同》的担保范围应根据合同的内容来认定。综合理解《最高额保证合同》第 2、3、19 条约定的内容，担保公司应对民生银行在 2008 年 12 月 22 日至 2010 年 12 月 22 日期间向浙玻公司发放的"债务履行期限届满之日"不超过 2010 年 12 月 25 日的贷款在 2.75 亿元范围内承担担保责任，而本案民生银行向浙玻公司发放的 6 亿元贷款约定的到期之日均超过 2010 年 12 月 25 日。而关于"债务履行期限届满之日"的理解，双方在签订《最高额保证合同》时以手写体方式添加第 19 条"经双方约定，甲方所担保的任何一笔债务履行期限届满之日均不得超过 2010 年 12 月 25 日"的内容，增加该条款内容时双方的真实意思表示应是对担保公司担保范围作一定的限制，故对"债务履行期限届满之日"的理解应从不加重担保公司担保责任的角度出发。民生银行主张其宣布贷款提前到期之日应视为"债务履行期限届满之日"，与双方在签订《最高额保证合同》时以手写体方式添加第 19 条内容的真实意思表示不一致，加重了担保公司的担保责任，不应予以支持。另外，担保公司关于添加《最高额保证合同》第 19 条内容背景的陈述，即担保公司系在地方政府协调下，为浙玻公司的贷款提供过渡性的担保，待作为抵押的浙玻公司的一块自有土地的性质变更，价值增加后，其不再继续提供担保，这一背景事实的陈述与本案查明的其他事实可以相互印证，具有一定的合理性。综上，案涉民生银行向浙玻公司发放的贷款不符合双方签订的《最高额保证合同》关于担保范围的约定，不属于《最高额保证合同》的担保范围。

二、关于民生银行"案涉贷款宣布提前到期后，《最高额保证合同》约定的不特定债权确定，担保人即应承担担保责任"的主张是否具有依据的问题。本案民生银行向浙玻公司发放的贷款约定到期之日本在 2010 年 12 月 25 日之后，但民生银行通过宣布贷款提前到期、将主债务履行期限提前到双方约定的期限之内，并依据《最高额保证合同》第 8、9 条的约定，主张"案涉贷款宣布提前到期后，《最高额保证合同》约定的不特定债权确定，担保人即应承担担保责任"，据此，要求担保公司承担担保责任。但民生银行的这一主张应以案涉贷款属于双方《最高额保证合同》担保范围为前提。另外，民生银行的这一主张也与《最高额保证合同》第 19 条的约定内容不相一致。根据《中华人民共和国合同法》第四十一条规定，格式条款和非格式条款不一致的，应当采用非格式条款。因此，对《最高额保证合同》中格式条款如第 8、9 条的内容与第 19 条非格式条款内容不一致的，应采用第 19 条的非格式条款内容。故民生银行该上诉主张缺乏依据，不应予以支持。

综上，二审法院认为一审判决认定事实清楚，适用法律正确，民生银行的上诉主张缺乏法律依据。根据《中华人民共和国合同法》第四十一条，《中华人民共和国民事诉讼法》（2007 年修正）第一百三十条、第一百五十三条第一款第（一）项之规定，判决驳回上诉，维持原判。二审案件受理费 1416800 元，由民生银行负担。

民生银行不服上述二审判决，向本院申请再审称：一、二审法院关于案涉贷款不符合《最高额保证合同》关于担保范围的约定、不属于《最高额保证合同》担保范围的认定是错误的。《最高额保证合同》第 8、9 条明确约定，依据主合同约定债权人宣布主合同项下债权提前到期的情况下，被担保的债权得以确定；被担保债务确定时，未清偿的主合同项下的债权，不论该债权履行期限是否已经届满，均属于被担保的债权范围。第 19 条只是对被担保债权的还款期间作了限定，不是对合同的全部修正，没有排除其他合同条款，没有排除债权人宣布债务提前到期应付的权利。债权人宣布贷款提前到期也没有加重担保人的保证责任。二、二审法院认定的事实没有证据支持。二审法院认定"担保公司关于添加《最高额保证合同》第 19 条内容背景的陈述，即担保公司在地方政府的协调下为浙玻公司提供过渡性担保，待作为抵押的浙玻公司的一块自有土地性质变更，价值增值后，其将不再继续提供担保"的事实，但此重要情况除担保公司的陈述外，没有其他有效证据支持。《最高额保证合同》是双方真实的意思表示，担保公司即便是在政府要求下提供担保，也不影响合同效力。三、二审法院适用法律错误。合同法第四十一条规定当格式条款与非格式条款不一致时，才适用非格式条款，而本案不属于此种情况，不适用该条款。根据《最高额保证合同》条文可以清晰地解读出，第19条只是对合同第3条的一个补充，并没有排除合同第8、9条的约定，第19条与第8、9条并不是"不一致"，而是完全一致。综上，请求撤销二审判决，改判担保公司对浙玻公司付款义务中的2.75亿元部分承担连带责任。

担保公司答辩称：一、依据《最高额保证合同》约定，案涉贷款不属于担保公司担保范围，担保公司无需承担担保责任。《最高额保证合同》第19条手写约定："经双方约定：甲方所担保的任何债务履行期限届满之日均不得超过2010年12月25日。"而本案所涉贷款的还款日期为2011年8月19日至2011年8月26日之间，均超过了第19条约定的还款期限，已不属于《最高额保证合同》担保之范围。二、民生银行提交给担保公司的补充合同进一步证明，案涉贷款不属于担保公司担保范围。2010年8月18日，民生银行要求与担保公司签订补充合同，该补充合同将《最高额保证合同》第19条更改为："经双方约定：甲方所担保的任何一笔债务履行期限届满之日均不得超过2011年8月31日。"显然，民生银行明知即将发放的贷款还款日期超过了保证合同约定的还款日期，已不在保证合同担保范围之内。三、民生银行宣布债权提前到期缺乏事实依据，无端加重了担保公司的担保责任。在民生银行向浙玻公司发放贷款之前，浙玻公司已经发生财务恶化、停牌等情况，民生银行在知晓该事实的情况下仍然发放了6亿元贷款。从发放贷款到宣布债权提前到期，浙玻公司财务状况并未发生实质性变化，民生银行宣布债权提前到期明显缺乏事实依据。民生银行将其宣布提前到期的债权重新纳入保证合同范围，显然过度加重了担保公司的担保责任，超过了担保公司的风险控制范围。四、民生银行可以适用《最高额保证合同》第8、9条的约定，但应当以所涉贷款属于《最高额保证合同》担保范围为前提。退一步讲，民生银行该主张也与合同第19条约定不一致。根据我国合同法第四十一条规定，对于合同第8、9条格式条款内容与第19条非格式条款内容不一致时，应采用第19条非格式条款的约定内容。综上，担保公司认为原审判决认定事实清楚，适用法律正确，应依法驳回民生银行的再审请求。

本院经再审审理，确认原一、二审法院查明的事实。另查明，2012年6月25日，浙玻公司的债权人中国建设银行股份有限公司绍兴支行向浙江省绍兴市中级人民法院申请对浙玻公司进行重整；同年6月28日，该院作出（2012）浙绍破（预）字第1－1号民事裁定书，受理中国建设银行股份有限公司绍兴支行对浙玻公司的重整申请；同日，该院作出（2012）浙绍破字第

1-1号决定书，指定浙江越光律师事务所担任浙玻公司管理人。2013年3月25日，浙江越光律师事务所以"债权人会议未通过重整计划草案、债务人已严重资不抵债"等为由，向该院请求终止浙玻公司重整程序，并宣告浙玻公司破产；同日，该院作出（2012）浙绍破字第1-6号民事裁定书，终止浙玻公司重整程序，宣告浙玻公司破产。

本院认为，本案再审程序中双方当事人争议的焦点问题是：在民生银行宣布案涉贷款提前到期的情况下，担保公司是否应对案涉贷款在2.75亿元范围内承担保证责任。

根据原审法院查明的事实，民生银行与担保公司签订《最高额保证合同》是双方真实意思表示，合法有效。《最高额保证合同》对于被担保债权的发生期间、被担保债权的确定事由、效力以及保证期间等内容均作了明确约定。因此，担保公司是否应对案涉贷款在2.75亿元范围内承担保证责任，应当按照《最高额保证合同》的约定来分析判定。

本案中，民生银行于2010年8月19日至8月26日先后向浙玻公司发放贷款6亿元，期限均为一年，即债务履行期限届满日在2011年8月19日至8月26日之间。《最高额保证合同》第3条约定"被担保主债权的发生期限为2008年12月22日至2010年12月22日"，依此约定，本案债权发生期间均在该条约定期限之内。但同时《最高额保证合同》第19条还约定"担保公司所担保的任何一笔债务履行期限届满之日均不得超过2010年12月25日"，而本案债务依主合同约定履行期限届满之日均在2011年8月19日至8月26日之间，该期间超过了《最高额保证合同》第19条约定的期限。如果在2010年12月25日之前未发生《最高额保证合同》约定的或者法律规定的导致被担保债权确定的情形，则按照《最高额保证合同》第19条约定，案涉债权将被排除于被担保债权的范围。但本案特殊情况在于，2010年12月8日，民生银行依据《综合授信合同》的约定宣布本案贷款提前到期。此情况下，案涉贷款是否属于《最高额保证合同》的担保范围，是本案需要解决的关键问题。

最高额保证作为《中华人民共和国担保法》规定的一种特殊的担保形式，其本质特征在于所担保债权的不特定性。被担保债权未经决算不能确定，债权人就无法实现其担保权。而对于被担保债权得以确定的事由，《最高额保证合同》第8条作了明确约定："有下列情形之一时，本合同项下被担保的债权确定：1. 本合同约定的主债权的发生期间届满；2. 依据法律规定或主合同约定主债权人宣布主合同项下全部债务提前到期；3. 法律规定的被担保的债权确定的其他情形。"依照该条约定，民生银行依据主合同约定宣布贷款提前到期的行为导致了《最高额保证合同》被担保债权的确定。对于被担保债权确定的效力问题，《最高额保证合同》第 9 条明确约定："被担保的债权确定时未清偿的主合同项下的债权，不论该债权履行期限是否已经届满或者是否附加有条件，均属于被担保的债权的范围。"由此，在民生银行宣布本案贷款提前到期之时，未清偿的主合同项下的不特定债权已确定，均被纳入《最高额保证合同》约定的被担保债权范围。

本案双方当事人的争议源于《最高额保证合同》第 19 条。该条款是手写内容，双方对其效力并无异议，但对该条款与《最高额保证合同》其他条款的关系有不同理解。民生银行主张，第 19 条约定只是对被担保债权还款期限作了限定，与合同其他条款并无冲突，并没有否定债权人宣布贷款提前到期会使债权最后确定的约定。担保公司抗辩则认为，该条款属于非格式条款，当出现与合同格式条款内容不一致时，应当采用非格式条款的约定；本案所涉贷款的还款日期均在 2011 年 8 月 19 日至 8 月 26 日之间，均超过了第 19 条约定期间，因此案涉贷款不属于《最高额保证合同》的担保范围。对于第 19 条内容的理解问题，本院认为，亦应依据《最高额保证合同》的约定来分析。综观《最高额保证合同》条款，第 19 条虽是双方当事人手写的非格式条款，但从其内容看，其仅是对被担保债权还款期限作出限定，与合同其他格式条款内容并不矛盾，不能据此排除其他条款的适用。而对于双方当事人争议的"债务履行期限届满日"如何界定的问题，《最高额保证合同》第 10 条明确约定"债务履行期限届满日"包括主合同债务人分期清偿债务的情况下，每一笔债务到期之日，还包括依主合同约定，债权人宣布债务提前到期之日。依此约定，债权人宣布贷款提前到期之日也即债务履行期限届满之日。具体到本案，根据原审查明的事实，民生银行于 2010 年 12 月 8 日宣布贷款提前到期，并于同日向担保公司及其他一审被告发送了《贷款提前到期通知书》，担保公司等均已收悉。上述时间在《最高额保证合同》第 19 条约定的期限之内。因此，担保公司上述抗辩意见缺乏事实及法律依据，本院不予采纳。

综上，民生银行主张担保公司应当对案涉贷款在 2.75 亿元范围内承担保证责任，符合双方签订的《最高额保证合同》的约定，其申请再审理由成立，本院予以支持。原一、二审判决认定事实清楚，但驳回民生银行对担保公司的上述诉讼请求，适用法律错误，本院予以纠正。本院依照《中华人民共和国担保法》第十四条，《最高人民法院关于适用〈中华人民共和国担保法〉若干问题的解释》第二十三条，《中华人民共和国民事诉讼法》第一百七十条第一款第（二）项、第二百零七条之规定，判决如下：

一、撤销浙江省高级人民法院（2012）浙商终字第 9 号民事判决；

二、撤销浙江省绍兴市中级人民法院（2011）浙绍商初字第 65 号民事判

决第五项;

三、维持浙江省绍兴市中级人民法院（2011）浙绍商初字第 65 号民事判决第一、二、三、四项;

四、绍兴县经济技术担保有限公司对浙江省绍兴市中级人民法院（2011）浙绍商初字第 65 号民事判决第一项债务，在 2.75 亿元范围内承担保证责任。

上述给付义务应自本判决生效之日起十日内履行;逾期给付的，应当按照《中华人民共和国民事诉讼法》第二百五十三条之规定，加倍支付迟延履行期间的债务利息。

一审案件受理费 3129387 元，财产保全费 5000 元，由浙江玻璃股份有限公司负担，青海碱业有限公司、浙江展望控股集团有限公司、浙江科技有限公司、冯光成、绍兴县经济技术担保有限公司负连带责任;二审案件受理费 1416800 元，由绍兴县经济技术担保有限公司负担。

本判决为终审判决。

审　判　长　王东敏
代理审判员　李相波
代理审判员　梅　芳
二〇一三年十二月二十日
书　记　员　侯佳明

五、借　贷

1. 当事人约定的金钱债务特定履行方式之理解

——南京国通能源有限责任公司与淮北市煤炭管理局企业出售合同纠纷案

【裁判要旨】

当事人约定一方不履行支付金钱义务时应当以交付某物来履行义务的情况下，交付某物之约定并不当然限制对方的违约救济手段。如果履行义务时该物尚不存在，此时债权人仍可以要求义务人履行支付金钱义务。

中华人民共和国最高人民法院民事判决书

（2012）民二终字第 136 号

上诉人（原审被告）：南京国通能源有限责任公司。住所地：江苏省南京市江浦县石桥镇街道。

法定代表人：赵海克，该公司执行董事。

委托代理人：邵黎明，上海市弘安律师事务所律师。

被上诉人（原审原告）：淮北市煤炭管理局。住所地：安徽省淮北市人民路 208 号 11 楼。

法定代表人：曹宏新，该局局长。

委托代理人：韦文津，安徽华人律师事务所律师。

上诉人南京国通能源有限责任公司（以下简称南京国通公司）为与被上诉人淮北市煤炭管理局（以下简称煤炭管理局）企业出售合同纠纷一案，不服安徽省高级人民法院（以下简称安徽高院）（2011）皖民二初字第 00005 号民事判决，向本院提起上诉。本院依法组成由审判员刘敏担任审判长，代理审判员赵柯、杜军参加的合议庭进行了审理。书记员孙亚菲担任记录。本案现已审理终结。

原审法院审理查明：2004 年 11 月 25 日，淮北市蔡山二矿筹备处与南京国通公司签订一份《淮北市蔡山二矿采矿权转让合同》，约定：蔡山二矿筹备处同意将采矿权延续后，依法转让给南京国通公司；采矿许可证的有效期至

2004 年 4 月，当时正在办理延续登记手续；南京国通公司承诺在签订采矿权转让合同的同时，与煤炭管理局签订蔡山二矿国有产权的转让合同；蔡山二矿筹备处按国土资源部门的要求，提供办理采矿权延续及转让登记手续的有关资料；南京国通公司会同蔡山二矿筹备处共同办理采矿权的延续和转让登记手续，由南京国通公司承担采矿权评估费及经评估确认的采矿权价款等相关费用；该协议经安徽省国土资源管理部门批准后生效。

2005 年 1 月 20 日，煤炭管理局与南京国通公司签订一份《蔡山二矿国有资产转让合同》（以下简称《资产转让合同》），约定：蔡山二矿位于濉溪县四铺乡艾桥村，初步设计提供的可开采煤炭储量 460 万吨，设计年产量 15 万吨，工业广场占地面积 67.5 亩。该矿尚未取得煤矿安全生产许可证和煤炭生产许可证。转让标的物为蔡山二矿筹备处投资形成的国有资产，其资产构成如下：1. 巷道 1722 米；2. 井筒 536.8 米；3. 土地 67.5 亩。其他国有资产详见安徽永安会计师事务所皖永安评报字（2004）第 177 号《资产评估报告书》。工业广场内的房屋是筹备阶段所建，未办理批建及权属登记，煤炭管理局只对实物资产负责；国有资产转让价款 3000 万元；付款期限三年：2005 年 2 月 20 日之前付 1000 万元，2005 年 4 月 20 日之前付 200 万元；2006 年 6 月 30 日之前付 450 万元，2006 年 12 月 31 日之前付 450 万元；2007 年 6 月 30 日之前付 450 万元，2007 年 12 月 31 日前付 450 万元；南京国通公司应按同期银行贷款利率向煤炭管理局支付延期付款期间利息；双方当事人对该合同有关条款的解释或履行发生争议时，应当通过友好协商的方式予以解决，若协商不成，走法律程序。国有资产转让过户所发生的各项税费由南京国通公司承担；合同生效后，双方不得无故解除合同，但发生下列情况之一时，可以变更或解除：1. 由于情况变化，当事人双方经协商同意，并且不因此损害国家和社会公共利益；2. 由于不可抗力致使不能实现合同目的的；3. 当事人一方迟延履行主要债务，经催告在合理期限内仍未履行的；4. 当事人一方迟延履行债务或者其他违约行为致使不能实现合同目的的；如任何一方违约，应按合同法的规定承担责任；该合同生效后，双方于 2001 年 6 月 8 日签订的《淮北市蔡山二矿租赁经营协议书》及相关协议终止履行。

同日，煤炭管理局与南京国通公司又签订一份《蔡山二矿国有资产转让补充合同》（以下简称《补充合同》），约定：《资产转让合同》生效后 10 日内，煤炭管理局应将采矿权转让在濉溪县国通矿业有限公司（以下简称濉溪国通公司）名下，并将过户后的采矿权许可证原件交付给南京国通公司；南京国通公司根据《资产转让合同》的规定首付 1000 万元后 15 日内，煤炭管理局应将 67.5 亩国有土地使用权过户到濉溪国通公司的名下，并将过户后的国有土地使用权证原件交付给南京国通公司；该合同与《资产转让合同》有同等效力。

当日，煤炭管理局、南京国通公司与淮北市建银房地产开发有限公司（以下简称建银公司）签订一份《蔡山二矿国有资产转让担保合同》（以下简称《担保合同》），约定：应付款到期后1个月，如南京国通公司不按《资产转让合同》规定按期支付资产转让价款，由建银公司负责为南京国通公司偿还资产转让价款和利息，并用土地或房产作为抵押，到有关部门办理抵押手续；如南京国通公司不能按期支付资产转让价款，且建银公司又不承担担保责任，用南京国通公司到还款期之日后生产的所有原煤承担支付资产转让价款（其方法为：南京国通公司所生产的原煤由煤炭管理局负责销售，至还完到期该付的资产转让价款为止）。

上述合同签订后，南京国通公司依约支付资产转让价款500万元，但建银公司未办理土地和房产抵押登记手续，在付款到期日后也未承担担保责任。2005年2月1日，南京国通公司向安徽省国土资源厅支付采矿权价款100万元。同年2月2日，原蔡山二矿的采矿权人变更为濉溪国通公司，但采矿许可证上经济类型载明的是"国有企业"。2007年9月12日，经濉溪国通公司申请，安徽省国土资源厅将经济类型更正为"有限责任公司"，并重新颁发了3400000720184号采矿许可证。2008年1月3日，在原采矿许可证到期后，濉溪国通公司又续办了3400000830012号采矿许可证，有效期限为十年，但至今未取得煤矿安全生产许可证和煤炭生产许可证。南京国通公司至起诉时止，尚欠煤炭管理局2500万元。

另查明：2005年1月5日，淮北市国有企业改革和发展领导小组在组长（市长）李忠金主持下，召开了国有企业改革和发展领导小组成员会议，专题研究蔡山二矿国有资产和采矿权转让中的有关问题，会议原则同意煤炭管理局与南京国通公司商定的蔡山二矿国有资产转让价款及付款期限。

再查明：2008年9月16日，濉溪县安全生产监督管理局向濉溪国通公司下发《关于责令濉溪国通公司立即停止矿井建设的通知》，要求濉溪国通公司立即停止矿井建设，尽快明确矿井停止建设期间的安全生产负责人。通知下发后，濉溪国通公司停止矿井建设，至今未恢复建设。2011年6月19日，安徽省煤矿整顿关闭和瓦斯集中整治工作领导小组办公室向淮北市人民政府下发皖煤整治办（2011）3号《关于关闭濉溪县国通煤矿的意见》，要求淮北市人民政府对濉溪国通煤矿实施关闭。2011年7月8日，安徽省国土资源厅根据该文件精神，向淮北市国土资源局下发皖国土资函（2011）1306号《关于注销濉溪国通公司煤矿采矿许可证的通知》，决定对濉溪国通公司持有的煤矿采矿许可证（采矿许可证号：3400000830012）予以注销。濉溪国通公司不服安徽省国土资源厅的注销通知，向国土资源部申请行政复议。2011 年 12 月 29 日，国土资源部以安徽省国土资源厅作出通知的行为违反了法定程序和有关法律规定为由，作出国土资复（2011）11 号《行政复议决定书》，决定撤销安徽省国土资源厅作出的《关于注销濉溪国通公司煤矿采矿许可证的通知》。2011 年 7 月 8 日，南京国通公司向煤炭管理局出具一份《关于濉溪国通公司情况汇报》，确认欠淮北市人民政府产权交易中心 2500 万元。

2011 年 8 月 12 日，南京国通公司向安徽高院提起诉讼，请求确认其与煤炭管理局签订的《资产转让合同》《补充合同》为无效合同；判令煤炭管理局支付南京国通公司投资款 1.8 亿元、合同履行期间缴纳的资源价款 100 万元及返还已支付的转让价款 500 万元；判令将蔡山二矿返还煤炭管理局；诉讼费及因诉讼产生的其他费用由煤炭管理局承担。2011 年 9 月 27 日，煤炭管理局向安徽高院提起反诉，请求判令南京国通公司支付煤炭管理局国有资产转让价款 2500 万元，并支付逾期付款利息 8532311.92 元（计算方法：按同期银行贷款利率，自逾期时起计算至 2011 年 10 月 11 日），此后利息计算至款清时止；诉讼费由南京国通公司承担。2012 年 3 月 14 日，南京国通公司向安徽高院申请撤回了起诉。

原审法院经审理认为：根据双方当事人的举证、质证及诉辩意见，该案的争议焦点为：一、《资产转让合同》《补充合同》《担保合同》的效力问题；二、煤炭管理局能否向南京国通公司主张债权；三、煤炭管理局主张南京国通公司支付资产转让款 2500 万元的诉讼请求能否成立。

一、关于《资产转让合同》《补充合同》《担保合同》效力的问题。该院认为，《资产转让合同》及《补充合同》是双方当事人真实意思表示，内容不违反法律和法规，且蔡山二矿的转让已经过淮北市人民政府的审批，履行了相应的审批程序，《资产转让合同》及《补充合同》合法有效。《担保合同》作为上述合同的从合同，其内容不违反法律和法规的禁止性规定，亦应确认有效。该院审理的南京国通公司与枣庄联创实业有限责任公司（以下简称联创公司）的企业纠纷与该案不是同一法律关系，南京国通公司以该纠纷中对合同效力的确认主张《资产转让合同》《补充合同》《担保合同》无效的抗辩理由不能成立，该院不予支持。

二、关于煤炭管理局能否向南京国通公司主张债权的问题。该院认为，《担保合同》约定：应付款到期后 1 个月，如南京国通公司不按《资产转让合同》的规定按期支付资产转让价款，由建银公司负责为南京国通公司偿还资产转让价款和利息，并用土地或房产作为抵押，到有关部门办理抵押手续。

该约定的内容具有担保的性质，且建银公司也是以担保人身份而非债务受让人身份签字盖章，故煤炭管理局在建银公司不履行义务的情况下，有权向南京国通公司主张权利。案件中，至于建银公司是否应该承担保证责任，并不影响煤炭管理局向南京国通公司主张债权。南京国通公司关于《担保合同》的上述约定实为附条件的债务转让合同，在转让条件成就后，该债务即转让给建银公司，煤炭管理局无权向其主张权利的抗辩理由不能成立。

三、关于煤炭管理局主张南京国通公司支付 2500 万元的诉讼请求能否成立的问题。该院认为，《资产转让合同》《补充合同》《担保合同》签订后，南京国通公司按约支付转让价款 500 万元，剩余 2500 万元转让价款未支付，对此双方均无异议。南京国通公司未按约支付剩余转让价款已构成违约，应依法支付剩余转让款及自逾期之日起至实际付款日期间的利息。《担保合同》约定：用南京国通公司到还款期之日后生产的所有原煤承担支付资产转让价款。因《补充合同》约定由煤炭管理局将采矿权转让至濉溪国通公司的名下，因此，在南京国通公司不具有煤炭开采权的情形下，双方的真实意思应为以濉溪国通公司生产原煤的销售价款偿付资产转让价款。此后南京国通公司未按约支付转让价款，建银公司也未承担担保责任，濉溪国通公司也未正式投产。2011 年 7 月 8 日，南京国通公司主动向煤炭管理局出具情况汇报，承认其尚欠资产转让款 2500 万元，由于南京国通公司充分知悉时效状况，其承认欠款的行为，应视为其同意履行债务的意思表示。在此情形下，煤炭管理局向南京国通公司主张支付资产转让款的诉讼请求成立。南京国通公司以债权超过法定诉讼时效的抗辩理由不能成立，该院不予支持。

综上，原审法院依据民法通则第一百三十五条，合同法第六十条、第一百零七条以及判决时的民事诉讼法第一百二十八条、第一百三十八条的规定，判决：南京国通公司于判决生效后三十日内向煤炭管理局支付资产转让价款 2500 万元及利息（其中 500 万元自 2005 年 2 月 21 日起、200 万元自 2005 年 4 月 21 日起、450 万元自 2006 年 7 月 1 日起、450 万元自 2007 年 1 月 1 日起、450 万元自 2007 年 7 月 1 日起、450 万元自 2008 年 1 月 1 日起，计算至判决确定的付款之日止，按中国人民银行同期同类贷款基准利率计算）；如未按判决指定期间履行给付金钱义务，应当依照判决时的民事诉讼法第二百二十九条之规定，加倍支付迟延履行期间的债务利息；案件受理费 209461.56 元，反诉减半收取为 104730.78 元，由南京国通公司负担。

南京国通公司不服原审法院上述民事判决，向本院提起上诉，请求撤销原审判决，改判驳回煤炭管理局的诉讼请求。理由是：

一、原审判决认定《资产转让合同》《补充合同》以及《担保合同》有效，是错误的。其一，案涉煤矿至今仍在基建阶段，尚未取得煤炭生产许可证而进入采矿生产阶段，而且煤矿在转让前，采矿权使用费、采矿权价款、矿产资源补偿费均未缴纳。国务院《探矿权采矿权转让管理办法》第六条规定：转让采矿权应当具备矿山企业投入采矿生产满1年和按照国家有关规定已缴纳采矿权使用费、采矿权价款、矿产资源补偿费和资源税。案涉煤矿的转让不符合该行政法规规定的条件；其二，矿产资源法第六条第（二）项规定因企业资产出售需要变更采矿权主体的，经依法批准可以将采矿权转让他人采矿。《探矿权采矿权转让管理办法》第九条、第十条就采矿权转让时的合同生效、评估进行了明确规定，《探矿权采矿权评估管理暂行办法》第十九条就采矿权价款计入方式等作了明确要求。而案件中的采矿权转让既没有经过批准，也不符合上述法律法规要求，严重损害国家利益。安徽省国土资源厅向濉溪国通公司发放采矿许可证的行为不能视为审批机关同意采矿权转让，而只表明其同意企业名称变更，即同意从蔡山二矿筹备处更名为濉溪国通公司。原审认定上述合同有效，与上述法律规定冲突；其三，案涉煤矿名义上是根据《资产转让合同》由煤炭管理局转让给南京国通公司，但是因为根据《补充合同》煤矿的采矿权转让给了濉溪国通公司，而濉溪国通公司是联创公司根据与南京国通公司签订《转让协议》成立的公司，所以实际上煤炭管理局与南京国通公司之间的煤矿转让同南京国通公司与联创公司的煤矿转让是同一转让行为。2006年10月25日安徽高院作出的（2006）皖民二终字第0139号民事判决以蔡山二矿在采矿权转让时尚未投入生产、未取得生产许可证、未经依法批准等为由，认定联创公司与南京国通公司间的转让无效。那么，原审判决将经终局判决为无效的合同又认定为有效，违反了既判力原则。

二、即使上述《资产转让合同》《补充合同》以及《担保合同》有效，那么目前也不具备南京国通公司向煤炭管理局支付资产转让价款的条件。因为《担保合同》明确约定，如果南京国通公司不能按期支付转让款，由建银公司负责偿还。如果南京国通公司及建银公司均不能偿还，则用南京国通公司到还款期之后生产的原煤承担支付转让的价款，方法为南京国通公司生产的原煤由煤炭管理局负责销售，至还完资产转让价款为止。上述关于双方如何履行义务之约定应当严格遵守，因濉溪国通公司至今尚未进行生产，没有生产出原煤，不存在煤管理局销售煤炭的问题，更不存在南京国通公司支付价款的问题。

三、原审判决以煤矿未投入生产为由要求南京国通公司支付价款，缺乏事实依据。因为：虽然2011年7月8日安徽省国土资源厅以《关于注销濉溪国通公司煤矿采矿许可证的通知》注销了濉溪国通公司的采矿许可证，进而导致《补充合同》中约定的用生产的原煤偿还转让价款无法实现，但是，2011 年 12 月 29 日国土资源部经行政复议撤销了注销通知。所以，原审认定的事实基础已不存在。

四、濉溪国通公司至今未进行生产是由于煤炭管理局的原因所导致，故未付款的后果应由煤炭管理局承担。目前煤矿未生产之情形也不能作为判决南京国通公司支付资产转让价款的理由。南京国通公司是 2001 年经淮北市政府招商引资进入蔡山二矿的，当时煤炭管理局与南京国通公司签订了《淮北市蔡山二矿租赁经营协议书》。随后南京国通公司投入了大量资金。但当 2003 年国内煤炭市场好转后，煤炭管理局以前述租赁经营协议书违反法律法规强制性规定为由要求终止协议。南京国通公司及时申请了仲裁，经仲裁裁决前述租赁经营协议书有效。后来，煤炭管理局对煤矿采取停电的措施致使煤矿被淹，但南京国通公司仍没有退出煤矿经营。2004 年淮北市政府将煤矿以 3000 万元强迫出售给南京国通公司，南京国通公司尽力买下后又转让给联创公司，但该转让行为被安徽高院认定为无效，煤矿又回到了南京国通公司手中。之后，南京国通公司持续开展煤矿基本建设，2008 年中旬已符合安全验收条件。此时，煤炭管理局以煤矿安全设施"未完善"为由通知煤矿停止建设至今，该局的行为是错误的。后来，煤炭管理局又采取吊销煤矿采矿权证和关闭煤矿的方式逼迫南京国通公司退出煤矿，但南京国通公司一直没有退出。原审法院之前针对此情况制定的调解方案就是双方撤回原审诉讼请求，南京国通公司将煤矿转让给第三人。但是，当南京国通公司撤回起诉后，煤炭管理局却没有撤诉，和解最终没有达成。可见，目前煤矿不能生产，完全是煤炭管理局的刁难造成，其不利后果应由煤炭管理局自身承担。

五、煤炭管理局主张的价款已经超过诉讼时效期间。根据《资产转让合同》的约定，2007 年 12 月 31 日是最后一笔款项 450 万元的最晚支付时间，但至煤炭管理局在原审提出诉讼请求时止，煤炭管理局之前一直没有主张债权，也不存在债权中断的情形。所以，即使争议的一系列合同有效，煤炭管理局的债权也超过了诉讼时效期间。

煤炭管理局答辩称原审判决认定事实清楚，适用法律正确，应予维持。理由是：

一、《资产转让合同》《补充合同》《担保合同》真实有效。其一，案涉的煤矿转让等合同，经过了淮北市政府审批，也经过了淮北市产权交易中心的公开挂牌程序，合同内容是双方的真实意思表示，南京国通公司主张的刁难等行为并不存在，况且其也没有提供任何证据证明煤炭管理局存在刁难等行为。煤矿之所以经营不下去是因为国土管理部门作出了注销采矿许可证的决定，与煤炭管理局无关；其二，上述三份合同并不违反法律法规的效力性强制性规定，应当有效。案涉煤矿的转让并非单一的采矿权转让，更重要的是还包括蔡山二矿国有资产的转让，故转让行为是资产和权利的双重转让，采矿权转让的效力与国有资产转让的效力不能等同，不能相互代替，不能以采矿权转让无效为由即认定国有资产转让无效；其三，上述合同明确约定了价款支付义务，南京国通公司应当按照合同的约定继续支付价款并承担相应利息。

二、煤炭管理局的主张没有超过法定诉讼时效期间。根据《担保合同》的约定，南京国通公司逾期付款后，用其生产的原煤承担支付资产转让价款的责任。因南京国通公司一直未能取得生产许可，尚未产出原煤，故截止到2011年7月8日被注销采矿许可证之前，煤炭管理局不存在怠于主张权利的情形。2011年7月8日采矿许可证被注销，而且该日南京国通公司向煤炭管理局出具情况说明承认其欠款，这可以表明其同意履行支付义务。所以，煤炭管理局的诉讼请求没有超过诉讼时效期间。

本院除确认原审法院查明的事实外，另查明：

1. 南京国通公司认可煤炭管理局已将《资产转让合同》约定的资产交付给了该公司。

2. 2007年5月10日，濉溪国通公司向安徽省国土资源厅提交的《关于要求更正采矿许可证企业性质的报告》中载明：2005年3月淮北市政府在办理转让蔡山二矿采矿权手续时，没有说明受让方南京国通公司的企业性质为民营企业，公司在申请采矿权变更时，仍把濉溪国通公司的企业性质登记为"国有企业"，故要求更正为和营业执照相符的性质"国内合资"企业。2007年9月12日，安徽省国土资源厅向濉溪县人民政府下发的《颁发采矿许可证通知》中载明：濉溪国通公司申请开采位于该县的煤资源，已经该厅审查批准，并颁发了采矿许可证。同一天，安徽省国土资源厅向濉溪国通公司重新颁发了编号为3400000720184的采矿许可证，其中采矿权人的经济类型更正为"有限责任公司"。

3. 南京国通公司2004年12月30日与联创公司签订的《转让协议》约定：前者将蔡山二矿的所有权和经营权（包括采矿权和其他资产）转让给新注册的濉溪国通公司，转让后联创公司对濉溪国通公司持股90%，南京国通公司持股10%，联创公司需支付5800万元。后来联创公司尚余2900余万元款项未支付，故南京国通公司起诉联创公司，请求联创公司支付该2900余万元款项。联创公司反诉请求认定《转让协议》无效，请求南京国通公司返还其已支付的款项等。安徽高院（2006）皖民二终字第0139号民事判决以所涉采矿权转让时矿山尚未投入生产且转让未经审批为由认定《转让协议》无效。

4. 蔡山二矿筹备处是归煤炭管理局管理的临时机关，2005 年 1 月 20 日《补充合同》签订前，该筹备处是蔡山二矿采矿权的权利人，该筹备处现在已解散，人员回到了各自单位。濉溪国通公司成立于 2005 年 3 月 23 日，成立时的股东是联创公司和赵海克。安徽高院（2006）皖民二终字第 0139 号民事判决作出后，联创公司与南京国通公司于 2007 年 1 月 18 日签订《股权转让协议》，联创公司将其持有的濉溪国通公司股权交还与南京国通公司。濉溪国通公司的股东变更为南京国通公司和赵海克。

本院认为，煤炭管理局与南京国通公司于 2005 年 1 月 20 日签订《资产转让合同》《补充合同》及《担保合同》后，煤炭管理局按照上述合同约定将蔡山二矿的采矿权人变更为了濉溪国通公司。因濉溪国通公司系 2005 年 3 月 23 日由股东联创公司和赵海克设立，2007 年 1 月 18 日联创公司将其持有的濉溪国通公司股权交还与南京国通公司后，濉溪国通公司的股东变更为南京国通公司和赵海克，而蔡山二矿筹备处是煤炭管理局管理的临时机关且该筹备处已经解散，故蔡山二矿筹备处与濉溪国通公司间并不存在更名之关系。因此，安徽省国土资源厅 2005 年 2 月 2 日向拟设立的濉溪国通公司颁发采矿许可证，以及 2007 年 9 月 12 日该厅应濉溪国通公司 2007 年 5 月 10 日之报告请求而向濉溪国通公司重新颁发采矿许可证之行为，可视为该厅对蔡山二矿采矿权转让的同意。南京国通公司提出的安徽省国土资源厅向濉溪国通公司颁发采矿许可证只能表明该厅同意采矿权人名称变更而不是同意采矿权转让之主张，不能成立。南京国通公司以上述《资产转让合同》《补充合同》《担保合同》确立的采矿权转让未经审批机关批准为由主张其无效，缺乏事实依据，本院对其主张不予支持。国务院《探矿权采矿权转让管理办法》等法律法规对采矿权转让时的矿山条件要求、税费缴纳要求、评估计价要求系法律法规为规范当事人转让采矿权而设定的条件，南京国通公司以本案中的采矿权转让违反上述要求为由而主张上述合同无效，缺乏明确的法律依据，其主张难以成立。安徽高院（2006）皖民二终字第 0139 号民事判决确认的是南京国通公司与联创公司间转让案涉采矿权的协议无效，从而采矿权应由联创公司协助从濉溪国通公司返还给南京国通公司。该判决并未对本案中的煤炭管理局与南京国通公司之间的采矿权转让关系作出处理。故该判决对本案认定煤炭管理局与南京国通公司之间采矿权转让效力不产生影响。南京国通公司主张应依照该判决来认定采矿权转让无效，本院不予支持。南京国通公司主张因《资产转让合同》《补充合同》《担保合同》确立的采矿权转让无效进而导致上述合同均无效，缺乏事实依据，对其主张本院不予支持。因无其他证据证明上述合同无效，故本院对上述合同的效力予以确认。

煤炭管理局已按照《资产转让合同》《补充合同》的约定将相应的资产和采矿权交与了南京国通公司，南京国通公司应当按照上述合同约定支付价款。《担保合同》虽然约定南京国通公司不能按期支付资产转让价款且建银公司又不承担担保责任时用南京国通公司生产的原煤承担价款，但该以原煤承担价款之约定系煤炭管理局为保障合同债权实现而增加的债之履行方式，该约定并不排除煤炭管理局主张价款的权利。煤炭管理局要求南京国通公司支付价款，于法有据，应予支持。南京国通公司提出的煤炭管理局必须待原煤生产出来后自行销售原煤实现债权之主张，不能成立，本院不予支持。安徽省国土资源厅《关于注销濉溪国通公司煤矿采矿许可证的通知》是否被国土资源部撤销，濉溪国通公司未生产出原煤之原因以及今后是否能生产出原煤，与本案无关，本院不予审理。

2011年7月8日南京国通公司在向煤炭管理局出具的《关于濉溪国通公司情况汇报》中认可其尚欠资产转让款2500万元，该行为应视为是对《资产转让合同》中约定的价款债务的重新确认，故应当以该日另行起算诉讼时效期间。2011年7月8日至煤炭管理局提起本案诉讼的2011年9月27日，并未超过两年的时效期间。南京国通公司主张煤炭管理局请求支付价款已超过诉讼时效期间，缺乏事实依据，本院不予支持。煤炭管理局请求南京国通公司支付2500万元价款及相应利息，应予支持。

综上所述，南京国通公司的上诉请求缺乏事实和法律依据，其主张难以成立。原审判决认定事实清楚、适用法律正确，应予维持。本院依据《中华人民共和国民事诉讼法》第一百七十条第一款第（一）项之规定，判决如下：

驳回上诉，维持原判。

本案二审案件受理费209461.56元，由南京国通能源有限责任公司负担。

本判决为终审判决。

审　判　长　刘　敏
代理审判员　赵　柯
代理审判员　杜　军
二〇一三年五月三日
书　记　员　孙亚菲

2. 债务人在载明借款本金、利息数额的贷款核对单上签字，表明其对于该债务数额的确认，其应当承担偿还责任

——七台河市区农村信用合作联社红旗信用社与七台河市鹿山煤炭集团有限公司金融借款合同纠纷案

【裁判要旨】

本案诉讼过程中，双方当事人基于核对债权债务数额之目的形成一份载明贷款本息数额的贷款核对单，债务人在该核对单上签字。此情况下，债务人应当对贷款核对单的法律意义和后果有明确认知，即债务人签字意味着对贷款核对单载明的债务数额的确认，债务人应当承担偿还责任。

中华人民共和国最高人民法院民事判决书
（2013）民二终字第 14 号

上诉人（原审原告）：七台河市区农村信用合作联社红旗信用社。

负责人：宋振宇，该信用社主任。

委托代理人：宋良刚，北京市君致律师事务所律师。

委托代理人：于成，黑龙江圣博律师事务所律师。

被上诉人（原审被告）：七台河市鹿山煤炭集团有限公司。

负责人：王全才，该公司留守处主任。

委托代理人：那国海，黑龙江齐开律师事务所律师。

上诉人七台河市区农村信用合作联社红旗信用社（以下简称红旗信用社）与被上诉人七台河市鹿山煤炭集团有限公司（以下简称鹿山集团公司）金融借款合同纠纷一案，黑龙江省高级人民法院于 2011 年 11 月 21 日作出（2011）黑高商初字第 4 号民事判决，红旗信用社不服，向本院提起上诉，本院以（2012）民二终字第 27 号民事裁定，将本案发回重审。黑龙江省高级人

民法院重审后于 2012 年 11 月 26 日作出（2012）黑高商重初字第 2 号民事判决，红旗信用社不服，向本院提起上诉。本院依法组成由审判员王东敏担任审判长，代理审判员李相波、梅芳参加的合议庭进行了审理，书记员侯佳明担任记录。本案现已审理终结。

原审法院查明：1988 年 12 月 2 日，七台河市选煤厂（以下简称选煤厂）向红旗信用社贷款 100 万元，借款期限 1 年，月利率为 18.9‰。1993 年 1 月 13 日、1 月 16 日、2 月 5 日又分别贷款 100 万元，借款期限均为 6 个月，月利率均为 18.9‰。其中，双方仅就 1993 年 1 月 13 日、1 月 16 日的贷款签订了书面借款合同。红旗信用社按约定发放了借款，选煤厂未按期还款。1996 年 4 月 9 日，选煤厂与七台河市鹿山煤矿合并成立了鹿山集团公司。1996 年 6 月 26 日，鹿山集团公司就上述四笔借款为红旗信用社换签了四张借据，双方又重新就上述四笔借款补签了四份借款合同及四份抵押合同。抵押合同中没有附抵押清单，双方亦未办理抵押登记。1997 年 10 月 19 日，鹿山集团公司以三台轿车作价 731600 元，抵偿 1996 年欠付的部分利息。1999 年 10 月 19 日，根据七台河市人民政府市长办公会决定，将鹿山集团公司选煤厂部分委托给香港瑞嘉公司经营至今。1999 年 11 月 10 日，鹿山集团公司被吊销营业执照。1999 年 8 月 26 日、2002 年 3 月 27 日、2005 年 1 月 25 日、2006 年 12 月 19 日、2007 年 6 月 13 日、2008 年 11 月 17 日、2009 年 6 月 1 日、2011 年 5 月 19 日，红旗信用社先后向鹿山集团公司发出"农村信用社清产核资贷款对账单"，鹿山集团公司在上述对账单上盖章或由留守处负责人签名。

原审法院另查明，鹿山集团公司被吊销营业执照后，设立留守处负责协调解决鹿山集团公司因国企改制遗留的信访和稳控工作，负责企业生产经营期间历史遗留问题的调查和解释工作。王全才为鹿山集团公司留守处主任，负责留守处的日常管理工作。

2011 年 4 月 25 日，红旗信用社就本案所涉借款以鹿山集团公司和七台河市鹿山优质煤有限责任公司（以下简称优质煤公司）为被告向黑龙江省高级人民法院提起诉讼，请求判令鹿山集团公司、优质煤公司偿还截止到 2011 年 4 月 25 日的借款本息合计 100300000 元并承担本案的诉讼费用。原审法院审理期间，优质煤公司给付红旗信用社 1522500 元，用以偿还鹿山集团公司向红旗信用社借款 400 万元产生的利息。2011 年 10 月 17 日，红旗信用社向原审法院申请撤回对优质煤公司的起诉，原审法院裁定准许。

原审法院认为，红旗信用社与选煤厂之间的借款行为是双方当事人的真实意思表示，不违反法律、行政法规的强制性规定，又无导致行为无效的法定情形，故应认定为合法有效。本案纠纷需要解决以下问题：

一、鹿山集团公司是否具备本案诉讼主体资格。鹿山集团公司虽于1999年11月10日被吊销企业营业执照，但营业执照被吊销是工商行政管理部门依据国家工商行政法规对违法企业法人作出的行政处罚，并不影响企业法人资格的存续。企业法人被吊销营业执照后，应当依法进行清算，清算程序结束并办理工商注销登记后，该企业法人才归于消灭。由于鹿山集团公司尚未办理工商注销登记，故其仍然具有法人资格，仍然有权以自己的名义进行诉讼活动。

二、鹿山集团公司留守处的法律地位和负责人的职责权限问题。如前所述，鹿山集团公司虽被吊销营业执照，但未办理注销登记手续，其法人资格仍然存在。鹿山集团公司成立留守处，留守处有办公场所和工作人员，其主要职能是处理企业的遗留问题。留守处的负责人负责留守处的日常管理工作，故其在对账单上的签字系职务行为，其行为后果应由鹿山集团公司承担。

三、红旗信用社主张权利是否超过诉讼时效期间。根据本案事实，红旗信用社从1999年至2011年共向鹿山集团公司发出了8份贷款对账单，鹿山集团公司均在上述对账单上盖章或签名，因此，应认定红旗信用社在此期间一直在主张权利。特别是2008年11月17日的对账单不仅载明催收内容，而且也有鹿山集团公司同意偿还，但现没有还款能力的意思表示。该证据亦证实鹿山集团公司对案涉债务予以确认。故本案所涉债权并未超过诉讼时效期间。

四、本案所涉借款本息如何确定。因红旗信用社与鹿山集团公司对案涉400万元借款本金的事实并无争议，故鹿山集团公司应偿还红旗信用社借款本金400万元。本案焦点在于应否计算复利。根据相关规定，金融机构作为出借人的借款合同应否计算复利的具体处理原则为：当中国人民银行有明文规定计算复利时且为当事人所明确约定的，人民法院予以保护；虽有明文规定但没有约定的，人民法院不予支持，以保障当事人之间利益实质平等。本案中，双方当事人未在借款合同中明确约定计算复利，现红旗信用社向鹿山集团公司主张给付复利不符合上述处理原则，对鹿山集团公司亦不公平，故该法院对红旗信用社要求支付复利的主张不予支持。鹿山集团公司应按中国人民银行的相关规定支付利息，即合同期内按合同约定的利率标准计算利息，逾期偿还贷款期间按中国人民银行规定的逾期贷款罚息利率标准计息。因中国人民银行于2004年1月1日将逾期贷款罚息利率标准调整为在借款合同载明的贷款利率水平上加收30%—50%，红旗信用社亦根据上述规定将逾期贷款罚息利率确定为在借款合同载明的贷款利率水平上加收50%，故本案所涉借款在2004年1月1日之后的罚息应按合同载明的贷款利率水平上加收50%计算。双方对鹿山集团公司已偿还的1996年利息713600元并无争议，故该笔款项应从利息总额中扣除。另外，优质煤公司代鹿山集团公司给付的 1522500 元利息，红旗信用社也已认可亦应从利息总额中扣除。

综上，红旗信用社要求给付借款本金及利息的诉讼请求符合法律规定，但其主张给付贷款复利缺乏法律依据，该院对其此项主张不予支持。此外，红旗信用社在其诉讼请求中将给付利息的截止日期设定在 2011 年 4 月 25 日，该请求系当事人对自己民事权利的一种处分行为，该院予以支持。该院依照《中华人民共和国民法通则》第一百三十五条、第一百四十条，《中华人民共和国合同法》第二百零五条、第二百零六条、第二百零七条之规定，判决：鹿山集团公司于判决生效之日起十日内给付红旗信用社贷款本金 400 万元及利息（合同期内按合同约定计算利息，逾期按中国人民银行规定的同期罚息利率标准计息，2004 年 1 月 1 日后按合同利率上浮 50% 标准计息，直至 2011 年 4 月 25 日止。对于已支付的利息 2236100 元从上述利息总额中扣除）。如果鹿山集团公司未按判决指定的期间履行给付金钱义务，应当依照《中华人民共和国民事诉讼法》第二百二十九条之规定，加倍支付迟延履行期间的债务利息。一审案件受理费 543300 元，由红旗信用社负担 429207 元，由鹿山集团公司负担 114093 元。

红旗信用社不服原审法院上述判决，向本院上诉称：原审法院已经查明，鹿山集团公司留守处主要职能是处理企业的遗留问题，留守处负责人在对账单上签字系职务行为，其行为后果应由鹿山集团公司承担。因此，2011 年 5 月 19 日的贷款核对单不仅证明本案没有超过诉讼时效，同时证明了双方重新确认截止到 2010 年 12 月 30 日鹿山集团公司欠款本息合计为 182586983.49 元。红旗信用社主动放弃部分债权，只要求鹿山集团公司偿还截止到 2011 年 4 月 25 日前的本息共计 100300000 元，该诉讼请求应当得到支持。原审法院适用法律错误，应予改判。

鹿山集团公司答辩称：原审判决认定事实清楚，适用法律正确，应予维持。

本院经审理，对原审法院查明的事实予以确认。另查明，本案一审诉讼过程中，鹿山集团公司留守处负责人王全才于 2011 年 5 月 19 日持介绍信至红旗信用社，介绍信载明联系事项为："前去调阅复印原七台河市选煤厂 1988 年至 1995 年四笔贷款票据、贷款和抵押合同、进账单据、复印件，核对贷款借据。"同时，王全才所持身份证复印件记载为"核对红旗贷款账目用"。之后，红旗信用社出示"鹿山集团 1988 年至 1996 年四笔贷款核对单""鹿山集团 1988 年至 1996 年四笔贷款本息合计表"（以下简称 2011 年贷款核对单），载明：鹿山集团 1988 年至 1996 年四笔贷款截止到 2010 年 12 月 30 日本息合计（含复利）182586983.49 元。王全才在该贷款核对单上签字。

本院认为，本案二审争议的焦点问题是：鹿山集团公司留守处负责人在2011 年贷款核对单上签字的行为是否表明鹿山集团公司对于该贷款核对单载明的贷款本息数额的重新确认。

从红旗信用社一审的诉讼请求看，其主张鹿山集团公司偿还的贷款本息数额包含复利，鹿山集团公司抗辩认为不应当计收复利。对此，原审法院认为因本案双方当事人未在借款合同中明确约定计算复利，故红旗信用社关于复利的诉讼请求不予支持。但因在一审诉讼过程中，鹿山集团公司与红旗信用社形成2011 年贷款核对单，该核对单上明确载明了包含复利在内的贷款本息数额，鹿山集团公司留守处负责人在该对账单上签字，红旗信用社据此主张鹿山集团公司重新确认了包含复利在内的债务数额。2011 年贷款核对单已经原审法院庭审质证，双方当事人对其真实性无异议。争议的问题是，鹿山集团公司留守处负责人在该贷款核对单上签字的行为是否表明鹿山集团公司对于182586983.49 元债务的重新确认。本院认为，该问题应当根据鹿山集团公司留守处的法律地位、留守处负责人的职责权限以及该贷款核对单的形成过程等因素综合分析认定。

根据本案查明的事实，鹿山集团公司被吊销营业执照后设立留守处负责协调解决鹿山集团公司因国企改制遗留的信访和稳控工作，负责企业生产经营期间历史遗留问题的调查和解释工作。王全才为鹿山集团公司留守处主任，负责留守处的日常管理工作。2011 年 5 月 19 日，王全才持介绍信和身份证复印件前往红旗信用社，介绍信和身份证复印件明确载明为"核对双方贷款账目"所用，据此应当认为双方形成2011 年贷款核对单具有明确地核对双方债权债务数额之目的。在此情况下，债务人应当对贷款核对单的法律意义和后果有明确认知，即债务人签字意味着对贷款核对单载明的债务数额的确认。综合考虑鹿山集团公司留守处负责人的职责权限以及2011 年贷款核对单的形成过程，应当认为鹿山集团公司留守处负责人在贷款核对单上签字的行为系职务行为，行为后果应由鹿山集团公司承担，即鹿山集团公司应当对2011 年贷款核对单载明的债务承担偿还责任。故红旗信用社上诉所称鹿山集团公司对于2011 年贷款核对单载明的本金、利息数额予以重新确认的理由有事实依据，本院予以支持。原审判决仅以2011 年贷款核对单解决本案债权的诉讼时效问题，而未认定双方当事人已经在诉讼过程中对债权债务数额予以重新确认的事实，导致判决结果不当，本院予以纠正。

红旗信用社的诉讼请求系要求鹿山集团公司偿还截止到2011 年 4 月 25 日的贷款本息合计100300000 元，并在诉讼中明确表示不足182586983.49 元部分的数额予以放弃。红旗信用社放弃部分债权，系对其民事权利的自由处分，属于当事人意思自治的范畴，且不损害他人利益，本院予以认可。对于鹿山集团公司已偿还利息731600元、优质煤公司偿还利息1522500元的事实，双方当事人均无异议，二审中红旗信用社同意将上述两笔款项从其主张的标的额中扣减，本院予以确认。

综上，本院依照《中华人民共和国合同法》第二百零五条、第二百零六条、第二百零七条，《中华人民共和国民事诉讼法》第一百七十条第一款第（二）项、第一百七十五条之规定，判决如下：

一、撤销黑龙江省高级人民法院（2012）黑高商重初字第2号民事判决；

二、七台河市鹿山煤炭集团有限公司于本判决生效之日起十日内给付七台河市区农村信用合作联社红旗信用社贷款本金及利息合计98045900元。

七台河市鹿山煤炭集团有限公司如果未按本判决指定的期间履行给付金钱义务，应当依照《中华人民共和国民事诉讼法》第二百五十三条之规定，加倍支付迟延履行期间的债务利息。

本案一审案件受理费543300元，由七台河市区农村信用合作联社红旗信用社负担12210元，七台河市鹿山煤炭集团有限公司负担531090元；二审案件受理费437985元，由七台河市鹿山煤炭集团有限公司负担。

本判决为终审判决。

审　判　长　王东敏

代理审判员　李相波

代理审判员　梅　芳

二〇一三年六月十七日

书　记　员　侯佳明

3. 在当事人没有签订书面借款合同的情况下，能否根据案件事实和证据认定双方之间形成事实上的借款法律关系

——中国农业银行股份有限公司湖北省分行、中国农业银行股份有限公司十堰分行与十堰荣华东风汽车专营有限公司借款纠纷案

【裁判要旨】

《中华人民共和国合同法》第一百九十七条第一款规定："借款合同应当采用书面形式，但自然人之间借款另有约定的除外。"但同时第三十六条还规定："法律、行政法规规定或者当事人约定采用书面形式订立合同，当事人未采用书面形式但一方已经履行主要义务，对方接受的，该合同成立。"这表明，是否签订书面合同并非判断当事人之间是否形成借款法律关系的绝对标准，如果从当事人已经作出的民事行为能够推定双方有形成借款法律关系意愿的，也应当认定借款法律关系成立。本案中，十堰荣华东风汽车专营有限公司与中国农业银行股份有限公司湖北省分行、中国农业银行股份有限公司十堰分行之间并无签订书面借款合同，亦没有明确地约定借款金额、期限、还款方式等内容的口头借款协议。通过对全案事实和证据进行综合分析判断，人民法院认为，十堰荣华东风汽车专营有限公司已实际为中国农业银行股份有限公司湖北省分行、十堰分行提供垫资，该垫资款项已被实际使用，双方已然形成事实上的借款法律关系。

中华人民共和国最高人民法院民事判决书

（2013）民二终字第 4 号

上诉人（原审被告）：中国银行股份有限公司十堰分行。住所地：湖北省

十堰市人民中路 30 号。

负责人：包建明，该行行长。

委托代理人：季向红，北京市时开律师事务所律师。

上诉人（原审被告）：中国银行股份有限公司湖北省分行。住所地：湖北省武汉市汉口建设大道 677 号。

负责人：宁效云，该行行长。

委托代理人：季向红，北京市时开律师事务所律师。

被上诉人（原审原告）：十堰荣华东风汽车专营有限公司。住所地：湖北省十堰市文化路 4 号。

法定代表人：钱云富，该公司总经理。

委托代理人：王玥，北京德恒律师事务所律师。

委托代理人：魏琨，北京德恒律师事务所律师。

上诉人中国银行股份有限公司十堰分行（以下简称中行十堰分行）、中国银行股份有限公司湖北省分行（以下简称中行湖北分行）为与被上诉人十堰荣华东风汽车专营有限公司（以下简称荣华公司）借款纠纷一案，不服湖北省高级人民法院（2011）鄂民二初字第 11 号民事判决，向本院提起上诉。本院依法组成由审判员王东敏担任审判长，代理审判员李相波、梅芳参加的合议庭进行了审理，书记员侯佳明担任记录。本案现已审理终结。

原审法院查明，2005 年至 2006 年，湖北省十堰市金融机构发生大量银行承兑汇票违规事件（以下简称票据违规事件）。湖北省十堰市中级人民法院（2007）十刑终字第 148 号刑事判决书认定，2005 年，十堰市雄驰汽车贸易有限公司（以下简称雄驰公司）经理管萍与时任中行十堰分行东风支行（以下简称中行东风支行）行长的胡劲松商量，将已在中行东风支行质押或贴现票据金额共计 1100 万元的银行承兑汇票借出用于资金周转，管萍以雄驰公司名义在其他金融机构贴现。湖北省十堰市中级人民法院（2007）十刑终字第 149 号刑事判决书认定，2006 年，十堰南帝翔物资贸易有限公司（以下简称南帝翔公司）法定代表人黄义飞与时任中行十堰分行张湾支行（以下简称中行张湾支行）行长的李勇共谋，黄义飞安排其儿子黄羽找李勇将已质押在中行张湾支行金额共计 1000 万元的银行承兑汇票借出，以十堰国创工贸有限公司（以下简称国创公司）名义在十堰市财源信用社贴现；2006 年，黄义飞与时任中行十堰分行茅箭支行（以下简称中行茅箭支行）行长的孙长茂共谋，孙长茂私自将已质押在中行茅箭支行金额共计 1000 万元的银行承兑汇票借出给黄义飞使用；2005 年，管萍、黄义飞与胡劲松共谋，将已质押在中行东风支行金额共计 1100 万元的银行承兑汇票借出使用并以雄驰公司名义在其他金融机构贴现。湖北省十堰市中级人民法院（2007）十刑终字第150号刑事判决书认定，2006年，管萍与时任中行东风支行客户经理的陈燕斌共谋，陈燕斌私自将已在中行东风支行质押或贴现金额共计2490万元的银行承兑汇票借出给管萍使用，管萍以雄驰公司名义在其他金融机构贴现；2006年，十堰市汇启工贸有限公司（以下简称汇启公司）经理高山与陈燕斌共谋，陈燕斌私自将已在中行东风支行质押或贴现金额共计2800万元的银行承兑汇票借出给高山使用。

上述票据违规事件导致中行十堰分行的债务人在债务到期后不偿还债务，中行十堰分行的债权无法收回的问题，十堰市各金融机构面临被银行监管部门停止全部银行承兑汇票业务的风险。为解决票据违规事件，防范金融风险，十堰市人民政府介入进行了组织协调工作。2007年4月12日，十堰市人民政府办公室作出《十堰市人民政府专题会议纪要（11）》（以下简称11号会议纪要），纪要载明：2007年4月6日下午，副市长彭承志在市政府三楼1号会议室召开会议，会议指出，在2006年7月中行十堰分行发生的票据违规案件中，荣华公司为维护十堰信用环境做出了巨大贡献，要求检察、公安部门加大案件查办力度，尽可能追回中行十堰分行的承兑信用欠贷，减少荣华公司因借支中行十堰分行所造成的经济损失，并及时将所追回的款物移交荣华公司。纪要列明参加该会议的人员包括十堰市人民政府、检察院、公安局工作人员、中行十堰分行负责人李军、荣华公司法定代表人钱云富。2007年5月16日，十堰市人民政府办公室作出《十堰市人民政府专题会议纪要（20）》（以下简称20号会议纪要），纪要载明：2006年7月30日上午，彭承志副市长在十堰银监分局21楼会议室就中行十堰分行票据质押风险进行了专题研究；会议听取了中行湖北分行黄大维副行长及中行十堰分行副行长王志刚的介绍；中行十堰分行个别人员未严格按规定操作，造成7790万元资金无法收回，对十堰市的全部银行承兑汇票业务将产生一定影响；会议决定由市公安局调查涉及的雄驰公司、汇启公司、南帝翔公司、国创公司的经营状况，同意中行十堰分行与荣华公司的协商意见，由荣华公司牵头，召集市内有实力的企业筹集资金在3日内先行垫交中行十堰分行7790万元，之后中行湖北分行、中行十堰分行会同荣华公司采取措施，尽快归还荣华公司的垫款。纪要列明参加该会议的人员包括中行湖北分行工作人员周敏慧、黄大维、中行十堰分行副行长王志刚、荣华公司法定代表人钱云富等。2010年8月6日，中行十堰分行向十堰市人民政府提交《关于对荣华公司17732万元不良贷款处置方案》，方案中提及：自2009年下半年，特别是今年以来，中行总行、中行湖北分行、中行十堰分行多层面多次与荣华公司商议不良贷款处置工作，荣华公司以解决票据垫款问题为前提。2010 年 12 月 10 日，中行十堰分行向十堰市金融办提交《关于我行近期化解荣华公司不良债务有关情况报告》，报告中提及：荣华公司对中行十堰分行的不良债务化解力度明显弱于他行，其主要是荣华公司认为所谓的"历史遗留的垫款"问题影响了荣华公司对中行十堰分行不良贷款化解的主动性；荣华公司在多种场合扬言对所谓的"历史遗留的垫款"问题进行媒体公开，这一行为将严重影响银行声誉，恳请对荣华公司这一行为进行制止。十堰市金融办批示：荣华公司在当年的风险化解上做出了实质性贡献，中行建议以诉促谈可以理解。十堰市人民政府有关领导批示：通知荣华公司顾全大局，谨慎行事。

根据 20 号会议纪要，涉及票据违规事件的四家涉案单位为汇启公司、雄驰公司、南帝翔公司、国创公司，荣华公司，通过向四家公司在中行十堰分行分支机构的账户付款和向中行十堰分行及中行东风支行付款履行了与中行十堰分行之间的借款合同。

1. 荣华公司向汇启公司支付的垫资款。2006 年 8 月 2 日，奥恒公司受荣华公司委托向汇启公司在中行东风支行的账户付款 460 万元；同日，荣华公司开具金额 128 万元、收款人为汇启公司的转账支票，经中行车城支行行长张德秀取走支票，款项进入以上账户；2006 年 8 月 3 日，吉星照公司向以上账户付款 70 万元。原审法院确认，荣华公司向汇启公司在中行东风支行账户支付垫资款共计 658 万元。

2. 荣华公司向雄驰公司支付的垫资款。2006 年 8 月 2 日，澳联公司受荣华公司委托开具金额 777 万元、收款人为雄驰公司的转账支票，经张德秀取走支票，款项进入雄驰公司在中行东风支行账户。原审法院确认，荣华公司向雄驰公司在中行东风支行账户支付垫资款共计 777 万元。

3. 荣华公司向南帝翔公司支付的垫资款。2006 年 8 月 2 日，澳联公司受荣华公司委托开具金额 445 万元、收款人为南帝翔公司的转账支票，经张德秀取走支票，款项进入南帝翔公司在中行茅箭支行账户。原审法院确认，荣华公司向南帝翔公司在中行茅箭支行账户支付垫资款共计 445 万元。

4. 荣华公司向国创公司支付的垫资款。2006 年 8 月 2 日，荣华公司开具金额分别为 607 万元和 1.84 万元、收款人为国创公司的转账支票二张，经张德秀取走 607 万元支票，张斌取走 1.84 万元支票，款项进入国创公司在中行张湾支行的账户。原审法院确认，荣华公司向国创公司在中行张湾支行账户支付垫资款共计 608.84 万元。

5. 荣华公司向中行十堰分行直接支付的垫资款。2006 年 10 月 13 日，海恒公司受荣华公司委托开具金额分别为 369.16 万元和 500 万元、收款人为中行十堰分行的转账支票两张，款项进入中行十堰分行营业部94706708331001账号；2006年11月23日，荣华公司开具金额500万元、收款人为中行十堰分行的转账支票，支票经张斌取走，款项进入以上账号；2006年11月24日，荣华公司向中行十堰分行营业部以上账号汇款300万元，汇款凭证由张斌取走，款项已经进账；同日，荣华公司开具金额700万元、收款人为中行十堰分行的转账支票，支票经中行十堰分行工作人员韩小波取走，款项进入以上账号；2006年12月7日，荣华公司开具金额600万元、收款人为中行十堰分行的转账支票，支票经张斌取走，款项进入以上账号。原审法院确认，荣华公司向中行十堰分行直接支付的垫资款共计2969.16万元。

6. 荣华公司向中行东风支行直接支付的垫资款。2007年4月17日，荣华公司开具金额分别为140万元和260万元、收款人为中行东风支行的转账支票两张，支票经张斌取走，款项进入中行东风支行。原审法院确认，荣华公司向中行东风支行直接支付的垫资款共计400万元。

上述经原审法院确认的荣华公司支付的垫资款共计5858万元。荣华公司认可通过刑事追赃途径收到来自雄驰公司的宝来汽车一辆和南帝翔公司的天籁汽车一辆，同意在垫款金额中予以扣减。

2003年4月29日，荣华公司开具金额300万元、收款人为长江数据通讯股份有限公司（以下简称长江公司）的转账支票一张，款项进入长江公司在中行湖北分行营业部的账户。同日，中行湖北分行公司业务处盖章对荣华公司出具《安慰函》一份，该函载明："感谢贵公司出资300万元协助我行处理长江公司1.5亿元贷款偿还事宜，我行将在合规的前提下，为贵公司及贵公司控股单位提供最先进的金融产品及最优惠的产品价格（包括借款利率及中间业务费率），以保证对贵公司给予补偿。"

2011年6月3日，荣华公司就案涉垫资款项以中行十堰分行、中行湖北分行为被告向湖北省高级人民法院提起诉讼，请求判令：1. 中行十堰分行偿还荣华公司垫付资金8500万元及利息2964.67万元（利息计算期间：2003年9月3日至2009年9月21日）；2. 中行湖北分行偿还荣华公司垫付资金3300万元及利息1971.24万元（利息计算期间：2002年9月9日至2009年9月21日）；3. 本案诉讼费由中行湖北分行、中行十堰分行共同承担。2011年8月10日，荣华公司提交变更诉讼请求申请书，将其诉讼请求变更为：1. 中行十堰分行偿还荣华公司垫付资金8500万元及利息6090.23万元（利息计算期间：2003年9月3日至2011年7月31日）；2. 中行湖北分行偿还荣华公司垫付资金3300万元及利息3915.56万元（利息计算期间：2002年9月9日至2011年7月31日）；3. 本案诉讼费由中行湖北分行、中行十堰分行共同承担。2011年10月26日，荣华公司向原审法院提交撤诉申请书，申请撤回第1项中要求中行十堰分行偿还应其要求代湖北中融公司垫付的2400万元到期贷款和相应利息的诉讼请求，撤回第2项中要求中行湖北分行偿还应其要求代武汉中融公司垫付的3000万元到期贷款和相应利息的诉讼请求。

原审法院认为，本案的焦点问题是：一、荣华公司是否存在垫款事实并与中行十堰分行、中行湖北分行形成借款关系。二、荣华公司的诉讼请求是否超过诉讼时效。

一、关于荣华公司是否存在垫款事实并与中行十堰分行、中行湖北分行形成借款关系的问题。

1. 关于荣华公司与中行十堰分行是否形成借款关系的问题。该院认为，在2005年至2006年因中行十堰分行所属的东风支行、张湾支行、茅箭支行的工作人员违规将质押在三家支行的银行承兑汇票借出给他人使用，导致中行十堰分行的债务人不能归还到期债务，中行十堰分行及其分支机构面临被银行监管部门停止全部银行承兑汇票业务的风险，中行十堰分行在当时有尽快填补债务以利于继续开展银行承兑汇票业务的迫切需求，中行十堰分行不能以自有资金平账，寻求第三方填补债务是一条现实可行的途径。

对于荣华公司主张为中行十堰分行垫资的事实，有十堰市人民政府11号会议纪要、20号会议纪要、荣华公司提交的用于证实垫资确实发生的相关凭证及曾勇、张斌、徐斌、张德秀、沈道银、彭承志、黄大维的证人证言予以佐证。对于中行湖北分行、中行十堰分行的反驳理由，有李军、王浩、王志刚、周敏慧的证人证言支持。

对于以上证据的证明力大小，应依据《最高人民法院关于民事诉讼证据的若干规定》第七十三条关于"双方当事人对同一事实分别举出相反的证据，但都没有足够的依据否定对方证据的，人民法院应当结合案件情况，判断一方提供证据的证明力是否明显大于另一方提供证据的证明力，并对证明力较大的证据予以确认"的规定予以判定。支持荣华公司主张的11号会议纪要、20号会议纪要属于国家机关公文书证，荣华公司提交的用于证实垫资确实发生的相关凭证属于书证中的原始证据，曾勇、张斌、徐斌、张德秀、沈道银、彭承志、黄大维的陈述属于证人证言；支持中行湖北分行、中行十堰分行的李军、王浩、王志刚、周敏慧的陈述均为证人证言。从证据类型上看，支持本证的证据包含国家机关公文书证、书证中的原始证据和证人证言，支持反证的证据则仅有证人证言，均为间接证据和传来证据，国家机关公文书证和书证中的原始证据的证明力大于证人证言，本证证据的证明力更高。

从各证据的内容可达到证明力及相互之间的关联关系判断，本证证据十堰市人民政府 11 号会议纪要载明"尽可能追回中行十堰分行的承兑信用欠贷，减少荣华公司因借支中行十堰分行所造成的经济损失"，20 号会议纪要载明"由市公安局调查涉及的雄驰公司、汇启公司、南帝翔公司、国创公司的经营状况，同意中行十堰分行与荣华公司的协商意见，由荣华公司牵头，召集市内有实力的企业筹集资金在 3 日内先行垫交中行十堰分行的 7790 万元，之后中行湖北分行、中行十堰分行会同荣华公司采取措施，尽快归还荣华公司的垫款"，两份会议纪要均有中行十堰分行相关负责人和荣华公司法定代表人钱云富参加，表明中行十堰分行已与荣华公司口头协商达成一致，由荣华公司垫资填补债务人债务，中行十堰分行对垫资款项有偿还义务。两份会议纪要与曾勇、张斌、沈道银、彭承志、黄大维陈述的关于中行湖北分行、中行十堰分行与荣华公司协商要求其垫资的事实基本相符，并能与荣华公司提交的用于证实垫资确实发生的相关凭证及曾勇、张斌、徐斌、张德秀到荣华公司签字取走承兑汇票或支票的陈述相印证，上述证据能够充分证明中行十堰分行与荣华公司已形成口头借款关系，荣华公司并已履行垫资义务，该口头借款合同为实践合同，系金融机构向公司法人借款，双方的借款合同不存在我国合同法第五十二条规定的法定无效情形，在荣华公司实际履行垫资义务后，合同成立并生效，中行十堰分行负有偿还本息义务。中行十堰分行对曾勇、张斌、沈道银、彭承志、黄大维关于荣华公司垫资事实的陈述不予认可，认为曾勇、张斌是一线工作人员，不掌握真实情况，沈道银、彭承志受到了荣华公司的干扰，黄大维不了解情况。该院认为，在中行十堰分行解决票据违规事件时，曾勇是中行东风支行负责人、张斌为该行副行长，是担任领导职务及解决票据违规事件的具体经办人之一，并非一般工作人员；沈道银、彭承志作为直接参与协调、在十堰担任一定领导职务的国家机关工作人员，与中行十堰分行和荣华公司均不具有利害关系，处于中立地位，从日常经验常识判断，其对所作证言可能引起的法律后果及履行个人作证义务可能导致的法律责任应有足够认识和充分考虑，且其陈述得到上述书证的佐证，对其陈述的内容该院予以采信，中行十堰分行的抗辩理由不能成立。对于反证证据，在票据违规事件发生时，王浩担任中行十堰分行行长、王志刚担任副行长，李军在解决票据违规事件时担任中行十堰分行行长，三人陈述对荣华公司是否垫资不记得、不清楚，但在当时，王浩是作为原行长回中行十堰分行负责清收，李军则是中行十堰分行的行长，李军并参加形成 11 号会议纪要的会议，王志刚参加了 20 号会议纪要的会议，在这一有重大影响的事件上以不记得为由回避作证义务，而且其表达方式是不记得这一模糊词语而非对荣华公司垫资予以明确否认，说明王浩、李军和王志刚是基于本案审理结果关系到中行十堰分行的利益及三人现在中行湖北分行或中行十堰分行任职与本案被告具有一定利害关系的顾虑，不愿对真实情况作出陈述，对其证言该院不予采信。对周敏慧的证人证言，其现任中银保险公司副总经理，中银保险公司是中国银行股份有限公司的全资子公司，周敏慧与中行湖北分行、中行十堰分行具有一定利害关系，对其证言该院同样不予采信。中行十堰分行还辩称即便荣华公司有垫资，也是与中行十堰分行的债务人构成债权债务关系，与中行十堰分行无关。从本案查明的事实看，荣华公司与中行十堰分行的债务人从无经济往来，也没有任何合同关系和进行过协商，荣华公司与相关债务人亦无其他利益关系，荣华公司之所以愿意垫资，是基于其业务经营依赖于中行十堰分行的授信、贷款、银行承兑汇票等业务，发生垫资是中行湖北分行、中行十堰分行主动向荣华公司提出并与荣华公司协商的结果，荣华公司垫资款的实际支付也是受中行十堰分行指令而为，且部分垫资款项是直接付到了中行十堰分行营业部、中行东风支行，故荣华公司垫资的行为并非第三人为债务人履行债务，而是对与中行十堰分行之间口头借款合同的履行，借款合同相对方为中行十堰分行，中行十堰分行关于荣华公司垫资未与中行十堰分行产生债权债务关系的抗辩理由不能成立。

2. 关于荣华公司与中行湖北分行是否形成借款关系的问题。2003年4月29日，荣华公司向长江公司在中行湖北分行营业部账户付款300万元，同日中行湖北分行公司业务处对荣华公司出具《安慰函》，确认荣华公司协助该行处理长江公司1.5亿元贷款偿还事宜。以上事实说明荣华公司在无合同或其他法定义务的情况下，接受中行湖北分行的指令对长江公司负有的中行湖北分行的债务偿还了300万元。双方虽未签订书面借款合同，但借款合同事实上已经履行，荣华公司与中行湖北分行形成事实上的借款关系，该借款合同亦不存在合同无效的法定情形，为有效借款合同。中行湖北分行对从荣华公司取得的借款负有偿还本息义务，中行湖北分行关于双方未形成借款关系的抗辩理由不能成立。

二、关于荣华公司的诉讼请求是否超过诉讼时效的问题。

荣华公司在本案中的债权请求包括对中行十堰分行的垫款和对中行湖北分行垫款的返还请求。荣华公司向中行十堰分行支付的垫资款共5858万元，垫资期间是2006年8月2日至2007年4月17日，其垫资事实的发生背景是2005年至2006年中行十堰分行三家分支机构的票据违规事件。票据违规事件发生后，因其影响的重大性和事件涉及相关人员的犯罪问题，十堰市人民政府、公安、检察机关已经介入。从中行十堰分行对十堰市人民政府、十堰市金融办的报告可以看出，十堰市人民政府就荣华公司的垫资问题在持续协商处理中，至今荣华公司仅认可通过刑事追赃途径收到来自雄驰公司的宝来汽车一辆和南帝翔公司的天籁汽车一辆。荣华公司对中行湖北分行的垫资款为300万元，垫资时间为2003年4月29日。在判决中已经判定，中行十堰分行与荣华公司已形成口头借款关系，中行湖北分行与荣华公司形成事实上的借款关系，但本案当事人所提交的证据均不能证实借款双方已约定还款日期。《最高人民法院关于审理民事案件适用诉讼时效制度若干问题的规定》第六条规定"未约定履行期限的合同，依照合同法第六十一条、第六十二条的规定，可以确定履行期限的，诉讼时效期间从履行期限届满之日起计算；不能确定履行期限的，诉讼时效期间从债权人要求债务人履行义务的宽限期届满之日起计算，但债务人在债权人第一次向其主张权利之时明确表示不履行义务的，诉讼时效期间从债务人明确表示不履行义务之日起计算"，本案荣华公司对中行十堰分行和中行湖北分行的债权应从荣华公司主张权利之日起计算，即从荣华公司起诉之日起计算，荣华公司的诉讼请求没有超过法定诉讼时效期间。中行十堰分行和中行湖北分行关于荣华公司的诉讼请求已经超过诉讼时效的抗辩理由不能成立。

综上，原审法院认为，中行十堰分行应向荣华公司返还垫资款本金5858万元，并按人民银行同期贷款利率从荣华公司实际支付垫资款之日起分段支付利息至付清之日止，因借款发生在中行十堰分行与荣华公司之间，有关机关通过刑事追赃途径向涉案单位追缴的财产其权利应归属于中行十堰分行，但鉴于荣华公司已接受并使用宝来汽车、天籁汽车各一辆，应在判决执行中对接受车辆按接受之日的价值进行追溯性评估，并扣减中行十堰分行应支付的款项；中行湖北分行应向荣华公司返还垫资款300万元，并按人民银行同期贷款利率从2003年4月30日起分段支付利息至付清之日止。因荣华公司仅主张截至2011年7月31日止的利息，该院依荣华公司的诉讼请求确定计付利息的截止日期。依照《中华人民共和国民法通则》第八十四条、第一百零八条，《中华人民共和国合同法》第二百零五条，《中华人民共和国民事诉讼法》第九条、第一百二十八条的规定，该院判决：一、中国银行股份有限公司十堰分行于判决生效之日起30日内向十堰荣华东风汽车专营有限公司返还借款本金5858万元并支付利息，利息从借款实际支付之日起按中国人民银行同期贷款基准利率分段计算至2011年7月31日止；二、中国银行股份有限公司湖北省分行于判决生效之日起30日内向十堰荣华东风汽车专营有限公司返还借款本金300万元并支付利息，利息从2003年4月30日起按中国人民银行同期贷款基准利率分段计算至2011年7月31日止；三、驳回十堰荣华东风汽车专营有限公司的其他诉讼请求。如果未按照判决指定的期间履行给付金钱义务，应当按照《中华人民共和国民事诉讼法》第二百二十九条的规定加倍支付迟延履行期间的债务利息。案件受理费 87.8595 万元，由十堰荣华东风汽车专营有限公司负担 8.78595 万元，中国银行股份有限公司十堰分行负担 70.2876 万元，中国银行股份有限公司湖北省分行负担 8.78595 万元。

中行十堰分行不服原审法院上述判决，向本院提起上诉称：一审法院认定荣华公司与中行十堰分行形成借款关系，并最终判令中行十堰分行向荣华公司返还借款本金 5858 万元及相应利息，认定事实错误，适用法律不当。1. 案涉 5858 万元是荣华公司为汇启公司等四家企业垫款，荣华公司与汇启等四案外人形成债权债务关系，而非与中行十堰分行形成债权债务关系。2. 从案涉 5858 万元的支付关系来看，荣华公司通过支票和汇票付款，支票、汇票的收款人均为汇启等四案外人。中行十堰分行工作人员到荣华公司取票并为之办理结算业务，只是银行服务方式不同，不能改变票据付款人为荣华公司、收款人为四案外人的事实。3. 荣华公司通过十堰市人民检察院向汇启等四案外人追索垫款资金，并实际追回部分资金，这一事实充分说明中行十堰分行根本不是案涉资金的借款人，真正的债务人是四案外人。4. 从合同签订的角度来看，荣华公司与中行十堰分行没有签订任何书面借款合同，荣华公司要求中行十堰分行偿还资金的主张没有合同依据。综上，请求依法撤销一审判决第一项，驳回荣华公司对中行十堰分行的全部诉讼请求，一、二审诉讼费均由荣华公司负担。

中行湖北分行不服原审法院上述判决，向本院提起上诉称：一审法院认定荣华公司与中行湖北分行形成借款关系，并最终判令中行湖北分行向荣华公司归还 300 万元，认定事实证据不足，适用法律不当。1. 中行湖北分行与荣华公司没有签订任何借款合同，荣华公司的主张没有合同依据。2. 荣华公司提交的证据不足以支持其对中行湖北分行有 300 万元债权的主张。荣华公司提交的付款凭证显示付款人为荣华公司，收款人为长江公司，该凭证不能证明荣华公司将案涉 300 万元支付给了中行湖北分行；湖北分行出具的《安慰函》亦没有双方建立借款合同法律关系的意思表示，不能作为债权凭证。请求依法撤销一审判决第二项，驳回荣华公司对中行湖北分行的全部诉讼请求，一、二审诉讼费均由荣华公司负担。

荣华公司答辩称：1. 荣华公司为中行十堰分行合计支付 5858 万元，均是为弥补中行十堰分行所属分支机构和工作人员实施票据违规业务所造成的损失而垫付，是为帮助中行十堰分行化解和处置票据违规事件而借给中行十堰分行的款项。2. 荣华公司与汇启公司等四家公司不存在任何借款关系，也不存在任何债权债务关系。荣华公司支付垫资款凭证均由中行十堰分行、东风支行、车城支行相关负责人上门取走，而不是由直接办理具体银行业务的工作人员取走，也说明荣华公司的垫资根本不是借给汇启等其他公司，而是直接借给中行十堰分行的。3. 荣华公司与中行十堰分行虽然没有签订借款合同，但在处理票据违规事件时，双方进行协商，之后请求十堰市政府出面协调，案涉资金全部用于弥补中行十堰分行票据违规事件造成的损失。按照合同法相关规定，荣华公司与中行十堰分行已形成事实上的借款合同关系。4. 2003年4月，中行湖北分行为处理长江公司的贷款事件，请求荣华公司为其垫付资金300万元，以应付内部检查；同年4月29日，荣华公司在与长江公司无任何合同或其他法定义务的情况下，按中行湖北分行要求支付了款项；中行湖北分行于同日向荣华公司出具《安慰函》承诺给予补偿。按照合同法相关规定，中行湖北分行与荣华公司形成事实上的借款关系，中行湖北分行应当偿还借款本息。综上，一审判决认定事实清楚，适用法律正确，中行十堰分行、中行湖北分行的上诉理由均不能成立。请求二审法院维持一审判决。

本院经审理，对原审法院查明的事实予以确认。

本院认为，本案二审争议的焦点是：荣华公司与中行十堰分行、中行湖北分行是否形成借款法律关系。

《中华人民共和国合同法》第十条规定："当事人订立合同，有书面形式、口头形式和其他形式。法律、行政法规规定采用书面形式的，应当采用书面形式。当事人约定采用书面形式的，应当采用书面形式。"第一百九十七条第一款规定："借款合同采用书面形式，但自然人之间借款另有约定的除外。"上述规定表明，我国合同法要求除自然人之外的当事人之间订立借款合同应当采用书面形式。但同时《中华人民共和国合同法》第三十六条还规定："法律、行政法规规定或者当事人约定采用书面形式订立合同，当事人未采用书面形式但一方已经履行主要义务，对方接受的，该合同成立。"这又表明，是否签订书面合同并非判断当事人之间是否形成借款法律关系的绝对标准，如果从当事人已经作出的民事行为能够推定双方有形成借款法律关系意愿的，也应当认定借款合同成立。本案中，荣华公司主张与中行十堰分行、中行湖北分行形成借款法律关系，但当事人之间并无签订书面借款合同，亦没有明确地约定借款金额、期限、还款方式等内容的口头借款协议。因此本案当事人之间是否形成借款法律关系，需要对全案事实和证据进行综合分析判断。

一、荣华公司与中行十堰分行是否形成借款法律关系。

根据原审法院查明的事实，本案的发生有特殊背景。2005年至2006年，湖北省十堰市金融机构发生票据违规事件，中行十堰分行下属东风支行、张湾支行、茅箭支行的工作人员违规将质押在三家支行的银行承兑汇票借给汇启等公司使用，导致中行十堰分行大量到期债权不能收回，中行十堰分行及其分支机构面临被银行监管部门停止银行承兑汇票业务的风险。为解决该事件，防范金融风险，中行十堰分行急需寻求第三方填补债务，十堰市人民政府也介入进行了组织协调。2006年7月30日，十堰市人民政府主持召开由湖北省银监局、中行湖北分行、十堰市银监分局、中行十堰分行、荣华公司等有关人员参加的会议，会议议题为《关于中国银行十堰市分行票据质押风险化解问题》，并于2007年5月16日作出20号会议纪要。会议之后，荣华公司于2006年8月2日至2007年4月17日先后以两种方式多次向中行十堰分行、东风支行、张湾支行、茅箭支行付款，一种方式是荣华公司直接或者委托他人向汇启等公司在中行的账户付款或者开立以汇启等公司为收款人的转账支票，转账支票由中行工作人员签字取走；另一种方式是荣华公司直接向中行十堰分行、东风支行付款。原审法院认定荣华公司支付款项共计5858万元。2007年4月6日，十堰市人民政府主持召开由十堰市人民检察院、十堰市公安局、十堰市银监分局、中行十堰分行、荣华公司等有关人员参加的会议，会议议题为《关于支持十堰市荣华东风汽车专营有限公司发展有关问题》，并于同年4月12日作出11号会议纪要。2010年，中行十堰分行分别向十堰市人民政府、十堰市金融办书面报告请求协助处理荣华公司欠中行十堰分行贷款事宜，报告同时显示，对于荣华公司的垫资问题，双方处于协商处理中。2010年11月，中行湖北分行起诉荣华公司，要求偿还所欠贷款。2011年6月，荣华公司起诉中行十堰分行、中行湖北分行，要求偿还本案垫资款项。

对于上述11号会议纪要，中行十堰分行确认其真实性、合法性，但对关联性提出异议，认为会议纪要不同于当事人设立法律关系的协议书，不能代表中行十堰分行的意思表示，不能证明荣华公司是应中行要求垫资，中行十堰分行不应承担向荣华公司偿还垫付资金的义务；对于20号会议纪要，中行十堰分行称该纪要形成于会议之后十个月，内容是虚假的。对于中行十堰分行的质证意见，本院认为，政府会议纪要作为政府记载、传达会议情况的公文，确如中行十堰分行所称，不同于当事人之间设立法律关系的协议书，但会议纪要作为对会议所议定事项的概要纪实，能够反映出参会各方对于议定事项的主观态度和意见，该主观态度和意见是判断当事人在诉争问题上是否达成一致的重要考证。从中行十堰分行的质证意见看，中行十堰分行并未对会议纪要关于荣华公司为解决票据违规事件、维护十堰信用环境作出巨大贡献的记载提出异议，亦未否认荣华公司筹集资金先行垫交中行十堰分行用于解决票据违规事件的事实。同时，上述事实亦能够从2010年12月20日十堰市金融办在中行十堰分行《关于我行近期化解荣华公司不良债务有关情况报告》上关于"荣华公司在当年的风险化解上作出了实质性贡献"的批示得到印证。因此，从上述事实和证据之间的关联性分析，原审法院关于荣华公司垫付资金5858万元用于帮助中行十堰分行解决票据违规事件的认定有事实依据，并无不当。而本案当事人争议的焦点是，荣华公司主张上述款项是为中行十堰分行垫资，其与中行十堰分行形成借款法律关系；中行十堰分行抗辩主张荣华公司不是为其垫资，而是为汇启公司等案外人垫资，荣华公司与汇启公司等案外人形成借款法律关系。

如前所述，本案票据违规事件由中行十堰分行及其支行工作人员与汇启等公司串通、违规操作引发，中行十堰分行为此受到的债权损失理应向汇启等公司追偿。在此情况下，荣华公司虽出于其经营活动依赖于中行十堰分行的授信、贷款、银行承兑汇票等业务支持的考虑，但其在无任何约定或者法定义务的情况下，在中行十堰分行面临行业监管部门处罚的紧急情况下，先行垫资帮助中行十堰分行解决了票据违规事件。不可否认，荣华公司的垫资行为符合中行十堰分行的利益需要。因此在荣华公司与中行十堰分行之间，中行十堰分行成为垫资行为的受益人。对于荣华公司如何收回垫资款的问题，根据本案查明的事实，十堰市人民政府曾经召开专题会议予以研究。11号会议纪要明确记载，"荣华公司因借支十堰分行所造成的损失，由十堰分行承担挽回责任"，该内容与20号会议纪要记载的"之后中行湖北分行、十堰分行会同荣华公司采取措施，尽快归还荣华公司的垫款"的内容相比较，二者并无本质矛盾，能反映出双方当事人达成基本一致的意思表示，即对于荣华公司的损失，应当由中行十堰分行承担责任。至于11号会议纪要关于"由检察、公安等部门加大案件查办力度，尽可能追回中行十堰分行的承兑信用欠贷，并及时将追回的款物移交荣华公司"的记载，实际上应为中行十堰分行挽回其因票据违规事件所受损失的方式，而不应成为荣华公司挽回其垫资损失的必要、唯一方式。荣华公司已经接收中行十堰分行通过有关机关追缴的部分财产权利，同意在垫资款中予以扣抵，原审法院对此亦予以认定。

综合分析上述事实和证据之间的关联性，本院认为，荣华公司为中行十堰分行的垫资行为，使得双方形成事实上的借款法律关系，荣华公司由此受到的损失应当由中行十堰分行承担返还垫资款本金和利息的责任。原审法院对此认定正确，应予维持。中行十堰分行上诉所称其未与荣华公司形成借款法律关系，不应承担案涉款项归还责任的理由，与本案查明的事实不符，本院不予支持。

二、荣华公司与中行湖北分行是否形成借款法律关系。

根据原审法院查明的事实，本案能够确认荣华公司为协助中行湖北分行处理长江公司贷款事宜垫资 300 万元的事实。对于上述款项，荣华公司与中行湖北分行虽未签订书面借款合同，但一方已实际垫付，另一方已实际使用，双方已形成事实上的借款法律关系。原审法院关于荣华公司与中行湖北分行形成事实上借款法律关系，中行湖北分行对案涉 300 万元负有偿还本息义务的认定，有事实依据，应予维持。中行湖北分行上诉所称原审法院认定荣华公司与之形成借款关系并判令其归还证据不足、适用法律不当的理由，与本案查明的事实不符，本院不予支持。

综上，原审判决认定事实清楚，适用法律正确。本院依照《中华人民共和国民事诉讼法》第一百七十条第一款第（一）项、第一百七十五条之规定，判决如下：

驳回上诉，维持原判。

二审案件受理费由中行十堰分行负担 334700 元，由中行湖北分行负担 30800 元。

本判决为终审判决。

审　判　长　王东敏

代理审判员　李相波

代理审判员　梅　芳

二〇一三年七月三十一日

书　记　员　侯佳明

4. 债权人向一连带债务人主张权利，不产生放弃对其他连带债务人债权的法律后果

——中国农业银行股份有限公司中宁县支行与被上诉人宁夏沃尔德实业有限公司、宁夏秦毅实业集团有限公司金融借款合同纠纷案

【裁判要旨】

案涉借款合同中未约定共同债务人各自承担的债务份额，债务性质为连带债务，债权人中宁农行有权向任一债务人请求承担全部债务，债权人向其中一债务人主张权利，并不产生放弃对其他连带债务人债权的法律后果。

中华人民共和国最高人民法院民事判决书

(2013) 民二终字第 55 号

上诉人：中国农业银行股份有限公司中宁县支行。住所地：宁夏回族自治区中宁县城北街。

负责人：高勇，该支行行长。

委托代理人：刘高峰，中国农业银行股份有限公司宁夏分行员工。

委托代理人：季耀军，该支行员工。

被上诉人：宁夏沃尔德实业有限公司。住所地：宁夏回族自治区中宁县城北街宁夏秦毅实业集团院内。

法定代表人：史永安，该公司总经理。

委托代理人：朱志平，宁夏浩晟律师事务所律师。

委托代理人：陈曦，宁夏浩晟律师事务所律师。

原审被告：宁夏秦毅实业集团有限公司。住所地：宁夏回族自治区中宁县城北街。

法定代表人：秦军，该公司总经理。

委托代理人：朱志平，宁夏浩晟律师事务所律师。

委托代理人：陈曦，宁夏浩晟律师事务所律师。

上诉人中国农业银行股份有限公司中宁县支行（以下简称中宁农行）因与被上诉人宁夏沃尔德实业有限公司（以下简称沃尔德公司）、原审被告宁夏秦毅实业集团有限公司（以下简称秦毅公司）金融借款合同纠纷一案，不服宁夏回族自治区高级人民法院（2011）宁民商初字第4号民事判决，向本院提起上诉。本院受理后，依法组成由审判员刘敏担任审判长，代理审判员李志刚、高燕竹参加的合议庭进行了审理，书记员郝晋琪担任记录。本案现已审理终结。

原审法院查明：2000年1月4日、2003年12月8日，中宁农行与秦毅公司分别签订（641101）农银高抵字（2000）第001号、（641101）农银高抵字（2003）第12018号两份《最高额抵押合同》，均约定秦毅公司以其所有的电解铝生产设备、厂房及附属设备设置最高额抵押担保，抵押担保的债权期间分别为2000年1月14日至2004年1月3日、2003年12月18日至2008年12月17日，担保的最高额度均为15500万元，担保的范围包括主合同项下债务本金、利息、逾期利息、复利、罚息、违约金、损害赔偿金以及抵押人实现债权的其他费用。合同签订后，中宁农行在宁夏回族自治区工商行政管理局办理了抵押登记。

2003年6月至2007年8月中宁农行与秦毅公司签订总计为5080万元的十份借款合同：1. 2003年6月30日签订（641101）农银借字（2003）第001号《借款合同》，约定借款1000万元，期限自2003年6月30日至2006年6月29日，同日签订（641101）农银抵字（2003）第001号《抵押合同》；2. 2003年8月15日签订（641101）农银借字（2003）第0801号《借款合同》，约定借款500万元，期限自2003年8月15日至2006年8月14日，同日签订（641101）农银抵字（2003）第0801号《抵押合同》；3. 2003年8月19日签订（641101）农银借字（2003）第08019号《借款合同》，约定借款500万元，期限自2003年8月19日至2006年8月18日，同日签订（641101）农银抵字（2003）第08019号《抵押合同》；4. 2003年10月30日签订（641101）农银借字（2003）第01029号《借款合同》，约定借款400万元，期限自2003年10月30日至2006年10月29日，同日签订（641101）农银抵字（2003）第01029号《抵押合同》；5. 2003年10月31日签订（641101）农银借字（2003）第01031号《借款合同》，约定借款400万元，期限自2003年10月30日至2006年10月29日，同日签订（641101）农银抵字（2003）第 01031 号《抵押合同》。上述五份借款合同所附抵押合同均以（641101）农银高抵字（2000）第 001 号《最高额抵押合同》约定的抵押物设定了抵押；6. 2003 年 12 月 30 日签订（641101）农银借字（2003）第 12030 号《借款合同》，约定借款 250 万元，期限自 2003 年 12 月 30 日至 2006 年 12 月 29 日，同日签订（641101）农银抵字（2003）第 12030 号《抵押合同》；7. 2004 年 1 月 12 日签订（641101）农银借字（2004）第 01012 号《借款合同》，约定借款 410 万元，期限自 2004 年 1 月 12 日至 2007 年 1 月 11 日，同日签订（641101）农银抵字（2004）第 01012 号《抵押合同》。上述两份借款合同所附抵押合同均以（641101）农银高抵字（2003）第 12018 号《最高额抵押合同》约定的抵押物设定了抵押；8. 2004 年 3 月 21 日签订（641101）农银借字（2004）第 03031 号《借款合同》，约定借款 450 万元，期限自 2004 年 3 月 21 日至 2007 年 3 月 30 日；9. 2004 年 4 月 5 日签订（641101）农银借字（2004）第 04005 号，约定借款 450 万元，期限自 2004 年 4 月 5 日至 2007 年 4 月 4 日。上述两份借款合同没有签订单独的抵押合同；10. 2007 年 8 月 26 日签订 64101200700000658 号借款合同，约定借款 720 万元，期限自 2007 年 8 月 26 日至 2007 年 8 月 27 日，合同第 7 条约定"本合同项下借款的担保方式为信用担保。担保合同另行签订。……"，但未签订单独的担保合同，中宁农行认可该借款合同所涉 720 万元，未以两份《最高额抵押合同》约定的抵押物设定抵押，而以《协议书》《补充协议书》约定的不动产为其设定抵押。

另外五份共计金额为 2000 万元的借款合同，在五份借款合同及借款凭证中，抬头部分借款人名称为宁夏万得实业总公司，但在尾部借款人及抵押人处均加盖宁夏万得实业总公司与秦毅公司两个单位的公章。借款合同分别为：1. 1998 年 9 月 10 日签订农银抵借字（98）第 051 号《抵押担保借款合同》，约定借款 500 万元，期限自 1998 年 9 月 10 日至 2003 年 9 月 10 日。2. 1998 年 9 月 10 日签订的农银抵借字（98）第 052 号《抵押担保借款合同》，约定借款 600 万元，期限自 1998 年 9 月 10 日至 2003 年 9 月 10 日。2003 年 9 月 10 日秦毅公司与中宁农行签订了《借款展期协议》，上述两笔贷款展期至 2006 年 3 月 9 日。3. 1998 年 9 月 15 日签订的农银抵借字（98）第 038 号《抵押担保借款合同》，约定借款 300 万元，期限自 1998 年 9 月 15 日至 2003 年 9 月 15 日。2003 年 9 月 15 日秦毅公司与中宁农行签订了《借款展期协议》，该借款展期至 2006 年 3 月 14 日。4. 1998 年 9 月 22 日签订的农银抵借字（98）第 062 号《抵押担保借款合同》，约定借款 300 万元，期限自 1998 年 9 月 22

日至 2003 年 9 月 22 日，2003 年 9 月 22 日秦毅公司与中宁农行签订了《借款展期协议》，该借款展期至 2006 年 3 月 21 日。5. 1998 年 10 月 27 日签订的农银抵借字（98）第 078 号《抵押担保借款合同》，约定借款 300 万元，期限自 1998 年 10 月 27 日至 2003 年 10 月 26 日，2003 年 10 月 26 日秦毅公司与中宁农行签订了《借款展期协议》，该借款展期至 2006 年 3 月 25 日。抵押担保借款合同中涉及抵押的条款约定不明确，虽标注详见抵押物清单，但未向法院提交清单。上述五笔借款合同相对应的展期协议均是中宁农行与秦毅公司签订的，在相对应的五份《借款展期协议》中约定："本协议是对编号为 641101（2000）001 号的担保合同部分条款的调整和补充。除涉及上述内容的条款外，原主合同及担保合同规定的其他各项条款仍然有效。"中宁农行与秦毅公司、沃尔德公司均认可以（641101）农银高抵字（2000）第 001 号《最高额抵押合同》约定的抵押物为上述五笔借款设定了抵押。

上述十五笔借款合同签订后，中宁农行共计发放了贷款 7080 万元。其中 5080 万元打入秦毅公司账户，2000 万元打入宁夏万得实业总公司账户。

2005 年 9 月 1 日、2005 年 12 月 21 日，中宁农行与秦毅公司签订《协议书》《补充抵押协议书》，约定秦毅公司以其部分资产作为其与中宁农行办理的全部贷款和银行承兑汇票设定抵押，但双方没有办理抵押登记。2005 年 12 月 17 日，中宁农行与秦毅公司签订《以资抵债协议》载明，约定秦毅公司以部分房产、林地对中宁农行的债务进行抵债，其中第 3 条约定"乙方（秦毅公司）的上述资产抵偿甲方（中宁农行）贷款债务数额，以上述资产实际处置变现现金数额为准"。2006 年 1 月 12 日，中宁农行与秦毅公司双方委托拍卖公司对抵债资产进行拍卖，因流拍未成交，抵债资产没有变现，也没有过户到债权人中宁农行的名下。2006 年 11 月 30 日，秦毅公司向中宁农行出具《关于抵押物改造情况的说明》，称对上述《最高额抵押合同》所涉及一车间电解槽进行了改造，改造没有引起抵押物价值的减少，不会影响到抵押权的实现。2009 年 11 月 26 日，中宁农行向秦毅公司发出七份《债务逾期催收通知书》，分别对上述借款 7080 万元予以催收，秦毅公司法定代表人秦军在该债务逾期催收通知书中签名并加盖了公章。截至 2011 年 3 月 21 日，中宁农行的贷款本金 7080 万元，利息 4235.805695 万元，秦毅公司与沃尔德公司一直未予清偿。

另查明，秦毅公司于 1999 年 8 月 17 日设立，股东为秦毅、秦军、秦晓波、秦晓利、秦晓娟。沃尔德公司的股东在 2010 年 4 月 15 日之前为秦毅、秦军、秦晓波、李月琴、秦晓利、秦晓娟，之后为秦晓利、宁夏镇远复兴物流有限公司、宁夏银宁工贸有限公司。宁夏万得实业总公司于1994年设立，自治区工商局出具的该公司的企业信息显示，该公司已于2002年12月被注销。2012年8月中宁县工商局出具"答复函"载明"宁夏万得实业总公司是经过申请后由自治区工商局按照法定程序核准变更为宁夏万得实业有限公司"。2006年7月宁夏万得实业有限公司名称变更为沃尔德公司。

还查明，财政部驻宁夏回族自治区财政监察专员办事处出具的财驻宁监办证字（2012）1号《审核证明》，证明本案所涉借款属于财政部委托中国农业银行管理和处置的股改剥离不良资产。

2011年4月7日，中宁农行向原审法院提起诉讼，请求法院判令：1. 秦毅公司偿还欠款本金7080万元及利息4235.805695万元，总计113158056.95元（利息算至2011年3月21日，主张至实际履行之日），沃尔德公司与秦毅公司对上述债务中的本金2000万元、利息12675782.18元，本息合计32675782.18元及2011年3月21日后新增的利息承担共同清偿责任；2. 中宁农行对抵押物变现后的价款享有优先受偿权；3. 本案诉讼费由秦毅公司和沃尔德公司承担。

原审法院经审理认为，本案的焦点问题是：承担清偿责任的主体；本案债务是否被《以资抵债协议》取代；涉及的抵押是否有效；本案是否已过诉讼时效。

关于承担清偿责任的主体问题。中宁农行与秦毅公司、沃尔德公司签订的《借款合同》《抵押担保借款合同》均是各方当事人的真实意思表示，内容不违反法律、行政法规的强制性规定，为有效合同。其中，《借款合同》所涉及的5080万元借款，债务人为秦毅公司。《抵押担保借款合同》涉及的2000万元借款，合同尾部借款人及抵押人处均有秦毅公司及原宁夏万得实业总公司（沃尔德公司的前身）盖章，虽然签订合同时，秦毅公司未成立，但其在《抵押担保借款合同》尾部借款人及抵押人处加盖公章予以确认，宁夏万得实业总公司变更为沃尔德公司，故2000万元的借款人应为秦毅公司及沃尔德公司。后中宁农行与秦毅公司为上述2000万元借款签订相应的《借款展期协议》及对秦毅公司的催收行为，说明债权人中宁农行认可该五笔贷款的债务人变更为秦毅公司。秦毅公司、沃尔德公司关于该笔债务应由秦毅公司承担清偿责任，沃尔德公司不承担清偿责任的抗辩理由成立。工商档案显示，秦毅公司与宁夏万得实业总公司是独立的法人。中宁农行认为秦毅公司与宁夏万得实业总公司是同一公司，宁夏万得实业总公司变更为沃尔德公司，故向秦毅公司或沃尔德公司任何一方主张权利，视为对双方主张权利的理由不成立。中宁农行认为秦毅公司与宁夏万得实业总公司发生法人人格混同，但未提交相应证据予以证明。因此，中宁农行关于《抵押担保借款合同》涉及的 2000 万元借款应由秦毅公司与沃尔德公司共同清偿的诉讼请求，不予支持。中宁农行按照合同约定发放 7080 万元贷款后，秦毅公司应当按照借款合同约定偿还借款本金，逾期未能偿还，应当按照约定支付利息。秦毅公司应当偿还借款本金 7080 万元及利息 42358056.95 元（计算至 2011 年 3 月 21 日）。

本案债务是否被《以资抵债协议》取代的问题。虽然双方在签订借款合同后，又签订了《以资抵债协议》，但该协议对抵偿的债务名称和债务数额约定不明，依据《中华人民共和国合同法》第六十一条、第六十二条的规定亦无法确定和推定，且该协议第 3 条载明"乙方（秦毅公司）的上述资产抵偿甲方（中宁农行）贷款债务数额以上述资产实际处置变现现金数额为准"。该协议至今已经七年，约定的抵债资产没有实现抵债，也没有过户到债权人中宁农行的名下，债务没有得到清偿，《以资抵债协议》的合同目的并未实现，在这种情况下，中宁农行有权就全部债务向秦毅公司主张权利。秦毅公司与沃尔德公司关于金融债务已经被《以资抵债协议》所替代的抗辩理由，缺乏事实和法律依据，应不予支持。

关于本案涉及的抵押是否有效的问题。本案涉及的抵押包括两部分：1. 两份《最高额抵押合同》中设定抵押的秦毅公司的电解铝生产设备、厂房及附属设备。该合同是双方当事人的真实意思表示，合同签订后，在宁夏回族自治区工商管理局予以登记，根据《中华人民共和国担保法》第四十一条的规定，抵押合同自登记之日起生效。中宁农行与秦毅公司签订的十笔 5080 万元借款合同中，除 64101200700000658 号借款合同所涉 720 万元外，其中有七份借款合同所附抵押合同以两份《最高额抵押合同》设定的抵押物提供抵押。有两份借款合同虽未签订单独的抵押合同，但该两笔借款发生在（641101）农银高抵字（2003）第 12018 号《最高额抵押合同》约定的债权期间。故上述九份借款合同均以两份《最高额抵押合同》约定的抵押物设定了抵押。中宁农行与秦毅公司、沃尔德公司签订的五笔 2000 万元借款，虽与（2000）第 001 号《最高额抵押合同》约定的债权期间不一致，但各方均认可 2000 万元的借款以该《最高额抵押合同》约定的抵押物设定了抵押，本院予以认可。秦毅公司认为上述抵押物与生效的（2011）甘民二初字第 6 号调解书所涉抵押物一致，涉案抵押物已由生效法律文书处分，故中宁农行不再享有优先受偿权，但其提交的抵押物清单与本案两份《最高额抵押合同》所附抵押物清单不一致，其理由不成立。因此，中宁农行请求对秦毅公司在两份

《最高额抵押合同》中设定的抵押物予以拍卖、变卖所得价款优先受偿，符合法律规定，应予以支持。但中宁农行对两份《最高额抵押合同》项下的抵押物只能在 6360 万元借款及利息的范围内享有优先受偿权。2.《协议书》《补充协议书》中设定抵押的房产、土地、林地等不动产，因未按法律规定予以登记，故该抵押不具有法律效力。秦毅公司关于《协议书》《补充协议书》中设定抵押的不动产均未进行抵押登记，中宁农行对上述财产不享有优先受偿权的抗辩理由成立。

关于本案是否已过诉讼时效的问题。秦毅公司、沃尔德公司辩称中宁农行提交的《债务逾期催收通知书》是虚假的证据，因此中宁农行未在法定期限内主张权利，本案已经超过诉讼时效。庭审时，秦毅公司对上述通知书中秦毅公司的公章及法定代表人签章的真实性不申请鉴定，且本案中的《债务逾期催收通知书》与本院审理的（2001）宁民商初字第 3 号案件中的《债务逾期催收通知书》是相同的，该案件已由最高人民法院（2012）民二终字第 25 号民事判决予以维持，该生效判决对涉案的《债务逾期催收通知书》予以确认。因此，二被告辩称中宁农行提交的《债务逾期催收通知书》是虚假证据的理由不成立。本案十五笔借款到期日分别在 2006 年 3 月 9 日至 2007 年 8 月 27 日之间，中宁农行虽未在法定期间向债务人秦毅公司主张权利，但该行于 2009 年 11 月 26 日向秦毅公司发出《债务逾期催收通知书》，秦毅公司在该债务逾期催收通知书中签名并加盖了公章。根据《最高人民法院关于超过诉讼时效期间借款人在催款通知单上签字或者盖章的法律效力问题的批复》的规定，对于超过诉讼时效期间，债权人向借款人发出催收到期贷款通知单，债务人在该通知单上签字或者盖章的，应当视为对原债务的重新确认。故秦毅公司与沃尔德公司关于本案已过诉讼时效的抗辩理由不能成立。

综上，中宁农行的诉讼请求部分成立，应予以支持。依照《中华人民共和国合同法》第四十四条、第一百九十六条、第二百零七条，《中华人民共和国担保法》第四十一条、第五十三条、第五十九条，《中华人民共和国民事诉讼法》第一百三十四条第一款、第一百四十二条、第一百四十八条第三款之规定，判决如下：一、秦毅公司于判决生效后十日内偿还中宁农行借款本金 7080 万元，利息 42358056.95 元（截至 2011 年 3 月 21 日），本息合计 113158056.95 元，以后利息根据本金自 2011 年 3 月 22 日至判决生效之日按中国人民银行关于逾期付款利率的规定计付；二、中宁农行对本案《最高额抵押合同》项下的抵押物在 100067842.4 元（本金 6360 万元，利息 36467842.4 元）范围内以折价或者以拍卖、变卖该抵押物所得价款优先受偿；

三、驳回中宁农行的其他诉讼请求。如果未按判决指定的期间履行给付金钱义务，应当依照《中华人民共和国民事诉讼法》第二百五十三条之规定，加倍支付迟延履行期间的债务利息。案件受理费607590元、保全费5000元，均由秦毅公司负担。

中宁农行不服宁夏回族自治区高级人民法院上述民事判决，向本院提起上诉称：一、原审法院关于由沃尔德公司与秦毅公司共同承贷的2000万元贷款的债务人已变更为秦毅公司的认定错误。本案所涉2000万元贷款，债务主体从未发生过变更。1. 上述2000万元贷款在发放时，全部转入了沃尔德公司的账户，并没有转入秦毅公司的账户，沃尔德公司是主债务人。2.《借款展期协议》核心是对原贷款债务期限的延展，并没有涉及贷款债务主体变更的内容。协议第4条明确约定"本协议是对编号为＊＊＊号的主合同及编号为＊＊＊号的担保合同部分条款的调整和补充。除涉及上述内容的条款外，原主合同及担保合同规定的其他各项条款仍然有效"。3. 2002年12月16日，宁夏回族自治区工商局对沃尔德公司的前身宁夏万得实业总公司作了"注销"登记，直到2011年2月17日，中宁农行调取宁夏万得实业总公司工商档案后，才发现该公司并没有注销。工商部门的上述信息导致沃尔德公司没有在《借款展期协议》上签字，并非是中宁农行认可债务转移至秦毅公司。二、中宁农行对沃尔德公司的债权请求权未过诉讼时效期间。一方面，未向沃尔德公司催收的原因，在于工商部门登记的错误"注销"信息。2011年2月17日，中宁农行发现沃尔德公司存在虚假注销情况后立即起诉了沃尔德公司，即自知道权利被侵害之日起2年内主张了权利。另一方面，根据《最高人民法院关于审理民事案件适用诉讼时效制度若干问题的规定》（以下简称《诉讼时效规定》）第十七条第二款的规定，中宁农行对秦毅公司催收所产生的诉讼时效中断的效力及于沃尔德公司。三、原审判决关于中宁农行认为秦毅公司与宁夏万得实业总公司是同一公司的表述不当，中宁农行同时起诉了沃尔德公司和秦毅公司可以说明这一点。故请求：1. 维持原审判决第一、二项内容；2. 改判沃尔德公司对本案所诉债务中的2000万元贷款本金、利息12675782.18元（利息计算至2011年3月21）及2011年3月21日后新增的利息承担共同清偿责任；3. 改判秦毅公司承担一审案件受理费607590元、保全费5000元，同时判令沃尔德公司承担上述2000万元贷款本息对应的一审诉讼费以及二审案件受理费。

被上诉人沃尔德公司未提交书面答辩状，在庭审中辩称：一、中宁农行称其直至2011年才得知沃尔德公司并未注销，这与事实不符。首先，中宁农行称其是受到宁夏回族自治区工商局出具的《企业信息表》的误导，误以为沃尔德公司已注销，但在2010年前宁夏工商部门尚未启用企业电子档案管理系统，工商部门不可能出具《企业信息表》，因此中宁农行在2002年时不可能受到《企业信息表》误导；其次，2010年前中宁农行只要查询过沃尔德公司的企业档案，就可以得知2002年宁夏万得实业总公司只是将名称变更为宁夏万得实业有限公司，并未注销；最后，中宁农行在其一审起诉状中称"第一被告秦毅公司和第二被告沃尔德公司均由宁夏万得总公司变更而来，二者前身均为宁夏万得实业总公司"，这一自述表明其一直都知道沃尔德公司没有注销。因此，中宁农行所称的没有要求沃尔德公司在相关协议和催收通知书上签字盖章是因为被误导所致，与事实不符。二、各方当事人下列行为表明中宁农行放弃了对沃尔德公司的债权，债务已转移至秦毅公司：1. 秦毅公司于1999年设立后，在中宁农行与沃尔德公司签订的借款合同尾部的借款人及抵押人处加盖公章；2. 2003年，中宁农行与秦毅公司签订了《借款展期协议》；3. 2005年，为解决拖欠贷款问题，中宁农行与秦毅公司签订了《以资抵债协议》和《协议书》；4. 2009年，中宁农行只向秦毅公司催收贷款，并未向沃尔德公司主张；5. 如果按中宁农行的说法，其"误以为"沃尔德公司已于2002年被"注销"，但其并未向沃尔德公司的股东等相关责任人主张任何权利，这也表明其已放弃对沃尔德公司的债权。三、本案中，中宁农行对沃尔德公司的起诉已过诉讼时效。一方面，如果按中宁农行所称，其是2011年才知道沃尔德公司未被注销的，中宁农行知道或应当知道其权利被侵害的时间也应当是其"误以为"沃尔德公司被"注销"的时间，诉讼时效起算点应是2002年，而非是其得知沃尔德公司未被注销的时间。另一方面，中宁农行在2009年向秦毅公司催收的效力不能及于沃尔德公司。故请求驳回上诉，维持原判。

原审被告秦毅公司未提交书面答辩状，在庭审中称同意沃尔德公司的答辩意见。并表示，本案二审所涉2000万元贷款全部用于秦毅公司工程建设，应由秦毅公司偿还，与沃尔德公司无关。

二审中，上诉人中宁农行提交其于2008年1月25日向秦毅公司发出的《债务逾期催收通知书》六份。证明中宁农行对秦毅公司进行了催收，对秦毅公司和沃尔德公司的债权请求权未超过诉讼时效期间。本院要求中宁农行说明其逾期提供证据的理由，中宁农行称由于在以往的诉讼中通常仅提交最后一份《债务逾期催收通知书》就足够，因此在本案一审中也只提交了最后一份即2009年11月份的催收通知书。本院认为，中宁农行对逾期提交证据存在过错，并依法对其进行了训诫。

沃尔德公司与秦毅公司质证认为该证据已过举证期限，不属于新证据，同时表示对该组证据的真实性无异议，但对证明目的和关联性不予认可，主要基于以下方面：1.《诉讼时效规定》第十九条第二款规定，债务承担情形下，构成原债务人对债务承认的，应当认定诉讼时效从债务承担意思表示到达债权人之日起中断。假设本案中秦毅公司构成债务加入，根据该规定，只有沃尔德公司对债务承认的情况下，才能认定债务加入在中宁农行与沃尔德公司之间发生诉讼时效中断的效力，而无论是《借款展期协议》还是催收通知书上均无沃尔德公司的签章，不构成沃尔德公司对债务的承认，中宁农行与秦毅公司之间的诉讼时效中断效力不及于沃尔德公司；2.该份通知书是对秦毅公司进行催收，与沃尔德公司无关。

对于该组证据，本院作出如下认定：1.沃尔德公司与秦毅公司假设本案法律关系为债务加入的理由是《抵押担保借款合同》签订时，秦毅公司尚未成立，其在合同上的公章为事后补盖，应为债务加入。首先，一审中，各方对此存在争议，中宁农行认为秦毅公司公章为《抵押担保借款合同》签订时加盖，秦毅公司与沃尔德公司虽主张公章为事后补盖，但未提供证据证明。其次，即使债务加入成立，也不影响本案诉讼时效的认定。（1）在无证据证明秦毅公司债务加入的具体时间的情况下，应推定债务加入的时间为秦毅公司成立的时间，即1999年8月，而当时本案债权的诉讼时效期间尚未起算，自谈不上中断的问题。（2）《诉讼时效规定》第十九条第二款针对原债务人不知情的情况下，债务加入人与债权人签订债务承担协议的情形作出的规定，而本案《抵押担保借款合同》为三方合同，不存在原债务人不知情的情况，该规定并不适用于本案。（3）《诉讼时效规定》第十九条第二款将债务加入行为是否构成原债务人对债务的承认作为判断该加入行为是否构成债权人与原债务人之间的诉讼时效中断事由的标准，而秦毅公司与沃尔德公司将签订《借款展期协议》等债务加入之后的行为作为否定原债务人与债权人之间诉讼时效中断的理由，是对条文的误读。因此，无论秦毅公司是否构成债务加入，均不影响本案诉讼时效中断的认定。

2.《中华人民共和国民事诉讼法》第六十五条第二款规定，当事人逾期提供证据的，人民法院应当责令其说明理由；拒不说明理由或者理由不成立的，人民法院根据不同情形可以不予采纳该证据，或者采纳该证据但予以训诫、罚款。本案中，中宁农行逾期提供证据，存在明显过错，但由于该组证据涉及诉讼时效问题，对本案有实质性影响，加之沃尔德公司与秦毅公司对该组证据的真实性并无异议，本院对中宁农行进行训诫后，依法予以采信。

被上诉人沃尔德公司提交宁夏红盾信息网上题为"宁夏自治区工商局全面启动企业电子档案管理系统"的网页打印材料一份，该网页更新时间为2010年10月18日，载明"近日，宁夏自治区工商局全面启动了企业电子档案管理系统"。证明2010年以后才能打印企业电子信息表，中宁农行查阅纸质工商档案应当能够获知沃尔德公司的真实情况。

上诉人中宁农行质证认为该材料已过举证期限，不属于新证据，同时表示对其证明目的不予认可，认为宁夏回族自治区工商局是最早推行电子档案的，2010年全面启动电子档案管理系统，不代表在此之前不存在电子档案。

本院认为，该证据仅能证明宁夏回族自治区工商局在2010年前后全面启动了电子档案管理系统，但并不能证明在此之前完全不存在电子档案，更不能证明宁夏万得实业总公司注销的登记信息在2010年以前不存在，故对于该证据不予采信。

经审理，本院除对一审法院查明的事实予以确认外，另查明：

2008年1月25日，中宁农行向秦毅公司发出《债务逾期催收通知书》，其中所载欠款清单中包括本案所涉2000万元贷款，秦毅公司法定代表人秦军在该通知书上签章并加盖公章。

本院认为，本案争议焦点是：沃尔德公司是否应当就本案所涉2000万元贷款本息债务与秦毅公司承担共同清偿责任？具体涉及以下几方面问题：

一、本案所涉2000万元贷款本息的债务人是否由沃尔德公司与秦毅公司变更为秦毅公司？

本案所涉五份《抵押担保借款合同》订立时，秦毅公司未成立，但其在合同尾部借款人及抵押人处加盖公章予以确认，应当认定秦毅公司及沃尔德公司为本案所涉2000万元贷款的共同债务人。《抵押担保借款合同》中未约定共同债务人各自承担的债务份额，债务性质为连带债务，债权人中宁农行有权向任一债务人请求承担全部债务，债权人向其中一债务人主张权利，并不产生放弃对其他连带债务人债权的法律后果。沃尔德公司认为中宁农行与秦毅公司签订《借款展期协议》以及对秦毅公司的一系列催收行为表明中宁农行放弃了对沃尔德公司债权的抗辩理由，无法律依据。

况且，虽然秦毅公司与中宁农行签订的《借款展期协议》所载借款人仅为秦毅公司，但《借款展期协议》第4条明确约定"本协议是对编号为＊＊号的主合同及编号为＊＊号的担保合同部分条款的调整和补充。除涉及上述内容的条款外，原主合同及担保合同规定的其他各项条款仍然有效"，而总共只有七条条款的《借款展期协议》中，没有任何关于债务转移和债务主体变更的内容。《中华人民共和国合同法》第七十八条规定，当事人对合同变更的内容约定不明确的，推定为未变更。债务主体涉及各方当事人重大利益，属于原合同重要内容，其变更应有明确的意思表示。本案中，不能仅通过中宁农行和秦毅公司签订《借款展期协议》以及向秦毅公司的催收行为推定债务转移至秦毅公司。

因此，中宁农行关于本案所涉 2000 万元贷款本息债务的债务主体未发生变更的上诉理由，本院予以采纳。

二、中宁农行对沃尔德公司的债权请求权是否已过诉讼时效？

本案所涉五份《抵押担保借款合同》约定的借款期限到期日分别为 2003 年 9 月 10 日、2003 年 9 月 10 日、2003 年 9 月 15 日、2003 年 9 月 22 日、2003 年 10 月 26 日。在合同未变更的情况下，中宁农行对秦毅公司、沃尔德公司的债权请求权诉讼时效期间应自上述时间起算。

2005 年 9 月 1 日、2005 年 12 月 21 日，中宁农行与秦毅公司签订《协议书》《补充抵押协议书》，约定秦毅公司以其部分资产作为其与中宁农行办理的全部贷款和银行承兑汇票设定抵押。2005 年 12 月 17 日，中宁农行与秦毅公司签订《以资抵债协议》载明，约定秦毅公司以部分房产、林地对中宁农行的债务进行抵债。2006 年 11 月 30 日秦毅公司向中宁农行出具《关于抵押物改造情况的说明》，称对上述《最高额抵押合同》所涉及一车间电解槽进行了改造，改造没有引起抵押物价值的减少，不会影响到抵押权的实现。2008 年 1 月 25 日和 2009 年 11 月 26 日，中宁农行两次向秦毅公司发出《债务逾期催收通知书》，对包括本案所涉贷款在内的债务进行催收，秦毅公司法定代表人秦军在两份催收通知书上均签章并加盖公章。2011 年 4 月 18 日，中宁农行提起诉讼。中宁农行对秦毅公司债权请求权的诉讼时效期间因上述行为多次发生中断而未超过。

《诉讼时效规定》第十七条第二款规定，对于连带债务人中的一人发生诉讼时效中断效力的事由，应当认定对其他连带债务人也发生诉讼时效中断的效力。根据该规定，对秦毅公司发生诉讼时效中断效力的事由，对沃尔德公司也发生诉讼时效中断的效力。因此，中宁农行对沃尔德公司的债权请求权亦未过诉讼时效。

秦毅公司与中宁农行签订的《借款展期协议》约定的借款到期日分别为 2006 年 3 月 9 日、2006 年 3 月 9 日、2006 年 3 月 14 日、2006 年 3 月 21 日、2006 年 3 月 25 日。在认可《借款展期协议》效力的情况下，中宁农行对秦毅公司和沃尔德公司的债权请求权诉讼时效期间应自上述时间起算。2008 年 1 月 25 日和 2009 年 11 月 26 日，中宁农行两次对秦毅公司进行债权催收，均引起诉讼时效中断。同样，中宁农行对沃尔德公司的债权请求权未过诉讼时效。

因此，无论《抵押担保借款合同》是否因《借款展期协议》发生变更，中宁农行对沃尔德公司的债权请求权均未过诉讼时效。

三、沃尔德公司应依据哪份合同承担清偿责任？

本案中，中宁农行明确依据《借款展期协议》请求判令秦毅公司和沃尔德公司承担共同清偿责任，本院在当事人诉请范围内进行审理。根据《中华人民共和国合同法》第七十七条的规定，合同变更，需经当事人协商一致。《抵押担保借款合同》是中宁农行、沃尔德公司以及秦毅公司签订的三方合同，其后，秦毅公司与中宁农行在未经沃尔德公司同意的情况下签订《借款展期协议》对三方合同进行变更。能否判令沃尔德公司依据《借款展期协议》承担共同清偿责任，要看该变更是否加重债务人的责任。

对此问题，中宁农行出具了《原借款合同与展期协议计息说明》（附《秦毅公司 5 笔贷款计息测算表》），该说明载明："银行贷款利息计算是按照人民银行发布的贷款基准利率上、下浮动后在合同中进行约定的，人民银行的贷款利率统一按照年利率标准公布，年利率数字表示为百分比（%），月利率是以年利率除以 12 个月来计算的，即'月利率 = 年利率/12 个月'，数字表示形式为千分比（‰）。我行 1998 年与宁夏万得实业总公司签订的借款合同利率均采用月利率，即 7.0125‰，换算成年利率为 8.415%；2003 年办理展期协议时，贷款利率采用了年利率，即 7.488%，换算成月利率为 6.24‰。这 5 笔贷款 2005 年 3 月 20 日前利息全部结清，2005 年 3 月 21 日—2006 年 3 月 29 日期间共计利息 1518192 元（按展期利率算）；2006 年展期到期后（中宁农行称贷款展期到期后，按原借款合同约定计收逾期利息），贷款利率采用了年利率 8.316%，换算成月利率为 6.93‰，2005 年 3 月 21 日—2006 年 3 月 29 日期间按逾期利率共计利息 1686069 元，办理展期后少计利息约 167877 元。因此从借款合同与展期协议约定的利率来看，办理展期协议时约定的利率比借款合同约定的利率低，支付利息少，减轻了企业负担。"对此，沃尔德公司认为：第一，农行提供的《秦毅公司 5 笔贷款计息测算表》中的客户名称为秦毅公司，与沃尔德公司无关。第二，两份合同约定的贷款利率，均超出了中国人民银行发布的同期贷款基准利率的 40%—50%，违反了《中国农业银行贷款浮动利率管理办法》关于固定资产贷款应严格执行现行利率，一律不准上浮的规定。第三，《借款展期协议》中约定的利率高于中宁农行

2003 年 6 月份转贷给秦毅公司其他贷款的年利率，如果通过收回再贷的方式借款，利率比通过展期的方式低，所以通过展期的方式借款明显加重了债务人的负担。

本院认为，《中国农业银行贷款浮动利率管理办法》是中国农业银行发布的管理性规定，不属于法律、行政法规，中宁农行是否违反该规定发放贷款，不影响本案民事合同的效力。至于沃尔德公司提出如果通过收回再贷的方式借款，利率比展期的方式低的理由，仅是当事人的假设，无事实依据。

秦毅公司与中宁农行虽然在未与沃尔德公司协商一致的情况下签订了《借款展期协议》，对原合同进行了变更，但由于该变更并未加重债务人的负担，反而在期限、利率等方面对债务人更为有利。并且，如前述，无论按照哪份合同，诉讼时效均未超过，债务人诉讼时效方面的利益也未受影响。因此，中宁农行与秦毅公司签订《展期协议》实质上是对债务的部分免除，该免除的法律效力及于连带债务人沃尔德公司，沃尔德公司对该免除部分不再承担清偿责任。连带之债制度设立的目的之一是为保证债权的快速实现，以达到公平和效率的统一。本案中，两连带债务人若依据不同的合同承担责任，会产生债权、求偿权复杂化以及增加当事人成本的问题，故令两债务人均依据《借款展期协议》承担清偿责任，并无不当。中宁农行依据《借款展期协议》请求沃尔德公司就本案所涉 2000 万元贷款本息承担共同清偿责任，是对自己民事权利的处分，对该上诉请求，本院予以支持。

综上，原审法院关于沃尔德公司与秦毅公司共同承贷的 2000 万元贷款的债务人已变更为秦毅公司，沃尔德公司不承担清偿责任的认定不当，应当予以纠正外，其余事实认定清楚，法律适用正确，判处得当。本院依照《中华人民共和国民事诉讼法》第一百七十条第（二）项之规定，判决如下：

一、维持宁夏回族自治区高级人民法院（2011）宁民商初字第 4 号民事判决第二项；

二、变更宁夏回族自治区高级人民法院（2011）宁民商初字第 4 号民事判决第一项为：宁夏秦毅实业集团有限公司于本判决生效后十日内偿还中国农业银行股份有限公司中宁县支行借款本金 7080 万元，利息 42358056.95 元（截至 2011 年 3 月 21 日），本息合计 113158056.95 元，以后利息根据本金自 2011 年 3 月 22 日至判决生效之日按中国人民银行关于逾期付款利率的规定计付；宁夏沃尔德实业有限公司对本案所诉债务中的 2000 万元借款本金、利息 12675782.18 元（截至 2011 年 3 月 21 日）及 2011 年 3 月 21 日后新增的利息承担共同清偿责任。

三、变更宁夏回族自治区高级人民法院（2011）宁民商初字第4号民事判决第三项为：驳回中国农业银行股份有限公司中宁县支行的其他诉讼请求。

如果未按本判决指定的期间履行给付金钱义务，应当依照《中华人民共和国民事诉讼法》第二百五十三条之规定，加倍支付迟延履行期间的债务利息。

一审案件受理费607590元，由秦毅公司负担519793元，由沃尔德公司负担87797元；保全费5000元由秦毅公司负担；二审案件受理费205197元，由沃尔德公司负担。

本判决为终审判决。

> 审　判　长　刘　敏
> 代理审判员　李志刚
> 代理审判员　高燕竹
> 二〇一三年九月十一日
> 书　记　员　郝晋琪

5. 银行依约定对应付未付利息计收复利应予支持

—— 中国农业银行股份有限公司拉萨康昂东路支行与西藏诺迪康药业股份有限公司、西藏华西药业集团有限公司金融借款合同纠纷案

【裁判要旨】

中国人民银行发布的《人民币利率管理规定》（银发〔1999〕77号）第二十条第二款规定，对贷款期内不能按期支付的利息按贷款合同利率按季或按月计收复利，贷款逾期后改按罚息利率计收复利。最后一笔贷款清偿时，利随本清。因此，银行依约定对应付未付利息计收复利的主张，不违反法律的强制性规定，人民法院应予支持。

中华人民共和国最高人民法院民事判决书

（2013）民二终字第 47 号

上诉人（原审被告）：西藏诺迪康药业股份有限公司。

法定代表人：陈达彬，该公司总经理。

委托代理人：邵禹，北京市北斗鼎铭律师事务所西藏分所律师。

委托代理人：李蓬，北京市北斗鼎铭律师事务所西藏分所律师。

被上诉人（原审原告）：中国农业银行股份有限公司拉萨康昂东路支行。

法定代表人：边巴扎西，该支行行长。

委托代理人：白玛，西藏雪域律师事务所律师。

委托代理人：李建忠，西藏雪域律师事务所律师。

原审被告：西藏华西药业集团有限公司。

法定代表人：陈达彬，该公司总经理。

委托代理人：邵禹，北京市北斗鼎铭律师事务所西藏分所律师。

委托代理人：李蓬，北京市北斗鼎铭律师事务所西藏分所律师。

上诉人西藏诺迪康药业股份有限公司（以下简称西藏诺迪康公司）因与被上诉人中国农业银行股份有限公司拉萨康昂东路支行（以下简称农行拉萨康昂支行）、原审被告西藏华西药业集团有限公司（以下简称西藏华西公司）金融借款合同纠纷一案，不服西藏自治区高级人民法院（2012）藏法民二初字第5号民事判决，向本院提起上诉。本院受理后，依法组成由审判员宫邦友担任审判长，审判员沙玲、代理审判员郑勇参加的合议庭进行了审理，书记员侯佳明担任记录。本案现已审理终结。

西藏自治区高级人民法院一审查明：2006年3月29日，农行拉萨康昂支行与西藏诺迪康公司签订了编号为（藏康）农银借字（2006）第010号《借款合同》。合同约定：由农行拉萨康昂支行向西藏诺迪康公司提供短期流动资金贷款人民币2700万元；借款利率为年利率3.60%；本合同项下借款按季结息，结息日为季末月的20日；如借款人未能按照约定期限归还借款本金的，贷款人有权对逾期借款自逾期之日起在合同约定的借款执行利率基础上上浮30%计收罚息直至本息清偿为止。逾期期间，如遇中国人民银行同期人民币贷款基准利率上调，则罚息利率相应上调；对借款人应付未付利息，贷款人有权依据中国人民银行规定计收复利；如因借款人违约致使贷款人采取诉讼或仲裁方式实现债权的，借款人应当承担贷款人为此支付的律师费、差旅费及其他实现债权的费用。

2006年3月15日，农行拉萨康昂支行与西藏诺迪康公司订立了一份编号为2006-010号的《房地产抵押合同》。合同约定：抵押人西藏诺迪康公司以其所有的位于成都市锦江区中新街49号锦贸大厦面积为4819.90平方米的房产作为抵押物就西藏诺迪康公司据（藏康）农银借字（2006）第010号《借款合同》中之义务设定抵押。同日，成都市房产管理局作为登记机关在该份《房地产抵押合同》上签章确认。2006年3月20日，成都市房产管理局分别出具成房他权字第195684-1号和195684-2号《房屋他项权利证》，载明：房屋所有权人即西藏诺迪康公司以其坐落于成都市锦江区中新街锦贸大厦面积分别为825.56平方米和第13—15层办公用房（面积计3992.34平方米）的房产为房屋他项权人即农行拉萨康昂支行的贷款债权设定抵押。2006年3月29日，农行拉萨康昂支行与西藏诺迪康公司签订了与（藏康）农银借字（2006）第010号《借款合同》相对应的编号为（藏康）农银抵字（2006）第010号《抵押合同》。该合同对抵押人西藏诺迪康公司所予担保的主债权种类、本金数额、抵押担保的范围等事宜均做了明确约定。

2006年3月29日，农行拉萨康昂支行与西藏华西公司签订了（藏康）农银保字（2006）第010号《保证合同》。合同约定：西藏华西公司愿意为西藏诺迪康公司依上述《借款合同》而与贷款人所形成的债务提供保证担保；被担保的主债权种类和数额为短期流动资金贷款人民币 2700 万元；保证担保的范围包括主合同项下的债务本金、利息、罚息、复利、违约金、损害赔偿金以及诉讼费、律师费等债权人实现债权的费用；本合同保证方式为连带责任保证；保证期间为主合同约定的债务人履行债务期限届满之日起 2 年。

2006 年 3 月 29 日，农行拉萨康昂与西藏诺迪康公司签订了编号分别为（藏康）农银借字（2006）第 012 号《借款合同》和（藏康）农银抵字（2006）第 012 号《抵押合同》。该《借款合同》中约定的借款金额为人民币 2430 万元。除此之外，该《借款合同》和《抵押合同》所约定的事项均同于前述（藏康）农银借字（2006）第 010 号《借款合同》和（藏康）农银抵字（2006）第 010 号《抵押合同》。

2006 年 3 月 15 日，农行拉萨康昂支行与西藏诺迪康公司订立了一份编号为 2006－012 号的《房地产抵押合同》。合同约定：抵押人西藏诺迪康公司以其所有的位于成都市锦江区中新街 49 号锦贸大厦面积为 5116.81 平方米的房产作为抵押物就西藏诺迪康公司据（藏康）农银借字（2006）第 012 号《借款合同》中之义务设定抵押。同日，成都市房产管理局作为登记机关在该份《房地产抵押合同》上签章确认。2006 年 3 月 20 日，成都市房产管理局分别出具成房他权字第 195731－1 号和 195731－2 号《房屋他项权利证》，载明：房屋所有权人即西藏诺迪康公司以其坐落于成都市锦江区中新街锦贸大厦面积分别为 970.20 平方米和第 11 层、16 层、18 层办公用房（面积计 4146.61 平方米）的房产为房屋他项权人即农行拉萨康昂支行的贷款债权设定抵押。

2006 年 3 月 29 日，农行拉萨康昂支行与西藏华西公司签订了（藏康）农银保字（2006）第 012 号《保证合同》。该合同内容亦与前述（藏康）农银保字（2006）第 010 号《保证合同》一致。

农行拉萨康昂支行在与借款人、抵押人和保证人订立完上述合同后，依约于 2006 年 3 月 29 日向借款人西藏诺迪康公司分别发放贷款 2700 万元和 2430 万元。

一审另查明，针对（藏康）农银借字（2006）第 010 号《借款合同》，西藏诺迪康公司于 2006 年 3 月 29 日、2007 年 6 月 22 日和 2008 年 3 月 24 日分别偿还借款本金 270 万元、746.14 元和 345.46 元，尚欠借款本金 24298908.4 元未予偿还。针对（藏康）农银借字（2006）第 012 号《借款合同》，西藏诺迪康公司于 2007 年 3 月 29 日偿还借款本金 243 万元，西藏诺迪康公司尚欠借款本金 2187 万元未予偿还。

农行拉萨康昂支行分别于 2008 年 7 月 7 日、2009 年 5 月 25 日、2011 年 2

月 1 日和 2011 年 10 月 31 日向西藏诺迪康公司发出《债务逾期催收通知书》，后者均予签收后未履行还款义务。

农行拉萨康昂支行分别于 2008 年 7 月 7 日、2009 年 11 月 8 日、2011 年 8 月 4 日和 2011 年 10 月 31 日向保证人西藏华西公司发出《担保人履行责任通知书》，后者签收后亦未履行义务。

截至 2012 年 6 月 20 日，西藏诺迪康公司就上述两份《借款合同》积欠的借款本金 46168909.4 元所产生的借款利息为 10540967.51 元（含复利）。

农行拉萨康昂支行 2012 年 7 月 5 日向西藏自治区高级人民法院起诉称，借款人西藏诺迪康公司在 5130 万元借款到期后，并未按约定还款付息。为此，农行拉萨康昂支行多次向西藏诺迪康公司、西藏华西公司催收债权。截至 2012 年 6 月 20 日，借款人西藏诺迪康公司尚欠借款本金 46168908.4 元，积欠利息 10540967.51 元。为维护自身合法权益，请求人民法院依法判令：1. 西藏诺迪康公司偿还借款本金 46168908.4 元；2. 西藏诺迪康公司支付积欠的借款利息 10540967.51 元（包括自 2007 年 3 月 29 日起至 2012 年 6 月 20 日止逾期偿还借款本金产生的利息和复利）以及自 2012 年 6 月 21 日起至借款本金实际支付之日止的逾期利息和复利；3. 农行拉萨康昂支行对西藏诺迪康公司提供的抵押物经折价或拍卖、变卖之所得价款享有优先受偿权；4. 西藏华西公司对上述债务和费用承担连带清偿责任；5. 西藏诺迪康公司承担本案诉讼费用及农行拉萨康昂支行因本案诉讼而产生的律师代理费。

西藏自治区高级人民法院审理认为，农行拉萨康昂支行与西藏诺迪康公司所签订的（藏康）农银借字（2006）第 010 号、第 012 号《借款合同》系双方当事人的真实意思表示，合同所约定的事项并不违反国家法律、法规的禁止性规定，属合法有效，对各方当事人均产生法律效力。据《借款凭证》，原告已依约向借款人西藏诺迪康公司发放借款共计 5130 万元，其已履行完毕合同义务。就此，西藏诺迪康公司应依《借款合同》约定履行还本付息之义务。因西藏诺迪康公司对原告农行拉萨康昂支行提出的所欠借款本金数额为 46168908.4 元之诉讼请求明确表示认可，故对此予以确认。

对于农行拉萨康昂支行主张的要求西藏诺迪康公司支付至 2012 年 6 月 20 日借款本金所产生的借款利息 10540967.51 元（含复利）的诉请，西藏自治区高级人民法院认为，因两份《借款合同》中就农行拉萨康昂支行计收利息（利率标准）、复利事宜均有明确约定，故借款人西藏诺迪康公司依法负有支付该笔费用的合同义务。对于农行拉萨康昂支行所计收的利息标准和复利金额，西藏自治区高级人民法院予以支持。西藏诺迪康公司提出的农行拉萨康昂支行所诉请的复利主张无事实和法律依据的答辩意见依法不能成立，故对此不予支持。

对于西藏华西公司之担保责任问题，西藏自治区高级人民法院认为，西藏华西公司与农行拉萨康昂支行签订的编号为（藏康）农银保字（2006）第010号、第012号《保证合同》合法、有效。依据《保证合同》约定，西藏华西公司为借款人两笔贷款提供了连带责任保证并明确约定有保证范围，故其依法应对债务人西藏诺迪康公司应予向农行拉萨康昂支行承担的还本付息义务承担连带清偿责任。依照《中华人民共和国担保法》的相关规定，保证人西藏华西公司在履行完毕担保责任后，可向西藏诺迪康公司行使追偿权。

农行拉萨康昂支行作为抵押权人与抵押人西藏诺迪康公司订立的编号为（藏康）农银抵字（2006）第010、012号《抵押合同》和《房地产抵押合同》亦属合法、有效，且双方均依合同约定在相关登记主管部门办理了抵押物登记手续。抵押权人和抵押人就相关抵押物已成功设定抵押权，农行拉萨康昂支行就上述抵押物依法享有优先受偿权。

对于农行拉萨康昂支行提出的要求西藏诺迪康公司承担农行拉萨康昂支行因本案诉讼产生的律师代理费的诉讼请求，一审庭审中，农行拉萨康昂支行委托代理人明确表示西藏雪域律师事务所虽与农行拉萨康昂支行订立有《委托代理合同》，但合同中所约定的律师代理费用并未实际发生。因该项诉请农行拉萨康昂支行无证据加以佐证，故对此不予支持。

综上，依照《中华人民共和国合同法》（以下简称合同法）第一百九十六条、第二百零七条，《中华人民共和国担保法》第十八条、第二十条第一款、第三十三条、第四十六条、第五十六条之规定，西藏自治区高级人民法院判决如下：一、西藏诺迪康药业股份有限公司应自本判决生效之日起三十日内向中国农业银行股份有限公司拉萨康昂东路支行偿还借款本金人民币46168908.40元并支付截至2012年6月20日所积欠的借款利息和复利人民币10540967.51元（自2012年6月21日起至其实际履行完毕义务期间所产生的借款利息和复利依《借款合同》约定计算）；二、西藏华西药业集团有限公司对西藏诺迪康药业股份有限公司依本判决第一项判决主文应予履行的义务承担连带清偿责任；三、中国农业银行股份有限公司拉萨康昂东路支行对本案所涉抵押物依法享有优先受偿权；四、西藏华西药业集团有限公司履行完毕担保责任后，可向西藏诺迪康药业股份有限公司行使追偿权；五、驳回中国农业银行股份有限公司拉萨康昂东路支行的其他诉讼请求。如未按本判决指定的期间履行金钱给付义务的，应当按照《中华人民共和国民事诉讼法》第二百五十三条之规定，加倍支付迟延履行期间的债务利息。本案一审案件受理费325349.00元，由西藏诺迪康药业股份有限公司负担（西藏华西药业集团有限公司对此承担连带责任)。

西藏诺迪康公司不服西藏自治区高级人民法院上述民事判决,向本院提起上诉称:1. 一审认定事实不清。农行拉萨康昂支行没有按照《借款合同》约定的计算方式计算利息,以至于向西藏诺迪康公司多主张了788809.69元的利息。一审在没有详细计算的情况下,就依照农行拉萨康昂支行单方计算方式认可了起诉的利息数额,属于认定事实不清。2. 一审判令西藏诺迪康公司支付复利缺乏事实和法律依据。农行拉萨康昂支行没有提交任何法律、法规来支持其所提出的复利主张,且一审仅仅依据农行拉萨康昂支行单方提交的《西藏诺迪康药业股份有限公司贷款明细表》就径行判决西藏诺迪康公司支付复利。综上,请求二审:1. 对一审判决第一项判决中的利息部分依法改判,改判西藏诺迪康公司不承担多出的788809.69元利息;2. 撤销一审判决第一项判决中利息及复利总额中所包含的复利998127.99元;3. 判决农行拉萨康昂支行承担本案一、二审诉讼费用。

农行拉萨康昂支行答辩称:1. 一审认定的借款利息数额正确,事实和法律依据充分。本案所涉两份《借款合同》对计收利息(利率标准)及贷款逾期后利息的计算均作了明确约定,上述约定未违反中国人民银行关于逾期贷款利息计收标准的规定,合法有效。农行拉萨康昂支行所主张的利息数额系依上述合同约定计算得出,西藏诺迪康公司有关一审多计算了利息的上诉主张严重失实,不能成立。2. 一审判令西藏诺迪康公司支付复利符合合同约定和法律规定。双方在两份《借款合同》中明确:"对应付未付利息,贷款人依据中国人民银行规定计收复利";中国人民银行《人民币利率管理规定》(银发〔1999〕77号)规定:"对贷款期内不能按期支付的利息按贷款合同利率按季或按月计收复利,贷款逾期后改按罚息利率计收复利"。因此,农行拉萨康昂支行要求西藏诺迪康公司依法支付复利的诉讼请求既有合同依据也有法规依据,应予支持。综上,请求二审驳回上诉,维持原判。

本院二审对一审查明的事实予以确认。另查明,双方在(藏康)农银借字(2006)第010号、(藏康)农银借字(2006)第012号两份《借款合同》中均约定:"借款利率执行年利率3.87%直至借款到期日。五年期以下(含五年)借款的利率基准为中国人民银行公布的同期人民币贷款基准利率";"对应付未付利息,贷款人依据中国人民银行规定计收复利";还约定:"本合同记载的借款金额、发放日期、到期日与借款凭证不一致时,以借款凭证记载为准。借款凭证为本合同组成部分,与本合同具有同等法律效力"。编号为2006-010号和2006-012号两份《借款凭证》载明,本案所涉两笔贷款的借款期限均为2006年3月29日至2007年3月29日。

又查明，农行拉萨康昂支行法定代表人已由刚组变更为边巴扎西。

本院认为，本案二审争议的焦点问题是：1. 农行拉萨康昂支行所主张的借款利息数额是否存在多计问题；2. 对应付未付利息计收复利是否符合法律规定和合同约定。

一、关于农行拉萨康昂支行所主张的借款利息数额是否存在多计问题。

根据双方签订的两份《借款协议》的约定，本案所涉贷款在借款期限内执行固定利率即年利率 3.6%；借款到期后，借款执行利率为中国人民银行公布的同期人民币贷款基准利率，并对逾期借款自逾期之日起在合同约定的借款执行利率基础上上浮 30% 计收罚息，直至本息清偿为止。上述约定符合合同法第二百零七条以及中国人民银行《关于人民币贷款利率有关问题的通知》（银发〔2003〕251 号）第三条第一款的有关规定，合法有效。因本案所涉贷款在 2007 年 3 月 29 日即借款期限届满，借款到期之后未归还的借款本金构成逾期借款。依据上述合同约定，本案对逾期借款的利息计算应以中国人民银行公布的同期人民币贷款基准利率再上浮 30% 的利率为计算标准。

关于西藏诺迪康公司提出的农行拉萨康昂支行多计利息 788809.69 元的上诉主张，经查，该利息数额差异产生于 2008 年 6 月 21 日至 2012 年 6 月 20 日计息区间，西藏诺迪康公司对借款发生日至 2008 年 6 月 20 日计息区间农行拉萨康昂支行所主张的利息数额并未提出异议。双方之所以在上述计息区间产生的利息数额存在差异，是因各自计算所依据的利率标准不同而造成的。在上述计息区间，西藏诺迪康公司所欠贷款因已过借款期限，构成逾期借款，需计收罚息，其利息计算应依据的利率应以中国人民银行公布的同期人民币贷款基准利率再上浮 30% 为准。而西藏诺迪康公司在计算该计息区间利息时，所依据的利率标准是以借款期限内执行的固定利率即年利率 3.6% 乘以中国人民银行公布的同期人民币贷款基准利率与借款发生时中国人民银行公布的贷款基准利率之比后再上浮 30% 得出，该计算方式不符合合同约定，本院依法不予支持。农行拉萨康昂支行主张的该计息区间的利息数额，是以中国人民银行拉萨中心支行公布的同期西藏金融机构贷款利率（比中国人民银行公布的同期人民币贷款基准利率要低）再上浮 30% 为利率标准计算所得，所主张的利息数额实际上要比合同约定的计算标准所得数额还要低。故农行拉萨康昂支行所主张的贷款利息计算标准不违反合同约定，一审认定的利息数额准确，对西藏诺迪康公司有关一审多计利息 788809.69 元应予改判的上诉请求，本院依法不予支持。

二、关于对应付未付利息计收复利是否符合法律规定和合同约定问题。

本案双方签订的《借款合同》载明，本案所涉贷款的借款种类为短期流动资金。中国人民银行发布的《人民币利率管理规定》（银发〔1999〕77 号）第二十条第二款规定"短期贷款按季结息的，每季度末月的二十日为结息日；按月结息的，每月的二十日为结息日。具体结息方式由借贷双方协商确定。对贷款期内不能按期支付的利息按贷款合同利率按季或按月计收复利，贷款逾期后改按罚息利率计收复利。最后一笔贷款清偿时，利随本清"。双方在两份《借款合同》中亦约定，对应付未付利息，贷款人依据中国人民银行规定计收复利。因此，农行拉萨康昂支行对借款人西藏诺迪康公司应付未付的利息计收复利的主张事实和法律依据充分，一审要求西藏诺迪康公司支付复利的判决并无不当，本院对西藏诺迪康公司请求撤销支付复利的上诉请求依法不予支持。

综上，一审审判程序合法，认定事实清楚，适用法律正确。依照《中华人民共和国民事诉讼法》第一百七十条第一款第（一）项之规定，判决如下：

驳回上诉，维持原判。

一审案件受理费 325349 元，按照一审判决执行；二审案件受理费 20882 元，由西藏诺迪康药业股份有限公司负担。

本判决为终审判决。

审　判　长　宫邦友

审　判　员　沙　玲

代理审判员　郑　勇

二〇一三年九月十三日

书　记　员　侯佳明

6. 当事人对人民法院生效判决所确定给付事项撤回申请强制执行后未就债权债务关系重新达成协议不予保护

——中国信达资产管理股份公司辽宁省分公司与沈阳（中国北方花城）有限公司不良债权追偿纠纷案

【裁判要旨】

对于自然之债，当事人如何才算达成新的债权债务关系，实践中是个比较难以认定的问题，许多界线模糊。本案较好地澄清当事人达成新的债权债务关系的条件、标准及当事人实体权利应否保护等问题。

中华人民共和国最高人民法院民事判决书

（2013）民提字第 57 号

申请再审人（一审原告、二审上诉人）：中国信达资产管理股份公司辽宁省分公司。住所地：辽宁省沈阳市沈河区惠工街 56 号。

负责人：于苓，该分公司副总经理。

委托代理人：周承军，该公司职员。

委托代理人：王峰，北京市天同律师事务所律师。

被申请人（一审被告、二审被上诉人）：沈阳（中国北方花城）有限公司。住所地：辽宁省沈阳市于洪区沈新路 27 号。

法定代表人：陈爱清，该公司董事长。

委托代理人：刘璇，北京市大成律师事务所沈阳分所律师。

申请再审人中国信达资产管理股份公司辽宁省分公司（以下简称信达公司）因与被申请人沈阳（中国北方花城）有限公司（以下简称花城公司）不良债权追偿纠纷一案，不服辽宁省高级人民法院（2011）辽民二终字第 74 号民事判决，向最高人民法院申请再审。本院于 2013 年 3 月 20 日以（2012）民申字第 1455 号民事裁定提审本案，并依法组成由审判员宫邦友担任审判长，审判员朱海年，代理审判员林海权参加的合议庭进行了审理。书记员陆昱担任记录。本案现已审理终结。

2010 年 7 月 6 日，信达公司向辽宁省沈阳市中级人民法院提起诉讼，以花城公司违反 2003 年 9 月 1 日协议书约定为由，请求判令花城公司给付信达公司 4380 万元及利息。辽宁省沈阳市中级人民法院于 2010 年 12 月 17 日作出 (2010) 沈中民五初字第 26 号民事判决。

辽宁省沈阳市中级人民法院查明，1998 年—1999 年，沈阳交行共借给花城公司 4 笔借款，共计人民币 4380 万元，以其自有的房屋及土地做担保，贷款到期后花城公司不能支付本息。2002 年 12 月 6 日，一审法院作出 (2002) 沈民 (3) 初字第 1 号民事判决，判决花城公司给付沈阳交行借款及利息。如未清偿，以其所有的抵押物（坐落于沈阳市于洪区沈新路 27 号的房屋建筑面积 20486.39 平方米及土地 10993 平方米）折价，或以拍卖、变卖该抵押物所得的价款偿还本息，超额部分退还花城公司。之后，沈阳交行向一审法院申请强制执行。

2003 年 9 月 1 日沈阳交行与花城公司达成《协议书》，约定：一、花城公司于该协议书生效之日起 20 日内，向沈阳交行支付款项 100 万元人民币，该 100 万元先用以偿还沈阳交行诉讼过程中发生的各项费用，剩余部分用于偿还花城公司所欠沈阳交行的贷款利息，利息未清偿部分，由沈阳交行制定可行的还款计划并交予花城公司审查通过。二、待上述款项到账后，沈阳交行保证撤销针对花城公司的诉讼执行及查封请求。三、花城公司偿还上述款项后，如符合贷款重组条件，沈阳交行将为其办理 4380 万元贷款的重组转期手续。四、花城公司承诺，自 2004 年 1 月起，将保证按月结付当月新增贷款利息。五、本协议经花城公司、沈阳交行签字盖章后发生法律效力，双方应共同遵守。若有违约，违约方应依法承担违约责任。六、本协议条款为双方当事人的真实意思表示。未尽事宜，由双方另行协商解决。之后，《协议书》第 1 条、第 2 条已经分别得到花城公司、沈阳交行的履行。沈阳交行亦向一审法院提出撤销对该案执行程序的申请，一审法院于 2004 年 1 月 11 日以 (2003) 沈法执字第 133 号民事（执行）裁定书，裁定终结该案的执行程序。其后，花城公司未向沈阳交行支付新增利息。

2004 年 6 月 7 日，沈阳交行将四笔债权转让给信达公司，同时约定：如沈阳交行曾与该债务人或其担保人达成过相关协议，对前述债权进行变更或补充且未履行完毕，此类协议项下权利也转让给信达公司。此债权转让协议于 2004 年 8 月 2 日向花城公司送达，债权转让生效。

　　一审法院认为，沈阳交行与花城公司的借款合同纠纷于 2002 年审理，于 2003 年执行。因此，应适用旧民事诉讼法。沈阳交行与花城公司于 2003 年 9 月 1 日签订《协议书》时，正处于法院强制执行期间。贷款债权正在为法律强制力所保护，属法定之债。而后沈阳交行申请撤销执行，原审法院据此作出了终结执行程序的裁定。又因旧民事诉讼法规定法人申请法院强制执行的期限为半年，故此债当时即已超过申请法院执行的期限。因此，当执行程序终结之时，法律强制力不再对此债权进行保护，此债已经转化为自然之债。依据最高人民法院执行办公室《关于如何处理因当事人达成和解协议致使逾期申请执行问题的复函》〔（1999）执他字第 10 号〕的规定精神，信达公司即可自行向债务人索取，也可以依据双方达成的协议向法院提起诉讼，本案信达公司正是采取后者，即以双方在执行程序中达成的协议而提起诉讼的。《协议书》第（1）、第（2）条已为双方履行；从《协议书》第（3）、第（4）条看，花城公司自 2004 年 1 月起支付新增贷款利息，须以沈阳交行为其办理贷款转期为前提，双方对贷款债权未办理转期的事实均无异议。因此，从《协议书》来讲，花城公司在沈阳交行办理贷款转期之前没有偿还贷款利息之义务。故信达公司主张花城公司偿还借款本息无合同及法律依据，其诉请理由不能成立。

　　而对于沈阳交行与花城公司达成的《协议书》，双方签署该协议时，处于法院进行强制执行期间中，所以不存在超过申请执行期限的情形。因此，信达公司援引最高人民法院对超过诉讼时效、超过申请期限情况处理方式的各批复，不能适用于《协议书》。本案不属于超过申请法院执行期限时，可将还款协议视为新设债权的情形。信达公司主张《协议书》新设了债权债务，不能成立。实质上《协议书》内容并非新设债权债务，只是对原贷款债权的还款方式作出的细化。《协议书》对原债权并未作任何扩大或缩小，也未出现新的债权产生的原因。因此从《协议书》上看，并无新设债权债务之意。因此，《协议书》中所述债权与原债权为同一债权，同因沈阳交行撤销执行而转化为自然之债。信达公司在受让沈阳交行债权之时，此债权便存在效力的瑕疵。花城公司有权以此为理由抗辩。沈阳交行撤销执行申请、信达公司受让沈阳交行债权，均为对自己合法权利的处分，属于民法的意思自治范围，应由各自负担法律后果。另根据旧民事诉讼法，申请法院强制执行的期限固定为半年，而不存在中止、中断情形。因此，公告送达不影响申请强制执行期限，亦对债权的性质无影响。因此，对这方面的证据，原审法院不予考虑。对于官静的签字能否证明新设债权，从几个批复的精神来看，超过诉讼时效与超过申请执行期限时，自然之债转化为法定之债的认定方式存在明显的差别。对于超过诉讼时效的情形下，转化的方式重在对原债权债务存在的确认；而对超过申请执行期限，原债权债务已经不再转化为法定之债，而是双方因新协议的产生，产生新的法定之债。因此，在送达书上签字确认只是最高人民法院对诉讼时效重新计算的特殊规定，不宜将其扩大适用范围。信达公司主张宫静签字的效力，无法律依据，不能认定《公证书》为双方达成合意，签订新协议。综上，信达公司主张的4380万元债权，因已转化为自然之债，而不能得到法律的保护。信达公司诉讼请求不能得到支持。故一审法院根据旧民事诉讼法第二百一十九条，合同法第八十条、第八十一条、第八十二条规定，判决：驳回信达公司的诉讼请求。一审案件受理费260800元，由信达公司承担。

信达公司不服一审法院上述民事判决，向辽宁省高级人民法院提起上诉称，一、一审判决遗漏了公证送达时还有催收债务的事实认定，导致判决错误。二、一审判决适用法律错误。本案《协议书》已经设立了新的债权债务关系。此后花城公司同意向信达公司履行债务，视为对原债务的重新确认。信达公司因此有权请求人民法院保护自身债权。三、一审法院驳回信达公司诉讼请求，有悖民法基本的公平原则。故信达公司请求二审法院撤销一审判决，判令花城公司清偿4380万元债务本金及利息，并承担全部诉讼费用。花城公司答辩称，信达公司的债权系从沈阳交行受让而来，人民法院已就该事实曾经作出过生效的判决，其本次诉讼请求系重复诉讼，无法律依据。其关于花城公司与沈阳交行在执行过程中签订协议"已经形成了新的债权债务关系。信达公司受让债权后，花城公司应当按时清偿债务本息。其违反《协议书》约定、怠于还款的行为属严重违约行为，并侵害了信达公司的合法权益"的理由，因沈阳交行没有依约制订还款计划交予花城公司，也没有办理重组和转贷的相关手续所以没有发生新增贷款利息，故花城公司已经履行了协议中约定的全部义务，没有任何违约行为，信达公司的该项理由，无相关事实依据，所以原判认定的事实清楚，适用法律正确，二审法院应予维持。

辽宁省高级人民法院除对原判关于债权转让协议于2004年8月2日向花城公司送达，债权转让生效的事实不予认定外，对一审法院查明的其他事实予以确认。二审法院另查明，2003年3月26日工商机关颁发的企业法人营业执照显示，花城公司地址已经由原来的沈阳市于洪区沈新东路34号变更为沈阳市经济技术开发区沈新东路27号。2004年8月13日沈阳市第一公证处作出（2004）沈一证民字第05387号《公证书》，载明：公证员刘丹与公证人员赵欣及沈阳交行工作人员陈影，于二〇〇四年八月二日来到花城公司向其送达《债权转让及催收通（注：漏印"知"字）》《担保权利转让及催收通知》（复印件附后一）。该单位经理宫静接收此通知，并在回执上签字。该《公证书》档案所附《送达记录》载明，公证送达时间一栏填写为"八月二日"，送达情况一栏填写送达时间为"八月四日"，接收人宫静职务为该单位"办公室秘书"，在场人员签字人为"陈影"，送达地址为"于洪区沈新东路34号"。又查明：2006年6月2日、2008年5月23日、2010年5月10日，信达公司分别于《辽宁法制报》对花城公司进行了公告催收。还查明：2003年10月21日，沈阳市中级人民法院根据沈阳交行的申请，作出（2003）沈法执字第133号民事裁定，终结本案的执行。沈阳交行、花城公司于2004年1月16日予以签收。2011年12月9日沈阳交行职员陈影证实，其不认识也从未见过宫静，也没有与公证处一同向花城公司送达过文件，如果其参与送达，一定会找王莉或熟知的人员。因当时沈阳交行急于剥离部分不良资产上市，时间紧工作量大，有公证处拿单子来签字但并没有实际参与送达的情况，陈影确认没有参与送达。因公证处未留有能确认宫静身份信息，未能找到宫静本人。公证员刘丹经通知，其以近期工作忙为由，未能到庭。

辽宁省高级人民法院二审认为，信达公司在本案所起诉的4380万元借款本息债权事实部分，其前手权利人沈阳交行曾经向原审法院提起过诉讼，原审法院已经作出民事判决，并已经发生法律效力，故本次起诉系重复诉。关于信达公司起诉所称，花城公司违反《协议书》约定、怠于还款的行为，属严重违约，侵害了信达公司合法权益，因《协议书》签订后花城公司已经履行了协议中明确和确定的相关义务，沈阳交行在协议签订后，除向原审法院申请撤销了对花城公司的执行以及签收执行终结裁定后，再未就协议中其应履行的制作还款计划、重组转贷事宜，作出肯定与否定的意思表示，也未再告知花城公司不符合重组转贷，在与花城公司就相关事宜再无进行协商的情况下，将上述权利直接转让于信达公司。信达公司作为后手权利人，其承接的权利以及对前手权利人签订协议的理解，不能优于前手权利人。故一审判决关于花城公司自2004年1月起支付新增贷款利息，须以沈阳交行为其办理贷款转期为前提，花城公司在沈阳交行办理贷款转期之前没有偿还贷款利息之义务的认定并无不当。信达公司关于花城公司违反《协议书》约定、怠于还款的行为，属严重违约行为，侵害了信达公司合法权益的理由，没有相关证据，不能成立。

信达公司关于一审判决遗漏了送达时还催收债务事实，导致判决错误的上诉理由。虽然原判遗漏对公证事实的审理，但经二审法院审理，涉案的公证文书并不能证明2004年8月2日沈阳交行向花城公司送达《债权转让及催收通知》《担保权利转让及催收通知》的事实。首先，公证过程存在多处瑕疵。《公证书》上记载的送达时间为2004年8月2日，但记录中的送达时间、送达情况却分别显示为2004年8月2日和2004年8月4日两个不同的时间，相互矛盾。其次，从花城公司营业执照看，该公司地址于2003年3月26日已经由原来的"沈阳市于洪区沈新东路34号"变更为"沈阳市经济技术开发区沈新东路27号"，而公证显示的是仍向原地址送达，如亲临现场应当发现地址的变化。再次，公证送达应当尽可能向双方都熟悉的相关人员进行。如果公证员不熟悉接收文件的相关人员，公证机关应当进行必要的身份确认，以备查找。本案从沈阳交行起诉花城公司到双方达成《协议书》至沈阳交行依据和解协议向法院申请案件终结，未见花城公司有不配合解决债务纠纷拒绝签收文件的事实发生。从本次公证送达的过程看，公证机关对宫静身份的认定也存在瑕疵。如公证书确认宫静是花城公司的经理，但送达记录中记载宫静的职务却为办公室秘书。说明公证员并不知晓宫静的身份。现因无法找到宫静本人，加之公证记载一同前往送达的沈阳交行职员陈影否认与宫静相识和参与了本次送达，信达公司又没有提交公证送达时宫静在花城公司工作的相关证据，导致本次公证无法证明向花城公司进行了送达催收。鉴于上述公证催收送达瑕疵，二审法院对公证送达的事实不予确认，该公证文书不能证明信达公司主张权利的行为。故该次公证送达不能证明双方达成对原债权债务关系的确认和诉讼时效中断的依据。花城公司关于宫静未曾在花城公司工作过，花城公司未收到《公证书》的抗辩成立，应当得到支持。花城公司与沈阳交行在2004年1月16日签收执行终结裁定至信达公司于2006年6月2日第一次在报纸公告催收债权，期间未发生诉讼时效中断的情形，已超过诉讼时效。信达公司主张花城公司应偿还欠款本息的诉讼请求，不予支持。综上所述，原判虽有遗漏事实和认定不当之处，但驳回信达公司诉讼请求的结果并无不当，原判应当维持。二审法院依照《中华人民共和国民事诉讼法》第一百五十三条一款（一）项之规定，判决：驳回上诉，维持原判。二审案件受理费260800元，由信达公司负担。

信达公司不服辽宁省高级人民法院上述民事判决，向最高人民法院申请再审称：一、二审判决认定（2004）沈一证民字第05387号《公证书》不能证明案涉债权诉讼时效中断的依据，与事实完全不符。二审判决未采信《公证书》是错误的。沈阳市第一公证处出具的《情况说明》、公证员刘丹和赵欣出具的《办案经过及情况说明》，是足以推翻二审判决前述认定的新证据。二审判决认定《公证书》存在多处瑕疵，是由于公证处文稿打字人员工作疏忽笔误，并不能否定沈阳交行向花城公司送达债权转让及催收通知的事实，更不能由此否定《公证书》的证明效力，二审判决对《公证书》不予采信的理由不能成立。二、二审法院 2011 年 12 月 9 日向沈阳交行职员陈影所作询问笔录内容，与 2012 年 6 月 11 日公证员刘丹、赵欣到沈阳交行向陈影核实情况即陈影表示"我在法院没说过没去送达的话"内容不一致。三、花城公司在沈阳交行、信达公司送达的债权转让和催收通知上签字，并同意向信达公司履行债务，是对原有债务的重新确认。二审判决对此未予认定，属适用法律错误。四、二审判决驳回信达公司要求花城公司清偿债务的诉讼请求，有悖民法最基本的公平原则，导致国有金融债权无法获得清偿，损害了国家和社会公共利益。故信达公司请求最高人民法院撤销辽宁省高级人民法院（2011）辽民二终字第 74 号民事判决、沈阳市中级人民法院（2010）沈中民五初字第 26 号民事判决，改判花城公司向信达公司清偿债务本金 4380 万元人民币及利息并承担诉讼费用。

花城公司答辩：一、《协议书》未设立新的债权债务，借款归还前提是沈阳交行为花城公司办理贷款重组转期手续，花城公司不存在违约行为。二、沈阳交行并未通过公证送达向花城公司送达《债权转让及催收通知》和《担保权利转让及催收通知》。《公证书》在送达时间、地点、对象上均有瑕疵，不能证明已向花城公司送达。沈阳市第一公证处及其工作人员出具的证明不具有公信力。陈影在新证据中陈述与其在二审法院调查的证词完全相反，不具有真实性。三、信达公司一审主张花城公司违反《协议书》，二审及申请再审中改为主张花城公司签收《债权转让及催收通知》构成对债务的重新确认，与原审不一致。四、原判认定事实清楚，适用法律正确，花城公司不存在逃废债务的事实。

本院再审另查明：2003 年 9 月 1 日沈阳交行和花城公司签订《协议书》之后，花城公司于 2003 年 9 月 5 日向沈阳交行提交《关于申请贷款转期的报告》，表示其所欠 4380 万元人民币贷款现申请转期。贷款转期后，其承诺自 2004 年 1 月起，给付当年度利息。陈欠利息 1400 万元分五年还清，每年偿还 280 万元，每季度偿还 70 万元。自 2005 年起逐年偿还贷款本金。自 2004 年起，永不欠息。同日，花城公司向沈阳交行同时提交《关于 4380 万元人民币贷款利息办理房产抵押的承诺》，写明花城公司根据双方 2003 年 9 月 1 日《协议书》和沈阳交行要求，同意在 2003 年年底将装修扩建后的花城酒店进行资产评估全部用于办理房产抵押，抵押范围含此次转期的4380万元人民币贷款及相应利息以及转期前尚欠贷款利息。2003年12月3日花城公司向沈阳交行提交了《贷款和担保确认通知书》，确认截至2003年12月8日止，尚欠4380万元借款本金及其相应利息14653300元。花城公司加盖公章和其法定代表人陈爱清个人印章。

本院认为：本案争议焦点在于信达公司对2003年9月1日沈阳交行和花城公司签订的《协议书》能否提起诉讼以及受让债权性质如何认定问题。

首先，根据本院《关于如何处理因当事人达成和解协议致使逾期申请执行问题的复函》〔（1999）执他字第10号〕精神，原债权人沈阳交行与债务人花城公司就本案所涉借款合同纠纷案件已经诉讼并作出有效判决，且进入执行程序后，因沈阳交行申请撤回强制执行而由法院裁定终结该案的执行程序。信达公司受让债权后，又以2003年9月1日沈阳交行和花城公司签订的《协议书》提起诉讼，符合起诉条件，不属重复诉讼，人民法院应当予以受理。

其次，本案《协议书》签订后，其第1条、第2条分别得到履行。债务人花城公司向沈阳交行支付了100万元。而沈阳交行亦向沈阳市中级人民法院提出撤销对原借款合同纠纷案件判决执行程序的申请，原审法院于2004年1月11日以（2003）沈法执字第133号民事（执行）裁定书，裁定终结裁该案的执行程序。其余条款内容并未履行，为当事人认可。从上述《协议书》第3条、第4条内容看，花城公司所欠贷款本金，将以重组转期手续的方式偿还，《协议书》的性质应认为属于合同变更。协议签订后，花城公司于2003年9月5日向沈阳交行提交了申请转期的报告和抵押承诺，并于2003年12月3日向沈阳交行提交了贷款和担保确认书，但双方并未达成贷款转期的协议，应当认为合同变更没有得到实际履行，《协议书》约定的重组转期手续并未完成，故仍应依据原有借款合同确定当事人之间的债权债务关系。作为原借款合同项下的权利，在沈阳市中级人民法院已作出（2002）沈民（3）初字第1号民事判决之后的执行期间，原债权人沈阳交行向沈阳市中级人民法院撤回了强制执行申请，沈阳市中级人民法院据此于2003年10月21日作出（2003）沈法执字第133号民事裁定，终结该案执行。沈阳交行和花城公司于2004年1月16日予以签收。因此原借款合同项下之债权债务已经成为自然之债。根据本院（1999）执他字第10号《关于如何处理因当事人达成和解协议致使逾期申请执行问题的复函》，以及（2001）民立他字第34号《关于当事人对人民法院生效法律文书所确定的给付事项超过申请执行期限后又重新就其中的部分给付内容达成新的协议的应否立案的批复》等相关规定，在债权债务已成自然之债的情况下，只有在有关当事人通过达成新的协议等方式形成新的民事法律关系才能受到国家强制力的保护。从本案来看，2003年9月1日沈阳交行和花城公司签订的《协议书》并非已经重新设立债权债务，主要只是约定双方准备重新办理4380万元贷款的重组转期手续。债务人花城公司随后向沈阳交行提交有关申请贷款转期报告和抵押承诺，但沈阳交行未与债务人协商情况下径行于2004年6月7日将四笔债权转让给信达公司，并无相应证据证明本案当事人就重新签订贷款转期合同事宜，已经达成了有关新的债权债务协议。2003年9月1日沈阳交行和花城公司签订的《协议书》约定内容是互负条件的，是以沈阳交行重新放贷为条件，花城公司为了履行该协议项下的义务才向沈阳交行作出了相关的系列承诺，以达到贷款重组的目的。花城公司为履行《协议书》向沈阳交行提交有关报告和承诺以及《贷款和担保确认通知书》，均只是针对原借款合同项下债权债务关系的确认，不能构成对原借款合同项下债权债务关系达成新的协议，不产生新的权利义务关系。对此，债务人花城公司并没有过错，也没有违反2003年9月1日《协议书》约定内容，不存在违反自2004年1月起支付新增贷款利息的约定。信达公司通过2004年6月7日《债权转让协议》从沈阳交行转让获得的债权，其权利不应优于沈阳交行所具有的权利。信达公司于2010年7月6日向辽宁省沈阳市中级人民法院提起诉讼，以花城公司违反2003年9月1日《协议书》约定为由，请求判令花城公司给付信达公司4380万元本金及利息，因其请求缺乏事实和法律依据，其实体权利缺乏根据，无法获得法律再次救济，其请求权不能得到支持。

综上，沈阳交行和花城公司2003年9月1日签订的《协议书》并没有产生新的债权债务关系。信达公司受让沈阳交行的本案债权之后与债务人花城公司之间发生的权利义务关系仍应以原先的借款合同为依据。因该债权债务为已有生效判决所确认，且因沈阳交行申请撤回强制执行由法院裁定终结执行程序从而成为自然之债。尽管信达公司以2003年9月1日《协议书》提起诉讼是可以的，但因债务人花城公司并不存在违反《协议书》的行为，本案事实也不能证明本案原借款合同项下债权债务关系已经由有关当事人达成新的协议，形成新的债权债务关系，且本案当事人争议的有关债权转让及催收通知的公证送达是否应当认定问题，因其转让的债权仍然为原借款合同项下的债权，该债权已为有效判决所调整，而非有关当事人重新协议达成新的债权，不论认定与否，均不能自动产生设立新的债权债务的法律意义。因而信达公司从原债权人沈阳交行处受让的债权的实体权利不再受法律保护，从而丧失实体胜诉权。本案一、二审判决驳回信达公司的诉讼请求正确，应予维持。本院依照《中华人民共和国民事诉讼法》第一百七十条第一款第（一）项、第二百零七条之规定，判决如下：

一、维持辽宁省高级人民法院（2011）辽民二终字第 74 号民事判决；

二、驳回中国信达资产管理股份有限公司辽宁省分公司再审诉讼请求。

本案一、二审案件受理费分别为 260800 元，合计 521600 元，由中国信达资产管理股份有限公司辽宁省分公司承担。

本判决为终审判决。

审 判 长 宫邦友

审 判 员 朱海年

代理审判员 林海权

二〇一三年十月三十一日

书 记 员 陆昱

7. 不良债权受让人可以主张受让日之前的利息

——四川医药包装股份有限公司与欣正投资发展有限公司借款合同纠纷案

【裁判要旨】

本案争议焦点是债权人所主张的利息是否应予支持的问题。债权人欣正公司依据其与资产管理公司签订的债权转让协议，向债务人医药公司主张债权受让前"过渡期"的利息，具有事实及法律依据，亦不违反《最高人民法院关于审理涉及金融不良债权转让案件工作座谈会纪要》第九条的规定。

中华人民共和国最高人民法院民事判决书
(2013) 民二终字第 95 号

上诉人（原审被告）：四川医药包装股份有限公司。住所地：四川省峨眉山市万年西路 157 号。

法定代表人：罗全仕，该公司董事长。

委托代理人：刘应为，四川治坛律师事务所律师。

被上诉人（原审原告）：欣正投资发展有限公司。住所地：北京市房山区良乡凯旋大街建设路 18 号 – C768。

法定代表人：阎洪禄，该公司董事长。

委托代理人：董梅，该公司职员。

委托代理人：曹念，四川致中吉律师事务所律师。

上诉人四川医药包装股份有限公司（以下简称医药公司）为与被上诉人欣正投资发展有限公司（以下简称欣正公司）借款合同纠纷一案，不服四川省高级人民法院于 2013 年 1 月 17 日作出的 (2012) 川民初字第 14 号民事判决，向本院提起上诉。本院依法组成由审判员王宪森担任审判长，审判员殷媛、代理审判员张雪楳参加的合议庭进行了审理，书记员郑琪儿担任记录。本案现已审理终结。

四川省高级人民法院一审查明：2003 年 6 月 24 日，中国工商银行峨眉山市支行（以下简称工行峨眉山支行）与医药公司签订了合同编号为 2003 年峨眉字第 0040 号《流动资金借款合同》，约定医药公司向工行峨眉山支行借款人民币 1200 万元，借款期限自 2003 年 6 月 25 日起至 2004 年 6 月 24 日止，借款月利率为 5.31‰，逾期借款按日计收万分之二点一的利息，并对未支付利息计收复利。同时，双方签订了合同编号为 2003 年峨眉抵字第 0047 号《抵押合同》并附抵押清单，约定医药公司以评估价值为 1760 万元的设备提供抵押担保并进行了抵押物登记。6 月 25 日，工行峨眉山支行向医药公司发放了贷款 1200 万元。

2003 年 7 月 24 日，工行峨眉山支行与医药公司签订了合同编号为 2003 年峨眉借字第 0056 号《流动资金借款合同》，借款人民币 570 万元，借款期限自 2003 年 7 月 25 日起至 2004 年 7 月 24 日止，借款月利率为 5.31‰，逾期借款按日计收万分之二点一的利息，并对未支付利息计收复利。同时，双方签订了合同编号为 2003 年峨眉抵字第 0051 号《抵押合同》并附抵押清单，约定以位于峨眉山市罗目镇和平村评估价值为 1160 万元的房屋（房屋所有权证号：权 0001054、权 0001055、权 0001056）及 12171.08 平方米的土地使用权提供抵押担保并进行了抵押登记。7 月 25 日，工行峨眉山支行向医药公司发放了贷款 570 万元。

2003 年 7 月 27 日，工行峨眉山支行与医药公司签订了合同编号为峨眉字第 0057 号《流动资金借款合同》，借款人民币 1300 万元，借款期限自 2003 年 7 月 28 日起至 2004 年 7 月 27 日止，借款月利率为 5.31‰，逾期借款按日计收万分之二点一的利息，并对未支付利息计收复利。同时，双方签订了合同编号为 2003 年峨眉抵字第 0052 号《抵押合同》并附抵押清单，约定以评估价值为 2622.6 万元的机器设备提供抵押担保并进行了抵押登记。7 月 28 日，工行峨眉山支行向医药公司发放了贷款 1300 万元。

2005 年 7 月 30 日，中国工商银行四川省分行（以下简称工行四川分行）与中国长城资产管理公司成都办事处（以下简称长城公司成都办事处）签订《债权转让协议》，约定工行四川分行将上述 3 笔借款项下对医药公司的债权 3070 万元及相应利息转让给长城公司成都办事处，截至 2005 年 5 月 20 日，利息为 7502082.41 元。并于 2005 年 8 月 13 日在《四川日报》上刊登了工行四川分行与长城公司成都办事处《债权转让通知及债务催收联合公告》，通知债权人及担保人债权转让及催收债权。2007 年 8 月 7 日、2009 年 7 月 29 日，长城公司成都办事处又分别在《四川日报》上刊登债权催收公告，但医药公司仍未履行还款义务。

2010 年 8 月 24 日，长城公司成都办事处与欣正公司签订《债权转让协议》，将其所有的医药公司 54227059.63 元主债权（其中本金 3070 万元，截止到 2010 年 3 月 20 日，利息为 23527059.63 元）、担保权利以及由此派生或与此相关的其他权益以拍卖方式全部转让给欣正公司。2010 年 9 月 8 日，长城公司成都办事处和欣正公司在《四川日报》上刊登了债权转让及联合催收公告，通知自 2010 年 9 月 6 日上述债权已转让欣正公司，与上述债权相关的权利已由欣正公司承继。

2012 年 4 月 6 日，欣正公司向四川省高级人民法院提起诉讼，请求判令：医药公司立即偿还债务 54227059.63 元（其中本金 3070 万元）以及还清为止的利息（本金从 2010 年 3 月 21 日计算到 2012 年 3 月 20 日为 4083100 元），以上合计为 58310159.63 元；欣正公司对本案所涉所有抵押物享有折价或以拍卖、变卖方式优先受偿；判令医药公司承担本案全部诉讼费用。

四川省高级人民法院审理认为，2003 年 6 月 24 日、7 月 24 日、7 月 27 日，医药公司与工行峨眉山支行签订的 3 份《流动资金借款合同》以及 3 份《抵押合同》系双方真实意思表示，不违反法律、行政法规的禁止性规定，应认定为是合法有效的合同。工行峨眉山支行与长城公司的债权转让行为，以及长城公司将债权人民币 54227059.63 元（其中本金 3070 万元，截止到 2010 年 3 月 20 日，利息为 23527059.63 元）、担保权利以及由此派生或与此相关的其他权益转让给欣正公司的行为，亦不违反法律、行政法规的禁止性规定，且履行了通知义务，符合债权转让的法律规定，亦应认定为是合法有效的转让行为。因此，欣正公司有权向医药公司主张受让的债权本金及利息。关于涉案借款的利息计算，欣正公司主张利息应计算至还清为止。根据工行四川分行与长城公司成都办事处在 2005 年 7 月 30 日签订的《债权转让协议》，双方约定将贷款本金 3070 万元以及截止到 2005 年 5 月 20 日的利息转让给长城公司成都办事处，该协议第二条约定，转让的债权为债务人医药公司所欠的贷款本金及相应利息。显然，工行四川分行和长城公司成都办事处并没有明确放弃 2005 年 5 月 20 日至 2005 年 7 月 30 日这段期间的利息，根据《中华人民共和国合同法》第八十一条、《最高人民法院关于审理涉及金融资产管理公司收购、管理、处置国有银行不良贷款债权形成的资产的案件适用法律若干问题的规定》第七条的规定，债务人逾期归还贷款，原借款合同约定的利息计算方式不违反法律法规规定的，该约定有效。故长城公司成都办事处有权按照原借款合同约定继续计收利息。2010 年 8 月 24 日，长城公司成都办事处与欣正公司签订了《债权转让协议》，根据该协议第 3 条、第 4 条的约定，长城公司成都办事处将所有的医药公司的贷款债权本金 3070 万元以及截至基准日 2010 年 3 月 20 日的贷款利息为 23527059.63 元，本息合计为 54227059.63

元以及交割后自基准日起的贷款债权的权利、权益和利益于 2010 年 9 月 6 日已转让给欣正公司，同理，长城公司成都办事处亦未放弃基准日至交割日期间的利息。故根据《债权转让协议》的约定，长城公司成都办事处合法转让给欣正公司的债权范围包括本金 3070 万元、截至 2010 年 3 月 20 日的利息 54227059.63 元以及 2010 年 3 月 21 日至 2010 年 9 月 6 日期间按照中国人民银行规定同期同类贷款利率计付的利息。本案中，由于欣正公司系通过拍卖受让的上述债权，其所支付的对价远低于受让的债权价值，因此，其无权享有专属金融机构的相关权利。对于欣正公司请求支付还清为止的利息的主张，根据《最高人民法院关于审理涉及金融不良债权转让案件工作座谈会纪要》第九条的规定精神，对其受让不良债权之后的利息主张，不予支持。

工行峨眉山支行与医药公司签订的编号为 2003 年峨眉抵字第 0047 号、2003 年峨眉抵字第 0051 号、2003 年峨眉抵字第 0052 号《抵押合同》，分别为合同编号 2003 年峨眉字第 0040 号借款人民币 1200 万元、2003 年峨眉借字第 0056 号借款人民币 570 万元、2003 年峨眉字第 0057 号借款人民币 1300 万元的 3 份《流动资金贷款合同》提供抵押担保，是双方真实意思表示，并办理了抵押登记。因此，工行峨眉山支行对上述抵押财产依法享有抵押权。根据《最高人民法院关于审理涉及金融资产管理公司收购、管理、处置国有银行不良贷款形成的资产的案件适用法律的若干问题的规定》第九条关于"金融资产管理公司受让有抵押担保的债权后，可以依法取得对债权的抵押权，原抵押权登记继续有效"以及《最高人民法院关于金融资产管理公司收购、处置银行不良资产有关问题的补充通知》第一条、第二条的规定精神，工行四川分行、长城公司成都办事处、欣正公司在借款合同主债权转让的同时已履行了抵押权转让的通知义务，因此欣正公司依法享有医药公司为上述三份《流动资金借款合同》设立的抵押权。其要求以折价或拍卖、变卖 2003 年峨眉抵字第 0047 号、2003 年峨眉抵字第 0051 号、2003 年峨眉抵字第 0052 号《抵押合同》提供的抵押物的价款在担保范围内优先受偿的诉讼请求成立，予以支持。

综上，依照《中华人民共和国合同法》第四十四条、第七十九条、第八十条、第八十一条、第一百九十六条、第二百零六条、第二百零七条，《中华人民共和国担保法》第三十三条、第四十一条、第四十六条，《最高人民法院关于审理涉及金融资产管理公司收购、管理、处置国有银行不良贷款形成的资产的案件适用法律的若干问题的规定》第九条，《最高人民法院关于金融资产管理公司收购、处置银行不良资产有关问题的补充通知》第一条、第二条，《中华人民共和国民事诉讼法》第一百四十二条之规定，判决：一、医药公司于判决生效后三十日内向欣正公司偿还借款本息人民币 54227059.63 元（本金 3070 万元，截止到 2010 年 3 月 20 日的利息 23527059.63 元）；二、医药公司于判决生效后三十日内向欣正公司支付利息（自 2010 年 3 月 21 日起至 2010 年 9 月 6 日止，以 3070 万元为基数，按照中国人民银行规定的同期同类贷款利率计付利息）；三、欣正公司有权在 2003 年峨眉抵字第 0047 号、2003 年峨眉抵字第 0051 号、2003 年峨眉抵字第 0052 号《抵押合同》担保的范围内对抵押物折价或者以拍卖、变卖该财产的价款优先受偿；四、驳回欣正公司的其他诉讼请求。一审案件受理费 333350.80 元，由医药公司负担 300000.80 元，欣正公司承担 33350 元。

医药公司不服原审法院上述民事判决，向本院提起上诉称：医药公司不应当向欣正公司支付判决第二项，即自 2010 年 3 月 21 日起至 2010 年 9 月 6 日止，以 3070 万元为基数，按照中国人民银行规定的同期同类贷款利率计付利息，大约为 68 万元。一审法院没有考虑和尊重本债权是由于历史原因形成的不良债权和不良债权的特殊性，以及医药公司的实际偿债能力，请求依法改判。

被上诉人欣正公司答辩称：一、医药公司认为不应当向欣正公司支付 2010 年 3 月 21 日至 2010 年 9 月 6 日止，以 3070 万元为基数，按照中国人民银行规定的同类贷款利率计付利息没有任何事实和法律依据；二、医药公司认为不应当支付上述利息的原因是原审法院没有考虑本债权是由于历史原因形成的不良债权和不良债权的特殊性，同时也没考虑医药公司的实际偿债能力。欣正公司认为医药公司的上诉理由不成立，请求法院依法驳回。综上，请求二审法院驳回上诉，维持原判。

本院经二审审理，对原审法院查明的事实予以确认。

本院认为，本案的争议焦点是：医药公司是否应向欣正公司支付本案 3070 万元债务自 2010 年 3 月 21 日至 2010 年 9 月 6 日的利息，即长城公司成都办事处与欣正公司债权转让协议约定的基准日到受让日期间的利息。本案中长城公司成都办事处与欣正公司之间的《债权转让协议》签订于 2010 年 8 月 24 日，双方约定：确定债权金额的基准日为 2010 年 3 月 20 日，自基准日到受让日为过渡期；过渡期内与主债权相关的利息，在相关司法政策允许的前提下，在交割日一并转移给欣正公司；交割后，自基准日起的贷款债权的权利、权益和利益均转让给欣正公司。在转让协议履行过程中，双方根据协议约定在 2010 年 9 月 6 日完成了交割，即欣正公司承继本案债权的实际受让日为 2010 年 9 月 6 日。根据《最高人民法院关于审理涉及金融不良债权转让案件工作座谈会纪要》第九条的规定：受让人主张受让日之后发生的利息的，人民法院不支持。因此，受让人欣正公司主张受让日之前的利息符合上述规定，且并不违反其他法律、法规的规定。一审法院据此判令医药公司向欣正公司支付这一期间的利息，以3070万元为基数，按照中国人民银行规定的同期同类贷款利率计付，并无不当。医药公司的上诉理由不能成立。

综上，原审判决认定事实清楚，适用法律正确，应予维持。本院依照《中华人民共和国民事诉讼法》第一百七十条第一款第（一）项的规定，判决如下：

驳回上诉，维持原判。

一审案件受理费按照一审判决执行。二审案件受理费10600元，由四川医药包装股份有限公司承担。

本判决为终审判决。

审　判　长　王宪森

审　判　员　殷　媛

代理审判员　张雪楳

二〇一三年十一月七日

书　记　员　郑琪儿

8. 逾期贷款利息应按照借款合同载明的罚息利率计收

——沈阳克莱斯特国际置业第一有限公司与盛京银行有限公司沈阳市民主支行、沈阳加州阳光花园房屋开发有限公司借款合同纠纷案

【裁判要旨】

《中华人民共和国合同法》第二百零七条规定，借款人未按照约定的期限返还借款的，应当按照约定或者国家有关规定支付逾期利息。《中国人民银行关于人民币贷款利率有关问题的通知》（银发〔2003〕251号）的第三条有关罚息利率规定，逾期贷款利息应按照借款合同载明的贷款利率1.3—1.5倍的罚息利率计收。本案借款合同中有关逾期贷款利率及罚息利率为合同执行利率1.5倍的约定，是当事人的真实意思表示，并不违反法律禁止性规定，合法有效。当事人之间关于逾期贷款利率和罚息利率的争议并不影响法院判决按照双方当事人的约定计收利息。上诉人认为合同约定的合同执行利率1.5倍既包括逾期贷款利率又包括罚息利率，应将罚息部分从约定标准中扣除后，才能得出逾期贷款利率计算标准的主张，缺乏事实与法律依据，本院不予支持。

中华人民共和国最高人民法院民事判决书

（2013）民二终字第98号

上诉人（原审被告）：沈阳克莱斯特国际置业第一有限公司。住所地：辽宁省沈阳市皇姑区黄河南大街38号。

法定代表人：李建，该公司董事长。

委托代理人：李光勇，该公司法律顾问。

被上诉人（原审原告）：盛京银行股份有限公司沈阳市民主支行。住所

地：辽宁省沈阳市和平区和平北大街 78 号。

法定代表人：赵軏，该行行长。

委托代理人：李泽斌，该行员工。

委托代理人：乔延宏，辽宁盛恒律师事务所律师。

原审被告：沈阳加州阳光花园房屋开发有限公司。住所地：辽宁省沈阳市于洪区怒江北街 39 号。

法定代表人：李建，该公司董事长。

委托代理人：李光勇，该公司法律顾问。

上诉人沈阳克莱斯特国际置业第一有限公司（以下简称克莱斯特公司）因与被上诉人盛京银行有限公司沈阳市民主支行（以下简称盛京银行民主支行）、原审被告沈阳加州阳光花园房屋开发有限公司（以下简称加州公司）借款合同纠纷一案，不服辽宁省高级人民法院（2013）辽民三初字第 3 号民事判决，向本院提起上诉。本院依法组成由审判员刘敏担任审判长，代理审判员赵柯、郁琳参加的合议庭进行了审理，书记员孙亚菲担任记录。本案现已审理终结。

原审法院经审理查明，2010 年 6 月 29 日，盛京银行民主支行与克莱斯特公司签订了编号为 318012010200008 号《盛京银行借款合同》，约定借款金额 3.2 亿元，借款期限自 2010 年 6 月 29 日起至 2013 年 6 月 29 日止；借款用途为借新还旧；借款年利率 7.02%；借款人每月支付利息一次，每月 20 日为付息日；借款人未在每个结息日前在规定的还款准备金账户中存入不少于到期利息的款项，视同贷款提前到期，贷款人有权停止发放尚未发放的贷款并提前收回已经发放的部分或全部贷款，未能收回的，视为贷款逾期，贷款人有权按逾期贷款计收逾期利息并加收罚息；逾期贷款利率及罚息利率为合同执行利率的 1.5 倍；借款人不按期支付利息的，贷款人对借款人未支付的利息计收复利；借款人违反其承诺和保证的，按借款总额的 20% 向贷款人支付违约金。

同日，盛京银行民主支行与克莱斯特公司签订了《抵押合同》，克莱斯特公司向盛京银行民主支行提供分别坐落于皇姑区黄河南大街 38 号的共计54837.23 平方米的在建工程及 11733 平方米的国有土地使用权（土地证号分别为沈阳国用 2006 第 0059 号、沈阳国用 2001 第 0309 号）作为抵押，抵押担保的范围包括借款本金及利息、印花税，因借款人违约而应向抵押权人支付的违约金、赔偿金，抵押权人为实现债权（包括行使、实现抵押权）而支出的全部费用，包括并不限于：诉讼费用、律师依法收取的代理费、差旅费、调查费，有关部门收取的评估费、拍卖费、过户费、查询费等。该抵押合同已在沈阳市规划和国土资源局办理了他项权利登记。

同日，盛京银行民主支行与加州公司还签订了《保证合同》。合同载明加州公司愿就克莱斯特公司履行前述《借款合同》项下的义务向盛京银行民主支行提供保证担保，本合同所担保的主债权为3.2亿元，借款用途为借新还旧；担保范围包括因借款合同而产生的借款本金、利息（包括依法收取的约定利息、复息、罚息）、违约金、赔偿金、印花税等，还包括债权人实现债权的费用（诉讼费用、律师依法收取的代理费、交通费、调查费，有关部门收取的评估费、拍卖费、过户费、查询费等），及因借款人违约而应支付给债权人的违约金、赔偿金和其他费用；担保方式为连带责任保证；保证期间为从借款合同生效之日开始到借款合同中债务履行期届满（包括提前届满及展期后届满）之日后两年。

合同签订后，盛京银行民主支行于2010年6月30日发放了贷款。克莱斯特公司支付了部分利息，其余本金及利息均未偿还。

上述事实，有《固定资产借款合同》《抵押合同》《保证合同》、他项权利证书、盛京银行贷款业务查询明细、庭审笔录等证据，经各方当事人质证，该院予以确认，在卷佐证。

盛京银行民主支行于2013年1月25日诉至原审法院称，克莱斯特公司未按时偿还贷款利息，2012年1—12月累计拖欠利息2751.27万元。《借款合同》约定，借款人未在每个结息日前在规定的账户中存入不少于到期利息的款项，视同贷款提前到期。根据《借款合同》《抵押合同》的约定，盛京银行民主支行对抵押物依法享有优先受偿权，克莱斯特公司应承担盛京银行民主支行为实现债权、抵押权而支出的诉讼费、保全费、律师费等费用。请求法院依法判令：1. 克莱斯特公司立即偿还盛京银行民主支行贷款本金3.2亿元；2. 克莱斯特公司偿还盛京银行民主支行贷款利息2751.27万元（截至2012年12月20日）；3. 克莱斯特公司偿还盛京银行民主支行自2012年12月21日起至清偿债务之日止的贷款利息（逾期利息、罚息）及违约金6400万元；4. 盛京银行民主支行对克莱斯特公司抵押土地具有优先受偿权；5. 加州公司承担连带责任；6. 该案诉讼费、财产保全费、律师费及诉讼过程中发生的一切费用均由克莱斯特公司承担。

克莱斯特公司和加州公司辩称：借款事实存在，其对所欠本金及正常利息、逾期利息没有异议，但借款未到期，罚息和违约金不符合法律规定，要求克莱斯特公司承担律师费没有法律依据。

原审法院经审理认为，盛京银行民主支行与克莱斯特公司签订的《固定资产借款合同》系双方真实意思表示，且不违反国家法律、行政法规的强制性规定，合同合法有效，对双方当事人具有法律约束力，双方均应遵照执行。克莱斯特公司未按合同约定时间偿还本金及利息，构成违约，应当承担相应的违约责任。克莱斯特公司和加州公司对盛京银行民主支行主张的借款本金、利息及逾期利息均无异议，该院予以确认。克莱斯特公司和加州公司辩称，借款未到期，不应支付罚息和违约金。因案涉借款合同中约定，借款人未在每个结息日前在规定的还款准备金账户中存入不少于到期利息的款项，视同贷款提前到期，故盛京银行民主支行主张收回贷款并按逾期贷款计收逾期利息并加收罚息，符合合同的约定，因合同约定逾期贷款利率及罚息利率为合同执行利率的 1.5 倍，没有分别约定逾期利率和罚息利率，故按合同执行利率的 1.5 倍计算逾期利息后，不应再计算罚息。《中华人民共和国合同法》第一百一十三条规定，当事人一方不履行合同义务或者履行合同义务不符合约定，给对方造成损失的，损失赔偿额应当相当于因违约所造成的损失。根据损失补偿原则，盛京银行民主支行依较高的利率标准要求克莱斯特公司支付逾期利息足以弥补其遭受的损失，在已支持其利息损失请求的情况下，对其要求支付违约金的请求不予支持。盛京银行民主支行与克莱斯特公司签订的《抵押合同》，系双方真实意思表示，并办理了土地使用权抵押登记，抵押权合法有效，盛京银行民主支行有权依照合同的约定以抵押的土地使用权折价或者拍卖、变卖抵押物所得价款优先受偿。盛京银行民主支行与加州公司签订的《保证合同》亦合法有效，在克莱斯特公司不履行相关债务时，加州公司应当承担连带保证责任。加州公司在承担保证责任后，有权向克莱斯特公司追偿。盛京银行民主支行还要求克莱斯特公司承担律师费，但未提供律师费已实际发生的相关证据，对盛京银行民主支行此项请求不予支持。

综上，依照《中华人民共和国合同法》第四十四条、第六十条、第一百零七条、第一百零九条、第一百一十三条第一款、第一百九十六条、第二百零一条、第二百零五条、第二百零六条、第二百零七条，《中华人民共和国物权法》第一百八十七条、第一百九十五条第一款，《中华人民共和国担保法》第十八条、第三十一条、第三十三条，《最高人民法院关于适用〈中华人民共和国担保法〉若干问题的解释》第四十二条之规定，案经该院审判委员会讨论决定，判决：一、克莱斯特公司于该判决生效之日起十日内偿还盛京银行民主支行借款本金 3.2 亿元。二、克莱斯特公司于该判决生效之日起十日内偿还盛京银行民主支行利息 2751.27 万元（截至 2012 年 12 月 20 日）。三、克莱斯特公司于该判决生效之日起十日内偿还盛京银行民主支行逾期利息（自 2012 年 12 月 21 日起至该判决确定的给付之日止，以实际欠款本金为基数，按照盛京银行第 3181190211000017 号《固定资产借款合同》约定的利率标准计算）。四、如克莱斯特公司不履行第一、二、三、四项确定的给付义务，盛京银行民主支行有权对克莱斯特公司抵押的皇姑区黄河南大街 38 号（土地证号分别为沈阳国用 2006 第 0059 号、沈阳国用 2001 第 0309 号）54837.23 平方米的在建工程及 11733 平方米分摊土地使用权折价或依法拍卖、变卖后的价款优先受偿，价款超过债权数额的部分归克莱斯特公司所有，不足部分由克莱斯特公司继续清偿。五、加州公司对克莱斯特公司上述欠款承担连带清偿责任，加州公司在承担责任后，有权向克莱斯特公司追偿；克莱斯特公司、加州公司如果未按该判决指定的期间履行给付金钱义务，应当依照《中华人民共和国民事诉讼法》第二百五十三条之规定，加倍支付迟延履行期间的债务利息。六、驳回盛京银行民主支行其他诉讼请求。案件受理费 2099363.5 元，财产保全费 5000 元，共计 2104363.5 元，由盛京银行民主支行承担 320000 元，由克莱斯特公司、加州公司承担 1784363.5 元。

克莱斯特公司不服原审法院的上述民事判决，向本院提起上诉称：原审法院关于"因合同约定逾期贷款利率及罚息利率为合同执行利率的 1.5 倍，没有分别约定逾期利率和罚息利率，故按合同执行利率的 1.5 倍计算逾期利息后，不应再计算罚息"的认定不正确。因为根据合同约定，合同执行利率的 1.5 倍既包括逾期贷款利率又包括罚息利率，而原审判决认定仅逾期利息的计算标准就是合同执行利率的 1.5 倍，缺乏事实依据，不是双方真实的意思表示。既然原审判决没有支持被上诉人关于罚息的诉讼请求，那么就应将罚息利率的部分从合同约定的标准中扣除，才能得出逾期利率的计算标准。请求二审法院查清本案事实，作出正确的认定，对（2013）辽民三初字第 3 号民事判决书主文第三项进行改判，并依改判后的结果由双方分担诉讼费用。

盛京银行民主支行答辩称：上诉人的主张是对合同条款的曲解，缺乏事实依据，不应成立。一、盛京银行民主支行借款合同第 9.2 条约定，借款人未按合同约定的还款时间归还借款或出现 8.5 条规定的事项，贷款人按中国人民银行有关规定对逾期贷款计收逾期利息并加收罚息，逾期贷款利率及罚息利率执行合同利率的 1.5 倍。可见，合同中约定的是对逾期贷款计收逾期利息并加收罚息，而不是逾期利息与罚息合并为 1.5 倍。二、《中国人民银行关于人民币贷款利率有关问题的通知》（银发〔2003〕251 号）第三条关于罚息利率问题中第二款规定，对逾期或未按合同约定用途使用借款的贷款，从逾期或未按合同约定用途使用贷款之日起，按罚息利率计收利息，直至清偿本息为止。对不能按时支付的利息，按罚息利率计收复利。而该规定第三条第一款规定，逾期贷款（借款人未按合同约定日期还款的借款）罚息利率由现行按日万分之二点一计收利息，改为在借款合同载明的贷款利率水平上加收 30%—50%；借款人未按合同约定用途使用借款的罚息利率，由现行按日万分之五计收利息，改为在借款合同载明的贷款利率水平上加收 50%—100%。从以上规定上可以看出，逾期贷款利率按罚息利率即 1.5 倍合同利率给付逾期贷款利息是合法的，而不是逾期贷款利率与罚息合并为 1.5 倍合同利率。综上所述，原审判决事实清楚，证据充分，适用法律得当，请求二审法院依法驳回上诉人的上诉请求，并由上诉人承担全部诉讼费用。

本院对原审判决所认定的事实予以确认。另外，二审中被上诉人盛京银行民主支行向本院提交了《中国人民银行关于人民币贷款利率有关问题的通知》（银发〔2003〕251 号），其中第三条关于罚息利率问题载明："逾期贷款（借款人未按合同约定日期还款的借款）罚息利率由现行按日万分之二点一计收利息，改为在借款合同载明的贷款利率水平上加收 30%—50%。……对逾期或未按合同约定用途使用借款的贷款，从逾期或未按合同约定用途使用贷款之日起，按罚息利率计收利息，直至清偿本息为止。"

本院经审理认为，本案当事人二审争议的焦点问题是案涉借款合同约定的逾期贷款利率应当如何计算。

《中华人民共和国合同法》第二百零七条规定，借款人未按照约定的期限返还借款的，应当按照约定或者国家有关规定支付逾期利息。根据《中国人民银行关于人民币贷款利率有关问题的通知》（银发〔2003〕251 号）的第三条有关罚息利率的规定，逾期贷款利息应按照借款合同载明的贷款利率 1.3—1.5 倍的罚息利率计收。本案中，克莱斯特公司与盛京银行民主支行签订的《盛京银行借款合同》中有关逾期贷款利率及罚息利率为合同执行利率 1.5 倍的约定，是当事人的真实意思表示，并不违反法律禁止性规定，合法有效。当事人之间关于逾期贷款利率和罚息利率的争议并不影响法院判决按照双方当事人的约定计收利息。原审法院关于"故按合同执行利率的 1.5 倍计算逾期利息后，不应再计算罚息"的表述有所不妥，但其判决在贷款逾期的情况下按照当事人约定的合同执行利率 1.5 倍计收利息，并无不当。上诉人认为合同约定的合同执行利率 1.5 倍既包括逾期贷款利率又包括罚息利率，应将罚息部分从约定标准中扣除后，才能得出逾期贷款利率计算标准的主张，缺乏事实与法律依据，本院不予支持。

综上，原审判决除部分内容表述不当外，其余认定事实清楚，适用法律正确，判决结果并无不当，应予维持。本院依照《中华人民共和国合同法》第二百零七条，《中华人民共和国民事诉讼法》第一百七十条第一款第（一）项、第一百七十五条之规定，判决如下：

驳回上诉，维持原判。

二审案件受理费51000元，由沈阳克莱斯特国际置业第一有限公司负担（已缴纳）。

本判决为终审判决。

审　判　长　刘　　敏

代理审判员　赵　　柯

代理审判员　郁　　琳

二〇一三年十一月七日

书　记　员　孙亚菲

9. 债务抵销的前提应当是债权债务数额明确无争议

——马志明与王振雄与企业有关的纠纷案

【裁判要旨】

《中华人民共和国合同法》第九十九条第一款规定："当事人互负到期债务，该债务的标的物种类、品质相同的，任何一方可以将自己的债务与对方的债务抵销……"依据上述规定，债务抵销的前提应当是债权债务数额明确无争议。

当事人提出的抵销主张因未经双方清算达成合议、没有形成书面约定，也未经法院判决确认，其抵销数额亦因证据不足而无法认定。因此，本案不具备抵销的条件。

中华人民共和国最高人民法院民事判决书

（2013）民二终字第 6 号

上诉人（原审原告）：马志明。

委托代理人：鲁智勇，北京市中盈律师事务所律师。

委托代理人：徐侃，北京市中盈律师事务所律师。

被上诉人（原审被告）：王振雄。

委托代理人：路锦华，北京市中兆律师事务所律师。

委托代理人：郝志，北京市华联律师事务所呼和浩特市分所律师。

上诉人马志明为与被上诉人王振雄因与企业有关的纠纷一案，不服内蒙古高级人民法院（2011）内民二初字第 5 号民事判决，向本院提起上诉。本院受理后依法组成由审判员贾纬担任审判长，审判员沙玲、代理审判员周伦军参加的合议庭进行了审理，书记员侯佳明担任记录。本案现已审理终结。

2008 年 7 月 27 日，马志明向陕西省榆林市中级人民法院提起本案诉讼，请求判令：一、马志明继续拥有陈二垬煤矿 30% 的股权；二、王振雄向马志明支付违约金 1424.70 万元；三、王振雄赔偿马志明自 2008 年 4 月 5 日以来陈二挨煤矿30％的生产经营红利损失；四、王振雄承担本案全部诉讼费用。该院受理后，于同年9月3日将本案移送陕西省榆林市榆阳区人民法院审理。随后，王振雄以本案应由内蒙古自治区有管辖权的法院管辖为由，提出管辖异议。一审陕西省榆林市榆阳区人民法院、二审陕西省榆林市中级人民法院均驳回了王振雄的管辖异议申请。王振雄遂向陕西省高级人民法院提出再审申请。2010年4月1日，陕西省高级人民法院提审本案。同年4月7日，陕西省高级人民法院作出（2010）陕民提字第00037号民事裁定书，将本案移送至内蒙古高级人民法院审理。

内蒙古自治区高级人民法院经审理查明，本案诉争的陈二挨煤矿在工商登记的企业类型为个人独资企业，投资人为胡文亮。原审法院依职权在工商部门调取陈二挨煤矿工商登记材料可以证明，陈二挨煤矿投资人一直未作变更登记，到目前为止投资人仍为胡文亮。王振雄在煤矿整合过程中对陈二挨煤矿进行了投资，成为煤矿的实际投资人。本案原受理法院陕西省榆林市榆阳区人民法院向内蒙古高级人民法院移送本案前，就此事实对胡文亮进行了询问。胡文亮对王振雄为陈二挨煤矿实际投资人无异议。后因王振雄在经营过程中缺乏资金，于2007年11月1日与马志明签订了一份《投资协议》，约定王振雄投入资金1.05亿元，占陈二挨煤矿70％的股份，马志明投入资金4500万元，占陈二挨煤矿30％的股份。马志明的投资方式为现金3500万元和红利分配1000万元，付款方式为在2007年10月30日前首付500万元，2007年11月7日前付2000万元，煤炭局允许煤矿正式开工之日支付1000万元，剩余1000万元从售煤款中扣除，但需支付1000万元的高利贷利息。还约定，王振雄在收到马志明2500万元投资款后召开股东会，依照法律规定注册登记，双方权利义务依照有限公司的法律规定进行。在违约责任条款中约定，王振雄保证投资行为合法有效，马志明如不按时交纳投资款，自愿放弃500万元首付款。合同签订后，双方并未按照约定注册有限责任公司。

现王振雄主张，马志明自2007年11月5日至2008年2月4日以不同的方式分14次支付2849万元，尚欠1651万元。马志明主张除2849万元外，还支付了现金500万元，其提供的证据为王振雄在2007年10月29日出具的500万元收条，主张是由于在此之前王振雄曾多次向马志明借款，王振雄才出具了一个总的收条。王振雄不予认可，认为马志明重复计算了500万元，之所以出具500万元收条，是因为在此之前马志明从银行分四笔汇过第一笔投资款500万元，为了证明其第一笔投资款到位才出具的收据，以前根本没有向马志明借过款项。对此原审法院询问马志明代理人在王振雄向马志明借款时，是否通过银行转账或出具过借据，其代理人回答，全部为口头现金借款，没出具过借据。原审法院询问马志明本人时，其答复为出具过借据，王振雄全部收回去了，出具一张 500 万元的收条。另外，马志明认为按照《投资协议》的约定，马志明投资 4500 万元，其中投资现金 3500 万元，剩余 1000 万元从售煤款中扣除，因马志明并未取得 1000 万元的售煤款，王振雄主张售煤款无依据。马志明已支付投资款 3349 万元，只欠 151 万元，因煤矿原本能卖出更高的价格，而未能实现，在签订《股权转让协议》时，双方协商互不欠账，所以不存在抵销的问题。

另查明，2008 年 4 月 30 日，王振雄将自己持有的陈二挨煤矿 70% 的股权以 1.575 亿元的价格转让给案外人陈汉君。马志明得知后，有意将其持有陈二挨煤矿 30% 的股权通过与王振雄签订《股权转让协议》最终转让给陈汉君。王振雄就此征询了陈汉君的意见，陈汉君同意以同样的价格收购马志明30% 的股权，并给王振雄出具一份同意按同样的价格条件收购剩余 30% 股权的《承诺》。在此情况下，王振雄与马志明签订了一份《股权转让协议》，约定 30% 的股权转让价格为 6750 万元，王振雄的付款期限为：2008 年 5 月 29日前付 4050 万元；2008 年 6 月 29 日前付 2700 万元，保证人王守文在该协议上签字。后因王振雄未能按《股权转让协议》约定期限付款，王振雄出具了一份《承诺书》，约定在 2008 年 6 月 3 日付 2000 万元；在 2008 年 6 月 6 日付2050 万元；剩余部分在 2008 年 6 月 25 日全部付清，如不能按时付款，煤矿继续有马志明 30% 的股权，并承担已付款项 30% 的违约金。从《承诺书》签订到 2008 年 6 月 30 日，王振雄支付了 4749 万元，尚欠 2001 万元未付。马志明认为王振雄未按约定履行全部付款的义务，按照承诺约定马志明应当继续拥有陈二挨煤矿 30% 的股权，王振雄还应承担相应的违约责任。王振雄认为，在签订《股权转让协议》时，双方已对马志明就《投资协议》的欠款及应承担的利息和违约责任进行了协商，双方同意王振雄支付 4749 万元后，互不欠账。对此王振雄提供了一份证人王守文的证言，两份对白宏先、符永孝调查笔录，以此证明在其履行付款过程中，双方已就欠款进行了协商，在其支付4749 万元后，双方互不欠账的事实。就此该院依法传唤白宏先、王守文、符永孝作为证人出庭作证，白宏先为马志明开办公司的法律顾问，由于身体原因未能出庭作证。该院依法对白宏先做了询问笔录，庭审时进行了质证。王守文为王振雄同村村民，本案《股权转让协议》的担保人。符永孝为陈二挨煤矿的会计。王守文、符永孝作为证人出庭作证。白宏先在王振雄提供的笔录中有如下陈述："我（白宏先）是马志明办的长城公司的法律顾问，到

2008 年 12 月 30 日终止，我现在还是他的法律顾问"。对于有关抵销事宜白宏先称："我（白宏先）问马志明，你给王振雄补齐的投资款是在第一次付款时抵销，还是在第二次付款时抵销，马志明说，哪次抵销都行，随王振雄的便。大约在 2008 年 6 月 24 日左右，王振雄找我，他说与马志明已经进行了清算，让我帮他们起草一份清算协议，内容是互付多少钱，具体多少我记不清了。印象是马志明给王振雄的车，王振雄不要了，给顶 100 万元，王振雄还要给马志明汇六百几十万元，后来我俩打的到长城公司见了马志明，马志明看了清算协议，要求王振雄汇款，王振雄说银行下班了，你打电话问会计，后来马志明打电话问煤矿会计，会计说款汇出去了，马志明说，等我收到款后给你在清算协议上签字。"在问及《股权转让协议》对马志明欠王振雄的投资款为什么没有反映时，白宏先称："该协议的产生是马志明的投资款没有足额到位，但王振雄认可 30% 的股权，他们双方明确表示补齐投资款是算账的问题，因当时未算账所以无法反映，后来有一个没签字的清算协议。"王守文在本院开庭审理时作为证人陈述道，"在签订《股权转让协议》时我向王振雄谈道，马志明在投资协议存在违约，应该是马志明支付多少占多少股份，所以王振雄与马志明算了个账，双方有 40 多万元的差距，后来说看账本就清楚了"。还陈述道，"白律师问王振雄欠款是在第一次扣除还是第二次扣除，我提议在第一次扣除，马志明和王振雄都同意，双方当时对金额有一些差异"。符永孝在该院开庭时作为证人出庭作证陈述道，"王振雄说去榆林与马志明算账，让我把印鉴拿上准备给长城公司打款。我到银行 4 点左右，王振雄让我给长城汇款 600 余万元，我当时须根据双方老板意见做事，我打电话给马志明，马志明说对着，那么我就打款了，马志明说行。等我打款的时候银行下班了，没打出去，第二天就把 649 万元打过去了。"马志明对上述证言不予认可，认为在签订《股权转让协议》时，双方协商互不欠账，所以不存在抵销的问题。并提供了公安部门对王守文的询问笔录和白宏先的证人证言，以此证明在签订《股权转让协议》时，双方的债权债务已经结清。在白宏先给马志明出具的证明中写道"我对他们二人说，你们还谈不谈钱给够没给够的事了，马志明说，说清了两家都让步，我不按 3.38 亿元分红，王振雄说，为了尽快收回股权，我同意放弃马志明未交清的投资款，按 30% 的股份给马志明 6750 万元"。其后又写道"去年六月底王振雄来办公室找我，让我起草清算协议，他说和马志明说好了，于是我就按他说的写了一份清算协议，他让我当中介人，出于对老王的信任，我以中介人的身份签了字"。在后面又写道，对在 2008 年 8 月 10 日由解晓越、王平律师给其做的调查笔录未审阅便签了字。在原审法院询问时白宏先说道："由其出具二份证明中应该是第二份较真实，我给他们起草了两份协议，开始是合作协议，另一个是清算协议。"原审法院询问对王振雄提供的调查笔录在其签字时是否看过，其回答："看了，律师当时给我念了一遍。"原审法院让其解释为马志明出具证明中写道"我对他们二人说，你们还谈不谈钱给够没给够的事了，马志明说，说清了两家都让步，我不按3.38亿分红，王振雄说，为了尽快收回股权，我同意放弃马志明未交清的投资款，按30%的股份给马志明6750万元"的内容时，白宏先表示："这都是凭印象他们当时说的话，时间长，我不记得那么清楚。"马志明还出具一份公安部门对王守文的询问笔录，其中王守文有一句话说道："在这份协议抵销前一份协议马志明所欠部分后，王振雄与马志明签订了一份《股权转让协议》，马志明让我当担保人。"原审法院要求王守文解释该句话的含义，王守文解释道，意思就是第二份协议履行过程中抵扣第一份协议中马志明欠款部分。在庭审中，马志明认为《投资协议》和《股权转让协议》不属同一法律关系，《投资协议》不应在本案审理。

再查明，2008年9月5日内蒙古煤矿安全监察局为陈二挨煤矿颁发了安全生产许可证，负责人为王振雄。

又查明，本案在陕西省榆林市榆阳区人民法院审理期间，马志明曾向该院提出追加陈汉君为第三人的申请，在原审法院开庭审理前，马志明向原审法院递交一份撤销追加陈汉君为第三人的申请和关于对陈二挨煤矿盈利审计的申请。

原审法院经审理认为，本案马志明是以王振雄未按《股权转让协议》及《承诺》的约定足额支付股权转让款，构成违约为由向王振雄提起的诉讼。王振雄在答辩中虽然认可其支付的款项与双方约定确有2001万元的差距，但认为该款项已与双方之前在《投资协议》履行中，马志明拖欠王振雄的款项形成了抵销，故其不构成违约。根据双方诉辩主张，双方的争议焦点为《股权转让协议》与《投资协议》双方互付债务是否已经抵销。基于此，《投资协议》亦应纳入本案审理范围。

双方于2007年11月1日签订的《投资协议》，实质是一份将陈二挨煤矿设立为有限责任公司的出资协议，协议合法有效。协议约定马志明以受让王振雄30%的出资额的形式，出资4500万元，其中支付现金3500万元，剩余1000万元从售煤款中扣除。对于该协议的履行情况，王振雄主张马志明尚欠1651万元未付。马志明除认可已付2849万元外，认为还以借款的形式向王振雄支付500万元，另1000万元应从利润分配中扣除，故其仅欠151万元。对此原审法院认为，马志明所提供的 500 万元收条本身并不具备认定存在借款关系的直接证明力，在马志明与其代理人就借款形成过程的陈述不一致，且无其他证据佐证的情况下，该借款事实不应予以认定。相反，王振雄认为此收条是为马志明通过银行转账支付的 500 万元所出具收条的陈述，更为符合交易习惯，故对王振雄有关于此的陈述，原审法院予以采信。关于《投资协议》约定的应从公司利润中折扣的 1000 万元转让款，现是否应由马志明支付的问题。基于合同的约定，王振雄转让 30% 的投资额所应取得的转让款为4500 万元，而非 3500 万元，从公司未来产生的应分配利润中折抵剩余 1000万元，是在客观条件具备下的变通履行方式，但马志明在既未足额完成 3500万元现金投资，煤矿又无生产许可，且有限公司未完成设立并形成利润的情况下，已足额将 30% 的投资额转让回王振雄，该 1000 万元的折抵条件已不具备，故其在《投资协议》项下的欠款数额，应包含该 1000 万元，综上，在《投资协议》项下，马志明欠王振雄的投资款应以 1651 万元认定。

关于上述欠款是否已在《股权转让协议》及《承诺书》履行中与王振雄应付马志明的款项形成部分抵销的问题。首先，依据《投资协议》，马志明拖欠王振雄的出资额转让款数额确定，双方基于《股权转让协议》形成的债务亦属于出资额转让欠款，数额亦明确约定，故在双方债务的性质上符合法定抵销的要件；其次，在马志明依据《投资协议》仍欠王振雄 1651 万元的情况下，王振雄又同意全部回购马志明 30% 的出资份额，按一般的交易惯例，双方应当就互付债务问题纳入协商范围，对此，从双方提供的证人证言中，可以得到印证，虽然各份证言在细节描述上略有差异，但共同点为王振雄确实提出过就两笔交易进行清算的要求，这应当视同提出了抵销的要求；第三，从合同履行中的意思表示看，在王振雄向马志明支付最后一笔 649 万元后，即停止付款，此时按合同约定尚有 2001 万元未付，而按照《投资协议》，在马志明未及时付款时，应自动放弃首付的 500 万元，还要承担余额的高额利息，即使不计算双方约定不明的高额利息，马志明因《投资协议》而向王振雄的负债总额应为 2151 万元，王振雄以不支付剩余的 2001 万元，作为对该债务的抵销，亦属合理。综上，法定抵销作为形成权，一方一经向对方告知，并主动实施抵销行为，抵销即成立。因此，王振雄在《股权转让协议》及《承诺书》履行中不支付剩余的 2001 万元，不构成违约，马志明要求王振雄承担违约责任的各项诉讼请求均不成立。此外，即使本案存在违约情形，马志明主张继续拥有陈二挨煤矿 30% 股权的请求，亦不具有合理性和可行性，根据双方均认可的事实，马志明向王振雄转让的出资份额，目的是由陈汉君收购，而且陈汉君也实际完成了收购，因此，在马志明明确表示不向陈汉君主张权利的情况下，王振雄不可能成为返还陈二挨煤矿 30% 股权的主体。况且即便向陈汉君主张权利，因其与马志明并无直接的合同关系，马志明与王振雄约定的违约条款亦不能约束陈汉君。因此，以返还出资份额作为追究违约责任的方式，亦不符合因各自行为所形成的事实。

综上，造成王振雄未付剩余 2001 万元，是基于王振雄行使法定抵销权，从而直接差额履行股权转让金所致，其行为不构成违约。马志明的诉讼请求，该院不予支持。依据《中华人民共和国合同法》第九十一条第（三）项、第九十九条的规定，判决：驳回原告马志明的诉讼请求。一审案件受理费 266800 元，由原告马志明负担。

马志明不服内蒙古高级人民法院的上述民事判决，向本院提起上诉称：一、一审庭审中王振雄多次自认 2008 年 4 月 5 日《股权转让协议》签订时马志明拥有煤矿 30% 股权，也当庭数次自认欠付马志明股权转让款 2001 万元，因此，王振雄的违约事实清楚明确，马志明诉请成立。二、王振雄主张的抵销不成立。其一，本案中，王振雄的抵销抗辩及所谓"欠款"存在争议，依法不能直接用来抵销，需经专门的诉讼和审判才能确定能否抵销以及抵销的数额，但本案庭审结束前王振雄没有提出任何反诉请求，也即没有请求法庭确认《投资协议》项下马志明对其的"欠款"。其二，王振雄主张的"欠款"抵销是另案法律关系，已被（2010）陕民提字第 00037 号民事裁定书排除出本案审理范围，不应在本案审理范围之内。其三，王振雄主张抵销的"欠款"已经在《股权转让协议》签订前由双方清算抵销完毕了，马志明在签订本案《股权转让协议》时以放弃按王振雄对外售卖煤矿的实际价格 3.38 亿结算股权转让款（若依 3.38 亿元为基数计算，则拥有 30% 股权的马志明应比按 2.25 亿为基数计算时多收取 3390 万元转让时的巨额应得利益）为条件抵销《投资协议》下对王振雄的欠款，王振雄不能重复抵销。其四，王振雄主张抵销的事项与本案标的物的种类、品质不同，不符合我国合同法第九十九条关于抵销的规定。三、即使该"欠款"存在，在《股权转让协议》签订前马志明只欠付王振雄《投资协议》项下 151 万元，而非王振雄主张的 2001 万元。其一，关于 100 万元的车折价，王振雄并无合同和法律依据，并且该单方赠与马志明可在履行完毕前撤销赠与，王振雄不能以马志明没给车为由强行扣除 100 万。其二，关于 1000 万元的售煤款出资，一系列证据证明了煤矿进行了售煤，已产生的售煤款足够折抵这 1000 万元投资款。其三，关于 250 万元的高息，王振雄计收马志明高息的前提只能是已经发生了 1000 万元售煤款抵扣的事实，否则不应计收高息。现在王振雄一方面主张未发生售煤款，一方面又要按售煤款向马志明主张 250 万元的高息，这是矛盾的。同时，该 250 万元高息本身也违反法律。其四，关于现金 651 万元中的 500 万元，马志明有汇款凭证和收条为依据，并未重复计算 500 万元，因此马志明在《投资协议》中现金付款为 3349 万元，而非王振雄所称 2849 万元。其五，关于 500 万元违约金，王振雄庭审中没有主张，而一审判决竟然代王振雄主张并认定了 500 万元违约金用于本案抵销。因此，一审所认定的另案《投资协议》项下的欠款数额及依据与事实相悖。四、本案合同是附条件的股权转让，王振雄在未按照 2008 年 4 月 5 日《股权转让协议》及 2008 年 5 月 30 日《承诺书》全面履行义务的情况下，马志明的股权不发生转移后果，即"煤矿继续有马志明 30% 股权"。因此王振雄在未依约履行义务的情况下并未取得本案合同项下的股权，没有处分权。陈汉君在明知前述《承诺书》的情况下"受让"该股权，不构成善意取得。五、原审法院一审程序违法，适用法律错误。原审法院枉法放任本案诉讼保全款被取走；拖延程序配合王振雄的非法要挟行为，使其利用相关刑事问题逼迫马志明放弃民事权利；调查取证不公允，不去调查马志明主张的煤矿有售煤的事实，以此模糊马志明已经以售煤款 1000 万元折抵投资款的事实，淡化王振雄在《股权转让协议》下的违约事实。然而却对马志明极力反对的另案法律关系中的履行问题进行调查；隐匿了马志明提前支付煤矿投资款的证据，选择性地的裁剪和选用白宏先、王守文的证人证言；原审代王振雄编造抵销数额，不仅将王振雄未主张的 500 万元违约金纳入抵销数额中，错误认定该 2151 万元可直接抵销本案王振雄欠付马志明的 2001 万元，明显违背"等额抵销"原则，而且还将《投资协议》明确约定的"售煤款"偷换成"煤矿利润"；陈汉君不是涉案合同当事人，却将案外人"陈汉君"之事纳入本案进行论证；放任王振雄威胁证人、威胁马志明及代理律师的行为；操纵程序企图使马志明错过上诉期限；告知马志明错误的缴费账户信息。原审法院的种种行为对待马志明极为不公。综上所述，原审判决存在严重的程序违法、事实认定以及法律关系定性等错误，还存在刑法规定的枉法裁判情形。马志明上诉请求，撤销原判，依照《承诺书》确认马志明继续拥有陈二挨煤矿 30% 的股权，判令王振雄向马志明支付违约金 1424.7 万元，并承担本案一、二审全部诉讼费用。

被上诉人王振雄答辩称：马志明在上诉状中的陈述与事实不符。一、马志明诉求依照《承诺书》确认其继续拥有陈二挨煤矿 30% 的股权没有法律依据。2008 年 5 月 2 日，随着王振雄将 30% 的股权以与转让 70% 股权一致的价格转让给陈汉君，陈汉君同意以同样价格购买该30%股权时，陈二挨煤矿的实际控制人100%地变成了陈汉君，王振雄无权在转让全部资产权益后再处分已经转让给他人的资产，因此王振雄在2008年5月30日《承诺书》中承诺马志明还继续拥有陈二挨煤矿30%的股权是无效承诺，不具有法律效力。二、《股权转让协议》签订时间应该在2008年4月30日之后，2008年5月2日之前，4月5日这个时间是倒签的时间。因为如果王振雄在2008年4月5日已经与马志明达成《股权转让协议》，那么他在2008年4月30日转让的股权应该是100%，而不是70%。三、马志明诉求支付1424.7万元的违约金缺乏事实依据。根据本案存在的事实及证人白宏先、付永孝的证言，能够证明在2008年6月26日，随着最后一笔649万元汇入马志明的榆林长城公司账户，王振雄已经结清应付马志明的所有款项，不存在支付违约金的法定事由。由于马志明得到最后一笔款项后，将清算协议拿走，拒不签字交给王振雄，因此王振雄无法提供这份清算协议为证，根据民事诉讼证据规则，这份协议应该由马志明承担举证责任。四、本案的案由是股权确认纠纷，王振雄与马志明并没有在工商登记机关进行公司登记和注册，王振雄与马志明并不具有公司法意义上的股东资格。前后两次转让完成后，王振雄与马志明都退出了陈二挨煤矿的经营，与陈二挨煤矿已没有关系，马志明的股权确认的诉讼不具备形式要件和实质要件。五、根据投资与收益公平对等的原则，马志明在30%投资不到位的情况下要拿回30%的收益，显失公允。六、在本案开庭前，因马志明在鄂尔多斯市中级人民法院有刑事案件二审未判决，双方在鄂尔多斯中级人民法院主持下达成调解协议。综上，王振雄并没有违反《承诺书》的约定，更不应承担相应的违约责任，请求依法驳回马志明的上诉请求，维持原判。

本院二审期间除认定一审查明的事实之外，还查明，为防止王振雄在诉讼过程中转让、变卖陈二挨煤矿，马志明向原一审法院陕西省榆林市榆阳区人民法院提出查封陈二挨煤矿的申请。2008年10月28日，陕西省榆林市榆阳区人民法院作出（2008）榆民二初字第329-2号民事裁定书，对陈二挨煤矿予以查封。2008年11月14日，陈汉君对（2008）榆民二初字第329-2号民事裁定书提出书面异议，称其作为陈二挨煤矿的实际投资经营人，请求解除对涉案煤矿的查封，并承诺提供1500万元现金作为担保，另外以变更登记后的陈二挨煤矿的煤炭销售款500万元作为担保。2008年11月15日，该院以（2008）榆民二初字第329-3号民事裁定书，裁定解除（2008）榆民二初字第329-2号民事裁定书对陈二挨煤矿的查封，并以（2008）榆民二初字第

329-4 号民事裁定书，冻结王振雄在陈二挨煤矿的实际经营人陈汉君的到期债权人民币 2000 万元整（实际冻结陈汉君在陕西榆林榆阳农村合作银行城区支行存款 1500 万元整）。2011 年 1 月 13 日，内蒙古鄂尔多斯市中级人民法院以（2011）鄂中法民一初字第 0002 号民事调解书，确认陈汉君于 2011 年 1 月 17 日前给付王振雄股权转让款 1500 万元，双方股权转让纠纷一次性了结。同年 1 月 26 日，该院以（2011）鄂中法执字第 17 号执行裁定书，裁定划拨被执行人陈汉君在陕西榆林榆阳农村合作银行城区支行存款 15043681 元整。

另查明，2009 年 8 月 10 日，马志明向陕西省榆林市榆阳区人民法院提出《财产保全延期申请书》。2013 年 7 月 4 日，马志明向本院提交了《请求法院核查落实本案财产保全及继续采取保全措施的申请》，请求核查落实本案财产保全问题，追回保全财产或继续对已经提供担保的涉案煤矿及相关人员采取财产查封措施，使本案的诉讼保全得到落实。

又查明，2008 年 11 月 8 日，陈二挨煤矿向陕西省榆林市榆阳区人民法院出具《担保书》，负责人为胡文亮，被担保人为王振雄。《担保书》称，针对马志明的诉讼和查封，担保人自愿对被担保人提供担保，若最终法院判决被担保人承担赔偿责任，被担保人无法履行的有担保人承担代付责任。上述担保煤矿的实际投资人及被担保人均认可无异议。陈二挨煤矿及胡文亮在担保人处签字盖章。

2008 年 11 月 11 日，陕西省榆林市榆阳区人民法院询问陈汉君时，陈汉君称：转让合同标的是 2.25 亿元，实际支付了 1.77 亿元，其中直接代（王振雄）支付给马志明 4100 万元。同年 11 月 13 日，该院与王振雄谈话，王振雄承认陈汉君尚欠 4800 万元。

再查明，2007 年 1 月至 2009 年 3 月达拉特旗敖包梁陈二挨煤矿部分经营数据表载明，陈二挨煤矿持续在售煤。

还查明，陕西省高级人民法院（2010）陕民提字第 00037 号民事裁定书载明，本案双方当事人先后签订的《投资协议》和《股权转让协议》属于两个相互独立的合同关系，本案系因履行《股权转让协议》引发的纠纷，《投资协议》中约定管辖的条款不能适用于本案。

内蒙古鄂尔多斯市中级人民法院（2011）鄂刑一终字第 16 号刑事附带民事判决书载明，2008 年 4 月至 6 月间，马志明与王振雄因陈二挨煤矿的股权转让事宜发生纠纷，马志明认为自己占有该矿 30% 股份，要行使经营权，遭到拒绝后遂指派郝志斌与祝建军等人多次到该矿要账并阻拦该矿正常生产。

因白宏先的证言前后矛盾，本院二审质证时重新询问了证人白宏先。白宏先称，马志明没有在清算协议上签字，并说前面的投资款已经结清了，不存在清算问题。

本院主持本案调解时，向马志明释明，因本案股权转让几易其手，涉及案外第三人的利益，其提出的返还股权请求无法得到支持。马志明同意在股权返还请求得不到支持的情况下，由法院径行判决王振雄支付剩余转让款并承担违约责任。

本院认为，本案一审案由为股权确认纠纷，但是各方当事人在投资、经营以及转让陈二挨煤矿的过程中并没有进行公司注册登记，没有在工商行政管理机关进行企业工商变更登记。所涉《投资协议》《股权转让协议》以及《承诺书》均以"股份"或者"股权"的表述来进行约定和转让，该权益实质上是一种投资比例的划分，属于投资份额的性质。为表述统一，本判决仍然沿用"股份"或者"股权"的表述方式，但案由应当作出相应调整。因在第二级案由"与企业有关的纠纷"项下没有与本案纠纷性质相对应的三级案由，依据本院法〔2011〕42 号《关于印发修改后的〈民事案件案由规定〉的通知》，本院采用该二级案由，将本案确定为与企业有关的纠纷。

马志明通过《投资协议》受让了王振雄在陈二挨煤矿的 30% 股份，王振雄通过《股权转让协议》又回购了该笔 30% 股份，本案纠纷系因王振雄是否足额支付《股权转让协议》项下股权转让款而引发。本案争议焦点为，王振雄能否以《投资协议》项下未经清算的债务来抵销《股权转让协议》项下王振雄应付马志明的款项；抵销不成立情形下的欠款责任认定问题。

一、本案是否存在抵销的条件。

本案是马志明以王振雄未按《股权转让协议》及《承诺书》的约定足额支付股权转让款、构成违约为由向王振雄提起的诉讼。王振雄在答辩中虽然认可其支付的款项与双方约定确有 2001 万元的差距，但认为该款项与马志明在《投资协议》项下对王振雄的"欠款"形成了抵销，不构成违约。原审法院基于此，将《投资协议》纳入审理范围。《中华人民共和国合同法》第九十九条第一款规定："当事人互负到期债务，该债务的标的物种类、品质相同的，任何一方可以将自己的债务与对方的债务抵销……"依据上述规定，债务抵销的前提应当是债权债务数额明确无争议。故本案债务是否可以抵销成为本案争议焦点之一。

关于《投资协议》项下欠款数额是否足以认定问题。首先，就王振雄提出的 100 万元车款抵销问题，该事项未在《投资协议》中作出约定，王振雄亦未提交与马志明达成意思表示一致的证据，该抵销主张无充分的事实依据。

除此之外，王振雄的抵销主张均属于《投资协议》的履行事项，其中2007年10月29日收条项下的500万元款项是否为2007年10月24日、27日及29日四笔款项相加而成，二者是否重合问题、1000万元售煤款抵扣出资问题，双方各执一词，均未能提交足以认定的优势证据。马志明自2007年11月5日至2008年2月4日以不同的方式分14次支付的2849万元，均以汇款凭证为据。王振雄除500万元收据之外未再出具任何收条；根据马志明提供的陈二挨煤矿经营数据表，以及鄂尔多斯市中级人民法院（2011）鄂刑一终字第16号刑事判决书，均证明陈二挨煤矿转让前由王振雄管理，并一直存在生产和销售煤的事实，而《投资协议》第3条又明确约定，"剩余1000万元从售煤款中扣除。"故《投资协议》项下欠款存在重大争议，王振雄提出的抵销请求不具备成就条件。

同时，马志明提出，就2007年11月1日《投资协议》的履行问题，协议双方已在本案《股权转让协议》签订前协商一致，在相互退让情况下已经清结。故在本案协议签订时，不再有前协议的履行问题，《股权转让协议》中就没有约定抵销前协议项下款项问题。马志明的该项主张与本案2008年4月5日《股权转让协议》没有约定抵销的内容及证人白宏先的最后一次证言相符。并且，王振雄也认可签订《股权转让协议》时，马志明拥有陈二挨煤矿30%的股权。而王振雄主张存在清算协议，但没有提交相关合同文本。其提交的白宏先的证言前后矛盾。二审质证时，本院再次询问白宏先。白宏先称马志明认为双方投资款已经结清，双方不再拖欠，其证言以本次庭审出具的证言为准。证人符永孝在证言中仅对划款过程作出描述，没有证明本案双方当事人之间存在清算事宜。另一证人王守文系王振雄的亲属，属利害关系人，其证言证明力较弱，本院不予采信。综上，没有证据证明《投资协议》项下存在清算事项。本案协议中马志明转让和王振雄受让30%股权，并不以前协议是否履行为前提，前协议是否履行以及马志明在前协议项下支付多少款项都与本案协议的履行无关。

综上分析，本案2008年4月5日《股权转让协议》及其后的2008年5月30日《承诺书》中，双方均未约定在本案协议中抵销双方之间2007年11月1日《投资协议》项下的义务，双方当事人之间也没有就王振雄主张的抵销形成意思表示一致的证据，王振雄主张的《投资协议》项下的欠款，既未经双方清算达成合议也未经生效判决确认，在本案中亦因证据不足无法认定。因此，本案不具备抵销的条件。王振雄提出的抵销抗辩理由不能成立。原审判决将《投资协议》列入本案审理、进而与《股权转让协议》项下欠款作出抵销属认定事实不清，适用法律不当，应予纠正。

二、《股权转让协议》是否可以继续履行。

2008 年 4 月 5 日《股权转让协议》及 2008 年 5 月 30 日《承诺书》系各方当事人真实的意思表示，且不违反法律、行政法规的规定，应当认定为有效。《承诺书》约定，王振雄如不能在 2008 年 6 月 25 日全部付清股权转让款，马志明将继续拥有 30% 股权，王振雄并承担已付款项 30% 的违约金。现王振雄认可尚欠马志明 2001 万元股权转让款，依据《股权转让协议》及《承诺书》的约定，王振雄应当向马志明偿付尚欠的 2001 万元股权转让款，并承担逾期付款的违约责任，即依约支付已付款项 4749 万元的 30% 违约金计 1424.7 万元。上述两项合计为 3425.7 万元。关于马志明提出的其应当继续拥有陈二挨煤矿 30% 的股权的上诉主张，因王振雄尚欠的 2001 万元股权转让款占合同总标的 6750 万元的 29.64%，该违约比例尚不构成合同法第九十四条规定的主要债务没有得到履行、合同目的不能实现的情况，不符合解除合同的条件。为稳定交易秩序，促进交易，《股权转让协议》以继续履行为宜。经本院释明，马志明同意在股权返还请求得不到支持的情况下由法院径行判决王振雄支付剩余转让款并承担违约责任。因该诉讼请求与返还股权之诉系基于同一原因产生，故王振雄针对返还股权纠纷提出的抗辩理由同样适用于支付剩余转让款之诉。

三、关于诉讼保全问题。

马志明于 2013 年 7 月 4 日向本院提交了《请求法院核查落实本案财产保全及继续采取保全措施的申请》，请求追回保全财产或继续对已经提供担保的涉案煤矿及相关人员采取财产查封措施。鉴于陈二挨煤矿及负责人胡文亮于 2008 年 11 月 8 日向陕西省榆林市榆阳区人民法院出具的《担保书》中承诺，针对马志明的诉讼和查封，陈二挨煤矿自愿对被担保人王振雄提供担保，被担保人王振雄无法履行的由担保人陈二挨煤矿承担代付责任。根据上述事实，出具《承诺书》的义务主体陈二挨煤矿没有进行工商变更登记，该保全义务继续存在。该保全问题可以留在执行阶段一并解决，本院不再另行制作民事裁定书。

综上，原审判决认定事实部分不清，适用法律有误，本院予以纠正。本院依据《中华人民共和国合同法》第九十九条第一款、第一百零七条，《中华人民共和国民事诉讼法》第一百七十条第一款第（二）项之规定，判决如下：

一、撤销内蒙古高级人民法院（2011）内民二初字第 5 号民事判决。

二、王振雄向马志明支付尚欠的企业转让款 2001 万元、违约金 1424.7 万元，合计 3425.7 万元。

三、驳回马志明的其他诉讼请求。

上述给付事项于本判决生效之日起十日内付清，逾期按照《中华人民共和国民事诉讼法》第二百五十三条之规定，加倍支付迟延履行期间的债务利息。

本案一审、二审案件受理费各 266800 元，由王振雄各负担 186760 元，马志明各负担 80040 元。

本判决为终审判决。

审　判　长　贾　纬

审　判　员　沙　玲

代理审判员　周伦军

二〇一三年十一月十五日

书　记　员　侯佳明

10. 合同确定日息万分之五的违约金标准是否正确

——天津金栋矿产品销售有限公司与天津银行股份有限公司天马支行等金融借款合同纠纷一案

【裁判要旨】

天马支行与金栋公司在本案《最高额银行承兑汇票承兑协议》《银行承兑汇票承兑协议》中明确约定，对垫付资金按日息万分之五向金栋公司计收违约金。中国人民银行《支付结算办法》第九十一条的规定，银行承兑汇票的出票人于汇票到期日未能足额交存票款时，承兑银行除凭票向持票人无条件付款外，对出票人尚未支付的汇票金额按照每天万分之五计收利息。当事人签订的上述合同内容符合中国人民银行《支付结算办法》的有关规定。金栋公司关于本案违约金标准过高的上诉主张没有事实和法律依据。

中华人民共和国最高人民法院民事判决书

(2013) 民二终字第 113 号

上诉人（原审被告）：天津金栋矿产品销售有限公司。住所地：天津市河西区友谊南路东侧天澜园 7 - 3 - 1002。

法定代表人：焦金栋，该公司董事长。

委托代理人：张振平，山西祝融万权（天津）律师事务所律师。

被上诉人（原审原告）：天津银行股份有限公司天马支行。住所地：天津市河西区平山道 24 号。

负责人：王晓昕，该支行行长。

委托代理人：王建杰，天津旗帜律师事务所律师。

原审被告：山西福军煤业有限公司。住所地：山西省太原市万柏林区西铭乡风声河村村委会。

法定代表人：焦金栋，该公司董事长。

委托代理人：张振平，山西祝融万权（天津）律师事务所律师。

原审被告：山西富卓能源有限责任公司。住所地：山西省太原市南内环街98－2号财富大厦2515号。

法定代表人：卓高明，该公司总经理。

原审被告：天津市佳泰投资担保有限公司。住所地：天津市河西区围堤道125号天信大厦25层。

法定代表人：肖福林，该公司执行董事。

委托代理人：陈晓霞，天津华声律师事务所律师。

原审被告：山西新北方集团有限公司。住所地：山西省太原市林场河边路1号。

法定代表人：焦金栋，该公司董事长。

委托代理人：张振平，山西祝融万权（天津）律师事务所律师。

上诉人天津金栋矿产品销售有限公司（以下简称金栋公司）为与被上诉人天津银行股份有限公司天马支行（以下简称天马支行）、原审被告山西福军煤业有限公司（以下简称福军公司）、山西富卓能源有限责任公司（以下简称富卓公司）、天津市佳泰投资担保有限公司（以下简称佳泰公司）、山西新北方集团有限公司（以下简称新北方公司）金融借款合同纠纷一案，不服天津市高级人民法院（2013）津高民二初字第0008号民事判决，向本院提起上诉。本院依法组成由审判员王宪森担任审判长，审判员殷媛、杨征宇参加的合议庭对本案进行了审理，书记员郑琪儿担任记录。本案现已审理终结。

天津市高级人民法院一审查明：2011年11月25日，金栋公司与天马支行签订《最高额银行承兑汇票承兑协议》，约定金栋公司在约定的授信有限期限内可向天马支行申请开具40%保证金银行承兑汇票，最高额度为3亿元，在此额度内金栋公司和天马支行可以分次、分笔地签订子协议并签发相应的银行承兑汇票，银行承兑汇票最高额度有效使用期限为12个月，自2011年11月25日至2012年11月25日。同时约定金栋公司保证在银行承兑汇票到期日前10个工作日将全部票款主动足额存入保证金账户，如金栋公司保证金账户中的资金不足以偿付银行承兑汇票票款，其差额部分由天马支行垫付，天马支行垫付资金后即可从金栋公司的存款账户中主动扣收并对垫付资金按日息万分之五向金栋公司计收违约金。

同日，天马支行分别与福军公司签订了06311020－1号、与富卓公司签订了06311020－2号、与佳泰公司签订了06311020－3号、与新北方公司签订了06311020－4号《最高额银行承兑汇票保证合同》及《同意保证承诺书》，约定福军公司、富卓公司、佳泰公司、新北方公司为上述承兑汇票授信业务提供连带责任保证，保证范围为最高额银行承兑汇票承兑协议及其所有子协议项下的全部银行承兑汇票票款、债权人（承兑人）垫付票款所产生的违约金及债权人（承兑人）实现债权的费用；保证期间为两年，自承兑协议项下的银行承兑汇票到期之日起计算。

此后天马支行与金栋公司分别签订了 10 份《银行承兑汇票承兑协议》作为 06311020 号《最高额银行承兑汇票承兑协议》的子协议，并分别签订了《承诺函》，开具 34 份《银行承兑汇票》，合计票面金额 3 亿元整。上述承兑协议均约定天马支行在金栋公司存入汇票金额 40% 的保证金后，开出收款人为山西滨福煤业公司的汇票，金栋公司承诺在汇票到期日前将汇票金额剩余 60% 票款足额支付至保证金账户。同时约定如金栋公司保证金账户中的资金不足以偿付银行承兑汇票票款，其差额部分由天马支行垫付，天马支行垫付资金后即可从金栋公司的存款账户中主动扣收并对垫付资金按日万分之五向金栋公司计收违约金。10 份《银行承兑汇票承兑协议》的具体情况为：

2012 年 5 月 28 日，签订了 06311020 - 11、06311020 - 12、06311020 - 13 号《银行承兑汇票承兑协议》，出票日均为 2012 年 5 月 28 日，到期日均为 2012 年 11 月 28 日，其中 06311020 - 11 号《银行承兑汇票承兑协议》下共有 22151585 至 22151591 号七张承兑汇票，票面金额均为 1000 万元，共计 7000 万元；06311020 - 12 号《银行承兑汇票承兑协议》下 22151592、22151593 号承兑汇票，票面金额分别为 600 万元和 1000 万元，共计 1600 万元；06311020 - 13 号《银行承兑汇票承兑协议》下 22151594、22151595 号承兑汇票，票面金额分别为 1000 万元和 400 万元，共计 1400 万元。

2012 年 5 月 31 日，签订了 06311020 - 14、06311020 - 15、06311020 - 16 号《银行承兑汇票承兑协议》，出票日均为 2012 年 5 月 31 日，到期日均为 2012 年 11 月 30 日，其中 06311020 - 14 号《银行承兑汇票承兑协议》下 22151613、22151614 号承兑汇票，票面金额均为 1000 万元，共计 2000 万元；06311020 - 15 号《银行承兑汇票承兑协议》下 22151615 号承兑汇票，票面金额为 500 万元；06311020 - 16 号《银行承兑汇票承兑协议》下 22151641 至 22151644 号四张承兑汇票，票面金额分别为 1000 万元、1000 万元、750 万元、500 万元，共计 3250 万元。

2012 年 6 月 1 日，签订了 06311020 - 17 号《银行承兑汇票承兑协议》，该协议下 22151645 至 22151647 号承兑汇票，票面金额分别为 1000 万元、1000 万元、650 万元，共计 2650 万元，出票日均为 2012 年 6 月 1 日，到期日均为 2012 年 12 月 1 日。

2012 年 6 月 4 日，签订了 06311020 - 18 号《银行承兑汇票承兑协议》，该协议下 22151748 至 22151753 号 6 张承兑汇票，票面金额分别为 1000 万元 4 张、650 万元、700 万元，共计 5350 万元，出票日均为 2012 年 6 月 4 日，到期日均为 2012 年 12 月 4 日。

2012 年 6 月 5 日，签订了 06311020 - 19 号《银行承兑汇票承兑协议》，该协议下 22151756 至 22151761 号 6 张承兑汇票，票面金额分别为 1000 万元 5 张、500 万元，共计 5500 万元，出票日均为 2012 年 6 月 5 日，到期日均为 2012 年 12 月 5 日。

2012 年 6 月 6 日，签订了 06311020 - 20 号《银行承兑汇票承兑协议》，该协议下 22151767 承兑汇票，票面金额 750 万元，出票日均为 2012 年 6 月 6 日，到期日均为 2012 年 12 月 6 日。

上述 10 份《银行承兑汇票承兑协议》所附《银行承兑协议》（副本）均载明"以上汇票经银行承兑，出票人愿遵守《支付结算办法》的规定及下列条款：……五、承兑汇票到期日，承兑银行凭票无条件支付票款。如到期日之前出票人不能足额交付票款时，承兑银行对不足支付部分票款转作出票人逾期贷款，并按照有关规定计收罚息"。

汇票到期后，天马支行均依约履行了承兑付款义务。因金栋公司未依约将票面金额剩余 60% 款项支付至指定账户，造成天马支行垫款，垫款情况为：2012 年 11 月 28 日垫款 59351763.54 元、2012 年 11 月 30 日垫款 34256861.97 元、2012 年 12 月 3 日垫款 15722043.83 元、2012 年 12 月 4 日垫款 27587899.44 元、2012 年 12 月 7 日垫款 4132900 元、2012 年 12 月 10 日垫款 37139630.58 元，合计垫款 178191099.36 元。至本案诉讼，金栋公司未履行还款责任，福军公司、富卓公司、佳泰公司、新北方公司亦未承担担保责任。

2013 年 3 月 11 日，天马支行向天津市高级人民法院提起诉讼，请求判令：金栋公司立即偿还天马支行垫付款项人民币 178191099.36 元，并按照日息万分之五标准给付自垫款日起至实际还清全部欠款日止的违约金，具体垫款情况为 2012 年 11 月 28 日垫款 59351763.54 元、2012 年 11 月 30 日垫款 34256861.97 元、2012 年 12 月 3 日垫款 15722043.83 元、2012 年 12 月 4 日垫款 27587899.44 元、2012 年 12 月 7 日垫款 4132900 元、2012 年 12 月 10 日垫款 37139630.58 元。福军公司、富卓公司、佳泰公司、新北方公司对上述债务承担连带清偿责任；本案全部诉讼费用由金栋公司、福军公司、富卓公司、佳泰公司、新北方公司连带承担。

原审法院认为，天马支行与金栋公司签订的《最高额银行承兑汇票承兑协议》及《银行承兑汇票承兑协议》；与新北方公司、富卓公司、福军公司、佳泰公司签订的《最高额银行承兑汇票保证合同》及《同意保证承诺书》，均合法有效，各方当事人应依约行使权利，履行义务。依照《最高额银行承兑汇票承兑协议》及《银行承兑汇票承兑协议》的相关约定，天马支行开出承兑汇票后金栋公司应在汇票到期日前足额交付剩余60%票款，因未足额交付票款，造成天马支行垫款的，金栋公司应向天马支行偿还欠款并支付违约金。故金栋公司应向天马支行偿还垫款178191099.36元，并按照日息万分之五标准给付自垫款日起至实际还清全部欠款日止的违约金。作为连带责任保证人，新北方公司、富卓公司、福军公司、佳泰公司亦应对上述债务承担连带清偿责任。关于金栋公司主张违约金计算方法约定不一，应依照银行承兑协议副本的约定按人民银行的相关标准计收罚息一节，该院认为天马支行与金栋公司签订的《最高额银行承兑汇票承兑协议》及《银行承兑汇票承兑协议》均明确双方依据《中华人民共和国票据法》、中国人民银行《支付结算办法》和《票据管理实施办法》等法律、法规办理本案汇票承兑业务，银行承兑汇票副本中金栋公司亦再次承诺遵守"《支付结算办法》的规定及下列条款"，因此天马支行主张对于该条款中第五条"有关规定计收罚息"，即是指依照《支付结算办法》相关规定计收违约金并无不当。且该违约金的计算方法与双方当事人在《最高额银行承兑汇票承兑协议》及《银行承兑汇票承兑协议》中的按照日息万分之五标准计付违约金的约定一致，因此金栋公司主张按人民银行的相关标准计收罚息缺乏事实依据，该院不予支持。

综上，原审法院依据《中华人民共和国合同法》第一百一十四条、第二百零六条、《中华人民共和国担保法》第十八条、第三十一条，《最高人民法院关于适用〈中华人民共和国担保法〉若干问题的解释》第四十二条之规定，判决：一、金栋公司于本判决生效后10日内偿还天马支行人民币178191099.36元，并按照日息万分之五标准给付自垫款日起至实际还清全部欠款日止的违约金（其中59351763.54元自2012年11月28日开始起算、34256861.97元自2012年11月30日开始起算、15722043.83元自2012年12月3日开始起算、27587899.44元自2012年12月4日开始起算、4132900元自2012年12月7日开始起算、37139630.58元自2012年12月10日开始起算）；如果未按本判决指定的期间履行给付金钱义务，应当依照《中华人民共和国民事诉讼法》第二百五十三条之规定，加倍支付迟延履行期间的债务利息；二、福军公司、富卓公司、佳泰公司、新北方公司对上述给付事项承担连带清偿责任，四公司承担保证责任后有权向金栋公司追偿。案件受理费932755元，财产保全费5000元，共计937755元由金栋公司、福军公司、富卓公司、佳泰公司、新北方公司共同负担。

金栋公司不服原审法院上述民事判决，向本院提起上诉称：金栋公司对于应清偿天马支行垫付资金 178191099.36 元的判决内容没有异议，但不服一审判决主文第一条中关于违约金标准"按照日息万分之五"计算的内容。金栋公司与天马支行签订的格式协议条款内容不一致，对天马支行垫付资金既有"按日息万分之五偿付违约金"的约定，又有"按照（逾期贷款）有关规定计收罚息"的约定，应就低不就高，即按照中国人民银行关于逾期贷款的有关规定计收罚息。依据《中华人民共和国合同法》第四十一条规定，在金栋公司与天马支行对《银行承兑协议》（副本）第五条中"按照有关规定计收罚息"的理解发生争议时，应当作出不利于提供格式条款一方（即天马支行）的解释。依据《中华人民共和国合同法》第 114 条、《最高人民法院关于适用〈中华人民共和国合同法〉若干问题的解释（二）》第 29 条的规定，双方约定"按日息万分之五偿付违约金"明显过高，上诉人可以请求人民法院予以适当减少。这与上诉人所主张的"就低不就高"原则是完全一致的。该公司请求二审法院判令：一、对一审判决主文第一条中的违约金标准予以改判，将"按照日息万分之五标准给付自垫款日起至实际还清全部欠款日止的违约金"，改判为："按照中国人民银行关于逾期贷款的有关规定自垫款日起至实际还清全部欠款日止计收罚息"；二、天马支行负担二审的案件受理费。

天马支行答辩称：天马支行对垫付的银行承兑汇票款项按日万分之五计收违约金符合法律规定，其与金栋公司订立的《最高额银行承兑汇票承兑协议》及相关子协议约定的违约金计算标准完全一致，不存在所谓格式协议条款不一致的问题。本案系因银行承兑汇票垫款形成的纠纷，合同的基础关系是银行承兑汇票业务，属于银行的中间业务，应当适用我国票据法及《支付结算办法》等法律、法规的相关规定。《支付结算办法》第九十一条对承兑银行垫付的票款按日万分之五计收违约金作出了明确规定，因此，日万分之五的标准是法定的，并非当事人的自行约定。《中华人民共和国合同法》第一百一十四条及《最高人民法院关于适用〈中华人民共和国合同法〉若干问题的解释（二）》第二十九条规定的可以调整的违约金是指当事人自行约定的违约金，而不是法定违约金。本案所涉日万分之五的违约金既有法律依据，又有合同依据，不属于可以调整的范畴。金栋公司在取得银行承兑汇票后拒不按期支付汇票款项已构成违约，本应积极履行偿还欠款，其以不正当理由提起上诉有违诚实信用原则。请求依法驳回金栋公司的上诉请求，维持原判。

福军公司、佳泰公司、新北方公司陈述称同意金栋公司意见。富卓公司未陈述意见。

本院对原审法院查明的事实予以确认。

本院认为，本案二审主要争议焦点是一审判决确定的违约金标准是否正确。

天马支行与金栋公司在本案《最高额银行承兑汇票承兑协议》第五条中明确约定，"对垫付资金按日息万分之五向金栋公司计收违约金"，双方在本案《银行承兑汇票承兑协议》中也作了同样的约定。上述违约金条款系当事人真实意思表示，并未违反法律强制性规定，应为有效。金栋公司应当严格遵守其已作出的合同承诺，在汇票到期日未能足额交存票款的情况下，按照日息万分之五向天马支行支付违约金。

上述《银行承兑汇票承兑协议》所附《银行承兑协议》（副本）中约定"以上汇票经银行承兑，出票人愿遵守《支付结算办法》的规定及下列条款：……五、承兑汇票到期日，承兑银行凭票无条件支付票款。如到期日之前出票人不能足额交付票款时，承兑银行对不足支付部分票款转作出票人逾期贷款，并按照有关规定计收罚息。"根据中国人民银行《支付结算办法》第九十一条的规定："银行承兑汇票的出票人于汇票到期日未能足额交存票款时，承兑银行除凭票向持票人无条件付款外，对出票人尚未支付的汇票金额按照每天万分之五计收利息。"可见，本案《银行承兑协议》（副本）中"按照有关规定计收罚息"应为"按照每天万分之五计收"。双方上述约定与《最高额银行承兑汇票承兑协议》《银行承兑汇票承兑协议》中的相关约定并无矛盾，当事人在签订上述合同时对于本案违约金计收标准的理解和约定是一致的，且上述内容符合中国人民银行《支付结算办法》的有关规定。金栋公司关于本案违约金标准的合同内容不一致、违约金标准过高的上诉主张没有事实和法律依据，本院不予支持。

综上，原审判决认定事实清楚，适用法律正确，应予维持。本院依照《中华人民共和国民事诉讼法》第一百七十条第一款第（一）项之规定，判决如下：

驳回上诉，维持原判。

一审案件受理费、财产保全费按照一审判决执行；本案二审案件受理费85346.97元，由天津金栋矿产品销售有限公司承担。

本判决为终审判决。

审　判　长　王宪森

审　判　员　殷　媛

审　判　员　杨征宇

二〇一三年十一月二十九日

书　记　员　郑琪儿

11. 商业银行违反加强风险控制的管理性规范并不必然导致保证人保证责任的免除

——中国农业银行股份有限公司大连甘井子农行与大连础明集团有限公司、大连冰凌花天然食品有限公司借款合同纠纷案

【裁判要旨】

虽然商业银行在贷后检查报告中作出了不符合案涉贷款实际使用情况的描述，但由于目前我国法律、行政法规中并没有关于商业银行违反贷后严格检查义务所应承担的民事责任的相关规定，《中华人民共和国商业银行法》、中国人民银行《贷款通则》等法律法规及商业银行内部关于贷后检查的相关规定，均属于要求商业银行加强风险控制的管理性规范，同保证人依照案涉保证合同约定而负担的连带责任保证义务并无对应关系，商业银行违反该管理性规范并不必然导致保证人保证责任的免除。保证人作为独立商事主体，应当自行承担其对外提供保证所带来的风险和法律后果。

流动资金贷款是借款人用于日常生产经营周转的贷款，可以用来购买原材料、支付工资、清偿债务等。如若借款人将被保证的流动资金贷款用于偿还其在商业银行的旧贷利息，属于正常使用流动资金贷款，不构成《最高人民法院关于适用〈中华人民共和国担保法〉若干问题的解释》第三十九条规定的，主合同当事人双方协议以新贷偿还旧贷且保证人不知道或者不应当知道而不承担民事责任的情形。

中华人民共和国最高人民法院民事判决书

（2013）民提字第51号

再审申请人（一审原告、二审上诉人）：中国农业银行股份有限公司大连

甘井子支行。住所地：辽宁省大连市甘井子区甘段 23 号。

负责人：王永伟，该行行长。

委托代理人：陈耀权，北京市天同律师事务所律师。

委托代理人：郭香龙，北京市天同律师事务所律师。

被申请人（一审被告、二审被上诉人）：大连础明集团有限公司。住所地：辽宁省大连市甘井子区辛艺街 9 号。

法定代表人：石华山，该公司董事长。

委托代理人：王艳霞，辽宁壹品律师事务所律师。

委托代理人：吴洪涛，辽宁壹品律师事务所律师。

被申请人（一审被告）：大连冰凌花天然食品有限公司。住所地：辽宁省大连市旅顺口区龙头镇龙头村。

法定代表人：刘永成，该公司董事长。

再审申请人中国农业银行股份有限公司大连甘井子农行（以下简称甘井子农行）为与被申请人大连础明集团有限公司（以下简称础明公司）、大连冰凌花天然食品有限公司（以下简称冰凌花公司）借款合同纠纷一案，不服辽宁省高级人民法院（2010）辽民二终字第 89 号民事判决，向本院申请再审。本院于 2012 年 11 月 7 日作出（2012）民申字第 1113 号民事裁定，提审本案。本院依法组成由审判员宫邦友担任审判长，审判员朱海年、代理审判员林海权参加的合议庭进行了审理。书记员陆昱担任记录。本案现已审理终结。

辽宁省大连市中级人民法院经审理查明：2003 年 5 月 22 日，甘井子农行与冰凌花公司签订（大连市甘井子）农银借字（2003）第 100008 号借款合同，约定甘井子农行向冰凌花公司出借 1800 万元，借款种类为"农业综合开发"，借款用途为"购设备"，借款期限自 2003 年 5 月 22 日至 2006 年 5 月 21 日，借款年利率为 7.137%。甘井子农行与冰凌花公司在该合同上签章确认。同日，该笔借款如约发放。

2003 年 5 月 22 日，甘井子农行与础明公司签订（大连市甘井子）农银保字（2003）第 100008 号保证合同，约定础明公司对（大连市甘井子）农银借字（2003）第 100008 号借款合同产生的债务承担连带清偿责任。甘井子农行与础明公司在该合同上签章确认。

2003 年 9 月 3 日，甘井子农行与冰凌花公司签订（大连市甘井子）农银借字（2003）第 100009 号借款合同，约定甘井子农行向冰凌花公司出借 1000 万元，借款种类为"农业综合开发"，借款用途为"流动资金"，借款期限截至 2006 年 9 月 2 日，借款年利率为 7.137%。甘井子农行与冰凌花公司在该合同上签章确认。2003 年 9 月 3 日、9 月 18 日、11 月 13 日、12 月 10 日，甘井子农行将借款分四笔如约发放。

2003年9月3日，甘井子农行与础明公司签订（大连市甘井子）农银保字（2003）第100009号保证合同，约定础明公司对（大连市甘井子）农银借字（2003）第100009号借款合同产生的债务承担连带清偿责任。甘井子农行与础明公司在该合同上签章确认。

2003年5月16日，中国农业银行大连市分行（以下简称大连农行）批复给甘井子农行大农银复（2003）62号文件，该文件载明：一、在完善保证担保手续、落实风险防范措施的前提下，同意甘井子农行为大连冰凌花天然食品有限公司发放2800万元项目贷款。二、该项目所需贷款计划由甘井子农行向市行申请。三、甘井子农行要严格按照总行项目贷款管理规定，指派专人，加强项目建设期管理，建立用款银行审核审批制，确保按申请用途使用贷款，防止挪用；项目竣工后，要及时形成项目后评价报告，项目用地、地上建筑物和生产设备要一并抵押，抵押登记手续要报市行备案。甘井子农行收到该文件后，又将该文件转发给础明公司。

2003年5月16日，冰凌花公司向础明公司出具承诺书，该承诺书载明：础明公司给冰凌花公司担保的1800万元贷款，待冰凌花公司进口的设备安装投产后，以设备做抵押从农行撤出础明公司的担保。

同日，冰凌花公司向大连农行出具承诺书，该承诺书载明：础明公司给冰凌花公司担保的1800万元贷款，待冰凌花公司进口的设备安装投产后，以设备做抵押从农行撤出础明公司的担保。

2006年12月20日，甘井子农行诉至该院，请求判令冰凌花公司偿还借款本金2800万元及相应利息，础明公司对该款项承担连带清偿责任。诉讼中，经甘井子农行申请，该院依法对础明公司在其下属公司的股权予以查封。

2007年10月17日，础明公司向甘井子农行提出申请，"因础明公司正准备上市，请求甘井子农行同意对查封的股权予以解封"。同时又向甘井子农行书面承诺"在中国农业银行大连市分行甘井子支行起诉大连冰凌花天然食品有限公司案件中若因大连础明集团有限公司原因而必须承担连带责任，愿用大连础明集团有限公司资产无条件偿还"。在此情况下。2007年10月19日，甘井子农行向该院申请撤诉，该院作出（2007）大民合初字第60号民事裁定的同时，对查封础明公司的股权予以解封。

该院在审理（2007）大民合初字第60号甘井子农行诉被告冰凌花公司、被告础明公司2800万元借款合同纠纷一案中，调取农行2003年8月22日出具的"关于对大连冰凌花天然食品有限公司新增乳业项目贷款的检查报告"，该报告第一条载明"我行在对冰凌花天然食品有限公司新增乳业项目贷款资金的使用管理上，本着总行对项目贷款管理的有关要求规定，确定在该企业项目贷款资金的使用上，建立用款审批制度，制定项目贷款资金使用用途审批表，严格控制项目资金使用，做到专款专用。该企业至 5 月 26 日资金使用以来，先后与大连万恒进出口公司签订购货合同，购置进口设备 128 万美元，折合人民币 1490 万元，加上购置国内设备总计使用资金 1758 万元"。在该院调取甘井子农行 2004 年 10 月 22 日出具的"关于对大连冰凌花天然食品有限公司贷款使用情况的贷后检查报告"中载明"2800 万元贷款，其中 1800 万元固定资产贷款用于国外进口设备 1490 万元，国内设备 280 万元，运费 34 万元。1000 万元流动资金贷款支付奶汁款 120 万元，建网点 150 万元，设备安装 60 万元，支付贷款利息 300 万元。剩余建设资金 370 万元"。调取的农行出具的项目贷款检查表载明"企业按照承诺（2003 年 5 月 16 日，冰凌花公司给农行、础明公司承诺：待冰凌花公司进口设备安装投产后，以设备作抵押从农行撤出础明公司的担保）将该项目新增的设备重新评估后抵押给我行"。该表经营主责任人意见栏内载明"该笔贷款属项目贷款，应按市行限制性条款严格执行"。农行工作人员于明超、李军签字。

另查明，甘井子农行出具的项目贷款检查表载明的冰凌花公司委托大连万恒进出口贸易有限公司（以下简称万恒公司）进口价值 1490 万元进口设备，但万恒公司证实 2003 年至 2004 年期间，冰凌花公司从未委托其进口设备，该公司与冰凌花公司无经济往来。

2009 年 1 月，甘井子农行起诉至辽宁省大连市中级人民法院，请求判令：一、冰凌花公司偿还甘井子农行 2800 万元贷款本金及相应利息；二、础明公司对上述款项承担连带清偿责任；三、案件诉讼费、保全费由冰凌花公司、础明公司承担。

辽宁省大连市中级人民法院经审理认为：甘井子农行与冰凌花公司签订的借款合同系双方当事人真实意思表示，合法有效，各方均应遵照履行，甘井子农行已如约履行合同义务，冰凌花公司未能及时偿还借款本息，系违约行为，应承担相应的民事责任，对此各方当事人均无异议。现该案争议的焦点在于础明公司是否应当对冰凌花公司的借款承担保证责任。

针对此审理焦点，该院认为，础明公司承担保证责任的依据在于其与甘井子农行签订的两份保证合同。其中，1800 万元借款的保证合同签订于 2003 年 5 月 22 日，但在签订该合同前的 5 月 16 日，冰凌花公司曾向础明公司出具承诺，明示待冰凌花公司进口的设备安装投产后，以设备做抵押从甘井子农行处撤出础明公司的担保。据此，础明公司于 5 月 22 日就 1800 万元借款签订保证合同的真实意思系冰凌花公司进口的设备为甘井子农行做抵押后，础明公司将撤回保证。

同时，大连农行批复给甘井子农行的文件也明确要求就案涉借款项目用地、地上建筑物和生产设备要一并抵押。该文件本系大连农行与甘井子农行内部文件，但础明公司却持有该文件的复印件，如甘井子农行或大连农行未将该文件的复印件转发给础明公司，则础明公司不存在持有该文件复印件之可能。换言之，甘井子农行或大连农行将本系统内部文件的该文件复印件转发给础明公司之行为使础明公司相信，冰凌花公司使用1800万元借款购入的生产设备将抵押给甘井子农行。其担保将有财产作保证。而实际上冰凌花公司并未用1800万元购买设备。该院在审理中查明，甘井子农行在放贷3个月出具"项目贷款检查表"及报告中，均载明"冰凌花公司委托万恒公司购买进口设备价值1490万元，国内设备280万元，运费30万元"。对此，该院经查万恒公司证实：冰凌花公司并未委托其进口设备。甘井子农行贷后检查报告出现虚假成分。这一事实表明，冰凌花公司违背向础明公司出具承诺函中的意思表示，以欺诈的手段使础明公司在违背真实意思表示的情况下提供了担保，对此，甘井子农行知道或应当知道。依照《中华人民共和国担保法》及司法解释，础明公司不应承担保证责任。

甘井子农行与础明公司于2003年9月3日签订的1000万元借款保证合同，甘井子农行在向冰凌花公司放款之初即2003年10月份的贷后检查报告中称将该款其中300万元偿还了冰凌花公司在该行的旧贷利息，础明公司对此并不知道，其做法违背法律规定。按照担保法及司法解释相关规定，以新贷偿还旧贷，除保证人知道或应当知道外，保证人不承担责任。余款700万元甘井子农行失控，致使冰凌花公司挪作他用，没有按照合同约定的"贷款用途"使用，且甘井子农行未能提供700万元用于合同约定"用途"的证据。对此，础明公司亦不应承担保证责任。

至于2007年该院（2007）大民合初字第60号案审理中础明公司因公司上市，向甘井子农行申请对查封股权解封及承诺，是在迫于公司上市，无奈情况下作出的，前提又是必须是础明公司的原因而被该案所确认必须承担连带责任。显然，该承诺是在特定条件下形成的，并不是新的担保行为，既然础明公司在该案中不应承担担保责任，甘井子农行要求础明公司无条件承担连带责任，该院不予支持。

综上，冰凌花公司在甘井子农行的3600万元项目贷款中，仅用小部分资金进行了项目前期的土地设施建设，而将础明公司担保的2800万元设备及流动资金以欺诈手段挪作他用，础明公司对此一无所知。而甘井子农行明知冰凌花公司将款挪用而不加制止，明知是专项贷款而将所贷1000万元流动资金的 300 万元扣划还旧贷利息，明知大连农行文件要求 2800 万元贷款专款专用，并应办理财产抵押而未办抵押，使 2800 万元贷款长期被挪用，冰凌花公司仅有的财产被另一案执行，致使础明公司所提供的保证无任何财产担保，对此，甘井子农行与冰凌花公司负有全部责任。冰凌花公司欺诈础明公司获取担保，甘井子农行对此知道或应当知道。而且贷款实际用途与借款合同约定不符，改变了贷款用途，该院对甘井子农行请求础明公司承担连带保证责任，不予支持。依照《中华人民共和国合同法》第四十四条、第六十条、第二百零六条、第二百零七条，《中华人民共和国担保法》第六条、第三十条及《最高人民法院关于适用〈中华人民共和国担保法〉若干问题的解释》第三十九条、第四十条的相关规定，判决：一、冰凌花公司自本判决发生法律效力后 10 日内偿还甘井子农行人民币 2800 万元及利息（1800 万元利息自 2003 年 5 月 22 日起至 2006 年 5 月 21 日止，按合同约定年利率 7.137% 计算，1000 万元利息其中 400 万元自 2003 年 9 月 3 日起、200 万元自 2003 年 9 月 18 日起、200 万元自 2003 年 11 月 13 日起、200 万元自 2002 年 12 月 10 日起均至 2006 年 9 月 2 日止按年利率 7.137% 计算），逾期后年利率按照中国人民银行同期逾期贷款利率规定给付；二、驳回甘井子农行其他诉讼请求。如果未按该判决指定期间履行给付金钱义务，应按《中华人民共和国民事诉讼法》第二百二十九条之规定，加倍支付迟延履行期间的债务利息。案件受理费 181800 元，由冰凌花公司承担。

甘井子农行不服一审判决，向辽宁省高级人民法院提起上诉称：一、一审判决采信的证据不能证明甘井子农行于签订 1800 万元《借款合同》和《保证合同》当时知道冰凌花公司欺诈础明公司的事实。甘井子农行并没有向础明公司转发大连农行〔2003〕62 号文件，础明公司可以有多种渠道或方式获取该批复的复印件，该证据不可以单独使用。即便是甘井子农行将该批复的复印件转发给础明公司，其内容也没有降低或减少担保责任描述。《保证合同》提示一节明确了签约各方对本合同含义认识一致；一审法院曲解了贷款检查表及贷后检查报告的内容，因为冰凌花公司获得贷款后没有向案外人万恒公司进口设备，这是甘井子农行无法预知的。甘井子农行是根据冰凌花公司提供的相应资料作出的相应表述，并不能据此认定甘井子农行事先"知道或应当知道"；对于一审法院依职权调取的案外人万恒公司的证明，其证据性质是证人证言，应该按证据规则予以质证。冰凌花公司提供给甘井子农行的万恒公司与其业务往来的相关资料为书证，比万恒公司的证明更有说服力；尽管冰凌花公司向础明公司出具承诺，也是他们之间的意思表示，没有文字记载甘井子农行同意该承诺的内容，甘井子农行客观上不知道或不应知道础明公司签订《保证合同》是被冰凌花公司欺诈。二、关于贷款检查报告所涉及 1000 万元中的 300 万元还贷利息，与借款用途并不矛盾，并没加重保证人的负担，依此免除担保人责任不当，另外，以"主债务人没有按照《借款合同》约定用途使用贷款"为由，免除担保人连带责任于法无据。请求判令撤销一审判决，依法改判。

础明公司答辩称：一、甘井子农行对冰凌花公司骗保行为明知的证据确凿。础明公司为案涉贷款提供担保，是在甘井子农行的联系和要求下提供的。案涉贷款属于农业综合开发项目贷款，贷款用途是进口设备。在冰凌花公司没有将贷款用于进口设备的情况下，甘井子农行对冰凌花公司的贷款使用情况等检查报告作了虚假陈述，进一步虚报贷款被用于购置土地、建设厂房、进口设备。可见，甘井子农行明知贷款未被专用于进口设备，同冰凌花公司恶意串通，隐瞒实际情况，并放任和纵容了冰凌花公司的骗贷及骗保行为，其对贷款无法收回的后果负有不可推卸的法律责任。二、甘井子农行没有履行专款专用的监管义务，致使款项被挪作他用，其应自行承担专项贷款无法收回的后果。按照当事人签订的《借款合同》及《关于对冰凌花公司 2800 万元项目贷款的批复》，明确要求案涉贷款专款专用，而甘井子农行没有尽到监管责任，却虚构文件，虚假报告，掩盖事实，其自身存在严重过错，理应自行承担责任。一审判决认定事实清楚，证据确凿，判决正确，请求二审法院驳回甘井子农行的上诉，维持原判。

冰凌花公司陈述称：冰凌花公司对一审法院判决的内容认可，对一审法院关于事实部分的认定，没有意见。请求二审法院依法公正判决。

辽宁省高级人民法院查明的事实与一审一致。另查明，冰凌花公司将购设备款 1490 万元转入万恒公司的当日，万恒公司又将该款项作为往来款退给了大连冰凌花乳业有限公司。大连冰凌花乳业有限公司系由股东冰凌花公司与田庆敏出资成立，该公司法定代表人与冰凌花公司法定代表人均为刘永成，中国农业银行大连甘井子支行于 2009 年 6 月 2 日，更名为中国农业银行股份有限公司大连甘井子支行。

辽宁省高级人民法院审理认为：案涉贷款是农业综合开发专项贷款，具有专款专用的性质和要求。对此，大连农行专门行文要求严格按总行项目贷款管理规定，确保按申请用途使用贷款，防止挪用；并申明要及时形成项目后评估报告，项目用地、地上建筑物和生产设备一并抵押。甘井子农行在与冰凌花公司和础明公司签订 2800 万元《借款合同》《保证合同》之前，将该文件转发给础明公司，是向础明公司证明及承诺关于避免该公司担保风险的一种表示，起到了使础明公司零风险的为冰凌花公司提供担保的作用。该证据并非单独使用，而是与冰凌花公司出具的承诺书及甘井子农行《项目贷款检查表》等关联证据的内容相吻合，且甘井子农行亦无证据证明础明公司取得该文件来自其他渠道，一审法院予以采信并无不妥。

该案关于1800万元购设备贷款，冰凌花公司亦是在签订《借款合同》及《保证合同》之前，向大连农行及础明公司出具承诺书，待冰凌花公司进口的设备安装投产后，以设备做抵押从农行撤出础明公司的担保。大连农行对此承诺未表示异议，甘井子农行并在其出具的《项目贷款检查表》中亦载明：企业应按照承诺将该项目新增的设备重新评估后抵押给我行。应认定甘井子农行对此予以认可。在贷款人及借款人同时向础明公司作出待冰凌花公司进口的设备安装投产后，以设备做抵押从农行撤出础明公司担保的意思表示下，础明公司签订了《保证合同》。但事实证明，冰凌花公司并未将专项贷款用于购买设备，履行抵押义务，而是挪作他用，违背了础明公司的真实意思。对此，甘井子农行系明知。但甘井子农行却在之后的《关于对大连冰凌花天然食品有限公司新增乳业项目贷款的检查报告》及《关于对大连冰凌花天然食品有限公司贷款使用情况的贷后检查报告》中作出了严格控制项目资金使用，做到专款专用，其中1800万元固定资产贷款用于购买设备的不实报告。事实证明甘井子农行知道冰凌花公司对础明公司提供担保构成欺诈的事实，却予以隐瞒，础明公司对此不应承担民事责任。

该案另1000万元农业综合开发流动资金贷款，在础明公司不知情的情况下，其中300万元偿还了非础明公司担保的冰凌花公司原陈旧贷款所欠利息。其余700万元，甘井子农行未否认改变贷款用途。该案争议的特点系所涉贷款为农业综合开发专项贷款，不得挪作他用，这是研究和处理纠纷的前提。该案专项贷款用途的改变，属主合同内容发生了根本性变更，加大了担保人础明公司的风险，甘井子农行明知并认可这一事实的发生，对此有过错。甘井子农行放任冰凌花公司改变贷款用途，应视为贷款人甘井子农行与借款人冰凌花公司变更贷款用途的共同意思表示，主合同当事人改变了贷款用途，同样违背了担保人础明公司的意志，故未经担保人础明公司同意，担保人础明公司亦应不再承担民事责任。

综上，一审判决认定事实清楚，适用法律正确。甘井子农行上诉理由不充分，应予驳回。该院依照《中华人民共和国民事诉讼法》第一百五十三条第一款第（一）项之规定，判决：驳回上诉，维持原判。二审案件受理费181800元，由冰凌花公司承担。

甘井子农行不服一、二审判决，向本院申请再审称：一、二审判决认定的基本事实缺乏证据证明。1. 大连农行就案涉贷款所做批复文件的接收人是甘井子农行，文件中没有写明转发给础明公司，一、二审法院关于大连农行以该批复在础明公司提供担保前，向其证明及承诺担保系零风险的推论错误。2. 就大连农行将上述批复文件转发给础明公司的主张，应当由础明公司负举证责任，二审法院将该举证责任强加给甘井子农行错误。3. 二审判决认定甘井子农行关于案涉贷款的《项目贷款检查表》出现与事实不符的陈述，可推断出甘井子农行对于冰凌花公司对础明公司进行的欺诈是明知的，不符合事实与逻辑。《项目贷款检查表》是在础明公司为冰凌花公司提供担保，贷款发放后，甘井子农行在贷后检查时由检查人员根据检查中所搜集到的信息作出，甘井子农行未能也没有能力在贷后检查中及时发现贷款被冰凌花公司挪用的事实，对此事实，甘井子农行同样被冰凌花公司诈骗。并且在础明公司提供担保时，甘井子农行对于冰凌花公司的欺诈行为是不知道也不应当知道的。4. 甘井子农行从未对础明公司作出用冰凌花公司贷款购买的设备做抵押置换础明公司保证担保的承诺。二审法院认为，冰凌花公司向础明公司承诺，在贷款购买的进口设备安装投产后，以设备做抵押置换础明公司的保证担保，甘井子农行未对冰凌花公司的承诺表示异议即是甘井子农行向础明公司作出同意置换的意思表示，不符合事实。二、二审判决适用法律错误。二审法院以 1000 万元流动资金贷款中的 300 万元用来偿还贷款利息，属于改变贷款用途，进而作出础明公司对全部 1000 万元贷款不承担保证责任的认定，是明显的适用法律错误。1. 该 1000 万元贷款是上述 1800 万元项目贷款的配套流动资金贷款，根据银监会关于项目配套流动资金贷款管理的有关规定，该贷款可以用来偿还项目贷款所产生的利息，而上述 300 万元正是偿还了 1800 万元项目贷款的利息，没有用于偿还其他贷款的利息。同时，企业流动资金贷款用途包括支付工资、购买原材料、偿付债务等，所以，本案中不存在改变贷款用途的问题。2. 保证合同签订后，甘井子农行没有与冰凌花公司协议变更借款合同。3. 即便 300 万元贷款用途发生改变，违背了础明公司担保时的意思表示，另 700 万元的用途并没有发生改变，础明公司亦应当承担没有改变贷款用途的 700 万元贷款本息的保证责任，二审法院没有任何法律依据判决础明公司对上述 1000 万元贷款本息全部免除保证责任。三、保证人免除保证责任需要有当事人的明确约定或者法律的明确规定。础明公司主张依据《中华人民共和国担保法》第三十条和《最高人民法院关于适用〈中华人民共和国担保法〉若干问题的解释》第四十条的规定免责，而相关规定在本案中没有适用的事实依据。四、农业综合开发贷款本质系商业性贷款。甘井子农行履行了审慎的贷前调查义务，贷后也进行了相应的检查，础明公司以甘井子农行履行贷款监管义务存在过错为由，主张免除其保证责任，于法无据。综上，甘井子农行与础明公司签订的保证合同系双方的真实意思表示，请求：1. 撤销二审判决，维持一审判决第一项；2. 判令础明公司对 2800 万元贷款本息承担连带责任；3. 判令础明公司与冰凌花公司共同承担本案一、二审诉讼费。

础明公司答辩称：一、农业综合开发贷款不同于一般的商业贷款，是匹配农业综合开发项目的特殊用途的专项政策性贷款。1. 农业综合开发是国家推行的战略性政策措施，农业综合开发项目具有法定性和特定性。2. 农业综合开发贷款是农业综合开发资金的一种，匹配使用于农业综合开发项目，是国家给予贷款贴息支持的政策性贷款。3. 国家对农业开发贷款有严格的法定的监管要求，即专人管理、专户存储、专账核算、专款专用。这也是贷款发放单位必须承担的法定义务和职责。二、甘井子农行在贷款发放及贷后检查过程中有诸多违法行为，没有履行法定的监管义务，致使应当专款专用的贷款被冰凌花公司挪作他用，贷款无法偿还是甘井子农行过错行为所致，其应当自行承担贷款无法偿还的不利后果。这主要表现在：1. 贷款发放时，在冰凌花公司未将 560 万元自筹资金投入项目前发放贷款，违反了《中国农业银行开发贷款管理暂行办法》资本金不低于 20% 的贷款条件要求。2. 贷后检查过程中，不履行监管义务，在没有见到设备购买合同、设备运输单据、购货发票等进口凭证和资料的情况下，在《贷款使用情况的贷款检查报告》等贷后检查文件上进行虚假陈述，虚报贷款被用于购置土地、建设厂房、进口设备。3. 公然违反上述法律规定，将上述贷款中的 300 万元偿还以往的贷款利息，背离农业综合开发贷款应当使用于农业综合开发项目的主旨，违法改变贷款的法定用途。三、甘井子农行对农业综合开发贷款所负担的法定监管义务，对于保证合同的相对方础明公司而言，先于础明公司的保证责任，因此，甘井子农行不履行法定监管义务使得础明公司享有先履行抗辩权。综上，础明公司是基于农业综合开发贷款的特殊性质和国家的特殊监管要求，对作为国家四大银行之一的农行对农业综合开发贷款监管能力合理信赖的基础上，才为冰凌花公司向甘井子农行提供担保的。其仅对市场因素导致贷款无法偿还承担责任，但对甘井子农行本身的过错违法行为导致的贷款无法偿还行为不应当承担责任，也不在其担保本意范围内。

冰凌花公司经本院依法传唤，未出庭参加询问。

本院除对一、二审法院查明的事实予以确认外，另查明：冰凌花公司已于 2007 年 3 月 15 日被吊销营业执照，大连市旅顺口区工商行政管理局就此所作"吊销原因说明"为："旅工商处字（2007）第 13 号二年未年检"。

本院认为，冰凌花公司与甘井子农行签订的案涉借款合同为双方当事人的真实意思表示,一、二审法院判决冰凌花公司依约偿还借款本息正确,本院对该部分判决内容予以维持。本案的争议焦点在于:础明公司是否应当对冰凌花公司案涉两笔共计 2800 万元贷款及利息向甘井子农行承担保证责任。

关于础明公司是否应当对冰凌花公司案涉第一笔 1800 万元贷款及利息向甘井子农行承担保证责任。第一,甘井子农行与础明公司签订的(大连市甘井子)农银保字(2003)第 100008 号保证合同系双方当事人的真实意思表示,不违反法律和行政法规的强制性规定,合同有效,双方当事人应依约履行各自合同义务。第二,冰凌花公司单方向础明公司出具的明示待冰凌花公司进口的设备安装投产后,以设备做抵押从甘井子农行处撤出础明公司担保的承诺,在甘井子农行明确同意以对相关设备的抵押撤回础明公司的保证担保,且冰凌花公司实际将相关设备进行抵押之前,对甘井子农行不产生任何约束力。大连农行批复给甘井子农行的大农银复(2003)62 号文件中,关于项目竣工后将项目用地、地上建筑物和生产设备一并抵押的要求,并不包含以设备等抵押来置换础明公司保证担保的意思表示。础明公司未提供证据证明大连农行或甘井子农行向础明公司或冰凌花公司作出过以设备抵押担保置换础明公司保证担保的意思表示,且事实上冰凌花公司也未进口相关设备并进行抵押。据此,础明公司仍应按照保证合同的约定,履行连带责任保证义务。第三,相关贷后检查报告为甘井子农行在案涉 1800 万元借款合同及其保证合同签订并生效后作出,其中关于贷款使用情况的不实描述,并不构成在础明公司提供保证担保之时,甘井子农行知道或者应当知道冰凌花公司欺诈、胁迫础明公司违背真实意思提供保证或者与冰凌花公司串通骗取础明公司提供保证的证明。础明公司未能证明本案存在保证人不承担民事责任的法定情形,对其相关主张本院不予支持。第四,虽然甘井子农行在贷后检查报告中作出了不符合案涉 1800 万元贷款实际使用情况的描述,但由于目前我国法律、行政法规中并没有关于商业银行违反贷后严格检查义务的民事责任的相关规定,《中华人民共和国商业银行法》、中国人民银行《贷款通则》等法律法规及商业银行内部关于贷后检查的相关规定,均属于要求商业银行加强风险控制的管理性规范,商业银行违反该管理性规范并不必然导致保证人保证责任的免除。故础明公司作为独立商事主体,应当自行承担其对外提供保证所带来的风险和法律后果,就案涉第一笔 1800 万元贷款的本金及利息对甘井子农行承担连带保证责任。

关于础明公司是否应当对冰凌花公司案涉第二笔 1000 万元贷款及利息向甘井子农行承担保证责任。第一,就案涉第二笔 1000 万元贷款,甘井子农行与础明公司签订的(大连市甘井子)农银保字(2003)第 100009 号保证合同亦为双方当事人的真实意思表示，础明公司应当依约对（大连市甘井子）农银借字（2003）第 100009 号借款合同产生的债务承担连带清偿责任。第二，流动资金贷款是借款人用于日常生产经营周转的贷款，可以用来购买原材料、支付工资、清偿债务等。若如甘井子农行在 2003 年 10 月份的贷后检查报告中所称，冰凌花公司实际将其中 300 万元贷款用于偿还其在该行的旧贷利息，亦属于正常使用该流动资金贷款，并不构成《最高人民法院关于适用〈中华人民共和国担保法〉若干问题的解释》第三十九条规定的，主合同当事人双方协议以新贷偿还旧贷且保证人不知道或者不应当知道而不承担民事责任的情形。础明公司未提供相关证据证明案涉 1000 万元流动资金贷款被冰凌花公司用于法律、行政法规禁止使用的领域或变更其流动资金贷款的用途。

虽然甘井子农行与冰凌花公司约定案涉贷款种类为"农业综合开发"，但础明公司并未提供充分证据证明冰凌花公司实际变更了该专项贷款用途，且我国现行法律、行政法规并无借款人变更该专项贷款用途即相应免除保证人保证责任的相关规定，故对础明公司相关抗辩内容，本院不予支持。

甘井子农行作为贷款人，对款项的使用负有一定的监管义务，但该义务是其管控风险的需要，同础明公司依照案涉保证合同约定而负担的连带责任保证义务并无对应关系，也并非础明公司承担保证责任的先决条件。故在该种情形下，并无先履行抗辩权适用的前提条件。对于础明公司主张享有先履行抗辩权的抗辩内容，本院不予支持。

综上，再审申请人甘井子农行要求础明公司对冰凌花公司案涉两笔共计 2800 万元贷款及利息承担保证责任的再审理由成立，本院予以支持。原审法院驳回甘井子农行该部分诉讼请求不当，应予以纠正。本院依照《中华人民共和国民事诉讼法》第一百七十条第一款第（二）项之规定，判决如下：

一、撤销辽宁省高级人民法院（2010）辽民二终字第 89 号民事判决；

二、维持大连市中级人民法院（2009）大民三初字第 11 号民事判决主文第一项；

三、撤销大连市中级人民法院（2009）大民三初字第 11 号民事判决主文第二项；

四、大连础明集团就大连冰凌花天然食品有限公司上述债务对中国农业银行大连甘井子支行承担连带保证责任；大连础明集团有限公司承担保证责任后，有权向大连冰凌花天然食品有限公司追偿。

上述给付义务应于本判决生效之日起 10 日内履行。逾期履行的，应依照《中华人民共和国民事诉讼法》第二百五十三条的规定，加倍支付迟延履行期间的债务利息。

本案一、二审诉讼费各181800元，共计363600元，由大连冰凌花天然食品有限公司、大连础明集团有限公司负担。

本判决为终审判决。

审　判　长　宫邦友

审　判　员　朱海年

代理审判员　林海权

二〇一三年十二月五日

书　记　员　陆　昱

12. 农行信用社脱钩遗留资金应根据性质区别对待，支信贷款与委托指定贷款有本质区别应当偿还

——中国农业银行股份有限公司白城洮北支行与白城市洮北区农村信用合作联社借款合同纠纷案

【裁判要旨】

支信贷款，是农行信用社一体时，农行为支持信用社头寸，行社之间以借款形式发生的资金拆借合同。支信贷款与"点贷、一口出、委托贷款"等委托指定贷款有着本质的区别。依据国务院《关于农村金融体制改革的决定》和国务院农村金融体制改革部际协调小组下发的《农村信用社与中国农业银行脱离行政隶属关系实施方案》两个法规规定，信用社须偿还支信贷款。

中华人民共和国最高人民法院民事判决书

（2012）民提字第 47 号

再审申请人（一审原告、二审被上诉人）：中国农业银行股份有限公司白城洮北支行。住所地：吉林省白城市海明西路 59 号。

负责人：刘晓哲，该行行长。

委托代理人：陈耀权，北京市天同律师事务所律师。

委托代理人：彭卿，北京市天同律师事务所律师。

被申请人（一审被告、二审上诉人）：白城市洮北区农村信用合作联社。住所地：吉林省白城市洮北区中兴西大路 42 号。

法定代表人：王海军，该社理事长。

委托代理人：卜祥瑞，该社法律顾问。

委托代理人：李文革，北京市隆安律师事务所律师。

再审申请人中国农业银行股份有限公司白城洮北支行（以下简称洮北农

行）因与被申请人白城市洮北区农村信用合作联社（以下简称洮北信用联社）借款合同纠纷一案，不服吉林省高级人民法院（2008）吉民三终字第39号民事判决，向本院申请再审。本院以（2011）民申字第1389号民事裁定书提审本案，依法组成由审判员贾纬担任审判长、审判员沙玲和代理审判员周伦军参加的合议庭对本案进行了审理，书记员侯佳明担任记录。本案现已审理终结。

吉林省白城市中级人民法院一审查明：1997年1月1日，原洮北区永胜信用社、洮儿河信用社、德顺信用社、洮东信用社、金祥信用社，从洮北农行处借款本金合计16613134.26元，利息13323195.88元。1998年12月28日，洮北农行分别与五个信用社签订了偿还支信贷款协议书约定，各信用社五年内还清，1998年12月28日至2002年12月28日，每年偿还贷款本金20%及利息，并可分期偿还或年末一次性偿还。协议签订后，五个信用社除偿还部分借款外，上述借款至今未偿还洮北农行。协议在履行期间，2002年3月2日，最高人民法院法（立）明传〔2002〕10号《关于涉及农业银行与农村信用社脱钩遗留资金纠纷案件有关问题的通知》"各级人民法院暂不受理此类案件，已经受理的，中止审理；已经作出生效判决并进入执行程序的，暂缓执行"的规定，属诉讼时效中断，2005年6月21日，最高人民法院明传〔2005〕187号《关于对涉及农业银行与农村信用社脱钩遗留资金纠纷案件恢复诉讼程序的通知》"从本通知下发之日起，恢复此类纠纷案件的受理、审理和执行程序"的规定，属诉讼时效从新计算。洮北农行多次找各信用社索要借款本息；各信用社以无力偿还为由拒绝偿还。2006年6月19日，五家信用社在工商局办理了变更登记手续，统归洮北信用联社名下，洮北农行请求判令洮北信用联社偿还贷款本金及利息，并承担诉讼费用。

吉林省白城市中级人民法院一审认为：一、洮北农行的诉讼请求未超过法定的诉讼时效期间。1998年12月28日，洮北农行与洮北信用联社就如何偿还欠款达成了还款协议，协议约定洮北信用联社分五年即1998年至2002年将全部欠款还清，最后一次还款的截止日期为2002年年底，也就是说应当从洮北信用联社最后一次履行合同义务之次日开始计算诉讼时效，即时效期间的起始日期为2003年1月1日。而最高人民法院法（立）明传〔2002〕第10号明传是2002年3月2日下发的，该明传电报明确要求"各级人民法院暂不受理此类案件"。根据该明传的内容可以认为在明传电报的有效期内此类案件的诉讼时效出现了法定的中断情形，而法定的诉讼时效中断情形消失缘于最高人民法院明传〔2005〕187号明传的要求，即"从本通知下发之日起恢复此类纠纷案件的受理、审理和执行程序"。所以，根据该明传的要求此类案件的诉讼时效期间应从该通知下发之次日起开始计算即 2005 年 6 月 21 日。而洮北农行起诉的时间是 2006 年 10 月 13 日，并未超过法定的诉讼时效期间，洮北信用联社抗辩认为洮北农行的主张超诉讼时效的理由不能成立。

二、洮北农行主张洮北信用联社偿还借款本息的请求，符合法律规定，应予以支持。因为双方就欠款的本金及利息数额均无异议，即本金 16613134.26 元，利息 13323195.88 元，本院对此予以确认。《中华人民共和国合同法》第四十四条"依法成立的合同，自成立时生效"的规定，洮北农行与洮北信用联社签订的协议是双方当事人真实意思表示，并已实际履行，应视为合法有效。《中华人民共和国民法通则》第一百零八条"债务应当清偿。暂时无力偿还的，经债权人同意或者人民法院裁决，可以由债务人分期偿还。有能力偿还拒不偿还的，由人民法院判决强制偿还。"的规定。洮北信用联社未按合同约定履行偿还借款的义务，应承担全部责任。

白城市中级人民法院依照《中华人民共和国合同法》第四十四条，《中华人民共和国民法通则》第一百零八条，最高人民法院法（立）明传〔2002〕第 10 号、〔2005〕187 号，《中华人民共和国民事诉讼法》第一百二十八条的规定，判决：一、洮北农行与洮北信用联社签订的协议合法有效；二、洮北信用联社于本判决生效后十日内偿还洮北农行借款本金 16613134.26 元，利息 13323195.88 元。案件受理费 159692.00 元，由洮北信用联社负担。如果未按判决指定的期间履行给付金钱义务，应当依照《中华人民共和国民事诉讼法》第二百三十二条之规定，加倍支付迟延履行期间的债务利息。

洮北信用联社不服一审判决，向吉林省高级人民法院提起上诉。

吉林省高级人民法院二审认为：洮北农行在一、二审中均明确主张其在本案中主张债权的依据即偿还支信贷款协议书是洮北农行与洮北信用联社分家后针对"脱钩遗留资金"所形成的确定债权债务关系的协议。因此，本案洮北农行所起诉的借款的性质应为"脱钩遗留资金"。

洮北信用联社与洮北农行脱离行政隶属关系后的资金遗留纠纷，是在农村金融体制改革背景下发生的，纠纷的产生有着特殊的历史、政策原因，在未脱钩时有着领导和被领导的关系，资金统一使用，人员统一调配，它们的"脱钩"是依照行政命令进行的。中国人民银行认为行社脱钩遗留的资金纠纷，无论以何种形式出现，其根本特点表现为不平等的行政管理权力对平等的民事关系的介入。1996 年 8 月，《国务院关于农村金融体制改革的决定》规定：农村信用社与中国农业银行脱离行政隶属关系的改革过程中，涉及的人员、财产、资金关系等问题，应在中国人民银行领导下，会同有关部门协调解决。

由于洮北农行自认本案涉及债权实属"脱钩遗留资金"又不能证明其主张的借款本金16613134.26元及利息13323195.88元属于洮北农行与洮北信用联社之间真实的拆借关系，故对其诉讼请求，因证据不足，应予驳回。该院依据《中华人民共和国民事诉讼法》第一百五十三条第一款第（二）项之规定，并经审判委员会2009年第12次会议讨论决定，判决：一、撤销吉林省白城市中级人民法院（2006）白民二初字第81号民事判决；二、驳回洮北农行对洮北信用联社的诉讼请求。本案一、二审案件受理费各159692元，共计319384元，均由洮北农行承担。

洮北农行不服吉林省高级人民法院二审判决，向本院申请再审称：一、本案债权债务关系真实明确，涉案贷款属于应当归还的支信贷款。首先，国务院〔1996〕2号通知第六条第（三）项明确指出，农行对信用社的支持款（即支信贷款），信用社应逐年归还农行。双方的借款借据明确约定贷款用途为"支信"和"拆借"，1998年双方协议书约定将各家信用社所欠洮北农行的支信贷款和拆借资金，统一并入支信贷款科目核算。根据国务院文件规定本案支信贷款，洮北信用联社应当偿还洮北农行。其次，借款事实证据充分。无论是双方的借款借据、协议书、对账单相互印证，还是信用社曾主动履行债务并偿还两笔款项，均证实了本案债权债务关系清楚。再次，洮北信用联社在一、二审程序中，均承认债权债务真实存在的事实，双方对欠款数额均无异议。二审判决认定洮北农行不能证明与信用联社存在真实拆借关系，属于事实认定错误。二、本案偿还支信贷款协议确立的民事法律关系，不属于人民银行银传〔1998〕39号通知所规定的三种不应由信用社承担债务的情形。故请求再审依法撤销吉林省高级人民法院二审判决，维持吉林省白城市中级人民法院一审判决。

洮北信用联社再审答辩称：一、对于行政隶属关系条件下形成的资金往来，吉林省高院驳回洮北农行诉讼请求正确。洮北信用联社与洮北农行的"债务"是信用社与农业银行脱离隶属关系前的特定时期形成的。行社脱钩所产生的特定债务有明晰的处理政策，国务院《关于农村金融体制改革的决定》明确"农村信用社与中国农业银行脱离行政隶属关系的改革过程中，涉及人员、财产、资金关系等问题，应在中国人民银行领导下，会同有关部门协调解决"。中国人民银行《关于农村信用合作社清偿对中国农业银行债务有关问题的通知》（银传〔1998〕39号）的规定："对行社双方有争议，协商未果的，由人民银行当地支行仲裁。……对明显违背政策规定农村信用社难以接受的债务，县市支行解决不了的，报经人民银行省分行进行仲裁。"中国人民银行办公厅给最高人民法院（银办函〔2000〕576号）中指出"脱钩前信用社隶属农业银行领导和管理的特殊关系，总体原则是以行政解决为主"。二、吉林省高级人民法院终审判决认定事实清楚，证据充分。洮北信用联社与洮北农行不存在真实的同业资金拆借关系，拆借并没有实际履行。洮北农行所谓的同业拆借，本质上是行社脱钩之前形成的非平等主体历史遗留债务。五家信用社与洮北农行的借款借据没有实际发生资金往来，而是对洮北农行领导期间形成的历史遗留债务延续，其用途上明显看出属于历史遗留不平等主体间的特殊债务，洮北信用联社依据政策和法律规定不应承担。洮北农行在原审一审、二审过程中，始终没有提供划付资金的任何票据，无法证明属于真实的资金拆借关系。吉林省高级人民法院对双方不存在真实的资金拆借关系的认定客观正确，证据充分。洮北信用联社与洮北农行之间存在凭证置换、一口出、点贷、计收复利等事实。中国人民银行〔1998〕39 号通知明确规定农行与信用社凭证置换、一口出、点贷等资金往来信用社不应承担偿还责任。三、洮北农行主张所谓资金拆借已经超过法定诉讼时效期间。洮北农行所主张资金拆借关系，是双方历史遗留特殊的债权债务关系，形式上形成"抵押借款契约"、《偿还支信款协议》，而本质上是洮北农行历史上领导、指令所形成的不平等主体的债权债务，协议上所体现的数字并非真实借贷关系，且已经超出法定诉讼时效期间，洮北农行依法丧失了胜诉权。综上，请求依法维持二审判决，驳回洮北农行申诉请求。

本院再审查明下列事实：1997 年 1 月 1 日，洮北农行以借款借据形式分别与永胜信用社签订总金额 272 万元合同、与洮河信用社签订 236.5 万元合同、与德顺信用社签订 355 万元合同、与洮东信用社签订 272.813426 万元合同、与金祥信用社签订 600 万元合同。本案所涉 30 份借款借据用途栏目中，填写支信 13 份、支信换据 8 份、拆借 5 份、空白未填 4 份。

1998 年 12 月 28 日，洮北农行分别与五家信用社签订了偿还支信贷款协议书均约定，根据吉农银明电（1998）21 号转发人农两总行关于农村信用合作社清偿对农业银行债务有关问题的通知要求，经银信两家共同协商，对偿还支信贷款（含拆借资金）达成如下协议：1. 根据市农行计划科及市人行农金科协调精神，农行对支信贷款和拆借资金，统一并入支信贷款一个科目核算。从 1998 年 11 月 1 日起按年利率 7.65%，不加息，不浮动。2. 信用社对所欠支信款原则上在五年内还清即：从 1998 年至 2002 年。具体偿还比例为每年偿还贷款本金 20% 及利息。3. 信用社所欠支信贷款本息按年偿还比例，可分期偿还或年末一次性偿还。4. 如受自然灾害等不可抗因素及政策的影响，还款期限、额度可经双方协商时间顺延。5. 信用社按规定在缴足准备金，留足备付金的基础上，有限偿还支信贷款。

协议签订后，1999 年 1 月 7 日，金祥信用社偿还了 45 万元本金和 5 万元利息；2000 年 12 月 30 日，洮河信用社偿还了 30 万元本金。至此，五家信用社尚欠洮北农行借款本金共计 16613134.26 元，利息 13323195.88 元。2001 年 9 月 30 日，洮北农行向四家信用社发出对账单，要求确认欠款本金数额，洮河信用社对其 206.5 万元、德顺信用社对其 355 万元、洮东信用社对其 2728134.26 元和金祥信用社对其 555 万元本金债务均盖章确认。2006 年 6 月 19 日，五家信用社在工商局办理了变更登记手续，统归洮北信用联社名下。洮北农行因多次找各信用社索要借款本息，各信用社以无力偿还为由拒绝偿还。2006 年 9 月 29 日，洮北农行向吉林省白城市中级人民法院提起诉讼，请求判令洮北信用联社偿还贷款本金及利息，并承担诉讼费用。

洮北信用联社一、二审均主张本案其与洮北农行之间的纠纷，不是行社脱钩纠纷而是一般借款纠纷，最高人民法院关于行社脱钩纠纷案件暂不受理和审理、恢复诉讼程序的两份明传不适应本案，洮北农行起诉超过了诉讼时效，故应驳回洮北农行的诉讼请求。二审庭审时，洮北信用联社对洮河农行关于其间脱钩时间为 1996 年 10 月 15 日的陈述也无异议。再审期间，洮北信用联社对洮北农行请求的欠款余额没有异议，对欠款构成和性质有异议，但没有按其主张本案资金属于所谓"凭证置换、一口出、点贷"的性质提交对应的证据。

2002 年 3 月 2 日，最高人民法院法（立）明传〔2002〕10 号《关于涉及农业银行与农村信用社脱钩遗留资金纠纷案件有关问题的通知》"各级人民法院暂不受理此类案件，已经受理的，中止审理；已经作出生效判决并进入执行程序的，暂缓执行"的规定，属诉讼时效期间中断事由，2005 年 6 月 21 日，最高人民法院明传〔2005〕187 号《关于对涉及农业银行与农村信用社脱钩遗留资金纠纷案件恢复诉讼程序的通知》"从本通知下发之日起，恢复此类纠纷案件的受理、审理和执行程序"的规定，属诉讼时效期间重新计算。

2002 年 4 月 16 日，中国农业银行吉林省分行以〔2002〕132 号《关于转发涉及农业银行与农村信用社脱钩遗留资金纠纷的案件有关问题的通知》下发各市州分行和省行营业部称："现将总行《转发最高人民法院关于涉及农业银行与农村信用社脱钩遗留资金纠纷案件有关问题的通知》（农银办发〔2002〕109 号）转发给你们，同时，省行要求各行自收到本文件始，原准备对信用社提起诉讼的，一律中止起诉；对信用社已经起诉农行的，要立即与审理或执行法院沟通，按照最高人民法院规定，申请法院中止审理或中止执行，以上要求请认真贯彻执行。"

1996 年 8 月 28 日，国务院农村金融体制改革部际协调小组〔1996〕2 号

《关于印发农村信用社与中国农业银行脱离行政隶属关系实施方案的通知》称：根据国务院国发〔1996〕33 号《关于农村金融体制改革的决定》精神，制定了《农村信用社与中国农业银行脱离行政隶属关系实施方案》。实施方案第三条第（二）项为脱钩的时间安排：1. 以 1996 年 6 月 30 日为人员、财产、资金界定划转日，按该日的归属关系划转；2. 全国农村信用社的脱钩工作原则上于 1996 年 9 月 30 日前基本完成，个别地方可推迟到 10 月底。实施方案第六条内容为处理农村信用社与中国农业银行的资金关系，其中第（三）项规定农村信用社借入中国农业银行款项（即中国农业银行对信用社的支持款），由农村信用社逐年归还中国农业银行。

1998 年 7 月 13 日，中国人民银行〔1998〕39 号《关于农村信用合作社清偿对中国农业银行债务有关问题的通知》第一条规定，信用社对农业银行的债务是指信用社与农业银行脱离行政隶属关系（以下简称行社脱钩）前形成、至今尚未清偿的债务，包括信用社向农业银行借款和已逾期的拆入资金。第三条是关于信用社与农业银行之间债权债务的认定。鉴于信用社与农业银行相互形成的债权债务成因较为复杂，为使此项清偿工作顺利实施，必须对双方存有异议、尚未清偿的债务逐笔进行认定。该条第（二）项内容为：对 1995 年 12 月 29 日农银传〔1995〕68 号《关于稳定当前行社工作的紧急通知》下发后，出现下列情况之一的，债务不应当由信用社承担：（1）农业银行通过贷款凭证置换，对同一客户由信用社增加贷款、农业银行同时收回原贷款等方式将贷款资产转移给信用社而形成的债务；（2）农业银行委托信用社发放，后转为信用社自营的贷款，或农业银行作为担保人由信用社发放贷款而形成的债务；（3）农业银行确定贷款项目，未经信用社主任审批，指令信用社贷款形成的债务。该条第（三）项内容为：认定以行社双方签订的合法、有效的合同（协议，下同）为基础。已签订合同、且合同合法有效的，原则上按合同规定由信用社承担；虽已签订合同，但确属前款所指情况之一的，债务不应由信用社承担；……第（四）项规定，解决行社资金遗留问题要以 1995 年 12 月 29 日以来中国人民银行、中国农业银行关于维护行社双方合法权益有关文件为依据，就信用社对农业银行债务认定工作要于（1998 年）7 月 20 日前完成。第四条规定，认定为信用社应承担的债务，信用社应在规定期限内将欠款及合法利息归还农业银行；认定不应由信用社承担的债务，农业银行要相应收回对客户的贷款债权，并相应抵减拆放信用社的资金。第五条就归还的方式、划款工作于（1998 年）7 月 22 日前完成作了规定。第七条规定债务清偿工作结束后，人民银行各省分行要对清偿情况进行汇总，于（1998 年）7 月 30 日前上报总行货币政策司。

2000 年 8 月 4 日，中国人民银行办公厅以银办函〔2000〕576 号《关于哈尔滨市群力信用社与农业银行道里支行脱钩遗留资金纠纷处理意见的函》致本院称：行社"脱钩"是指依据国务院《关于农村金融体制改革的决定》（国发〔1996〕33 号）的要求，农村信用社脱离中国农业银行的行政隶属关系。在此之前，农村信用社一直由中国农业银行领导和管理。行社脱钩遗留资金纠纷即是在这一时期以及行社脱钩过程中形成的农业银行和农村信用社之间的资金纠纷。脱钩以前，农业银行受人民银行委托领导和管理信用社，资金统一使用，人员统一调配，农村信用社所谓独立的法律人格只能是一种"名义"，这一时期的农村信用社事实已演变为农业银行的基层机构。尽管 20 世纪 80 年代中期以来成立了农村信用社县（市）联社，但实际上联社与农业银行信用合作科（股）是"两块牌子、一帮人马"，联社主任大都由农业银行行长或者副行长兼任，联社的法律身份也非常模糊，这正是 1996 年党中央、国务院决定行社脱钩的一个重要因素。主要是基于体制的影响，使得行社之间的资金争议带有浓厚的行政色彩。换言之，行社脱钩遗留的资金纠纷，无论以何种形式出现，其根本特点表现为不平等的行政管理权力对平等的民事关系的介入。目前，我行正在积极研究制定行社脱钩遗留资金纠纷的处理意见，总体原则是以行政解决为主，以司法诉讼为辅。该案，农业银行道里支行与哈尔滨市群力信用社于 1997 年 1 月 1 日签订的五份资金拆借合同，是对 1988 年至 1996 年双方脱钩前拆借资金形成债权债务的合同续签，以后双方未再签订合同。

本院再审认为：根据本院《民事案件案由规定》，本案案由应为借款合同纠纷。洮北农行依据借款借据、偿还支信贷款协议、对账单和还款凭证等证据诉请洮北信用联社偿还同业拆借债务，本案争议的焦点是，双方纠纷是否属于行社脱钩遗留资金纠纷、是否适用诉讼时效制度以及拆借款的性质等。

一、关于本案是否属于行社脱钩遗留资金纠纷、是否适用诉讼时效制度。

1997 年 1 月 1 日，以支信、支信换据和拆借用途，洮北农行与五家信用社签订 30 份借款借据，其目的是明确脱钩前行社一体时发生的债权债务关系，对各家信用社应还款项作出确认。1998 年年底双方根据中国人民银行和中国农业银行《关于农村信用合作社清偿对农业银行债务有关问题的通知》又签订了偿还支信贷款协议书，确认了债务并约定了还款期限、方式和利率。双方因此产生的纠纷，属于行社脱钩遗留资金纠纷性质。所以，本院法（立）明传〔2002〕10 号《关于涉及农业银行与农村信用社脱钩遗留资金纠纷案件有关问题的通知》和明传〔2005〕187 号《关于对涉及农业银行与农村信用社脱钩遗留资金纠纷案件恢复诉讼程序的通知》有关人民法院暂不受理此类案件和恢复此类纠纷案件的受理、审理和执行程序的规定，应当适用本案。双方偿还支信贷款协议约定的偿还期限为五年，诉讼时效起算时间为2003年12月28日之次日。2002年4月16日，中国农业银行吉林省分行以〔2002〕132号通知涉及农业银行与农村信用社脱钩遗留资金纠纷的案件有关问题，要求各行自收到本文件始，原准备对信用社提起诉讼的，一律中止起诉。此类案件根据本院〔2005〕187号明传于2005年6月21日恢复审理后，洮北农行于2006年9月29日向吉林省白城市中级人民法院提起诉讼，并未超过诉讼时效。故本院对洮北信用联社关于涉案债权已超过诉讼时效的答辩主张不予支持。

二、本案拆借款的性质。

洮北农行根据借款借据用途、偿还支信贷款协议，以支信贷款合同纠纷起诉，人民法院也以同业拆借合同纠纷案由立案审理。支信贷款，是行社一体时，农行为支持信用社头寸，行社之间以借款形式发生的资金拆借合同。支信贷款与所谓的"点贷、一口出、委托贷款"等委托指定贷款有着本质的区别：第一，发生的主体不同。支信贷款发生在行社之间，不涉及任何第三方；而所谓"点贷、一口出、委托贷款"必然存在第三方，即资金实际使用方。第二，法律关系不同。支信贷款因发生在行社之间，其法律关系归类于同业拆借，是金融机构之间发生的资金往来关系；"点贷、一口出、委托贷款"等，除了农行和信用社之间内部形成的委托、授权或指定等法律关系以外，还涉及资金使用第三方与信用社、农行之间的借款法律关系。第三，法律后果不同。支信贷款仅发生在行社之间，故法律后果也仅及于双方；"点贷、一口出、委托贷款"因有第三方，行社是无法撇开第三方而解决其间法律关系的，第三方的借款关系是解决行社之间纠纷的前提。第四，证据要求不同。证明行社之间是支信贷款关系相对简单，只要提交相关合同证明借款用途和性质即可；而要证明行社之间是"点贷、一口出、委托贷款"性质，除了相关合同和资金用途性质以外，还须提交资金使用第三方对应的借款合同证据和资金划转证据等。

正因为支信贷款与"点贷、一口出、委托贷款"有着本质的区别，所以国家在行社脱钩时对这两大类行社之间遗留资金关系处理和出台的政策完全不同。国务院《关于农村金融体制改革的决定》下发后，为具体落实该文件精神，国务院农村金融体制改革部际协调小组于同年8月28日，下发了《农村信用社与中国农业银行脱离行政隶属关系实施方案》。该实施方案第六条内容为处理农村信用社与中国农业银行的资金关系，其中第（三）项明确规定农村信用社借入中国农业银行款项（即中国农业银行对信用社的支持款），由农村信用社逐年归还中国农业银行。国务院《关于农村金融体制改革的决定》和国务院农村金融体制改革部际协调小组下发的《农村信用社与中国农业银行脱离行政隶属关系实施方案》属于法规，且至今未有其他法律法规取代，根据这两个法规规定，支信贷款（也称支持款）信用社必须偿还。洮北农行依据借款借据、偿还支信贷款协议、对账单和还款凭证等证据请求洮北信用联社偿还尚欠支信贷款本息，应予支持。洮北信用联社在本案一、二审诉讼期间，一直认为双方是普通债权债务关系而主张洮北农行的债权已经超过诉讼时效；再审期间，洮北信用联社答辩认为双方是行政隶属关系条件下形成的资金往来，其与洮北农行不存在真实的同业资金拆借关系，只存在"凭证置换、一口出、点贷、计收复利"等事实，但其没有提交对应证明双方存在"凭证置换、一口出、点贷"等法律关系的相关证据，故本院对洮北信用联社该答辩主张不予支持。

综上，一、二审和再审期间，洮北信用联社对借款借据、偿还支信贷款协议、对账单和还款凭证以及所欠款项本金利息等事实均无异议，本院对洮北农行偿还支信贷款的诉讼请求予以支持。二审法院认定事实清楚，但适用法律不当。本院依照《中华人民共和国民事诉讼法》第二百零七条第一款、《最高人民法院关于适用〈中华人民共和国民事诉讼法〉审判监督程序若干问题的解释》第三十八条之规定，判决如下：

一、撤销吉林省高级人民法院（2008）吉民三终字第 39 号民事判决；

二、维持吉林省白城市中级人民法院（2006）白民二初字第 81 号民事判决。

一审案件受理费 159692 元，二审案件受理费 159692 元，共计 319384 元，均由白城市洮北区农村信用合作联社承担。

本判决为终审判决。

审　判　长　贾　纬
审　判　员　沙　玲
代理审判员　周伦军
二〇一三年十二月十日
书　记　员　侯佳明

13. 银行或资产管理公司的金融债权依据政策核销后，金融机构的债权并不当然消灭，主债务及从债务责任亦不当然免除

——宁夏荣恒房地产集团有限责任公司与中国信达资产管理股份有限公司宁夏回族自治区分公司保证合同纠纷案

【裁判要旨】

根据国务院在政策性关闭破产案件中金融债权的处置相关文件的规定，银行或资产管理公司的金融债权可以依据政策层报核销。核销后金融机构的债权并不当然消灭，作为从债务的担保责任亦不当然免除。

中华人民共和国最高人民法院民事判决书
(2013) 民二终字第 117 号

上诉人（一审被告）：宁夏荣恒房地产集团有限责任公司。住所地：宁夏回族自治区银川市北京东路 476 号荣恒大厦。

法定代表人：梁志东，该公司董事长。

委托代理人：赖声洪，合天律师事务所律师。

委托代理人：邢晓飞，合天律师事务所律师。

被上诉人（一审原告）：中国信达资产管理股份有限公司宁夏回族自治区分公司。住所地：宁夏回族自治区银川市金凤区北京中路 51 号。

负责人：邹嘉宏，该公司副总经理。

委托代理人：朱锐，该公司职员。

委托代理人：柳向阳，宁夏兴业律师事务所律师。

上诉人宁夏荣恒房地产集团有限责任公司（以下简称荣恒公司）为与被上诉人中国信达资产管理股份有限公司宁夏回族自治区分公司（以下简称信

达宁夏分公司）保证合同纠纷一案，不服宁夏回族自治区高级人民法院（2012）宁民商初字第 15 号民事判决，向本院提起上诉。本院依法组成由审判员宫邦友担任审判长，审判员朱海年、代理审判员林海权参加的合议庭公开开庭审理了本案。书记员陆昱担任记录。本案现已审理终结。

一审法院查明：1995 年 9 月 13 日宁夏建筑机械厂与建行新市区办事处签订 95078 号《借款合同》，借款金额 30 万元，贷款利率按月息 12.06% 计算。违约责任条款中约定，对逾期贷款加收 20% 利息，借款期限自 1995 年 9 月 13 日至 1996 年 6 月 12 日。同日，建行新市区办事处与城乡房地产公司签订 95078 号《保证合同》，保证金额为：借款本金 30 万元及利息和有关费用。保证方式条款载明，城乡房地产公司对借款承担连带清偿责任，宁夏建筑机械厂如不按主合同约定偿还借款本息和相应费用，建行新市区办事处有权直接向城乡房地产公司追偿。保证期限为：从主合同生效开始至主合同失效时止。1996 年 11 月 22 日，宁夏建筑机械厂与建行区分行签订 96036 号《借款合同》，借款金额 280 万元，借款期限自 1996 年 11 月 22 日至 1997 年 11 月 21 日。同日建行区分行与城乡房地产公司签订 96036 号《保证合同》，为 96036 号借款合同项下 280 万元借款提供担保，保证期间：自本合同生效之日起至借款合同履行期限届满之日后两年止。保证方式为连带责任保证。担保范围：贷款金额及利息、借款人应支付的违约金（包括罚息）、赔偿金和实现债权的费用。后宁夏建筑机械厂与建行新市区办事处签订《抵押协议》一份，宁夏建筑机械厂以部分房产为 1995 年 9 月 13 日签订的 30 万元的借款设定抵押，原、被告庭审时均认可未办理登记。签订借款合同当日，银行将两笔借款打入宁夏建筑机械厂的账户。建行区分行于 1998 年向宁夏城乡房地产开发公司送达催还（到）逾期贷款通知书，对 96036 号《借款合同》项下借款 280 万借款及利息予以催收，1998 年 5 月 25 日宁夏建筑机械厂与城乡房地产公司分别在借款单位和担保单位处签字、盖章予以确认。建行新市区支行于 1999 年 11 月 25 日，建行区分行于 1999 年 12 月 20 日分别向宁夏建筑机械厂送达了债权数额核对单，内容包括上述两笔债权本息，宁夏建筑机械厂在两份核对单上盖章。1999 年 12 月 29 日，建行新市区支行与中国信达资产管理公司银川业务部签订《债权转让协议》，将其对宁夏建筑机械厂共计六笔债权转让给中国信达资产管理公司银川业务部，其中包括本案争议的 1995 年 95078 号《借款合同》项下的 30 万元借款及利息。同日，建行区分行与中国信达资产管理公司银川业务部签订《债权转让协议》，将其对宁夏建筑机械厂 96036 号《借款合同》项下 280 万借款及利息的债权转让给中国信达资产管理公司银川业务部。1999 年 12 月 24 日、1999 年 12 月 26 日，建行新市区支行、建行区分行分别向宁夏建筑机械厂送达了债权转让通知，宁夏建筑机械厂在通知的回执部分加盖了公司印章，法定代表人刘文君签字予以确认。2000年3月7日宁夏回族自治区公证处将建行新市区支行的《担保权利转让通知》两份送达宁夏城乡房地产开发公司，其中包括95078号《借款合同》设置的担保权利。中国信达资产管理公司银川业务部分别于2000年7月18日、2001年2月7日向宁夏城乡房地产开发公司送达催还（到）逾期贷款通知书，通知书中包含了本案所涉两笔借款，并明确提出借款人尽快偿还本息，担保人继续履行担保义务的内容。2001年5月9日、2001年8月22日、2001年11月1日、2001年8月22日、2002年6月12日、2003年1月15日、2004年1月7日、2005年1月7日、2006年12月29日、2008年12月24日、2010年12月20日、2012年5月7日中国信达资产管理公司银川业务部通过报纸公告的方式对上述债权向债务人宁夏建筑机械厂及保证人荣恒公司进行了催收。截至2008年12月17日（破产申请受理日），被告为宁夏建筑机械厂提供担保的借款本金310万元及其利息9534211.54元，宁夏建筑机械厂未予清偿。

另查明，中国信达资产管理公司西安办事处银川业务部于1999年9月2日设立，启用的公章名称为"中国信达资产管理公司银川业务部"。2000年撤销中国信达资产管理公司西安办事处银川业务部，改为中国信达资产管理公司西安办事处银川资产管理部。2000年9月26日，中国信达资产管理公司整体改制并更名为中国信达资产管理股份有限公司。2011年12月14日，中国信达资产管理公司宁夏回族自治区分公司正式成立，该公司承继中国信达资产管理公司西安办事处银川资产管理部的全部业务及相应权利义务。

原宁夏回族自治区城乡房地产开发公司改制为宁夏回族自治区城乡房地产开发有限责任公司，2002年6月19日名称变更为荣恒公司。

还查明，宁夏建筑机械厂于2008年12月17日被银川市中级人民法院以(2009)银民破字第4-1号民事裁定受理破产，并指定了管理人，信达公司在宁夏建筑机械厂的破产程序中申报了债权，该破产程序尚未终结。信达公司承诺，如果本案判令荣恒公司承担保证责任并实际偿付，信达公司在宁夏建筑机械厂作为债权人的受偿权可以转让给荣恒公司。

信达宁夏分公司于2012年9月19日向宁夏回族自治区高级人民法院提起诉讼。请求判令：1. 被告荣恒公司偿还854万元为宁夏建筑机械厂提供连带担保的借款本金及其利息2068.84818万元（截至债权申报日2009年3月20日），两项合计2922.84818万元；2. 被告支付从起诉之日起至担保借款本金偿清之日止利息；3. 由被告承担本案的诉讼费及保全费。庭审结束后，原告向该院提交《关于撤回荣恒公司作为保证人承担部分贷款本息连带清偿责任的申请》，请求撤回第 97025 号《保证合同》项下 544 万元本金及利息的诉讼请求，诉讼请求变更为：1. 被告偿还 310 万元为宁夏建筑机械厂提供连带担保的借款本金及其利息 9534211.54 元（截至破产申请受理日 2008 年 12 月 17 日），两项合计 12634211.54 元，利息主张至实际清偿之日；2. 由被告承担本案的诉讼费及保全费。

一审法院审理认为，宁夏建筑机械厂分别与银川建行新市区办事处、建行区分行签订的《借款合同》，城乡房地产公司分别与银川建行新市区办事处、建行区分行签订的《保证合同》，是各方真实意思表示，内容不违反法律和行政法规的强制性规定，合法有效。本案的焦点问题是：1. 信达公司的诉讼主体是否适格；2. 主债务人宁夏建筑机械厂进入破产程序后，本案是否具备起诉的条件；3. 保证债权是否已过诉讼时效，荣恒公司是否应当免除保证责任。

关于信达公司诉讼主体是否适格的问题。债权人中国信达资产管理公司银川业务部更名为本案的原告，名称的变更不影响权利义务的承担。荣恒公司关于涉案债务与原告没有关系，原告诉讼主体不适格的抗辩理由不成立，原告信达宁夏分公司诉讼主体适格。

关于主债务人宁夏建筑机械厂进入破产程序后，本案是否具备起诉条件的问题。荣恒公司认为本案宁夏建筑机械厂属于政策性破产，破产程序尚未终结，依据《最高人民法院关于适用〈中华人民共和国担保法〉若干问题的解释》第四十四条的规定，债权人要求保证人承担保证责任的，应当在破产程序终结后 6 个月内提出，因此本案应终止审理。本院认为，依据《中华人民共和国企业破产法》第二十条的规定，在管理人接管债务人的财产后诉讼应继续进行。债务人宁夏建筑机械厂的管理人工作报告显示，管理人已接管债务人的财产，信达宁夏分公司可以起诉保证人，荣恒公司关于本案不具备起诉条件的抗辩理由不成立。且在本案审理期间，信达公司承诺如果判令荣恒公司承担保证责任并实际偿付，信达公司在宁夏建筑机械厂破产案中作为债权人的受偿权可以转让给保证人荣恒公司。故主债务人破产，不影响债权人对保证人行使权利，本案具备起诉条件。

关于涉案的保证债权是否已过诉讼时效，荣恒公司是否应当免除保证责任的问题。对于 30 万元借款所涉保证合同，借款期限自 1995 年 9 月 13 日至 1996 年 6 月 12 日，主债务的诉讼时效是 1996 年 6 月 13 日至 1998 年 6 月 13 日，在主债务诉讼时效内，债权人没有主张过权利。但 1999 年 11 月 25 日，建行新市区支行、建行区分行分别向宁夏建筑机械厂送达了债权数额核对单，内容包括上述两笔债权本息，宁夏建筑机械厂在借款人处盖章，依据法释

（1999）7号《最高人民法院关于超过诉讼时效期间借款人在催款通知单上签字或者盖章的法律效力问题的批复》的规定，在超过诉讼时效期间后，债权人向借款人发出债务逾期催收通知书，借款人对该通知书盖章签收，应当视为对原债务的重新确认。因此，主债务没有超过诉讼时效期间。该合同签订的时间是1995年9月13日，保证期限是从主合同生效开始至主合同失效时止，视为约定不明。《中华人民共和国担保法》于1995年10月1日起施行，故该保证行为发生在担保法生效前，应适用最高人民法院（2002）144号《关于处理担保法生效前发生保证行为的保证期间问题的通知》确定本案的保证期间。荣恒公司认为30万元借款所涉保证合同应适用《中华人民共和国担保法》的规定，保证期间应为主债务履行期届满之日起两年内，该期间原债权人未向其主张权利，故担保债权已过诉讼时效，依法不应承担保证责任的理由，属于对法律理解上的偏误，于法无据，其观点不能成立。上述通知中规定，对于当事人在担保法生效前签订的保证合同中没有约定保证期限或者约定不明确的，如果债权人已经在法定诉讼时效期间内向主债务人主张权利，但未向保证人主张权利的，债权人可以自本通知发布之日起6个月（自2002年8月1日至2003年1月31日）内，向保证人主张权利。逾期不主张的，保证人不再承担责任。本案对30万元主债务的催收是连续的，诉讼时效处于中断状态。在上述通知确定的时间内，即2003年1月15日，信达宁夏分公司以报纸公告的形式向荣恒公司主张了权利，根据《最高人民法院关于适用〈中华人民共和国担保法〉若干问题的解释》第三十四条第二款的规定，从债权人要求荣恒公司承担担保责任之日，即2003年1月15日开始计算《保证合同》的诉讼时效。

对于280万元借款建行区分行在诉讼时效内对主债务进行了催收。280万元借款所涉保证合同，是连带责任保证，保证期间为本合同生效之日起至借款合同履行期限届满之日后两年止。借款期限自1996年11月22日至1997年11月21日，该保证合同的保证期间为1997年11月21日至1999年11月22日，在保证期间内建行区分行于1999年1月15日要求荣恒公司承担保证责任，从1999年1月15日开始计算保证合同的诉讼时效。

1999年12月29日，建行新市区支行、建行区分行分别与中国信达资产管理公司银川业务部签订《债权转让协议》，将其对宁夏建筑机械厂享有的上述债权转让给信达公司银川业务部。信达公司银川业务部于2000年7月18日、2001年2月7日向宁夏城乡房地产开发公司送达了催还（到）逾期贷款通知书，从该通知的内容看，信达公司对280万元担保债权进行了催收。自2004年1月7日直至2012年5月7日，信达公司多次在报纸上发布《债权暨担保权利催收公告》，对上述两笔债权进行催收，故信达公司对保证人荣恒公司主张担保债权的时效一直处于中断状态。信达宁夏分公司的上述两笔债权自最后一次公告日2012年5月7日延续至2014年5月7日止。信达公司于2012年9月向本院起诉，要求荣恒公司承担保证责任并未超过诉讼时效。

荣恒公司认为30万元借款由宁夏建筑机械厂设置了抵押，保证人应在抵押物价值范围内免责。参照担保法第四十一条的规定，以不动产设定抵押的，抵押合同自登记之日起生效，本案抵押物未登记，抵押未生效，因此被告关于保证人应在抵押物价值范围内免除保证责任的观点不成立。

关于上述310万元借款的利息问题，由于债务人于2008年12月17日由银川市中级人民法院裁定受理破产申请，根据《中华人民共和国企业破产法》第四十六条第二款之规定，附利息的债权，自破产申请受理时停止计息。则本案的主债权的利息应计算至2008年12月17日止。荣恒公司作为连带责任保证人，也应计算利息至2008年12月17日。

综上，原告信达公司起诉的事实和理由清楚，证据确实充分。依照《中华人民共和国合同法》（以下简称合同法）第四十四条、第一百九十六条、第二百零七条，《中华人民共和国担保法》（以下简称担保法）第四十一条、第十八条、第三十一条，《中华人民共和国企业破产法》（以下简称破产法）第四十六条第二款，《中华人民共和国民事诉讼法》第一百三十四条、第一百四十八条之规定，判决：一、被告宁夏荣恒房地产集团有限责任公司于本判决生效后十日内偿还原告中国信达资产管理股份有限公司宁夏回族自治区分公司借款本金310万元，利息9534211.54元，本息合计12634211.54元；二、被告宁夏荣恒房地产集团有限责任公司履行清偿义务后，取得原告中国信达资产管理股份有限公司宁夏回族自治区分公司在宁夏建筑机械厂破产案中作为债权人的受偿权。如果未按本判决指定的期间履行给付金钱义务，应当依照《中华人民共和国民事诉讼法》第二百五十三条之规定，加倍支付迟延履行期间的债务利息。案件受理费97605元、保全费5000元由被告宁夏荣恒房地产集团有限责任公司负担。

荣恒公司不服宁夏回族自治区高级人民法院上述民事判决，向本院提起上诉称：本案一审判决对案件基本事实认定不清，适用法律错误。一、本案应在公安机关就合同伪造行为立案侦查的刑事程序终结后再行民事审理，而不应违背"先刑后民"之基本原则，置本案伪造合同进行诈骗之事实于不顾。本案一审期间，被上诉人提出的三份保证合同共涉及债权854万元，其中经公安机关鉴定的97025号保证合同（涉案金额544万元）已认定存在伪造行为，并已立案侦查。与之相同事实和背景的其他两份保证合同的真实性、合法性均应存疑，并应在刑事程序终结后，依据其查证结果进行民事认定较为妥当。因此，在本案基础证据因存在伪造而刑事立案的情况下，案件应整体终止。二、一审判决对本案担保背景及所涉政策性破产的基本事实认定不清，导致案件判决结果与法律追求的基本公平和国家政策性破产的规定差之千里，使上诉人倍感蒙冤。本案主债务人宁夏建筑机械厂（下称机械厂）依据政府《关于宁夏建筑机械厂实施政策性破产的通知》实施政策性关闭破产。通过政策性破产，债务人免除了相应金融债务，而作为债权人的银行和金融资产管理公司，则对列入政策性破产进行核销的债权由国家财政动用储备金弥补损失，即银行和金融资产管理公司的债权最终已由国家买单。因此，在本案主债务因政策性破产中通过行政核销而不复存在的情况下，相应之担保责任依法亦应消灭。金融资产管理公司在债权已由国家买单的情况下，额外又主张一笔，明显和国家政策性破产的宗旨背道而驰。三、一审判决错误适用法律，违反本案起诉的前置程序，并超越现有法律规定扩大裁判权。1. 被上诉人违反法律规定的前置程序提起诉讼，使得本案的起诉和判决均没有合法依据。国办发〔2006〕3 号文件关于政策性破产规定：国有企业实施政策性关闭破产是为解决历史遗留问题而采取的一项特殊政策。对列入总体规划拟实施关闭破产的企业，有关金融机构不得在企业关闭破产方案实施前转让或出售已确认的债权，也不得加紧追讨债权及担保责任。照应国务院此项政策，破产法第 133 条在法律层面上规定：在本法施行前国务院规定的期限内和范围内的国有企业实施破产的特殊事宜，按照国务院有关规定办理。因此一审判决适用破产法第二十条的一般性规定，属于错误适用法律。《最高人民法院关于适用〈中华人民共和国担保法〉若干问题的解释》（以下简称《担保法解释》）第四十四条亦属特别规定。在两项特别规定均明确尚不得追究本案保证责任的情况下，一审判决却适用了不相干的一般规定。2. 原审判决置法律规定于不顾，违反前置程序以判决支持单方承诺，裁判"上诉人取得被上诉人在破产案中的受偿权"明显超越了法律、扩大了法院裁判的权力。四、从实体方面而言，一审判决关于保证期间等实体问题的法律适用亦属错误。1. 一审判决认定 95078 号《借款合同》主债务已过诉讼时效。而主债务人在"债权数额核对单"上盖章的行为，并非法释（1999）7 号批复所指"催收到期贷款通知单"，显然不能适用法释（1999）7 号批复。亦不符合最高人民法院（2002）144 号文件：债权人必须在诉讼时效期间内向主债务人主张权利的要求。2.《最高人民法院关于适用〈中华人民共和国担保法〉若干问题的解释》第五十九条规定，当事人办理抵押物登记手续时，因登记部门的原因致使其无法办理抵押物登记，抵押人向债权人交付权利凭证的，可以认定债权人对该财产享有优先受偿权。原审判决却在本案中错误适用法律否认该抵押权的生效,违背了本案抵押当时有关法律对抵押权生效的法律规定。3. 本案被上诉人请求计算利息的期限亦违背案件事实。被上诉人所诉债务已在2006年2月14日向法院起诉,案号为(2006)宁民商初字第8号,该案最终由法院裁定驳回了被上诉人的起诉。被上诉人无权向上诉人请求8号案受理后的利息主张。综上,请求:1. 撤销一审判决,依法判令上诉人不承担保证责任;2. 本案一、二审诉讼费由被上诉人承担。

信达宁夏分公司答辩称:一、本案涉及三笔保证合同是属于同一债权人的三笔独立债权。其中97025号保证合同涉嫌借款人伪造合同诈骗,不影响其他未涉及刑事犯罪的保证合同项下债权单独诉讼裁决的合法性。二、被担保人即使实施政策性破产且尚未终结,不影响债权人对保证人提起诉讼要求承担保证责任。答辩人已设提起诉讼程序合法、实体处理正确,不存在政策性破产且尚未终结影响案件实体、程序的情形。三、本案两笔保证债权不存在保证期间、诉讼时效方面的瑕疵,也不存在可能影响保证人承担连带责任的任何情形。四、上诉人诉称其负资产改制、职工增资入股等改变企业所有权性质致使其不能承担保证责任属于恶意逃脱保证责任的诡辩,不能成立。综上,原审认定事实清楚,适用法律正确,应依法驳回上诉人全部诉讼请求。

本院除对一审查明事实予以确认外,另查明,被上诉人信达宁夏分公司二审期间提交4份新证据:证据1. 银川市公安局立案决定书;证据2. 银川市公安局物证鉴定所(银)公(物)鉴(文)字(2013)007号印章、笔记检验意见书;证据3. 关于撤回宁夏荣恒房地产集团有限公司作为保证人承担部分贷款本息连带清偿责任的申请。以上用以证明编号97025合同涉嫌诈骗,不影响其他两份合同的合法性。可以分开审理;证据4. 《关于宁夏建筑机械厂一案破产清偿有关事项的承诺函》,用以证明被上诉人已向上诉人作出承诺,放弃破产分配清偿权,原审判决其他两笔债权符合法律规定。

2012年12月10日,信达宁夏分公司向原审法院提交一份担保债权明细表,显示:截至2008年12月17日宁夏建筑机械厂破产宣告日,合同编号96036项下本金280万元、应收利息余额781580元、表外利息余额2288207.37元、信达孳生利息余额5638626.42元,本息合计11508413.79元。

本院认为,本案二审争议焦点为:1. 本案应否中止审理;2. 担保人荣恒公司应否免除担保责任。

关于本案应否中止审理。荣恒公司上诉提出本案应中止审理理由为案涉1995年至1997年三笔借款合同中,合同号为97025、借款金额544万元借款系涉嫌犯罪,伪造荣恒公司印章所为,已经银川市公安立案侦查。本案所涉两份合同同出于一个单位，有重大涉及犯罪的嫌疑，故应根据先刑后民原则中止本案审理。本院认为，本案两份合同与涉及犯罪案件合同并非出自同一年，庭审中当事人述称未就上述两份合同向公安机关报案，亦未提供任何证据证明本案两份合同涉嫌合同诈骗。根据《最高人民法院关于在审理经济纠纷案件中涉及经济犯罪嫌疑若干问题的规定》（法释〔1998〕7号）第一条，即"同一公民、法人或其他经济组织因不同的法律事实，分别涉及经济纠纷和经济犯罪嫌疑的，经济纠纷案件和经济犯罪嫌疑案件应当分开审理"的规定，荣恒公司关于本案涉嫌犯罪应中止审理的上诉理由没有事实和法律依据人，不应予以支持。

关于荣恒公司应否免除担保责任。荣恒公司上诉针对一审法院判决其对案涉95078号合同项下30万元及96036号合同项下280万元借款本金及利息承担担保责任不服的主要理由是，认为一审法院适用法律错误，包括对担保法有关司法解释、破产法以及案涉主债务人因列入国家政策性关闭破产并已进入破产程序下，应遵循国务院有关特殊政策，特别是对进入关闭破产的企业相关金融机构债权已因财政核销导致债权消灭，因此荣恒公司担保从债务亦应消灭。对此，本院认为涉及两个层次问题，一是有关担保法律的适用，二是有关国家政策性关闭破产企业涉及的金融债权如何处理以及相关国家政策的理解与适用。

1. 关于案涉两笔借款的担保法律的适用问题。

案涉280万元担保责任的诉讼时效及担保法适用问题，当事人之间没有异议，上诉人荣恒公司亦未对此问题提出上诉，本院不再评判。

案涉95078号借款金额30万元借款合同签订于1995年9月30日，应当适用担保法以前的法律和司法解释，即法发（1994）8号《最高人民法院关于审理经济合同纠纷案件有关保证的若干问题的规定》（以下简称《保证规定》）。该规定第六条规定，保证合同明确约定保证人承担连带责任的，当被保证人到期不履行合同时，债权人既可向被保证人求偿，也可直接向保证人求偿。据此，债权人在无特别规定的情况下，有权选择向债务人或向担保人主张债权。《保证规定》第十一条规定"保证合同中没有约定保证责任期限或者约定不明确的，保证人应当在被保证人承担责任的期限内承担保证责任"。本案合同约定担保责任期限为"从合同生效之日起至合同失效之日止"，该约定应认定为有约定但约定不明。因此，保证人应当在被保证人承担责任的期限内承担保证责任，也即保证责任的期限应为合同约定的借款期限届满之日起两年，即1996年6月12日至1998年6月12日。根据一审查明事实，在此期间，债权人既没有向主债务人主张过债权，也没有向保证人主张过债权。

因此，既不存在主债务诉讼时效中止、中断情形，也不存在保证债务诉讼时效中止和中断的情形。故此，该合同项下 30 万元的保证责任因保证期限已过而免除。

一审判决认定 95078 号借款合同主债务已过诉讼时效后，主债务人在"债权数额核对单"上盖章的行为，等同于法释（1999）7 号批复所指"催收到期贷款通知单"，因此适用《最高人民法院关于处理担保法生效前发生保证行为的保证期间问题的通知》（法〔2002〕144 号）（以下简称《144 号通知》）规定，债权人在诉讼时效期间内向主债务人主张权利的，如果在《144 号通知》规定的 2002 年 8 月 1 日至 2003 年 1 月 31 日之间向保证人主张债权的，保证人不能免责。本院认为一审法院适用法律错误。首先，债权人虽然于 2001 年 1 月 15 日向保证人公告催收，符合《144 号通知》期间的规定，但债权人系在超过了主债务诉讼时效后的 1999 年 11 月 25 日与债务人进行了债权债务核对，该核对行为仅构成对原债权债务的重新确认，也即新的债权债务法律关系的确立。在此之前，原债已成自然之债，作为从债务的担保之债因保证期限已过而自然免除。因此，在新的债权债务法律关系中，除非有担保人明确担保的意思表示，否则并不当然产生新的担保法律关系，亦不产生针对原债务的担保法律关系的延续。《144 号通知》明确了适用前提，即"债权人已经在法定诉讼时效期间内向主债务人主张权利，使主债务没有超过诉讼时效期间"，应理解为主债务一直处于诉讼时效期间，并不当然包括重新确立债权债务关系的情形。一审判决荣恒公司承担该 30 万元借款合同项下保证责任不当，应予纠正。

2. 关于一审法院是否违背前置程序及错误适用法律问题。

关于一审是否适用法律错误，上诉人主要提出两点理由。一是适用破产法错误，二是违反国家政策。本院认为，一审适用破产法第二十条规定并无不当。该条第一款规定"人民法院受理破产申请后，已经开始而尚未终结的有关债务人的民事诉讼或者仲裁应当中止"，但第二款同时规定"在管理人接管债务人的财产后，该诉讼或者仲裁继续进行"。举重以明轻，此条仅针对破产债务人或以破产债务人及担保人一并提起的诉讼，在破产程序开始后应当中止，但"在管理人接管债务人的财产后，该诉讼或者仲裁继续进行"，说明法律并未禁止在破产程序中或破产程序终结前向连带保证人单独提起的诉讼。担保法解释第四十四条规定，保证期间，人民法院受理债务人破产案件的，债权人既可以向人民法院申报债权，也可以向保证人主张权利。债权人申报债权后在破产程序中未受清偿的部分，保证人仍应当承担保证责任。债权人要求保证人承担保证责任的，应当在破产程序终结后 6 个月内提出。根据破产法第一百二十四条规定，"破产人的保证人和其他连带债务人，在破产程序终结后，对债权人依照破产清算程序未受清偿的债权，依法继续承担清偿责任"。上述司法解释及法律规定的目的是为了防止债权人获得双重清偿。本案一审根据债权人承诺若获担保人清偿，则将破产债权的受偿权转让给担保人，进而判决荣恒公司在履行清偿义务后取得债权人在破产案件中的受偿权。该表述虽然欠当，但根据破产法第五十一条规定的"债务人的保证人或者其他连带债务人已经代替债务人清偿债务的，以其对债务人的求偿权申报债权"之法理，在平等保护破产债权人及担保人的合法权利上，体现了立法目的的一致性。故在本案中，担保人通过承担担保责任后，在承担责任范围内，依法向审理破产案件的法院及破产管理人申报债权，从而获得权利救济，不失为各方当事人摆脱诉累，尽快实现有关权利，减少不当损失的最佳途径。

关于一审法院是否违背国务院有关国有企业政策性关闭破产政策问题。国办发（2006）3 号《国务院办公厅转发全国企业兼并破产和职工再就业工作领导小组关于进一步做好国有企业政策性关闭破产工作意见的通知》规定"对列入总体规划拟实施关闭破产的企业，有关金融机构不得在企业关闭破产方案实施前转让或出售已确认的债权（国有金融机构之间经国家批准的债权转让除外），也不得加紧追讨债权及担保责任"。上诉人认为一审法院审理本案有违上述国务院文件精神。本院认为，根据原审法院查明事实，本案所涉债权转让发生在 1999 年 12 月 29 日，系中国建设银行与中国信达资产管理公司的债权转让行为。而案涉政策性关闭破产企业的破产申请的批准发生于 2008 年 11 月 16 日，本案债权人于 2012 年 9 月 19 日以担保人荣恒公司为被告，向宁夏回族自治区高级人民法院提起诉讼。据此，本案债权转让不属于上述文件规定范围，亦不存在"加紧追讨债权及担保责任"的情形。荣恒公司关于一审法院违反国务院有关政策的上诉理由没有依据，本院不予支持。

关于担保人荣恒公司提出的金融债权在政策性关闭破产案件中金融债权的核销问题。荣恒公司认为，根据国务院在政策性关闭破产案件中金融债权的处置相关文件的规定，银行或资产管理公司的金融债权可以依据政策层报核销，核销后金融机构的债权归于消灭，则从债务消灭，担保人免责。本案主要涉及以下两个相关政策性文件，即国发（1994）59 号《国务院关于在若干城市实行国有企业破产有关问题的通知》、财政部财金（2005）50 号《金融企业呆账核销管理办法》。国发（1994）59 号文件规定"一个企业为另一个企业提供担保的，被担保企业破产后，担保企业应当按照担保合同承担担保责任。但是，偿债期限可以由担保企业与被担保企业的债权人协商确定"。财政部财金（2005）50 号文件第 23 条规定"金融企业对已核销的呆账继续保留追索的权利，并对已核销的呆账、贷款表外应收利息以及核销后应计利息继续催收"。根据上述两个文件精神，担保人关于免除280万元及利息担保责任的理由不能成立，依法应予驳回。

综上，本案所涉两份借款合同除95078号合同项下30万及利息的担保责任因保证期限已过应予免除外，96036号合同项下280万元及利息的担保责任应由荣恒公司承担。上诉人荣恒公司部分上诉理由成立。本院依照《中华人民共和国民事诉讼法》第一百七十条第一款第（一）项、第（二）项之规定，判决如下：

一、撤销宁夏回族自治区高级人民法院（2012）宁民商初字第15号民事判决；

二、宁夏荣恒房地产集团有限责任公司于本判决生效后十日内偿还中国信达资产管理股份有限责任公司宁夏回族自治区公司借款本金280万元及利息8708413.79元，本息合计11508413.79元；

三、宁夏荣恒房地产集团有限责任公司履行清偿义务后，可以依法向受理宁夏建筑机械厂破产的法院在清偿责任范围内申报债权。

如果未按本判决指定期间履行给付金钱义务，应当依照《中华人民共和国民事诉讼法》第二百五十三条之规定，加倍支付迟延履行期间的债务利息。

一审案件受理费97605元、保全费5000元，按一审判决承担。二审案件受理费97605元，由宁夏荣恒房地产集团有限责任公司承担90000元，由中国信达资产管理股份有限责任公司宁夏回族自治区公司承担7605元。

本判决为终审判决。

审　判　长　宫邦友
审　判　员　朱海年
代理审判员　林海权
二〇一三年十二月十七日
书　记　员　陆　昱

14. 双方借款行为不符合典当关系成立要件的不应认定为典当关系

——万高（北京）国际典当有限公司与天津武清开发区新中大置业发展有限责任公司、天津地铁君易投资有限公司借款担保合同纠纷案

【裁判要旨】

一、万高公司与新中大公司之间虽无直接借款支付行为，但结合上述证据，本案借款关系已实际发生，应当认定双方借款关系已经成立。《借据》的签订时间并不影响本案借款关系已实际发生并成立的认定。

二、万高公司虽为典当公司，但本案万高公司与新中大公司之间的借款行为不符合典当关系成立的各项具体要求，且在本案诉讼中，万高公司始终是依借款关系主张权利，未对本案借款属于典当关系提供相应证据，故双方之间的借款关系应认定为企业间借贷关系。由于万高公司以非自有资金向新中大公司提供借款的企业间借贷行为，违反了国家金融管制的强制性规定，故双方之间的借款关系应认定无效。

三、《借据》和《担保函》体现的有关担保的意思表示是以新中大公司在地铁公司的股权及相关资产为其向万高公司的借款提供担保，与地铁公司并无关系，地铁公司与万高公司之间并未因此形成担保关系。

中华人民共和国最高人民法院民事判决书

（2013）民二终字第116号

上诉人（原审原告）：万高（北京）国际典当有限公司。住所地：北京市海淀区蓝靛厂时雨园甲1号1层甲1-8。

法定代表人：康天鹏，该公司总经理。

委托代理人：习卫红，北京市中瑞律师事务所律师。

委托代理人：徐春森，北京市中瑞律师事务所律师。

被上诉人（原审被告）：天津武清开发区新中大置业发展有限责任公司。住所地：天津市武清开发区京津公路东侧。

法定代表人：贺和平，该公司董事长。

委托代理人：皮智丽，该公司职员。

被上诉人（原审被告）：天津地铁君易投资有限公司。住所地：天津市和平区赤峰道118号102-2室。

法定代表人：范峥，该公司董事长。

委托代理人：杨为今，该公司职员。

委托代理人：张伟，天津伟和律师事务所律师。

上诉人万高（北京）国际典当有限公司（以下简称万高公司）因与被上诉人天津武清开发区新中大置业发展有限责任公司（以下简称新中大公司）、天津地铁君易投资有限公司（以下简称地铁公司）借款担保合同纠纷一案，不服天津市高级人民法院（2009）津高民二初字第0007号民事判决，向本院提起上诉。本院依法组成由审判员刘敏担任审判长，代理审判员杜军、郁琳参加的合议庭进行了审理，书记员孙亚菲担任记录。本案现已审理终结。

原审法院经审理查明：2006年12月10日，新中大公司向万高公司出具《借据》，载明："为加快我公司发展，解决公司资金紧张状况，现决定自即日起以我公司在天津地铁君易投资有限公司的全部股权及项下资产作为担保，向万高（北京）国际典当有限公司融资不超过一亿元人民币，借款期限一年（以每笔款项到账之日起计算），年息15%。"同日，地铁公司向万高公司出具《担保函》，载明："经我公司研究，同意为天津武清开发区新中大置业发展有限责任公司向万高（北京）国际典当有限公司借款提供担保，担保额度包括本息不超过人民币一亿元。担保物为天津武清开发区新中大置业发展有限责任公司在我司项下股权及资产，包括但不限于在建商品房的60%（鞍山道项目地铁酒店除外）。"此后，万高公司委托六家单位将9102.5万元汇入新中大公司及其指定账户[分别为2006年12月11日山西固邦混凝土有限公司分两笔汇出135万元、1100万元至新中大公司；2007年1月24日、4月2日、12月27日大同市羚羊金牛贸易有限责任公司分三笔汇出1200万元、760万元、300万元至新中大公司；2007年9月3日、9月4日、9月7日大同市宏宜投资有限责任公司分三笔汇出1000万元、800万元、60万元至新中大公司；2008年2月25日、7月11日大同市盛翔餐饮有限责任公司分两笔汇出

665 万元、750 万元至新中大公司、天津易利德国际贸易有限公司（以下简称易利德公司）；2008 年 7 月 11 日大同市正当贸易有限责任公司汇出 1632.5 万元至易利德公司；2008 年 2 月 26 日北京铭黄交通电子工程有限公司汇出 700 万元至新中大公司]。新中大公司未能按期还款，地铁公司未承担担保责任。

原审诉讼期间，经地铁公司申请，原审法院委托天津市天鼎物证司法鉴定所对《借据》《担保函》的"朱墨时序"进行了鉴定。鉴定结论为：2006 年 12 月 10 日《担保函》中"2006 年 12 月 10 日"打印字迹与"天津地铁君易投资有限公司"印章印文形成的先后时序为先有印文后有字迹。2006 年 12 月 10 日《借据》中"2006 年 12 月 10 日天津武清开发区新中大置业发展有限公司"打印字迹与"天津武清开发区新中大置业发展有限责任公司"印章印文形成的先后时序为先有字迹后有印文。同时对《借据》《担保函》的盖印时间进行了鉴定。鉴定结论为：2006 年 12 月 10 日《借据》中"天津武清开发区新中大置业发展有限责任公司"印章印文的盖印形成时间应为 2008 年以后。《担保函》检材与样本中"天津地铁君易投资有限公司"印章印文的盖印时间检出差异。

万高公司于 2009 年 6 月 17 日诉至原审法院称：万高公司自 2006 年 12 月 11 日至 2008 年 7 月 11 日，分期分批按照新中大公司用款指令将款项自关联单位分别打入新中大公司及其指定账户，截至 2008 年 7 月 11 日，共计借款 9102.5 万元，至今发生利息 2256.9063 万元。后经万高公司多次催要，新中大公司未能偿还。故请求判令：一、新中大公司偿还借款本金 9102.5 万元、利息 2256.9063 万元；二、地铁公司对上述借款本息承担不超过一亿元的连带清偿责任；三、诉讼费、保全费由新中大公司和地铁公司承担。

原审法院经审理认为，万高公司主张新中大公司返还借款，并要求地铁公司承担担保责任，其依据是万高公司与新中大公司的《借据》及地铁公司出具的《担保函》。经该院审查，《借据》项下的资金并非出自万高公司，而是由六个案外人向新中大公司及其指定公司划款，划款时间为 2006 年 12 月 11 日至 2008 年 7 月 11 日之间。即使如万高公司所称系受指令划款，则接受划款指令最早当在 2006 年 12 月 11 日之前。《借据》经鉴定实际形成于 2008 年以后，而该《借据》上记载的时间是 2006 年 12 月 10 日。首先，万高公司从案外人处取得款项，向新中大公司发放借款行为，违反了《典当管理办法》第二十八条第一款第（一）项"典当行不得有下列行为：一、从商业银行以外的单位和个人借款"的规定。其次，上述款项均系案外人直接划款给新中大公司，万高公司与新中大公司并没有直接的借款行为。第三，《借据》作为证明双方法律关系的主要证据，却采用倒签的方式，真实性存在重大缺陷。

综上，双方借款关系因出资人、汇款指令、汇款行为、借据形成时间等问题均存在瑕疵和漏洞，相关证据不足以证明万高公司的主张，故对万高公司主张的借款关系及返还请求，该院不予支持。

关于地铁公司的担保责任问题，首先由于上述借款关系不予确认，担保关系作为从属关系，亦不应予以认定。此外，《担保函》经过鉴定，其中"2006 年 12 月 10 日"打印字迹与"天津地铁君易投资有限公司"印章印文形成的先后时序为先有印文，后有字迹，这种情形与商事活动中通常先打印字迹后加盖印章的习惯做法不符，且《担保函》中印文形成时间无法确定，结合打印日期为"2006 年 12 月 10 日"，综合判断为先形成《担保函》，后出具《借据》的做法，与常理相悖。加之地铁公司自诉讼伊始便否认其曾作出担保的意思表示，故应认定《担保函》不是地铁公司的真实意思表示。万高公司关于地铁公司承担担保责任的主张，该院亦不予支持。综上，依照《中华人民共和国民事诉讼法》第六十四条、第七十六条，《中华人民共和国担保法》第五条的规定，该院判决：驳回万高公司全部诉讼请求。案件受理费609770 元，保全费 5000 元，鉴定费 34000 元，由万高公司负担。

万高公司不服原审法院的上述民事判决，向本院提起上诉称：一、原审法院认定万高公司与新中大公司之间的借款关系不成立违背客观事实，且没有法律依据。原审法院在万高公司与新中大公司之间的借款关系事实清楚，证据充分，且借贷双方均无异议的情况下，否认真实有效的借款关系，而且援引非法律法规的《典当管理办法》作为认定合同法律关系成立与否的依据，缺乏法律依据。二、原审法院对于地铁公司的担保责任不予认定的事实基础错误，因此其认定结论不能成立。按照原审法院的逻辑分析，如果借款关系被确认，则担保关系也当然成立，故在借款法律关系应予确认的情况下，担保人地铁公司也应依法承担担保责任。此外，原审法院认定《担保函》不是地铁公司的真实意思表示的依据不足。综上，原审判决认定事实错误，适用法律不当，请求：一、撤销（2009）津高民二初字第 0007 号民事判决；二、改判支持万高公司原审全部诉讼请求；三、判令新中大公司和地铁公司承担全部诉讼费用。

地铁公司答辩称：一、万高公司从未有过其为出借人的意思表示，仅有本案原审起诉状上加盖万高公司公章，而无其他与新中大公司借款关系及履行借款合同的意思表示。二、《借据》仅为新中大公司单方意思表示，经鉴定，《借据》为 2008 年后形成，而借款关系大部分发生于 2006 年至 2008 年之间。大量其他证据证明均系案外人与新中大公司的资金往来，《借据》作为主要证据不能证明借贷关系。三、由于万高公司与新中大公司的借贷关系不成立，因此原审判决对担保责任不予认定是正确的。综上，请求驳回上诉，维持原判。

新中大公司口头答辩称：新中大公司的确向万高公司借款，由于公司经营原因，至今未能偿还。

本院除对原审判决所认定的事实予以确认外，另查明：山西固邦混凝土有限公司等六家单位分别向原审法院出具了六份《证明》，载明万高公司与该六家单位分别协商借款共计9102.5万元，后该六家单位按万高公司指令分别将相应款项打入新中大公司及易利德公司账户。根据《证明》显示，截至2009年5月，万高公司除偿还大同市羚羊金牛贸易有限责任公司借款2260万元外，其余五家单位的借款均未偿还。

2008年7月9日，新中大公司向万高公司出具《代收函》，载明："我司依据借据向你公司借款的资金可打入：天津易利德国际贸易有限公司，天津银行账号：313110040820。我公司指定由该公司代收，收到的款项我司予以承认借款到账并发生。"2008年7月11日，易利德公司向万高公司出具《收款通知函》，其中载明：根据新中大公司的指令，该公司于2008年7月11日收到的两笔款项资金，系新中大公司向万高公司的借款，已由该公司代收。

《担保函》约定的用以担保本案借款的担保物，即新中大公司在地铁公司项下的股权及资产，均未办理相关登记手续。万高公司成立于2006年10月28日，注册资本为2000万元人民币。

本院经审理认为，本案当事人二审争议的焦点问题是万高公司与新中大公司之间借款关系是否成立并合法，以及地铁公司是否应承担担保责任。

关于本案借款关系是否成立的问题。作为认定本案借款关系基础的《借据》表明，借款关系发生在万高公司与新中大公司之间，但根据银行相关汇款凭证显示，案涉借款实际是由六家单位直接汇入新中大公司及易利德公司账户。对此，六家实际付款单位均出具《证明》，证实其系接受万高公司的指令向新中大公司及易利德公司付款，新中大公司和易利德公司则分别出具了《代收函》和《收款通知函》，表示易利德公司所收款项为新中大公司向万高公司的借款。债务人新中大公司亦认可其与万高公司之间的借款关系。本院认为，万高公司与新中大公司之间虽无直接借款支付行为，但结合上述证据，本案借款关系已实际发生，应当认定双方借款关系已经成立。《借据》的签订时间并不影响本案借款关系已实际发生并成立的认定。故地铁公司关于本案借款关系不成立的抗辩理由缺乏事实和法律依据，本院不予认可。

关于本案借款关系的效力问题。根据《典当管理办法》第三条的规定，典当是指当户将其动产、财产权利作为当物质押或将其房地产作为当物抵押给典当行，交付一定比例费用，取得当金，并在约定期限内支付当金利息、偿还当金、赎回当物的行为。第三十条第一款规定，当票是典当行与当户之间的借贷契约，是典当行向当户支付当金的付款凭证。本案中，万高公司作为典当公司，虽然与新中大公司约定以相关股权及资产作为担保，向新中大公司提供借款，但万高公司就该笔借款业务并未出具当票，亦未就当物办理相关登记手续，且双方关于借贷期限及利息的约定均不符合《典当管理办法》的相关规定。同时，根据六家实际付款单位出具的《证明》显示，万高公司向新中大公司出借的款项实际由该六家单位提供，其向新中大公司出借的9102.5万元远超过其注册资本2000万元。本院认为，万高公司虽为典当公司，但本案万高公司与新中大公司之间的借款行为不符合典当关系成立的各项具体要求，且在本案诉讼中，万高公司始终是依借款关系主张权利，未对本案借款属于典当关系提供相应证据，故双方之间的借款关系应认定为企业间借贷关系。由于万高公司以非自有资金向新中大公司提供借款的企业间借贷行为，违反了国家金融管制的强制性规定，故双方之间的借款关系应认定无效。根据合同法第五十八条的规定，新中大公司应当返还万高公司本金9102.5万元。由于双方对于借款关系无效均存在过错，故新中大公司应当参照同期贷款利率的标准，同时返还资金占用期间的利息。

关于地铁公司是否应承担担保责任的问题。根据《借据》和《担保函》记载的内容，地铁公司出具的《担保函》上虽记载了地铁公司同意为新中大公司提供担保，但紧接着明确了担保物的内容为新中大公司在地铁公司的股权及资产，该内容与《借据》中有关担保的内容相互印证。本院认为，《借据》和《担保函》体现的有关担保的意思表示是以新中大公司在地铁公司的股权及相关资产为其向万高公司的借款提供担保，与地铁公司并无关系，地铁公司与万高公司之间并未因此形成担保关系。故万高公司仅依据上述《担保函》要求地铁公司承担保证责任的诉讼请求，缺乏事实和法律依据，本院不予支持。

综上，原审判决认定事实错误，适用法律不当，应予改判。本院依照《中华人民共和国合同法》第五十八条，《中华人民共和国民事诉讼法》第一百七十条第一款第（二）项、第一百七十五条之规定，判决如下：

一、撤销天津市高级人民法院（2009）津高民二初字第0007号民事判决；

二、天津武清开发区新中大置业发展有限责任公司于本判决生效后十日内给付万高（北京）国际典当有限公司借款本金人民币9102.5万元及相应利息（自借款之日起至本判决确定的给付之日止，利息按中国人民银行同期贷款利率计付）。

上述款项，天津武清开发区新中大置业发展有限责任公司到期不能履行，应按照《中华人民共和国民事诉讼法》第二百五十三条规定加倍支付迟延履行期间的债务利息。

三、驳回万高（北京）国际典当有限公司其他诉讼请求。

一审案件受理费 609770 元，保全费 5000 元，鉴定费 34000 元，共计 658770 元，由天津武清开发区新中大置业发展有限责任公司承担 329385 元，万高（北京）国际典当有限公司承担 329385 元。二审案件受理费 609770 元，由天津武清开发区新中大置业发展有限责任公司承担 304885 元，万高（北京）国际典当有限公司承担 304885 元。

本判决为终审判决。

审　判　长　刘　敏

代理审判员　杜　军

代理审判员　郁　琳

二〇一四年一月三十日

书　记　员　孙亚菲

六、法律程序

1. 关于茧丝绸期货交易市场违规操作、侵害客户保证金的民事赔偿责任认定问题

——嘉兴市大江南丝绸有限公司与中国茧丝绸交易市场、嘉兴中国茧丝绸市场交易结算有限责任公司期货交易赔偿损失及返还交易保证金纠纷再审案

【裁判要旨】

本案再审的争议焦点是：申请再审人提出的两项诉讼请求是否有事实及法律依据，应否予以支持。再审对二审认定的事实予以了确认。再审通过对期货交易市场特殊侵权行为及其后果、期货市场价格机制与现货市场价格之间的相互作用关系，以及被侵权人对所造成的损失是否存在过错、能否减轻侵权人的民事责任等争议问题进行论述，认为原判决在认定事实与判决结果方面缺乏因果关系的一致性，适用法律不当。申请再审人又提交了新证据，证明其主张的相关事实及理由成立，应予以采纳。

中华人民共和国最高人民法院民事判决书

（2012）民提字第104号

申请再审人（一审原告、二审上诉人）：嘉兴市大江南丝绸有限公司。住所地：浙江省嘉兴市中国茧丝绸市场2818号。

法定代表人：马锡毫，该公司董事长。

委托代理人：应胜南，浙江世纪方正律师事务所律师。

被申请人（一审被告、二审被上诉人）：中国茧丝绸交易市场。住所地：浙江省嘉兴市经济开发区内。

法定代表人：成其良，该市场理事长。

委托代理人：常建，北京市众一律师事务所律师。

委托代理人：张声，浙江天册律师事务所律师。

被申请人（一审被告、二审被上诉人）：嘉兴中国茧丝绸市场交易结算有

限责任公司。住所地：浙江省嘉兴市中国茧丝绸交易市场内。

法定代表人：谢俊，该公司董事长。

委托代理人：常建，北京市众一律师事务所律师。

委托代理人：陈忠华，浙江圣文律师事务所律师。

一审被告、二审被上诉人：浙江省丝绸集团有限公司。住所地：浙江省杭州市新华路218号3楼。

法定代表人：郭少军，该公司董事长。

委托代理人：常建，北京市众一律师事务所律师。

一审被告、二审被上诉人：中国中丝集团公司（原中国丝绸进出口总公司）。住所地：北京市北河沿大街105号。

法定代表人：刘开勇，该公司总经理。

委托代理人：常建，北京市众一律师事务所律师。

一审被告、二审被上诉人：中国丝绸工业总公司。住所地：北京市西城区西四北八条56号。

法定代表人：唐琳，该公司总经理。

委托代理人：常建，北京市众一律师事务所律师。

一审被告、二审被上诉人：四川省丝绸进出口集团有限公司。住所地：四川省成都市高新区永丰路14号4栋208室。

法定代表人：王青元，该公司董事长。

委托代理人：常建，北京市众一律师事务所律师。

一审被告、二审被上诉人：浙江嘉欣丝绸股份有限公司。住所地：浙江省嘉兴市中山东路88号。

法定代表人：周国建，该公司董事长。

委托代理人：常建，北京市众一律师事务所律师。

申请再审人嘉兴市大江南丝绸有限公司（以下简称大江南公司）因与被申请人中国茧丝绸交易市场（以下简称交易市场）、嘉兴中国茧丝绸市场交易结算有限责任公司（以下简称结算公司）及一审被告、二审被上诉人浙江省丝绸集团有限公司（以下简称浙江丝绸公司）、中国丝绸进出口总公司（以下简称进出口公司）、中国丝绸工业总公司（以下简称工业总公司）、四川省丝绸进出口集团有限公司（以下简称四川丝绸公司）、浙江嘉欣丝绸股份有限公司（以下简称嘉欣丝绸公司）赔偿损失及返还期货保证金纠纷一案，不服浙江省高级人民法院（2007）浙民二终字第153号民事判决，向本院申请再审。本院2012年3月19日作出（2011）民申字第1193号民事裁定，提审本案。本院依法组成由审判员王宪森担任审判长，审判员殷媛、代理审判员张雪楳参加的合议庭进行了审理,书记员孙亚菲担任记录。本案现已审理终结。

杭州市中级人民法院一审查明:大江南公司于2000年经申请成为交易市场会员,会员编号为051。2005年2月4日,大江南公司共持有2005年3月份干茧买入合约424手,至最后交易日2005年3月11日交易结束,大江南公司共持有2005年3月份干茧买入合约379手,后经协议平仓15手,实物交割229手,在2005年3月份干茧合约实物交收中尚余135手干茧合约应交收而未交收,结算公司于2005年3月31日通知大江南公司称:"鉴于你公司在2005年3月实物交收中未能如期按市场规定进行干茧实物交收,现根据《中国茧丝绸交易市场实物交收细则》[即《中国茧丝绸交易市场合同订购实物交收实施细则》(以下简称《实物交收细则》)]第十条及《结算实施细则》[即《嘉兴中国茧丝绸市场交易结算有限责任公司合同订购交易结算实施细则(试行)》(以下简称《结算实施细则》)]第二十三条之规定,决定对你公司未交收干茧计135手进行违约处罚。请接通知后即到嘉兴中国茧丝绸市场交易结算有限责任公司结算部办理相关手续"。后又通知大江南公司决定对其公司未交收的干茧计135手处以119475元的罚金。结算公司通知大江南公司后,分别于2005年4月7日和4月20日扣收大江南公司保证金7964979.38元和119475元作为违约处罚,大江南公司授权的交易员姚洁盛在付款请款通知单中对扣款行为签字确认。2005年9月7日,大江南公司致函交易市场并结算公司称:本会员(0051号会员席位)至2005年9月7日止在市场合同订购交易中及相关的一切事项(含代理客户的相关事项)已核对无误,并已全部结清,至此2005年9月7日前的交易、交收、费用、争议等一切事项的责任由我方承担,均与贵方无关。2005年11月7日结算公司发布通知,对干茧订购合同的保证金收取比例进行调整:"2005年11月7日前成交的2005年3月干茧订购合同维持5%收取比例不变,从2005年11月7日起,各会员新成交的2005年3月干茧订购合同在每日结算时如未作平仓操作,视为新开仓合同,其交易保证金收取自2005年11月14日起作如下调整:成交量0—20手,5%;成交量21—100手,20%;成交量100手以上,40%。"2005年11月10日第二次发布通知,对保证金收取的调整比例进行补充:"2005年11月11日起,对新订购2006年3月、4月的B丝和干茧合同,其交易保证金按合同价值的20%收取,对原通知2006年3月干茧订购合同成交量0—20手按5%比例收取保证金的规定不再执行,成交量在100手以上,交易保证金收取比例按40%的规定不变。2005年11月11日结算后,凡需追加保证金的会员一律于2005年11月14日上午9点之前将资金补足,否则结算公司将通知市场对所缺资金会员的在手合同进行强制转让。"2005年11月10日交易市场宣布停市一天。

2005 年 11 月 11 日绍兴市中级人民法院冻结结算公司在农业银行嘉兴市经济开发区支行的存款 5600 万元。该日结算公司向大江南公司发出于 2005 年 11 月 14 日上午九时前补足合同订购保证金 1540016.04 元，否则按规定处理的通知，大江南公司未予执行。交易市场于 2005 年 11 月 14 日发布《关于暂停交易的通知》，决定自 2005 年 11 月 15 日起暂停交易。11 月 17 日绍兴市中级人民法院解除了冻结，同日，嵊州市公安局对结算公司和为交易市场提供配套服务的相关公司的银行账户进行了查封、冻结。2005 年 11 月 24 日交易市场召开了临时会员大会，当时会员总数为 180 家，包括大江南公司在内的签到会员 135 家，会议表决通过了：一、《结算实施细则》第十五条第一款的明细补充，规定当某月合同订购总量或某会员单月单边合同订购量达到一定水平时，结算公司对该月合同或该会员的保证金收取比例进行相应调整。二、对单个会员的最大合同订购量的限定。三、合同强制转让办法。2005 年 11 月 27 日大江南公司通知交易市场和结算公司，称其在交易过程中发现交易市场进行的所谓合同订购交易实为期货交易，交易市场未经政府有关部门和机构的正式批准，属非法交易，且在交易过程中存在诸多违反交易规则的行为，故通知交易市场和结算公司其退出在交易市场的全部交易活动，要求交易市场停止其与合同订购有关的全部业务活动，其按有关成交合约约定应交付的货物也将不再交付，其在交易期间所发生的交易行为及法律后果应依照我国现有法律法规重新确定，并将就其因交易市场的非法交易和违规交易已产生和可能产生的全部损失追究交易市场和结算公司的赔偿责任。2005 年 12 月 9 日嵊州市公安局解除了对银行账户的冻结、查封。2005 年 12 月交易市场在"金蚕网"上发布"关于恢复现货合同订购交易的通知"一份，宣布市场自 2005 年 12 月 12 日恢复交易。同日大江南公司函告交易市场，称其于 11 月 27 日正式通知退出全部交易，其与市场及相关单位所签订的一切合同均由其行使不安抗辩权而不再执行，由此产生的一切经济与法律责任由市场负责并保留追溯市场的经济赔偿权利，要求市场尽快全部赔偿其一切经济损失。交易市场于 2005 年 12 月 14 日在"金蚕网"上发布《关于执行合同强制转让办法的通知》，同时开始执行 2005 年第二次临时会员大会决议通过的相关规定。同日，结算公司通知大江南公司，称其未补足 11 月 14 日所缺的合同订购保证金 1540016.04 元，截至 12 月 14 日所缺的合同订购保证金为 8551976.04 元，要求大江南公司按规定补足，如不补足，请于 12 月 15 日进行自主转让，否则结算公司将按照交易市场 2005 年第二次临时会员大会通过的《合同强制转让办法》的规定，通知市场将订购合同实行强制转让。大江南公司未执行。

2005 年 12 月 16 日结算公司通知交易市场通过交易系统自动配对执行转让，强制转让了大江南公司所持有的全部 177 手干茧 2006 年 3 月份卖出合约，转让后产生的交易价差损失为 11189875.76 元，同时按当日市价和保证金标准大江南公司还需补足保证金 3339630.95 元。2006 年 1 月 23 日，结算公司通知大江南公司截至 2006 年 1 月 20 日大江南公司所缺合同订购保证金为 4951319.14 元，请按《结算实施细则》之规定补足，如不补足，请于 1 月 25 日下午交易前进行自主转让，否则将按《合同强制转让办法》的规定通知交易市场进行强制转让。大江南公司未执行。同日结算公司通知交易市场通过交易系统自动配对执行转让，强制转让了大江南公司所持有的全部 188 手生丝 B 类合同订购交易卖出合约和 3 手生丝 A 类合同订购交易卖出合约，产生交易价差损失为 4929145.41 元，同时按 2006 年 1 月 26 日市场价格和保证金标准大江南公司还需补足保证金 2824798.7 元。截至 2006 年 1 月 28 日，大江南公司账户昨日余额为 −1446739.7 元。

原审法院另查明：根据大江南公司的申请，一审法院在交易市场服务器中随机抽取了涉案期间若干多头单位的买卖合约汇总表、合约审核单、当日资金发生额等交易凭证，向结算公司调取了相关保证金收款凭证及对应的收款单、质押通知单等缴款凭证，经账面核对，未发现多头单位在保证金不足情况下仍进行正常交易的情形。

原审法院又查明：1992 年 10 月 10 日，进出口总公司、工业总公司、江苏省丝绸进出口公司、浙江丝绸公司、四川丝绸公司、嘉兴市丝绸公司共同签署了《关于建立"中国茧丝交易市场（嘉兴）"的协议》，约定由发起人各方在嘉兴市共同建办全国首家茧丝交易市场。1992 年 12 月 4 日，经原国家对外经济贸易部〔1992〕外经贸政体函字第 17 号《关于工业总公司"关于筹建全国茧丝交易市场的请示"的批复》，同意工业总公司关于筹建全国茧丝交易市场的请示，1993 年 2 月 15 日，原国家纺织工业部纺体〔1993〕18 号《关于同意建立中国茧丝交易市场的批复》，同意工业总公司关于建立中国茧丝交易市场的请示报告；以上批复同意由进出口总公司、工业总公司、江苏、浙江、四川和嘉兴丝绸公司在浙江省嘉兴市共同建立中国茧丝交易市场。1993 年 3 月 25 日，交易市场获得嘉兴市工商行政管理局的批准设立，市场注册地址位于浙江省嘉兴市洪兴经济技术开发区内，由各方联办，主营茧丝、坯绸，兼营纺织纤维、复制品、服装及敷料等，经营方式为现货及期货交易、批发、零售、代购代销等；1994 年 12 月，交易市场办理了事业单位法人申请登记，以会员制为基本组织形式，是非营利性的全民所有制事业法人。后交易市场又办理了事业单位法人证书、中华人民共和国组织机构代码证、税务登记证。

1995 年后，根据国务院清理整顿期货交易的有关精神，交易市场修改了市场的章程及交易规则，其经核准登记的商品交易方式由现货及期货交易、批发、零售、代购代销等变更为现货及网上合同订购，并领取了相应的市场登记证和市场名称登记证。涉案期内交易市场的举办者为浙江丝绸公司、进出口总公司、工业总公司、四川丝绸公司和嘉欣丝绸公司和案外人山东工业总公司。结算公司于 1996 年 1 月 16 日由嘉兴市中丝茧丝绸市场联合发展公司和嘉兴中丝联经贸有限责任公司申请设立，注册资本 1000 万元，经营范围为对交易市场内达成的现货合同进行结算和担保。2001 年 6 月 5 日，结算公司申请变更注册资本为 500 万元。

原审法院再查明：大江南公司作为 2000 年申请入会的市场会员，参与了 2001 年交易市场章程的修订以及 2004 年市场交易规则和结算实施细则的修订。修订后的章程第二条规定：交易市场是非营利性的行业服务机构。第四条规定：进入市场进行交易的单位和人员都必须严格遵守本章程。第五条规定：市场交易设现货合同订购和现货即期交易两种交易模式。合同订购交易通过电脑网络以各类电子商务模式进行公开交易。交易实行公开运作，统一检验，统一结算。第六条规定：合同订购交易设有交易部、结算公司、交割部等。第七条规定：市场对合同订购交易的每天的上市品种、成交数量、成交价格等信息进行统一发布。对合同订购交易中由于非正常因素引起的价格暴涨暴跌，采用涨停板或跌停板办法管理，必要时宣布暂停交易。第八条规定：合同订购交易由结算公司进行统一结算。结算公司将会员交易所得利润和交易亏损进行折抵，并按规定收取各种保证金和交易手续费。第九条规定：市场合同订购交易实行基础保证金、交易保证金和风险追加保证金制度。第十条规定：会员在市场合同订购交易中按规定成交的合同如出现一方违约，由结算公司选择代替违约者履行合同的责任或给予非违约方经济补偿。同时对违约方造成市场和结算公司的一切损失，市场和结算公司有权追偿并罚款。第十三条规定：会员是经市场审查、批准并备有专职交易员，在市场进行合同订购交易的法人（或法人授权单位），应具备条件包括须经工商行政管理部门注册登记，具有独立法人资格或法人授权的丝绸业生产经营企业和单位。第十五条规定：会员义务包括严格执行本章程和市场其他规章制度以及理事会决议，按市场规定缴纳会费及有关费用。第十七条规定：会员大会可定期和不定期召开，必要时经理事会三分之二以上理事或半数以上会员、进场单位代表提议，可临时召开会员大会。第十八条规定：会员大会职权包括，审议市场有关交易业务的交易规则及其他制度；制定、修订或通过市场章程等。第十九条规定：会员大会的决议必须经半数以上到会代表（且到会代表不得少于应到会代表总数的一半）表决同意后实施。大会决议会员和进场单位必须遵守。第四十三条规定：本章程未尽事宜可由市场补充修订，补充内容经会员大会或理事会批准，与本章程具有同等法律效力。第四十五条规定：本章程经会员大会通过后生效。修订后的交易规则第二条规定：交易市场合同订购交易的主要任务是：根据我国具体情况，遵循公平、公开、公正、诚实信用的原则，利用互联网等电子商务技术组织相关检验标准的茧、丝、绸、纺织原料等商品的现货交易，从而实现"信息集中、管理科学、物流畅通、交易规范、履约安全"的目标。交易规则第三条规定：本规则适用于市场组织的、通过全国性电讯交易网络系统进行的合同订购交易业务。会员及市场工作人员必须严格遵守本规则。交易规则第六条规定：市场出现交易中发现操纵市场并严重扭曲价格形成的行为、出现可能影响合同履行的重大情况、上级有关要求必须中止交易或其他严重影响交易的情况时，有权决定延时开市、延时收市、提前收市或暂停交易。交易规则第八条规定：合同订购交易合同是会员单位为约定彼此的买卖行为而通过合同订购交易系统签订的电子交易合同。合同文本由市场统一制定。交易规则第九条规定：目前市场组织交易的商品品种由市场根据国家有关规定确定。交易规则第十一条规定：交易商品实行计量标准化，交易单位以"手"计算，交易必须按整"手"数进行，各种品种每一"手"的数量由市场分别确定（市场规定干茧 A 类每手表示 5 吨，生丝 B 类每手表示 0.6 吨，生丝 A 类每手表示 1.2 吨）。交易规则第十二条规定：交易商品以人民币报价，计价单位为：元/吨或万元/吨。交易规则第十四条规定：交易时最小价格变量由市场根据不同的品种分别确定。交易规则第十五条规定：市场合同订购交易报价主要为电脑报价。每日上市商品分若干场、每场分若干小节进行交易，每小节大约三分钟左右，具体由市场根据不同商品另行确定。每场交易的第一小节报价为该商品前一场交易结束时产生的价格，第二小节开始，其报价根据买卖手数定额升降，当买入总数量大于卖出总数量时，下一节价位上调；当买入总数量小于卖出总数量时，则价位下调；买入总数量与卖出总数量相等时价位不变。交易双方通过市场交易系统在每小节输入买卖指令，由市场交易系统在一小节结束时按时间优先原则配对成交，成交结果被视为双方达成了合同订购电子交易合同，具有法律效力。在本小节未成交的指令到下一个小节自动失效。交易规则第十六条规定：（五）市场交易系统对会员的账户资金进行测算和统计，当会员账户资金不足时，交易系统不接受新的交易指令。（六）每天交易结束，由交易主持人打印交易清单，市场总部和各交易中心的交易员应及时到交易主持人处领取交易清单并签字确认。（七）网点会员成交的合同，则由市场交易部通过电讯交易网络反馈给成交会员。交易员应及时核对，若有异议，则应于下个交易日开始前与市场交易部进行核对；否则，视作同意成交结果。交易规则第十八条规定：合同到期月份的 11 日（节、假日顺延）为最后交易日，电子交易合同在最后交易日前可以在市场转让，转让程序参照前交易程序执行。合同一经转让，原履约责任随之转移。过了最后交易日，到期月份的交易合同即进入货物交收期。交易规则第十九条规定：为确保交易业务的顺利进行合同买卖双方的合同权益，市场对合同订购交易业务实行履约保证金制度，并提供结算服务，此业务委托结算公司具体管理，详见结算公司《结算实施细则》。会员参与交易之前必须交存履约保证金到专用账户上，方可进行交易。交易规则第二十三条规定：合同货物交收由市场监督进行，其结算委托结算公司办理，并进行资金划拨。交易规则第二十五条规定：交易合同的货物交收日在正常情况下为合同到期月份的 25 日（节、假日顺延）。交易规则第二十六条规定：货物交收后，结算公司退还保证金。交易规则第三十七条规定：任何会员违反合同约定，不履行或不完全履行合同的行为，均属违约。出现违约后，市场将会同结算公司根据国家有关法律、法规和政策及有关规定，核实其造成的损失大小，并视违约情节轻重采取按市场价转让其成交合同或通过其他经济的、法律的手段追索，并暂停其参加交易。交易规则第四十一条规定：对会员和交易员的违约、违规行为的处罚市场可另行制定实施细则。交易规则第四十四条规定：本市场可通过"金蚕网"（www. esilk. net）发布市场文件，向会员提供本市场行情及有关的行业综合信息。市场在"金蚕网"上发布的文件与其他方式发布的文件具有相同法律效力，会员每天须网上查阅。

修订后的《结算实施细则》第三条规定：结算公司受交易市场委托依据本细则负责合同订购交易的结算和风险管理。第四条规定：结算是指根据会员交易结果和有关规定对会员的交易资金、合同转让价差、交易管理费、货物交收货款及其他有关款项进行计算、划拨的业务活动。第十一条规定：市场交易实行登记结算制度。结算公司对会员存入专用结算账户的资金实行分账管理，为每一会员设立二级明细账户，按日序时登记核算。第十二条规定：每日交易结束后，结算公司根据交易部打印出的当日交易买卖合同汇总表、合同转让汇总表予以登记结算。第十三条规定：市场交易实行履约保证金制度。保证金是合同成交双方履约的基础，分基础保证金、结算准备金和交易保证金。其中结算准备金是会员为了开展合同订购交易而在结算公司专用结算账户上预先存入的资金，是不被合同占用的保证金。会员当日发生的合同转让价差在每日结算后相应增加或冲减结算准备金，交易管理费、税费也相应从中扣除。当日结算准备金＝上一交易日余额±当日合同转让价差±税费＋存入资金－划出资金。交易保证金是会员在结算公司专用账户存入的确保合同履行的资金，是已被合同占用的资金。当买卖双方成交后，结算公司按合同价值的一定比例向买卖双方收取交易保证金，不同阶段的交易保证金按市场规定比例授权。非货物交收月：交易保证金＝（成交价格×合同重量×成交手数）×规定的收取比例。货物交收月：交易保证金＝（当日收盘价格×合同重量×成交手数）×每日规定的收取比例。经市场同意，会员可用已入库且符合市场货物交收标准的商品质押抵作交易保证金，但需交纳质押费用，追加保证金。会员结算准备金必须维持按成交合同计算的最低交易保证金。每日交易结束后，结算公司计算出会员当日浮动价差及会员当日资金使用率，以此作为会员是否需要追加保证金的依据。会员当日资金使用率＝（交易保证金＋当日浮动价差）／当日结算准备金，当会员当日资金使用率≥100％时，即准备金不足以支付交易保证金，结算公司向会员发出追加保证金通知，会员必须在下一个交易日开市前的十五分钟以前全额补足。否则结算公司通知市场停止该会员如是交易并按第十四条标准收取滞纳金。当交易保证金超过会员当日结算准备金余额的20％，即当日资金使用率≥120％时，会员仍未补足所欠资金，结算公司发出强制转让通知书，通知市场对会员成交合同代为转让，由此所引起的一切损失及相关费用由该会员承担。资金使用率结算公司可根据具体交易情况适时进行调整。第十四条规定：滞纳金收取标准如下：滞纳金＝所欠金额／交易保证金收取率×0.5‰×拖欠天数。第十五条规定：结算公司有权根据各个交易品种的具体情况，由市场确定或调整各品种保证金的收取方法和收取标准，并在实施日五天前将通知公告。第十六条规定：交易保证金在合同转让或货物交收完毕并结清各种费用后退还。第十七条规定：结算公司每日对会员的合同转让价差、税费、交易管理费及交易保证金等款项进行结算，相应增加或减少会员的结算准备金。结算完成后，会员应每天及时取得各种结算数据，并将之妥善保存。会员若对结算数据有异议，应在第二天开市前的三十分钟以前以书面形式通知结算公司。如果在规定时间内没有对结算数据提出异议，则视为认可结算数据的正确性。第二十三条规定：凡发生货物交收违约的，结算公司对违约方按当月结算价处以20％和3％罚款，并按结算价计算违约数量的价差，亏损由违约方承担，盈利则纳入市场风险基金。对于非违约方，按其货物交收合同成交价与当月结算价结清价差总额，盈利由结算公司足额支付，亏损则由会员足额补齐，另外结算公司再将违约方的违约金支付给非违约方等等。

2006年1月27日，大江南公司向一审法院提起诉讼，请求判令：一、交易市场、结算公司立即归还占有的基础保证金、结算准备金、交易保证金等共计 15182786.89 元，归还以违约处罚金名义扣取的款项 8084454.38 元，合计 23267241.27 元，并支付前述款项自起诉日起至付清日止按中国人民银行规定的同期逾期贷款利率计算的利息损失；二、进出口总公司、工业总公司、浙江丝绸公司、四川丝绸公司、嘉欣丝绸公司对前述款项承担连带清偿责任。

杭州市中级人民法院一审认为：一、关于交易市场及其交易行为的效力问题。交易市场是一个经相关行政和行业主管部门审批而设立的独立的事业法人，在市场设立之初，其经营范围包括现货及期货交易等，但在 2001 年后，交易市场召开会员大会修订了市场章程，交易模式变更为现货合同订购及现货即期交易，2004 年又修订了交易规则和结算实施细则。大江南公司于 2000 年经申请成为交易市场会员，参与了市场章程及交易规则、结算实施细则的修订并承诺严格遵守交易规则，其自愿按照上述章程及规则的规定进行干茧和生丝合同订购交易并承担相应后果，不违反法律法规禁止性规定。因发生巨额亏损，大江南公司以交易市场和结算公司组织变相期货交易为由要求返还其损失的保证金及罚款，对此原审法院认为，鉴于本案发生于《期货交易管理条例》实施前，当时国家法律法规对于"变相期货交易"如何认定并无相关具体规定，按照《期货交易管理暂行条例》关于"中国证监会对有期货违法嫌疑的单位和个人有权进行询问、调查"的规定，是否构成变相期货交易，应当由中国证监会予以认定，人民法院不宜超越职权对该应属国家专门行政机关认定的交易模式的性质进行定性，而根据现有证据，中国证监会至今并未认定交易市场的交易模式为变相期货交易。同时，根据已颁布实施的《期货交易管理条例》第八十九条第二款关于"本条例施行前采用前款规定的交易机制或者具备前款规定的交易机制特征之一的机构或者市场，应当在国务院商务主管部门规定的期限内进行整改"的规定，即使交易市场构成变相期货交易，其在条例施行前的交易行为亦并不构成无效。据此，大江南公司以交易市场和结算公司组织变相期货交易为由要求确认交易行为无效的主张不能成立。

二、关于交易市场和结算公司是否应承担侵权的民事责任问题。大江南公司认为交易市场和结算公司存在随意变更交易规则、虚拟交易主体、操纵市场交易等违规行为，构成了对其侵权。对此，原审法院认为，鉴于《期货交易管理条例》对于施行前的交易行为并未作出不合法的判定，故交易市场、结算公司及会员在交易中发生的争议以及是否构成侵权，应以市场章程、交易规则等作为判断依据。（1）有关变更交易规则问题。大江南公司在庭审中自认了其与浙江巴贝领带有限公司（以下简称巴贝领带公司）和浙江巴贝丝业有限公司（以下简称巴贝丝业公司）等联手投入巨资作空头交易并已扭转交易价格，以及其后市场突然出现强劲的多头压过空头导致价格大幅上涨等事实，后又出现交易市场涉及重大诉讼以及结算公司账户被冻结等情形，根据市场章程和交易规则关于"市场出现交易中发现操纵市场并严重扭曲价格形成的行为、出现可能影响合同履行的重大情况、上级有关要求必须中止交易或其他严重影响交易的情况时，有权决定延时开市、延时收市、提前收市或暂停交易"的规定，以及《结算实施细则》关于"结算公司有权根据各个交易品种的具体情况，由市场确定或调整各品种保证金的收取方式和收取标准，并在实施日五天前将通知公告"的规定，交易市场和结算公司暂停交易及调整保证金收取标准有规则依据，并不构成对大江南公司的侵权。（2）有关虚拟交易主体问题。大江南公司认为在 2005 年 12 月 12 日市场恢复交易后不可能在三天内有累计 358 手的交易量，下达买进指令致使价格上涨的多头单位只能是交易市场虚拟的交易主体，但根据 12 月 12 日至 14 日的合约审核单显示，除巴贝领带公司和巴贝丝业公司在 12 月 14 日被强制平仓 221 手外，其余均为零星交易，并无证据显示存在虚拟的交易主体。（3）关于是否存在多头单位在保证金不足的情况下进行交易的问题。首先，从现有证据看，相对于巴贝领带公司和巴贝丝业公司及大江南公司等拥有大量卖出合约的空头单位而言，并无可与之抗衡的单一的多头单位，鉴于多头持约的分散性，其所适用的保证金比例应低于大江南公司等空头单位。其次，因价格上涨，亦会导致多头单位因产生盈利而保证金充足。再次，根据该院随机调取的多头单位保证金缴纳凭证看，亦未发现交易市场允许多头单位在保证金不足情况下进行交易的情形，对大江南公司列举的 151 号会员 2005 年 11 月 9 日的资金发生额及合约审核表中显示存在保证金不足而下达交易指令的情况，经核对系大江南公司未将资金发生额表中记载的该会员质押转保证金的 473 万元计算在内所致。最后，大江南公司通过公证记录的空头会员在保证金不足情况下无法成交的事实只能证明交易市场和结算公司执行了交易规则，并不能得出交易市场和结算公司允许多头单位在保证金不足的情况下交易的结论。据此，大江南公司的该项主张亦因缺乏证据支持而无法成立。

三、关于 200 手干茧合约是否已协议平仓的问题。根据交易市场服务器保存的原始数据资料以及大江南公司自行提交的交易记录，均无协议平仓 200 手 3 月份干茧合约的记录，同时，如果确实存在协议平仓 200 手合约的情形，则在结算公司以大江南公司有 135 手合约应交收而未交收对其进行违约处罚时，大江南公司应会提出异议，但大江南公司对于上述处罚并无异议，且于 2005 年 9 月 7 日明确表示对此前在市场合同订购交易中及相关的一切事项核对无误并已全部结清。据此，根据"承诺禁反言"原则，其主张的协议平仓200手3月份干茧合约的事实，不予采信。

四、关于大江南公司单方退出交易的后果问题。鉴于大江南公司保证金不足且未予补足，依据交易规则和结算实施细则，其行为已构成违约，在此情况下，其作为违约方，单方表示退出交易不再履行合同没有合同依据，亦不符合法定的合同解除条件，故此后结算公司因大江南公司保证金不足而对其强制平仓所产生的损失仍应由大江南公司自行承担。

五、关于交易市场和结算公司开办单位的民事责任问题。只有在交易市场和结算公司应当向大江南公司承担民事责任的前提下，才需考量其开办单位进出口总公司、工业总公司、浙江丝绸公司、四川丝绸公司、嘉欣丝绸公司是否应当对交易市场和结算公司应承担连带责任，现交易市场和结算公司在本案中无须承担民事责任，则大江南公司对上述开办单位的诉讼请求亦因缺乏责任成立的前提而不能成立。

综上所述，大江南公司关于交易市场和结算公司组织变相期货交易应认定无效以及存在虚拟交易主体、擅自随意变更交易规则、操纵市场交易等行为构成对其侵权的主张不能成立，其要求交易市场、结算公司返还保证金、准备金、违约处罚款，要求进出口总公司、工业总公司、浙江丝绸公司、四川丝绸公司、嘉欣丝绸公司承担连带责任的诉讼请求没有事实与法律依据，不予支持。该院依照《中华人民共和国民事诉讼法》第六十四条第一款、《中华人民共和国合同法》第九十四条、《期货交易管理条例》第八十九条第二款之规定，于2007年4月23日判决驳回大江南公司的诉讼请求，案件受理费126346元，由大江南公司负担。

大江南公司不服杭州市中级人民法院上述民事判决，向浙江省高级人民法院提起上诉称：一、原审判决理由对五大问题的认定结论存在严重错误。（一）关于交易市场及其交易行为的效力问题。1. 被上诉人交易市场、结算公司（下称两被上诉人）的章程、规则、细则与标准的期货交易章程、规则完全一致，与行政法规规定的期货交易的标准也完全一致。2. 凭现有证据，无法证明上诉人参与了章程及有关规则的修订，两被上诉人并没有举证有关表决通过章程及有关规则的决议或者会议记录。3. 原审判决认为，是否构成变相期货交易，应当由中国证监会予以认定。上诉人认为，只要法律、法规没有行政前置性的强制规定，人民法院都有权对包括变相期货在内的事实作出认定和裁决。4. 对原进行变相期货交易机制的市场进行整改，是确保其将来不再发生变相期货交易行为，但并不是说，允许整改，其原来的变相期货交易就合法了。（二）关于交易市场和结算公司是否应承担侵权的民事责任问题。1. 两被上诉人调整保证金比例、变更交易规则的行为构成侵权。2. 两被上诉人存在虚拟交易主体的问题。3. 两被上诉人存在串通多头单位在保证金不足的情况下进行交易的问题。原审庭审中，两被上诉人的代理人在其书面质证意见中明确承认，在绍兴市中级人民法院和嵊州市公安局对结算公司的账户进行冻结期间，结算公司的银行存款总余额只有一两千万元。而根据规则计算的保证金总量需要四五亿元。对被上诉人自行提供的其认为保证金足额的证据，上诉人在书面质证意见中提出了许多质疑。主要有：这些证据材料系被上诉人打印并单方提供，真实性无法确认；证据材料中每个多头单位 2005 年 11 月 7 日的当日资金发生额表中，"昨日余额"无任何证据佐证；多头单位的当日资金发生额表中，许多单位的保证金是以质押茧丝借款转保证金的形式产生的。但被上诉人仅提供了其与多头单位签订的质押合同，未提供质押茧丝的进仓单和原始进仓登记记录。质押合同仅涉及被上诉人及多头两方当事人，质押合同很容易事后串通编造，故在无原始质押物进仓记录的情况下，质押茧丝借款转保证金不能成立。而且，这些所谓的质押茧丝借款转保证金并没有任何款项转移的原始记录（银行进账单等）；多头单位各小节下达交易指令手数的原始记录与成交合约记录结合并与该多头缴纳保证金的原始银行进账记录对照，才能确定该多头单位是否无足额保证金参与交易。在仅提供成交合约记录的情况下，对查明是否保证金足额下达交易指令无完整的实际意义。原审判决提到部分多头会员的保证金系通过茧丝质押从结算公司借款取得。但事实是，结算公司自己只有 500 万元注册资金，而保证金的所有权属于会员，两被上诉人无权动用空头等会员已缴纳的保证金用于出借。再则，当时结算公司账户中只有几千万元银行存款，连空头单位已缴纳的保证金都已被结算公司挪作他用，结算公司更没有钱用于出借。而且，结算公司并不是金融机构，根本无权向外借款，其通过茧丝质押订立的借款合同都只能是无效合同。正是由于两被上诉人提供的这些质押借款不可能真实，且拒不提供质押茧丝的进仓单和原始进仓登记记录，上诉人向原审法院提出了对这些茧丝质押合同、转款委托书、收款收据的形成时间进行鉴定，并责令两被上诉人提供质押茧丝的进仓单和原始进仓登记记录并对形成时间进行鉴定的申请，但原审法院未采信上诉人所提出的质证异议，也未委托有关鉴定单位进行鉴定，并对有关事实作出了完全错误的认定。（三）关于 200 手干茧合约是否已协议平仓的问题。结算公司的违约处罚和罚金措施，是其非法的、变相期货交易的行为手段之一，不论上诉人是否作过认可，所有款项都应归还给上诉人。截至 2005 年 2 月 25 日之前，上诉人曾持有 2005 年 3 月的干茧合约 420 手，其中的 200 手由市场撮合进行了协议平仓，这一事实在上诉人于 2005 年 2 月 25 日致结算公司的申请书中已由交易市场和结算公司的负责人叶金松签字确认，且结算公司也按该申请书叶金松的批准借给了上诉人款项。那么，在 2005 年 2 月 25 日之后，上诉人就只持有 3 月的干茧合约 220 手，虽在 3 月 9 日又买进 4 手，合计也只有 224 手。后来，上诉人通过代理单位实际交割了 229 手，协议平仓 15 手，上诉人实际上还多履行了合约，但结算公司却于 4 月 7 日和 26 日分别处上诉人违约处罚和罚金 7964979.38 元和 119475 元。结算公司未经上诉人同意擅自从上诉人的资金中扣划所谓违约处罚金，其行为已构成对上诉人的侵权。结算公司扣划违约处罚和罚金的付款通知单虽由上诉人的经办人签了字，但这只能说明上诉人方收取了这两份通知单，而并非上诉人同意认罚。上诉人在 2005 年 9 月 7 日签署的一份材料，则只是说明上诉人与所代理的五家单位间的交易责任由上诉人承担，并不涉及对违约处罚和罚金的认可。（四）关于上诉人公司单方退出交易的后果问题。上诉人的保证金损失并不是其自主交易造成的，而是由于被上诉人的强行平仓并强行转移保证金造成的。因此，上诉人退出交易后，两被上诉人对上诉人的合约强行平仓所产生的损失理应由两被上诉人负担。（五）关于交易市场和结算公司开办单位的民事责任问题。已经发生法律效力的浙江省高级人民法院（2006）浙民二终字第 67 号民事裁定书已明确认定，作为市场举办者的浙江丝绸公司等单位应对结算公司的行为后果承担法律责任。二、原审判决还存在认定事实方面的诸多错误。三、原审判决适用法律严重错误。四、原审判决程序不公。1. 早在 2006 年 6 月 26 日，上诉人即向原审法院提交了书面的证据保全申请，但原审法院未及时采取证据保全措施。2. 对上诉人提出的关于茧丝质押合同、转款委托书、质押茧丝的进仓单和原始进仓登记记录进行形成时间鉴定的书面申请，原审未进行委托鉴定，导致两被上诉人伪造茧丝质押的有关证据材料的事实未能查清。五、原审判决有违公平原则。与本案上诉人同期参加交易且同时被交易市场"套住"的巴贝领带公司和巴贝丝业公司，通过公安机关的侦查介入，双方达成了和解协议，两被上诉人退还了其绝大部分保证金。同时参加同样的交易，亏损最多的巴贝领带公司和巴贝丝业公司得到了退赔，那么，两被上诉人也理应向上诉人退还保证金。此外，上诉人大江南公司在补充上诉状中称：原审判决理由部分对第二大问题的认定还存在如下错误：1. 原审判决认为："大江南公司在庭审中自认了其与巴贝领带公司和巴贝丝业公司等联手投入巨资作空头交易……"，上诉人从未在原审庭审中作过这样的"自认"。2. 原审判决认为，"鉴于多头持约的分散性，其所适用的保证金比例应低于大江南公司等空头单位"这又是错误的认定。从原审法院调取的证据材料来看，多头单位并不分散，巴贝参加交易期间，多头单位主要集中在六家，且这些多头单位的成交合约和在手合约还多于上诉人持有的合约总量。大江南公司上诉请求：撤销原判，依法改判支持上诉人的全部诉讼请求。

交易市场、结算公司、进出口公司、工业总公司、浙江丝绸公司、四川丝绸公司、嘉欣丝绸公司在同一答辩中辩称：一、原审法院对上诉人以"交易市场和结算公司组织变相期货交易为由要求确认交易行为无效"的主张不予支持，有相应的事实和法律依据。1. 原审判决对被上诉人交易市场及其所组织的交易行为合法性的认定有相应的证据事实予以支持。2. 上诉人没有任何证据证明被上诉人交易市场所组织的合同订购交易就是变相期货交易、市场内的交易行为无效，其所有指责均建立在其主观的对交易规则的错误解读之上。3. 上诉人通过将交易规则与《期货交易暂行条例》的条文按照自己主观臆想进行对比解读，认为被上诉人所组织的就是变相期货交易，没有法律依据。4. 上诉人试图通过将交易规则与上交所章程和规则对比，来证明被上诉人所组织的就是变相期货交易，这种对比在逻辑上不具有必然性。5. 法律不溯及既往，新期货条例的认定标准并不直接适用于本案，即便按此标准，交易市场的某些规则也是符合该特征的，根据新期货条例第 89 条第 2 款和商务部关于大宗商品交易市场限期整改有关问题的通知，其结果也是按商务部规定予以整改，对之前市场内的交易并不予以否定，不存在返回保证金的法律后果。6. 被上诉人所组织的合同订购交易符合大宗商品电子交易规范。7. 有关章程和规则经会员大会表决通过，被上诉人就章程和规则也不存在对上诉人有隐瞒欺诈情况。8. 原审判决认为是否构成变相期货交易，应当由中国证监会予以认定，人民法院不宜超越职权对应属于国家专门行政机关认定的交易模式的性质进行定性，是对人民法院司法职权的正确理解和适用。9. 结合《期货交易管理条例》、商务部商建发〔2007〕138 号通知以及政府一贯处理政策来看，不存在上诉人所称的在条例实施前在采用期货机制的大宗商品交易市场内的交易无效，保证金应予以返还的法律后果。二、原审判决在依据市场章程、交易规则的相关规定对被上诉人提高保证金和执行合同强制转让等交易管理行为的合法性与合理性予以了确认，并由此确定交易市场和结算公司就上述行为不应承担民事侵权责任，是正确的。1. 被上诉人调整保证金比例的决定，既有客观原因，又是合理的，有依据的，符合交易规则的规定，不存在违规变更交易规则、操纵市场、内幕交易的情形。2. 上诉人所称两被上诉人存在虚拟交易主体的问题仅仅是其主观臆断，没有相应证据。3. 上诉人就其所称的两被上诉人存在串通多头单位在保证金不足的情况下进行交易的问题没有提供任何有效证据，其要求法院无限制调查取证的申请不符合法律规定，原审判决所查明证据已足以说明不存在上诉人所称的保证金不足交易的情况。三、原审判决对于上诉人"存在协议平仓200手3月份干茧合约"的主张不予认定，符合案件客观事实，是正确的。1. 上诉人所举的证据清单证据2申请书，无法证明上述事实存在，与上诉人在上诉状中所称不同，该申请书上诉人在庭审中根本没有提供原件予以核实，真实性无法确认，并且该申请书也未载有该协议平仓的内容，事实上也不存在结算公司借款800万元给大江南公司的事实，如真有该事实，在被上诉人提出异议的情况下，上诉人应提供相应的银行汇单等划款凭证，海南公司的说明不足为证。2. 上诉人在起诉状以及上诉状中自相矛盾的平仓手数就能证明所称的200手协议平仓，是虚假的。上诉人称在交割时合计在手合约为224手，而最终进行实物交收229手，协议平仓15手，众所周知，合同平仓或实物交收与所订购的合同是必然一一对应的，怎么可能产生多交收货物或平仓的情形？上诉人协议平仓15手发生于2005年3月30日，当时按卖方成交价平仓，共亏损298326.91元，另支付了手续费6639.75元的事实，对于这一事实上诉人没有异议。那么假设如原告所称仅持有224手合约，此前已经实际接收了229手，根本已不构成违约。上诉人为何还要在2005年3月30日故意亏损36万多元，进行协议平仓呢？唯一的解释就是上诉人所称的200手协议平仓是不存在的。四、原审判决认定"结算公司因大江南公司保证金不足而对其强制平仓所产生的损失仍应由大江南公司自行承担"，有事实和法律依据。上诉人缴纳保证金是自愿的。每一份成交合约都有相应的买方和卖方。价格上涨完全是由于当年秋茧减产，供需关系发生变化产生的。上诉人于2005年11月27日、12月11日发给被上诉人交易市场和结算公司的通知，是一种违反交易规则的违约行为，对交易市场、结算公司及合同订购交易的相对方均无约束力。在合同强制转让后，商务部茧丝绸行业市场监测系统提供的全国各地茧丝价格走势来看，全国各地的茧丝价格进一步上扬，进行合同强制转让并没有损害上诉人的利益，反而在事实上减少了上诉人的亏损。五、原审判决对"交易市场和结算公司在本案中无须承担民事责任，大江南公司对浙江丝绸公司等开办单位的诉讼请求缺乏责任成立的前提"的认定，是正确的。浙江省高级人民法院就本案管辖异议作出的（2006）浙民告终字第67号裁定书中对本案被上诉人浙江丝绸公司等市场开办者需对被上诉人结算公司的行为承担连带责任的认定部分，超越了管辖权争议的审查范围，其在程序审查中对实体问题作出认定是不合适的，应不予采纳。六、原审判决对有关证据分析认定是完全正确的。七、原审判决认定的证据之间不存在上诉人所称的自相矛盾之处。八、原审判决认定的事实之间并无矛盾。九、上诉人对自己的主张负有举证义务，其向法院提出调查取证的申请与民事诉讼法和证据规则的规定不符。十、上诉人于2005年11月27日发出的退出交易的通知，对被上诉人不具有约束力，也不符合合同解除的条件。十一、原审判决引用《期货交易管理条例》第八十九条第二款，是为了全面反映政府和行政主管部门对于此类网上合同订购交易行为的效力认定的肯定态度和处理意见。十二、南通市中级人民法院的一审判决程序不公、认定事实不清、适用法律和判决结果均为错误，是地方保护主义的产物，对本案的二审没有任何参考价值。请求：驳回上诉，维持原判。

二审期间，上诉人大江南公司提供以下证据。证据一：交易市场、结算公司致巴贝两公司复函。待证事实：交易市场和结算公司对市场交易的控制和操纵。证据二：交易市场《关于召开中国茧丝绸交易市场临时会员大会的通知》。证据三：交易市场临时会员大会会议相关讨论议题。证据四：交易市场临时会员大会会议相关议题。证据二、三、四的待证事实为：交易市场和结算公司在原审中举证部分多头会员（买方会员）的保证金系以茧丝质押贷款形成，既违反交易市场和结算公司自己制定的规则，又不符合客观事实。证据五：结算公司银行存款记录。待证事实：交易市场和结算公司串通多头无保证金交易。证据六：交易市场于2007年3月21日发布的"关于调整合同订购交易保证金的通知"。证据七：交易市场于2007年8月8日公布的"中国茧丝绸交易市场会员大会会议纪要"。证据六、七的待证事实：交易市场在本案争议时段组织的是变相期货交易。证据八：部分会员签署的严正声明。待证事实：被上诉人提供的"严正要求"实际上是在会员的空白会议签到表上添加打印形成的。证据九：海南丝绸进出口公司的再次证明。待证事实：证明2005年2月25日的由交易市场总裁叶金松签字同意的申请书约定的平仓事项已经得到交易市场和结算公司的履行。证据十：桐乡市晚村绢纺厂的工商登记资料及交易市场的会员名册。待证事实：1. 诸建坤是该厂的绝对控股股东（占90%股份）；2. 该厂是交易市场的151号会员，海宁市马桥制丝有限公司是032号会员。证据十一：与诸建坤谈话的录音资料、录音时进行交谈的照片及整理的录音记录。待证事实：2005年11月8、9两日，交易市场的交易价格暴涨就是因为交易市场和结算公司虚构交易和串通部分多头会员无保证金交易造成的。证据十二：与海宁市马桥制丝有限公司负责人徐利根的电话录音资料及整理的录音记录。待证事实：2005年11月8、9两日，交易市场的交易价格暴涨就是因为交易市场和结算公司虚构交易造成的。证据十三：江苏省南通市中级人民法院（2006）通中民二初字0102号民事判决书。证据十四：江苏省高级人民法院（2007）苏民二终字0165号民事判决书。待证事实：1. 交易市场与结算公司组织的现货订购交易系实为变相期货交易；2. 交易市场与结算公司跟相关会员之间发生了期货交易合同法律关系，该法律关系因违反行政法规禁止性规定而无效；3. 交易市场和结算公司在帝华公司停止交易的情况下以其交易、结算规则对帝华公司所持有的仓单平仓、扣收保证金的行为亦属无效；4. 交易市场和结算公司自认 2005 年 11 月 8、9 两日应收保证金的最低数额和银行存款总额。交易市场和结算公司在交易过程中本身存在违反《中国茧丝绸交易市场合同订购交易规则（试行）》（以下简称《交易规则》）和《结算实施细则》行为，该行为系案件争议过程中交易价格异动的重要原因，与帝华公司保证金的损失存在因果关系；5. 交易市场和结算公司对帝华公司在该案变相期货交易过程中产生的损失应负全部赔偿责任；6. 对变相期货交易的认定不适用行政前置程序。证据十五：两被上诉人在江苏省南通市中级人民法院（2006）通中民二初字 0102 号案中提交的部分会员的合约审核单、当日资金发生额表。待证事实：1. 2005 年 11 月 8、9 两日，结算公司账户中实收保证金数额远远低于根据交易量应收取的保证金数额。2. 32 号会员和 151 号会员所谓茧丝质押预先支取款项产生的所谓交易保证金都是虚构的。

　　七被上诉人对上诉人二审提交的上述证据发表如下质证意见：证据一：真实性没有异议，关联性有异议，该证据客观反映的证据内容为两巴贝公司与交易市场和结算公司之间有关事项的意见，无论从主体及内容均与本案上诉人间无任何关联性。证据二：真实性没有异议，关联性有异议，该证据本身无法证明上诉人所要证明的待证事实。证据三、四：真实性有异议，上诉人出具的证据无法表明其证据来源的出处，无法体现上诉人持有的证据确系交易市场所提供。关联性有异议。证据五：合法性有异议，该证据来源并非南通市中级人民法院，是启东市公安局以交易市场法定代表人涉嫌个人诈骗为由，向结算公司部分开户银行调取的会员资金划、转情况。该证据是复制的材料，对其证据的真实性有异议；关联性有异议，从该证据的内容上来讲，与上诉人所要证明的待证事实即交易市场和结算公司串通多头无保证金交易之间无任何关联性。证据六：真实性没有异议。关联性有异议，该证据所反映的内容是交易市场在 2007 年 3 月 21 日公布的，自 2007 年 3 月 22 日起订购的各月各类商品，其交易保证金收取比例为 20%，而本案的上诉人在 2005 年 11 月以明示的行为表示退出市场交易，此后上诉人也未在市场进行交易，因此，与上诉人之间是没有关联的。证据七：真实性没有异议。关联性有异议，该证据所反映的内容是交易市场于 2007 年 7 月 28 日召开会员大会及有关会员大会会议讨论的相关内容，而上诉人此后也未在市场进行交易。证据八：真实性有异议。该声明是上诉人搜罗个别与上诉人有冲突的会员单方制作的，与事实不符。证据九：真实性有异议，海南丝绸进出口公司所作证明并非事实，被上诉人在一审中也已提供了相应的反驳证据。证据十：对工商登记资料的真实性无异议，对交易市场的会员名册的真实性有异议。工商登记资料与本案上诉人与被上诉人之间的返还期货保证金纠纷没有关联。证据十一、十二：真实性有异议，证人未出庭的情况下，谈话录音中是否是诸建坤本人不明，录音内容为嘉兴本地方言，上诉人在整理时按照自己的需要进行了翻译和表述。关联性有异议，诸建坤虽然是桐乡晚村绢纺厂的控股股东，但并不是法定代表人和公司经理，不能当然决定和陈述公司的具体经营行为。并且上诉人在证据交换时，已撤回该两份证据。证据十三、十四：对真实性无异议。对合法性有异议，该民事判决书违反法律规定，错误行使管辖且在认定事实和适用法律上均有错误，是地方保护主义的产物。关联性有异议，上述判决书认定交易市场内所进行的合同订购交易为变相期货交易，没有事实和法律依据。并且其在认定合同订购交易该节事实时，故意混淆了组织交易行为和合同订购交易行为两个不同的法律行为。证据十五：该部分证据超过了民诉法和证据规则规定的举证期限。对这组证据没有必要进行质证，这组材料与在一审中根据上诉人的申请由一审法院向被上诉人调取的证据一致，在一审时双方已经进行了证据的质证和说明。

被上诉人交易市场、结算公司提供以下证据。证据一：会员声明，待证事实：上诉人向二审法院申请责令被上诉人提供的材料，系市场会员所有，被上诉人无权提供不属于自己所有的交易资料。如需提供，必须征得每一个会员单位的同意。证据二：关于请密切关注市场交易情况的函，待证事实：1. 国家商务部确认被上诉人交易市场交易方式及存在的合法性。2. 国家商务部认定被上诉人交易市场有权采取风险控制措施防止出现过度投机、危及行业的生产和贸易。证据三：关于控制市场交易风险的函，待证事实：国家商务部确认被上诉人交易市场交易方式及存在的合法性。

上诉人大江南公司对被上诉人二审提交的上述证据的质证意见为：证据一：真实性方面。该证据是不真实的，是由被上诉人伪造或者变造的。关联性方面，与被上诉人收取保证金有关的全部证据都应当提交法庭审查，这些资料不构成商业秘密，即使构成也可以采取对本案不公开审理的方式。该证据产生于原审审理之前，不属于新证据的范畴。不同意该证据作为二审证据使用。证据二、三：对证据的真实性无异议。对证据的关联性有异议。这两份证据产生于本案争议发生后，对本案无证明作用，不能证明茧丝办同意被上诉人组织期货交易，不能证明茧丝办同意被上诉人串通个别会员操纵市场、违规交易。

二审法院对双方当事人二审提供的上述证据认证如下：双方当事人在二审提供的所有证据中，每一组证据均不能作为直接证据证明大江南公司的诉讼请求成立与否。对方当事人对其真实性无异议部分，可作为认定相关事实的依据；对方当事人对其真实性、合法性或关联性有异议部分的证据，其证据能力和证明力问题，需结合全案其他证据综合予以认证。

经二审法院调查取证，2007年11月16日，嘉兴市经济贸易委员会将其制作的《关于中国茧丝绸交易市场整改验收情况的函》传真给该院，该函称：2007年11月5日，按商务部（2007）138号文件要求，由省工商局、省经贸委组成的省大宗商品网上交易市场整改验收组，对交易市场的整改进行了验收，对交易市场的整改工作给予充分肯定，并将验收结果向商务部作了汇报。对该院调取的上述材料，上诉人对其形式上的真实性无异议，但认为与本案无关联。七被上诉人对该证据无异议。该院的认证意见为：嘉兴市经济贸易委员会的上述函件系该院调取，政府部门反映的交易市场的整改验收情况，可作为认定本案相关事实的依据。

2007年8月2日至同年10月22日期间，上诉人大江南公司向该院提出以下调查取证申请：1. 责令被上诉人限期举证（提供由存款银行加盖印章的2005年10月7日、8日、9日3天，每日存储在结算公司名下的总保证金存款额等证据）暨调查申请；2. 责令被上诉人按上诉人提交的《鉴定申请书》之要求全面提交证据；3. 向江苏省高级人民法院调取相应证据；4. 责令被上诉人限期提供海南丝绸进出口公司有关账单；5. 调查取证即责令被上诉人限期提供平仓申请书。

对上诉人提出的上述第一项调查取证申请，该院予以准许，并当庭向被上诉人送达了上诉人提供的《责令被上诉人限期举证暨调查申请书》中列明的证据清单，上诉人代理律师亦当庭表示其提供的上述清单中列明的证据明确具体，否则自行承担责任。在被上诉人按上诉人的该申请书中列明的证据清单提供了2005年10月份的201页证据材料后，上诉人以笔误为由，申请该院责令被上诉人提供其他月份的证据，该院以当事人自己对自己诉讼行为负责为由，对上诉人以笔误为由重新申请该院责令被上诉人提供的其他证据，不予准许。对第二项申请，该院同意上诉人的鉴定申请，并责令被上诉人按《最高人民法院关于民事诉讼证据的若干规定》的要求提供相应证据材料。对第三项申请，因上诉人已经递交了其自行向江苏省高级人民法院取得的相关证据，该项申请中的证据，并非上诉人因客观原因不能取得的证据，对该项申请，不予准许。对第四、五项申请，本案举证期限已经在该院组织的第二次证据交换时届满，上诉人未按照《最高人民法院关于民事诉讼证据的若干规定》中规定的期限内提出申请，对该两项申请，不予准许。

2007 年 8 月 2 日，上诉人大江南公司向该院申请对涉案有关茧丝绸质押合同和转款委托书等材料的真实形成时间进行鉴定，为查明案情，该院对该鉴定申请予以准许。2009 年 5 月 15 日，该院司法鉴定处咨询国内多家鉴定机构均认为："根据现有样本材料尚无法鉴定"。2010 年 1 月 15 日，在该院组织调查质证时，根据各方当事人的合意，对本案的保证金是否足额问题，由该院委托中介机构进行审计，即双方同意按《交易规则》《结算实施细则》对保证金的规范，对交易市场所有多头和空头会员在 2005 年 11 月 7 日、8 日、9 日、12 月 12 日、13 日共 5 天的保证金是否足额进行审计。根据该院委托，2010 年 6 月 30 日，上海众华沪银会计师事务所有限公司（以下简称众华事务所）作出沪众会鉴字〔2010〕第 3800 号《司法会计鉴定书》，其鉴定结论为：1. 被告结算公司有动用客户保证金对外发放贷款的行为；2. 被告结算公司有虚拟增加客户交易保证金的情况，2005 年 11 月 7 日至 9 日 3 天增加的客户交易保证金中存在不足的现象；3. 因存在虚拟增加客户保证金及信贷资产流入客户保证金，对交易的申报和成交产生了影响。

上诉人对上述《司法会计鉴定书》的质证意见为：鉴定结论比较客观地反映了被上诉人（被告）串通客户虚拟增加交易保证金，完全同意第二、三点鉴定结论，对第一点鉴定结论和部分鉴定内容有如下异议。一、鉴定结论第一条认定和表述不够准确，准确表述应当是：被告有用虚拟资金发放贷款和动用客户保证金发放贷款的行为。二、鉴定书第 7 页关于"或者用仓单等质押转保证金增加了交易系统中的客户保证金"，"或者用仓单等质押转保证金进行委托交易"的表述与客观事实不符。实际情况是：被上诉人关于对部分会员以茧丝质押取得保证金的做法全部是以借款的形式出现的。三、鉴定书未查明被上诉人实际收取的会员资金跟应当收取的持仓资金等所有资金的差额。四、鉴定机构对争议日全部保证金的存在状态未作彻底查明是错误的。五、鉴定机构未查明用作质押的仓单的真实性。六、被上诉人未提供审计需要的全部证据材料，应根据《最高人民法院关于民事诉讼证据的若干规定》第七十五条的规定，由被上诉人承担不利的后果。

被上诉人对上述《司法会计鉴定书》的真实性、合法性、关联性均有异议：一、鉴定机构在该鉴定书中没有真实、全面地反映客户保证金缴纳的客观事实，其所述的鉴定事实是不真实的。1. 核查期间共计 752 万元没有现金流入的保证金增加，系会员的质押贷款内转作为保证金，而非虚计保证金。2. 核查期间共计 1135 万元贷款，系会员通过茧丝质押所获取的质押贷款，而非信用贷款。3. 鉴定机构关于核查期间存在疑似贷款资金用于缴纳保证金进行交易的认定，缺乏事实依据。4. 结算公司财务核实系统在每个交易日结束后，均按交易规则和结算细则的要求对会员资金进行核算，鉴定书第 8 页第 3 段称"被上诉人财务核算系统未按每个交易日逐日编制凭证并进行核算"与事实不符。二、鉴定机构对交易规则及法律法规理解有误，鉴定书中所述的鉴定结论存在错误。三、鉴定书之鉴定结论三与法院的鉴定要求没有关联，缺乏事实依据和逻辑上的必然因果关系。四、交易市场所有多头和空头会员在该 5 天的保证金是足额的这一事实，鉴定机构事实上在鉴定过程中已进行了相应查证，但在《司法会计鉴定书》中未予以明确认定，应予以补正。

对上述《司法会计鉴定书》，二审法院认证如下：本案司法会计鉴定程序是在双方当事人的合意下启动，鉴定机构是该院依法委托的有资质的会计师事务所，鉴定人员具备相关的鉴定资格，鉴定程序并未发现有违法情形，鉴定结论也未发现存在依据不足的情形，故上述鉴定结论可作为认定本案事实的依据。

根据现有证据并结合双方当事人的陈述，对原判认定的大江南公司申请加入交易市场并参与市场交易结算规则的修订，以及上述交易结算规则的内容和大江南公司在交易中的保证金亏损数额等事实，二审予以确认。另外，根据嘉兴市经济贸易委员会传真给该院的函件及委托的众华事务所出具的鉴定结论，二审另认定：交易市场的整改工作已经得到有关政府部门的肯定。结算公司有虚拟增加客户交易保证金的情况，2005 年 11 月 7 日至 9 日 3 天增加的客户交易保证金中存在不足的现象。

浙江省高级人民法院认为：关于本案交易行为的效力问题。交易市场是经国务院行业主管部门批准设立并依法登记的事业单位法人，结算公司是为交易市场会员提供结算服务和担保，并经工商登记的公司制企业法人，交易市场和结算公司的民事主体和经营主体资格均属合法。涉讼交易期间，国家法律和行政法规没有涉及变相期货交易构成要件的明确规定，为贯彻合同法的交易安全原则，对于不违反法律和行政法规禁止性规定的交易模式，不应认定非法，也不应认定由该交易模式所形成的合同关系无效。虽然《期货交易管理条例》第八十九条第一款对变相期货交易作了明确规定，即"采用集中交易方式进行标准化合约交易，同时采用以下交易机制或者具备以下交易机制特征之一的，为变相期货交易：一、为参与集中交易的所有买方和卖方提供履约担保的；二、实行当日无负债结算制度和保证金制度，同时保证金收取比例低于合约（或者合同）标的额 20% 的。"但是，涉讼交易行为发生在《期货交易管理条例》实施之前，根据法无溯及既往原则，不应直接根据该条例认定涉案交易模式属于变相期货交易。同时，根据该条例第八十九条第二款的规定，对于在《期货交易管理条例》施行之前实施变相期货交易的机构或者市场，应当在国务院商务主管部门规定的期限内进行整改。既然是整改，就不是对市场的取缔和交易行为的全盘否定，而是行政机关对交易市场依照法律、行政法规和规章的规定，要求其予以整顿和改正，以期达到法律、行政法规和规章所规定的要求，也是针对不符合《期货交易管理条例》的交易现状的一种修复，使其成为合法状态。况且，国家商务部也已经于2007年4月13日以商建发〔2007〕138号下发了《关于大宗商品交易市场限期整改有关问题的通知》，有关部门也已经对交易市场进行了整改。据此，本案不应直接适用《期货交易管理条例》，不宜因本案交易行为符合《期货交易管理条例》规定的变相期货交易的某些特征而认定相关交易和结算行为无效。

关于上诉人大江南公司主张返还8084454.38元违约处罚金能否成立问题。结算公司以大江南公司持有135手2005年3月份干茧买入合约未平仓和未进行实物交割为由，于2005年4月扣收大江南公司保证金8084454.38元作为违约处罚金。大江南公司以交易市场和结算公司实施变相期货交易以及上述合约已经平仓等为由，认为结算公司收取的上述违约处罚金无事实和法律依据。如前所述，本案讼争行为发生在《期货交易管理条例》实施之前，不宜依《期货交易管理条例》规范的变相期货交易来认定本案交易和结算行为无效，上诉人大江南公司不能以被上诉人实施变相期货交易为由而请求被上诉人交易市场和结算公司返还本案8084454.38元违约处罚金。该违约处罚金是否需要返还，取决于上述135手干茧合约有无平仓或实物交割。如果上诉人持有合约在交割日届满后未平仓或未进行实物交割，则被上诉人为了对持有买卖方向相反的合约的客户进行履约担保，其收取违约处罚金符合本案交易结算规则，上诉人无权请求返还；反之，若上诉人持有的合约已经平仓或实物交割，则结算公司无权收取违约处罚金。因上诉人大江南公司认为被上诉人据以收取违约处罚金的135手合约已经平仓的主要事实和证据为：2005年2月25日大江南公司给结算公司的《申请》及结算公司依该《申请》给大江南公司贷款。但由于大江南公司给结算公司出具《申请》的目的是为了向结算公司借款，结算公司在《申请》上签署"同意"字样，只是表明结算公司同意借款给大江南公司，若大江南公司信用良好，即使相关干茧合约未平仓而无多余保证金作担保，也不影响结算公司借款给大江南公司。何况，《申请》也只是载明大江南公司与某会员单位"订立协议平仓合同"，并无充分证据证明大江南公司已经与某会员单位履行了协议平仓合同。而且，大江南公司于2005年9月7日在给交易市场和结算公司的函中明确表示"至2005年9

月7日止在市场合同订购交易中及相关的一切事项（含代理客户的相关事项）已核对无误，并已全部结清，至此2005年9月7日前的交易、交收、费用、争议等一切事项的责任由我方承担，均与贵方无关"。大江南公司授权的交易员姚洁盛也先后于2005年4月7日、20日在《付款请款通知单》中对扣款行为签字确认。如果确实存在大江南公司所主张的协议平仓200手合约的事实，则在结算公司以大江南公司持有135手合约未交割而对其进行违约处罚时，大江南公司应会提出异议。但是，大江南公司在本案讼争行为发生前，不仅未对违约处罚问题提出异议，相反，在结算公司2005年4月扣收大江南公司8084454.38元违约处罚金之后，大江南公司还汇给结算公司保证金1400多万元。因此，从大江南公司提供的《申请》等证据，得不出其主张的200手合约已经平仓的结论；相反，从大江南公司给交易市场和结算公司的函，可以证实发生在2005年9月7日之前的包括违约处罚问题在内的一切事项，大江南公司已经自认"核对无误"和"全部结清"。故上诉人大江南公司提出关于交易市场和结算公司返还8084454.38元违约处罚金的上诉请求，无事实和法律依据，不予支持。

至于交易市场和结算公司以保证金不足为由，对大江南公司持有的合约进行强制转让，造成大江南公司15182786.89元保证金损失是否需要赔偿问题。因大江南公司自愿申请加入交易市场并成为会员，参与了《中国茧丝绸市场章程》《交易规则》《结算实施细则》等交易结算规则的修订，按照民法的意思自治原则，上述交易结算规则对大江南公司具有拘束力。虽然当事人意思自治受国家干预的调整，但交易市场会员制定的交易结算规则，并不违反当时法律的强制性规定，当事人依据其制定和认可的交易规则和结算规则，依其自主意志从事交易行为和结算行为，应自负其责。大江南公司虽然上诉提出无法证明其参与了章程及有关规则的修订，但从大江南公司在交易市场会员大会会议签到簿上的签字，并结合交易市场在此期间的会务安排和大江南公司此后参与交易的情况，可以认定大江南公司参与了本案交易结算规则的修订并接受交易结算规则的约束。大江南公司关于在会议签到簿上签到系交易市场组织旅游的陈述，不能成立，不予采信。交易市场和结算公司在本案中是否需要承担民事责任，应当考虑过错、损害和因果关系等要素，而最关键的是因果关系构成要件，即交易市场、结算公司是否承担民事责任取决于其行为与大江南公司的损失是否存在因果关系。质言之，在本案讼争行为发生时，如果交易市场和结算公司允许多头会员进行无保证金或保证金不足额的情况下进行交易，则合约的价格将可能会被抬高，市场行情将可能会朝着空头会员不利的方向发展，大江南公司作为当时的空头会员，其合约被强制转让所造成的损失，与交易市场和结算公司的行为有因果关系，交易市场和结算公司应依据其过错大小承担相应的民事责任。如果交易市场和结算公司未允许会员在保证金不足额的情况下进行交易，也无其他违法和违规行为，则无须承担民事责任。考虑到保证金是否足额问题是本案的重要法律事实，基于双方当事人的合意，对保证金是否足额，由该院委托中介机构进行审计鉴定。根据鉴定结论，在当事人协商抽查的 5 天中，有 3 天存在保证金不足的现象。交易市场、结算公司在客户保证金不足的情况下允许客户进行交易，既违反了其制定的交易结算规则，也是导致交易价格朝着不利于上诉人持仓方向发展的原因之一，被上诉人交易市场和结算公司的上述行为与上诉人大江南公司的合约被强制转让而导致的 15182786. 89 元保证金损失具有因果关系。当然，除交易市场和结算公司允许保证金不足的会员进行交易与上诉人的损失有因果关系外，供求关系等市场风险也是导致上诉人损失的原因之一，无论是上诉人提供的浙江省丝绸协会出具的《浙江省蚕茧收购协会定价与实际收购价一览表》，还是被上诉人提供的经公证的商务部网站下载的在浙江省的《干茧价格图表》，均反映从 2005 年 11 月讼争交易行为发生至 2006 年 3 月讼争干茧合约交割月届满时，茧的现货价格为上升趋势。由于茧丝现货价格的不断上涨，将会不同程度地使将来交割的茧丝买入合约的价格也跟着上涨，上诉人持有买卖方向相反的茧丝卖出合约的净市值也将不同程度地减少。因此，茧丝现货价格的上涨作为一种市场因素，不利于上诉人的持仓方向，市场风险也是上诉人持有卖出合约发生亏损的原因之一。基于市场风险导致的损失，与被上诉人组织的交易行为无关，应由上诉人自负其责。鉴于被上诉人交易市场和结算公司的违规交易行为和市场风险均是导致上诉人损失的原因，在以上多因一果的法律关系中，考虑到鉴定机构抽查的 5 天交易中，被上诉人有 60% 的时间段存在允许保证金不足进行交易的情形，以及交易市场和结算公司作为交易的组织者在交易中的主导作用，该院认定被上诉人交易市场和结算公司的违规交易行为是导致上诉人损失的主要原因，被上诉人交易市场和结算公司应赔偿上诉人大江南公司 15182786. 89 元保证金损失中的 60% 。上诉人大江南公司的部分上诉请求成立，予以支持。

由于交易市场是会员合约交易的组织者和管理者，结算公司是对交易结果进行资金和合约的清算者，两者的共同行为导致上诉人的保证金损失，交易市场和结算公司对上诉人的损失应互负连带责任，被上诉人浙江丝绸公司、进出口公司、工业总公司、四川丝绸公司和嘉欣丝绸公司虽为交易市场的开办单位，但目前并无充分证据证明其出资不到位，也无充分证据证明交易市场具有法人人格否认的情形。大江南公司上诉请求浙江丝绸公司、进出口公司、工业总公司、四川丝绸公司和嘉欣丝绸公司对交易市场的债务承担连带责任，无事实和法律依据，不予支持。

综上，引发本案纠纷发生的行为在《期货交易管理条例》实施之前，在此期间，交易市场所采用的交易行为引发的纠纷，宜本着尊重历史和事实的精神妥善处理。在会员是依据其认可的交易规则和结算规则，依其自主意志从事交易行为、结算行为的情形下，不宜认定相关交易和结算行为无效。上诉人大江南公司的保证金损失既有市场风险因素，也与被上诉人交易市场和结算公司组织的违规交易行为有关，该院合理确定交易市场和结算公司赔偿大江南公司15182786.89元保证金损失中的60%。结算公司以大江南公司持有135手合约未进行实物交割为由，扣收其保证金8084454.38元作为违约处罚金，符合本案交易结算规则，且大江南公司已对此自认"核对无误"和"全部结清"，大江南公司请求返还8084454.38元违约处罚金无事实和法律依据。一审法院基于当时的证据而作出的判决，有相应的依据。二审改判系因为出现《司法会计鉴定书》等新的证据，原判不属于错案。依照《中华人民共和国民事诉讼法》第一百五十三条第一款第（三）项、《中华人民共和国民法通则》第一百零六条第二款之规定，经该院审判委员会讨论决定，判决：一、撤销杭州市中级人民法院（2006）杭民二初字第41号民事判决；二、交易市场和结算公司在该判决送达之日起10日内连带赔偿大江南公司保证金损失9109672.13元；三、驳回大江南公司的其他诉讼请求。一、二审案件受理费各126346元，由大江南公司负担63173元，交易市场和结算公司共同负担63173元；二审案件鉴定费317997元，由大江南公司负担158998.5元，交易市场和结算公司共同负担158998.5元。

大江南公司不服浙江省高级人民法院上述终审判决，向本院申请再审称：一、朱雪凤的录音视听资料属于新证据，对本案具有重要的证明意义。交易市场和结算公司掌握着与会员交易有关文书和电脑资料，在没有他们配合的情况下，大江南公司无法取得这些证据资料。在二审判决生效后，大江南公司才有机会接触当时担任交易市场、结算公司的财务总监、现任结算公司总经理的朱雪凤，并设法与其交谈录音，在录音录像过程中并不存在侵犯朱雪凤的隐私行为。朱雪凤在未否定录音录像的真实性、也未提出录音录像可能存在剪辑等变造行为、亦未提出对录音录像进行鉴定的情况下，该录音录像应作为新证据采信（录音内容详见再审申请书）。该录音资料能够证明如下事实：1. 证明2005年2月25日的申请书是由结算公司提出要求、坚持让大江南公司让利平仓、并由结算公司一手办理的事实；2. 证明申请书中约定的协议平仓已经执行，并由结算公司向大江南公司以借款名义释放保证金1000万元的事实；3. 证明当时结算公司虽对大江南公司处罚 8084454.38 元，但该处罚是形式上的，结算公司曾答应把该款项还给大江南公司，由于款项至今未还，故在结算公司账户上还挂着该笔款项的事实。

二、二审法院委托审计的 2005 年 12 月 12 日、13 日的保证金情况，与交易的真实性无关，不能以该两日不存在虚拟保证金的情况就认定交易市场和结算公司不需要承担 40% 的赔偿责任。交易市场、结算公司因巴贝公司事件曾于 2005 年 11 月 15 日至 12 月 11 日停止交易，后于 2005 年 12 月 12 日恢复交易，并在通知中规定 2006 年 5 月（含）前商品交货月暂时不能新订购合同，原订购合同可转让。在不能新订购合同的情况下，有关会员是否足额缴纳交易保证金，已经没有任何意义，交易市场和结算公司不需要通过串通会员虚构保证金的形式虚拟交易。实际上，通过 2005 年 11 月 7、8、9 日 3 天的虚构保证金交易，所有的空头会员都已经彻底被打垮，当时最大的空头巴贝公司也需要追加 2 亿多元保证金方可继续下达交易指令进行交易，其他包括大江南公司在内的所有空头会员都已经面临不追加保证金将无法继续交易的局面，而享受到虚构保证金利益的会员已经有大量的浮动盈利用于继续交易，即便恢复交易后可以新订购合同，这些会员也不需要再通过虚构保证金去进行交易和影响交易价格。因此，二审判决以 2005 年 11 月 7、8、9 日 3 天及 12 月 12、13 日 5 天的保证金审计中有两天即 12 月 12 日、13 日没有虚构保证金，该两日占抽查五天的 40% 为由，判令交易市场和结算公司只承担 60% 的赔偿责任，是没有任何事实依据的。而且，交易市场违反交易规则，利用已退市巴贝公司席位不断下达反向指令即买进指令，再次导致了交易价格的暴涨。在本案再审审查听证过程中，交易市场和结算公司的代理人也承认利用巴贝公司席位下达买进指令。因此，可以认定恢复交易后的价格暴涨虽与保证金是否充足无关，但却与交易市场和结算公司继续操纵交易密切相关。

三、二审判决适用法律确有错误，存在同案不同判的重大问题。与大江南公司同时在 2005 年 11 月参加做空交易的，除两巴贝公司由交易市场和结算公司自愿退赔了大部分损失外，另有两家会员通过法院判决得到了赔偿，这两家会员不仅所有保证金损失得到全额、不打折的退赔，其所有利息损失也得到了全部的赔偿。一家是启东市帝华茧丝绸棉业有限公司（以下简称帝华公司）。该公司在 2005 年 11 月的风波中共损失保证金 13684172.77 元。通过江苏南通中院一审、江苏高院的二审审理和判决，交易市场和结算公司赔偿该公司全部保证金损失 13684172.77 元。交易市场和结算公司曾向最高人民法院申请再审，但被驳回。另一家是南通美杰丝绸服装有限公司（以下简称美杰公司）。该公司在 2005 年 11 月起的风波中共损失保证金 210 万元。该公司的诉讼由最高人民法院指定由合肥市中级人民法院审理，案经一审、二审，判令交易市场和结算公司返还、赔偿了该公司 210 万元保证金损失，并赔偿了该保证金的全部利息损失。而交易市场和结算公司要求帝华公司赔偿因强行转让合约产生的价差损失 3977000 元、违约金 3337929 元及利息 861698.64 元的诉讼请求，经最高人民法院指定的合肥中院和安徽高院审理，被驳回了诉讼请求。另外，帝华公司、启东市茧丝绸有限公司和吴江市庙港缫丝有限公司，早在 2005 年前就因参加交易市场、结算公司组织的交易产生了巨额损失，也分别提起诉讼，最后全部胜诉。自 2005 年 11 月的风波之后，全国各地针对本案的诉讼，除大江南公司的案件外，其他案件的所有会员全部全面胜诉，不但所有损失的本金得到返还和赔偿，连利息（都是从相关保证金汇入结算公司账户日起计算）都得到了全额赔偿。交易市场和结算公司的服判息诉并主动履行，也可以证明其存在操纵交易的事实。

四、依法应当回避的审判人员没有回避。本案二审时，大江南公司特附相关证据向浙江省高级人民法院提出回避申请，请求该院回避，将本案报请最高人民法院指定其他高级人民法院审理。但被二审法院以不符合回避事由为由驳回。为公平和统一执法尺度，本案理应由最高人民法院指令合肥中院或者安徽高院审理。本案二审法院作出了极不公正的、对同样的事实作出了与其他法院截然不同的判决。

五、违反法律规定，剥夺当事人辩论权利。二审法院存在多处剥夺大江南公司方诉讼权利的行为，如拒不同意鉴定申请、调取案卷材料申请、调取税务资料申请、延长举证期限申请，甚至连大江南公司明显的笔误（如坚持笔误内容，将与本案审理的争议点毫无关系）都不同意更正。在二审法院组织最后一次开庭时，合议庭在向双方当事人询问了对合议庭调取的个别证据的质证意见后，直接宣布闭庭，不让大江南公司有任何补充辩论和最后陈述的机会，剥夺了大江南公司的辩论权利。

总之，原二审判决认定事实及适用法律均存在错误，大江南公司有充分证据，足以推翻原判决。依据《中华人民共和国民事诉讼法》相关规定，请求依法撤销浙江省高级人民法院（2007）浙民二终字第 153 号民事判决，改判支持再审申请人的再审诉讼请求，即判令交易市场、结算公司赔偿大江南公司的保证金损失 15182786.89 元，返还大江南公司的保证金 8084454.38 元，二项合计 23267241.27 元；给付该款自 2006 年 1 月 26 日起至实际给付之日止按中国人民银行规定的同期逾期贷款利率计算的利息损失；并承担本案全部诉讼费用。

交易市场、结算公司再审答辩称：一、大江南公司提供的录音资料不属于新证据，原审判决就该节争议事实已进行了充分审查，相关证据足以证明该 800 万余元系因其违约而被扣收的违约处罚金。该录音所述内容是对原审中提供证据《申请》的重复，只是对同一内容的不同表现方式而已，该事实在原审中已查明，并在原审判决书 39、40 页作出详细论述和认定。证据《申请》或该录音资料只表明其曾向交易市场、结算公司借款的事实，与协议平仓行为无关，大江南公司未能提供该平仓协议或单据，无法说出与其协议平仓的会员地位、平仓价格等，表明其称自行协议平仓 200 手的事实根本不成立。根据结算公司提供的证据证明，到 2005 年 3 月 11 日交易结束时，大江南公司共持有 2005 年 3 月干茧买入合约 379 手，并非是其称的 224 手。从其2005 年 9 月 7 日出具给交易市场和结算公司的书面确认文件看，也不存在协议平仓 200 手的交易事实。大江南公司授权的交易员姚洁盛在《付款请款通知单》上对扣款行为签字确认，证明其对违约处罚一事是明知的，如确实存在协议平仓 200 手的事实，则结算公司对其进行处罚时，其应提出异议。所以，原审判决对返还 8084454.38 元违约处罚金的请求不予支持是完全正确的。

二、申请人认为合同订购的交易价格完全由参与交易会员的资金多寡所决定，而与茧丝本身价值及现货价格走势无关是错误的。商品价格由其价值决定，受供求关系调节，而非由市场内投机资金所决定。2005 年年底至 2006年年初茧丝价格上涨行情完全是由于秋茧减产、供需关系变化导致的。商务部茧丝绸行业市场监测系统提供的全国各地茧丝价格走势也印证了这一事实。2005 年度秋茧减产，在市场同期现货价格已涨到每吨 8 万元的情况下，申请人与巴贝公司等几家空头串通，以每吨 7 万元左右的价格大量开仓做空，打压价格，获取投机利益。当时市场上就出现了众多散户多头与几个空头对峙的局面。由于空头后续追加资金不济，无法继续进行卖出交易打压价格，于是价格开始回升，逐渐向正常的价格（同期现货价格）靠拢。所以价格上涨是正常的价格回归，而非被申请人恶意违规操作的结果，申请人所受到的损失应由其自行承担。

三、结算公司动用客户保证金对外发放贷款的行为并未违反法律法规，符合市场的交易规则和交易惯例，并未损害会员合法利益。当时的交易规则及大宗商品交易的相关法律法规并没有要求对会员单位的交易保证金必须专户存储，结算公司发放茧丝质押贷款并不属于违法违规挪用客户保证金。质押贷款及质押款内转保证金都是符合市场交易惯例的，都能对会员在市场内所订立的交易提供担保，不存在无担保的交易行为，不存在动用客户保证金而给客户造成保证金无法追回的情况，故动用客户保证金对外发放贷款并未损害会员的合法权益。

四、申请人所列举的其他案件的判决依据及理由与本案原审判决存在较大差距，并非是同案不同判。

五、申请人关于原审中审判人员应当回避的主张没有事实和法律依据。

六、本案二审先后两次公开开庭审理，期间组织双方质证及证据交换，申请人提供了各类证据说明、质证意见、补充意见等材料，均记录在案，不存在剥夺其辩论权利的情况。

综上，申请人大江南公司的再审请求不能成立，请求予以驳回。

本案再审时，申请人大江南公司向本院提交了两份新证据：1. 一份记录其法定代表人马锡毫于2011年7月1日与结算公司总经理朱雪凤谈话的光盘；2. 一份记录该谈话部分内容的书面材料《谈话录音录像记录》。

被申请人交易市场、结算公司的委托代理人庭审中对上述证据发表了质证意见：对该光盘记录双方谈话声音的真实性没有异议，对大江南公司根据声音整理的文稿有异议。本案再审中，法庭已告知两被申请人在庭审后提交一份记录该光盘谈话内容的书面材料，但其未予提交，故应确认交易市场、结算公司提出的该项异议不成立。

本院再审查明：申请人大江南公司提交的《谈话录音录像记录》载明了马锡毫与朱雪凤于2011年7月1日谈话的部分内容。朱雪凤认可的相关事实为：其经办了《申请》中相关交易事宜，当时结算公司叶金松总经理叫其办理大江南公司与某会员协议平仓2005年3月干茧200手和退还给大江南公司200手合约价款的20%交易保证金的事宜。其与小杨制作了协议平仓的单据，交给马锡毫签字。按照市场的规定，锁定双方协议平仓的200手干茧都不能参加交易了，然后经总经理签字，其才能付款。后付给了大江南公司800万元和200多万元。在3月11日前其只能以借款的形式在大江南公司的"在途资金"中付给200手干茧保证金，到了3月11日最后交易日结束，才能把锁定双方的买、卖仓单对冲，释放双方保证金。对方是谁其不知道，因交易是保密的，只有叶总才清楚。按《申请》看，合同已经生效了，问题出在到了3月11日后对方200手没有交到结算部门，所以大江南公司的200手无法去掉。这笔账款至今还挂在账上。当时罚款是形式上的，后来到9月份刘佳林叫其退还。

再审还查明：2005年2月25日，大江南公司向结算公司提交一份由其法定代表人马锡毫签字的《申请》，其内容为"我公司是中国茧丝绸交易市场会员单位（席位号0051号），已在市场合同订购交易系统买入2005年3月干茧合约420手计2100吨（平均成交价58474元/吨），其中200手干茧合约已与市场某会员单位订立协议平仓合同。按《市场交割细则》及《结算细则》规定，2005 年 3 月干茧合约的最后交易日未过，则不能退回已收取的该些合约20% 的交易保证金。现因我公司资金紧张，特申请以该些已协议平仓合约的20% 交易保证金计 1169.48 万元作担保，向贵公司借款 800 万元，请予批准！"结算公司总裁叶金松在该《申请》上签名，并注明"同意，请结算公司根据客户实际需要办理"。

本案一、二审时，大江南公司向法庭提交了该《申请》，以证明存在"协议平仓200 手干茧"的事实。一审中，交易市场、结算公司认为该证据为复印件，故对其真实性不予确认。一审认为，"被告关于协议平仓200 手系大江南公司单方陈述的理由成立，大江南公司未提供相应交易凭证证实该主张，该证据对于该节事实不具证明力。"二审判决则认为：《申请》"只表明结算公司同意借款给大江南公司"；"《申请》也只是载明大江南公司与某会员单位'订立协议平仓合同'，并无充分证据证明大江南公司已经与某会员单位履行了协议平仓合同"；"从大江南公司提供的《申请》等证据，得不出其主张得200 手合约已经平仓的结论"。一、二审判决没有否认该证据的真实性。本院再审庭审中，大江南公司再次提交了《申请》，其称之为"原件"，但被申请人交易市场、结算公司对其真实性提出异议，认为该证据是复印件，不是原件。双方均未提出对该证据进行鉴定的申请。

此外，《司法会计鉴定书》中"鉴定结论"还载明，鉴定机构对结算公司的交易系统和财务系统进行了审核，发现如下问题：1. 结算公司未对会员单位交易保证金进行专户存储，会员单位的保证金与结算公司的自有资金或代收代付资金在银行账户中无法有效区分；2. 由于结算公司实收资本仅 500万元，且没有其他自有资金，但截至 2005 年 11 月 9 日，累计发放贷款 1.37亿元，完全存在动用客户保证金进行贷款的可能。

除上述事实及证据外，本院再审对一、二审查明的其他事实的真实性予以确认。

本院认为，根据本案终审判决结果及大江南公司的再审申诉请求，本案再审的争议焦点是：一、两被申请人应否赔偿大江南公司的保证金损失15182786.89 元及利息；二、其应否返还以违约处罚名义扣取大江南公司的款项8084454.38 元及利息。

一、关于交易市场、结算公司应否赔偿大江南公司的保证金损失15182786.89 元及利息问题。

本案二审期间，根据双方当事人的合意，法院委托中介机构对交易市场所有多头和空头会员在 2005 年 11 月 7、8、9 日及 12 月 12、13 日共 5 天的保证金是否足额问题进行审计，作出了《司法会计鉴定书》。该院认为其鉴定结论可作为认定本案事实的依据。本院认为，该司法鉴定程序是经双方当事人同意后启动，鉴定机构的资质及鉴定人员的资格均符合相关规定，鉴定程序合法，且本案再审申请人大江南公司对《司法会计鉴定书》中的鉴定结论未提出异议，故本院对其认定的相关事实亦予以确认。依据该鉴定结论确认的"结算公司有虚拟增加客户交易保证金的情况，在 2005 年 11 月 7 日至 9 日 3 天增加的客户交易保证金中存在不足的现象；结算公司有动用客户保证金对外发放贷款的行为；因存在虚拟增加客户保证金及信贷资产流入客户保证金，对交易的申报和成交产生了影响"等事实，二审法院认定交易市场、结算公司违反了其制定的交易结算规则、其"上述行为与大江南公司的合约被强制转让而导致的 15182786.89 元保证金损失具有因果关系"，证据充分，判定正确，本院予以确认。

关于现货市场中"供求关系等市场风险是否是导致大江南公司损失的原因之一"的问题。二审认为，相关价格信息显示，从 2005 年 11 月讼争交易行为发生至 2006 年 3 月讼争干茧合约交割月届满时，茧丝现货价格的上涨作为一种市场因素，不利于大江南公司的持仓方向，市场风险也是其持有卖出合约发生亏损的原因之一。本院认为，本案中的茧丝绸交易市场是由其特定会员以其专用账户内资金并通过电脑报价、在固定的交易网络系统内进行的合同订购交易。相对于现货市场的开放性，该市场是一个仅由其会员才能进入并参与交易的封闭系统。依据其交易规则，会员中的多空双方应凭其账户内的实有资金数量参与交易，商品合约的价格亦随着买卖双方交易总数量的变化而上下波动。由此可见，会员参与交易的意愿及其资金实力决定某一商品合约交易价格的涨跌，而会员的"意愿"则来自于对当时及未来市场信息的综合判断。只有在保证会员享有交易规则所设定的"公平、公正、公开"之交易环境的前提下，才能确保在该竞价机制所形成的合约价格走向与未来现货市场价格、供求变化之间产生真实而有效的市场信息传递，从而达到平抑相关商品在现货市场上的供求波动和风险的目的。鉴于合约价格与现货价格之间的相互作用是在市场机制运行下的复杂过程，不应否定期货合约价格的变化作为现货价格的"晴雨表"，亦可以对现货市场上的商品价格的变动产生影响。具体到本案，由于"中国茧丝绸交易市场"的价格风向标作用，故并不能排除"因期货合约价格不断上涨而使茧丝现货价格随之上涨"情形的发生。二审判决认为，在 2005 年 11 月至 2006 年 3 月间，"由于茧丝现货价格的不断上涨，将会不同程度地使将来交割的茧丝买入合约的价格也跟着上涨"。该判定结论否定了"合约价格上涨"对茧丝现货价格上涨的反作用，将

"市场风险"作为大江南公司发生亏损的原因之一，缺乏证据支持。因此，二审认定"基于市场风险导致的损失，与交易市场、结算公司组织的交易行为无关，应由大江南公司自负其责"，证据不充分，本院不予采纳。

本案二审"鉴定结论"表明，交易市场、结算公司存在违规操作、虚增保证金、允许保证金不足进行交易等侵害会员正当交易权益的行为，且该行为与造成大江南公司 15182786.89 元保证金损失之间存在着直接的因果关系。本案中没有证据证明，大江南公司作为受害方，其对该损失的发生亦存在过错。由于交易市场的所有交易行为及竞价过程均是连续进行的，故在某一时段内发生的侵权行为后果，必将对其后进行的所有交易的价格、数量及多空双方的资金实力、损益程度等造成持续的影响。因此，二审依据"侵权天数占总抽查天数的时间比例（即：在抽查的 5 天中，结算公司 3 天存在违规）"判令交易市场、结算公司承担 60% 损失，而将"其余未发生侵权行为的 40% 时间比例"作为减轻其民事责任的事由，没有事实和法律依据，适用法律明显不当。

二、关于交易市场、结算公司应否返还其以违约处罚名义扣取大江南公司的款项 8084454.38 元及利息的问题。

经本院再审庭审质证，交易市场、结算公司对大江南公司提交的光盘所记录谈话事实的真实性没有疑义，亦没有证据证明大江南公司在取得上述证据时采用了强制等非法手段。其虽对大江南公司整理的《谈话录音录像记录》文稿内容有异议，但没有提交足以反驳的证据。依据《中华人民共和国民事诉讼法》第六十三条、第七十一条及《最高人民法院关于民事诉讼证据的若干规定》第七十条相关规定，本院对该光盘记录的谈话事实及《谈话录音录像记录》内容的真实性及证明力予以确认。上述证据还表明，当时担任结算公司财务负责人的朱雪凤认可其经办"《申请》及相关业务手续"的事实，其陈述内容与《申请》载明的内容相互佐证，依据《中华人民共和国民事诉讼法》第七十条及《最高人民法院关于民事诉讼证据的若干规定》第四十九条规定，本院对《申请》作为本案证据的真实性及证明力亦予确认。

本案中，《申请》载明了"200 手干茧合约已与市场某会员订立协议平仓合同""2005 年 3 月干茧合约的最后交易日未过，则不能退回已收取的该些合约 20% 的交易保证金""特申请以该些已协议平仓合约的 20% 交易保证金计 1169.48 万元作担保，向贵公司借款 800 万元"等内容。按照结算公司总经理叶金松的批示，该公司的财务人员朱雪凤、小杨为"协议平仓干茧 200手"办理了"锁单子""让老总签字"等手续，此后付给大江南公司借款 800 万元和 200 万元。本案中相关交易数据显示，大江南公司在 2005 年 2 月 4 日共持有 2005 年 3 月份干茧买入合约 424 手，2 月 25 日《申请》中记载是 420 手，至最后交易日 2005 年 3 月 11 日交易结束时共持有合约数是 379 手，后协议平仓 15 手、实务交割 229 手。如结算公司将此前已"锁定交易"的 200 手协议平仓手续办理完毕，则不会出现"2005 年 3 月干茧合约尚余 135 手未交收"情况。本院认为，结算公司总经理叶金松已同意并指示财务人员为大江南公司办理"协议平仓干茧 200 手"的相关手续，按其实际结算操作方式，应同时锁定协议平仓合同双方各 200 手合约，并如期完成结算。此后，在结算公司未明确告知的情况下，大江南公司有理由相信该笔交易已结算完毕。因此，对造成大江南公司在货物交收日过后"还有 135 手未交收"，结算公司在办理结算手续方面操作不当，亦是主要原因。其以此为由认定大江南公司违约并处以违约金、罚款，依据不足。

大江南公司再审提交的证据显示，朱雪凤谈话中称"这笔账（款）至今还挂在账上"、"当时罚款是形式上的，后来到 9 月份刘佳林叫我退还你们（大江南公司）的"。此外，根据《结算实施细则》第二十三条规定，在结算公司对于非违约方的盈利或亏损处理完后，"结算公司再将违约方的违约金支付给非违约方"。本案再审中，交易市场、结算公司亦没有提交相应的证据，证明其已将收取的 7964979.38 元违约金支付给了协议平仓合同的对方当事人（非违约方）。结算公司长期占有该笔款项没有法律依据，属于不当得利。同时，该事实亦反证：由于没有证据证明存在"135 手违约中的非违约方"，表明结算公司以此为由而对大江南公司进行处罚的依据不足。

此外，交易员姚洁盛 2005 年 4 月 7 日、20 日在《付款请款通知书》上的签字行为，以及大江南公司同年 9 月 7 日写给交易市场、结算公司的函件，是基于对交易市场、结算公司交易结算程序真实性的信任，结算公司亦没有明确告知有关 200 手协议平仓没有办理完毕的真实情况，不能表明大江南公司对该项处罚的损失予以了认可。至于大江南公司在本案讼争行为发生前"未对违约处罚问题提出异议"、"还汇给结算公司保证金 1400 万元"等事实，也不能作为证明大江南公司放弃该项损失求偿请求权的证据。综合上述事实，二审判决"驳回大江南公司关于交易市场、结算公司返还 8084454.38 元违约处罚金上诉请求"的理由不足，其适用法律不当。

综上，本案再审申请人大江南公司关于"交易市场、结算公司应赔偿其保证金损失 15182786.89 元及利息，并返还以违约处罚名义扣取的 8084454.38 元款项及利息"的诉讼请求，证据充分，理由成立，本院予以支持。但其请求"按中国人民银行规定的同期逾期贷款利率计息"依据不足，本院确定按法定的同期贷款利率计付利息损失。二审判决认定事实基本清楚，但适用法律部分不当,本院予以纠正。本院依照《中华人民共和国民事诉讼法》第一百七十条第一款第(二)项、第二百零七条第一款之规定,判决如下:

一、维持浙江省高级人民法院(2007)浙民二终字第 153 号民事判决第一项;

二、撤销浙江省高级人民法院(2007)浙民二终字第 153 号民事判决第三项;

三、变更浙江省高级人民法院(2007)浙民二终字第 153 号民事判决第二项为:中国茧丝绸交易市场、嘉兴中国茧丝绸市场交易结算有限责任公司于本判决生效之日起十日内赔偿嘉兴市大江南丝绸有限公司保证金损失本金 15182786.89 元及利息(自 2006 年 1 月 26 日起至实际给付之日止,按中国人民银行规定的同期贷款利率计算);

四、中国茧丝绸交易市场、嘉兴中国茧丝绸市场交易结算有限责任公司于本判决生效之日起十日内返还大江南公司款项本金 8084454.38 元及利息(自 2006 年 1 月 26 日起至实际给付之日止,按中国人民银行规定的同期贷款利率计算)。

如逾期不履行上述给付义务,按照《中华人民共和国民事诉讼法》第 253 条之规定,应当加倍支付迟延履行期间的债务利息。

本案一、二审案件受理费各 126346 元,共计 252692 元,由中国茧丝绸交易市场、嘉兴中国茧丝绸市场交易结算有限责任公司负担。

本判决为终审判决。

审　判　长　王宪森
审　判　员　殷　媛
代理审判员　张雪楳
二〇一三年五月三十一日
书　记　员　孙亚菲

2. 当事人对其提出的主张不能举证证明的应当承担举证不能的法律后果

——赵玉生、李文秀与张贤、张有来、顾印红股权转让纠纷案

【裁判要旨】

根据《中华人民共和国民事诉讼法》第六十四条的规定，作为原审原告的张贤、张有来、顾印红，对其自己提出的主张，有责任提供证据。如三原告无法举证证明各方对受让人应当支付的股权转让对价款和其他应当履行的义务形成了合意，或者无法举证证明股权转让时存有价值的，应当承担举证不能的法律后果。原审法院在张贤、张有来、顾印红主张赵玉生、李文秀应当按照各方约定支付股权对价款的情况下，将股权转让没有对价的举证责任分配给原审被告，显属举证责任分配不当。原审法院将当事人之间签订的股权转让协议书和投资协议等大量相关事实简单割裂开来处理不当。即使根据现有证据尚无法认定赵玉生、李文秀系承债式受让股权，但在各方签订的《转让协议书》对股权价款未做约定、且强兴公司严重资不抵债的情况下，也很难得出受让人赵玉生、李文秀拒绝履行支付股权对价款已构成严重违约的结论。原审法院以赵玉生、李文秀拒绝支付股权对价款已构成根本违约为由判决解除股权转让协议，于法无据，本院依法予以纠正。

中华人民共和国最高人民法院民事判决书

（2013）民二终字第 32 号

上诉人（原审被告）：赵玉生。

委托代理人：高广清，河北渤海明达律师事务所律师。

上诉人（原审被告）：李文秀。

委托代理人：高景方，河北渤澳律师事务所律师。

委托代理人：王晓春。

被上诉人（原审原告）：张贤。

委托代理人：钱勇，河北冀华律师事务所唐山分所律师。

委托代理人：王西铭，北京市八都律师事务所律师。

被上诉人（原审原告）：张有来。

委托代理人：钱勇，河北冀华律师事务所唐山分所律师。

委托代理人：张森林，北京市八都律师事务所律师。

被上诉人（原审原告）：顾印红。

委托代理人：钱勇，河北冀华律师事务所唐山分所律师。

上诉人赵玉生、李文秀为与被上诉人张贤、张有来、顾印红股权转让纠纷一案，不服河北省高级人民法院（2011）冀民二初字第 15 号民事判决，向本院提起上诉。本院依法组成由审判员刘敏担任审判长，代理审判员赵柯、杜军参加的合议庭审理了本案，书记员孙亚菲担任记录。本案现已审理终结。

河北省高级人民法院一审查明，2010 年 4 月 3 日，原告张贤与被告赵玉生、李文秀，原告张有来与被告李文秀，原告顾印红与被告李文秀，签订了三份股权转让协议，分别约定，原告张贤向被告赵玉生转让其在河北曙光强兴水泥有限公司（以下简称强兴公司）股权价值为 8463 万元的股权，向被告李文秀转让其在强兴公司股权价值为 6244.4 万元的股权；原告张有来向被告李文秀转让其在强兴公司股权价值为 326 万元的股权；原告顾印红向被告李文秀转让其在强兴公司股权价值为 200 万元的股权。张贤与二被告签订的股权转让协议中写明"以上股权转让事项三方签字后交割完毕。受让方成为公司股东，以其出资额为限……"。张有来、顾印红与二被告签订的两份股权转让协议均约定两被告应于上述股权转让协议生效后即刻办理股权转让款项的交割手续。张有来、顾印红转让了全部股权，张贤转让后剩余 10% 的股权。

同日，张贤（丙方）与赵玉生（甲方）、李文秀（乙方）签订了《投资协议书》及《投资补充协议书》。《投资协议书》第 5 条约定，"出资形式及各股东所占公司股本比例：赵玉生，以现金形式出资，出资 5 亿元人民币，占公司股份的 50%。李文秀，以现金形式出资，出资 4 亿元人民币（土建、安装费用），占公司股份的 40%。张贤，以强兴公司一期生产线的所有资产、矿山、二期生产线整套手续、强兴商标等一切有形和无形资产折款出资为 1 亿元人民币，占公司股份的 10%（以实际投资为准，确定总投资额）"。《投资协议书》第 6 条约定，"本协议生效前，强兴公司的所有债权、债务由甲、乙、丙三方审核后予以确定。甲、乙两方只承担经三方确定的债务336255850.62元人民币……"，"丙方须以原强兴公司名义偿还其经三方确定的债务"。

2010年4月21日，原告以二被告未支付股权转让款涉嫌经济诈骗为由开始向有关机关进行举报，公安机关于2010年8月立案侦查，后经唐山市委督查室联合调查确定二被告不属合同诈骗，系经济纠纷。

2010年4月22日，被告赵玉生（甲方）、李文秀（乙方）与张贤（丙方）、张春来（丁方）签订《协议书》，该《协议书》第14条约定，"本协议经四方签字后即刻生效，并一式四份。甲、乙、丙、丁各一份"。该协议已由赵玉生（甲方）、李文秀（乙方）和张春来（丁方）签字，但张贤（丙方）未签字。

《中华工商时报》于2011年8月23日以《是经济纠纷还是合同诈骗》对该事件进行了报道。

2011年11月，张贤、张有来、顾印红诉至河北省高级人民法院，请求：1.判决解除张贤与赵玉生、李文秀，张有来与李文秀，顾印红与李文秀分别签订的三份股权转让协议；2.判决李文秀返还张贤原在强兴公司股权价值为6244.4万元的股权、返还张有来原在强兴公司股权价值为326万元的股权、返还顾印红原在强兴公司股权价值为200万元的股权，判决赵玉生返还张贤原在强兴公司股权价值为8463万元的股权，上述股权价值共计1.52334亿元；3.由两被告协助三原告在工商部门办理上述股权回转变更登记；4.由两被告承担诉讼费用。

河北省高级人民法院认为，本案争议的焦点问题主要是被告是否应向原告支付股权转让款。原、被告双方当事人2010年4月3日签订的三份《股权转让协议》和同日签订的《投资协议书》系当事人真实意思表示，且合法有效。被告主张实际履行的是《投资协议书》，该协议书中明确约定了为公司偿债的数额、张贤与新股东（两被告）投资的数额、方式及张贤需在该协议生效后三日内办理股权变更登记，而股权转让协议仅是办理股权变更登记的手续，是形式，没有对价，两被告对90%股权的受让应以投资协议约定的偿债数额为准，属承债式受让。对此被告没有证据支持其主张，即使实际履行的是投资协议，但在签订投资协议时，张有来、顾印红还是股东，却没有张有来、顾印红在投资协议上的签字，对此两被告无法作出合理解释。被告还称，没有顾印红、张有来的签字是张贤侵犯了张有来、顾印红的权利，但被告也没有证据证明签订投资协议时两被告知道或应当知道张有来、顾印红两人授权张贤签订此协议，两被告也没有尽到基本的审查义务，故被告的主张不予支持。本案中的证据（2010年4月3日的三份股权转让协议、4月3日的投资协议、股东会决议、工商变更登记、原告举报材料、《中华工商时报》的报道等）足以证明股权转让协议和投资协议都是客观存在且都需具体履行的协议，也就是说被告先通过股权转让协议成为股东，再以股东身份签订对整合后的公司的投资协议书。从原告于2010年4月3日签订股权转让协议、投资协议、2010年4月21日由于被告未支付股权转让款开始向有关部门反映、2010年8月公安机关立案、唐山市委督查室的调查报告及《中华工商时报》的报道来看，也可证明原告一直在向被告催要股权转让款，由此看来股权转让并非没有对价。由于股权转让协议中没有明确约定张贤、李文秀、赵玉生是以何种形式占有新公司股权，故投资协议中第5、6条才明确约定了张贤、李文秀、赵玉生的投资及替公司偿债的数额和形式。被告称投资协议中第8条只约定了张贤在投资协议生效后三日内办理股权变更手续，而没有约定什么时候被告支付张贤转让款，所以该股权转让是无偿的，该主张不能成立，因为在股权转让协议中已经约定了被告购买张贤的股权，两被告如果按约定付款后，张贤当然仅负变更股权登记的义务。由于股权转让协议和投资协议中并没有明确说明股权转让没有对价，在2010年4月3日原、被告签订股权转让协议时，虽然强兴公司属资产负债，但并不能必然推断出该公司股权没有价值及该公司没有发展前景，并且股权价款是可协商的，且原告一直向被告追要转让款，故不能认定股权转让没有对价。在对被告询问时，被告明确表态坚持对股权的受让属对公司承债式零价款受让，拒绝支付转让款，因此已无必要对股权价款进行确认，被告拒绝支付股权转让款的行为和意思表示已构成根本违约。至于投资协议书是否解除、原告是否返还被告对强兴公司的所有投资，由于本案中原告没有相关诉求，被告也没有提出反诉，故在本案中无法处理，双方当事人可通过其他途径解决。综上，原、被告双方签订的股权转让协议书依法应予解除，二被告应分别向原告返还受让的强兴公司的股权，并协助原告办理股权回转登记手续。该院依照《中华人民共和国公司法》第三十五条、第七十二条，《中华人民共和国合同法》第四十四条、第九十四条第（四）项之规定，判决：一、解除原告张贤与被告赵玉生、李文秀于2010年4月3日签订的（股权）转让协议书；解除原告张有来与被告李文秀于2010年4月3日签订的（股权）转让协议书；解除原告顾印红与被告李文秀于2010年4月3日签订的（股权）转让协议书。二、被告李文秀返还原告张贤原在强兴公司股权价值为6244.4万元的股权、返还原告张有来原在强兴公司股权价值为 326 万元的股权、返还原告顾印红原在强兴公司股权价值为 200 万元的股权；被告赵玉生返还原告张贤原在强兴公司股权价值为 8463 万元的股权。三、两被告于判决生效之日起五日内协助三原告办理股权回转变更登记手续。案件受理费 803470 元，由被告赵玉生、李文秀承担。

赵玉生不服河北省高级人民法院上述民事判决，向本院提起上诉称，一、一审法院未能客观公正地审查判断证据，对案件事实作出了颠倒黑白的认定。本案当事人之间存在着两个协议，一是全面确认上诉人与被上诉人之间股权转让关系的《投资协议书》，二是为了落实投资协议向工商机关报备材料用的《转让协议书》。对于一审中上诉人提供的证据一审法院没有认真审查判断，错误地将上诉人通过承债方式购买股权的出资武断地界定为向企业的借款，而将向工商机关报备材料用的格式文件作为双方股权转让合同。（一）《投资协议书》第 5 条约定："张贤以强兴公司一期生产线的所有资产、矿山、二期生产线整套手续、强兴公司注册商标等一切无形和有形资产折款出资 1 亿元人民币，占公司股份 10%。"张贤已经穷尽所有利益占到整合后公司股权的 10%，如果按照一审判决书的逻辑，在《转让协议书》中，张贤主张接受股权转让金的对价是什么？（二）《投资协议书》第 8 条约定："丙方应在本协议生效之日起三日内，办理完毕原强兴公司的股权变更手续，所需的各种文件一式三份，否则承担违约责任。"此条的文义说明：1. 投资协议在先，股权转让协议书在后，与一审判决认定恰恰相反；2. 股权转让协议书的签订只是按工商机关要求落实投资协议书的必要步骤。（三）《投资协议书》第 13 条约定："调整赵玉生、李文秀、张贤的权利义务适用本协议和补充协议约定，其他任何协议包括工商登记备案的手续材料不得与本协议相抵。"这一条充分说明，原告赖以主张股权转让金的《转让协议书》实际上是双方履行投资协议内容的步骤和手段。所谓 8463 万元中的"万元"是对张贤股份份额的描述而非转让价格。二、一审法院适用法律错误。一审法院适用公司法第三十五条、第七十二条，合同法第四十四条，与本案无关。本案上诉人在与张贤签订投资协议后，双方按照约定履行了股权转让工商变更登记手续并与另一上诉人李文秀一起清偿了 3 亿元债务，使企业得以存续。上诉人不存在任何违约事项，更谈不上根本违约。三、一审法院未经其同意将不同的诉讼标的合并审理违反法律规定。请求撤销一审判决，驳回被上诉人的诉讼请求。

李文秀亦不服河北省高级人民法院上述民事判决，向本院提起上诉称：一、上诉人与原审被告赵玉生按约定偿还了强兴公司 3 亿元外债，取得了强兴公司 90% 的股权，属于承债式取得股权。二、确定上诉人与被上诉人股权转让法律关系权利义务内容的合同依据是《投资协议书》，而非《转让协议书》，一审判决故意颠倒这两份协议签订的先后顺序和主辅关系，错误地认定"被告先通过股权转让协议成为股东，再以股东身份签订对整合后公司的投资协议书"，其目的是为了否定上诉人及原审被告赵玉生以承债方式取得股权。三、上诉人和原审被告赵玉生承债式取得股权，已经依照《投资协议书》约定承接和偿还了公司 3 亿元债务，不应再向被上诉人支付股权转让金。一审判决在承认当事人对股权转让金的价格没有约定，且没有对股权转让金价格进行确认的情况下，以"原告一直向被告追要转让款，故不能认定股权转让没有对价"为由，认定上诉人拒绝支付股权转让款的行为和意思已构成根本违约，并据此判令返还股权是错误的。四、一审法院未经其同意将不同的诉讼标的合并审理违反法律规定。请求撤销原判，依法改判驳回被上诉人的全部诉讼请求。

张贤、张有来、顾印红答辩称，一、原审判决认定事实清楚、适用法律正确且程序合法。二、答辩人与被答辩人的股权转让协议系双方真实意思表示，并无欺诈、胁迫等违法情形存在，属合法有效之协议。三、答辩人已基于股权转让协议履行了对被答辩人的股权转让义务，但被答辩人在答辩人几经索款的情况下，对于股权转让款项至今近两年之久分文未付且在原审明确拒绝履行，由此，被答辩人对于答辩人已构成根本违约。双方之间的股权转让协议符合依法解除的条件，且被答辩人应依法向答辩人返还相应股权并协助答辩人在工商部门办理股权回转登记手续。四、关于股权转让款的问题。1. 答辩人与被答辩人在股权转让协议中已明确约定，协议签字生效后即刻办理股权转让款项的交割手续。对此，一是体现了被答辩人应给付答辩人股权转让款，二是给付该款的时间是各方在协议上签字之后即刻办理。据此，被答辩人对于股权转让款分文未付进而构成根本违约的事实毋庸置疑。2. 股权转让协议根本未约定股权转让为无偿，由此，在未约定无偿的情况下，不能推定其为无偿。此外，对于上亿元的股权，答辩人也不可能将其白白拱手相送，因此，在被答辩人不能证实股权转让协议为无偿的情况下，理应支付股权转让费，而其分文未付拒不履行，仍属根本违约。五、关于被答辩人依据双方 2010 年 4 月 3 日签订的投资协议主张承债式收购股权的问题。1. 从法律关系上讲，该投资协议系被答辩人与强兴公司的另案投资纠纷，与本案被答辩人与答辩人个人之间的股权转让协议纠纷无关。此外，投资协议也未体现被答辩人不负有支付股权转让款的义务。2. 被答辩人并非是以承债方式取得强兴公司股权。投资协议中根本没有约定其为承债收购。承债的直接表现方式就是承担债务，但本案中，依据投资协议约定，被答辩人仅是代偿债务，该代偿债务仍需强兴公司事后向其清偿。因此，即便其垫付或者代偿债务，被答辩人也自始未丧失债权利益，该代偿债务的行为根本不属于"承债"行为。六、对于被答辩人原审中提及的"以股抵债"问题。1. 被答辩人是否基于投资协议代偿债务仅是针对公司的还债行为，与本案应否对答辩人个人支付股权转让费无关。2. 被答辩人取得股权的方式是通过股权转让的方式受让取得，而非是以股抵债的方式抵债取得，而本案解决的恰恰是其受让股权而引发的股权转让纠纷，而非解决其因抵债取得股权的"以股抵债"纠纷，也就是说本案与是否是"以股抵债"分属不同案件。此外，被答辩人是否为强兴公司代偿债务以及代偿债务的数额，仅凭被答辩人自己出具的简单的财务资料根本无法认证且与本案无关。因此，以股抵债的说法更是无从谈起。七、关于股权转让协议与投资协议签订的先后顺序问题。虽然从时间上看，投资协议书与股权转让协议都是在同一天签订的，但是从法律逻辑上分析，应当是被答辩人赵玉生、李文秀先与答辩人张贤、张友来、顾印红三人分别签订股权转让协议，并取代张贤、张友来、顾印红成为公司股东，再以整合后公司新股东的身份与张贤签订投资协议书。否则，根本无法界定被答辩人投资的主体身份。此外，《投资协议书》中约定的赵玉生、李文秀的现金出资义务，实际是在此二人成为强兴公司股东后，对公司增加投资，而并非其受让股权所应支付的转让金。八、关于被答辩人提及本案规避级别管辖不应合并审理的原审程序问题。1. 被答辩人赵玉生、李文秀是整体受让答辩人张贤、张有来、顾印红百分之九十的股权份额，并取得控股股东的地位。对此，股权转让协议之所以未用股权份额表述，而以股权价值表述，目的就在于此。因此，答辩人张贤、张有来、顾印红与被答辩人赵玉生、李文秀针对的是强兴公司百分之九十股权的整体转让和受让，因此，本案的诉讼标的是同一的，本案不涉及合并审理的问题。2. 无论本案是否涉及合并审理的问题，被答辩人在原审收到应诉通知后并未向法院提出过审理异议；在收到举证通知后，在举证期限内积极举证证明其实体问题；在签收开庭传票后，更是积极应诉，直至开庭前一直未提审理异议，被答辩人虽然在庭审中提及本案不应合并审理，但其更多的是发表了实体答辩意见和实体辩论意见，并就自己的实体主张积极向法庭陈述。由此，被答辩人已从行为上表明其充分认可本案的审理方式，其无权再提异议。而其之所以直到庭审现场才稍带提及审理异议，就是想视最后的审判结果而定如何应对，如其胜诉，其肯定会完全认可本案的审理方式没有任何问题；如其败诉，其也会以此为借口为二审做后手准备。

3. 退一步讲，假设本案涉及是否应合并审理的问题，那么，从审理级别上讲，本案由河北省高级人民法院作为一审，并未"降低身份"。从法律规定上讲，上级法院也有权审理下级法院审理的案件。此外，本案一审已经过河北省高级人民法院的审理，审理过程繁琐之极，审判结果来之不易。因此，盲目地将本案以所谓的不应合并审理为由而重新审理的话，是在极大地浪费司法资源、提高审判成本、降低审判效率。原审判决并无不妥，请求维持原判。

关于一审法院查明的事实，1. 对于一审法院查明的"张有来、顾印红与二被告签订的两份股权转让协议均约定两被告应于上述股权转让协议生效后即刻办理股权转让款项的交割手续"一节，因张有来、顾印红仅与李文秀一人签订了股权转让协议，并未与赵玉生签订转让协议，更未与赵玉生作出上述约定，因此，本院对此节事实不予认定。2. 鉴于上诉人赵玉生、李文秀庭审中认为，虽然被上诉人提供的张春来举报材料载明的打印落款时间是2010年4月21日，但张春来在2010年4月22日还在与赵玉生、李文秀签订《协议书》进行友好合作，二上诉人认为载明的举报时间不合常理，因此，本院对一审法院查明的举报时间为2010年4月21日此节事实不作认定。

除上述两节事实外，本院认定一审法院查明的其他事实。

本院另查明，2010年4月3日张贤（甲方）、赵玉生（乙方）、李文秀（丙方）签订的《转让协议书》仅有四个条文，分别约定，"一、张贤将其在强兴公司拥有的股份8463万元股份转让给赵玉生、张贤将其在强兴公司拥有的股份6422万元股份转让给李文秀。二、以上股权转让事项三方签字后交割完毕。三、受让方成为公司股东，以其出资额为限，依照法律、法规及公司章程规定，享有相应权力，承担相应义务。四、本协议经三方签字后，即刻生效，并一式四份。甲、乙、丙各一份，工商登记机关备案一份"。该《转让协议书》没有约定受让人赵玉生、李文秀受让相应股权应支付给转让方张贤的股权转让款数额及支付股权转让款的时间。

2010年4月3日张有来（甲方）、李文秀（乙方）签订的《转让协议书》，以及顾印红（甲方）、李文秀（乙方）签订的《转让协议书》仅有三个条文，分别约定，"一、甲方经股东会议同意，将其在强兴公司拥有的326万元股份转让给乙方。乙方同意接受，并于本协议生效后即刻办理股份转让款项的交割手续。二、甲方不承担公司的任何债务，也不享有任何权利和利益。三、本协议经双方签字后，即刻生效，并一式三份。甲、乙双方各一份，工商登记机关备案一份"。"一、甲方经股东会议同意，将其在强兴公司拥有的

200 万元股份转让给乙方。乙方同意接受，并于本协议生效后即刻办理股份转让款项的交割手续。二、甲方不承担公司的任何债务，也不享有任何权利和利益。三、本协议经双方签字后，即刻生效，并一式三份。甲、乙双方各一份，工商登记机关备案一份。"上述两份《转让协议书》中虽然有"乙方同意接受，并于本协议生效后即刻办理股份转让款项的交割手续"的表述，但也没有对股权转让价款数额作出明确的约定。

2010 年 4 月 3 日赵玉生（甲方）、李文秀（乙方）、张贤（丙方）（其法定代理人：张春来）签订的《投资协议书》第 4 条约定，"注册资本及投资总额：注册资本仍延续强兴公司现注册资本，即 16926 万元人民币，投资总额约 10 亿元人民币"。第 8 条约定，"丙方应在本协议生效之日起三日内，办理完毕原强兴公司的股权变更手续，所需的各种文件一式三份。否则，承担违约责任"。第 13 条约定，"调整甲乙丙三方的权利、义务，适用本协议约定和三方补充协议约定，其他任何协议包括工商注册备案的手续材料，不得与协议相抵"。丙方签字为张贤，丙方法定代理人签字为张春来。

2010 年 4 月 3 日张贤（丙方）与赵玉生（甲方）、李文秀（乙方）签订的《投资补充协议书》，丙方载明为"丙方：张贤法定代理人：张春来"，落款处丙方签有"张贤"字样，法定代理人处签有"张春来"字样。

2010 年 4 月 22 日赵玉生（甲方）、李文秀（乙方）与张贤（丙方）、张春来（丁方）签订的《协议书》载明，强兴公司负债 4.9 亿元人民币，资金严重短缺，已无力经营一线生产和二线建设，急需吸收外来资金，故甲乙两方决定投资入股。该《协议书》第 2 条约定，"强兴公司现有的一线全部资产……经三方确认作价为 3 亿元人民币。甲、乙两方现金投资 3 亿元人民币，用于偿还强兴公司外债。甲、乙、丙三方在强兴公司股权比例分配如下：甲方占 50% 的股权，乙方占 40% 的股权，丙方占 10% 的股权。"第 4 条约定，"本协议签订前，强兴公司的所有债务经甲、乙、丙三方审核后确认为 4.9 亿元人民币。此笔 4.9 亿元人民币的公司债务由甲、乙两方负责偿还 3 亿元……"第 13 条约定，"调整甲、乙、丙三方的权利、义务，适用本协议约定和三方的补充协议约定，其他任何协议包括工商注册备案的手续材料，不得与本协议相抵，如有抵触以本协议为准"。第 15 条约定，"2010 年 4 月 3 日所签协议与本协议内容不一致的，以本协议内容为准"。

张春来系张贤的父亲、张有来的哥哥；顾印红系跟随张春来十几年的高级管理人员。举报材料载明的举报人为张春来。二上诉人提交的《中共唐山市委督查室关于张春来反映赵玉生、李文秀、刘志远涉嫌合同诈骗问题的调

查报告》中载明，"据查，强兴公司……原属张春来、张贤父子的私营企业
……为维持强兴公司正常生产经营，张春来、张贤父子曾向社会、金融机构、
公司员工及有关企业大量借债。2010 年 3 月份，企业因资产负债率高达
160% 而停产。之后，张春来寻求扩股增资盘活企业……张春来与赵玉生、李
文秀二人正式商谈投资入股事宜……"三被上诉人提交的证据体现，2006 年
6 月 9 日唐山曙光实业集团有限公司作为转让方将其对强兴公司享有的股权分
别转让给张贤（96.9%）、张有来（2%）、顾印红（1.1%），转让方法定代
表人为张春来，相关《股份转让协议书》中亦未体现股权转让价款。

三被上诉人张贤、张有来、顾印红二审答辩中就是否应当合并审理时称，
"被答辩人赵玉生、李文秀是整体受让答辩人张贤、张有来、顾印红 90% 的股
权份额，并取得控股股东的地位……答辩人张贤、张有来、顾印红与被答辩
人赵玉生、李文秀针对的是强兴公司 90% 股权的整体转让和受让，因此，本
案的诉讼标的是同一的，本案不涉及合并审理的问题。"三被上诉人的共同委
托代理人和张贤的另一委托代理人庭审时亦表示，"明显本案股权转让是整体
转让和受让，缺少任何一个另两个都不可能转让，所以本案诉讼标的只有一个
而不是多个"。"虽然形式上是三个协议，但是股东会决议等来看是一个整体
转让，签订日期是同一天，签订后两方退出，如果其中一个不转让，整体的
转让是不能成立的，所以实质内容上是一个整体的转让问题，合并审理不存
在问题。"

一、二审审理中，赵玉生、李文秀为证明本案所涉股权转让为承债式受
让股权，向法院出具了其二向强兴公司转入资金 316594130 元的凭证，以及
以此款偿还了强兴公司所欠借款（高息）、吸股（高息）、古冶基金会借款、
预收熟料款、账面其他应付款等共计 316101828.90 元的相关凭证。张贤、张
有来、顾印红认为上述证据系赵玉生、李文秀与强兴公司之间的法律关系，
与本案股权转让纠纷无关，拒绝予以质证。

本院经审理认为，本案争议焦点有二，一是赵玉生、李文秀是否应当依
据约定支付股权对价款，不履行支付股权对价款义务是否构成严重违约，是
否应当判决解除转让合同；二是本案所涉转让的股权是否为共同的诉讼标的，
是否应当合并审理。

一、赵玉生、李文秀是否应当依据约定支付股权对价款，不履行支付股
权对价款义务是否构成严重违约，是否应当判决解除转让合同。

1. 张贤主张赵玉生、李文秀不履行支付股权对价款义务构成严重违约没
有事实和法律依据。张贤与赵玉生、李文秀签订的股权《转让协议书》中不

仅没有约定受让方赵玉生、李文秀应当支付的股权转让款数额，而且也没有约定受让方赵玉生、李文秀应当履行支付转让款的时间和履行方式等义务。协议书中载明的"拥有的股份8463万元股份""拥有的股份6422万元股份"应是双方对所转让股份标的的描述，而非对股权转让价款的约定。被上诉人张贤关于上述表述即为双方约定的股权转让款的抗辩，本院不予支持。退一步讲，即使根据合同法的规定，对于一般情况下当事人就价款、质量、履行地点等内容没有约定或者约定不明确的，可以通过协议补充或者按照合同有关条款或者交易习惯确定等方式进行补救，但就本案而言，一是没有证据证明双方对合同转让价款及履行义务等事后达成了补充协议；二是因本案所涉股权转让协议签订时，强兴公司已属严重资不抵债，股权价值为负，如果没有特别约定，很难得出受让人应当支付高额转让款项的结论。更何况，从当事人诉辩来看，本案并非一般情况下当事人对价款等内容没有约定或者约定不明的情形，本案两个受让人自始主张其受让股权系基于承债式受让，不存在有偿受让股权问题。作为股权转让方在转让其重大资产即签订股权转让协议时，一般情况下不可能不对受让人应当支付的股权对价款数额和支付时间、方式等义务作出有效安排，而仅约定简单几个条文。因此，本案原审原告张贤在《转让协议书》没有约定受让方应当支付的股权转让款数额和支付转让款的时间、履行方式等支付对价义务的情况下，以两原审被告赵玉生、李文秀拒绝履行支付股权转让款构成根本违约为由，主张解除股权转让协议，没有事实和法律依据。

2. 张有来、顾印红主张李文秀不履行支付股权对价款义务构成严重违约亦无事实和法律依据。张有来与李文秀，顾印红与李文秀分别签订的两份股权《转让协议书》中亦未对所涉股权转让价款作出约定。协议书中载明的"拥有的326万元股份""拥有的200万元股份"亦应是双方对所转让股份标的的描述，而非对股权转让价款的约定。被上诉人张有来、顾印红关于上述表述即为双方约定的股权转让款的抗辩，本院亦不予支持。虽然上述两份《转让协议书》中有"乙方同意接受，并于本协议生效后即刻办理股份转让款项的交割手续"的字样，但是，（1）鉴于张有来、顾印红在针对本案是否应当合并审理的答辩中一再强调"虽然本案所涉股权转让涉及三个转让协议，但从股东会决议等来看，实质上系整体转让和受让，诉讼标的是同一的，缺少任一个另两个都不可能转让"；（2）该两份《转让协议书》所涉转让股份仅占强兴公司股份的3.1%，强兴公司高达86.9%的股份转让体现在张贤与赵玉生、李文秀签订的《转让协议书》中；（3）从2006年6月9日唐山曙光实业集团有限公司作为转让方将其对强兴公司享有的股权分别转让给张贤（96.9%）、张有来（2%）、顾印红（1.1%），转让方法定代表人为张春来，相关《股份转让协议书》中未体现股权转让价款，以及张春来与张贤的父子关系、与张有来的兄弟关系，以及张春来代为或参与签订了本案所涉多份合同，以及举报人是张春来等事实看，张春来应当可以认定为强兴公司的实际控制人；（4）张有来、顾印红亦无证据证明在强兴公司严重资不抵债情况下各方对所转让给李文秀的强兴公司3.1%股权的转让款具体数额作出了明确约定或者补充约定。因此，张有来、顾印红仅基于其二人与李文秀签订的《转让协议书》中载明的"乙方同意接受，并于本协议生效后即刻办理股份转让款项的交割手续"字样，以李文秀拒绝履行支付股权转让款构成根本违约为由，主张解除股权转让协议，亦无事实和法律依据。

综上，原审法院在张贤、张有来、顾印红主张赵玉生、李文秀应当按照各方约定支付股权对价款的情况下，将股权转让没有对价的举证责任分配给原审被告，显属举证责任分配不当。原审法院关于"被告主张实际履行的是《投资协议书》……股权转让协议仅是办理股权变更登记的手续，是形式，没有对价，两被告对90%股权的受让应以投资协议约定的偿债数额为准，属承债式受让。对此被告没有证据支持其主张""股权转让协议和投资协议中没有明确说明股权转让没有对价，在2010年4月3日原、被告签订股权转让协议时，虽然强兴公司属资不抵债，但并不能必然推断出该公司股权没有价值及该公司没有发展前景，并且股权价款是可协商的，且原告一直向被告追要转让款，故不能认定股权转让没有对价"等认定，不符合法律规定。根据民事诉讼法第六十四条的规定，作为原审原告的张贤、张有来、顾印红，对其自己提出的主张，有责任提供证据。如三原告无法举证证明各方对受让人应当支付的股权转让对价款和其他应当履行的义务形成了合意，或者无法举证证明股权转让时存有价值的，应当承担举证不能的法律后果。原审法院将当事人之间签订的股权转让协议书和投资协议等大量相关事实简单割裂开来处理不当。即使根据现有证据尚无法认定赵玉生、李文秀系承债式受让股权，但在各方签订的《转让协议书》对股权价款未做约定、且强兴公司严重资不抵债的情况下，也很难得出受让人赵玉生、李文秀拒绝履行支付股权对价款已构成严重违约的结论。原审法院以赵玉生、李文秀拒绝支付股权对价款已构成根本违约为由判决解除股权转让协议，于法无据，本院依法予以纠正。

二、本案所涉转让的股权是否为共同的诉讼标的，是否应当合并审理。

张贤、张有来、顾印红将其三各自享有的对强兴公司的有关股权分别转让给赵玉生、李文秀，转让的标的并非是共同的诉讼标的，而是同一种类的诉讼标的。被上诉人张贤、张有来、顾印红关于本案所涉诉讼标的是同一标的的答辩理由，本院不予采信。根据《中华人民共和国民事诉讼法》第五十二条的规定，当事人一方或者双方为二人以上，诉讼标的是同一种类、人民法院认为可以合并审理的，在经当事人同意的情况下，可以作为共同诉讼合并审理。本案原审法院未经当事人同意即将不同诉讼标的合并审理，确属不当。但从诉讼经济的角度出发，本案不再仅以此为由发回原审法院重审。

综上，原审法院认定事实错误，适用法律不当，本院依据《中华人民共和国合同法》第六条、第六十条，《中华人民共和国民事诉讼法》第六十四条、第一百七十条第一款第（二）项、第一百七十五条的规定，判决如下：

一、撤销河北省高级人民法院（2011）冀民二初字第 15 号民事判决；

二、驳回张贤、张有来、顾印红的诉讼请求。

一、二审案件受理费各 803470 元，由张贤负担 96.9%，张有来负担 2%，顾印红负担 1.1%。

本判决为终审判决。

审 判 长 刘 敏

代理审判员 赵 柯

代理审判员 杜 军

二〇一三年六月二十一日

书 记 员 孙亚菲

3. 天津光电瑞通商贸有限公司与天津宏商发展有限责任公司普通破产债权确认纠纷案

—— 天津光电瑞通商贸有限公司与天津宏商发展
有限责任公司普通破产债权确认纠纷案

【裁判要旨】

一、当事人对被宣告破产的债务人提起的民事诉讼，应当以债务人为被告，破产清算组仅系债务人的诉讼代表人，不应列为被告。

二、根据《最高人民法院关于民事诉讼证据的若干规定》第十五条、第十六条之规定，除涉及可能有损国家利益、社会公共利益或者他人合法权益的事实以及涉及依职权追加当事人、中止诉讼、终结诉讼、回避等与实体争议无关的程序事项外，人民法院调查收集证据应当依当事人的申请进行。当事人未提出申请的，不属于人民法院应当依职权调查收集证据的范围。

中华人民共和国最高人民法院民事判决书
（2013）民二终字第 61 号

上诉人（原审原告）：天津光电瑞通商贸有限公司。住所地：天津市河西区泰山路 6 号。

法定代表人：李树森，该公司董事长。

委托代理人：罗志琴，该公司法律顾问。

委托代理人：许航，该公司法律顾问。

被上诉人（原审被告）：天津宏商发展有限责任公司。住所地：天津市红桥区子牙河桥北侧五楼 501 号。

诉讼代表人：边泽明，该公司破产清算组组长。

委托代理人：赵汝敏，该公司破产清算组办公室主任。

委托代理人：王云福，天津旗帜律师事务所律师。

上诉人天津光电瑞通商贸有限公司（以下简称光电瑞通公司）因与被上诉人天津宏商发展有限责任公司（以下简称宏商公司）普通破产债权确认纠纷一案，不服天津市高级人民法院（2012）津高民一初字第0009号民事判决，向本院提起上诉。本院受理后，依法组成由审判员刘敏担任审判长，代理审判员李志刚、杜军参加的合议庭进行了审理，书记员郝晋琪担任记录。本案现已审理终结。

天津市高级人民法院一审查明：因天津凯达装饰工程公司于2003年8月1日向天津市高级人民法院申请宏商公司破产还债一案，该院于2004年9月13日作出（2003）津高民二破裁字第9-1号民事裁定，宣告宏商公司破产清算。在该案审理期间，负责清算事务的天津市新生清算事务所委托天津广信有限责任会计师事务所对宏商公司截至2003年7月31日的资产、负债和损益情况进行审计，天津广信有限责任会计师事务所于2003年9月15日出具了津广信专审字（2003）第329号《审计报告》，该《审计报告》所附《应付账款明细表》中记载截至2003年7月31日宏商公司对雄丰工程公司的应付账款余额为4919023.11元。

天津光电储运商贸公司（以下简称光电储运公司）作为雄丰工程公司债权的受让人于2003年9月21日在破产债权案件中向天津市高级人民法院提交了债权申报书，要求优先受偿宏商公司所欠4919023.11元工程款本金及违约金，并提供了债权转让通知书。该通知书主要内容为："雄丰工程公司承建了宏商公司天津金摇篮商厦部分工程，但宏商公司一直拖欠4919023.11元工程款未还。现因业务合作需要，雄丰工程公司决定将上述全部债权转让给光电储运公司享有。自即日起，由光电储运公司向宏商公司主张所有权利。"落款日期为2003年6月10日，并加盖有雄丰工程公司、宏商公司公章。雄丰工程公司公章下面有手书"核对无误，同意"字样。光电瑞通公司主张此内容为宏商公司人员所写，系对债权转让的确认，宏商公司破产清算组对此不予认可。

2007年5月17日，天津市高级人民法院因故另行委托天津市华盛清算有限公司担任宏商公司的破产管理人并负责清算工作。2012年6月12日，光电瑞通公司在宏商公司破产清算案件中再次向该院提交工程款优先受偿债权申报书，要求对其受让的4919023.11元本金及利息优先受偿，并提供了债权转让协议及通知书。债权转让协议主要内容为："光电储运公司将其从雄丰工程公司受让的工程款债权本金4919023.11元及相关利息一并转让给光电瑞通公司"，该协议由光电瑞通公司及光电储运公司加盖公章，但双方均未签署时间。光电瑞通公司提供的光电储运公司向宏商公司破产清算组通知债权转让事宜的通知书，未签署日期。宏商公司破产清算组收到一份光电储运公司的债权转让通知书，签署日期为 2010 年 12 月 9 日，该通知书主要内容与光电瑞通公司提交的通知书基本一致。2012 年 8 月 3 日，宏商公司破产清算组在宏商公司破产还债案第四次债权人会议工作汇报中，对光电瑞通公司主张的债权，以未提供有效的证据为由，未予认定。

2012 年 8 月 24 日，光电瑞通公司以宏商公司破产清算组未认定光电瑞通公司的合法债权为由，向天津市高级人民法院提起本案诉讼，请求：一、光电瑞通公司对宏商公司享有 4919023.11 元人民币工程款的债权，并享有优先受偿权；二、宏商公司偿付上述工程款逾期付款的利息损失；三、宏商公司承担本案的全部诉讼费用。

宏商公司破产清算组在本案一审期间提交的一份盖有"雄丰工程公司"公章的《香港雄丰工程公司材料及人工明细表》记载，材料及人工费共计 4919023.11 元。宏商公司破产清算组提供的宏商公司财务账簿载明：2002 年 11 月 30 日的应付账款中，户名为雄丰工程公司的有两笔，分别为 6323300 元、9484900 元，并附有与此金额相一致的北京市建筑业专用发票两张，编号分别为（2002）2586275、（2002）2586273，以上两项合计 15808200 元。2002 年 12 月 1 日的应付账款记载，户名雄丰工程公司的账款为 4554651.11 元，该记载无相应的付款凭证予以佐证。2002 年 7 月 31 日的应付账款记载，原欠款 4554651.11 元，增加利息 364372 元后，调整为 4919023.11 元，该记载亦无相应的付款凭证予以佐证。2012 年 12 月 21 日，宏商公司破产清算组提供了加盖有北京市地方税务局公章的北京市地方税务局鉴定发票证明，该证明内容为："宏商公司破产清算组请求鉴定的北京市建筑业专用发票，编号为（2002）2586275、（2002）2586273 两份，经鉴定该发票系伪造的发票。"

天津市高级人民法院经审理认为：1. 光电瑞通公司主张雄丰工程公司参与了金摇篮大厦的工程施工，但并未提供建设工程施工合同予以证明，也无施工日志、监理资料、结算报告等证据可以证明施工过程，故光电瑞通公司无证据证明债权的出让人雄丰工程公司参与了金摇篮大厦的施工，并对宏商公司享有工程款债权。2. 光电瑞通公司以《审计报告》主张工程款债权，但该所出具报告时明确"宏商公司作为债务人应对账簿及会计报表等有关资料的客观真实性负责"。宏商公司破产清算组提供的财务账簿及记账凭证显示："2002 年 11 月 30 日，宏商公司财务账簿记载户名为雄丰工程公司，应付账款为 15808200 元"，并附有编号分别为（2002）2586275、（2002）2586273 发票两张为证，但经北京市地方税务局鉴定，上述两张发票均系伪造，据此可认定上述账簿记载内容虚假，无法证实截至 2002 年 11 月 30 日宏商公司欠付雄丰工程公司工程款。3. 上述财务账簿及记账凭证显示："2002 年 12 月 1 日，宏商公司财务账簿记载户名为雄丰工程公司，备注为：15808200 - 11253548.89，应付账款为 4554651.11 元，直至 2003 年 7 月 31 日，该账簿记载因增加利息 364372 元，户名为雄丰工程公司的应付账款变更为 4919023.11 元"，因其备注表明应付账款 4554651.11 元系由 15808200 元 - 11253548.89 元得来，而 15808200 元的会计凭证系伪造，故在此基础上核减后的 4554651.11 元亦不能作为认定雄丰工程公司债权的依据。即使按照光电瑞通公司主张的 4554651.11 元与 15808200 元无直接关联，但 2002 年 12 月 1 日及 2003 年 7 月 31 日两次账簿记载均没有应付账款产生的原始会计凭证，也明显违反了会计记账规范。4. 按照财务账簿记载，宏商公司欠付雄丰工程公司应付账款直至 2003 年 7 月 31 日因增加利息后才确认为 4919023.11 元，但雄丰工程公司却在利息尚未发生之前，早在 2003 年 6 月 10 日即已经知晓该工程款将要调整为 4919023.11 元，并书面通知了宏商公司，该行为明显违背常情常理，亦违背诚实信用原则。5. 第一次债权申报时光电储运公司所提供的《香港雄丰工程公司材料及人工明细表》显示 4919023.11 元系由材料费及人工费组成，其中并不包含利息，故该表的记载内容与宏商公司财务账簿记载也存在明显矛盾。

综上，天津市高级人民法院认为，因光电瑞通公司既无证据证明雄丰工程公司参与了金摇篮大厦的工程施工，又无相应的证据证明宏商公司实际欠付其工程款，故对其诉讼请求不予支持。该院依照《中华人民共和国民法通则》第四条、第五条、第六条，《中华人民共和国合同法》第二百七十条，《中华人民共和国民事诉讼法》第六十四条，《最高人民法院关于民事诉讼证据的若干规定》第六十六条的规定，判决：驳回光电瑞通公司的诉讼请求。案件受理费 46152 元，由光电瑞通公司负担。

光电瑞通公司不服该判决，向本院提起上诉称：一、一审未依职权将雄丰工程公司追加为本案第三人参与诉讼，遗漏必须共同进行诉讼的当事人，属程序违法。根据《最高人民法院关于适用〈中华人民共和国合同法〉若干问题的解释（一）》第二十七条的规定，在宏商公司破产清算组对债权存在真实性提出异议的情况下，应依职权将雄丰工程公司追加为必须参加诉讼的第三人。二、《审计报告》《债权转让通知书》《香港雄丰公司材料及人工费用明细表》《债权人债权核定表》已证明其对宏商公司享有真实合法有效的债权。如一审法院对债权的真实性存疑，可以要求相应的证人出庭作证，也可以进行实地调查取证，询问相关人员。但一审法院在无直接证据的情况下，仅因宏商公司自身账簿记载不规范，得出债权不真实的结论，有违法律规定。

1. 宏商公司破产清算组提供的两张发票的来源及是否系雄丰工程公司所开具，应由一审法院核实，而非由光电瑞通公司举证证明。2. 宏商公司账簿记载的依据为真实存在的债权债务关系，发票只是记载所需的会计凭证，会计凭证是否存在、是否真实，与债权债务的真实性无直接关联。3. 本案历经九年，宏商公司破产清算组人员变更两次，宏商公司会计账簿及会计凭证一直由宏商公司破产清算组保管，不能排除在此期间会计凭证遗失或宏商公司破产清算组故意隐藏相关会计凭证的可能。4. 即使宏商公司破产清算组没有隐藏或遗失相应的会计凭证，根据宏商公司破产清算组的陈述，宏商公司从未向债权人雄丰工程公司支付任何形式的工程款，因而没有取得相应的会计凭证符合情理，宏商公司账簿记载中前后数额的调整，仅说明其在会计记账时不规范，并不能否认债权的真实存在。5. 因工程未进行结算，雄丰工程公司无法知晓宏商公司账簿上记载的债权数额。通过宏商公司破产清算组提交的《雄丰工程公司材料及人工明细表》可以看出，雄丰工程公司向宏商公司主张的工程价款为4919023.11元，雄丰工程公司于2003月6月10日将该笔债权转让，该转让行为及转让金额经宏商公司盖章确认，说明宏商公司认可了《香港雄丰工程公司材料及人工明细表》中所列的工程价款，并据此结算，此后，宏商公司由于记账需要将前期未纳入账簿进行结算的364372元以利息方式记入会计账簿，故《债权转让通知书》确认数额在先，宏商公司账簿数额确认在后并不矛盾。6.《债权转让通知书》上除由宏商公司加盖公章确认外，还有手写的"核对无误，同意"字样，在宏商公司破产清算组未核实并提供证据证明且一审法院未就此调查核实的情况下，据此否定光电瑞通公司的主张无事实和法律依据。7. 一审判决通过认定宏商公司财务账簿及会计报表对本案诉争款项记载不真实，而否认《审计报告》效力的认定有误。宏商公司的财务账簿记载确有不规范之处，但宏商公司破产清算组并未提供直接证据证明该笔债权存在是虚假的；《审计报告》是专业机构根据人民法院委托作出的，其虽然依据的是宏商公司账簿及会计报表，但同时按法定的会计准则及程序在出具《审计报告》时对宏商公司的账簿记载的事项通过函证等形式进行了审核，说明在出具《审计报告》时，审计人员不仅依据宏商公司的财务账簿，还根据专业知识，对基本事实进行了审核，故应认定该笔债权真实合法存在。该《审计报告》属司法鉴定证据，且已得到人民法院采信，一审法院依据该份专项《审计报告》的结论裁定宣告宏商公司破产还债，如否定了该《审计报告》，即否定了宏商公司破产的法律依据。三、一审判决认为光电瑞通公司作为债权受让人，在接受债权时，有义务审查并提供证据证明其受让债权真实存在，并以此为由驳回光电瑞通公司的主张，否认债权存在的真实性，扩大了光电瑞通公司的举证义务，属适用法律错误。1. 光电瑞通公司作为债权的受让人无法定义务对债权的真实性进行审核。2.《债权转让通知书》经宏商公司盖章确认且经宏商公司当初负责人签字确认，光电瑞通公司无必要对债务的真实性另行审核。3. 否认债权真实存在的主张是由宏商公司破产清算组提出的，根据"谁主张谁举证"的原则，相应证据应由宏商公司破产清算组提供。4.《债权人债权核定表》明确显示：光电储运公司为44号债权人，向宏商公司破产清算组申报了6001208.19元的债权，其中经宏商公司破产清算组查证确认的账面数额为4919023.11元，另有1082185.08元有异议，并在其后明确标注"证据齐全"字样，该证据足以说明在第一次债权人会议时，宏商公司破产清算组认可了该笔债权的存在，同时认为光电瑞通公司受让债权前已向其提供了完整、齐全的证据。八年后宏商公司破产清算组又称光电瑞通公司未提交施工合同及合同履行的相关资料、结算报告等证据，不予确认光电瑞通公司的债权，系宏商公司破产清算组隐瞒或遗失了对光电瑞通公司有利的证据，其应当承担举证不利的后果。据此，光电瑞通公司请求：1. 撤销天津市高级人民法院作出的（2012）津高民一初字第0009号民事判决书，依法改判；2. 本案全部诉讼费由宏商公司承担。

宏商公司破产清算组答辩称：一、一审程序合法。1. 根据《中华人民共和国合同法》第八十二条债务人对让与人的抗辩，可以向受让人主张的规定，宏商公司破产清算组在一审法院审理本案时对光电瑞通公司受让债权的真实性、合法性提出异议，是正当行使抗辩权的表现，光电瑞通公司作为第三手的债权受让人有义务对受让债权是否真实合法有效予以证明。2. 是否要追加前两手债权转让人，应根据本案具体情况并依据法律规定确定，而《最高人民法院关于适用〈中华人民共和国合同法〉若干问题的解释（一）》第二十七条规定的是"可以"而不是"必须"将原债务人列为第三人。二、光电瑞通公司未能充分举证证明工程款债权的真实合法有效，应承担败诉后果。1. 光电瑞通公司虽主张其享有工程款债权且有法定优先权，但未能提供建设工程施工合同、竣工验收报告及工程款决算等证据材料，也未能提供债权人与债务人双方曾对工程款予以确认的任何证据，亦不了解施工的地点、部位，系土建施工还是装修工程。2. 光电瑞通公司主张债权的依据即破产企业应付账款的原始记账凭证是虚假的。宏商公司破产清算组在破产企业档案中尽力查找与本案有关的施工合同、工程款预算结算等各种资料，但一无所获。宏商公司会计账簿应付账款中虽记载应付雄丰工程公司工程款，但唯一的原始凭证是北京市地方税务局监制的两张工程款发票。雄丰工程公司系香港注册公司，宏商公司的工程施工地点在天津市，光电瑞通公司对雄丰工程公司为何要开具北京的发票未能作出合理解释。经宏商公司破产清算组与北京市地方税务局核实,此两张工程款发票均为假发票。故宏商公司会计账簿应付雄丰工程公司账款的记载无合法依据。据此,请求本院驳回上诉,维持一审判决。

本院对原审查明的事实予以确认。本院另查明:光电瑞通公司提交的落款时间为2003年6月10日的《债权转让通知书》落款单位为"香港雄丰公司",所盖印鉴为"雄丰工程公司",《审计报告》所附《应付账款明细表》所列户名对象为"雄丰公司"。宏商公司破产清算组提供的《香港雄丰工程公司材料及人工明细表》落款为香港雄丰工程公司,所盖印鉴为"雄丰工程公司"。光电瑞通公司在本院二审庭审中确认4919023.11元工程款的原债权人全称为"雄丰工程公司",但未能提供雄丰工程公司的法定代表人、住所地的具体情况。

经审理,本院认为本案争议焦点有两个:一、本案是否必须追加雄丰工程公司为第三人;二、雄丰工程公司及光电储运公司、光电瑞通公司是否对宏商公司享有工程款债权。

一、关于本案是否必须追加雄丰工程公司为第三人的问题。

光电瑞通公司以《最高人民法院关于适用〈中华人民共和国合同法〉若干问题的解释(一)》第二十七条有关"债权人转让合同权利后,债务人与受让人之间因履行合同发生纠纷诉至人民法院,债务人对债权人的权利提出抗辩的,可以将债权人列为第三人"的规定为据,认为一审法院未依职权将雄丰工程公司追加为本案第三人参与诉讼,属于程序违法。但根据该条规定,人民法院可以将债权人列为第三人,也可以不将债权人列为第三人,是否列为第三人,由人民法院根据案件的具体情形,依职权确定。本案中,光电瑞通公司能否证明涉案债权的存在,取决于光电瑞通公司能否提供合法有效的证据证明雄丰工程公司与宏商公司之间存在债权债务关系,而不取决于雄丰工程公司是否参加本案诉讼。因此,一审法院未追加雄丰工程公司作为第三人参加诉讼,并不违反法律规定,对光电瑞通公司有关一审法院因未依职权追加雄丰工程公司作为第三人参加诉讼而构成程序违法的主张,本院不予支持。

二、关于雄丰工程公司及光电储运公司、光电瑞通公司是否享有对宏商公司的工程款债权的问题。

光电瑞通公司以《审计报告》所附《应付账款明细表》列明雄丰工程公司函证确认金额4919023.11元为据,主张该报告根据专业知识审核认定雄丰工程公司对宏商公司享有4919023.11元的债权。但根据《审计报告》所载,其责任"是通过对债务人账簿及会计报表所反映的财务收支及其有关经济活动的审查，发表专业审计意见"，"债务人应对账簿及会计报表等有关资料的客观真实性负责"，即《审计报告》的审计依据是宏商公司的账簿及会计报表所记载的数据，《审计报告》并不对账簿及会计报表等有关资料本身的真实性负责。对宏商公司账簿及会计报表所记载的数据的真实性，既不属于该报告的审计内容，也不属于该报告的审计结果。故仅依该《审计报告》并不能证明雄丰工程公司享有对宏商公司4919023.11元的工程款债权。

光电瑞通公司主张否认了雄丰工程公司的债权即等于否定了该《审计报告》的效力，由此推翻了宏商公司破产的法律依据。如本案未确认雄丰工程公司对宏商公司享有的债权，可能对宏商公司截至2003年7月31日的资产负债情况产生影响，但由此产生的影响是否足以改变《审计报告》基于宏商公司账簿及会计报表所作出的宏商公司资不抵债的结论，进而影响人民法院受理宏商公司破产案件的事实依据，不属于本案审理范围。故对光电瑞通公司的此项主张，本院不予审理。

光电瑞通公司以《债权转让通知书》经宏商公司盖章确认且经宏商公司当初的负责人签字确认为由，主张宏商公司对该笔债务的数额进行认可。因《债权转让通知书》上手书的"核对无误同意"并无书写者的签名，且光电瑞通公司并未提供证据证明此手书内容系由宏商公司工作人员所写，故不能据此认定"核对无误"及"同意"是宏商公司的意思表示。根据合同法第八十条有关"债权人转让权利的，应当通知债务人"之规定，债权人转让债权无须经过债务人的同意，故宏商公司在该通知书上盖章的行为亦不能当然产生宏商公司认可其与雄丰工程公司存在该项债权及同意该项债权转让的法律效果。且该笔债权转让时，宏商公司已濒临破产，即使宏商公司认可该笔债权，因涉及宏商公司全体债权人的权益保护问题，在无其他证据予以佐证的情况下，也不能仅以其盖章确认而径行认可该笔破产债权。

宏商公司破产清算组以宏商公司财务账簿所附编号为（2002）2586275、（2002）2586273的两张北京市建筑业专用发票系伪造、宏商公司的财务账簿的记载与《香港雄丰工程公司材料及人工明细表》相矛盾为由，主张不能确认雄丰工程公司对宏商公司享有4919023.11元的工程款债权。光电瑞通公司对此两张发票的真实性亦不予认可，但认为此两张发票是否由雄丰工程公司所开、有无被隐匿、替换，应当由一审法院核实或者由宏商公司破产清算组提供证据证明。根据《最高人民法院关于民事诉讼证据的若干规定》第二条"当事人对自己提出的诉讼请求所依据的事实或者反驳对方诉讼请求所依据的事实有责任提供证据加以证明。没有证据或者证据不足以证明当事人的事实主张的，由负有举证责任的当事人承担不利后果"的规定，宏商公司破产清算组通过北京市地方税务局提供的鉴定结论证明了有关雄丰工程公司应付账款的记载凭证为伪造的事实，已完成了证明宏商公司账簿记载所依据的会计凭证不实的举证责任。而光电瑞通公司未能提供证据证明此两张发票是否由雄丰工程公司所开、宏商公司及其破产清算组存在隐匿、替换雄丰工程公司所开具的发票的事实，故对光电瑞通公司的此项事实主张，本院不予采信。

光电瑞通公司以《香港雄丰工程公司材料及人工明细表》为据，主张雄丰工程公司与宏商公司之间具有建筑施工合同关系。但从形式上看，该表系由雄丰工程公司单方制作，无落款时间，落款单位"香港雄丰工程公司"与印鉴"雄丰工程公司"表述也不一致。该表既无宏商公司签章，也未反映出施工地点、工程项目内容。光电瑞通公司主张4919023.11元的工程款债权系由材料费及人工费构成，但宏商公司的账簿记载显示：2002年7月31日应付账款所记载的4919023.11元包括了本金4554651.11元与截止到2003年7月31日的364372元利息，账簿记载与该表反映的内容相矛盾。光电瑞通公司认为宏商公司系根据2003年6月10日的债权转让通知认可了工程价款为4919023.11元，故将前期未纳入账簿进行结算的364372元以利息方式记入会计账簿，但光电瑞通公司对宏商公司账簿记载矛盾的推测并无证据证明，本院亦不予采信。

光电瑞通公司主张发票系记载所需的会计凭证，会计凭证的真实性、存在与否与债权债务关系无直接关联，且即使发票确实系由雄丰工程公司开具，也仅能证明雄丰工程公司在财务处理或发票开具上存在过错，而不应据此认定雄丰工程公司对宏商公司的债权不存在。但发票是账簿记载的原始凭证，因宏商公司破产清算组已证明发票系伪造，且光电瑞通公司对发票的真实性亦不认可，故宏商公司破产清算组已完成其所主张的宏商公司账簿中有关雄丰工程公司债权的记载无客观真实的依据的证明责任。据此，宏商公司的账簿记载不能作为认定雄丰工程公司对宏商公司是否享有4919023.11元工程款债权的事实依据。该项事实虽不足以证明雄丰工程公司与宏商公司之间无工程款债权关系，但更不能据此认定二者间存在工程款债权关系。

光电瑞通公司主张《宏商公司破产还债案第一次债权人会议决议》所附《债权人债权核定表》确认光电储运公司对宏商公司享有4919023.11元的债权，且经债权人会议认可，该4919023.11元债权属"证据齐全"。因该决议第一项内容载明，"债权人会议一致同意对有财产担保债权和无财产担保债权的确认途径和具体方法，即由宏商公司破产清算组核查后，报请人民法院裁定确认"，故此决议所附《债权人债权核定表》可以证明，光电储运公司享有

4919023.11 元的债权业已经过宏商公司破产清算组的初步核查确认，但该核查结果并未经人民法院裁定确认。宏商公司破产清算组于 2012 年 8 月 3 日向宏商公司全体债权人提交的《宏商公司破产还债案第四次债权人会议工作汇报》因未提供有效证据，对光电瑞通公司 4919023.11 元的工程款债权未予确认，系以后者变更了第一次债权人会议时宏商公司破产清算组初步核查确认的结果，此项变更并不违反法律法规的规定。故《宏商公司破产还债案第一次债权人会议决议》所附《债权人债权核定表》不应作为认定光电瑞通公司对宏商公司享有 4919023.11 元工程款债权的事实依据。

光电瑞通公司主张，如人民法院对雄丰工程公司是否享有对宏商公司 4919023.11 元的工程款债权存疑，应当依职权调查取证。但根据《最高人民法院关于民事诉讼证据的若干规定》第十五条、第十六条有关人民法院认为审理案件需要的证据是指涉及可能有损国家利益、社会公共利益或者他人合法权益的事实以及涉及依职权追加当事人、中止诉讼、终结诉讼、回避等与实体争议无关的程序事项，除此以外人民法院调查收集证据应当依当事人申请进行的规定，光电瑞通公司所主张的事实并不属于人民法院调查收集证据的范围，光电瑞通公司亦未向人民法院提出调查收集证据的申请，故对光电瑞通公司有关本案相关事实应当由人民法院调查取证的主张，本院亦不予支持。

光电瑞通公司向宏商公司主张工程款债权，应当以证明雄丰工程公司享有对宏商公司的工程款债权为前提。根据《中华人民共和国合同法》第二百七十条的规定，建设工程施工合同应当采用书面形式。光电瑞通公司主张雄丰工程公司作为施工单位参与了宏商公司兴建的金摇篮大厦工程，宏商公司对雄丰工程公司享有工程款债权 4919023.11 元，应当提供雄丰工程公司与宏商公司之间的建设工程合同及雄丰工程公司履行合同情况的证据予以证明。但光电瑞通公司未能在本案诉讼期间提交雄丰工程公司与宏商公司之间的建设工程施工合同，也未能提供证据证明雄丰工程公司参与了金摇篮大厦的建设施工工作，即光电瑞通公司无直接证据证明雄丰工程公司参与了金摇篮大厦工程并享有对宏商公司的工程款债权，其提供的《审计报告》及《债权转让通知书》两份证据均系间接证据，不足以证明雄丰工程公司对宏商公司享有 4919023.11 元的工程款债权。宏商公司账簿中虽有对雄丰工程公司应付账款为 4919023.11 元的记载，但除两张被鉴定为伪造的发票外，有关雄丰工程公司应付账款的账簿记载均无客观真实的会计凭证，亦不足以证明雄丰工程公司享有对宏商公司的 4919023.11 元的工程款债权。

因光电瑞通公司系主张其对宏商公司享有 4919023.11 元的工程款债权，

宏商公司破产清算组仅系宏商公司的诉讼代表人，故宏商公司应为本案一审被告。一审法院将宏商公司破产清算组作为被告不当，本院对此予以纠正。

因光电瑞通公司无证据证明雄丰工程公司参与了金摇篮大厦的工程施工，其提供的证据亦不足以证明宏商公司欠付雄丰工程公司4919023.11元的工程款，故其要求宏商公司偿还其4919023.11元工程款并承担相应违约责任的诉讼请求事实依据不足。原审判决认定事实清楚，适用法律正确。本院依照《中华人民共和国民事诉讼法》第一百七十条第一款第（一）项、第一百七十五条之规定，判决如下：

驳回上诉，维持原判决。

一、二审案件受理费各46152元，均由天津光电瑞通商贸有限公司负担。

本判决为终审判决。

审 判 长 刘 敏

代理审判员 李志刚

代理审判员 杜 军

二〇一三年七月十七日

书 记 员 郝晋琪

4. 部分判决制度在案件部分事实暂时无法查清时的适用

——杨耘智与屠秋、新疆源泰矿业有限责任公司股权转让合同纠纷案

【裁判要旨】

本案双方约定按"经详勘确定可开采矿石总量"计算股权转让价款，但对采用何种类型的固体矿产资源/储量类型作为计价依据未作明确约定，人民法院依据现有条件亦无法查清和确定。对该部分目前尚属于无法查清的不确定的资源量，依法不宜作出支持或不予支持的结论。依据《中华人民共和国民事诉讼法》第一百五十三条"人民法院审理案件，其中一部分事实已经清楚，可以就该部分先行判决"之规定，对双方均认可的资源量部分的价款可先行判决。

中华人民共和国最高人民法院民事判决书

（2013）民二终字第 16 号

上诉人（原审原告）：杨耘智。

委托代理人：史峥嵘，北京市同一源律师事务所律师。

被上诉人（原审被告）：屠秋。

委托代理人：尹正友，北京市炜衡律师事务所律师。

委托代理人：蒋佐燕，北京市炜衡律师事务所律师。

被上诉人（原审被告）：新疆源泰矿业有限责任公司。

法定代表人：屠秋，该公司董事长。

委托代理人：尹正友，北京市炜衡律师事务所律师。

委托代理人：蒋佐燕，北京市炜衡律师事务所律师。

上诉人杨耘智因与被上诉人屠秋、新疆源泰矿业有限责任公司（以下简称源泰公司）股权转让合同纠纷一案，不服新疆维吾尔自治区高级人民法院（2012）新民二初字第 1 号民事判决，向本院提起上诉。本院受理后，依法组成由审判员雷继平担任审判长，代理审判员李志刚、郑勇参加的合议庭进行了审理，书记员郝晋琪担任记录。本案现已审理终结。

新疆维吾尔自治区高级人民法院一审查明：2004 年 7 月 12 日，杨耘智及杨大河的委托代理人于昊永（以上两人为甲方）与屠秋（乙方）签订《股权及资产转让协议》，主要内容为：源泰公司原股东杨耘智、杨大河将持有的源泰公司全部股权、新疆且末县卡特里西铜锌矿区采矿权、新疆且末县卡特里西——色蛾子永滚一带（1）、（2）、（3）、（4）、（5）、（6）共计 6 个风险勘探区的探矿权及地面道路、建筑物、采掘矿洞巷道等资产转让与乙方。转让价格为：本次股权及相关资产转让价格暂不确定，乙方按照实际开采矿石铜金属量每吨 1000 元计算转让价款，但支付总价款不超过 2 亿元。首期款 500 万元应于 2004 年 7 月 15 日前支付。剩余款项按如下方式确定和支付：1. 乙方在卡特里西铜锌矿进入实际采掘作业后，以每年实际开采的矿石量折算成金属铜量、按照每吨金属铜 1000 元计算。在每个完整的会计年度之后三个月内支付，但每年支付总额不超过公司当年净利润的 30%；2. 在经详勘确定可开采矿石总量（可开采品位定义为 2% 铜金属含量）基础上，乙方承诺剩余款项在 10 年内支付完毕。该协议还约定，若乙方在十年内将矿产采掘权转让他方，乙方承诺保障甲方不低于本次协议界定的甲方利益；若乙方未能支付剩余转让价款，则甲方可以单方面终止本协议。

2004 年 7 月 28 日，杨耘智、杨大河与屠秋、刘江啸就源泰公司股份转让事宜又签订了《股份转让协议》，约定杨耘智、杨大河将其持有的源泰公司全部股权转让与屠秋及刘江啸，屠秋一次性以货币资金 495 万元收购杨耘智在源泰公司 55% 的股份、杨大河在源泰公司 44% 的股份；刘江啸一次性出资 5 万元收购杨大河在源泰公司 1% 的股份。协议签订后，屠秋、刘江啸依约向杨耘智、杨大河支付了股权转让款 500 万元。双方据此协议在且末县工商局办理了工商变更登记手续。此次源泰公司股权变更后，屠秋持有源泰公司 99% 股权，刘江啸持有源泰公司 1% 股权，源泰公司法定代表人变更为屠秋。本次股权转让所对应的源泰公司名下持有新疆且末县卡特里西铜锌矿区采矿权证、新疆且末县卡特里西——色蛾子永滚一带（1）、（2）、（3）、（4）、（5）、（6）共计 6 个风险勘探区的探矿权证，仍然归源泰公司所有。

2007 年 2 月，杨耘智与杨大河将屠秋及刘江啸起诉至新疆维吾尔自治区高级人民法院，要求解除双方签订的《股权及资产转让协议》，并要求屠秋及刘江啸赔偿其可得利益损失 2658 万元。2010 年 8 月 16 日，经最高人民法院二审主持双方达成如下调解协议：1. 屠秋、刘江啸于 2010 年 8 月 13 日前预付杨耘智、杨大河股权及资产转让款 330 万元；2. 双方继续履行 2004 年 7 月 12 日签订的《股权及资产转让协议》。

2010 年 12 月 27 日，源泰公司与保利江山资源有限公司（以下简称保利江山公司）共同出资设立新疆保利深蓝矿业有限公司（以下简称保利深蓝公司）。源泰公司将新疆且末县卡特里西铜锌矿区采矿权作价 2.945 亿元作为出资，持有保利深蓝公司 58.90% 股权。同年 12 月 29 日，源泰公司又将其持有的保利深蓝公司 18.90% 股权以 9450 万元价格转让给保利江山公司。2012 年 2 月 9 日，源泰公司向新疆维吾尔自治区国土资源交易中心申请将且末县卡特里西铜锌矿区采矿权变更至保利深蓝公司名下。

一审另查明，屠秋在本案审理中同意提前支付剩余部分转让价款。

2012 年 2 月 20 日，杨耘智向新疆维吾尔自治区高级人民法院起诉称，屠秋应按照《股权及资产转让协议》的约定，依照杨耘智的债权比例及时向杨耘智支付剩余的转让款。请求法院依法判令：1. 屠秋支付股权及资产转让的剩余款项 10543.50 万元；2. 如屠秋不能按期清偿债务，则判令源泰公司返还新疆且末县卡特里西铜锌矿区采矿权、新疆且末县卡特里西——色蛾子永滚一带（1）、（2）、（3）、（4）、（5）、（6）6 个风险勘探区的探矿权；3. 屠秋承担本案全部诉讼费用。

新疆维吾尔自治区高级人民法院审理认为，杨耘智与屠秋于 2004 年 7 月签订的两份股权转让协议书均系双方真实意思表示，内容合法有效。双方于 2004 年 7 月 28 日签订的《股份转让协议》主要是用于办理股权工商变更登记，并不能完整反映当事人双方真实的交易关系。依据双方于 2004 年 7 月 12 日签订的《股权及资产转让协议》的约定，杨耘智在转让其所持源泰公司 55% 股权后即已退出源泰公司，双方约定的股权及资产转让价款系源泰公司全部资产折股的价值体现。依据公司法的基本原则，公司股本所体现的公司资产规模为变量，应随公司的经营业绩发生相应的增减变化，进而决定公司股本的实际价值。结合本案如果仅仅依据《股份转让协议》的价格条款，以源泰公司注册资本金数额 500 万元来直接确定股权转让价款，未能考虑源泰公司资本通过经营积累而产生的股权溢价因素对股本价值的影响，则对源泰公司的原股东杨耘智有失公允。杨耘智与源泰公司的另一位原股东杨大河依据《股份转让协议》将源泰公司全部股权转让后，屠秋、刘江啸作为持有源泰公司全部股权的新股东已实际接收该公司所有的有形及无形资产，而此时源泰公司的采矿权、探矿权等资产的权属状况并未发生变化，仍属于源泰公司的法人财产，即该股权变更行为并不涉及公司资产的对外转让，不存在该协议内容违背公司法人财产制度的问题。此外，因双方在履行股权转让、资产交接、款项支付等内容时实际执行内容主要还是依据2004年7月12日订立的《股权及资产转让协议》，加之在最高人民法院（2010）民一终字第105号案件中，双方在民事调解过程中均认可应当继续履行该《股权及资产转让协议》，故以该《股权及资产转让协议》作为确定双方真实交易关系的合同依据符合客观事实，法律依据充分。

关于杨耘智要求屠秋支付股权转让剩余款项的诉讼请求，双方在《股权及资产转让协议》中对于剩余款项的支付所应具备的条件及期限都已作出明确约定，转让价格为："双方按照实际开采矿石铜金属量每吨1000元计算转让价款，但支付总价款不超过2亿元"；付款条件为："乙方在卡特里西铜锌矿进入实际采掘作业后，以每年实际开采的矿石量折算成金属铜量、按照每吨金属铜1000元计算"（协议第4条第2款第1项）；付款期限为："在经详勘确定可开采矿石总量（可开采品位定义为2%铜金属含量）基础上，乙方承诺剩余款项在10年内支付完毕"（协议第4条第2款第2项）。鉴于此，由于目前卡特里西铜锌矿尚未进入实际采掘作业，所附条件尚未成就，协议约定的10年内完成付款的期限也尚未届满，加之该《股权及资产转让协议》并未禁止源泰公司新股东对外转让资产，且源泰公司与保利江山公司合资设立保利深蓝公司的法人出资行为与屠秋向杨耘智履行股权及资产转让价款的支付并无直接关联，故此杨耘智现依该协议要求屠秋提前支付剩余部分转让价款缺乏相应的事实及法律依据。现屠秋在本案审理中同意提前支付剩余部分转让价款，但双方对于剩余部分转让价款的计算方式及具体数额发生分歧，经一审主持双方数次调解亦未能达成一致。依据双方订立的《股权及资产转让协议》第4条第2款第1项、第2项关于股权及资产转让价款支付条件与计算依据的约定，双方应当以卡特里西铜锌矿铜金属的实际开采矿石量作为计算全部转让价款数额的依据。因卡特里西铜锌矿尚未进行实际开采，而依照协议约定，对于确定剩余部分转让款价值并据此要求屠秋提前支付转让款的数额具有实际意义的约定即为"经过详勘确定可开采的矿石总量"。为此，当事人双方也认可《新疆且末县卡特里西铜锌矿详查报告》（以下简称《详查报告》）以及陕德衡矿评（2009）第183号《新疆且末县卡特里西铜锌矿采矿权评估报告书》可以作为本案确定合同价款的依据。对于上述报告的资源数据，经查阅《固体矿产地质勘查规范总则（GB/T13908－2002）》，并向新疆维吾尔自治区矿产储量评审中心进行了技术咨询，结合专家咨询答复意见，新疆维吾尔自治区高级人民法院认为：《股权及资产转让协议》第4条第

2 款第 2 项的约定为"经详勘确定可开采矿石总量",依据相关国家标准与其相对应数据的应为 111 储量。该详查报告中记载的铜金属 122b 数据结论虽未达到 111 储量标准,但依据国家标准该 122b 是经地质详查后得出的基础储量,仅是尚未扣除设计、开采损耗,数值上大于 111 的储量数据,但与 111 的储量接近,具有实际的经济意义;而 333 是在地质普查阶段推断得出的经济资源量,因勘查工作没有达到详查的程度,其经济意义尚无可靠方法确定;334 仅是在预查阶段预测的资源量,各项参数均是假设的,属于潜在的矿产资源,不能确定其经济意义;探矿权仅是有资质的矿业开发主体用以进行地质勘探的依据,其本身并不具有实际的经济价值。因此,依据此国家标准及咨询意见,《详查报告》中的 122b 基础储量数据可作为计算卡特里西铜锌矿可开采储量的经济指标。因《详查报告》中涉及的 333 及 334 数据仅是在普查和预查阶段而作出的推断和预测资源量,相关勘探工作未达到详查程度,不符合《股权及资产转让协议》第 4 条第 2 款第 2 项约定的"经详勘确定可开采矿石量"的标准。同时因探矿权本身并不具有实际的经济价值,而《股权及资产转让协议》中约定的转让价款也仅以卡特里西铜锌矿的可开采储量为依据,故此可认定双方约定的股权转让价款的具体计算依据中并不包括卡特里西——色蛾子永滚一带的 6 个风险勘探区的探矿权。

依据前述国家标准并结合技术咨询意见,《详查报告》中确定的铜金属 122b 基础储量 24300 吨,可作为确定该铜锌矿铜金属储量的技术数据,依据该储量数据并结合协议约定的每吨 1000 元价格计算得出需要支付的转让价款总额为 2430 万元。扣除屠秋、刘江啸已付的转让款 830 万元,并依照杨耘智在该债权中所占的 55% 债权比例计算,屠秋实际需要向杨耘智支付的股权转让剩余款项的金额为 880 万元。屠秋向原告杨耘智支付该剩余款项后,双方基于该《股权及资产转让协议》而产生的全部权利义务即履行完毕。

另,杨耘智与屠秋之间的诉争系股权及所对应的资产转让,没有涉及源泰公司所有的采矿权、探矿权等法人资产的对外转让,且源泰公司本身的股本规模也未发生变化。杨耘智将其持有的源泰公司股权全部转让后,仅可依据该《股权及资产转让协议》向受让其股权的新股东屠秋、刘江啸主张转让价款的债权,而源泰公司名下的采矿权及探矿权作为源泰公司的法人资产,杨耘智无权要求返还。同时杨耘智与屠秋之间的债权债务本身也与源泰公司无关,故杨耘智针对源泰公司的起诉无事实及法律依据,不予支持。

综上,根据《中华人民共和国合同法》第八条、第六十条,《中华人民共和国公司法》第三条第一款之规定,判决如下:一、屠秋支付杨耘智股权及资产转让剩余价款 880 万元；二、驳回杨耘智的其他诉讼请求。屠秋应在判决生效之日起十日内向杨耘智给付上述款项。屠秋如未按本判决指定的期间履行给付以上款项，应当依照《中华人民共和国民事诉讼法》第二百二十九条之规定，加倍支付迟延履行期间的债务利息。一审案件受理费 568975 元，由屠秋负担 47225 元，由杨耘智负担 521750 元。

杨耘智不服新疆维吾尔自治区高级人民法院上述民事判决，向本院提起上诉称：1. 一审程序错误。《股权及资产转让协议》的甲方是杨耘智与杨大河，本案的处理结果与杨大河有直接利害关系，根据法律规定，一审法院应当通知而未通知杨大河的继承人（杨大河已去世）参与本案诉讼，属遗漏当事人。2. 一审认定事实错误。（1）一审关于转让总价款的计算漏算了 500 万的股权出资和六个探矿权的价值。上诉人依协议转让的标的物有二，一是源泰公司的股权出资 500 万元，二是源泰公司所有的 1 个采矿权、6 个矿业权及相关资产，转让总价款应为上述两部分资产之和，而一审仅把矿业权部分的约定价值计算为转让总价款，漏算了上诉人 500 万应得利益；探矿权是一种物权，一审以探矿权没有经济价值为由不将 6 个探矿权的价值计算在转让总价款中，无事实和法律依据。（2）一审关于转让价款的计算依据错误。一审以《详查报告》中的 122b 的铜金属量 2.43 万吨为基数确定本案标的转让价格违反双方协议约定，应当以《详查报告》中的 122b 和 333 两个类型的合计铜金属量（2.43 万吨 + 6.75 万吨）作为计价依据。另，《详查报告》确定的 122b 基础储量准确数字为 2.433993 万吨，一审少计了 39.93 吨，按每吨 1000 元计价，少计 3.993 万元。3. 一审关于合同约定的剩余股权转让款支付条件尚未成就的认定缺乏事实和法律依据。上诉人在本案中所主张权利的合同依据是《股权及资产转让协议》第 4 条第 3 款关于屠秋将采矿权对外转让的约定，该条款并无 10 年内付款的条件限制。4. 一审以上诉人与屠秋之间的债权债务关系与源泰公司无关为由驳回相关诉讼请求属适用法律错误，应予纠正。综上，请求二审撤销原判，发回重审。

被上诉人屠秋和源泰公司答辩称：1. 本案不应当追加杨大河的继承人为第三人。本案杨耘智所主张的是剩余股权转让款的 55% 部分，属于杨大河的 45% 部分不是共有财产，与本案无关。2. 按照合同约定，转让总价款只能按照《详查报告》中 122b 的铜金属量为基数来计算，333 的资源量不能理解为合同约定的可开采矿石量；500 万元股权转让款是转让总价款中的一部分；上诉人在一审中多次表示 122b 铜金属量为 2.43 万吨，扣除开采损失，中间出现 39.93 吨尾数差异也属正常，一审计算认定的相关价款没有问题。3. 探矿权按规定不允许倒卖转让，在经过评审申请取得采矿权前没有价值。4. 上诉人所提源泰公司返回矿业权的诉讼请求违反公司独立财产制度，不能成立。综上，请求二审驳回上诉，维持原判。

本院二审对一审查明的事实予以确认。另查明，新疆地质矿产勘查开发局第三地质大队于 2006 年 3 月向新疆维吾尔自治区国土资源厅提交的《详查报告》载明，新疆且末县卡特里西铜锌矿铜金属 122b 基础储量为 2.433993 万吨，铜金属 333 资源量为 6.748302 万吨；该《详查报告》在"今后工作的建议"中提出，"建议该项目继续进行勘探工作，对 VI、VIII 号矿体实施深部探矿工作，探求更多铜、锌储量及资源量"。2006 年 12 月，新疆维吾尔自治区国土资源厅出具《对〈详查报告〉的审查决议书》[新国土资源（2005）第 028 号]，同意对《详查报告》予以验收通过。根据国家质量监督检验检疫总局发布的《固体矿产地质勘查规范总则（GB/T13908－2002）》的规定，控制的经济基础储量（122b）是指"在详查地段内，达到了详查阶段控制的程度，经预可行性研究认定为是经济的，是未扣除设计、采矿损失的部分"；推断的内蕴经济资源量（333）是指"在普查地段内，达到推断的程度，对矿体在地表或浅部沿走向有工程稀疏控制，沿倾向有工程证实，并结合地质背景、矿床成因特征和有效的物、化探成果推断、不受工程间距的限制，进行了概略研究，尚无法确定其经济意义的那部分资源量。"杨耘智、屠秋对新疆且末县卡特里西铜锌矿的铜金属 122b 基础储量和铜金属 333 资源量分别按 2.43 万吨和 6.75 万吨确定不持异议。

又查明，杨耘智一审起诉时，新疆且末县卡特里西铜锌矿尚未实际投产。《股权及资产转让协议》签订后，受让方屠秋、刘江啸已按协议约定向转让方杨耘智、杨大河共计支付了 830 万元股权转让款。

本院认为，本案二审争议的焦点问题是：一、杨耘智要求屠秋支付剩余股权转让款的条件是否成就；二、剩余股权转让款应以何种标准计算确定。

一、关于杨耘智要求屠秋支付剩余股权转让款的条件是否成就问题。

本案所涉《股权及资产转让协议》对剩余股权转让款约定了两种支付方式：一是若卡特里西铜锌矿进入实际采掘作业，剩余价款以每年实际开采的矿石量折算成金属铜量为基数计算，每年一结；二是在经详勘确定可开采矿石总量（可开采品位定义为 2% 铜金属含量）基础上，剩余款项在 10 年内支付完毕。鉴于本案起诉时卡特里西铜锌矿尚未进入实际采掘作业，且依约定 10 年内完成付款的期限也尚未届满，故一审据此作出的杨耘智要求屠秋立即支付剩余转让价款缺乏事实及法律依据的认定并无不当。但因屠秋在本案一审中表示愿意提前支付剩余股权转让款，杨耘智亦未拒绝，根据合同法第七十一条之规定，对双方关于提前支付股权转让款的协定本院予以支持。

二、关于剩余股权转让款应以何种标准计算确定问题。

关于杨耘智提出的一审在计算转让总价款时漏算了 500 万元的股权出资和 6 个探矿权的价值的上诉主张，因双方在《股权及资产转让协议》中明确约定本次股权及资产的转让价格仅以卡特里西铜锌矿实际开采矿石铜金属量每吨 1000 元计算确定，而不包括源泰公司原股东的 500 万元出资和 6 个探矿权的价值，故该上诉主张缺乏合同依据，依法不予支持。

虽然受让方屠秋同意提前支付剩余股权转让款，但由于本案所涉卡特里西铜锌矿目前的开采实际尚不满足上述《股权及资产转让协议》对剩余股权转让款约定的第一种支付方式（即按实结算，每年一结），故剩余股权转让款价格的确定只能依据该协议约定的第二种支付方式即"在经详勘确定可开采矿石总量（可开采品位定义为 2% 铜金属含量）基础上"以每吨铜金属 1000 元的价格计算确定，对此，双方均予认可。杨耘智、屠秋在一审中亦确认，卡特里西铜锌矿经详查得出的铜金属 122b 基础储量为 2.43 万吨，铜金属 333 资源量为 6.75 万吨，故对杨耘智提出的一审少计铜金属 122b 基础储量 39.93 吨的上诉主张，本院不予支持。

关于杨耘智提出的股权转让款计算基数应为铜金属 122b 基础储量 2.43 万吨和铜金属 333 资源量 6.75 万吨总和的上诉主张和屠秋提出的计算依据只能为铜金属 122b 基础储量而不能加上铜金属 333 资源量的答辩意见，经查，122b、333 均为矿产勘探中对矿产资源/储量类型作出估算的专业术语，双方签订的《股权及资产转让协议》虽约定可按经详勘确定可开采矿石总量计算股权转让价款，但对采用何种类型的固体矿产资源/储量类型作为计价依据并未作出明确约定，且矿体经详查得出的 122b 基础储量、333 资源量与双方约定的"经详勘确定可开采矿石总量"在概念上尚不能构成等同关系。根据国家质量监督检验检疫总局发布的《固体矿产地质勘查规范总则（GB/T13908-2002）》的规定，铜金属 333 资源量 6.75 万吨属推断的内蕴经济资源量，尚无法确定其经济利益，该资源量是否属于可开采范围、能开采多少均处于不确定状态，且依据现有条件亦无法查清和确定，故本案中，此资源量目前尚属于无法查清的不确定的事实，依法不宜作出肯定或否定的评判。根据前述《固体矿产地质勘查规范总则（GB/T13908-2002）》对 122b 术语的定义，以及争议双方均同意将铜金属 122b 基础储量 2.43 万吨作为符合合同约定的计价基数计算股权转让款的事实，上述储量应视为本案已查清的案件事实。

依据民事诉讼法第一百五十三条的规定，可依法对以 2.43 万吨铜金属计价部分先行判决。该计价部分，扣除屠秋、刘江啸已付的转让款 830 万元，并依照杨耘智在该债权中所占的 55% 债权比例计算，可先行判决屠秋向杨耘智支付 2.43 万吨铜金属计价部分剩余股权转让款 880 万元。结合《股权及资产转让协议》对股权转让价格作出的"按实际开采量计算、总价不超过 2 亿元"的约定，如今后卡特里西铜锌矿实际开采出来的铜金属量或经详勘确定可开采矿石总量（可开采品位定义为2%铜金属含量）超过 2.43 万吨，即计算得出的总股权转让款超过 2430 万元，那么，在不超过 2 亿元范围内，杨耘智还可依 55% 的债权比例继续要求受让方屠秋支付剩余股权转让款。故一审关于屠秋向杨耘智支付 880 万元款项后双方之间基于《股权及资产转让协议》而产生的全部权利义务即履行完毕的认定不当，应予纠正。

关于杨耘智提出的如屠秋不能按期清偿债务则要求判令源泰公司返还相关矿业权符合法律规定的上诉主张，根据公司法关于公司法人财产的规定，源泰公司名下的采矿权及探矿权系法人独立资产，不属于公司股东财产。杨耘智将所持有的源泰公司股权转让后，仅可向股权受让人依法主张股权转让款的债权或要求返还股权，故该上诉请求缺乏法律依据，依法不予支持。

另，杨耘智、杨大河在本案系争股权转让前，分别独立持有源泰公司 55%、45% 的股权。源泰公司全部股权转让后，杨耘智系为主张自己所持有的 55% 股权的转让款而提起本案诉讼，而杨大河系不依附杨耘智而独立享有 45% 股权转让总价款的债权人，其对上述债权拥有独立的请求权，故不属于本案必须追加的必要共同诉讼人。原审法院未追加杨大河为共同诉讼人，程序合法，对杨耘智有关本案程序错误的上诉请求依法不予支持。

综上，一审审判程序合法，但关于屠秋向杨耘智支付 880 万元款项后双方之间基于《股权及资产转让协议》而产生的全部权利义务关系即告消灭的认定不当，应予纠正。如今后依据新的事实按《股权及资产转让协议》之约定屠秋应付全部股权转让款超过 2430 万元，那么，杨耘智仍可在股权转让款总额不超过 2 亿元的范围内，按 55% 的债权比例继续向屠秋主张权利。故本院依照《中华人民共和国民事诉讼法》第一百五十三条、第一百七十条第一款第（二）项之规定，判决如下：

一、撤销新疆维吾尔自治区高级人民法院（2012）新民二初字第 1 号民事判决；

二、屠秋于本判决生效之日起十日内向杨耘智先行支付 2.43 万吨铜金属计价部分剩余股权转让款 880 万元；

三、驳回杨耘智关于如屠秋不能按期清偿债务则要求源泰公司返还新疆且末县卡特里西铜锌矿区采矿权、新疆且末县卡特里西——色蛾子永滚一带（1）、（2）、（3）、（4）、（5）、（6）6个风险勘探区的探矿权的诉讼请求。

如不按本判决指定的期间履行给付义务，应当根据《中华人民共和国民事诉讼法》第二百五十三条之规定，加倍支付迟延履行期间的债务利息。

一审案件受理费568975元，由杨耘智负担341385元，屠秋负担227590元；二审案件受理费524975元，由杨耘智负担314985元，屠秋负担209990元。

本判决为终审判决。

审 判 长 雷继平

代理审判员 李志刚

代理审判员 郑 勇

二〇一三年八月十九日

书 记 员 郝晋琪

5. 人民法院如何认定经涂改的书证

——中国平安财产保险股份有限公司莱阳支公司与 烟台宏辉食品有限公司财产保险合同纠纷一案

【裁判要旨】

本案的主要争议焦点是保险标的物范围是宏辉公司厂区全部建筑物还是特定的三栋房屋，其中《财产保险综合险投保单》是本案重要书证之一。该投保单有涂改痕迹，双方当事人对其证明内容产生争议。本案中，该投保单上保险财产项目、投保金额、事故绝对免赔额等处虽有涂改痕迹，但这些内容在投保单的其他地方进行了重复记载，内容并无矛盾，且明确记载保险标的物范围是宏辉公司厂区内特定的三栋房屋。宏辉公司在诉讼中承认该份投保单系该公司在空白页上加盖公章交给平安莱阳公司形成的。其关于本案保险标的物是宏辉公司厂区全部建筑物的诉讼主张没有相应的证据予以证明。其应对在空白投保单上盖章的行为承担相应的民事法律责任。

中华人民共和国最高人民法院民事判决书
（2013）民提字第 121 号

再审申请人（一审被告、二审上诉人）：中国平安财产保险股份有限公司莱阳支公司。住所地：山东省莱阳市金水路 2 号。

负责人：张建芳，该公司经理。

委托代理人：王辉，中国平安财产保险股份有限公司工作人员。

委托代理人：孙伟中，中国平安财产保险股份有限公司青岛分公司工作人员。

被申请人（一审原告、二审被上诉人）：烟台宏辉食品有限公司。住所地：山东省莱阳市经济开发区海河路北天回路。

法定代表人：黄俊辉，该公司总经理。

委托代理人：赵纯永，山东柏瑞律师事务所律师。

再审申请人中国平安财产保险股份有限公司莱阳支公司（以下简称平安莱阳公司）因与被申请人烟台宏辉食品有限公司（以下简称宏辉公司）财产保险合同纠纷一案，不服山东省高级人民法院（2010）鲁商终字第177号民事判决，向本院申请再审。本院于2013年5月28日作出（2012）民申字第1558号民事裁定，提审本案。本院依法组成由审判员王宪森担任审判长，审判员殷媛、杨征宇参加的合议庭进行了审理，书记员郝晋琪担任记录。本案现已审理终结。

山东省烟台市中级人民法院一审查明：2008年8月17日，宏辉公司、平安莱阳公司签订一份《财产保险综合险保单明细表》。该保单载明下列内容：被保险人名称：烟台宏辉食品有限公司；受益人名称：中国工商银行股份有限公司莱阳支行；保险期限：共12个月，自2008年8月18日中午12时起至2009年8月18日12时止；保险项目标的地址：莱阳市经济开发区海河路北天回路（房产证隆茂街西武当山北）；保险项目：房屋建筑；保险金额：8023700元；保险金额确定依据：估价；免赔说明：每次事故绝对免赔额为1000元人民币或损失金额的15%，两者以高者为准；总保险费：人民币4814.22元；特别约定：1.房屋建筑按估价投保，如保额不足，出险时按比例赔付（后附明细）。2.每次事故绝对免赔额为1000元人民币或损失金额的15%，两者以高者为准。3.第一受益人为中国工商银行股份有限公司莱阳支行。4.无其他特别约定。

2009年5月6日，宏辉公司厂区内发生火灾。莱阳市公安消防大队出具了莱公消火认字（2009）第1号火灾事故认定书。该认定书查明起火原因为谭成辉在焊接宏辉公司厂院南侧栏杆时，引燃栏杆附近的废弃水果网套引起的。2009年5月7日，平安莱阳公司对火灾现场进行了勘察，并出具了非水险查账笔录，对损失的情况予以记录。2009年5月20日，中国工商银行股份有限公司莱阳支行出具《证明》一份。该《证明》载明："投保人烟台宏辉食品有限公司于2008年8月17日与中国平安财产保险股份有限公司签订的保险单号为：21131001801010800002的财产保险综合险，受益人约定为中国工商银行股份有限公司莱阳支行，现我支行将该保险单受益人的全部权益转让给烟台宏辉食品有限公司。"后宏辉公司多次向平安莱阳公司索赔未果，遂于2009年5月31日诉至一审法院。

审理过程中，宏辉公司向一审法院提出了对火灾中毁损的房屋建筑损失进行评估认定的申请，并交纳了鉴定费50000元。经一审法院委托山东佳联保险公估有限公司，该公司出具了鲁佳公估字F（2009）014号公估结论书。

结论书的结论为：烟台宏辉食品有限公司"5·6"火灾事故总损失金额（RMB）为：3593857 元，其中：烧毁钢结构车间西墙体及车间内二层平台损失金额为：371774 元；烧毁钢结构车间安装工程损失金额为：46851 元；烧毁钢结构车间钢结构工程损失金额为：2429458 元；砖混车间西墙、南墙、屋面、物料间、东墙等受损部分工程损失金额为：579671 元；砖混车间东车间前墙夹心板及屋面及窗损失金额为：71585 元、砖混车间前台轻钢屋面工程损失金额为：69728 元；受损道路工程损失金额为：24790 元。后山东佳联保险公估有限公司庭审过程中将烧毁钢结构车间钢结构工程损失金额进行了调整，将金额变更为2545096 元。一审法院组织宏辉公司、平安莱阳公司双方对结论书进行了质证。宏辉公司对该结论书无异议。平安莱阳公司对该结论书提出了书面异议。一审法院通知山东佳联保险公估有限公司人员出庭接受了当事人的质询。

宏辉公司、平安莱阳公司对以下事实存在异议：1. 关于保险标的。宏辉公司主张其向平安莱阳公司投保的为厂区内的全部房屋建筑。平安莱阳公司则主张保险标的仅为房产证所列三栋房屋建筑，并向一审法院提交了《财产保险综合险投保单》及《抵押物清单》一份。庭审过程中宏辉公司对平安莱阳公司所提交的两份证据均不予认可，主张投保单有涂改，不能证明平安莱阳公司主张。而《抵押物清单》当事人为宏辉公司与中国工商银行股份有限公司莱阳支行，《抵押物清单》与本案无直接联系。2. 关于施救费用。宏辉公司向一审法院提交部分相关证据证明宏辉公司厂房起火后，宏辉公司及时组织工人进行了扑救，发生了以下施救费用：水费 10651.34 元、器材费 8345 元、工人施救补助费 32700 元。平安莱阳公司对此部分证据的真实性无异议，但主张宏辉公司无法证明全部为施救费用，并表示无法区分哪些是用于保险标的的施救。

一审法院认为，宏辉公司与平安莱阳公司所签订的保险合同系双方当事人的真实意思表示，且不违反相关法律规定，应为合法有效。保险合同签订后，宏辉公司按照约定缴纳了保费，已履行了合同所约定的义务。在宏辉公司所投保的财产发生保险事故后，平安莱阳公司应当按照保险合同的约定对保险标的的损失负责赔偿。

本案宏辉公司、平安莱阳公司争议的焦点问题有三个。第一，关于保险标的；第二，宏辉公司火灾损失数额；第三，平安莱阳公司是否应当承担施救费用。

关于第一个焦点问题。一审法院认为，依据宏辉公司所提交的保单，宏辉公司所投保的保险项目为房屋建筑；保险金额：8023700 元。保单并未明确宏辉公司所投保的房屋建筑是厂区内的哪部分房屋。平安莱阳公司主张宏辉公司所投保的房屋建筑为房产证上所列明的三栋房屋,依据有两个,一是投保单,二是《抵押物清单》。根据庭审质证查明的事实,投保单系平安莱阳公司提交,该投保单有多处涂改痕迹,且宏辉公司对该投保单的真实性予以否认,因此一审法院对该证据的效力无法认定。而《抵押物清单》所列当事人为宏辉公司及中国工商银行股份有限公司莱阳支行,从该《抵押物清单》看,无法证明平安莱阳公司所主张的《抵押物清单》系保险附件的说法。且宏辉公司厂区火灾发生后,平安莱阳公司派员查勘了现场,平安莱阳公司所出具的非水险查账笔录中明显可以看出平安莱阳公司将宏辉公司所有受损房屋均进行了勘验。另分析宏辉公司投保的保险目的及保险利益,一审法院认为,应当认定宏辉公司将其厂区内所有房屋建筑进行了投保。

关于第二个焦点问题。一审法院认为,本案在审理过程中,就火灾损失法院委托了山东佳联保险公估有限公司进行了损失的认定,公估报告亦接受了双方当事人质证。在平安莱阳公司无直接证据证明公估报告明显依据不足的情况下,该公估报告所得出的火灾损失结论应予以认可。

关于第三个焦点问题。一审法院认为,2002年修正的《中华人民共和国保险法》第四十二条规定:"保险事故发生时,被保险人有责任尽力采取必要的措施,防止或者减少损失。保险事故发生后,被保险人为防止或者减少保险标的的损失所支付的必要的、合理的费用,由保险人承担;保险人所承担的数额在保险标的损失赔偿金额以外另行计算,最高不超过保险金额的数额。"现宏辉公司向一审法院提交了为了救火而发生的水费、器材费及救火工人补助费的相关证据,平安莱阳公司对于此部分支出费用,应当予以赔偿。

综上,平安莱阳公司应当按照双方所签订的保险合同的约定,扣除火灾损失15%的免赔额,对余下的损失部分,平安莱阳公司应当承担赔偿责任。宏辉公司的诉讼请求成立,依法应予以支持。山东省烟台市中级人民法院依照《中华人民共和国保险法》第十条、第三十三条、第四十二条之规定,作出(2009)烟商初字第55号民事判决:平安莱阳公司于该判决生效后十日内赔偿宏辉公司保险金3054478.45元、施救费用51696.34元。案件受理费32052元及鉴定费50000元,由平安莱阳公司承担。

平安莱阳公司不服一审判决,向山东省高级人民法院提起上诉称:1.一审法院认定事实错误。(1)认定涉案保险合同的标的为宏辉公司厂区所有房屋建筑有误。根据当事人双方所签保险合同的约定,涉案保险标的应为保险合同约定的位于莱阳市经济开发区海河路北天回路中的三栋房屋,建筑面积4463.47平方米,保险金额为802.37万元,建筑类型为钢筋混凝土和砖混。

宏辉公司所主张的损失中的钢结构建筑部分和道路部分明显不属于保险标的；投保单与本案具有关联性，能够证明其所列房屋为本案保险合同的保险标的。《抵押物清单》是宏辉公司投保时提供给平安莱阳公司的，并由其加盖公章确认，双方依据此清单签订了保险合同，并将其作为合同的一部分。根据保险合同约定，保险合同的第一受益人为中国工商银行股份有限公司莱阳支行，可以看出涉案保险合同的投保目的应是为其在银行办理抵押贷款的抵押房屋提供风险保障，以确保第一受益人的利益。正因为如此，宏辉公司在投保时才将其办理抵押时的清单提供给平安莱阳公司作为投保单中所指的"明细"。这也间接证明了《抵押物清单》与本案具有很强的关联性，清单所列的房屋就是保险合同的保险标的。（2）涉案投保单合法有效，一审判决中仅以"投保单有多处涂改痕迹，且宏辉公司对投保单的真实性予以否认"，而简单地认定投保单无证明效力是错误的。（3）一审法院以"平安莱阳公司对所有受损房屋均进行了勘验"为由，认定保险标的为厂区所有房屋建筑，显属不当。勘验事故现场是平安莱阳公司为查清整个事故情况的必要准备，并不代表平安莱阳公司认可其所有的受损财产均为保险标的，保险标的应以保险合同约定为准。2. 公估报告在程序、形式和内容上存在较大的瑕疵，基本数据存在错误，已经丧失了司法鉴定的真实性和客观性，主要部分未经质证，不能作为判案的依据。3. 施救费用的认定无依据。宏辉公司提供的施救费单据，多为火灾之后较长时间以后发生的，宏辉公司也不能证明，该费用的发生与施救有关。即使事故中确实产生了施救费用，平安莱阳公司也仅针对保险标的发生的施救费用承担赔偿责任，如果无法具体划分各部分的施救费用，应按涉案施救标的占总施救财产金额比例进行核算。4. 即使宏辉公司厂区的建筑物都为保险标的，那么保险合同显然属于不足额投保，依据保险法的规定，应按保险金额与所有房屋的价值比例计算保险赔偿金。一审判决认定所有建筑房屋均为保险标的，却不适用保险法的比例赔付规定，明显自相矛盾。综上，一审判决认定事实错误，适用法律不当。请求：撤销一审判决，并依法改判或发回重审。

宏辉公司二审答辩称：1. 一审判决认定事实清楚，适用法律正确。保险合同的保险标的是宏辉公司厂区所有建筑。（1）宏辉公司厂区的所有建筑在2006年均已投入使用，根据房屋的特点，引起火灾的风险较高，为确保安全，宏辉公司将全部建筑列为承保范围。（2）从保险价值来看，宏辉公司在投保时，建筑房屋的价值为800余万元，宏辉公司现存厂区的房屋价值也为此价值，证明宏辉公司投保的标的为全部建筑。（3）平安莱阳公司以投保单为依据，主张保险标的为《抵押物清单》记载的房屋不能成立。投保单有明显的改动痕迹，改动内容非常重要，不能作为定案依据。（4）平安莱阳公司提交的《抵押物清单》作为保险标的的依据理由不足。该清单落款时间为 2007年，投保时间为 2008 年，该清单与保险合同无关联。（5）一审中，宏辉公司提交了平安莱阳公司的现场勘验记录，该记录显示，平安莱阳公司在火灾后，对所有的房屋进行了勘验。2. 公估报告是法院指定的司法鉴定机构作出的，且鉴定人员具有相应的资格，该鉴定报告具有客观性。3. 施救费用是火灾后，宏辉公司为救火而实际发生的费用，依照保险法的规定，平安莱阳公司应予赔付。请求驳回上诉，维持一审判决。

二审法院除认定一审法院查明的事实外，另查明：投保单记载的安全设施情况：1. 自动报警或灭火装置为"无"；2. 消防栓、灭火器为"有"；3. 保安值勤为"有"。投保单记载的该项内容没有涂改痕迹。

二审法院认为，根据平安莱阳公司的上诉及宏辉公司的答辩，本案二审诉讼期间的焦点问题是：第一，保险标的的范围；第二，火灾损失数额的认定是否正确；第三，施救费用的认定问题。

关于保险标的的范围问题，双方当事人存在较大争议。平安莱阳公司认为，保险标的是宏辉公司房产证上记载的三栋房屋。宏辉公司主张，保险标的是厂区内的全部房屋。对此问题，二审法院认为，根据保险的特点及保险合同的解释原则，应认定保险合同的保险标的为宏辉公司厂区内的全部房屋。首先，投保单记载"房屋建筑三栋，4463.47 平方米，投保金额 802.37 万元"。但是，该项记载事项有多处涂改痕迹，且宏辉公司不予认可，在无其他证据与之相互印证的情况下，投保单的该项记载不能单独作为认定事实的证据。其次，本案涉及的保险合同约定保险标的为"房屋建筑"，"房屋建筑按估价投保，如保额不足，出险时按比例赔付"，并注明"后附明细"。但平安莱阳公司并未对房屋建筑进行评估，也未附保险合同标的明细，而将宏辉公司抵押贷款的《抵押物清单》附后。该《抵押物清单》是宏辉公司一年之前向银行贷款时所提供的《抵押物清单》，抵押物价值评估的目的也是为房地产抵押贷款提供价值参考依据。因此，保险合同后附《抵押物清单》，不能得出宏辉公司仅将《抵押物清单》上列明的三栋房屋投保的结论。第三，保险合同系由平安莱阳公司提供，对于保险合同主要条款约定不明的法律后果，平安莱阳公司应当明知，保险合同约定不明的责任应由合同条款提供人平安莱阳公司承担。本案中，保险人与投保人对合同标的存在争议，应当作出有利于投保人的解释。综上，在平安莱阳公司不能提供证据证明对保险标的有明确约定的情况下，按照不利解释原则，应当认定保险标的为宏辉公司厂区内的全部建筑物。保单中记载的保险金额为 802.37 万元，因为保险合同签订时，平安莱阳公司未对保险标的进行评估，平安莱阳公司也未能提供证据证明该保险合同是不足额保险，因此，平安莱阳公司关于保险并非足额保险的主张，二审法院不予支持。

关于火灾损失数额的认定是否正确的问题，二审法院认为，本案在审理过程中，一审法院就火灾损失数额委托了山东佳联保险公估有限公司进行了公估，一审诉讼中，双方当事人对公估报告亦进行了质证，公估人员出庭接受了当事人的质询。证据的质证、认证程序符合法律规定。公估报告所得出的火灾损失结论可以作为裁判依据。一审法院依据公估报告结论，扣除绝对免赔额后，判令平安莱阳公司赔偿宏辉公司保险金3054478.45元是正确的。

关于施救费用的认定问题，二审法院认为，一审法院认定的施救费用主要包括为了救火而发生的水费、器材费及救火工人补助费。从宏辉公司提供的水费单据来看，发生火灾当月水费明显增加，增加的费用与救火应发生的费用相符；投保时，宏辉公司在投保单上注明厂内有消防栓和灭火器材，该部分亦无修改痕迹，可以认定发生火灾之前，宏辉公司厂区内放有灭火器等器材，发生火灾后对使用了的灭火器材进行补充，符合消防的有关规定；火灾发生于工作时间，宏辉公司组织工人参与施救，火灾后向工人发放救火补助费符合常理。一审法院依照保险法的规定，判令平安莱阳公司向宏辉公司赔偿施救费用，并无不当。

综上所述，一审判决认定事实清楚，适用法律正确。山东省高级人民法院依照《中华人民共和国民事诉讼法》第一百五十三条第一款第（一）项的规定，判决：驳回上诉，维持原判。二审案件受理费32052元，由上诉人平安莱阳公司负担。

平安莱阳公司不服山东省高级人民法院上述民事判决，向本院申请再审称：1. 根据保险合同约定，保险标的应为保险合同约定的位于山东省莱阳市经济开发区海河路北天回路中的三栋房屋，其余受损的钢结构建筑部分和道路等部分明显不属于保险标的。（1）涉案投保单上的修改为双方按照投保人真实投保意图进行的修正。（2）宏辉公司投保时提供的《抵押物清单》与本案具有关联性，是宏辉公司为获取银行贷款而在平安公司对抵押物进行的投保，能够证明其所列房屋为本案保险合同的保险标的。2. 虽然鲁佳公估字F（2009）014号公估结论书存在没有相关人员的签署、内容前后矛盾，以及计算错误等瑕疵，但由于事故发生至今已经超过4年，很难对事故的真实损失情况再委托其他机构进行评估认定。因此平安莱阳公司同意以该公估书作为计算保险金的依据。3. 宏辉公司主张的施救费用51696.34元证据不足，另外应按涉案施救保险标的占总施救财产的金额比例进行核算，并扣除15%绝对免赔率。综上，宏辉公司所主张的损失中的钢结构建筑部分和道路等部分不属于保险标的，平安莱阳公司依法不应承担保险责任。二审判决认定事实错误，证据不足，适用法律不当，请求依法再审纠正错误，维护平安莱阳公司的合法权益。

宏辉公司再审答辩称：一、关于保险标的的范围事实认定问题。本案保险合同签订时，宏辉公司厂区目前所有的房屋建筑就已建成并投入使用。根据宏辉公司的保险目的与保险利益，宏辉公司以当时所有房屋建筑向平安莱阳公司保险公司投保，并且保险标的范围符合保险条款的规定。从保险价值角度看，本案投保的标的物建设成本低，投保金额802.37万元包含全部的建筑物。平安莱阳公司所提交的投保单系平安莱阳公司单方制作的格式文件，并由平安莱阳公司人员填写，其中多处存在涂改痕迹，真实性受到怀疑。该投保单上关于投保房屋的数量、面积等实质性内容，没有列入保险单中，而保险单是双方最终确认的合同文件。因此，应当以保险单列明的内容为准。由于平安莱阳公司没有尽到其应尽的估价义务，导致保险合同产生歧义，理应由保险人为此负责。保险事故发生后，平安莱阳公司对宏辉公司的全部毁损现场进行勘察，说明平安莱阳公司承认保险标的为全部房屋建筑。二、鲁佳公估字F（2009）014号公估结论书程序合法，评估公正、有效。三、宏辉公司在提出施救费用请求时，已经提交了完备有效的证据，证明有关费用的支付情况，该费用合情、合理、合法，也属于保险合同的赔偿范围。综上，原审判决并无不当，请求本院驳回平安莱阳公司的再审申请。

本院再审认定原审判决中除保险标的物范围以外的其他查明事实内容。另查明，平安莱阳公司向一审法院提交一份《财产保险综合险投保单》，该投保单上除与一审法院认定的《财产保险综合险保单明细表》的相关内容一致的以外，还载明：被保险人证件号码76001566－X；保险财产项目：房屋建筑三栋4463.47平方米；投保金额：802.3700万元；每次事故绝对免赔额为损失金额：15%或1000（元），以高者为准。该部分投保金额、免赔率、免赔额等数字内容有改动痕迹。但载明的下列内容未改动：建筑类型为钢筋混凝土、砖混；总保险金额（大写）：捌佰零贰万叁仟柒佰元整，（小写）：802.37万元。主险保费（大写）：肆仟捌佰壹拾肆元贰角贰分，（小写）：4814.22元。上述内容未见改动痕迹。在本院公开质证过程中，宏辉公司承认该份投保单系该公司在空白页上加盖公章交给平安莱阳公司形成的，其不能证明平安莱阳公司改动前的内容。

平安莱阳公司提交的《财产保险综合险投保单》附有一份《抵押物清单》，载明：房权证号为"莱阳市房权证莱字第00033979号"，房屋坐落开发区隆茂街西武当山北，建筑面积为 4463.47 平方米，土地证号为莱国用（2006）第 1138 号，占地面积为 18008 平方米，评估价为 802.37 万元，贷款金额为 480 万元，落款处盖有抵押人宏辉公司及抵押权人中国工商银行股份有限公司莱阳支行的公章。日期为 2007 年 7 月 27 日。

山东省莱阳市人民政府莱字第 00033979 号房权证载明，房屋所有权人为宏辉公司，房屋坐落于隆茂街西、武当山路北。房屋状况为 0001 号，砖混结构，2 层，建筑面积 519.53 平方米，办公楼；0002 号，砖混结构，2 层，499.38 平方米，综合楼；0003 号，钢混结构，1 层，3444.56 平方米，车间。

山东省莱阳市人民政府莱国用（2006）第 1138 号土地证书载明，该土地上房屋状况为自建三栋，即 0001 号，砖混结构，2 层，519.53 平方米，办公楼；0002 号，砖混结构，2 层，499.38 平方米，综合楼；0003 号，钢混结构，1 层，3444.56 平方米，车间。

2006 年 9 月 22 日，莱阳市润泰房地产评估咨询有限公司接受宏辉公司的委托作出一份《工业房地产抵押价值评估报告》，载明，我单位对贵公司拥有产权的位于莱阳市经济开发区隆茂街西、武当山路北办公楼，综合楼，车间（冷库）房地产进行市场价格评估。估价时点是 2006 年 9 月 20 日。估价目的为委托方以估价对象房地产抵押贷款提供价值参考依据，其中估价对象即总建筑面积为 4463.47 平方米的三栋房屋的具体内容与山东省莱阳市人民政府莱字第 00033979 号房权证上载明的内容一致，房地产估价值为 806.76 万元。该报告附有山东省莱阳市人民政府莱字第 00033979 号房权证和山东省莱阳市人民政府莱国用（2006）第 1138 号土地证书。

本院认为，本案的主要争议焦点是：第一，本案所涉保险合同保险标的物范围是宏辉公司厂区内的全部建筑物，还是特定的三栋房屋；平安莱阳公司应赔付的保险金是多少。第二，本案所涉施救费用的承担问题。

第一，关于本案所涉保险合同保险标的物范围问题。

本案所涉保单上载明受益人为中国工商银行股份有限公司莱阳支行而非宏辉公司，保险项目为房屋建筑，并附有一份加盖有抵押人宏辉公司及抵押权人中国工商银行股份有限公司莱阳支行公章的《抵押物清单》。该《抵押物清单》上载明了相关房屋建筑的基本情况。可见，本案中宏辉公司为满足中国工商银行股份有限公司莱阳支行的贷款条件，向平安莱阳公司购买贷款抵押物保险的交易关系明显。本案所涉保险标的物范围应当根据当事人交易背景，综合全案证据加以判定。

《财产保险综合险投保单》是本案重要书证之一，双方当事人对该证据的真实性均无异议，仅对其中涂改部分所证明的内容发生争议。尽管该投保单记载的被保险人证件号码、保险财产项目、投保金额、事故绝对免赔额等部分数字有涂改痕迹，但这些数字内容在投保单的其他地方也进行了明确记载，包括大写的"总保险金额"与小写的"802.37万元"，二者完全一致。宏辉公司在诉讼中承认该份投保单系该公司在空白页上加盖公章交给平安莱阳公司形成的，该事实表明，宏辉公司并未在该投保单上记载其投保的财产是其厂区内全部建筑物，其应对在空白投保单上盖章的行为承担相应的民事责任。

本案中《财产保险综合险保单明细表》《财产保险综合险投保单》《抵押物清单》上记载的保险标的物房屋估价均为802.37万元，数额一致，且与《工业房地产抵押价值评估报告》中806.76万元的房地产估价接近。《财产保险综合险保单明细表》上明确保险项目标的地址在莱阳市经济开发区海河路北天回路（房产证为隆茂街西武当山北），《财产保险综合险投保单》《抵押物清单》、山东省莱阳市人民政府莱字第00033979号房权证和莱国用（2006）第1138号土地证书、《工业房地产抵押价值评估报告》上载明的标的物均明确指向宏辉公司拥有房产权证的位于莱阳市经济开发区隆茂街西武当山路北，面积为4463.47平方米、砖混和钢筋混凝土结构的办公楼、综合楼、车间（冷库）等三栋房屋建筑。上述证据内容之间相互印证，证明本案所涉保险标的物的范围就是上述特定的三栋房屋，而不包括宏辉公司厂区内其他建筑物和道路。因此，宏辉公司关于本案保险标的物是其厂区内全部建筑物的诉讼主张没有相应的证据予以证明。

本案再审期间，双方均认可将山东佳联保险公估有限公司出具的鲁佳公估字F（2009）014号公估结论书作为计算本案保险金的依据。根据前述认定，本案所涉保险合同保险标的物不包括宏辉公司厂区内钢结构等其他建筑物和道路，应当将该公估结论书中有关烧毁钢结构车间西墙体及车间内二层平台损失金额371774元、烧毁钢结构车间安装工程损失金额46851元、烧毁钢结构车间钢结构工程损失金额2545096元、受损道路工程损失金额24790元予以扣除。本案所涉保险合同保险标的物即宏辉公司拥有产权证书的三栋房屋的损失金额为：1.砖混车间西墙、南墙、屋面、物料间、东墙栋受损部分工程损失金额579671元；2.砖混车间东车间前墙夹心板及屋面及窗损失金额71585元；3.砖混车间前台轻钢屋面工程损失金额69728元。上述三项保险标的物损失金额合计720984元，扣除保险合同约定的15%绝对免赔额，平安莱阳公司应向宏辉公司赔付的保险金是612836.4元。

第二，关于施救费用的承担问题。

申请人平安莱阳公司对于施救费用中的水费、器材费、工人施救补助费均提出了异议，认为宏辉公司未能区分上述费用是用于实际施救保险标的物还是其他费用。关于水费，宏辉公司在原审中提交了其 2009 年 3 月、4 月、5 月、6 月四个月的水费结算单、代收水资源费结算单、污水处理费结算单，表明前三个月的水费基本持平，而 2009 年 6 月即在火灾发生后，水费明显大幅度上升。考虑到火灾发生在 6 月初，火灾后工厂便停产，正常用水费用所占比例很小，"正常用水"与"灭火用水"二者在数量上无法准确计算，故原审法院判决认定的灭火水费并无明显不当。关于器材费与工人施救补助费，宏辉公司已经尽了举证责任，提供了有关器材费发票及工人施救补助费领用单，且费用合理。《中华人民共和国保险法》等法律鼓励被保险人尽可能地降低不必要的损失。如果对被保险人的举证责任要求过严，则不利于该立法目的的实现，进而有损于保险法律关系中双方当事人的切身利益。因此，原审法院对于宏辉公司关于施救费用举证责任的要求并无不当。但该部分费用中包括了宏辉公司厂区内所有建筑物及设施的施救费用，显然超过了本案所涉保险标的物范围，超出部分不应由平安莱阳公司承担。本案保险事故发生在多年以前，火灾现场早已清理完毕，现再让宏辉公司举证证明针对本案所涉保险标的物范围的施救费用已无可能。鉴于原审判决支持的施救费用针对的是宏辉公司厂区内所有六栋建筑物及设施，现已查明本案保险标的物仅限其中的三栋房屋，故本院依据公平原则，酌定平安莱阳公司赔付 50% 的施救费用。同理，本案的案件受理费及鉴定费，亦应由宏辉公司和平安莱阳公司各承担 50%。

综上，原审判决认定事实错误，本院依照《中华人民共和国民事诉讼法》第一百七十条第一款第（二）项、第二百零七条第一款之规定，判决如下：

一、撤销山东省高级人民法院（2010）鲁商终字第 177 号民事判决及山东省烟台市中级人民法院（2009）烟商初字第 55 号民事判决。

二、中国平安财产保险股份有限公司莱阳支公司向烟台宏辉食品有限公司支付保险金 612836.4 元、施救费用 25848.17 元。

本案一、二审案件受理费共计各 32052 元、鉴定费 5 万元，共计 114104 元，由中国平安财产保险股份有限公司莱阳支公司、烟台宏辉食品有限公司分别承担 57052 元。

本判决为终审判决。

审 判 长 王宪森

审 判 员 殷 媛

审 判 员 杨征宇

二〇一三年十月二十八日

书 记 员 郝晋琪

6. 关于"拨改贷"资金返还纠纷中民事责任及范围的认定问题

——上诉人陕西省煤炭生产安全监督管理局、合阳县金桥煤炭有限责任公司、铜川市成鑫煤炭有限责任公司、神木县大砭窑气化煤有限责任公司与被上诉人中国地方煤矿总公司、原审被告澄城县曹村煤矿、铜川市耀州区照金矿业有限公司资金返还纠纷上诉案

【裁判要旨】

本案诉争的资金系国家实行"拨改贷"政策后发放的有偿使用的建设资金。本案二审中止审理期间，国务院相关部门发布《关于进一步做好中央级财政资金转为部分中央企业国家资本金有关工作的通知》，本院亦随之发布了"法〔2012〕295号"《关于审理中央级财政资金转为部分中央企业国家资本金有关纠纷案件的通知》，对相关案件的适用法律问题作出了明确规定。依据相关规定，本院二审认为，本案属于人民法院民事诉讼的受理范围，地煤公司主张的民事权利亦未超过诉讼时效期间；各用资单位所使用的建设资金应予偿还（并按规定计息）；当时的政府主管部门基于行政管理职责，协助落实"拨改贷"资金的发放事宜，其不应对返还该建设资金承担民事责任。

中华人民共和国最高人民法院民事判决书

（2008）民二终字第 89 号

上诉人（原审被告）：陕西省煤炭生产安全监督管理局（原陕西省煤炭工业局）。住所地：陕西省西安市碑林区和平路东十一道巷 6 号。

法定代表人：陈永昌，该局局长。

委托代理人：张志民，该局副巡视员。

委托代理人：武广韬，陕西富能律师事务所律师。

上诉人（原审被告）：合阳县金桥煤炭有限责任公司。住所地：陕西省渭南市合阳县城关镇南庄村沟下。

法定代表人：王庆云，该公司经理。

委托代理人：史洪亮，陕西炳辉律师事务所律师。

上诉人（原审被告）：铜川市成鑫煤炭有限责任公司。住所地：陕西省铜川市印台区玉华镇玉华村。

法定代表人：赵满义，该公司董事长。

上诉人（原审被告）：神木县大砭窑气化煤有限责任公司。住所地：陕西省榆林市神木县西沟乡大砭村。

法定代表人：郭永昌，该公司董事长。

委托代理人：武广韬，陕西富能律师事务所律师。

委托代理人：霍雨田，陕西富能律师事务所律师。

被上诉人（原审原告）：中国地方煤矿总公司。住所地：北京市东城区安定门外大街200号。

法定代表人：万祖安，该公司总经理。

委托代理人：王宇星，该公司职员。

委托代理人：王云军，陕西惠智律师事务所律师。

原审被告：铜川市耀州区照金矿业有限公司。住所地：陕西省铜川市耀州区照金镇照金村。

法定代表人：汪家保，该公司董事长。

委托代理人：王建斌，陕西兰天律师事务所律师。

上诉人陕西省煤炭生产安全监督管理局（原陕西省煤炭工业局，以下分别简称省煤监局、煤炭工业局）、合阳县金桥煤炭有限责任公司（以下简称金桥公司）、铜川市成鑫煤炭有限责任公司（以下简称成鑫公司）、神木县大砭窑气化煤有限责任公司（以下简称大砭窑公司）因与被上诉人中国地方煤矿总公司（以下简称地煤公司）、原审被告澄城县曹村煤矿（以下简称曹村煤矿）、铜川市耀州区照金矿业有限公司（以下简称照金公司）借款合同纠纷一案，不服陕西省高级人民法院（2007）陕民二初字第025号民事判决，向本院提起上诉。本院依法组成由审判员刘竹梅担任审判长，审判员王宪森、代理审判员张雪楳参加的合议庭进行审理，书记员赵穗军担任记录。2010年11月10日，本院以（2008）民二终字第89号民事裁定书中止本案诉讼。2013年3月15日，根据地煤公司的申请，并鉴于国务院国有资产监督管理委员会、国家发展和改革委员会、财政部"国资发法规〔2012〕103 号"《关于进一步做好中央级财政资金转为部分中央企业国家资本金有关工作的通知》和本院"法〔2012〕295 号"《关于审理中央级财政资金转为部分中央企业国家资本金有关纠纷案件的通知》已发布实施，本院决定恢复本案二审诉讼程序。合议庭书记员变更为郝晋琪。本案现已审理终结。

一审法院审理查明：1984 年，国家计委、财政部、建行总行联合发布《关于国家预算内基本建设投资全部由拨款改为贷款的暂行规定》，决定从 1985 年起，凡是由国家预算内安排的基本建设投资全部由财政拨款改为银行贷款（简称"拨改贷"）。

1985 年至 1986 年期间，原煤炭部陆续向包括陕西省在内的各煤管局或地方煤炭厅（局、公司）下达了年度地方煤矿"买能力"及铁路专用线计划，并指定项目建设资金由煤炭部地方煤矿服务总公司（地煤公司的前身）统借统还。煤炭部地方煤矿服务总公司于 1985 年 5 月 8 日、7 月 25 日、8 月 23 日、1986 年 6 月 7 日、8 月 2 日分五次向陕西省煤炭工业厅发放国家"拨改贷"资金共计 1360 万元。陕西省煤炭工业厅将上述借款用于以下项目：合阳县第二煤矿（530 万元）、澄城县曹村煤矿（230 万元）、神木县大砭窑煤矿（360 万元）、铜川市郊区煤矿（210 万元）、白水县凉水泉煤矿运煤专线（10 万元）、铜川耀县照金煤矿专用线（20 万元）。

1996 年 12 月 5 日，国家计委、财政部根据国务院有关文件精神，以计投资（1996）2801 号通知下发了《关于中央级"拨改贷"资金本息余额转为国家资本金的实施办法》，该办法规定：中央级"拨改贷"资金本息余额是指经国务院批准，从 1979 年至 1988 年由中央财政安排的国家预算内基本建设投资中有偿使用部分，从使用贷款之日起至 1996 年 12 月 20 日止的本息余额；凡未改制的企业，中央级"拨改贷"资金本息余额转为国家资本金后，可暂由原下达中央级"拨改贷"投资计划的单位代行出资人职能。同年 12 月 20 日，煤炭部办公厅以煤厅字（1996）第 509 号通知转发了国家计委、财政部上述实施办法。陕西煤炭工业管理局根据该通知于 1997 年 1 月向地煤公司递交了《关于申请将统借的中央级"拨改贷"资金本息余额转为国家资本金的请示》，该请示载明："我们对使用你公司统借的中央级'拨改贷'资金的单位进行了审查核实，截止 1996 年 12 月 20 日该项'拨改贷'资金本息余额为 1739 万元……"地煤公司对该请示未予回复。1997 年 2 月 26 日，地煤公司向煤炭部递交了（97）中地煤财字第 15 号《关于地方煤矿"拨改贷"转资本金的申请》，煤炭部据此于 1997 年 3 月向国家计委、财政部递交了煤财劳字（1997）第 137 号《关于将中国地方煤矿总公司中央级"拨改贷"资金本息余额转为国家资本金的请示》，申请将截至 1996 年 12 月 20 日止，地煤公司的中央级"拨改贷"资金本息余额 630416062.85 元转为国家资本金。同年10 月 27 日，国家计委、财政部以计投资（1997）2026 号《关于将煤炭部中央级"拨改贷"资金本息余额转为国家资本金的批复》，同意将包括地煤公司在内的 241 家企业的中央级"拨改贷"资金本息余额转为国家资本金，暂由煤炭部作为出资人。

1998 年 3 月 9 日，煤炭部以煤国资字（1998）第 150 号《关于加强中国地方煤矿总公司国有资产管理的通知》，确定由地煤公司全权负责管理和经营该公司中央级"拨改贷"资金本息余额转为国家资本金而增加的国有资产，在资产经营方式上，可采取参股、控股、回收资金本息等多种形式，使国有资产保值增值。1998 年 4 月 23 日，国家国有资产管理局依法将地煤公司国有资产的产权核增为 72213 万元。1998 年至 1999 年，经财政部、国家煤炭工业局批准，包括地煤公司在内的多家公司的国家资本改为法人资本——国有法人资本。

地煤公司就其经营管理的本案所涉资金先后于 2006 年 3 月 29 日、6 月 19日、12 月 5 日向煤炭工业局致函，催促该局偿还"拨改贷"资金本息，但至今未果。

庭审中，被告金桥公司和被告成鑫公司称，其与原告地煤公司签订有《"拨改贷"资金转资本金协议》，金桥公司提供了该协议的复印件。但地煤公司对该证据的真实性持有异议，并称本案所涉资金本息余额转为地煤公司法人资本金后，其与各被告之间的转资本金工作亦开始进行，但因各被告拒不办理有关手续而未能实现。

原审另查明：陕西省煤炭工业厅于 1984 年 11 月经煤炭部与陕西省政府协商，被改为一套机构，两块牌子，即煤炭部陕西煤炭工业管理局和陕西省煤炭工业厅。后陕西省煤炭工业厅更名为"陕西省煤炭工业局"，煤炭部陕西煤炭工业管理局改组为"陕西煤矿安全监察局"。2002 年，上述两机构分离。2006 年陕西省煤炭工业局被陕西省政府新组为主管全省煤炭行业管理工作的省政府直属事业单位。合阳县第二煤矿于 1995 年改组为陕西省合阳县金桥煤炭有限责任公司，现名称为"合阳县金桥煤炭有限责任公司"。铜川市郊区煤矿于 1997 年改制为"铜川市成鑫煤炭有限责任公司"。神木县大砭窑煤矿于1997 年改制为神木大砭窑气化煤有限责任公司，现名称为"神木县大砭窑气化煤有限责任公司"。耀县照金煤矿于 2000 年改制为耀县照金矿业有限公司，现名称为"铜川市耀州区照金矿业有限公司"。

原审还查明：曹村煤矿已于 2005 年 7 月 26 日被陕西省澄城县人民法院以

（2004）澄民破字第 001 号民事裁定，宣告其破产程序终结，同年 9 月 1 日办理了企业注销登记。

2007 年，地煤公司向陕西省高级人民法院提起诉讼，请求判令：煤炭工业局偿还借款本金 1360 万元，利息 2467.05 万元（截至 2007 年 5 月 31 日）及至实际给付之日止的利息（利息按中国人民银行同期贷款利率计付）；金桥公司、成鑫公司、曹村煤矿、大砭窑公司、照金公司在各自借款范围内于煤炭工业局互负连带清偿责任；本案诉讼费用由六被告承担。

陕西省高级人民法院认为：本案当事人争议的焦点为本案是否应属法院受理民事诉讼的范围问题；原、被告的诉讼主体资格是否适格的问题，亦即原、被告之间就本案所涉"拨改贷"资金是否存在债权债务关系的问题；以及原告起诉是否超过诉讼时效的问题。由于本案所涉资金系在国家计委、财政部、建行总行《关于国家预算内基本建设投资全部由拨款改为贷款的暂行规定》实施之后发生的"拨改贷"资金，该"拨改贷"资金为有偿使用，属于贷款的性质，对此，本案各方当事人应已知晓。而在此情形下所形成的借款法律关系亦应是建立在借贷双方主体地位平等基础之上的，故本案应属法院受理民事诉讼的范围。各被告辩称本案不属法院受理民事案件范围的理由均不能成立。

本案中，原告地煤公司所称原煤炭部地方煤矿联合服务总公司将其统借统还的国家"拨改贷"资金 1360 万元发放给原陕西省煤炭工业厅的事实，有原煤炭部地方煤矿联合服务总公司向原陕西省煤炭工业厅五次电汇"拨改贷"资金，共计 1360 万元的汇款凭证为据，足以证实。而原告地煤公司所称陕西省煤炭工业厅将上述资金用于合阳县第二煤矿、铜川市郊区煤矿、曹村煤矿、神木县大砭窑煤矿、铜川耀县照金煤矿的项目建设的事实，各被告又均无异议。这些事实表明，原煤炭部地方煤矿联合服务总公司已与原陕西省煤炭工业厅之间形成了事实上的借款法律关系，合阳县第二煤矿、铜川市郊区煤矿、曹村煤矿、神木县大砭窑煤矿、铜川耀县照金煤矿则成为该借款的实际使用人，亦即该借款的受益人。而原告地煤公司系由原煤炭部地方煤矿联合服务总公司演变而来，原陕西省煤炭工业厅则沿革为被告煤炭工业局。合阳县第二煤矿、铜川市郊区煤矿、神木县大砭窑煤矿、铜川耀县照金煤矿亦分别改制为金桥公司、成鑫公司、大砭窑公司、照金公司。另外，在国家计委、财政部《关于中央级"拨改贷"资金本息余额转为国家资本金的实施办法》发布后，国家计委、财政部批准煤炭部将地煤公司下发的包括本案所涉资金在内的 6.3 亿余元"拨改贷"资金转为国家资本金，并确定由煤炭部作为出资人。地煤公司作为被出资人亦将该中央级"拨改贷"资金增加为该公司的国家资本金，并办理了国有资产产权登记。煤炭部还授权地煤公司全权负责管理经营该部分资产，并规定在资产经营方式上，可采取参股、控股、回收资金本息等多种形式。据此，地煤公司又拥有了对本案所涉资金的合法管理权，其有权决定收回欠款本息。被告金桥公司、成鑫公司、照金公司辩称其使用的"拨改贷"资金已转为国家资本金，其与原告之间的借款关系消灭。原告地煤公司对此不予认可，并称其与各被告之间的"拨改贷"资金转国家资本金工作因各被告拒不办理有关手续而未得以实现。由于地煤公司对金桥公司提供的其与地煤公司所签订的《"拨改贷"资金转资本金协议》（复印件）的真实性持有异议，而该证据作为单一的、无法与原件核对的证据，不能作为认定案件事实的依据。加之，以上被告所提供的其他间接证据又不足以证明其所称事实。故该院对以上被告的此项辩称理由不予采信。被告大砭窑公司辩称：原神木县大砭窑煤矿以出售方式改制为民营的大砭窑公司，该公司不应负有偿还本案所涉资金的义务。对此，地煤公司亦不予认可。依据《最高人民法院关于审理与企业改制相关的民事纠纷案件若干问题的规定》第二十六条"企业售出后，买受人将所购企业重新注册为新的企业法人，所购企业法人被注销的，所购企业出售前的债务，应当由新注册的企业法人承担。但买卖双方另有约定，并经债权人认可的除外"的规定，大砭窑公司的此项辩称理由亦不能成立。至于陕西煤炭工业管理局就本案所涉"拨改贷"资金转国家资本金向地煤公司提出申请的事实，是否能证明陕西煤炭工业管理局应是该"拨改贷"资金的债务人的问题。由于陕西煤炭工业管理局的上述行为是依照煤炭部的行政指令而为，系其行政管理行为，且该局申请中"我们对使用你公司统借的中央级'拨改贷'资金的单位进行了审查核实"的内容，表明该局仅是审查核实资金使用情况，故陕西煤炭工业管理局的上述行为并不意味着本案所涉资金的债务应由该局承担。被告煤炭工业局认为本案所涉"拨改贷"资金的债务人应为陕西煤炭工业管理局（现为陕西煤矿安全监察局），而非煤炭工业局的抗辩理由，该院不予采纳。

从以上事实可以看出，不但原告地煤公司与被告煤炭工业局之间存在借款的法律关系，而且被告金桥公司、成鑫公司、大砭窑公司、照金公司亦是借款的实际使用人、受益人。基于此，煤炭工业局负有偿还借款的义务，金桥公司、成鑫公司、大砭窑公司、照金公司亦理应在各自所使用的借款范围内对该债务承担连带清偿责任。原告地煤公司系本案"拨改贷"资金的发放人，同时，亦拥有对本案所涉资金的管理权，其有权向本案所涉"拨改贷"资金借款的债务人即本案各被告主张清偿债务。因此，原、被告与本案均有直接的利害关系，地煤公司与煤炭工业局、金桥公司、成鑫公司、大砭窑公司、照金公司的原、被告诉讼主体资格均为适格。各被告辩称其与原告无借款关系，所以本案当事人均非适格诉讼主体的理由均不能成立。

关于原告起诉是否超过诉讼时效问题。由于国家计委、财政部、建行总行《关于国家预算内基本建设投资全部由拨款改为贷款的暂行规定》第十五条"借款期限，包括建设期和还款期，一般不得超过十五年"的规定，仅为一般指导性条款，并非强制性规范。该条期限规定，不应视为法定的借款期限。关于"拨改贷"资金借款的具体期限仍应由当事人进行确定。而本案中，地煤公司与煤炭工业局未订立书面借款合同，履行还款义务的期限并不明确。故债权人地煤公司依法可以随时要求债务人煤炭工业局履行债务。本案的诉讼时效应自地煤公司回收资金，要求煤炭工业局偿还款项的 2006 年 3 月 29 日之后的合理期限内起算。至于地煤公司提起诉讼并未超过二年的诉讼时效，地煤公司对其他被告的起诉亦未超过诉讼时效，故地煤公司并未丧失胜诉权。各被告关于地煤公司起诉超过诉讼时效的抗辩理由均不能成立。

曹村煤矿在本案诉讼之前已经破产，并办理了企业注销登记，其已不具备民事诉讼主体资格，故曹村煤矿不是本案适格被告。

综上，原告地煤公司关于由被告煤炭工业局偿还借款本息以及由被告金桥公司、成鑫公司、大硐窑公司、照金公司在各自范围内承担连带清偿责任的诉讼请求，理由充分，依法予以支持。该院依照《中华人民共和国民事诉讼法》第一百零八条、《中华人民共和国民法通则》第八十四条、第八十八条第二款（二）项、第九十条、第一百三十五条、第一百三十七条，《最高人民法院关于审理与企业改制相关的民事纠纷案件若干问题的规定》第二十六条之规定，判决：一、被告煤炭工业局应于本判决生效后十日内向原告地煤公司偿还借款本金 1360 万元，利息 2467.05 万元（截至 2007 年 5 月 31 日）及至判决给付之日止的利息（利息按中国人民银行同期贷款利率计付）；二、被告金桥公司在所用借款 530 万元及利息（利率同上）范围内、被告成鑫公司在所用借款 210 万元及利息（利率同上）范围内、被告大硐窑公司在所用借款 360 万元及利息（利率同上）范围内、被告照金公司在所用借款 20 万元及利息（利率同上）范围内，对以上债务承担连带清偿责任；三、驳回原告地煤公司的其余诉讼请求。如果未按本判决指定的期间履行给付金钱义务，应当按照《中华人民共和国民事诉讼法》第二百三十二条之规定，加倍支付迟延履行期间的债务利息。一审案件受理费 233153 元，由被告煤炭工业局负担 116577 元，被告金桥公司负担 55165 元，被告成鑫公司负担 21858 元，被告大硐窑公司负担 37471 元，被告照金公司负担 2082 元。

省煤监局、金桥公司、成鑫公司、大硐窑公司不服陕西省高级人民法院的上述民事判决，向本院提起上诉。本案二审恢复诉讼后，除成鑫公司外，各上诉人对上诉请求和理由又进行了调整。

省煤监局提起上诉称：1. 本案所涉资金是原煤炭部以地方煤矿"买能力"建设计划下达各用款煤矿，并要求省级煤炭管理部门"把本计划迅速落实下去，确保建设项目顺利完成"[（86）煤计字第245号]。煤炭工业局作为省级煤炭管理部门，只是按照煤炭部下达计划将资金转划到各用款煤矿，是按照国家政策和煤炭部要求履行行政管理职责，没有实际使用资金，与被上诉人地煤公司之间也不存在借款关系。根据国资法规〔2012〕103号《通知》第六条规定，煤炭工业局作为当年统贷统还的政府部门，仅有"协助、督促"义务，并无偿还资金义务。因此，一审判决煤炭工业局偿还地煤公司借款本金1360万元和利息2467.05万元，缺乏法律依据，与《通知》规定相违背。

2. 2012年9月20日，地煤公司致函省煤监局，并分别向资金实际使用人发函要求确认其出资人地位，上诉人及资金实际使用企业对此分别作出意见不同的回复。表明地煤公司现已放弃了一审关于"偿还借款本息"的诉讼请求，依照民事诉讼法的相关规定，应撤销一审判决。本案五个资金使用人当年使用资金的性质、依据、情形各不相同，是否属于国资法规〔2012〕103号《通知》第一条所确定的中央"拨改贷"、中央级基本建设经营性资金、中央级"特种拨改贷"等三种资金，是否与被上诉人诉争的法律关系相同（是出资人权益纠纷还是返还资金纠纷），是否属人民法院受理和审理的范围，不能确定。本案诉讼标的不同一，不是必要的共同诉讼。将省煤监局与五个资金实际使用人并案起诉，违背了民事诉讼法第五十二条的规定。应依法撤销一审判决关于连带偿还资金的判项。按照国资法规〔2012〕103号《通知》第四条规定，本案的利息应自2012年7月18日的一年后开始起算。故一审判决确定给付被上诉人截至2007年5月31日前的资金使用利息2467.05万元及至判决给付之日止的利息明显错误，应予撤销。此外，持有产权登记手续是有关中央企业履行出资人职责的依据和标志。二审庭审中，地煤公司仍未能提供有效的权利证书，其不具备诉请返还资金的权利主体资格，其起诉应予驳回。地煤公司所主张"拨改贷"资金的民事权利已经超过二十年的诉讼时效，丧失了胜诉权。综上，一审判决认定事实不清，适用法律错误，程序违法，二审应予以撤销，驳回地煤公司的起诉。

金桥公司提起上诉称：1. 二审中，地煤公司未能提供有效的权利证书，其不具备诉请返还资金的权利人主体资格，其起诉应予驳回。地煤公司一审提出的是返还资金的给付之诉，二审又提出确认出资人地位的确认之诉，增加了一审没有提出的诉讼请求，违反程序法规定，当依法予以驳回其诉讼请求。五个上诉人使用资金的时间、性质、数额不尽相同，有的是返还资金法律关系，有的是确认出资人地位法律关系。涉及的五个上诉人诉讼标的不同一，还涉及级别管辖和地域管辖的问题，根据民事诉讼法的规定，不能合并审理，本案将其合并审理程序错误。此外，根据最高人民法院《通知》规定，煤炭工业局依法不承担民事责任，便失去了上诉人承担连带责任的事实基础，更没有任何实体法律依据。

2. 1999 年 6 月 16 日，金桥公司与地煤公司签订了《"拨改贷"资金转资本金协议》，双方自愿、合法地形成出资法律关系，并非返还资金的借款关系，该出资协议完全可以继续履行。二审中，煤炭工业局提供了两份总承包协议等新证据，包括：（1）煤炭工业部（84）煤地方字第 1400 号文件《关于全国地方煤矿总承包方案的请示》；（2）《全国地方煤矿总承包的扶持政策》；（3）煤炭工业部地方煤矿联合服务总公司与陕西省煤炭工业厅地方煤炭工业管理局《关于利用 8175 万元专项资金买 54.5 万吨生产能力的总承包协议书》等证据，该承包协议的基本内容是"实行投资包干、超支不补、节约留用"，该证据证明双方不存在借款法律关系，而是用资金买能力的承包法律关系，该资金也不属 2012 年 7 月 18 日发布的国资法规〔2012〕103 号《通知》中规定的三类资金。地煤公司向金桥公司主张权利已超过二十年的最长期限，原审以地煤公司对煤炭工业局未超过诉讼时效为由裁定对金桥公司也未超过诉讼时效，属认定事实不清、适用法律错误。综上，请求二审依法撤销原审判决，驳回地煤公司的诉讼请求；本案诉讼费用及金桥公司因支出的律师代理费、交通费等其他费用均由地煤公司承担。

大砭窑公司提起上诉称：1. 本案所涉资金是原国家煤炭部向各有关省区"买能力"专项资金，不属于"拨改贷"资金，双方也不是借款法律关系。大砭窑公司使用的 360 万元资金是基于 1985 年 2 月 12 日煤炭部地方煤矿联合服务总公司与陕西省煤炭工业厅签订的《关于利用 8175 万元专项资金买 54.5 万吨生产能力的总承包协议书》、1985 年 5 月 2 日陕西省煤炭工业厅地方煤炭管理局与神木县人民政府签订的《关于利用国家专项资金建设大砭窑矿井总承包协议书》而产生，在上述两份协议书中明确约定承包内容为"包煤炭产量、包上调煤量"，承包方式为"投资包干、超支不补、节约留用"。据此可以确定，协议双方是一种"行政买卖合同关系"，完全是依行政管理关系而发生，而不是"民事借贷关系"。大砭窑公司当年使用 360 万元资金，与国家实行"拨改贷"政策中由用款单位与下拨单位签订《借款合同》而使用资金的情形完全不同，不属于国资发法规（2012）103 号《通知》第一条所指的三类资金中的任何一种。大砭窑公司的前身——地方国营神木县大砭窑煤矿当年在取得资金后，已经按照总承包协议的约定，利用该资金建设了矿井，提高了煤炭产量，并且上调了煤炭。双方已经各自履行了协议约定的义务，不存在再将承包投资款归还的问题。因此，该款既不是当年"拨改贷"资金，更不是借贷资金。一审判决以借款合同纠纷确定案由并支持地煤公司的诉讼请求，属于认定法律关系性质错误，应予撤销。

2. 地煤公司与陕西省煤炭工业厅之间没有借款关系，陕西省煤炭工业厅与大砭窑公司之间也没有借款关系。三方之间的资金转移，完全是依行政管理关系而确立的。本案并不是当事人意思表示一致的合同、协议等法律文书，也无证据证明就该资金的使用双方有过平等协商的事实，本案争议不属于人民法院管辖。

3. 地煤公司不具备本案原告的主体资格。依照原国家煤炭部指令，煤炭部地方煤矿服务总公司向中国建设银行借款，而地煤公司的前身是中国地方煤矿联合经营开发公司。二者并非同一主体，且地煤公司也不是煤炭部地方煤矿服务总公司的合法继受主体，原审错误认定了地煤公司是出借人。大砭窑公司所使用的资金属于国家拨款，不是地煤公司的资金，地煤公司无权决定收回，其以国家资本金持有人的身份要求收回资金没有法律依据。一审判决上诉人承担连带还款责任，属适用法律错误。

4. 地煤公司在 2007 年 9 月 4 日起诉时，没有提供有效的《国有资产产权登记证》和其他能证明其对所涉资产行使所有权的任何权利凭证。地煤公司并不拥有对本案所涉资金行使所有权的依据，其无权请求向其归还该资金，其不是适格的原告，本案起诉不符合民事诉讼的规定。2012 年 9 月 20 日，地煤公司向大砭窑公司发来《关于确认我公司出资人地位的函》，要求确认其在大砭窑公司的出资人地位。其要求与其一审诉请上诉人承担连带返还借款本息自相矛盾，等于其变更了诉请。总之，请求二审撤销一审判决，应依法驳回其起诉。此外，本案所涉资金不是大砭窑公司改制前的债务，原审依据《最高人民法院关于审理与企业改制相关的民事纠纷案件若干问题的规定》判令大砭窑公司偿还是错误的，且本案债务也已超过诉讼时效，应驳回地煤公司的诉讼请求。

成鑫公司提起上诉称：1. 本案所涉资金是国家为了增加统配煤量而下拨的购买地方煤矿生产能力的资金，而非单纯的基本建设投资，因而不在《关于国家预算内基本建设投资全部由拨款改为贷款的暂行规定》调整范围内，不属于"拨改贷"资金。该笔资金的拨付是依据原煤炭部"买能力"的计划下拨的，且煤炭部地方煤矿联合服务公司与各地煤矿之间是管理者与被管理者之间的关系，所以成鑫公司与地煤公司之间的法律地位并不平等。所以，本案不属于人民法院管辖的民事案件范围。

2. 地煤公司的主体不适格。成鑫公司与地煤公司并不存在借贷关系，且该笔资金已转为成鑫公司的股金。根据《关于国家预算内基本建设投资全部由拨款改为贷款的暂行规定》第十五条的规定，成鑫公司在十五年期满后不归还资金，地煤公司即应知道权利受到了侵害，但其怠于行使诉权，本案已超过诉讼时效，因而其已丧失了胜诉权。请求二审依法撤销原审判决，驳回地煤公司对成鑫公司的诉讼请求。

被上诉人地煤公司答辩称：1. 一审判决认定案由为"借款纠纷"，系基于当时的法律及政策背景，现在基于新的政策及司法解释，案由发生变化，属于案由的适当调整，与一审判决在认定事实及适用法律上并无任何影响。国资发法规〔2012〕103 号《通知》以及最高人民法院"法〔2012〕295 号"《通知》发布之前，省煤监局的法律地位是"统借统还"的主体，各用资企业是实际使用资金的主体。一审将省煤监局与其他用资企业作为共同被告并无不当。

2. 本案所涉资金发放于 1985 年至 1986 年间，并在之后的转国家资本金过程中，经过原国家计委、财政部的批复确认，该"拨改贷"资金是我国特定历史时期的一种特殊类型的用资形式，属于国资发法规〔2012〕103 号《通知》第一条中调整的范围。该《通知》第五条规定地方各级政府及其部门有积极协助中央企业、督促用资企业等义务，但并未免除其还款责任。省煤监局未积极协助地煤公司落实相关权益，反而在诉讼中反对地煤公司行使合法权利，其做法与《通知》的要求不符。因此，其不仅应承担还款责任，还应承担相应的行政责任。综上所述，陕西煤监局的上诉理由均不成立，应予驳回其上诉，维持原判。

3. 金桥公司承认其已取得并实际使用了 530 万本金的事实，其应当予以归还。金桥公司 1999 年 6 月 16 日与地煤公司签订了《"拨改贷"资金转资本金协议》，但该协议并未履行，金桥公司一直未按规定在工商机关办理地煤公司的股权登记手续，双方之间并未形成股权关系。此前，地煤公司曾于 2012 年 9 月 20 日、12 月 13 日两次致函金桥公司，要求其确认地煤公司出资人地位并办理工商变更登记手续，而金桥公司书面回复明确予以拒绝。双方已形成股权关系的观点不成立。金桥公司于 2009 年 8 月被兼并（实际是股权转让），金桥公司的原股东将股权转让给合阳县重大项目投资开发有限公司，金桥公司的法人主体的性质未发生任何变化，金桥公司仍系还款主体。对此，陕西省工商局出具的金桥公司《公司基本情况》予以证明。转让方与受让方对于承担金桥公司债务的约定，属于其内部约定，不对抗债权人，且上述兼并协议第二条第（一）项约定，金桥公司的债权债务不在整合范围之内，仍由其承担和处置。故金桥公司的该项理由不成立。

4. 大砭窑公司承认其已取得并实际使用了360万本金的事实，其当予以归还。大砭窑公司未上交国家煤炭，两份总承包协议书均未实际履行。两份总承包协议的主要内容是，地方煤矿按每提供150元上交国家两吨煤，从投资下达的第二年起连续供煤20年。但实际上，大砭窑公司实际取得资金后，至今没有上交任何煤炭。该总承包模式在1986年很快就被取消了，变更为基本建设项目。对此，原陕西省煤炭厅地方煤炭工业管理局《一九九二年陕西省中央级基本建设财务决算会计报表》、各地方煤矿关于将"拨改贷"资金本息余额转为国家资本金的申请，均能予以证明。上述第二份"承包协议"附件"一九八五年地方煤矿《买能力》建设计划"中已经明确标明该投资是"拨改贷资金"。大砭窑公司对于该资金的"拨改贷"性质是明知的。在1985年3月20日原煤炭工业部《关于下达一九九五年地方煤矿〈买能力〉第一批建设计划的通知》附件中亦明确计划投资是"国家预算拨改贷资金"。该款项属于该《关于国家预算内基本建设资金全部由拨款改为贷款的暂行规定》调整范围，系"拨改贷"资金。1996年12月5日国家计委、财政部颁布《关于中央级"拨改贷"资金本息余额转为国家资本金的实施办法》后，1997年1月10日，大砭窑公司递交《关于拨改贷资金本息余额转为国家资本金的请示》，明确承认收到拨改贷资金360万元、截至当时利息1106771.26元，并申请将本息全部转为国家资本金。

5. 中国地方煤矿联合服务公司、中国地方煤矿联合经营开发公司和中国地方煤矿公司均是地煤公司的前身。煤炭工业部1987年（87）煤办字第728号《关于成立地方煤矿联合经营开发公司的通知》、1987年煤炭工业部下发设立"联合经营开发公司"的文件可以证明，且"联合服务公司""联合经营开发公司"总经理都是韩宗顺。本案"拨改贷"资金发生在1985年至1986年间，均以"联合服务公司"名称办理，1997年拨改贷转国家资本金以后，涉案资金转国家资本金的申请及批复均以地煤公司为主体，国有资产管理局为地煤公司下发了《国有资产产权登记证》，证明"联合服务总公司"与地煤公司之间的权利承继关系。原国家计委、财政部以计投资〔1997〕2026号批复同意将地煤公司的6.3亿余拨改贷资金转为国家资本金。〔2012〕103号通知第1条规定，1979年至1988年间的"拨改贷"资金属于103号通知的所称的"中央级财政资金"。根据该通知第三条规定，自原国家计委、财政部等有关部门批复同意将中央级财政资金转为有关中央企业国家资本金之日起，地煤公司取得对涉案资金履行出资人职责的资格。

6. 大砭窑公司经出售改制为现公司制，根据《最高人民法院关于审理与企业改制相关的民事纠纷案件若干问题的规定》的规定，其应承担改制前就已存在的"拨改贷"资金债务。地煤公司根据〔2012〕103 号通知规定，于 2012 年 9 月 20 日向大砭窑公司发函，要求确认地煤公司的出资人地位并办理工商变更登记手续。大砭窑公司于 2012 年 10 月 26 日回复，明确予以拒绝。因此，地煤公司有权要求其返还该资金。大砭窑公司的上诉没有事实及法律依据，应予驳回其上诉。

7. 成鑫公司虽承认双方之间存在出资关系，却不确认地煤公司出资人地位，又不在法定期限内办理工商变更登记手续，根据国资发法规〔2012〕103 号文件第 8 条规定，地煤公司有权要求成鑫公司返还所使用的款项。成鑫公司关于其所使用的资金已经转为国家资本金、双方之间的债权债务关系已归于消灭、其不是债务人的上诉理由不能成立。另外，根据最高法院〔2012〕295 号《通知》第三条规定，本案属于该《通知》发布以前人民法院已经受理的案件，不存在诉讼时效问题。成鑫公司认为本案超过诉讼时效的观点更不能成立，本案诉讼时效没有超过。

本院二审除确认原审查明的事实外，另查明：2010 年 7 月 1 日，陕西省人民政府办公厅印发的陕政办发〔2010〕67 号《陕西省煤炭生产安全监督管理局主要职责内设机构和人员编制规定》记载，撤销煤炭工业局，设立省煤监局，由陕西省安全生产监督管理局管理。原煤炭工业管理局的事业单位划归省煤监局管理。

同年 11 月 20 日，陕西省人民政府发布陕政发〔2010〕47 号《关于公布 2010 年第二批关闭煤矿名单的通知》，将成鑫公司等 47 处煤矿作为该省 2010 年第二批实施关闭的煤矿，要求有关部门立即吊（注）销其相关证照，包括工商营业执照、采矿许可证、安全生产许可证、煤炭生产许可证和民用爆炸物品储存和使用证，停止井下生产供电，停止一切生产活动。2013 年 9 月 24 日陕西省工商行政管理服务中心提供的企业档案查询结果，成鑫公司已于 2013 年 5 月 21 日被陕西省工商行政管理局以"陕工商处字〔2013〕100 号"吊销了营业执照。截至查询之日，该公司处于"吊销（未注销）"状态。

2012 年 7 月 18 日，国务院国有资产监督管理委员会、国家发展和改革委员会、财政部发布国资发法规〔2012〕103 号《关于进一步做好中央级财政资金转为部分中央企业国家资本金有关工作的通知》（以下简称国资发法规〔2012〕103 号《通知》）。同年 12 月 11 日，本院发布法〔2012〕295 号《最高人民法院关于审理中央级财政资金转为部分中央企业国家资本金有关纠纷案件的通知》（以下简称法〔2012〕295号《通知》）。

2012年9月20日，地煤公司以中地煤函〔2012〕16号致函省煤监局，其载明：地煤公司（前身煤炭工业部地方煤炭联合服务公司、中国地方煤矿联合经营开发公司）根据国家预算内基本建设投资由拨款改贷款的规定，于1985年至1986年期间向省煤监局的前身——陕西省煤炭工业厅拨付了"拨改贷"资金1360万元；根据国资发法规〔2012〕103号文件要求，省煤监局作为该资金统借统还的政府部门，请积极协助地煤公司落实相关权益，提供用资企业名单、资金数额和有关证明文件等，督促用资企业切实履行该资金的确权义务。同日，地煤公司以中地煤函〔2012〕30号、34号分别致函金桥公司、大砭窑公司，明确其使用的拨改贷资金分别为530万元和360万元，根据国资发法规〔2012〕103号文件要求，请两公司依法确认地煤公司的出资人地位，并在规定的6个月内办理工商变更登记手续。

本院认为，根据上诉人的上诉请求及理由，本案二审争议的焦点问题是：一、本案是否属于人民法院民事诉讼的受理范围；二、地煤公司主张的民事权利是否已经超过了诉讼时效；三、省煤监局、金桥公司、大砭窑公司、成鑫公司是否应承担相应资金的返还责任。

一、关于本案是否属于人民法院民事诉讼受理范围的问题。在我国经济体制由传统的计划经济向市场经济转变初期，原国家计委、财政部、中国人民建设银行于1984年联合发布了《关于国家预算内基本建设投资全部由拨款改为贷款的暂行规定》，决定自1985年起，将国家预算内安排的基本建设投资由原来的财政拨款全部改为银行贷款，即实行"拨改贷"政策。本案诉争的资金发放于1985年5月至1986年8月，系由原煤炭部通过陕西省煤炭工业厅，向相关企业发放的项目建设资金，其性质属于国家实行"拨改贷"政策后发放的有偿使用的建设资金，其在资金所有人与用资企业之间形成的是民事法律关系中的债权债务关系。

20世纪90年代中期，为了减轻用资企业的债务负担，国家决定将已发放的中央级"拨改贷"资金本息余额转为国家资本金，作为对用资企业的股权出资。国家计委、财政部以"计投资（1996）2801号"通知下发的《关于中央级"拨改贷"资金本息余额转为国家资本金的实施办法》，明确了中央级"拨改贷"资金本息余额是指经国务院批准，从1979年至1988年由中央财政安排的国家预算内基本建设投资中有偿使用部分，从使用贷款之日起至1996年12月20日止的本息余额转为国家资本金，并暂由原下达中央级"拨改贷"投资计划的单位代行出资人职能。"贷改投"政策实施后，本案中民事权利及义务的内容虽发生了变化，但民事法律关系的属性并没有改变。1997年10月

27 日，国家计委、财政部以"计投资（1997）2026 号"《关于将煤炭部中央级"拨改贷"资金本息余额转为国家资本金的批复》，同意将包括地煤公司在内的 241 家企业的中央级"拨改贷"资金本息余额转为国家资本金，暂由煤炭部作为出资人。1998 年 3 月 9 日，煤炭部下发"煤国资字（1998）第 150 号"《关于加强中国地方煤矿总公司国有资产管理的通知》，确定由地煤公司全权负责管理和经营其中央级"拨改贷"资金本息余额转为国家资本金而增加的国有资产。同年 4 月 23 日，国家国有资产管理局依法将地煤公司国有资产的产权核增为 72213 万元。上述事实表明，本案诉争的资金系国家同意由地煤公司负责管理的国家资本金，属于国资发法规〔2012〕103 号《通知》第一条规定的三类中央级财政资金中的一种，即"1979 年至 1988 年由财政拨款改为贷款的中央预算内基本建设投资，即中央级'拨改贷'资金"。地煤公司（其前身为煤炭部地方煤矿服务总公司）作为本案民事法律关系中的一方当事人，其"代行出资人权利"的证据充分、合法，证明其与本案有直接的利害关系，原审法院对地煤公司提起的民事诉讼予以受理并无不当。本院依据"法〔2012〕295 号"《通知》第一条关于"《通知》发布前人民法院已经受理的相关案件，人民法院可以继续审理"的规定，恢复本案二审诉讼程序，并将案由确定为资金返还纠纷。

综上所述，本案当事人诉争法律关系的性质和内容属于人民法院受理民事诉讼案件的范围，各上诉人提出的有关本案不属于人民法院受理民事诉讼范围的上诉理由，没有事实和法律依据，本院不予支持。

二、关于地煤公司主张的民事权利是否已超过诉讼时效的问题。在本案借贷法律关系成立时，双方当事人对借款期限没有作出明确的约定。自涉案资金发放时起，直至 1996 年年底国家实施"贷改投"政策，这期间没有发生因"借款期限届满"或者"权利人知道或者应当知道权利被侵害"而起算诉讼时效期间的法定事由，故这期间不存在超过诉讼时效期间的情形。

1997 年 1 月，为落实国家"贷改投"政策，陕西煤炭工业管理局向地煤公司提交《关于申请将统借的中央级"拨改贷"资金本息余额转为国家资本金的请示》。同年 10 月 27 日，国家计委、财政部以计投资（1997）2026 号批复同意将包括地煤公司在内的 241 家企业的中央级"拨改贷"资金本息余额转为国家资本金，暂由煤炭部作为出资人。1998 年 3 月 9 日，煤炭部则以煤国资字（1998）第 150 号通知，授权地煤公司负责管理和经营该部分中央级"拨改贷"资金本息余额转为国家资本金而增加的国有资产，并可采取参股、控股、回收资金本息等多种形式。1998 年至 1999 年，经财政部、国家煤炭工业局批准，地煤公司的国家资本改为国有法人资本。但此后，地煤公司的出资人权利一直没有得到落实，加之之后的国务院相关部委文件对于行使国家出资人权利的中央企业能否主张返还资金没有明确，致使地煤公司无法主张资金返还。

本案二审中止审理期间，国家为尽快解决因"拨改贷""贷改投"政策而引发的相关民事纠纷案件，发布了国资发法规〔2012〕103号《通知》。依据该《通知》第四、五、八条相关规定，本案用资企业应当自该通知发布之日起6个月内办理股权工商变更登记等确权手续；用资企业逾期不办理的，应在上述期限届满后6个月内将资金本息上缴中央国库。截至上述两个期间届满日（2013年7月18日），本案各用资企业仍未履行上述义务。在此情况下，地煤公司继续请求判令本案用资企业返还资金，其行使的诉讼请求权符合国资发法规〔2012〕103号《通知》的相关规定。考虑到〔2012〕103号《通知》对于有关中央企业返还资金请求权予以了明确，法〔2012〕295号《通知》据此规定有关中央企业返还资金请求权的诉讼时效期间自103号《通知》第5条规定的期限届满之日起算，但人民法院之前已经受理的案件，当事人的诉讼请求权不受诉讼时效期间的限制。

综上，地煤公司提起本案民事诉讼、请求返还出资款项，符合相关法律及法规的规定，不存在超过诉讼时效的情形。

三、关于省煤监局、金桥公司、大砭窑公司、成鑫公司是否应承担相应资金的返还责任的问题。

本案"拨改贷"资金发放于1985—1986年期间，当时正处于我国计划经济体制逐步向市场机制过渡时期。陕西省煤炭工业厅（煤炭工业局、省煤监局的前身）作为用资企业所在地的政府主管部门，基于当时所担负的行政管理职责，负责组织并落实该项资金的计划、发放、管理等事宜，其并不是本案民事法律关系中的平等民事主体，亦不是具体借贷关系中的用资人（借款人）。按照国资发法规〔2012〕103号《通知》第六条规定，省煤监局应积极协助地煤公司落实相关权益，督促用资企业切实履行确权义务，但并未规定其应承担返还资金的义务。因此，上诉人省煤监局关于其不应就返还本案"拨改贷"资金而承担民事责任的上诉理由成立，本院予以支持。

关于本案用资企业返还资金的责任问题。本案相关证据表明，1360万元资金起初源于当时煤炭部向陕西省煤炭工业厅下达的地方煤矿"买能力"及铁路专用线计划。但在资金发放时，国家即已实施了"拨改贷"政策，原"买能力"计划并未实施，一并被确认为"拨改贷"资金。上诉人金桥公司、大砭窑公司、成鑫公司关于本案资金系国家为增加统配煤量而下拨的购买地方煤矿生产能力的资金、不属于"拨改贷"资金的上诉理由证据不足，与事实不符，不予采纳。国资发法规〔2012〕103 号《通知》发布后，本案用资企业未按照相关规定办理相关股权的工商登记变更手续，且亦未在规定期限内将相应的资本金上缴，现其所确定的履行义务期限已届满，故作为用资企业的上诉人金桥公司、大砭窑公司、成鑫公司应承担相应的返还资金的民事责任。

关于本案中各用资企业应返还资金的数额问题。本案 1360 万元贷款在实施"贷改投"时所确认的国家资本金本息余额为 1739 万元，该数额及核定的时间点已经过用资企业的上级主管部门的确认。在本案诉讼期间，上诉人亦未提交证据证明其对该确认结果提出过异议。因此，本院对 1360 万元资金截至 1996 年 12 月 20 日本息合计 1739 万元作为国家对相关用资企业投资的事实，依法予以确认。依据国资发法规〔2012〕103 号《通知》的相关规定，本案用资企业未在规定期限内办理股权变更手续及将该资金上缴，应向地煤公司返还该资金。按照本案各用资企业在资金发放时使用的资金数额所占 1360 万元总额的百分比，即：金桥公司 530 万元占 38.97%、大砭窑公司 360 万元占 26.47%、成鑫公司 210 万元占 15.44%、照金公司 20 万元占 1.47%，得出其应返还的资金分别是：677.69 万元、460.31 万元、268.5 万元、25.56 万元。同时，依据本院"法〔2012〕295 号"《通知》第四条的规定，上述用资企业还应给付所返还资金自 2013 年 7 月 18 日起至实际给付之日止按照中国人民银行同期同档次贷款基准利率计算的利息。照金公司一审判决后虽未提起上诉，但因在本案二审中止审理期间国家出台了解决有关"国家资本金"确权、返还的规定，本院亦发布了相关司法解释规定，且适用该规定后各用资企业所返还的本息总额明显减少，这无疑有利于降低各企业的债务负担，因此，本院从公平原则考虑，对照金公司应返还的资金一并作出判决。

本案争议款项均为统借统还的 1360 万元资金中的一部分，其诉讼标的属于同一类。原告地煤公司将各用资企业列为本案共同被告提起诉讼，原审法院受理后一并审理，有利于节约当事人的诉讼成本，提高审判工作效率。各被告应诉后亦未对此提出异议，应认定其同意进行合并审理。因此，原审将本案作为共同诉讼进行审理，符合《中华人民共和国民事诉讼法》第五十二条第一款的规定，上诉人省煤监局、金桥公司关于原审将本案合并审理系程序错误的上诉主张依据不足，不予采纳。

此外，原审查明曹村煤矿已经破产程序，于 2005 年 9 月 1 日办理了企业注销登记，其已不具备民事主体资格，故本院二审不再将其列为案件当事人。

综上所述，本案原审查明事实清楚，证据充分。因本案二审期间国家出台了解决本案民事纠纷的相关规定，故本院在补充查明有关事实的基础上，依据相关规定对本案返还资金纠纷中所涉各方当事人的民事权利及义务的内容予以认定。依照《中华人民共和国民事诉讼法》第一百七十条第一款第（三）项之规定，判决如下：

一、撤销陕西省高级人民法院（2007）陕民二初字第025号民事判决；

二、合阳县金桥煤炭有限责任公司、神木县大砭窑气化煤有限责任公司、铜川市成鑫煤炭有限责任公司、铜川市耀州区照金矿业有限公司于本判决生效之日起十日内分别返还中国地方煤矿总公司款项677.69万元、460.31万元、268.5万元、25.56万元及其利息（利息均自2013年7月18日起至实际给付之日止按照中国人民银行同期同档次基准利率计算）。

三、驳回中国地方煤矿总公司其他诉讼请求。

如逾期不履行上述给付义务，按照《中华人民共和国民事诉讼法》第二百五十三条之规定，应当加倍支付迟延履行期间的债务利息。

本案一审案件受理费233153元，由中国地方煤矿总公司负担116576.5元，合阳县金桥煤炭有限责任公司54791元、神木县大砭窑气化煤有限责任公司负担37304.5元、铜川市成鑫煤炭有限责任公司负担22149.5元、铜川市耀州区照金矿业有限公司负担2331.5元。

二审案件受理费233153元（陕西省煤炭生产安全监督管理局预交），由中国地方煤矿总公司负担118908元、合阳县金桥煤炭有限责任公司负担54791元、神木县大砭窑气化煤有限责任公司负担37304.5元、铜川市成鑫煤炭有限责任公司负担22149.5元。

本判决为终审判决。

审　判　长　刘竹梅

审　判　员　王宪森

代理审判员　张雪楳

二〇一三年十月三十一日

书　记　员　郝晋琪

7. 确认保证人承担保证责任后有权向债务人追偿的生效民事裁判，可以作为执行依据

——天津市津热供热集团有限公司与天津物产集团有限公司追偿权纠纷案

【裁判要旨】

生效民事裁判在判令债务人偿还债权人借款本金及利息、保证人在保证责任范围内承担连带清偿责任的同时，明确保证人在承担保证责任后有权向债务人追偿的，保证人通过法院执行程序向债权人承担保证责任后，可以以生效裁判为依据申请执行，实现其追偿权，无须单独提起追偿权之诉。

中华人民共和国最高人民法院民事裁定书

（2013）民二终字第 107 号

上诉人（原审被告）：天津市津热供热集团有限公司。住所地：天津港保税区天保大道 56 号。

法定代表人：宋杰，该公司董事长。

委托代理人：张海燕，天津张盈律师事务所律师。

委托代理人：王巍，天津张盈律师事务所律师。

被上诉人（原审原告）：天津物产集团有限公司。住所地：天津市和平区营口道 4 号。

法定代表人：王志忠，该公司董事长。

委托代理人：张静，该公司职工。

委托代理人：孙芳桥，天津东方律师事务所律师。

上诉人天津市津热供热集团有限公司（以下简称津热公司）为与被上诉人天津物产集团有限公司（以下简称物产公司）追偿权纠纷一案，不服天津市高级人民法院（2013）津高民二初字第 0011 号民事判决，向本院提起上

诉。本院依法组成由审判员宫邦友担任审判长，审判员朱海年、代理审判员林海权参加的合议庭进行审理。书记员陆昱担任记录。本案现已审理终结。

一审法院经审理查明：2007年5月18日，交通银行股份有限公司天津市分行（以下简称交行天津分行）与津热公司签订了编号为A700J07002号《借款合同》，交行天津分行向津热公司发放了贷款17700万元，天津市物资集团总公司（以下简称物资集团）和信通网络运营通信有限公司为该笔贷款提供连带责任保证，天津津滨供热有限公司、天津市供热发展有限公司、天津市热力公司提供质押担保。贷款到期后，津热公司未履行还款义务。

2011年1月10日，交行天津分行以金融借款合同纠纷为由向天津市高级人民法院提起诉讼，请求判令津热公司承担还款责任，物产集团等承担担保责任。

2011年4月22日，天津市高级人民法院以（2011）津高民二初字第0001号民事判决判令津热公司偿还贷款本金人民币176926032.00元及至判决生效之日止合同约定的利息、复利、罚息；物产集团、信通网络运营通信有限公司在保证范围内，对上述债务承担连带清偿责任，二公司承担保证责任后，有权向津热公司追偿；天津津滨供热有限公司、天津市热力公司、天津市供热发展有限公司在质押担保范围内，交行天津分行就合同约定的质权享有优先受偿权，但不能对抗第三人，三公司承担质押责任后，有权向津热公司追偿；上述给付事项，逾期按《中华人民共和国民事诉讼法》第二百二十九条的规定执行。判决生效后，交行天津分行向天津市高级人民法院申请执行。

2011年5月19日，天津市高级人民法院向物产集团发出（2011）津高执字第0015号执行通知书，要求物产集团履行判决确定义务。2011年6月7日，物产集团向天津市高级人民法院支付执行款1亿元。

物产集团向津热公司追偿未果，于2013年4月11日以津热公司为被告向天津市高级人民法院提起诉讼，请求判令津热公司立即偿还物产集团人民币1亿元，赔偿截至2013年2月21日的利息损失11873057.92元及2013年2月22日至实际还款日止的相应利息。

另查明，2011年9月15日，天津市工商行政管理局批准天津市物资集团总公司更名为天津市物产集团有限公司。

一审法院认为，天津市高级人民法院（2011）津高民二初字第0001号民事判决已发生法律效力，该判决判令津热公司承担人民币176926032.00元及相应利息、复利、罚息的还款责任；物产集团对津热公司的上述债务承担连带清偿责任，承担保证责任后有权向津热公司追偿。现物产集团已在该案执行过程中代津热公司向交行天津分行清偿1亿元，根据生效判决，物产集团在承担保证责任后依法享有追偿权，故物产集团追偿权请求应予支持，津热公司应向物产集团给付代偿款项人民币 1 亿元。关于物产集团主张津热公司应给付利息损失一节，因物产集团承担保证责任，代津热公司履行还款义务确已造成资金损失，故津热公司应按照人民银行同期贷款利息承担相应赔偿责任，给付期间自物产集团代偿之日即 2011 年 6 月 7 日起至津热公司实际还款日止。物产集团主张提交的其与平安银行股份有限公司惠州分行签订的《借款合同》《对公贷款还款回单》《对公贷款本、息回单》等证据与本案不具有关联性，其据此主张资金损失数额，不予支持。

综上，依据《中华人民共和国担保法》第三十一条、《中华人民共和国合同法》第一百零七条之规定，判决：一、津热公司于判决生效后 10 日内归还物产公司人民币 1 亿元，并给付自 2011 年 6 月 7 日至实际还款之日止的相应利息（按照人民银行同期贷款利率计算）；如果未按判决指定的期间履行给付金钱义务，应当依照《中华人民共和国民事诉讼法》第二百五十三条之规定，加倍支付迟延履行期间的债务利息。二、驳回物产公司其他诉讼请求。案件受理费 601165 元由津热公司负担。

津热公司不服一审判决，向本院提起上诉，请求：一、撤销原审判决，驳回物产公司诉讼请求；二、物产公司承担本案诉讼费用。主要理由如下：一、津热公司与物产公司曾系关联企业，物产公司及其下属企业为涉案贷款的实际受益者，依法应当偿还贷款本金及利息。借款合同订立时，津热公司时任法定代表人陈克勇（因涉嫌刑事犯罪，已被天津市高级人民法院判处无期徒刑，现尚在服刑期间）同时兼任物产公司副总经理，上述贷款实际是物产公司以津热公司的名义向交行天津分行申请的，所得款项亦实际用于物产公司及其下属公司日常经营之用，这也是物产公司为上述贷款提供连带保证的原因。作为贷款的实际受益者，物产公司及其下属企业依法应当偿还贷款的本金及利息。一审法院执行物产公司 1 亿元用于偿还银行贷款并无不妥，但认定物产公司享有追偿权，并判决由津热公司归还款项及利息，属事实认定不清，适用法律错误。二、物产公司与津热公司多年来有着复杂的经济往来，有多起再审案件与本案存在利害关系，一审法院未查清上述事实，严重侵害了津热公司的合法权益。作为涉案贷款的实际受益者，物产公司曾指示其下属企业代其向津热公司支付款项，用于偿还银行贷款所产生的利息。除此之外，双方多年来还有这复杂的经济往来，在陈克勇刑事犯罪案发后，这些未能得到妥善解决的经济往来逐渐形成各类纠纷，仅天津地区，经由各级人民法院审理的涉诉纠纷就达 30 余起，涉案金额数亿元，其中有多起纠纷与本案存在利害关系。对于上述事实，一审法院均未予以查清，严重侵害了津热公司的合法权益。

物产公司答辩称，津热公司的上诉请求缺乏事实与法律依据，应予驳回。一、津热公司上诉无事实依据。1. 津热公司是实际借款人。天津市高级人民法院（2011）津高民二初字第0011号民事判决书已经确认，《借款合同》的当事人是津热公司和交行天津支行，物产公司只是该借款的保证人。2. 物产公司不是借款实际受益人。客观事实表明，交行天津分行向津热公司发放上述借款后，物产公司及其下属企业均未实际使用借款，并非借款实际受益人。3. 物产公司与津热公司无经济往来。客观事实表明，物产公司与津热公司之间不存在任何经济往来，更无津热公司所称的与本案存在利害关系的多起纠纷及诉讼。4. 津热公司已接受天津市高级人民法院（2011）津高民二初字第0011号民事判决书认定的事实。天津市高级人民法院作出（2011）津高民二初字第0011号民事判决后，津热公司与物产公司均未提起上诉，该判决已经生效。二、原审判决适用法律正确。物产公司是借款保证人，在承担保证责任后，有权向借款人津热公司追偿，原审法院基于《中华人民共和国担保法》第三十一条及《中华人民共和国合同法》第一百零七条之规定作出判决，适用法律正确。

二审中，津热公司向本院提出申请，请求依法指定审计机构对涉案《借款合同》签署及履行期间物产公司及其下属企业与津热公司之间经济往来情况进行审计。

本院经审理对原审法院查明的案件事实予以确认。

本院认为，天津市高级人民法院（2011）津高民二初字第0011号民事判决书确认了津热公司与交行天津支行存在借款关系以及物产公司提供保证担保的事实，并在判令津热公司偿还交行天津分行借款本金及利息、物产公司在保证责任范围内承担连带清偿责任的同时，明确物产公司在承担保证责任后，有权向津热公司追偿。由于该生效判决中，人民法院将津热公司与交行天津支行、物产公司之间的借款和担保法律关系一并审理，并判定了各方当事人的权利义务，且判项内容清晰、明确，各方当事人应当据此向人民法院申请执行，人民法院也应以此作为执行依据。故物产公司在承担保证责任后应当直接依据该判决通过执行程序向津热公司行使追偿权，而无须另案起诉。一审法院受理本案，违反一事不再理原则，应予纠正。同时，因上述原因本院对津热公司的上诉主张和审计申请，无须再行审理。

综上，一审法院在生效裁判已经确认物产公司享有追偿权的情况下受理本案，适用法律错误。本院依据《中华人民共和国民事诉讼法》第一百七十条第一款第（二）项、《最高人民法院关于适用〈中华人民共和国民事诉讼法〉若干问题的意见》第一百八十六条之规定，裁定如下：

一、撤销天津市高级人民法院（2011）津高民二初字第 0011 号民事判决；

二、驳回天津物产集团有限公司起诉。

一审案件受理费 601165 元，退还天津物产集团有限公司；二审案件受理费 601165 元，退还天津市津热集团有限公司。

本裁定为终审裁定。

审　判　长　宫邦友

审　判　员　朱海年

代理审判员　林海权

二〇一三年十一月十四日

书　记　员　陆　昱

8. 贷款合同利息的诉讼时效问题

——中国农业银行股份有限公司宁夏回族自治区分行营业部与宁夏回族自治区供销合作社鼓楼商场借款合同纠纷案

【裁判要旨】

贷款人和银行签订几份抵押贷款合同，合同到期后，贷款人未清偿贷款。双方对于贷款清偿进行约定：每年归还多少，分少年还清。在执行时，银行根据贷款人的还款数额按原来的贷款合同分别进行扣除，消灭的是原合同的法律关系。银行只对未清偿的贷款合同进行了本金催收，对于已经清偿的贷款合同未催收贷款利息。那么，贷款人已经清偿的合同，从清偿之日起，二年之后，银行向法院请求利息之诉，应认定为超过诉讼时效。

中华人民共和国最高人民法院民事判决书

（2013）民二终字第 79 号

上诉人（原审原告）：中国农业银行股份有限公司宁夏回族自治区分行营业部（更名前为中国农业银行宁夏回族自治区分行营业部）。住所地：宁夏回族自治区银川市兴庆区解放西街 95 号。

负责人：刘春华，该营业部总经理。

委托代理人：刘高峰，该农行宁夏分行法律事务部员工。

委托代理人：张铁铸，该营业部员工。

上诉人（原审被告）：宁夏回族自治区供销合作社鼓楼商场。住所地：宁夏回族自治区银川市解放东街 83 号。

法定代表人：赵喜，该商场总经理。

委托代理人：杨玲，宁夏兴业律师事务所律师。

上诉人中国农业银行股份有限公司宁夏回族自治区分行营业部（以下简称农行营业部）与上诉人宁夏回族自治区供销合作社鼓楼商场（以下简称鼓

楼商场）借款合同纠纷一案，农行营业部不服宁夏回族自治区高级人民法院于 2011 年 8 月 10 日作出的（2010）宁民商初字第 11 号民事裁定，向本院提起上诉。本院于 2012 年 4 月 23 日作出（2012）民二终字第 1 号民事裁定书，裁定撤销宁夏回族自治区高级人民法院（2010）宁民商初字第 11 号民事裁定，由宁夏回族自治区高级人民法院审理。宁夏回族自治区高级人民法院重新审理，于 2013 年 3 月 26 日作出（2012）宁民商初字第 7 号民事判决。农行营业部与鼓楼商场均不服上述民事判决，向本院提起上诉。本院受理后，依法组成由审判员刘敏担任审判长，代理审判员吴景丽、赵柯参加的合议庭进行了审理。书记员陆昱担任记录。本案现已审理终结。

原审法院经审理查明：1996 年 10 月 31 日，中国农业银行银川市支行营业部（贷款人）与鼓楼商场（借款人、抵押人）签订编号为农银抵借字 96 第 273 号《最高额抵押担保借款合同》一份，该合同约定："一、自 1996 年 10 月 31 日起至 2001 年 10 月 31 日止，由贷款人根据借款人的需要和贷款人的可能，向借款人出借最高贷款限额不超过 2646 万元的贷款，每笔贷款的金额、期限、利率、还款方式以借款借据为准，借款借据是本合同的组成部分，有同等的法律效力。二、抵押人愿以鼓楼商场营业楼（详见抵押物品清单）作为本合同载明借款的抵押物，抵押担保内容如下：（一）在第一条所述最高额贷款限额内，贷款人向借款人发放的贷款，不再逐笔办理抵押手续。（二）上述抵押物评估价值 5341.77 万元……"1996 年 10 月 30 日，中国农业银行银川市支行营业部与鼓楼商场共同在银川市房屋产权产籍监理所办理了抵押登记，并取得了编号为银房抵贷监字（96）年第 857 号《房屋产权抵押贷款监证书》。

1996 年 10 月 31 日，中国农业银行银川市支行营业部与鼓楼商场签订农银抵借字 96 第 274 号《抵押担保借款合同》，约定："借款用途为电梯款，金额为人民币 354 万元，自 1996 年 10 月 31 日至 1999 年 10 月 31 日，贷款利率为月息 10.065‰，按季计付利息，抵押人愿以鼓楼商场营业楼作为本合同载明的抵押物，抵押物评估价值 5341.77 万元等"。同日，办理了 354 万元的《借款借据》手续。

1998 年 12 月 16 日，中国农业银行宁夏回族自治区分行营业部与鼓楼商场签订了农银抵借字 98 第 077 号《抵押担保借款合同》（以下简称第 077 号合同）和农银抵借字 98 第 078 号《抵押担保借款合同》（以下简称第 078 号合同）各一份，其中：第 077 号合同约定："贷款种类为短期流动资金贷款，用途为采购商品，金额为人民币 608.5 万元，期限自 1998 年 12 月 16 日起至 1999 年 12 月 8 日止，贷款利率为月息 6.105‰，按季计付利息等"；第 078 号合同约定："贷款种类为中长期流动资金贷款，用途为采购商品，金额为人民币 2000 万元，期限为自 1998 年 12 月 16 日起至 2001 年 12 月 8 日止，贷款利率为月息 6.105‰，按季计付利息等"。该两份合同均约定：抵押人鼓楼商场愿以房产、土地作为本合同载明借款的抵押物，抵押物评估价值为 5341 万元，抵押担保期间自设定抵押之日起至担保范围内全部贷款清偿完毕止等。同日，办理了 2000 万元和 608.5 万元的《借款借据》手续。

1997 年 9 月 8 日，中国农业银行银川市支行营业部与鼓楼商场办理了 45 万元的《借款借据》手续，载明：结欠本金 17.5 万元，此贷款按编号农银抵借字 96 第 273 号借款合同执行。

1997 年 10 月 6 日，中国农业银行银川市支行营业部与鼓楼商场办理了 45 万元的《借款借据》手续，载明结欠本金 20 万元。

1998 年 12 月 29 日，中国农业银行宁夏回族自治区分行营业部与鼓楼商场签订农银抵借字 98 第 084 号《抵押担保借款合同》（以下简称第 084 号合同），约定："借款用途采购商品，金额为人民币 250 万元，期限自 1998 年 12 月 29 日起至 1999 年 12 月 18 日止，贷款利率为月息 5.8575‰，抵押人愿以房产土地证作为本合同载明借款的抵押物等"。同日，办理了 250 万元的《借款借据》手续。

1998 年 6 月 19 日，中国农业银行银川市支行营业部与鼓楼商场签订农银抵借字 98 第 110 号《抵押担保借款合同》，约定："借款用途采购商品，金额为人民币 160 万元，期限自 1998 年 6 月 19 日起至 2001 年 6 月 8 日止，贷款利率为月息 8.25‰，抵押人愿以营业大楼作为本合同载明借款的抵押物等"。同日，办理了 160 万元的《借款借据》手续。1998 年 6 月 16 日，双方对此笔借款在银川市房屋产权产籍监理所办理了银房抵贷监字（98）年第 0472 号房屋产权抵押贷款监证书。

以上共七笔贷款。抵押合同中载明抵押的房产为鼓楼商场营业楼，所有权证号为银川市房产所有证集 00615 号，办理了抵押登记手续；抵押的土地为宁国用（1998）字第 573 号国有土地使用证，土地使用者为鼓楼商场，使用权类型为划拨，鼓楼商场将土地使用证移交给原告农行营业部，但国有土地使用权的抵押未办理登记手续。

原告分别于 2000 年 2 月 22 日、2000 年 9 月 10 日、2001 年 7 月 4 日、2002 年 5 月 16 日、2002 年 12 月 14 日、2003 年 12 月 15 日、2004 年 2 月 4 日、2005 年 7 月 11 日、2006 年 12 月 31 日、2007 年 6 月 10 日和 2009 年 5 月 10 日，对上述借款以《债务逾期催收通知书》的形式向鼓楼商场进行了催收。其中：2002 年 12 月 14 日、2003 年 12 月 15 日、2004 年 2 月 4 日的《债务

逾期催收通知书》载明："尚欠本金人民币 3410 万元，利息分别为 12322435.78 元、15362325.72 元、15478757.16 元"；2005 年 7 月 11 日、2006 年 12 月 31 日、2007 年 6 月 10 日和 2009 年 5 月 10 日的《债务逾期催收通知书》只载明尚欠本金的具体金额，分别为 3410 万元、3110 万元、2610 万元和 2210 万元。被告均在上述《债务逾期催收通知书》上盖章确认。

另查明，国务院国阅〔1996〕70 号《关于研究解决供销社政策性亏损问题的会议纪要》中明确："供销社发生的地方政策性亏损部分，由地方各级政府研究解决办法，并限期清理，具体有国家计委商有关部门下发通知。"2002 年 7 月 25 日，财政部、国家计委、人民银行、审计署、供销总社、农业发展银行、农业银行七部委下发财建〔2002〕255 号《关于核复供销合作社财务挂账及其财务处理问题的通知》，明确："1992 年年底前地方政策性亏损挂账，按照国阅〔1996〕70 号文件确定的原则，由各省、自治区、直辖市人民政府组织其有关部门，在进一步调查核实基础上，研究制定具体解决办法，并尽快落实；纳入停息或贴息范围的财务挂账占用的银行贷款，从财务挂账分解落实到企业之日起，开户银行不得再向企业收取利息，企业也不得再对这部分贷款计提或预提利息；各地有关部门和企业要切实做好供销社财务挂账分解落实和消化处理工作，不得随意调整债权、债务关系，不得挤占、挪用利息补贴或本金消化资金"等。2004 年 1 月 14 日，上述七部委又下发财建〔2004〕3 号《关于抓紧分解落实供销合作社财务挂账的补充通知》（以下简称《补充通知》），要求："对 1992 年年底以前地方政策性亏损挂账和 1993 年以后新增地方政策性挂账，各地要切实按照财建〔2002〕255 号文件规定，尽快分解落实到每户企业，并在 2004 年 6 月底以前将分解落实结果上报国务院供销合作社财务挂账清理核查小组。"2004 年 9 月 8 日，宁夏回族自治区财政厅、财政部驻宁夏财政监察专员办事处、宁夏回族自治区发展和改革委员会、宁夏回族自治区审计厅、宁夏回族自治区供销合作社联合社、中国人民银行银川中心支行、中国农业银行宁夏区分行、中国农业发展银行宁夏区分行等八部门，根据上述《补充通知》的要求，以宁财（建）发〔2004〕692 号文件向国务院供销合作社财务挂账清理核查小组上报了《关于呈报供销合作社地方政策性及经营性财务挂帐分解落实情况的报告》，该报告附件 1 即《宁夏回族自治区供销合作社地方政策性及经营性财务挂账分解落实情况表编制说明》第一部分地方政策性挂账二载明："因债权债务调整及其他一些原因致使原清理核查时上报的挂账数据发生改变：1. 自治区畜产公司因经营情况不佳，人员负担沉重，2001 年，区供销社为了减轻其负担，决定将区畜产公司离退休人员 104 人移交鼓楼商场负责管理并承担一切费用。故此次在分解落实地方政策性财务挂账时，将原清理时由区畜产公司上报的 1992 年底前地方政策性财务挂账 2227.6 万元中的 1336.6 万元，分解落实到鼓楼商场。"

针对上述借款及地方政策性财务挂账累计未还情况，2006 年 8 月 28 日区供销社向自治区农业银行出具了宁供函〔2006〕13 号《自治区供销社关于鼓楼商场归还银行借款的意见》，主要内容是："区供销社鼓楼商场于 1996 年前在农业银行累计借款共计 3410 万元，由于市场发生变化和商场经营管理等方面的原因，使商场经营出现亏损，致使银行借款不能按期归还。从稳定发展的大局出发，为了解决商场债务问题，妥善安置职工，使商场放下包袱，轻装前进，根据自治区人民政府有关文件精神，现提出鼓楼商场归还农行借款的意见：1. 根据区供销社和鼓楼商场的偿还能力，所欠银行借款本金采取分期归还逐年解决的办法。2. 2006 年 12 月 30 日前区社筹措资金归还借款 700 万元，2007 年 6 月 30 日前归还 300 万元。3. 自治区八部门批复确认的地方政策性财务挂账占用银行借款 1336.6 万元，按照国务院文件精神，应由地方政府承担，不应由商场归还；如三年内自治区政府仍不予解决，这部分借款由鼓楼商场分期归还或转做新的借款，按期支付利息。4. 剩余借款 1073.4 万元，从 2007 年起，鼓楼商场每年还款 200 万元，五年内还清"。同年 9 月 14 日，原告农行营业部给区供销社复函，出具宁农银营发〔2006〕350 号《关于同意宁夏区供销社归还鼓楼商场不良贷款意见的函》，载明："我部收到贵社《关于鼓楼商场归还银行借款的意见》的函，经研究并报请分行意见如下：……由于我部今年清收任务较重，早在 4 月 19 日我部第二次资产风险管理委员会，即对区供销社口头提出的上述方案进行了审议，2006 年 8 月 28 日区供销社又以书面方式提出，经我部研究，并报请分行有关领导批示，同意区供销社提出的上述还款意见。"（对上述两份函件以下简称为回复函）

自 2006 年 9 月 14 日原告农行营业部复函后，被告向原告还款共计 1600 万元（2006 年 11 月 2 日 17.5 万元、250 万元、4 万元、8.5 万元、20 万元各一笔，计 300 万元；2007 年 2 月 11 日 50 万元、100 万元、90 万元、160 万元各一笔，小计 400 万元；2007 年 5 月 23 日 100 万元；2007 年 9 月 27 日 50 万元；2007 年 9 月 29 日 100 万元；2007 年 12 月 28 日 100 万元、150 万元各一笔，计 250 万元；2009 年 9 月 30 日 100 万元、300 万元各一笔，计 400 万元）。上述七笔贷款，截至 2009 年 9 月 30 日，除 2000 万元贷款剩下 1810 万元本金未还外，其余六笔贷款本金均清偿。

2009 年 9 月 13 日，被告鼓楼商场向原告农行营业部出具《鼓楼商场关于归还不良贷款的函》（宁供鼓发〔2009〕13 号），载明："截至目前，鼓楼商场尚欠贵行贷款 1810 万元。根据贵行宁农银营发〔2006〕350 号《关于同意宁夏区供销社归还鼓楼商场不良贷款意见的函》，就上述欠款的进一步偿还问题，鼓楼商场提出如下意见：一、根据贵行上述文件一·1条，鼓楼商场遵照承诺，已于2007年6月30日前归还了贵行1000万元贷款。二、贵行上述文件一·3条中的1073.4万元，鼓楼商场已归还600万元，剩余473.4万元商场将继续遵照每年200万元的还款精神归还。三、贵行上述文件一·2条，即自治区八部门批复确认的地方政策性财务挂账占用银行借款1336.6万元，按照国务院文件精神，应由地方政府承担，不应由商场归还；如三年内自治区政府仍不予解决，这部分借款由鼓楼商场分期归还或转做新的借款，按期支付利息。鼓楼商场的意见是将这部分借款转做新的借款，期限为五年，利率为基准利率。期间鼓楼商场继续积极争取政府的政策性挂账及时到位，如争取到，则将争取到的资金如数偿还，以提前偿还欠款，直到还清上述欠款为止。鼓楼商场还清上述款项后的一个月内，请贵行遵照文件精神以及双方达成的共识，解除鼓楼商场在贵行的土地、房产抵押，并将解除抵押后的鼓楼商场房产证、土地证等手续归还鼓楼商场，以利于鼓楼商场今后的发展。"原告农行营业部对该函未予答复。

还查明，宁夏回族自治区财政厅自2007年至2011年每年给区供销社拨付地方政策性挂账资金100万元，共计500万元。区供销社未以该款归还本案所涉地方政策性挂账。2012年2月20日，宁夏回族自治区人民政府下发宁政发〔2012〕35号《自治区人民政府关于加快供销合作社改革发展的意见》，提出："妥善解决历史遗留问题，对2002年国家财政部等七部委共同核复的自治区供销合作社本级地方政策性挂账，经自治区财政厅牵头对照核查后，由自治区财政于2013年前全部消化解决……"

双方当事人认可：2005年7月11日的《债务逾期催收通知书》上载明的尚欠本金人民币3410万元和双方回复函件中明确的"区供销社鼓楼商场于1996年前在农业银行累计借款共计3410万元"是一致的，剩下未还的1810万元贷款本金中包含地方政策性挂账的1336.6万元。

原告提交的《关于宁夏区供销社鼓楼商场贷款利息计算说明》及《贷款利息及复利计算明细表》载明：其诉讼标的合计60590871.03元，其中本金1810万元，利息42490871.03元（暂算至2012年6月20日，实际计算的利息为4484万元，主张了42490871.03元），利息根据原告举证的七笔贷款合同按中国人民银行的有关规定进行计算。并说明："因被告结清了1998年之前的利息，故原告自1999年第一季度开始计息，计算的利息计付复利；1999年1—4季度被告偿还的利息443529.34元，因无法确认是具体支付的哪一笔贷款利息，原告对该笔利息计算复利101989.57元，一并从计算的利息总额

4484 万元中扣除。"原告计算的地方政策性挂账 1336.6 万元自 2004 年 9 月 8 日至 2012 年 6 月 20 日的利息为 10697193.82 元（含复利），2000 万元贷款项下的利息为 29100953.08 元（含复利），2000 万元之外其他六笔贷款的利息为 15740520 元（含复利）。

再查明，根据农业银行机构改革需要，1998 年 9、10 月间中国农业银行银川市支行撤销，合并至中国农业银行宁夏回族自治区分行营业部，中国农业银行宁夏回族自治区分行营业部于 2009 年将名称变更为中国农业银行股份有限公司宁夏回族自治区分行营业部。

原审法院认为，原告农行营业部与被告鼓楼商场签订的除第 077 号、078 号、084 号《抵押担保借款合同》外，其余《抵押担保借款合同》《最高额抵押担保借款合同》、借款借据、《房屋产权抵押贷款监证书》等，均为当事人真实意思表示，不违反法律、行政法规的强制性规定，合法有效。第 077 号、078 号、084 号《抵押担保借款合同》中约定的抵押财产条款部分——土地，因未办理抵押登记，根据《中华人民共和国担保法》第四十一条、第四十二条的规定，土地抵押部分未生效，其余内容系当事人真实意思表示，符合法律规定，应为有效。

被告鼓楼商场欠原告农行营业部贷款本金 1810 万元，除地方政策性挂账的 1336.6 万元外，剩余的 473.4 万元在原告起诉时，按照双方在回复函协议中约定的"五年内还清"，还款期限尚未届满，后由于原告提起诉讼，被告停止还款。现双方约定的期限已届满，被告鼓楼商场也认可，故被告应偿付原告农行营业部欠款 473.4 万元。

《中华人民共和国担保法》第三十三条第一款规定：债务人不履行债务时，债权人有权依照本法规定以该财产折价或者以拍卖、变卖该财产的价款优先受偿。被告鼓楼商场在《最高额抵押担保借款合同》《抵押担保借款合同》中约定以其营业楼作为抵押，依照该规定，在被告鼓楼商场不履行偿付债务时，原告农行营业部对抵押财产即营业楼享有优先受偿权，原告的该项诉讼请求成立，予以支持。因合同约定的土地抵押未生效，故原告要求对土地使用权享有优先受偿权的诉讼请求不予支持。

原审法院经审理认为，本案争议的焦点问题：1. 地方政策性挂账的 1336.6 万元被告鼓楼商场应否偿还；2. 原告主张的利息 42490871.03 元应否支持。

1. 关于地方政策性挂账的 1336.6 万元被告鼓楼商场应否偿还的问题。该院认为，2006 年 8 月 28 日区供销社向农行自治区分行出具《自治区供销社关于鼓楼商场归还银行借款的意见》，对被告所欠贷款 3410 万元提出了具体的还款计划和还款承诺，原告农行营业部予以复函并对此同意和认可，虽然，提出还款计划的是区供销社，但区供销社系被告鼓楼商场的上级单位，且被告鼓楼商场也予以认可并按此约定予以履行，系当事人真实意思表示，内容不违反法律法规的强制性规定，应为有效。其中涉及的 1336.6 万元地方政策性财务挂账，虽然自治区政府在三年内未解决该款，双方也未达成分期归还协议或转做新的借款协议，但根据合同相对性原则，该债务主体并未发生变化，仍为被告鼓楼商场，其应承担偿还该笔债务的民事责任。考虑到该笔债务的特殊性及相关政策，结合自治区政府〔2012〕35 号文件关于"对地方政策性挂账在 2013 年年底前消化"的要求，对被告偿还该笔债务的时间应适当放宽。

2. 关于原告主张的利息 42490871.03 元应否支持的问题。该院认为，在回复函中，双方当事人只对债务本金的偿还进行了约定，对利息未提及，在之后的《逾期贷款催收通知书》中也只写明所欠本金，未记载利息。但作为债权人，原告并没有明确表示过放弃或免除利息，被告辩解双方达成免息的理由不能成立。

原告主张的 1336.6 万元属地方政策性财务挂账，根据 2002 年 7 月 25 日财政部等七部委〔2002〕255 号文件关于"从财务挂账分解落实到企业之日起，开户银行不得再向企业收取利息"的规定，故该部分债务的利息 10697193.82 元（即从落实之日 2004 年 9 月 8 日起至原告主张的截止日期 2012 年 6 月 20 日期间的利息）应从原告主张的利息总额 42490871.03 元中扣减。

对于 2000 万元贷款之外的其余六笔贷款利息 15740520 元，自 2006 年 11 月 2 日至 2009 年 9 月 30 日被告鼓楼商场分别清偿了该六笔贷款的本金，原告于 2010 年 3 月 12 日起诉时没有提出主张，自 2009 年 9 月 30 日至原告主张该部分利息即 2012 年 6 月 26 日期间，原告没有证据证明其在两年法定诉讼时效期间向被告鼓楼商场主张过，被告鼓楼商场提出已超过诉讼时效的抗辩符合法律规定，原告的该主张不予支持，15740520 元利息应从原告主张的利息总额 42490871.03 元中扣减。

另有，原告在《关于宁夏区供销社鼓楼商场贷款利息计算说明》中说明，由于 1999 年 1—4 季度被告偿还的利息 443529.34 元，因无法确认是具体支付的哪一笔贷款利息，原告对该笔利息计算复利 101989.57 元，一并从计算的利息总额 4484 万元中扣除。被告认为应从原告主张的利息总额 42490871.03 元中扣除。对此，因原告不能确认被告偿还的该笔利息应偿还哪一笔贷款利息，则被告主张偿还 2000 万元项下的贷款利息并不违反法律规定，故被告偿还的该部分利息 443529.34 元及原告计算的复利 101989.57 元，合计 545518.91 元亦应从原告主张的利息总额 42490871.03 元中扣减。

综上，原告主张的利息总额 42490871.03 元，扣除地方政策性挂账 1336.6 万元的利息 10697193.82 元，扣除超过诉讼时效不予支持的六笔贷款利息 15740520 元，扣除被告 1999 年已偿还利息及复利 545518.91 元，剩下利息 15507638.3 元应由被告鼓楼商场支付。

据此，被告鼓楼商场应偿付原告农行营业部所欠贷款本金 1810 万元，利息 15507638.3 元。如被告不履行债务时，原告依法对抵押财产即鼓楼商场营业楼享有优先受偿权。原审法院依照《中华人民共和国民法通则》第一百三十五条，《中华人民共和国合同法》第四十条、第四十四条、第一百九十六条、第二百零七条，《中华人民共和国担保法》第三十三条第一款、第三十四条，《中华人民共和国民事诉讼法》第一百三十四条第一款、第一百四十二条之规定，判决如下：一、被告宁夏回族自治区供销合作社鼓楼商场于本判决生效之日起 15 日内偿还原告中国农业银行股份有限公司宁夏回族自治区分行营业部借款本金 473.4 万元；二、被告宁夏回族自治区供销合作社鼓楼商场于 2013 年 12 月 31 日前偿还原告中国农业银行股份有限公司宁夏回族自治区分行营业部借款本金 1336.6 万元；三、被告宁夏回族自治区供销合作社鼓楼商场于本判决生效之日起 15 日内偿还原告中国农业银行股份有限公司宁夏回族自治区分行营业部借款利息 15507638.3 元；四、被告宁夏回族自治区供销合作社鼓楼商场不履行债务时，原告中国农业银行股份有限公司宁夏回族自治区分行营业部对被告的抵押财产即鼓楼商场营业楼依照法律规定享有优先受偿权；五、驳回原告中国农业银行股份有限公司宁夏回族自治区分行营业部的其他诉讼请求。如果未按本判决指定的期间履行给付金钱义务，应当依照《中华人民共和国民事诉讼法》第二百五十三条之规定，加倍支付迟延履行期间的债务利息。案件受理费 344754 元，由宁夏回族自治区供销合作社鼓楼商场负担 172377 元，中国农业银行股份有限公司宁夏回族自治区分行营业部负担 172377 元。

双方当事人均不服原审判决，向本院提起上诉。

农行营业部上诉请求为：1. 改判一审判决第五项，由鼓楼商场偿还已还清借款本金的六笔贷款的利息 15740520 元及 2012 年 6 月 20 日后新增的利息；2. 鼓楼商场承担一、二审全部诉讼费用。理由：1. 对于 2000 万元贷款之外的其余已经偿还本金六笔贷款的利息，其一直向鼓楼商场进行主张，不存在诉讼时效丧失的问题。一审法院以这六笔贷款利息农行营业部没有在二年法定诉讼时效期间内主张，已过诉讼时效为由驳回诉讼请求，是错误的。2. 根据双方 2006 年的往来函件约定：2006 年 12 月 30 日前区社筹措资金归还借款 700 万元，2007 年 6 月 30 日前归还 300 万元；剩余借款 1073.4 万元（非财政挂账），从 2007 年起，鼓楼商场每年还款 200 万元，五年内还清，即从 2007 年 6 月 30 日后开始还款，最后一期还款期限至 2012 年 6 月 30 日前。鼓楼商场先后偿还贷款 1600 万元，但 2011 年 6 月 30 日前、2012 年 6 月 30 日前的剩余两期 200 万元和 273.4 万元，至今尚未归还。根据《最高人民法院关于审理民事案件适用诉讼时效制度若干问题的规定》第五条"当事人约定同一债务分期履行的，诉讼时效期间从最后一期履行期限届满之日起计算"，对鼓楼商场的诉讼时效期间应从 2012 年 6 月 30 日起计算二年。利息的诉讼时效从属于本金，农行营业部 2012 年 6 月起诉要求六笔贷款的利息并没有超过诉讼时效。3. 鼓楼商场 2009 年 9 月 30 日最后一次还款后，农行营业部于 2011 年 3 月 10 日曾向宁夏区供销社发送过《关于一揽子解决区供销社直属企业结欠农行贷款的意见》，主张了鼓楼商场的六笔贷款利息。2011 年 3 月 23 日，宁夏区供销社回函认可收到了上述书面文件。因此，诉讼时效应从 2011 年 3 月 10 日重新计算两年，而农行营业部在 2012 年 6 月诉请六笔贷款的利息，并未超过诉讼时效。4. 2012 年 11 月 8 日，鼓楼商场向我方发送《关于解决与农行债务纠纷的意见》中明确表述"农行诉求的利息，除属于 1336.6 万元部分的以外，我商场尽最大努力偿还其中的 15%"，这种意思表示，亦产生诉讼时效中断的法律后果。

鼓楼商场答辩称：1. 贷款 3410 万元是累计形成，大多是政府决策后交由鼓楼商场接受。由于鼓楼商场经营困难，根据 2006 年的回复函，双方已达成还本免息的协议，农行营业部不应再收取利息。原审法院认定农行营业部自 2009 年 9 月 30 日六笔贷款本金清收后至 2012 年 6 月 26 日补充起诉的二年内无证据证明主张过利息，认为六笔贷款利息已过诉讼时效是正确的。2. 农行营业部以鼓楼商场《关于解决与农行债务纠纷的意见》等内容作为时效中断的理由不成立。因为上述意见是在原审法院调解时鼓楼商场为解决问题所作出的妥协，不能以此作为诉讼时效中断的理由。综上，鼓楼商场只欠农行营业部贷款本金 473.4 万元，双方应履行还本免息的协议。1336.6 万元根据法律文件规定，应由政府承担。

鼓楼商场上诉请求：1. 撤销原判，改判鼓楼商场偿还农行营业部贷款本金 473.4 万元；2. 农行营业部承担本案一、二审全部诉讼费用。理由：1. 原审法院已经查明涉案贷款金额 3410 万元的未还 1810 万元贷款本金中包含地方政策性挂账的 1336.6 万元，对此挂账部分不应判令鼓楼商场归还。国务院国阅〔1996〕70 号《关于研究解决供销社政策性亏损问题的会议纪要》中明确："一是供销社不负担政策性亏损，保障其合法权益；二是哪一级政府决定的，由哪一级政府负责解决"，故此债务不应由鼓楼商场承担。纪要还明确："供销社发生的地方政策性亏损部分，由地方各级政府研究解决办法，并限期清理，具体由国家计委商有关部门下发通知"。为此，宁夏回族自治区财政厅自2007年至2011年每年给区供销社拨付地方政策性挂账资金100万元，共计500万元。2012年2月20日，宁夏回族自治区人民政府下发宁政发〔2012〕35号《自治区人民政府关于加快供销合作社改革发展的意见》，提出："妥善解决历史遗留问题，对2002年国家财政部等七部委共同核复的自治区供销合作社本级地方政策性挂账，经自治区财政厅牵头对照核查后，由自治区财政于2013年前全部消化解决……"既然此笔债务政府始终承认和承诺解决，且已逐步兑现，原审判决鼓楼商场承担，显失公平。政策性挂账部分的债务人是政府，虽然鼓楼商场提出过代为清偿的意思表示，但是针对鼓楼商场提出转作新贷款的要约农行营业部并未接受，双方未签订新的合同。即此部分债务的债务人依然是政府，并未发生债务转移。2. 根据双方签订的协议以及履行实际，鼓楼商场无承担还款利息的义务，因为双方在2006年的往来函件已达成还本免息的协议。3. 即使如原审法院判决，在认定和计算地方性挂账1336.6万元的利息时，原审判决也存在失误。根据2002年7月25日财政部等七部委财建〔2002〕255号文件第五条的规定：1993年以来新增财务挂账中的地方政策性挂账从1999年1月1日起贴息挂账五年。而原审判决并未扣除从1999年1月1日至2004年1月五年期间的利息。

农行营业部答辩称：1. 鼓楼商场所欠债务中的1336.6万元虽属于地方性财务挂账，但并不影响鼓楼商场债务人的身份。根据财政部等七部委财建〔2002〕255号文件第三条的规定"财务挂账占用的银行贷款实行专户管理，但不调整债权和债务关系"，因此，债务人依然是鼓楼商场。从2007年起宁夏财政厅划拨给宁夏区供销社的500万元资金，区供销社并未用于还贷。挂账债务的还款流程是由宁夏财政厅将资金划至宁夏区供销社，再由供销社划至鼓楼商场，由商场最后归还农行。可见，挂账债务的最后还款主体是鼓楼商场。无论偿债资金来源于哪里，并不改变商场的债务人身份。债务转移必须征得债权人同意，本案中没有任何证据证明农行营业部同意债务人变更为政府。2. 鼓楼商场应当偿还贷款利息。（1）农行营业部从未承诺过免除利息，2006年的回复函只是先解决本金问题，再解决利息问题；（2）根据财政部等七部委财建〔2002〕255号文件第七条规定，财务挂账分解落实到企业之日起，银行不再收取利息，本案2004年9月8日挂账才落实到鼓楼商场，应以此时间点停止收取利息；（3）2011年3月15日，宁夏区供销社向区有关部门呈报的《关于解决自治区供销社历史债务问题的专题汇报》中有"鼓楼商场尚欠农行贷款本金 1810 万元，利息 3818 万元"的表述。可见，双方并不存在免息的问题。

本院对原审法院查明的事实予以确认。本院二审中，农行营业部提交了三份证据：一、2011 年 3 月 10 日《关于一揽子解决区供销社直属企业结欠农行贷款的意见》，其中对鼓楼商场的处置意见：1. 鼓楼商场一次性偿还我行贷款本金 1810 万元及按合同约定的利率计算的利息 2609 万元。2. 对政策性挂账（1336.6 万元）的利息 819 万元、加罚息 555 万元，共计 1374 万元，根据有关政策予以免除。二、2011 年 3 月 23 日，宁夏区供销社回函《关于一揽子解决区供销社直属企业历史债务的意见》。三、2011 年 3 月 15 日自治区供销社向政府提交的《关于解决自治区供销社历史债务问题的专题汇报》，其中称"鼓楼商场：该企业正常经营，尚欠农行贷款本金 1810 万元，利息 3818 万元，抵押物为鼓楼商场房产和国有划拨土地"。农行营业部以上述三份证据证明，其在 2009 年 9 月到 2011 年 9 月间向鼓楼商场主张了六笔贷款的利息。

鼓楼商场对此发表了质证意见。认为：农行营业部所提供的上述证据，是在一审诉讼期间鼓楼商场为了达成调解协议而作的妥协，根据《最高人民法院关于民事诉讼证据的若干规定》第六十七条"在诉讼中，当事人为达成调解协议或者和解的目的作出妥协所涉及的对案件事实的认可，不得在其后的诉讼中作为对其不利的证据"的规定，不能作为农行营业部对六笔贷款利息主张的证据，不能达到此六笔贷款利息诉讼时效中断的法律后果。

另外，二审中，农行营业部明确表示放弃上诉状中请求的 2012 年 6 月 20 日以后的利息，本院对此予以确认。

双方当事人对原审法院判决扣除 1336.6 万元贷款 2004 年 9 月 8 日之后利息 10697193.82 元均表示无异议，对原审法院认定鼓楼商场 1999 年偿还的利息 443529.34 元及复利 101989.57 元，合计 545518.91 元从农行营业部主张的利息总额中扣除亦无异议。农行营业部对 2000 万元贷款之外的其余已经归还本金六笔贷款的利息有异议，认为没有过诉讼时效。

本院认为，本案的争议焦点有两个：一、地方政策性挂账的 1336.6 万元鼓楼商场应否偿还；如果应予偿还，应否扣除 1999 年 1 月 1 日到 2004 年 1 月的利息。二、农行营业部主张 2000 万元贷款之外的其余已经归还本金的六笔贷款利息应否支持。

一、地方政策性挂账的 1336.6 万元鼓楼商场应否偿还；如果应予偿还，应否扣除 1999 年 1 月 1 日到 2004 年 1 月的利息。

鼓楼商场提供了国务院国阅〔1996〕70 号《关于研究解决供销社政策性

亏损问题的会议纪要》和宁夏回族自治区人民政府宁政发〔2012〕35 号《自治区人民政府关于加快供销合作社改革发展的意见》，证明 1336.6 万元债务的债务人是政府，而不是鼓楼商场。本院认为，根据本案查明的事实，该债务已经分解落实到鼓楼商场，并以倒贷的形式由鼓楼商场与农行营业部签订抵押贷款合同，并且双方在二审中均承认该 1336.6 万元包含在案涉的七笔贷款合同中。抵押贷款合同的债务人是鼓楼商场，签订合同之后，双方再没有进行新的法律行为对原合同变更或解除而改变鼓楼商场作为债务人的身份。此部分债务的资金来源由政府提供，亦不能改变鼓楼商场债务人的身份。贷款合同的债务人是签订贷款合同的主体，与债务人的还款资金来源无关，即不能因为资金来源于政府而理解为合同的债务人是政府。事实上，从 2007 年起政府划拨了 500 万元给宁夏区供销社用来还款，此款虽没有用来偿还鼓楼商场的贷款，但以此可知，政府提供资金给鼓楼商场，鼓楼商场用来偿还债务，政府并不是直接债务人，不直接针对农行营业部还款。所以，原审依据合同的相对性原理判决鼓楼商场对该笔债务予以承担是正确的。原审亦考虑到了该笔债务的特殊性及相关政策，判决还款期限为 2013 年 12 月 31 日前亦无不当。

关于该 1336.6 万元债务自 1999 年 1 月 1 日到 2004 年 1 月的利息是否应予扣除的问题，鼓楼商场提供了 2002 年 7 月 25 日财政部等七部委财建〔2002〕255 号文件，根据第五条的规定：1993 年以来新增财务挂账中的地方政策性挂账从 1999 年 1 月 1 日起贴息挂账五年。本院认为，根据 2004 年 9 月 8 日宁夏回族自治区财政厅、财政部驻宁夏财政监察专员办事处等八部门所作的宁财（建）发〔2004〕692 号报告附件 1 的规定，1336.6 万元政策性挂账属 1992 年底前挂账，不适用财政部等七部委财建〔2002〕255 号文件第五条的规定，不属于应扣除利息的情况。因此，一审法院未扣除该笔债务自 1999 年 1 月 1 日至 2004 年 1 月的利息并无不当。

二、农行营业部主张的 2000 万元贷款之外的其余已经归还本金的六笔贷款利息应否支持。

（一）关于该六笔贷款利息诉讼时效应从何时起算的问题。

宁夏区供销社与农行营业部 2006 年通过往来函件所进行的书面约定，并未形成新的贷款合同，3410 万元分属于七个不同的贷款合同，不属于同一债务，对于 3410 万元债务履行中所涉及的 1073.4 万元债务不属于同一债务，对其履行亦不属于同一债务的分期履行。鼓楼商场的每次还款都是对原合同分别进行的还款，还款数额从原合同中分别扣除，债务清偿消灭的是每个不同合同所形成的债权债务关系。如，农行营业部 2005 年 7 月 11 日的《债务逾期催收通知书》，记载鼓楼商场欠七笔贷款本金 3410 万元；2006 年 12 月 31 日的《债务逾期催收通知书》，记载鼓楼商场欠四笔贷款本金 3110 万元；2007 年 6 月 10 日的《债务逾期催收通知书》，记载鼓楼商场欠三笔贷款本金 2610 万元，其中第 078 号贷款合同 2000 万元贷款尚欠本金 1910 万元，第 077 号贷款合同 608.5 万元贷款尚欠本金 400 万元，第 274 号贷款合同 354 万元贷款尚欠本金 300 万元；2009 年 5 月 10 日的《债务逾期催收通知书》，记载鼓楼商场欠本金 2210 万元，其中第 078 号贷款合同 2000 万元贷款尚欠本金 1910 万元，第 077 号贷款合同 608.5 万元贷款尚欠本金 300 万元；2009 年 9 月 30 日鼓楼商场继续清偿 400 万元后，只有 2000 万元贷款合同项下的 1810 万元未还。《最高人民法院关于审理民事案件适用诉讼时效制度若干问题的规定》第五条规定"当事人约定同一债务分期履行的，诉讼时效期间从最后一期履行期限届满之日起计算"，因 1073.4 万元贷款债务并非同一债务，其分五次还清并不属于同一债务的分期履行，不属于上述法律规定的情形。农行营业部认为 1073.4 万元债务属于同一债务，分五年还清，应适用上述法律规定，从最后一笔的还款日 2012 年 6 月 30 日开始计算六笔利息诉讼时效的主张不予支持。本院认为，六笔贷款的利息应分别计算诉讼时效，每笔利息的诉讼时效应以农行营业部对本金的最后一次催收之日起计算二年。

（二）关于农行营业部主张六笔贷款的利息是否超过诉讼时效的问题。

根据本案查明的事实，2007 年 6 月 10 日后的两年内，农行营业部《债务逾期催收通知书》中再未对已经归还的五笔贷款合同的本金及利息进行催收，应认定此 5 笔贷款合同的利息均已过诉讼时效。2009 年 5 月 10 日，农行营业部对第 077 号贷款合同的本金进行再次催收，根据其向本院二审提交的新证据，2011 年 3 月 10 日农行营业部向宁夏区供销社所作的《关于一揽子解决区供销社直属企业结欠农行贷款的意见》（以下简称第一份证据）及 2011 年 3 月 23 日宁夏区供销社回函《关于一揽子解决区供销社直属企业历史债务的意见》（以下简称第二份证据），可以确定农行营业部对六笔贷款的利息向鼓楼商场提出过申请，鼓楼商场收到了申请。故第 077 号贷款合同所涉利息的诉讼时效在 2011 年 3 月 10 日中断，应以此为起点重新计算二年，农行营业部在 2012 年 6 月向原审法院主张该笔贷款的利息，并未超过诉讼时效。鼓楼商场认为农行营业部所提供的上述证据，是在一审诉讼期间鼓楼商场为了达成调解协议而作出的让步，根据《最高人民法院关于民事诉讼证据的若干规定》第六十七条的规定，不能作为农行营业部对六笔贷款利息主张的证据问题，本院认为，农行营业部所提供的第一份证据并非属于鼓楼商场所称的其在一审期间为达成和解所作的妥协情况，此证据清楚表明农行营业部向鼓楼商场主张了六笔贷款的利息，第二份证据表明鼓楼商场收到了农行营业部关于六笔贷款利息的申请文件。第一份证据和第二份证据均不属于《最高人民法院关于民事诉讼证据的若干规定》第六十七条规定的情形，应当作为证据使用。农行营业部主张六笔贷款的利息均未过诉讼时效是不成立的。本院认为，仅第 077 号合同 608.5 万元贷款的利息未过诉讼时效，鼓楼商场应依据法律规定偿还农行营业部此笔贷款自 1999 年第一季度至 2012 年 6 月 20 日止的利息。

虽然 2006 年的回复函，双方当事人只对债务本金的偿还进行了约定，未提及利息问题，在之后的《逾期债务催收通知书》中也只写明本金，未记载利息。但农行营业部并未明确表示过放弃利息，不能认定双方当事人达成了还本免息的协议。故鼓楼商场关于双方已在 2006 年的回复函中达成还本免息协议，其不应再承担任何利息的诉讼请求不予支持。

综上，鼓楼商场除应偿付农行营业部一审判决所支持的贷款本金 1810 万元，利息 15507638.3 元，还应再偿付农行营业部第 077 号合同 608.5 万元贷款自 1999 年第一季度至 2012 年 6 月 20 日止的利息。如鼓楼商场不履行债务时，农行营业部依法对相应抵押财产享有优先受偿权。原审法院对 1810 万元贷款本金的偿付认定事实清楚，本院予以支持。由于农行营业部在二审期间提交了新的证据，本院除认定原判认定的 15507638.3 元利息，补充认定了第 077 号合同 608.5 万元贷款的利息。农行营业部的上诉请求部分有理，本院予以支持。鼓楼商场的上诉请求没有事实和法律依据，本院不予支持。本院依照《中华人民共和国民事诉讼法》第一百七十条第一款第（一）项的规定，判决如下：

一、维持宁夏回族自治区高级人民法院（2012）宁民商初字第 7 号民事判决第一项、第二项、第三项、第四项；

二、撤销宁夏回族自治区高级人民法院（2012）宁民商初字第 7 号民事判决第五项；

三、宁夏回族自治区供销社鼓楼商场于本判决生效之日起 15 日内偿还中国农业银行股份有限公司宁夏回族自治区分行营业部农银抵借字 98 第 077 号《抵押担保借款合同》项下借款 608.5 万元的利息（按中国人民银行规定的同期贷款利率计算，自 1999 年第一季度至 2012 年 6 月 20 日止）；

四、驳回中国农业银行股份有限公司宁夏回族自治区分行营业部的其他诉讼请求；

五、驳回宁夏回族自治区供销合作社鼓楼商场的上诉请求。

如果未按本判决指定的期间履行给付金钱义务，应当依照《中华人民共和国民事诉讼法》第二百五十三条之规定，加倍支付迟延履行期间的债务利息。

一审案件受理费，按一审判决执行。二审案件受理费344754元，由宁夏回族自治区供销合作社鼓楼商场负担275803元，中国农业银行股份有限公司宁夏回族自治区分行营业部负担68951元。

本判决为终审判决。

审　判　长　刘　敏

代理审判员　吴景丽

代理审判员　赵　柯

二〇一三年十二月十日

书　记　员　陆　昱

9. 未判决承担民事责任的第三人上诉之处理

——王太山与刘延安、王玉堂、昌吉市晋煤煤矿有限责任公司、平海生股权转让纠纷案

【裁判要旨】

有独立请求权的第三人在一审程序中的诉讼请求已经得到法院支持，一审法院亦未判决其承担民事责任，但其仍对有关其他当事人之间的判决内容不服并提出上诉的，属于对他人权利的干预，人民法院不予支持。

中华人民共和国最高人民法院民事判决书

(2013) 民二终字第 120 号

上诉人（原审第三人）：王太山。

委托代理人：王保庆，山西盛道律师事务所律师。

被上诉人（原审原告）：刘延安。

委托代理人：张兆平，河北世纪联合律师事务所律师。

委托代理人：郝力，河北济民律师事务所律师。

原审被告：王玉堂。

委托代理人：赵建明，北京大成（乌鲁木齐）律师事务所律师。

原审被告：昌吉市晋煤煤矿有限责任公司（注册号为65230105001776，该公司名称已被撤销）。住所地：新疆维吾尔自治区昌吉回族自治州昌吉市硫磺沟镇。

法定代表人：王玉堂，该公司总经理。

委托代理人：王敏，北京大成（乌鲁木齐）律师事务所律师。

原审第三人：平海生。

委托代理人：钱霁，山西泰邦律师事务所律师。

上诉人王太山为与被上诉人刘延安、原审被告王玉堂、昌吉市晋煤煤矿有限责任公司（2010 年 8 月 4 日注册，注册号为65230105001776，该公司名称已被撤销，以下简称"新晋煤公司"）、原审第三人平海生股权转让纠纷一

案，不服新疆维吾尔自治区高级人民法院（2011）新民二初字第5号民事判决，向本院提起上诉。本院受理后，依法组成由审判员王富博担任审判长，代理审判员吴景丽、张颖参加的合议庭进行了审理。书记员郝晋琪担任记录。本案现已审理终结。

原审法院审理查明：

一、"老晋煤公司"的设立及撤销登记情况。2005年7月，昌吉市工商局核准了"昌吉市晋煤煤矿有限责任公司"（以下简称"老晋煤公司"）企业名称，同年12月为该公司颁发了法人营业执照，工商登记中所列股东为王玉堂、王国胜、平海江。为此，王太山以王玉堂、平海生、"老晋煤公司"为被告，王国胜、平海江为第三人，诉至山西省太原市迎泽区人民法院，请求确认其在煤矿投资比例，并提出判令其与平海生、王玉堂按审计结果进行分红，王玉堂按照约定进行工商登记等诉求。迎泽区人民法院于2007年12月12日作出（2007）迎民初字第2212号民事判决，查明：2004年12月22日平海生与昌吉市新红顶煤矿签订《煤矿转让合同》，约定转让费780万元。合同签订后，平海生支付转让费480万元，其中王太山出资100万元，平海生出资330万元，王玉堂出资50万元。2005年2月2日，昌吉市国土资源局提出昌吉市新红顶煤矿采矿权转让后，其企业名称变更为昌吉市晋煤煤矿有限责任公司（即本判决所称"老晋煤公司"）。2005年7月8日该公司领取的煤炭生产许可证、2006年1月10日领取的安全生产许可证所注明的单位名称均为"昌吉市晋煤煤矿有限责任公司"。2005年12月7日"老晋煤公司"领取企业法人营业执照，工商登记显示王玉堂、王国胜、平海江为公司股东，但王国胜、平海江否认出资，对其系公司股东并不知情。太原市迎泽区人民法院认为：《煤矿转让合同》约定购买昌吉市新红顶煤矿转让费为780万元，在已支付480万元中，王太山出资100万元，占750万元的12.83%，平海生出资330万元，占750万元的42.31%，王玉堂出资50万元，占750万元的6.4%。遂判决：王太山享有"老晋煤公司"780万元转让费中所占投资比例为12.83%；驳回王太山其他诉讼请求。

王玉堂、"老晋煤公司"不服该判决，向太原市中级人民法院提起上诉。该院经审理，于2008年9月22日作出（2008）并民终字第417号民事判决：驳回上诉，维持原判。

在该案执行过程中，迎泽区人民法院于2009年2月25日向自治区工商局出具"司法建议书"，建议工商部门认真核实"老晋煤公司"的注册登记事项，责令公司实际股东王太山、王玉堂、平海生重新办理注册登记事项，在未重新进行登记时，停止办理股权变更登记手续。自治区工商局接到司法建议书后，对登记注册事项进行了调查，于 2010 年 6 月 13 日作出新工商企处〔2009〕18 号行政处理决定书，查明：王玉堂为顺利办理公司注册登记，骗取王国胜、平海江的身份证件及照片，指使公司员工冒签两人姓名，将王国胜、平海江虚设为股东，骗取公司登记，故决定：撤销登记机关于 2007 年 12 月 26 日和 2005 年 12 月 7 日给昌吉市晋煤煤矿有限责任公司核准的变更登记和注册登记。但该公司至今未办理注销手续。

另查明，采矿权人为"昌吉市晋煤煤矿有限责任公司"、证号为 6500000712899 的"采矿许可证"的发证日期为 2007 年 1 月 19 日，地址为昌吉市硫磺沟镇，矿山名称为昌吉市晋煤煤矿有限责任公司新疆昌吉硫磺沟煤矿。

二、"新晋煤公司"的设立及名称被撤销情况。2010 年 7 月 6 日，王玉堂经昌吉市工商局同意，取得了"昌吉市晋煤煤矿有限责任公司"的《企业名称预先核准通知书》。2010 年 7 月 20 日，王玉堂向自治区工商局提出书面申请，提出使用原名称重新注册登记。根据自治区工商局企业注册处的要求，2010 年 8 月 4 日，昌吉市工商局向王玉堂出具"准予设立登记通知书"，同意其以"昌吉市晋煤煤矿有限责任公司"名称设立登记。2010 年 9 月 16 日，自治区工商局接收该公司档案，出具"准予变更登记通知书"，同意其在经营范围中增加"煤炭开采、销售"。

鉴于"老晋煤公司"始终未办理注销手续，自治区工商局于 2011 年 10 月 18 日下达责令改正通知书，责令"新晋煤公司"自收到通知书之日起 15 日内改正违法行为，到登记机关办理公司名称变更登记。但"新晋煤公司"一直未到登记机关办理名称变更登记。自治区工商局企业监管处于 2011 年 1 月 5 日向昌吉州工商行政管理局发函，要求扣留"新晋煤公司"所办的营业执照，并抄告相关前置许可部门扣留其公司相关许可证。2011 年 1 月 10 日，自治区工商局又向自治区煤炭安全监察局发出"关于暂扣昌吉市晋煤煤矿有限公司煤炭安全等许可证件的建议函"。

因违反《中华人民共和国公司法》《企业名称登记管理规定》及行政审批制度等有关规定，擅自批准"昌吉市晋煤煤矿有限责任公司"的注册申请，使该公司在撤销 1 个月后又进行注册登记，并重新办理了工商营业执照，有关行政机关工作人员已被依法追责。

2012 年 1 月 5 日，自治区工商局作出新工商办〔2012〕3 号"关于对昌吉市晋煤煤矿有限公司名称予以纠正的决定"，内容为：2010 年 7 月 6 日，经王玉堂向昌吉市工商局申请，昌吉市工商局出具了"企业名称预先核准通知书"，同意预先核准"昌吉市晋煤煤矿有限责任公司"名称。2010 年 8 月 4 日，经王玉堂向昌吉市工商局申请，昌吉市工商局向王玉堂出具"准予设立登记通知书"，同意其以"昌吉市晋煤煤矿有限责任公司"（注册号：652301050017764）名称设立登记，经营范围为：向煤炭行业投资；销售农畜产品，建材、汽车零配件，日用品，文具用品。根据《企业名称登记管理规定》第二十一条"申请登记注册的企业名称与下列企业的名称相同或者近似的，登记机关不予核准：（一）企业被撤销未满三年的；"以及《中华人民共和国行政许可法》第六十九条"有下列情形之一的，作出行政许可决定的行政机关或者其上级行政机关，根据利害关系人的请求或者依据职能，可以撤销行政许可：被许可人以欺骗、贿赂等不正当手段取得行政许可的，应当予以撤销"之规定，2010年8月4日新设立的昌吉市晋煤煤矿有限责任公司（即本判决所称"新晋煤公司"）以欺骗、贿赂等不正当手段取得了2010年6月13日被撤销的昌吉市晋煤煤矿有限责任公司（即本判决所称"老晋煤公司"）相同的名称，属违法行为。2011年10月20日，自治区工商局企业监管处向"新晋煤公司"送达了《责令改正通知书》，责令该公司自收到通知书之日起15日内到登记机关办理公司名称变更登记，该公司至今未来办理。根据《企业名称登记管理规定》和《中华人民共和国行政许可法》的有关规定，自治区工商局作出如下处理决定：一是由昌吉市工商局撤销对"新晋煤公司"的名称许可，由区局企业登记注册处会同昌吉市工商局依法予以纠正。二是由区局企业监管处对该公司在2010年9月16日变更登记时，涉嫌提交虚假材料或者采取其他欺诈手段隐瞒重要事实，取得公司变更登记行为立案调查处理。该决定抄送王玉堂、王太山、平海生。

2012年1月11日昌吉市工商局对"新晋煤公司"作出昌市工商〔2012〕2号"关于对昌吉市晋煤煤矿有限责任公司名称予以纠正的决定"，撤销（昌工商市内字）名称预核内〔2012〕000345号"昌吉市晋煤煤矿有限责任公司"名称。"新晋煤公司"于2012年3月2日向国家工商行政管理总局申请行政复议，后该局作出行政复议决定书，决定对原行政决定予以维持。

三、刘延安与王玉堂签订及履行《股权转让协议》的有关情况。2010年12月23日，王玉堂作为甲方（股权出让方）、刘延安作为乙方（股权受让方）签订《股权转让协议》。该协议载明：昌吉市晋煤煤矿有限责任公司（即本判决所称"老晋煤公司"）系甲方和平海江、王国胜共同投资，于2005年12月7日注册成立的有限责任公司，注册资本50万元，甲方占51%的股份，法定代表人为王玉堂。2007年12月26日，甲方等股东增资，注册资本变更为1050万元。2010年6月13日，自治区工商局作出新工商处〔2010〕18号处理决定书，撤销昌吉市晋煤煤矿有限责任公司（即本判决所称"老晋煤公司")2005年12月7日和2007年12月26日的注册登记和变更登记。2010年8月4日,甲方投资设立昌吉市晋煤煤矿有限责任公司(即本判决所称"新晋煤公司"),注册资本为30万元,经营性质为有限责任公司(自然人独资),法定代表人为王玉堂。鉴于甲方为昌吉市晋煤煤矿有限责任公司现有股东,持有100%股份,甲方愿将其持有的100%股份转让给乙方。《股权转让协议》主要内容为:第1条"转让标的":甲方同意将其持有的100%股份转让乙方,乙方同意受让。第2条"转让价款及其支付办法":转让价款为13000万元,由乙方分期支付:1.协议生效后15日内,乙方支付7150万元;2.甲方办理完毕法人变更及其他工商变更登记手续后,乙方向甲方支付转让款5460万元;3.甲方办理完毕本协议第三条规定的矿权变更登记及其他一切变更登记手续后,乙方向甲方支付转让款390万元。第3条"变更登记":甲方在收到乙方支付的第一笔转让款7150万元后,30日内负责办理申请股权变更及法人变更登记手续,如办理完毕,则甲方将变更后的营业执照交付乙方。第5条"陈述与保证":1.甲方保证转让的股权没有任何争议和瑕疵;2.甲方保证公司本身及其转让的股权不存在悬而未决或潜在要提起的诉讼、仲裁或其他可能被政府调查、处罚的情况;4.甲方保证晋煤公司2005年12月7日的注册登记与2010年8月4日的注册登记为同一主体,其名下的矿权、土地使用权一致;5.甲方保证2010年8月4日的注册登记变更不会影响晋煤公司采矿许可证、煤矿安全生产许可证等所有证件的效力,保证所有证件能够正常使用,不会受到政府或有关政府部门的调查、处理等情况;11.晋煤煤矿矿山资源资产范围:现有矿山采矿权;正在申办的扩权手续。……《股权转让协议》还对违约责任作了约定。

《股权转让协议》签订后,刘延安向王玉堂支付股权转让费7150万元,"新晋煤公司"于2010年12月28日、2011年1月6日分别向刘延安出具收据,收据金额分别为3000万元、4150万元。2011年3月1日,刘延安为"新晋煤公司"缴纳采矿权价款81万元,缴纳救护费4.5万元,共垫付85.5万元。

后因双方未能按《股权转让协议》的约定办理股权变更手续,刘延安于2011年3月23日起诉,请求:1.判令王玉堂、"新晋煤公司"履行《股权转让协议》,依约交付煤矿并办理股权变更及法定代表人变更登记,并支付违约金16.8万元(截止到2011年3月23日);2.如王玉堂、"新晋煤公司"不能按《股权转让协议》约定办理股权变更及法定代表人变更登记,则请求依法判令解除双方签订的《股权转让协议》,由被告王玉堂、"新晋煤公司"返还7150万元股权转让款,支付违约金375万元,并承担垫付的费用85.5万元。案件受理费、财产保全费等费用由王玉堂、"新晋煤公司"承担。庭审中，刘延安撤回第一项诉讼请求，变更其诉讼请求为：判令解除双方签订的《股权转让协议》，由被告王玉堂、"新晋煤公司"连带返还7150万元股权转让款，支付违约金375万元，并承担垫付的费用85.5万元。

原审第三人王太山在原审立案后递交参加诉讼申请书，诉称其是"老晋煤公司"股东，依据法律规定，公司股权的变更和转让应该经过股东的同意和决议，王玉堂并不持有"老晋煤公司"100%的股份，可其在"老晋煤公司"被撤销工商登记一个月后，又违法登记"新晋煤公司"，并与刘延安签订股权转让协议，企图非法转让"老晋煤公司"的采矿权，直接侵害了其法定权利，故请求作为本案第三人参加诉讼，确认刘延安与王玉堂所签订的《股权转让协议》无效。

原审法院认为，本案一审争议焦点为：刘延安与王玉堂签订的《股权转让协议》是否有效；《股权转让协议》应否解除及王玉堂应否承担相应违约责任；"新晋煤公司"是否承担连带责任。

一、关于被告"新晋煤公司"被撤销名称后的诉讼主体问题。原审法院认为，"新晋煤公司"被新疆维吾尔自治区工商局于2012年1月5日撤销名称，该决定已被国家工商行政管理总局予以维持。昌吉市工商局据此于2012年1月11日决定撤销（昌工商市内字）名称预核内〔2010〕000345号"昌吉市晋煤煤矿有限责任公司"名称。"新晋煤公司"的名称被撤销，该名称即不应再被使用。但工商行政管理机关仅决定撤销"新晋煤公司"的名称，并非对公司登记予以撤销，因此王玉堂独资设立的"新晋煤公司"的企业法人主体资格依然存在，"新晋煤公司"依然是本案适格的诉讼主体。"新晋煤公司"作为本案被告之一，系在开庭当日被工商行政管理机关撤销名称，而第三人提交关于该公司名称被撤销的证据已在开庭之后，且"新晋煤公司"又始终未进行公司名称的变更，故为方便诉讼，在本案的审理过程中仍使用"昌吉市晋煤煤矿有限责任公司"的名称，同时在名称后注明"2010年8月4日注册，注册号为652301050017764，公司名称已被撤销"，并简称为"新晋煤公司"。

二、关于刘延安与王玉堂签订的《股权转让合同》的效力问题。该院认为：1. 王玉堂与王太山、平海生共同出资成立"老晋煤公司"，系"老晋煤公司"的实际股东，该事实已被太原市迎泽区人民法院和太原市中级人民法院生效判决予以确认。因刘延安与王玉堂转让的标的为"新晋煤公司"的股权，而"新晋煤公司"与"老晋煤公司"的名称相同，王太山作为"老晋煤公司"的股东之一，刘延安与王玉堂的诉讼结果可能使王太山的权利受到损害，因此，王太山作为本案有独立请求权的第三人并无不当。平海生作为"老晋煤公司"的另一股东，案件的处理结果与其有法律上的利害关系，故通知其参加诉讼亦无不当。2. 根据太原市迎泽区人民法院司法建议，自治区工商局于 2010 年 6 月 13 日作出行政处理决定书，撤销登记机关于 2007 年 12 月 26 日和 2005 年 12 月 7 日给"老晋煤公司"核准的变更登记和注册登记。撤销注册登记意味着商事主体丧失依照注册登记而取得的法律主体资格及营业资格，虽然"老晋煤公司"至今未办理注销手续，但其自被撤销之日起，其法人资格和经营资格已经终止。王玉堂作为"老晋煤公司"的法定代表人、股东之一，在"老晋煤公司"被撤销后一个月内，即使用原名称申请登记注册成立"新晋煤公司"，该行为违反了有关规定。同时，"老晋煤公司"与"新晋煤公司"所使用的名称虽然同为"昌吉市晋煤煤矿有限责任公司"，但两个公司所对应的商事主体并不相同，以"老晋煤公司"名义所领取的煤炭生产许可证、安全生产许可证及采矿许可证，发证日期均在"新晋煤公司"设立之前，以上证照所体现的权利应由"老晋煤公司"所享有。3. 王玉堂与刘延安签订的《股权转让协议》，双方在"陈述与保证"条款中明确约定：王玉堂保证于 2005 年 12 月 7 日注册登记的"老晋煤公司"与 2010 年 8 月 4 日注册登记的"新晋煤公司"为同一主体，其名下的矿权、土地使用权一致；保证 2010 年 8 月 4 日的注册登记不会影响采矿许可证、煤矿安全生产许可证等晋煤煤矿所有证件的效力；同时约定晋煤煤矿矿山资源资产范围包括现有矿山采矿权和正在申办的扩权手续。以上事实可以说明，在明知生效判决已对"老晋煤公司"的股东予以确认，且"老晋煤公司"已被撤销注册登记的情况下，王玉堂以"昌吉市晋煤煤矿有限责任公司"的名称注册成立"新晋煤公司"，其真实目的系以"昌吉市晋煤煤矿有限责任公司"的名义继续经营"老晋煤公司"，并由"新晋煤公司"承继"老晋煤公司"所有的煤炭生产许可证、安全生产许可证及采矿许可证。该行为侵害了"老晋煤公司"的权利，当然也侵害了"老晋煤公司"其他股东的权利。根据以上事实，结合刘延安与王玉堂约定转让"新晋煤公司"的股权，将王玉堂投资 30 万元设立的"新晋煤公司"的股权作价为 13000 万元的事实，双方在《股权转让协议》中对"老晋煤公司"的投资、注册、撤销和"新晋煤公司"的投资设立的有关情况均进行了说明的事实，以及双方约定如采矿许可证、煤矿安全生产许可证等证件无法使用，则刘延安有权解除协议的事实，该院认定刘延安不仅明知"老晋煤公司"的股东构成、撤销情况和"新晋煤公司"的设立情况，也明知涉案采矿许可证、煤炭生产许可证、安全生产许可证等证照均登记在"老晋煤公司"名下这一事实，在此情况下，其仍与王玉堂签订《股权转让协议》，实际是为了实现由"新晋煤公司"取得登记在"老晋煤公司"名下的采矿许可证、煤矿安全生产许可证的最终目的，该行为构成恶意。根据《中华人民共和国合同法》第五十二条第（二）项之规定，该院认定刘延安与王玉堂签订的《股权转让协议》，损害了第三人王太山、平海生的合法利益，属于无效合同。第三人王太山请求确认《股权转让协议》无效的诉求依法成立，予以支持。

三、关于《股权转让协议》应否解除及王玉堂应承担的责任问题。该院认为，刘延安与王玉堂虽然在《股权转让协议》中约定了合同解除条件，但因本案《股权转让协议》为无效合同，不应作为合同解除的对象，故刘延安请求解除与王玉堂签订的《股权转让协议》的诉求不能成立。《股权转让合同》属于无效合同，王玉堂因此取得的刘延安已交付的股权转让款 7150 万元和刘延安垫付费用 85.5 万元应予返还。对造成合同无效，刘延安与王玉堂均具有过错，应当各自承担相应的责任，故对刘延安要求给付违约金 375 万元的诉讼请求不予支持。

四、关于"新晋煤公司"应否承担连带责任的问题。该院认为，"新晋煤公司"系由王玉堂出资设立的一人有限责任公司。根据《中华人民共和国公司法》第六十四条的规定："一人有限责任公司的股东不能证明公司财产独立于股东自己的财产的，应当对公司债务承担连带责任。"本案中，刘延安所交付的股权转让款由"新晋煤公司"出具收据，王玉堂也不能提交证据证明"新晋煤公司"的财产独立于王玉堂自己的财产，因此在本案法律关系中适用一人公司法人人格否认的有关规定。对一人公司适用法人人格否认，可以发生两种结果：一是导致一人公司股东的无限责任，即由股东承担公司的责任；二是在否认公司拥有独立人格的情况下，将本应作为相互独立的公司及其背后的股东视为同一主体，由公司为其单独股东负担责任，以保护债权人的合法利益。因此，该院认定"新晋煤公司"应当连带承担王玉堂向刘延安返还股权转让款 7150 万元及垫付费用 85.5 万元的责任。

综上，原审法院判决刘延安与王玉堂于 2010 年 12 月 23 日签订的《股权转让协议》无效；王玉堂返还刘延安股权转让款 7150 万元、垫付款 85.5 万元；新晋煤公司对以上债务承担连带责任；驳回刘延安的其他诉讼请求。

原审判决作出后，王太山不服，提起上诉称：一审判决认定刘延安向王玉堂支付 7150 万元股权转让款属认定事实错误，判决新晋煤公司对王玉堂返还股权转让款 7150 万元承担连带责任适用法律错误。新晋煤公司与王玉堂是完全各自独立的法律主体，没有任何证据证明新晋煤公司与王玉堂人格混同，本案不应适用公司法人人格否认制度，7150 万元应由王玉堂承担。因此，诉请：第一，撤销原审判决；第二，依法改判新晋煤公司对 7150 万元股权转让款及 85.5 万元不承担连带责任。后王太山在庭审中明确第一项上诉请求为撤销原审判决第三项，即关于新晋煤公司对王玉堂返还刘延安股权转让款 7150 万元、垫付款 85.5 万元承担连带责任的部分，对原审判决其他部分不请求撤销。

被上诉人刘延安口头答辩称：上诉人无权提起上诉，上诉人在一审中的诉讼请求是确认合同无效，如果上诉，只能针对原审判决第一项提起上诉，原审判决第三项与上诉人没有任何法律关系，因而其对原审判决第三项没有上诉权；原审判决新晋煤公司承担连带责任正确。

原审被告王玉堂、新晋煤公司答辩称：上诉人并非新晋煤公司的股东，原审判决并没有判令上诉人王太山承担民事责任，其无权提起上诉。

原审第三人平海生答辩称同意上诉人的上诉意见，认为本案由于没有查清老晋煤公司与新晋煤公司哪一个对相应资源享有所有权，判决结果会影响到原审第三人的实体权利，原审第三人提起上诉有事实和法律依据。

本院除对一审法院查明的事实予以确认外，另查明：刘延安与王玉堂对股权转让款 7150 万元已经支付的事实均予认可，庭审中刘延安出具了通过中国农业银行支付股权转让款的凭证复印件，王玉堂认可部分款项转入了新晋煤公司账户。在原审法院开庭之后、判决之前，王玉堂归还了刘延安股权转让款 3500 万元，但并未告知原审法院，对此，双方当事人均予认可。

本院认为，根据工商部门的登记，新晋煤公司是王玉堂单独出资设立的一人公司，原审法院根据《中华人民共和国公司法》第六十四条的规定，判决新晋煤公司对王玉堂承担的返还刘延安股权转让款 7150 万元、垫付款 85.5 万元承担连带责任，新晋煤公司并未对此提出上诉。原审过程中，上诉人王太山以有独立请求权的第三人身份参加诉讼，但原审法院并未判决其承担民事责任。王太山以新晋煤公司不应承担连带责任为由提出上诉，系对他人民事权利的干预。而且，王太山与老晋煤公司、新晋煤公司是否存在股东关系、其权益是否受到损害，并不属于本案的审理范围。故王太山的上诉请求没有事实和法律依据。

本案二审中查明，王玉堂已经归还了刘延安股权转让款 3500 万元，因当事人未告知原审法院，原审法院仍按照原诉争数额予以判决。因王玉堂并未提出上诉，本院对此不作处理，当事人可以在判决履行或执行过程中直接扣减。

综上，本院认为，原审判决认定事实清楚，适用法律正确，上诉人的上诉请求于法无据。根据《中华人民共和国民事诉讼法》第一百七十条第一款第（一）项的规定，本院判决如下：

驳回上诉，维持原判。

二审案件受理费 403575 元，由上诉人王太山承担。

本判决为终审判决。

审　判　长　王富博
代理审判员　吴景丽
代理审判员　张　颖
二〇一三年十二月十日
书　记　员　郝晋琪

10. 当事人无正当理由拒不提供持有的证据导致案件事实无法查清的，应承担不利后果

——河北中储物流中心与北台钢铁（集团）有限责任公司买卖合同纠纷案

【裁判要旨】

当事人虽对案件事实不承担举证责任，但如其无正当理由拒不提供持有的证据，导致案件事实无法查清的，人民法院可以依据《最高人民法院关于民事诉讼证据的若干规定》第七十五条关于"有证据证明一方当事人持有证据无正当理由拒不提供，如果对方当事人主张该证据的内容不利于证据持有人，可以推定该主张成立"的规定，要求该当事人承担不利的法律后果。

中华人民共和国最高人民法院民事判决书

（2013）民提字第 205 号

申诉人（一审原告、二审上诉人、再审申请人）：河北中储物流中心。住所地：河北省石家庄市新华区中华北大街 203 号。

法定代表人：张堪勇，该中心总经理。

委托代理人：张国印，北京市盈科律师事务所律师。

委托代理人：潘婷波，北京市盈科律师事务所律师。

被申诉人（一审被告、二审被上诉人、再审被申请人）：北台钢铁（集团）有限责任公司。住所地：辽宁省本溪市明山区环山路 36 号。

法定代表人：曾国强，该公司董事长。

委托代理人：赵庆敏，该公司职员。

委托代理人：鹿帅，北京市中银律师事务所律师。

河北中储物流中心（以下简称河北中储）因与北台钢铁（集团）有限责任公司（以下简称北钢公司）买卖合同纠纷一案，不服辽宁省高级人民法院

（2008）辽审民再字第 36 号民事判决，向本院提出申诉。本院于 2013 年 10 月 11 日作出（2012）民监字第 234 号民事裁定，提审本案。本院依法组成由审判员宫邦友担任审判长，审判员朱海年、代理审判员林海权参加的合议庭进行审理，书记员陆昱担任记录。本案现已审理终结。

2004 年 9 月 6 日，河北中储起诉至辽宁省本溪市中级人民法院称，河北中储与北钢公司存在大量煤炭购销关系，双方于 2002 年 2 月进行对账，确认北钢公司尚欠河北中储货款 2309289.27 元，北钢公司此后偿付 21 万元，尚欠 2099289.27 元，请求判令北钢公司支付货款 2099289.27 元、利息 163272.22 元，北钢公司承担本案全部诉讼费用。北钢公司辩称，河北中储对北钢公司的权利已经超过诉讼时效。

辽宁省本溪市中级人民法院经审理查明：河北中储与北钢公司素有业务往来，北钢公司购买河北中储煤炭，双方长期存在大量煤炭供销关系。2002 年 2 月，河北中储向北钢公司发了两份《询证函》，《询证函》记载欠款数额分别为 212037.31 元和 2097251.96 元，总计 2309289.27 元。《询证函》中写明："下列数据出自本公司的账簿记录。如果与贵公司的记录相符，请在本函下端'数据正确无误'处签章证明。如数据不符，请在'数据不符及需要说明事项'处详为指正。"北钢公司在"数据正确无误"处加盖公章，对《询证函》的数据予以确认。"数据不符及需加说明事项"一栏空白。2002 年 10 月 14 日，北钢公司给付河北中储货款 10 万元。2002 年 11 月 4 日，北钢公司又给付河北中储货款 11 万元。另查明，河北中储与北钢公司签订合同时的名称为中国物资储运总公司石家庄公司石岗路仓库，后于 2000 年 5 月 16 日更名为石家庄中储物流中心，又于 2003 年 4 月 24 日再次更名为河北中储物流中心。

辽宁省本溪市中级人民法院认为，河北中储、北钢公司间签订的煤炭购销合同合法有效，买卖关系成立，应予以保护。2002 年 2 月签订的《询证函》及 2002 年 10 月 11 日的收款证明表明河北中储、北钢公司间欠款事实存在，北钢公司长期拖欠货款不还导致纠纷的发生，应负全部责任。石家庄市工商行政管理局新华分局的证明可以认定河北中储的主体资格适格，故对北钢公司提出的与河北中储没有发生任何经济往来的主张不予支持。2002 年 11 月 4 日，北钢公司给付了河北中储最后一笔货款，河北中储 2004 年 9 月 6 日起诉并未超过两年的诉讼时效，北钢公司关于河北中储起诉超过法定诉讼时效的意见不成立。庭审中北钢公司曾提出河北中储提供的《询证函》所记载的数据与实际情况不符，但未能提供充分证据推翻这一数据，故对其该项主张不予支持。辽宁省本溪市中级人民法院于 2004 年 11 月 20 日依据《中华人民共和国民事诉讼法》〔1991 年 4 月 9 日七届全国人民代表大会第四次会议通过，以下简称民事诉讼法（1991）〕第一百二十八条、《中华人民共和国合同法》（以下简称合同法）第一百五十九条之规定作出（2004）本民二合初字第 69 号民事判决：北钢公司于判决生效之日起十日内给付河北中储货款 2099289.27 元，并承担自 2002 年 3 月 1 日起至给付之日止的利息，利率按中国人民银行同期流动资金贷款利率计付。案件受理费 21323 元，其他诉讼费 4525 元，由北钢公司负担。该判决作出后，双方当事人均未提出上诉。

2006 年 12 月 11 日，北钢公司向辽宁省本溪市中级人民法院提出申诉称，经北钢公司重新核对双方往来账目，北钢公司曾根据相关法院判决支付给北京市天元工贸公司 111.3 万元货款，该货款所对应的四张螺纹钢提货单因货物未提出，账务账面未做冲减，其所支付的 111.3 万元应从《询证函》所确认的欠款数额中扣除，故请求撤销辽宁省本溪市中级人民法院（2004）本民二合初字第 69 号民事判决。

辽宁省本溪市中级人民法院认为，该案符合民事诉讼法（1991）第 179 条第一款（一）、（三）项规定的再审立案条件，经审委会讨论决定，于 2007 年 1 月 5 日依照民事诉讼法（1991）第一百七十七条第一款、第一百八十三条、第一百八十四条第二款之规定，作出（2007）本立民监字第 00024 号民事裁定书，裁定：本案另行组成合议庭进行再审；再审期间，中止原判决执行。

辽宁省本溪市中级人民法院在再审中对原一审认定的事实除欠款数额外，均予以认定。另查明：1999 年 10 月 28 日，河北中储将北钢公司给其用于偿还欠款的四张价值 111.3 万元的螺纹钢提货单转让给北京市天元工贸公司，北京市天元工贸公司持四张螺纹钢提货单到北钢公司提货，北钢公司拒付。北京市天元工贸公司以北钢公司为被告诉至辽宁省本溪市中级人民法院。在该院主持下，双方达成调解协议，并于 2002 年 12 月 28 日执结。双方当事人均承认在双方历年买卖合同履行过程中，河北中储卖给北钢公司煤炭，由河北中储出具发票。北钢公司如果用钢材等货物抵顶煤款付给河北中储，北钢公司给河北中储出具发票或双方签订抹账协议。北钢公司主张：其抹账给河北中储的 111.3 万元螺纹钢虽然经法院执行完毕，但双方一直没有签订抹账协议，北钢公司也没给河北中储出具发票，因此这 111.3 万元北钢公司尚未进行账目处理，从财务账上体现为欠河北中储款项。基于上述原因，2002 年河北中储向其发《询证函》时，其予以盖章确认，故该款项应从欠款总额 2099289.27 元中扣减。如果河北中储认为这 111.3 万元双方账目已经处理完毕，应由河北中储提供双方签订的抹账协议或北钢公司出具的发票。针对北钢公司的主张，河北中储认为，北钢公司抹账给其的 111.3 万元螺纹钢的抹账协议或发票在历年总账目里面，至于是哪一张、哪一份说不清。针对双方存在的争议，该院提出由双方提供全部账目进行审计以确认欠款数额，但河北中储不同意审计。

辽宁省本溪市中级人民法院认为，双方当事人之间签订的煤炭买卖合同合法有效，应予保护。本案的争议焦点在于：双方抹账后，河北中储又抹给北京市天元工贸公司 111.3 万元螺纹钢款应否从《询证函》确认的欠款数额中扣减。虽然北钢公司已在《询证函》上盖章，对欠款数额进行了确认，但如果北钢公司能够提供充分证据证明《询证函》确认数额与实际不符，法院即不应采信《询证函》，而应按实际欠款数额进行判决。本案原审审理过程中，因北钢公司未能提供充分证据否定《询证函》，原审按《询证函》确认的数额进行判决并无不当。对于北钢公司提出的再审请求及事实理由，根据双方当事人均已认可的事实（北钢公司如果用钢材等货物抵顶煤款付给河北中储，应由北钢公司给河北中储出具发票或者双方签订抹账协议），该院要求河北中储提供 111.3 万元螺纹钢的抹账协议或者北钢公司出具的发票。河北中储对此问题的答复是，"能提供，在总账目上面，至于是哪一张、哪一个我们也不好说"，事实上河北中储已经承认了就此问题提供不出证据。为查明本案事实，该院提出委托中介机构对双方账目进行审计，以确认欠款数额，北钢公司同意，但河北中储不同意。综上所述，由于河北中储未能提供相关证据，且拒绝采用审计的方法来查清事实，应当由其承担败诉的责任，将双方争议的 111.3 万元从欠款总额中扣减。辽宁省本溪市中级人民法院于 2007 年 7 月 4 日，依据民事诉讼法（1991）第一百二十八条、第一百八十四条，《最高人民法院关于民事诉讼证据的若干规定》第二条、第二十五条第二款，合同法第一百零七条、第一百零九条、第一百一十三条第一款之规定，作出（2007）本审民初再字第 3 号民事判决：一、撤销辽宁省本溪市中级人民法院（2004）本民二合初字第 69 号民事判决；二、北钢公司于判决生效之日起十日内给付河北中储货款 986289.27 元，并承担自 2002 年 3 月 1 日起至给付之日止的银行利息，利率按中国人民银行同期流动资金贷款利率计付。案件诉讼费 25848 元，由北钢公司负担、河北中储各负担 12924 元。

河北中储不服上述判决，向辽宁省高级人民法院提起上诉，请求：撤销（2007）本审民初字再字第 3 号民事判决，维持（2004）本民二合初字第 69 号民事判决，北钢公司承担全部诉讼费用。主要事实理由：一、北钢公司没有新证据，辽宁省本溪市中级人民法院对本案立案再审依据不足。二、辽宁省本溪市中级人民法院再审一审关键事实认定错误。北钢公司用于抹账的钢票与抹账协议并非一一对应，无法确认 111.3 万元螺纹钢对应的是哪份抹账协议。三、本案不涉及是否进行审计问题。四、北钢公司关于 111.3 万元欠款有误理由不能成立。五、北钢公司如认为《询证函》所确认数额有误，应另案提起撤销之诉。

北钢公司辩称：一、双方贸易往来总额近 5400 万元，《询证函》上的数据是北钢公司财务会计的记账数据，该数据不准确，不具有证明力。二、根据会计管理制度，双方如以钢材抵顶煤款，北钢公司应给河北中储开具增值税发票，河北中储认为"双方没有就给付钢票对应哪些抹账协议进行说明或者确认"不符合国家财务管理制度。三、河北中储认为本案没有必要进行审计是错误的。四、河北中储如认为 111.3 万元欠款的计算有误，应承担举证责任。

辽宁省高级人民法院认为，河北中储与北钢公司签订的煤炭购销合同合法有效，应依法予以保护，北钢公司拖欠货款的事实存在，对纠纷的发生应负主要责任。本案双方争议的焦点为：河北中储抹账给北京市天元工贸公司的 111.3 万元螺纹钢款应否从《询证函》确认的欠款额中扣减。根据双方当事人均已认可的事实，即北钢公司如果用钢材等货物抵顶欠款，应由北钢公司给河北中储开具发票或者双方签订抹账协议。北钢公司给付北京市天元工贸公司 111.3 万元，这笔款项应是北钢公司替河北中储偿还的欠款，该款应从《询证函》所确认的欠款总额中扣除，该事实应视为新证据。北钢公司没有就此款给河北中储出具发票，亦未与其签订抹账协议，河北中储如认为该 111.3 万元不应从《询证函》所确认的欠款额中扣除，其应提供相关证据。现河北中储不能提供相关发票或抹账协议，且拒绝对双方往来账目进行审计，故其上诉理由，不能支持。辽宁省高级人民法院于 2007 年 12 月 5 日依据民事诉讼法（1991）第一百八十四条第一款、第一百五十三条第一款第（一）项之规定，作出（2007）辽审民再终字第 43 号民事判决：维持辽宁省本溪市中级人民法院（2007）本审民初再字第 3 号民事判决。案件受理费 25848 元，由河北中储负担。

河北中储不服二审生效判决，于 2008 年 4 月 15 日向本院申请再审，请求撤销辽宁省本溪市中级人民法院（2007）本审民初再字第 3 号民事判决和辽宁省高级人民法院（2007）辽审民终字第 43 号民事判决，维持辽宁省本溪市中级人民法院（2004）本民二初字第 69 号民事判决，北钢公司承担本案全部诉讼费用。主要理由是：一、北钢公司没有新证据，辽宁省本溪市中级人民法院立案再审依据不足。二、二审判决对存在多份抹账协议、每张钢票没有对应抹账协议、每张钢票又不记名的关键事实未认定；对北钢公司在执行阶段认可《询证函》欠款事实未予认定。三、本案不涉及是否进行审计问题。四、北钢公司应对 111.3 万元应予扣减承担举证责任。五、河北中储对 111.3 万元货款抵债钢票的收取有充分证据。六、二审认定河北中储不能提供相关价值 111.3 万元钢票发票或抹账协议错误。七、北钢公司关于 111.3 万元欠款有误的理由不成立，前后矛盾。八、北钢公司的再审主张实际上是撤销权的行使，应另行起诉。

北钢公司辩称：一、《询证函》数据与实际不符，不具有证明力，辽宁省本溪市中级人民法院再审符合法律规定。二、钢票是记名的，北钢公司替河北中储偿还了 111.3 万元的债务，双方没有签订抹账协议，财务账目没有记载。三、不存在多份抹账协议，只有 1999 年 9 月 10 日的 530 万元及 1999 年 5 月的 11.6 万元两份抹账协议，且 530 万元螺纹钢北钢公司已全部收回。四、本案有审计的必要。

本院认为，河北中储的申请符合《中华人民共和国民事诉讼法》[2007 年 10 月 28 日十届全国人民代表大会常务委员会第三十次会议修正，以下简称民事诉讼法（2007）] 第一百七十九条第一款第（二）项规定的再审立案条件，并于 2008 年 8 月 20 日依照民事诉讼法（2007）第一百八十一条第二款、第一百八十五条之规定，作出（2008）民申字第 151 号民事裁定：指令辽宁省高级人民法院再审本案；再审期间，中止原判决的执行。

辽宁省高级人民法院再审查明，本溪北龙钢铁集团有限公司（以下简称北龙公司）是北钢公司参股的公司，天津开发区兆津五矿贸易发展有限公司（以下简称天津公司）是北钢公司的子公司，本溪北营钢铁（集团）有限公司（以下简称北营公司）是北钢公司控股的公司。河北中储与北钢公司（含北龙公司、天津公司）于 1998 年—2001 年间进行煤炭买卖交易，在交易中除部分以支付货款方式结算外，大部分均用钢材等货物以抹账形式进行抵偿。1999 年 9 月 10 日，北龙公司、天津公司、河北中储签订抹账协议，以螺纹钢 2000 吨，由北龙公司还给河北中储，解除三方拖欠 530 万元。其后北龙公司向河北中储交付了螺纹钢的"物资调拨单"，并向河北中储开具了两份增值税发票，一份为螺纹钢 1943.2 吨 5149480 元，另一份为 56.8 吨 150520 元，合计 2000 吨，价款为 530 万元。2000 年 7 月 1 日，天津公司在往来账上冲减 1943.2 吨螺纹钢 5149480 元。1999 年 10 月 28 日，河北中储与北京市天元工贸公司签订协议，将北钢公司开具的收货单位为河北中储的 420 吨价值 111.3 万元的螺纹钢"物资调拨单"转让给北京市天元工贸公司。2000 年 4 月 19 日，河北中储致函北钢公司，称已将 420 吨螺纹钢换给北京市天元工贸公司，请北钢公司办理提货手续。北京市天元工贸公司提货时，北钢公司以物资紧张为由拒绝付货，北京市天元工贸公司诉至辽宁省本溪市中级人民法院。2000年10月28日，辽宁省本溪市中级人民法院作出了（2000）经初字第170号民事调解书，该调解书确认：中国物资储运公司石家庄石岗路仓库（即河北中储前身）持有北钢公司开具的"物资调拨单"四份，调拨品名：螺纹钢，规格直径20—25，数量为420吨，价格为2650元/吨。1999年10月28日，中国物资储运公司石家庄石岗路仓库将四份调拨单共计420吨转让给北京市天元工贸公司。北京市天元工贸公司与北钢公司达成协议，北钢公司于2000年10月20日前履行给付螺纹钢的义务，如不履行，北钢公司则返还货款111.3万元。2002年12月28日该案执行和解，北钢公司支付现款，已履行完毕。截至2001年7月24日，天津公司账面显示欠河北中储4389535.53元，7月26日，天津公司向河北中储结算了1892791.68元，后将2394159元及102584.85元抹到北营公司，至此天津公司与河北中储往来账清零，天津公司遂被撤销。后北营公司又与河北中储发生经济往来。

另查明，2007年6月，根据辽宁省本溪市中级人民法院再审时的意见，双方在河北中储处对账，因业务量大、双方记账方式不同、原经办人员及财务人员转出等原因，最后没有完成对账。

辽宁省高级人民法院审理认为，河北中储与北钢公司签订的煤炭买卖合同合法有效，应依法予以保护，北钢公司拖欠河北中储货款的事实存在。根据查明的事实和双方当事人的诉辩主张，该案的焦点问题有以下两点：一、辽宁省本溪市中级人民法院对本案再审是否妥当？二、北钢公司给付北京市天元工贸公司的111.3万元是否应从北钢公司欠河北中储的款项中扣除？

关于辽宁省本溪市中级人民法院对本案再审是否妥当的问题。北钢公司申请再审时提供的证据不是原一审庭审后新发现的证据，根据《最高人民法院关于民事诉讼证据的若干规定》不应认定为新证据。原审法院再审裁定引用民事诉讼法（1991）第一百七十九条第一款第（一）项，以"有新的证据，足以推翻原判决、裁定的"为再审立案的理由不当。但民事诉讼法（1991）第177条第1款规定，各级人民法院院长对本院已经发生法律效力的判决、裁定，发现确有错误，认为需要再审的，应当提交审判委员会讨论决定。该裁定引用该条款，同时引用第一百七十九条第一款第（三）项，即"原判决、裁定适用法律确有错误的"使本案进入再审程序并无不当。

本案主要焦点问题是北钢公司给付北京市天元工贸公司的111.3万元是否应从北钢公司欠河北中储的款项中扣除。北钢公司在一审诉讼过程中提供1999年9月10日2000吨螺纹钢的抹账协议及增值税发票，提出：420吨价值111.3万元的螺纹钢包含在抹账的2000吨螺纹钢中，因河北中储没提货，故未进行账目处理。在原再审过程中北钢公司提出：根据北钢公司审计处审计，420 吨价值 111.3 万元的螺纹钢不包含在抹账的 2000 吨螺纹钢中，没有签订抹账协议，也没开发票，没走账。北钢公司在提供 1999 年 9 月 10 日 2000 吨螺纹钢的抹账协议同时又提交以下三组证据：1. 北钢公司给北龙公司开具的增值税发票、1500 吨螺纹钢的"物资调拨单"及河北中储给北钢公司供销有限责任公司的发票，证明北龙公司将北钢公司给其的 1500 吨螺纹钢给了河北中储，北钢公司又将 1500 吨螺纹钢回购。2. 北龙公司给河北中储开具的 56.8 吨螺纹钢的增值税发票。3. 北钢公司给北龙公司开具的增值税发票 443.2 吨螺纹钢及"物资调拨单"，证明北钢公司给了北龙公司 443.2 吨螺纹钢的"物资调拨单"，同时北钢公司又提供了本溪经济开发区瑞邦经贸有限公司给北钢公司的增值税发票等相关证据，提出该 443.2 吨螺纹钢亦被北钢公司回购。综上北钢公司提出：北钢公司与河北中储螺纹钢抹账只有两份，即 1999 年 5 月的 11.6 万元和 1999 年 9 月 10 日的 2000 吨 530 万元两份，530 万元螺纹钢北钢公司已全部回购，111.3 万元螺纹钢双方没有抹账协议，因此财务没有记载。河北中储在原再审过程中表示：111.3 万元的螺纹钢是否包括在 530 万元的 2000 吨螺纹钢中不能确定，但肯定进行了账目处理。河北中储提供以下证据：1. 抹账协议。2. 四张转让给北京市天元工贸公司的"物资调拨单"的复印件，分别是：013301608028159 号 120 吨、013301608029919 号 60 吨、013301608029909 号 120 吨、013301608029899 号 120 吨。3. 北龙公司开具的两份增值税发票，一份为螺纹钢 1943.2 吨 5149480 元，另一份为 56.8 吨 150520 元，合计 2000 吨，价款为 530 万元。4. 辽宁省本溪市中级人民法院（2000）经初字第 170 号民事调解书，该调解书确认河北中储持有北钢公司开具的"物资调拨单"四份，调拨品名：螺纹钢，规格直径 20—25，数量为 420 吨，价格为 2650 元/吨。1999 年 10 月 28 日，河北中储将四份调拨单共计 420 吨转让给北京市天元工贸公司。5. 北钢公司法律事务处 2006 年 6 月 12 日给本溪市中级人民法院执行局的"说明"，主要内容为：经北钢公司法律事务处查实，1999 年河北中储从北钢公司抹价值 530 万元的螺纹钢，在其没有提取螺纹钢时北钢公司将 530 万元的增值税发票全部开出，双方进行账面处理，北钢公司减少对其应付款 530 万元。后河北中储将价值 111.3 万元的提货单转让给北京市天元工贸公司，北京市天元工贸公司诉至法院，北钢公司偿付了 111.3 万元的现款，河北中储应给北钢公司开具 111.3 万元增值税发票。该院认为：河北中储提供的证据中的辽宁省本溪市中级人民法院（2000）经初字第 170 号民事调解书，只确认河北中储持有北钢公司开具的"物资调拨单"四份，未确认四份"物资调拨单"就是抹账的 2000 吨螺纹钢中的一部分。同时，1999 年 9 月 10 日关于 2000 吨螺纹钢的抹账协议、河北中储给北钢公司的提货通知、河北中储与北京市天元工贸公司的易货协议也不足以证明河北中储转让给北京市天元工贸公司的价值 111.3 万元的 420 吨螺纹钢是抹账的 2000 吨中的一部分。关于北钢公司法律事务处 2006 年 6 月 12 日给本溪市中级人民法院执行局的"说明"问题，北钢公司提出：天津公司业务员王淑颖提供虚假材料，致使财务人员没有及时做账目记载，后因天津公司被北钢公司撤销，北钢公司纪委审计其与河北中储的贸易往来，审计发现北京市天元工贸公司得到的 111.3 万元没有记账，2006 年 6 月北钢公司法律事务处在不知道该 111.3 万元没有记账的情况下为延缓执行向法院提交了该"说明"。根据天津公司的账目，北钢公司与河北中储发生了两次用螺纹钢抹账，即 1999 年 5 月的 116208 元和 1999 年 9 月 10 日的 2000 吨 530 万元，河北中储转让给北京市天元工贸公司的四张"物资调拨单"中数量最小的一张是 60 吨，不可能是 1999 年 5 月抹账的螺纹钢。根据天津公司账目记载，1999 年 9 月 10 日抹账已基本冲减完毕，冲减了 1943.2 吨 5149480 元。如果河北中储转让给北京市天元工贸公司的四张"物资调拨单"是 2000 吨螺纹钢的一部分，则北钢公司应凭"物资调拨单"向北京市天元工贸公司交付 420 吨螺纹钢，不交付螺纹钢而给付北京市天元工贸公司的 111.3 万元，该款不应从《询证函》记载的数额中扣除。如果河北中储转让给北京市天元工贸公司的四张"物资调拨单"不是 2000 吨螺纹钢中的一部分，则河北中储应说明四张"物资调拨单"的来源。河北中储与北钢公司（含北龙公司、天津公司）交易总额巨大，且在交易中北钢公司一部分以支付货款方式结算，大部分均以抹账形式进行抵偿，又涉及他方债权，账目比较复杂，同时北钢公司当时内部管理混乱。现北钢公司主张：420 吨价值 111.3 万元的螺纹钢不包含在抹账的 2000 吨螺纹钢中，没有签订抹账协议，也没开发票没走账。河北中储表示：是否包括在 530 万元的 2000 吨螺纹钢中不能确定，但肯定进行了账目处理。在此情况下，欲查清价值 111.3 万元的 420 吨螺纹钢的来源、是否进行了账目处理、北钢公司给付北京市天元工贸公司的 111.3 万元是否应从北钢公司欠河北中储的款项中扣除等问题，必须由相关各方提供全部账目及记账凭证进行对账或进行审计鉴定。在原再审过程中双方曾进行了对账，但未完成对账。在此情况下应委托司法鉴定机构进行审计鉴定，以查清北钢公司给付北京市天元工贸公司的 111.3 万元是否应从北钢公司欠河北中储的款项中扣除。河北中储与北钢公司对鉴定事项均负有举证责任，即由双方提供各自的全部账目及记账凭证。在原再审及本次再审过程中北钢公司均申请进行审计鉴定，并在庭审中将全部账目及记账凭证带到法庭，但河北中储不同意进行审计鉴定。根据《最高人民法院关于民事诉讼证据的若干规定》，河北中储不提供相关材料致使案件争议的事实无法通过鉴定结论予以认定，其应对该事实承担举证不能的法律后果。辽宁省高级人民法院于2009年2月20日依据民事诉讼法（2007）第一百八十六条、第一百五十三条第一款第（一）项之规定，判决：维持该院（2007）辽审民再终字第43号民事判决。

河北中储不服上述判决，向本院提出申诉，请求撤销辽宁省本溪市中级人民法院（2007）本审民初再字第3号民事判决、辽宁省高级人民法院（2007）辽审民终字第43号民事判决和（2008）辽审民再字第36号民事判决；维持辽宁省本溪市中级人民法院（2004）本民二合初字第69号民事判决；判决北钢公司给付河北中储2099289.27元，并承担自2002年3月1日起至给付之日止银行利息；北钢公司承担本案全部诉讼费用。主要理由在于：一、北钢公司没有新的证据，辽宁省本溪市中级人民法院对本案立案再审依据不足。二、河北中储与北钢公司之间的煤炭购销合同合法、有效，北钢公司拖欠2309289.27元货款事实清楚，证据确凿，北钢公司应支付所拖欠货款利息。三、河北中储持有钢票即应视为双方已经进行以物抵债，北钢公司关于111.3万元欠款有误理由不能成立，且前后不一，互相矛盾。四、北钢公司应对111.3万元欠款数额有误的主张承担举证责任，本案不存在进行审计的问题。五、再审对关键事实未予认定，导致错误判决。河北中储与北钢公司存在多份抹账协议，每一张钢票没有对应的抹账协议。六、北钢公司的再审主张实际上是行使撤销权，应另行起诉。

北钢公司答辩称：一、河北中储的再审申请已经超出法律规定的再审时限，且已经指令再审，不能再次再审。二、辽宁省本溪市中级人民法院对本案立案再审符合法律规定。三、河北中储所称"再审对关键事实未予认定，并进而导致荒谬判决"没有依据。根据国家财务管理制度，任何一方用钢票进行抵债都应签订抹账协议，出具发票，并制定相应账目，原审法院要求河北中储提供相应抹账协议和发票是正确的，河北中储所主张的"每一张钢票没有对应抹账协议"是错误的。四、河北中储认为本案不涉及审计的问题是错误的。五、河北中储应对111.3万元欠款有误承担举证责任。

本院对辽宁省高级人民法院再审认定的事实予以确认。本案审理中，北钢公司再次提出审计申请，河北中储以审计会增加其成本及审计结果不一定符合客观事实为由再次拒绝审计。

本院认为，本案的争议焦点有二：一是辽宁省本溪市中级人民法院对原一审生效判决进行再审是否符合法律规定？二是北钢公司付给北京市天元工贸公司的111.3万元是否应从《询证函》所确认的款项中扣除？

关于辽宁省本溪市中级人民法院对原一审生效判决进行再审是否符合法律规定。北钢公司向辽宁省本溪市中级人民法院申诉的主要理由是，其曾依据辽宁省本溪市中级人民法院（2000）经初字第 170 号民事调解书向北京市天元工贸公司支付 111.3 万元，该款项并未进行抹账处理，应从《询证函》所确认的欠款数额中扣除。根据原一审卷宗载明的事实，辽宁省本溪市中级人民法院（2000）经初字第 170 号民事调解书在原一审中已经提交，只是未得到采信，故其不属于新证据，辽宁省本溪市中级人民法院引用民事诉讼法（1991）第一百七十九条第一款第（一）项，以"有新的证据，足以推翻原判决、裁定的"为再审立案的理由并不妥当。当然，再审程序的启动，除了依据当事人申请再审之外，还存在人民法院决定再审以及人民检察院抗诉两种途径。根据民事诉讼法（1991）第一百七十七条第一款，各级人民法院院长对本院已经发生法律效力的判决、裁定，发现确有错误，认为需要再审的，应当提交审判委员会讨论决定的规定，辽宁省本溪市中级人民法院通过对北钢公司申诉的审查，认为原一审判决确有错误，经该院审判委员会讨论，决定进行再审，符合法律规定。

关于北钢公司付给北京市天元工贸公司的 111.3 万元是否应从《询证函》所确认的款项中扣除。河北中储向北钢公司主张货款的依据是北钢公司签字确认的《询证函》，北钢公司认为其向北京市天元工贸公司支付的 111.3 万元应从《询证函》中扣除，但现有证据无法确定 111.3 万元是否已经实际抹账，而河北中储不同意审计，在此情况下，111.3 万元能否从《询证函》所确认的数额中扣除涉及河北中储是否存在举证妨碍问题。《最高人民法院关于民事诉讼证据的若干规定》第七十五条规定："有证据证明一方当事人持有证据无正当理由拒不提供，如果对方当事人主张该证据的内容不利于证据持有人，可以推定该主张成立。"本案中，北钢公司主张的 111.3 万元并未抹账是一消极事实，其难以提供具体证据予以证明。根据双方认可事实，如双方以钢票进行抹账，双方会签订抹账协议，北钢公司会向河北中储开具增值税发票，故如双方就 111.3 万元已经进行抹账，河北中储应当持有相应的抹账协议以及增值税发票。河北中储在诉讼中也认可存在抹账协议和相应发票，只是具体对应哪份抹账协议和哪张发票并不清楚。一审中双方曾进行对账，但未能完成。在此情况下，111.3 万元是否已经抹账只能通过对相关账目审计才能审查清楚，河北中储不提供账目进行审计，将导致 111.3 万元是否已经抹账这一客观事实无法查清，其行为构成举证妨碍。河北中储认为，其对 111.3 万元是否抹账的事实并不承担举证责任，有权拒绝审计。该主张实际上是认为只有承担举证责任的当事人才可能存在举证妨碍，这不符合举证妨碍的规范目的。举证妨碍的规范对象包括不负有举证责任的一方当事人，甚至可以说主要即是针对不负有举证责任的一方当事人。河北中储以其不承担举证责任为由主张其可以不同意审计，缺乏法律依据，不能得到支持。同时，由于案涉审计的费用应由败诉方承担，审计结果是否符合客观事实应在审计结果出来后根据审计程序、审计方法等是否合法、科学进行判断，河北中储在本案审理过程中拒绝审计的理由亦不能成立。河北中储不同意审计构成举证妨碍，应承担不利后果。另外，本案是因河北中储不服辽宁省高级人民法院再审判决而由本院提审，故河北中储有义务提供证据证明辽宁省高级人民法院的再审判决确有不当。然而，河北中储不但不提供相关账目，拒绝审计，也未提供任何证据证明其申诉理由正当，故其申诉理由不应得到支持。

综上，原再审判决适用法律正确，应予维持。本院依照《中华人民共和国民事诉讼法》第五十三条第一款第（一）项之规定，判决如下：

一、维持辽宁省本溪市中级人民法院（2007）本审民初再字第 3 号民事判决、辽宁省高级人民法院（2007）辽审民终字第 43 号民事判决和（2008）辽审民再字第 36 号民事判决。

二、驳回河北中储物流中心的申诉请求。

如未按本判决指定的期间履行给付金钱义务，应当依照《中华人民共和国民事诉讼法》第二百五十三条之规定，加倍支付迟延履行期间的债务利息。

原一审案件受理费 21323 元，其他诉讼费 4525 元，由北台钢铁（集团）有限责任公司负担。

本判决为终审判决。

审　判　长　宫邦友

审　判　员　朱海年

代理审判员　林海权

二〇一三年十二月十三日

书　记　员　陆昱

11. 依法作出的公证书应当具有证明相应
事实情况的法定效力

——中国长城资产管理公司沈阳办事处与沈阳北恒
铜业有限公司、辽宁中科高科技术企业集团有
限公司金融借款合同纠纷案

【裁判要旨】

一、本案公证书系依法定程序作出，应当具有证明事实情况的法定效力。与该公证书相粘连的两张《督促履行保证责任通知书》作为公证书的附件，系公证书不可分割的组成部分，与公证书记载内容共同起到对所公证事项的证明作用。

二、北恒铜业作为具体接受公证送达《督促履行保证责任通知书》的主体，应当举证证明其具体收到哪几份《督促履行保证责任通知书》，否则应承担举证不能的法律后果。

三、公证事项利害关系人是否在规定时限内提出复查申请，属于公证机构审查范围，在无足够证据足以证明该补正公证书记载内容与事实不符的情况下，其效力应得到认可。

四、北恒铜业主张相应债权已全部转让的证据不足，且即便该担保责任对应的债权已转让，也不影响判决北恒铜业在实体上承担该担保责任。

中华人民共和国最高人民法院民事判决书
（2013）民提字第 196 号

再审申请人（一审原告、二审上诉人）：中国长城资产管理公司沈阳办事处。住所地：辽宁省沈阳市和平区南三好街 81 号。

负责人：牟铁军，该办事处总经理。

委托代理人：韩耀竹，辽宁华恩律师事务所律师。

被申请人（一审被告、二审被上诉人）：沈阳北恒铜业有限公司。住所地：辽宁省沈阳市大东区东站街 57 号。

法定代表人：张敏，该公司董事长。

委托代理人：刘清俊，该公司员工。

一审被告：辽宁中科高科技术企业集团有限公司。住所地：辽宁省沈阳市沈河区团结路 77 号。

法定代表人：张树培，该公司总经理。

再审申请人中国长城资产管理公司沈阳办事处（以下简称长城公司沈阳办）因与被申请人沈阳北恒铜业有限公司（以下简称北恒铜业）以及一审被告辽宁中科高科技术企业集团有限公司（以下简称辽宁中科公司）金融借款合同纠纷一案，不服辽宁省高级人民法院（2010）辽民二终字第 79 号民事判决，向本院申请再审。本院已以（2013）民申字第 46 号民事裁定提审本案。本院依法组成由审判员刘敏担任审判长，代理审判员赵柯、郁琳参加的合议庭进行了审理，书记员孙亚菲担任记录。本案现已审理终结。

2008 年 11 月 14 日，长城公司沈阳办向沈阳市中级人民法院起诉称：2001 年 9 月、12 月辽宁中科公司从大东工行贷款本金 1015 万元，担保人北恒铜业。长城公司沈阳办于 2005 年取得上述债权，并对辽宁中科公司、北恒铜业多次进行催收，辽宁中科公司、北恒铜业仍未履行还款义务。请求判令辽宁中科公司清偿借款本金 1015 万元和截至 2008 年 10 月 31 日应付利息 687.46 万元，由北恒铜业承担连带清偿责任。

沈阳市中级人民法院一审查明：2001 年 9 月 11 日，北恒铜业董事会作出"工商行大东支行：经董事会（2001.9.20）号会议研究，全体董事一致同意为纪颖企业集团在贵行办理的 315 万元（期限 12 个月）流动资金贷款提供保证担保"决议。2001 年 9 月 24 日，中国工商银行大东支行（以下简称大东工行）与辽宁中科公司签订了一份借款合同书（合同编号：2001 年大东字第 0405 号），借款金额为 315 万元，借款用途为"本贷款用于偿还 2000 年（大东）字 0269 号合同项下借款人所欠贷款人贷款本金"，月息 6.3375‰，期限一年。保证人为北恒铜业，担保方式为连带责任保证，保证期限约定为：自主合同到期之日起两年。双方于签订《借款合同》的同日签订了《保证合同》（合同编号：2001 年大东保字第 0179 号）。还款期到后，辽宁中科公司没还借款。

同年 12 月 28 日北恒铜业董事会又作出一份"工行大东支行：兹有纪颖企业集团有限公司向贵行办理银行贷款，金额柒佰万元，期限自 2001 年 12 月 28 日至 2002 年 12 月 15 日。经董事会研究决定，同意为上述银行贷款提供担保,详见保证合同"决议,同日,大东工行与辽宁中科公司签订了金额为700万元的《借贷合同》(合同编号:2001年大东字第0471号),借款用途为"本贷款用于偿还2000年(大东)字0369号合同项下借款人所欠贷款人本金",约定利息6.3375‰,期限一年。与此同时,大东工行与北恒铜业签订了《保证合同》(合同编号:2001年大东保字第0216号),担保方式为连带责任保证,保证期限约定:自主合同确定的借款到期之日起两年。该借款到期后,辽宁中科公司没有偿还。

此后,原债权人大东工行分别于2002年9月16日,2004年7月9日、2004年10月8日以书面形式向借款人辽宁中科公司送达了"催收逾期贷款本息通知书",所载逾期贷款金额均为7598万元,债务人辽宁中科公司在通知书上加盖了公章。原债权人大东工行又于2004年9月6日前往沈阳市大东区东站街57号即担保人北恒铜业注册地向其送达"督促履行保证责任通知书",因该公司人员杨青、佟凤芹拒绝签字,应原债权人申请沈阳恒信公证处对其送达行为进行公证,该公证处委派公证员刘伟及林红军到场以920040沈恒证民字第1360号公证书对债权人大东工行向保证人的送达行为进行了公证,该公证书载明:公证事项为:保全行为,以书面方式在沈阳北恒铜业注册地向其送达"督促履行保证责任通知书"一份,并证明与该公证书相粘连的"督促履行保证责任通知书"(一份)与原本内容相符。

2005年7月15日,长城公司沈阳办与中国工商银行辽宁省分行(以下简称辽宁省工行)签订了一份《债权转让协议》,双方约定:辽宁省工行将协议项下债权账面价值为本金人民币7598万元及相应利息但不包括辽宁省工行已经转给华融资产管理公司的表内应收利息转让给长城公司沈阳办,债务人为辽宁中科公司。其中,该债权转让清单序号7所载:截至2005年4月30日贷款本金1015万元的担保人为北恒铜业。

2005年11月2日,长城公司沈阳办在《辽宁日报》上以公告的形式向辽宁中科公司、北恒铜业告知其取得上述债权同时进行了催收。2007年6月30日长城公司沈阳办在《辽宁日报》第五版上再次对辽宁中科公司、北恒铜业刊登催收公告。

审理中,因北恒铜业对沈阳恒信公证处作出的920040沈恒证民字第1360号公证书存有异议,一审法院到沈阳恒信公证处查询上述公证书档案,并调取了该公证书及附后的两份"督促履行保证责任通知书"和公证人员对原债权人向担保人北恒铜业送达的现场记录。该现场笔录记载向北恒铜业送达"督促履行保证责任通知书"也是一份。

一审另查明:辽宁中科公司原企业名称为辽宁纪颖企业集团有限公司。

2002 年 5 月 22 日辽宁纪颖企业集团有限公司经工商部门变更企业名称为辽宁中科公司。该公司于 2004 年 10 月 15 日被沈阳市工商行政管理局吊销营业执照。

一审法院审理认为：合法取得的债权受法律保护。长城公司沈阳办依据与辽宁省工行签订的《债权转让协议》取得了上述债权，并通过公告向辽宁中科公司、北恒铜业送达了取得债权的通知并在有效期间进行了催收。但辽宁中科公司、北恒铜业至今没能履行应尽的清偿义务和保证义务，现长城公司沈阳办要求辽宁中科公司、北恒铜业履行约定义务和承担违约和保证责任的请求，应予支持。

对于作为保证人的北恒铜业应否承担全额保证责任的问题，北恒铜业提出不同意见，其在答辩中提出，长城公司沈阳办持有的《债权转让协议》内容不完整，《债权转让协议》中提到的可疑类信贷转让协议是该协议的重要组成部分，长城公司沈阳办没有提供，且该协议也没有注明转让的《借贷合同》与《担保合同》的编号，不能证明长城公司沈阳办取得了上述债权。一审法院认为，虽然长城公司沈阳办没有提供上级主管部门与辽宁省工行签订的可疑类信贷转让协议，但长城公司沈阳办持有的《债权转让协议》是独立有效的合同，能够证明其合法取得了上述债权，其是否提供上级主管部门与辽宁省工行签订的可疑类信贷转让协议不影响其对债务人主张权利。虽然，转让协议中没有注明上述《借贷合同》和《担保合同》的编号，但借款人和担保人及担保金额明确，与长城公司沈阳办提供的上述两份《借贷合同》及《担保合同》所载的金额相符，且上述《借款合同》及《保证合同》是原债权人在转让债权时一并移交给长城公司沈阳办的，担保人北恒铜业又不能证明其在为借款人的上述两笔借款提供了担保外还存有为借款人向原债权人其他借款进行担保的事实，故可以认定长城公司沈阳办与原债权人转让协议中载明的担保款额即为其主张的两笔借款。北恒铜业的上述辩驳理由不成立。

北恒铜业答辩中还提出，上述两笔《担保合同》中保证人印章和法定代表人的签名不真实，法定代表人的笔体是伪造的，担保人董事会决议担保的是"流动资金贷款"，上述借款用途却为"借新还旧"，担保人不应承担保证责任。经审查，上述两笔借款的《保证合同》中加盖的保证人公章和保证人出具给原债权人的两份董事会决议的公司印章是一致的，表明了北恒铜业为上述借款提供担保的事实存在，而《担保合同》作为《借款合同》的附合同，签订时主合同已经明确了借款的用途是"借新还旧"，故可以认定其知道或应当知道两笔借款用途为"借新还旧"。北恒铜业不承担保证责任的辩驳理由不能成立。

关于北恒铜业提出的公证处作出的公证书不符合相关规定，公证应由两名公证员进行，而公证书仅为一名公证员作出；该公证书记载向北恒铜业送达一份"督促履行保证责任通知书"不是两份，又未记载督促的金额，也未向北恒铜业送达公证书，法院调取的公证档案材料有经公证处和长城公司沈阳办改动的可能，不应作为证据使用，故北恒铜业不应承担保证责任之观点。一审法院认为，公证处作出的上述公证书是由两名公证员到现场鉴证了原债权人在保证期间内向北恒铜业主张权利的这一事实，该公证书真实有效。但该公证书记载原债权人仅向保证人送达了一份通知书且督促的金额不明，一审法院调取的该公证档案现场笔录记载也是送达一份，故长城公司沈阳办要求保证人全额承担保证责任，应当举证证明原债权人在保证期间内就全额款息向保证人主张过了权利和原债权人所出具的"督促履行保证责任通知书"两份（一份为 315 万元，一份为 700 万元）亦同公证档案中存留的两份"督促履行保证责任通知书"内容相吻合，但公证书作为有效的公证载体，所记载的内容所证明当时向保证人送达的是一份"督促履行保证责任通知书"，故应以公证书记载为准。因公证书没有明确督促金额，两份"督促履行保证责任通知书"督促的金额又不同，送给保证人的"督促履行保证责任通知书"是哪一份应当由长城公司沈阳办举证证明，因长城公司沈阳办不能证明，其要求保证人全额承担保证责任的请求证据不足，故一审法院不予支持，对此，应由长城公司沈阳办承担该举证不能的责任。按照相关法律规定，可推定原债权人向北恒铜业送达的是记载了 315 万元的"督促履行保证责任通知书"，北恒铜业应对这 315 万元的借款本息承担连带清偿责任。故长城公司沈阳办要求北恒铜业对另 700 万元借款本息承担连带保证责任的请求因证据欠缺，一审法院不予支持。综上，依据《中华人民共和国民事诉讼法》第一百三十条，《中华人民共和国合同法》第一百零七条、第二百零七条，《中华人民共和国担保法》第十八条、第二十六条第二款、第三十一条，《最高人民法院关于适用〈中华人民共和国担保法〉若干问题的解释》第三十四条第二款之规定，沈阳市中级人民法院判决：一、辽宁中科公司于判决生效后十日内给付长城公司沈阳办借款本金 1015 万元和截至 2008 年 10 月 31 日应付的表外利息687.46 万元（扣除工行已转让给华融资产管理公司的表内利息，以后发生的利息，按中国人民银行规定继续计付至该院确定的给付之日止）。上述款项，辽宁中科公司到期不能履行，应按照《中华人民共和国民事诉讼法》第二百二十九条规定加倍支付迟延履行期间的债务利息。二、北恒铜业对上述款项中 315 万元本金及应付的表外利息承担连带清偿责任（扣除工行已转让给华融资产管理公司的表内利息）。其承担保证责任后，有权向辽宁中科公司进行追偿。三、驳回长城公司沈阳办其他诉讼请求。一审案件受理费 61974 元，财产保全费 5000 元，均由辽宁中科公司承担。

北恒铜业不服一审判决，向辽宁省高级人民法院提起上诉称：一、一审判决认定的事实不清，证据不足，长城公司沈阳办提供的债权清单，不能证明其受让的债权中包括了此笔债权，其不是该笔债权的权利人。二、北恒铜业未收到过《督促履行保证责任通知书》，公证文书存在明显的瑕疵，不能作为证据使用，保证时效已过。三、本案大东工行存在骗保欺诈行为。北恒铜业函示贷款银行保证范围系"流动资金和 700 万元贷款"。明确向贷款银行告知保证范围。之后在签订《保证合同》时，大东工行也未告知更改"借款用途"为"借新还旧"的事实，《借款合同》中"本贷款用于偿还 2000 年（大东）字 00279 号、0369 合同项下的借款人所欠贷款人贷款本金"的内容，系贷款银行在《借款合同》已经签订后，私自更改所为，没有告知担保人。依据《最高人民法院关于适用〈中华人民共和国担保法〉若干问题的解释》第三十九条的规定，北恒铜业作为担保人不应承担本案借款的民事责任。请求撤销原判，由长城公司承担全部诉讼费用。

长城公司沈阳办针对北恒铜业的上诉答辩称：其受让的债权清楚明确。原债权人大东工行在保证期间内，依法向保证人送达了"督促履行保证责任通知书"诉讼时间依法延续。本案不存在骗保欺诈行为，北恒铜业不可能对借款人的还贷事实不知情，借款用途是在《借款合同》签订当时应该载明的要件。保证人有责任和义务去了解这个借款用途。北恒铜业没有提供出借款用途是后更改的证据。因此，其关于《借款合同》中"借款用途"是借贷双方在保证人不知情的情况下签订的理由不能成立，保证责任不能免除。

长城公司沈阳办亦不服一审判决，提起上诉称：一审判决认定的事实不清，公证处已经明确公证书是对两笔贷款的催收，一审判决只推定为一份，依据不足。请求撤销原判，并依法改判由北恒铜业对全部借款本息承担保证责任。

北恒铜业针对长城公司沈阳办的上诉答辩称：本案的公证文书存在严重瑕疵，公证处事后改动，有作伪之嫌，不能作伪证据使用。因大东工行没有提供给长城公司沈阳办借贷双方在签订《借款合同》时已经告知保证人更改了"借款用途"的证据，故北恒铜业不应再承担保证责任。

辽宁中科公司未作陈述。

二审法院对一审查明的事实予以确认。

二审法院认为：关于北恒铜业提出的长城公司沈阳办提供的债权清单，不能证明其受让的债权中包括了此笔债权，其不是该笔债权的权利人的上诉理由，因其对借款的事实并未提出异议，又未能针对涉案债权的转让违反相关法律规定的主张提供相应证据支持，故本案债权转让合法有效，北恒铜业该上诉理由不能成立该院不予支持。关于北恒铜业称其向贷款银行书面告知和承诺的保证范围系"流动资金和700万元贷款"，不知晓贷款银行更改借款用途为"借新还旧"的事实。因其已经在保证合同上签字盖章，该合同又明确"乙方与借款人协议变更主合同的除展期或增加贷款金额外，无须经甲方（即北恒铜业）同意，甲方仍在原保证范围内承担保证责任"，故应当推定其认可或已经知晓借款用于"借新还旧"的事实，故北恒铜业认为贷款银行存在骗保行为，其应当免责的理由不能成立，该院不予支持。

北恒铜业及长城公司沈阳办就一审判决对公证文书及效力的认定的相关上诉请求，虽然都想支持自己的观点并否认对方的理由，但因均没有提供足以否定对方主张的证据，公证文书又确系存在一审判决认定的瑕疵事实，故一审判决对公证文书效力及其制作和送达中存在瑕疵的相关认定，并无不当，北恒铜业及长城公司沈阳办就此提出的主张不均能成立，该院不予支持。

综上，一审判决认定事实清楚，适用法律正确。北恒铜业及长城公司沈阳办的上诉请求及理由无事实依据和法律依据。依照《中华人民共和国民事诉讼法》第一百五十三条第一款第（一）项的规定，判决：驳回上诉，维持原判。二审案件受理费155948元，由北恒铜业承担32000元；长城公司沈阳办承担123948元。

长城公司沈阳办不服二审判决，向本院申请再审称：二审法院认定事实不清，对证据的认定违反规定。一、对于长城公司沈阳办提交的（2004）沈恒证民字第1360号（补）公证书，未组织质证，也未在判决中对该证据的证明力予以阐述，仅仅依据明显有瑕疵的公证书之字面意思推定事实进行裁判，违反了《最高人民法院关于民事诉讼证据的若干规定》的规定。因北恒铜业对（2004）沈恒证民字第1360号公证书提出异议，长城公司沈阳办根据相关法律程序向恒信公证处提出申请，请求公证处对该公证书送达当时的情况予以查实。之后，公证处出具了（2004）沈恒证民字第1360号（补）公证书，对于送达督促履行保证责任通知书的份数进行了补正。长城公司沈阳办向公证机构提出复查符合法定程序，且该补正后的公证书也是按照法律的相关规定作出的，符合法定程序。二、该补正公证书对于查明本案事实、还原催收通知送达当时的事实有重要意义，也直接证明了原债权人在保证期间内就全额款息向北恒铜业主张过权利的事实存在，该补正公证书应当经质证并被法院采纳。三、因公证书公证事项为保全行为，则该保全行为的内容应当以保全的证据即公证书的附件内容为基础，即附件的内容应当是公证书中表述最完整的公证的内容。同时根据公证书中的询问笔录记载的内容，也能够证明当时送达的份数与公证书内《督促履行保证责任通知书》附件内容是一致的。原债权人在保证期间内就全额款息已向北恒铜业进行了催收，保证人北恒铜业应对辽宁中科公司的借款承担连带清偿责任。综上，二审法院认定事实不清，适用法律错误。请求：1. 撤销（2008）沈中民三初字第297号民事判决中第二项、第三项，并依法判决北恒铜业对辽宁中科公司的借款1015万元本金及应付利息承担连带清偿责任；2. 依法判决北恒铜业和辽宁中科公司承担本案一审、二审全部诉讼费用。

北恒铜业答辩称：一、公证书作为有效的公证载体，应以其记载的内容为准。一审法院在公证处调取的公证档案现场笔录也表明送达的是一份《督促履行保证责任通知书》。因公证书主张的债权不明确，两份《督促履行保证责任通知书》金额不同，应由长城公司沈阳办承担举证不能的责任，原审判决北恒铜业不承担700万元借款本息的连带清偿责任完全正确。二、（2004）沈恒证民字第1360号（补）公证书制作程序违法，超过了《公证程序规则》第六十一条规定的提起复查的时间。公证书于2004年9月6日制作，长城公司沈阳办于2005年7月15日受让债权时就应当知道该公证书存在错误，但未及时提出复查补正，直至2009年6月9日才提出更正申请，因此，该补正后的公证书不应具有法律效力。综上，原审判决认定事实清楚，适用法律正确，请求驳回长城公司沈阳办的再审诉求。

北恒铜业在再审过程中提交了2012年9月27日长城公司沈阳办与辽宁中诚通资产经营有限公司（以下简称中诚通公司）签订的《债权转让协议》，其中记载长城公司沈阳办将其对辽宁中科公司的4118万元债权本金及其利息转让给中诚通公司，其所附《贷款债权明细表》记载北恒铜业为该笔债权担保人之一，但未明确具体担保金额。北恒铜业还向本院提供了本案一审法院作出的（2011）沈法执字第335号《执行裁定书》，该裁定系依中诚通公司申请，将中诚通公司变更为本案原生效判决的申请执行人。据此，北恒铜业主张，长城公司沈阳办已将北恒铜业所担保的1015万元债权本金及相应利息全部转给了中诚通公司，因此，长城公司沈阳办不是本案的适格主体。对此，长城公司沈阳办辩称，北恒铜业担保涉及债权一共有两笔，即315万元和700万元，转让给中诚通公司的债权涉及北恒铜业承担担保责任的仅为315万元，本案二审判决北恒铜业承担担保责任的那笔债权，即长城公司沈阳办申请再审涉及的700万元债权并未转让。中诚通公司在庭审中亦口头认可长城公司沈阳办转让的债权中，北恒铜业承担担保责任的仅为315万元。

长城公司沈阳办向本院提交了2012年11月9日辽宁省沈阳市恒信公证处

出具的《关于沈阳北恒铜业有限公司收到两份〈督促履行保证责任通知书〉的证明》，其中记载：2009 年 6 月 9 日，长城公司沈阳办向该处提出更正申请，经该处经办公证员查询卷宗查明，在该公证事项中，大东工行杨瑛向北恒铜业送达《督促履行保证责任通知书》为"二份"，由于公证员笔误，将送达的数量写成"一份"。该处遂于 2009 年 6 月 11 日对该《公证书》进行了补正。

另外，（2004）沈恒证民字第 1360 号（补）载明：2004 年 9 月 6 日，杨瑛以书面形式向北恒铜业送达《督促履行保证责任通知书》二份（内容详见附件）。并证明与该公证书相粘连的《督促履行保证责任通知书》（二份）与原件内容相符。

本院再审另查明，（2004）沈恒证民字第 1360 号《公证书》作为装订在一个规范文件中的材料，包括了公证书封皮、公证书主文，以及分别针对 315 万元和 700 万元债权的两张督促履行保证责任通知书。

本院认为：本案再审争议焦点是原债权人大东工行是否在法定期限内向担保人北恒铜业主张了 700 万元债权的担保责任，现长城公司沈阳办是否有权向北恒铜业主张 700 万元债权以及是否超过诉讼时效。

公证法第三十六条规定，经公证的民事法律行为、有法律意义的事实和文书，应当作为认定事实的根据，但有相反证据足以推翻该项公证的除外。第三十九条规定，当事人、公证事项的利害关系人认为公证书有错误的，可以向出具该公证书的公证机构提出复查。公证书的内容违法或者与事实不符的，公证机构应当撤销该公证书并予以公告，该公证书自始无效；公证书有其他错误的，公证机构应当予以更正。本案（2004）沈恒证民字第 1360 号公证书系依法定程序作出，应当具有证明事实情况的法定效力。上述公证书记载原债权人大东工行向北恒铜业送达的《督促履行保证责任通知书》为"一份"，而与该公证书相粘连的附件为两张《督促履行保证责任通知书》，分别为对 315 万元和 700 万元债权承担担保责任的催收。本院认为，上述两张《督促履行保证责任通知书》作为公证书不可分割的组成部分，与公证书记载内容共同起到对所公证事项的证明作用。虽然公证书记载送达为"一份"《督促履行保证责任通知书》，但对该"一份"的具体含义并无明确描述，不能就此认定"一份"仅为"一张"的含义，应结合其后所附两张《督促履行保证责任通知书》来认定当时送达的具体内容。同时，长城公司沈阳办在发现公证书记载与附件内容有所争议的情况下，向公证处提起复查申请，公证处经核查后已出具了补正公证书。综上，应当认定当时公证送达的《督促履行保证责任通知书》为两张，包括对 315 万元和 700 万元两笔债权担保责任的催收。根据公证书的记载，北恒铜业财务部两名工作人员在场收文，但不同意签字。本院认为，北恒铜业作为具体接受公证送达《督促履行保证责任通知书》的主体，应当举证证明其具体收到哪几份《督促履行保证责任通知书》，但在本案审理过程中，北恒铜业仅以公证书以及公证档案现场笔录记载的内容与公证书附件不一致为由，否认收到过《督促履行保证责任通知书》，并未提供足够证据推翻公证书记载的内容，故应承担举证不能的法律后果。

北恒铜业抗辩长城公司沈阳办在 2005 年 7 月 15 日受让债权时就应当知道该公证书存在错误，直至 2009 年 6 月 9 日才提出更正申请已超过法定时间，补正公证书不具有法律效力的问题。本院认为，公证事项利害关系人是否在规定时限内提出复查申请，属于公证机构审查范围，长城公司沈阳办在本案一审过程中发现公证书错误向公证处提出复查申请，沈阳恒信公证处受理其复查申请并已作出补正公证书，在无足够证据足以证明该补正公证书记载内容与事实不符的情况下，其效力应得到认可。据此，应当认定，原债权人大东工行在保证责任期间内依法向北恒铜业主张了包括 700 万元在内全部 1015 万元的担保责任，现长城公司沈阳办作为合法债权受让人向北恒铜业主张包括 700 万元在内的全部担保责任未超过诉讼时效。

关于北恒铜业提出其保证责任对应的 1015 万元债权已全部转让给中诚通公司，长城公司沈阳办不是本案适合主体的问题。北恒铜业提交的证据均不足以证明该 1015 万元债权已全部转让，而长城公司沈阳办和中诚通公司当庭均表示转让的债权只对应北恒铜业承担担保责任的 315 万元，另外 700 万元担保责任所对应的债权并未转让。本院认为，北恒铜业主张相应债权已全部转让的证据不足，且即便该担保责任对应的债权已转让，也不影响判决北恒铜业在实体上承担该担保责任。故本院对于北恒铜业的上述意见不予采纳，长城公司沈阳办作为债权人有权向北恒铜业主张剩余 700 万元的担保责任。

综上，长城公司沈阳办的再审理由成立，本院予以支持。原审判决认定事实不清，适用法律有误，应当予以纠正。本院根据《中华人民共和国担保法》第十八条、第三十一条，《中华人民共和国公证法》第三十六条、第三十九条，《中华人民共和国民事诉讼法》第六十四条第一款、第二百零七条、第一百七十条第（二）项的规定，判决如下：

一、撤销辽宁省高级人民法院（2010）辽民二终字第 79 号民事判决；

二、维持沈阳市中级人民法院（2008）沈中民三初字第 297 号民事判决主文第一项；

三、撤销沈阳市中级人民法院（2008）沈中民三初字第 297 号民事判决主文第二项、第三项；

四、沈阳北恒铜业有限公司对沈阳市中级人民法院（2008）沈中民三初字第 297 号民事判决主文第一项确定的辽宁中科高科技术企业集团有限公司应偿还的借款本金、利息及罚息承担连带清偿责任。其承担责任后，有权向辽宁中科高科技术企业集团有限公司进行追偿。

一审案件受理费 61974 元，财产保全费 5000 元，均由辽宁中科高科技术企业集团有限公司承担，沈阳北恒铜业有限公司承担连带责任。二审案件受理费 155948 元，由沈阳北恒铜业有限公司承担。

本判决为终审判决。

审　判　长　刘　敏

代理审判员　赵　柯

代理审判员　郁　琳

二〇一三年十二月二十日

书　记　员　孙亚菲

12. 原告对两个被告分别提出了不同的诉请，对其内容不应张冠李戴

——中国信达资产管理股份有限公司海南省分公司与武汉钢铁（集团）公司、武钢集团海南有限责任公司欠款纠纷上诉案

【裁判要旨】

本案二审争议焦点是武钢公司向信达资产管理公司海南分公司支付 258044721 元本金的利息如何计算问题。经二审核查，信达资产管理公司海南分公司一审中向武钢公司明确主张所欠款项直至实际给付之日的全部利息，并没有关于"利息总额以 5000 万元为限"的请求内容。该请求内容系对另一被告武钢集团海南有限责任公司所提出的。原审判决混淆了债权人对二被告诉请的内容，属于认定事实有误，应予纠正。

中华人民共和国最高人民法院民事判决书

（2013）民二终字第 129 号

上诉人（原审原告）：中国信达资产管理股份有限公司海南省分公司（原中国信达资产管理公司海口办事处）。住所地：海南省海口市秀英永万工业开发区港澳工业大厦。

法定代表人：周成杰，该公司总经理。

委托代理人：施敏，该公司职员。

委托代理人：赵振华，海南海大平正律师事务所律师。

上诉人（原审被告）：武汉钢铁（集团）公司。住所地：湖北省武汉市青山区。

法定代表人：邓崎琳，该公司总经理。

委托代理人：曾凡彬，该公司职员。

委托代理人：徐永前，北京大成律师事务所律师。

被上诉人（原审被告）：武钢集团海南有限责任公司。住所地：海南省海口市美兰区青年路。

法定代表人：樊政炜，该公司董事长。

委托代理人：李平，该公司职员。

中国信达资产管理股份有限公司海南省分公司（以下简称信达海南公司）与武汉钢铁（集团）公司（以下简称武钢公司）、武钢集团海南有限责任公司（以下简称武钢海南公司）欠款纠纷一案，信达海南公司、武钢公司不服海南省高级人民法院（2006）琼民二初第 16 号民事判决，向本院提起上诉。本院依法组成由审判员王宪森担任审判长，审判员杨征宇、代理审判员张雪楳参加的合议庭进行了审理，书记员郑琪儿担任记录。本案现已审理终结。

海南省高级人民法院一审查明：1. 1991 年，中国工商银行海南省分行（以下简称海南工行）信托投资公司、武钢公司和海南省冶金工业总公司（以下简称冶金公司）共同出资成立海南鹏达钢板联合有限责任公司（以下简称鹏达公司），各自出资比例依次为 1950 万元人民币、1950 万元人民币和 3900 万元人民币；所占股份分别为 25%、25% 和 50%。后海南工行承接了海南工行信托投资公司持有的鹏达公司的股份。2. 1992 年至 1997 年间鹏达公司与海南工行分别签订了 16 份借款合同，共向海南工行借款 636793571 元人民币，其中，32646 万元人民币贷款和 2300 万美元贷款由其股东海南工行信托投资公司、武钢公司和冶金公司按照各自所占鹏达公司的股份比例提供了相应的担保。3. 1999 年 7 月，全国企业兼并破产和职工再就业工作领导小组下达（1999）6 号《关于下发 1999 年第一批全国企业兼并破产项目的通知》，确定由武钢公司兼并鹏达公司。1999 年 12 月 13 日，根据国务院主要领导和国家经贸委主要领导的指示，武钢公司、海南工行、冶金公司、鹏达公司、海南省工业厅五方签订了《兼并协议书》；同日，武钢公司、海南工行、鹏达公司三方签订了《企业兼并银企协议书》。《兼并协议书》的主要内容为：（1）关于兼并方式，武钢公司以承担鹏达公司所欠海南工行贷款本金 345044721 元的方式对鹏达公司实施按 51% 控股式兼并，同时取得鹏达公司 51% 的股权。鹏达公司所欠海南工行其余贷款本金 291748850 元在实施债转股后由海南工行持有，或按有关规定由海南工行向资产管理公司划转。鹏达公司三股东的原股本在兼并新组建公司中仍继续保留，其中武钢公司 1950 万元，海南工行 1950 万元，冶金公司 3900 万元。兼并后新组建的公司总股本为 714793571 元，其中武钢公司 364544721 元（即为原股本 1950 万元及承担 345044721 元还贷责任），占 51%，海南工行 311248850 元（即为原股本 1950 万元及贷款转资本金 291748850 元），占 43.54%，冶金公司 3900 万元，占 5.46%。（2）

关于银行债务。鹏达公司欠海南工行本金 636793571 元，根据国发（1997）10 号《国务院关于在若干城市实行国有企业兼并破产和职工再就业有关问题的补充通知》的规定，从兼并之日起享受免除利息、分年还本的优惠政策，贷款本金中的 345044721 元，武钢公司分 7 年还清。其余贷款本金 291748850 元在实施债转股后由海南工行持有，或按照有关规定由海南工行向资产公司划转。武钢公司按还款计划还款，银行按规定对还款本金免息。本协议签订后，原为鹏达公司向海南工行所设定的各项担保，自动撤销。各担保方对海南工行应负的贷款担保责任自然免除，海南工行保证不再向各贷款担保方追究担保责任。（3）关于开设的企业。开设的企业按现代企业制度要求建立法人治理结构，董事长、总经理、总会计师均由武钢公司委派。（4）本协议自各方签字盖章，且《企业兼并银企协议书》获批准之日起生效。《企业兼并银企协议书》的主要内容为：①关于武钢公司的职责。武钢公司以承担债务方式对鹏达公司实行控股式兼并，武钢公司在兼并协议签字生效之日起，承担鹏达公司原在海南工行所欠贷款本金 345044721 元。②按兼并政策规定，武钢公司享受 7 年内还本的宽限。武钢公司承诺按如下计划还款：2000 年 9 月 20 日前，归还 500 万元，2001 年 9 月 20 日前，归还 500 万元；2002 年至 2006 年，每年 9 月 20 日前，再还 67008944.2 元，7 年合计归还 345044721 元。③关于鹏达公司的职责。鹏达公司配合海南工行做好贷款免息手续的申报工作。④关于海南工行的职责。海南工行自本协议签订之日起，为鹏达公司办理原欠银行贷款利息免除手续和以后 7 年的免息手续，负责鹏达公司所欠海南工行贷款本金 291748850 元的债转股的申报工作并办理有关手续。本协议签订后，武钢公司原为鹏达公司向海南工行所约定的各项担保自动撤销。武钢公司对海南工行应负的贷款担保责任自然免除，海南工行保证不再向武钢公司追究担保责任。⑤关于违约责任。武钢公司若不能按时还款，海南工行恢复计息，中国工商银行若不能按约定期限和数额免除鹏达公司原贷款欠息、宽限期和还款期利息，武钢公司停止执行本协议，并由海南工行承担一切责任。⑥本协议自武钢公司、鹏达公司、海南工行签字并经中央财政驻海南省监察员机构，省企业兼并破产和职工再就业工作协调小组及中国工商银行总行批准后生效。本协议为兼并后贷款划转的基础性文件。4.《企业兼并银企协议书》经中央财政驻海南省监察员办事机构、海南省企业兼并破产和职工再就业工作协调小组及中国工商银行总行批准，并经中央财政驻海南省监察员办事机构和中国工商银行总行的批准核销了武钢公司兼并鹏达公司所承担债务截止到 1999 年的全部利息 405570471.20 元人民币。2001 年 9 月 29 日，中国工商银行总行批准核销武钢公司 2000 年度所欠利息 42579059.74 元人民币。2002 年 12 月 27 日，中国工商银行总行批准核销武钢公司 2001 年、2002 年度所欠债务的利息 64254116.72 元人民币。1999 年 12 月 27 日，海南省人民政府办公厅就武钢公司兼并鹏达公司享受优惠政策，如减值和亏损税收、保险、失业员工的保障等方面给予了政策性的支持。5.《兼并协议书》和《企业兼并银企协议书》签订后，即 2000 年以后武钢公司即派人员进驻鹏达公司，制定了新的公司章程，变更了工商登记，按兼并协议的约定，成立了由委派人员担任董事长、总经理和总会计师的武钢海南公司。至今，武钢公司在武钢海南公司（原鹏达公司）投入了一定的人力、财力，进行了技术改造和升级。6. 2004 年 2 月，武钢公司、海南工行、中国华融资产管理公司海口办事处（以下简称华融海口办事处）、冶金公司及武钢海南公司对原《兼并协议书》《企业兼并银企协议书》中的权利、义务进行调整并通过海南省国资委上报。2005 年 4 月 12 日，财政部金融公司以财政便函（2005）92 号文表示不同意调整。7. 武钢海南公司成立并经营至今，一直未按《兼并协议书》和《企业兼并银企协议书》向海南工行偿还债务。在多次催收未果的情况下，2006 年 9 月 20 日，海南工行与中国信达资产管理公司海口办事处（以下简称信达海口办事处）签订《债权转让协议》，将 1999 年 12 月 14 日的《兼并协议书》和《企业兼并银企协议书》所约定的武钢公司承债本金 345044721 元债权中的 258044721 元债权转让给信达海口办事处。余下的 8700 万元债权仍由海南工行持有。12 月 22 日，海南工行与信达海口办事处在《海南日报》上共同发表了债权转让及债务催收联合公告。

另查明：2005 年 11 月 25 日，海南工行与华融海口办事处在《海南日报》上发布资产转让联合公告，将海南工行对鹏达公司 1950 万元股权投资和 291725850 元委托持股转让给华融海口办事处。转让基准日为 2005 年 4 月 30 日。之前，2000 年 10 月 19 日，海南工行发函通知武钢公司，说明其已将对鹏达公司的另一部分借款本金 291748850 元划转到中国华融资产管理公司（以下简称华融公司）并实施债转股；2002 年 11 月 19 日，国家经济贸易委员会以国经贸产业（2002）862 号文批复同意华融公司与武钢海南公司签订的 29175 万元债权转股权和制定的债转股方案。2002 年 12 月 6 日华融公司与中国工商银行联合下发华融发（2002）103 号《关于做好委托持股企业的交接和管理工作有关问题的通知》，约定由华融公司牵头委托中国工商银行实施对鹏达公司 29175 万元的债转股并代表华融公司参与企业重大决策，依法行使股东权利，并约定对于已上报国家有关部门尚未获批复的债转股方案，继续由华融公司总部报批及有关部门协调。2005 年 8 月 10 日，国务院国有资产监督管理委员会、财政部、中国银行监督管理委员会下发《关于黑龙江三江食品公司等 11 户企业停止实施债转股的通知》［国资发改组（2005）233 号］，内容为：由于未在 2005 年 3 月 31 日完成该公司的注册，决定对华融公司牵头实施的业经国家经济贸易委员会国经贸产业（2002）862 号文批准的对武钢海南公司 29175 万元债转股停止实施债转股；其转股债权按一般债权处理。

信达海口办事处已于 2010 年 7 月 30 日更名为信达海南公司。

2006 年 9 月 22 日，信达海口办事处向原审法院提起民事诉讼，请求判令：1. 武钢公司支付 258044721 元贷款本金。2. 武钢公司支付其应依约分七期支付的 258044721 元款项，自各期付款逾期之日至偿清之日止按人民银行规定的银行同期贷款利率计算的利息（其中，第一期付款 373.93 万元自 2000 年 9 月 21 日起算；第二期付款 373.93 万元自 2001 年 9 月 21 日起算；以后五期付款，每期 5011.32 万元，从 2002 年至 2006 年每年的 9 月 21 日起算）。3. 武钢海南公司支付 258044721 元贷款本金，自各期贷款贷出之日起至偿清之日止的利息（目前主张 5000 万元）。4. 武钢公司和武钢海南公司共同承担本案的诉讼费用。

海南省高级人民法院审理认为：本案的争议焦点是武钢公司是否应向信达海南公司支付 258044721 元贷款本金及相应的利息，具体涉及武钢公司、海南工行、冶金公司、鹏达公司、海南省工业厅签订的《兼并协议书》，武钢公司、海南工行、鹏达公司签订的《企业兼并银企协议书》的效力和信达海口办事处与海南工行签订的《债权转让协议》的效力。

首先，关于《兼并协议书》和《企业兼并银企协议书》的效力。该两份协议是各方当事人的真实意思表示，不违背法律的禁止性规定，应为有效。合同有关各方按照两份协议的有关约定推进兼并进程，中国工商银行总行核销了武钢公司债务的利息，武钢公司派法定代表人、总经理、总会计师并成立了武钢海南公司，制定了新的公司章程，变更了工商登记，且从 2000 年起对武钢海南公司实施经营和管理，投入了一定资金进行技术改造和升级。因此，在《兼并协议书》和《企业兼并银企协议书》约定的兼并已经实际履行的情况下，武钢公司应按照协议的约定向海南工行偿还 345044721 元人民币贷款本金。武钢公司辩称海南工行对鹏达公司的余下债权 291748850 元人民币由于未实现债转股而影响两份兼并协议效力的主张没有合同和法律依据。其次，关于《债权转让协议》的效力问题。信达海口办事处与海南工行签订《债权转让协议》，受让海南工行对武钢公司债权 345044721 元人民币中 258044721 元人民币债权。该协议是双方的真实意思表示，不违背法律的禁止性规定，应属有效。信达海南公司据此向武钢公司主张债权于法有据，应予支持。海南工行为国有银行，信达海口办事处为金融资产管理公司，依照

《最高人民法院关于审理涉及金融资产管理公司收购、管理、处置国有银行不良贷款形成的资产的案件适用法律若干问题的规定》第六条的规定，信达海口办事处受让海南工行转让的债权后，海南工行在全国或者省级有影响的报纸上发布债权转让公告或通知的，即可认定海南工行履行了《中华人民共和国合同法》第八十条第一款规定的债权转让通知义务。本案中，海南工行将所涉258044721元人民币债权转让给信达资产海口办事处后，双方共同在《海南日报》上发布了债权转让公告，故武钢公司及武钢海南公司关于未接到债权转让通知，信达海南公司无权向其主张债权的主张不能成立。

综上，信达海南公司关于武钢公司向其支付258044721元借款的诉求应予支持。依照《企业兼并银企协议书》有关违约责任的约定，武钢公司若不能按时还款，海南工行恢复计息。现武钢公司未依约定还款，应依约向作为债权受让人的信达海南公司支付相应各期欠款逾期之日起至款项付清之日止的利息，每期本金以信达海南公司受让的债权本金人民币258044721元占有武钢公司应承担的贷款本金345044721元人民币的比例（74.786%）及武钢公司依约定应偿还的每期贷款的相应比例分段计算，利率按中国人民银行发布的同期一年期一般流动资金贷款基准利率计。但鉴于信达海南公司在本案中仅主张5000万元利息，因此，武钢公司在本案中应支付的利息总额以5000万元为限。经该院审判委员会讨论决定，依据《中华人民共和国合同法》第60条的规定，判决：一、武钢公司自本判决发生法律效力之日起10日内向信达海南公司偿还欠款本金258044721元人民币。二、武钢公司向信达海南公司支付258044721元的利息，利率按中国人民银行同期一年期一般流动资金贷款基准利率计。其中第一期、第二期各3739300元分别自2000年9月21日、2001年9月21日起计至付清之日止；第三期至第七期各50113200元分别自2002年9月21日、2003年9月21日、2004年9月21日、2005年9月21日、2006年9月21日起计至付清之日止；利息总额以5000万元为限。三、驳回信达海南公司的其他诉讼请求。若未按本判决确定的期间履行给付金钱义务，应当依照《中华人民共和国民事诉讼法》第二百五十三条的规定，加偿支付迟延履行期间的债务利息。一审案件受理费850553元人民币，由武钢公司负担80万元人民币，由信达海南公司负担50553元人民币。

信达海南公司不服原审法院上述民事判决，向本院提起上诉称：一、关于"利息总额以5000万元为限"问题。上诉人信达海南公司对于武钢公司的利息请求并没有只主张5000万元，而是对武钢海南公司的利息请求只有5000万元，一审判决张冠李戴，导致裁判错误。一审起诉时，武钢公司的欠款利息只有约3000万元，由于一审在起诉7年后才作出判决，至一审判决的还款日，利息已增加到 1.4 亿余元。二、关于对武钢海南公司的利息请求问题。《企业兼并银企协议书》第二条约定："甲方（武钢集团公司）若不能按时还款，丙方（工商银行海南省分行）恢复计息"，武钢公司未按时还款，原免除武钢海南公司 512403647.66 元的利息应予恢复计算，上诉人信达海南公司暂请求 5000 万元，应予支持，原审驳回上诉人的该项诉请违背合同约定。综上所述，请求二审判决：1. 维持原审判决第一项；撤销原审判决主文第二项中的"利息总额以 5000 万元为限"的判决内容，维持原审判决第二项中的其他判决内容；2. 撤销原审判决第三项，改判武钢海南公司支付信达海南公司利息 5000 万元。本案一、二审诉讼费由武钢公司、武钢海南公司共同承担。

武钢公司不服原审判决，向本院提起上诉称：本案是武钢公司、海南工行在政策性债转股过程中发生的债务纠纷，债转股的整个过程受国家行政主导，不是纯粹的民事行为，一审判决对此基本事实认定不清。1991 年鹏达公司成立，后陆续向海南工行借款 16 次，截至 1999 年 9 月 30 日，欠款本金达约 6.3679 亿元，利息约 4.0557 亿元；1999 年 12 月 14 日，武钢公司、海南工行、鹏达公司、冶金公司、海南省工业厅遵照国务院领导、国家经贸委的指示，根据国发〔1994〕59 号、国发〔1997〕10 号及中发〔1999〕12 号文件签订了《兼并协议书》，约定武钢公司承债式兼并鹏达公司，即承担鹏达公司欠海南工行贷款本金约 3.45 亿元，同时取得鹏达公司的 51% 的股权。鹏达公司欠海南工行约 2.92 亿的贷款本金在实施债转股后由海南工行持有或向资产管理公司划转。冶金公司持有鹏达公司 50% 的股权变更为 5.46%。武钢公司承债式债转股及海南工行的债转股是鹏达公司整个债转股不可分割的组成部分，是一个整体，据此，鹏达公司注册资本增加为约 7.1 亿元，负债为零。武钢公司的债转股及海南工行的债转股是同时进行，共为鹏达公司债转股的一个整体。同日签署的《企业兼并银企协议书》约定了：海南工行需履行与武钢签订分期还款计划。同时，上述两协议约定了经中央财政驻海南省监察员机构、省企业兼并破产和职工再就业工作协调小组及工总行批准后生效。

1999 年 12 月 15 日，《兼并协议书》《企业兼并银企协议书》经海南省企业兼并破产和职工再就业工作协调小组批准。12 月 16 日，财政部驻海南省监察专员办事处仅在《核销贷款呆坏账申报表》同意核销鹏达公司贷款利息约 4.0557 亿元，并非对两协议的批准。2000 年 1 月 21 日，中国工商银行出具《关于核销处理 1999 年呆坏帐的批复》也仅批准对鹏达公司的贷款利息约 4.0557 亿元的核销，并非对两协议的批准，因此两协议并非在 2000 年 1 月 21 日获批生效。同年 2 月 1 日，鹏达公司在债转股两协议未取得国家有关部门的批复下办理了工商变更登记，其章程也明确载明了：海南工行约 3.11 亿元的出资方式为原在鹏达公司的股本 1950 万元及贷款转资本金约 2.92 亿元；海南工行所认缴的出资即所持全部股本，待其实施债转股后，由海南工行依法向资产管理公司划转，全部股本由资产管理公司持有。鹏达公司变更为武钢海南公司。2002 年 12 月 6 日，中国工商银行与华融公司以《关于做好委托持股企业的交接和管理工作有关问题的通知》，将应由海南工行实施债转股的鹏达公司所欠约 2.92 亿元划转给华融公司，由其牵头实施债转股。同年 11 月 19 日，国家经贸委以国经贸产业〔2002〕862 号文批准了华融公司对武钢海南公司的债转股，至此两协议获得有权部门批准生效。

2003 年，因海南公司历史包袱沉重，严重资不抵债，导致原两协议约定的债转股方案已无法解决海南公司的债务问题，无法实现盘活武钢海南公司扭亏为盈的目标。根据国家 2003 年 2 月下发的《关于进一步做好国有企业债权转股权工作的意见》的规定，武钢公司经与海南工行、华融公司、冶金公司、海南公司共同协商调整债转股方案，并于 2003 年 2 月 14 日以《关于解决原海南鹏达钢板联合有限公司资不抵债历史包袱的报告》向国家经贸委产业司申请批准。2004 年 2 月正式签订《债转股调整方案》，并以《关于调整原鹏达钢板联合有限公司债转股方案的报告》向海南省国资委报批；海南省经贸厅以琼经字〔2003〕96 号文向国家经贸委上报《关于解决原鹏达公司资不抵债历史包袱的报告》；海南省国资委于 2004 年 12 月 27 日以琼国资〔2004〕182 号文向国务院国资委报批；2005 年国资委企业改组局以《关于征求对"海南省政府国有资产监督管理委员会关于申报武钢集团海南有限责任公司债转股调整方案的请示意见的函"》（改组函〔2005〕45 号）上报财政部；财政部于 2005 年 4 月 12 日以财金便函〔2005〕92 号文对调整方案作出不同意的批复。至此，从 2003 年开始进行的债转股调整方案经过三年的申报未获有权部门批准，无法实施。由此可见，鹏达公司的债转股协议及调整方案全程均受到国家有关部门的行政主导，以政策和批复为实施的前提，属于典型的政策性债转股。

2005 年 4 月 30 日，海南工行将 2.92 亿债权转让给华融公司。同年 8 月 10 日，国务院、财政部、银监会以国资发改组〔2005〕233 号文件明确停止了华融公司牵头的武钢海南公司的债转股，其转股债权按一般债权处置。至此，两协议约定的由海南工行实施的债转股因批准停止而无法进行，导致鹏达公司 1999 年约定的债转股方案无法实施，武钢公司的债转股同时理应停止，其债转股的债权恢复为一般债权，债务人恢复为鹏达公司。

2011 年 2 月 23 日，海南省工商局以琼工商处字〔2011〕6 号对武钢海南公司作出行政处罚，明确载明"债转股停止实施，鹏达公司注册资本由 7800

万元变更为 71479 万元的事项无法实现，该注册资本不真实。鉴于该违法事实是由于国家政策原因造成，属于不可抗力因素，非当事人主观故意，处罚撤销 1999 年 12 月 16 日变更注册资本的事项，恢复到变更前的注册资本 7800 万元，股东出资比例确定为：武钢集团出资 1950 万元、持股 25%；海南工行出资 1950 万元，持股 25%；海南冶金出资 3900 万元，持股 50%"。至此，1999 年两协议约定的债转股的债权全部恢复为一般债权，债转股全部停止，股权变更为债转股之前的比例。因政策原因导致债转股失败，武钢集团的承债式兼并目的无法实现，其无须再继续履行协议，偿还债务。协议事实上已履行不能。一审判决割裂了武钢公司的债转股和海南工行的债转股是鹏达公司实施债转股的两个组成部分，是不可分割的一个整体。而对本案中的债转股方案的确定和实施均以国家有关领导及职能部门的行政指示为主导，国家政策为依据，国家职能部门批复为前提的，属于典型的政策性债转股的事实，认为是一个简单的民事法律行为，涉案的两协议是双方的真实意思表示，属于对事实认定有误。一审判决对《兼并协议书》《企业兼并银企协议书》的生效日期及履行情况认定不清，忽略了对 2005 年后债转股被停止，导致两协议事实上已经不能履行的事实。一审判决忽略了 2009 年武钢海南公司（原鹏达公司）以物抵债偿还海南工行 8700 万债权，即武钢公司债转股的债权恢复为一般债权，由武钢海南公司偿还的事实。2011 年鹏达公司被海南工商局行政处罚，恢复为债转股之前的注册资本和股权结构，武钢公司的债转股已从事实上不能履行。

综上，本案是因政策性债转股导致的纠纷，不属于法院受理的范围，应由国务院有关部门处理。应适用《最高人民法院关于审理与企业改制相关的民事纠纷案件若干问题的规定》，撤销原判，裁定驳回起诉，而一审法院将本案错误的认定为普通民事纠纷，适用合同法，属于适用法律错误。请求撤销原审判决，驳回一审原告的起诉；判令被上诉人信达海南公司承担本案一审、二审全部诉讼费用。

针对武钢公司的二审上诉请求，信达海南公司答辩称：一、武钢公司二审庭审中增加"驳回信达公司起诉的上诉请求"，因超过民事诉讼法关于 15 天上诉期限的规定，违背民事诉讼法的规定，应不予审理。二、武钢公司作为鹏达公司的股东、债权担保人，其兼并鹏达公司，签署《兼并协议书》《企业兼并银企协议书》，代鹏达公司偿还工行的 3.4504 亿元债务，取得对鹏达公司债权，然后再将该债权转为对鹏达公司的出资，取得鹏达公司 51% 的股权，免除了其担保责任，是市场行为，而不是行政行为。武钢公司认为是政策性债转股，需要行政机关批准，但至今提不出任何规范性文件。海南工行债转股确实属于政策性债转股，但武钢公司的商事债转股系民事活动，不是政策性债转股。三、武钢公司二审提交的 2011 年《海南省工商行政管理局行政处罚决定书》，不能改变工行债转股已经办理工商登记手续的事实，不影响信达海南公司的诉求。首先，工商管理部门撤销武钢海南公司 1999 年注册资本变更登记手续，是依据武钢海南公司的主动申请做出的。武钢海南公司提出申请时，并没有召开股东会，海南信达公司毫不知情，这是武钢公司利用其控制武钢海南公司的优势地位、在诉讼期间做出的违约行为和妨碍诉讼行为，是无效的。其次，该证据进一步证明：海南工行债转股在 10 多年以前已经完成了工商登记的事实。工行债转股已经得到政府批准，工行出具了对鹏达公司出资 2.9175 亿元的转账凭证，武钢海南公司可依据该凭证办理验资手续。第三，信达海南公司的诉请源于武钢公司 3.4504 亿元的债转股，武钢公司代鹏达公司偿还 3.4504 亿元债务，其与海南工行没有直接的债转股关系，该证据不影响信达海南公司的诉求。第四，本案是在 2006 年起诉的，信达海南公司的诉请没有变化，依据的事实也没有变化，2006 年以后发生的事实，只能作为以后诉讼的事实，不能作为本案判决的事实依据。依据民事诉讼原则，在一审法庭辩论前，证据和事实、诉讼请求已经确定了。四、《企业兼并银企协议书》分别由中央财政驻海南省监察员机构、省企业兼并破产和职工再就业工作协调小组和工总行批准而生效。根据约定，《兼并协议书》也同时生效。上述协议涉及两个债转股事实：一是武钢公司代原鹏达公司偿还 34504 万元债务后，取得其 34504 万元的债权，该债权转为股权；另一个是海南工行对鹏达公司享有的 29175 万元的债权转股权。武钢公司的债转股是普通民事行为，无须行政审批，而海南工行债转股涉及不良金融资产处置，需要审批。2002 年 11 月 19 日，国家经贸委作出了《关于平顶山煤业（集团）有限责任公司等 11 户企业实施债转股的批复》，批准了"工行对武钢海南公司（原鹏达公司）的 2.9175 亿元债权转为股权"的事项。五、2005 年国资委等部门《关于黑龙江省三江食品公司等 11 户企业停止实施债转股的通知》明确规定："国务院已在 2004 年 6 月 30 日前批准债转股协议和方案的，原则上应在 2005 年 3 月 31 日前完成新公司的注册，逾期未注册的，即应自动停止实施债转股"。而武钢海南公司在 1999 年前就已经"完成新公司的注册"。该通知附件列表中关于"工行对武钢海南公司（原鹏达公司）的 2.9175 亿元债权转为股权"的记载，显然是指停止"工行对武钢海南公司（原鹏达公司）的 2.9175 亿元债权转为股权"的调整方案，而不是撤销原批准方案。因此，《兼并协议书》《企业兼并银企协议书》没有解除。六、武钢公司的债转股不以工行债转股为前提；合同没有约定工行负有确保其债转股被批准的义务。

武钢公司不能以此为据进行抗辩。七、2006 年 9 月 20 日，海南工行与信达海南公司签订《债权转让协议书》，信达海南公司受让了对武钢公司 3.4504 亿元本息中的 258044721 元本息的债权后，在《海南日报》上刊登公告、催收债权，履行了通知义务，并要求武钢公司立即履行还款义务。八、依据 1999 年改制协议的履行，武钢公司是获利方；支持信达海南公司的诉请，符合武钢公司的利益。截止到 1999 年 9 月 30 日，武钢海南公司负债约 11.3 亿元（其中欠工行的债务为 10.4 亿元），资不抵债约 6.46 亿元。"99 年改制方案"本身就是一个双赢的方案。信达海南公司受让工行债权支付近二亿的对价，诉讼解决是不得已而为之的行为。综上，请求二审依法驳回武钢公司的上诉请求。

武钢公司针对信达海南公司的上诉主张，除其上诉请求及理由外，还答辩称：一、信达海南公司关于海南工行已完成 1999 年两协议约定的全部义务的主张是错误的。海南工行的义务主要有：1. 完成鹏达公司的债转股，而非只是完成申报手续。2005 年国家政策原因停止了海南工行的债转股，海南工行的主要义务并未履行完毕。鹏达公司虽在 2000 年变更了海南工行的股权比例，但其债转股不能因此事实而完成，需经有权部门批准才能实施完成。2. 及时核实鹏达公司贷款本金，做好交接划转工作并与武钢公司签订分期还款计划。此义务一直未履行，致武钢公司无履行依据，其责任在海南工行，武钢公司不存在违约。二、关于武钢公司的担保责任。本案中的 2.58 亿元是 6.4 亿元本金中的一部分，且其中与武钢公司有关的担保仅 4486 万元，海南工行已经核销鹏达公司 4 亿元，信达海南公司已无权要求武钢公司承担担保责任。三、关于武钢公司获益问题。武钢公司从 1999 年 12 月 25 日接管濒临破产的鹏达公司，给予其全方位的大力支持，使其生产经营得以较快恢复，包括提供无偿技术服务、优惠价格的原材料、每年 6000 万元低息贷款等。2003 年、2004 年武钢海南公司结束亏损历史，成为利税双超千万的省重点企业。产品品种、质量也取得质的飞跃。但因其先天不足一直负债经营。信达海南公司认为武钢公司有巨大获益与客观事实不符。

被上诉人武钢海南公司针对信达海南公司的上诉请求答辩称：本案属于典型的政策性债转股，因此产生的纠纷不属于法院受理的范围，应由国务院有关部门处理。信达海南公司索要的 2.58 亿元欠款及利息已经恢复为一般债权，原为武钢海南公司负债，但该债务是历史遗留问题，因政策性债转股问题延误至今，应当由国家有关部门来协调处理。信达海南公司向武钢海南公司主张 5000 万元利息没有事实和法律依据，请求二审依法予以驳回。

本案二审期间，当事人对原审认定的事实及所采证据的真实性均无异议。本院二审除确认一审查明的事实外，另查明：

一、海南省工商行政管理局的相关登记资料显示：2000 年 2 月 1 日，鹏达公司变更登记为武钢海南公司，注册资本 7800 万元变更为 71479 万元；武钢海南公司的营业期限为 10 年；变更前后的股东均为武钢公司、海南工行、冶金公司。同日，武钢海南公司完成设立登记，法定代表人樊政炜，注册资本 71479 万元，营业期限自 1999 年 12 月 25 日至 2009 年 12 月 25 日；股东（发起人）为：武钢公司出资 36454 万元（51%），海南工行出资 31124 万元（43.54%），冶金公司出资 0.39 万元（5.46%）。在工商登记的所附材料中，有 2000 年 1 月 10 日制作的《武钢集团海南有限责任公司章程》和《股东会决议》，其记载的股东出资数额及股权比例与前述工商登记的内容一致。

二、二审期间，武钢公司提交一份新证据，即海南省工商行政管理局于 2011 年 2 月 23 日作出的琼工商处字〔2011〕6 号《行政处罚决定书》，其载明："我局接到当事人（武钢海南工商）申请，反映该公司于 1999 年 12 月 16 日在办理变更注册资本由 7800 万元增加到 71479 万元后，由于政策原因，导致增资部分不能实现，新增加的注册资本实际上一直没有到位，要求我局撤销 1999 年 12 月 16 日注册资本变更登记，恢复注册资本为 7800 万元，其他变更事项不变。……鹏达公司于 1999 年 12 月 16 日办理了企业名称、注册资本及股东比例的工商变更。企业名称变更为现名称；注册资本以债转股形式增至 71479 万元；……公司股东结构为：武钢公司占 51%、海南工行占 43.54%、冶金公司占 5.46%。但因多种原因影响，鹏达公司兼并债转股重组工作被终止，国务院国资委、财政部、银监会联合下文（国资发改组〔2005〕233 号）停止实施债转股，原拟转股的债权恢复为一般债权。债转股的停止实施，使鹏达公司（已更名为武钢海南公司）注册资本由 7800 万元变更为 71479 万元的事项无法实现。该公司注册资本 71479 万元是不真实的。……但鉴于该违法事实是由于国家政策原因造成，属于不可抗力，非当事人主观故意，且当事人事后主动要求改正，理应从轻处罚。依据《公司登记管理条例实施细则》第六十九条的规定，经研究，决定对当事人作出如下处罚：撤销 1999 年 12 月 16 日变更登记中的注册资本变更事项，恢复到变更前的注册资本为 7800 万元的登记状态，股东出资比例确定为：武钢公司（出资 1950 万元、占 25%）、海南工行（出资 1950 万元、占 25%）、冶金公司（出资 3900 万元、占 50%）；其他变更事项不变。"

武钢公司的证明目的是：1. 鹏达公司兼并债转股工作被终止是由于国家政策造成，属于不可抗力；2. 武钢海南公司的注册资本、股东、出资比例已恢复到变更前的状态，武钢公司持股变更为 25%；3. 武钢海南公司因债转股未完成受到工商局行政处罚。

信达海南公司对该证据的质证及答辩意见是：对其真实性不持异议，但认为：1. 该处罚书不是工商局主动调查的，而是武钢海南公司主动申请撤销工行债转股的登记，是未经其他股东同意的违法行为，其申请撤销登记的目的在于撤销国家已批准并实际实施的债转股；2. 本案信达海南公司起诉的目的就是要求武钢公司给付款项，无法验资是其不履行给付该款项；3. 该行政处罚书是 2011 年作出的，本案诉讼是 2006 年开始的，应以诉讼前证据为依据，该证据是其违约、违法的证据，不应作为支持其本案（诉求）的证据。

本院认为，本案二审争议的焦点是：一、本案是否属于人民法院审理民事纠纷案件的管辖范围；二、信达海南公司主张"撤销原审判决主文第二项中的'利息总额以 5000 万元为限'的判决内容"的上诉请求是否应予支持；三、信达海南公司关于武钢海南公司应向其支付利息 5000 万元的诉求是否具有事实和法律依据。

一、关于本案是否属于人民法院审理民事纠纷案件的管辖范围的问题。1999 年 12 月 14 日，武钢公司、海南工行、冶金公司、鹏达公司在海南省工业厅见证下签订《兼并协议书》，同日，武钢公司、海南工行、鹏达公司三方又签订一份《企业兼并银企协议书》，就武钢公司兼并鹏达公司及处理所欠海南工行贷款本息等相关事宜达成了一致意见。武钢公司在本案中的控股兼并行为，虽有当时国家推进国有企业债转股、"促进存量资产的合理流动和重组，优化资源配置"的政策背景，但仍属于其为"提高国有资产运行质量和效率"所实施的经营行为，而不属于政府部门主导的政策性企业改制活动。而且，武钢公司、鹏达公司和海南工行在《企业兼并银企协议书》中更是载明："根据国发〔1997〕10 号文件有关企业兼并政策的规定和《合同法》《民法通则》《贷款通则》等有关法律、法规的规定"，经三方协商而达成协议。本院经审查认为，《兼并协议书》《企业兼并银企协议书》系当事人的真实意思表示，其内容不违反我国合同法等法律及行政法规的禁止性规定，且协议约定的"经过相关上级主管部门批准后生效"的条件也已成就，故该协议对缔约各方均具有法律约束力。

原告信达海南公司的起诉及诉讼请求系基于履行《兼并协议书》《企业兼并银企协议书》而提起，其性质为普通民事合同纠纷，属于人民法院受理民事纠纷案件的管辖范围。原审法院依法受理原告信达海南公司提起的本案民事诉讼，符合我国民事诉讼法的相关规定，并无不当。武钢公司主张应驳回信达海南公司起诉的上诉请求，没有事实和法律依据，其理由不成立，本院不予支持。

二、关于信达海南公司主张"撤销原审判决主文第二项中的'利息总额以 5000 万元为限'的判决内容"的上诉请求是否应予支持的问题。

本案原审时，信达海南公司起诉主张的诉讼请求事项是：武钢公司支付 258044721 元贷款本金及依约支付至清偿之日的利息；武钢海南公司支付 258044721 元贷款本金自各期贷款贷出之日起至偿清之日止的利息（目前主张 5000 万元）；武钢公司和武钢海南公司共同承担本案的诉讼费用。

依据信达海南公司提出的上述诉讼请求及本案事实，原审认定"武钢公司应依约向债权受让人信达海南公司支付 258044721 元本金及每期贷款分段计算的利息"正确，应予维持。但原审时信达海南公司只是向武钢海南公司暂时主张利息 5000 万元，而向武钢公司主张的是 258044721 元本金的全部利息，没有限定为 5000 万元。原审判决以"信达资产公司在本案中仅主张 5000 万元利息"为由，判定"武钢公司应支付的利息总额以 5000 万元为限"没有事实依据，与信达海南公司的请求内容不符。因此，信达海南公司二审据此提出的上诉请求，其证据及理由充分，本院予以支持。

三、关于武钢海南公司应否向信达海南公司支付利息 5000 万元的问题。依据本案《兼并协议书》的约定：原鹏达公司欠海南工行 636793571 元贷款本金，从兼并之日起享受免除利息、分年还本的优惠政策，其中 345044721 元由武钢公司分 7 年还清；其余 291748850 元在实施债转股后由海南工行持有；原为鹏达公司向海南工行所设定的各项担保主动撤销，各担保方应负的担保责任自然解除，海南工行不再追究担保责任。同时，《企业兼并银企协议书》亦约定：协议签订后，武钢公司原为鹏达公司贷款所设定的各项担保自动撤销，对海南工行应负的贷款担保责任自然免除，海南工行保证不再向武钢公司追究担保责任。依据上述两协议，本案兼并行为实施后，原鹏达公司所欠海南工行的全部贷款债务落实完毕，两份协议均不含有关于新设立的武钢海南公司负责清偿相关债务利息的内容。故上诉人信达海南公司关于要求"撤销原审判决第三项，改判武钢海南公司支付利息 5000 万元"的上诉请求，没有事实和法律依据，不予支持。原审判决驳回信达海南公司对武钢海南公司提出的诉求，适用法律正确，本院予以维持。

综上，本案原审认定事实基本清楚，但有关"信达资产公司在本案中仅主张 5000 万元利息"的认定不当，本院予以纠正。本院依照《中华人民共和国民事诉讼法》第一百七十条第一款第（二）项之规定，判决如下：

一、维持海南省高级人民法院（2006）琼民二初第 16 号民事判决第一、三项；

二、变更海南省高级人民法院（2006）琼民二初第 16 号民事判决第二项：武汉钢铁（集团）公司向中国信达资产管理股份有限公司海南省分公司支付 258044721 元的利息，利率按中国人民银行同期一年期一般流动资金贷款基准利率计算。其中第一期、第二期各 3739300 元分别自 2000 年 9 月 21 日、2001 年 9 月 21 日起计至实际给付之日止；第三至第七期各 50113200 元，分别自 2002 年 9 月 21 日、2003 年 9 月 21 日、2004 年 9 月 21 日、2005 年 9 月 21 日、2006 年 9 月 21 日起计至实际给付之日止。

如果未按照本判决确定的期间履行上述给付义务，应当按照《中华人民共和国民事诉讼法》第二百五十三条的规定，加倍支付迟延履行期间的债务利息。

本案一审案件受理费，按照原审判决执行。二审案件受理费 1582023.6 元，由上诉人武汉钢铁（集团）公司负担。上诉人中国信达资产管理股份有限公司海南省分公司预交的二审上诉费 291800 元，予以退回。

本判决为终审判决。

审　判　长　王宪森
审　判　员　杨征宇
代理审判员　张雪楳
二〇一三年十二月三十一日
书　记　员　郑琪儿